제3판

아동 · 청소년을 위한

근거기반 심리치료

John R. Weisz, Alan E. Kazdin 엮음

오경자, 강지현, 김현수, 배주미, 송현주, 양윤란
이주영, 장혜인, 조아라, 최지영 옮김

Σ시그마프레스

아동 · 청소년을 위한
근거기반 심리치료, 제3판

발행일 | 2019년 4월 5일 1쇄 발행

엮은이 | John R. Weisz, Alan E. Kazdin
옮긴이 | 오경자, 강지현, 김현수, 배주미, 송현주, 양윤란, 이주영, 장혜인, 조아라, 최지영
발행인 | 강학경
발행처 | ㈜ 시그마프레스
디자인 | 우주연
편   집 | 이지선

등록번호 | 제10-2642호
주소 | 서울특별시 영등포구 양평로 22길 21 선유도코오롱디지털타워 A401~402호
전자우편 | sigma@spress.co.kr
홈페이지 | http://www.sigmapress.co.kr
전화 | (02)323-4845, (02)2062-5184~8
팩스 | (02)323-4197

ISBN | 979-11-6226-145-3

Evidence-Based Psychotherapies for Children and
Adolescents, Third Edition

이 도서의 국립중앙도서관 출판시도서목록(CIP)은 서지정보유통지원시스템 홈페이지(http://seoji.nl.go.kr)와 국가자료공동목록시스템(http://www.nl.go.kr/kolisnet)에서 이용하실 수 있습니다.(CIP제어번호 : CIP2019010184)

역자 서문

미국 하버드대학교의 John R. Weisz 교수와 미국 예일대학교의 Alan E. Kazdin 교수가 함께 엮어낸 이 책은 임상심리학, 정신의학, 사회복지학 등 학문 분야와 관계없이 아동·청소년 심리치료에 관심을 가지고 있는 사람이라면 누구든지 읽어보기를 권하고 싶은 책이다. 이 책은 지난 수십 년간의 아동·청소년 심리치료 연구 성과를 토대로 다양한 장애 및 문제 영역에 대한 근거기반 심리치료를 소개하고 있어 아동·청소년을 위한 근거기반 심리치료의 전반적 현황을 잘 보여주고 있다. 또한 그동안의 괄목할 만한 연구 성과에도 불구하고 근거기반 심리치료가 아직까지 임상 현장에 널리 확산되지 못하고 있는 현실을 비롯해서 신경과학과 최신 과학기술을 접목시키는 문제 등 향후 근거기반 치료가 지향해야 할 방향과 과제에 대한 깊이 있는 논의도 포함되어 있어 이 책의 가치를 더하고 있다.

근거기반 심리치료의 개념은 국내 학계에도 이미 많이 소개되어 있어 생소한 용어는 아니다. 하지만 국내 임상 현장에서 실제로 사용 가능한 근거기반 심리치료 매뉴얼을 적극적으로 개발하여 보급하려는 노력이나 실제 현장에 도입하려는 가시적 움직임은 아직까지 드러나지 않고 있다. 이 책을 번역하기로 한 것은 일차적으로 국내에서 사용할 수 있는 근거기반 심리치료에 대한 관심을 높이기 위함이었다. 이 책의 번역을 통하여 아동·청소년을 위한 근거기반 심리치료의 개발과 보급, 도입에 대한 관심을 가지는 분들이 많아지기를 기대한다.

이 책의 번역에는 아동·청소년을 위한 근거기반 심리치료 개발과 보급이 필요함에 공감하는 여러 연구자, 임상가들이 참여하였다. 제1, 28, 31, 33장은 본인이 맡아서 번역하였고, 제2, 3, 23장은 양윤란 박사, 제4, 5, 26, 29장은 김현수 박사, 제6, 11, 21장은 이주영 박사, 제7, 8, 22장은 장혜인 박사, 제9, 10, 27장은 강지현 박사, 제12, 18, 20장은 배주미 박사, 제13, 16, 30, 32장은 송현주 박사, 제14, 15, 24장은 최지영 박사, 그리고 제17, 19, 25장은 조아라 박사가 각각 번역을 담당하였다. 각자 바쁜 일정에 시간을 쪼개서 이 작업에 참여한 역자 모두에게 감사를 표한다. 아울러 이 책이 나오기까지 수고를 아끼지 않으신 (주)시그마프레스에도 감사드린다.

2019년 3월
역자 대표 오경자

편저자 서문

행동, 정서, 사회적 문제는 아동기에 의례 있는 일이고, 부모들은 늘 그러한 문제가 있는 아이들을 도우려고 애써왔다. 오래된 옛 문헌에도 부모에게 주는 효과적 자녀 양육 방법에 대한 조언을 담고 있는 것들이 있다. 예컨대 잠언 제 22장 6절에는 "아이에게 가야 할 길을 가르치면 나이가 들어서도 그 길에서 벗어나지 않는 법이다"(Spangler, 2011)라는 구절이 있다. 이러한 훈육이 필요한 아이들의 행동도 오래전부터 알려져 왔다. 소크라테스(기원전 4세기)도 "아이들은 이제 집안의 일꾼이 아니라 폭군이다. 이들은 어른이 방에 들어와도 일어서지도 않고, 부모에게 말대꾸를 하며, 다른 사람들이 있는 자리에서 시끄럽게 떠들고, 식탁에 놓인 맛있는 음식을 먹어치우며, 다리를 꼬고 교사들에게 폭군 노릇을 한다"라고 했다고 전해지고 있다 (in Platt, 1989).

오래전부터 문제가 있는 아이들과 이들을 도우려는 어른들이 있어 왔음을 생각하면, 20세기에 이르러 비로소 아동·청소년 심리치료의 공식 체계가 구성되었고 심리치료를 과학적으로 연구하기 시작한 지는 50년도 채 안 되었다는 것은 놀라운 일이다. 그러나 아동·청소년 심리치료 연구가 일단 시작되어 탄력을 받기 시작하자 빠르게 속도가 증가하고 있다. 그 결과 중 하나가 '근거기반 아동·청소년 심리치료'의 급격한 성장이다. 근거기반 아동·청소년 심리치료라는 용어는 유익한 효과가 있다는 증거가 연구를 통해서 검증된 여러 심리적 개입을 지칭한다. 각 연구마다 설계와 효과 확인의 기준은 달랐지만 연구들 사이에는 중요한 공통점이 있다. 구체적 방법에서는 서로 차이가 있어도 어떤 심리치료가 근거기반에 해당된다고 하려면 다음 조건을 갖추어야 한다는 데에는 일반적으로 공감대가 이루어져 있다. 즉 개입의 절차가 아주 상세하게 기록되어야 하고(예 : 치료 매뉴얼의 형태로), 대안적 설명을 배제할 수 있도록(예 : 문제의 호전이 단순히 자연적 시간 경과를 반영하는 것이 아님을 보여주는) 잘 통제된 연구에서 치료 효과가 확인되어야 하며, 치료의 긍정적 효과가 반복 검증(이상적으로는 치료 프로그램 개발자 이외의 다른 연구자들에 의한)에서도 확실하게 나타나야 한다.

현재 이러한 기준을 충족시키는 심리치료가 상당수 있으며, 그중 일부는 다른 치료보다 앞의 기준을 더 포괄적으로 충족시킨다. 그리고 치료를 개발하고 그 효과를 검증하며 어떻게, 왜, 그리고 어떤 대상에게 치료의 효과가 있는지, 개입의 필요충분요소가 무엇인지, 그리고 어떻게 다양한 대상 집단과 개입 환경에서 잘 작동하는 치료를 만들고 시행할 수 있는지를 밝히려는 수많은 연구 프로그램들이 진행되고 있다. 이 분야의 발전과 현황, 그리고 떠오르는 미래를 이해하려면 이미 폭넓은 지지를 받고 있는 훌륭한 프로그램, 개발과 검증이 상당히 진척된 프로그램, 그리고 심리치료를 새로운 미개척 분야로 이끄는 연구들에 대해서 알아야 한다. 그것이 바로 이 책을 만드는 작업의 지침이 된 관점이다. 우리는 이 책에서 지지근거가 있는 치료를 임상과학자들이 치료를 개발하고 그 근거기반을 다각도로 보강하는 데 사용하는 전략을 설명하며 치료개발과 검증에서 부딪치게 되는 중요한 이슈들을 조사하면서 이 분야를 폭넓게 훑어보려고 한다.

근거기반 심리치료라는 벽걸이와 이를 채우는 데 필요한 작업을 제시해야 하는 아주 절실한 이유가 있다. 이 책을 쓰고 있는 현 시점에 국가 경제는 힘겨운 싸움을 벌이고 있고 전 세계의 국가들은 제한된 자원이라는 난제와 마주하고 있으며 여러 지역에서 폭력과 혼란으로 아동과 가족의 정신건강이 위협받고 있다. 어느 때보다도 건강과 정신건강 서비스의 필요성이 증가하고 분명해지고 있음에도 불구하고 많은 지역에서 이를 위한 지원은 삭감되고 있다. 이러한 상황에서는 이미 효과가 확인되어 정당화될 수 있는 서비스가 더욱 필요해진다. 이 책은 그러한 서비스가 이미 존재하며 그 수효와 다양성이 빠르게 확대되고 있음을 보여주고 있다. 그러나 **국제질병 및 건강문제통계 분류체계, 제10판**(*International Statistical Classification of Diseases and Related Health Problems, 10th Revision*; WHO, 2016)에 기재된 아동·청소년 정신행동장애 중 다수에 대해서는 아직 아동·청소년에 특화된 근거기반 심리치료가 존재하지 않는다. 더구나 아직도 주요 정신건강 전문인력(임상심리, 소아정신의학, 사회복지, 상담, 소아과) 수련 프로그램의 대다수에는 근거기반 치료법 훈련이 거의 포함되어 있지 않다. 이러한 상황은 변하고 있지만 그 변화는 관련 근거기반 치료와 이를 뒷받침하는 증거, 그리고 근거기반 치료를 구축하고 시행하며 관련 정보를 보급하는 가장 효과적 전략을 밝혀내고 서술하며 부각시키는 노력으로 뒷받침된다면 더욱 힘을 얻을 것이다.

이 책은 사회복지, 정신의학, 상담, 그리고 기타 정신건강 분야의 학생들, 효과적 개입 프로그램을 내놓으려는 경력 초기 단계의 연구자들을 비롯한 임상과학자들, 최선의 검증된 임상실무 기술을 받아들여서 자신의 임상적 기술을 확충하고자 하는 임상가들, 그리고 아동의 치료방안에 대한 주장과 반대 주장들이 난무하는 곳을 지나가야 하는 부모 등 염려해주는 어른들에게 도움이 될 수 있게끔 구성되어 있다. 이와 같이 여러 독자층에게 유용한 책을 만들기 위하여 다양한 심리치료를 각각 그 개념적 기반, 개입 절차, 치료 효과 증거, 앞으로 추진할 과제와 나아갈 방향을 간결하고 매끄럽게 기술하고자 저자들과 함께 노력했다.

각 장을 간결하게 저술하려고 노력한 결과 치료 및 치료의 개발과 검증에 관련된 이슈들을 폭넓게 다룰 수 있었다. 이 책의 각 장에서는 우울, 불안, 외상후 스트레스, 강박장애, 품행 문제, 비행, 주의력결핍 과잉행동장애, 자폐스펙트럼장애, 섭식장애, 유뇨증과 유분증, 물질사용장애, 자살 및 자살 외 자해 행동 등 아동·청소년이 보이는 다양한 문제에 대한 개입을 두루 다루고 있다. 그밖에 소수민족 아동·청소년을 위한 근거기반 심리치료, 평가 관련 이슈, 윤리적 이슈, 치료의 개발을 발달과학, 새롭게 부상하고 있는 과학기술 및 신경과학과 연계시키려는 노력, 근거기반 치료의 개인화 전략을 중점적으로 다루는 장도 포함되어 있다. 효과적 치료를 필요로 하는 아동·청소년에게 이를 보급하는 일이 중요하므로, 전형적 연구의 범위를 넘어선 주 또는 국가 그리고 국제적 차원의 노력에 관한 장들도 있다. 종합하면 이 책의 각 장은 임상적 문제의 개념화와 해결책의 고안에서 시작해서 개입 절차의 개발과 문서화, 그리고 실증적 검증 등 근거기반 심리치료를 개발하여 아동·청소년과 그 가족이 사용할 수 있게 하는 전 과정의 핵심을 담고 있다. 또한 이상적으로는 궁극적으로 그 개입이 적용될 환경 및 대상에 근접하는 집단에 대한 검증, 그리고 개입의 효과가 발생하는 변화 과정의 이해를 목표로 하는 검증이 포함되어야 하며, 이제는 어떻게 치료를 새로운 환경에 도입해서 효과를 거둘 수 있게 하는지를 연구하는 이행과학도 포함되어야 할 것이다.

앞서 이 책의 내용을 강조했지만 이 책의 가장 큰 강점은 기고자들임을 말하고자 한다. 우리가 엄정하고 혁신적 연구 업적을 통해서 해당 분야에 기여한 바가 널리 인정되고 있는 저명한 연구자와 이론가들을 모실 수 있었던 것은 정말 행운이라고 생각한다. 이와 같이 훌륭한 분들이 자신의 심리치료와 연구 프로그램, 그리고 이 분야에 관한 귀한 생각들을 명료하고 설득력 있게 전달하기 위하여 들인 시간과 노고에 감사드린다. 그리고 이 책의 준비 기간에 우리의 연구를 지원해준 여러 기관/재단에도 감사의 뜻을 표한다. Alan E. Kazdin은 Humane Society of America, Pack Parker Corporation, Laura J. Niles Foundation, Morris Animal Foundation, 그리고 National Institute of Mental Health로부터, John R. Weisz는 Annie E. Casey Foundation, Connecticut Health and Development Institute and Department of Children and Families, Institute of Education Services(of the U.S. Department of Education), National Institute of Mental Health, 그리고 Norlien Foundation으로부터 지원받았음을 밝힌다. 우리 둘 다 끊임없는 지적 자극과 즐거움을 준 현명한 동료들, 박사후 연구원들, 그리고 대학원생들에게 특히 도움을 받았다. 이 책이 훌륭하게 나올 수 있도록 제작 과정의 모든 세부사항에서 우리와 함께 작업한 Karen O'Connell의 배려와 헌신, 그리고 지치지 않는 유머에 진정으로 감사를 드린다. 누구였는지 밝히지는 않겠지만 우리 두 편집자 중 하나는 다른 편집자(역시 거명하지는 않겠으나)와 함께 작업을 하면서 정말 즐거웠다는 것을 밝히고자 한다. 마지막으로 Guilford Press의 수석편집자인 Seymore Weingarten은 이 책의 1판을 구상하는 데 주요한 역할을 했을 뿐 아니라 2판과 3판의 출판에도 든든한 지원을 아끼지 않았다. 그와 함께 일할 수 있다는 것이 우리에게 큰 즐거움이었다.

참고문헌

Platt, S. (Ed.). (1989). *Respectfully quoted: A dictionary of quotations requested from the Congressional Research Service.* Washington, DC: Library of Congress.

Spangler, A. (Ed.). (2011). *The names of God Bible* (without notes). Grand Rapids, MI: Baker Publishing Group.

World Health Organization. (2016). *International statistical classification of diseases and related health problems, 10th revision.* Geneva, Switzerland: Author.

차례

C. 다른 장애와 특수 응용 프로그램

PART 3 실행과 보급 : 새로운 집단과 새로운 현장에 치료 확장하기

PART 4   중대한 이슈들

PART 5   결론 및 향후 방향

PART
1

아동·청소년 심리치료 연구의 토대

CHAPTER 1

서론
맥락, 배경, 그리고 목표

Alan E. Kazdin & John R. Weisz

이 책은 심리적 고통 혹은 부적응적 행동의 감소나 적응 기능의 향상을 위하여 상담 및 구조화된, 혹은 기타 계획적 심리사회적 개입 등의 방안을 이용하는 모든 개입을 포괄하는 넓은 의미의 '심리치료'에 초점을 두고 있다(Garfield, 1980; Waldreon-Skinner, 1986). 심리치료의 목표는 개인 내 및 대인관계 영역에서의 적응과 기능을 개선하고 부적응적 행동과 다양한 심리적 신체적 문제를 경감시키는 것이다. 이러한 목표를 이루는 방법은 일차적으로 대인 간 접촉으로, 대다수의 치료에서 이는 언어적 상호작용을 통해서 이루어진다. 아동과 청소년 심리치료에서는 대화, 놀이, 새로운 행동의 유발과 강화, 문제해결 및 대처 기술의 함양, 그리고 활동의 시연이 포함될 수 있다.[1] 또한 이러한 행위를 수행하는 사람은 심리치료사, 부모나 보호자, 교사 혹은 또래가 포함될 수 있다. 작은 인형, 게임, 이야기, 동물(예 : 개, 말 등), 비디오, 과학기술, 사회적 매체 등 다양한 치료보조 수단이 치료 목표를 위한 수단으로 활용될 수 있다. 심리치료의 정의와 이 책의 초점을 고려해서 약물과 식이요법 등 아동기 심리장애에 사용될 수 있는 기타 여러 치료방안들은 이 정의에서 제외되었다.

심리치료는 치유 사업으로서 공식적으로 기술된 것(Freedheim et al., 1992)을 훨씬 넘어서는 훌륭한 역사가 있다. 아마도 비극, 희극, 그리고 일반적으로 예술이 정서 상태를 고양시키거나 진정시키는 정화적 역할을 한다는 것을 강조한 아리스토텔레스(Aristotle, 38−22 B.C.E)의 저술을 그 출발점으로 보아도 무리가 없을 것이다(*Poetics*, 350 B.C.E.; *Politics* VIII, 350 B.C.E.).[2] 아리스토텔레스와 심리치료의 연결은 의학, 종교, 심령술과 스트레스, 부적응과 여러 질병의

완화를 위하여 암시, 최면 등 이런저런 준의학적 혹은 기대기반 개입 등을 활용하는 보조치료
법들의 자취를 따라가 보면 쉽게 알 수 있다(Scott, 2010; Shapiro & Shapiro, 1998; Wampold &
Imel, 2015). 심리치료가 연구와 임상적 행위의 한 분야임이 공식적으로 기술된 것은 100년쯤
전으로 거슬러 올라갈 수 있다(Norcross, VandenBos, Freedheim, 2010). 그러한 맥락에서 볼 때
심리치료는 정신적(정신의학적) 기능장애와 적응 문제에 대처하기 위한 개입 노력에서 출발되
었다고 할 수 있다.

　　아동 심리치료에 대한 경험적 연구의 역사는 비교적 짧다. 초기의 심리치료 문헌 개관에서
아동 혹은 청소년이 포함된 연구가 소수 확인되었다(Levitt, 1957, 18개 연구; 1963, 추가적으
로 22개 연구). 이들을 개관한 결과 심리치료가 아무런 공식 개입(즉 심리치료) 없이 단순히 시
간이 경과한 경우보다 더 효과적인 것 같지는 않다는 결론이 나왔다. 심리치료를 받건 안 받건
아동들이 호전된 비율(3~6%)에는 별 차이가 없었다. 이는 영향력이 컸던 Eysenck(1952)의 선
구적인 성인 심리치료 효과 개관 연구의 결론과 비슷하다. 이 세 개관 연구에서 내린 결론은 모
두 방법론 측면에서 대체로 취약한 연구들을 토대로 하였다. 예컨대 무선할당 통제실험은 거의
포함되지 않았고, 표집의 크기가 작았으며, 치료의 구체적 내용이 충분히 기술되어 있지 않았
다. 그렇다고 해도 이 세 편의 개관 논문은 이 분야를 부각시키고 수준 높은 경험적 연구가 훨
씬 더 많이 필요함을 알림으로써 중요한 영향을 미쳤다.

　　지난 60년간 심리치료 효과 연구는 양적으로 크게 증가하였다(Weisz et al., in press). 세계적
으로 몇 편의 논문이 나와 있는지 정확하게 집계되어 있지는 않다. 그러나 영어권으로 국한시
켜 보수적으로 추정된 통제된 아동·청소년 심리치료 연구는 1999년을 기점으로 했을 때 약
1,500편에 달한다(Kazdin, 2000). 연구의 질적 수준도 이전보다 향상되었다. 심리치료 효과 연
구의 착수를 승인받고 연구 수행을 위한 연구비를 확보하며 연구 결과를 출판하기 위해서는 더
욱 까다로운 기준을 충족시켜야 한다. 예를 들어 연구 결과를 보고하려면 충족시켜야 할 특별
기준이 있다[예 : 치료실험 보고의 통합기준(CONSORT); www.consort-statement.org]. 특별기
준에는 연구 참여자 모집 절차와 연구에의 포함 및 배제 기준을 명확하게 기술하고, 매뉴얼 형
태로 치료를 제공하며, 치료에 충실하게 따랐는지를 조목별로 요약하고, 여러 측정도구와 평가
방법을 사용하며, 치료적 변화를 통계적 유의성 이상의 기준(예 : 효과크기, 임상적 의미)을 사
용하여 평가하는 것 등이 포함된다. 연구자는 정확하게 어떤 척도가 사용될지, 주요 척도들이
무엇인지, 척도들을 어떻게 조사할지를 완벽하게 기술해야 한다. CONSORT 기준은 잘 정착
되어서 수백 개의 학술지에서 채택되었고, 의학이나 재활 등 개입을 평가하는 여러 학문 분야
로 확산되고 있다.

　　CONSORT 이외에도 미국 국립보건원(National Institute of Health, NIH) 등의 연구비 지원
기관, WHO 등의 국제기구, 메디컬저널 에디터 국제위원회(International Committee of Medical

Journal Editors)와 같은 학술지 편집자협회에서 요구하거나 권장하는 추가적 기준도 많다. 미국의 가장 큰 임상실험 데이터베이스(clinicaltrials.gov)에는 현재 약 28만 개의 연구가 등록되어 있다. 이 데이터베이스는 미국의 50개 주, 그리고 세계 191개 국가에서 수행된 임상실험을 포괄하고 있다. 임상실험을 등록하는 여러 방식에서 공통적으로 추구하는 목표는 연구의 설계, 수행과 분석을 향상시키고 연구 완료 전에 중요한 양상을 구체적으로 기술하도록 하는 것이다. 또한 연구 등록을 통해서 유의미하지 않거나 부정적 결과도 연구 결과의 보고에 포함시키게 하는 등 연구 결과 보고의 균일화 전망을 높여서 근거기반의 대표성을 극대화하는 데 기여할 수 있다.

　보통 어느 것이 근거기반 치료에 해당되는지의 판정은 1~2개 연구가 아니라 여러 연구, 그리고 독립적 연구 팀에 의한 반복검증에 토대를 두고 내려진다. 임상실험을 종합하는 주요한 방법은 메타분석과 서술적 개관이다. 앞서 강조하였듯이 개별 연구의 시행과 결과 보고 기준의 개발과 함께 심의해서 통합할 연구들의 질이 높아졌고 이끌어낼 수 있는 추론도 강화되었다. 연구를 심의하는 기준도 향상되었다. 탁월한 기준으로는 Cochrane Collaboration(www.cochrane.org/about-us)과 PRISMA(Preferred Reporting Items for Systematic Reviews and Meta-Analyses) 지침(www.prisma-statement.org)을 들 수 있다. 예를 들어 PRISMA 지침은 충족시켜야 할 여러 기준(예 : 연구에의 포함 기준, 척도 통합 여부의 결정 방식, 논문 출판에서의 편향 평가 노력 여부의 상세한 기술 등)의 목록을 제공하고 있다.[3] 개관 연구뿐 아니라 개별 연구의 수행과 결과 보고의 기준은 여러 건강관리 분야와 학술지, 그리고 국경을 넘어서 국제적으로 통용되고 있다. 임상실험은 여러 나라에서 수행되는 경우가 많으므로 연구 수행과 연구 성과 평가의 공통 기준이 마련되면 다양한 출처로부터의 지식의 통합과 연구자들 사이의 의사소통이 촉진될 수 있을 것이다.

근거기반 심리치료의 강조

이 책은 아동·청소년을 위한 근거기반 심리치료에 관한 것이다. '근거기반'이라는 용어에는 임상심리학, 정신의학, 내과학, 사회사업, 공중보건, 치과학, 법학, 사회정책학 등 수많은 학문 분야가 관여된 만큼 다양한 정의와 의미가 존재한다. 근거기반 심리치료(EBP)는 국내뿐 아니라 국제적으로(예 : 미주와 유럽연합 등) 여러 나라의 다양한 전문가 조직에 의해서 묘사되어 있다. 또한 다양한 민간 및 공공 기관도 근거기반이라고 볼 수 있는 심리치료를 정의하고 기술하고 있다. 아마도 아동·청소년 및 성인을 위한 개입을 포괄하는 정보 제공 자원 중 미국에서 가장 잘 알려진 것은 물질남용 및 정신건강서비스국(http://nrepp.samhsa.gov/01_landing.aspx)에서 제공하는 것일 것이다. 아동 심리치료에 관해서는 심리장애별로 근거기반 심리치료의 최신 정보가 또 다른 정보 제공 자원(http://explore.tandfonline.com/page/beh/hcap-evidence)에 나와 있다. 관련 집단, 치료 선정 기준과 치료 목록을 작성하고 심의하는 자원이 여럿이므로, 하나로 합의된 근거기반 심리치료에 대한 정의는 존재하지 않는다.[4]

대개 근거기반 개입을 기술할 때 흔히 여러 기준이 인용되는데, 그중 다음 조건을 충족시키는 연구가 최소한 둘 이상 있어야 한다는 기준이 포함된다.

1. 환자 모집단의 상세한 기술
2. 각 조건에 참여자의 무선할당
3. 절차를 문서화한 치료 지침서 사용
4. 치료의 표적인 문제 혹은 장애의 측정을 포함한 다중 효과 측정치(평정자의 평정치가 사용되는 경우 평정자는 조건을 모르는 상태에서 평정)
5. 치료 후 치료 집단과 비교 집단 간 통계적으로 유의한 차이
6. 효과의 반복 검증(이상적으로는 독립적 연구자 혹은 연구 팀에 의한)

'근거기반' 여부를 명확하게 구분할 필요는 없다. 우울증, 품행장애, 자폐증 등 다수의 정신장애 진단에서 단일한 절단점을 정하기 어렵듯이 근거기반의 개념도 하나의 절단점보다는 스펙트럼으로 생각할 수 있다. 근거기반 치료 기준의 개발과 수정의 초기 단계부터 '유망한(promising)', '아마도(probably)', 그리고 '근거기반 혹은 효과적에 근접(almost evidence-based or effective)' 등의 수식어를 사용해서 스펙트럼의 성격을 인정해왔다(예 : Chambless & Hollon, 1998; Chambless & Ollendick, 2001). 그렇기는 하지만 치료 개관에 따라 서로 다른 스펙트럼이 사용되고 있다(예 : Nathan & Gorman, 2015). 경험적 문헌 자체에서도 일부 근거기반 치료는 다수의 실험에서 반복 검증되고 뒷받침된 반면, 소수 실험으로만 뒷받침된 것들도 있어 근거의 질과 양을 기반으로 치료를 구분하거나 기술할 수 없다. 이 책에서는 치료를 근거기반의 유무로 분류하거나 스펙트럼상의 위치를 정하기보다는 강력한 경험적 지지를 받는 치료를 제시하고자 하였다. 우리는 근거기반 치료들을 제시하고 모범적 연구 프로그램을 부각시켜서 실질적 발전과 이를 가능하게 한 연구의 방법론적 우수성을 보여주고자 한다.

이 책에서 크게 다루고 있는 진척의 개관

근거기반 치료 연구는 크게 발전했다(Weisz et al., in press). 이 책의 이전 판(2003, 2010)이 출판된 이후 확실히 정립된 연구 프로그램들이 크게 늘었고 새로운 프로그램들이 등장했으며 치료 시행의 새로운 방안이 개발되었고, 임상 현장, 그리고 다른 나라에의 보급과 시행도 엄청나

게 확장되었다. 이제 그 풍부한 문헌에는 과정, 중재요인, 조절요인, 그리고 효과에 대한 많은 연구 결과들과 기존 기법들의 새로운 응용방안, 보다 수월하게 보급될 수 있게끔 새롭게 변형된 치료 등에 대한 수많은 연구 결과가 담겨 있다. 이 책에는 그 모든 것이 두루 포함되어 있지만 최근 아동·청소년 심리치료 연구의 세 가지 특징이 특히 주목할 만하다.

첫째, 아동·청소년의 다양한 사회적·정서적·행동적 문제가 치료 연구에서 다루어지고 있다. 이 행동들은 일상 기능의 고통이나 손상과 관련이 있다면 문제라고 보았다. 아동들이 경험하는 문제의 범위는 무척 넓다. 정신과 진단만을 보아도 불안, 우울, 주의집중장애, 파괴적 행동장애 등 영·유아기, 아동기, 청소년기에 나타나는 임상적 장애는 다양하다(American Psychiatric Association, 2013 ; World Health Organization, 2010). 실제로 대다수의 정신과 장애가 아동·청소년기에 처음 나타난다(Kessler et al., 2005).

근거기반 치료가 확대되면서 점점 더 많은 아동 기능장애와 영역이 그 대상이 되었다. 불안장애, 기분장애, 주의력결핍 과잉행동장애, 신경성 식욕부진증, 유뇨증, 유분증, 자폐스펙트럼장애, 적대적 반항장애, 품행장애, 그리고 물질남용장애 등 이 책에서 다루고 있는 여러 문제들을 보면 근거기반 치료가 확대되고 있음을 잘 알 수 있다. 강박장애, 외상후 스트레스장애와 같이 불안장애의 다른 하위 유형들, 파괴적 행동장애 중 적대적 행동과 공격 행동의 경우처럼 특정 문제의 다른 심각성 수준, 그리고 어린 아동과 청소년들의 품행 문제의 경우처럼 발달 과정의 다른 시점에서 나타나는 문제들을 평가하기 위한 개입이 개발되어 있다. 이와 같이 개입의 초점이 달라지면 아동·청소년이 경험하는 문제의 조절을 위하여 아동, 부모, 가족, 학교 그리고 동네 자원 등 다른 개입 모델을 끌어들이게 된다.

둘째, 다양한 민족적·문화적 배경의 아동과 가족을 위한 치료의 개발과 평가에 더 많은 관심을 기울이게 되었다. 다양한 집단에 효과적으로 사용될 수 있는 개입은 미국 혹은 북미 내의 집단뿐만이 아니라 전 세계 아동·청소년의 정신건강 요구를 다룰 수 있는 모델로서 필요하다. 캐나다, 멕시코, 미국 등 북미에는 수백 가지 민족과 문화집단이 있고, 세계적으로 본다면 수천 가지 집단이 있다(www.infoplease.com/ipa/a0855617.html). 민족과 문화에 따라 증상의 양상, 진단, 유병률, 그리고 치료 시행의 여러 측면이 달라질 수 있다(예 : Chung et al., 2013 ; Lewis-Fernández & Aggarwal, 2013 ; Paniagua & Yamada, 2013). 여러 민족집단에 두루 효과가 있는 치료가 많이 있지만 그렇지 못한 치료들도 있다(Miranda et al., 2005). 따라서 민족과 문화 이슈는 근거기반 개입을 개발하고 평가할 때 반드시 포함되어야 한다(Bernal, 2006 ; Kazdin, 2008).

이 책은 다양한 민족과 문화집단에 적합한 치료 개발의 발전상을 잘 보여주고 있다. 우리는 국제적으로 보다 넓은 이슈를 다룸으로써 이를 확장시켰다. 근거기반 치료를 연구하고 이의 실질적 도입에는 여러 나라가 관심을 가지고 있다. 여러 나라의 정보자원에서는 임상 실무에서 사용할 기법을 추천하는 근거로 연구에서 얻은 증거를 사용한다. 잘 알려진 예로 영국의 정신 및 신체 건강을 위한 근거기반 개입을 심의하고 선정하며 추천하는 기관인 NICE(National Institute for Health and Care Excellence; www.nice.org.uk)를 들 수 있다. NICE 지침은 전국적으로 시행되고 있다. 현재 과거의 어느 때보다도 연구의 국제화와 증거를 치료의 지침으로 활용하는 추세는 뚜렷하다. 이 책의 여러 장에는 여러 나라의 모범적 연구 프로그램들이 인용되어 있다.

셋째, 임상 현장에 근거기반 치료를 보급하고 시행하는 데 연구의 초점이 맞춰져 왔다. 아동·청소년 심리치료 개발에서 관심을 가져야 할 연구 문제들과 문제 영역들은 아직도 많이 남아 있다. 그러나 정신건강 전문인들의 훈련에 포함되고 직접 환자를 치료하고 있는 사람들에게 전달되면 환자의 치료와 임상 효과에서 큰 차이를 가져올 수 있는 효과적 치료방안들이 이미 존재하고 있다. 실제로 치료를 시행하고 보급하려면 해결되어야 할 어려운 문제가 많다. 정보와 치료 기술을 모두 전달하는 문제, 치료 적용의 규모를 키우고 보급된 치료가 실제로 임상적 효과의 향상으로 이어지도록 하는 것도 해결되어야 할 과제이다(예 : Weisz, Krumholz, Santucci, Thomassin, & Ng, 2015; Weisz, Ng, & Bearman, 2014). 그동안 치료의 시행과 보급에서 획기적인 발전이 있었고, 이 책에 미국 및 기타 국가에서 이룬 발전상들이 예시되어 있다. 치료 이행을 위한 노력에는 다양한 유형의 치료와 보급 모델이 반영되어 있다. 효과적인 치료를 보급하면서 부딪치는 중요한 이슈와 장애물, 치료 보급 방안의 지침, 그리고 치료의 질을 유지하기 위한 필수적 요소 등의 주제가 논의되었다.

이미 강조된 바 있는 주요 특징들이 이 책의 핵심적 요소를 보여주고 있지만 그 외 다른 연구 결과들도 많다. 예를 들어 근거기반 치료가 부상하고는 있지만 다중장애(동반이환)가 있는 아동에게는 그 치료들을 적용하기 어렵지 않을까, 아주 심각한 사례들에는 정말 효과적이지 못할 수 있지 않을까, 혹은 심각한 결함이 있는 가족에게는 도움이 못 되지 않을까 등의 초기의 우려들도 기술되어 있다. 이러한 우려에 답하기 위한 경험적 연구도 계속 발전하고 있다. 두 가지 예만 들자면 우리가 직접 수행한 연구에서 공존장애나 임상기관에 의뢰된 아동의 가족 복합성과 스트레스 등의 요인들은 근거기반 치료의 효과를 저해하지 않으며 경감/완화시키지도 않는 것으로 드러났다(예 : Doss & Weisz, 2006; Kazdin & Whitley, 2006). 연구는 근거기반 치료에 대한 우려에 대하여 답을 구하는 수준을 훨씬 넘어서 발전하고 있다. 예컨대 이 책의 이번 판에서 다루고 있는 두 연구 분야는 신경과학의 적용이 치료의 선택에 어떤 정보를 줄 수 있는지와 급속히 팽창하고 있는 과학기술을 이용한 치료전달 방법(예 : 앱, 스마트폰, 웹, 소셜미디어 등)이다. 신경과학 및 신경생물학적 기반과 임상적 장애의 연관 현상은 점차 치료 과정의 검증에 통합되어 가고 있다(예 : Fisher et al., 2016; Kazdin, 2014). 그리고 인터넷과 넓은 의미에서의 과학기술에 기반을 둔 치료는 발달의 전 범위에서 급격히 증가하고 있다(예 : Andersson, 2016; Comer, 2015). 이 두 분야는 앞으로 계속 발전할 것으로 예상된다.

이 책의 목표

이 책에서는 증거로 뒷받침되는 아동·청소년 심리치료들을 소개하고 심리치료가 강한 경험적 기반을 갖추려면 어떠한 유형의 연구가 필요한지를 보여주고자 하였다. 각 장에는 근거기반을 갖춘 것으로 알려진 다양한 심리치료를 두루 담고 있다. 그러나 이미 말했듯이 이 책에 포함할지 여부를 결정하는 엄격한 기준은 거론하지 않았다. 그보다는 우리가 보기에 모범적이며 통제 연구에서 뚜렷한 진전이 있었던 개입과 연구 프로그램을 선정하였다. 독자들이 알게 되겠지만 일부 장들은 통제 연구와 여러 번의 반복검증을 통해서 아주 잘 확립된 치료들을 다루고 있다. 이 책은 그러한 근거기반 치료에서의 발전을 잘 보여주도록 구성되어 있다. 그 외에 체계적 연구가 잘 진행되고 있는 다양한 개발 단계의 치료도 다루고 있다. 비록 이 책의 목적은 다년간의 연구에서 얻은 풍성한 소득을 보여주려는 것이지만 체계적 연구의 과정도 여러 장에 걸쳐서 잘 예시되어 있다. 이는 치료를 개발하면서 개입 연구에 헌신하려는 연구자들에게 연구 프로그램 개발 방법의 예를 보여주어서 도움을 주기 위한 것이다.

뒤따르는 장에서는 대부분 특정 치료 기법을 소개하는 데 중점을 두고 있다. 그 장의 기고자들에게는 각자 연구하고 있는 임상적 문제를 개관하고, 치료의 모델 혹은 그 저변에 있는 가정, 그리고 치료의 목표를 기술해줄 것을 요청했다. 독자들이 치료 회기의 내용을 알아볼 수 있도록 각 장에는 개입의 세부 내용과, 회기에서 다룬 내용의 순서, 그리고 강조한 기술이나 과제가 포함되어 있다. 학술지와 같은 일반적인 연구 결과 출판의 경로에서는 이러한 세부 내용을 포함시킬 수 없으므로 독자들은 특정 개입이 효과가 있다는 것은 알지만 그 개입에 무엇이 포함되어 있는지 상세하게 알 수 없는 경우가 많다. 우리는 필자들에게 개입을 기술하면서 그 개입이 어떻게 시행되었는지 논의하고, 어떤 치료지침서가 사용되었으며 입수 가능한지, 치료자는 어떤 사람으로 어떠한 훈련과 슈퍼비전을 받았는지, 그리고 그 밖의 세부사항들을 언급해주기를 권하였다.

또한 기고자들에게는 자신들의 치료에 대한 증거의 범위를 제시해주기를 요청하였다. 그 분들은 방대한 연구 프로그램을 운영하고 있는 경험 많은 연구자이다. 따라서 연구 결과를 간략하게 제시해달라고 요청하는 것은 가혹하고 불공평한 일이다. 그럼에도 불구하고 기고자들은 그 어려운 과제를 받아들여서 해당 치료의 효과와 관련된 증거, 그리고 그 치료 관련해서 연구에서 다루고자 하였던 의문점을 간결하게 요약해주었다. 각 장에는 그 치료가 어떤 것인지, 어떤 대상에 적용되는지, 치료의 효과에 관련해서 어떤 증거가 있는지, 그리고 앞으로 연구되어야 할 핵심 문제가 무엇인지가 간략하게 요약되어 있다.

치료의 발전은 그 보급과 시행의 범위, 수준, 모델의 발전과 함께 나아간다. 아직 근거기반 치료가 존재하지 않는 문제들에 대한 새로운 치료의 개발에 더 많은 노력이 필요하겠지만 치료의 시행과 보급에 대한 체계적 연구가 최우선 과제로 떠오르고 있다. 이 책은 치료의 보급에 따르는 도전과 성공을 다루고, 새로운 치료의 개발 단계에서 고려해야 할 사항에 영향을 미칠 수 있는 이슈들을 제기하고 있다.

우리는 치료와 보급을 여러 환경적 맥락에서 보다 폭넓은 이슈들과 관련시킴으로써 이 책의 장들을 엮어보려고 하였다. 서문과 맺음말, 개발과 윤리적 고려사항을 담은 장들은 연구와 임상 실무에 관련된 핵심 이슈를 다루고 있다. 또한 맺는 장에서는 진보의 궤적이 확실하게 새로운 높이로 올라갈 수 있도록 다음 단계를 가리키고 있다.

우리는 이 책에 근거기반 치료, 치료가 가능한 심리장애의 범위, 그리고 보급을 위한 노력의 범위를 종합적으로 담을 수 있어서 기쁘다. 그동안 뚜렷한 과학적 발전이 있었다는 사실이 우리를 기쁘게 한다. 내재화 혹은 외현화 장애에 대한 근거기반 치료, 소외계층을 위한 개입 혹은 치료의 보급 모델과 증거는 충분히 별개의 책으로 나올 수도 있었다. 이 책은 이들 중 각 분야에서 뛰어난 업적을 통해서 아동·청소년 심리치료가 발전을 거듭하여 강건한 과학적 기반 위에 올라있음을 전달하고 있다.

주

1. 이 장에서 '아동(child)'이라는 용어는 어린 아동에서 청소년에 이르는 집단을 함께 아우르는 용어로 사용되었다. '젊은이(youth)'라는 용어가 비슷한 의미로 사용된 곳도 있다. 특정한 개입이나 연구에 적용될 때에는 연령이 보다 세밀하게 구분되어 있다.

2. 심리치료의 근원을 아리스토텔레스까지 거슬러 올라가는 것은 크게 확대해석하는 것이 아니다. 아리스토텔레스는 정서 상태에 관해서 언급하였고 정서적 동요로 인하여 고통받는 사람들을 노래로 치료할 수 있다고 하였다(*Politics* VIII 7.1342a4-16). 심리치료의 역사를 전개하거나 도표로 그리면 그 연관성은 더욱 명료해진다. 프로이트의 사돈 집안인 Jacob Bernays(1824~1881, 1857)는 아리스토텔레스를 인용하면서 비극을 통해서 얻는 정화적 효과는 심리적 치유와 비슷한 과정이라고 하였다.

3. 개별 연구와 개입문헌을 개관한 논문 보고에 적용되는 공통적 기준은 CONSORT와 PRISMA 기준에서 보듯이 진화를 거듭하고 향상되고 있다(Gardner et al., 2013; Grant, Mayo-Wilson, Melendez-Torres, & Montgomery, 2013; Moher, Liberati, Tetzlaff, Altman, & PRISMA Group, 2009; Moher et al., 2015). 또한 개입에 초점을 둔 단일사례 연구설계의 보고와 시행을 표준화하는 국제적 지침이 최초로 개발된 바 있다(Tate et al., 2016). SCRIBE 지침(Single-Case Reporting Guideline In BEhavioral Interventions) 덕분으로 대부분의 근거기반 치료 평가에서 누락되었던 개입 연구들의 통합과 검토가 촉진될 것이다. 우리가 주목할

것은 높은 기준이 확립되어 있고 계속 진화하고 있으며, 이는 연구의 질을 향상시킬 뿐 아니라 국제적으로 일관된 기준의 개발로 이끌 것이라는 점이다.

4. 동일한 근거기반 치료 목록을 만들려는 노력은 사용된 용어의 차이로 인하여 부분적으로 퇴색하였다. 가장 상이한 용어는 '근거기반 심리치료(혹은 개입)'와 '근거기반 실무'이다. 이 책의 핵심인 근거기반 치료는 통제된 연구실험을 통하여 평가된 개입이나 기법(예 : 우울증의 인지치료, 불안의 노출치료)을 말한다. 근거기반 실무(EBP)란 개입에 관한 증거를 참고하지만 개별 사례에서의 결정은 임상적 전문성과 환자의 욕구, 가치, 선호 그리고 이를 모두 통합한 임상가의 견해에 따르는 임상 실무를 지칭하는 보다 넓은 의미의 용어이다(예 : American Psychological Association Presidential Task Force on Evidence-Based Practice, 2006; Goodheart, Kazdin, & Sternberg, 2006; Westen & Bradley, 2005). 요약하면 근거는 개입에 기반을 둔 것이며 임상 실무에서 이를 임상적 판단으로 걸러서 번안하여 채택하면 연구에서 보여주었던 효과가 나타날 수도 있고 그렇지 못할 수도 있다.

참고문헌

American Psychiatric Association. (2013). *Diagnostic and statistical manual of mental disorders* (5th ed.). Arlington, VA: Author.

American Psychological Association Presidential Task Force on Evidence-Based Practice. (2006). Evidence-based practice in psychology. *American Psychologist, 61,* 271–285.

Andersson, G. (2016). Internet-delivered psychological treatments. *Annual Review of Clinical Psychology, 12,* 15–79.

Bernal, G. (2006). Intervention development and cultural adaptation research with diverse families. *Family Processes, 45,* 143–151.

Bernays, J. (1857, 1880). *Zwei Abhandlungen über die aristolische Theorie des Drama: I. Grundzüge der verlorenen Abhandlung des Aristoteles über Wirkung der Tragödie; II. Ergänzung zu Aristoteles' Poetik.* (Part I first published in Breslau, 1857).

Chambless, D. L., & Hollon, S. D. (1998). Defining empirically supported therapies. *Journal of Consulting and Clinical Psychology, 66,* 7–18.

Chambless, D. L., & Ollendick, T. H. (2001). Empirically supported psychological interventions: Controversies and evidence. *Annual Review of Psychology, 52,* 685–716.

Chung, K. M., Ebesutani, C., Bang, H. M., Kim, J., Chorpita, B. F., Weisz, J. R., et al. (2013). Parenting stress and child behavior problems among clinic-referred youth: Cross-cultural differences across the US and Korea. *Child Psychiatry and Human Development, 44*(3), 46–68.

Comer, J. S. (2015). Introduction to the special series: Applying new technologies to extend the scope and accessibility of mental health care. *Cognitive and Behavioral Practice, 22,* 25–57.

Doss, A. J., & Weisz, J. R. (2006). Syndrome co-occurrence and treatment outcomes in youth mental health clinics. *Journal of Consulting and Clinical Psychology, 74,* 41–25.

Eysenck, H. J. (1952). The effects of psychotherapy: An evaluation. *Journal of Consulting Psychology, 16,* 31–24.

Fisher, P. A., Beauchamp, K. G., Roos, L. E., Noll, L. K., Flannery, J., & Delker, B. C. (2016). The neurobiology of intervention and prevention in early adversity. *Annual Review of*

Clinical Psychology, 12, 33–57.

Freedheim, D. K., Freudenberger, H. J., Kessler, J. W., Messer, S. B., Peterson, D. R., Strupp, H. H., et al. (1992). *History of psychotherapy: A century of change.* Washington, DC: American Psychological Association.

Gardner, F., Mayo-Wilson, E., Montgomery, P., Hopewell, S., Macdonald, G., Moher, D., et al. (2013). Editorial perspective: The need for new guidelines to improve the reporting of trials in child and adolescent mental health. *Journal of Child Psychology and Psychiatry, 54*(7), 81–12.

Garfield, S. L. (1980). *Psychotherapy: An eclectic approach.* New York: Wiley.

Goodheart, C. D., Kazdin, A. E., & Sternberg, R. J. (Eds.). (2006). *Evidence-based psychotherapy: Where practice and research meet.* Washington, DC: American Psychological Association.

Grant, S. P., Mayo-Wilson, E., Melendez-Torres, G. J., & Montgomery, P. (2013). The reporting quality of social and psychological intervention trials: A systematic review of reporting guidelines and trial publications. *PLoS ONE, 8,* e65442.

Kazdin, A. E. (2000). Developing a research agenda for child and adolescent psychotherapy research. *Archives of General Psychiatry, 57,* 829–835.

Kazdin, A. E. (2008). Evidence-based treatments and delivery of psychological services: Shifting our emphases to increase impact. *Psychological Services, 5,* 201–215.

Kazdin, A. E. (2014). Moderators, mediators, and mechanisms of change in psychotherapy. In W. Lutz & S. Knox (Eds.), *Quantitative and qualitative methods in psychotherapy* (pp. 87–101). East Sussex, UK: Routledge.

Kazdin, A. E., & Whitley, M. K. (2006). Comorbidity, case complexity, and effects of evidence-based treatment for children referred for disruptive behavior. *Journal of Consulting and Clinical Psychology, 74,* 45–67.

Kessler, R. C., Berglund, P., Demler, O., Jin, R., Merikangas, K. R., & Walters, E. E. (2005). Lifetime prevalence and age-of-onset distributions of DSM-IV disorders in the National Comorbidity Survey Replication. *Archives of General Psychiatry, 62,* 593–602.

Levitt, E. E. (1957). The results of psychotherapy with children: An evaluation. *Journal of Consulting Psychology, 21,* 189–196.

Levitt, E. E. (1963). Psychotherapy with children: A further evaluation. *Behaviour Research and Therapy, 60,* 326–329.

Lewis-Fernández, R., & Aggarwal, N. K. (2013). Culture and psychiatric diagnosis. In R. D. Alarcón (Ed.), *Cultural psychiatry* (Vol. 33, pp. 15–30). Basel, Switzerland: Karger.

Miranda, J., Bernal, G., Lau, A. S., Kohn, L., Hwang, W. C., & LaFromboise, T. (2005). State of the science on psychosocial interventions for ethnic minorities. *Annual Review of Clinical Psychology, 1,* 113–143.

Moher, D., Hopewell, S., Schultz, K. F., Montori, V., Gøtzsche, P. C., Devereaux, P. J., et al. (2010). CONSORT 2010 explanation and elaboration: Updated guidelines for reporting parallel group randomised trials. *British Medical Journal, 340,* c869.

Moher, D., Liberati, A., Tetzlaff, J., Altman, D. G., & PRISMA Group. (2009). Preferred reporting items for systematic reviews and meta-analyses: The PRISMA statement. *PLoS Medicine, 6,* e1000097.

Moher, D., Shamseer, L., Clarke, M., Ghersi, D., Liberati, A., Petticrew, M., et al. (2015). Preferred Reporting Items for Systematic Review and Meta-Analysis Protocols (PRISMA-P) 2015 statement. *Systematic Reviews, 4*(1), 1.

Nathan, P. E., & Gorman, J. M. (Eds.). (2015). *A guide to treatments that work* (4th ed.). New York: Oxford University Press.

Norcross, J., VandenBos, G. R., & Freedheim, D. K. (Eds.). (2010). *History of psychotherapy: A century of change* (2nd ed.). Washington, DC: American Psychological Association.

Paniagua, F. A., & Yamada, A. (Eds.). (2013). *Handbook of multicultural mental health* (2nd ed.). San Diego, CA: Academic Press.

Scott, R. A. (2010). *Miracle cures: Saints, pilgrimage, and the healing powers of belief.* Oakland, CA: University of California Press.

Shapiro, A. K., & Shapiro, E. (1998). *Powerful placebo: From ancient priest to modern physician.* Baltimore: Johns Hopkins University Press.

Tate, R. L., Perdices, P., Rosenkoetter, U., McDonald, S., Togher, L., Shadish, W., et al. (2016). The Single-Case Reporting Guideline In BEhavioural Interventions (SCRIBE) 2016 statement. *Archives of Scientific Psychology, 4*(1), 1–9.

Waldron-Skinner, S. (1986). *Dictionary of psychotherapy.* London: Routledge & Regan Paul.

Wampold, B. E., & Imel, Z. E. (2015). *The great psychotherapy debate: The evidence for what makes psychotherapy work.* Abington, UK: Routledge.

Weisz, J. R., Krumholz, L. S., Santucci, L., Thomassin, K., & Ng, M. Y. (2015). Shrinking the gap between research and practice: Tailoring and testing youth psychotherapies in clinical care contexts. *Annual Review of Clinical Psychology, 11,* 139–163.

Weisz, J. R., Kuppens, S., Ng, M. Y., Eckshtain, D., Ugueto, A. M., Vaughn-Coaxum, R., et al. (in press). What five decades of research tells us about the effects of youth psychological therapy: A multilevel meta-analysis and implications for science and practice. *American Psychologist.*

Weisz, J. R., Ng, M. Y., & Bearman, S. K. (2014). Odd couple?: Reenvisioning the relation between science and practice in the dissemination-implementation era. *Clinical Psychological Science, 2,* 58–74.

Westen, D., & Bradley, R. (2005). Empirically supported complexity rethinking evidence-based practice in psychotherapy. *Current Directions in Psychological Science, 14,* 266–271.

World Health Organization. (2010). *International classification of diseases–10* (4th ed.). Geneva, Switzerland: Author.

PART
2

임상 문제와 치료

내재화 장애 및 문제

아동중심 불안 치료

Philip C. Kendall, Erika A. Crawford,
Elana R. Kagan, Jami M. Furr, Jennifer L. Podell

임상 문제의 개요

아동·청소년의 불안장애 유병률은 10~20% 정도로 흔하며, 학업 성취·사회적 관계·또래 관계·향후 정서건강 문제와 관련이 있다(Swan & Kendall, in press). 불안은 아동이 성인이 되었을 때 공존병리와 정신병리를 갖게 될 위험을 증가시킨다(Cummings, Caporino, & Kendall, 2014). 불안장애의 유병률과 삶에 미치는 부정적인 영향을 감안할 때, 효과적인 치료를 받는 것은 중요하다.

　템플대학교의 아동·청소년 불안장애 클리닉(Child and Adolescent Anxiety Disorders Clinic, CAADC)은 7~13세 아동을 위한 **코핑캣 프로그램**(Coping Cat program; Kendall, 1990; Kendall & Hedtke, 2006a, 2006b)을 개발하였다. C.A.T. 프로젝트(Kendall, Choudhury, Hudson, & Webb, 2002)는 10대 청소년을 위한 프로그램으로, 10대는 C.A.T로 시작하는 단어를 사용해서 스스로 이름을 지을 수 있다. 코핑캣과 C.A.T. 프로젝트는 대표적인 인지행동치료 프로그램으로, 치료자를 위한 지침서와 내담자가 사용하는 워크북을 갖고 있다. 두 프로그램은 정신질환의 진단 및 통계 편람 제5판(*DSM-5*, American Psychiatric Association, 2013)의 불안 문제(예 : 분리불안장애, 범불안장애 또는 사회불안장애)를 가진 아동·청소년에게 맞추어져 있다. 프로그램의 치료 전략들은 다양한 불안장애(예 : 공포증, 강박 문제, 외상후 스트레스)를 가진 아동에게 도움이 되지만, 프로그램의 치료 효과 연구 대부분은 분리불안장애, 범불안장애, 사회불안장애를 대상으로 이루어졌다.

불안장애가 있는 많은 아동·청소년들은 공존병리(예 : 주의력결핍 과잉행동장애)를 갖고 있다. CAADC는 불안이 주요 문제라면 공존병리가 있더라도 프로그램을 진행한다. 단, 정신병이 있거나 지능이 80 미만인 경우는 제외한다. CAADC는 평가 과정을 통해 불안이 문제인지 아니면 다른 심리장애에 대한 치료를 권고해야 하는지를 결정한다. 간단한 전화 면담 후에 부모와 아동·청소년은 각각 면대면 구조화된 면담에 참여한다. CAADC는 주요 문제가 무엇인지를 결정하기 위해서 손상(interference)과 고통에 대한 임상가 심각도 평정을 사용한다. 치료를 하는 동안 초점은 불안에 있지만 치료자는 아동의 개별적인 요구를 충족시키기 위해 프로그램을 충실하게 따르는 범위 내에서 융통성을 발휘한다. 이 프로그램은 치료의 주요 대상인 불안장애 외에 일부 공존병리에도 유익한 효과가 있는 것으로 나타났다(Kendall, Brady, & Verduin, 2001).

치료 프로그램에 대한 개념적 모델

불안은 생리, 인지, 행동의 요소를 포함하고 있다. 진화적으로 불안은 경계가 필요한 시점을 알려주어 우리를 보호하는 기능을 하는 정상적이고 적응적인 정서 반응이다. 예를 들어, 불안은 시험 응시자가 더 열심히 공부하거나 운동선수가 운동을 더 잘하도록 동기를 부여해 수행을 향상시킬 수 있다. 모든 아동·청소년은 정상 발달의 일부로 두려움과 불안을 경험한다. 어린 아이가 어둠을 두려워하거나 부모와 떨어지게 될 때 가벼운 고통을 느끼는 것은 드문 일이 아니며, 외모와 또래관계에 대한 불안은 10대에게는 정상적이다. 그러나 너무 지나친 불안은 고통을 야기하고 학교, 가족, 또래관계를 방해할 수 있다. 불안에 시달리는 아동·청소년은 세상을 지나치게 위험한 곳으로 인식하는 경향이 있다. 이들은 거의 끊임없는 걱정 속에 사는데, 두통과 복통 같은 신체 증상을 자주 경험한다. 불안한 상황을 피하면 일시적으로 고통은 줄어들지만, 이런 행동은 궁극적으로 회피와 불안을 강화하는 역할을 한다.

코핑캣 프로그램은 불안의 신체, 인지, 행동의 측면을 치료 대상으로 삼는다. 대부분의 CBT와 마찬가지로 코핑캣 프로그램은 심리교육, 신체관리 기술, 인지 재구조화, 두려운 상황에 대한 점진적 노출 및 재발 방지 계획을 포함하고 있다. 치료 초기에는 정서에 대한 인식을 높이고 불안 경험에 대한 정상화를 포함하는 불안에 대한 올바른 정보를 제공한다. 아동·청소년은 불안에 대한 다양한 신체적 반응들을 식별하고(예 : 심장박동이 빨라지고, 손에 땀이 많이 나고, 위장 장애), 불안 각성이 거짓 경보일 때 도움을 받는다. 예를 들면, 아동·청소년에게 적응적인 반응으로 이완 절차와 같은 신체관리 기술을 소개한다. 인지 재구조화는 부적응적인 사고(혼잣말)를 찾아내고 이에 도전하고 대처 중심의 사고로 전환하는 데 초점을 둔다. 기술을 배우는 내용을 진행한 후에는 두려운 상황과 자극에 대한 단계적으로 통제된 행동 노출을 실시한다. 프로그램의 절반 이상은 노출 과제로 구성되어 있다. 마지막으로 시간이 지남에 따라 치료의 이득을 통합하고 일반화하는 데 초점을 맞춘 재발 방지 계획에 대해 논의한다.

치료 프로그램의 특징

코핑캣 프로그램은 불안한 아동 · 청소년을 돕는 인지행동적 개입이다. 전반적인 목표는 모든 불안을 제거하는 것이 아니라 아동 · 청소년이 불안 각성의 징후를 인식하도록 그리고 다음에 설명할 'FEAR 계획'을 사용해 삶의 고통에 더 잘 대처할 수 있는 전략을 실행하도록 가르치는 것이다. 이 프로그램은 기술 훈련에 중점을 두고 기술을 실습한다. 회기의 순서와 내용에 대한 요약은 표 2.1을 참조한다.

개인치료의 경우 치료자는 주로 불안한 아동 · 청소년과 작업을 한다(예 : 일주일에 한 번씩, 보통 16주 동안). 부모와는 두 가지 계획된 경우, 즉 자녀의 불안에 부모가 반응하는 것과 관련된 문제 그리고 자녀가 받게 될 치료 회기에 대한 정보를 주기 위해서 만난다(Kendall, 1994; Kendall & Hedtke, 2006a; Kendall et al., 2002; Walkup et al., 2008). 개인치료는 아동 · 청소년이 치료자와 관계를 구축하고 신뢰할 수 있는 기회를 제공한다. 프로그램 전반에 걸쳐 치료자는 협조적이고 지지적인 코치 역할을 한다.

코핑캣의 핵심 구성요소는 실제로 불안을 자극하는 상황인 노출 또는 도전 과제에 불안관리 전략을 적용하는 것이다. 아동 · 청소년은 불안이 낮은 상황에 FEAR 계획을 적용해본 후 자신의 필요에 맞추어 점진적으로 더 불안한 상황에서 FEAR 계획을 연습한다.

전반부 : FEAR 계획의 수립

아동은 4단계로 이루어진 'FEAR 계획', 즉 불안에 대처하는 것을 도와주는 문제해결 단계들로 구성된 심리교육에 대해서 배운다. 코핑캣 지침서는 치료자가 치료 회기에 해야 할 일들을 알려준다. 치료자가 이 프로그램에서 아동 · 청소년에게 가르치는 내용들을 기억하기 쉽도록 첫 글자를 따서 FEAR라고 지었다[두려운(**F**ear) 느낌인가? 나쁜 일이 일어날 것으로 기대(**E**xpecting)하는가? 도움이 되는 태도(**A**ttitude)와 행동(**A**ction), 결과(**R**esult)와 보상(**R**eward)]. 워크북은 치료자가 치료 시간에 제공하는 치료 내용들을 담고 있다. 워크북은 프로그램의 참여와 주인의식을 높이고, 재미있는 활동을 제공하며, 다양한 개념을 효과적으로 전달하기 위해 치료 시간 중에 그리고 치료 시간 외에도 사용된다. 아동 · 청소년은 숙제[1]를 할 때 집에서 워크북과 개념들을 참고할 수 있다 .

---

1 역자 주 : 코핑캣 프로그램은 숙제라는 용어 대신 '내가 과제를 할 수 있다는 것을 보여주기'라는 말을 사용한다.

표 2.1 불안한 아동을 위한 코핑캣 프로그램(불안한 10대/청소년을 위한 C.A.T. 프로젝트)의 순서와 내용에 대한 개요

회기	회기의 목적
1	라포 쌓기. 프로그램에 대한 소개와 개요의 제공. 아동의 참여와 언어 표현의 장려. 과제와 보상의 소개. '개인 정보' 게임. 즐거운 시간 갖기!
2	치료 목표 말하기. F단계의 소개 : 두려운 느낌인가? 다양한 감정과 불안할 때의 신체 반응 찾아내기. 두려움/불안을 정상화하기. 불안을 유발하는 상황의 위계 만들기. '감정 제스처' 게임. '감정 사전' 만들기
3	다른 감정과 구별되는 불안감 검토하기. 불안할 때의 신체 반응 더 배우기. 불안할 때의 신체 반응 확인하기
4	(부모 회기) 부모에게 치료에 대한 정보 제공하기. 자녀가 불안해하는 상황과 우려 사항을 부모가 토론할 수 있는 기회 주기. 부모가 개입될 수 있는 방식 알려주기
5	이완훈련 소개하기. 신체 단서에 대한 재검토. 집에서 연습할 수 있도록 아이를 위한 버전 만들기. 자녀가 부모에게 기술 보여주기
6	이완훈련 복습하기. E단계의 소개 : 나쁜 일이 일어날 것으로 기대하는가? 혼잣말을 확인하기 위해 만화 사용하기. 불안한 혼잣말을 인식하도록 돕기. 불안을 덜 유발하는 혼잣말을 만들도록 돕기
7	불안한 혼잣말을 검토하고 불안한 혼잣말을 대처하는 혼잣말로 바꾸도록 강화하기. A단계의 소개 : 도움이 될 수 있는 태도와 행동. 불안을 관리하기 위한 인지 전략의 도입. 이완훈련의 복습
8	R단계 소개하기. 결과와 보상. 자기 평가의 도입. 각 단계들을 FEAR 계획으로 합치기 위해서 기술 검토하기. FEAR 계획 포스터와 FEAR 약자가 쓰인 지갑 크기의 카드 만들기
9	(부모 회기) 치료의 후반부 설명하기. 치료의 후반부가 더 큰 불안을 유발할 수 있음을 알리기. 부모가 우려사항을 논의하도록 독려하기
10	낮은 수준의 불안을 유발하는 상상 및 실제 조건에서 4단계 대처(FEAR) 계획 연습하기
11	낮은 수준의 불안을 유발하는 상상 및 실제 상황에서 불안에 대처하는 기술 계속 연습하기
12	중간 수준의 불안을 유발하는 상상 및 실제 시나리오에서 불안에 대처하기 위한 기술 연습하기
13	중간 수준의 불안을 유발하는 실제 상황에서 불안을 극복하기 위한 기술 연습하기
14	높은 수준의 불안을 유발하는 상상 및 실제 상황에서 불안에 대처하기 위한 기술 연습하기. '광고' 계획하기
15	높은 수준의 불안을 유발하는 상황에서 불안에 대처하기 위한 기술 연습하기. '광고' 계획하기
16	높은 수준의 불안을 유발하는 실제 상황에서 불안에 대처하기 위한 기술 최종 연습하기. 프로그램의 검토와 요약. 자녀가 새로 습득한 기술을 유지하고 일반화할 수 있도록 부모와 함께 계획 세우기. 치료관계 종결짓기. '광고' 녹음/녹화하기. 인증서 수여

두려운 느낌인가(F)

첫 번째 단계로 불안 각성과 관련된 신체 증상을 식별하는 데 도움이 되도록 '두려운 느낌인가?'라고 묻는 법을 배운다. 신체 증상은 불안을 해결하기 위해 할 일이 있다는 신호 역할을 한다. 아동 · 청소년은 신체 반응을 통제할 수 있다는 것을 알게 도와주는 이완을 배운다. 이완이란 긴장된 상태를 알아채고 이완을 시작하기 위한 신호로 근육의 긴장을 사용하기 위해서 몸의 주요 근육들을 순차적으로 긴장시켰다가 이완시키는 것이다. 아동 · 청소년은 비슷한 방식으로 심호흡을 배운다. 불안에 동반되는 신체 감각은 사람마다 다르므로 개인의 독특한 반응을 인지한다면 특정 근육을 표적으로 삼을 수 있다. 치료자의 안내와 워크북의 그림은 아동 · 청소년이 '두려운 느낌인가?'에 관해 배우는 데 도움이 된다.

대처 모델링과 역할극을 통해 이완을 연습한다. 치료자는 불안을 야기하는 시나리오를 기술하고 불안한 감정과 이에 동반된 신체 반응을 인지하는 모델 역할을 한다. 치료자는 단계별로 설명을 하면서 아동에게 심호흡과 근육 이완으로 불안에 대처하는 것을 보여준다. 아동은 같은 순서로 치료자를 따라 한다. 이완을 배운 후에는 부모를 회기에 초대해서 자녀가 부모를 가르칠 수도 있다. 10대들의 경우 치료자가 두려운 감정에 대처하는 모델 역할을 할 수도 있지만 대개는 그렇게 하지 않는다.

나쁜 일이 일어날 것으로 기대하는가(E)

아동·청소년은 '나쁜 일이 일어날 것으로 기대하는가?'라고 묻는 법을 배운다. 기대하는 바를 먼저 확인한 다음 잘못된 믿음을 줄이기 위한 노력(인지 재구조화)으로 이 질문을 한다. 부적응적인 기대(불안한 혼잣말)를 줄이기 위해서 치료자는 아동이 부정적으로 편향된 자기 진술을 찾아내도록 도와준다. 아동과 치료자는 불안한 혼잣말이 맞다는 증거와 틀리다는 증거를 평가한다. 그리고 나서 새로운 기대를 만드는데, 불안을 야기하는 잘못된 해석의 대안으로 대처하는 혼잣말을 사용하도록 한다.

아동은 자신이 생각하는 바를 어른에게 기꺼이 말하려 하지 않으며 자신의 생각을 알지 못할 수도 있다. 치료자는 아동에게 혼잣말을 소개하기 위해 빈 말풍선이 있는 만화를 사용한다. 아동에게 스트레스가 없는 상황을 기술하고 그 상황에서 떠오르는 생각들을 알려달라고 요청한다. 그다음에는 더 모호한 상황을 아동에게 제시하고 그 상황에 대해 가능한 여러 가지 생각을 떠올리게 한다. 아동 자신의 생각을 변화의 대상으로 작업을 하기 전에, 만화에서 제시하는 여러 상황에 대해 가능한 생각들을 말풍선에 적는다. 혼잣말의 개념을 불안을 자극하는 상황, 즉 낮은 수준의 불안에서 높은 수준의 불안 상황으로 점차 확장시킨다.

모델링과 역할극은 불안한 혼잣말을 찾아내고 이에 도전하는 기술을 연습하는 데 도움이 된다. 목표는 스트레스에 대한 지각을 근절하는 것이 아니라 스트레스에 대한 지각이 근거 없다는 것을 인식하고, 보다 현실적으로 지각하도록 변화시키는 법을 가르치는 것이다. 강조점은 가능한 혼잣말을 가르치는 것이 아니라 부정적인 혼잣말을 찾아서 줄이는 데 있다. 인지 재구성, 즉 혼잣말 바꾸기는 불안의 개선과 관련이 있다(Peris et al., 2015; Kendall & Treadwell, 2007).

도움이 되는 태도와 행동(A)

세 번째 단계인 '도움이 되는 태도와 행동'에서는 문제해결을 가르친다. 목표는 매일의 어려움을 해결할 수 있는 능력에 대한 자신감을 키우는 것이다. 치료자는 불안한 상황이나 그에 대한 반응을 변화시키는 데 도움이 되는 행동을 취하는 것이 유용하다는 것을 언급한다. 일상생활에서 문제란 항상 일어나는 법이므로, 아동이 부적응적일 수 있는 초기 반응에 의존하지 않게 한다. 아동에게 문제를 정의하고 결과에 대한 고려 없이 자유롭게 문제해결책을 떠올리도록 요청한다. 그다음 각각의 해결책에 대해서 가능한 결과들을 평가한다. 하나의 해결책을 선택하면 시도해보기 위한 계획을 세운다. 치료자는 이 단계들을 통해 문제해결을 모델링하고 아동에게 이를 따라 해보라고 권한다. 10대들은 의사결정 과정에서 자율성을 부여받으며, 치료자를 따라 할 필요가 없다. 아동은 치료 시간 동안 점차적으로 불안이 증가하는 상황에서 기술을 연습하고, 치료자는 아동이 회기 밖의 상황에서 문제해결을 시행하고 이를 워크북에 기록하게 한다.

결과와 보상(R)

'결과와 보상'은 자기 감찰 및 유관 강화를 기반으로 한다. 조형과 긍정적인 보상을 통해 접근 행동을 강화하고 불안한 행동은 감소시킨다. 일부 불안한 아동은 스스로를 의심하는 생각, 낮은 자기 확신, 또는 지나치게 높은 성취 기준을 갖고 있으며 이러한 기준을 충족시키지 못하면 자신을 용서하지 못한다. 치료자는 노력(부분적인 성공)에 대해 보상을 줌으로써 부적응적인 기대를 변화시킨다. 완벽은 선택 사항이 아니며 결코 기대하지도 않는다.

   자기 평가와 보상에 대한 소개를 하기 위해 어린 아동에게는 '보상'(예 : 부모의 평가와 보상)이란 어떤 일에 대해 누군가가 만족할 때 받는 것이라고 설명한다. 청소년에게는 자기 평가를 스스로 한 일에 만족하는지를 결정할 수 있는 방법이라고 설명한다. 자기 감찰/자기 평가를 이해하면, 자기 평가와 노력을 보상해주는 연습을 할 수 있는 기회를 제공한다. 치료자는 자기 평가와 자기 보상의 시범을 보이기 위해 대처하기를 모델링하고 역할극을 한다.

후반부 : 노출과 연습

두 번째 부분은 점점 더 불안을 유발하는 상황에서 상상 및 실제 노출을 하면서 FEAR 계획을 적용하는 데 전념한다. 아동은 두려움과 고통을 야기하는 상황에 놓이며 대처 전략을 채택하고 익숙해지도록 코칭을 받는다. 이 프로그램은 점진적인 노출을 사용하는데, 아동은 자신의 불안 수준에 따라 불안을 야기하는 상황의 위계를 상향 조정한다. 아동이 노출 작업 중 불안을 경험할 때 피할 수 있을 정도로 불안 수준을 높지 않게 하는 것이 중요하다. 모든 노출 작업을 할 때 아동과 함께 상황, 대처 방법 및 의도한 목표를 이해하고 있는지 확인한다. 노출 회기가 시작된 후에는 불안이 상당히 개선된다(Peris et al., 2015).

   아동에게 제시하는 상황들은 아동이 가진 특정 두려움/걱정에 기초하고 있으며, 아동과 상담자는 치료 시간에 두려움/걱정의 위계를 만드는 작업을 함께한다. 처음에는 스트레스의 정도가 가장 낮은 단계에서 상상 그리고/또는 실제 노출을 적용한다. 아동이 불안한 상황에 대처할 수 있는 능력이 늘어나면 다음 회기에서는 점차 상상 그리고/또는 실제 노출에서 경험하는 불안의 수준을 증가시킨다. 예를 들어 사회불안을 가진 아동이 처음 해야 할 일은 낯선 사람에게 인사만 하는 것이다. 그러나 나중에는 식품 가게에서 자신이 고른 과자를 사오는 일을 해야 한다. 노출 과제를 오래 지속할 필요는 없으며, 한 회기에 여러 과제를 할 수 있으나 노출을 완료하는 것이 중요하다.

프로그램을 마칠 때가 가까이 다가오면 다른 아동과 10대들이 불안을 관리하는 데 도움이 될 수 있는 자신의 경험을 요약한 제품 또는 '광고'(예 : 비디오, 소책자)를 만든다. 광고 작업은 아동이 전문가가 될 수 있는 기회로, 자신이 배운 것을 보여주고 치료에서 얻은 이익을 강화하기 위해 성취한 것을 공유할 수 있는 기회가 된다.

부모 참여

부모가 치료에 참여하는 것은 필수적이다. 이와 함께 코핑캣 프로그램에는 부모/양육자를 위한 회기별 안내뿐만 아니라 전반적인 설명이 수록되어 있는 부모용 책자(Kendall, Podell, & Gosch, 2010)가 있다. 온라인 부모교육 프로그램인 아동 불안 이야기(Child Anxiety Tales)는 www.copingcatparents.com에서 구할 수 있다. 아동 불안 이야기는 부모가 자녀의 불안을 감소시키는 데 도움이 되는 활동들이 담긴 모듈을 제공한다. 코핑캣 프로그램은 개별 아동이 다르게 생각하고 행동하도록 돕는 데 초점을 두지만 그럼에도 불구하고 부모가 해야 하는 역할이 있다.

부모의 치료 참여는 그 역할이 자문가(예 : 정보 제공), 치료 협력자(예 : 자녀의 대처 기술 습득 지원하기) 또는 공동 내담자(예 : 부모 자신의 불안을 관리하는 방법 배우기)인지에 따라 다를 수 있다. 정확한 진단과 아동의 치료 참여에 있어 부모는 중요한 협력자이다. 치료자는 부모와 따로 2회기(기술 습득 단계 동안에 1회, 노출 시작 전에 1회) 만나고, 필요한 경우 치료 계획에 협력하고 협력 관계를 유지하며 우려사항을 논의한다. 부모가 자녀의 긍정적인 결과를 촉진할 수 있는 구체적인 방법들을 논의한다(예 : 자녀를 돌보는 문제). 불안한 아동의 부모는 종종 스스로가 불안하며 많은 부모는 덜 성공적인 양육 기술을 사용한다. 불안한 부모는 자신도 모르게 자녀의 불안을 지속시키는 방식으로 행동하기보다는 용감한 행동을 조장하도록 추가 코칭이 필요할 수 있다(예 : 불안한 모델링, 부모의 돌봄).

치료 지침에 충실하되 유연성 갖기

지침서에 기반을 둔 치료에 대한 비판은 종종 치료자의 개성을 배제하고 미리 정해진 대로 융통성 없는 접근에 기초하고 있다고 가정하는 것이다. 그러나 이러한 가정은 부당하다. 비구조화된 치료가 갖는 완전한 자유와 지침서를 엄격히 준수하는 것 사이에는 합리적인 중간 지점이 있다. 이 중간 지점은 지침서를 지침으로 사용하되 치료가 활기차고 생생하게 이루어지도록 허용하는 것이다. 지침서에 근거한 치료를 유연하게 적용할 수 있으려면 치료자는 치료 모델과 시행에 관련된 요소를 포함한 여러 수준에서 치료를 이해하고 있어야 한다.

지침서를 충실히 따르면서도 치료자가 원하는 융통성을 발휘하면서 코핑캣 프로그램을 사용할 수 있다. 치료를 이끄는 것은 특정 문장이나 기술이 아니라 모델과 인지변화와 행동노출 과제와 같은 전략이다. 그러나 정서적·교육적 요소는 전반적인 진전과 관련된 치료 관계 및 아동의 치료 참여(활발하고 유연한 지침과 매력적인 치료자의 영향을 받는 변수)에 영향을 미친다(Chu & Kendall, 2004; Podell et al., 2013). 코핑캣 프로그램은 아동의 참여가 핵심적인 역할을 한다고 보며, 치료 목표를 아동의 필요와 관심에 맞출 것을 치료자에게 권한다. 치료 지침에 충실하면서도 유연성을 발휘할 수 있는 많은 기회가 있다(유연한 응용에 대한 설명은 Kendall, Gosch, Furr, & Sood, 2008 참조). 아동은 FEAR라는 약자를 자신의 취향대로 수정할 수 있다. 프로그램을 마친 한 아동은 FEAR 계획을 군대에서 영감을 얻은 '감시, 정보, 전투 및 정찰' 계획으로 바꾸었다. 치료자는 일정의 조정과 맞춤 치료를 유연하게 적용할 수 있다(예 : 다음에 기술한 회기의 길이, 부모 참여, 회기 내용, 전달 방법).

치료 효과의 증거

불안한 아동에게 시행한 코핑캣 프로그램의 평가 연구 결과를 요약하겠다. 미국 심리학회 특별 전담반이 제시한 심리적 개입에 대한 지침을 토대로 특정 문제 또는 장애에 대한 심리치료가 효과적인지 또는 효과가 있음직한지를 판단할 수 있는 기준이 수립되었다. 이 체계에 의하면 다른 치료진들이 시행한 여러 번의 연구를 통해 무처치, 위약, 또는 대체 치료보다 효과적인 것으로 입증되면 그 치료는 '효과적인/확립된' 또는 '효과가 있는/유망하지만 반복 연구가 필요한'이라고 간주한다. 반복 연구 또는 독립적인 반복 연구를 제외하고 이 기준에 부합하면 효과가 있음으로 지정한다. 최근에 재검토한 결과(예 : Hollon & Beck, 2013) 코핑캣 프로그램은 효과가 있다고 평가되었다.

무선할당 통제실험

코핑캣 프로그램을 처음 평가한 이후로(Kane & Kendall, 1989) 여러 건의 무선할당 통제 실험(RCT)이 수행되었다(Kendall, 1994; Kendall et al., 1997; Kendall, Hudson, Gosch, Flannery-Schroeder, & Suveg, 2008; Walkup et al., 2008). 코핑캣 프로그램을 처음 평가한 연구는 16주간의 코핑캣 프로그램 참가와 대기 통제조건을 비교했다(Kendall, 1994; Kendall et al., 1997). 첫 번째 연구(Kendall, 1994)에서 치료를 받은 아동은 대기 통제조

건 아동보다 치료 전후에 더 큰 개선을 보였다. 치료조건의 경우 주요불안 진단[*DSM-III*(American Psychiatric Association, 1980)]의 과불안장애 또는 회피장애에서 벗어난 아동은 64%였고, 대기 통제조건은 단지 5%였다. 치료 효과는 1년(Kendall, 1994)에서 3.5년(Kendall & Southam-Gerow, 1996) 유지되었다. 두 번째 RCT(Kendall et al., 1997)에서도 이러한 결과가 반복되었다. 치료를 받은 환자의 50%는 치료 후 자신이 받았던 주요불안장애 진단에서 벗어났으며 대기 통제집단은 불안의 심각도가 유의하게 감소하지 않았다. 치료를 통한 이득은 1년 뒤(Kendall et al., 1997), 7.4년 뒤(Kendall, Safford, Flannery-Schroeder, & Webb, 2004), 16.2년 추적 조사 시(Benjamin, Harrison, Settipani, Brodman, & Kendall, 2013)에도 유지되었다. 7~19년 추적 조사한 결과 성공적으로 치료받은 아동은 치료에 반응하지 않은 아동보다 자살사고가 유의미하게 적은 것으로 나타났다(Wolk, Kendall, & Beidas, 2015).

소아·청소년 중다양식 불안 연구(CAMS; Walkup et al., 2008)는 코핑캣 프로그램(CBT), 약물(설트랄린), 코핑캣 프로그램과 약물의 병행(COMB) 및 정제 위약(PBO) 조건을 비교하였다. 이 중다현장 연구에는 주요불안장애 예를 들면 범불안장애, 분리불안장애, 사회불안장애가 있는 488명의 7~17세 아동·청소년이 참여하였다. 연구 결과 COMB 조건은 단일 치료보다 더 많은 참가자의 80%가 치료 후에 많이 또는 매우 많이 개선된 것으로 나타났다. 코핑캣 프로그램(60%)과 약물(55%)도 위약(24%)보다 유의하게 우수했다. COMB 치료의 상승 효과는 효능의 증가로 설명할 수 있으나 연구자들은 COMB 조건은 치료진과의 접촉 시간이 더 많았고, 이러한 점이 더 큰 치료 효과를 낳았을 가능성을 배제할 수 없다고 보고했다.

코핑캣 프로그램의 수정

가족 기반 코핑캣 프로그램(Howard, Chu, Krain, Marrs-Garcia, & Kendall, 2000)은 부모의 참여를 늘렸다. 가족기반 치료(FCBT)는 모든 회기에 부모가 참여하는 점을 제외하면 아동집중 치료(ICBT)와 동일하다. 주요불안장애(분리불안장애, 범불안장애, 사회불안장애)를 가진 3세 미만의 아동에게 ICBT, FCBT, 가족기반 교육-지원-주의(FESA) 조건을 비교한 연구가 있다(Kendall, Hudson, et al., 2008). 여러 조건에서 치료가 이득이 있는 것으로 입증되었으나, ICBT와 FCBT는 불안 감소에서 FESA를 능가하는 것으로 나타났다. ICBT는 교사가 보고한 아동 불안 측정치에서 두 가지 가족치료를 능가한 반면, FCBT는 부모가 모두 불안장애가 있을 때 아동이 보고한 불안에서 ICBT보다 우위에 있었다. 치료 효과는 1년 추적 관찰 시점에도 유지되었다.

집단 코핑캣 프로그램(GCBT)을 ICBT 및 대기 통제조건과 비교하였다(Flannery-Schroeder & Kendall, 2000). 진단 상태를 고려할 때 GCBT(50%)와 ICBT(73%)는 대기 통제조건(8%)보다 주요불안 진단의 관해율이 더 컸고, GCBT와 ICBT 간에는 차이가 없었다. 그러나 ICBT를 받은 아동들만 아동이 보고한 불안 측정치에서 의미 있는 개선을 보였다. 3개월 추적 관찰 시에도 치료 효과는 유지되었다.

정서에 초점을 둔 코핑캣 프로그램(ECBT; Kendall & Suveg, 2005)은 불안과 다른 정서에 대한 정서 인식, 이해 및 조절을 심리교육 회기에 통합하였다. 노출 작업에는 불안뿐만 아니라, 예를 들면 슬픔이나 죄의식과 같은 다른 정서를 유발하는 상황에 대한 노출을 포함하였다. 주요불안장애(범불안장애, 분리불안장애, 사회불안장애)를 가진 7~13세의 6명 아동을 대상으로 ECBT의 효과를 조사하는 예비 연구가 이루어졌다(Suveg, Kendall, Comer, & Robin, 2006). 치료 후 모든 아동의 불안 심각성이 감소하였고, 아동의 83%는 정서 경험에 대한 인식의 증가, 정서 관련 언어의 사용 및 정서의 숨김과 변화에 대한 이해를 보여주었고, 정서의 비유연성과 조절되지 않는 부정적인 정서의 감소가 나타났다(Suveg et al., 2006). 분리불안장애를 가진 아동을 대상으로 ECBT와 표준 코핑캣 프로그램을 비교한 결과, 두 치료는 불안 심각성 측정치에서 동일한 개선을 보였다(Afshari, Neshat-Doost, Maracy, Ahmady, & Amiri, 2014). ECBT는 분노조절과 대처에서도 향상을 보인 것으로 나타났다. ECBT는 치료 후 슬픔조절에서 향상을 보였으나, 두 치료 모두 3개월 추적 관찰에서 비교적 효과적이었다(Afshari et al., 2014).

코핑캣 프로그램은 8회기 단축형으로 수정되었다(BCBT; Beidas, Mychailyszyn, Podell, & Kendall, 2013; Crawley et al., 2013). BCBT는 예를 들면 이완훈련처럼 불필요하다고 여겨지는 심리교육의 요소를 제거하였다. 처음 세 회기와 네 번째 회기의 절반은 심리교육(신체 증상의 인지, 불안한 혼잣말 찾아서 바꾸기, 문제 해결하기, 자기 평가/보상)을 가르치고 나머지 4회기 반의 시간 동안에는 노출에 초점을 둔다(Beidas et al., 2013). 초기 연구에서 BCBT는 불안을 줄이는 데 효과적이었고, 1년 뒤의 추적 관찰에서 이득이 유지되고 심지어 향상되었다. 임상가와 가족들은 BCBT가 수용 가능하고 실현 가능하다고 평가하였다(Crawley et al., 2013).

코핑캣 프로그램의 컴퓨터 지원 버전의 대상은 7~13세 아동이다(Camp Cope-A-Lot, CCAL; Kendall & Khanna, 2008a, 2008b). 컴퓨터 지원 CBT는 효과적이고 비용 효율적이며 지역사회 친화적인 서비스 제공 방법을 제시한다(Khanna & Kendall, 2007). CCAL은 경험적으로 지지를 받은 CBT 프로토콜과 오디오, 애니메이션, 사진, 비디오, 설계도(schematics) 및 내장된 보상 시스템을 갖춘 대화형 컴퓨터 기반 교육을 결합하였다. CCAL(www.workbookpublishing.com)은 참가자가 한주에 한 단계를 완료해 12주 동안 12단계를 마치도록 만든 프로그램이다. 사용자 혼자 또는 '코치'와 함께 완료하는 처음 6단계 동안은 코핑캣 프로그램과 동일하게 기술을 습득한다. 나머지 6단계는 '코치'의 도움을 받아 불안을 유발하는 상황에서 노출 작업을 하는 것으로 구성되어 있다. CCAL은 다양한 지역사회 환경(즉 학교, 교육 프로그램, 지역 클리닉)에서 일하는 다양한 정신건강 전문가를 대상으로 한다.

몇몇 연구에서 CCAL을 평가하였다. Khanna와 Kendall(2010)은 CCAL, ICBT 및 컴퓨터와 연계한 교육-지원-관심(CESA)을 비교했다. 치료 종결 시점과 3개월 후 추적 조사에서 CCAL 과 ICBT는 불안 측정치에서 유사하고 유의미한 개선을 보였다. CCAL과 ICBT는 효과에서 차 이가 없었으며, 이 둘은 CESA보다 유의미하게 더 나았다(Khanna & Kendall, 2010). CCAL을 지역사회 정신건강센터에서 평가하였고 그 효능이 입증되었다(Crawford et al., 2013; Storch et al., 2015). 통상적인 치료와 비교할 때, CCAL은 불안의 심각성이 더 크게 감소하였고 1개 월 뒤 추적 관찰에서도 효과가 유지되었다(Storch et al., 2015). 가족, 임상가 및 지역센터 관 리자들은 CCAL을 수용 가능하고 실현 가능하다고 평가하였다(Salloum, Crawford, Lewin, & Storch, 2015).

잠재적으로 치료 결과에 영향을 미치는 변인

연구 결과에 따르면 코핑캣 및 이와 관련된 프로그램은 아동 불안에 효과적인 치료법으로 자리 잡았다. 그러나 치료에 대한 높은 반응률에도 불구하고 모든 아동이 충분한 개선을 경험하는 것은 아니다. 치료 결과에서의 차이와 관련이 있는 변인으로 알려진 요인들은 다음과 같다.

아동 요인
인구통계학적 특성
연구에 따르면 성별, 인종, 연령과 같은 인구통계학적 요인은 치료 결과의 차이를 예측하는 중 요 지표는 아니다. Kendall, Hudson, Gosch, Flannery-Schroeder와 Suve(2008)의 연구에 따르 면 ICBT, FCBT 및 통제조건 간에 성별에 따른 차이는 발견되지 않았다. 인종에 따른 치료 결 과의 차이를 다룬 연구는 거의 없지만 인종이 반응률을 예측하지는 못하였다(예 : Compton et al., 2014; Southam-Gerow, Kendall, & Weersing, 2001; Treadwell, Flannery-Schroder, & Kendall, 1995). 마찬가지로 최근 연구에서 아동과 청소년은 치료 결과에서 차이가 없는 것으로 나타났다(Kendall & Peterman, 2015). 중도 탈락자 또는 치료 거부자와 치료 완료자를 비교한 연구에서 치료 미완료자는 치료 완료자에 비해 편부모 가정에서 사는 경우가 더 많고, 소수 민 족 집단의 일원인 경우가 더 많고, 아동이 보고한 불안 증상이 덜 하였다.

증상의 심각도
연구에 따르면 치료 전 불안의 심각도가 더 높은 아동은 치료 전 불안의 심각도가 더 낮은 아동 과 비슷한 치료 효과를 경험하는 것으로 나타났다(예 : Walkup et al., 2008). 일부 자료에 의하 면 불안의 심각도가 더 높은 아동이 치료 후 더 높은 수준의 불안을 경험하는 것으로 나타났지만 (예 : Garcia et al., 2010), 다른 자료에서는 치료 전 사회불안 수준이 더 높은 아동이 치료 후 사 회불안이 더 크게 감소한 것으로 나타났다(Kley, Heinrichs, Bender, & Tuschen-Caffier, 2012).

공존병리

많은 연구에서 일반적으로 공존병리의 존재가 치료 이득에는 영향을 미치지 않는 것으로 나타났지만(예 : Rapee, 2003), 특정 공존병리는 어떤 역할을 할 수 있는 것으로 나타났다. 불안장애 외의 공존병리를 가진 아동은 불안장애를 공존병리로 가진 아동에 비해 치료 후 불안 수준이 더 높았다(Liber et al., 2010). 부모가 평정한 자폐스펙트럼 증상 점수가 더 높은 불안한 아동은 FCBT에 비해 ICBT에 덜 참여하는 것으로 밝혀졌으며(Puleo & Kendall, 2011), 이는 특정 공존병리는 부모의 참여를 늘릴 필요가 있음을 시사한다. 몇몇 연구에서 행동장애의 유무와 상관없이 불안한 아동이 치료를 통해 얻는 이득은 유사한 것으로 나타났다(예 : Rapee, 2003). 반면에 ADHD를 공존병리로 가진 아동은 치료를 통해 얻은 이득이 치료 후에 줄어든 것으로 나타났다(Halldorsdottir et al., 2013). 우울증이 미치는 영향에 대한 결과들은 혼재되어 있다. 우울증을 공존병리로 가진 아동은 치료에 대한 반응에서 공존병리가 없는 아동과 유사하였다. 그러나 자기가 평정한 연속 측정치상에서의 우울 증상은 치료 결과의 감소를 예측하였다(O'Neil & Kendall, 2012).

부모 요인

부모 참여

치료에 참여하는 부모의 역할에 대한 연구 결과는 일관되지 않는다. 일부 자료는 부모를 치료 회기에 공동 내담자로 참여시키는 것은 불안한 아동이 긍정적인 치료 이득을 얻는 데 필수적이지는 않다고 제시한다. 불안한 아동에 대한 CBT 성과 연구 9개를 검토한 결과, 부모의 참여와 상관없이 효과크기는 비슷하다는 사실이 밝혀졌고(Barmish & Kendall, 2005), 메타분석에 따르면 부모 요소가 추가된 CBT는 ICBT보다 우수하지 않았다(Spielmans, Pasek, & McFall, 2006; Manassis et al., 2014 참조). 그러나 Bodden 등(2008)의 연구에서 FCBT(28%)에 비해 ICBT(53%) 치료에 더 많은 아동이 반응했지만, 3개월 뒤 추후 조사에서 이 차이는 줄어든 것으로 나타났다. 코핑캣 프로그램에는 부모가 참여하므로 부모의 참여를 늘리는 것의 이점은 추가되는 치료가 무엇인지에 따라 다를 수 있다. 아동의 불안을 유발하거나 유지시키는 특정 부모 요인이 그 대상이라면, 추가적인 이득이 생길 수 있다(Wei & Kendall, 2014).

부모의 정신병리

부모의 정신병리는 치료 결과와 관련이 있다. 불안장애가 있는 부모가 치료에 참여하는 것은 아동의 불안을 유지시키는 요인을 직접 다룰 수 있는 기회를 제공할 수 있기 때문에 도움이 된다. 그러나 이 가설을 뒷받침하는 연구 결과는 일관되지 않다. 부모가 불안한 가정의 경우, FCBT가 ICBT보다 아동의 불안 감소에 더 우월하다는 결과가 있지만(Kendall, Hudson et al., 2008), 다른 연구에서는 FCBT가 불안하지 않은 부모의 자녀에게 더 많은 혜택을 줄 가능성이 있는 것으로 나타났다(Bodden et al., 2008). 몇몇 증거들은 이러한 불일치가 자녀의 발달 단계마다 부모의 정신병리가 다른 효과를 미칠 가능성을 제기한다. 부모의 증상은 청소년보다는 더 어린 아동의 치료에 영향을 미칠 수 있다(예 : Bodden et al., 2008; Berman, Weems, Silverman, & Kurtines, 2000). 그러나 다른 연구자들은 그 반대의 사실, 즉 치료 반응은 청소년에서만 부모의 증상에 의해 중재된다는 것을 발견했다(Legerstee et al., 2008).

가족 요인

일부 연구자들은 기저에 있는 가족의 역기능, 부모의 좌절감, 양육 스트레스가 치료 반응의 감소를 예측한다고 보고했다(예 : Crawford & Manassis, 2001; Victor, Bernat, Bernstein, & Layne, 2007). 그러나 개인치료와 가족치료에서 이것이 사실인지의 여부는 불분명하다. CAMS에서 부모가 평정한 가족 역기능은 조건에 관계없이 모든 치료 반응자의 치료 전과 후에서 유의미하게 향상되었지만, 가족 역기능에서의 이러한 변화가 치료 결과에 미치는 중재 효과는 없었다 (Compton et al., 2014). 연구가 제한적임을 감안할 때 가족 요인이 치료 결과에 어떤 역할을 할 수 있는지는 여전히 명확하지 않다.

회기 내 변수

아동 · 청소년 불안 치료에서 주관적 고통 척도(Subjective Units of Distress Scale, SUDS) 평정을 자주 사용하는데, 특히 노출 작업 중에 자주 사용한다(예 : Kendall & Hedtke, 2006a). 노출 작업 중 아동이 보고한 SUDS 평정에서의 변화 정도는 치료 결과와 관련이 있는데, 노출을 하는 동안 SUDS 점수가 더 많이 줄어들수록 치료 결과가 더 좋다. SUDS 점수는 평균적으로 노출 기간 동안 절반으로 감소했다(Benjamin, O'Neil, Crawley, Beidas, Coles et al., 2010).

치료적 관계 또는 동맹은 치료 결과와 관련이 있는데, 치료적 관계가 좋을수록 결과가 더 좋았다(Cummings et al., 2013). 주목할 점은 노출 작업이 치료동맹에 부정적인 영향을 미칠 수 있다고 간주되었지만, 이러한 믿음이 자료를 통해 검증되지는 않았다. 노출 작업의 유무에 따른 치료적 동맹 평정의 양상을 비교한 결과, 노출이 치료동맹의 균열을 가져오지는 않는 것으로 나타났다. 실제로 치료자, 아동 및 부모 평정에서 노출 작업의 사용과 관계없이 치료적 동맹이 의미 있게 증가한 것으로 나타났다(Kendall et al., 2009). 치료자의 스타일은 동맹 및 치료 결과에 영향을 미치는 것으로 나타났다. 더 큰 협력(예 : 따뜻함과 협력적인 목표 설정)을 보여주는 치료자를 가진 아동의 치료 결과가 더 좋았다(Podell et al., 2013). 한편 지시적인 교사 스타일을 더 많이 보인 치료자와 함께한 아동과 '너무 빨리 이야기하도록 아동을 밀어 붙이는' 치료자를 둔 아동은 잘하지 못하였다(Creed & Kendall, 2005).

아동의 회기 중 행동은 치료 결과와 관련이 있을 수 있다. 예를 들어, 회기 중에 개입과 참여가 더 많은 아동은 향상된 결과를 보였고(Crawford, Kendall, Gosch, Compton, Olino et al.,

2016), 특히 노출 회기 동안에 참여를 더 많이 했을 때 향상된 결과가 나타났다(Chu & Kendall, 2004). 회기 중에 안전 추구, 치료 과제와 주제의 회피를 보인 아동은 덜 탄탄한 결과를 보였다(Hedke, Kendall, & Tiwari, 2009). 긍정적인 혼잣말이 아닌 부정적인 혼잣말은 불안 수준을 유의하게 예측했으며, 혼잣말의 변화는 불안의 개선을 예측했다(Treadwell & Kendall, 1996; Kendall & Treadwell, 2007). 치료를 통해 얻은 이익은 부정적인 혼잣말의 감소에 의해 중재된다는 발견은 부정적이지 않은 사고의 힘을 강조한다. 또한 자기효능감, 즉 '나는 그것을 다룰 수 있다'는 믿음의 변화는 치료 효과를 중재하는 것으로 나타났다(Kendall et al., 2016).

향후 방향

이 글에서 제시한 치료법의 개발과 평가는 1984년에 시작되었다. 많은 것을 이루었지만 앞으로 가야 할 길이 남아 있다. CAADC는 다음 사항들을 계속 검토하고 있다. (1) 코핑캣 프로그램의 지역사회 전파를 촉진하는 요인, (2) 컴퓨터 지원형(예 : CCAL) 및 코핑캣 단축형 프로그램의 효능과 효과, (3) 긍정적인 결과와 가장 관련이 있는 특정 치료 요인, (4) 치료에 성공한 아동의 장기간에 걸친 기능적 결과, (5) 최적의 부모 역할, (6) 아동 불안장애 치료 전반에서 약물의 역할이다.

일단 개입이 효능이 있다고 밝혀지면(Silverman, Pina, & Viswesvaran, 2008 참조) 호전되지 않은 아동을 가장 잘 도울 수 있는 방법을 고려하는 것이 유익하다. (1) 회기와 접촉의 추가, (2) 개인별 맞춤 치료에 도움이 될 수 있는 인지, 사회, 정서 발달 요인의 고려, (3) 불안하지 않은 아동이 원치 않는 고통을 다루는 방법에 대해 더 많이 알게 되는 것에서 진전을 찾을 수 있을 것이다. 불안 각성의 정상적인 조정과 관련된 일부 과정은 현재 진행 중인 프로그램의 개선에 의미있는 공헌을 할 것이다.

맺음말

아동·청소년 불안장애는 삶에 지장을 초래하고 유해하고 흔한 심리적 고통이다. 적절한 방법론을 사용해서 CBT가 공존병리의 빈도가 높은 아동을 포함해 불안한 아동을 치료하는 데 상당히 성공적인 것으로 나타났다.

코핑캣 프로그램과 응용판은 긍정적인 치료동맹을 형성하고 아동·청소년 및 부모에게 불안의 적응적인 측면, 불안의 징후, 불안한 혼잣말, 대처하는 혼잣말, 불안 각성을 줄이는 기술, 문제해결에 대해 교육한다. 치료의 후반부는 불안으로 인한 고통을 해결하기 위해 점진적 노출을 사용한다. 4단계 FEAR 계획은 교육 단계의 주요 특징을 요약한 것이다. 노출을 하는 동안 4단계 FEAR 계획을 시행하고 연습한다. 치료자는 적극적이며 적절하게 자기를 개방하는 대처하는 모델 역할을 하고, 아동이 실제 노출 과제에 도전하게 한다. 성별, 다양한 인종, 여러 가지 주요 불안장애가 있는 아동을 포함하여 치료를 받은 아동과 청소년의 약 3분의 2가 의미 있는 이득을 경험하였다.

현재까지 치료에 긍정적인 반응을 보이지 않은 아동·청소년의 심리치료를 개선하기 위해서는 과학적인 조사가 더 이루어져야 한다. 개인의 필요에 맞춰 치료를 조정하는 방법(예：회기 내 요인)이 조사에 포함될 수 있다. 마지막으로 발달적 요인(예：인지, 사회, 정서)이 아동·청소년 불안장애의 특성과 치료에 미치는 역할을 더 깊이 이해할 필요가 있다. CAADC와 다른 연구소들은 아동·청소년 불안장애를 완화하기 위한 노력으로 연구를 계속할 것이다.

감사의 말

이 장에서 인용한 연구는 다음의 지원을 받아 수행되었다. National Institutes of Health (Nos. MH63747, MH59087, MH64484, MH067481, MH086438).

참고문헌

Afshari, A., Neshat-Doost, H. T., Maracy, M. R., Ahmady, M. K., & Amiri, S. (2014). The effective comparison between emotion-focused cognitive behavioral group therapy and cognitive behavioral group therapy in children with separation anxiety disorder. *Journal of Research in Medical Sciences, 19,* 221–227.

American Psychiatric Association. (1980). *Diagnostic and statistical manual of mental disorders* (3rd ed.). Washington, DC: Author.

American Psychiatric Association. (2013). *Diagnostic and statistical manual of mental disorders* (5th ed.). Arlington, VA: Author.

Barmish, A. J., & Kendall, P. C. (2005). Should parents be co-clients in cognitive-behavioral therapy for anxious youth? *Journal of Clinical Child and Adolescent Psychology, 34,* 569–581.

Beidas, R. S., Mychailyszyn, M. P., Podell, J. L., & Kendall, P. C. (2013). Brief cognitive-behavioral therapy for anxious youth: The inner workings. *Cognitive and Behavioral Practice, 20,* 134–146.

Benjamin, C., Crawley, S., Beidas, R. S., Martin, E., & Kendall, P. C. (submitted). *Distress during exposure tasks: A treatment process predicting anxiety outcomes in youth using subjective units of distress.*

Benjamin, C. L., Harrison, J. P., Settipani, C. A., Brodman, D. M., & Kendall, P. C. (2013). Anxiety and related outcomes in young adults 7 to 19 years after receiving treatment for child anxiety. *Journal of Consulting and Clinical Psychology, 81,* 865–876.

Benjamin, C. L., O'Neil, K. A., Crawley, S. A., Beidas, R. S., Coles, M., & Kendall, P. C. (2010). Patterns and predictors of subjective units of distress in anxious youth. *Behav-*

ioral and Cognitive Psychotherapy, 38(4), 497–504.

Berman, S. L., Weems, C. F., Silverman, W. K., & Kurtines, W. M. (2000). Predictors of outcome in exposure-based cognitive and behavioral treatments for phobic and anxiety disorders in children. *Behavior Therapy, 31,* 713–731.

Bodden, D. H., Bogels, S. H., Nauta, M. H., DeHaan, E., Ringarose, J., Applebloom, C., et al. (2008). Child versus family cognitive-behavioral therapy in clinically anxious youth: An efficacy and partial effectiveness study. *Journal of American Academy of Child and Adolescent Psychiatry, 47,* 1384–1394.

Chu, B. C., & Kendall, P. C. (2004). Positive association of child involvement and treatment outcome within a manual-based cognitive-behavioral treatment for children with anxiety. *Journal of Consulting and Clinical Psychology, 72,* 821–829.

Compton, S., Peris, T., Almirall, D., Birmaher, B., Sherrill, J., Kendall, P. C., et al. (2014). Predictors and moderators of treatment response in childhood anxiety disorders: Results from the CAMS trial. *Journal of Consulting and Clinical Psychology, 82,* 212–224.

Crawford, A., & Manassis, K. (2001). Familial predictors of treatment outcome in childhood anxiety disorders. *Journal of the American Academy of Child and Adolescent Psychiatry, 40,* 1182–1189.

Crawford, E., Kendall, P. C., Gosch, E., Compton, S., Olino, T., Birmaher, B., et al. (2016). *Involvement and collaboration in outcome for youth receiving CBT for anxiety with and without medication.* Manuscript submitted for publication. Philadelphia: Temple University.

Crawford, E. A., Salloum, A., Lewin, A., Andel, R., Murphy, T., & Storch, E. (2013). A pilot study of computer-assisted cognitive behavioral therapy for childhood anxiety in community mental health centers. *Journal of Cognitive Psychotherapy, 27,* 221–234.

Crawley, S., Kendall, P. C., Benjamin, C., Brodman, D., Wei, C., Beidas, R. S., et al. (2013). Brief cognitive-behavioral therapy for anxious youth: Feasibility and initial outcomes. *Cognitive and Behavioral Practice, 20,* 123–133.

Creed, T. A., & Kendall, P. C. (2005). Therapist alliance-building behavior within a cognitive-behavioral treatment for anxiety in youth. *Journal of Consulting and Clinical Psychology, 73,* 498–505.

Cummings, C., Caporino, N., & Kendall, P. C. (2014). Comorbidity of anxiety and depression in children and adolescents: 20 years after. *Psychological Bulletin, 140,* 816–845.

Cummings, C., Caporino, N., Settipani, C., Read, K., Compton, S., March, J., et al. (2013). The therapeutic relationship in cognitive-behavioral therapy and pharmacotherapy for anxious youth. *Journal of Consulting and Clinical Psychology, 81,* 859–864.

Flannery-Schroeder, E., & Kendall, P. C. (2000). Group and individual cognitive-behavioral treatments for youth with anxiety disorders: A randomized clinical trial. *Cognitive Therapy and Research, 24,* 251–278.

Garcia, A., Sapyta, J., Moore, P., Freeman, J., Franklin, M., March, J., et al. (2010). Predictors and moderators of outcome in the Pediatric Obsessive Compulsive Treatment Study (POTS I). *Journal of the American Academy of Child and Adolescent Psychiatry, 49,* 1024–1033.

Halldorsdottir, T., Ollendick, T. H., Ginsburg, G., Sherrill, J., Kendall, P. C., Walkup, J., et al. (2013). Treatment outcome in anxious youth with and without comorbid ADHD in the CAMS. *Journal of Clinical Child and Adolescent Psychology, 44*(6), 985–991.

Hedtke, K., Kendall, P. C., & Tiwari S. (2009). Safety-seeking and coping behavior during exposure tasks. *Journal of Clinical Child and Adolescent Psychology, 38,* 1–15.

Hollon, S. D., & Beck, A. T. (2013). Cognitive and cognitive behavioral therapies. In M. J. Lambert (Ed.), *Bergin and Garfield's handbook of psychotherapy and behavioral change* (6th ed., 447–492). New York: Wiley.

Howard, B. L., Chu, B., Krain, A., Marrs-Garcia, A., & Kendall, P. C. (2000). *Cognitive-behavioral family therapy for anxious children: Therapist manual* (2nd ed.). Ardmore, PA: Workbook.

Kane, M., & Kendall, P. C. (1989). Anxiety disorders in children: A multiple-baseline evaluation of a cognitive-behavioral therapy. *Behavior Therapy, 20,* 499–508.

Kendall, P. C. (1990). *Coping Cat workbook.* Ardmore, PA: Workbook.

Kendall, P. C. (1994). Treating anxiety disorders in children: Results of a randomized clinical trial. *Journal of Consulting and Clinical Psychology, 62,* 100–110.

Kendall, P. C., Brady, E., & Verduin, T. (2001). Comorbidity in childhood anxiety disorders and treatment outcome. *Journal of the American Academy of Child and Adolescent Psychiatry, 40,* 787–794.

Kendall, P. C., Choudhury, M. S., Hudson, J. L., & Webb, A. (2002). *The C.A.T. Project.* Ardmore, PA: Workbook.

Kendall, P. C., Comer, J. S., Marker, C., Creed, T., Puliafico, A., Hughes, J., et al. (2009). In-session exposure tasks and therapeutic alliance across the treatment of childhood anxiety disorders. *Journal of Consulting and Clinical Psychology, 77,* 517–525.

Kendall, P. C., Cummings, C., Villabo, M., Narayanan, M., Treadwell, K., Birmaher, B., et al. (2016). Mediators of change in the Child/Adolescent Anxiety Multimodal treatment study. *Journal of Consulting and Clinical Psychology, 84*(1), 1–14.

Kendall, P. C., Flannery-Schroeder, E., Panichelli-Mindel, S., Southam-Gerow, M., Henin, A., & Warman, M. (1997). Therapy for youth with anxiety disorders: A second randomized clinical trial. *Journal of Consulting and Clinical Psychology, 65,* 366–380.

Kendall, P. C., Gosch, E., Furr, J. M., & Sood, E. (2008). Flexibility within fidelity. *Journal of the American Academy of Child and Adolescent Psychiatry, 47,* 987–993.

Kendall, P. C., & Hedtke, K. A. (2006a). *Cognitive-behavioral therapy for anxious children: Therapist manual* (3rd ed.). Ardmore, PA: Workbook.

Kendall, P. C., & Hedtke, K. A. (2006b). *Coping Cat workbook* (2nd ed.). Ardmore, PA: Workbook.

Kendall, P. C., Hudson, J., Gosch, E., Flannery-Schroeder, E., & Suveg, C. (2008). Cognitive-behavioral therapy for anxiety disordered youth: A randomized clinical trial evaluating child and family modalities. *Journal of Consulting and Clinical Psychology, 76,* 282–297.

Kendall, P. C., & Khanna, M. (2008a). *Camp Cope-A-Lot: The Coping Cat CD-ROM.* Ardmore, PA: Workbook.

Kendall, P. C., & Khanna, M. (2008b). *Coach's manual for Camp Cope-A-Lot: The Coping Cat CD-ROM.* Ardmore, PA: Workbook.

Kendall, P. C., & Peterman, J. (2015). CBT for anxious adolescents: Mature yet still developing. *American Journal of Psychiatry, 172,* 519–530.

Kendall, P. C., Podell, J. L., & Gosch, E. A. (2010). *The Coping Cat: Parent companion.* Ardmore, PA: Workbook.

Kendall, P. C., Safford, S., Flannery-Schroeder, E., & Webb, A. (2004). Child anxiety treatment: Outcomes in adolescence and impact on substance use and depression at 7.4-year follow-up. *Journal of Consulting and Clinical Psychology, 72,* 276–287.

Kendall, P. C., & Southam-Gerow, M. (1996). Long-term follow-up of a cognitive-behavioral therapy for anxiety-disordered youth. *Journal of Consulting and Clinical Psychology, 64,* 724–730.

Kendall, P. C., & Suveg, C. (2005). *Emotion-focused cognitive behavioral therapy for anxious children: Therapist manual.* Unpublished manual.

Kendall, P. C., & Treadwell, K. (2007). The role of self-statements as a mediator in treatment for anxiety-disordered youth. *Journal of Consulting and Clinical Psychology, 75,* 380–389.

Khanna, M., & Kendall, P. C. (2007). New frontiers: Computer technology in the treatment of anxious youth. *Behavior Therapist, 30,* 22–25.

Khanna, M., & Kendall, P. C. (2010). Computer-assisted cognitive-behavioral therapy for child anxiety: Results of a randomized clinical trial. *Journal of Consulting and Clinical Psychology, 78,* 737–745.

Kley, H., Heinrichs, N., Bender, C., & Tuschen-Caffier, B. (2012). Predictors of outcome in a cognitive-behavioral group program for children and adolescents with social anxiety disorder. *Journal of Anxiety Disorders, 26,* 79–87.

Legerstee, J. S., Huizink, A. C., van Gastel, W. W., Liber, J. M., Treffers, P. A., Verhulst, F. C., et al. (2008). Maternal anxiety predicts favourable treatment outcomes in anxiety-disordered adolescents. *Acta Psychiatrica Scandinavica, 117,* 289–298.

Liber, J., McLeod, B., van Widenfelt, B. M., Goedhart, A. W., van der Leeden, A. J., Utens, E. M., et al. (2010). Examining the relation between the therapeutic alliance, treatment adherence, and outcome of cognitive behavioral therapy for children with anxiety disorders. *Behavior Therapy, 41,* 172–186.

Manassis, K., Lee, T. C., Bennett, K., Zhao, X., Mendlowitz, S., Duda, S., et al. (2014). Types of parental involvement in CBT with anxious youth: A preliminary meta-analysis. *Journal of Consulting and Clinical Psychology, 82,* 1163–1172.

O'Neil, K., & Kendall, P. (2012). Role of comorbid depression and co-occurring depressive symptoms in outcomes for anxiety-disordered youth treated with cognitive-behavioral therapy. *Child and Family Behavior Therapy, 34,* 197–209.

Peris, T. S., Compton, S. N., Kendall, P. C., Birmaher, B., Sherrill, J., March, J., et al. (2015). Trajectories of change in youth anxiety during cognitive-behavior therapy. *Journal of Consulting and Clinical Psychology, 83,* 239–252.

Podell, J., Kendall, P. C., Gosch, E., Compton, S., March, J., Albano, A. M., et al. (2013). Therapist factors and outcomes in CBT for anxiety in youth. *Professional Psychology: Research and Practice, 44,* 89–98.

Puleo, C. M., & Kendall, P. C. (2011). Anxiety disorders in typically developing youth: Autism spectrum symptoms as a predictor of cognitive-behavioral treatment. *Journal of Autism and Developmental Disorders, 41,* 275–286.

Rapee, R. M. (2003). The influence of comorbidity on treatment outcome for children and adolescents with anxiety disorders. *Behaviour Research and Therapy, 41,* 105–112.

Salloum, A., Crawford, E. A., Lewin, A. B., & Storch, E. A. (2015). Consumers' and providers' perceptions of utilizing a computer-assisted cognitive behavioral therapy for childhood anxiety. *Behavioural and Cognitive Psychotherapy, 43,* 31–41.

Silverman, W., Pina, A., & Viswesvaran, C. (2008). Evidence-based psychosocial treatments for phobic and anxiety disorders in children and adolescents. *Journal of Clinical Child and Adolescent Anxiety, 37,* 105–130.

Southam-Gerow, M. A., Kendall, P. C., & Weersing, V. R. (2001). Examining outcome variability: Correlates of treatment response in a child and adolescent anxiety clinic. *Journal of Clinical Child Psychology, 30,* 422–436.

Spielmans, G. I., Pasek, L. F., & McFall, J. P. (2006). What are the active ingredients in cognitive and behavioral psychotherapy for anxious and depressed children?: A meta-analytic review. *Clinical Psychology Review, 27,* 642–654.

Storch, E. A., Salloum, A., King, M. A., Crawford, E. A., Andel, R., McBride, N. M., et al. (2015). A randomized controlled trial in community mental health centers of computer-assisted cognitive behavioral therapy versus treatment as usual for children with anxiety. *Depression and Anxiety, 32*(11), 843–852.

Suveg, C., Kendall, P. C., Comer, J. S., & Robin, J. (2006). Emotion-focused cognitive behavioral therapy for anxious youth: A multiple baseline evaluation. *Journal of Contemporary Psychotherapy, 36,* 77–85.

Swan, A., & Kendall, P. C. (in press). Fear and missing out: Youth anxiety and functional outcomes. *Clinical Psychology: Science and Practice.*

Treadwell, K. R. H., Flannery, E. C., & Kendall, P. C. (1995). Ethnicity and gender in relation to adaptive functioning, diagnostic status, and treatment outcome in children from an anxiety clinic. *Journal of Anxiety Disorders, 9,* 373–384.

Treadwell, K. R. H., & Kendall, P. C. (1996). Self-talk in youth with anxiety disorders: States of mind, content specificity, and treatment outcome. *Journal of Consulting and Clinical Psychology, 64,* 941–950.

Victor, A. M., Bernat, D. H., Bernstein, G. A., & Layne, A. E. (2007). Effects of parent and family characteristics on treatment outcome of anxious children. *Journal of Anxiety Disorders, 21,* 835–848.

Walkup, J. T., Albano, A. M., Piacentini, J., Birmaher, B., Compton, S. N., Sherrill, J. T., et al. (2008). Cognitive behavioral therapy, sertraline, or a combination in childhood anxiety. *New England Journal of Medicine, 359,* 2753–2766.

Wei, C., & Kendall, P. C. (2014). Parental involvement: Contribution to child anxiety and its treatment. *Clinical Child and Family Psychology Review, 17*(4), 319–339.

Wolk, C. B., Kendall, P. C., & Beidas, R. S. (2015). Cognitive-behavioral therapy for child anxiety confers long-term protection from suicidality. *Journal of the American Academy of Child and Adolescent Psychiatry, 54,* 175–179.

소아 강박장애 치료
노출기반 인지행동치료

Martin E. Franklin, Sarah H. Morris,
Jennifer B. Freeman, John S. March

임상 문제의 개요

100명의 아동·청소년 중 최대 한 사람은 언제든 심각한 강박장애(OCD; 예 : Flament et al., 1988)로 고통을 겪는 중이며, OCD를 가진 성인의 절반 정도가 어린 시절 또는 청소년기에 강박장애를 앓기 시작했다(Rasmussen & Eisen, 1990). 일상적인 기능을 방해하는 강박사고나 강박행동 또는 이 두 가지가 모두 있으면 강박장애라 한다(American Psychiatric Association, 2013). '강박사고'는 침투적으로 경험되는 반복적인 생각, 충동, 또는 심상으로 심각한 고통을 유발한다. 강박사고는 어떤 종류의 주제와도 관련될 수 있으며, 흔한 예는 사랑하는 사람을 해치는 침투사고나 문손잡이를 만지면 위험한 세균에 오염될 것이라고 걱정하는 것이다. '강박행동'은 관련된 고통을 예방하거나 줄이고자 강박사고에 대한 반응으로 시도하는 반복적인 행동이나 정신적인 행위이다. 가족을 해치지 않을 것이라는 확신을 달라고 하거나, 문손잡이를 만진 후에 손을 반복적으로 씻는 것이 앞서 언급한 강박사고와 관련이 있는 강박행동의 예가 될 수 있다.

아동·청소년 OCD는 가정, 학교 및 사회 환경에서의 기능장애와 관련이 있다(Piacentini, Bergman, Keller, & McCracken, 2003). 치료를 받지 않으면 강박장애는 성인이 될 때까지 계속되며, 다른 심리장애를 동반하거나 삶의 질 저하를 포함한 부정적인 결과와 관련이 있다(Micali et al., 2010). 따라서 치료를 개선하고 경험적으로 지지된 치료를 보다 쉽게 이용할 수 있게 하는 것은 어린 시절 소아 강박증과 관련된 이환율과 기능장애를 줄이는 것 외에, OCD 증상과 관련된 기능장애를 성인기까지 줄일 수 있는 잠재력을 갖는다.

치료 프로그램에 대한 개념적 모델

노출 및 의례 방지

강박장애에 적용하는 노출의 원리는 근본적으로 위험하지 않은 두려운 자극에 충분한 기간 접촉을 하면 불안은 대개 감소한다는 사실에 근거하고 있다. 따라서 세균에 대한 두려움이 있는 아동이, 두려움을 유발하지만 객관적으로 위험이 낮은 상황에 직면하면 시간이 지남에 따라 불안은 자연히 줄어든다. 구체적인 공포 자극과 접촉하는 것을 더 이상 두려워하지 않을 때까지 반복적으로 노출을 실시하며, 반복 노출은 노출의 거듭된 시행에 따른 불안의 감소(회기 간 습관화)와 노출 영역에 주로 국한한 불안의 감소를 낳는다. 적절한 노출은 '반응 또는 의례 방지'라고 불리는 과정인 의례나 다른 회피 행동의 부적 강화 효과를 막는 것에 달려 있다. 예를 들어, 세균에 대한 걱정이 있는 아동은 '세균이 있는 물건'을 만지고 불안이 상당히 줄어들 때까지 의례화된 손 씻기를 하지 않는다. 노출 및 의례 방지(exposure and ritual prevention, ERP)는 대개 점진적인 방식으로 시행하며(때로는 '단계적 노출'이라 함), 환자와 치료자 간의 상호작용 과정에서 개발한 노출 목표를 갖고 수행한다. 집중적인 접근은 치료에 저항적인 강박장애 또는 매우 빠른 반응을 원하는 환자에게 특히 유용할 수 있다(Franklin et al., 1998; Storch, Geffken, Merlo, Mann et al., 2007).

인지적 기법

ERP의 시행을 수월하게 해주는 '도구'를 아동에게 제공하는 다양한 인지적 개입을 사용해왔다. 아동과 증상 특성에 따라 대체로 유용하거나 필요할 수 있는 개입의 목표에는 일반적으로 개인적인 효능감, 예측 가능성, 통제 가능성 및 ERP 과제에서 긍정적인 결과의 가능성에 대한 자기 귀인을 높이는 것이 포함된다. 구체적인 개입에는 (1) 건설적인 혼잣말과 "강박 저리 가!"라고 하는 것, (2) 강박사고에 집착하지 않는 법을 배우기, 다르게 말하면 단순히 강박사고를 알아차리는 법을 배워서 정말 쓸데없는 사고 억제를 시도하는 대신에 자연스럽게 강박사고가 떠올랐다가 사라지게 두는 것이다. 이 각각의 방법은 아동을 괴롭히는 특정 강박 증상과 잘 맞아야 하며, 아동의 인지 능력, 발달 단계 및 두 가지 기술에 대한 개인적인 선호와 맞아야 한다. 인지적 기법은 일상적으로 ERP 프로그램에 통합되며, 인지적 절차는 ERP를 대체하기보다는 ERP를 지원하고 시행하기 위해 사용한다(Franklin & Foa, 2008).

정말 중요한 것은 주의분산을 포함한 사고 억제 노력이 무의미하다는 것을 강조하는 것이다. 왜냐하면 사고 억제 노력은 부적 강화를 가져와 일시적인 안도감만 가져올 가능성이 높으며, 동시에 강박사고와 강박행동 간의 관계를 강화시킬 수 있기 때문이다. 발달에 민감한 방식으로 이 점을 강조하기 위해 '강박사고를 쫓아내려고 하기보다는 강박사고가 스스로 가버리게 내버려 두는 방법'을 배우는 것으로 강박사고에 대한 접근을 바꾸기 바란다고 소아 환자들에게 말한다. 나쁜 생각과 불안을 쫓아내려는 노력을 하지 않으면 결국 강박사고의 빈도와 강도가 줄어든다는 기대는 성과 연구와 실험 자료에 근거하고 있다. 그러나 '강박사고가 없는 삶'을 치료 목표로 강조하지 않도록 주의를 기울이고 대신 강박사고가 발생했을 때, 의례와 회피 행동을 하지 않는 것의 중요성을 강조한다. 환자와 가족에게 강박사고에 대한 반응이 강박사고가 존재하는지의 여부보다 훨씬 더 중요하다고 가르친다. 두려움에 등을 돌리기보다는 두려움에 의지하거나 기대는 반응은 더 나은 기능, 강박장애의 약화, 강박사고의 빈도와 강도 및 장기적으로는 강박증과 연관된 고통의 감소와 관련이 있다.

의례 방지

의례 방지는 기술적으로는 소거 절차인데, 이는 의례와 회피 행동의 차단이 의례 또는 회피의 부적 강화 효과를 제거하기 때문이다. 그러나 편의상 '소거'는 의례에 대한 부모의 정적 강화를 없애서 강박 관련 행동을 제거하는 것으로 정의한다. 예를 들어, 안심을 구하는 의례를 가진 아동의 경우 치료자는 강박장애 특유의 질문에 응답을 해서 자녀를 안심시키지 않도록 부모에게 요청할 수 있다. 소거는 종종 빠른 효과를 가져오지만, 아동의 행동이 기이할 때(예 : 사회적 상황에 관계없이 악마에 대한 강박사고에 대한 반응으로 "하나님, 용서해주세요!"라고 소리치기), 매우 자주 발생하는 경우(예 : "괜찮아요?"라는 반복 질문)에는 시행하기 어려울 수 있다. 또한 상호 합의되지 않은 소거 절차는 종종 아동에게 주체하기 힘든 고통을 낳을 수 있고, 치료적 동맹을 해치고, 소거 절차가 적용되지 않는 중요한 ERP 대상을 놓치고, 가장 중요한 것은 아동이 강박장애에 저항하는 전략을 내재화하는 것을 돕는 데 실패한다. 따라서 ERP 계획의 나머지 부분과 마찬가지로 안심 구하기의 소거를 아동의 통제하에 두는 것은 치료에 대한 순응과 치료 효과의 향상으로 이어진다. 저자들은 충분한 코칭 및 역할극 사례들을 회기 중에 제공해서 강박장애의 중요 연료가 되는 의례와 회피 행동을 차단해 강박장애를 약화시키는 방법을 부모와 아동에게 가르친다.

작동 절차

임상적으로 정적 강화는 강박 증상을 직접 변화시키는 것 같지 않지만 ERP 절차를 따르도록 하는 데 도움이 되는 간접적이나 분명한 임상적 이점이 있다. 대조적으로 '처벌'(혐오적인 사건의 부과)과 '반응—대가'(정적 사건의 제거) 절차는 강박장애 치료에 도움이 되지 않는 것으로 나타났다. 대부분의 인지행동치료 프로그램은 ERP 과제를 준수하기 위해 자유로운 정적 보상을 사용하고 OCD 영역을 벗어난 파괴적 행동을 목표로 하지 않는 한 혐오 유관관리 절차를 금지한다. OCD 자체가 강력한 혐오 자극이기 때문에 성공적인 ERP는 치료가 진행됨에 따라 예상치 못한 일반화로 새로운 ERP 목표를 제시함으로써 부적 강화(예 : OCD 증상의 감소가 ERP의 준수를 촉진함)를 통해 추가 ERP에 참여할 의지를 촉진한다.

OCD와 치료에 대한 가족의 개입

가족의 정신병리는 강박장애의 발병에 필요하지도 충분하지도 않다. 그럼에도 불구하고 가족은 강박장애에 영향을 미치고 강박장애의 영향을 받는다. 더 구체적으로 말하면 아동의 강박장애 증상에 가족이 적응하는 것이 일반적이고(Merlo, Lehmkuhl, Geffken, & Storch, 2009; Peris et al., 2008; Storch, Geffken, Merlo, Jacob et al., 2007), 가족 갈등과 동반된 외현화 증상은 가족이 강박 증상에 순응하지 않으려 할 때 악화된다(Peris et al., 2008). 따라서 소아 강박장애 분야에서 분해 연구가 아직 강력하고 지속적인 증상 감소에 필요한 가족 개입의 적정 수준을 명확히 제시하지 못했지만, 임상 관찰에 따르면 9세 이상의 환자들 대다수는 개인 회기와 함께 가족 회기를 진행하는 것이 최선인 것 같다. 저자들이 개발한 프로그램에는 전체 가족이 참여하는 회기가 몇 개 있고, 부모와 자녀가 ERP 과제와 과제 시행에서 각자의 역할을 이해했는지 확인하기 위해 일반적으로 매 회기 끝에 가족이 함께 참여한다. 일부 연구자들은 CBT 프로토콜의 개발에서 가족 작업을 더욱 강조하고 있으며(예 : Peris & Piacentini, 2013; Piacentini, Bergman, Jacobs, McCracken, & Kretchman, 2002; Piacentini et al., 2011), 집단 가족 CBT는 OCD 증상을 줄이는 데 개인 CBT만큼이나 효과적이었다(Barrett, Healy-Farrell, & March, 2004). 젊은 환자의 경우 OCD의 과정과 치료에서 가족의 역할은 더욱 크다. 강박장애를 가진 어린 아동을 대상으로 한 저자들의 치료 프로그램에서는 부모가 모든 회기에 일부 참여하며 기본적으로 부모가 자녀와 함께 ERP를 실시하도록 가르친다(Freeman et al., 2007, 2008, 2014; Freeman & Garcia, 2008).

치료 프로그램의 특징

평가

아동 강박장애 치료는 (1) 현재 및 과거 강박장애 증상에 대한 포괄적인 평가, (2) 현재 강박장애 증상의 심각도와 강박장애와 관련된 기능적 손상, (3) 공존병리를 포함한 적절한 평가로 시작해야만 한다. 강박장애 증상과 심각성을 기록할 때 아동을 부모와 함께 면담할지 아동 혼자 면담할지 결정하는 것은 중요하다. 사전에 부모와 논의해서 결정할 수 있고, 대기실에서 아동과 가족의 행동을 관찰하고 결정할 수도 있고, 필요하다면 면담 중에라도 결정을 해서 알릴 수 있다. 환자가 부모와 함께 특정 증상, 예를 들면 성적이거나 지나치게 폭력적인 강박사고를 논의하는 것을 꺼리면 임상가는 시간을 남겨두었다가 면담이 끝날 때 환자와만 잠재적으로 민감한 주제를 다시 논의할 수 있다.

공식적인 평가를 시작하기 전에 아동과 부모가 주요 개념을 파악하는 데 어려움이 있으면 평가자는 구체적인 예를 사용해서 강박사고와 강박행동의 정의를 설명한다. 저자들은 OCD의 유병률, 특징 및 치료에 대한 정보를 가족들에게 알려주는데, 이는 반구조화 면담이 시작되었을 때 피면접자들이 특정 증상을 공개하겠다는 의지를 높일 수 있다. 아동은 자신이 사랑하는 사람을 다치게 하는 침투적인 심상과 같은 강박적인 공포를 앓는 유일한 사람인 듯이 감정에 특히 취약할 수 있다. 그래서 이러한 우려를 가라앉히기 위해 "제가 예전에 만났던 아이는…" 이라고 예를 들어 시작하는 것은 평가의 질을 높일 수 있다.

치료의 다섯 단계

소아 OCD 치료 연구(다음의 전체 설명 참조)에 사용한 저자들의 소아 OCD 치료 프로토콜 (Franklin, Foa, & March, 2003; Freeman & Garcia, 2008; Pediatric OCD Treatment Study Team, 2004)은 점진적인 노출 기법의 전형으로(March & Mulle, 1998), (1) 심리교육, (2) 인지 훈련, (3) OCD 매핑, (4) ERP, (5) 재발 방지 및 일반화 훈련의 5단계를 12주간에 걸쳐 14번 방문하는 것으로 구성되어 있다. 주 2회 방문하는 첫 2주를 제외하고 모든 방문은 주 1회이며 상담시간은 1시간이고 3~12주 동안은 상담 사이에 10분간의 전화 접촉을 1회 한다. OCD를 확인된 문제로 정의하는 심리교육, 인지 훈련, 자극 위계(OCD 매핑)의 개발은 처음 4회의 방문 중에 이루어진다. ERP는 5~12회기 동안 진행되고 마지막 두 회기는 일반화 훈련과 재발 방지를 통합한 내용을 진행한다. 각 회기는 목표의 진술, 지난주의 검토, 새로운 정보의 제공, 치료자의 지원을 받는 연습, 다음 주 과제 및 모니터링 절차를 포함한다.

부모 참여

부모는 1회기, 7회기, 11회기에 집중적으로 참여하며, 후반 두 회기는 부모가 자녀의 과제를 돕는 역할을 어떻게 해야 하는지를 지도하는 데 사용한다. 13~14회기는 재발 방지와 치료에서 이룬 성취를 축하하고, 중요한 부모의 의견을 구하는 회기이다. 부모는 다른 회기에서도 회기마다 치료자와 상의하고 치료자는 부모에게 각 회기의 목표와 치료 진행 상황을 설명하는 피드백을 제공한다. 치료자는 부모가 부적절한 ERP 작업을 제안하는 것을 자제하도록 돕는다. 부모 때로는 아동도 위계를 너무 빨리 올라가려고 기대하고 치료의 특정 지점에서는 매우 어려울 수 있는 행동 변화를 기대하는 것이 일반적이다. 이런 일은 때로는 진전이 없는 좌절에서 오는 것이지만 초기 성공에 대한 흥분에서 올 수도 있다. 예를 들어, 부모는 자녀가 한 가지 증상을 통제할 수 있다는 것을 보면서 모든 증상에 직면할 수 있다고 기대한다. 어떤 경우에는 의례에 대한 광범위한 가족의 개입과 아동의 발달 수준은 가족 구성원이 치료에서 보다 중심적인 역할을 수행할 것을 요구하는데, 어린 아동의 사례(Freeman et al., 2007)나 발달장애가 있는 아동의 사례가 그러하다. CBT 프로토콜은 강박장애 증상의 특징과 아동의 발달 수준에 의해 영향을 받는 가족 개입에서 변화를 수용할 수 있는 충분한 유연성을 제공한다는 점에 유의해야 한다.

발달적 적합성과 유연성

발달적으로 적절한 방식으로 치료를 제공하는 것은 아동 · 청소년을 위한 CBT 프로토콜의 성공에 정말로 중요하다. 저자들은 정해진 회기의 목표를 따르면서 유연성을 발휘하는 것을 허용하는 것으로 발달적 적합성을 장려하는데, Kendall, Gosch, Furr와 Sood(2008)는 이를 '충실하되 유연하게'라고 표현하였다. 보다 구체적으로 말하면 치료자는 각 환자의 인지 기능, 사회적 성숙, 주의 지속 능력에 맞추어 대화의 수준을 조정한다. 어린 환자들은 주의와 동기를 유지하기 위해 방향 전환과 활동이 더 많이 필요하다. 청소년은 일반적으로 강박장애가 또래 상호작용에 미치는 영향에 보다 민감하며, 이에 대한 논의가 더 많이 필요하다. 인지적 개입은 특히 환자의 발달 수준에 맞게 조정되어야 하는데, 예를 들어 청소년은 어린 아동보다 OCD에 '괴로운 별명'을 붙이는 경향이 더 적다. 아동의 관심 분야 및 지식과 관련 있는 발달적으로 적절한 은유도 치료 과정에 적극적으로 참여하도록 촉진하기 위해 사용할 수 있다.

치료 효과의 증거

소아 OCD 분야에서 CBT 성과 문헌의 구축은 성인을 대상으로 효과가 입증된 프로토콜을 연령 하향 확장하는 작업, 단일 사례 연구의 출판, 사례 시리즈 및 이러한 프로토콜들을 포함하는 공개 임상실험으로 시작되었다. 전체적으로 보면 대조군이 없는 실험 설계를 사용한 연구(예 : Franklin et al., 1998; March, Mulle, & Herbel, 1994; Piacentini et al., 2002)에서 환경과 문화 전반에 걸쳐 매우 유사하고 고무적인 결과가 나타났는데, 치료 종결 시점에 환자 대다수가 치료에 반응을 보였고 증상이 유의하게 감소하였다. 이러한 예비 연구는 CBT의 효과를 평가하기 위한 무선 연구를 위한 장을 마련하였는데, 1990년대 후반에 한 편이 발표되었고(deHaan, Hoogduin, Buitelaar, & Keijsers, 1998), 최근에는 여러 편이 발표되었다(Barrett et al., 2004; Bolton et al., 2011; Bolton & Perrin, 2008; Franklin et al., 2011; Freeman et al., 2014; Pediatric

OCD Treatment Study Team, 2004; Piacentini et al., 2011; Storch, Geffken, Merlo, Mann et al., 2007; Storch et al., 2011; Williams et al., 2010). 다음 내용에서는 저자들의 팀이 완성한 연구 설계와 몇 가지 주요 발견들을 검토하겠다.

소아 OCD 치료 연구 : 다중 기관 비교 치료 시행

CBT, 약물치료 및 CBT와 약물치료의 병행치료 : POTS I

초기 소아 OCD 치료 연구(POTS I; Pediatric OCD Treatment Team, 2004)는 소아 OCD의 급성기 치료에서 치료 효과가 확립된 약물인 설트랄린(sertraline, SRT), OCD에 특화된 CBT, 이 둘의 병행(COMB)과 위약(PBO)을 복용하는 대조군을 직접 비교하는 소아 OCD 환자를 대상으로 한 최초의 무선할당 임상실험이었다.

*DSM-IV*에 근거해서 일차적으로 OCD 진단을 받은 7~17세 112명의 지원자가 연구에 참여했다. 남녀의 수가 균등하였고, 12~17세의 청소년 집단과 7~11세 아동 집단의 수도 거의 동일하였다. 처리 의향(intent-to-treat, ITT) 분석 모델에 따라 치료에 반응을 했는지의 여부와 상관없이 모든 환자들은 치료 후에 예정된 평가를 받았고, 독립적인 평가자가 주요 종속변인을 평가하였다. 구체적으로 1단계(12주)에서 환자들은 기저선, 4주, 8주, 12주에 평가를 받았다. 2단계에서 환자들은 16주, 20주, 24주, 28주에 평가를 받았다. 처리 의향 분석 결과, 세 가지 적극적인 치료(COMB, CBT, SRT)는 위약과 비교해서 유의미한 이득이 있었다(Pediatric OCD Treatment Team, 2004). 적극적인 치료법들을 비교해보면 전체적으로 COMB 치료가 특히 효과적이었는데, CBT와 SRT보다 우수하였고 CBT와 SRT의 효과는 차이가 없었다. SRT를 받은 환자의 약 21%, PBO를 받은 환자의 약 3%가 OCD 증상에서 회복된 것에 비해 COMB 치료를 받은 환자의 약 54%와 CBT만 받은 환자의 39%가 OCD 증상에서 회복되었다.

이러한 결과들을 근거로 저자들은 강박장애를 앓는 아동·청소년은 CBT와 선택적 세로토닌 재흡수 억제제(SSRI)의 병행치료 또는 CBT를 받을 것을 권한다. CBT에 약물치료를 추가하는 것은 몇몇 이유로 CBT의 효과가 줄어들거나 공존병리가 있는 경우에 특히 중요할 수 있다(March et al., 2007).

SSRI에 불완전한 반응을 보이는 사례에 CBT 추가하기 : POTS II

CBT의 효과를 지지하는 근거 자료가 증가하고 있음에도 불구하고 지역사회에서 치료를 받는 대부분의 OCD 소아 환자들에게는 1차 치료로 SSRI 단독 요법이 실시되고 있다. 유감스럽게도 SSRI를 권장용량으로 복용하더라도 대부분의 환자들은 임상적으로 유의한 잔류 증상을 가지며(Freeman & Garcia, 2008), 앞서 논의한 바와 같이 약물치료만으로는 우수한 반응을 할 가능성이 낮다. 예를 들면 POTS I에서 설트랄린으로 치료받는 아동의 우수 반응률은 21%

에 불과하였다. 이에 치료의 추가(현재의 치료에 부가적인 치료를 추가하는 것)와 '치료 전달 성'(지역사회의 임상 장면에서 사용하기 위한 치료를 연구 장면에서 개발하는 것)의 문제를 해 결하고자 다음 단계의 연구를 고안하였다. POTS II 연구에서 Franklin 등(2011)은 (1) 정신과 의사 연구자가 제공한 약물관리(MM), (2) 심리학 연구자가 제공한 약물관리＋OCD를 위한 CBT(MM＋CBT), (3) MM＋약물관리를 제공하도록 지정받은 정신과 의사 연구자가 제공하 는 CBT 강의(MM＋I-CBT)의 상대적인 효능을 비교하였다.

　연구 대상자는 *DSM-IV*의 1차 진단이 OCD인 7~17세 아동 · 청소년이 124명이었다. 연구 대상에 포함되기 위해서는 OCD를 위한 세로토닌계 약물(SSRI 또는 클로미프라민)을 적정 용 량 복용 중이어야 하며 임상적으로 유의한 OCD 증상을 경험해야 한다. POTS I과 마찬가지로, 세 곳의 협동 연구대학인 펜실베이니아대학교, 듀크대학교, 브라운대학교에서 참가자들을 모 집하였다. 세 가지 치료조건(MM, MM＋CBT, MM＋I-CBT) 가운데 한 조건에 참가자를 무 선 배정하였다. 급성기 치료 단계는 모든 치료조건에서 12주였으나, MM＋CBT 조건의 CBT 는 POTS I에서 사용한 1시간의 인지행동치료 회기를 14회 더 진행하였고, MM＋I-CBT 조건 에서는 짧은 회기를 7회 진행하였으나 회기 내 노출은 포함하지 않았다.

　결과는 MM＋CBT가 MM 및 MM＋I-CBT보다 우수한 것으로 나타났다. 연구 가설과는 달리 MM＋I-CBT와 MM 조건은 유의미한 차이가 없었다. MM＋CBT는 69%, MM＋I-CBT 는 34%, MM은 30%가 반응하였다. 12주에 측정한 아동 예일−브라운 강박 척도(Child Yale-Brown Obsessive Compulsive Scale, CY-BOCS) 점수가 30% 감소한 것을 반응으로 정의하였다.

　POTS II는 병행치료의 효능에 대한 추가 증거를 제시하였는데, 이 연구에서 병행치료는 동 시에 진행한 것이 아니라 순차적으로 시행하였다. 흥미롭게도 MM＋CBT 조건에서 CY-BOCS 를 지속적으로 측정한 결과는 POTS I에서 병행치료 후 나타난 결과와 다소 차이가 있었는데, 이는 표본의 차이, 순차 효과, 또는 초기 치료에 대한 충분치 못한 반응이 후속 결과에 영향을 미쳤을 가능성이 있다. 이 연구는 최적의 결과를 얻기 위해서는 투약 관리에 CBT 단축형을 추 가하기보다는 CBT '전체'를 사용할 필요가 있을 가능성을 시사하였다. MM＋I-CBT가 차이 나는 효과를 보이지 않은 이유는 치료 강도가 낮고, MM＋CBT에 비해 정신건강 임상가와의 접촉 시간이 짧으며, 이를테면 회기 내 노출과 같은 CBT의 핵심 요소들이 누락되어 있고, 또는 이러한 요인의 몇몇 조합 때문일 수 있다.

어린 OCD 아동의 가족기반 치료 : POTS 주니어

최근 연구에서 가족기반 이완훈련과 비교해 5~8세 OCD 아동을 대상으로 한 가족기반 CBT 의 성공이 지지를 받았다(RT; Freeman et al., 2008; Freeman et al., 2014). 나이와 적어도 부 모 한 사람은 모든 회기에 참여해야 한다는 요구사항을 제외하면 POTS 주니어(Freeman et al.,

2014)의 연구 포함과 배제 기준은 앞서 설명한 다른 POTS 연구와 동일하다. 두 치료 프로토콜은 14주 동안 진행되는 12회기로 구성되어 있다. 가족기반 CBT 프로그램은 학령기 아동을 대상으로 한 기존의 접근과 유사하지만 어린 OCD 아동에게 맞춘 새로운 요소를 포함하고 있다. 새로운 요소는 (1) 발달 단계와 인지·사회·정서 기술의 일치 수준에 대한 주의, (2) 가족 체계에 대한 아동의 참여와 의존에 대한 인식, (3) 부모훈련 및 행동관리 기술의 결합을 포함하고 있다.

　　POTS I과 II처럼 POTS 주니어는 세 곳의 연구 중심 의료센터(펜실베이니아대학교, 듀크대학교, 브라운대학교)에서 실시되었다. 127명의 참가자가 가족기반 CBT 또는 가족기반 이완훈련에 무선 배정되었다. CBT는 주요 결과 측정치인 전반적인 임상적 인상개선척도(Clinical Global Impression-Improvement scale, CGI-I)와 CY-BOCS에서 이완훈련보다 우수한 것으로 나타났다. 14주에 측정한 CGI-I에서 매우 많이 개선되거나 많이 개선된 것으로 평가된 아동의 비율은 CBT는 72%, 이완훈련은 41%였다. 14주에 측정한 CY-BOCS에서 CBT와 이완훈련 간의 효과크기의 차이는 0.84(95% 신뢰구간=0.062~1.06)였다. 이러한 결과는 부모의 지원을 받아 CBT를 받은 어린 강박장애 아동은 이완훈련을 받은 아동이 얻을 수 있는 것 이상의 상당한 이득을 얻었음을 의미한다. POTS 주니어의 연구 결과는 OCD는 나이가 어린 아동에게도 현저한 손상을 야기할 수 있으며 개입을 하는 것이 '지켜보면서 기다리자'라는 접근보다는 낫다는 것을 보여준다.

OCD를 위한 노출 기반 CBT의 실행 : NordLOTS

전문가들은 아동·청소년 OCD를 위한 1차 치료로 CBT를 추천하지만(Geller & March, 2012), CBT의 사용 확대를 제한하는 장벽은 계속되고 있다. 소아 강박장애에 대한 CBT 경험이 많은 치료자는 거의 없다. 따라서 CBT는 CBT의 개발 및 경험적 평가와 연관이 있는 주요 의료센터 밖에서는 접근할 수 없다. 덴마크, 스웨덴, 노르웨이의 장기 실행 연구인 노르딕 장기 OCD 치료 연구(NordLOTS)는 첫 단계로 최근 완성된 임상 실험에서 지침서에 근거한 노출기반 CBT의 급성기 치료 효과성을 조사했다(Torp, Dahl, Skarphedinsson, Thomsen et al., 2015). 소아 강박장애 전문가가 아닌 임상의가 공공 정신보건 클리닉에서 치료를 하였다. 소아 OCD 개방 치료 실험이나 RCT에서 연구한 가장 큰 표본인 269명의 참가자들이 지침서에 근거한 CBT를 14회 매주 받았다. 연구 결과 급성 치료 종료 시 OCD 및 관련 증상은 통계적으로 그리고 임상적으로 의미 있게 감소하였다. 기저선과 치료 후 간의 집단 내 효과크기의 추정치는 1.58(95% 신뢰구간=1.37~1.80)이었다. 결과는 CBT 전문 현장에서 수행한 이전의 공개 실험과 유사했다(Franklin et al., 1998; March et al., 1994; Storch et al., 2010). 이 연구 결과는 CBT가 학문적인 맥락을 넘어서 확산될 수 있고, 강박장애를 가진 자녀가 있는 가정 대다수가 이용하게 될 지역사회의 임상 현장으로 전파될 수 있음을 시사한다.

NordLOTS 실험의 연구자들은 급성기 치료 결과를 조사한 것 외에 CBT의 1차 과정에 반응하지 않은 집단에게 CBT를 지속하는 것과 설트랄린의 효과를 비교하였다(Skarphedinsson, Weidle et al., 2015). 전문가 지침에서는 현재 CBT가 효과적이지 않으면 SSRI를 추가할 것을 권고하지만(American Academy of Child and Adolescent Psychiatry, 2012), 이 권장사항은 경험적 자료로 입증되지 않았다. 1차 CBT에 반응하지 않는 54명의 청소년을 설트랄린 또는 16주간의 연장된 CBT 조건에 무선 할당하였다. 두 조건 간에는 유의미한 차이가 없었다[$t(119) = -0.94, p = .351$)]. 그러나 집단 내 효과크기(치료의 두 번째 단계의 시작을 기저선으로 고려할 때)는 컸고 유의했다(CBT : 1.04, 95% 신뢰구간=0.047–1.61; SRT : 1.19, 95% 신뢰구간=0.54~1.83). 이 결과는 소아 강박장애를 치료할 때, 1차 CBT에 반응을 하지 않더라도 지속적인 치료를 통해 개선될 수 있음을 보여준다. CBT와 설트랄린은 1차 CBT 이후에 치료를 지속하면 의미 있는 반응률이 나타났다.

CBT 반응의 중재요인

많은 사람들이 특히 틱장애와 같은 공존병리, 동기나 통찰의 부재, 가족 정신병리가 CBT를 받는 아동의 빈약한 치료 결과를 예측할 것이라고 말하지만, 심리사회적 치료를 받는 아동의 치료 결과를 예측하기 위한 경험적 근거는 아직까지 거의 없다. Ginsburg, Kingery, Drake와 Grados(2008)는 소아 OCD 치료 결과의 예측 및 중재 자료를 검토하고 CBT에 더 빈약한 반응을 보이는 예측요인으로 기저선에서의 OCD 증상의 심각성과 가족 정신병리를 찾아냈다. NordLOTS 실험에서 나온 분석에 의하면 OCD가 더 심각하고, 기능손상이 더 심하며, 내재화 및 외현화 증상이 더 많고, 우울과 불안 증상의 수준이 더 높은 청소년들은 치료 14주 후에 유의하게 더 빈약한 치료 결과를 보였다(Torp, Dahl, Skarphedinsson, Compton et al., 2015). POTS I에서 공존병리로 틱장애는 약물치료에 대한 반응을 예측하지만 CBT에 대한 반응을 예측하지 않는 것으로 나타났다(March et al., 2007). 대조적으로 NordLOTS 실험에서 1차 CBT에 반응이 없는 틱장애를 가진 OCD 참가자들은 연장된 CBT보다는 SSRI에서 도움을 받을 가능성이 더 컸다(Skarphedinsson, Compton et al., 2015).

Ginsburg 등(2008)의 체계적인 개관 이후에 발표된 POTS I 연구 자료를 보다 포괄적으로 조사한 결과, 모든 치료에서 반응이 있을지를 예측하는 몇 가지 요인을 찾아냈는데 다음과 같다. OCD 증상의 심각도가 낮을수록, OCD 관련 손상이 덜 할수록, 통찰이 더 클수록, 동반된 외현화 증상이 더 적을수록, 가족이 OCD에 순응하는 정도가 더 적을수록 치료 결과가 더 좋았다. 특정 치료에 반응이 있을지를 예측하는 것과 관련해서 강박증 가족력만이 중재요인으로 나타났다. 강박증의 가족력이 있는 사람들은 강박증 병력이 없는 사람들에 비해 CBT 단독 요법의 효과크기가 6배 감소했다(Garcia et al., 2010). 가족력이 치료 효과에 어떻게 영향을 주는 것인지 그 기제는 아직 명확하지 않다. 유전적인 소인이 하나의 명백한 후보이나 Piacentini 등 (2011)의 RCT 자료에 대한 Peris 등(2012)의 연구 결과는 가족 환경을 중요한 임상적 요인으로 지적했다. 이 연구에서 기저선에서 측정한 부모의 비난과 가족 갈등의 수준이 낮을수록, 그리고 가족 응집력의 수준이 높을수록 아동이 가족중심 CBT에 반응할 가능성은 더 컸다. 반면 Torp, Dahl, Skarphedinsson, Compton 등(2015)은 NordLOTS 소아 OCD 연구에서 가족이 결과를 예측하는 지표로 확인되지는 않았지만, 이 연구에서 제공한 치료에 가족의 참여도가 높았던 것과는 관련이 있을 수 있다. 종합하면 OCD의 가족 환경과 가족력은 강박장애를 치료할 때 임상적으로 숙고해야 할 중요 사항이다.

향후 방향

이 장에서 설명한 연구를 발판으로 삼아 소아 OCD 분야에서 현재 노력을 기울이는 연구들은 다음과 같은 핵심 분야에 집중되어 있다. (1) 약물치료와 CBT가 증상 감소 효과에 상승작용을 하는지, 가산적인지를 판단하기 위해 약물치료, CBT, 병행치료를 비교하는 통제된 실험을 더 많이 하는 것, (2) 어떤 아동에게 더 효과적인지를 결정하기 위한 개인치료와 가족기반 치료의 비교 연구 그리고 CBT 결과의 확인된 예측요인(예 : 순응)에 더 중점을 둔 가족 중재가 보다 강력하고 지속적인 치료 반응을 산출하는지를 조사하는 것, (3) 특히 환자의 유형을 고려하면서 행동적 절차와 인지적 절차가 치료 결과에 미치는 상대적인 기여도를 조사하는 것(예 : OCD 에 대한 우려와 결과 중심의 강박행동), (4) ERP에 잘 반응하지 않을 수 있는 강박적인 지연이나 수집과 같은 OCD 아형을 위한 혁신적인 치료법의 개발, (5) OCD 환자에게 CBT의 적용을 제한하는 가족 역기능 및 외현화 동반 질환과 같은 특정 요인을 표적으로 하는 치료 혁신의 개발, (6) 1차 치료 이후 부분 반응, 치료 저항, 치료 유지 및 중단의 관리, (7) 실제 장면에서 소아 OCD를 위한 치료로 CBT의 수용 가능성과 유효성을 판단하기 위해 다양한 임상 환경과 환자 집단에게 연구에서 입증된 치료를 배포하려는 노력을 지속하는 것이다. 저자들은 앞에서 기술한 노력과 다른 새로운 계획들이 내놓을 가능성에 크게 흥분하고 있으며, 정상 궤도에 재진입하는 것을 어렵게 할 정도로 발달 경로를 붕괴시키기 전에 향후 10년간 강박장애를 가진 아동 · 청소년을 발견하고 치료하는 데 진전이 있기를 기대한다.

맺음말

소아 강박장애에 대한 CBT는 지난 15년 동안 여러 가지 비교 조건과 적극적인 약물치료에 대응하는 효능을 증명하는 무선 연구가 전 세계적으로 진행되어 종종 매우 심한 장애인 OCD를 위한 경험적으로 지지를 받은 치료가 되었다. OCD을 앓고 있는 성인을 위한 치료 연구와 마찬가지로, 아동 CBT의 효과는 강하고 지속적이며, 추수 연구에서 치료 효과가 치료 후 최대 9개월 동안 지속되는 것으로 나타났다. 증상의 심각성, 공존병리, 변화에 대한 준비성 및 사례의 복잡성(예 : 가족 문제)이 보다 집중적인 접근을 필요로 하는지의 여부를 향후 연구를 통해 검토해야 하지만 약 12~14주의 치료가 대부분의 환자에게 충분해 보인다. 가족 개입의 정도와 이러한 개입이 예를 들면 순응처럼 치료에 대한 더 나쁜 반응을 예견하는 특정 가족 요인을 어느 정도로 대상으로 할 필요가 있는지는 좀 더 연구가 필요한 문제로 남아 있다.

CBT 또는 SSRI와 CBT의 병행치료가 SSRI에 대한 대안이 될 수 있지만, 일부 지역에서는 숙련된 치료자가 부족해서 CBT나 약물치료와 CBT의 병행치료를 시작하기 위한 전문가 의견 일치 권고안을 따르기가 어렵다. 소아 OCD 분야에서 CBT의 보급은 현재 시급한 과제이지만 지역사회 정신건강 장면에서 소아 OCD를 위한 CBT 실행이 아동 · 청소년 CBT 프로토콜의 사용을 개발한 연구중심 의료 장면에서 이룬 성과와 비슷한 인상적인 결과를 얻을 수 있다는 고무적인 자료가 있다. 5~8세 강박장애 아동 치료에서 부모 참여가 중심인 CBT 프로토콜 수정판을 개발하였고 그 효과를 다중 현장 RCT에서 평가하였다. 연구 결과, CBT 프로토콜 수정판은 효과적으로 전달될 수 있는 것으로 나타나 어린 아동이 강박 증상을 뚜렷이 보인다면 조기 개입을 권장한다.

감사의 말

이 장에서 인용한 연구는 다음의 지원을 받아 수행되었다. National Institute of Mental Health (Nos. R01-MH55121, R01-MH55126, 2R01-MH055126-08A2, 2R01-MH055121-062A, 1R01-MH064188-01A2, R01-MH079377, R01-MH079154, R01-MH79217). Pfizer Inc.가 John S. March에게 독립적인 교육 기금으로 POTS에 설트랄린과 위약을 제공하였다.

참고문헌

American Academy of Child & Adolescent Psychiatry. (2012). Practice parameter for the assessment and treatment of children and adolescents with obsessive–compulsive disorder. *Journal of the American Academy of Child and Adolescent Psychiatry, 51*(1), 98–113.

American Psychiatric Association. (2013). *Diagnostic and statistical manual of mental disorders* (5th ed.). Arlington, VA: Author.

Barrett, P., Healy-Farrell, L., & March, J. S. (2004). Cognitive-behavioral family treatment of childhood obsessive–compulsive disorder: A controlled trial. *Journal of the American Academy of Child and Adolescent Psychiatry, 43*, 46–62.

Bolton, D., & Perrin, S. (2008). Evaluation of exposure with response-prevention for obsessive compulsive disorder in childhood and adolescence. *Journal of Behavior Therapy and Experimental Psychiatry, 39*, 11–22.

Bolton, D., Williams, T., Perrin, S., Atkinson, L., Gallop, C., Waite, P., et al. (2011). Randomized controlled trial of full and brief cognitive-behaviour therapy and wait-list for paediatric obsessive–compulsive disorder. *Journal of Child Psychology and Psychiatry, 52*, 1269–1278.

de Haan, E., Hoogduin, K. A., Buitelaar, J. K., & Keijsers, G. P. (1998). Behavior therapy versus clomipramine for the treatment of obsessive–compulsive disorder in children and adolescents. *Journal of the American Academy of Child and Adolescent Psychiatry, 37*, 1022–1029.

Flament, M. F., Whitaker, A., Rapoport, J. L., Davies, M., Berg, C. Z., Kalikow, K., Sceery, W., & Shaffer, D. (1988). Obsessive compulsive disorder in adolescence: An epidemiological study. *Journal of the American Academy of Child and Adolescent Psychiatry, 27*, 764–771.

Franklin, M. E., & Foa, E. B. (2008). Obsessive compulsive disorder. In D. H. Barlow (Ed.), *Clinical handbook of psychological disorders* (4th ed., pp. 164–215). New York: Guilford Press.

Franklin, M. E., Foa, E. B., & March, J. S. (2003). The Pediatric OCD Treatment Study (POTS): Rationale, design and methods. *Journal of Child and Adolescent Psychopharmacology, 13*, 39–52.

Franklin, M. E., Kozak, M. J., Cashman, L. A., Coles, M. E., Rheingold, A. A., & Foa, E. B. (1998). Cognitive-behavioral treatment of pediatric obsessive–compulsive disorder: An open clinical trial. *Journal of the American Academy of Child and Adolescent Psychiatry, 37*, 412–419.

Franklin, M. E., Sapyta, J., Freeman, J. B., Khanna, M., Compton, S., Almirall, D., et al. (2011). Cognitive behavior therapy augmentation of pharmacotherapy in pediatric obsessive–compulsive disorder: The Pediatric OCD Treatment Study II (POTS II) randomized controlled trial. *Journal of the American Medical Association, 306*, 1224–1232.

Freeman, J. B., Choate-Summers, M. L., Garcia, A. M., Moore, P. S., Sapyta, J., Khanna, M., et al. (2009). The Pediatric Obsessive–Compulsive Disorder Treatment Study II: Rationale, design and methods. *Child and Adolescent Psychiatry of Mental Health, 3*, 1–15.

Freeman, J. B., Choate-Summers, M. L., Moore, P. S., Garcia, A. M., Sapyta, J. J., Leonard, H. L., et al. (2007). Cognitive behavioral treatment of young children with obsessive compulsive disorder. *Biological Psychiatry, 61*, 337–343.

Freeman, J. B., & Garcia, A. M. (2008). *Family based treatment for young children with OCD: Therapist guide.* New York: Oxford University Press.

Freeman, J. B., Garcia, A. M., Coyne, L., Ale, C., Przeworski, A., Himle, M., et al. (2008). Early childhood OCD: Preliminary findings from a family-based cognitive-behavioral approach. *Journal of the American Academy of Child and Adolescent Psychiatry, 47*, 593–602.

Freeman, J., Sapyta, J., Garcia, A., Compton, S., Khanna, M., Flessner, C., et al. (2014).

Family-based treatment of early childhood obsessive–compulsive disorder: The Pediatric Obsessive–Compulsive Disorder Treatment Study for Young Children (POTS Jr)—A randomized clinical trial. *JAMA Psychiatry, 71,* 689–698.

Garcia, A. M., Sapyta, J. J., Moore, P. S., Freeman, J. B., Franklin, M. E., March, J. S., et al. (2010). Predictors and moderators of treatment outcome in the Pediatric Obsessive Compulsive Treatment Study (POTS I). *Journal of the American Academy of Child and Adolescent Psychiatry, 49,* 1024–1033.

Geller, D. A., & March, J. (2012). Practice parameter for the assessment and treatment of children and adolescents with obsessive–compulsive disorder. *Journal of the American Academy of Child and Adolescent Psychiatry, 51,* 98–113.

Ginsburg, G. S., Kingery, J. N., Drake, K. L., & Grados, M. A. (2008). Predictors of treatment response in pediatric obsessive–compulsive disorder. *Journal of the American Academy of Child and Adolescent Psychiatry, 47,* 868–878.

Kendall, P. C., Gosch, E., Furr, J. M., & Sood, E. (2008). Flexibility within fidelity. *Journal of the American Academy of Child and Adolescent Psychiatry, 47,* 987–993.

March, J. S., Franklin, M. E., Leonard, H., Garcia, A., Moore, P., Freeman, J., et al. (2007). Tics moderate the outcome of treatment with medication but not CBT in pediatric OCD. *Biological Psychiatry, 61,* 344–347.

March, J., & Mulle, K. (1998). *OCD in children and adolescents: A cognitive-behavioral treatment manual.* New York: Guilford Press.

March, J. S., Mulle, K., & Herbel, B. (1994). Behavioral psychotherapy for children and adolescents with obsessive–compulsive disorder: An open trial of a new protocol-driven treatment package. *Journal of the American Academy of Child and Adolescent Psychiatry, 33,* 333–341.

Merlo, L. J., Lehmkuhl, H. D., Geffken, G. R., & Storch, E. A. (2009). Decreased family accommodation associated with improved therapy outcome in pediatric obsessive-compulsive disorder. *Journal of Consulting and Clinical Psychology, 77,* 355–360.

Micali, N., Heyman, I., Perez, M., Hilton, K., Nakatani, E., Turner, C., et al. (2010). Long-term outcomes of obsessive–compulsive disorder: Follow-up of 142 children and adolescents. *British Journal of Psychiatry, 197,* 128–134.

Pediatric OCD Treatment Study Team (POTS). (2004). Cognitive-behavioral therapy, sertraline, and their combination for children and adolescents with obsessive–compulsive disorder: The Pediatric OCD Treatment Study (POTS) randomized controlled trial. *Journal of the American Medical Association, 292,* 1969–1976.

Peris, T. S., Bergman, R. L., Langley, A., Chang, S., McCracken, J. T., & Piacentini, J. (2008). Correlates of accommodation of pediatric obsessive–compulsive disorder: Parent, child, and family characteristics. *Journal of the American Academy of Child and Adolescent Psychiatry, 47,* 1173–1181.

Peris, T. S., & Piacentini, J. (2013). Optimizing treatment for complex cases of childhood obsessive compulsive disorder: A preliminary trial. *Journal of Clinical Child and Adolescent Psychology, 42,* 1–8.

Peris, T. S., Sugar, C. A., Bergman, R. L., Chang, S., Langley, A., & Piacentini, J. (2012). Family factors predict treatment outcome for pediatric obsessive–compulsive disorder. *Journal of Consulting and Clinical Psychology, 80,* 255–263.

Piacentini, J., Bergman, R. L., Chang, S., Langley, A., Peris, T., Wood, J. J., et al. (2011). Controlled comparison of family cognitive behavioral therapy and psychoeducation/relaxation training for child obsessive–compulsive disorder. *Journal of the American Academy of Child and Adolescent Psychiatry, 50,* 1149–1161.

Piacentini, J., Bergman, R. L., Jacobs, C., McCracken, J. T., Krechman, J. (2002). Open trial of cognitive behavior therapy for childhood obsessive–compulsive disorder. *Journal of Anxiety Disorders, 16*(2), 207–219.

Piacentini, J., Bergman, R. L., Keller, M., McCracken, J. (2003). Functional impairment in children and adolescents with obsessive–compulsive disorder. *Journal of Child and Adolescent Psychopharmacology, 13*(2), 61–69.

Rasmussen, S. A., & Eisen, J. L. (1990). Epidemiology of obsessive compulsive disorder. *Journal of Clinical Psychiatry, 51*(Suppl. 10-3), discussion 14.

Skarphedinsson, G., Compton, S., Thomsen, P. H., Weidle, B., Dahl, K., Nissen, J. B., et al. (2015). Tics moderate sertraline, but not cognitive-behavior therapy response in pediatric obsessive–compulsive disorder patients who do not respond to cognitive-behavior therapy. *Journal of Child and Adolescent Psychopharmacology, 25,* 432–439.

Skarphedinsson, G., Weidle, B., Thomsen, P. H., Dahl, K., Torp, N. C., Nissen, J. B., et al. (2015). Continued cognitive-behavior therapy versus sertraline for children and adolescents with obsessive–compulsive disorder that were non-responders to cognitive-behavior therapy: A randomized controlled trial. *European Child and Adolescent Psychiatry, 24,* 591–602.

Storch, E. A., Caporino, N. E., Morgan, J. R., Lewin, A. B., Rojas, A., Brauer, L., et al. (2011). Preliminary investigation of web-camera delivered cognitive-behavioral therapy for youth with obsessive–compulsive disorder. *Psychiatry Research, 189,* 407–412.

Storch, E. A., Geffken, G. R., Merlo, L. J., Jacob, M. L., Murphy, T. K., Goodman, W. K., et al. (2007). Family accommodation in pediatric obsessive–compulsive disorder. *Journal of Clinical Child and Adolescent Psychology, 36,* 207–216.

Storch, E. A., Geffken, G. R., Merlo, L. J., Mann, G., Duke, D., Munson, M., et al. (2007). Family-based cognitive-behavioral therapy for pediatric obsessive–compulsive disorder: Comparison of intensive and weekly approaches. *Journal of the American Academy of Child and Adolescent Psychiatry, 46,* 469–478.

Storch, E. A., Murphy, T. K., Goodman, W. K., Geffken, G. R., Lewin, A. B., Henin, A., et al. (2010). A preliminary study of D-cycloserine augmentation of cognitive-behavioral therapy in pediatric obsessive–compulsive disorder. *Biological Psychiatry, 68,* 1073–1076.

Torp, N. C., Dahl, K., Skarphedinsson, G., Compton, S., Thomsen, P. H., Weidle, B., et al. (2015). Predictors associated with improved cognitive-behavioral therapy outcome in pediatric obsessive–compulsive disorder. *Journal of the American Academy of Child and Adolescent Psychiatry, 54,* 200–207.

Torp, N. C., Dahl, K., Skarphedinsson, G., Thomsen, P. H., Valderhaug, R., Weidle, B., et al. (2015). Effectiveness of cognitive behavior treatment for pediatric obsessive–compulsive disorder: Acute outcomes from the Nordic long-term OCD treatment study (NordLOTS). *Behaviour Research and Therapy, 64,* 15–23.

Williams, T. I., Salkovskis, P. M., Forrester, L., Turner, S., White, H., & Allsopp, M. A. (2010). A randomised controlled trial of cognitive behavioural treatment for obsessive compulsive disorder in children and adolescents. *European Child and Adolescent Psychiatry, 19,* 449–456.

CHAPTER 4

청소년 우울을 위한 인지행동치료

Paul Rohde

임상 문제의 개요

주요우울장애(major depressive disorder, MDD)는 청소년에서 매우 흔한 정신장애 중 하나로, 약 15~20%의 청소년이 10대에 우울 삽화를 경험하고 있다(예 : Merikangas et al., 2010). 초기 발병 MDD는 학업실패 위험 증가, 10대 임신, 결혼 및 부모 기능의 장해, 부진한 직업적 수행, 신체장애와 조기사망의 증가된 위험과 더불어 재발성 경로와 정신장애 공병으로 특징지어진다 (Kessler, 2012).

청소년 우울 치료에 관한 우리의 연구는 이 연구와 동시에 진행된 장기 종단 연구의 발견으로부터 영향을 받고 있다. 오리건 청소년 우울 프로젝트(Oregon Adolescent Depression Project, OADP; Lewinsohn, Hops, Roberts, Seeley, & Andrews, 1993)는 1년의 기간 동안 두 차례 평가를 받은 대규모 무선 선발된 고등학생 코호트로부터 시작되었다. 참가자의 하위군은 24세 생일에 세 번째 평가를 받았고, 30세에 네 번째 평가를 받았다. OADP의 가장 놀랄 만한 발견 중 하나는 MDD의 높은 유병률이었다. 참가자의 3%는 처음 두 평가에서 MDD-현재를 나타내었다. 하지만 참가자 나이 18세에 이루어진 두 번째 평가에서 MDD-평생을 나타낸 참가자 수는 4분의 1(24%)에 이르렀다. 30세에 이루어진 평가에서의 축적된 MDD 발병률은 51%였다(Rohde, Lewinsohn, Klein, Seeley, & Gau, 2013). 초기 MDD의 높은 유병률은 확실히 걱정이 되는 사안이지만, 이러한 결과는 이 연령군을 위한 효과적 개입법의 개발 필요성을 강조하고 있다. 청소년 MDD는 평균 6개월간 지속되곤 하지만 더 긴 삽화는 조기발병, 자살사고, 치료수령과 관련이 있었다(Lewinsohn, Clarke, Seeley, & Rohde, 1994).

MDD의 경험은 우울 관련 인지, 자의식, 타인에 대한 지나친 정서적 의존, 주요 인생사건과 스트레스, 대처 기술, 가족과 친구로부터의 지지, 사회적 유능감, 대인관계 갈등, 빈약한 건강, 흡연을 포함한 우리가 검토한 청소년 기능 거의 전 영역에 영향을 주었다(Lewinsohn, Clarke et al., 1994). 과거 우울했던 청소년들은 한 번도 우울해본 적이 없었던 또래들과 비교해 여러 심리사회적 변인에서 지속적으로 달랐다. 우울과 관련된 많은 측정치, 특히 과거 우울, 다른 정신장애, 자살시도, 신체적 증상은 미래 우울을 예측하는 위험요인으로 작용했다. 우울과 관련된 결함의 다양성은 우울장애의 원인이나 유지 요인이 단일하지 않음을 시사하며, 이러한 특징은 우리의 인지행동치료 프로그램이 뷔페식으로 다양한 기술을 포함하도록 만들었다.

OADP 청소년들로부터 발견한 또 다른 놀랄 만한 MDD의 특징은 높은 공존장애 수준이었다. 거의 절반에 이르는 우울 청소년들(43%)이 평생 공존하는 장애를 가졌다(유의하게 더 높은 비율의 불안장애, 알코올 및 약물 사용장애, 품행장애를 가졌다; Rohde, Lewinsohn, & Seeley, 1991). 우울 청소년의 공존장애 비율은 우울 성인의 공존장애 비율보다 더 높아 보인다. 공존장애가 있을 경우 우울은, 물론 청소년 MDD가 이후 비기분장애의 발생 위험을 높인다는 보고도 있으나, 다른 정신장애가 발생하기 전보다는 후에 발생하는 경향이 있었다. 공존병리는 더 높은 수준의 자살사고와 치료수령과 관련이 있었다. 이 같은 높은 비율의 청소년 공존병리가 우리 치료 연구의 방향을 잡는 데 큰 영향을 주었다.

치료 프로그램에 대한 개념적 모델

청소년 우울을 위한 CBT는 우울 성인을 위해 개발되고 그 효과성이 인정된 인지적 · 행동적 개입에 기반을 두고 있다. 인지 취약성 모델(Beck, 1967)은 우울 위험이 있는 개인(현재 우울한 개인)에서 긍정적 자극보다는 부정적 자극에 선별적으로 주의를 주는 특성과 긍정적 정보보다는 부정적 정보를 선별적으로 회상하는 특성이 있다고 제안한다. 인지기반 치료의 주된 목표는 개인으로 하여금 비관적 사고, 우울특징적 신념, 그리고 실패에 대해 자신을 비난하고 성공에 대해 자신의 공로를 인정하지 않는 부정적 귀인 양식을 인지하도록 돕는 데 있다. 우울특징적 사고 패턴이 인지된 후, 개인은 좀 더 현실적 인지를 발달시키고 비생산적 인지를 생산적 인지로 교체하도록 교육받는다.

우울의 행동 이론(Lewinsohn, 1974)은 우울 증상이 정적 강화된 행동에 대한 환경적 보상의 감소와 우울 행동에 대한 강화 때문에 발달하게 된다(그리고 유지된다)고 주장하며, 우울의 발달과 유지에 있어 부적응적 행동의 역할을 강조하고 있다. 행동기반 치료의 주된 목표는 개인으로 하여금 강화받을 활동을 많이 취하도록 돕는 데 있다.

CBT는 우울한 개인에서 흔히 관찰되는 문제들을 개선시키는 데 도움이 되는 인지적 전략과 행동적 전략을 포함하고 있다. 우울을 위한 CBT는 다른 장애들을 위한 CBT에서 관찰되는 요소들을 공유한다. 현재 행동과 현재 인지에의 집중, 구조화된 회기, 회기 안팎에서 진행되는 반복적인 기술 연습, 보상과 계약의 활용, 과제 부여, 상대적으로 적은 수의 회기 등과 같은 요소들을 공유하고 있다. 우리의 CBT 버전은 여러 원인(이 중 어떤 원인 하나만 필요하거나 어떤 원인 하나만으로 충분하지 않음)이 우울 발달에 기여한다고 가정하는 모델에 기반을 두고 있다. 따라서 우리의 CBT는 청소년에게 다양한 대처 전략을 가르치는 것이 우울에 기여하는 다양한 원인의 영향을 제거하고 환경에 의해 제기된 문제들을 보다 효과적으로 다루게 하는 방법이 될 수 있다고 전제한다.

치료 프로그램의 특징

우리 연구의 치료 프로그램은 집단기반 CBT 개입인 우울에 대처하는 청소년(Adolescent Coping With Depression, CWD-A; Clarke, Lewinsohn, & Hops, 1990)에 기반을 두고 있다. CWD-A는 회기 자료와 과제의 단순화, 경험적 학습기회의 제공(예 : 역할극의 추가), 의사소통 및 문제해결 기술 향상을 위한 모듈 추가를 통해 성인 버전을 청소년 버전으로 수정하였다. CWD-A는 최대 10명의 남녀 청소년들을 대상으로 하며, 회기당 2시간 총 8주에 걸쳐 16회기를 진행하도록 되어 있다.

CWD-A는 다음의 여덟 가지 핵심 요소를 포함하고 있다.

1. 치료는 우울증에 관한 CBT 모델을 소개하는 것으로부터 시작된다. CBT 모델은 치료의 기본 원칙을 제공한다.
2. 기저선 자료를 제공하고, 기분의 실제 변화를 목격하며, 기술 연습으로 인한 기분 변화를 확인하기 위해 참가자는 치료 기간 동안 매일 자신의 기분을 모니터한다.
3. 즐거운 활동의 증가는 행동 활성화 방안의 하나로 제공된다. 즐거운 활동 증가는 현 활동 수준의 기저선 파악, 활동 빈도 및 다양성 증가를 위한 현실적 목표 수립, 변화 계획의 구축, 목표 성취에 대한 자기강화라는 요소들을 포함한다.
4. 사회 기술 훈련은 기본적 의사소통 기술의 연습, 사회 활동의 계획, 친구 사귀기 전략의 수립 등으로 구성된다.
5. 우울증에서 불안장애가 공병하는 경우가 흔하기 때문에, 점진적 근육이완이나 호흡훈련과 같은 긴장이완훈련이 제공된다.
6. CWD-A는 우울 유발적 인지를 감소시키는 데 큰 목적이 있다. 따라서 부정적 사고와 비

합리적 신념을 찾고 도전하며 변화시키기 위한 목적으로 Beck과 그의 동료들이 개발한 인지 개입의 단순화된 버전을 사용한다. 이 과정에서 연재만화(예 : 고양이 가필드)가 사용되기도 하는데, 이는 우울 유발적 사고의 예를 보여주고, 우울사고를 촉발하는 상황이나 사건(촉발자)에 인지적 전략을 적용하며, 대안적인 긍정적 사고를 생성하기 위한 용도로 사용된다.

7. 다음으로 의사소통(경청, 부정적ㆍ긍정적 사고의 표현)과 문제해결(문제 정의, 브레인스토밍, 대안의 평가, 합의의 구체화) 기술을 증진시키는 요소가 포함된다.

8. 개입은 재발 방지로 끝맺음된다. 재발 방지는 배운 기술들을 통합하고, 추후 문제를 예견하며, 인생 계획을 수립하는 것을 포함한다.

부모는 청소년 사회체계에 있어 중요한 부분이며, 청소년 우울의 발병과 유지에 중요한 역할을 한다. 이에 청소년에 대한 개입과 더불어 부모에 대한 개입도 함께 개발하였다(Lewinsohn, Rohde, Hops, & Clarke, 1991). 부모 개입은 두 가지 목표를 가지고 있다. (1) 청소년 자녀의 기술사용을 격려하고 강화하기 위해 청소년이 현재 배우고 있는 CBT 관련 내용을 부모에게 알려주는 것과, (2) 자녀에게 교육되고 있는 의사소통 기술과 문제해결 기술을 부모에게도 가르치는 것이 그것이다. 부모들은 자녀들이 집단치료를 받는 동안 또 다른 치료자와 만나 매주 2시간의 집단 회기를 가진다. 7주차에는 두 번의 자녀-부모 합동 회기가 진행된다. 합동 회기 동안 청소년과 부모는 자신의 가족 내 중요한 쟁점들에 대해 지금까지 배운 기술들을 적용한다.

치료 효과의 증거

집단치료 개입으로서의 CWD-A는 5개의 무선할당 통제실험(randomized controlled trials, RCT)을 통해 그 효과가 검토되었다. 한편 CWD-A를 개인치료 형태로 진행한 것에 대한 효과는 2개의 RCT를 통해 검토되었는데, 이 프로그램은 위험군 청소년을 위한 우울 예방 선행 연구들에 기초해 만들어졌다. 우리 연구의 프로그램 개요는 그림 4.1에 제시되어 있고, 각 RCT에 관한 정보는 표 4.1에 제시되어 있다.

초기 치료 효능 연구

우리의 첫 번째 RCT는 59명의 우울 청소년들을 대상으로 하였다. 이들은 (1) CWD-A 청소년 집단만, (2) CWD-A 청소년 집단+별도의 부모 집단, (3) 대기자 집단 중 하나에 무선 할당되었

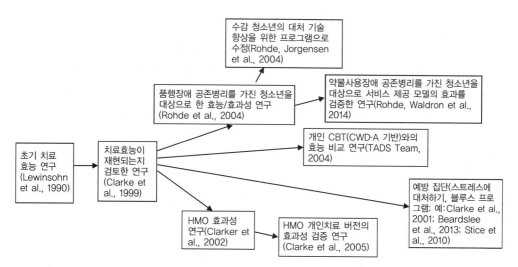

그림 4.1 우울에 대처하는 청소년(CWD-A) 과정을 포함하고 있는 연구에서 사용한 프로그램

고, 치료 후 2년간 추적되었다(Lewinsohn, Clarke, Hops, & Andrews, 1990). 계획된 비교는 모든 호전이 대기자 통제 집단과 비교하여 2개의 적극적 치료에 의해 설명되고 있음을 보여주었다. 초기 예측과는 다르게 진단적 결과물에 있어서 청소년 치료만 들어간 집단 대 청소년+부모 치료 모두가 들어간 집단 간 유의한 차이는 발견되지 않았다. 처치된 청소년의 46%는 치료가 끝날 무렵 더 이상 우울 진단을 만족하지 않았고, 이 수치는 대기자 통제집단의 5%와 비교되었다. 6개월 추후 검사에서의 회복률은 처치된 집단에서 83%까지로 증가하였다. 치료 이득은 두 적극적 개입을 받은 집단들에서 유지되었는데, 이 두 집단에서 매우 적은 수의 청소년만이 재발을 나타내었다.

치료 효능 재현 연구

우리의 두 번째 RCT의 주된 목표는 더 큰 표본을 활용하여 초기 연구 결과가 반복되는지 확인하는 데 있었다. 전체 96명의 우울 청소년들이 앞서와 같은 세 조건 중 하나에 무선 할당되었고 치료 후 2년간 추적되었다(Clarke, Rohde, Lewinsohn, Hops, & Seeley, 1999). 이 RCT의 또 다른 목표는 치료 이득의 유지를 위해 추가시킨 추후 프로토콜(booster protocol)의 효능을 평가하는 것이었다. 집단치료가 끝난 후 두 치료조건에 있던 내담자들은 (1) 네 달에 한 번 개인 추후 회기(+평가)를 가지는 조건과, (2) 네 달에 한 번 평가를 가지는 조건, (3) 1년에 한 번 평가를 가지는 조건 중 하나에 무선 할당되었다.

첫 RCT에서와 마찬가지로 두 적극적 치료를 받은 집단들은 치료 후 진단적 회복률에서 대기자 통제집단보다 우수한 결과를 나타내었다. 하지만 두 CWD-A 조건 간에는 회복률에서 유의한 차이가 발견되지 않았다. 두 치료집단들은 우울 측정치와 기능 점수에서 대기자 통제집단

표 4.1 우리 연구 프로그램에서 시행된 치료 무선할당 통제실험(RCT) 개요

연구	연구설계	표본	결과물 비율	비고
Lewinsohn et al. (1990)	세 조건 : (1) CWD-A(청소년 단독, 14회기, 회기당 2시간), (2) CWD-A(청소년+부모), (3) 대기자집단	N=우울 청소년 59명(MDD, 경증, 산발적 우울)	치료 후 관해 : 청소년 단독 43% 대 청소년+부모 46%. 대기자 집단 5%. 적극적 치료 대 대기자 간 유의한 차이	한 달 추후에서의 적극적 치료집단의 관해율 : ~70%
Clarke et al. (1999)	Lewinsohn et al. (1990)에서와 같은 세 조건, 하지만 회기 수는 16회기로 연장됨	N=우울 청소년 96명(MDD, 기분부전장애)	치료 후 관해 : 청소년 단독 65% 대 청소년+부모 69% 대 대기자 집단 48%. 적극적 치료 대 대기자 간 유의한 차이	2년 추후에서의 재발률 : 22%
Rohde, Clarke et al. (2004)	두 조건 : (1) CWD-A(청소년 단독), (2) 인생기술/개인교습(기간과 형식을 매치시킴)	N=우울 및 품행 장애를 가진 청소년 93명	치료 후 주요우울장애 회복 : 39% 대 19%(유의한 차이)	1년 추후에서의 MDD 회복률 : 63% 대 63% (유의하지 않음)
Rohde, Waldron et al. (2014)	세 조건 : (1) CWD-A(12회기, 회기당 2시간) 먼저, 기능적 가족치료(FFT) 나중, (2) FFT 먼저, CWD-A 나중, (3) CWD-A+FFT 동시	N=우울장애(MDD, 기분부전장애, 달리 분류되지 않는 우울장애)+물질사용장애 가진 청소년 170명	치료 후 우울 관해 : CWD-A/FFT 45% 대 FFT/CWD-A 44% 대 동시치료 52% (유의하지 않음)	1년 추후에서의 조건들 간 통합 우울 관해율 : 60%(조건들 간 관해율에서의 차이 유의하지 않음)
Clarke et al. (2002)	두 조건 : (1) CWD-A+통상치료, (2) 통상치료	N=우울치료 중인 부모를 가진 우울청소년 88명(MDD,기분부전장애)	치료 후 관해 : 58% 대 53% 치료 후 회복 : 32% 대 30% (모두 유의하지 않음)	2년 추후에서의 회복률 : 90% 대 92% (유의하지 않음)
Clarke et al. (2005)	두 조건 : (1) 개인 CWD-A(5~9회기)+통상 SSRI 치료, (2)통상 SSRI 치료	N=MDD 청소년 152명(SSRI 처방)	6주 추후에서의 관해 : 57% 대 43% 12주 추후에서의 관해 : 77% 대 72% 52주 추후에서의 관해 : 89% 대 94% (모두 유의하지 않음)	1년 추후에서의 재발률 : 24%
TADS (2004, 2007)	네 조건 : (1) CBT(급성 15회기, 계속 3~6회기, 유지 3회기), (2) 플루옥세틴, (3) CBT/플루옥세틴 결합, (4) 위약	N=MDD 청소년 439명	12주 반응 : 43% 대 61% 대 71% 대 35% 12주 관해 : 16% 대 23% 대 37% 대 17% (결합조건이 다른 조건들보다 더 우수. 다른 조건들 간에는 차이 유의하지 않음)	적극적 개입 조건에서의 치료(36주~) 후 관해율 : ~60% (조건들 간 관해율에서의 차이 유의하지 않음)

주 : 반응—증상에서의 유의한 감소, 관해—우울증 해결(증상이 없는 상태) 혹은 거의 증상이 없는 상태, 회복—관해가 유지됨(일반적으로 8주나 그 이상의 기간 동안), 재발—회복이 이루어진 후 새로운 우울 삽화가 나타남. CWD-A—우울에 대처하는 청소년, MDD—주요우울장애

과 비교되는 호전을 나타내었다. 치료 후 평가 결과에서와 마찬가지로, 두 적극적 치료를 받은 집단들은 2년 회복률에서 서로 간 유의한 차이를 나타내지 않았다.

　　우리는 추후 회기가 재발 위험을 감소시킬 것이라는 가설을 지지하는 증거를 발견하지 못했다. 대신 이들 회기는 치료 종료 후에도 여전히 우울했던 청소년들에게 회복을 촉진시키는 효과를 가져오는 것으로 보였다. 따라서 추후 회기들은 '우울의 재발 방지'를 위한 개입이라기보다는 '계속(continuation)'치료라는 용어로 기술될 필요가 있었다. 이러한 결과에 기초하여 우리는 추후 회기를 급성 치료 후 여전히 우울 증상을 경험하는 청소년에 한정하여 제공할 것을 제안하였다. 특히 초반에는 더 자주 그러나 증상이 호전되면 그 빈도를 줄일 것을 제안하였다. 이 RCT는 추후 회기가 효과적이라는 증거를 발견하지 못했다. 이에 우리는 CWD-A의 일부로서 추후 회기를 평가하는 것을 중단하였다[비록 추후 회기가 우울 청소년 치료 연구(Treatment for Adolescents with Depression Study, TADS)의 개인 CBT에서는 계속 유지되었지만 말이다].

　　첫 번째 RCT와 치료효능 재현을 검토한 두 번째 RCT는 모두 부모의 개입이 CWD-A의 효과를 유의하게 증폭시키지 못함을 발견하였다. 이는 부모 개입이 청소년 우울 치료에 있어 필수적이라는 임상계의 굳은 믿음(우리를 포함하여)을 지지하지 않는 결과이다. 두 연구 모두에서 부모의 참여(특히 아버지의 참여)는 이상적이지 않았다. 하지만 두 연구는 부모가 개입될 수 있는 여러 가능한 방법들 중 단 하나의 방법을 검토하는 데 그쳤다. 나는 이 장 마지막 미해결된 주요 임상적 쟁점을 논의하는 자리에서 CBT에서의 부모 역할에 대한 쟁점을 전달하도록 하겠다.

공존장애를 가진 청소년을 대상으로 한 치료 효능-효과성 하이브리드 연구

앞서의 두 RCT 자료를 가지고 분석한 또 다른 결과로부터 우리는 물질사용장애를 공병으로 가진 우울 청소년들에서 우울 회복이 더 느렸음과 파괴적 행동장애를 공병으로 가진 우울 청소년들에서 MDD(주요우울장애)의 재발이 더 높았음을 알 수 있었다(Rohde, Clarke, Lewinsohn, Seeley, & Kaufman, 2001). 이 결과와 우울의 높은 공병률에 기초하여, 우리는 이제 심각한 공병, 특히 품행장애(CD)를 가진 우울 청소년에 있어 CWD-A가 어떤 효과를 가지는지 평가하는 것으로 연구 관심을 옮겼다. 이에 다음 단계의 RCT는 MDD/CD를 함께 보이는 93명의 청소년을 대상으로 CWD-A의 효과성을 평가하는 것에 목적을 두었다. 참가자는 지역 산하 청소년 법무부로부터 모집되었다. 참가자들은 CWD-A 집단 혹은 이에 치료 기간과 치료 양상을 매치시킨 인생기술/개인지도 통제집단 중 하나에 무선 할당되었다(Rohde, Clarke, Mace, Jorgensen, & Seeley, 2004). 치료 후 MDD 회복률은 CWD-A에서 인생기술 통제집단보다 유의하게 더 높았으며, CWD-A 참가자들은 통제집단 참가자들보다 자기보고 우울 측정치($d=0.48$)와 면담자-평정 우울 측정치($d=0.44$)에서 더 큰 감소를 나타내었다. 하지만 6개월 추후 평가와 12개월 추후 평가에서의 MDD 회복률은 두 집단 간 서로 유사하였다.

이 연구는 심각한 공병을 가진 우울 청소년들을 대상으로 심리사회적 개입의 효과를 살핀 첫 RCT 시도였다. 비록 CWD-A가 다중장애를 가진 청소년에게(MDD+CD를 가진 청소년에 더 해, 26%의 청소년은 ADHD를 공병으로 가졌고, 72%는 하나나 그 이상의 물질남용/의존장애 진단을 공병으로 가졌음) 효과적인 우울 치료법인 것으로 보이나, 치료에 대한 전반적인 반응 률은 앞서의 연구들에서보다 훨씬 낮은 수준이었다. 이러한 결과는 공존장애를 가진 우울 청소 년을 위한 치료가 도전적임을 알려주는 동시에 공존장애를 가진 우울 청소년의 치료에 있어 장 기 효과를 향상시키기 위한 방법의 강구가 필요함을 보여준다. 게다가 우리는 CWD-A 개입이 CD의 진행에 긍정적 영향을 준다는 증거를 발견하지 못했다. 이는 공병을 가진 대상군의 개입 에 있어 각 장애에 직접적 초점을 두어야 함을 시사하는 결과이다. 우리의 다음 RCT는 이러한 부분을 반영하였다.

수감 청소년을 위해 CWD-A를 일반적 대처 기술 개입으로 개조한 예비 연구

세 번째 RCT를 진행하고 있는 동안, 우리는 오리건 청소년 교정시설에 수감된 모든 (남자) 청소년들에 적용할 수 있도록 CWD-A를 개조하는 예비 작업을 실시하고 있었다(Rohde, Jorgensen, Seeley, & Mace, 2004). CWD-A기반 대처 개입(coping course)이라 지칭된 이 집단치 료는 수감 청소년의 일반적 대처 및 문제해결 기술의 증진을 목적으로 하고 있다. 소년원에 수 감된 남자 청소년들은 설문지로 평가되었고, 대처 개입 조건($n=46$) 혹은 통상치료 조건($n=30$) 중 하나에 무선 할당되었다. 이들은 프로그램 종료 시 다시 평가를 받았다. 두 번째 교정시 설은 부가적인 통제집단 자료($n=62$)를 제공하였다. 유의한 변화가 발견되었는데, 자살 경향성 과 외현화 문제의 감소, 자아존중감의 증가, 시설 직원과의 감정교류의 증가가 CWD-A에 기 초한 대처 개입의 결과로 나타났다.

공존장애를 가진 청소년을 대상으로 한 두 번째 RCT : 서비스 제공 모델의 평가

공존장애를 가진 청소년을 대상으로 한 우리의 첫 RCT가 CBT의 우울 혹은 공존 상태에 대한 효과를 발견하지 못한 관계로, 우리는 다음 단계로 각 장애에 집중하는 치료 개입들의 전달 방 식에 따른 효과를 검토하기로 하였다. 우리는 우울증과 물질사용장애(SUD)에 집중하였는데, 이는 두 장애가 높은 유병률을 나타냄과 동시에 서로 흔하게 공병하는 장애들이기 때문이었 다. 우리는 CWD-A를 외현화 문제와 물질남용의 근거기반 치료인 기능적 가족치료(functional family therapy, FFT; Alexander & Parsons, 1982)와 통합하는 세 가지 방법을 평가하였다. 이를 위해 170명의 우울장애와 물질사용장애를 동시에 가진 청소년들을 (1) SUD를 먼저 치료하는 조건, (2) 우울을 먼저 치료하는 조건, 혹은 (3) 두 장애를 동시에 치료하는 조건 중 하나에 무선

할당하였다. 세 치료조건 모두에서 우울 증상의 감소는 치료 초반에 나타났고, 한 조건이 다른 조건보다 더 빠른 우울 회복을 야기했다는 증거는 발견하지 못했다(Rohde, Waldron, Turner, Brody, & Jorgensen, 2014). 거의 절반에 이르는 청소년들이 치료 중 우울 관해를 나타내었으며, 이 수치는 1년 후에는 60%로 상승하였다. 물질사용 효과에 있어서, 주요우울장애 수준의 높은 우울 문제를 가졌던 청소년들(표본의 54%에 해당함)에서는 CWD-A를 먼저 제공받은 경우 더 큰 물질사용에서의 감소가 나타났다. 반면 우울 문제가 주요우울장애로 진단될 만큼 크지 않았던 청소년들에 있어서는 물질사용에서의 효과가 세 조건 간 유의하게 다르지 않았다.

우리가 알고 있는 한, 이 연구는 우울과 물질사용장애의 심리사회적 치료의 효과성을 살펴본 첫 RCT 연구라 할 수 있다. 연구를 통해 어떤 치료 순서도 더 빠른 우울 회복을 야기하지 않음을 알 수 있었다. 우리는 우울 및 물질사용에서의 변화와 더불어 회기 참석률도 검토하였는데, 이는 물질남용 청소년들에서 치료에 대한 적극적 참여와 치료 완수가 매우 어렵다는 사실을 알고 있었기 때문이었다. 어떤 치료가 먼저 진행되었건 먼저 진행된 치료 다음에 제공된 치료에 대한 참석률은 유의하게 떨어졌는데, 이로써 순서가 있는 치료에 참가하는 청소년은 매우 좁은 '기회(치료를 통해 효과를 볼 기회)의 창'을 가짐을 알 수 있었다.

기대와는 달리 동시진행 치료는 우울에 대한 개입을 먼저 실시했던 조건이나 약물사용에 대한 개입을 먼저 실시했던 조건보다 그 효과에서 더 우수하지 않았다. 이러한 결과는 동시 진행된 두 치료가 일관된 변화 모델을 만들어내는 데 실패했기 때문으로 그 한 이유를 찾을 수 있다. 또 다른 가능성은 서로 다른 두 문제에 동시에 작업하는 일이 지나치게 힘들다는 사실 때문으로 설명할 수 있다. 또한 병행치료 조건에 있었던 청소년들은 각 치료에서 서로 다른 치료자를 만나게 되었는데, 이것이 치료자와의 동맹 형성에 부정적으로 영향을 주었을 가능성이다. 같은 쟁점이 항우울제와 개인 CBT 병행치료에서도 제기되고 있다. 이 문제는 나중에 논의하도록 하겠다.

건강관리기관(HMO)의 치료 효과성 연구

나와 동료들이 오리건 연구 기관에서 공존장애를 가진 청소년에 대한 CWD-A의 효과성을 평가하고 있는 동안, Greg Clarke는 CWD-A의 여러 버전들을 통상치료 체계에 통합하는 방법에 대해 평가하고 있었다. 통상치료 체계에서의 집단기반 청소년 우울 치료의 효과 연구에서(이는 내가 알고 있는 한 이 분야 유일한 연구임), Clarke 등(2002)은 먼저 건강관리기관(health maintenance organization, HMO)을 통해 우울 치료를 받고 있는 부모의 청소년 자녀들 중 우울한 자녀를 찾아냈다. 그런 다음 이들을 CWD-A+통상치료 조건 혹은 통상치료 단독 조건 중 하나에 무선 할당하였고, 치료 후 24개월 동안 추적하였다. 우울 회복이나 관해를 예언하는 생존 분석은 치료 후 평가에서 통상치료 대비 CWD-A의 장점을 발견하지 못하였다. 이와 유사하게 12개월과 24개월 추후검사에서도 두 집단은 회복률에서 서로 다르지 않았다. 우울의 양적 측정치에서도 두 집단은 서로 다르지 않았다. 이처럼 CWD-A 집단치료는 HMO 환경에서 제공되는 통상치료 이상의 이득을 우울 청소년들에게 제공하지 못했다. 여기서 유의해야 할 점은 본 연구가 우울 청소년 선발 시 우울 부모를 가졌느냐의 여부를 기준으로 참가자를 선발했다는 점이다[Clarke 등(예 : Beardslee et al., 2013)에 의해 진행된 이후 우울 예방 사업은 CBT 예방 개입에 있어 부모 우울이 독이 될 수 있음을 시사하였다].

개인 CWD-A를 활용한 HMO 효과성 연구

통상치료 환경에서 집단치료를 시행하는 데에는 상당한 조직과 관련된 어려움이 있다. 이 같은 현실적 측면을 고려하여, Clarke 등(2006)은 CWD-A에 기초한 CBT의 단기 개인치료 버전을 개발하였다. 이 버전은 인지 재구조화 혹은 행동 활성화 훈련을 타깃으로 하고 있다. 치료는 5~9회의 개인회기로 구성되어 있으며, 참가자들은 치료 후 1년 동안 주기적으로 전화 점검을 받도록 되어 있다. 치료 중 4회기 동안 청소년과 치료자는 두 접근(인지 재구조화와 행동 활성화 훈련) 중 하나를 선택하여 협력적 작업을 한다. 이 모듈이 완료되면 이들은 공동 결정에 의해 다른 모듈을 시도해볼 수 있다. 개입은 항우울제 치료와 함께 진행되며, 프로그램은 약물 처방에 대한 순종을 높이는 요소도 포함하고 있다. 선택적 세로토닌 재흡수 억제제(selective serotonin reuptake inhibitor, SSRI) 치료와 함께 제공된 이 협력적 CBT 프로그램의 효과가 HMO 소아과 1차 진료(초기 진료) 맥락에서 평가되었는데, 연구 대상은 이 맥락에서 최근 SSRI 약물을 처방받은 청소년들이었다(Clarke et al., 2005). 청소년 참가자들은 CBT 개인치료＋통상치료 조건과 통상치료만 조건 중 하나에 무선 할당되었다. 우울의 양적 측정치에서는 통상치료 대비 CBT＋통상치료의 우수 경향성이 발견되었으나($p = .07$), MDD로부터 회복되었다/회복되지 않았다라는 이분법적 결과물에서는 두 집단 간 유의한 차이가 발견되지 않았다. 첫 HMO 효과성 연구와 마찬가지로, 이 연구도 CBT가 잘 전달된 통상치료보다 현저히 더 나은 효과를 내고 있지 않음을 보여주고 있다. 그러나 주목해야 할 점은 이 연구에서 통상치료가 우울 청소년들에게 높고 빠른 회복을 가져왔다는 점이다.

CBT 개인치료 및/혹은 항우울제의 상대적 효과성 : 우울 청소년 치료 연구

청소년 우울을 위한 CBT의 효능을 검토한 초기 연구들은 대체로 이 치료가 긴장이완훈련, 지지치료, 전통적 상담을 포함한 대안적 치료들보다 더 효과적이었음을 보여주고 있다(예 : Brent et al., 1997; Wood, Harrington, & Moore, 1996). 하지만 CBT가 항우울제와 비교하여 혹은 항우울제 치료와 결합된 상태에서 어떤 효과를 내고 있는지 체계적으로 검토한 연구는 없었다. CBT 대 항우울제 간 비교 및 CBT/약물 결합의 효과는 우울 청소년의 치료 연구(Treatment of Adolescents with Depression Study, TADS; TADS Team, 2003)에서 아주 상세히 평가되었다. TADS는 439명의 우울 청소년을 대상으로 CBT 개인치료, 플루옥세틴, CBT/플루옥세틴 결합, 임상관리를 받는 위약조건을 비교하였다. 치료는 급성치료(acute therapy), 계속치료(continuation therapy), 유지치료(maintenance therapy)의 세 단계로 제공되었으며, 치료 후 1년 동안 추적되었다.

TADS의 CBT는 집단기반 CWD-A와 David Brent가 개발한 CBT의 개인치료 버전을 통합한 것으로, 체계적 행동치료로 접근한 가족치료와 비지시적 지지치료로 접근한 개인치료와 비교하여 더 나은 반응률을 보였다(CBT에서는 60%, 가족치료에서는 38%, 지지치료에서는 39%; Brent et al., 1997). 12주 동안 진행되는 급성 CBT 치료는 동맹관계 형성, 목표 수립, 기술 강화에 집중하며, 핵심 기술로부터 시작하여 좀 더 개별화되고 맞춤형의 기술 훈련으로 진행되어 나간다. 8개 핵심 기술(치료원리 이해, 기분 모니터링, 목표 수립, 즐거운 활동의 증가, 문제해결, 자동적 사고/인지적 왜곡, 현실적인 대안적 사고, 재발 방지)의 훈련은 모든 내담자에게 진행된다. 5개 부가적 기술(사회적 상호작용, 자기주장성, 의사소통/타협, 긴장이완, 정서 조절)은 내담자 요구에 따른 선택 사항이었다. 급성치료는 두 번의 부모단독 심리교육 회기와 적어도 한 번의 공동 가족회기를 포함하였다.

계속 단계(12~18주)는 치료에 완전 반응한 청소년들을 위한 재발 방지와 부분 반응한 청소년들(비반응자들은 외부로 의뢰되었음)을 위한 계속된 기술 연습(개인이 선택하는 새로운 기술)에 초점을 두었다. 유지 단계(18~36주)는 6주에 한 번씩 진행되는 총 3회의 회기로 구성되었다. 이 회기들은 습득한 기술들의 통합, 치료 이득의 유지, 재발 방지에 초점을 두었다. 계속 회기들과 유지 회기들의 구조와 내용은 Clarke 등(1999)이 평가한 추후 회기들의 그것과 유사하다. 비록 이들 회기가 재발 방지보다는 주요우울장애의 진행형(연장) 치료로 개념화되고는 있으나, 그 기능은 Clarke 등의 추후 회기들과 일치한다.

급성치료가 별 효과를 내지 못했다는 발견은 TADS의 CBT 연구자들에게 큰 충격이 되었다. 12주째 이루어진 평가에서 CBT/약물 결합치료만이 위약조건보다 유의하게 더 큰 우울 감소를 나타내었다(TADS Team, 2004). 또한 CBT/약물 결합조건은 CBT만 혹은 항우울제만 받은 조건보다 치료 효과가 더 우수하였으며, 플루옥세틴 단독 조건은 CBT 단독 조건보다 치료 효과가 더 우수하였다. 게다가 12주째의 회복 이분지표(회복 대 비회복)에서 플루옥세틴을 포함하고 있는 두 치료조건은 CBT 단독 혹은 위약 조건보다 더 우수한 효과를 나타내었다. 하지만 CBT/플루옥세틴 조건 대 플루옥세틴만 조건 간에는 회복 이분지표에서 유의한 차이가 나타나지 않았다. 네 조건을 통틀어 단지 23%의 청소년만이 12주째 엄격한 관해 준거 역치에 도달하였다. CBT/약물 결합치료 조건은 다른 조건들보다 유의하게 더 높은 관해율을 나타낸 반면, 나머지 세 조건들은 서로 간 유의한 차이를 나타내지 않았다(Kennard et al., 2006).

비록 TADS 연구의 초기 평가(12주째에 이루어진)에서 CBT 단독 치료의 효과는 매우 실망적이긴 했으나, 18주째 평가에서 CBT는 플루옥세틴에 버금가는 효과를, 36주째(치료 종결 시점) 평가에서 세 적극적 치료는 서로 간 필적할 만한 효과를 나타내었다. TADS 연구에서 치료 간 비교가 어려웠던 이유 중 하나는 12주 이후 이중은폐(double-blind) 상태가 유지되지 못하였고 위약에 반응하지 않은 청소년들에게 이들이 원하는 치료를 제공하였기 때문이었다. 따라서 우리는 MDD가 사라진 것이 개입과는 상관없는 장애의 자연적 경과 때문인지 아니면 치료적 개입 때문인지 알 수가 없었다. 하지만 TADS로부터 합의된 바는 CBT는 '효과가 있다'는 것이지만 CBT는 CBT/약물 결합치료나 플루옥세틴 단독 치료보다는 효과가 나타나는 데 더 오랜 시간이 걸린다는 사실이었다(TADS Team, 2007). TADS에서 결합된 CBT의 두 버전(Brent의 CBT는 16주간 지속되었고 CWD-A는 32시간, 집단 개입으로 구성되었음)이 주별로 진행되는 총 12회의 회기들보다 훨씬 더 집중적이었음은 주목할 필요가 있다. TADS에서 드러난 CBT의 빈약한 결과에 대한 또 다른 설명으로는 TADS가 사전 검증을 받지 않은 CBT의 하이브리드 형태를 사용했기 때문이라는 설명과 TADS의 CBT가 너무나 많은 치료적 요소를 한 개입에 포함시켰기 때문이라는 설명이 있다(Hollon, Garber, & Shelton, 2005). 지나고 나서 보니 이 두 염려는 모두 타당한 것으로 보인다. 특히 TADS의 CBT가 지나치게 구조화되고 복잡했다는 설명은 더욱 설득력이 있는 것으로 보인다.

유망한 새로운 접근

CBT 개입에서 새롭게 등장하고 있는 추세들은 효과 측면이나 파급력 측면, 혹은 이 두 측면 모두에서 상당한 유용성을 가진 것으로 보인다. 이러한 새로운 추세에는 (1) 치료에서 예방으로의 CBT 초점 이동, (2) 약물치료의 효과 확대를 위한 CBT의 사용, (3) 표준적인 의학 치료에 CBT 끼워넣기, (4) 단독 치료로서 혹은 전통적 CBT의 보충으로서 인터넷 정신건강(eMental Health) 접근의 사용이 있다.

치료에서 예방으로의 CBT 초점 이동

치료 모델인 인지행동 모델을 청소년 우울 '예방'에 적용하는 것은 새로운 발상이 아니다. 예방 프로그램의 효과를 살피는 연구는 현재 활발히 진행 중에 있으며, 전도 유망한 영역이다. Greg Clarke는 CWD-A를 수정하여 우울 수준이 높은 그리고/혹은 우울 부모를 가진 청소년들을 위한 단기(14~15회기) 예방적 집단 개입('스트레스에 대처하기'라고도 불림)으로 완성하였다. 초기 효능 연구(CBT 대 통상치료에서의 2년 MDD 발병률은 20% 대 32%; Clarke et al., 2001)에서 그리고 보다 최근에 진행된 대형 4기관 연구(CBT 대 통상치료에서의 2년 MDD 발병률은 37% 대 48%; Beardslee et al., 2013)에서 이 예방 프로그램은 통상치료보다 2년 추후 기간 동안

MDD 발병률을 유의하게 더 많이 감소시켰다. 오리건 연구기관에 있던 나와 함께하기 전, Eric Stice는 개입 내용을 더욱 간소화한 4~6회기의 '블루스 프로그램(Blues Program)'이라 불리는 단기 집단 개입을 개발하였고, 이 프로그램이 통제집단보다 2년 추후 기간 동안의 우울 발병을 더 크게 감소시켰음을 발견하였다(CBT 대 통상치료에서의 우울 발병률은 14% 대 23%; Stice, Rohde, Gau, & Wade, 2010). 내가 알고 있는 한, 6개의 RCT가 무처치 평가 조건 대비 혹은 최소의 개입 조건 대비 혹은 통상적 치료조건 대비 CB 청소년 우울 예방 개입의 효과성을 검증하기 위해 2년의 추후 기간 동안 진단적 자료를 수집하였다. 비록 모든 연구가 통계적으로 유의한 차이를 보고하지는 않았지만, 이들 연구로부터의 비교적 일관된 결과들은 임상적으로 의미 있고 중요해 보인다. CB 예방 프로그램은 두 요인에 의해 그 사용이 더욱 추천되고 있는데, (1) 약물치료가 임상 현장에서 청소년 우울의 예방적 개입으로 추천되고 있지 않다는 요인과, (2) 이러한 예방 프로그램의 대부분이 집단치료의 형식을 갖추고 있는데, 집단치료 형식은 CBT 전달 방식으로서 선호되는 형식이라는 요인이 그것이다(다음 내용 참조).

약물치료의 효과 확대를 위한 CBT 사용

SSRI에 저항적인 우울 문제를 가진 청소년의 치료(Treatment of SSRI-Resistant Depression in Adolescents, TORDIA) 연구는 SSRI 치료에 반응하지 않는 334명의 우울 청소년들을 대상으로 한 RCT였다. 연구 참가자들은 네 조건 중 하나에 무선 할당되었다. 조건 중 둘은 약물만(각각 서로 다른 약물)을 포함하고 있었고, 나머지 둘은 각 약물 처치 후 CBT를 첨가한 조건들이었다(이 연구의 CBT는 TADS 연구의 CBT에 일부 기반을 두고 있음). 12주의 확대치료 종료 시, 두 CBT+약물 조건은 각각 해당 약물 단독조건보다 유의하게 더 높은 치료 반응률을 나타냈다(55% 대 40%; Brent et al., 2008). Betsy Kennard는 가장 효과적인 치료란 증상 반응/관해를 위해 항우울제를 치료 초반에 제공한 후 긍정적 반응의 강화와 재발 감소를 위해 CBT를 치료 후반에 제공하는 치료라 주장하였다. 6주의 항우울제 처치 후 더해진 재발 방지 CBT라 불리는 계속 CBT는 6주 항우울제 처치만 받은 집단의 청소년에서보다 이 집단 청소년에서 30주 추후 평가에서의 재발률을 유의하게 더 크게 감소시켰다(약물+재발 방지 CBT 조건 대 약물만 조건의 30주 추후 평가에서의 재발률은 9% 대 26%; Kennard et al., 2014).

의학 치료에 CBT를 내장하여 제공하는 협력적 치료 모델

우울 청소년의 대다수(60~80%)가 치료를 받고 있지 않은 상황(Cummings & Druss, 2011)에서 연구자들은 어떻게 하면 1차 진료 환경에서 우울 치료의 질을 높일 수 있을까에 관해 관심을 가져왔다. 특히 이들은 팀 기반의 협력적 치료 접근을 사용하여 청소년 우울 치료의 질을 높이고자 하였다. Richardson 등(2014)은 1차 진료 환경에 있는 101명의 우울 청소년들을 평가하였다. 참가자들은 협력치료 혹은 통상치료 중 하나에 무선 할당되었다. 협력치료는 초기 회기를 진행하는 한 사람의 우울 치료 매니저와 12개월간의 정기적 추후 조치들로 구성되었다. 초기 회기에서 청소년들은 단기 CBT(38%의 청소년이 선택함), 약물치료(4%의 청소년이 선택함), 결합치료(54%의 청소년이 선택함) 중 하나를 선택하였다. 1년 후 협력치료 조건의 청소년들은 통상치료 조건의 청소년들보다 유의하게 더 높은 치료반응률(68% 대 39%)과 관해율(50% 대 21%)을 나타내었다. 다수의 청소년들이 통상적으로 방문하는 주치의를 가지고 있기 때문에 이러한 협력적 접근은 비용 절감적이고 실용적인 것으로 여겨진다.

CBT 제공을 위한 다양한 방식의 사용

앞서 지적하였듯 우울 청소년들은 치료자 부족, 긴 대기자 명단, 근거기반 치료에 훈련된 인력 부족, 높은 비용, 낙인 효과 때문에 치료를 구하거나 치료를 찾지 못하고 있다. 독서치료(bibliotherapy)는 저비용의 쉽게 이용할 수 있는 대안적 치료로, 이 치료는 성인 우울의 치료와 예방 모두에서 강한 경험적 지지를 얻고 있다(예 : Gregory, Schwer, Canning, Lee, & Wise, 2004). 하지만 청소년에 있어서는 인터넷으로 제공된 CBT가 독서치료보다 더 매혹적이라 할 수 있는데, 이는 인터넷에 대한 접근성이 증가하고 있고 인터넷에서 상호 콘텐츠의 활용이 더 용이하기 때문이다. 메타분석 결과는 경도/중등도 우울 성인을 위한 인터넷 기반의 CBT가 대기자 통제조건보다 치료 전후 자기보고 측정치에서 더 큰 차이를 만들어내고 있음을 보여주었다($d=0.83$; Arnberg, Linton, Hultcrantz, Heintz, & Jonsson, 2014). 흥미롭게도 인터넷 기반 CBT의 효과를 살펴본 연구들은 거의 대부분 미국 밖에서 시도되었다(예 : Arnberg 등의 메타 연구에서 연구의 88%가 호주나 스웨덴에서 진행된 것들이었음). 독립된 치료로서의 인터넷 기반 CBT가 통제집단보다 더 큰 호전을 만들어내는 것으로 발견되었지만, 이는 숙제를 어느 정도 완수한 청소년들에 한해서였다. 비록 이런 결과가 보고되고는 있으나, 독서치료나 인터넷 기반 CBT 연구들은 극히 소수만이 청소년 우울 문제를 다루고 있다.

향후 방향

청소년 우울 치료에 있어 앞으로 CBT가 나아가야 할 방향은 몇 가지 미해결된 임상 쟁점들과 관련이 있다. 이 중 첫 번째 쟁점은 청소년 우울 치료에 있어 다른 접근들과 비교되는 CBT만의 독자적 가치는 무엇인가와 관련되어 있다. CBT가 다른 근거기반 치료들(심리사회적 치료든 아니면 약물치료든 적정량이 제공된 경우)보다 더 우수할 것으로는 예측되지 않는다. 따라서 근거기반의 측면에서 우리는 치료 전달 방법을 개인에게 맞출 필요가 있다. 중재 역할을 할 만한 변인으로는 우울 심각도(특히 결합치료가 제안될 경우), 환자(청소년 혹은 부모) 선호, 부모 우울[부모 우울은 청소년 우울 예방 프로그램의 개입 효과에 부정적 영향을 미쳤음(Beardslee et al., 2013); 부모 우울이 CBT 치료에도 영향을 주는가?] 등이 있다. 성인 우울을 위한 CBT는 재발 위험을 감소시키는 것으로 보고되고 있는데, 청소년 우울 CBT도 같은 효과를 낼 것인가? 만약 아니라면 우리는 그 이유를 알아낼 수 있는가?

두 번째 미해결 쟁점은 청소년 우울을 위한 CBT를 어떻게 하면 더 큰 효과가 나도록 만들 수 있겠느냐의 문제이다. 세 영역에서의 변화가 이러한 목표를 성취하게 할 것으로 보인다. 첫째, 나는 개인적으로 청소년 우울을 위한 CBT가 지나치게 복잡한 것은 아닌지, 즉 충분한 깊이 없이 지나치게 많은 요소를 전달하려 한 것은 아닌지 문제를 제기한 Hollon 등(2005)의 입장에 동의한다. 효과를 절감시키지 않는 상태에서 특정 요소들을 치료에서 제외시킬 수 있는 것일까? 언제 인지적 접근을 취하는 것이 최선일 것이며, 언제 행동적 접근을 취하는 것이 최선일 것인가? 상당히 오래전 Rude와 Rehm(1991)은 '자본화(capitaliztaion; 내담자는 자신의 강점을 강화하는 치료에 가장 잘 반응한다)'와 '보상(compensation; 치료는 내담자의 결핍에 집중될 때 가장 효과적이다)'이라는 이름의 두 변화 모델에 대해 설명하였다. 우울 치료는 보통 보상 모델을 가정하고 있으며 일부 증거는 이러한 접근의 유용성을 지지한다. 하지만 내가 아는 한 어떤 청소년 우울 치료의 RCT도 강점기반 CBT 대 결핍기반 CBT를 비교하지는 않았다.

청소년 우울의 CBT 효과를 증진시키기 위한 세 번째 방법은 부모를 언제 관여시켜야 하는지 또 어떤 방식으로 관여시켜야 하는지 구체화하는 것과 관련된다. 현재의 부모 관여 모델은 부모가 심리교육과 일부 기술 연습(예 : 의사소통 및 문제해결 기술의 연습)에 부분적으로 관여하는 상당히 제한된 부모 관여를 특징으로 한다. 하지만 초기의 평가는 이 형태의 부모 관여가 결과를 호전시킨다는 증거를 발견하지 못했다. 우울 청소년을 위한 CBT에서 최적의 부모 관여 수준을 이해하는 것은 그리 간단한 일이 아니다. 이는 높은 수준의 부모 관여가 어떤 경우에는 도움이 되나(일부 부모는 확실히 자녀의 강력하고도 긍정적인 옹호자임) 어떤 경우에는 효과적이지 않거나 심지어 의원성(iatrogenic)이 되기 때문이다(문제해결을 위해 혹은 새로운 기술 훈련을 위해 충분한 시간과 노력을 쓰지 않은 상태에서 부모가 자녀 문제에 관여하게 되면, 이는 기존 갈등을 악화시키는, 즉 벌집을 건드린 것과 같은 결과를 초래할 수 있음). 때로는 청소년을 부모로부터 신속히 분화(개별화)시키는 것이 청소년 우울 치료에 있어 가장 유용한 목표가 되기도 한다. 부모를 CBT에 관여시켜야 할 상황들을 구체화하는 것은 보다 큰 효율성 창출을 위한 개입 개별화를 위해 중요한 단계가 될 것이다.

효과를 높이기 위한 네 번째 방법은 집단기반 CBT를 재검토하는 것이다. 집단기반 CBT의 제공은 제어를 받고 있는 것으로 보이며, CWD-A와 같이 폐쇄된 치료집단을 운영하는 데에는 확실히 조직 관련한(서비스 전달 및 관리 관련) 문제가 발생한다. 하지만 나는 집단치료가 개인 치료보다 CBT 기술 연습이라는 철저한 '복용량' 전달에 더 용이한 방법은 아닐까 생각한다. 집단치료에 있는 청소년들이 '과학습'(그리하여 실제 감정 동요가 있을 때 배운 기술을 사용할 수 있게 됨)을 가능하게 하는 많은 양의 CBT 기술 연습을 더 잘 감내해나갈 것인가?

다섯 번째 미해결 영역은 CBT가 실제 어떤 변화를 야기하는가, 즉 CBT의 변화기제에 관한 것이다. 청소년 우울의 CBT 문헌에서 변화 매개자를 확인하는 연구는 그 수가 적은데, 이는 상당히 놀랄 만한 일이다. 현재 이와 관련한 연구는 거의 전적으로 치료 전과 후 자기보고로 측정된 결과물에 의존하고 있는데, 이러한 측정치를 활용한 연구들은 CBT 모델에서 제안하고 있는 매개요인들에 대한 단지 제한적인 지지만을 제공하고 있다. 자기보고 측정치는 요구특성으로 인해 문제가 제기될 수 있으며, 따라서 우리는 인지의 변화 혹은 행동의 변화라는 인지행동 이론에서 제안하고 있는 치료 기제를 측정하는 보다 객관적인 측정치를 사용할 필요가 있다. 인지적 변화는 인지 재구조화(청소년들은 실험실 상황에서 인지 재구조화를 보일 것인가?)의 속도와 효과성을 드러내는 관찰 자료나 내현적 검사(implicit test), 혹은 촉발 사건 후 뒤따르는 정서적 동요의 지속기간을 측정하는 몇몇 지표를 통해 측정될 수 있다. 또한 우리는 또래와의 혹은 부모와의 상호작용을 보여주는 행동 측정치나 신체 활동 측정치와 같은 행동적 변화의 객관적 측정치를 필요로 한다. 우리는 즐거운 혹은 숙달된 행동의 다양성 증가와 주의 분산 행동 참여(Lewinsohn의 우울 병인에 관한 초기 모델은 증가된 자기초점이 증가된 불쾌감을 초래한다고 가정하였다) 모두를 객관적으로 측정하도록 노력할 필요가 있다. CBT 모델이 제안하는 또 다른 변화 기제는 무망감이나 자기효능감이라 할 수 있다. 우리는 변화가 보통 CBT 치료 아주 초반에 일어남을 알고 있으며, 실상 첫 회기에서 제공되는 CBT 변화 모델 자체도 치료에 대한 희망과 치료 구조가 제공된다면 내담자에게 쉽게 납득될 수 있다. 마지막으로 연구자들은 신경과학 측정치를 연구에 포함시키기 시작했으며, 이들은 치료 전 뇌 기능(말하자면 보상 관련 뇌 기능)이 CBT 혹은 CBT/항우울제 결합치료 조건 우울 청소년들의 치료에 대한 반응을 예측할 수 있음을 발견하였다(Forbes et al., 2010). 이런 종류의 지표들도 CBT에서의 변화를 이해하기 위해 검토되어야 할 것이다.

미래 CBT 연구가 고려해야 할 여섯 번째 주요 문제는 청소년 우울 치료에서 다양한 컴퓨터 기술(eMental Health)을 어떻게 그리고 언제 활용할 것인가와 관련된다. CBT는 그 특성과 초점을 고려해볼 때 다른 어떤 대화치료들보다 컴퓨터 포맷으로 전환하기 쉬운 치료라 할 수 있다. 컴퓨터 기반 개입은 독자적 개입 혹은 표준 치료의 보충으로 기능할 수 있다. 우리는 이 두 가능성 모두를 검토해야 한다. 독자적 개입과 관련하여 제기되는 두 가지 중요한 질문은 (1) 개입에 끝까지 참여하도록 하기 위해 어떻게 내담자를 독려할 것인가와, (2) 보안을 충분히 확보할 방안은 무엇이겠는가이다. 컴퓨터, 인터넷, 스마트폰의 방법론을 표준 CBT의 보충으로 포함시키는 것은 더 쉬운 방법일 수 있다. 기술 사용/과제 연습을 상기시키기 위해, 보다 빈번한 평가를 수행하기 위해, 내담자가 이해하지 못한 내용의 답을 발견할 수 있도록 하기 위해, 치료자와의 보다 빈번한 상호작용을 가능하게 하기 위해(한 주는 청소년 인생에서 꽤 긴 시간일 수 있다) 전자기술을 사용하는 것이 그 예가 될 것이다. 컴퓨터 방법론을 현재의 CBT에 포함시키는 가장 강력한 방법은 아직까지 알려지지 않고 있다.

맺음말

청소년 우울은 높은 유병률, 기능손상, 높은 자살 가능성과 증가된 정신과적 공병과 관련이 있다. 청소년 우울 치료를 위한 CBT적 접근은 상당한 연구적 관심을 받아왔다. 심리사회적 치료들 중 가장 높은 관심을 받아왔다 해도 과언이 아니며, 우울 청소년 치료에 있어 항우울제에 대적할 수 있는 유일한 대화치료(talk therapy)라고도 할 수 있다. 초반 연구의 결과는 매우 고무적이었으나, 이들 연구는 대기자 명단이거나 우울에 직접적 초점을 두지 않은 일반적 개입을 통제조건으로 포함시켰다. 게다가 공병이 없으면서 경미한 수준의/중등도 수준의 우울(중증 우울이라기보다는)을 가진 청소년들을 대상으로 한 경우가 대부분이었다. CBT는 확실히 무처치 혹은 심리사회적 통상치료보다는 그 효과가 더 낫다고 할 수 있지만, 항우울제를 포함하는 통상치료보다는 그 효과가 더 우수하다 할 수 없다. 우리는 CBT를 잘 전달된 다른 형태의 치료들과 비교하는 또 다른 경주를 원치 않는다. CBT가 이들을 '이길 것' 같지 않다. 오히려 우리는 우울 청소년의 어떤 하위 유형이 CBT 접근에 최적의 대상이 될 수 있을 것인가에 대해 알아낼 필요가 있다. 또한 우리는 효과적 대안이 덜 유용하게 작동하는 영역/상황(예 : 예방, 항우울제 치료에 실패한 환자들)을 찾아 이들 상황에 유용한 방식으로 CBT를 조정할 필요가 있다.

나는 CBT 연구자들이 이제까지 걸어 왔던 길을 되돌아가 CBT 개입을 재설계할 필요가 있다고 믿는다. 재설계해 우울 청소년들에게 더 강력한 효과를 내도록 만들 필요가 있다는 말이다. 나는 앞서 이를 위한 몇 가지 방안(예 : 단순화된/집중된 CBT, 부모를 개입시킬 최적의 범위에 대해 이해하기, 개인치료 이외의 형식 사용하기)을 제시했다. 하지만 의심할 여지없이 이외에도 다른 방안들, 동등하게 유용한 방안들이 있을 것이다. CBT의 개조는 가장 유용한 방법이 될 수 있다. 단, 심리사회적 치료나 약물치료 대비 같은 CBT 접근이 실질적으로 변화시키는 것이 무엇인지에 대한 보다 철저한 검증이 전제된다면 말이다. 우리는 CBT의 효과를 객관적으로 바라볼 필요가 있다. 하지만 동시에 우리는 다양한 특징을 보이는 우울 청소년에게 어떤 CBT적 접근이 어떻게 효과적일지에 대해 창의적으로 고려할 필요가 있다.

감사의 말

청소년 우울 연구를 위한 우리의 프로그램은 여러 재원으로부터 지원을 받아 수행되었다. 이 주제와 관련한 본 연구자의 연구는 다음에서 지원을 받았다. Grant Nos. MH41278 (Peter Lewinsohn, Principal Investigator), MH56238 (Paul Rohde, Principal Investigator), National Institute of Mental Health Contract No. N01MH8008 (TADS), U.S. Department of Justice Grant No. 2000-JN-FX-003 (Paul Rohde, Principal Investigator), National Institute on Drug Abuse Grant No. DA21357 (Paul Rohde, Principal Investigator).

참고문헌

Alexander, J. F., & Parsons, B. V. (1982). *Functional family therapy*. Monterey, CA: Brooks/ Cole.

Arnberg, F. K., Linton, S. J., Hultcrantz, M., Heintz, E., & Jonsson, U. (2014). Internet-delivered psychological treatments for mood and anxiety disorders: A systematic review of their efficacy, safety, and cost-effectiveness. *PLoS ONE, 9,* e98118.

Beardslee, W. R., Brent, D. A., Weersing, V. R., Clarke, G. N., Porta, G., Hollon, S. D., et al. (2013). Prevention of depression in at-risk adolescents: Longer-term effects. *JAMA Psychiatry, 70,* 1161–1170.

Beck, A. T. (1967). *Depression: Clinical, experimental, and theoretical aspects*. New York: Harper & Row.

Brent, D. A., Emslie, G. J., Clarke, G. N., Wagner, K. D., Asarnow, J. R., Keller, M., et al. (2008). Switching to another SSRI or to venlafaxine with or without cognitive behavioral therapy for adolescents with SSRI-resistant depression: The TORDIA randomized controlled trial. *Journal of the American Medical Association, 299,* 901–913.

Brent, D. A., Holder, D., Kolko, D. J., Birmaher, B., Baugher, M., Roth, C., et al. (1997). A clinical psychotherapy trial for adolescent depression comparing cognitive, family, and supportive therapy. *Archives of General Psychiatry, 54,* 877–885.

Clarke, G., DeBar, L. L., Ludman, E., Asarnow, J., Jaycox, L. H., & Firemark, A. (2006). *STAND project intervention manual: Brief individual CBT program*. Unpublished manual.

Clarke, G. N., Debar, L., Lynch, F., Powell, J., Gale, L., O'Connor., E., et al. (2005). A randomized effectiveness trial of brief cognitive-behavioral therapy for depressed adolescents receiving antidepressant medication. *Journal of the American Academy of Child and Adolescent Psychiatry, 33,* 888–898.

Clarke, G. N., Hornbrook, M., Lynch, F., Polen, M., Gale, J., Beardslee, W., et al. (2001). A randomized trial of a group cognitive intervention for preventing depression in adolescent offspring of depressed parents. *Archives of General Psychiatry, 58,* 1127–1134.

Clarke, G. N., Hornbrook, M., Lynch, F., Polen, M., Gale, J., O'Connor, E., et al. (2002). Group cognitive-behavioral treatment for depressed adolescent offspring of depressed parents in a health maintenance organization. *Journal of the American Academy of Child and Adolescent Psychiatry, 41,* 305–313.

Clarke, G. N., Lewinsohn, P. M., & Hops, H. (1990). *Adolescent Coping With Depression course*. Eugene, OR: Castalia Press.

Clarke, G. N., Rohde, P., Lewinsohn, P. M., Hops, H., & Seeley, J. R. (1999). Cognitive-behavioral treatment of adolescent depression: Efficacy of acute group treatment and booster sessions. *Journal of the American Academy of Child and Adolescent Psychiatry, 38,* 272–279.

Cummings, J. R., & Druss, B. G. (2011). Racial/ethnic differences in mental health service use among adolescents with major depression. *Journal of the American Academy of Child and Adolescent Psychiatry, 50,* 160–170.

Forbes, E. E., Olino, T. M., Ryan, N. D., Birmaher, B., Axelson, D., Moyles, D. L., et al. (2010). Reward-related brain function as a predictor of treatment response in adolescents with major depressive disorder. *Cognitive, Affective, and Behavioral Neuroscience, 10,* 107–118.

Gregory, R. J., Schwer Canning, S., Lee, T. C., & Wise, J. B. (2004). Cognitive bibliotherapy for depression: A meta-analysis. *Professional Psychology: Research and Practice, 35,* 275–280.

Hollon, S. D., Garber, J., & Shelton, R. C. (2005). Treatment of depression in adolescents with cognitive behavior therapy and medications: A commentary on the TADS project. *Cognitive and Behavioral Practice, 12,* 149–155.

Kennard, B. D., Emslie, G. J., Mayes, T. L., Nakonezny, P. A., Jones, J. M., Foxwell, A. A., et al. (2014). Sequential treatment with fluoxetine and relapse-prevention CBT to improve outcomes in pediatric depression. *American Journal of Psychiatry, 171,* 1083–1090.

Kennard, B., Silva, S., Vitiello, B., Curry, J., Kratochvil, C., Simons, A., et al. (2006). Remission and residual symptoms after short-term treatment in the Treatment of Adolescents with Depression Study (TADS). *Journal of the American Academy of Child and Adolescent Psychiatry, 45,* 1404–1411.

Kessler, R. C. (2012). The costs of depression. *Psychiatric Clinics of North America, 35,* 1–14.

Lewinsohn, P. M. (1974). A behavioral approach to depression. In R. J. Friedman & M. M. Katz (Eds.), *The psychology of depression: Contemporary theory and research* (pp. 157–178). New York: Wiley.

Lewinsohn, P. M., Clarke, G. N., Hops, H., & Andrews, J. (1990). Cognitive-behavioral treatment for depressed adolescents. *Behavior Therapy, 21,* 385–401.

Lewinsohn, P. M., Clarke, G. N., Seeley, J. R., & Rohde, P. (1994). Major depression in community adolescents: Age at onset, episode duration, and time to recurrence. *Journal of the American Academy of Child and Adolescent Psychiatry, 33,* 809–818.

Lewinsohn, P. M., Hops, H., Roberts, R. E., Seeley, J. R., & Andrews, J. A. (1993). Adolescent psychopathology: I. Prevalence and incidence of depression and other DSM-III-R disorders in high school students. *Journal of Abnormal Psychology, 102,* 133–144.

Lewinsohn, P. M., Roberts, R. E., Seeley, J. R., Rohde, P., Gotlib, I. H., & Hops, H. (1994). Adolescent psychopathology: II. Psychosocial risk factors for depression. *Journal of Abnormal Psychology, 103,* 302–315.

Lewinsohn, P. M., Rohde, P., Hops, H., & Clarke, G. (1991). *Leader's manual for parent groups: Adolescent Coping With Depression course.* The therapist manual and the adolescent workbook for this intervention may be downloaded for free from *www.kpchr.org/acwd/acwd.html.*

Merikangas, K. R., He, J., Burstein, M., Swanson, S. A., Avenevoli, S., Cui, L., et al. (2010). Lifetime prevalence of mental disorders in US adolescents: Results from the National Comorbidity Study—Adolescent Supplement (NCS-A). *Journal of the American Academy of Child and Adolescent Psychiatry, 49,* 980–989.

Merry, S. N., Stasiak, K., Shepherd, M., Frampton, C., Fleming, T., & Lucassen, M. F. G. (2012). The effectiveness of SPARX, a computerised self-help intervention for adolescents seeking help for depression: Randomised controlled non-inferiority trial. *British Medical Journal, 344,* 1–16.

Richardson, L. P., Ludman, E., McCauley, E., Lindenbaum, J., Larison, C., Zhou, C., et al. (2014). Collaborative care for adolescents with depression in primary care: A randomized clinical trial. *Journal of the American Medical Association, 312,* 809–816.

Rohde, P., Clarke, G. N., Lewinsohn, P. M., Seeley, J. R., & Kaufman, N. K. (2001). Impact of comorbidity on a cognitive-behavioral group treatment for adolescent depression. *Journal of the American Academy of Child and Adolescent Psychiatry, 40,* 795–802.

Rohde, P., Clarke, G. N., Mace, D. E., Jorgensen, J. S., & Seeley, J. R. (2004). An efficacy/effectiveness study of cognitive-behavioral treatment for adolescents with comorbid major depression and conduct disorder. *Journal of the American Academy of Child and Adolescent Psychiatry, 43,* 660–668.

Rohde, P., Jorgensen, J. S., Seeley, J. R., & Mace, D. E. (2004). Pilot evaluation of the Coping Course: A cognitive-behavioral intervention to enhance coping skills in incarcerated youth. *Journal of the American Academy of Child and Adolescent Psychiatry, 43,* 669–676.

Rohde, P., Lewinsohn, P. M., Klein, D. N., Seeley, J. R., & Gau, J. M. (2013). Key characteristics of major depressive disorder occurring in childhood, adolescence, emerging adulthood, and adulthood. *Clinical Psychological Science, 1,* 41–53.

Rohde, P., Lewinsohn, P. M., & Seeley, J. R. (1991). Comorbidity of unipolar depression: II. Comorbidity with other mental disorders in adolescents and adults. *Journal of Abnormal Psychology, 100,* 214–222.

Rohde, P., Waldron, H. B., Turner, C. W., Brody, J., & Jorgensen, J. (2014). Sequenced versus coordinated treatment for adolescents with comorbid depressive and substance use disorders. *Journal of Consulting and Clinical Psychology, 82,* 342–348.

Rude, S. S., & Rehm, L. P. (1991). Response to treatments for depression: The role of initial status on targeted cognitive and behavioral skills. *Clinical Psychology Review, 11,* 493–514.

Stice, E., Rohde, P., Gau, J. M., & Wade, E. (2010). Efficacy trial of a brief cognitive-behavioral depression prevention program for high-risk adolescents: Effects at 1- and 2-year follow-up. *Journal of Consulting and Clinical Psychology, 78,* 856–867.

Treatment for Adolescents with Depression Study Team. (2003). Treatment for Adolescents with Depression Study (TADS): Rationale, design, and methods. *Journal of the American Academy of Child and Adolescent Psychiatry, 42,* 531–542.

Treatment for Adolescents with Depression Study Team. (2004). Fluoxetine, cognitive-behavioral therapy, and their combination for adolescents with depression: Treatment for Adolescents With Depression Study (TADS) randomized controlled trial. *Journal of the American Medical Association, 292,* 807–820.

Treatment for Adolescents with Depression Study Team. (2007). The Treatment for Adolescents with Depression Study (TADS): Long-term effectiveness and safety outcomes. *Archives of General Psychiatry, 64,* 1132–1144.

Wood, A., Harrington, R., & Moore, A. (1996). Controlled trial of a brief cognitive-behavioural intervention in adolescent patients with depressive disorders. *Journal of Child Psychology and Psychiatry, 37,* 737–746.

CHAPTER 5

대인관계 심리치료를 활용한
청소년 우울 치료

Colleen M. Jacobson, Laura H. Mufson, Jami F. Young

임상 문제의 개요

청소년 우울은 학업, 사회, 신체 영역을 포함한 여러 기능 영역에 상당한 장해를 일으키는 흔하고 심각한 장애이다. 정신질환의 진단 및 통계 편람 제5판(*DSM-5*; American Psychiatric Association, 2013)에 기술된 바 있듯, 청소년 우울은 우울한/짜증난 기분, 학교와 여가 활동에 대한 흥미 상실, 지루함, 수면과 식욕의 변화, 낮은 자아존중감, 무망감, 그리고 일부의 경우는 자살사고 그리고/혹은 자해행동으로 특징지어진다. 성인 우울과는 대조적으로 청소년 우울은 우울이나 짜증 형태로 나타나는 불쾌 기분이 상대적으로 정상적인 기분 상태와 교차되어 나타나는 기분의 두드러진 변화(mood swing)를 특징으로 한다. 청소년 우울은 개인의 발달을 방해할 수 있으며 사회적 역기능을 초래하기도 한다.

비록 우울 병인에 대한 고찰이 이 장의 범위를 넘어선 것이기는 하나(Thapar, Collishaw, Pine, & Thapar, 2012 참조), 그럼에도 우울이 생물학적 취약성과 환경적 스트레스의 결합으로 발생한다는 사실은 언급할 필요가 있다. 좀 더 자세히 기술하면 몇몇 연구들은 세로토닌 체계와 관련된 유전적 다형이 대인관계 스트레스원과 상호작용하여 청소년과 성인에서 우울증을 만들어냄을 보여주었다(예 : Caspi et al., 2003; Karg, Burmeister, Shedden, & Sen, 2011; Vrshek-Schallhorn et al., 2015). 또한 대인관계적 갈등과 문제적 또래관계가 청소년 우울에 중요한 역할을 담당함을 보여주고 있다(Allen et al., 2006; Sheeber, Davis, Leve, Hops, & Tildsley, 2007). 이는 대인관계 측면에서의 개입이 청소년 우울 감소에 유용할 수 있음을 지지하는 결과이다.

치료 프로그램에 대한 개념적 모델

우울 청소년을 위한 대인관계 심리치료(interpersonal psychotherapy for depressed adolescents, IPT-A; Mufson, Dorta, Moreau, & Weissman, 2004)는 대인관계 심리치료(IPT; Klerman, Weissman, Rounsaville, & Chevron, 1984; Weissman, Markowitz, & Klerman, 2007)를 기반으로 이를 개조한 것이다. IPT의 우울 개념은 Sullivan의 우울에 관한 대인관계 이론과 Bowlby의 애착 이론에 기초를 두고 있다. Sullivan(1953)은 정신건강이 긍정적 대인관계 경험에 달려 있으며 긍정적 관계의 결핍이 정신적 안위에 부정적 영향을 준다고 믿었다. Bowlby(1978)는 인간은 대인관계적 유대를 형성하고자 하는 선천적 욕구를 가지고 있으며 이런 유대 형성에 방해를 받거나 문제가 생기면 우울을 포함한 정서적 고통을 경험하게 된다고 주장하였다. 청소년기는 대인관계 유대가 변화하는 시기로, 이 시기 10대들은 부모로부터 독립하기를 희망하며 부모보다는 또래와 더 큰 유대를 형성한다. 10대 자녀와 부모는 독립성 대 친밀감 유지라는 두 욕구 사이의 갈등을 절충하는 법을 배울 필요가 있다. 이와 같은 발달적 전환에서의 문제는 청소년을 갈등과 고립으로 이끌 수 있으며, 궁극에는 우울로 이끌 수 있다. IPT-A는 또래관계, 또래압력의 협상, 첫 낭만 관계, 부모 별거나 이혼과 같은 청소년 고유의 대인관계적 쟁점들을 전달하기 위해 성인 대인관계 심리치료 모델에 수정을 가하였다.

　IPT-A는 임상적 우울이 대인관계적 맥락에서 발생한다는 데 그 이론적 기반을 두고 있다. 구체적으로 우울의 발생과 경과는 청소년이 맺고 있는 중요한 타자와의 관계에 의해 영향을 받는다. 우울 삽화 동안 특정 대인관계에 개입하는 것은 우울 경과와 치료의 결과를 변화시킬 수 있다. 우울은 증상 형성, 사회 기능, 성격이라는 세 가지 요소로 이루어진 개념으로 이해되고 있다. IPT-A는 주로 현재에 초점을 두는 단기 치료로서, 치료자는 처음 두 요소인 증상 형성과 사회 기능에만 개입한다. 우울은 생물학적 소인과 대인관계적 경험에 의해 초래된다고 간주된다. 비록 생물학적 요인의 영향을 인정하고는 있으나, IPT-A는 기분에서의 호전이 대인관계 수준에서의 개입에 의해 성취 가능하다고 가정한다. 특히 IPT-A는 심리교육과 대인관계 기술 강화를 통해 그리고 개인의 정서에 대한 이해와 정서 표현을 격려하는 지지적 치료 관계의 창출을 통해 우울 증상의 감소와 대인관계의 개선을 성취하려 한다.

　초기 단계를 거쳤음에도 호전이 나타나지 않는 경우나 심한 우울 증상으로 인해 청소년이 치료 내용을 활용하기 어려운 경우, 약물과 IPT-A의 병행이 제안된다. 예를 들면, 청소년의 우울 증상이 치료 중반 도입 시점에도 호전되지 않을 경우 항우울제가 필요할 수 있다. 자율신경 증상(예 : 무기력과 무쾌감증)이 심한 청소년들의 경우도 약물 복용이 제안되는데, 이는 에너지를 증가시키고 심리치료에 대한 참여 동기를 높여 청소년에게 무언가 배우게 하려 함이다. 약물과 IPT-A를 결합한 결합치료의 효능을 검토한 출간된 임상 연구는 현재까지 존재하지 않는다.

　IPT-A에서 다루는 대인관계의 내용은 우울 증상과 밀접한 관련이 있는 내용이다. 문제가 되는 주요 대인관계 영역이 확인되면, 이들 영역을 위한 대인관계 기술이 훈련되며, 이들 기술은 다른 대인관계 영역에도 일반화될 수 있게 조정된다. 일부 청소년에서는 그다음으로 중요한 대인관계 영역이 확인될 수 있으며, 치료자는 대인관계 기술이 이들 이차적 문제 영역에도 일반화될 수 있도록 노력한다. 4개의 주요 문제 영역이 있는데, 대인관계 역할 분쟁, 역할 변화, 대인관계 결핍, 애도(이는 이 장 후반에서 더 자세히 논의될 것이다)가 그것이다. 종합하면 IPT-A는 실용적이면서도 교육적 특성을 가진 시간 제한적 외래치료이며, 우울의 대인관계적 맥락을 강조하는 치료이다.

치료 프로그램의 특징

IPT-A를 위한 지시

IPT-A는 처음에는 12~18세 연령 범위에 있는 청소년의 임상적 우울을 치료하기 위해 개인 외래치료로서 개발되었다. IPT-A에서 부모 개입은 국한적이기는 하나 융통적이라 할 수 있다. IPT-A는 12주의 기간 동안 총 12~15회기가 진행되는 것이 기본이며, 필요에 따라 부모 회기가 추가되기도 한다(Mufson, Dorta, Moreau et al., 2004). IPT-A는 이후 학교 내 건강 클리닉에서 12~15주 동안 12회기 진행되는 버전으로 수정되었다. 이 버전에서 처음 8회기는 매주 진행되며, 나머지 4회기는 후반 8주의 기간 동안 융통성 있게 스케줄된다. 이러한 안배는 학생 상태가 호전되었을 때 임상가가 치료를 계속 모델(continuation model)로 전환할 수 있게 하거나 학교 일정에 따라 치료 일정을 조정할 수 있게 한다. 성인 모델에서처럼 청소년 모델에서도 가능하면 월마다 재발 방지를 위한 유지 회기(maintenance session)를 갖는 것이 제안되지만, 현재 유지 회기의 효과를 검증하는 공식적 연구가 없어 이에 대한 연구가 요구되는 상황이다.

　IPT-A는 우울 청소년을 위한 집단치료(Mufson, Gallagher, Dorta, & Young, 2004)와, 우울 위험군 청소년(준임상집단)을 위한 집단기반의 예방 프로그램으로 사용될 수 있도록 수정되었다(Young, Mufson, & Davies, 2006a; Young, Mufson, & Gallop, 2010; Young et al., 2016). 이 장에서 우리는 우울 청소년을 위한 개인치료라는 정통 IPT-A 프로토콜에 초점을 두도록 하겠다. IPT-A는 불안장애, 주의결핍장애, 적대적 반항장애를 포함한 여러 공병을 가진 우울 청소년들에게 공공연히 사용되어 왔다. 임상적 경험으로 볼 때 IPT-A는 청소년 내담자에게 우수한 언어 능력, 통찰력, 외래환자로서 한 주에 한 번 정기적으로 치료에 참석할 수 있는 능력을 요구한다. 이에 정통 IPT-A 형태에서는 자살사고가 있는 청소년이나 정신증을 가진 청소년, 양극성장애를 가진 청소년이나 정신지체 청소년, 그리고/또는 현재 물질을 남용하는 청소년에게

이 치료를 사용할 것을 권장하고 있지 않다. 특수 집단(예 : 자살 위험이 높은 청소년이나 양극성장애를 가진 청소년)을 위한 IPT-A의 수정 버전은 그 효과성이 현재 검토 중에 있다.

치료 내용 : 전반적 개요

IPT-A의 세 주요 요소는 심리교육, 정서 확인, 대인관계 기술 구축이다. 심리교육은 치료 초반기에는 물론 그 이후에도 계속해서 중요한 역할을 한다. 첫 회기에는 우울에 대한 철저한 진단적 평가가 이루어지며, 우울, 제한된 병자 역할, 치료에서의 청소년 및 부모 역할에 대한 심리교육이 이루어진다. 이후에는 매 회기 내담 청소년의 우울 증상이 검토되는데, 이를 통해 청소년은 치료 효과를 명확히 이해할 수 있게 된다.

정서 확인은 IPT-A의 핵심 부분이다. 이는 우울을 경험하는 많은 청소년들이 자신의 감정을 명명하거나 표현하는 데 어려움을 가지고 있기 때문이다. 우울한 청소년들은 보통 감정을 숨기거나 감정을 충동적/부정적으로 표현하는 식으로 자신을 표현한다. 이 두 방식은 모두 문제가 될 수 있으며 문제를 악화시킬 수 있다. 일부 청소년의 경우 정서 확인은 쉬우나 특정 정서를 특정 사건에 연결시키는 일은 어려울 수 있다. 또 다른 청소년의 경우 문제가 되는 대인관계의 확인은 쉬우나 여기에 연합되는 감정의 파악은 어려울 수 있다. IPT-A의 치료자들은 청소년이 자기 감정을 명명하고 이를 중요한 타인에게 표현하며 감정의 변화를 감찰하고 탐지된 감정을 문제적 관계에 연결시키도록 돕는다. 성공적 치료는 청소년으로 하여금 여러 정서들 간 미묘한 차이를 이해하게 하고, 긍정적 혹은 부정적 감정을 야기하는 대인관계 유형을 이해하게 하며, 감정을 잘 소통할 수 있게 한다.

정서 확인과 직접적으로 관련된 것은 대인관계 기술 구축으로, 이는 각 회기마다 진행되며 이를 위해 청소년-치료자 관계가 활용된다. 치료자는 적절한 대인관계 기술의 모델이 되며, 청소년에게 소통 유형에 대한 피드백을 제공한다. 또한 교훈적이면서도 경험적인 기법들이 치료 과정 전반에서 사용되는데, 이는 청소년 문제 영역과 상관없이 거의 모든 청소년들에게 활용될 것이 제안된다. 이러한 기법에는 의사소통 분석, 의사결정 분석, 조망 수용, 대인관계 문제해결, 역할극이 있다. 마지막으로 IPT-A의 보다 일반적 전략들로는 부모를 치료에 관여시키기, 회기 밖에서도 치료 작업을 계속하도록 회기 간 전화로 접촉하기, 그리고 필요하다면 학교에 자문 제공하기가 있다.

IPT-A는 초기(1~4주), 중기(5~9주), 종결(10~12주)의 세 단계로 구성되어 있다. 초기와 종결 단계는 청소년마다 유사하며, 이들 단계는 특정 절차를 순차적으로 밟도록 되어 있다. 하지만 중기 단계는 다루어지는 문제 영역에 따라 달라지며, 이 단계를 위한 기법들은 특정 사례에 기반을 두고 사용될 것이 추천된다. 이처럼 IPT-A 매뉴얼은 상당히 융통적이며 지침에 기반을 두고 있다.

초기 단계

초기 단계(1~4주)는 (1) 증상의 확인과 진단, (2) 우울에 대한 심리교육, (3) 제한된 병자 역할 할당, (4) 대인관계 검사지 완성, (5) 문제 영역 확인, (6) IPT-A의 이론과 목표 설명, (7) 치료계약 수립 등의 요소를 포함한다. 공식적인 평정 척도를 사용하는 것은 우울 진단 확인에 도움이 된다. 우울 증상에 대한 철저한 검토는 첫 회기에서 이루어지며, 이전 보고된 우울 증상의 검토는 자살사고 및 자살 행동의 검토와 함께 이후 매 회기 이루어져야 한다. 2회기와 그 이후 회기들에서의 증상 검토는 기분 평정(1~10의 평정 척도)을 포함하며, 한 주의 평균 기분, 최고 기분, 최저 기분을 평정하게 한다. 치료자와 내담자는 사건과 정서 사이의 관계에 대한 통찰을 높이기 위해 기분이 좋을 때와 나쁠 때 이와 시기적으로 일치하여 일어난 특정 사건이 무엇이었는지 확인하는 작업을 한다.

우울에 대한 심리교육은 10대의 우울 발생률, 흔한 우울 증상, 우울로 인한 장해, 우울이 청소년 기능에 주는 영향, 효과적 치료 전략들을 교육한다. 심리교육 이후, 치료자는 '제한된 병자 역할'에 대해 청소년에게 설명해주고 이 역할을 청소년에게 할당한다. 제한된 병자 역할에서 우울은 개인의 일상 기능에 영향을 주는 결핵과 같은 병으로 개념화된다. 우울이라는 병에서 회복하게 되면 사람들은 점진적으로 자신의 활동을 재계할 것이며, 이전의 수행 수준으로 되돌아갈 것이다. 따라서 병 중에 있는 청소년에게 이전만큼 책무를 다할 것을 기대해서는 안 된다. 하지만 현재의 능력 한도 안에서 계속해서 여러 활동들을 취해볼 것은 격려되는데, 이는 정상 활동으로부터의 철회가 우울을 악화시키고/혹은 회복을 방해할 수 있기 때문이다. 제한된 병자 역할의 목표는 우울한 이들에게 향한 비난을 제거하고 그 비난을 병에 전가시키는 데 있다. 부모에게는 자녀를 비난하지 말고 대신 병(우울이라는 병)을 비난하도록 격려하며, 자녀의 낮은 기능 수준에 대해 덜 비판적이 될 것을 당부한다. 또한 치료자는 우울 상태의 개선과 함께 청소년 기능 상태도 개선될 것이라는 믿음을 부모가 갖도록 격려한다.

다음 절차는 대인관계 질문지를 완성하는 것이다. 이는 2~3회기에 걸쳐 진행되며, 청소년이 가진 문제 영역의 확인을 돕는다. 치료자들은 청소년에게 자신의 인생에서 가장 중요한 사람이 누구인지, 특히 자신의 우울 이야기에서 가장 중요한 사람이 누구인지 묻는다. 청소년의 대인관계는 '친밀성 원(closeness circle)'이라는 4개의 동심원이 그려져 있는 그림을 통해 탐색된다(그림 5.1 참조). 청소년은 그림 정중앙 원에 위치하며, 친밀감을 느끼는 정도에 따라 주변 사람들을 해당 원 위에 위치시키도록 요구된다. 친밀감이라고 해서 항상 좋은 것은 아니다. 관계라는 것은 청소년에게 매우 중요할 수 있으나, 동시에 관계가 주는 갈등 때문에 문제가 될 수 있다. 치료자는 청소년의 관계 특성(상호작용의 특성, 기대, 긍정적 특성과 부정적 특성, 관계를 위한 바람직한 변화, 우울이 관계에 미치는 영향 혹은 관계가 우울에 미치는 영향)을 이해하기

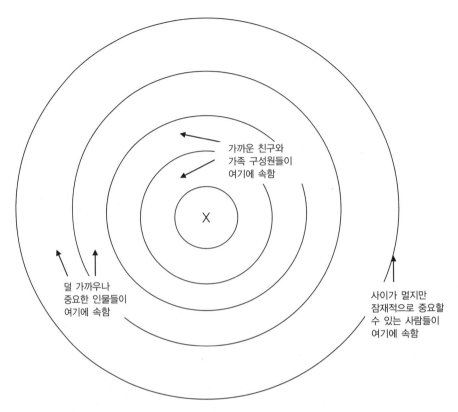

그림 5.1 친밀성 원. 이 원은 대인관계 검사 중 치료자와 청소년에 의해 완성되며 청소년의 관계 구조를 시각화하여 보여준다.

위해 이들에게 자신의 우울 상태와 관련이 있는 4~5명의 주변 인물에 대해 이야기해보도록 요구한다. 각 관계와 관련된 감정 및 사건들을 질문하는 것도 중요하다. 획득된 정보로부터 네 가지 문제 영역(애도, 역할 변화, 대인관계 분쟁, 대인관계 결핍) 중 하나가 치료 초점으로 확인된다. 표 5.1을 참고하자.

만약 두 문제 영역이 모두 내담 청소년에게 적용된다면 보다 근원적인 것으로 보이는 문제 영역이 치료의 초점이 된다. 이차적 영역은 이것이 주요 문제와 쉽게 연관이 된 경우에 한하여 치료에서 다루어질 수 있다. 한 예로, 만약 청소년이 암으로 엄마를 잃었고 이로 인해 아빠와 함께 살아야 하는 과정에서 어려움을 경험하게 되었다면, 상실과 역할 변화는 이 청소년에게 있어 적절한 문제 영역이라 할 수 있다. 이 경우 적절한 애도를 가능하게 하기 위한 목적으로 치료자는 먼저 청소년과 함께 엄마 죽음에 대해 이야기할 수 있다. 그다음, 치료자는 청소년과 함께 어떻게 이 상실이 아빠와의 관계를 변화시켰고 현재 아빠와의 관계에서 경험되는 특정 어려움으로 이어지게 되었는지 논의할 수 있다.

초기 단계의 마지막 회기에서 치료자는 청소년과 함께 확인된 문제 영역에 대한 사례 개념

표 5.1 대인관계 문제 영역

문제 영역	정의	목표
애도	• 청소년이 사랑하는 이의 죽음을 경험했을 경우 • 상실이 우울의 발생 및 유지와 관련되었을 경우 • 우울이 상실 후 곧 뒤따랐을 경우	• 적절하게 애도할 수 있도록 애도의 과정 돕기 • 상실을 대체할 관계 및 흥미를 만들어나갈 수 있도록 돕기 • 새로운 사람을 만나고 새로운 사회적 관계를 발달시킬 수 있도록 청소년을 돕기
역할 변화	• 청소년이 새로운 상황 적응에 어려움을 경험했을 경우 • 예를 들면 발달 단계가 전환되었을 경우, 동생이나 부모를 새로 얻었을 경우, 양육자가 되었을 경우, 학교를 새로 시작했을 경우 • 우울로 이끌거나 이미 존재하는 우울을 악화시킬 수 있음	• 비교적 적은 어려움으로 새 역할을 수용하고 이 역할로 나아갈 수 있도록 하는 방법 찾기 • 새로운 사회적 기술 발달시키기 • 새 역할에서 새로운 애착과 사회적 지지를 발달시키기 • 새로운 역할의 긍정적 측면을 인지하고 받아들이기
대인관계 역할분쟁	• 청소년과 중요한 타인이 갈등으로 이어지는 관계에 대한 서로 다른 기대를 가졌을 경우 • 흔한 쟁점 : 성적 취향, 독립성, 금전 문제, 친밀감 • 우울을 촉발하거나 악화시킬 수 있음 • 짜증과 관계철회가 분쟁을 강화할 수 있음	• 분쟁의 단계를 확인하기 : 재협상, 교착, 파경 단계 • 분쟁 해결하기 • 새로운 관계를 만들 수 있도록 사회적 기술을 향상시키기
대인관계 결핍	• 사회 기술과 의사소통 기술의 부족으로 고독감과 사회적 고립감을 경험할 경우 • 관계 기술의 부족이 관계 결핍과 이에 수반하는 우울에 기여함 • 우울 발병이 사회적 철회를 증가시키곤 하며 이는 사회적 관계 형성을 방해함	• 사회 기술 향상시키기 • 현 관계 강화하기 • 새로운 인맥 만들기 • 사회적 지지망 확장시키기

화를 논의하며, 청소년의 피드백에 따라 필요하다면 사례에 대한 설명을 수정하기도 한다. 청소년이 자신의 문제를 제대로 이해하고 있는지 확인하기 위해 치료자는 청소년에게 자신의 말로 사례 개념화를 요약해볼 것을 요구한다. 또한 치료자는 청소년에게 치료 목표에 대한 동의 여부도 묻는다.

중기 단계

중기 단계와 종결 단계의 회기들은 유사한 패턴을 따른다. 회기는 전형적으로 우울 증상, 기분 평정, 지난 한 주간 활동(대인관계적 사건에 초점을 둠)에 대한 간단한 점검으로부터 시작된다. 중간 부분은 '숙제(work at home)' 검토, 한 주간의 특정 대인관계 사건에 대한 논의, 기술 연습 등으로 구성된다. 치료자는 문제 영역을 개념화하는 데 도움이 되는 방식으로 논의된 내용을 재배치함으로써 청소년에게 회기들이 서로 연결되고 있음을 볼 수 있게 한다. 마지막으로 치료자는 회기 중 논의된 것을 종합하고 다음 한 주 청소년이 수행해야 할 '숙제'를 계획한다.

　　몇몇 기법들이 IPT-A에서 사용된다. 이들 기법은 여러 문제 영역에 걸쳐 두루 사용될 수 있다. 정서 확인 및 표현(직접적이고 탐색적인 기법을 통해), 의사소통 분석, 의사결정 분석, 역할극, '숙제' 등이 여기에 해당된다.

정서 확인

치료자는 대인관계 경험을 개인의 기분 변화와 연결시킬 수 있도록 청소년을 도와야 한다. 또한 치료자는 청소년의 대인관계 상호작용의 개선 및 기분 개선을 위해 청소년이 중요한 타자와 소통하는 방식을 이해하려 노력해야 한다. 치료자는 청소년에게 다양한 정서에 대해 그리고 각 정서의 촉발 자극 및 이들 정서의 행동적·의사소통적 표현 양상에 대해 교육함으로써 이들이 자신의 감정을 식별할 수 있도록 돕는다.

의사소통 분석

의사소통 분석은 많은 IPT-A 사례들에서 사용되고 있으며, 특히 대인관계 역할 분쟁 문제 영역에서 가장 흔하게 사용되고 있다. 청소년과 문제적 관계에 연루된 사람과의 특정 대화 실황을 고찰하는 의사소통 분석은 (1) 청소년의 말이 타인에게 주는 영향, (2) 언어적·비언어적 의사소통을 통해 전달하고자 하는 감정, (3) 상호 교환을 만들어내는 감정, (4) 관계와 연관된 상황적 정서 및 이로 인한 전반적 기분, (5) 상호 교환 방식을 수정하는 능력에 대한 청소년의 이해를 돕는 데 그 목적이 있다. 청소년이 관련 대화를 기억해내고 치료자가 중간중간 이런 대화를 청소년 감정과 연결시킨 후, 치료자는 청소년이 그 상황에서 어떻게 다르게 반응했을 수 있는지, 그리고 그런 경우 상호작용의 결과와 정서가 어떻게 달라졌을 수 있는지에 대해 질문한다. 그런 다음 치료자와 청소년은 앞서 논의한 수정된 대화를 연습하거나 특정 의사소통 기술을 활용한 새로운 의사소통 방식을 계획하게 된다. 의사소통 기술은 '10대를 위한 팁'이라는 제목의 표에 그 내용이 자세히 기술되어 있다(표 5.2 참조). 이는 치료자가 회기 중 청소년과 함께 연습해야 할 기본 기술이다. 치료자는 청소년이 이 기술을 '숙제'에서 사용할 것을 격려한다.

의사결정 분석

의사결정 분석은 청소년이 갈등을 경험하고 있을 때 사용된다. 의사결정 분석의 목표는 타협이나 협상을 포함한 기초적인 문제해결 기술을 청소년에게 가르치는 데 있다. 절차는 다른 치료자들이 사용하는 문제해결 절차와 유사하다. (1) 대인관계 문제를 찾는다. (2) 가능한 많은 해결책들을 생각해낸다. (3) 각 해결책의 장단점을 평가한다. (4) 생성된 해결책들 중 다음 주에 시도해볼 해결책을 선택한다. 해결책은 실제 그 방법이 숙제로 실행되기 전 회기 안에서 자세히 논의되고 시연된다. 치료자는 시도한 방법이 성공 혹은 실패였는지에 집중해서는 안 된다. 대신 치료자는 청소년의 관계 문제에 어떤 것이 도움이 되고 어떤 것이 도움이 되지 않는지에

표 5.2 10대를 위한 팁 : 의사소통과 문제해결을 위한 전략

- **적기를 공략하라**

  1. 대화하기를 원하는 상대와 시간 약속을 잡아라.

  2. 상대가 피곤할 때나 화가 나 있는 때는 피하라.

     (예 : "엄마, 엄마가 오늘 일을 하느라 상당히 피곤한 거 알아. 실은 엄마와 이야기할 것이 있는데 … 엄마 우리 토요일 청소 후 함께 이야기할 수 있을까?")

  3. 쇠는 '차가울 때' 두드려라. 침착해질 때까지(냉정을 되찾을 때까지) 기다린 후 문제나 갈등에 대해 이야기하라.

- **이들이 어떻게 느끼는지 이해함을 보여주는 긍정적 말부터 시작하라**

  1. "아빠, 전 아빠가 절 얼마나 사랑하고 제 안위를 얼마나 원하는지 알아요. 하지만…."

  2. "엄마, 전 엄마가 오늘 하루 얼마나 고단하게 일했는지 그래서 얼마나 피곤한지 알아요. 이해하지만 잠깐 짧게 질문할 수 있을까요? 한 20분만 전화를 사용할 수 있을까요?"

- **'나는'으로 시작하라**

  1. 상대의 행동에 대해 어떻게 느끼는지 말하라.

     (예 : "토요일에 저녁 7시까지 귀가하라 말씀하실 때는 정말 좌절이 되고 화가 나요. 마치 친구들과 있는 저를 아빠가 못 믿으시는 것 같이 느껴져서요.")

  2. 그것이 어떤 모양이건 사람들은 당신 마음을 읽을 수 없다. 마음속에 무엇인가가 있다면 그것을 말로 표현하라! '나는'으로 시작하라.

     (예 : "엄마, 엄마가 이렇게 하실 때면 전 슬퍼요….", "아빠, 전 아빠가 절 믿지 못하는 듯 느껴져요….")

- **몇 개의 해결책을 마음속에 가지고 있어라**

1. 뭔가를 해결하고 싶으면 조금이라도 사전 준비를 하라! 지금 논쟁하고 있는 것에 대해 3~4개의 타협안을 생각해두어라.

   (예 : "아빠, 전 아빠가 제가 토요일 밤 7시가 넘어서도 귀가하지 않았을 때 얼마나 절 걱정하실지 잘 알고 있어요. 하지만 아빠가 5분마다 저한테 전화해서 체크할 때면 정말 화가 나요. 저도 아빠를 사랑하지만 이런 식으로 느끼고 싶지는 않아요. 제가 나가 있을 때 아빠를 덜 걱정하게 만들 방법들에 대해 우리 이야기를 나눠볼 수 있을까요?")

   가능한 해결책 : a. "5분마다가 아닌 한 시간마다(혹은 2시간마다) 전화하는 것은 어떨까요?"

   b. "친구 집에 갔을 때 아빠에게 그 친구 부모님과 통화하게 하는 것 혹은 그 집에서 친구와 나갈 때 제가 아빠에게 전화하는 것은 어떨까요? 그러면 아빠도 우리가 어디에 있는지 알 수 있을 테니까요."

   c. "극장에 도착했을 때 아빠에게 전화하는 것은 어떨까요? 그리고 극장에서 나갈 때 다시 전화하면 아빠도 제가 언제쯤 집에 도착할지 알 수 있잖아요. 그리고 계획이 변경되면 그 즉시 아빠에게 전화해서 알려드릴게요.

- **포기하지 말라**

  1. 누군가에게 이전과 다르게 행동하도록 가르치기 위해서는 상당한 시간이 걸린다는 사실을 기억하라. 부모와 친구들은 여러 해 동안 자신들만의 방식으로 일을 처리하는 데 익숙해져 있다. 따라서 이를 바꾸려면 끊임없이 열심히 시도해볼 수밖에 없다.

주 : 10대들을 위한 팁은 치료 중반기에 소개되고 의사소통 분석, 의사결정 분석, 역할극을 하는 중에 활용된다. 또한 숙제를 통해 이 기술을 연습해볼 것을 제안한다.

대한 정보를 얻고자 하는 실험으로써 이 시도를 소개할 필요가 있다.

역할극

여러 치료적 접근들에서 공통적으로 사용되고 있는 기법인 역할극은 IPT-A에서도 흔히 사용된다. 역할 연습을 실시할 때는 다음의 세 가지 목표를 염두에 두고 진행한다. (1) 새롭게 배운 대인관계 기술을 연습하는 안전한 장소를 청소년에게 제공하기 위해, (2) '실제 상황'에서 새 기술을 적용해보기 전 청소년에게 건설적 피드백을 제공하기 위해, (3) 청소년의 사회적 자신감을 증대시키기 위해가 그것이다. 첫 연습 상황으로는 다소 강도가 약한 상황을 선택하는 것이 효과적인데, 이는 이러한 상황이 성공 경험의 가능성을 증가시키기 때문이다. 청소년이 새로운 기술 사용에 대해 자신감을 얻게 되면, 좀 더 어려운 문제 상황 혹은 좀 더 어려운 상호작용 상황으로 단계를 높여간다.

숙제

'숙제'는 회기에서 배운 기술을 강화하고 일반화하기 위해 치료 중가 내내 사용된다. 숙제는 회기 중 논의된 내용으로부터 자연스럽게 발전시켜야 한다. 성공 가능성이 높으면서 동시에 변화가 요구되는 구체적 문제나 구체적 상호작용을 숙제로 선택하는 것이 중요하다. 이런 작은 시도로부터 얻은 고무적 결과는 청소년으로 하여금 좀 더 도전적인 상황에서 배운 기술을 적용해볼 자신감을 갖도록 만들 수 있다. 숙제의 일관적 사용을 통해 청소년은 새로운 기술을 내재화하고, 숙달감을 얻으며, 중요한 관계를 호전시킬 수 있다.

각 문제 영역에 특수한 전략

전술한 기법들은 여러 문제 영역에 두루 사용되고 있다. 여기에 더해 특정 문제 영역에 유용한 전략들도 있다(각 영역의 목표는 표 5.1 참조).

1. **애도.** 이 영역을 위한 특수 전략들에는 청소년에게 자신의 상실에 대해 자세히 이야기해 보도록 격려하기, 사망 전/동안/후의 사건 및 이와 관련된 감정들에 대해 논의하기, 상실로 인한 공허감을 달래기 위해 새로운 사람을 만나고 새로운 관계를 발전시키도록 청소년을 돕기가 있다.

2. **역할 분쟁.** 먼저 청소년이 분쟁의 세 단계 중 어디에 위치해 있는지 확인한다. '재협상(renegotiation)' 단계는 청소년과 이들의 중요한 타자가 여전히 소통을 하고 있고 둘 다 갈등 해결을 위해 노력할 의지가 있을 때를 말한다. '교착(impasse)' 단계는 청소년과 중요한 타자 사이에 대화가 이루어지고 있지는 않으나 그럼에도 불구하고 해결의 가능성이 여전히 남아 있을 때를 말한다. '파경(dissolution)' 단계는 청소년과 중요한 타자가 갈등 해결이 불가능하다 결정하고 관계를 끝내기로 선택한 때를 말한다. 세 역할 분쟁 단계 모두에

서 감정 식별, 의사소통 분석, 의사결정 분석, 역할극은 특히 도움이 된다. 이들 기법은 청소년으로 하여금 감정을 문제적 사건에 더 잘 연결시킬 수 있게 하고, 자신의 의사소통 방식에 대해 이해하게 하며, 갈등에 도움이 되는 해결책들을 찾도록 하고, 효과적인 협상과 갈등 해결을 가능하게 하는 의사소통 전략들을 연습하게 한다.

3. **역할 변화.** 이 문제 영역을 위한 전략들에는 변화가 자신에게 의미하는 바가 무엇인지 이해하기, 문제가 되는 새로운 역할에서 요구하는 바가 무엇인지 찾기, (옛 역할로부터) 얻을 것과 잃을 것이 무엇인지 평가하기, 역할 변화를 용이하게 할 대인관계 기술 획득하기가 있다. 의사소통 분석은 새로운 역할 수용에 필수적인 대화를 기획하는 데 도움이 되며, 역할극은 역할 변화를 용이하게 만드는 기술을 연습하는 데 효과적이다.

4. **대인관계 결핍.** IPT-A 치료자들은 청소년의 우울 증상을 사회적 고립 문제와 연결시키고, 문제가 되는 소통 방식 혹은 긍정적 소통 방식을 찾기 위해 청소년의 과거 및 현재 관계들의 특징을 살피며, 새 관계의 형성과 기존 관계의 강화를 위해 새로운 사회 기술을 예행연습시킨다. 역할극은 청소년이 새로운 기술을 안전하고 비위협적인 환경에서 연습하도록 돕는다. 역할극을 하고 있는 동안 치료자는 청소년에게 민감한 방식으로 대인관계와 관련한 피드백을 제공한다.

종결 단계

10~12회기에 해당하는 IPT-A 최종 단계의 목표는 청소년이 치료자에게 의존하는 단계에서 벗어나 대인관계 기술을 독자적으로 사용하는 단계로 나아가도록 돕는 것이다. 이 목표의 성취를 위해, 치료자는 치료 종결에 대해 청소년이 어떻게 느끼고 있는지 논의하고, 치료를 통해 청소년이 어떤 기술을 배웠고 어떤 목표를 성취했는지 점검하며, 추후 우울의 위험 신호나 도전적 상황은 무엇인지 확인하고, 추후 문제 상황을 효과적으로 다루기 위해 배운 전략을 어떻게 사용할 것인지에 대해 논한다. 특히 추후 문제 상황에 대한 대응 방식을 논함으로써 치료자는 미래 문제해결에 대한 청소년의 자신감을 높이고자 노력한다. 최종 단계의 적어도 한 회기는 부모를 포함시킨다. 부모와의 합동 회기를 통해 청소년은 배운 기술, 미래 위협 상황, 재발 신호에 대해 부모에게 설명할 수 있게 되며, 치료자는 부모 피드백을 통해 치료가 가족 기능에 어떤 영향을 미쳤는지 이해할 수 있게 된다.

만약 우울 증상이 여전히 많이 남아 있고/있거나 기능에서의 장해가 분명하다면, 추가 치료를 할 것이 제안된다. 우울 증상이 사라졌다 하더라도 다른 동반 문제(예 : 성학대나 기타 외상 과거력이 있는 경우, 혼란스럽고 불안정한 가족 환경에 대응해야 하는 경우)가 잔존해 있다면, 이 경우 또한 추가 치료가 진행될 필요가 있다. 치료자는 청소년과 부모와 함께 이러한 추가 치료의 가능성과 추가 치료가 가져올 이득에 대해 논의해야 하며, 희망하는 경우 치료를 더 받을 수 있도록 도와야 한다.

매뉴얼과 훈련

IPT-A를 배우고자 희망하는 치료자들은 서점과 온라인에서 치료 매뉴얼인 *Interpersonal Psychotherapy for Depressed Adolescents*(Mufson, Dorta, Moreau et al., 2004) 제2판을 구입할 수 있다. IPT-A의 공식 훈련된 치료자가 되기 위해서는 훈련 워크숍에 참석해야 하며 IPT-A 전문가로부터 치료 사례들을 슈퍼비전받아야 한다. 슈퍼비전은 수련생의 치료 이행과 치료 능력을 평가하기 위해 회기 녹음이나 회기 녹화 테이프를 활용한다. 훈련 워크숍은 매년 2회 개최되는 국제대인관계심리치료학회(International Society of Interpersonal Psychotherapy) 학술대회를 통해 제공된다. 다른 때는 요청이 있을 경우 IPT 전문가에 의해 제공된다.

치료 효과의 증거

몇몇 연구 집단들이 개인 IPT-A의 효능과 효과성을 검토하였다. 이들 연구는 IPT-A가 통상치료(treatment as usual, TAU), 임상점검, 대기자 집단보다 더 효과적이며, 인지행동치료(CBT)만큼 효과적이라는 결론을 내렸다(Mufson, Dorta, Wickramaratne et al., 2004; Mufson, Weissman, Moreau, & Garfinkel, 1999; O'Shea, Spence, & Donovan, 2015; Rosselló & Bernal, 1999; Rosselló, Bernal, & Rivera-Medina, 2008). Mufson 등(1999)이 수행한 초기 치료 효능 연구는 치료센터에 의뢰된 주요우울장애(MDD) 진단기준을 만족하는 청소년 48명을 대상으로 하였다. 이 무선대조군 임상 연구에서 연구자들은 12주의 개인 IPT-A를 임상점검(지지적 치료자와 매달 1~2회의 30분짜리 미팅을 함)과 비교하였다. 연구에 참가한 청소년의 대부분은 히스패닉, 여성, 한부모 가정 자녀였다. 연구 결과, 임상점검 대비 IPT-A의 평균 효과크기는 0.54였다. 임상점검을 제공받은 청소년에서 우울 회복을 나타낸 청소년의 비율이 46%였던 반면, IPT-A를 제공받은 청소년들에서는 우울 회복[12주의 해밀턴 우울 평정 척도(Hamilton Rating Scale for Depression, HRSD) 점수≤6점]을 나타낸 청소년의 비율이 75%였다. 12주째의 벡 우울척도(Beck Depression Inventory, BDI) 점수와 HRSD 점수는 IPT-A 집단에서 임상점검 통제집단에서보다 유의하게 더 낮았다(기저선 점수를 통제한 후의 비교임). 통제집단에서의 치료 탈락률은 치료집단에서의 치료 탈락률보다 더 높았다. 게다가 IPT-A 집단의 청소년들이 통제집단 청소년들보다 더 높은 사회기능 향상(사회기능의 기저선 점수가 통제된 후의 비교임)을 나타내었다. IPT-A 집단의 청소년들은 임상점검 통제집단의 청소년들보다 12주째 대인관계 문제해결 질문지 긍정적 문제해결 경향성 척도 점수와 관계문제해결 척도 점수에서 더 큰 향상을 보고하였다. 하지만 대인관계 문제해결 질문지의 다른 하위척도들에서는 집단 간 유의한 차이를 나타내지 않았다.

Rossell6와 Bernal(1999)은 푸에르토리코 청소년들에게 적용하기 위해 오리지널 IPT 매뉴얼(Klerman et al., 1984)을 수정하였고, 이 버전을 가지고 IPT 효능 연구를 수행하였다. 71명의 우울 청소년(54%는 여자, 연령은 12~17세)을 대상으로 한 이 무선대조군 연구에서 참가자들은 12주 IPT 집단, 12주 CBT 집단, 대기자 통제집단의 세 집단 중 하나에 무선 할당되었다. 결과는 IPT와 CBT가 우울 증상 감소[우울은 아동우울척도(Child Depression Inventory, CDI)로 측정]에 있어 대기자 명단보다 더 우수한 것으로 나타났다. CDI 점수를 기반으로 산출한 효과크기에서 대기자 명단 대비 IPT의 효과크기는 0.73, 대기자 명단 대비 CBT의 효과크기는 0.43이었다. 게다가 IPT를 제공받은 청소년들의 82%와 CBT를 제공받은 청소년들의 59%가 12주째 '기능적인' 것으로 간주되었다(CDI 점수가 17점 이하일 때 기능적이라 정의됨). 주목할 만하게 IPT 집단의 청소년들은 대기자명단 청소년들보다 자존감과 사회적 적응에서 유의하게 더 많이 향상되었다. 3개월 추후에서 IPT와 CBT는 그 효과에서 서로 다르지 않았다.

IPT-A의 효능에 관한 긍정적 발견에 힘입어 Mufson, Dorta, Wickramaratne 등(2004)은 IPT-A가 학교 세팅에 효과적으로 정착될 수 있는지 결정하기 위한 효과성 연구를 진행하였다. 연구자들은 IPT-A와 통상치료의 효과를 비교하였다. 두 치료 유형은 모두 학교 내 정신건강 클리닉에서 제공되었다. 연구 포함 준거[HRSD≥10점, 아동 전반적 기능 평가 척도(C-GAS)≤65점, 우울 기분을 가진 적응장애 진단, 달리 명시되지 않는 우울장애, 주요우울장애, 혹은 기분부전장애]를 만족하는 청소년 64명(84%는 여자, 71%는 히스패닉계, 연령은 12~18세)이 IPT-A(12~16주 기간 동안 12회기를 진행하는) 혹은 통상치료 중 하나에 무선 할당되었다. IPT-A는 IPT-A 치료 전문가에게 수련과 슈퍼비전을 받은 학교 클리닉 정신건강 임상가들($N=7$)에 의해 시행되었다. 통상치료 역시 학교 클리닉 정신건강 임상가들($N=6$)에 의해 시행되었는데, 치료는 주로 지지적 개인 심리치료의 특징을 포함하였다. 결과는 통상치료 대비 IPT-A의 평균 효과크기가 0.50임을 보여주었다. 12주째, IPT-A 청소년들은 통상치료 청소년들보다 유의하게 더 큰 우울 증상 감소를 보고하였다. IPT-A 청소년들의 50%와 통상치료 청소년들의 34%가 6점 이하라는 HRSD의 회복 준거를 만족하였다. 두 집단 간 우울 지표에서의 차이는 8주차에 처음 나타났다. 또한 IPT-A 청소년들은 통상집단 청소년들보다 C-GAS로 측정된 일상 기능에서 전반적으로 더 큰 향상을 경험하였다. 12주째 측정된 사회 적응 척도-자기보고(Social Adjustment Scale-Self-Report, SAS-SR)의 사회 기능 하위척도 점수는 IPT-A 집단에서 통상치료집단에서보다 더 높았다. 두 중재변인이 확인되었는데, 연령과 우울 심각도가 그것이었다. 특히 IPT-A는 연령이 높은 청소년들(15~18세)에서 그리고 우울이 더 심한 청소년들에서 통상치료보다 더 효과적이었다. 또한 IPT-A를 제공받은 불안 공병 우울 청소년들은 통상치료를 제공받은 우울 청소년들보다 더 나은 치료 결과를 나타내었다(Young, Mufson,

& Davies, 2006b). IPT-A는 부모-청소년 갈등이 더 높았던 청소년들에서 특히 더 효과적이었
다(Gunlicks-Stoessel, Mufson, Jekal, & Turner, 2010). 비록 IPT-A 청소년들이 통상치료 청소년
들보다 더 긴 시간 동안 치료를 받았지만, 이차적 분석은 이런 치료 분량에서의 차이가 두 집단
간 우울에서의 효과 차이를 설명하고 있지 못함을 보여주었다(Mufson, Gallagher et al., 2004).

IPT-A의 연구기관 외 다른 세팅에의 전파 가능성을 보여준 이 연구의 결과는 고무적이다.
또한 연구는 IPT-A가 상당히 낮은 강도의 훈련(매뉴얼 읽기, 1일 진행된 교육, 주별 슈퍼비전)
을 통해 학교 사회복지사들에게 교육될 수 있음도 보여주었다. IPT-A 모델이 가진 이 절약적인
측면이 바로 이 치료가 성공하게 된 한 이유가 될 수 있다.

Rosselló 등(2008)은 IPT-A의 효능에 관한 추가 연구를 수행하였다. 하지만 이번에는 집단
IPT-A를 개인 IPT-A, 개인 CBT, 집단 CBT와 비교하였다. 112명의 청소년(연령 12~18세,
55%는 여자, 100%가 히스패닉)이 네 치료집단 중 하나에 무선 할당되었고, 12주의 치료를 받
았다. 개인치료 포맷에 할당된 청소년들은 매주 한 번 1시간씩 치료자와 만났다. 집단치료 포
맷에 할당된 청소년들은 매주 한 번 2시간씩 치료자와 만났다. 결과는 개인, 집단 치료 포맷 모
두가 우울 증상 감소와 관련이 있었다. 임상적 유의성 분석은 CBT 청소년들의 62%와 IPT 청
소년들의 57%가 치료 후 비임상 우울 범주에서 기능함을 보여주었다. IPT-A에서보다 CBT에
서 임상적 범주에서 정상적 범주로 이동한 청소년 비율이 더 높았다. 연구는 전반적 치료 효
능에서 집단치료 포맷과 개인치료 포맷 간 차이가 거의 없었음을 보여주었다(Rosselló et al.,
2008).

또 다른 연구자 집단이 주요우울장애로 진단된 39명의 청소년(85%가 여자, 연령 13~19
세)을 대상으로 IPT-A의 개인치료 포맷과 집단치료 포맷의 효과를 비교하였다(O'Shea et al.,
2015). 분석 결과, 두 집단 모두에서 우울 및 불안 증상의 유의한 감소, 전반적 기능 수준의 유
의한 향상이 나타났으며, 이러한 효과는 12개월 추후에서도 유지되었다. 후속 분석은 우울 증
상에서 더 높은 감소를 보인 청소년들이 우울 증상이 개선되지 않은 청소년들보다 사회 기
술에서 더 큰 증가, 부모-자녀 관계와 애착 질에서 더 큰 호전을 보임을 발견하였다(Spence,
O'Shea, & Donovan, 2016). 이러한 결과는 대인관계 기능에서의 긍정적 변화가 우울 증상 감
소를 설명하였을 가능성을 시사한다. 추후 연구는 좀 더 큰 표본을 가지고 이와 같은 매개 관계
를 검토해볼 필요가 있다.

전반적으로 IPT-A는 임상점검, 대기자 통제, 통상치료와 비교하여 우울 및 전반적 기능
상태에서 중간에서 대체로 큰 효과크기를 보여주었다(Mufson et al., 1999; Mufson, Dorta,
Wickramaratne et al., 2004; Rosselló & Bernal, 1999; Rosselló et al., 2008; Spence et al., 2016).
0.50~0.73 범위에 있는 IPT-A의 효과크기는, 부모를 관여시킨 CBT 하나를 제외하고는
(McCarty & Weisz, 2007), 청소년 우울에 경험적 지지를 받고 있는 치료들과 비교해 그 효과가

필적할 만하다. IPT-A의 경험적 지지와 관련하여 제한점으로 볼 수 있는 것은 관련 연구 수가 적다는 것이다. 경험적 근거는 다양한 인종, 성별을 포함한 좀 더 큰 표본의 추가 연구들에 의해 견고해질 것이다. 고찰한 연구들에서 여자가 남자보다 그 수가 더 많았는데, 이는 참가자 모집 방법 때문에 그랬을 수 있다. 이 밖에도 추가 연구는 장기 추적을 포함하고 있어야 한다. 장기 추적은 IPT-A 효과의 지속 기간을 평가하는 데 도움을 줄 뿐만 아니라 약물 단독 혹은 IPT-A＋약물 결합과 비교되는 IPT-A의 상대적 효과를 평가하는 데 도움을 줄 것이다. 더 나아가 치료 매개자나 치료 중재자를 찾는 연구도 추후에 진행될 필요가 있다.

향후 방향

IPT-A의 몇몇 개조된 형태들이 효과성 평가를 받았다. IPT-A는 우울 청소년들을 위한 집단치료 형태로 개조되었다(Mufson, Gallagher et al., 2004). 또한 IPT-A는 준임상 증상을 가진 청소년들을 위한 예방적 개입으로 개조되었다. 대인관계 심리치료-청소년 기술 훈련(interpersonal psychotherapy-adolescent skills training, IPT-AST; Young et al., 2006a)은 청소년의 대인관계 개선과 우울 문제 예방을 위해 의사소통과 대인관계 문제해결 전략을 가르치는 집단 개입 방법이다. IPT-AST는 두 연구에서 학교에서 진행되는 개인상담보다 우울 및 불안 증상 감소, 전반적 기능 수준 개선, 우울 진단 발생 예방에 더 효과적인 것으로 발견되었다(Young et al., 2006a, 2010, 2012). 최근 종료된 청소년 연구(연령 평균＝14.0세, 67%는 여성, 38%는 라틴계, 32%는 소수 인종)는 IPT-AST를 학교 상담가가 진행한 집단치료와 비교하였는데, 결과는 IPT-AST 청소년들이 비교집단 청소년들보다 6개월 추후에서 더 높은 우울 증상 호전과 더 높은 기능 수준을 나타내었다. 하지만 우울 진단율에서는 두 집단 간 유의한 차이가 없었다(Young et al., 2016). 종합하면 이들 연구는 IPT-AST가 상승된 우울 증상을 보이는 청소년들을 위한 효과적인 우울 예방 프로그램임을 지지하고 있다.

IPT는 사춘기 전 우울 청소년을 위한 개입인 사춘기 전 우울 청소년을 위한 가족기반 대인관계 심리치료(family-based interpersonal psychotherapy, FB-IPT)로 개조되기도 했다. FB-IPT는 부모-아동 간 갈등과 대인관계 기능 장해를 개입하기 위해 부모를 주별 회기에 포함시킨다(Dietz, Mufson, Irvine, & Brent, 2008). FB-IPT를 아동중심 치료(child-centered therapy, CCT)와 비교한 무선대조군 임상 연구에서, FB-IPT를 제공받은 사춘기 전 아동들(7~12세, 67%는 여성)은 CCT를 제공받은 아동들보다 더 높은 관해율, 더 적은 우울 증상, 치료 전후 더 큰 우울 증상의 감소를 나타냄은 물론 불안 및 대인관계 기능 장해를 측정하는 임상가 면담, 부모보고, 아동보고 지표들에서 치료 전후 더 큰 감소를 나타내었다(Dietz, Weinberg, Brent, & Mufson, 2015). 이 같은 결과는 FB-IPT가 사춘기 전 아동의 우울 회복은 물론 불안 및 대인관계 기능의 개선에 효과적인 심리사회적 개입임을 시사한다. 더 많은 추후 연구들이 이 모델의 지역사회 환경에의 적용 가능성을 검증해볼 필요가 있다.

청소년 우울 치료에 대한 접근성을 높이기 위한 시도로, 한 예비 연구는 소아과 1차 진료 세팅에서 우울 청소년에게 IPT-A 단계 치료 모델(stepped care model of IPT-A, SCIPT-A)을 제공하는 것이 현실적이고 수용적인지 검토하였다(Mufson, Rynn, Yanes-Lukin, Choo, & Wall, 2014). 이 연구는 우울 청소년(13~20세, 79%가 여성, 96%가 히스패닉)을 대상으로 하여 SCIPT-A와 통상치료를 비교하였다. SCIPT-A 모델의 초기 단계는 8주의 주별 회기로 구성되어 있다. 두 번째 단계에서 제공될 치료는 8주째의 청소년 치료 반응에 따라 달라지는데, 치료에 반응한 경우는 두 번째 단계로 유지치료가 제공되고, 치료에 충분히 반응하지 않은 경우는 두 번째 단계로 IPT-A＋약물의 결합치료가 제공된다. 청소년들은 치료 규칙에 대한 준수(예 : 약물 복용에 대한 준수)가 좋았으며 회기 참석률도 좋았다. 연구는 SCIPT-A가 1차 진료 세팅에서 청소년 우울을 치료하는 데, 특히 히스패닉계 청소년과 그 가족의 욕구를 충족시키는 데 수용적이면서도 현실적인 모델임을 시사하였다. 추후 연구는 SCIPT-A의 효능을 이해하고 서비스 접근 가능성을 높이기 위해 1차 진료 환경에서 우울 치료의 단계적 협력 치료 모델들을 통합하는 것이 가져다줄 효과를 검토할 필요가 있다.

마지막으로 IPT-A는 우울 문제를 보이면서 동시에 선별검사와 그 이후 임상면담을 통해 자살 위험이 시사된 대만 청소년을 치료하기 위해 개조되었다(Tang, Jou, Ko, Huang, & Yen, 2009). 참가자들은 통상치료(n=38)와 집중 IPT-A(n=35) 조건 후 하나에 무선 할당되었다. 두 조건 모두 학교 장면에서 치료가 제공되었다. 집중 IPT에서 우울과 자살사고는 모두 대인관계 갈등 때문인 것으로 탐색되었다. 우울과 자살에 관한 심리교육이 제공되었고, 대인관계 기술이 우울 증상 및 자살사고 감소를 위해 교육되었다. 통상치료는 일반적인 지지치료와 심리교육으로 구성되었다. 집중 IPT-A 조건에서는 6주의 기간 동안 매주 두 번 치료가 진행되었고, 통상치료 조건에서는 한 주에 한 번에서 두 번 치료가 진행되었다. 분석 결과, 집중 IPT-A 청소년들이 통상치료 청소년들보다 우울, 불안, 자살사고, 무망감을 포함한 모든 결과 측정치에서 더 큰 감소를 나타내었다. 연구는 자살사고(자살의도나 자살계획은 없는)를 보고하는 우울 청소년들에게 IPT-A가 효과적인 치료가 될 수 있음을 보여주었다.

맺음말

청소년 우울은 흔한 장애이며 기능을 저하시키는 장애이다. 이 장애를 위한 효과적이고 실현 가능한 심리사회적 개입에 대한 요구는 너무도 명백하다. IPT-A는 경험적 근거를 가진 단기 심리치료로서, 다양한 수준의 전문성을 가진 임상가들에 의해 효과적으로 실시될 수 있다. IPT-A

는 우울 삽화의 경과가 대인관계 개입으로 변화될 수 있음을 보여준다. IPT-A의 기본 요소는 심리교육, 정서 확인, 대인관계 기술의 구축이다. 내담자의 문제 영역(애도, 역할 변화, 대인관계 역할 분쟁, 대인관계 결핍)이 치료 초점으로 확인된다. 치료에서 훈련되는 기술들은 개인에 맞게 조정된다. 이러한 기술들은 의사소통, 조망수용, 문제해결, 정서표현 개선에 초점을 둔다.

몇몇 연구는 IPT-A의 효능과 효과성을 평가하였고, 더 많은 연구들이 IPT-A 모델의 다양한 수정형들의 효능과 효과성을 평가하는 중에 있다. 연구들은 IPT-A를 미국 아동·청소년 정신 의학회(Academy of Child and Adolescent Psychiatry)의 '청소년 우울 치료 권고안'에 추천 치료로 포함시키는 것을 지지하고 있다(Birmaher, Brent, & AACAP Workgroup on Quality Issues, 2007). IPT-A는 약물남용 및 정신건강서비스국(Substance Abuse and Mental Health Services Administration)에서 제공하는 '근거기반 프로그램과 실천'에 효과적인 치료의 하나로서 포함되어 있다. 또한 IPT-A는 청소년 우울에 있어 미국심리학회(American Psychological Association)가 제시한 '근거가 잘 확립된' 심리치료 준거를 만족하고 있다(David-Ferdon & Kaslow, 2008). 더 중요한 것은 IPT-A가 치료 원칙을 잘 준수하고 효과적 결과를 낼 만한 능력을 가진 지역사회 임상가들에 의해 학습되고 시행될 수 있다는 점에 있다.

감사의 말

이 장에서 인용한 연구는 다음의 지원을 받아 수행되었다. National Institutes of Health (Nos. MH087481, MH071320, MH091320, MH079353, MH60570, MH48715), Substance Abuse and Mental Health Services Administration (No. SM52671), National Association for Research on Schizophrenia and Depression Young Investigator Award (Jami F. Young).

참고문헌

Allen, J., P., Insabella, G., Porter, M. P., Smith, F. D., Land, D., & Phillips, N. (2006). A social-interactional model of the development of depressive symptoms in adolescence. *Journal of Consulting and Clinical Psychology, 74*(1), 55–65.

American Psychiatric Association. (2013). *Diagnostic and statistical manual for mental disorders* (5th ed.). Arlington, VA: Author.

Birmaher, B., Brent, D., & AACAP Work Group on Quality Issues. (2007). Practice parameter for the assessment and treatment of children and adolescents with depressive disorders. *Journal of the American Academy of Child and Adolescent Psychiatry, 46*(11), 1503–1526.

Bowlby, J. (1978). Attachment theory and its therapeutic implications. *Adolescent Psychiatry, 6*, 5–33.

Caspi, A., Sugden, K., Moffitt, T. E., Taylor, A., Craig, I. W., Harrington, H., et al. (2003). Influence of life stress on depression: Moderation by polymorphism in the 5-HTT gene. *Science, 301*(5631), 386–389.

David-Ferdon, C., & Kaslow, N. J. (2008). Evidence-based psychosocial treatments for child and adolescent depression. *Journal of Clinical Child and Adolescent Psychology, 37,* 62–104.

Dietz, L. J., Mufson, L., Irvine, H., & Brent, D. A. (2008) Family based interpersonal psychotherapy (FB-IPT) for depressed preadolescents: A pilot study. *Early Intervention in Psychiatry, 2,* 154–161.

Dietz, L. J., Weinberg, R., Brent, D., & Mufson, L. (2015). Family-based interpersonal psychotherapy (FB-IPT) for depressed preadolescents: Examining efficacy and potential treatment mechanisms. *Journal of the American Academy of Child and Adolescent Psychiatry, 54*(3), 191–199.

Gunlicks-Stoessel, M., Mufson, L., Jekal, A., & Turner, B. (2010). The impact of perceived interpersonal functioning on treatment for adolescent depression: IPT-A versus treatment as usual in school-based health clinics. *Journal of Consulting and Clinical Psychology, 78,* 260–267.

Karg, K., Burmeister, M., Shedden, K., & Sen, S. (2011). The serotonin transporter promoter variant (5-HTTLPR), stress, and depression meta-analysis revisited: Evidence of genetic moderation. *Archives of General Psychiatry, 68,* 444–454.

Klerman, G. L., Weissman, M. M., Rounsaville, B. J., & Chevron, E. (1984). *Interpersonal psychotherapy for depression.* New York: Basic Books.

McCarty, C. A., & Weisz, J. R. (2007). Effects of psychotherapy for depression in children and adolescents: What we can (and can't) learn from meta-analysis and component profiling. *Journal of the American Academy of Child and Adolescent Psychiatry, 46,* 879–886.

Mufson, L., Dorta, K. P., Moreau, D., & Weissman, M. M. (2004). *Interpersonal psychotherapy for depressed adolescents.* (2nd ed.). New York: Guilford Press.

Mufson, L., Dorta, K. P., Wickramaratne, P., Nomura, Y., Olfson, M., & Weissman, M. M. (2004). A randomized effectiveness trial of interpersonal psychotherapy for depressed adolescents. *Archives of General Psychiatry, 61,* 577–584.

Mufson, L., Gallagher, T., Dorta, K. P., & Young, J. (2004). A group adaptation of interpersonal psychotherapy for depressed adolescents. *American Journal of Psychotherapy, 58*(2), 220–238.

Mufson, L., Rynn, M., Yanes-Lukin, P., Choo, T. S., & Wall, M. (2014, October). *A stepped care treatment model for depressed adolescents.* Paper presented at the annual meeting of the Academy of Child and Adolescent Psychiatry, San Diego, CA.

Mufson, L., Weissman, M. M., Moreau, D., & Garfinkel, R. (1999). Efficacy of interpersonal psychotherapy for depressed adolescents. *Archives of General Psychiatry, 56,* 573–579.

O'Shea, G., Spence, S. H., & Donovan, C. L. (2015). Group versus individual interpersonal psychotherapy for depressed adolescents. *Behavioural and Cognitive Psychotherapy, 43*(1), 1–19.

Rosselló, J., & Bernal, G. (1999). The efficacy of cognitive-behavioral and interpersonal treatments for depression in Puerto Rican adolescents. *Journal of Consulting and Clinical Psychology, 67,* 734–745.

Rosselló, J., Bernal, G., & Rivera-Medina, C. (2008). Individual and group CBT and IPT for Puerto Rican adolescents with depressive symptoms. *Cultural Diversity and Ethnic Minority Psychology, 14,* 234–245.

Sheeber, L. B., Davis, B., Leve, C., Hops, H., & Tildesley, E. (2007). Adolescents' relationships with their mothers and fathers: Associations with depressive disorders and subdiagnostic symptomatology. *Journal of Abnormal Psychology, 116*(1), 144–154.

Spence, S. H., O'Shea, G., & Donovan, C. L. (2016). Improvements in interpersonal functioning following interpersonal psychotherapy (IPT) with adolescents and their association with change in depression. *Behavioural and Cognitive Psychotherapy, 44*(3), 257–272.

Sullivan, H. S. (1953). *The interpersonal theory of psychiatry.* New York: Norton.

Tang, T., Jou, S., Ko, C., Huang, S., & Yen, C. (2009). Randomized study of school-based intensive interpersonal psychotherapy for depressed adolescents with suicidal risk and parasuicide behaviors. *Psychiatry and Clinical Neurosciences, 63,* 463–470.

Thapar, A., Collishaw, S., Pine, D. S., & Thapar, A. K. (2012). Depression in adolescence. *Lancet, 379*(9820), 1056–1067.

Vrshek-Schallhorn, S., Stroud, C. B., Mienka, S., Zinbarg, R. E., Adam, E. K., Redei, E. E., et al. (2015). Additive genetic risk from five serotonin system polymorphisms interacts with interpersonal stress to predict depression. *Journal of Abnormal Psychology, 124*(4), 776–790.

Weissman, M. M., Markowitz, J. C., & Klerman, G. L. (2007). *Clinician's quick guide to interpersonal psychotherapy.* New York: Oxford University Press.

Young, J. F., Benas, J. S., Schueler, C. M., Gallop, R., Gillham, J. E., & Mufson, L. (2016). A randomized depression prevention trial comparing interpersonal psychotherapy-adolescent skills training to group counseling in schools. *Prevention Science, 17*(3), 314–324.

Young, J. F., Makover, H. B., Cohen, J. R., Mufson, L., Gallop, R., & Benas, J. S. (2012). Interpersonal psychotherapy-adolescent skills training: Anxiety outcomes and impact of comorbidity. *Journal of Clinical Child and Adolescent Psychology, 41,* 640–653.

Young, J. F., Mufson, L., & Davies, M. (2006a). Efficacy of interpersonal psychotherapy-adolescents skills training: An indicated preventive intervention for depression. *Journal of Child Psychology and Psychiatry, 47,* 1254–1262.

Young, J. F., Mufson, L., & Davies, M. (2006b). Impact of comorbid anxiety in an effectiveness study of interpersonal psychotherapy for depressed adolescents. *Journal of the American Academy of Child and Adolescent Psychiatry, 45,* 904–912.

Young, J. F., Mufson, L., & Gallop, R. (2010). Preventing depression: A randomized trial of interpersonal psychotherapy-adolescent skills training. *Depression and Anxiety, 27,* 426–433.

외현화 장애 및 문제

CHAPTER 6

오리건 부모관리 훈련 모델의 진화
아동 · 청소년의 반사회적 행동에 대한 개입

Marion S. Forgatch & Abigail H. Gewirtz

치료 효능 검증의 시대는 효과성 검증과 실행(implementation) 연구의 시대로 바뀌었다. 그동안 효능이 입증된 몇 가지 프로그램이 확인되어 그에 대한 구체적인 정보를 얻을 수 있게 되었다. 효능은 좁은 제약 조건 내에서 프로그램을 검증하는 방식으로 입증되며, 그것이 실제 현실 조건으로 옮겨졌을 때에는 효과크기가 유의미하게 줄어든다(Weisz, Ng, & Bearman, 2014). 그럼에도 불구하고 많은 프로그램들은 잘 통제된 조건으로부터 지역사회 서비스로의 이전(transfer) 과정을 통해 효능의 자격을 유지하고 있다. 이 장에서는 과거 '부모관리 훈련—오리건 모델(PMTO®)'이라고 알려진 '세대 부모관리 훈련—오리건(Generation Parent Management Training—Oregon, GenerationPMTO)' 프로그램을 소개한다. 이 장에서는 이 프로그램이 오리건주로부터 다른 맥락, 문화, 국가로 전파되면서 검증되고 수정된 내용을 소개하고자 한다.

임상 문제의 개요

아동 및 청소년의 행동 문제를 다루는 근거기반 부모 훈련 프로그램(evidence-based parenting program, EBPP)인 GenerationPMTO는 공격성, 적대적 반항 문제 및 품행 문제, 비행과 주의력결핍 과잉행동장애, 일탈 또래와의 연합, 물질사용, 내재화 행동, 학업 문제 등과 관련된 문제에 초점을 두고 있다. 전국적인 연구에 따르면 청소년기 심각한 반사회적 행동의 유병률은 대략 5%이나(Vaughn, Salas-Wright, DeLisi, & Maynard, 2014), 넓은 범위의 외현화 행동 문제는 개입에 의뢰되는 전체 아동의 절반 이상을 넘는다(Kazdin, 2005; Patterson, Reid, & Eddy, 2002). 이들이 치료를 받지 않은 채로 있을 때 이러한 문제들은 이후의 물질 의존, 빈약한 성인 대인관계, 체포, 투옥, 정신건강상의 문제, 폭력, 고용 문제 등으로 이어질 수 있다(Dishion, 2016; Dishion & Patterson, 2016). 무선할당 통제실험, 치료의도 분석(intent-to-treat, ITT), 다중 방법 평가(multiple-method assessment)를 사용한 GenerationPMTO 연구들에 따르면, GenerationPMTO는 아동 및 청소년의 외현화 문제와 내재화 문제를 개선시키는 것으로 나타났다(Dishion, Forgatch, Chamberlain, & Pelham, 2016; Forgatch, Patterson, DeGarmo, & Beldavs, 2009; Gewirtz, DeGarmo, Lee, Morrell, & August, 2015). GenerationPMTO는 아동의 문제를 변화시키기 위해 부모를 중개인으로 치료함으로써 강압적인 부모양육을 감소시키고 긍정적인 부모양육을 증가시킨다. 어머니의 우울증(DeGarmo, Patterson, & Forgatch, 2004), 외상후 스트레스장애, 자살(Gewirtz, DeGarmo, & Zamir, 2016) 감소에 대한 치료의 직접 효과 및 매개 효과를 포함하여 부모의 정신병리에 대한 부수적인 이득 역시 명백하다. 부모에 대한 추가적인 이득에는 결혼만족도 개선(Bullard et al., 2010), 사회경제적 지위 향상(Patterson, Forgatch, & DeGarmo, 2010), 빈곤의 감소(Forgatch & DeGarmo, 2007)가 있다.

치료 프로그램에 대한 개념적 모델

GenerationPMTO 개입은 실험적으로 검증된 명확한 이론적 모델인 사회적 상호작용 학습(social interaction learning, SIL)에 기반을 두고 있다(Forgatch et al., 2009, 2016; Forgatch & Patterson, 2010; Patterson, 2005). 발달 이론은 맥락이 사회적 환경에 영향을 미치고, 사회적 환경은 유관성 강화를 통해 사회적 상호작용 패턴을 형성한다고 명시하고 있다. 가족 영역에서는, 열악한 맥락이 강압적인 부모양육의 가능성을 증가시키고 긍정적인 양육을 감소시킨다. 또래 영역에서는, 사회적 불이익 및 기타 역경들과 관련된 가혹한 맥락이 청소년들을 밀도 높은 일탈 또래들에 노출시켜 행동 문제를 일으킬 수 있다(Dishion, Ha, & Véronneau, 2012; Forgatch et al., 2016). 이러한 사회적 환경 내에서의 유관성 강화의 결과로 청소년들은 다른 사회적 조건(예 : 가정, 학교, 지역사회)으로 일반화되는 행동 패턴을 학습하게 된다.

치료 프로그램의 특징

GenerationPMTO는 부모를 변화의 중개인으로 간주하며, 변화의 메커니즘으로 알려진 부모양육 기술을 강화함으로써 아동의 행동 문제를 다룬다(Forehand, Lafko, Parent, & Burt, 2014; Forgatch et al., 2009; Patterson et al., 2010). GenerationPMTO 프로그램은 부모들에게 긍정적인 부모양육 기술을 증가시키고 강압적인 양육을 감소시킬 수 있는 전략들을 가르친다. GenerationPMTO 프로그램에서 가르치는 핵심적인 부모양육 요소는 다음과 같다. 격려를 통한 교육(정적 강화의 유관성), 아동과의 긍정적인 관여, 효과적인 가족 문제해결, 모니터링과 슈퍼비전, 효과적인 제한 설정이다. 이러한 핵심 요소를 지원하는 부수적인 기술에는 명확한 지시, 정서조절, 효과적인 의사소통이 있다.

부모들에게 무엇을 하라고 가르치는 내용에 더불어 GenerationPMTO 프로그램은 실무자의 실천 내용을 평가한다. GenerationPMTO 프로그램은 교육적으로는 부모들을 학습 과정에 끌어들이기 위해서 역할 연기와 문제해결의 사용을 강조하며, 임상적으로는 지지와 효과적인 질문과 같은 기본적인 관계 맺기 실천을 도입한다. 따라서 GenerationPMTO의 충실성 측정에서는 내용을 얼마나 적절하게 적용했는지뿐만 아니라 회기 구조화, 적극적인 교육, 임상적 기술의 사용, 치료자-내담자 관계의 질 증진과 같은 과정적 변인들도 평가한다(Forgatch, Patterson, & Gewirtz, 2013).

GenerationPMTO의 폭넓은 실행은 2000년대에 접어들어 노르웨이에서 전국적인 프로그램으로 시작되었다. 처음에는 아동 복지 및 아동 정신건강 영역의 임상 집단에서 시작되었으나, 이후 일차 진료와 지방자치단체의 사회 서비스 영역에서 예방 목적으로 시행되었다(Forgatch & Kjøbli, 2016; Ogden, Amlund Hagen, Askeland, & Christensen, 2009). 큰 규모의 실행은 아이슬란드, 네덜란드, 미시간주, 덴마크, 캔자스주, 뉴욕시, 캐나다의 브리티시콜럼비아주에서도 이루어졌다. 이러한 실행을 넘어 프로그램은 군인 가족, 라틴계 이민자, 노숙이나 가정폭력 및 전쟁의 영향을 받은 가정 등의 다양한 집단에서 작은 규모의 시행을 통해 검증되고 수정되었다.

GenerationPMTO의 효능과 효과성, 큰 규모의 실행 연구들을 통해 프로그램을 맞춤화하기 위한 중재변인들을 검증할 수 있었다. 기술의 향상으로 원격의료와 온라인 GenerationPMTO와 같은 새로운 형태의 프로그램도 가능해졌으며, 이러한 형태의 프로그램의 이득을 검증할 수 있는 효과성 연구가 이루어졌다.

치료 효과의 증거

치료의 효능을 검증하기 위한 무선할당 통제실험은 1970년대 후반부터 1980년대 초반에 시작되었는데, 여기에는 대기 통제 설계를 이용한 미취학 아동 대상의 예방 연구(Forgatch & Toobert, 1979), 취학 연령의 공격적인 임상집단과 일반적인 지역사회 치료집단을 비교한 연구(Patterson, Chamberlain, & Reid, 1982), 비행 청소년들을 위한 부모훈련과 일반적인 사법체계 내의 처치를 비교한 연구(Bank, Marlowe, Reid, Patterson, & Weinrott, 1991) 등이 포함된다. 이후 아동의 행동 문제를 다루기 위한 세 가지 부모 훈련 접근이 오리건사회학습센터(Oregon Social Learning Center, OSLC)에서 시작되었으며, 이 세 가지는 수많은 효능과 효과성 검증을 통해 경험적으로 지지된 치료로 확립되었다. Thomas Dishion과 동료들이 이끄는 가족체크업(Family Check-Up, FCU), Marion Forgatch와 동료들이 이끄는 PMTO, Patricia Chamberlain과 동료들이 이끄는 오리건 치료 위탁 보호(Treatment Foster Care Oregon, TFCO)와 KEEP(Keeping Foster Parents Supported and Trained)이다. FCU 모델은 가족의 형성 과정에 대한 아동의 적응을 촉진하며, GenerationPMTO는 가족의 약화와 부적응을 다루고, TFCO와 KEEP은 가족의 약화와 파괴를 경험하는 아동과 청소년을 지원한다. 세 가지 프로그램 모두 행동적 가족 치료 원리에 기반을 두고 있으며 무선할당 통제실험에서 아동 및 청소년의 긍정적 성과가 지속되는 것이 반복적으로 검증되었다. 이 접근들에 대한 연구 결과는 Dishion, Forgatch, Chamberlain과 Pelham(2016) 및 Forgatch와 Patterson(2010)에 요약되어 있다.

이 장의 나머지 부분에서는 다양한 문화와 맥락에서 GenerationPMTO 개입을 검증하고 적용하기 위한 역동적인 과정에 대해 기술하고자 한다. 먼저 오리건주에서 시행된 GenerationPMTO의 효능 검증 연구에서 밝혀진 결과들을 요약하고, 다음으로 전국 규모와 작은 규모의 세팅에서 시행되면서 문화와 맥락에 맞게 수정된 GenerationPMTO의 내용을 기술하고자 한다. 두 가지 종류의 연구를 모두 요약하면 큰 규모의 실행 연구가 어떻게 후속 연구를 위한 실험실 역할을 하는지 보여줄 수 있고, 작은 규모의 수정이 어떻게 이후의 더 큰 규모의 실행을 위한 도약대 역할을 하는지 보여줄 수 있다. 마지막으로 치료의 중재변인들에 대한 검증, 치료의 전달 방법, GenerationPMTO의 개인 맞춤화에 대한 새로운 연구들에 대한 논의로 마무리하고자 한다.

부모양육의 변화에 대한 효능 검증 : 부모 집단 프로그램

열네 번의 부모 집단 회기로 진행되는 이 예방 프로그램은 GenerationPMTO의 기초가 되었다. 부모양육의 변화(Parenting through Change, PTC)는 최근에 별거한 238명의 싱글맘과 그들의 1~3학년 아들 표본에서 처음으로 검증되었다. 오리건 이혼 연구(Oregon Divorce Study)라고 알려진 이 연구는 9년에 걸쳐 반복된 다중 방법 및 다중 보고자 평가(multiple-method and multiple-agent assessment)를 도입하였으며, 강압적이고 긍정적인 부모양육과 아동 행동을 측정하기 위한 부모-자녀 상호작용 관찰, 교사보고, 체포 기록, 부모 및 아동 보고를 포함시켰다. 연구들은 PTC 집단과 무처치 통제집단의 효과를 비교 검증하였다(Forgatch & DeGarmo, 1999; Forgatch et al., 2009, 2016; Patterson et al., 2010).

여기에서는 기저선에서 30개월까지와 기저선에서 9년까지의 두 가지 치료 간격을 기술하고자 한다. 기저선에서 30개월까지의 시기에서 어머니들의 긍정적인 성과에는 긍정적인 양육의 증가, 강압적인 양육의 감소, 모 우울증의 감소, 가난에서의 탈피 등이 포함되었다. 이 시기 동안 아동의 성과는 내재화 및 외현화 행동, 비순응, 일탈 또래와의 연합 감소로 나타났다(DeGarmo et al., 2004; Forgatch & DeGarmo, 2007; Forgatch, Snyder et al., 2016; Martinez & Forgatch, 2001). 9년간의 청소년 성과를 보고한 연구들에 따르면 경찰 체포 빈도, 비행, 일탈 또래와의 연합, 우울증이 감소하였다. 9년간의 어머니 성과에는 경찰 체포 빈도의 감소와 사회경제적 지위의 상승이 포함되었다(Forgatch, Beldavs, Patterson, & DeGarmo, 2008; Forgatch et al., 2009; Patterson et al., 2010).

14회기의 부모 집단의 효과가 오랫동안 지속되는 것도 유의미하지만, Snyder(2006, p. 43)는 "치료가 효과가 있다는 사실을 기술하는 것만큼이나 치료가 어떻게 작용하는지를 아는 것도 중요하다"고 명시하였다. 불행하게도 부모양육 프로그램들은 프로그램의 이론을 검증하거나 성과를 설명하기 위한 변화의 메커니즘을 별로 평가하지 않는다(Forehand et al., 2014). 오리건 이혼 연구는 ITT 분석과 잠재성장곡선 모델을 적용한 다중 방법 평가, 무선할당 통제실험 설계에서 SIL 모델에 명시된 변화의 메커니즘을 검증하였다. 모델 내의 각 구인들은 종단적으로 배열되어 부모양육에서의 변화가 결과에서의 변화 이전에 평가되었다. 부모양육의 매개 효과를 검증하기 위해 결과 변인으로서 체포 데이터가 포함된 9년짜리 모델과 비행에 대한 교사보고가 포함된 9년짜리 모델이 검증되었는데, 치료는 강압적인 양육의 감소(기저선, 12개월)를 먼저 이끌어냈고, 이는 다시 긍정적 양육(12~30개월)의 증가를 매개로 교사보고 비행과 체포 기록에서의 9년간의 치료 효과를 가져왔다(Forgatch et al., 2008, 2009; Patterson et al., 2010). 이와 동일한 매개변인들(강압적 및 긍정적 양육)은 가족의 사회경제적 지위 향상에 대한 치료 효과도 매개하였다(Patterson et al., 2010).

SIL 모델은 일탈 또래들이 비행의 메커니즘으로 작용한다고 명시하고 있는데, 이 표본에서 일탈 또래와의 연합 감소가 비행과 경찰 체포에 대한 매개변인으로 작용하였다(Forgatch et al., 2009). SIL 모델은 부모양육에서의 성과가 일탈 또래와의 연합에서의 치료 효과를 매개할 수 있다고 하였으나 그러한 관계는 발견되지 않았다. 최근의 분석에서는 일탈 또래와의 연합을 2개의 발달 단계(청소년기 이전의 초등학생 시기와 초기 청소년기인 중학생 시기)로 구분함으로써 그러한 관계를 발견하였다. 2개의 모델은 매개 관계를 보여주었다. 앞서 언급된 바와 같이 치료는 기저선에서 30개월까지 부모양육에서의 향상을 가져왔다. 초등학생 모델에서는 사회적 불이익이 부모양육에 대한 치료 효과를 중재하였으며, 이는 다시 30개월에서의 일탈 또래와의 연합을 매개하였다. 다시 말해 효과적인 양육은 사회경제적 지위가 낮아 학교나 이웃에서 밀도 높은 일탈 또래를 경험할 가능성이 높은 아동의 가정에서 특히 중요하였다. 초기 청소년기에는 이중 매개 모델이 이러한 과정을 설명하였다. 부모양육의 향상과 청소년의 일탈 또래와의 연합(6년차) 간의 관계는 비행의 감소에 의해 매개되었으며, 이는 다시 기저선으로부터 6년 이후에 일탈 또래와의 연합이 증가되는 것을 예방하였다(Forgatch, Snyder et al., 2016).

매개분석은 재혼 가정, 노르웨이 부모, 노르웨이에 이민을 온 파키스탄 및 소말리아 부모와 같은 다른 GenerationPMTO 표본에서도 실시되었다(Bjørknes, Kjøbli, Manger, & Jakobsen, 2012; Forgatch, DeGarmo, & Beldavs, 2005; Forgatch et al., 2009; Forgatch & Kjøbli, 2016; Kjøbli, Hukkelberg, & Ogden, 2013; Ogden & Amlund Hagen, 2008). 실험 설계를 통해 반복된 매개 연구들은 GenerationPMTO의 핵심적인 부모양육 기술들이 다양한 문화와 맥락에서도 변화의 메커니즘이라는 가설을 뒷받침해주었다.

문화와 맥락에 따른 GenerationPMTO의 수정

GenerationPMTO의 대규모 실행

다음에서는 GenerationPMTO의 주요한 대규모 실행을 요약하고 각각의 실행이 도출한 임상적 연구 결과에 주목하고자 한다. 실행 과정에 대한 기술은 다른 문헌에서 찾아볼 수 있다(예 : Forgatch & DeGarmo, 2011; Forgatch et al., 2013 참조). 각각의 실행은 서로 다른 수준의 수정을 요구하였다. 첫 번째 전략은 영어를 각 지역의 언어로 번역하는 것이었는데, 여기에는 각 문화에 적합한 비유를 도입하고 치료 대상 가정의 부모를 위한 자료들을 수정하는 것이 포함되었다. 다른 맞춤식 수정도 개별 맥락에 따라 제공되었다.

노르웨이

첫 번째 대규모 GenerationPMTO의 실행은 1999년에 노르웨이에서 시작되었다. 치료의 실행을 촉진하고 임상 연구를 자극하기 위해 노르웨이 정부는 노르웨이 아동행동발달센터(Norwegian Center for Child Behavior Development)를 설립하여 근거기반 치료의 실행은 물론 연구와 치료의 질 확보, 추후의 치료 수정도 함께 관리하였다. 이러한 초기 시도는 매우 성공적이었다. 2001년도에 모델 개발자로부터 훈련을 받고 인증을 받은 36명의 초기 치료진 중에서 91%가 여전히 GenerationPMTO로 인증을 받아 8년 후에도 치료를 시행하고 있다(Forgatch et al., 2013). GenerationPMTO는 15년이 넘게 충실성이 유지되고 있으며, 2만 가정 이상이 치료를 받았으며, 국가 전역에 걸쳐 600개 이상의 등록된 곳에서 1,100명 이상의 실무자들이 근무하고 있다.

노르웨이의 효과성 검증. Ogden과 Amlund Hagen(2008)은 GenerationPMTO에 대한 전국 규모의 효과성 검증을 시행하였다. 품행장애를 가진 112명의 아동이 무선적으로 GenerationPMTO(n=59) 또는 일상적인 서비스(n=53)에 할당되었다. 노르웨이 전 지역에서 아동의 행동 문제로 클리닉에 의뢰된 가정들을 대상으로 치료 가정을 모집하였다. 지역사회 정신건강 전문가와 아동 복지 전문가들이 개인 가족 회기에서 치료를 시행하였다. 치료 이후 GenerationPMTO는 부모보고 아동 행동 문제를 작은 효과크기(Cohen's d 범위 0.20~0.33)로 감소시켰으며, 교사보고 사회적 유능감(d=0.47)과 부모훈육 기술(d=0.30)을 향상시켰다(Ogden & Amlund Hagen, 2008). 12개월 추수 조사에서 교사보고 비행, 부모보고 사회적 유능감, 전체 혐오 행동에서 작은 효과크기(d 범위 0.20~0.29)가 발견되었다(Amlund Hagen, Ogden, & Bjørnebekk, 2011).

GenerationPMTO의 부모 집단 형태는 137개 가정을 대상으로 대기통제 무선할당 통제실험에서 검증되었다. 치료 종결 시점과 6개월 추수 조사에서 각각 강압적 양육의 감소(d=0.87, 0.77)와 긍정적 양육의 증가(d=0.88, 0.95)에서 큰 효과크기가 보고되었고, Eyberg Child Behavior Inventory의 Eyberg Intensity Scale에서 작은 효과크기(d=0.42, 0.47)가 보고되었으며, 사후검사에서 보고된 아동의 사회적 유능감에 대한 중간 효과크기(d=0.57)는 추수 조사에서 작은 효과크기(d=0.38)로 떨어졌다(Kjøbli et al., 2013).

노르웨이의 수정된 효과성 검증. GenerationPMTO는 이민 가정의 파키스탄 및 소말리아 어머니 집단에서 수정되어 검증되었다(Bjørknes & Manger, 2013). 지방자치단체의 아동 가족 서비스 스태프들에 의해 수행된 대기통제 무선할당 통제실험에서 부모보고 품행 문제의 ITT 향상이 발견되었고, 이는 강압적 훈육의 감소와 긍정적 양육의 증가에 의해 매개되었다. 품행 문제(d=0.32)와 강압적 훈육(d=0.27)에 대해서는 작은 효과크기가 보고되었고, 긍정적 양육은 중간 크기, 집단 참여와 관련해서는 더 큰 효과크기가 보고되었다(회기의 50% 이상 참여; Bjørknes et al., 2012).

치료의 실행을 지원하는 2개의 기관(Family and Child Affairs, Social and Health Affairs)은 GenerationPMTO 기반의 예방 프로그램이 지자체와 일차 진료 서비스에서 제공되도록 전국 규모의 검증을 요청했다. 무선할당 통제실험에서 짧은 부모 훈련(3~6회기)의 효과를 검증한 결과 외현화 행동과 부모가 보고한 긍정적 및 강압적 부모양육에서의 성과가 나타났다(Kjøbli & Ogden, 2012). 사후검사에서 6개월 추수 조사까지 행동 문제에 대한 Eyberg Intensity Scale(0.43, 0.33)과 훈육(0.58, 0.34), 긍정적 양육(0.65, 0.53)에서 각각 Cohen의 d 효과크기가 일부 감소되었다 (Kjøbli & Bjørnebekk, 2013; Kjøbli & Ogden, 2012).

노르웨이의 실행 연구 Forgatch와 Degarmo(2011)는 노르웨이의 실행이 치료의 충실성(fidelity)을 성공적으로 유지하였는지 검증하였다. 충실성은 3세대에 걸쳐 GenerationPMTO의 치료자 인증을 받은 사람들이 치료 회기를 직접 관찰함으로써 평가되었다. 1세대(G1) 치료자들은 오리건 개발자들에 의해 훈련을 받았으며, 이후의 두 세대(G2, G3)는 노르웨이 사람들에게 훈련을 받았다. G2의 충실성에 있어서는 작지만 유의미한 감소가 있었으나 G3의 충실성 점수는 G1의 점수와 동등하였다. 따라서 노르웨이 팀의 GenerationPMTO의 충실성은 원래의 개발자들로부터 노르웨이로 이전된 이후에도 유지되었다. 연구들은 충실성 지표의 타당성이 계속 유지됨을 보여주었다. 114명의 치료자들로부터 치료를 받은 238개 가정을 대상으로 한 전국 표본에서 치료자의 충실성은 효과적인 부모양육의 개선을 예측하였다(Forgatch & DeGarmo, 2011). 또 다른 연구에서는 331개 가정의 치료 기간 중에 134명의 치료자의 충실성을 3회에 걸쳐 평가하였다. 충실성 점수는 아동의 행동 문제에 대한 부모보고에서의 사전-사후 변화를 예측하였다 (Hukkelberg & Ogden, 2013). 노르웨이 팀은 2017년 현재 일곱 번째 세대의 GenerationPMTO 실무자를 훈련하고 있다.

노르웨이 실행에 대한 또 다른 연구에서는 67개의 사회 서비스 기관에서 일하고 있는 치료자 83명의 기능을 검증하였다(Patras & Klest, 2016). 3명의 GenerationPMTO 임상가들과 집단으로 함께 일하는 치료자들이 1명 또는 2명의 GenerationPMTO 치료자들과 함께 일하는 치료자들보다 자신이 속한 기관을 보다 긍정적으로 평가했다($d=0.80$). 이러한 결과는 기관의 사이즈, 리더의 자질, 치료 대상 집단, 치료자와 무관하였다.

최근의 연구는 효능 실험과 이후의 프로그램 확장(scaling-up) 기간 동안 GenerationPMTO의 효과를 평가하였다(Tømmeraas & Ogden, 2015). 이 연구는 근거기반 프로그램의 긍정적인 효과가 프로그램의 효과성 단계에서 넓은 범위의 보급 단계로 규모가 확장됨에 따라 감소된다는 일반적인 사실을 검증하였다(Welsh, Sullivan, & Olds, 2010). Tømmeraas와 Ogden(2015)은 Forgatch와 DeGarmo(2011)의 연구에 포함된 치료자들을 포함한 세 세대의 노르웨이 치료자들($n=238$)의 성과를 검토하였다. 예상과 달리 외현화, 내재화, 사회적 문제에서의 아동들의 성과는 넓은 범위의 GenerationPMTO 보급 이후에도 감소하지 않았다. 치료 효과의 약화가 나타나지 않았다는 사실은 GenerationPMTO가 노르웨이에서 치료의 충실성과 효과성이 유지되면서 실행되었다는 것을 보여준다.

아이슬란드

인구 35만 이하의 이 작은 국가가 전국 규모의 지역사회 아동 복지 및 정신건강 서비스 기관에서 GenerationPMTO를 실행한 두 번째 국가였다. 아동의 행동 문제 치료에 대한 첫 번째 효과성 검증에서 임상적으로 의뢰된 102명의 아동이 GenerationPMTO 또는 일상적 서비스에 무선적으로 할당되었다. 사전-사후 ITT 분석 결과 통제집단에 비해 GenerationPMTO 집단이 외현화와 내재화 문제 및 사회적 기술에서의 부모, 교사, 아동 보고로 이루어진 아동 적응에 관한 변인에서 중간 수준($d=0.54$)의 유의미한 개선을 가져왔다(Sigmarsdóttir, Thorlacius, Guðmundsdóttir, & DeGarmo, 2015).

미시간 : 연구 실험실로서의 주 단위의 실행

2005년에 시작된 미시간에서의 GenerationPMTO 실행은 미국 내에서 이루어진 첫 번째 주 단위의 실행이었다. 서비스 비용(service dollars)의 지원을 받아 심각한 정서적 문제를 가진 아동들을 치료하는 지역사회 정신건강 클리닉에서 GenerationPMTO를 일상적인 임상적 치료로 시행하는 것이 목표였다. 11년 후 미시간은 프로그램 개발자들에게 직접 훈련을 받은 최초의 19명의 실무자들로 시작하여 이후에는 미시간이 인증한 약 300여 명의 GenerationPMTO 치료자들이 지역사회 정신건강 기관의 76%에서 일하게 되었다. 연구 지원금은 없었으나 연구자들 간의 파트너십을 통해 미시간의 GenerationPMTO 기반 시설은 치료 효과성에 대한 중재변인은 물론 GenerationPMTO의 수정(adaptation)을 검토하는 실험실이 되었다. GenerationPMTO의 훈련을 받은 대규모의 치료자들이 부모집단과 개별 가족치료를 제공하는 환경은 다음과 같은 내용을 다루는 작은 연구들의 기반이 되었다. (1) 치료에 대한 참여자들의 경험(Holtrop, Parra-Cardona, & Forgatch, 2014), (2) 라틴 가정(Parra-Cardona, Holtrop, Cordova, Escobar-Chew, Horsford et al., 2009; Parra-Cardona et al., 2012, 2016), (3) GenerationPMTO 치료 형태에 대한 선호(He, Gewirtz, Lee, Morrell, & August, 2016)이다. 마지막으로 디트로이트에 있는 3개의 정신건강 클리닉에서 치료 형태의 선호에 대한 무선할당 시행이 실시되었다. 아동의 품행 문제로 클리닉을 다니는 129개의 가정이 모집되었다. 연구 참여에 동의한 부모들은 무선적으로 특정한 형태의 GenerationPMTO를 선택 또는 제공받도록 하였다. 개인 클리닉 치료, 가정치료, 집단치료, 일상적 서비스(지지적 아동 심리치료)가 그것이다. 연구 결과, 치료 형태를 선택하도록 한 조건에 할당된 사람들은 선택을 할 수 없었던 조건에 할당된 사람들에 비해 치료로부터 탈락될 가능성이 유의미하게 낮았다. 나아가 어떤 치료를 선택했든지 간에 GenerationPMTO 조건에 할당된 사람들이 일상적 치료를 받았던 사람들에 비해 우수한 성과(부모양육에서의 개선)를 나타냈다(He et al., 2016).

캔자스와 뉴욕시 : 아동 복지 시스템에서의 GenerationPMTO

캔자스대학교는 연방 아동 복지 기금의 일환으로 아동 복지 시스템 내의 서비스 질을 향상시키고 가족의 재결합을 증진시키기 위해 경험적으로 지지된 개입을 채택하는 철저한 과정을 거쳐 GenerationPMTO를 선택하였다(Bryson, Akin, Blase, McDonald, & Walker, 2014). GenerationPMTO는 생물학적 부모의 가정에서 실시되는 심층적인 개인치료로 실행되었다. 심각한 정서적 문제로 위탁가정에 맡겨진 아동의 가정이 치료 대상으로 선택되어 캔자스 전역에서 검증되었다. 76개의 가정이 무선적으로 GenerationPMTO 또는 일상적인 치료에 할당되었는데, 통제조건에 비교하여 GenerationPMTO에 속한 가정의 재결합 비율이 더 높았다(Akin et al., 2014).

2012년에 뉴욕시의 아동 복지 시스템은 KEEP 위탁보호 개입과 연결지어 집단 형태의 GenerationPMTO를 도입하였다(Chamberlain et al., 2016; Buchanan, Chamberlain, & Smith, 제11장 참조). 이 프로젝트는 아동 복지 시스템 정책과 실무의 전면적인 개편에 대비한 예비 연구였다. 여기에서는 자녀가 자신들의 보호로부터 격리된 부모들에게 제공하기 위해 수정된 PTC, 즉 PTC-R(Parenting through Change-Reunification; Forgatch & Rains, 2012)이 생물학적 부모들에게 제공되었다. 미시간주 디트로이트에서 법원에 연루된 가정을 위해 처음으로 개발된 PTC-R은 성공적인 재결합의 가능성을 증가시키기 위한 기술을 연습시킨다. 2,000명 이상의 아동과 가정을 치료하는 5개의 기관에서 250명 이상의 사례관리자들과 슈퍼바이저가 훈련을 받았다. 전형적인 GenerationPMTO 실행과 달리 뉴욕시는 완전한 이전을 거부하였고 훈련을 받는 사람이 단 1주(보통은 12~18일)의 훈련과 매월 3회의 코칭만을 받도록 허용하였다. Chamberlain과 동료들은 실행의 과정과 초기 성과들을 기록하였다. ITT 다층 분석 결과, 거주 영구성(placement permanency, 위탁보호에서 나와 재결합, 입양, 후견인에게로 가는 것)에서는 유의미한 이로운 효과를 보였으나 위탁보호에서의 안정성 측면에서는 유의미한 효과가 없었다(Chamberlain et al., 2016).

심각한 스트레스 사건 또는 외상사건을 경험한 가정을 위한 GenerationPMTO의 소규모 수정과 검증

외상사건 이후에 아동의 탄력성 증진에 영향을 미치는 효과적인 부모양육에 대한 관심이 증가하였다(예 : Gewirtz, DeGarmo, & Medhanie, 2011; Masten, 2001 참조). 더욱이 가족 스트레스와 SIL 모델에 따르면, 외상사건은 부모양육을 손상시킬 수 있다(Gewirtz, Polusny, DeGarmo, Khaylis, & Erbes, 2010). 이러한 두 가지 사실은 심각한 스트레스와 외상 경험이 있는 가족들을 위한 GenerationPMTO의 수정과 검증의 필요성을 보여준다(Gewirtz, Forgatch, & Weiling, 2008). GenerationPMTO 수정안에는 가정폭력, 노숙자, 전쟁으로 인한 군대 배치를 경험한 가족들을 위한 프로그램이 포함되어 있다. 이러한 수정은 (1) 대상자의 문화와 맥락에 따른 '지형학적' 변화와, (2) 치료 대상자들의 심리적 욕구(즉 외상적 스트레스와 그와 관련된 증상)를 다루는 구체적인 변화를 포괄하고 있다. 수정된 프로그램은 GenerationPMTO에서 가장 중요한 핵심적인 부모양육 기술을 포함하고 있다.

노숙자와 가정폭력

Gewirtz와 동료들(2015 ; Gewirtz & Taylor, 2009)은 가정폭력 및 노숙자를 위한 쉼터에서 거주하고 있는 가족들을 위해 GenerationPMTO를 수정하고 그 실현 가능성을 검증하였다. 맥락 수정의 예에는 부모(대부분 어머니)가 공개적인 장소(생활 공간, 때로는 침실까지 공유하는 상황)에서 효과적인 양육을 할 수 있도록 돕는 것이 포함되어 있다. 노숙에 동반되는 극단적인 가난에 대해서는 거의 비용이 들지 않는 보상을 강조하는 것이 필요하였다. 가정폭력 쉼터에 있는 어머니들을 위한 PTC 타당성 시행에서 Gewirtz와 Taylor(2009)는 높은 수용성과 강한 유지율(예 : 70%의 어머니가 14회기 치료 중 적어도 11회기 참여)을 보고하였다.

기존의 노숙 가정을 위한 PTC 효과성

이 치료는 이후에 161개의 노숙 가정(97%가 어머니)을 위한 종합 예방 프로그램인 Early Risers의 군집-무선(cluster-randomized) 시행에서 검증되었다. 종합 프로그램은 아동 요소(방과후와 여름 캠프 프로그램)와 부모 요소(PTC ; Gewirtz, DeGarmo, Plowman, August, & Realmuto, 2009)로 구성되어 있다. 무선할당은 15개의 임시 주거 장소에서 이루어졌는데, 8개의 장소는 무선적으로 Early Risers 프로그램에 할당되어 5~12세 아동이 있는 모든 가정에게 PTC 치료와 더불어 아동중심 활동이 제공되었고, 7개의 장소는 무선적으로 초기 아동기와 청소년 프로그램에 할당되었다. ITT 분석 결과, 부모양육 자기효능감에서는 2년 추후 평가에서 중간에서 큰 정도의 효과크기를 보였고($d=0.79$), 부모보고 아동 우울증에서는 큰 효과크기를 보였다($d=1.2$). 또한 부모양육의 개선에 대해서는 부모양육에 대한 자기효능감의 간접 효과가 유의미하였는데, 이는 부모양육의 전체 변량에서 16%를 차지하였다(Gewirtz et al., 2015).

전쟁에 배치된 군인 가정 : 배치 이후, 적응적 부모양육 기술(ADAPT)

Gewirtz와 동료들은 15년의 전쟁 기간 동안 이라크와 아프가니스탄에 배치된 미국 군인 가정들을 위한 GenerationPMTO를 수정하고 검증하기 위한 프로그램을 개발하였다. 배치 이후, 적응적 부모양육 기술(After Deployment, Adaptive Parenting Tools, ADAPT ; Gewirtz, Forgatch, Willer, & Rains, 2011)이라고 알려진 이 GenerationPMTO 수정안은 외상후 스트레스 기저의 정서조절 어려움을 다루고자 하였으며(Brockman et al., 2016 ; Gewirtz & Davis, 2014) 부모의 정서조절 기술 및 자녀의 정서에 효과적으로 반응하는 능력을 강화하기 위한 마음챙김과 정서 코칭 요소를 추가하였다(Gewirtz, Erbes, Polusny, Forgatch, & DeGarmo, 2011). 원래는 집단치료 형태로 개발되었으나 온라인 형태와 원격 의료 프로그램(WebEx를 통해 촉진자와 함께하는 개인치료 프로그램)을 포함하는 대안적인 형태가 이후에 개발되었다.

ADAPT의 효과성 검증

ADAPT에 대한 3개의 무선할당 통제실험이 완료되었거나 진행 중이다. 14주짜리 부모 집단치료인 ADAPT에 대한 최초의 효과성 검증은 336명의 Minnesota National Guard and Reserve 가정(부모가 전쟁에 배치된 가정)을 대상으로 하였다. 해당 가정들은 ADAPT 프로그램 혹은 부모양육에 관한 프린트와 Web 자료 조건에 무선으로 할당되었다. ANCOVA의 ITT 분석 결과, 부모양육 효능감에서 유의미한 사전-사후 개선이 나타났으며, 어머니에 대해서는 중간 정도의 효과($d=0.491$), 아버지에 대해서는 작은 정도의 효과가 있었다($d=0.29$). 부모양육 효능감에서의 이러한 개선은 이후에 어머니와 아버지의 심리적 고통과 PTSD 증상의 감소, 정서조절, 부부 적응의 개선을 가져왔으며, 12개월 후에는 자살이 감소되었다(Gewirtz et al., 2016). 프로그램을 완료한 6~8개월 이후, 즉 기저선으로부터 1년 이후, ADAPT 조건은 부부의 양육행동에서 작은 정도에서 중간 정도의 ITT 효과를 나타냈고($d=0.308$), 부모보고 아동 성과($d=0.262$)와 교사보고 적응($d=0.219$)에서는 작은 효과를 나타냈다. 치료의 간접 효과는 부모양육을 통해 부모보고, 교사보고, 아동보고 성과에서 나타났다.

　ADAPT의 온라인 검증은 10개의 모듈을 가진 ADAPT 프로그램의 자기주도적 온라인 버전에 무선할당된 97개 가정을 대상으로 하였다. 이 버전은 GenerationPMTO의 핵심 요소를 가르치는 것에 더불어 비디오 시연과 다운로드 가능한 MP3 마음챙김 연습을 활용하는 마음챙김 정서조절의 요소를 포함한다. ANCOVA 분석 결과, 사후에 부모와 아동의 적응에서 중간 정도의 효과가 나타났는데, 주로 ADAPT 조건의 어머니들과 군인들에게 도움이 되었다. ADAPT는 어머니의 양육 효능감($d=0.561$)과 마음챙김($d=0.640$), 군인($d=0.617$)과 어머니들($d=0.392$)의 양육행동에서 중간 정도의 효과를 보였다. 치료는 군인($d=0.500$)과 어머니들($d=0.569$)의 공동 양육에서도 중간 정도의 효과를 보였다. 마지막으로, 부모보고 아동 행동 문제에서도 중간 정도의 효과가 있었는데, 이러한 효과는 남아들에 비해 여아들에게서 상대적으로 크게 나타났다($d=0.478$).

향후 방향

라틴계 가정을 위한 GenerationPMTO의 수정

푸에르토리코, 멕시코, 브라질의 이중문화/이중언어 연구자들이 미국과 라틴아메리카 내의 라틴계 가정을 위해 문화적 적합성을 확보한 GenerationPMTO 수정을 시작했다. Domenech Rodríguez(2008)는 CAPAS(Criando con Amor: Promoviendo Armonía y Superación)를 개발하였는데, 이 프로그램은 PTC 프로그램에 기반을 둔 8회기 치료 프로그램으로서 이후에 미시간주

디트로이트의 라틴계 가정을 위해 수정되었다. 디트로이트 연구에서 Parra-Cardona 등(2016)은 CAPAS의 원본과 문화적 가치를 보다 강조하는 수정본을 비교하였는데, 참여자들은 문화적으로 수정된 프로그램을 선호하였으나 프로그램 참여 유지율(87%)이나 부모양육에서의 성과에 있어서는 둘 간에 차이가 없었다. CAPAS는 멕시코시티에서 13명의 치료자들과 함께 예비 실행 프로젝트에 도입되었다(Baumann, Domenech Rodríguez, Amador Buenabad, Forgatch, & Parra-Cardona, 2014). 라틴계 가정을 위한 GenerationPMTO에서는 가족이 수용할 수 있는 문화적 수정에 초점을 맞추고 가족을 참여시키기 위해서는 어느 정도의 문화적 수정이 필요한지를 평가하는 데 주력하고 있다. 브라질, 푸에르토리코, 멕시코에서는 GenerationPMTO 프로젝트를 시작하려는 계획이 진행 중이다.

전쟁을 겪은 가정

노르웨이에서 소말리아와 파키스탄 이민자 가정을 대상으로 연구가 수행된 것과 더불어, Wieling과 동료들(2015)은 우간다에서 전쟁을 겪은 가정들을 위한 GenerationPMTO의 적절성을 조명하는 타당성 연구를 수행하였다. 연구자들은 수십 년간의 전쟁과 정치적 불안을 겪은 어머니들을 위한 GenerationPMTO 수정을 위해 4년간의 기초 작업을 했다. PTC에 기반을 둔 9회기 집단 프로그램인 Enhancing Family Connection은 모든 회기에 대한 어머니들의 참여율이 100%였으며 질적으로도 우수한 결과가 도출되어 타당하고 만족스러운 프로그램인 것으로 밝혀졌다(Wieling, Yumbul, Mehus, & Johannsen, 2012).

새로운 형태의 GenerationPMTO의 개발과 검증

원격 의료의 인기 증가와 인터넷 연결에 대한 접근성 증가는 지리적으로 떨어져 있는 가족들에게 특히 유용한 대안적인 프로그램 형태를 개발하고 검증하는 것을 가능하게 하였다. 새로운 비교 효과성 실험에서는 미네소타와 미시건에 있는 360개 국가 방위군 및 예비군 가족들이 세 가지 형태의 ADAPT(집단치료, 온라인 치료, 원격의료)에 무선 할당되었다(Gewirtz, DeGarmo, Forgatch, & Marquez, 2014-2019). 브리티시 콜럼비아와 캐나다에서는 개인 전화기(individual telephone delivery)를 통한 GenerationPMTO의 실행이 이루어지고 있다(Forgatch & Rains, 2015). 소셜 미디어, 웹사이트, 앱을 통해 클리닉이나 학교, 병원, 가정, 지역사회 센터에서 대면, 전화, 가상현실의 형태로 GenerationPMTO 프로그램을 활용할 수 있는 미래를 상상하는 것은 그리 어렵지 않다.

다양한 형태의 치료가 폭넓은 실행과 결합된다면 중재와 맞춤화에 대한 질문을 다루는 연구를 수행할 수 있게 된다(예 : 무엇이 누구를 위해, 언제, 어떻게 가장 효과적인가). 이러한 관점에서 아동 정신건강 시스템 내에서 GenerationPMTO를 전체 주 단위로 실행하고 있는 미시간은 개인의 욕구와 선호에 따른 최적의 맞춤식 치료를 실험할 수 있는 실험실의 역할을 하고 있다. 이전에 언급한 무선 선호 연구(randomized preference study; He et al., 2016)는 지역사회 GenerationPMTO '실험실'에서 무엇이 가능한지를 보여주는 한 예이다. 정신건강 치료가 가장 필요한 집단에서 참여율이 낮고 탈락률이 높다는 점을 감안할 때, 맞춤화 또는 치료 개인화(treatment personalization)에 초점을 맞춘 후속 연구들은 국가적 우선 순위라고 볼 수 있다 (Collins, 2015).

맺음말

IY(Incredible Years; Webster-Stratton & Reid, 제8장 참조), 부모–자녀 상호작용 치료 (PCIT; Zisser-Nathenson, Herschell, & Eyberg, 제7장 참조), 트리플 P(긍정적 부모양육 프로그램; Sanders & Turner, 제25장 참조) 등과 같은 부모양육 프로그램과 비교했을 때 GenerationPMTO는 실행 분야에 늦게 뛰어들었다. 15년간의 실행 경험에서 우리는 몇몇 국가와 가족 맥락에서 GenerationPMTO 프로그램을 맞춤화하고 검증하는 것의 즐거움과 도전을 경험하였다. GenerationPMTO의 연구자들은 이 프로그램의 실행이 방법론상의 충실성을 유지하고 다양한 표본에서 긍정적인 성과를 얻을 수 있음을 시사하는 연구들을 수행하였다.

우리의 실행 접근은 몇 가지 독특한 특성을 가지고 있다. 첫째, 우리는 실험실 내에서의 직접 관찰 평가 방법을 지역사회에서도 시행하였는데, 이는 GenerationPMTO의 내용과 절차를 제대로 고수하는지를 평가하기 위함이었다. 모든 실행에서 치료 회기를 비디오로 녹화하였고 신뢰할 수 있는 충실성 코딩 팀을 유지하였다. 시간과 장소에 따라 표류가 발생하는 것을 예방하기 위해서 모든 실행 장소의 충실성 코딩 팀은 매년 신뢰성 테스트를 통과해야 했는데, 이 테스트는 프로그램 개발 팀에서 충실성 코딩을 담당한 사람들이 사전에 코딩한 치료 회기를 채점하는 것이다.

GenerationPMTO 실행 접근의 또 다른 특징은 개발자들이 프로그램을 지역사회로 완전히 이전(full transfer)하는 것이다. 이 과정은 프로그램의 개발자들과 이를 받아들이는 지역사회 간에 4단계에 걸친 심층적인 협력을 통해 이루어진다(Forgatch et al., 2013; Forgatch, Rains, & Sigmarsdóttir, 2016). 준비(preparation) 단계에서는 시스템 변경을 위한 준비 활동들이 시작된다. 실무자들은 초기 도입(early adoption) 단계에서 훈련이 되고, 가족들은 실행(implementation) 단계에서 서비스를 받는다. 유지(sustainability) 단계에서는 개발자들이 프로그램의 관리를 지역사회로 이전하는데, 치료자들의 훈련과 인증 및 재인증, 실무자들에 대한 코칭, 코딩 팀의 신뢰성을 유지하는 것에 대한 책임이 모두 지역사회에 맡겨진다. GenerationPMTO의 라이선스를 유지하기 위해서는 모든 현장에서 충실성 테스트를 통과해야 한다.

우리는 이 장에서 여러 단계와 활동을 포괄하는 GenerationPMTO 프로그램의 수정안에 대해 기술하였다. 어떤 문화와 맥락에서는 프로그램의 맞춤화가 천천히 진행된다. 예를 들어, 북쪽 우간다의 전쟁 지역 어머니들을 위한 프로그램을 조정하기 위해서는 포커스 그룹의 수행, 문맹 표본을 위한 적절한 평가 절차 및 치료 프로그램 자료 개발, 프로그램의 타당성과 수용가능성을 평가하기 위한 예비 집단에 어머니들을 참여시키는 것 등을 포함하여 수년간의 준비가 필요하다(Wieling et al., 2015). 노르웨이에서의 실행은 활동의 맞춤화 및 검증과 함께 프로그램을 이전하는 것이 더 쉬웠다. 자원이 풍부한 노르웨이는 치료와 연구를 통합할 수 있는 센터를 설립하는 데 투자하였고, 이는 어떻게 사회기반 구조가 노르웨이 사람뿐만 아니라 이민자들에 대해서도 잘 기능하는 가정, 고위험 가정, 문제가 많은 가정에 전국적으로 좋은 서비스를 제공하도록 지원할 수 있는지에 대한 선례를 보여주었다.

우리는 외상적 스트레스를 겪은 가정을 포함하여 미국 내에서 프로그램이 어떻게 확장되었는지에 대해 기술하였다. 프로그램 대상에는 노숙이나 가정폭력으로 인해 쉼터에 거주하는 가정, 최근의 이민자들, 학대나 방임으로 인해 자녀들이 집에서 격리된 가정, 전쟁을 겪고 있는 군인 가정이 포함되었다. 이러한 연구들은 모두 치료 맥락과 상황에 맞게 프로그램의 자료와 실시 방법을 맞춤화해야 했다. GenerationPMTO는 다양한 문화와 국가에서 다양한 수준의 경력을 가진 고도로 훈련된 실무자–과학자 간의 강력한 네트워크로부터 많은 이득을 얻었다. 우리 팀의 각 구성원들은 각각의 실행 현장에서 GenerationPMTO의 확장과 적용을 위한 도전을 아끼지 않았다. 우리의 동료들이 수행한 엄격한 평가와 과정 연구들은 다양한 대상 및 맥락과 현장에 프로그램을 일반화하는 것에 대한 경험적인 타당성을 부여하였다.

GenerationPMTO 프로그램에 기반을 둔 과학은 근거기반 실천의 효과성을 증진시키기 위한 새로운 유형의 연구를 가능하게 하고 있다. 이 연구들에서는 치료의 중재변인이나 가능한 조정변인(putative tailoring variable)을 탐색하고, 다양한 스트레스를 경험하고 있는 표본들을 대상으로 서로 다른 유형의 치료 형태를 비교한다. 중재변인을 검증하는 연구들에는 순차적 다중 무선할당 실험(sequential, multiple-assignment randomized trials, SMART 설계) 또는 비교 효과성 실험(comparative effectiveness trial) 등이 있는데, 여기에는 다양한 버전의 근거기반 실천과 타당성이 잘 확립된 실행 모델이 요구된다. 이러한 유형의 연구는 현장이 일정 수준 이상의 고도화를 달성해야만 수행할 수 있다. 우리는 이 장에서 기술된 기본 연구들을 바탕으로 GenerationPMTO에 관한 새로운 세대의 연구들이 수행될 수 있기를 기대한다. 그러한 연구들은 다양한 스트레스를 경험하고 있는 전 세계의 가정들을 위한 근거기반 실천의 접근성을 증가시켜줄 수 있을 것이다.

감사의 말

이 장에서 인용한 연구는 다음의 지원을 받아 수행되었다. National Institutes of Health (Nos. MH 38318, DA16097, DA 030114).

참고문헌

Akin, B. A., Testa, M. F., McDonald, T. P., Melz, H., Blase, K. A., & Barclay, A. (2014). Formative evaluation of an evidence-based intervention to reduce long-term foster care: Assessing readiness for summative evaluation. *Journal of Public Child Welfare, 8,* 354–374.

Amlund Hagen, K., Ogden, T., & Bjørnebekk, G. (2011). Treatment outcomes and mediators of parent management training: A one-year follow-up of children with conduct problems. *Journal of Clinical Child and Adolescent Psychology, 40,* 165–178.

Bank, L., Marlowe, J. H., Reid, J. B., Patterson, G. R., & Weinrott, M. R. (1991). A comparative evaluation of parent-training interventions of families of chronic delinquents. *Journal of Abnormal Child Psychology, 19,* 15–33.

Baumann, A. A., Domenech Rodriguez, M. M., Amador Buenabad, N., Forgatch, M. S., & Parra-Cardona, J. R. (2014). Parent Management Training–Oregon Model (PMTO™) in Mexico City: Integrating cultural adaptation activities in an implementation model. *Clinical Psychology: Science and Practice, 21,* 32–47.

Bjørknes, R., Kjøbli, J., Manger, T., & Jakobsen, R. (2012). Parent training among ethnic minorities: Parenting practices as mediators of change in child conduct problems. *Family Relations: An Interdisciplinary Journal of Applied Family Studies, 61,* 101–114.

Bjørknes, R., & Manger, T. (2013). Can parent training alter parent practice and reduce conduct problems in ethnic minority children?: A randomized controlled trial. *Prevention Science, 14,* 52–63.

Brockman, C., Snyder, J., Gewirtz, A., Gird, S. R., Quattlebaum, J., Schmidt, N., et al. (2016). Relationship of service members' deployment trauma, PTSD symptoms, and experiential avoidance to postdeployment family reengagement. *Journal of Family Psychology, 30,* 52–62.

Bryson, S. A., Akin, B. A., Blase, K. A., McDonald, T., & Walker, S. (2014). Selecting an EBP to reduce long-term foster care: Lessons from a university-child welfare agency partnership. *Journal of Evidence-Based Social Work, 11,* 208–221.

Bullard, L., Wachlarowicz, M., DeLeeuw, J., Snyder, J., Low, S., Forgatch, M., et al. (2010). Effects of the Oregon model of Parent Management Training (PMTO) on marital adjustment in new stepfamilies: A randomized trial. *Journal of Family Psychology, 24,* 485–496.

Chamberlain, P., Feldman, S. W., Wulczyn, F., Saldana, L., & Forgatch, M. S. (2016). Implementation and evaluation of linked parenting models in the New York City child welfare system. *Child Abuse and Neglect, 53,* 27–39.

Collins, F. S. (2015). Exceptional opportunities in medical science: A view from the National Institutes of Health. *Journal of the American Medical Association, 313,* 131–132.

DeGarmo, D. S., Patterson, G. R., & Forgatch, M. S. (2004). How do outcomes in a specified parent training intervention maintain or wane over time? *Prevention Science, 5,* 73–89.

Dishion, T. J. (2016). An evolutionary framework for understanding coercion and aggression. In T. J. Dishion & J. J. Snyder (Eds.), *The Oxford handbook of coercive relationship dynamics* (pp. 53–68). New York: Oxford University Press.

Dishion, T. J., Forgatch, M. S., Chamberlain, P., & Pelham, W. E. (2016). The Oregon model of behavior family therapy: From intervention design to promoting large-scale system change. *Behavior Therapy, 47*, 812–837.

Dishion, T. J., Ha, T., & Véronneau, M.-H. (2012). An ecological analysis of the effects of deviant peer clustering on sexual promiscuity, problem behavior, and childbearing from early adolescence to adulthood: An enhancement of the life history framework. *Developmental Psychology, 48*, 703–717.

Dishion, T. J., & Patterson, G. R. (2016). The development and ecology of antisocial behavior: Linking etiology, prevention, and treatment. In D. Cicchetti (Ed.), *Developmental psychopathology* (3rd ed., pp. 647–678). Hoboken, NJ: Wiley.

Domenech Rodríguez, M. M. (2008). *Criando con Amor: Promoviendo Armonía y Superación* [unpublished PMTO parent group manual]. Logan: Utah State University.

Forehand, R., Lafko, N., Parent, J., & Burt, K. B. (2014). Is parenting the mediator of change in behavioral parent training for externalizing problems of youth? *Clinical Psychology Review, 34*, 608–619.

Forgatch, M. S., Beldavs, Z. G., Patterson, G. R., & DeGarmo, D. S. (2008). From coercion to positive parenting: Putting divorced mothers in charge of change. In M. Kerr, H. Stattin, & R. Engels (Eds.), *What can parents do? New insights into the role of parents in adolescent problem behavior* (pp. 191–209). London: Wiley.

Forgatch, M. S., & DeGarmo, D. S. (1999). Parenting through change: An effective prevention program for single mothers. *Journal of Consulting and Clinical Psychology, 67*, 711–724.

Forgatch, M. S., & DeGarmo, D. S. (2007). Accelerating recovery from poverty: Prevention effects for recently separated mothers. *Journal of Early and Intensive Behavioral Intervention, 4*, 681–702.

Forgatch, M. S., & DeGarmo, D. S. (2011). Sustaining fidelity following the nationwide PMTO implementation in Norway. *Prevention Science, 12*, 235–246.

Forgatch, M. S., DeGarmo, D. S., & Beldavs, Z. (2005). An efficacious theory-based intervention for stepfamilies. *Behavior Therapy, 36*, 357–365.

Forgatch, M. S., & Kjøbli, J. (2016). Parent Management Training—Oregon Model: Adapting intervention with rigorous research. *Family Process, 55*, 500–513.

Forgatch, M. S., & Patterson, G. R. (2010). Parent Management Training—Oregon Model: An intervention for antisocial behavior in children and adolescents. In J. R. Weisz & A. E. Kazdin (Eds.), *Evidence-based psychotherapies for children and adolescents* (2nd ed., pp. 159–178). New York: Guilford Press.

Forgatch, M. S., Patterson, G. R., DeGarmo, D. S., & Beldavs, Z. G. (2009). Testing the Oregon delinquency model with 9-year follow-up of the Oregon Divorce Study. *Development and Psychopathology, 21*, 637–660.

Forgatch, M. S., Patterson, G. R., & Gewirtz, A. H. (2013). Looking forward: The promise of widespread implementation of parent training programs. *Perspectives on Psychological Science, 8*, 682–694.

Forgatch, M. S., & Rains, L. A. (2012). *Parenting through Change–Preparing for Reunification CSNYC* [unpublished training manual]. Eugene, OR: Implementation Sciences International.

Forgatch, M. S., & Rains, L. A. (2015). *Confident parents: Thriving kids* [unpublished training manual]. Eugene, OR: Implementation Sciences International.

Forgatch, M. S., Rains, L. A., & Sigmarsdóttir, M. (2016). Early results from implementing PMTO: Full transfer on a grand scale. In M. Van Ryzin, K. L. Kumpfer, G. M. Fosco, & M. T. Greenberg (Eds.), *Family-based prevention programs for children and adolescents: Theory, research, and large-scale dissemination* (pp. 113–133). New York: Taylor & Francis/Psychology Press.

Forgatch, M. S., Snyder, J. J., Patterson, G. R., Pauldine, M. R., Chaw, Y., Elish, K., et al.

(2016). Resurrecting the Chimera: Progressions in parenting and peer processes. *Development and Psychopathology, 28*(3), 689–706.

Forgatch, M. S., & Toobert, D. J. (1979). A cost-effective parent training program for use with normal preschool children. *Journal of Pediatric Psychology, 4,* 129–145.

Gewirtz, A. H., & Davis, L. (2014). Parenting practices and emotion regulation in National Guard and Reserve families: Early findings from the After Deployment Adaptive Parenting Tools/ADAPT study. In S. M. Wadsworth & D. S. Riggs (Eds.), *Risk and resilience in military and veteran families: Military deployment and its consequences for families* (pp. 111–131). New York: Wiley.

Gewirtz, A. H., DeGarmo, D. S., Forgatch, M. S., & Marquez, B. (2014–2019). *Comparing web, group, and telehealth formats of a military parenting program* (Award No. W81XWH1410143). Washington, DC: Department of Defense.

Gewirtz, A. H., DeGarmo, D. S., Lee, S., Morrell, N., & August, G. (2015). Two-year outcomes of the Early Risers prevention trial with formerly homeless families residing in supportive housing. *Journal of Family Psychology, 29,* 242–252.

Gewirtz, A. H., DeGarmo, D. S., & Medhanie, A. (2011). Effects of mother's parenting practices on child internalizing trajectories following partner violence. *Journal of Family Psychology, 25,* 29–38.

Gewirtz, A. H., DeGarmo, D. S., Plowman, E. J., August, G., & Realmuto, G. (2009). Parenting, parental mental health, and child functioning in families residing in supportive housing. *American Journal of Orthopsychiatry, 79,* 336–347.

Gewirtz, A. H., DeGarmo, D. S., & Zamir, O. (2016). Effects of military parenting program on parental distress and suicidal ideation: After Deployment Adaptive Parenting Tools. *Suicide and Life Threatening Behaviors, 46*(Suppl. 1), S23–S31.

Gewirtz, A. H., Erbes, C. R., Polusny, M. A., Forgatch, M. S., & DeGarmo, D. S. (2011). Helping military families through the deployment process: Strategies to support parenting. *Professional Psychology: Research and Practice, 42,* 56–62.

Gewirtz, A. H., Forgatch, M. S., & Wieling, E. (2008). Parenting practices as potential mechanisms for children's adjustment following mass trauma: Literature review and prevention research framework. *Journal of Marital and Family Therapy, 34,* 177–192.

Gewirtz, A. H., Forgatch, M. S., Willer, M., & Rains, L. A. (2011). *After Deployment, Adaptive Parenting Tools.* Minneapolis: University of Minnesota Press.

Gewirtz, A. H., Polusny, M. A., DeGarmo, D. S., Khaylis, A., & Erbes, C. R. (2010). Posttraumatic stress symptoms among National Guard soldiers deployed to Iraq: Associations with parenting behaviors and couple adjustment. *Journal of Consulting and Clinical Psychology, 78,* 599–610.

Gewirtz, A. H., & Taylor, T. (2009). Participation of homeless and abused women in a parent training program: Science and practice converge in a battered women's shelter. In M. F. Hindsworth & T. B. Lang (Eds.), *Community participation and empowerment* (pp. 97–114). Hauppage, NY: Nova Science.

He, Y., Gewirtz, A. H., Lee, S., Morrell, N., & August, G. (2016). A randomized preference trial to inform personalization of a parent training program implemented in community mental health clinics. *Translational Behavioral Medicine, 6,* 73–80.

Holtrop, K., Parra-Cardona, J. R., & Forgatch, M. S. (2014). Examining the process of change in an evidence-based parent training intervention: A qualitative study grounded in the experiences of participants. *Prevention Science, 15,* 745–756.

Hukkelberg, S., & Ogden, T. (2013). Working alliance and treatment fidelity as predictors of externalizing problem behaviors in Parent Management Training. *Journal of Consulting and Clinical Psychology, 81,* 1010–1020.

Kazdin, A. E. (2005). *Parent management training: Treatment for oppositional, aggressive, and antisocial behavior in children and adolescents.* New York: Oxford University Press.

Kjøbli, J., & Bjørnebekk, G. (2013). A randomized effectiveness trial of brief parent training: Six-month follow-up. *Research on Social Work Practice, 23,* 603–612.

Kjøbli, J., Hukkelberg, S., & Ogden, T. (2013). A randomized trial of group parent training: Reducing child conduct problems in real-world settings. *Behaviour Research and Therapy, 51,* 113–121.

Kjøbli, J., & Ogden, T. (2012). A randomized effectiveness trial of brief parent training in primary care settings. *Prevention Science, 13,* 616–626.

Martinez, C. R., Jr., & Forgatch, M. S. (2001). Preventing problems with boys' noncompliance: Effects of a parent training intervention for divorcing mothers. *Journal of Consulting and Clinical Psychology, 69,* 416–428.

Masten, A. S. (2001). Ordinary magic: Resilience processes in development. *American Psychologist, 56,* 227–238.

Ogden, T., & Amlund Hagen, K. (2008). Treatment effectiveness of parent management training in Norway: A randomized controlled trial of children with conduct problems. *Journal of Consulting and Clinical Psychology, 76,* 607–621.

Ogden, T., Amlund Hagen, K., Askeland, E., & Christensen, B. (2009). Implementing and evaluating evidence-based treatments of conduct problems in children and youth in Norway. *Research on Social Work Practice, 19,* 582–591.

Parra-Cardona, J. R., Domenech Rodríguez, M. M., Forgatch, M. S., Sullivan, C., Bybee, D., Holtrop, K., et al. (2012). Culturally adapting an evidence-based parenting intervention for Latino immigrants: The Need to integrate fidelity and cultural relevance. *Family Process, 51,* 56–72.

Parra-Cardona, J., Holtrop, K., Cordova, D., Jr., Escobar-Chew, A., Horsford, S., Tams, L., et al. (2009). "Queremos Aprender": Latino immigrants' call to integrate cultural adaptation with best practice knowledge in a parenting intervention. *Family Process, 48,* 211–231.

Parra-Cardona, J. R., Lopez Zerón, G., Domenech Rodríguez, M. M., Escobar-Chew, A. R., Whitehead, M. R., Sullivan, C. M., et al. (2016). A balancing act: Integrating evidence-based knowledge and cultural relevance in a program of prevention parenting research with Latino/a immigrants. *Family Process, 55,* 321–337.

Patras, J., & Klest, S. K. (2016). Group size and therapists' workplace ratings: Three is the magic number. *Journal of Social Work, 16,* 216–227.

Patterson, G. R. (2005). The next generation of PMTO models. *Behavior Therapist, 28,* 25–32.

Patterson, G. R., Chamberlain, P., & Reid, J. B. (1982). A comparative evaluation of a parent-training program. *Behavior Therapy, 13,* 638–650.

Patterson, G. R., Forgatch, M. S., & DeGarmo, D. S. (2010). Cascading effects following intervention. *Development and Psychopathology, 22,* 949–970.

Patterson, G. R., Reid, J. B., & Eddy, J. M. (2002). A brief history of the Oregon Model. In J. B. Reid, G. R. Patterson, & J. Snyder (Eds.), *Antisocial behavior in children and adolescents: A developmental analysis and model for intervention* (pp. 3–21). Washington, DC: American Psychological Association.

Sigmarsdóttir, M., Thorlacius, Ö., Guðmundsdóttir, E. V., & DeGarmo, D. S. (2014). Treatment effectiveness of PMTO for children´s behavior problems in Iceland: Child outcomes in a nationwide randomized controlled trial. *Family Process, 54,* 498–517.

Snyder, J. J., Reid, J. B., Stoolmiller, M., Howe, G. W., Brown, C. H., Dagne, G. A., et al. (2006). The role of behavioral observation in measurement systems for randomized prevention trials. *Prevention Science, 7,* 43–56.

Tømmeraas, T., & Ogden, T. (2015). Is there a scale-up penalty?: Testing behavioral change in the scaling up of Parent Management Training in Norway. *Administration and Policy in Mental Health and Mental Health Services Research.* [Epub ahead of print]

Vaughn, M. G., Salas-Wright, C. P., DeLisi, M., & Maynard, B. R. (2014). Violence and externalizing behavior among youth in the United States: Is there a severe 5%? *Youth Violence and Juvenile Justice, 12,* 3–21.

Weisz, J. R., Ng, M. Y., & Bearman, S. K. (2014). Odd couple?: Reenvisioning the relation between science and practice in the dissemination-implementation era. *Clinical Psychological Science, 2,* 58–74.

Welsh, B. C., Sullivan, C. J., & Olds, D. L. (2010). When early crime prevention goes to scale: A new look at the evidence. *Prevention Science, 11,* 115–125.

Wieling, E., Mehus, C., Yumbul, C., Möllerherm, J., Ertl, V., Achan, L., et al. (2015). Preparing the field for feasibility testing of a parenting intervention for war-affected mothers in Northern Uganda. *Family Process.* [Epub ahead of print]

Wieling, E., Yumbul, C., Mehus, C., & Johannsen, T. (2012). *Jingo kupe i dog gang* [Enhancing family connection in Northern Uganda]. Unpublished training manual, University of Minnesota, St. Paul, MN.

CHAPTER 7

부모-자녀 상호작용 치료와
파괴적 행동장애 치료

Alison R. Zisser-Nathenson, Amy D. Herschell,
Sheila M. Eyberg

임상 문제의 개요

부모-자녀 상호작용 치료(parent-child interaction therapy, PCIT)는 파괴적 행동장애(disruptive behavior disorders, DBD; Eyberg & Funderburk, 2011; Eyberg, Nelson, & Boggs, 2008)가 있는 어린 아동을 위한 근거기반 치료이다. DBD는 매우 빈번한 문제로 유아의 13% 이상이 보이는 것으로 추정된다(Lavigne, LeBailly, Hopkins, Gouze, & Binns, 2009). DBD는 적대적 반항장애(oppositional defiant disorder, ODD)와 품행장애를 포함하며, 어린 아동이 정신건강 서비스에 의뢰되는 가장 흔한 사유이다(Loeber, Burke, Lahey, Winters, & Zera, 2000). DBD의 조기 발병은 사회적·정서적·교육적 기능에서의 심각한 손상과 연관되며, 성인기의 적응 문제를 예측하기도 한다(Frick & Nigg, 2012).

DBD 진단은 향후 대인폭력, 약물남용, 기물파손 등을 포함하는 비행 행동에 대한 가장 강력한 위험요인이다(Gau et al., 2007; Loeber, Green, Lahey, Frick, & McBurnett, 2000). 이러한 부정적 결과는 교육, 정신건강, 사법체계, 사회 서비스 등에 큰 비용을 초래하는데, DBD를 보이는 아동은 그렇지 않은 아동에 비해 그 부담이 10배나 높은 것으로 추산되고 있다(Lee et al., 2012). 이와 같은 사회적 비용의 감소는 물론, 아동과 가족이 겪는 극심한 정서적 고통을 완화하기 위해서 조기 개입은 필수적이다.

치료 프로그램에 대한 개념적 모델

Baumrind(1966)의 양육의 발달 이론에 따르면 부모의 양육 방식은 자녀에 대한 요구와 반응성의 정도에 따라 허용적(permissive), 권위주의적(authoritarian), 권위적(authoritative) 양육으로 나눌 수 있다. Baumrind(2013)는 '권위적 부모'는 권위주의적 부모의 강압적 훈육 방식이나 허용적 부모의 지나치게 너그러운 훈육 방식을 보이지 않고, "이들과 대조적으로 반응적이면서 요구 수준이 높고, 직설적이면서 자율성을 지지하며, 온정적이면서 권위를 내세운다"(p. 13)고 이야기한다. Baumrind의 양육 이론에 따르면 PCIT는 애착과 사회학습 원리들에 기초하여 돌봄, 명확한 의사소통, 그리고 행동 규칙에 대한 일관된 강조의 조합이라고 할 수 있는 권위적 양육을 가르친다. 다양한 임상 집단에 걸쳐 권위적 양육 방식은 다른 양육 방식에 비해 낮은 수준의 아동의 행동 문제와 장기적으로는 보다 나은 정신건강과 관련되는 것으로 나타났다(Luyckx et al., 2011; Querido, Warner, & Eyberg, 2002). Luyckx 등(2011)은 권위적 양육을 받고 자란 아동은 다른 양육을 받고 자란 아동보다 청소년기에 약물남용, 반사회적 행동, 그리고 내재화 증상의 빈도가 낮았다고 보고했다. 이러한 결과는 중국, 파키스탄, 홍콩, 스코틀랜드, 호주, 아르헨티나 등 가치 체계가 상이한 여러 국가에서 확인되었다(Steinberg, 1990, Baumrind, 2013 재인용).

애착 이론에 따르면 어린 아동에 대한 부모의 온정성과 반응성은 아동이 대인관계를 이해하는 데 영향을 미친다. 이는 다시 아동의 보다 나은 정서조절로 이어지고, 아동이 어른의 기대에 부응하고 순응하려는 욕구를 강화시킨다. 반면 반응성이 낮은 양육은 불안정 애착과 관련이 있는데, 불안정 애착은 아동의 공격성과 또래관계 문제와 연관이 있다(Cohn, 1990; Vando, Rhule-Louie, McMahon, & Spieker, 2008). 또한 부모-자녀 간 불안정 애착은 어머니의 스트레스와 아동학대 위험과도 관련이 된다(Crittenden & Ainsworth, 1989).

PCIT에서 가르치는 구체적인 행동 기법들은 사회학습 이론에 기초하여 행동수반성이 행동문제를 보이는 아동과 부모 사이의 역기능적 상호작용을 어떻게 조형하는지를 강조한다. DBD가 있는 아동과 부모 상호 간에 점점 악화되는 부정적 행동의 순환고리를 끊기 위해서는 부모가 자신의 행동을 변화하여 권위적 관계 속에서 명확한 한계 설정을 도모해야 한다. PCIT에서는 견고하고 안정적인 애착 관계가 효과적인 한계 설정과 훈육의 일관성을 위해 필요한 토대라고 주장하며, 이것이 부모와 아동의 지속적인 행동 개선으로 이어진다고 전제한다. 그러므로 PCIT 첫 번째 단계의 목표는 부모의 반응성을 증진하고, 부모와 아동 간의 안정적이고 따뜻한 관계를 확립하는 것이다. 치료의 두 번째 단계의 목표는 아동의 불순응, 공격성, 그리고 다른 부정적 행동을 감소시키기 위해 부모의 한계 설정과 훈육의 일관성을 촉진하는 것이다. PCIT의 마지막 몇 주 동안에는 임상가가 치료에서 배운 원리와 기술을 양육자가 새로운 도전적 상황에 적용하도록 독려한다.

치료 프로그램의 특징

가족 특성

PCIT에서 아동과 부모는 함께 참여한다. 비록 대부분의 PCIT 연구가 DBD가 있는 3~6세 아동을 포함하였으나, 다양한 임상 집단에 걸쳐 나이가 더 적거나 많은 아동도 치료에서 성공적인 효과를 보았다. PCIT은 치료 효과는 여러 민족적·사회경제적 집단뿐만 아니라 내재화 문제나 인지장애가 있거나 신체적 학대를 가하는 부모가 있는 아동에서도 검증되었다. 치료는 부모 중 한 사람 또는 둘을 모두 포함하거나 아동에게 중요한 다른 양육자를 포함할 수도 있다.

치료 구조

PCIT의 두 단계는 아동 주도 상호작용(child-directed interaction, CDI)과 부모 주도 상호작용(parent-directed interaction, PDI)이라 불린다. 치료의 각 단계는 치료자가 CDI나 PDI 기술을 부모에게 설명하고, 시연하고, 역할극을 하는 교육 회기로 시작한다. 그다음으로 부모가 배운 기술을 자녀와 연습하는 것을 치료자가 조언하는 코칭 회기가 뒤따른다. 코칭 회기는 지난 주에 대한 간략한 복습으로 시작하며, 그 후 5분간 이루어지는 부모-아동 상호작용 관찰 코딩을 통해 코칭의 주요 표적이 될 기술을 결정한다. 회기 시간의 대부분은 양육자가 치료 기술을 적용하는 것을 코칭하는 데 사용된다. 일반적으로 치료자는 반투명 거울로 놀이실이 보이는 관찰실에서 코칭을 하며, 부모는 귀에 장치를 착용하고 자녀와 놀이를 한다. 코칭은 부모에게 CDI나 PDI의 기술(예 : "칭찬 내용이 좋습니다"), 태도(예 : "침착한 모습이 훌륭합니다"), 또는 효과(예 : "당신의 행동 기술 덕분에 아이가 과제에 더 오래 집중을 하네요")에 대해 즉각적으로 간단한 피드백을 자주 주는 형태로 이루어진다. 또한 치료자는 제안(예 : "그건 칭찬하는 게 어때요?")이나 단서(예 : "아이가 예의 바르게 부탁을 했군요")를 제공하기도 한다. 놀이를 방해하지 않기 위해 코칭 문장은 아동이나 부모가 말을 하지 않고 있을 때에만 전달된다. 코치는 부모의 어휘력, 행동방식, 그리고 기술 수준에 맞춘다.

각 회기의 마무리로 치료자는 초기 관찰에서 부모가 각 CDI나 PDI 기술을 얼마나 자주 사용했는지 요약한 것을 부모와 함께 살펴본다. 이어서 치료자와 부모는 다음 회기까지 매일 5분간 연습 회기에서 가장 집중할 기술을 함께 결정한다.

치료 회기의 내용

아동 주도 상호작용

부모가 지켜야 할 CDI의 핵심 규칙은 부모가 아동이 이끄는 대로 따르는 것이다. 부모는 자녀가 적절한 놀이를 할 때 긍정적 관심을 줄 수 있도록 특정한 의사소통 기술(행동 기술, 반영, 구

표 7.1 아동 주도 상호작용 기술

기술	이유	예시
'하기' 기술(아동을 긍정적으로 따라가기)		
구체적 칭찬	• 칭찬받는 행동이 증가함 • 자존감이 증진됨 • 긍정적 감정이 유발됨	• "정리를 잘했어!" • "조용히 블록놀이를 하는 모습이 좋구나." • "나에게 나눠줘서 고맙다."
반영	• 아동이 대화를 주도하게 함 • 부모가 경청하고 이해함을 전달함 • 발화를 개선함	• 아동 : "나무를 그렸어요." • 부모 : "그렇구나. 집 옆에 큰 나무가 있네." • 아동 : "칙칙폭폭을 만들었어요." • 부모 : "정말로 기차를 만들었구나."
행동 기술	• 아동이 활동을 주도하게 함 • 부모의 흥미를 표현함 • 아동이 과제에 집중하게 함	• "요새를 만들고 있구나." • "꽃에 꽃잎을 여섯 장 그렸네."
'하지 않기' 기술(부모가 부정적으로 끌고 가기)		
명령	• 아동의 주도권을 빼앗음 • 부정적 상호작용의 위험이 있음	• "자동차를 가지고 놀자." • "빨간 차를 다오."
질문	• 속뜻은 명령일 수 있음 • 부모가 듣지 않고 있음을 의미함 • 부모가 탐탁지 않게 여김을 의미함	• "이건 무슨 색이지?" • "우리는 큰 집을 짓고 있어. 안 그래?" • "탑에 빨간 블록을 올리겠다고?"
비난	• 자존감이 저하됨 • 불쾌한 상호작용을 야기함 • 비난받는 행동이 증가함	• "넌 아직도 틀렸어." • "그건 좋은 생각이 아니야." • "꼼지락거리지 마라."

체적 칭찬)을 배우게 된다. 또한 부모는 자신이 주도하거나 아동 주도적 놀이를 침해하는 의사소통(명령, 질문, 비난)을 쓰지 않도록 배운다(표 7.1 참조). 치료 초기 단계에서 아동의 긍정적 행동에만 주의를 기울임으로써 부모는 아동의 행동을 조형하기 위해 사회적 관심을 선별적으로 주는 기법을 익히게 된다.

CDI 회기 중 아동이 방해 행동을 보이면 부모는 시선을 돌리거나 아동에게 말이나 몸짓을 하지 않음으로써 그 행동을 무시하도록 코치받는다. 부정적 행동이 무시당하는 것을 통해 아동은 긍정적 행동과 부정적 행동에 대한 부모의 반응 차이를 알게 된다. 부모는 무시된 행동이 나아지기 전에 악화될 수도 있으며, 그 행동이 멈출 때까지 계속 무시해야 한다는 조언을 받는다. 그다음으로 부모는 아동에게서 긍정적인 대안 행동이 나오면 즉시 긍정적 관심을 제공하도록 코치를 받는다. 또한 부모는 공격적이거나 파괴적인 행동에 대한 상호작용을 멈추도록 코치를 받는다. 치료자는 부모가 아동에게 파괴적이거나 공격적인 행동 때문에 특별 시간이 끝났다고 설명하도록 한다(예 : "네가 때렸기 때문에 특별 시간이 끝났다"). 부모는 나중에 아동이 진정하면 CDI를 다시 하도록 권장된다.

치료자는 부모가 초기 5분 관찰에서 다음의 최소한의 기준을 충족할 때까지 CDI 기술에 대한 코치를 계속한다. (1) 행동 기술 10회, (2) 반영 10회, (3) 구체적 칭찬 10회를 하고, (4) 명령, 질문, 비난은 없어야 한다. 이 기준을 충족한 부모는 치료의 두 번째 단계인 PDI로 넘어간다. 그러나 CDI 기술은 효과적 훈육을 확립하고 유지하기 위한 매우 중요한 기초이므로, 치료자는 이후 회기에서도 시작할 때 CDI 상호작용을 5분간 관찰하고 코딩하는 것을 계속한다. 만약 부모가 CDI 기술 중 어떤 것이라도 기준에 미달하면, 치료자는 해당 회기의 PDI 기술을 다루기 이전에 이를 먼저 코치한다. 가정에서 실시하는 5분짜리 CDI 연습 회기 또한 치료 전반에 걸쳐 지속한다.

부모 주도 상호작용

PDI의 핵심 목표는 선별적인 사회적 관심으로는 해결이 안 되거나 무시하기에는 너무 심각한 불순응, 부적절한 행동(예 : 때리기, 장난감 부수기)을 감소시키는 것이다. 부모는 PDI에서도 적절한 행동에는 긍정적 관심을 준다. 그러나 부모는 전적으로 아동의 주도를 따르기보다는 아동의 행동에 대해 차분하고 예측 가능한 반응을 보이면서 효과적인 지시를 주고 이를 일관되게 이행하는 법을 배우게 된다. 부모와 아동은 순응 및 불순응 행동에 따르는 결과를 알며, 이는 부모의 불안을 감소시키고 아동의 행동에 대한 부모의 통제감을 높인다. 아울러 이러한 예측 가능성은 부모-자녀 관계에서 아동이 느끼는 안정감을 강화한다. 치료자는 부모에게 효과적으로 지시하기의 여덟 가지 규칙을 다음과 같이 가르친다.

- 간접적이지 않고 직접적으로 지시하기
- 한 번에 한 가지만 지시하기
- 긍정적인 표현으로 지시하기
- 구체적으로 지시하기
- 중립적 어조로 지시하기
- 발달상 적절한 지시하기
- 지시 전이나 순응 후에 설명을 제시하기
- 직접적 지시도 필요할 때에만 사용하기

다음으로 치료자는 부모에게 지시를 한 후 따라야 할 구체적 단계를 제시한다. 만약 아동이 순응하면 부모는 이를 구체적으로 칭찬하고(예 : "말을 들으니 고맙구나!"), 지시가 또 필요할 때까지 CDI 기술 사용으로 돌아간다. 만약 아동이 지시를 따르지 않으면 부모를 타임아웃 절차를 시작한다. 부모는 불순응을 절대 그냥 넘어가서는 안 되는데, 아동이 지시를 따르지 않아도 괜찮도록 허용하면 불순응 행동이 강화되기 때문이다. 타임아웃 절차는 아동이 불순응한 후 부모가 따르는 구체적인 단계를 제공하며, 아동이 원래의 지시에 순응하면 종료된다.

타임아웃이 끝나면 부모는 아동이 애쓴 것을 매우 열정적이고 구체적으로 칭찬하며 CDI로 복귀한다. 이를 통해 아동은 불순응에 따르는 부정적 관심보다는 순응에 따르는 긍정적 관심을 찾도록 학습된다.

치료 진전의 측정

PCIT에서 치료자는 관찰 및 평정 자료를 이용해 가족의 진전을 평가한다. 부모-자녀 상호작용은 DPICS-IV(Dyadic Parent-Child Interaction Coding System; Eyberg, Nelson, Ginn, Bhyuiyan, & Boggs, 2013)에 따라 매주 코딩되며, 이를 통해 회기에서 코칭 표적으로 삼을 양육기술을 선정하고 치료 과정에서 부모의 진척 정도를 결정한다. DPICS-IV는 부모-자녀 상호작용의 질을 측정하는 행동관찰체계이다. 임상가는 아동 주도(예 : 행동 기술)와 부모 주도(예 : 명령)를 제시하는 부모의 발화, 상호작용의 질을 심각하게 경감시키는 발화(예 : 부정적 발화), 아동의 반응(예 : 순응, 불순응, 부정적 발화, 친사회적 발화) 등을 기록한다.

이에 더해 부모는 매주 ECBI(Eyberg Child Behavior Inventory; Eyberg & Pincus, 1999)의 Intensity Scale에 응답한다. 이 척도는 각 7점으로 평정하는 총 36문항으로 구성되며, 가정(예 : "심부름을 시키면 거부한다", "부모에게 말대꾸한다")이나 대인관계 맥락(예 : "다른 아이를 놀리거나 자극한다")에서 흔히 나타나는 행동 문제의 빈도를 측정한다.

치료 종결을 위해 부모는 치료자가 관찰한 기술과 부모가 제공한 아동의 행동 평정에서 모두 확립된 기준을 충족해야 한다. 또한 부모는 종결 전에 아동의 행동을 혼자서도 관리하는 자신의 능력에 자신감이 있어야 한다. 따라서 PCIT는 시간 제한이 있기보다는 수행에 기반을 두며, 회기 수는 10~20 사이의 범위로 평균 14~16회기로 구성된다.

치료 효과의 증거

PCIT 성과에 대한 첫 번째 연구는 1978년에 Eyberg와 Ross에 의해 출판되었다. 이 연구는 85명의 아동을 포함하였으며, 이 중 43명은 행동 문제의 평가를 위해 심리클리닉에 의뢰된 아동이었고(행동 문제 표본), 20명은 지능평가와 같은 다른 목적의 평가로 의뢰된 아동이었다(비행동문제 표본 1). 또한 22명의 아동은 다른 연구를 위해 지역사회에서 표집된 비임상군이었다(비행동문제 표본 2). 그림 7.1에서 막대 1은 행동 문제 표본의 평균과 표준편차를 나타내고, 막대 2는 2개의 비행동문제 표본을 나타낸다. 막대 3은 행동 문제 표본에서 PCIT로 치료받은 10명의 아동을 나타낸다. 이들 10명의 아동은 치료 시작 전에는 행동 문제 표본 전체와 유사한 ECBI 평균 점수를 보였다. 치료 종료 시에는 이 아동들의 ECBI 평균은 비행동문제 표본과 비

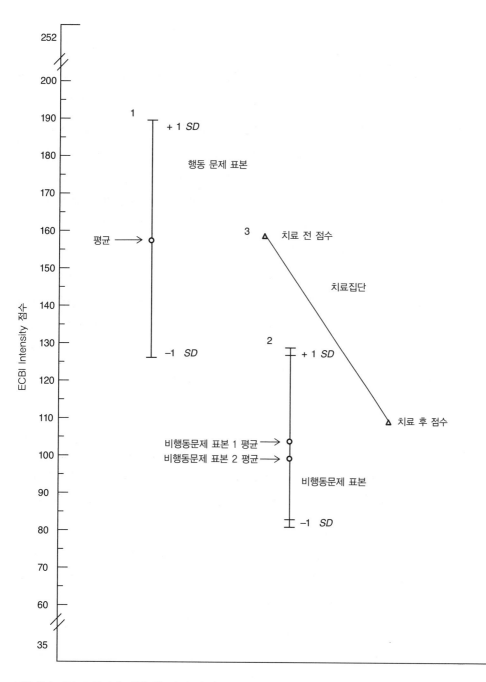

그림 7.1 PCIT 효과에 대한 첫 번째 연구(Eyberg & Ross, 1978)에서 치료 전과 후의 ECBI Intensity Scale 점수 비교(행동 문제 표본 대 비행동문제 표본). 막대 1은 행동 문제 표본에서 평균을 중심으로 1 표준편차 내의 점수 범위를 나타낸다. 막대 2는 2개의 비행동문제 표본에서 각 평균을 중심으로 1 표준편차 내의 점수 범위를 보여준다. 막대 3은 치료집단에서 PCIT 전과 후의 점수를 나타낸다. 치료 후 문제 행동 심각도의 평균은 2개의 비행동문제 표본 평균의 1 표준편차 이내 점수 범위로 떨어졌다. 이는 PCIT를 받은 아동의 점수가 임상적 수준에서 비행동문제 아동의 수준으로 감소했음을 의미한다.

슷해졌다. 치료 전과 후의 결과는 통계적으로 유의한 차이가 있었다. 그림 7.1에서 결과의 임상 적 유의도도 확인할 수 있는데, PCIT 치료를 받은 아동들의 점수는 임상군 범위에서 비행동문 제 집단의 범위 내로 떨어졌다. 지금 40년 가까이 지난 시점에서 PCIT 효과는 미국과 해외의 30개가 넘는 무선할당 통제실험(RCT)에서 다양한 증상, 집단, 시간에 걸쳐 연구되었다.

첫 번째 RCT에서는 ODD 및 다양한 동반이환을 보이는 37명의 아동과 이들과 유사한 27명 의 대기자통제집단의 아동 및 가족을 비교하였다(Schuhmann, Foote, Eyberg, Boggs, & Algina, 1998). 통제집단에 비해 치료집단의 아동은 부모-자녀 상호작용에서 높은 순응을 보였고 치료 후 ECBI로 평가한 행동 문제가 더 낮게 나타났다. 치료집단의 부모는 통제집단의 부모에 비해 높은 내적 통제감과 낮은 양육 스트레스를 보고하였다. 아울러 치료에 참여한 부모는 PCIT에 대한 매우 높은 만족도를 보였다.

이후 연구들에서 DBD가 있는 아동의 아버지에서도 유사한 변화가 확인되었다. 아버지와 어머니 모두 통제집단에 비해 더 많은 긍정적 양육기술과 더 적은 부정적 양육 행동뿐만 아니 라 더 낮은 수준의 양육 스트레스, 우울, 불안을 보였다. 나아가 치료 후에 어머니나 아버지와 의 부모 주도 상호작용에서 아동의 순응이 증가하였다. 이에 더해 아버지와 어머니는 PCIT 이 후 아동의 내재화 및 외현화 행동 문제가 적다고 보고하였다(Eyberg, Boggs, & Jaccard, 2014).

치료 효과의 일반화

PCIT 효과의 일반화에 대한 초기 연구들은 가족체계 내의 변화에 초점을 두었다. 부모의 정신 건강이 개선되었을 뿐 아니라, 치료를 받지 않은 형제에서도 긍정적인 변화가 나타났다. 표적 아동의 형제는 치료를 받은 아동에 비해 애초에 행동 문제가 적었지만, 같은 연령의 또래에 비 해서는 파괴적 행동을 더 많이 보였는데, PCIT 이후 형제의 행동도 치료 아동처럼 유의하게 개 선되었다(Brestan, Eyberg, Boggs, & Algina, 1997; Eyberg & Robinson, 1982). 또한 치료 일반화 는 표적 아동의 가정 밖으로도 확장된다. 구체적으로 교사 컨설팅이나 학급에서의 직접적 개 입 없이도 PCIT를 받은 아동은 통제집단에 비해 교사가 평정한 학급 내 문제 행동이 유의하 게 낮았다(McNeil, Eyberg, Eisenstadt, Newcomb, & Funderburk, 1991). 아울러 PCIT 이후, 교 실에서 행동 관찰한 아동의 과제 이탈과 부적절한 행동도 상당히 개선되었다(Bagner, Boggs, & Eyberg, 2010). 교사가 보고한 바에 의하면 학급에서의 개선된 행동은 PCIT 이후 최소 18개월 동안 유지되었으며, 이는 많은 아동이 이 기간에 걸쳐 새로운 학급과 교사로 이동을 하였음에 도 불구하고 그러하였다(Funderburk et al., 1998).

치료 효과의 유지

많은 연구에서 PCIT 이후 부모와의 관계에서 개선된 아동의 행동이 장기적으로 지속되는 것으로 나타났다. PCIT의 장기적 효과에 대한 첫 번째 연구에서 기저선과 치료 2년 후 사이에 나타난 부모와 아동의 부정적 행동의 감소 및 긍정적 행동의 증가, 아동의 순응의 증가는 추적에 참여한 13가정에서 중간에서 큰 효과크기로 나타났다(Eyberg et al., 2001). 부모가 평정한 아동의 행동 문제, 아동의 활동 수준, 양육 스트레스 등은 기저선에 비해 유의하게 개선되었으며, 2년 후 대부분의 아동은 파괴적 행동 진단을 받지 않는 상태였다(Eyberg et al., 2001).

두 번째 연구에서는 치료를 완수한 23가정과 치료 개시 후 1~3년 동안 치료에서 이탈한 23가정의 종단적 결과를 비교하였다(Boggs et al., 2004). 치료를 완수한 가정에서는 치료 직후부터 나타난 아동의 파괴적 행동 및 부모의 양육 스트레스 감소가 시간이 경과해도 유지된 반면, 치료에서 이탈한 가정은 기저선과 비교해 거의 변화가 없었다(Boggs et al., 2004). 비록 집단 수준에서 치료 효과의 지속을 보여준 종단적 추적 연구가 고무적이기는 하지만, 치료 효과 유지에 영향을 미치는 개인차를 평가하기 위해서는 더 많은 연구가 필요하다. 예를 들면, 치료 후 3~6년이 경과하면 아동의 75% 파괴적 행동의 임상적 절단점 미만에 머물렀으나 25%는 그렇지 않았다(Hood & Eyberg, 2003). 대부분의 초기 추적 연구에서 관찰한 자료에 의하면 종결 후 두 번째 해부터 치료 효과가 감소하기 시작하였다(Eyberg et al., 2001; Funderburk et al., 1998).

치료 효과 지속에 관한 한 연구에서는 처음 치료를 종결한 후 2년 동안 치료자가 매달 전화로 간단한 추수 회기를 진행한 효과를 살펴보았다. 모든 가정은 PCIT 치료를 받았으며, 치료를 완수한 61개의 가정은 추수 회기를 받는 집단과 평가만 받는 집단으로 무선 할당되어 2년 동안 추적되었다(Eyberg et al., 2014). 같은 기간 동안 치료가 계속적 보완(Nock & Ferriter, 2005)되어 치료 프로토콜의 수정으로 이어졌으며, 이는 치료의 지속성에 영향을 미쳤을 수 있다. 예를 들면, Prinz와 Miller(1994)의 연구에 기초하여 치료 이탈을 방지하기 위해 매 PCIT 회기마다 치료자가 부모에게 아동과 관련 없는 사적인 고민에 대해 이야기하는 5분 미만의 간략한 시간을 제공하도록 프로토콜이 수정되었다. 치료 효과 지속 연구에서 추수 회기를 받은 집단은 추적 후 두 번째 해에도 질문지와 행동 관찰에서 치료 효과가 지속될 것으로 기대된 반면, 평가만 받은 통제집단은 2년 경과 후 기존의 치료 효과가 감소할 것으로 예상되었다. 그러나 두 집단 모두에서 치료 효과가 지속되는 것으로 나타났다. 어쩌면 PCIT 프로토콜을 계속 보완한 것이 치료의 지속성을 개선했을 수도 있고, 치료 후 모든 가정의 경과를 확인하기 위해 평가자가 매 분기 15분씩 통화한 것만으로도 통제집단이 추수 회기 없이도 PCIT에서 익힌 기술을 계속 활용하도록 상기시키는 데 충분했을 수도 있다.

치료 이탈

DBD 문제를 보이는 아동의 가정에서 PCIT 이탈률은 35% 정도로 유지되었다(Fernandez & Eyberg, 2009; Werba, Eyberg, Boggs, & Algina, 2006). 이 수치는 이탈률이 28%에서 75%까

지로 보고된 여타의 아동치료들과도 일관된다(de Haan, Boon, de Jong, Hoeve, & Vermeiren, 2013). 치료가 수행 성과에 기초하고 치료 목표가 달성될 때까지 계속되기 때문에, 이론적으로는 가족이 치료에 성공하지 못하는 것은 오직 이탈을 통해서라고도 할 수 있다. 치료를 조기에 그만두는 가족은 PCIT를 완수하는 가족에 비해 장기적으로 예후가 더 나쁘다고 알려져 있다 (Boggs et al., 2004).

DBD가 있는 아동의 대부분은 치료에 접근하기가 어렵기 때문에 일단 치료를 받으러 온 가족이 중간에 이탈을 하는 것은 매우 걱정스러운 일이다(Fernandez & Eyberg, 2005). PCIT 이탈의 예측 변인에 대한 연구에서 이탈과 관련된 요인들은 치료 전 평가의 부모-자녀 상호작용에서 나타난 어머니의 낮은 수준의 칭찬 및 높은 수준의 비난, 낮은 사회경제적 지위, 부모가 보고한 높은 수준의 치료 방해 요소, 치료자의 비호감적인 언어 사용방식 등으로 밝혀졌다 (Fernandez & Eyberg, 2009; Harwood & Eyberg, 2004). DBD 아동의 부모가 가장 흔히 꼽는 이탈의 이유로는 치료의 이론적 접근에 동의하지 않는 것과 이동수단이나 형제 돌봄 등 현실적인 문제이다(Boggs et al., 2004; Fernandez & Eyberg, 2009). PCIT는 시간과 노력이 집약적인 치료이며, 만약 부모가 약물치료나 아동에 대한 개인치료를 기대했다면 특히나 치료 참여에 대한 부담이 압도적으로 느껴질 수 있다. PCIT와 관련한 주요한 연구 방향 중 하나는 동기강화와 치료 과정 기술의 기법에 초점을 맞추는 것이다.

다양한 아동 문제에의 적용

PCIT는 임상적으로 DBD 외에도 내재화장애, 발달장애, 신경학적 손상 등 다양한 진단과 관련된 행동 문제를 치료하기 위해 사용되어 왔다. PCIT에서 부모가 배우는 행동원리와 기술은 특정 문제가 아니라 보다 일반적인 범위의 행동 조형을 다루고 있다. PCIT 프로토콜은 점점 의학적 · 심리학적 · 심리사회적 문제에도 확대되어 적용되고 있다.

역학 표본에서 ODD과 불안장애의 동반이환은 10~50%로 나타났다(Angold, Costello, & Erkanli, 1999). PCIT에 대한 회고적 연구 중 하나에서 DBD 치료로 의뢰된 유아 중 4분의 1 정도가 분리불안장애(separation anxiety disorder, SAD)도 함께 겪고 있는 것으로 나타났다(Chase & Eyberg, 2008). 비록 치료에서 내재화 증상을 특별히 다루지는 않지만, 4분의 3에 가까운 아동이 PCIT 이후에 SAD 진단을 충족하지 않았으며, 표본 전체에서 아동의 내재화 증상이 유의하게 감소한 것으로 나타났다. SAD 개선을 목적으로 개정된 PCIT에 대한 연구 또한 이루어졌는데, 노출에 초점을 둔 회기와 '용감한 행동'에 대한 강화를 늘리는 것이 포함되었다(Pincus, Santucci, Ehrenreich, & Eyberg, 2008). 비록 탐색적인 수준이나 정서 발달과 대처 모듈을 통합하는 PCIT 프로토콜 역시 어린 아동의 우울 증상을 성공적으로 다루는 것으로 보고된 바 있다 (Lenze, Pautsch, & Luby, 2011; Luby, Lenze, & Tillman, 2012).

지적장애(intellectual disability, ID)나 자폐스펙트럼장애(autistic spectrum disorder, ASD) 와 같은 전반적 발달 문제가 있는 아동은 DBD 문제를 함께 보이는 경우가 많다. 지적장애와 DBD가 동반이환하는 어린 아동을 대상으로 PCIT를 실시한 한 RCT 연구에서 PCIT를 받은 아동은 통제집단에 비해 순응을 유의하게 더 많이 보였고, 부모가 보고한 문제 행동이 더 적은 것으로 나타났다(Bagner & Eyberg, 2007). 이 연구에서 관찰된 긍정적 및 부정적 양육 행동은 아동의 행동 변화를 매개하였다. 조산아는 생리적 조절 결핍으로 행동 문제를 보일 위험이 더 높은데, PCIT를 받는 과정 중 나타나는 어머니의 행동 변화는 아동의 생리적 조절 개선과 연관 되었다(Graziano, Bagner, Sheinkopf, Vohr, & Lester, 2012).

자폐스펙트럼을 보이는 아동을 대상으로 드러나는 PCIT 개입의 근거는 고무적이다. 고기능 자폐 아동에 PCIT를 적용한 예비 연구에서 치료 후 부모가 보고한 문제 행동이 감소하였고, 더 불어 긍정적 정서가 증가하였다(Solomon, Ono, Timmer, & Goodlin-Jones, 2008). 이와 유사 한 결과가 시차를 둔 중다기저선 설계를 사용한 3명의 ASD 아동을 대상으로 한 연구에서도 나 타났다(Masse, McNeil, Wagner, & Quetsch, 2016). 또한 PCIT의 CDI 단계는 그 자체만으로 도 ASD가 있는 아동에 효과적일 것으로 기대된다. 어떤 RCT 연구에서 CDI만으로도 문제 행 동이 감소하고 사회적 맥락에 대한 이해가 개선되는 것으로 나타났다(Ginn, Clionsky, Eyberg, Warner-Metzger, & Abner, 2015).

PCIT는 신체적 학대를 받은 아동에게도 가장 좋은 치료법으로 지정되었는데, 이 경우 일반 적으로 부모가 환자로 지목된다(Kauffman Best Practices Project, 2004). DBD 아동이 있는 가 정은 대부분 강압적인 부모-자녀 관계가 특징인데, 이는 신체적 학대가 발생하는 가정에서 핵 심적이다. Chaffin 등(2004)에 의해 수행된 RCT 연구에서 신체적 학대를 가하는 부모는 표준 적인 지역사회 치료를 받는 경우보다 PCIT를 받는 경우, 아동학대로 다시 신고될 확률이 유의 하게 낮았다. PCIT 치료집단에서 나타나는 강압적인 부모-자녀 상호작용의 감소는 재학대 결 과를 매개하는 것으로 나타났다(Chaffin et al., 2004). 최근의 한 무선화된 예비 연구에서 친척 양육을 위탁받은 양육자에게 PCIT의 CDI 단계를 단독으로 주 2회, 총 8회기 실시했을 때, 4 주 치료만으로도 아동의 외현화 행동과 양육 스트레스가 유의하게 감소하는 것으로 나타났다 (N'Zi, Stevens, & Eyberg, 2016).

PCIT 문화 간 연구

수정되지 않은 형태의 PCIT를 받은 후 아동의 파괴적 행동이 개선된 효과는 중국인(Leung, Tsang, Sin, & Choi, 2015), 네덜란드인(Abrahamse, Junger, van Wouwe, Boer, & Lindauer, 2015), 멕시코계 미국인(McCabe & Yeh, 2009) 등 다양한 문화집단에서 확인된 바 있다. 여러 문화에 걸친 PCIT의 성공적 시행과 함께 정신건강 서비스 활용, 가족 구조, 훈육 방식, 언어 등과 관련된 문화적 요인에 대한 세심한 고려가 필요해졌다. 일부 연구 팀은 문화적 요인에 맞추어 치료 프로토콜을 수정하는 것에 대한 연구도 수행하였다. '치료 수정(treatment adaptation)'은 확립된 치료의 표준적인 프로토콜이 새로운 집단에 가능하거나 적절하지 않은 경우에 치료의 내용이나 구조를 수정하는 것을 이른다(Eyberg, 2005). 이때 치료 수정은 '치료 변경(treatment modification)'과는 다름을 주지해야 하는데, 치료 수정은 엄정한 연구 결과에 기초해 이미 확립된 프로토콜을 보편적으로 바꾸어 보다 나은 치료 효과를 도모하는 것을 말한다(Eyberg, 2005). 연구와 괴리된 치료 프로토콜의 수정은 경험적으로 지지된 치료의 완결성에 위해가 되며, 치료의 효과를 약화시킬 수 있다.

McCabe와 Yeh(2009)가 멕시코계 미국인을 위해 수정한 PCIT는 문화적 규준을 민감하게 반영한 예시이다. 멕시코계 미국인 부모와 치료자의 포커스 그룹 분석에 따라 PCIT는 스페인어를 사용하는 치료자에 의해 교육 및 기술증진 프로그램으로 소개되었고, 이 문화집단에서 정신건강 서비스를 받는 것과 관련된 편견을 줄이기 위해 치료자를 '교사'로 지칭하였다. 또한 멕시코계 미국인을 위한 수정에서는 라포 형성에 중요한 사회적 소통을 위해 치료 회기의 길이를 늘리기도 하였다. McCabe와 Yeh의 연구에서 PCIT의 수정은 치료의 핵심 요소는 변경하지 않았다는 것을 강조할 필요가 있다. 표준화된 PCIT와 수정된 PCIT는 모두 통제집단보다 우월한 것으로 나타났다. 아울러 표준화된 치료와 수정된 치료 사이에 부모 및 아동의 행동적 결과에는 거의 차이가 없었지만, 수정된 PCIT는 치료의 문화적 민감성을 강화하였다.

경험적으로 지지되는 치료가 여러 문화에 걸쳐 점점 많이 연구되면서 발생하는 쟁점은 치료가 원래 개발된 대상과 다른 집단에서 효과가 있으려면 어느 정도나 수정을 해야 하는가의 문제이다. 지금까지의 PCIT 연구 결과는 수정하지 않은 형태의 개입도 상당히 다양한 집단에 효과가 있으며 수정은 치료에 대한 가족의 선호를 높이거나 치료자-부모 라포를 강화하는 데 효과가 있을 수 있다는 것이다. 치료 수정의 효과에 대한 추가적 연구가 계속 중요한데, 특히 우리와 더 많이 다른 집단의 경우 그러하다. McCabe와 Yeh의 연구 설계는 하나의 중요한 모델이다. 수정된 치료와 원래 확립된 치료 간의 비교는 새로운 치료가 중요한 결과 지표(예: 치료 이탈, 행동 변화, 유지, 치료법에 대한 만족도)에 있어 효과가 더 크거나 작은지에 대한 정보를 제공할 것이다.

새로운 환경에서 PCIT의 실시

PCIT의 적용이 확대되면서 다양한 환경에서 실시된 PCIT의 유용성을 이해하기 위한 체계적인 연구들이 수행되어 왔다. PCIT의 효능은 집단 형태(Niec, Hemme, Yopp, & Brestan, 2005; Nieter, Thornberry, & Brestan-Knight, 2013)뿐만 아니라, 가정(Galanter et al., 2012; Ware, McNeil, Masse, & Stevens, 2008)과 학교(Gershenson, Lyon, & Budd, 2010; Lyon et al., 2009)

에서도 확인된 바 있다. 이와 유사하게 PCIT는 1차 진료(Berkovits, O'Brien, Carter, & Eyberg, 2010)에 적합하게 수정된 경우에도 효과적이었다. 또한 PCIT는 '집중치료(intensive treatment)' 의 형태, 즉 단기간 동안 특정한 수의 회기가 실시(예 : 주 5회씩 총 2주; Graziano et al., 2015) 되어도 효과가 좋을 것으로 보인다.

  PCIT의 유연성은 행동에 초점을 맞춘 요소들과 치료 자체의 우수성에 일부 기인하는 것일 수 있다(Thomas & Zimmer-Gembeck, 2007). 전통적인 PCIT의 효과크기(치료 전과 후를 비교)는 중간에서 큰 정도로 보고되었으며 구체적인 범위는 다음과 같다. 아동 행동(관찰된 순응; d=0.61~0.94), 부모 행동(관찰된 기술; d=1.11~3.11), 부모가 보고한 아동의 행동 문제 (d=1.31~1.45; Thomas & Zimmer-Gembeck, 2007)이다. 심화된 형태의 PCIT(Graziano et al., 2015)는 동일한 결과 지표에 대해 유사하거나 더욱 큰 효과크기를 보였다. 아동 행동(d=1.67), 부모 행동(d=1.93~6.04), 부모가 보고한 아동의 행동 문제(d=2.50)가 그것이다. 전통적인 PCIT와 심화 PCIT 모두에서 치료 효과는 시간에 걸쳐 유지가 되는 것으로 나타났다. 지금으로서는 심화 PCIT에서 어떻게 적은 수의 회기로 전통적인 PCIT에 근접하는 긍정적 치료 효과를 얻을 수 있는지에 대해 명확하지는 않다. 그러나 신체 학대로 의뢰된 가족 표본에서 PCIT의 초반 세 회기 동안 부모의 긍정적 반응의 증가와 부정적 반응의 감소가 이미 상당한 수준으로 일어났다는 것을 발견하였다(Hakman, Chaffin, Funderburk, & Silovsky, 2009).

PCIT 훈련에 대한 연구

최근의 연구 주제 중 하나는 대학원 과정을 마친 후 PCIT 치료자를 가장 잘 훈련하는 방법이다. PCIT의 전달은 폭넓은 임상적 지식과 기술을 전제한다. PCIT에 특화된 기술 또한 필요한데, 구체적으로 치료자는 부모-자녀 상호작용을 코딩하고, 코칭 도중 실시간으로 부모와 아동 행동을 기능분석하여 부모 기술 훈련을 지도하고, 치료의 단계별 진도의 시기를 결정해야 한다. PCIT 인터내셔널사(www.pcit.org)는 훈련 지침을 확립하고 시간에 따라 개정해왔다(PCIT Task Force on Training, 2009, 2013). 이 지침에는 PCIT를 실시하고 다른 사람을 훈련하기 위해 요구되는 자격요건이 명시되어 있으며, 훈련 방법에 대한 권고 또한 포함되어 있다. 예를 들면, 국제 공인 PCIT 치료자(PCIT International Certified Therapist)가 되기 위해서는 정신건강 분야의 석사 이상의 학위가 필요하며, 면허를 이미 취득했거나 신청 자격을 충족해야 한다. 면허를 아직 취득하지 못한 치료자는 면허를 소지한 임상가에게 지도감독을 받아야 한다. PCIT 인터내셔널이 공인하는 훈련은 일반적으로 1년에 걸쳐 이루어지며, 초기 면대면 훈련 40 시간, 초기 훈련에서 6개월 후 면대면 훈련 2일, 격주로 1시간씩 전화 자문(24시간/년), 그리고 기술 복습의 요소들을 포함한다. 또한 훈련을 받는 임상가는 해당 연도 동안 두 가족에게 PCIT를 실시하고 종결해야 한다. 치료자가 훈련 연도를 성공적으로 마치면 PCIT 자격에 응시할 수 있다. 시간이 경과하면서 PCIT 자격을 소지한 치료자는 훈련을 실시할 수 있는 자격을 얻기 위해 추가적인 훈련을 받을 수 있으며, 이 또한 PCIT 인터내셔널에 명확히 제시되어 있다.

지역사회 현장에서 PCIT 임상가를 가장 효과적이고 효율적으로 훈련하는 방법을 알기 위한 경험 연구가 이루어졌다. PCIT의 성공적 실시를 위해 요구되는 독특하고 수준 높은 기술(예 : 부모-자녀 상호작용 코딩, 부모가 기술에 숙달되도록 코칭) 때문인지, 치료 기술은 단순히 교재나 강의를 통해서만으로는 습득이 어렵다고 밝혀졌다(Herschell et al., 2009). 대신에 PCIT 학습을 위해서는 경험적 훈련과 사례에 대한 지도감독 및 자문이 필요한 것으로 나타났다. PCIT 훈련을 면밀히 분석한 최근의 한 연구(Scudder & Herschell, 2015)에서 23명의 PCIT 전문훈련가들은 통상적으로 사용하는 훈련법에 있어 서로 상당한 일치를 보였다. PCIT 국제 훈련요건(PCIT Task Force on Training, 2013)에도 명시되어 있다시피 PCIT 훈련가들은 일상적으로 면대면 워크숍, 임상사례분석, 자문, 사후지원 등을 한다고 보고하였다. 또한 예상할 수 있듯이 이 훈련가들은 서로 훈련요소의 전달방식, 주제를 다루는 구체성 정도, 유능성 및 기술 습득의 평가 등에 있어 주요한 차이를 보였는데, 이는 특정 집단에 따른 맞춤형 훈련을 강조하는 것을 일부 반영한다(Scudder & Herschell, 2015).

PCIT 훈련가와 PCIT 신참 임상가 간의 자문을 조사한 바에 의하면 원격의료기술, 즉 원격 실시간 공동치료(Remote Real Time cotherapy)가 전통적인 전화 자문을 보완할 수 있다. 원격 실시간 공동치료를 이용해 PCIT 전문 지도감독자는 훈련받는 임상가가 가족에게 치료를 실시할 때 현장 밖에서도 실시간으로 피드백을 제공할 수 있다(Funderburk, Ware, Altshuler, & Chaffin, 2008). 한 소규모 연구에서 연구 참가자(10명의 치료자)는 원격 실시간 공동치료에 대해 높은 만족도를 보였으며, 전통적인 전화 자문보다 더 유용했다고 보고하였다(Funderburk et al., 2008). 2개 주(state)의 30개 기관에서 80명의 치료자와 330가족을 대상으로 실시된 보다 대규모 연구에서는 원격 실시간 공동치료에 참여한 치료자의 가족들이 전통적인 전화 자문에 참여한 치료자의 가족들에 비해 작지만 유의하게 좋은 성과를 보였다(Funderburk et al., 2015). 원격 실시간 기술의 단점은 단위당 5,000달러 정도의 높은 비용이다.

현재 미국 펜실베이니아주 전역에 걸쳐 PCIT를 외래 클리닉에서 실시하기 위한 세 가지 훈련 모델(Learning Collaborative, Cascading Model, Distance Education)의 효과성을 평가하는 연구가 진행 중이다(NIMH RO1 MH095750; clinicaltrials.gov 식별자 : NCT02543359; 연구책임자 : Herschell et al., 2015). 세 가지 훈련 모델이 선정된 이유는 이들이 근거기반 치료 훈련에 자주 사용되면서도 모델 간의 비용, 기술 훈련, 품질관리, 치료 보급과 관련된 난관에 대한 대처능력 등에서 차이가 있기 때문이다. 연구의 구체적 목표는 훈련 성과(임상가 수준), 실행(기관 수준), 가족 성과(부모와 아동 수준) 등에 대한 정보를 시간에 따라 축적하는 데 초점을 두고 있다[기저선 : 임상가는 6개월(PCIT 도중), 12개월(사후), 24개월(1년 추수); 치료 전 : 가족은 사전 평가로부터 1개월, 6개월, 12개월 경과 후]. 지금까지 지역사회의 50개 외래 클리닉이 조건에 무선 할당되었으며, 클리닉들에는 212단위의 가족, 190명의 임상가와 지도감독자, 50명의 관리자가 참여하였다. 자료수집은 2017년 12월까지 계속될 예정이다.

향후 방향

지금까지 PCIT에 참여하는 대부분의 가족들에 적용이 되는 치료의 효능과 효과성, 그리고 문화, 환경, 시간에 따른 치료의 일반화를 기술하였다. PCIT 연구의 전체 목록은 PCIT 웹사이트 (www.pcit.org)에서 찾을 수 있으며, 이 목록은 PCIT 인터내셔널 리서치 태스크포스가 업데이트하고 있다. 그러나 어린 아동의 행동 문제 유병률이 높고 치료 없이의 장기적 예후가 나쁘다는 점을 고려하면, 실제 현장에서 근거기반 치료(EBT)에 접근할 수 있는 것이 매우 중요하다. 전 세계의 정신건강 기관에서 EBT의 수요가 높아지면 전통적인 대학원 훈련 프로그램 밖에서도 서비스 제공자들을 훈련시킬 필요가 있다.

　지역사회의 다양한 환경에서 PCIT가 지속적으로 확대되면서 PCIT가 어떻게 효과성을 잃지 않고 시행될 수 있는지, 또 어떤 지원책이 마련되어야 하는지(예 : 우수한 실행을 위한 지속적 품질관리)에 대한 평가가 중요해질 것이다. 그리고 PCIT의 광범위한 시행이 초래하는 고유한 도전과 기회를 직면하는 것도 중요할 것이다. 예를 들면, 치료 및 훈련의 비용 효과성, PCIT의 비용 자원을 다양화하는 것의 유용성, 최초 PCIT 훈련을 완수한 후 치료 효과 및 치료자 역량의 장기적 유지 등에 대한 추가적인 연구가 필요하다.

맺음말

이 장에서는 DBD를 보이는 어린 아동과 가족을 위한 PCIT를 기술하였다. 치료의 핵심 요소가 제시되었는데, 부모와 아동을 함께 치료에 포함시키기, 가족의 치료 진전을 지도하기 위해 평가 사용하기, 부모에게 관계 및 행동 변화 기술을 적극적으로 코칭하기, 부모가 기술을 완전히 습득하고 아동의 행동이 정상 범위가 될 때까지 치료 지속하기 등이 포함된다. PCIT의 이러한 특징은 애착 및 사회학습 이론에 기반을 둔 것으로서 부모-아동의 관계 개선과 아동의 파괴적 행동 감소가 장기간 유지되도록 한다.

　이제까지 다양한 정신건강 증상, 환경, 문화에 걸쳐 PCIT가 성공적으로 실행되고 일반화되는 이유로는 행동 이론의 준수, 가족 맞춤형 치료, 엄정한 연구에 따른 계속적 발전, 치료 모델에의 충실성 등을 들 수 있다. PCIT 제공자의 기술, 헌신, 민감성 또한 결정적인 역할을 한다.

PCIT 실시에 있어 치료자 요인, 그리고 치료자의 지속적 발전을 위한 훈련과 지원 등에 대한 계속적인 연구는 PCIT의 미래를 위해 중요하다.

감사의 말

이 장에서 인용한 연구는 다음의 지원을 받아 수행되었다. National Institute of Mental Health (Nos. RO1 MH60632, F31-MH-068947, RO1 MH-46727, 1 F32 MH05037-01, K23 MH085659, R01 MH095750, R34-MH80163, T32DA007261, 5R34MH080163-02, K23MH090245, K01MH01924); National Institute of Child Health and Human Development (No. F32 HD056748); U.S. Department of Health and Human Services (Nos. 90CA1633, 90CA1671); Alcohol, Drug Abuse, and Mental Health Administration (No. 1 F32 MH05037-01); Centers for Disease Control and Prevention (No. U49CE001065); Netherlands Organization for Health, Research, and Development (No. 15700.2007); University of Florida Opportunity Fund (No. UF 3307758 12). 추가적인 연구는 다음의 지원을 받아 수행되었다. Administration of Children, Youth, and Families; Center for Pediatric Psychology and Family Studies; University of Florida; Children's Bureau; the Children's Miracle Network; Division 53 of the American Psychological Association; Florida Institute; Hong Kong Jockey Club Charities Trust; Kraft Employee Fund; Melissa Institute; and the Office on Child Abuse and Neglect.

참고문헌

Abrahamse, M. E., Junger, M., van Wouwe, M. A., Boer, F., & Lindauer, R. J. (2015). Treating child disruptive behavior in high-risk families: A comparative effectiveness trial from a community-based implementation. *Journal of Child and Family Studies, 25,* 1605–1622.

Angold, A., Costello, E. J., & Erkanli, A. (1999). Comorbidity. *Journal of Child Psychology and Psychiatry, 40,* 57–87.

Bagner, D. M., Boggs, S. R., & Eyberg, S. M. (2010). Evidence-based school behavior assessment of externalizing behavior in young children. *Education and Treatment of Children, 33,* 65–83.

Bagner, D. M., & Eyberg, S. M. (2007). Parent–child interaction therapy for disruptive behavior in children with mental retardation: A randomized controlled trial. *Journal of Clinical Child and Adolescent Psychology, 36,* 418–429.

Baumrind, D. (1966). Effects of authoritative control on child behavior. *Child Development, 37,* 887–907.

Baumrind, D. (2013). Authoritative parenting revisited: History and current status. In R. E. Larzelere, A. S. Morris, & A. W. Harrist (Eds.), *Authoritative parenting: Synthesizing nurturance and discipline for optimal child development* (pp. 11–34). Washington, DC: American Psychological Association.

Berkovits, M. D., O'Brien, K. A., Carter, C. G., & Eyberg, S. M. (2010). Early identification and intervention for behavior problems in primary care: A comparison of two abbreviated versions of parent–child interaction therapy. *Behavior Therapy, 41,* 375–387.

Boggs, S. R., Eyberg, S. M., Edwards, D., Rayfield, A., Jacobs, J., Bagner, D., et al. (2004). Outcomes of parent–child interaction therapy: A comparison of dropouts and treatment completers one to three years after treatment. *Child and Family Behavior Therapy, 26,* 1–22.

Brestan, E. V., Eyberg, S. M., Boggs, S. R., & Algina, J. (1997). Parent–child interaction therapy: Parent perceptions of untreated siblings. *Child and Family Behavior Therapy, 19,* 13–28.

Chaffin, M., Silovsky, J. F., Funderburk, B., Valle, L. A., Brestan, E. V., Balachova, T., et al. (2004). Parent–child interaction therapy with physically abusive parents: Efficacy for reducing future abuse reports. *Journal of Consulting and Clinical Psychology, 72,* 500–510.

Chase, R. M., & Eyberg, S. M. (2008). Clinical presentation and treatment outcome for children with comorbid externalizing and internalizing symptoms. *Journal of Anxiety Disorders, 22,* 273–282.

Cohn, D. A. (1990). Child–mother attachment of six-year-olds and social competence at school. *Child Development, 61,* 152–162.

Crittenden, P. M., & Ainsworth, M. D. S. (1989). Child maltreatment and attachment theory. In D. Cicchetti & V. Carlson (Eds.), *Handbook of child maltreatment* (pp. 432–463). New York: Cambridge University Press.

de Haan, A. M., Boon, A. E., de Jong, J. T. V. M., Hoeve, M., & Vermeiren, R. R. J. M. (2013). A meta-analytic review on treatment dropout in child and adolescent outpatient mental health care. *Clinical Psychology Review, 33,* 698–711.

Eyberg, S. M. (2005). Tailoring and adapting parent–child interaction therapy for new populations. *Education and Treatment of Children, 28,* 197–201.

Eyberg, S. M., Boggs, S. R., & Jaccard, J. (2014). Does maintenance treatment matter? *Journal of Abnormal Child Psychology, 42,* 355–366.

Eyberg, S. M., & Funderburk, B. W. (2011). *Parent–child interaction therapy protocol.* Gainesville: PCIT International.

Eyberg, S. M., Funderburk, B. W., Hembree-Kigin, T. L., McNeil, C. B., Querido, J. G., & Hood, K. (2001). Parent–child interaction therapy with behavior problem children: One and two year maintenance of treatment effects in the family. *Child and Family Behavior Therapy, 23,* 1–20.

Eyberg, S. M., Nelson, M. M., & Boggs, S. R. (2008). Evidence-based psychological treatments for children and adolescents with disruptive behavior. *Journal of Clinical Child and Adolescent Psychology, 37,* 215–237.

Eyberg, S. M., Nelson, M. M., Ginn, N. C., Bhuiyan, N., & Boggs, S. R. (2013). *Dyadic Parent–Child Interaction Coding System: Comprehensive manual for research and training* (4th ed.). Gainesville, FL: PCIT International.

Eyberg, S. M., & Pincus, D. (1999). *Eyberg Child Behavior Inventory and Sutter-Eyberg Student Behavior Inventory: Professional manual.* Odessa, FL: Psychological Assessment Resources.

Eyberg, S. M., & Robinson, E. (1982). Parent–child interaction training: Effects on family functioning. *Journal of Clinical Child Psychology, 11,* 130–137.

Eyberg, S. M., & Ross, A. W. (1978). Assessment of child behavior problems: The validation of a new inventory. *Journal of Clinical Child Psychology, 7,* 113–116.

Fernandez, M. A., & Eyberg, S. M. (2005). Keeping families in once they've come through the door: Attrition in parent–child interaction therapy. *Journal of Early and Intensive Behavior Intervention, 2,* 207–212.

Fernandez, M. A., & Eyberg, S. M. (2009). Predicting treatment and follow-up attrition in parent–child interaction therapy. *Journal of Abnormal Child Psychology, 37,* 431–441.

Frick, P. J., & Nigg, J. T. (2012). Current issues in the diagnosis of attention deficit hyperactivity disorder, oppositional defiant disorder, and conduct disorder. *Annual Review of Clinical Psychology, 8,* 77–107.

Funderburk, B. W., Chaffin, M., Bard, E., Shanley, J., Bard, D., & Berliner, L. (2015). Comparing client outcomes for two evidence-based treatment consultation strategies. *Journal of Clinical Child and Adolescent Psychology, 44,* 730–741.

Funderburk, B. W., Eyberg, S. M., Newcomb, K., McNeil, C. B., Hembree-Kigin, T., & Capage, L. (1998). Parent–child interaction therapy with behavior problem children: Maintenance of treatment effects in the school setting. *Child and Family Behavior Therapy, 20,* 17–38.

Funderburk, B. W., Ware, L. M., Altshuler, E., & Chaffin, M. (2008). Use and feasibility of telemedicine technology in the dissemination of parent–child interaction therapy. *Child Maltreatment, 13,* 377–382.

Galanter, R., Self-Brown, S., Valente, J. R., Dorsey, S., Whitaker, D. J., Bertuglia-Haley, M., et al. (2012). Effectiveness of parent–child interaction therapy delivered to at-risk families in the home setting. *Child and Family Behavior Therapy, 34,* 177–196.

Gau, S. S., Chong, M. Y., Yang, P., Yen, C. F., Liang, K. Y., & Cheng, A. T. (2007). Psychiatric and psychosocial predictors of substance use disorders among adolescents: Longitudinal study. *British Journal of Psychiatry, 190,* 42–48.

Gershenson, R. A., Lyon, A. R., & Budd, K. S. (2010). Promoting positive interactions in the classroom: Adapting parent–child interaction therapy as a universal prevention program. *Education and Treatment of Children, 33,* 261–287.

Ginn, N. C., Clionsky, L. N., Eyberg, S. M., Warner-Metzger, C., & Abner, J. P. (2015). Child directed interaction training for young children with autism spectrum disorders: Parent and child outcomes. *Journal of Clinical Child and Adolescent Psychology.* [Epub ahead of print]

Graziano, P. A., Bagner, D. M., Sheinkopf, S. J., Vohr, B. R., & Lester, B. M. (2012). Evidence-based intervention for young children born premature: Preliminary evidence for associated changes in physiological regulation. *Infant Behavior and Development, 35,* 417–428.

Graziano, P. A., Bagner, D. M., Slavec, J., Hungerford, G., Kent, K., Babinski, D., et al. (2015). Feasibility of intensive parent–child interaction therapy (I-PCIT): Results from an open trial. *Journal of Psychopathology and Behavioral Assessment, 37,* 38–49.

Hakman, M., Chaffin, M., Funderburk, B., & Silovsky, J. F. (2009). Change trajectories for parent–child interaction sequences during parent–child interaction therapy for child physical abuse. *Child Abuse and Neglect, 33,* 461–470.

Harwood, M. D., & Eyberg, S. M. (2004). Therapist verbal behavior early in treatment: Relation to successful completion of parent–child interaction therapy. *Journal of Clinical Child and Adolescent Psychology, 33,* 601–612.

Herschell, A. D., Kolko, D. J., Scudder, A. B., Taber-Thomas, S., Schaffner, K. F., Heigel, S. A., et al. (2015). Protocol for a statewide randomized controlled trial to compare three training models for implementing an evidence-based treatment. *Implementation Science, 10,* 133.

Herschell, A. D., McNeil, C. B., Urquiza, A. J., McGrath, J. M., Zebell, N. M., Timmer, S. G., et al. (2009). Evaluation of a treatment manual and workshops for disseminating parent–child interaction therapy. *Administration and Policy in Mental Health and Mental Health Services Research, 36,* 63–81.

Hood, K., & Eyberg, S. M. (2003). Outcomes of parent–child interaction therapy: Mothers' reports on maintenance three to six years after treatment. *Journal of Clinical Child and Adolescent Psychology, 32,* 419–429.

Kauffman Best Practices Project. (2004, March). *Closing the quality chasm in child abuse treatment: Identifying and disseminating best practices: Findings of the Kauffman Best Practices Project to help children heal from child abuse.* Charleston, SC: National Crime Victims Research and Treatment Center.

Lavigne, J. V., LeBailly, S. A., Hopkins, J., Gouze, K. R., & Binns, H. J. (2009). The prevalence of ADHD, ODD, depression, and anxiety in a community sample of 4-year-olds. *Journal of Clinical Child and Adolescent Psychology, 38,* 315-328.

Lee, S., Aos, S., Drake, E., Pennucci, A., Miller, U., & Anderson, L. (2012). *Return on investment: Evidence-based options to improve stateside outcomes.* Olympia: Washington State Institute for Public Policy.

Lenze, S. N., Pautsch, J., & Luby, J. (2011). Parent-child interaction therapy emotion development: A novel treatment for depression in preschool children. *Depression and Anxiety, 28,* 153-159.

Leung, C., Tsang, S., Sin, T. C., & Choi, S. Y. (2015). The efficacy of parent-child interaction therapy with Chinese families: Randomized controlled trial. *Research on Social Work Practice, 25,* 117-128.

Loeber, R., Burke, J. D., Lahey, B. B., Winters, A., & Zera, M. (2000). Oppositional defiant and conduct disorder: A review of the past 10 years, part 1. *Journal of the American Academy of Child and Adolescent Psychiatry, 39,* 1468-1484.

Loeber, R., Green, S. M., Lahey, B. B., Frick, P. J., & McBurnett, K. (2000). Findings on disruptive behavior disorders from the first decade of the Developmental Trends Study. *Clinical Child and Family Psychology Review, 3,* 37-60.

Luby, J., Lenze, S., & Tillman, R. (2012). A novel early intervention for preschool depression: Findings from a pilot randomized controlled trial. *Journal of Child Psychology and Psychiatry, 5,* 313-322.

Luyckx, K., Tildesley, E. A., Soenens, B., Andrews, J. A., Hampson, S. E., Peterson, M., et al. (2011). Parenting and trajectories of children's maladaptive behaviors: A 12-year prospective community study. *Journal of Clinical Child and Adolescent Psychology, 40,* 468-478.

Lyon, A. R., Gershenson, R. A., Farahmand, F. K., Thaxter, P. J., & Behling, S., & Budd, K. S. (2009). Effectiveness of teacher-child interaction training (TCIT) in a preschool setting. *Behavior Modification, 33,* 855-884.

Masse, J. J., McNeil, C. B., Wagner, S. & Quetsch, L. B. (2016). An examination of the efficacy of parent-child interaction therapy with children on the autism spectrum. *Journal of Child and Family Studies, 25,* 2508-2525.

McCabe, K., & Yeh, M. (2009). Parent-child interaction therapy for Mexican Americans: A randomized clinical trial. *Journal of Clinical Child and Adolescent Psychology, 38,* 753-759.

McNeil, C. B., Eyberg, S. M., Eisenstadt, T. H., Newcomb, K., & Funderburk, B. W. (1991). Parent-child interaction therapy with behavior problem children: Generalization of treatment effects to the school setting. *Journal of Clinical Child Psychology, 20,* 140-151.

N'Zi, A. M., Stevens, M. L., & Eyberg, S. M. (2016). Child directed interaction training for young children in kinship care: A pilot study. *Child Abuse and Neglect, 55,* 81-91.

Niec, L. N., Hemme, J. M., Yopp, J., & Brestan, E. V. (2005). Parent-child interaction therapy: The rewards and challenges of a group format. *Cognitive and Behavioral Practice, 12,* 113-125.

Nietcr, L., Thornberry, T., & Brestan-Knight, E. (2013). The effectiveness of group parent-child interaction therapy with community families. *Journal of Child and Family Studies, 22,* 490-501.

Nock, M. K., & Ferriter, C. (2005). Parent management of attendance and adherence in child and adolescent therapy: A conceptual and empirical review. *Clinical Child and Family Psychology Review, 8,* 149-166.

PCIT Task Force on Training. (2009). Training guidelines for parent-child interaction therapy. Retrieved from *www.pcit.org/pcit-certification.html.*

PCIT Task Force on Training. (2013). Training requirements. Retrieved from *www.pcit.org.*

Pincus, D. B., Santucci, L. C., Ehrenreich, J. T., & Eyberg, S. M. (2008). The implementation of modified parent-child interaction therapy for youth with separation anxiety disorder. *Cognitive and Behavioral Practice, 15,* 118-125.

Prinz, R. J., & Miller, G. E. (1994). Family-based treatment for childhood antisocial behavior: Experimental influences on dropout and engagement. *Journal of Consulting and*

Clinical Psychology, 62, 645–650.

Querido, J. G., Warner, T. D., & Eyberg, S. M. (2002). The cultural context of parenting: An assessment of parenting styles in African-American families. *Journal of Clinical Child and Adolescent Psychology, 31,* 272–277.

Schuhmann, E. M., Foote, R., Eyberg, S. M., Boggs, S. R., & Algina, J. (1998). Parent–child interaction therapy: Interim report of a randomized trial with short-term maintenance. *Journal of Clinical Child Psychology, 27,* 34–45.

Scudder, A. B., & Herschell, A. D. (2015). Building an evidence-base for the training of evidence-based treatments: Use of an expert informed approach. *Children and Youth Services Review, 55,* 88–92.

Solomon, M., Ono, M., Timmer, S., & Goodlin-Jones, B. (2008). The effectiveness of parent–child interaction therapy for families of children on the autism spectrum. *Journal of Autism and Developmental Disorders, 38,* 1767–1776.

Steinberg, L. (1990). Autonomy, conflict, and harmony in the family relationship. In S. S. Feldman & G. R. Elliott (Eds.), *At the threshold: The developing adolescent* (pp. 255–276). Cambridge, MA: Harvard University Press.

Thomas, R., & Zimmer-Gembeck, M. J. (2007). Behavioral outcomes of Parent–Child Interaction Therapy and Triple P–Positive Parenting Program: A review and meta-analysis. *Journal of Abnormal Child Psychology, 35,* 475–495.

Vando, J., Rhule-Louie, D. M., McMahon, R. J., & Spieker, S. J. (2008). Examining the link between infant attachment and child conduct problems in grade 1. *Journal of Child and Family Studies, 17,* 615–628.

Ware, L. M., McNeil, C. B., Masse, J., & Stevens, S. (2008). Efficacy of in-home parent–child interaction therapy. *Child and Family Behavior Therapy, 30,* 99–126.

Werba, B. E., Eyberg, S. M., Boggs, S. R., & Algina, J. (2006). Predicting outcome in parent–child interaction therapy: Success and attrition. *Behavior Modification, 30,* 618–646.

CHAPTER 8

Incredible Years 부모, 교사, 아동 훈련 시리즈
품행 문제 아동을 위한 다면적 치료

Carolyn Webster-Stratton & M. Jamila Reid

임상 문제의 개요

유아에게서 조기에 발병하는 품행 문제의 유병률은 6~15%로 매우 높으며(Egger & Angold, 2006; Sawyer et al., 2000), 저소득 가정에서는 유병률이 35%까지 높아지기도 한다(Webster-Stratton & Hammond, 1998). 발달연구자들에 의하면 보통 아동에 비해 유아기에 품행 문제나 적대적 반항장애(ODD)를 보이기 시작하는 '조기 발병' 비행 아동은 장차 심각하게 폭력적이고 만성적인 범죄자가 될 확률이 2~3배 높다(Loeber & Farrington, 2000; Loeber et al., 1993; Patterson, Capaldi, & Bank, 1991; Snyder, 2001; Tremblay et al., 2000). 실제로 청소년기와 성인기의 심각한 품행장애(CD)의 주요한 발달경로는 유아기에 확립되는 것으로 보인다.

 아동 품행 문제에 기여하는 위험요인으로는 비효과적인 양육(Farrington, Loeber, & Ttofi, 2012; Jaffee, Caspi, Moffitt, & Taylor, 2004), 가족의 정신건강 및 범죄력(Knutson, DeGarmo, Koeppl, & Reid, 2005), 아동의 생물학적 · 발달적 위험요인(예 : 주의력결핍장애, 학습장애, 언어지연; Beauchaine, Hinshaw, & Pang, 2010), 학교 위험요인(Hawkins, Catalano, Kosterman, Abbott, & Hill, 1999; Webster-Stratton & Reid, 2010a), 또래 및 지역사회 위험요인(예 : 빈곤, 범죄조직; Collins, Maccoby, Steinberg, Hetherington, & Bornstein, 2000; Hawkins et al., 2008) 등이 있다. 치료 효과 연구에 따르면 CD에 대한 개입은 청소년기나 비행 및 공격 행동이 안정

화된 후, 그리고 학업실패, 무단결석, 일탈 또래집단 형성과 같은 이차적 위험요인이 발달한 후에 실시되면 그 효과가 제한적이다(Dishion & Piehler, 2007; Offord & Bennett, 1994).

최근의 정책적 기조는 이차적 위험요인이 발달하기 이전에 초기 위험요인을 표적으로 하는 조기 개입이다. Incredible Years®(IY) 치료 프로그램은 행동 문제가 처음 시작되는 시기에 예방 및 치료하고, 다양한 환경에서 부모, 교사, 아동을 대상으로 개입하도록 설계되었다. 조기 개입에 대한 이러한 접근은 위험요인에 대응하고 보호요인을 강화하며, 이를 통해 공격적이고 폭력적인 행동이 심화되는 발달 궤적을 예방하는 데 도움을 준다. 이 장에서는 IY 프로그램과 관련 연구를 개관한다.

치료 프로그램에 대한 개념적 모델

IY 개입은 아동의 품행 문제의 발달과 예방에서 핵심적인 부모, 교사, 아동의 위험요인 및 보호요인을 변화시키는 것을 목표로 한다. 프로그램 시리즈와 가설적인 변화 기제의 개관은 http://incredibleyears.com/programs의 논리 모델과 그림 8.1에 제시되어 있다.

부모와 교사 프로그램은 가장 먼저 부모, 교사, 아동 간의 긍정적 관계와 애착을 강화하는 데 초점을 맞추며, 이를 위해 아동 주도적 상호작용 놀이, 사회적·정서적·학업적 인내력 코칭, 상호작용 독서 기법, 칭찬, 보상 프로그램 등에 대해 가르친다. 또한 교사와 부모는 나이에 적절한 능동적 양육과 지도 전략에 대해 논의하며, 여기에는 규칙과 예측 가능한 일과를 소개하기, 명확하게 지시하기, 긍정적 훈육 사용하기(예 : 감독하기, 무시하기, 효과적으로 한계 설정하기, 주의 전환하기, 행동에 뒤따르는 자연스럽고 논리적인 결과물 제시하기, 진정을 위한 타임아웃하기) 등이 포함된다. 유아기와 학령기 아동의 부모와 교사는 아동에게 문제해결, 교우관계, 정서조절 기술 등을 가르치는 방법에 대해 배우게 된다. 이러한 프로그램은 발달적 맥락을 고려하여 이루어지며, 부모와 교사는 프로그램 내용을 각 아동의 고유한 기질과 발달 수준에 맞춰 어떻게 적용할지를 논의한다.

아동훈련 프로그램은 긍정적인 사회적, 정서조절, 문제해결 행동을 지원하기 위한 외현적 학습을 제공한다. 이 훈련은 품행 문제와 주의력결핍 과잉행동장애(ADHD)가 있는 아동이 어려움을 겪는 영역에 초점을 맞추어 추가적인 구조화, 감독, 코칭, 그리고 아동이 바람직하지 않은 행동을 억제하고 정서를 관리하도록 돕는 반복적 학습 시연 등을 제공한다. 아동 프로그램은 집단 형태로 실시되며, 아동은 또래 속에서 새로운 기술을 연습하고, 개개인의 특수한 사회학습 필요(예 : 문제해결, 조망수용, 놀이 기술, 정서 이해력, 특수한 학업적 요구 등)에 초점을 맞춘 훈련을 받게 된다.

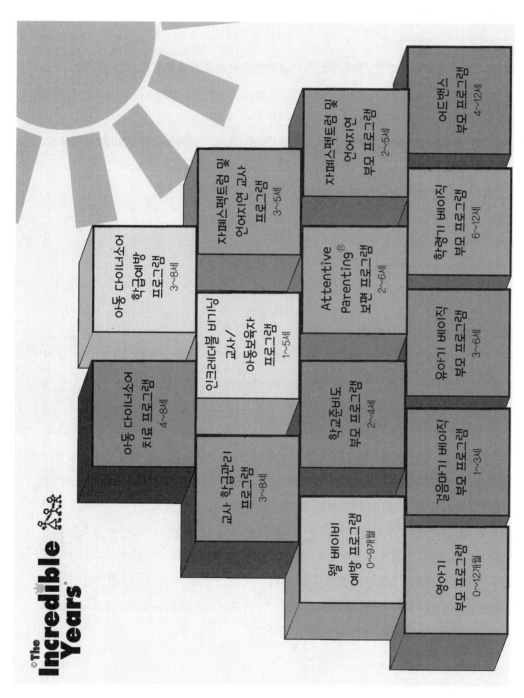

그림 8.1 시 개발 프로그램

치료 프로그램의 특징

IY 베이직 부모 프로그램

베이직 부모 프로그램의 목표

부모 프로그램의 목표는 다음을 통해 부모의 유능감을 촉진하고 가족을 강화하는 것이다.

- 긍정적 양육, 자신감, 부모−아동 애착의 증진
- 부모가 아동의 언어발달, 학업준비도, 인내력 및 집중력, 사회정서적 발달을 지원할 수 있도록 지도
- 가혹한 훈육의 감소 및 긍정적 행동관리 전략의 증가
- 부모의 문제해결, 우울, 분노관리, 긍정적 의사소통의 개선
- 가족지지체계 및 학교참여/관계의 증진
- 부모와 교사 간 협력 지원
- 부모의 가정 내 학업 관련 활동에의 참여 증가

베이직 IY 부모훈련 치료 프로그램의 내용

1980년, 비디오에 기반을 둔 상호작용식 부모 개입인 최초의 IY 프로그램(베이직)이 2~8세 아동의 부모를 대상으로 개발되고 연구되었다(Webster-Stratton, 1981). 이 프로그램은 수정과 개정을 거쳐 현재는 영아기 프로그램(4주~9개월), 걸음마기 프로그램(1~3세), 유아기 프로그램(3~5세), 학령기 프로그램(6~12세)과 같은 4개의 분리된 베이직 프로그램으로 구성된다. 훈련과 인증을 받은 IY 집단 리더/임상가는 10~12명의 부모로 구성된 집단을 매주 2시간씩 만나 선별된 DVD 삽화를 활용해 의견교환, 문제해결, 실습을 촉진시킨다. 각 프로그램은 리더를 위한 상세한 매뉴얼 및 본문, 부모를 위한 유인물 및 교재를 갖추고 있다. 매주 진행되는 회기의 수는 총 10~24주이다. 고위험 집단 또는 아동이 ODD나 ADHD 진단을 받은 가족을 위한 프로토콜은 예방 집단을 위한 프로토콜에 비해 더 길다(웹사이트의 프로토콜 참조). 집단 리더는 해당 집단에 권장되는 최소한의 회기 수를 채워야 하며, 가족의 목표, 필요, 진도에 따라 학습의 속도를 조절해야 한다. 각 프로그램의 구체적인 목표는 http:// incredibleyears.com/about/incredible-years-series/objectives에서 확인할 수 있다.

IY 영아기 및 걸음마기 프로그램

이들 프로그램은 영아기와 걸음마기의 아동이 주양육자와의 안정적 애착, 언어 및 사회적 표현, 자아의 초보적 발달의 세 가지 발달과업을 성공적으로 완수하는 데 초점을 둔다. 영아기 프로그램의 주제로는 아동 주도적 놀이, '부모어(parentese)' 말하기, 신체적 · 촉각적 · 시각적 자

극 제공하기, 온정적 양육 제공하기, 풍부한 언어 자극 제공하기, 안전한 환경 갖추기, 지지체계 구축하기 등이 포함된다.

걸음마기 프로그램의 주제에는 아동 주도적 놀이, 기술적인 코멘트하기, 사회정서적 지도, 언어적으로 풍부한 칭찬, 아동의 탐색 욕구 및 예측 가능한 일과의 필요성 이해하기, 명확한 한계설정, 안전한 환경 갖추기, 분리 및 재결합 전략 등이 포함된다.

IY 베이직 유아기 프로그램

이 프로그램은 학교준비도 기술(쓰기 준비, 읽기 준비, 발견적 학습), 정서조절, 초보적인 우정 기술을 촉진하는 발달과업에 초점을 맞춘다. 이 프로그램은 걸음마기 프로그램의 주제를 토대로 학업, 인내력, 자기조절 지도, 능동적 훈육, 아동에게 초보적인 문제해결 기술 지도 등의 주제를 추가한다.

학령기 프로그램

이 프로그램은 아동의 독립성, 학업적 학습동기, 가족 책임감의 발달, 그리고 공감 의식을 강화하는 데 초점을 둔다. 프로그램 주제는 계속적으로 부모와의 특별한 시간을 통한 핵심 관계 기술, 문제 행동을 다루는 보상체계, 명확하고 아동을 존중하는 한계설정, 가사일 권장, 예측 가능한 숙제 일과, 충분한 지도감독, 논리적 결과물, 교사와의 성공적 협력 등에 바탕을 둔다. 학령기 프로그램은 6~8세, 그리고 9~12세 아동을 위한 프로토콜이 있다. 9~12세 프로토콜에는 방과 후 활동의 지도감독, TV 및 컴퓨터 사용에 대한 가족 규칙, 약물 및 음주 관련한 내용이 포함된다.

어드밴스 부모훈련 치료 프로그램

양육 행동 자체와 별개로 부모 행동이나 사적인 생활의 다른 단면들이 아동의 품행 문제에 기여하는 위험요인이 되기도 한다(Farrington et al., 2012). 10~12회기로 구성된 어드밴스 치료 프로그램은 베이직 프로그램이 완료된 후 제공되며, 성인의 갈등 및 우울 관리, 문제해결, 정서조절 등을 지도한다. 이 프로그램은 개인 및 대인관계 요인들이 양육 기술에 부정적 영향을 미치는 것을 조절하고 치료 효과의 유지 및 일반화를 촉진시키기 위해 고안되었다.

부속 IY 양육 프로그램

지금까지 기술한 양육 프로그램에 더하여 특수한 발달 문제나 집단을 표적으로 개발된 부속 양육 프로그램들이 다수 존재한다.

학교준비도 프로그램

이 유아기 프로그램은 4회기로 구성되며 아동의 자신감을 지지하고 언어 및 읽기 기술을 강화함으로써 부모가 아동의 학교준비도를 촉진할 수 있도록 개발된 예방 프로그램이다.

Attentive Parenting® 프로그램

Attentive Parenting® 프로그램은 2~6세 아동을 위한 보편적 예방 프로그램으로 사회정서 및 인내력 지도, 읽기 기술을 가르치고, 아동의 자기조절과 문제해결 기술을 촉진하기 위해 고안되었다. 걸음마기 아동(2~4세)의 부모를 위한 4~6주 프로토콜과 4~6세 아동의 부모를 위한 6~8주 프로토콜이 있다.

자폐스펙트럼장애 아동을 위한 부모 프로그램

이 프로그램은 2~5세 아동을 위한 것으로 언어지연 및 자폐스펙트럼 아동이 등장하는 삽화 예시들을 제공한다. 이 프로그램은 12~14주로 구성되며 위 장애가 있는 아동의 부모가 전체 프로그램을 활용할 수도 있고, 자폐스펙트럼장애(ASD)가 있는 아동의 부모를 위한 베이직 유아기 프로그램을 보조하기 위해 일부 삽화만 사용할 수도 있다. 프로그램 주제는 베이직 양육 프로그램과 유사하나 발달지연이나 ASD가 있는 아동을 위해 변경되어야 하는 양육 전략에 초점이 맞춰져 있다. 양육 전략의 수정은 언어가 제한적인 아동을 위해 몸짓, 모방, 노래, 시각그림 카드 사용하기, 사회지각적 일과규칙으로 아동의 관심끌기, 역할놀이 및 인형놀이로 합동놀이 강화하기, 자기조절 가르치기, 선행요인 및 환경 수정을 통한 적절 행동 및 대안 행동 강화하기 등이 포함된다(Webster-Stratton, Dababnah, & Olson, 2017).

IY 교사 학급관리 개입

행동 문제가 있는 아동은 학교 입학 후에 부정적 학업 및 사회적 경험에 의해 품행 문제의 발달이 가속화된다. 공격적이고 파괴적인 아동은 사회적으로 빨리 고립되며, 이로 인해 또래와 상호작용하고 적절한 우정 기술을 습득할 기회를 잃게 된다. 또래거부는 결국 일탈또래와의 교류으로 이어지고, 이는 약물남용 및 반사회적 행동에 대한 위험을 높인다(Dishion & Piehler, 2007).

나아가 교사 행동과 학교 특성도 학급 내 공격성, 비행, 학업수행 저조와 관련이 있는데, 사회정서적 유능감을 강조하지 않거나 칭찬이 부족하거나 학생-교사 비율이 높은 것 등이 포함된다. 공격적인 아동은 종종 교사와 나쁜 관계로 발전하며 학급에서 배제되는 경우가 많다. 교사의 지지 부족과 학급에서의 배제는 아동의 사회적 문제와 학업적 어려움을 악화시키며 자퇴나 퇴학의 확률을 높인다. 가정과 학교의 개입을 통합하고 학교와 가정의 위험요인을 표적으로 하는 것은 환경 간 일관성을 높이고 반사회적 행동의 장기적 감소를 위해 가장 좋은 방법임이 분명하다.

교사 학급관리 훈련 개입의 내용

교사훈련 프로그램은 집단 형태로 6일(또는 42시간)로 구성되며, 3~8세 아동을 대하는 교사, 학교상담가, 심리학자 등을 대상으로 한다. 이 프로그램의 내용은 훈련 과정에서 교사들이 사용하는 책인 *Incredible Teachers*(Webster-Stratton, 2012b)에 완전히 기술되어 있다.

인크레더블 비기닝 교사 및 아동 보육자 프로그램

이 프로그램은 1~5세 아동을 돌보는 보육교사를 위해 총 6일로 구성된 집단 프로그램이다. 주제로는 아동의 분리불안에 대처하기, 양육자와의 애착 강화하기, 부모와 협력하고 부모의 참여 독려하기, 몸짓, 모방, 모델링, 노래, 구연놀이로 언어발달 자극하기, 인형, 시각자극, 책, 아동 주도적 지도로 사회정서적 발달 촉진하기, 능동적 행동관리 등이 포함된다.

자폐가 있는 유아를 위한 도움 : 교사-부모 파트너 프로그램

이 프로그램은 ASD 아동을 위한 IY 부모 프로그램과 교사 학급관리 프로그램에 덧붙여 사용할 수 있도록 만들어졌다. 또한 언어발달 및 또래와의 의사소통을 장려하는 방법에 초점을 두며, 교사와 부모가 사회정서적 지도를 제공하고 아동에게 자기조절 기술을 가르칠 수 있도록 돕는다.

IY 아동훈련 개입(다이너소어 스쿨)

품행장애의 발달은 생리학적 · 신경학적 · 신경심리학적 수준에서 아동의 내적 구조의 요소들과 관련이 있는데, 어린 시절부터 행동 문제가 만성적으로 지속된 아동의 경우에 특히 그러하다(Beauchaine, Neuhaus, Brenner, & Gatzke-Kopp, 2008). 품행 문제가 있는 아동은 기질적으로 부주의, 충동성, ADHD를 보일 확률이 높다. 사회인지적 기술의 결핍과 부정적 귀인 역시 조기에 발병하는 품행 문제와 연관이 되며, 이는 정서조절 문제와 공격적 또래관계에도 영향을 미친다(Dodge & Feldman, 1990). 품행 문제가 있는 아동은 상호놀이, 협동 기술, 순서 교대, 기다림, 의견 제시 등의 또래놀이 기술에서 현저한 지연을 보인다. 마지막으로 읽기, 학습, 언어지연과 자폐 또한 품행 문제, 특히 '조기발병 생애지속형'과 관계가 있다. 학업수행과 ODD/CD의 관계는 양방향적이어서 학업적 어려움이 좌절과 행동 문제로 이어지고, 또 행동 문제는 아동이 학습에 관여하는 능력을 제한한다. 학업지연과 품행 문제의 조합은 더 심각한 CD와 학업실패에 기여하는 것으로 보인다.

아동훈련 프로그램의 목표

아동훈련 프로그램은 다음을 통해 아동의 유능감을 강화하고 공격적이고 불순응적인 행동을 완화한다.

- 사회적으로 적절한 놀이 기술의 강화
- 아동의 자기통제 및 자기조절 전략 사용을 촉진
- 정서 인식 및 언어 증진
- 힘든 과제를 견디고 집중하는 능력 제고
- 학업적 성공, 읽기, 학교준비도 신장
- 반항, 공격성, 불순응, 또래거부, 괴롭힘의 감소 및 교사와 또래에 대한 순응 촉진
- 부정적 귀인과 갈등관리 방법의 감소
- 자존감과 자신감 고취

아동훈련 프로그램의 내용

아동 치료 프로그램에서 품행 문제가 있는 4~8세 아동은 6명으로 구성된 집단으로 매주 2시간씩 만난다. 이 프로그램은 18~22주로 구성되고, 부모훈련 프로그램의 내용과 어울리게 다음 일곱 가지 주요 요소로 구성된다. (1) 소개 및 규칙, (2) 공감과 정서, (3) 문제해결, (4) 분노 통제, (5) 우정 기술, (6) 의사소통 기술, (7) 학교 기술이 그것이다.

부모, 교사, 아동 훈련 프로그램의 집단 과정 및 방법

모든 프로그램의 근간이 되는 이론적 배경은 인지적 사회학습 이론으로(Patterson, Reid, & Dishion, 1992), Bandura의 모델링과 자기효능감 이론(Bandura, 1986), Piaget의 발달적 인지단계, 분노 및 우울의 자기대화에 대항하는 인지적 전략(Beck, 1979; Piaget & Inhelder, 1962), 애착 이론(Bowlby, 1980; Ainsworth, 1974)이 포함된다. 모든 IY 치료적 접근은 비디오 모델링, 역할극, 실습 활동, 실시간 치료자 및 또래 피드백 등을 포함하는 수행 훈련 방법에 의존한다. 학습의 모델링과 자기효능감 이론과 일관되게 프로그램 참가자들은 핵심 기술을 담은 비디오 삽화를 보고 따라 하며 기술을 발전시킨다. 비디오 예시들은 다양한 인물과 상황을 묘사하기 때문에 언어적 교수법이나 역할극에 비해 더 친근하고 유연한 훈련을 제공하는 방법이다. 프로그램 개발자는 이러한 유연한 모델링 접근을 통해 훈련 내용이 더 원활하게 일반화되고, 이에 따라 효과도 더 오래 유지되리라 가정하였다. 나아가 이는 언어가 제한적인 학습자에게 더 좋은 학습법이기도 하다.

비디오 삽화는 부모와 교사, 그리고 연령, 문화, 사회경제적 배경, 기질이 상이한 아동을 제시하여 참여자들이 자신과 유사한 인물을 최소한 몇 명 지각하고 삽화가 자신과 관련이 있다고 받아들이도록 한다. 여러 프로그램은 다양한 언어로 번역되었다. 삽화는 사람들이 자연스러운 상황에서 미리 연습을 하지 않은 채 '효과적'으로 그리고 '덜 효과적'으로 행동하는 것을 보여주며, 이는 '완벽한 양육, 완벽한 지도'에 대한 환상을 깨고 실수로부터 어떻게 배우는지를 제

시하기 위함이다. 또한 이러한 접근은 학습의 대처, 상호작용, 경험 모델을 강조한다(Webster-Stratton, 2012a; Webster-Stratton & Herbert, 1994). 즉 참가자는 어떤 상황의 비디오 삽화를 본 후 등장인물이 어떻게 효과적으로 상호작용했는지, 또는 어떻게 더 효과적으로 할 수 있을지에 대해 토론하고 실습한다. 이러한 접근은 참가자가 자신의 생각에 자신감을 갖도록 하고, 대인관계 상황을 분석하고 적절한 반응을 선택하는 능력을 발달시킨다. 이러한 맥락에서 IY 훈련은 치료자가 분석하고 특정 전략을 추천하는 여타의 훈련 프로그램들과는 차별화된다.

비디오 삽화는 행동원리를 제시하고, 토론, 자기반영, 문제해결, 실습, 협동적 학습의 촉진제가 된다. 치료자의 역할은 협력적 분위기 속에서 지도하기, 리드하기, 초점 전환하기, 예측하기, 역할극 등을 통해 집단 구성원을 지원하는 것이다. 협력적 분위기는 개개인의 문화적 차이와 사적인 가치관에 민감하게 개입이 이루어질 수 있도록 고안된다. 프로그램은 각 교사, 부모, 아동의 개인적 필요와 목표는 물론 각 아동의 기질과 행동 문제에 '맞춤화(tailored)'된다.

집단 형태는 개인치료보다 비용 효율적이고, 품행 문제가 있는 아동의 주요한 위험요인인 아동 및 가족의 고립과 낙인도 다룬다. 집단은 부모, 교사, 아동을 위해 지지와 긍정적 또래집단을 제공한다(부모, 교사, 아동의 치료 과정에 대한 구체적 내용은 Webster-Stratton, 2012a, 2012b 참조).

아동 프로그램은 아동의 연령에 발달적으로 맞추어 제시한다. 삽화를 본 후 아동은 감정을 이야기하고, 더 효과적인 반응을 제시하고, 대안 상황에 대해 역할극을 한다. 치료자는 실제 사람 크기의 인형을 사용하여 적절한 행동과 사고 과정을 모델링한다. 어린 아동은 주의를 빼앗기기 쉽고 자신의 생각을 정리하기 어려우며 기억력이 부족하기 때문에 치료 내용은 게임, 노래, 미술 프로젝트, 행동연습, 시각단서카드, 인형 내레이션, 비디오 삽화, 놀이시간 지도, 가정 활동, 교사 및 부모에의 편지 등을 통해 전달되고 복습된다.

가정중심 전달

다른 부모로부터 얻는 지지와 학습을 위해 집단 형태의 IY에 참여하는 것이 크게 권장되기는 하지만 각 양육 프로그램에는 가정중심코칭 모델(home-based coaching model)이 있다. 가정중심 회기는 집단에 참여할 수 없는 부모를 위해 제공되거나 결석 보충 회기로 사용될 수 있다. 또한 아동복지시설에서 의뢰되었거나 품행 문제, ADHD, 자폐스펙트럼 아동의 가정과 같이 고위험 가정을 위한 집단 프로그램에서 부모-자녀 실습을 위한 보조 프로그램으로 매우 권장된다.

치료 효과의 증거

치료가 필요한 집단을 대상으로 한 부모훈련 프로그램의 효과

ODD/CD와 ADHD 진단을 받은 2~8세 아동을 위한 IY 베이직 부모 치료 프로그램의 효능은 프로그램 개발자에 의해 수행된 8개의 무선통제집단실험에서 검증되었다. 연구에 대한 상세한 개관과 참고문헌은 http://incredibleyears.com/books/iy-training-series-book에서 찾을 수 있다. 베이직 프로그램은 대기자 통제집단에 비해 일관되게 부모의 태도와 부모–자녀 상호작용을 개선하였으며, 가혹한 훈육과 아동의 품행 문제를 감소시키는 것으로 나타났다. 이러한 결과는 걸음마기, 유아기, 학령기 프로그램에 모두 공통적이다(Gross, Fogg, Webster-Stratton, Garvey, Julion, & Grady, 2003). 한 연구(Webster-Stratton, 1994)에 의하면 베이직과 어드밴스 프로그램을 조합하면 아동의 친사회적 문제해결과 부모의 부부 간 상호작용에서 추가적인 효과가 있다. 이에 따라 치료 연구에서는 대체로 베이직과 어드밴스 프로그램을 결합하는 20~24주 프로그램이 ODD나 ADHD 아동의 부모를 위한 핵심 치료가 되었다. 최근의 한 예비 연구에서는 ASD가 있는 아동의 베이직 부모 프로그램을 평가하였고, 부모 스트레스의 감소를 포함하여 긍정적인 치료 효과를 보고하였다(Dababnah & Parish, 2014).

또한 많은 연구에서 IY 치료 효과가 치료 후 1~3년까지 지속되는 것으로 나타났다(Webster-Stratton, 1990; Webster-Stratton, Hollinsworth, & Kolpacoff, 1989; Webster-Stratton, Reid, & Beauchaine, 2013). 아동의 품행 문제로 IY 부모 프로그램에 참여한 가족을 치료 후 8~12년 동안 추적한 2개의 연구가 있다(Scott, Briskman, & O'Connor, 2014; Webster-Stratton, Rinaldi, & Reid, 2010). Webster-Stratton(1990)의 연구에서는 치료에 참여한 75% 가정의 10대 자녀는 최소한의 행동 문제나 정서 문제를 보이며 보통의 적응 수준을 보였다. Scott 등(2014)의 연구에서는 통제조건에서 개개인에 맞춘 지지치료를 받았던 어머니들에 비해 IY 치료조건의 어머니들은 정서적으로 더 온정적이고 청소년 자녀를 더 면밀히 감독하였으며 자녀의 읽기 기술이 월등히 좋아진 것으로 나타났다. 베이직 프로그램의 효과는 프로그램 개발자가 아닌 독립적인 연구자들에 의해 정신건강 클리닉에서 아동이 품행 문제 진단을 받은 가정(Drugli & Larsson, 2006; Drugli, Larsson, Fossum, & Morch, 2010; Gardner, Burton, & Klimes, 2006; Scott, Spender, Doolan, Jacobs, & Aspland, 2001; Scott et al., 2010; Taylor, Schmidt, Pepler, & Hodgins, 1998)과 병원에서 ADHD 증상을 보이는 걸음마기 아동 등의 임상집단에서도 반복적으로 검증되었다(Lavigne, LeBailly, Gouze, Cicchetti, Pochyly et al., 2008; Perrin, Sheldrick, McMenamy, Henson, & Carter, 2014).

2개의 연구에서 ODD 아동의 부모를 대상으로 IY 아동훈련(CT)과 IY 교사훈련을 부모 프로그램(PT)과 결합시키는 것의 추가적인 효과를 살펴보았다(Webster-Stratton & Hammond,

1997; Webster-Stratton, Reid, & Hammond, 2004). 두 연구 모두에서 아동훈련과 교사훈련을 추가하는 것이 이득이라는 결과를 얻었다(구체적 연구 결과는 아동 및 교사 훈련 프로그램의 효과를 다룬 다음 절 참조).

선별집단과 전체집단을 대상으로 한 부모훈련 프로그램의 효과

부모 프로그램은 개발자(Reid, Webster-Stratton, & Beauchaine, 2001; Webster-Stratton, 1998; Webster-Stratton, Reid, & Hammond, 2001)와 독립적인 연구자(Pidano & Allen, 2015; Webster-Stratton & Reid, 2010a 개관논문 참조)에 의해 실시된 다수의 무선할당 통제실험(RCT)에서 사회경제적 지위가 낮은 다양한 집단에도 효과적인 것으로 나타났다. 이 연구들에서는 앞서 기술한 치료 연구들과 유사하게 양육 및 아동 행동에 대한 긍정적 효과가 확인되었으며, 이러한 효과는 다양한 문화적 배경을 지닌 부모들에게서 일관되게 나타났다. 독립적인 연구자들이 수행한 반복검증은 대학 연구소가 아닌 지역사회 장면에서 실시된 '효과성' 시행이었으며, IY 치료자는 센터나 병원의 직원들(간호사, 사회복지사, 심리학자)이었다(예 : Perrin et al., 2014; Posthumus, Raaijmakers, Maassen, Engeland, & Matthys, 2012; Raaijmakers et al., 2008). IY 프로그램은 미국의 라틴계, 아시아계, 아프리카계, 유럽계 미국인(Reid et al., 2001)과 영국, 아일랜드, 노르웨이, 스웨덴, 네덜란드, 뉴질랜드, 웨일즈, 러시아 등 다른 나라에서도 효과적인 것으로 나타났다(Gardner et al., 2006; Hutchings et al., 2007; Larsson et al., 2009; Raaijmakers et al., 2008; Scott et al., 2001, 2010).

　IY 부모 프로그램의 효과를 통제집단이 포함된 설계로 검증한 50개 연구를 대상으로 한 메타분석 연구(Menting, Orobio de Castro, & Matthys, 2013)에서 문제 행동에 대한 평균적 효과크기는 북미에서 실시된 40개 연구에서는 $d=0.39$, 유럽에서 실시된 10개 연구에서는 $d=0.31$이었다. 이러한 결과는 IY 부모 프로그램이 다른 문화와 국가에 적용이 가능함을 보여준다. 표 8.1은 개발자에 의해 실시된 IY 연구를 요약한 것이다.

　지금까지 독립적인 연구자에 의해 실시된 RCT는 노르웨이에서 1개 있었으며, 이 연구에서는 보편적인 저위험 집단을 대상으로 간소화된 베이직 유아기 프로그램이 긍정적 효과를 보이는 것으로 나타났다(Reedtz, 2010). 현재 노르웨이에서는 Attentive Parenting 프로그램을 일반 집단에 실시하는 또 다른 연구도 진행 중이다. IY 영아기 및 자폐 프로그램을 살펴본 2개의 예비 연구의 결과 또한 긍정적으로 보인다(Evans, Davies, Williams, & Hutchings, 2015; Hutchings, Pearson-Blunt, Pasteur, Healey, & Williams, 2016).

부모훈련 치료에서 누가 이득을 얻는가

우리는 치료 효과의 통계적 유의도와 임상적 유의도를 모두 평가하였다. 임상적 유의도는 기능

표 8.1 IY 프로그램 치료 효과 연구의 요약

		연구 정보	
		연구자 : 프로그램 개발자 또는	대상집단 :
평가 프로그램	연구 수[a]	독립적 반복검증	예방 또는 치료
부모	6	개발자	치료
부모	4	개발자	예방
아동	2	개발자	치료
아동	1	개발자	예방
교사	1	개발자	치료
교사	2	개발자	예방
부모	5	반복검증	치료
부모	5	반복검증	예방
아동	1	반복검증	치료
아동	1	반복검증	예방
교사	2	반복검증	예방

	결과변수	
측정변수(관찰 및 평정)	효과크기[b](Cohen's d)	가장 효과적인 프로그램
긍정적 양육 증가	$d = 0.46 - 0.51$	부모
가혹한 양육 감소	$d = 0.74 - 0.81$	부모
가정에서 아동의 행동 문제 감소	$d = 0.41 - 0.67$	부모
아동의 사회적 유능감	$d = 0.69 - 0.79$	아동
학교 준비도 및 참여	$d = 0.82 - 2.87$	아동 및 교사
학교에서 아동의 행동 문제	$d = 0.71 - 1.23$	아동 및 교사
부모–학교 유대관계	$d = 0.57$	교사
교사의 긍정적 관리	$d = 1.24$	교사
교사의 핵심적 지도	$d = 0.32 - 1.37$	교사

[a] 모든 연구는 무선통제집단 설계를 사용했으며 참고문헌에 인용되어 있다. 치료 연구에서 피험자는 아동 수준에서 무선적으로 배정되었으며, 예방 연구에서 무선배정은 반 또는 학교 수준에서 이루어졌다.
[b] 효과크기는 프로그램 개발자에 의해 수행된 치료 및 예방 연구를 포함하며 집단 간 효과를 나타낸다. 효과크기의 범위는 해당 결과변수를 포함하는 모든 연구를 반영한 수치이다. 독립적인 반복검증 연구에서 효과크기 계산을 위한 정보는 구할 수 없었다. 비교적 최근에 개발된 부속 부모 프로그램과 인크레더블 비기닝 교사 프로그램에 대한 연구는 개발자에 의해 아직 이루어지지 않았으며, 현재 노르웨이와 웨일즈에서 연구 중이다.

이 정상 또는 비임상 범위이거나 규준이 확립되어 있지 않은 경우에는 30%의 개선으로 정의되었다. 베이직 프로그램으로 치료를 받은 83개의 가정을 3년간 추적한 연구에서 25~46%의 부모와 26%의 교사는 여전히 아동의 행동 문제를 보고하였다(Webster-Stratton, 1990). 그리고 아

동의 외현화 문제가 지속되었다고 부모나 교사가 보고한 경우, 결혼불만족이나 편부모 가정, 높은 어머니 우울, 낮은 사회계층, 높은 수준의 부정적 생활 스트레스, 알코올 중독, 약물남용, 배우자 학대의 가족력이 있을 확률이 높은 것으로 나타났다(Webster-Stratton, 1990; Webster-Stratton & Hammond, 1990).

　　Hartman은 아동의 ADHD 증상(즉 부주의, 충동성, 과잉행동)이 부모훈련 개입(베이직)의 낮은 치료적 성과를 예측하는지를 살펴보았다(Hartman, Stage, & Webster-Stratton, 2003). 분석 결과, Hartman의 가설과는 반대로 ODD/CD가 있는 아동 중 주의 문제가 있는 아동은 그렇지 않은 아동에 비해 품행 문제가 더 많이 감소한 것으로 나타났다. UK 연구에서 ADHD 아동을 대상으로 유사한 결과가 보고되기도 하였다(Scott et al., 2001). 주 진단이 ADHD인 아동을 대상으로 이루어진 최근의 한 연구에서 부모와 아동 프로그램을 조합하는 것이 아동의 외현화, 과잉행동, 부주의, 반항적 행동을 감소시키고, 정서조절과 사회적 유능감을 증진하는 데 효과적인 것으로 나타났다(Webster-Stratton, Reid, & Beauchaine, 2011; Webster-Stratton et al., 2013).

　　Rinaldi(2001)는 장기적 효과의 예측요인을 살펴보았는데, 치료 후 어머니의 비난 수준과 아버지의 칭찬 사용이 치료 8~12년 후 아동이 10대일 때의 결과를 예측하였다. 아울러 치료 직후에 나타나는 아동과 어머니 간의 강압성의 수준이 이후 10대에서의 적응을 예측하였다.

아동 및 교사 훈련 프로그램의 효과

부모 프로그램에 부속된 아동 및 교사 프로그램의 치료 연구

현재까지 프로그램 개발자는 3개의 무선통제 실험을 통해서 아동 프로그램이 ODD/CD와 ADHD 진단을 받은 아동의 품행 문제를 감소시키고 사회적 유능감을 증진시키는 효과를 평가하였다. 첫 번째 연구(Webster-Stratton & Hammond, 1997)에서 ODD가 있는 아동과 그들의 부모는 부모훈련치료(PT), 아동훈련치료(CT), 아동＋부모치료(CT＋PT), 또는 대기자 통제집단으로 무선 할당되었다. 세 가지 치료조건은 모두 통제조건에 비해 부모와 아동 행동에서 개선을 보였다. 치료조건 간 비교에서는 CT를 받은 아동은 PT만 받은 집단에 비해 문제해결과 갈등관리 기술에서 개선을 보였다. 가정에서의 부모와 아동의 행동을 살펴보면, PT와 CT＋PT 조건의 부모와 아동은 CT 부모와 아동에 비해 더 많은 긍정적 상호작용을 보였다. 치료 직후 나타난 모든 효과들은 1년 경과 후에도 지속이 되었으며, 가정에서 아동의 품행 문제는 시간에 따라 감소하였다. 결과의 임상적 유의도 분석에서 CT＋PT 집단에서 치료 1년 후에 아동의 행동개선이 가장 잘 유지가 된 것으로 나타났다. 교사 평정에 의하면 모든 치료조건의 아동은 1년 후 학교에서 행동 문제가 증가하였다.

　　두 번째 연구에서 Webster-Stratton 등(2004)은 부모, 아동, 교사 훈련의 서로 다른 조합 간의 효과를 검증하였다. ODD 진단을 받은 아동이 있는 가정은 다음 여섯 조건 중 하나로 무선 할당되었다. (1) 부모훈련(PT), (2) 아동훈련(CT), (3) 부모훈련 및 교사훈련(PT+TT), (4) 부모훈련, 교사훈련, 아동훈련(PT+TT+CT), (5) 아동훈련 및 교사훈련(CT+TT), (6) 대기자 통제집단이 그것이다.

이 연구(Webster-Stratton et al., 2004)의 결과는 부모와 아동훈련 프로그램에 대한 선행 연구와 일관되었으며, 교사훈련은 교사의 학급관리 기술을 증진하고 아동의 학급 내 공격 행동을 감소시키는 것으로 나타났다. 또한 부모훈련에 아동훈련 또는 교사훈련을 추가하는 조합이 가장 효과적이었다. 대부분의 치료 효과는 1년 후에도 유지가 되었다.

세 번째 RCT 연구에서는 ADHD 진단을 받은 아동을 위한 IY 부모 프로그램과 아동훈련 프로그램을 조합한 효과를 평가하였다. 가정에서의 독립적 관찰로 수집한 자료에서 아동이 어머니에게 보이는 반항 행동에서 치료 효과가 나타났다. 어머니, 아버지, 교사는 아동의 외현화 행동이 감소했다고 보고하였으며, 학급 내 또래관찰에서는 치료를 받은 아동의 사회적 유능감이 개선된 것으로 나타났다(Webster-Stratton et al., 2011).

예방 연구 예시 : 프로그램 개발자(Webster-Stratton et al., 2001)와 독립적인 연구자(Raver et al., 2008)가 수행한 무선통제집단 연구에서 헤드스타트 교사들을 대상으로 교사학급관리(TCM) 훈련의 예방적 효과를 평가하였다. Webster-Stratton 등(2001)의 연구에서 치료집단의 아동은 통제집단의 아동에 비해 학교에서 더 적은 품행 문제를 보였으며, 훈련을 받은 교사는 더 우수한 학급관리와 부모와의 관계형성을 보였다. Raver 등(2008)의 연구에서 치료조건의 헤드스타트 학급은 통제조건에 비해 더 긍정적인 학급분위기, 교사 민감성, 행동관리를 보이는 것으로 나타났다.

초등학교 교사를 대상으로 이루어진 최근의 한 연구에서는 TCM 프로그램이 아동의 교육과 학업성취에 부모의 참여가 중요하다는 교사의 인식에 영향을 주는지를 살펴보았다(Reinke, Stormont, Webster-Stratton, Newcomer, & Herman, 2012; Reinke et al., 2014). TCM에 대한 무선시행(교사 105명, 학생 1,818명)의 예비분석 결과, 교사-부모 관계와 부모의 교육적 참여를 강화하는 것이 학교에서 아동의 학업적·행동적 결과를 개선시킬 가능성이 높은 것으로 나타났다(Reinke, Herman, & Dong, 2016).

마지막으로 헤드스타트와 저소득 지역의 초등학교를 대상으로 실시한 교사훈련과 학급 내 다이너소어 커리큘럼의 조합을 평가한 RCT가 있다(교사 153명, 학생 1,768명). 연구 결과, 통제조건에 비해 치료조건 학생들의 품행 문제, 자기조절, 사회적 유능감에서 개선 효과가 나타났다(Webster-Stratton, Reid, & Stoolmiller, 2008).

다이너소어 아동훈련에서 누가 이득을 얻는가

ODD/CD가 있는 4~8세 아동 99명은 아동훈련 치료집단 또는 통제집단으로 무선 할당되고 다양한 위험요인(아동의 과잉행동, 양육방식, 가족 스트레스)을 평가받았다. 과잉행동이나 가족 스트레스 위험요인은 아동이 치료 프로그램에서 효과를 보는 데 영향을 미치지 않았다. 그러나 부정적 양육은 아동의 치료 성과에 부정적 영향을 미쳤다. 부모에게 부정적 양육의 위험요인(높은 비난 또는 체벌)이 한 가지 있는 아동은 이러한 위험요인이 없는 부모의 아동에 비해 치료적 개선을 보이는 수가 적었다. 이러한 결과는 부모가 가혹하고 강압적인 양육을 보이는 아동의 경우, 아동 개입에 더해 부모 개입이 제공될 필요가 있음을 시사한다(Webster-Stratton et al., 2001). 또한 가정 및 학교에서 광범위한 품행 문제를 보이는 아동을 위한 부모훈련의 치료 효과는 아동훈련을 함께할 경우 더 강화된다고 밝혀졌다.

누가 또 어떻게 치료에서 이득을 얻는가

Beauchaine 등은 IY 프로그램에 대한 6개의 RCT 자료(3~9세 아동 514명)를 합쳐 치료 효과의 매개요인, 조절요인, 예측요인을 살펴보았다(Beauchaine, Webster-Stratton, & Reid, 2005). 연구에 참여한 가족들은 부모훈련, 아동훈련, 교사훈련, 또는 이들 치료의 조합을 받았다. 결혼생활 적응, 어머니의 우울, 아버지의 약물남용, 아동의 불안 및 주의 문제의 동반이환은 치료의 조절요인으로 나타났다. 대부분의 경우 부모훈련을 포함하는 치료조합이 그렇지 않은 개입보다 효과가 뛰어났다. 예를 들면, 결혼생활에서 어려움을 겪는 어머니의 아동은 부모훈련이 치료에 포함된 경우에 훨씬 결과가 좋았다. 실제로 부모훈련은 다양한 조절요인에 관계없이 가장 일관된 결과를 보였으며, 부모훈련을 하는 것보다 하지 않는 편이 더 나은 개입은 없었다. 그러나 교사훈련을 추가하는 것은 충동성이 높은 아동에게 중요한 것으로 보였다. 마지막으로 이러한 조절 효과에도 불구하고 치료 요소가 많은 치료(부모, 아동, 교사 훈련까지)에서 어머니가 평정한 외현화 문제의 감소 기울기가 더 크게 나타났다. 이는 모든 조건이 동일하다는 전제하에 더 많은 치료가 적은 치료보다 나음을 시사한다. 가혹한 양육은 치료 성공을 매개하기도 하고 예측하기도 하였다. 다시 말해 부모가 기저선에서는 상대적으로 언어적 비난과 가혹한 양육의 수준이 높았으나 그럼에도 불구하고 치료 중에 개선을 보인 경우에 아동의 치료적 반응이 가장 우수한 것으로 나타났다.

　품행 문제의 유무와 관계없이 사회경제적으로 열악한 아동을 대상으로 한 예방 연구(Reid, Webster-Stratton, & Baydar, 2004)에서 어머니가 부모훈련에 참여한 정도와 어머니의 비난적 양육이 감소하였는지가 아동의 변화와 연관되는 것으로 나타났다. 이 연구에서 어머니의 프로그램 참여는 비난 수준이 가장 높은 어머니와 아동의 품행 문제 수준이 가장 높은 어머니에게서 가장 높게 나타났다. 동일한 예방 자료를 분석한 두 번째 연구(Baydar, Reid, & Webster-

Stratton, 2003)에서 정신건강 위험요인(즉 우울, 분노, 아동기 학대 피해, 약물남용)이 있는 어머니는 이러한 위험요인이 없는 어머니에 비해 기저선에서 더 안 좋은 양육을 보였지만, 위험요인이 없는 어머니들과 동등한 수준으로 부모훈련 프로그램에 참여하고 효과를 얻었다. 또한 연구에 따르면 개입 용량이 치료 성과와 관련이 있었는데, 더 많은 회기에 참여한 어머니들은 더 적은 회기에 참여한 이들에 비해 양육에서 더 큰 개선을 보였다. 이와 유사하게 다른 연구에서도 1차 진료 기관의 ODD 아동을 대상으로 치료 회기가 많을수록 치료 효과가 크게 나타나는 용량 효과를 확인한 바 있다(Lavigne, LeBailly, Gouze, Cicchetti, Jessup et al., 2008). 이는 개입을 축약하지 않는 것이 중요하다는 근거가 된다.

향후 방향

최근 들어 IY 부모 프로그램이 확대되어 영아와 걸음마기 유아(0~3세), 그리고 나이 많은 아동(8~13세)도 포함하는 새로운 삽화가 포함되었다. 여러 연구(Henningham, Hutchings, Griffith, Bywater, & Williams, 2013; Gross et al., 2003; Perrin et al., 2014)에서 IY 걸음마기 프로그램의 긍정적 효과를 확인하였으며, 우울한 어머니를 대상으로 하는 영아 및 걸음마기 프로그램의 조합에 대한 평가가 현재 진행 중이다. IY 프로그램을 가정중심 코칭 방법으로 전달하는 것에 대한 더 많은 연구가 필요하며, 집단에 따라 필요한 IY 프로그램의 유형, 시기, 용량에 대한 연구도 요구된다. 보다 최근에 개발된 인크레더블 비기닝 프로그램에서 아주 어린 아동의 보육 제공자를 대상으로 하는 광범위한 훈련의 성과를 평가하기 위한 새로운 연구들도 필요하다. 자폐 스펙트럼 아동의 교사와 부모를 위한 새로운 IY 프로그램에 대한 연구도 되어야 한다. 예방 및 치료 서비스의 연속체를 제공함으로써 CD, 비행, 폭력이 심화되는 발달을 어떻게 예방할 수 있는지, 그리고 아동의 사회정서적 · 학업적 발달을 어떻게 최적화할 수 있는지에 대한 지식을 축적할 수 있다.

맺음말

많은 연구에서 IY 프로그램이 전세계 다양한 맥락에 걸쳐 적용이 가능하다고 밝혔지만(Gardner, Montgomery, & Knerr, 2015), 대규모로 충실하게 프로그램을 확산하는 것은 프로그램의 성공적 실행을 위해 남아 있는 과제이다. 안타깝게도 실제 현장에서 치료자들이 개입을 실시하면 프로그램의 충실성과 긍정적 효과가 감소하는 경우가 많다고 연구되었다(Hoagwood, Burns, & Weisz, 2002; Schoenwald & Hoagwood, 2001).

더 많은 연구를 통해 경제적, 정치적, 기관, 치료자 변수가 충실성에 미치는 영향을 알아보아야 한다. 우리는 어린 아동을 대상으로 CD를 예방 및 치료하고, 사회정서적 유능감을 촉진하는 방법을 알고 있다. 이제는 이러한 프로그램이 충실성 있게 질적으로 우수하며 지속 가능하게 대규모로 실시될 수 있도록 지원하고 그 성과를 평가할 시점이다.

감사의 말

이 장에서 인용한 연구는 다음의 지원을 받아 수행되었다. National Institutes of Health National Center for Nursing Research (Grant No. 5 R01 NR01075), National Institute of Mental Health NIMH Research Scientist Development Award (No. MH00988). Carolyn Webster-Stratton은 본인이 이 장에 포함된 치료들을 보급하고 치료에 대한 호의적 보고로 인해 이득을 얻기 때문에 금전적 이해 충돌이 있음을 밝혔다. 그 때문에 그녀는 1차 자료를 다루고 분석하는 등의 몇몇 주요한 연구활동에 자발적으로 참여하지 않았다. 이러한 조치는 University of Washington의 승인을 받았다.

참고문헌

Ainsworth, M. (1974). Infant–mother attachment and social development: Socialization as a product of reciprocal responsiveness to signals. In M. Richards (Ed.), *The integration of the child into the social world*. Cambridge, UK: Cambridge University Press.

Bandura, A. (1977). *Social learning theory*. Englewood Cliffs, NJ: PrenticeHall.

Bandura, A. (1986). *Social foundations of thought and action*. Englewood Cliffs, NJ: Prentice Hall.

Baydar, N., Reid, M. J., & Webster-Stratton, C. (2003). The role of mental health factors and program engagement in the effectiveness of a preventive parenting program for Head Start mothers. *Child Development, 74*(5), 1433–1453.

Beauchaine, T. P., Hinshaw, S. P., & Pang, K. L. (2010). Comorbidity of attention-deficit/hyperactivity disorder and early-onset conduct disorder: Biological, environmental, and developmental mechanisms. *Clinical Psychology: Science and Practice, 17*, 327–336.

Beauchaine, T. P., Neuhaus, E., Brenner, S. L., & Gatzke-Kopp, L. (2008). Ten good reasons to consider biological processes in prevention and intervention research. *Development and Psychopathology, 20*, 745–774.

Beauchaine, T. P., Webster-Stratton, C., & Reid, M. J. (2005). Mediators, moderators, and predictors of one-year outcomes among children treated for early-onset conduct problems: A latent growth curve analysis. *Journal of Consulting and Clinical Psychology, 73*(3), 371–388.

Beck, A. T. (1979). *Cognitive therapy and emotional disorders*. New York: New American Library.

Bowlby, J. (1980). *Attachment and loss: Loss, sadness, and depression*. New York: Basic Books.

Collins, W. A., Maccoby, E. E., Steinberg, L., Hetherington, E. M., & Bornstein, M. H. (2000). Contemporary research on parenting: The case for nurture and nature. *American Psychologist, 55*, 218–232.

Dababnah, S., & Parish, S. L. (2014). Incredible Years program tailored to parents of pre-schoolers with autism: Pilot results. *Research on Social Work Practice, 10,* 1–14.

Dishion, T. J., & Piehler, T. F. (2007). Peer dynamics in the development and change of child and adolescent problem behavior. In A. S. Masten (Ed.), *Multilevel dynamics in development psychopathology: Pathways to the future* (pp. 151–180). Mahwah, NJ: Erlbaum.

Dodge, K. A., & Feldman, E. (1990). Issues in social cognition and sociometric status. In S. R. Asher & J. D. Coie (Eds.), *Peer rejection in childhood: Origins, consequences, and intervention* (pp. 119–155). New York: Cambridge University Press.

Drugli, M. B., & Larsson, B. (2006). Children aged 4–8 years treated with parent training and child therapy because of conduct problems: Generalisation effects to day-care and school settings *European Child and Adolescent Psychiatry, 15,* 392–399.

Drugli, M. B., Larsson, B., Fossum, S., & Morch, W. (2010). Five-to six-year outcome and its prediction for children with ODD/CD treated with parent training. *Journal of Child Psychology and Psychiatry, 51*(5), 559–566.

Egger, H. L., & Angold, A. (2006). Common emotional and behavioral disorders in preschool children: Presentation, nosology, and epidemiology. *Journal of Child Psychology and Psychiatry, 47,* 313–337.

Evans, S., Davies, S., Williams, M., & Hutchings, J. (2015). Short-term benefits from the Incredible Years Parents and Babies Programme in Powys. *Community Practice, 88*(9), 46–48.

Farrington, D. P., Loeber, R., & Ttofi, M. M. (2012). Risk and protective factors for offending. In B. C. Welsh & D. P. Farrington (Eds.), *Oxford handbook of crime prevention* (pp. 46–69). Oxford, UK: Oxford University Press.

Gardner, F., Burton, J., & Klimes, I. (2006). Randomized controlled trial of a parenting intervention in the voluntary sector for reducing conduct problems in children: Outcomes and mechanisms of change. *Journal of Child Psychology and Psychiatry, 47*(11), 1123–1132.

Gardner, F., Montgomery, P., & Knerr, W. (2015). Transporting evidence-based parenting programs for child problem behavior (age 3–10) between countries: Systematic review and meta-analysis. *Journal of Clinical Child and Adolescent Psychology, 53,* 1–14.

Gross, D., Fogg, L., Webster-Stratton, C., Garvey, C., Julion, W., & Grady, J. (2003). Parent training of toddlers in day care in low-income urban communities. *Journal of Consulting and Clinical Psychology, 71*(2), 261–278.

Hartman, R. R., Stage, S., & Webster-Stratton, C. (2003). A growth curve analysis of parent training outcomes: Examining the influence of child factors (inattention, impulsivity, and hyperactivity problems), parental and family risk factors. *Child Psychology and Psychiatry Journal, 44*(3), 388–398.

Hawkins, J. D., Brown, E. C., Oesterle, S., Arthur, M. W., Abbott, R. D., & Catalano, R. F. (2008). Early effects of Communities That Care on targeted risks and initiation of delinquent behavior and substance abuse. *Journal of Adolescent Health, 43*(1), 15–22.

Hawkins, J. D., Catalano, R. F., Kosterman, R., Abbott, R., & Hill, K. G. (1999). Preventing adolescent health-risk behaviors by strengthening protection during childhood. *Archives of Pediatrics and Adolescent Medicine, 153,* 226–234.

Henningham, H., Hutchings, J., Griffith, N., Bywater, T., & Williams, M. (2013). Targeted vs universal provision of support in high-risk communities: Comparison of characteristics in two populations recruited to parenting interventions. *Journal of Children's Services, 8*(3), 169–182.

Hoagwood, K., Burns, B. J., & Weisz, J. (2002). A profitable conjunction: From science to service in children's mental health. In B. J. Burns & K. Hoagwood (Eds.), *Community-based interventions for youth with severe emotional disturbances* (pp. 327–338). New York: Oxford University Press.

Hutchings, J., Gardner, F., Bywater, T., Daley, D., Whitaker, C., Jones, K., et al. (2007). Parenting intervention in Sure Start services for children at risk of developing conduct disorder: Pragmatic randomized controlled trial. *British Medical Journal, 334*(7595), 1–7.

Hutchings, J., Pearson-Blunt, R., Pasteur, M.-A., Healey, H., & Williams, M. (2016). A pilot trial of the Incredible Years® Autism Spectrum and Language Delays Programme. *Good Autism Practice, 17*(1), 15–22.

Jaffee, S. R., Caspi, A., Moffitt, T. E., & Taylor, A. (2004). Physical maltreatment victim to antisocial child: Evidence of environmentally mediated process. *Journal of Abnormal Psychology, 113*, 44–55.

Knutson, J. F., DeGarmo, D., Koeppl, G., & Reid, J. B. (2005). Care neglect, supervisory neglect and harsh parenting in the development of children's aggression: A replication and extension. *Child Maltreatment, 10*, 92–107.

Larsson, B., Fossum, B., Clifford, G., Drugli, M., Handegard, B., & Morch, W. (2009). Treatment of oppositional defiant and conduct problems in young Norwegian children: Results of a randomized trial. *European Child Adolescent Psychiatry, 18*(1), 42–52.

Lavigne, J. V., LeBailly, S. A., Gouze, K. R., Cicchetti, C., Jessup, B. W., Arend, R., et al. (2008). Predictor and moderator effects in the treatment of oppositional defiant disorder in pediatric primary care. *Journal of Pediatric Psychology, 33*(5), 462–472.

Lavigne, J. V., LeBailly, S. A., Gouze, K. R., Cicchetti, C., Pochyly, J., Arend, R., et al. (2008). Treating oppositional defiant disorder in primary care: A comparison of three models. *Journal of Pediatric Psychology, 33*(5), 449–461.

Loeber, R., & Farrington, D. P. (2000). Young children who commit crime: Epidemiology, developmental origins, risk factors, early interventions, and policy implications. *Developmental Psychopathology, 12*(4), 737–762.

Loeber, R., Wung, P., Keenan, K., Giroux, B., Stouthamer-Loeber, M., Van Kammen, W. B., et al. (1993). Developmental pathways in disruptive child behavior. *Development Psychopathology, 5*, 103–133.

Menting, A. T. A., Orobio de Castro, B., & Matthys, W. (2013). Effectiveness of the Incredible Years parent training to modify disruptive and prosocial child behavior: A meta-analytic review. *Clinical Psychology Review, 33*(8), 901–913.

Offord, D. R., & Bennett, K. J. (1994). Conduct disorder: Long term outcomes and intervention effectiveness. *Journal of the American Academy of Child and Adolescent Psychiatry, 33*, 1069–1078.

Patterson, G. R., Capaldi, D., & Bank, L. (1991). An early starter model for predicting delinquency. In D. J. Pepler & K. H. Rubin (Eds.), *The development and treatment of childhood aggression* (pp. 139–168). Hillsdale, NJ: Erlbaum.

Patterson, G., Reid, J., & Dishion, T. (1992). *Antisocial boys: A social interactional approach* (Vol. 4). Eugene, OR: Castalia.

Perrin, E. C., Sheldrick, R. C., McMenamy, J. M., Henson, B. S., & Carter, A. S. (2014). Improving parenting skills for families of young children in pediatric settings: A randomized clinical trial. *Journal of American Medical Association Pediatrics, 168*(1), 16–24.

Piaget, J., & Inhelder, B. (1962). *The psychology of the child*. New York: Basic Books.

Pidano, A. E., & Allen, A. R. (2015). The Incredible Years Series: A review of the independent research base. *Journal of Child Family Studies, 24*, 1898–1916.

Posthumus, J. A., Raaijmakers, M. A. J., Maassen, G. H., Engeland, H., & Matthys, W. (2012). Sustained effects of Incredible Years as a preventive intervention in preschool children with conduct problems. *Journal of Abnormal Child Psychology, 40*(4), 487–500.

Raaijmakers, M., Posthumus, J. A., Maassen, G. H., Van Hout, B., Van Engeland, H., & Matthys, W. (2008). *The evaluation of a preventive intervention for 4-year-old children at risk for disruptive behavior disorders: Effects on parenting practices and child behavior.* Doctoral dissertation, University Medical Center Utrecht, Utrecht, The Netherlands.

Raver, C. C., Jones, S. M., Li-Grining, C. P., Metzger, M., Champion, K. M., & Sardin, L. (2008). Improving preschool classroom processes: Preliminary findings from a randomized trial implemented in Head Start settings. *Early Childhood Research Quarterly, 23*, 10–26.

Reedtz, C. (2010). *Promoting positive parenting practices in primary care: Outcomes in a random-ized controlled risk reduction trial.* Dissertation for Doctor Philosophiae, University of Tromso, Tromso, Norway.

Reid, M. J., Webster-Stratton, C., & Baydar, N. (2004). Halting the development of external-izing behaviors in Head Start children: The effects of parenting training. *Journal of Clinical Child and Adolescent Psychology, 33*(2), 279–291.

Reid, M. J., Webster-Stratton, C., & Beauchaine, T. P. (2001). Parent training in Head Start: A comparison of program response among African American, Asian American, Cau-casian, and Hispanic mothers. *Prevention Science, 2*(4), 209–227.

Reinke, W. M., Herman, K., & Dong, N. (2016). The Incredible Years Teacher Classroom Management Program: Outcomes from a group randomized trial. *School Psychology.*

Reinke, W. M., Stormont, M., Herman, K. C., Wang, Z., Newcomer, L., & King, K. (2014). A group randomized evaluation of the Incredible Years Teacher Training program. *Journal of Emotional and Behavioural Disorders, 22*(2), 74–82.

Reinke, W. M., Stormont, M., Webster-Stratton, C., Newcomer, L., & Herman, K. (2012). The Incredible Years Teacher Training: Using coaching to support generalization to real world settings. *Psychology in Schools, 49*(2), 416–428.

Rinaldi, J. (2001). Long-term outcomes of parent training and predictors of adolescent adjustment. *Dissertation Abstracts International, 62*(5), 2498. (UMI No. 3014016)

Sawyer, M. G., Arney, F. M., Baghurst, P. A., Clark, J. J., Graetz, B. W., Kosley, R. J., et al. (2000). *Child and adolescent component of the National Survey of Mental Health and Well Being: The mental health of young people in Australia.* Canberra, Australia: Mental Health and Special Programs Branch, Commonwealth Department of Health and Aged Care.

Schoenwald, S. K., & Hoagwood, K. (2001). Effectiveness, transportability, and dissemina-tion of interventions: What matters when? *Journal of Psychiatric Services, 52*(9), 1190–1197.

Scott, S., Briskman, J., & O'Connor, T. G. (2014). Early prevention of antisocial personal-ity: Long-term follow-up of two randomized controlled trials comparing indicated and selective approaches. *American Journal of Psychiatry, 171*(6), 649–657.

Scott, S., Spender, Q., Doolan, M., Jacobs, B., & Aspland, H. (2001). Multicentre controlled trial of parenting groups for child antisocial behaviour in clinical practice. *British Medi-cal Journal, 323*(28), 1–5.

Scott, S., Sylva, K., Doolan, M., Price, J., Jacobs, B., Crook, C., & Landau, S. (2010). Ran-domised controlled trial of parent groups for child antisocial behaviour targeting mul-tiple risk factors: The SPOKES project. *Journal of Child Psychology and Psychiatry, 51*(1), 48–57.

Snyder, H. (2001). Epidemiology of official offending. In R. Loeber & D. Farrington (Eds.), *Child delinquents: Development, intervention and service needs* (pp. 25–46). Thousand Oaks, CA: Sage.

Taylor, T. K., Schmidt, F., Pepler, D., & Hodgins, H. (1998). A comparison of eclectic treat-ment with Webster-Stratton's Parents and Children Series in a children's mental health center: A randomized controlled trial. *Behavior Therapy, 29,* 221–240.

Tremblay, R. E., Japel, C., Perusse, D., Boivin, M., Zoccolillo, M., Montplaisir, J., et al. (2000). The search for the age of "onset" of physical aggression: Rousseau and Bandura revis-ited. *Criminal Behavior and Mental Health, 24*(2), 129–141.

Webster-Stratton, C. (1981). Modification of mothers' behaviors and attitudes through vid-eotape modeling group discussion program. *Behavior Therapy, 12,* 634–642.

Webster-Stratton, C. (1990). Long-term follow-up of families with young conduct problem children: From preschool to grade school. *Journal of Clinical Child Psychology, 19*(2), 144–149.

Webster-Stratton, C. (1994). Advancing videotape parent training: A comparison study. *Journal of Consulting and Clinical Psychology, 62*(3), 583–593.

Webster-Stratton, C. (1998). Preventing conduct problems in Head Start children: Strengthening parenting competencies. *Journal of Consulting and Clinical Psychology, 66*(5), 715–730.

Webster-Stratton, C. (2012a). *Collaborating with parents to reduce children's behavior problems: A book for therapists using the Incredible Years Programs.* Seattle: Incredible Years Inc.

Webster-Stratton, C. (2012b). *Incredible Teachers.* Seattle: Incredible Years, Inc.

Webster-Stratton, C., Dababnah, S., & Olson, E. (2017). The Incredible Years group-based parenting programs for children on the autism spectrum. In M. Siller & L. Morgan (Eds.), *Handbook of parent coaching interventions for very young children with autism.* New York: Springer.

Webster-Stratton, C., & Hammond, M. (1990). Predictors of treatment outcome in parent training for families with conduct problem children. *Behavior Therapy, 21,* 319–337.

Webster-Stratton, C., & Hammond, M. (1997). Treating children with early-onset conduct problems: A comparison of child and parent training interventions. *Journal of Consulting and Clinical Psychology, 65*(1), 93–109.

Webster-Stratton, C., & Hammond, M. (1998). Conduct problems and level of social competence in Head Start children: Prevalence, pervasiveness and associated risk factors. *Clinical Child Psychology and Family Psychology Review, 1*(2), 101–124.

Webster-Stratton, C., & Herbert, M. (1994). *Troubled families–problem children: Working with parents: A collaborative process.* Chichester, UK: Wiley.

Webster-Stratton, C., Hollinsworth, T., & Kolpacoff, M. (1989). The long-term effectiveness and clinical significance of three cost-effective training programs for families with conduct-problem children. *Journal of Consulting and Clinical Psychology, 57*(4), 550–553.

Webster-Stratton, C., & Reid, M. J. (2010a). A school–family partnership: Addressing multiple risk factors to improve school readiness and prevent conduct problems in young children. In S. L. Christenson & A. L. Reschly (Eds.), *Handbook on school-family partnerships for promoting student competence* (pp. 204–227). Seattle, WA: Routledge/Taylor & Francis.

Webster-Stratton, C., & Reid, M. J. (2010b). The Incredible Years Parents, Teachers and Children Training Series: A multifaceted treatment approach for young children with conduct problems. In A. E. Kazdin & J. R. Weisz (Eds.), *Evidence-based psychotherapies for children and adolescents* (2nd ed., pp. 194–210). New York: Guilford Press.

Webster-Stratton, C., Reid, M. J., & Beauchaine, T. P. (2011). Combining parent and child training for young children with ADHD. *Journal of Clinical Child and Adolescent Psychology, 40*(2), 1–13.

Webster-Stratton, C., Reid, M. J., & Beauchaine, T. P. (2013). One-year follow-up of combined parent and child intervention for young children with ADHD. *Journal of Clinical Child and Adolescent Psychology, 42*(2), 251–261.

Webster-Stratton, C., Reid, M. J., & Hammond, M. (2001). Preventing conduct problems, promoting social competence: A parent and teacher training partnership in Head Start. *Journal of Clinical Child Psychology, 30*(3), 283–302.

Webster-Stratton, C., Reid, M. J., & Hammond, M. (2004). Treating children with early-onset conduct problems: Intervention outcomes for parent, child, and teacher training. *Journal of Clinical Child and Adolescent Psychology, 33*(1), 105–124.

Webster-Stratton, C., Reid, M. J., & Stoolmiller, M. (2008). Preventing conduct problems and improving school readiness: Evaluation of the Incredible Years Teacher and Child Training Programs in high-risk schools. *Journal of Child Psychology and Psychiatry, 49*(5), 471–488.

Webster-Stratton, C., Rinaldi, J., & Reid, J. M. (2010). Long term outcomes of the Incredible Years Parenting Program: Predictors of adolescent adjustment. *Child and Adolescent Mental Health, 16*(1), 38–46.

CHAPTER 9

아동 · 청소년의 품행 문제에 대한 부모관리 훈련과 문제해결 기술 훈련

Alan E. Kazdin

임상 문제의 개요

우리의 개입 연구에서는 외래 및 입원 치료에 의뢰된 아동과 청소년(2~15세)의 파괴적 행동장애를 집중적으로 다루었다. 일차적으로는 심각한 신체적 공격성과 기물 파괴를 사유로 의뢰된 아동에 초점을 두었으나, 이들의 행동은 남을 괴롭히고 위협하는 행동, 거짓말, 절도, 동물 학대, 방화 등 품행장애(Conduct Disorder) 진단(American Psychiatric Association, 2013)에 포함된 행동들을 모두 아우른다. 보다 최근의 우리 연구에서는 연구 대상을 넓혀서 고집스러움, 반항과 통제 불가능한 행동 등 적대적 반항장애(ODD) 진단의 행동으로 의뢰된 아동까지 포함되었다. 품행장애나 적대적 반항장애 아동은 가정, 학교 그리고 사회 행사나 운동경기 등 지역사회 환경에서의 기능에 심각한 장애를 보인다.

품행장애에 관해서는 관련 특성, 위험요인과 보호요인, 장기적 발달 경로, 유전적 영향, 그리고 특징적 뇌 활동(예 : Lahey & Waldman, 2012; Moffitt & Scott, 2009) 등 이미 알려져 있는 것이 많다. 예를 들어 품행장애의 경우 정신적 · 신체적 건강, 약물남용, 범죄 행동, 그리고 직업이나 돈관리 등 일상생활에서의 부적응적 기능 등 다루기 힘들고 장기적으로 해로운 결과가 따르는 것으로 알려져 있다. 적대적 반항장애에 대해서는 품행장애보다 연구가 덜 되어 있기는 하지만, 그 역시 장기적 예후가 좋지 않다(Nock, Kazdin, Hiripi, & Kessler, 2007).

품행장애와 적대적 반항장애 둘 다에 대해서 원인 및 증상발현 과정에 관련된 근본적 의문이 아직 해결되지 않고 남아 있다. 아마도 그렇기 때문에 현 시점에서 근거기반 치료(Kazdin,

2015)가 여럿 개발되어 있다는 것이 더 고무적이다. 이들 개입은 어린 아동의 고집과 반항에서 법정에서 유죄판결을 받은 청소년의 폭력에 이르기까지 심각도의 전 범위를 아우르고 있다. 이 장에는 부모 관리 훈련(PMT)과 인지적 문제해결 기술 훈련(PSST)에 대한 우리의 연구가 보고되어 있다.

치료 프로그램에 대한 개념적 모델

우리의 애초의 치료는 부모관리 훈련(parent management training, PMT)이었다. 그런데 입원 환자를 대상으로 한 초기 연구에서 때로 정신적 문제, 약물남용, 구금 등의 사유로 인하여 부모 모두 치료에 참여할 수 없을 때가 있었다. 이러한 경우를 위해서 우리는 문제해결 기술 훈련을 개발하여 아동들만을 치료하였다.

PMT를 강조하게 된 것은 두 연구에 기인한다. (1) Patterson과 동료들의 부모-자녀 간 강압적 상호작용의 연속적 행동과 이를 바꾸는 방법에 대한 독창적인 개념적, 경험적 연구(예 : Patterson, 2016; Reid, Patterson, & Snyder, 2002)와, (2) 행동을 바꾸는 방법에 대한 응용행동 분석의 발전(예 : 조작 수립의 사용, 기능분석, 차별적 강화; Cooper, Heron, & Heward, 2007; Kazdin, 2013)이 그것이다. 이러한 연구에서 부모와 아동 둘 다의 행동을 바꾸는 여러 구체적 기법이 도출되었다.

PMT는 아동이 가정, 학교, 지역사회에서 교사, 부모, 동료, 형제자매 및 다른 사람들과의 대인관계 상황에서 반응하는 방식의 변화를 강조한다. 이 치료에 학습기반 과정을 활용하여 행동 발달을 꾀하며 모델링, 행동유발과 용암법(fading), 행동 조성, 긍정적 강화, 연습과 반복적 시연, 소거, 가벼운 처벌 등이 포함되어 있다. 치료 회기에서는 부모가 가정에서의 행동 변화 프로그램 실행에 사용할 수 있는 기술을 기르도록 한다.

PSST는 인지 과정, 즉 개인이 세상을 지각하고 해석하고 경험하는 방식에 관한 넓은 구성 요인층에 집중한다. 품행 문제 행동, 특히 공격성을 보이는 사람들은 다양한 인지 과정에서의 왜곡과 결함을 보인다(예 : Lochman, Powell, Whidby, & FitzGerald, 2012). 예를 들면 대인관계 문제에 대한 대안적 해결방안(예 : 사회적 상황을 다루는 다른 방법)을 생각해내거나, 특정한 목적(예 : 친구 사귀기)을 달성하는 방법, 행동에 따른 결과(예 : 특정한 행동 후에 발생할 수 있는 일)를 알아내기, 다른 사람들의 행동의 동기를 잘못 귀인하기, 다른 사람의 감정을 지각하기, 자기 행동의 효과에 대한 기대 등을 들 수 있다. 이러한 과정에서의 결함과 왜곡은 파괴적 행동에 대한 교사의 평정, 또래 평가, 그리고 외현적 행동의 직접적 평가와 관련이 있다. 우리 프로그램의 시작 단계에서는 Shure와 Spivack의 선구적 연구(예 : Shure, 1992; Spivack & Shure, 1982)를 많이 참고하였다.

치료 프로그램의 특징

치료 대상

우리의 프로그램은 처음에는 피츠버그의과대학 소아정신과 집중치료 서비스에 입원 의뢰된 5~12세 연령의 품행장애 아동에만 집중하였다. 이후 이 프로그램은 외래치료로 확장되어 대략 25년간 외래치료가 중심이 되었다. 현재 예일 양육센터(Yale Parenting Center)에서 시행되고 있는 우리 프로그램에서는 아동과 가족에게 서비스를 제공하고 있다(Kazdin, 2011 참조). 임상적으로 의뢰되는 사례들의 나이가 점점 어려지고 있고 정신건강 전문인들과 부모의 요청도 있어서 우리의 치료대상 연령은 점차 2~15세로 확장되었다. 우리의 초점은 여전히 품행장애에 있으나 가정과 유아원, 어린이집 등 다른 곳에서 고집부리기, 성질부리기, 반항 등의 문제로 인해 의뢰되는 5세 미만 아동이 많아지고 있다.

아동은 적대적·공격적·반사회적 행동으로 의뢰되었고 보통 품행장애나 적대적 반항장애의 일차적 진단기준(DSM 기준)을 충족시켰다. 이들의 약 70%는 두 가지 이상 장애의 진단기준을 충족시켰다(범위 : 0~5). 대부분 아동의 지능은 정상 범위에 속했고(예 : 아동용 웩슬러 지능검사 개정판으로 측정된 평균 전체지능=100~105, 범위는 60~140), 유럽계 미국인(프로젝트에 따라 ~60-70%), 아프리카계 미국인(~10-20%), 히스패닉계 미국인(~1-7%), 아시아와 원주민계 미국인(각각 ~1-2%), 나머지는 다인종 가족이었다. 우리 프로젝트에서 남아와 여아의 성비는 3~4 : 1이었다. 전체 사례의 대략 50%는 양쪽 부모가 모두 있었고 사회경제적 지위와 교육 수준은 전 범위에 걸쳐 있었다.

PMT 회기의 내용

부모 개입

PMT는 1차적으로 부모 혹은 주 양육자를 대상으로 시행된다. 현재 핵심 치료는 5~10회기(주 1회; 회기당 45~60분)로 구성된다. 치료 기간은 프로젝트가 진행되면서 변화되었다. 현재 프로그램에는 핵심 주제 세트(표 9.1 참조)가 포함되어 있고, 각 주제는 보통 한 회기 내에서 다루게 된다. 필요한 경우에는 선택적 회기(대개 3회기 이내)를 추가하여 긴급한 문제에 대처하고 행동 수정 프로그램을 다듬거나 이전 회기 내용을 점검할 수 있다. 각 회기는 보통 그 회기의 일반적인 개념이나 기법, 그리고 그 시행 방법에 대한 논의로 시작된다. 치료 회기의 대부분은 치료자가 모델링을 하고 부모의 역할 연기와 시연으로 이루어진다.

예를 들어, 주의 기울이기와 무시하기에 관한 회기에서 부모는 치료자와 여러 역할 연기를 한다. 부모와 치료자가 아동과 부모 역할을 번갈아가면서 할 수도 있다. 치료자가 무엇인가 요구하는 (특히 이미 '안 된다'고 한 후의) '아동 행동'을 모델링하면 아동 역할을 하는 치료자는,

표 9.1 부모 관리 훈련 회기 : 핵심 주제와 회기의 개관

1. *도입과 개관.* 이 회기에서는 부모에게 프로그램을 개관하고 함께 부모가 해야 할 일과 개입의 핵심을 알려준다.

2. *정의하기와 관찰하기.* 이 회기에서는 부모로 하여금 행동을 정확하게 집어내서 정의하고 관찰하도록 훈련시킨다. 부모와 치료자는 관찰이 가능한 구체적 문제를 정의하고 관찰 시작의 구체적 계획을 세운다.

3. *정적 강화(포인트 도표와 칭찬).* 이 회기에서는 정적 강화의 개념과 이를 효과적 적용하는 데 기여하는 요소, 그리고 대상 아동에게 그 적용을 연습해보는 것에 초점을 둔다. 인센티브(토큰/포인트)표를 고안하고 모델링, 사전에 알려주기, 피드백, 치료자의 칭찬 등을 통해서 부모의 칭찬 행동을 계발한다.

4. *강화로부터의 타임아웃.* 부모는 타임아웃과 그 효과적 적용에 관련된 요인에 대해 배운다. 타임아웃의 시행을 폭넓게 역할 연기하고 연습한다.

5. *주의 기울이기와 무시하기.* 부모는 주의 기울이기와 무시하기를 배우고, 무시할 바람직하지 않은 행동과 주의를 기울여야 할 상반되는 긍정적 행동을 선택한다. 이러한 과정을 회기 내에서 반복한다.

6. *행동 조성/학교 개입.* 부모는 점진적으로 목표 행동에 접근하는 행동(successive approximation)을 강화하여 행동을 개발하고, 사전에 알려주기와 이를 점진적으로 철회하는 방법(fading)을 사용하여 최종 행동을 개발하도록 훈련시킨다. 또한 이 회기에서 치료자는 학교와 상의하여 학교 관련 행동을 개발하기 위한 가정기반 강화 프로그램의 실행 계획을 세운다.

7. *프로그램 복습.* 지난주의 관찰자 강화 프로그램의 적용을 점검한다. 부모의 수행을 향상시키는 방법을 치료자가 찾아낼 수 있도록 칭찬, 포인트, 백업 강화물 시행의 세부사항을 논의하고 연습시킨다. 부모는 가설적 문제에 대한 프로그램 설계를 연습한다.

8.* *가족회의.* 이 미팅에서 아동과 부모는 함께 회기에 참석한다. 이 회기에서는 프로그램과 그 문제점에 대하여 논의하고 오해를 바로 잡거나 실행을 개선하기 위해서 필요하다면 프로그램을 수정한다.

9~10.* *협상, 계약, 조정.* 아동과 부모가 함께 만나 새로운 행동 프로그램을 협상하고 계약서를 작성한다. 치료자는 부모와 아동의 협상 기술을 만들어내고 타협을 강화하며 점점 더 어려운 상황을 제시하면서 지침은 점차 줄여간다.

11. *질책과 저빈도 행동의 결과.* 부모는 질책을 효과적으로 사용하는 것을 배워서 방화, 절도 혹은 무단결석과 같은 저빈도 행동을 다루는 법을 훈련받는다.

12. *복습, 문제해결, 연습, 역할 바꾸기.* 부모는 새로운 프로그램을 설계하고, 제대로 되지 않는 프로그램을 수정하며 어려운 상황들에 대응하는 것을 연습하면서 이전 회기에서 논의된 원리와 실습을 점검한다. 부모는 또한 치료자처럼 부모 역할을 하는 치료자를 훈련시킨다.

주 : 전체 매뉴얼과 보조 자료는 다른 곳에서 제공받을 수 있다(Kazdin, 2005). 회기의 수는 프로젝트마다 다르다. 회기 수보다는 이 표에 제시된 내용이 보다 중요하다. 별표(*)가 되어 있는 회기는 최근 버전의 치료에는 포함되어 있지 않다.

내버려두고 가는 부모를 징징거리고 쫓아가면서 자기 말을 들어달라고, 부모가 내린 결정을 뒤집어달라고 요구하고, 부모는 이를 무시한다. 일단 아동이 진정되거나 예의를 갖추어서 요구하기 시작하면 부모는 아동에게 주의를 기울이고, 심지어는 아동의 행동에 따라 빨리 진정한 것을 칭찬해줄 수도 있다. 이러한 과정은 일단 무시하고 떠났다가 조용히 돌아와서 좀 더 적절한 아동의 행동을 강화해주는 것을 부모가 연습하도록 여러 번 반복된다. 치료자는 선행사건(행동 전 혹은 행동 도중에 언어적 그리고 비언어적으로), 피드백과 칭찬(부모가 하고 있는 행위의 크고 작은 구성요소에 대하여), 그리고 행동 조성을 통하여 부모의 행동을 만들어가면서, '아동 최악의 모습'보다 복합적이고 불합리한 아동 행동으로 옮겨간다.

우리의 임상적 실험 중 일부에서는 아동으로 하여금 부모관리 훈련 회기에 참여해서 집에서 일어났던 상황을 재현하고 새로운 상황을 다루도록 하였다. 아동이 치료 회기에 참여하면 가정

에서 일어난 상황을 재현했을 때보다 부모의 절차 수행과 아동의 행동을 직접 관찰할 수 있다. 또한 아동에게 질문하여 가정에서의 프로그램에 대하여 부모가 보고한 것을 확인하거나 일관되지 않는 부분을 넌지시 이야기할 수 있다. 현재에는 아동을 치료 회기에 참여시키지 않는다. 아동을 참여시키지 않고도 효과적 개입이 가능하다. 또한 아동을 치료 회기에 참석하게 하려면 방과 후 시간에 치료 회기를 잡거나 아동이 학교를 빠져야 하기 때문에 치료 전달에 더 많은 어려운 문제가 생긴다.

강조할 필요가 있는 프로그램 요소

PMT에는 부모와 아동의 행동 변화에 중요한 세 구성요소, 즉 선행사건의 활용, 행동, 결과가 포함되어 있다(Kazdin, 2013 참조). 선행사건(행동에 앞서 일어난 일)은 이끌어내고자 하는 아동 행동의 가능성을 증가시키는 것(즉 미리 알려주기, 유효범위의 확립)으로, 지시, 차분하고 쾌활한 목소리 톤, 지지적 몸짓이나 눈짓, 그리고 가능한 한 선택을 허용하는 것 등이 있다. 또한 우리는 거친 말, 잔소리, 위협, 권위 내세우기, 징벌적 신체 접촉(예 : 아이를 잡아끌기) 등 고분고분하게 말을 듣거나 친사회적 행동의 가능성을 도리어 감소시키는(즉 효과를 없애는) 행동을 하지 않게 훈련시킨다.

　행동이란 중요한 행동을 만들고 얻어내는 방식을 말하며, 세 가지 전략이 포함된다. 첫 번째이며 가장 직접적인 전략은 '행동 조성'으로 이것은 최종 목표가 달성되기까지 단계적으로 혹은 조금씩 차츰차츰 목표 행동을 개발해나가는 것을 말한다. 둘째, 가상의 상황을 사용해서 부모와 아동이 게임 같은 상황에서 원하는 행동을 실제로 해보도록 한다. 예를 들어, 부모가 어떤 활동이나 특권을 금지하는 척하면(예 : "오늘 밤에 너는 컴퓨터를 사용할 수 없어"), 아동은 화를 내지만 부모를 때리거나 물건을 부수지 않고 소리를 지르지 않는 등 자제하는 모습을 보이고, 이에 대해서 칭찬을 받는 '불끈 화나기 게임'이라는 것을 할 수 있다. 행동의 작은 증가분이 애초에 없거나 드물어서 행동 조성이 실행 가능한 선택이 못 되는 경우 이러한 '게임'은 다양한 행동에 사용될 수 있다. 이 '게임'은 선행사건과 결과를 연결하는 훌륭한 장으로, 게임을 통해서 개입의 주요 목표인 반복 학습을 쉽게 할 수 있다. 그 외의 '가상 상황'(예 : 민간비행기 조종사나 대학 팀과 프로스포츠 팀에서 사용하는)에서처럼 연습이 일상적 상황으로 넘어가서 거기에서 직접 강화를 받게 될 수 있다. 마지막으로 우리는 게임 요소를 가상이 아닌 실제 상황에 적용한다. 예를 들어, 상냥하게 말하거나 욕을 하지 않게 하는 것을 목표로 전 가족 수반관계를 설정하여 우리는 게임 방식을 사용해서 저녁 식사자리에서 도전을 하였다. 이는 즐겁고 인위적이며 도전적이라는 점에서 게임이라고 할 수 있지만 실제로 함께 식사를 한다는 점에서 실제 일상적 상황의 한 부분이기도 하다. 행동 조성은 점진적 행동 발달을 위하여 필요에 따라 게임으로 통합될 수 있다.

세 번째 요소는 결과인데 주로 칭찬이 중심이 된다. 우리는 부모가 보통 사용하는 칭찬(이러한 칭찬은 계속하도록 장려함)과 행동을 변화시키기 위한 전략적이고 특별한 칭찬을 구분한다. 어린 아동의 경우 이와 같은 특별한 칭찬은 보통 과장된 칭찬을 하면서 정확히 무엇에 대한 칭찬인지를 말해주고, 아동의 등이나 어깨를 가볍게 두드리는 등 비언어적 몸짓이 따른다. 청소년에게는 이 세 요소(언어적 칭찬, 진술, 비언어적 몸짓)가 모두 포함되지만 10대에 걸맞도록 좀 더 '세련된(cool)' 형태로 변형된다. 예컨대 과장을 피해서 칭찬과 말은 낮은 목소리로 속삭이거나 개인적으로 전달하고 공중에서의 하이파이브 등을 할 수 있다. 이와 함께 소거(집중하지 않기, 상황을 떠나기)와 가벼운 처벌(단기간의 타임아웃, 반응 대가, 단기간의 특권 상실)에 기반을 둔 다른 결과 활용법도 훈련한다.

결과 요소에는 강화 수반관계 실행의 구조화된 방식인 가정 내 토큰 강화 혹은 포인트 체계도 포함된다. 토큰의 사용은 아동보다는 부모를 위한 것이다. 포인트의 지급, 누적과 사용을 감찰하는 포인트 차트의 구조와 규정이 있으면 부모의 칭찬 프로그램 수행 가능성이 높아진다. 또한 토큰은 부모-자녀 간 강화 교환(토큰의 취득과 소비)을 추적하기 쉽게 한다. 품행, 과제 완수 등 학교에서의 행동 변화가 필요할 때 교사와 협의하여 학교에서의 아동의 수행을 이메일이나 전화로 모니터하여 그 결과는 부모가 가정에서 제공하는 가정 기반 토큰 강화 체계가 고안되었다(Kazdin, 2013 참조).

부모 행동 관련 프로그램의 초기 목표

치료의 전체 목표는 문제가 되었던 여러 상황과 환경에서 아동이 잘 기능할 수 있도록 친사회적 행동을 개발하고 파괴적 행동을 없애거나 대폭적으로 감소시키는 것이다. 그러나 PMT의 초반에는 부모의 구체적인 행동 역량을 개발하는 것이 목표가 된다. 부모 행동의 개발은 방 청소, 식탁 차리기, 과제 돕기 등 단순하고 아마도 임상적 관련성에는 논란의 여지가 있는 행동에 집중하면 수월해진다. 처음에는 부모가 확실히 기술이 있고(예 : 통상적으로 하는 것과는 질적으로 다르게 칭찬하기 등), 이를 적용할 수 있음을 확인하는 데에서 시작한다. 그리고 임상적 의뢰의 근거였던 아동 행동을 변화시키는 것으로 옮겨간다.

PSST 회기의 내용

PSST는 매주 아동과의 치료 회기로 구성되는데, 한 회기는 대개 30~50분간 지속된다. 12회기로 구성된 핵심프로그램(표 9.2 참조)에 선택적 회기가 추가될 수 있다. 선택적 회기는 치료 초반에는 아동이 문제해결 단계를 이해하는 데 추가적 도움이 필요할 경우 그리고 치료 후반에는 일상 상황에 적용하는 데 추가적 도움이 필요한 경우에 추가될 수 있다.

치료의 핵심은 행동을 유도하는 사고와 행위를 위한 자기 지시로 문제해결 단계를 사용하도록 하는 것이다. 문제해결 단계 혹은 자기 진술문은 다음과 같다. (1) "나는 무엇을 해야 할까?", (2)와 (3) "내가 무엇을 해야 할지와 무슨 일이 일어날지를 이해해야 해", (4) "나는 선택할 필요가 있어", 그리고 (5) "내가 어떻게 했는지 알아낼 필요가 있어." 2단계와 3단계를 합침으로써 아동은 해결방안(무엇을 해야 할지)과 그 결과(어떤 일이 일어날지)를 확인해야 하는데, 4단계로 진행하기 전에 세 가지 이상의 해결방안을 대상으로 이 과정을 거친다. 문제해결 단계를 사용해서 친사회적 해결방안을 찾아내서 선택하여 이를 치료 회기 내에서 실행하는 것을 모델링하고 광범위하게 연습하도록 한다. 이러한 단계들은 치료의 과정을 거치면서 명백한 진술(큰 소리로 말하는)에서 은밀한 진술(조용히, 속으로 하는)로 옮겨간다.

초반 회기에서는 단순한 과제와 게임을 사용해서 문제해결 단계를 가르치고 충동적인 반응을 하지 않게 돕는다. 그 내용은 아동의 개별적 문제 영역(예 : 또래, 부모, 형제자매, 교사 및 타인과의 상호작용)으로 옮겨지고 일반화와 유지를 촉진하기 위하여 여러 사례와 상황을 푼다. 치료의 전 과정에서 치료자는 아동에게 언어적·비언어적 지시를 통하여 수행을 유도하고 아낌없이 칭찬해주며, 수행에 대한 구체적인 피드백을 제공하고 보다 나은 수행 방식을 모델링한다.

예를 들어 설명하자면, 아동이 학교에서 또래에게 놀림을 받거나 위협받을 때 전형적 상황

표 9.2 문제해결 기술 훈련 : 핵심 회기의 개관

1. *도입과 문제해결 단계의 학습.* 첫 회기에서는 게임 방식으로 문제해결 단계를 치료자와 아동이 번갈아가면서 개별 단계를 학습하고 단계들을 이어서 연결하는 것을 가르친다.

2~3. *단계의 적용.* 아동은 이 단계들을 치료자와 아동이 교대로 하는 보드 게임으로 제시된 단순한 문제 상황에 적용한다. 이 시점에 슈퍼해결자 시리즈(숙제)가 시작되어, 치료가 계속되면서 이 단계들은 점점 더 어렵고 임상적으로 의미가 있는 상황에서 활용된다.

4. *단계의 적용과 역할 연기.* 아동은 문제해결 단계를 다양한 문제 상황에서 해결방안과 결과의 확인에 적용한다. 그리고 반복적 역할 연기를 통해서 가장 그럴듯한 결과를 기반으로 우선적 해결방안을 선택하고 실행한다.

5. *부모-자녀 접촉.* 부모, 치료자, 그리고 아동을 치료 회기에서 만난다. 아동은 문제해결 단계를 실행한다. 부모는 각 단계들에 대해 더 많이 배우고 아동의 문제해결 단계 사용과 친사회적인 해법의 선택 및 실행에 관심을 보이고 칭찬을 해주도록 훈련받는다.

6~11. *실제 생활 상황에의 지속적 적용.* 아동은 문제해결 단계를 적용하여 화를 돋우는 대인관계 문제나 상황에 대한 친사회적 해결방안을 생각해낸다. 각 회기마다 아동이 실제로 부딪칠 만한 다른 유형의 사회적 상호작용(즉 또래, 부모, 형제 자매, 교사)에 집중한다. 아동이나 부모, 교사 및 다른 사람들에서 얻은 실제 생활 상황이 재현되고 아동이 제기한 주제와 문제 영역(예 : 약 올리는 데 대한 반응, 싸움, 사회적으로 따돌림당하기, 반사회적 행동에 가담하라는 또래 압력)을 정교화하기 위해서 가상적 상황도 제시된다. 아동의 슈퍼해결자도 각 회기의 더 필수적 부분이 되어서 아동이 문제해결 기술을 어떻게 매일의 환경으로 옮기는지를 보다 잘 평가하기 위하여 각 회기에서 치료자와 함께 슈퍼해결자가 치료자를 재현된다.

12. *마무리와 역할 바꾸기.* 이 '마무리' 회기는 (1) 치료자가 그 회기에서 아동이 학습한 내용을 전반적으로 평가하는 것을 돕고, (2) 문제해결 단계의 사용에 대하여 아동이 혼동하는 부분이 남아 있다면 이를 해소하며, (3) 아동에게 미팅에서 다룬 내용을 최종적으로 요약해주기 위해 포함되어 있다. 마지막 회기에서는 역할을 바꿔서 아동이 치료자의 역할을 하고 치료자는 문제해결 단계를 배우고 적용하는 아동의 역할을 한다.

이 발생할 수 있다. 이 회기에서 치료자는 아동에게 문제를 제시하고 문제해결 단계를 적용해 보도록 한다. 아동이 1단계를 묻고, 그에 답하고는("나는 때리거나 분란을 일으키지 않고 이 문제를 해결해야 한다"), 다른 단계로 넘어간다. 2단계에서 아동은 한 가지 대안(예 : 무시하고 그 자리를 떠나는 것)을 밝히고 즉각적으로 3단계로 가서 그 행동의 있음직한 결과("그 아이는 나를 괴롭히지 않게 될 것이고 나는 싸움에 말려들지 않을 것이므로 효과가 있을 수 있다")에 주목한다. 아동은 그 후 또 다른 해결방안과 그 결과를 확인하고(예 : "나는 선생님에게 갈 수 있다", "그러면 선생님은 내가 괴롭힘을 받지 않게 도와주실 수 있고 내가 괴롭힘을 당해도 그냥 있었음을 아시게 된다"), 2단계와 3단계로 돌아간다. 이러한 과정은 최소한 세 가지 친사회적 해결방안이 나올 때까지 계속된다. 이동은 4단계로 가서 선택을 하고 선택의 이유를 설명한다. 그리고 아동은 최종 단계로 가서 자신의 성과를 이렇게 평가한다("나는 단계 방법을 써서 좋은 해결방안을 생각해냈고, 곤경에 빠뜨리지 않을 방안을 선택했다. 나는 아주 잘 해냈다!"). 치료자도 과정 중 어떤 요소를 잘 했는지를 언급하면서 크게 칭찬을 해주고 피드백(추가적 변화가 필요하다면)을 제공한 후, 그 전체 순서는 중단 없이 매끄럽고 선택된 친사회적 해결 방법을 가지고 역할연기로 실행된다.

아동은 매 회기를 회기 후 '상점'에서 작은 상품으로 교환할 수 있는 토큰(작은 플라스틱칩)을 가지고 시작한다. 각 회기 중 아동은 문제해결 단계를 잘못 사용하거나 사용하지 못하면 칩을 잃을 수 있고(반응 대가), 매우 드문 일이기는 하지만 추가 칩을 몇 개 얻을 수도 있다. 사회적 강화와 소거는 아동의 행동변화에 토큰 강화에만 의존하지는 않는다. 칩은 아동이 특히 어려워하는 특정 유형의 친사회적 해결방안을 장려하는 등 아동의 특별한 이슈나 문제를 다루는 기회를 제공한다.

소위 '슈퍼해결자'라고 하는 실제 연습은 아동이 문제해결 기술을 일상생활 상황으로 확장하여 사용하고 적용하도록 설계된 체계적으로 프로그램된 과제로 구성된다. 가능하면 치료 과정에서 부모도 치료 회기에 참여하여 문제해결 단계를 배우고 가정에서 수행할 슈퍼해결자 과제를 함께 연습하게 한다. 치료자는 지시, 행동 조성, 칭찬을 이용하여 부모 행동의 발달을 도모한다. 시간이 흐르면서 슈퍼해결자는 점점 더 복잡해지고 아동의 치료 의뢰 사유가 된 문제 영역을 포함하게 된다. 치료 회기에서의 훈련의 한 부분으로 아동은 선택한 친사회적 해결방안이 잘 되지 않아서 다른 대안(예 : 교사에게 도움을 청하는 것)으로 바꿔야 하는 상황을 연습한다.

매뉴얼과 보조 교재

PMT에는 각 회기에 대한 대화와 보조 자료를 담은 전문가용 매뉴얼이 있다(Kazdin, 2005; www.oup.com/us/pmt). 치료 절차의 토대는 부모 교육이 아닌 치료자 훈련용의 한 부분으로 사용된 교재(Kazdin, 2013)에 상세하게 기술되어 있다. 또한 시판용 서적(Kazdin & Rotella,

2008, 2013), 구체적 기법(yaleparentingcenter.yale.edu/kazdin-method-sessions)에 대한 비디오, 그리고 행동 변화를 촉진하는 구체적 절차(강화 스케줄을 통한 행동의 제거, 행동 조성, 강화 로부터의 타임아웃)와 실제로 해롭지는 않을지 몰라도 친사회적 기능을 저해할 수 있는 그 밖의 절차들(예 :엉덩이 때리기, 질책 등)의 사용을 조심하라고 경고하는 내용(www.slate.com/authors.alan_kazdin.html 참조)을 담은 부모가 편하게 읽을 수 있는 기사집 등 부모를 위한 다양한 자료가 있다.

　　PSST에 대해서는 치료 회기 요약, 문제해결 기술의 사용 개발의 핵심 단계, 이 단계들을 회기 내에서 어떻게 적용하고 실행하는가, 어떻게 이들을 시간이 지나면서 점차 줄여나가는가, 아동이 그 기술을 일상생활에서 적용하도록 하는 숙제(http://yaleparentingcenter.yale.edu/store)를 제공하고 있다. 개관에 포함된 내용 이상의 상세한 회기별 매뉴얼이나 보조 자료는 아직 출판하지 않았다. 그 이유 중 하나는 우리의 임상서비스 내에서 PMT를 강조하고 있기 때문이다.

치료 효과의 증거

우리 프로그램의 연구

우리는 PMT와 PSST를 모두 무선통제 임상실험(RCTs; 표 9.3 참조)으로 평가하였다. 주요한 연구 결과는 상호 관련되어 있는 네 영역에 주목하여 강조할 수 있다.

치료 효과

PMT와 PSST는 단독으로 혹은 두 가지를 병행할 때 아동의 적대적 · 공격적 · 반사회적 행동의 확실하고 유의미한 감소를 얻을 수 있으며, 친사회적 행동을 증가시킨다. 부모의 역기능(우울증, 다양한 증상 영역)과 스트레스도 감소되며 가족 관계가 향상된다(Kazdin, Bass, Siegel, & Thomas, 1989; Kazdin, Esveldt-Dawson, French, & Unis, 1987a, 1987b; Kazdin, Siegel, & Bass, 1992). PMT의 효과는 부모의 스트레스원에 초점을 맞추는 보충 회기를 제공하면 더 향상될 수 있다(Kazdin & Whitley, 2003). 또한 동기를 강화하는 개입을 하면 치료에 대한 부모의 동기가 높아지고 순응도와 몰입을 증가시킨다(Nock & Kazdin, 2005). PMT를 컴퓨터로 진행하면 치료자와의 접촉이 줄어도 치료자가 직접 시행한 PMT만큼 효과적이다(Rabbitt et al., 2016).

표 9.3 치료 효과와 치료적 변화를 평가한 주요 연구

연구	표집	설계와 목표	주요 발견점
Kazdin et al. (1987a)	입원 아동(7~13세, 56명)	무선할당 통제실험(RCT): PSST, 관계치료, 치료 접촉 통제	PSST가 다른 치료와 통제조건에 비해 가정과 학교에서의 외현화 문제 행동과 기타 문제 행동이 감소가 유의하게 더 컸고, 친사회적 행동이 증가가 더 컸음. 치료 효과는 1년 후 추수평가에서 유지됨
Kazdin et al. (1987b)	입원 아동(7~12세, 40명)	RCT: PSST+PM 병합조건과 치료 접촉 통제(부모와 아동 모두 결합치료에 참여)	결합치료는 외현화 행동과 친사회적 행동에서 유의미하게 더 큰 변화를 보였고, 이전 연구와 마찬가지로 1년 추수평가에서 효과가 유지되었음
Kazdin et al. (1989)	입원 및 외래 아동(7~13세, 112명)	RCT: PSST, in vivo practice 포함 PSST와 관계치료와 비교	두 PSST 조건은 관계치료와 비교해 친사회적 행동과 진사회적 행동 측정치에서 유의미한 변화를 보임. PSST 단독에 비해 in vivo practice 포함 PSST가 학교에서의 행동이 더 크게 개선됨. 그러나 이런 차이는 1년 추수평가에서는 뚜렷하지 않음
Kazdin, Seigel, & Bass (1992)	외래 아동(7~13세, 97명)	RCT: PSST, PMT와 PSST+PMT 결합치료의 효과 평가	모든 치료 조건에서 아동의 외현화 증상과 진사회적 행동으로 평가된 아동의 기능이 향상됨. 결합치료가 치료 직후와 1년 후에 유의미하게 더 큰 변화를 보였고 비임상성 범위(정상 범위) 내의 기능 수준을 보인 아동이 더 많았음
Kazdin, Mazurick, & Siegel (1994)	외래 아동(4~13세, 75명)	프로그램을 완료한 집단과 조기중단 집단의 치료적 변화와 결과의 차이를 설명하는 요인의 평가	치료가 끝났을 때 조기 중절 아동은 치료를 완료한 아동에 비해 가정, 학교, 지역사회에서 더 큰 손상을 보였음. 그러나 이러한 차이는 치료를 덜 받은 것보다는 치료 전 손상에 기인하였음
Kazdin (1995)	외래 아동(7~13, 105명)	PMT 혹은 PSST+PMT 결합치료를 받은 가족에서 변화의 조절변인을 평가	아동 기능장애의 심각도와 범위, 부모 스트레스 및 가족 역기능이 치료종료 시 증상과 진사회적 기능을 예측하였으나 그 효과는 가정 혹은 학교에서의 결과에 따라 차이가 있음. 제안된 조절변인은 유의미한 결과와의 관련성이 강력하지 않았음
Kazdin & Crowley (1997)	외래 아동(7~13세, 120명)	지적 기능 및 증상 심각도와 PSST에 대한 반응의 관계를 평가	인지적/학업 기술에서 결손이 크고 심각한 손상이 있는 아동은 치료로 유의미하게 향상되었으나 손상이 덜한 아동보다는 향상의 정도가 작았음
Kazdin & Wassell (1998)	외래 아동(3~13세, 304명)	PSST, PMT 혹은 PSST+PMT 결합치료를 받은 아동을 대상으로 치료 완료와 치료적 변화의 관계를 평가	치료 완료는 치료의 효과와 강한 관련성이 있어서 치료를 완료한 아동이 치료적 변화가 유의하게 더 컸음. 그러나 조기종결 아동의 34%는 치료를 계속한 아동(74%)에 비해 유의미한 향상을 보임. 향상의 예측요인은 치료의 종료 탈락/치료 완료에 따라 달라지지 않았음

표 9.3 치료 효과와 치료적 변화를 평가한 주요 연구(계속)

연구	표집	설계와 목표	주요 발견점
Kazdin & Wassell (1999)	외래 아동(3~13세, 200명)	치료 변화의 예측요인 평가	치료 참여 장애에 대한 지각이 이동적 치료적 변화와 관련이 있었음. 장애가 더 많다고 지각하는 경우 변화가 적었음. 이러한 결과는 아동, 부모 및 가족 변인들로 설명될 수 없었음
Kazdin & Wassell (2000a)	외래 아동(2~14세, 169명)	PSST, PMT 혹은 PSST+PMT 결합치료를 받은 아동을 대상으로 치료 효과의 조절변인으로서 부모의 정신병리와 삶의 질을 평가함	사전 평가에서 부모 정신병리가 많고 삶의 질이 낮으면 사회경제적 수준과 아동 증상의 심각도의 통제 후에도 치료 변화를 예측하였음. 부모가 치료에 대한 장애가 많다고 지각하면 아동의 치료적 변화가 적었음
Kazdin & Wassell (2000b)	외래 아동(2~14세, 250명)	PSST, PMT 혹은 PSST+PMT 결합치료를 받은 아동을 대상으로 이동, 부모, 가족의 치료적 변화와 그 예측요인을 평가	치료 과정에서 아동, 부모 및 가족의 기능이 향상되었음. 치료의 조절요인은 아동, 부모 및 가족 기능에 따라 다양함
Kazdin & Whitley (2003)	외래 아동(6~14세, 127명)	RCT : PSST+PMT를 받는 가족을 절반은 부모 스트레스를 다루는 조건에 할당됨	부모 스트레스를 다루는 요소가 포함된 치료에서 아동의 치료 효과가 더 컸고, 부모가 지각한 치료의 장애가 감소되었음
Kazdin, Marciano, & Whitley (2005)	외래 아동(3~14세, 138명)	PMT 단독 혹은 PSST+PMT 결합치료를 받은 가족 변화에 대한 예측요인으로 이동-치료자 간, 부모-치료자 간 치료동맹을 평가함	(아동이나 부모의) 치료동맹이 더 긍정적이면 치료적 변화가 더 크고, 치료 장애를 덜 경험하며 치료의 수용도가 더 높았음. 이러한 결과는 SES, 부모의 역기능과 스트레스, 치료 전 아동의 기능장애로 설명될 수 없었음
Kazdin, Whitley, Marciano (2006)	외래 아동(6~14세, 77명)	PSST+PMT 결합치료를 받은 가족의 치료적 변화의 예측요인으로 이동-치료자와 부모-치료자 간 치료동맹을 평가함	두 치료동맹이 모두 아동의 치료적 변화를 예측함. 부모-치료자 간 동맹은 가장애서의 부모양육의 향상을 예측했고, 그 효과는 SES, 부모와 이동의 역기능 혹은 부모 스트레스로 설명되지 않았음
Kazdin & Whitley (2006a)	외래 아동(2~14세, 218명)	PSST+PMT 결합치료를 받은 가족을 대상으로 부모-치료자 동맹, 치료 전 부모의 사회적 관계, PMT로 개발된 부모양육을 평가함	치료동맹은 치료 과정에서의 부모의 향상을 예측했으며, 치료동맹은 부분적으로 부모의 치료 전 사회적 관계에 의해 매개되었음

표 9.3 치료 효과와 치료적 변화를 평가한 주요 연구(계속)

연구	표집	설계와 목표	주요 발견점
Kazdin & Whitley (2006b)	외래 아동(ODD나 CD 진단 기준을 충족시키는 3~14세, 315명)	공존병리(ODD와 CD 사례에 각각 0, 1, 그 이상의 공존병리장애)와 사례의 복합성(SES, 아동 역기능의 범위, 부모와 가족의 스트레스와 역기능, 치료에의 장애)을 평가함. 아동은 PSST, PMT 또는 PSST+PMT 결합치료를 받았음	아동의 결과는 공존병리나 사례의 복합성에 따라 달라지지 않았음. 사전-사후 평가의 차이는 역기능(다중 공존병리와 높은 가족복합성)이 클 때 더 컸으나 치료종료점(치료 후)에는 차이가 없었음. 치료에 대한 장애물은 치료 결과를 조절하는 요인으로 치료 장애물이 많을수록 아동의 변화가 작았음
Kazdin & Durbin (2012)	외래 아동(적대적, 공격적 혹은 반사회적 행동으로 의뢰된 6~13세, 97명)	치료동맹이 예측요인과 그 요인들이 치료동맹과 치료적 변화의 관계를 설명할 수 있는지 여부를 평가함. 모든 사례는 PSST+PMT를 받았음	아동-치료자 동맹은 치료적 변화에 기여하여 치료동맹이 강할수록 변화를 예측함. 아동이 사전치료 사회적 유능성과 기능 수준은 치료동맹의 질을 예측하였지만 치료동맹과 결과의 연결을 설명하지는 못했음
Rabbitt et al. (2016)	외래 아동(적대적, 공격적 혹은 반사회적 행동으로 의뢰된 6~13세, 60명)	RCT : 치료자의 지도와 컴퓨터 치료가 평가됨. 세 번째 참여자 집단(60명)은 나머지 두 집단의 아동(60명)과 대등하도록 대면 치료를 받은 사례가 포함된 두 컴퓨터 제공-PMT 치료가 있는 리나 데이터베이스에서 뽑았으며 컴퓨터로 제공되는 치료에서의 변화를 벤치마킹하는 데 사용되었음	두 치료집단은 아동의 치료적 변화로 볼 때 동등하게 효과적이었음. 두 집단의 변화는 비교를 위한 벤치마킹 집단에서의 면대면 치료의 수준이었음. 두 컴퓨터 제공 치료 집단 중 한 집단에서도 치료자와의 접촉이 크게 감소하였음에도 불구하고 부모-치료자 동맹에서 차이가 없었음. 한편 치료자가 매 회기에 참석하여 도왔던 집단의 부모는 치료자와의 접촉이 감소된 집단의 부모보다 수용적으로 평가하였음

주 : 위 표에는 치료 효과를 주요 초점으로 한 연구를 제시하고 있다. 본문에 인용된 다른 연구 중 다수는 치료 참여 등 다른 주제에 관한 것이므로 위 표에는 포함되지 않았다.

치료동맹

아동-치료자 사이(PSST에서), 그리고 부모-치료자 사이(PMT와 PSST에서)의 치료동맹은 여러 치료 효과와 관련이 있다. 치료 기간 중 아동-치료자 사이 그리고 부모-치료자 사이 동맹이 긍정적일수록 아동의 치료적 변화가 크고 부모양육 방식이 더 많이 향상되며, 치료 과정에서 부모가 경험하는 장애물이 적고 치료 수용도에 대한 부모의 평가도 더 긍정적이다(Kazdin & Durbin, 2012; Kazdin, Marciano, & Whitley, 2005; Kazdin & Whitley, 2006b; Kazdin, Whitley, & Marciano, 2006).

치료의 조절요인

치료동맹 외에도 아동 역기능의 심각도, 아동의 지능, 부모의 스트레스, 부모의 정신병리 등 부모와 아동의 여러 특성은 치료적 변화의 조절요인으로 작용한다. 우리의 치료에서 가장 강력한 조절요인은 부모가 보고한 치료 참여의 장애물이다. 이러한 장애물은 치료 참여와 서로 경쟁 관계에 있는 스트레스원, 지각된 치료 부담, 지각된 치료의 관련성, 치료자와의 관계에서의 장애물 등 4개 영역을 반영한다. 부모의 평가이건 치료자의 평가이건 관계없이 지각된 장벽이 높을수록 아동의 치료적 변화가 감소한다. 이러한 관계는 부모와 아동의 역기능의 심각도, 가정에서의 스트레스, 혹은 부모의 치료 참석 등 다른 요인으로 설명이 되지 않는다(Kazdin, 1995; Kazdin & Crowley, 1997; Kazdin, Holland, & Crowley, 1997; Kazdin, Holland, Crowley, & Breton, 1997; Kazdin & Wassell, 1999, 2000a, 2000b; Kazdin & Whitley, 2006a).

치료에의 참여

부모의 역기능, 가족 스트레스와 치료 참여에 대한 장애물 경험은 회기의 취소나 연락 없이 치료에 오지 않는 것, 그리고 조기종결을 예측하는 강력한 예측요인이다. 조기종결이 반드시 치료의 실패를 의미하는 것은 아니다. 조기종결자의 34%는 자녀의 행동이 크게 개선되었다고 보고하였다(Kazdin, 1990; Kazdin & Mazurick, 1994; Kazdin, Mazurick, & Bass, 1993; Kazdin, Mazurick, & Siegel, 1994; Kazdin, Stolar, & Marciano, 1995; Kazdin & Wassell, 1998). 사실, 치료를 계획대로 끝까지 계속할 필요가 없다고 느껴서 조기 종결한다는 뜻을 전하는 사람들이 많다.

전반적으로 우리의 연구는 PMT와 PSST가 심각한 장애로 입원과 외래 치료에 의뢰된 아동에게 유의미한 변화를 가져올 수 있음을 보여주고 있다. 치료의 효과는 치료 직후와 1년 후 추수평가에서 가정, 학교, 그리고 지역사회 내의 수행에서 뚜렷하게 나타난다. 치료가 끝나는 시점에서의 증상 수준은 성과 연령 기준에서 정상 범위 안으로 떨어지는 경우도 흔하다.

우리 프로그램 이외의 증거 : 요약

PMT에 대한 근거기반은 범위와 강도 측면에서 탁월하다. 첫째, PMT와 연구 프로그램에는 여러 변형된 형태가 있는데, 그중 상당수는 이 책에 포함되어 있다(예 : Incredible years, 부모-아동 상호작용 치료, PMT-오리건 모델, 트리플 P-긍정적 부모양육 프로그램). 이들 프로그램에 대해서는 다수의 무선할당실험, 다양한 현장(가정, 학교)과 치료 및 예방 환경에서의 검증이 되어 있다.

둘째, PMT에서 사용되는 핵심 절차는 다른 영역의 아동과 성인의 임상적 역기능(예 : 자폐 스펙트럼장애, 불안장애, 중독 행동, 정신증)과 임상업무를 훨씬 넘어서는 다른 영역에서도 광범위하게 적용되어 왔다. 예를 들어, 이 절차들은 다양한 기능 영역(예 : 교실 행동, 읽기와 쓰기, 운동 수행, 재활용과 에너지 절약, 군에서의 기초 훈련, 도박, 사회 활동 참여, 의료 처방 따르기, 운동하기 등), 광범위한 연령층(유아기부터 노년기까지), 다양한 환경(집, 학교, 대학, 회사와 산업체, 병원, 지역사회 등)에 효과적으로 적용되어오고 있다(Cooper et al., 2007; Kazdin, 1977, 2013).

마지막으로 수십 년에 걸친 인간과 동물의 기초 연구는 PMT 절차의 기반인 조작적 조건화 원리와 기법을 다듬어 왔다. 생산적 동물 연구는 PMT에 중추적인 학습과 수행의 핵심 측면(예 : 강화계획, 소거, 처벌 등)에 대한 광범위한 자료를 제공해왔다(예 : Azrin & Holz, 1966; Ferster & Skinner, 1957). 여기에 제시된 대략적 그림만으로도 PMT와 이에 기반을 둔 기업들은 동원 가능한 지지근거에서 대적할 만한 상대가 없다고 주장해도 무리가 없을 것이다.

향후 방향

치료 간격, 즉 치료를 필요로 하는 사람들(유병률)과 실제로 치료를 받는 사람들 사이의 간격은 어마어마하다. 이러한 문제는 이 장의 초점인 파괴적 행동장애뿐만 아니라 정신과적 장애를 가진 아동에게 일반적으로 해당된다. 서비스를 필요로 하는 아동, 청소년, 그리고 성인 중 다수는 전혀 서비스를 받지 못한다. 따라서 향후 연구에서는 서비스를 필요로 하는 사람들이 받을 수 있도록 치료를 확장하는 것에 높은 우선순위가 부여되어야 할 것이다. PMT에서 특별히 강조되어야 할 연구 영역은 과학기술과 사회적 미디어(앱, 웹, 문자, 페이스북)를 더 많이 도입해서 지금보다 훨씬 더 큰 규모로 개입을 확장하는 것이다. 선택한 방안으로 웹의 사용은 근거기반 치료의 보급 확장에 엄청난 잠재 가능성이 열릴 수 있다. 그 좋은 예로 대규모 웹 기반 금연 개입에 168개국의 29만 명 이상이 참여하였다(Muñoz et al., 2016). PMT를 필요로 하는 더 많은 사람들에게 확장하고, 그러한 대규모 시행에서도 긍정적 효과를 얻을 수 있는지를 평가하는 연구가 우선적으로 이루어질 필요가 있다.

우선적으로 연구되어야 할 또 다른 영역은 PMT를 임상적 개입보다는 (혹은 적어도 임상 개입에 추가하여) 일반적인 부모교육 도구로 보급하고 평가하는 것이다. '정상적' 자녀양육에서도 어려운 문제에 부딪치는 경우가 자주 있다. 아이에게 야채를 먹이고, 악기 연습을 시키며, 숙제를 하게 하거나 혹은 10대가 부모 앞에서 빈정거리고 눈을 부라리거나 불쾌한 내색하지 않고 의사소통하게 하는 것 등 어려운 과제에 PMT가 도움이 되는 도구를 제공할 수 있다. 이를 널리 적용한다면 체벌의 사용 등 해로운 훈육 방식을 사전에 막거나 감소시킬 수도 있다. PMT를 모든 부모들에게 사용하기 편한 방식으로 광범위하게 보급한다면 치료, 예방, 그리고 가정의 화합에 크게 기여하게 될 것이다.

맺음말

우리는 입원 및 외래 사례들을 포함한 다양한 아동 표집을 대상으로 PMT와 PSST를 평가하였다. 모든 표집의 아동은 다중 장애가 있었고, 일반적으로 역기능이 지속될 만한 여러 위험요인을 지니고 있었다. 예상대로 아동의 문제는 부모 역기능, 스트레스, 가족 이슈(예 : 가정폭력, 사회경제적 불이익)가 있는 환경 속에 깊이 뿌리를 두고 있는 경우가 많았다. 우리의 개입은 가장 심하게 손상된 사례와 복잡한 가정 상황에서도 가정, 학교, 그리고 지역사회에서의 아동 행동에 확실한 변화를 이끌어냈다. 그에 덧붙여 부모의 우울과 스트레스가 감소하고 가족 관계가 개선되었음이 발견되었다. 일상생활에서의 아동의 기능을 구체적으로 변화시키면 부모와 가족에 긍정적인 부차적 효과가 있었다.

최근 연구에서는 치료를 온라인으로 시행함으로써 전문치료자의 소요 시간을 줄이고 PMT의 임상적 접근성과 적용 가능성을 높이는 데 관심이 집중되고 있다. 초기 연구 결과는 이러한 변화를 도입해도 PMT의 치료 효과는 감소하지 않음을 시사하고 있다. 이는 개별적, 면대면 치료방식을 넘어선 다양한 방식으로 PMT를 확장해온 다른 연구자들의 연구와 일관되는 결과이다. 이 책에 담긴 연구를 포함해서 수많은 연구자들의 연구에 따르면 PMT는 강력한 실험적, 응용 연구 기반을 갖춘 잘 연구된 개입 중 하나이다. 우리 앞에 놓여있는 도전은 이를 개인 아동이나 가족의 삶에서뿐 아니라 사회적 차이를 가져오는 규모로 확대하는 것이다.

감사의 글

이 장에서 인용한 연구는 다음의 지원을 받아 수행되었다. Research Scientist Development and Research Scientist Awards (Nos. K02, K05 MH00353), a MERIT Award (No. R01 MH35408),

National Institute of Mental Health (Nos. R01 MH59029, R34 MH093326), Jack Parker Foundation, Leon Lowenstein Foundation, Rivendell Foundation of America, William T. Grant Foundation (No. 98-1872-98), Community Foundation of New Haven, Yale University. 또한 Yale Parenting Center에서 수년간 수고해준 탁월한 스태프, 박사전-박사후 연구원들, 학생들, 그리고 인턴들의 노고 역시 빼놓을 수 없다.

참고문헌

American Psychiatric Association. (2013). *Diagnostic and statistical manual of mental disorders* (5th ed.). Arlington, VA: Author.

Azrin, N. H., & Holz, W. C. (1966). Punishment. In W. K. Honig (Ed.), *Operant behavior: Areas of research and application* (pp. 380–447). New York: Appleton-Century-Crofts.

Cooper, J. O., Heron, T. E., & Heward, W. L. (2007). *Applied behavior analysis* (2nd ed.). Upper Saddle River, NJ: Pearson/Prentice Hall.

Ferster, C. B., & Skinner, B. F. (1957). *Schedules of reinforcement*. New York: Appleton-Century-Crofts.

Kazdin, A. E. (1977). *The token economy: A review and evaluation*. New York: Plenum Press.

Kazdin, A. E. (1990). Premature termination from treatment among children referred for antisocial behavior. *Journal of Child Psychology and Psychiatry, 3*, 415–425.

Kazdin, A. E. (1995). Child, parent, and family dysfunction as predictors of outcome in cognitive-behavioral treatment of antisocial children. *Behaviour Research and Therapy, 33*, 271–281.

Kazdin, A. E. (2005). *Parent management training: Treatment for oppositional, aggressive, and antisocial behavior in children and adolescents*. New York: Oxford University Press.

Kazdin, A. E. (2011). Yale Parenting Center and Child Conduct Clinic. In J. C. Norcross, G. R. VandenBos, & D. K. Freedheim (Eds.), *History of psychotherapy: Continuity and change* (2nd ed., pp. 363–369). Washington, DC: American Psychological Association.

Kazdin, A. E. (2013). *Behavior modification in applied settings* (7th ed.). Long Grove, IL: Waveland Press.

Kazdin, A. E. (2015). Psychosocial treatments for conduct disorder in children and adolescents. In P. E. Nathan & J. M. Gorman (Eds.), *A guide to treatments that work* (4th ed., pp. 141–173). New York: Oxford University Press.

Kazdin, A. E., Bass, D., Siegel, T., & Thomas, C. (1989). Cognitive-behavioral treatment and relationship therapy in the treatment of children referred for antisocial behavior. *Journal of Consulting and Clinical Psychology, 57*, 522–535.

Kazdin, A. E., & Crowley, M. (1997). Moderators of treatment outcome in cognitively based treatment of antisocial behavior. *Cognitive Therapy and Research, 21*, 185–207.

Kazdin, A. E., & Durbin, K. A. (2012). Predictors of child–therapist alliance in cognitive-behavioral treatment of children referred for oppositional and antisocial behavior. *Psychotherapy, 49*, 202–217.

Kazdin, A. E., Esveldt-Dawson, K., French, N. H., & Unis, A. S. (1987a). The effects of parent management training and problem-solving skills training combined in the treatment of antisocial child behavior. *Journal of the American Academy of Child and Adolescent Psychiatry, 26*, 416–424.

Kazdin, A. E., Esveldt-Dawson, K., French, N. H., & Unis, A. S. (1987b). Problem-solving skills training and relationship therapy in the treatment of antisocial child behavior. *Journal of Consulting and Clinical Psychology, 55*, 76–85.

Kazdin, A. E., Holland, L., & Crowley, M. (1997). Family experience of barriers to treatment and premature termination from child therapy. *Journal of Consulting and Clinical Psychology, 65,* 453–463.

Kazdin, A. E., Holland, L., Crowley, M., & Breton, S. (1997). Barriers to Participation in Treatment Scale: Evaluation and validation in the context of child outpatient treatment. *Journal of Child Psychology and Psychiatry, 38,* 1051–1062.

Kazdin, A. E., Marciano, P. L., & Whitley, M. (2005). The therapeutic alliance in cognitive-behavioral treatment of children referred for oppositional, aggressive, and antisocial behavior. *Journal of Consulting and Clinical Psychology, 73,* 726–730.

Kazdin, A. E., & Mazurick, J. L. (1994). Dropping out of child psychotherapy: Distinguishing early and late dropouts over the course of treatment. *Journal of Consulting and Clinical Psychology, 62,* 1069–1074.

Kazdin, A. E., Mazurick, J. L., & Bass, D. (1993). Risk for attrition in treatment of antisocial children and families. *Journal of Clinical Child Psychology, 22,* 2–16.

Kazdin, A. E., Mazurick, J. L., & Siegel, T. C. (1994). Treatment outcome among children with externalizing disorder who terminate prematurely versus those who complete psychotherapy. *Journal of the American Academy of Child and Adolescent Psychiatry, 33,* 549–557.

Kazdin, A. E., & Rotella, C. (2008). *The Kazdin Method for parenting the defiant child: With no pills, no therapy, no contest of wills.* Boston: Houghton Mifflin.

Kazdin, A. E., & Rotella, C. (2013). *The everyday parenting toolkit: The Kazdin Method for easy, step-by-step, lasting change for you and your child.* Boston: Houghton Mifflin.

Kazdin, A. E., Siegel, T., & Bass, D. (1992). Cognitive problem-solving skills training and parent management training in the treatment of antisocial behavior in children. *Journal of Consulting and Clinical Psychology, 60,* 733–747.

Kazdin, A. E., Stolar, M. J., & Marciano, P. L. (1995). Risk factors for dropping out of treatment among White and Black families. *Journal of Family Psychology, 9,* 402–417.

Kazdin, A. E., & Wassell, G. (1998). Treatment completion and therapeutic change among children referred for outpatient therapy. *Professional Psychology: Research and Practice, 29,* 332–340.

Kazdin, A. E., & Wassell, G. (1999). Barriers to treatment participation and therapeutic change among children referred for conduct disorder. *Journal of Clinical Child Psychology, 28,* 160–172.

Kazdin, A. E., & Wassell, G. (2000a). Predictors of barriers to treatment and therapeutic change in outpatient therapy for antisocial children and their families. *Mental Health Services Research, 2,* 27–40.

Kazdin, A. E., & Wassell, G. (2000b). Therapeutic changes in children, parents, and families resulting from treatment of children with conduct problems. *Journal of the American Academy of Child and Adolescent Psychiatry, 39,* 414–420.

Kazdin, A. E., & Whitley, M. K. (2003). Treatment of parental stress to enhance therapeutic change among children referred for aggressive and antisocial behavior. *Journal of Consulting and Clinical Psychology, 71,* 504–515.

Kazdin, A. E., & Whitley, M. K. (2006a). Comorbidity, case complexity, and effects of evidence-based treatment for children referred for disruptive behavior. *Journal of Consulting and Clinical Psychology, 74,* 455–467.

Kazdin, A. E., & Whitley, M. K. (2006b). Pretreatment social relations, therapeutic alliance, and improvements in parenting practices in parent management training. *Journal of Consulting and Clinical Psychology, 74,* 346–355.

Kazdin, A. E., Whitley, M., & Marciano, P. L. (2006). Child–therapist and parent–therapist alliance and therapeutic change in the treatment of children referred for oppositional, aggressive, and antisocial behavior. *Journal of Child Psychology and Psychiatry, 47,* 436–445.

Lahey, B. B., & Waldman, I. D. (2012). Annual research review: Phenotypic and causal structure of conduct disorder in the broader context of prevalent forms of psychopathology. *Journal of Child Psychology and Psychiatry, 53,* 536–557.

Lochman, J. E., Powell, N. R., Whidby, J. M., & FitzGerald, D. P. (2012). Aggression in children. In P. C. Kendall (Ed.), *Child and adolescent therapy: Cognitive-behavioral procedures* (4th ed., pp. 27–60). New York: Guilford Press.

Moffitt, T. E., & Scott, S. (2009). Conduct disorders of childhood and adolescence. In M. Rutter, D. Bishop, D. Pine, S. Scott, J. S. Stevenson, E. A. Taylor, & A. Thapar (Eds.), *Rutter's child and adolescent psychiatry* (5th ed., pp. 543–564). Hoboken, NJ: Wiley-Blackwell.

Muñoz, R. F., Bunge, E. L., Chen, K., Schueller, S. M., Bravin, J. I., Shaughnessy, E. A., et al. (2016). Massive open online interventions (MOOIs): A novel model for delivering behavioral health services worldwide. *Clinical Psychological Science, 4,* 194–205.

Nock, M. K., & Kazdin, A. E. (2005). Randomized controlled trial of a brief intervention for increasing participation in parent management training. *Journal of Consulting and Clinical Psychology, 75,* 872–879.

Nock, M. K., Kazdin, A. E., Hiripi, E., & Kessler, R. C. (2007). Lifetime prevalence, correlates, and persistence of oppositional defiant disorder: Results from the National Comorbidity Survey Replication. *Journal of Child Psychology and Psychiatry, 48,* 703–713.

Patterson, G. R. (2016). Coercive theory: The study of change. In T. J. Dishion & J. J. Snyder (Eds.), *The Oxford handbook of coercive relationship dynamics* (pp. 7–22). New York: Oxford University Press.

Rabbitt, S. M., Carrubba, E., Lecza, B., McWhinney, E., Pope, J., & Kazdin, A. E. (2016). Internet-based parent management training for the treatment of conduct problems in children. *Journal of Child and Family Studies, 25*(6), 2001–2020.

Reid, J. B., Patterson, G. R., & Snyder, J. (Eds.). (2002). *Antisocial behavior in children and adolescents: A developmental analysis and model for intervention.* Washington, DC: American Psychological Association.

Shure, M. B. (1992). *I Can Problem Solve (ICPS): An interpersonal cognitive problem solving program.* Champaign, IL: Research Press.

Spivack, G., & Shure, M. B. (1982). The cognition of social adjustment: Interpersonal cognitive problem solving thinking. In B. B. Lahey & A. E. Kazdin (Eds.), *Advances in clinical child psychology* (Vol. 5, pp. 323–372). New York: Plenum Press.

CHAPTER 10

아동의 공격 행동 대처 능력 프로그램

Nicole P. Powell, John E. Lochman, Caroline L. Boxmeyer,
Tammy D. Barry, Dustin A. Pardini

임상 문제의 개요

아동기 공격성은 시간이 지나도 비교적 안정적이고 비행, 물질사용, 품행 문제, 학업적 어려움, 그리고 부정적 적응 등 다양한 부정적 결과와 일관적 관련성이 있기 때문에 많은 개입과 치료 노력의 주요한 초점이 되고 있다. 또한 아동의 공격성은 적대적 반항장애(ODD)와 품행장애 (CD)와 같은 임상장애와 공존 발생하거나 때로는 이를 미리 예측하기도 한다. 어린 시절의 적 대적 행동 역시 상당한 관심의 대상이 되어 왔는데, 이는 가장 일관적이고 심각하며 폭력적인 반사회적 행동을 하는 청소년의 대다수는 청소년기보다는 아동기에 일탈적 행동이 시작되었을 가능성이 높기 때문이다. 따라서 아동기 공격성은 자주 청소년기의 다양한 규범 위반 행동이 특징적인 보다 넓은 기반의 증후군의 징후로 본다.

'공격적 행동'의 일반적 정의는 없지만 말다툼, 약한 사람 괴롭히기, 완력 쓰기, 위협하기, 화 내며 때리기, 신체적 싸움 등이 다양한 개념화에 포함되어 왔다. 이와 같은 공격적 행위가 다양 하고 일부 아동은 특정 유형의 호전적 행동만을 보이는 경향이 있어서 연구자들은 공격적 아동 을 임상적으로 의미가 있는 하위집단으로 나누는 분류체계를 고안해내게 되었다. 이러한 복잡 성 이외에 공격적 행동은 다른 사람들에게 반감을 일으켜서 이런 행동을 보이는 아동은 또래, 부모, 및 교사들과의 관계가 나빠지게 된다.

치료 프로그램에 대한 개념적 모델

청소년 반사회적 행동의 발달은 일련의 가족과 개인적 요인의 결과로 자주 개념화되는데, 그 발달 경로의 상당 부분은 아동의 공격성이다(Conduct Problems Prevention Research Group, 1992; Lochman & Wells, 1996). 학교 환경에서의 경험도 품행 문제의 발달 경로에 기여할 수 있다. 아동의 행동 문제는 교사와 또래로부터 부정적 반응을 이끌어내고, 이는 학교와의 유대를 약화시켜서 학업성적이 저하되고 일탈 또래 집단의 영향에 취약하게 만든다. 청소년기에 이르면 이러한 경로가 물질사용, 비행, 학업 실패의 위험성을 높일 수 있다. 따라서 여기에서 제시된 맥락적 사회인지적 예방 모델에서는 청소년 반사회적 행동의 잠재적 조절 요인으로 다음의 서로 연관된 두 요인 세트에 초점을 맞춘다. (1) 사회적 유능감의 결여, 빈약한 사회인지적 기술 등 아동 수준 요인과, (2) 양육자 개입과 아동 훈육의 효과적인 실행에서의 어려움 등 부모 수준 맥락적 요인이 그것이다.

아동의 사회인지적 과정

맥락적 사회인지적 예방 모델은 사회정보 처리(social information processing, SIP)의 6단계 모델을 지지하는 연구의 영향을 받았다. 처음 세 단계(Lochman, FitzGerald, & Whidby, 1999)에서 아동은 환경 내에서 관련 세부사항을 부호화하고, 상황의 속성에 대한 해석을 생성하고, 상황에 대한 자신의 반응(예 : 복수하기, 갈등 피하기)에 영향을 미칠 사회적 목표를 명확하게 제시한다. 부호화 단계에서 공격적 아동은 비공격적 또래에 비하여 적대적 단서에 주의를 기울이기 쉽고 기억하는 단서가 더 적으며 가장 최근의 단서에만 집중할 가능성이 더 높다. 공격성 수준이 높으면 타인의 행동을 적대적으로 보는 경향이 높아지는데, 이는 공격적 아동은 부호화한 정보의 해석에 문제가 있음을 시사한다. 대인관계 목표를 세울 때 공격적 아동은 상당히 우호적인 갈등 상황에서조차 또래보다 지배성, 파괴, 말썽 피우기와 관련된 목표를 더 자주 지지하는 경향이 있다(Pardini, 2011).

SIP 모델의 마지막 세 단계에서는 마음속으로 가능한 반응 목록을 생성하고, 각 반응을 체계적으로 평가한 후 선택된 반응을 실행한다. 공격적 아동들은 여기의 각 단계에서 문제가 있는 것이 밝혀졌다(Lochman & Dodge, 1994). 대인 간 갈등에 대한 해법을 찾으라고 하면 공격적 아동은 생성하는 해법의 수나 질에서 결함이 있고 언어적 해결책은 거의 없으며, 신체적 공격성이 포함된 직접 행동 해결책을 더 많이 내놓는다. 또한 일탈 행동을 보이는 아동·청소년은 공격이 실체적 보상 등 이득을 가져올 것이고 다른 사람으로부터 불유쾌한 취급을 덜 받게 되며, 지배/통제감을 느낄 것으로 기대할 가능성이 크다. 이들은 공격을 하면 처벌과 자책감이 따라올 것이라고 믿을 가능성이 적다(Pardini, 2006; Pardini & Byrd, 2012; Pardini, Lochman,

& Frick, 2003). 공격적 아동이 긍정적 반응을 선택한다 하더라도 이를 잘 수행하지 못한다는 증거가 있다. 흔히 실행된 반응의 결과가 이후 반응의 선택에 영향을 미치게 되므로 전체 과정은 본질적으로 순환적이라고 볼 수 있다.

맥락적 부모양육 행동

아동기 공격성은 초기 환경에서 부모가 엄하거나 성마른 훈육을 하고 서투른 문제해결의 본을 보이며, 모호한 지시를 내리고 자녀 행동을 효과적으로 감찰하지 못하는 경험에서 비롯될 수 있다(Pardini, Waller, & Hawes, 2014). 어머니의 비관여나 훈육의 비일관성 등의 부모 위험요인은 아동기 공격성과 청소년기 반사회적 행동의 발달과 연관지어져 왔다. 부모가 성마르고 비효과적인 훈육을 하는 경우 자녀는 외현적 반사회적 행동(적대적 행동, 신체적 공격)과 내재적 반사회적 행동(절도, 거짓말, 무단결석)을 보이기 쉽다는 증거도 있다. 이러한 결과는 부모 요인이 청소년기 반사회적 행동에 직접적인 영향을 미칠 뿐 아니라 아동기 공격성, 사회적 유능성의 결여 및 학업 실패 등 요인들과의 연관성을 통해 간접적인 영향을 미칠 수 있음을 시사한다. 또한 서투른 부모의 양육과 아동의 공격적 행동의 관계는 양방향적으로, 무능한 양육이 아동의 부정적 행동을 북돋우고, 아동의 행동이 점점 더 악화되면서 이것이 더욱 나빠지는 것으로 볼 수도 있다(Pardini, 2008).

치료 프로그램의 특징

분노 대처 프로그램(Anger Coping Program, ACP; Larson & Lochman, 2010)은 맥락적 사회인지 모델에 따라 아동기 공격성에 관련된 사회정서 처리 문제를 변화시켜서 청소년 반사회적 행동의 발달을 사전에 막으려는 것을 목표로 하여, 설계되었다. 효과 연구에 의하면 분노 대처 프로그램에 참여한 아동은 프로그램 참여 후 행동이 개선되었고 물질사용 예방 효과가 있었으나, 시간이 지나면서 효과가 유지되지 않았고 비행에 대한 예방 효과는 없었다(Lochman, 1992). 효과의 향상을 위하여 아동 교육 과정에 내용을 추가하고 부모 부분에도 구성요소를 추가하며 증강된 버전의 분노 대처와 대처 강화 프로그램이 개발되었다.

대처 능력과 분노 대처 프로그램은 둘 다 효과가 있다는 연구 결과로 뒷받침되고 있다(표 10.1과 10.2 참조). 이 두 프로그램 중에서 보다 종합적인 대처 능력 프로그램이 다음에 기술되어 있다. 분노 대처 프로그램은 이 책의 이전 판에 개관되어 있다(Lochman, Boxmeyer, Powell, Barry, & Pardini, 2010).

표 10.1 분노 대처 연구

연구	사례	설계	주요 발견점
개입 효과 연구			
Lochman, Nelson, & Sims (1981)	2~3학년	사전–사후	공격성의 감소
Lochman, Burch, Curry, & Lampron (1984); Lochman (1992)	4~6학년 남아(76명)	RCT : AC, GS, AC+GS, TAU 통제	GS와 TAU와 비교하여 AC와 AC+GS 조건의 남아들은 교실에서의 파괴적 행동이 감소하였고 부모보고 공격성도 감소하였음. GS가 AC의 치료 효과를 증가시킴. 3년 후 마리화나, 약물, 및 알코올 사용에 대한 예방적 효과가 있었음
Lochman, Lampron, Gemmer, Harris, & Wyckoff (1989)	초등학교 남아(평균연령 11세, 32명)	RCT : AC, AC+교사 자문, TAU 통제	TAU와 비교하여 두 AC 조건의 남아들은 공격성과 과제 이탈 행동의 감소가 더 컸고, 지각된 사회적 유능성과 자존감이 더 크게 향상되었음
치료 효과의 조절요인			
Lochman, Lampron, Burch, & Curry (1985)	4~6학년 남아(76명)	RCT : AC, GS, AC+GS, TAU 통제	또래 거부, 공존 내재화 증상 수준이 높고 또한/혹은 문제해결 기술이 열등한 AC 남아들이 부모보고 공격성에서 가장 많이 감소됨

주 : AC-분노 대처, GS-목표 수립, RCT-무선할당 통제실험, TAU-통상치료

대처 능력 아동 구성요소

대처 능력(Coping Power; Lochman, Wells, & Lenhart, 2008)은 4~6명의 집단 형식에 맞춰 설계되었으나 그 내용은 개인치료로도 제공될 수 있다. 집단 형식은 개인 회기에 비해 여러 장점이 있다. 예를 들어, 집단은 모델링, 역할 연기, 집단 문제해결, 또래와의 사회적 행동에 대한 피드백/강화를 통해 아동의 사회적 능력에서의 어려움을 다룰 수 있는 기회를 제공한다. 이 프로그램은 15개월 기간에 걸쳐 34회의 주 1회 아동 회기로 구성되며, 일반적으로 초등학교 고학년과 중학교 저학년 아동이 대상이 된다.

대처 능력 아동 구성요소에서는 파괴적 행동 문제를 가진 아동이 흔히 경험하는 사회인지 결손을 다룬다. 이 프로그램의 앞부분에서는 아동이 개인적으로 자신에게 의미가 있는 장기 목표를 확인하고 이 목표를 매일의 단기 목표로 나누도록 돕는 데 집중한다. 아동은 자신의 진척 사항에 관해서 매일 피드백을 제공하는 학급 교사와 함께 프로그램 내내 지속적으로 목표를 세우고 추적한다. 프로그램의 다음 단계에서는 파괴적 행동 문제를 지닌 아동이 흔히 갖추지 못하여 이들의 학습 문제와 부모 및 교사와의 갈등을 일으키는 조직화와 학업 기술을 다룬다. 일련의 회기에서 아동들은 분노의 인지적 · 행동적 · 신체적 징후를 정확하게 확인하고 자기 진

표 10.2 대처 능력 연구

연구	사례	설계	주요 발견점
게임 효과 연구			
Lochman et al. (2001)	농아를 위한 기숙학교 청각장애 아동	RPS : 청각장애 아동용 수정된 CP, TAU 통제	TAU와 비교하여 CP 이동이 문제해결 기술이 향상됨
Lochman & Wells (2002a, 2004)	초등학교 남아(183명)	RPS : CP 이동요소, CP 이동+부모 요소와 TAU 통제	TAU와 비교하여 두 CP 추적 조사에서 1년 후 추적 조사에서 비행과 약물사용이 감소됨. 병행집단에서의 효과가 가장 강력함. 두 개입조건 모두 학급 행동이 향상되었음. 사회인지 처리에서의 변화가 결과와 연관됨
Lochman & Wells (2002b, 2003; Lochman, Wells, Qu, & Chen (2013)	초등학생(245명)	RPS : CP(이동+부모), 보편적 교실 개입(UCI), CP(이동+부모)와 TAU통제	CP+UCI에서 물질사용과 공격성의 비율이 낮아지고, 지각된 사회적 유능성이 높았으며 행동이 더 많이 향상됨. CP 단독은 이동이 사전 행동과 활동 수준 감소, 교사 평가에서 대상 아동에 이 모래 수용 증가. 1년 후 모든 개입 조건이 TAU에 비하여 물질사용과 비행이 감소됨. 학교에서의 공격성에 대한 긍정적 효과는 3년 후에도 유지됨
Lochman, Boxmeyer, Powell, Roth, & Windle (2006); Lochman et al. (2014)	초등학생 (9~12세, 241명)	RCT, 24회 CP(아동+부모)와 TAU 통제	TAU와 비교에서 1회 이상 참석한 부모의 자녀는 교사 평정 외현화 행동이 감소됨. 외현화 행동과 냉담-무정서 성향에 대한 긍정적 효과가 3년 후에도 나타남
Lochman, Boxmeyer, et al. (2009); Lochman et al. (2012)	초등학생(531명)	보급 연구, 기초 훈련(BT) 혹은 집중 훈련(IT)을 받은 학교 상담자가 시행한 CP, TAU 통제	TAU와 비교하여 IT 상담자의 학생들이 행동과 학업에서 유의미한 향상을 보임. 2년 추적 조사에서 TAU 이동은 언어 예술(language art) 성적이 하락하였으나 IT 상담자의 학생들은 하락을 보이지 않음
Peterson, Hamilton, & Russell (2009); Jurecska, Hamilton, & Peterson (2011)	초등학생(10~12세, 119명)	RCT, 24회기 CP(단지 이동)와 TAU 통제	CP는 교사 평정에서 향상을 보였음. 과잉행동이 감소가 행동 반응의 개선과 연관됨
van de Wiel et al. (2007); van de Wiel, Matthys, Cohen-Kettenis, & van Engeland (2003); Zonnevylle-Bender, Matthys, van de Wiel, & Lochman (2007)	외래아동 환자(8~13세, 77명)	RCT, 수정된 CP와 외래진료소 TAU	두 집단 모두 치료 후 6개월 후 파괴적 행동에서 유의미한 향상이 있었으나, CP가 TAU보다 사후 평가에서 유의미하게 더 외현적 공격성이 감소가 있었음. 4년 후 CP 이동은 TAU 이동에 비해 마리화나와 담배 사용 비율이 유의미하게 낮았음
Cabiya et al. (2008)	푸에르토리코의 외래 아동환자 (8~13세, 278명)	RCT, 문화를 반영해서 변안된 CP(이동+부모)와 TAU 통제	TAU와 비교하여 CP 이동은 우울한 기분, 주의 산만, 파괴적 행동이 감소됨. 효과가 6개월 후 더 분명해짐

표 10.2 대처 능력 연구(계속)

연구	사례	설계	주요 발견점
Muratori, Milone, Manfredi et al. (2015)	이탈리아의 외래 아동환자(9~12세, 98명)	연속적으로 조건에 할당, 문화적으로 변인된 CP와 TAU	CP 아동은 TAU와 비교하여 외현화 및 내재화 문제와 냉담-무감동 특성이 더 많이 감소됨
Muratori, Bertacchi et al. (2015)	이탈리아의 초등학생(184명)	RCT, 보편적 CP(문화를 고려한 변인), TAU 통제	TAU와 비교하여 CP 학급 아동이 전반적인 문제 행동과 부주의-과잉행동 문제가 감소되고 친사회적 행동은 증가함
Muratori, Giuli et al. (2016)	이탈리아의 미취학 아동(4세, 164명)	RCT, 보편적 CP(문화와 발달을 고려한 변인), TAU 통제	TAU와 비교하여 CP 학급의 아동은 교사 및 부모 평정 문제 행동이 유의미하게 감소됨
결과와 개입 참여에 대한 예측요인			
Minney, Lochman, & Guadagno (2015)	초등학생(9~12세, 120명)	24회기 CP(아동+부모)	스트레스 생활 사건과 낮은 사회적 지지가 CP 부모 요소에 낮은 참여와 출석 수준과 관계있었음
Andrade, Browne, & Naber (2015)	외래 아동환자(9~12세, 37명)	CP 부모 요소	양육이 상대적으로 더 긍정적이고 훈육의 일관성이 높은 부모('낮은 필요도'로 분류)의 CP 부모 회기 출석률이 가장 낮았음
Ellis, Lindsey, Barker, Boxmeyer, & Lochman (2013)	초등학생(9~12세, 114명)	24회기 CP(아동+부모)	아동이 CP 참여는 부모의 CP 부모 회기 출석을 예측함
Jarett, Siddiqui, Lochman, & Qu (2014)	초등학생(9~12세, 112명)	24회기 CP(아동+부모)	기저선 우울 수준이 높은 아동이 사후 부모 및 교사 평정 외현화 문제 행동이 더 많이 감소됨
Muratori, Milone, Nocentini et al. (2015)	외래 아동환자(8~11세, 62명)	사전-사후	부모 우울 수준이 낮고 일관적 양육이 향상되는 경우 아동 공격성이 감소됨
Lochman, Dishion, et al. (2015)	초등학생(9~11세, 360명)	RCT : 개인 CP, 집단 CP	두 조건 모두 1년 후 부모와 교사 평정 외현화 문제가 유의미하게 감소됨. 교사 평정에 대한 효과는 개인 CP에서 더 강력했고 아동의 억제적 통제의 기저선 수준에 따라 차이가 있었음
Lochman, Powell, et al. (2009, 2015)	초등학생(531명)	본래 연구 : 기초 훈련(BT) 혹은 집중 훈련(IT)을 받은 학교 상담자가 시행한 CP, TAU 통제	학교 수준 요인과 상담자 특성이 프로그램 실행의 질과 관련이 있었음. 상담자 요인과 아동의 향상 수준은 2년 후 CP의 지속 사용을 예측함

주 : CP=대처 능력(Coping Power), RPS=무선할당 예방연구(randomized prevention study), RCT=무선할당 통제실험(randomized controlled trial), TAU=통상치료(treatment as usual)

술, 주의 전환, 이완 기술을 사용해서 분노에 대처하는 것을 학습한다. 조망 수용 활동을 통해 아동이 타인의 관점을 생각해보고 타인의 의도에 대하여 비적대적 귀인을 고려해보도록 격려한다. 이 프로그램의 핵심 구조는 'PICC(Problem Identification, Choices, Consequences)' 모델인데, 이는 아동으로 하여금 문제를 정확히 확인하고, 그 문제에 반응할 수 있는 다양한 선택 방안을 생성하며, 각 선택과 관련된 다양한 결과를 고려하게 교육하는 것이다. 프로그램의 최종 회기에서 아동은 또래 압력에 대처하고, 새로운 또래 집단에 들어가고, 또래와 협력하고 협상하는 전략을 연습한다.

대처 능력의 부모 구성요소

대처 능력 프로그램의 부모 구성요소(Wells, Lochman, & Lenhart, 2008)는 16개의 집단 회기로 구성되는데, 아동 회기와는 별도로 진행되지만 동일한 15개월 기간에 진행된다. 회기는 전형적으로 한 달에 2회, 60~90분 동안 진행된다. 가족 관계를 강화하고 아동의 행동관리를 위한 특별한 전략을 교육한다. 그 외에 부모들에게 아동 구성요소에서 목표로 하는 기술을 알려주고 자녀가 가정과 학교에서 이 새로운 기술을 사용하면 강화해주도록 장려한다.

대처 능력 프로그램의 부모 집단 회기는 구체적인 조작적 정의를 사용해 아동의 친사회적 및 파괴적 목표 행동을 확인하고, 적절한 아동 행동을 강화하고 주의를 기울이며, 효과적으로 지시를 내리고, 가정에서 연령에 맞는 규칙과 기대를 세우고, 부정적 아동 행동에 대해서는 효과적인 결과를 적용하는 등 사회 학습 기술의 사용을 다룬다. 또한 부모들은 가정 밖에서의 아동 행동을 관리하고, 현행 가족 의사소통 구조를 확립하는 방안을 배운다. 이와 같은 표준 기술 이외에 부모는 아동 구성요소에서 아동이 학습한 사회인지와 문제해결 기술을 지원하는 추가적 기법을 배운다. 예를 들어, 부모는 가정에서 형제자매 간 갈등을 관리하고 가족 문제해결에 PICC 모델을 적용하는 기법을 배운다. 대처 능력의 아동 및 부모 구성요소의 내용은 표 10.3에 요약되어 있다.

치료 효과의 증거

분노 대처(Anger Coping)와 대처 능력(Coping Power) 프로그램의 틀을 이용한 인지행동 개입이 사후에 부모, 교사, 그리고 독립적 관찰자가 평정한 가정과 학교에서의 아동의 공격적 행동에 즉각적인 효과가 있음을 30년 이상 이어진 일련의 연구가 보여주고 있다(표 10.1과 10.2 참조). 효과 크기는 보통 중간 수준이며, 문제해결 기술의 초기 수준과 가족의 소득 수준 등에 따라 개입 효과가 달라질 수 있어 모든 아동이 이런 형식의 개입에 반응하는 것은 아님을 시사한다. 분노 대처와 대처 능력 프로그램은 개입 종료 후 3년까지 아동의 외현화 행동 문제에 대한 예방

표 10.3 대처 능력의 아동과 부모 구성요소 주제 개관

아동 구성요소		부모 구성요소	
회기 번호	주제와 기술	회기 번호	주제와 기술
1	도입, 집단 구조, 목표 세팅	1	개요와 가정에서의 학업 지원
2~3	개인 행동 목표 세팅	2	가정에서의 학업 지원
4	조직화와 학업 기술	3~4	부모를 위한 스트레스 관리
5~6	감정인식 및 분노와 관련 생리적 각성	5	부모–자녀 관계의 개선과 아동의 긍정적 행동의 증가
7	분노와 자기 통제	6	사소한 파괴적 행동 무시하기
8~11	자기 진술을 통한 분노 대처	7	아동에게 효과적으로 지시하기
12~14	조망 취하기	8	가정에서의 규칙과 기대 설정
15~19	사회적 문제해결(PICC)	9~10	훈육과 처벌
20~22	집단 비디오 테이프 만들기(PICC)	11	여름 계획
23	복습	12	가정에서의 학업 지원
24	조직화와 학업 기술	13	가족 응집력 쌓기
25	교사의 기대와 갈등	14	가족 문제해결
26	우정/집단 참가	15	가족 의사소통
27	집단 참가/또래 협상	16	장기 계획과 끝내기, 집단 축하하기
28	형제자매 갈등		
29	또래 압력		
30	또래 압력의 거절 기술		
31	이웃 문제		
32	또래 압력에 저항하기와 긍정적 또래 집단에 참여하기		
33	긍정적 자질의 개발과 또래관계		
34	복습과 끝내기, 집단 축하하기		

적 효과가 지속될 수 있으나, 그보다 더 장기적으로 비행과 물질사용에 효과를 거두려면 보조적 부모 개입 요소가 필요한 것으로 보인다. 이 결과는 이러한 형식의 인지행동적 개입이 단기 치료 목표뿐만 아니라 장기 예방 목적에도 유용할 수 있으며, 학교와 클리닉에서도 효과적으로 제공될 수 있는 프로그램임을 강조하고 있다.

대처 능력 프로그램의 치료 효과

대처 능력 프로그램은 예방과 치료의 두 가지 목표로 시행되어 왔다. 대처 능력 프로그램은 확인된 장애(예 : 품행장애)의 일부분으로 존재하는 아동의 공격성이나 진단 가능한 장애의 위험

요인으로서 아동의 공격성에 기여하는 과정을 표적으로 한다. 따라서 이 프로그램은 예방이나 치료의 목적으로 융통성 있게 사용될 수 있다. 공격 행동처럼 단독으로 혹은 진단된 장애의 한 부분으로서 장애를 일으킬 수 있는 행동의 경우 치료와 예방적 서비스를 분리된 과정보다는 연속선상의 과정으로 개념화할 수 있다(Matthys & Lochman, 2010). 보편적 예방 서비스는 전체 집단에 제공되며 공통적 위험요인을 표적으로 하는 반면, 선택적 예방 프로그램은 확인된 위험요인(예 : 구금된 부모의 자녀)이 존재하지만 문제 행동을 보이지는 않는 집단을 대상으로 한다(Mrazek & Haggerty, 1994). 선택적 예방에는 장애의 특성은 있지만 진단의 범위에는 속하지 않는 개인들을 찾아내기 위한 선별도 포함된다. 치료 효과 연구에 의하면 대처 능력 프로그램은 교실에서는 보편적 예방 프로그램으로, 높은 공격성 수준으로 선별된 학생들에게는 선택적 예방 프로그램으로, 그리고 파괴적 행동장애로 진단된 아동에게는 치료적 개입으로 시행되고 있다.

학교기반 표적 예방 연구

공격적 아동과 심각한 품행 문제 청소년 중 독특한 하위 집단을 대상으로 하는 선택적 예방 프로그램으로서 대처 능력 프로그램의 효과성과 효율성을 평가한 연구가 있다. 예를 들어, 청각장애 아동에게 적합한 대처 능력 프로그램의 비전은 교사들이 공격적 행동을 보인다고 평가한 청각장애 기숙학교 아동의 문제해결 기술을 향상시키는 것으로 나타났다(Lochman et al., 2001). 전통적 학교 환경에서 대처 능력 프로그램은 1년 후 추적 평가에서 비행과 물질사용에 대한 예방 효과가 있었으며, 부모와 아동이 모두 참여했을 때 가장 강력한 효과가 있는 것으로 밝혀졌다(Lochman & Wells, 2004). 경로 분석에 의하면 개입 효과는 적어도 부분적으로는 남아의 사회인지적 처리 및 도식의 변화, 그리고 부모양육 과정의 변화에 의해서 매개되는 것으로 보인다(Lochman & Wells, 2002a).

보편적 예방 요소가 포함되면(Lochman & Wells, 2003) 통제집단에 비해서 자기보고 물질사용 비율이 낮아지고, 교사가 평가한 공격성이 낮아지며, 지각된 사회적 유능성이 높아지고, 교사평가 행동이 더 많이 향상된 것으로 보고되었다(Lochman & Wells, 2002b). 3년간의 추적 기간과 7회의 평가에서 보편적 개입은 더 이상 효과가 없었으나 대처 능력 프로그램은 개입 종료 3년 후까지 청소년의 행동에 긍정적인 영향이 지속되었다(Lochman, Wells, Qu, & Chen, 2013).

두 무선할당 통제실험(RCT)에서 한 학년도(아동 회기 24회, 부모 회기 10회)에 시행될 수 있도록 압축된 대처 능력 프로그램의 효과를 검증하였다. 이 프로그램에서는 무선 할당된 통제 집단 아동에 비하여 주 양육자가 부모 회기에 1회 이상 참석한 아동의 경우 치료 후 교사가 평가한 외현화 행동이 유의미하게 감소한 것으로 나타났다(Lochman, Boxmeyer, Powell, Roth, &

Windle, 2006). 개입 종료 3년 후 대처 능력 프로그램은 통제조건과 비교하여 부모의 참석 정도와 관계없이 아동의 외현화 문제 행동 감소에 전반적인 장기적 효과가 있었다(Lochman et al., 2014). 덧붙여 개입은 청소년의 충동적 성향과 냉담-무정서(callous-unemotional, CU) 성향에 유의미한 효과가 있었다. 냉담-무정서 성향의 청소년은 대처 능력 프로그램과 같은 심리학적 개입의 영향이 적다고 생각되어 왔기 때문에 냉담-무정서(CU) 성향에 효과를 보였다는 것은 특히 중요한 결과이다. 독립적 조사 팀에 의하면 24회기의 대처 능력 프로그램의 아동 구성요소만을 시행했을 때 통제조건보다 교사가 보고한 학습과 공부 기술이 행동적으로 유의미하게 향상되었고, 행동적 증상과 사회적 위축뿐 아니라 학교 문제도 감소하였다(Peterson, Hamilton, & Russell, 2009).

임상 표집 연구
대처 능력 프로그램은 방과 후 학교 프로그램 등의 다른 세팅에서도 사용되었다(Cowell, Horstmann, Linebarger, & Meaker, 2008). 또한 여자 청소년 교정 시설에서 사용할 수 있도록 번안되었고(Goldstein et al., 2013), 교실에서의 관계적 공격성의 감소를 위한 보편적 예방적 개입의 한 부분으로도 번안되었다(Leff et al., 2010). 대처 능력 프로그램 또한 보다 심각한 장애 집단에도 확대 적용할 수 있도록 여러 나라의 임상집단에 사용하게 번안되었다. 네덜란드, 푸에르토리코와 이탈리아에서 파괴적 행동장애로 진단된 아동·청소년들에게 시범적으로 실시한 결과, 공격성(van de Wiel et al., 2007), 파괴적 행동(Cabiya et al., 2008; Muratori, Milone, Manfredi et al., 2015), 물질사용(Zonnevylle-Bender, Matthys, van de Wiel, & Lochman, 2007), 그리고 내재화 증상(Cabiya et al., 2008; Muratori, Milone et al., 2015)에 긍정적인 효과가 있었다.

교실에서 대처 능력 보편적 예방 프로그램을 사용한 연구
대처 능력 프로그램은 표적예방의 대상인 행동적 위험군 청소년과 파괴적 행동장애를 보이는 임상집단을 위한 개입으로 개발되었지만, Pietri Muratori와 동료들은 이 프로그램의 이탈리아판을 초등학교와 유아원 교실에서 보편적 예방 개입으로 시행될 수 있도록 번안하였다. 그 프로그램을 시행한 결과 행동 문제가 감소하고 친사회적 행동이 증가하는 등의 효과가 있었다(Muratori, Bertacchi et al., 2015; Muratori et al., 2016).

부모 참여와 아동 행동 변화의 예측요인
최근 연구들은 아동과 부모의 특성과 개입 형식이 대처 능력 프로그램 효과에 미치는 영향을 조사하였다. 이 연구들에는 통제집단은 포함되지 않았지만 개입 과정에 관한 주제들을 조사하였다. 부모 회기의 참석률이 낮은 것은 외현화 문제 아동의 부모 개입에서 고질적인 문제임이 확인되었다. 두 가지 개인 지향 분석의 결과 사회적 지지가 적고 스트레스 생활사건 경험이 더 많은(삶이 너무 혼란스러워서 개입 참여가 어려운) 부모들(Minney, Lochman, & Guadagno, 2015)과 이와는 대조적으로 양육방식이 보다 긍정적이며 상대적으로 훈육의 비일관성이 낮은 (그리고 아마도 개입의 필요성이 상대적으로 적은) 부모들(Andrade, Browne, & Naber, 2015) 이 대처 능력 부모 구성요소에서 참석과 관여 수준이 상대적으로 낮았다. Ellis, Lidsey, Barker, Boxmeyer와 Lochman(2013)이 교차지연 분석을 사용하여 제한적 부모 참석의 문제를 조사한 결과, 대처 능력 프로그램에서 개입 초기 회기들에서 아동 부분 참여도가 더 높은 아동의 부모 가 개입 중반 부모 회기 참석이 유의미하게 높았음을 밝혔다. 이는 아동의 개입 참여가 부모의 개입 참여도를 높이도록 이끌 수 있음을 보여주고 있다.

대처 능력 프로그램 개입 후 아동의 행동 개선 정도는 아동과 부모의 특징과 개입 형식에서 예측할 수 있다. Jarrett, Siddiqui, Lochman과 Qu(2014)는 기저선 우울 수준이 높은 아동이 개 입 후 부모와 교사가 평가한 외현화 문제가 더 크게 감소됨을 밝혔다. Muratori, Milone과 동료 들(2015)은 기저선 우울 수준이 낮은 부모와 치료 중 훈육 방식의 일관성이 향상된 부모의 자 녀는 공격적 행동이 더 크게 감소되었다고 발견하였다.

일부 연구에서 반사회적 아동·청소년에 대한 집단 개입에서 치료로 인하여 발생하는 의원 성 효과가 나타날 수 있음을 시사한 바 있다. 일반적으로 대처 능력 프로그램은 소집단 형식으 로 시행되므로 대처 능력 프로그램을 집단 형태나 개인 형태로 시행하면 아동의 반응이 어떻게 달라지는지를 알아보기 위한 대규모 연구를 수행하였다(Lochman, Dishion et al., 2015). 잠재 성장곡선 분석에 의하면 두 가지 개입 방법에서 모두 1년의 추적 기간 동안 부모 평가 외현화 문제에서 비슷한 유의미한 감소가 있었다. 다만 교사가 평가한 외현화 문제는 두 개입 조건에 서 모두 유의미하게 감소하였으나, 개인 형태의 대처 능력 프로그램에서 감소 정도가 유의미하 게 더 컸다. 이 주 효과는 아동의 억제적 통제의 기저선 수준에 따라 달라졌다. 공격적 아동 중 억제적 통제 문제가 상대적으로 적은 아동은 집단 혹은 개인 형태의 개입에 모두 비슷한 긍정 적 반응을 보였다. 그러나 억제적 통제의 기저선 수준이 가장 낮았던 아동은 일대일 상황에서 훨씬 더 효과가 큰 것으로 나타났다. 이러한 결과들은 공격적 아동을 위한 집단 개입에서 아동 에 대한 세심한 평가가 필요하며, 억제적 통제 수준이 낮은 아동을 대상으로 하는 대처 능력 프 로그램을 시행할 때는 보다 개별화된 관심이 필요함을 시사한다.

대처 능력 프로그램을 다른 문화에서 사용하기 위한 번안 관련 이슈

근래 대처 능력 프로그램과 같이 매뉴얼화된 개입을 다른 환경의 모집단을 위하여 번안할 경우 의 일반적인 지침을 개발하려는 노력이 있었다(Goldstein, Kemp, Leff, & Lochman, 2012). 이 러한 단계적 과정에는 보통 서비스 제공대상인 새로운 모집단을 대표하는 포커스 그룹에 근거기반 개입을 실험적으로 시도한 후 그 프로그램의 최초 예비적 시행을 한다. 이러한 초기 노력들에 이어서 프로그램의 원래 목표는 그대로 유지하지만 새로운 사회적 맥락에 역점을 두어서 내용과 구조를 계획적으로 바꾼 프로그램 개정판의 통제된 실험 연구가 수행된다. 국가 간 번안에서는 프로그램의 핵심 구성요인을 새로운 언어로 번역하는 작업이 쉽지 않기 때문에 처음에는 우려가 제기될 수 있다. 예를 들어, '대처(coping)'는 우루두어나 이탈리아어 등의 언어에서는 한 단어로 번역되지 않아 그 개념에 대한 보다 긴 설명이 필요하다. 그러나 이러한 번역 관련 이슈는 번안에서 가장 대처가 쉬운 문제이다.

보다 어려운 문제는 프로그램의 핵심 목표는 그대로 유지하면서 프로그램 내용을 바꾸는 것이다. 다음에 국가 간 번안의 세 사례가 기술되어 있다. Jose Cabiya는 Dana의 문화 간 번안 지침에 따라서 대처 능력 프로그램을 푸에르토리코의 스페인계 주민을 위하여 번안하면서 또래 및 가족과의 생활에서 푸에르토리코 아동이 보편적으로 경험하는 상황이 포함되도록 역할 연기 시나리오의 종류를 넓혔다(Cabiya et al., 2008). Asia Mushtaq는 파키스탄에서의 개입 연구에서 서구 기반의 프로그램을 타 문화로 번안할 때 문화적 가정에서 큰 차이가 있으므로 대처 능력 프로그램의 핵심 개념 중 일부를 아동과 가족의 맥락에 관련시킬 필요가 있었다고 밝혔다(Mushtaq, Lochman, Tariq, & Sabih, 2016). Mushtaq는 Barrera와 Castro(2006)의 발견적 번안 모델을 사용해서 여러 표면적 변화(프로그램을 우루두 언어로 번역하는 것)와 심층구조적 변화(이슬람의 가르침과 관습이 아동과 부모가 모호한 감정을 확인하고 문제해결 개념을 이해하는 데 어떻게 도움이 될 수 있는지에 대한 정보를 추가하는 등)를 도입하였다. 일부 사례에서는 번안하면서 프로그램의 전형적인 양식 중 일부를 바꿀 수밖에 없었다. 이탈리아의 Pietro Muratori와 동료들(Muratori, Milone, Nocentini et al., 2015)은 아동이 목표를 부분적으로 달성했을 경우 점수의 절반을 받을 수 있게 하면 교사와 직원이 일간행동목표기록지 실행을 보다 편하게 받아들인다는 것을 발견했다. 이 번안은 이탈리아 문화에서는 기대 규준을 부분적으로 충족시켜도 괜찮으므로, 교사와 직원이 아동의 일상 행동을 평가할 때보다 융통성을 갖도록 허용할 수 있다는 신념에 기반을 둔 것이다.

대처 능력 프로그램의 보급 연구

학교를 통한 보급 연구를 통해서 치료 효과에 영향을 미치는 요인이 밝혀졌다. 예를 들어, 보다 집중적 훈련 절차(예 : 회기를 녹화해서 즉각적 지도감독 피드백 제공)를 통해서 집단 리더를 훈련하면 아동의 외현화 행동(교사, 부모, 아동 평정)이 더 크게 감소하였고, 사회적 및 학업적 행동이 더 크게 향상되었으며, 성적이 보다 안정적이 된다는 것이 밝혀졌다(Lochman, Boxmeyer et al., 2009).

학교 수준의 요인과 리더의 성향도 프로그램 실행의 질과 관련이 있었다. 상냥하고 양심적인 리더와 함께할 때 실행 결과가 가장 좋았다. 이와는 대조적으로 냉소적 리더, 낮은 직원 자율성, 높은 관리 통제 수준은 서투른 프로그램 실행과 낮은 아동 및 부모의 참여 수준과 관련이 있었다(Lochman, Powell et al., 2009). 리더의 성실성, 대처 능력 프로그램 학생들의 실제 행동(교사 평정)에서의 변화, 향후 프로그램 사용에 대한 기대, 그리고 프로그램에 대한 교사의 지지도 인식은 리더가 프로그램을 계속 사용할 가능성을 예측하였다.

향후 방향

현재 여러 가지 새로운 연구 방향이 탐색되고 있는 중이다. 연구 흐름의 한 가닥은 과학기술을 대처 능력 프로그램 전달에 도입하는 문제에 집중되어 있다. 아동-부모 96쌍을 대상으로 웹과 면대면 전달이 혼합된 전달 형태의 대처 능력 프로그램을 무선할당 통제실험으로 검증하고 있다. 이와 같이 보다 효율적인 전달 형태를 활용하면 전체 프로그램 내용을 소수의 면대면 회기로 전달할 수 있다. 또 다른 연구 흐름은 발달에 맞춰서 번안된 대처 능력 프로그램의 검증이다. 현재 학령 전 연령의 아동(Boxmeyer, Gilpin et al., 2015)과 초기 청소년을 위하여 발달에 맞춰 번안한 대처 능력 프로그램을 검증하는 대규모 무선할당 통제실험이 진행되고 있다. 부모들을 부모 개입에 관여시키는 것이 쉽지 않음을 감안해서 또 다른 연구 흐름에서는 부모 관여를 증진시키는 혁신적 전략에 초점을 맞추고 있다. 대처 능력 프로그램의 부모 구성요소는 가족 체크업(Family Check-Up; Dishion & Kavanagh, 2005; Herman et al., 2012) 개입으로 확인된 특정한 필요 영역만을 다룰 수 있도록 맞춤형, 모듈식으로 번안되었다.

마지막 연구 흐름은 명상(마음챙김, 요가, 자비 양성 훈련)과 전통적인 대처 능력 프로그램의 인지행동 실제의 통합이 아동과 가족의 정서적 반응성에 대한 프로그램 효과를 더욱 증진시키는지를 검증하는 것이다. 아동-부모 96쌍의 무선할당 통제실험에서 새로운 마음챙김 대처 능력 프로그램(Mindful Coping Power Program)과 전통적인 대처 능력 프로그램의 비교가 진행되고 있다(Boxmeyer, Miller, Lochman, & Powell, 2015). 나아가 어떠한 프로그램 특성과 보급, 훈련, 조직의 특성이 분노 대처와 대처 능력 프로그램의 효과적이고 지속적 사용을 촉진했는지 지속적으로 확인하는 것이 중요할 것이다.

맺음말

분노 대처와 대처 능력 프로그램은 아동의 공격적 행동의 치료와 예방을 위한 이론적·경험적 기반의 틀을 제공한다. 개발과 연구의 다음 단계는 장기적인 행동의 개선에 가장 강력하게 관련된 개입 특성과 매개요소를 확인하는 것, 그리고 보다 폭넓은 아동의 환경 위험요인에 대처하는 방법과 프로그램의 성공적 실행과 보급으로 이어지는 과정을 확인하는 방법에 집중하는 것이다.

분노 대처와 대처 능력 프로그램과 같은 개입을 자연적 상황에 보급하는 데 있어서 핵심적 도전은 프로그램의 핵심 특징이 충실하게 실행되는 것을 보장하면서 동시에 임상적 전문성을 최대한 활용하고 다양한 세팅, 서비스 제공자 그리고 내담자의 특성에 대처할 수 있도록 충분한 융통성을 주는 것이다. 차세대 연구에서는 임상가들이 분노 대처와 대처 능력 프로그램의 개입매뉴얼을 아동의 사회인지 문제와 부모양육 행동 등 아동의 공격적 행동의 기저에 있는 매개요인을 겨냥하는 틀로 활용하도록 훈련하는 방법을 조사해야 할 것이다. 이런 과정에 프로그램 실행 과정에서 지속적 훈련과 자문의 제공이 매우 중요할 것이다(Lochman, Boxmeyer et al., 2009).

집단 기반 개입은 정서적 대처와 사회적 문제해결 기술을 실제(in vivo)로 연습하고 친사회적 전략을 또래가 모델링하고 강화할 수 있는 귀중한 기회가 되지만, 동시에 일탈적 태도와 행동을 또래로부터 강화를 받는 위험이 따르기도 한다(Dodge, Dishion, & Lansford, 2006). 분노 대처와 대처 능력 집단 개입의 연구에서는 치료로 인하여 발생하는 의원성 효과는 나타나지 않았다. 그러나 일부 아동의 경우 집단 내 비행 또래 효과로 인하여 행동적으로 얻는 이득의 정도가 제한될 수 있다. 따라서 중요한 다음 연구는 긍정적 집단 과정의 형성과 유지에 도움이 되는 구조적 개입 요소와 리더의 행동을 밝혀내는 것이다. 집단 리더십의 핵심은 집단 내 파괴적이고 일탈된 행동을 감찰하는 능력, 일탈 행동이 강화를 받지 않도록 집단을 재구조화하고 구성원들의 주의를 다른 과제로 재초점화하며, 집단 내에서 명확하고 일관된 결과(예 : 집단 규칙 포인트의 상실)를 제공하는 것 등이 포함될 수 있다. 현재 진행되고 있는 연구에서 우리는 효과적 결과와 관련된 리더십 행동을 밝혀내는 작업을 하고 있으며, 더 나아가서 실행, 보급, 훈련 과정을 과학적으로 엄정하게 검증하는 데 주력할 것이다.

감사의 글

분노 대처와 대처 능력 프로그램에 대한 개입 연구는 다음의 지원을 받아 수행되었다. National Institute on Drug Abuse (Nos. R34DA045295, R34DA035946, R01DA023156, R41DA022184-01, R41DA022184-01S1, R01DA016135, R01DA008453), National Institute of Child Health and Human Development (No. R01HD079273), Institute of Education Sciences (No. R305A140070), Center for Substance Abuse Prevention (Nos. KDISP08633, UR65907956), Centers for Disease Control and Prevention (No. R49/CCR418569), Department of Justice (Nos. 2006JLFX0232, 2000CKWX0091), National Institute of Mental Health (No. R01MH039989).

참고문헌

Andrade, B. F., Browne, D. T., & Naber, A. R. (2015). Parenting skills and parent readiness for treatment are associated with child disruptive behavior and parent participation in treatment. *Behavior Therapy, 46,* 365–378.

Barrera, M., Jr., & Castro, F. G. (2006). A heuristic framework for the cultural adaptation of interventions. *Clinical Psychology: Science and Practice, 13,* 311–316.

Boxmeyer, C., Gilpin, A., DeCaro, J., Lochman, J., Qu, L., Mitchell, Q., et al. (2015). *Power PATH: Integrated two-generation social emotional intervention for Head Start preschoolers and their parents.* Online paper collection of the Association for Public Policy Analysis and Management's 37th Annual Fall Research Conference: The Golden Age of Evidence-Based Policy. Retrieved from *https://appam.confex.com/appam/2015/webprogram/Paper12784.html.*

Boxmeyer, C., Miller, S., Lochman, J., & Powell, N. (2015). *Mindful Coping Power facilitator's guide.* Unpublished manuscript, University of Alabama, Tuscaloosa, Alabama.

Cabiya, J. J., Padilla-Cotto, L., Gonzalez, K., Sanchez-Cestero, J., Martinez-Taboas, A., & Sayers, S. (2008). Effectiveness of a cognitive-behavioral intervention for Puerto Rican children. *Interamerican Journal of Psychology, 42,* 195–202.

Conduct Problems Prevention Research Group. (1992). A developmental and clinical model for the prevention of Conduct Disorder: The FAST Track Program. *Development and Psychopathology, 4,* 509–527.

Cowell, K., Horstmann, S., Linebarger, J., Meaker, P., & Aligne, C. A. (2008). A "vaccine" against violence: Coping Power. *Pediatrics in Review, 29,* 362–363.

Dana, R. (1998). *Understanding cultural identity in therapy and assessment.* Thousand Oaks, CA: SAGE.

Dishion, T. J., & Kavanagh, K. (2005). *Intervening in adolescent problem behavior: A family-centered approach.* New York: Guilford Press.

Dodge, K. A., Dishion, T. J., & Lansford, J. E. (2006). Deviant peer influences in intervention and public policy for youth. *Social Policy Report, 20,* 3–19.

Ellis, M. L., Lindsey, M., Barker, E. D., Boxmeyer, C. L., & Lochman, J. E. (2013). Predictors of engagement in a school-based family preventive intervention for youth experiencing behavioral difficulties. *Prevention Science, 14,* 457–467.

Goldstein, N. E. S., Kemp, K. A., Leff, S. S., & Lochman, J. E. (2012). Guidelines for adapting manualized treatments for new target populations: A step-wise approach using anger management as a model. *Clinical Psychology: Science and Practice, 19,* 385–401.

Goldstein, N. E. S., Serico, J. M., Romaine, C. L. R., Zelechoski, A. D., Kalbeitzer, R., Kemp, K., & Lane, C. (2013). Development of the Juvenile Justice Anger Management Treatment for Girls. *Cognitive and Behavioral Practice, 20,* 171–188.

Herman, K. C., Reinke, W. M., Bradshaw, C. P., Lochman, J. E., Boxmeyer, C. L., Powell, N. P., et al. (2012). Integrating the Family Check-Up and the Parent Coping Power program. *Advances in School Mental Health Promotion, 5,* 208–219.

Jarrett, M. A., Siddiqui, S., Lochman, J. E., & Qu, L. (2014). Internalizing problems as a predictor of change in externalizing problems in at-risk youth. *Journal of Clinical Child and Adolescent Psychology, 43,* 27–35.

Jurecska, D. E., Hamilton, E. B., & Peterson, M. A. (2011). Effectiveness of the Coping Power Program in middle-school children with disruptive behaviors and hyperactivity difficulties. *Support for Learning, 26,* 168–172.

Larson, J., & Lochman, J. E. (2010). *Helping school children cope with anger: A cognitive-behavioral intervention* (2nd ed.). New York: Guilford Press.

Leff, S. S., Waasdorp, T. E., Paskewich, B., Gullan, R. L., Jawad, A. F., MacEvoy, J. P., et al. (2010). The Preventing Relational Aggression in Schools Everyday Program: A preliminary evaluation of acceptability and impact. *School Psychology Review, 39,* 569–587.

Lochman, J. E. (1992). Cognitive-behavioral interventions with aggressive boys: Three-year follow-up and preventive effects. *Journal of Consulting and Clinical Psychology, 60,* 426–432.

Lochman, J. E., Baden, R. E., Boxmeyer, C. L., Powell, N. P., Qu, L., Salekin, K. L., et al. (2014). Does a booster intervention augment the preventive effects of an abbreviated version of the Coping Power Program for aggressive children? *Journal of Abnormal Child Psychology, 42,* 367–381.

Lochman, J. E., Boxmeyer, C. L., Powell, N. P., Barry, T. D., & Pardini, D. A. (2010). Anger control training for aggressive youth. In J. R. Weisz & A. E. Kazdin (Eds.), *Evidence-based psychotherapies for children and adolescents* (2nd ed., pp. 227–242). New York: Guilford Press.

Lochman, J. E., Boxmeyer, C. L., Powell, N. P., Qu, L., Wells, K. C., & Windle, M. (2009). Dissemination of the Coping Power Program: Importance of intensity of counselor training. *Journal of Consulting and Clinical Psychology, 77,* 397–409.

Lochman, J. E., Boxmeyer, C. L., Powell, N. P., Qu, L., Wells, K., & Windle, M. (2012). Coping Power dissemination study: Intervention and special education effects on academic outcomes. *Behavioral Disorders, 37,* 192–205.

Lochman, J. E., Boxmeyer, C. L., Powell, N. P., Roth, D., & Windle, M. (2006). Masked intervention effects: Analytic methods for addressing low dosage of intervention. *New Directions for Evaluation, 110,* 19–32.

Lochman, J. E., Burch, P. R., Curry, J. F., & Lampron, L. B. (1984). Treatment and generalization effects of cognitive-behavioral and goal setting interventions with aggressive boys. *Journal of Consulting and Clinical Psychology, 52,* 915–916.

Lochman, J. E., Dishion, T. J., Powell, N. P., Boxmeyer, C. L., Qu, L., & Sallee, M. (2015). Evidence-based preventive intervention for preadolescent aggressive children: One-year outcomes following randomization to group versus individual delivery. *Journal of Consulting and Clinical Psychology, 83,* 728–735.

Lochman, J. E., & Dodge, K. A. (1994). Social-cognitive processes of severely violent, moderately aggressive and nonaggressive boys. *Journal of Consulting and Clinical Psychology, 62,* 366–374.

Lochman, J. E., FitzGerald, D. P., Gage, S. M., Kannaly, M. K., Whidby, J. M., Barry, T. D., et al. (2001). Effects of social-cognitive intervention for aggressive deaf children: The Coping Power Program. *Journal of the American Deafness and Rehabilitation Association, 35,* 39–61.

Lochman, J. E., FitzGerald, D. P., & Whidby, J. M. (1999). Anger management with aggressive children. In C. Schaefer (Ed.), *Short-term psychotherapy groups for children* (pp. 301–349). Northvale, NJ: Jason Aronson.

Lochman, J. E., Lampron, L. B., Burch, P. R., & Curry, J. E. (1985). Client characteristics associated with behavior change for treated and untreated boys. *Journal of Abnormal Child Psychology, 13,* 527–538.

Lochman, J. E., Lampron, L. B., Gemmer, T. C., Harris, S. R., & Wyckoff, G. M. (1989). Teacher consultation and cognitive-behavioral interventions with aggressive boys. *Psychology in the Schools, 26,* 179–188.

Lochman, J. E., Nelson, W. M., III, & Sims, J. P. (1981). A cognitive behavioral program for use with aggressive children. *Journal of Clinical Child Psychology, 10,* 146–148.

Lochman, J. E., Powell, N. P., Boxmeyer, C. L., Qu, L., Sallee, M., Wells, K. C., et al. (2015). Counselor-level predictors of sustained use of an indicated preventive intervention for aggressive children. *Prevention Science, 16,* 1075–1085.

Lochman, J. E., Powell, N. P., Boxmeyer, C. L., Qu, L., Wells, K. C., & Windle, M. (2009). Implementation of a school-based prevention program: Effects of counselor and school characteristics. *Professional Psychology: Research and Practice, 40,* 476–497.

Lochman, J. E., & Wells, K. C. (1996). A social-cognitive intervention with aggressive children: Prevention effects and contextual implementation issues. In R. D. Peters &

R. J. McMahon (Eds.), *Preventing childhood disorders, substance abuse, and delinquency* (pp. 111–143). Thousand Oaks, CA: SAGE.

Lochman, J. E., & Wells, K. C. (2002a). Contextual social-cognitive mediators and child outcome: A test of the theoretical model in the Coping Power Program. *Development and Psychopathology, 14,* 971–993.

Lochman, J. E., & Wells, K. C. (2002b). The Coping Power Program at the middle school transition: Universal and indicated prevention effects. *Psychology of Addictive Behaviors, 16,* S40–S54.

Lochman, J. E., & Wells, K. C. (2003). Effectiveness study of Coping Power and classroom intervention with aggressive children: Outcomes at a one-year follow-up. *Behavior Therapy, 34,* 493–515.

Lochman, J. E., & Wells, K. C. (2004). The Coping Power Program for preadolescent aggressive boys and their parents: Outcome effects at the one-year follow-up. *Journal of Consulting and Clinical Psychology, 72,* 571–578.

Lochman, J. E., Wells, K. C., & Lenhart, L. (2008). *Coping Power: Child group facilitators' guide.* New York: Oxford University Press.

Lochman, J. E., Wells, K. C., Qu, L., & Chen, L. (2013). Three year follow-up of Coping Power intervention effects: Evidence of neighborhood moderation? *Prevention Science, 14,* 364–376.

Matthys, W., & Lochman, J. E. (2010). *Oppositional defiant disorder and conduct disorder in childhood.* Malden, MA: Wiley-Blackwell.

Minney, J. A., Lochman, J. E., & Guadagno, R. (2015). SEARCHing for solutions: Applying a novel person-centered analysis to the problem of dropping out of preventive parent education. *Prevention Science, 16,* 621–632.

Mrazek, P. J., & Haggerty, R. J. (Eds.). (1994). *Reducing risks for mental disorders: Frontiers for preventive intervention research.* Washington, DC: National Academies Press.

Muratori, P., Bertacchi, I., Giuli, C., Lombardi, L., Bonetti, S., Nocentini, A., et al. (2015). First adaptation of Coping Power program as a classroom-based prevention intervention on aggressive behaviors among elementary school children. *Prevention Science, 16,* 432–439.

Muratori, P., Giuli, C., Bertacchi, I., Orsolini, L., Ruglioni, L., & Lochman, J. E. (2016). Coping Power for preschool-aged children: A pilot randomized control trial study. *Early Intervention in Psychiatry.* [Epub ahead of print]

Muratori, P., Milone, A., Manfredi, A., Polidori, L., Ruglioni, L., Lambruschi, F., et al. (2015). Evaluation of improvement in externalizing behaviors and callous–unemotional traits in children with disruptive behavior disorder: A 1-year follow up clinic-based study. *Administration and Policy in Mental Health and Mental Health Services.* [Epub ahead of print]

Muratori, P., Milone, A., Nocentini, A., Manfredi, A., Polidori, L., Ruglioni, L., et al. (2015). Maternal depression and parenting practices predict treatment outcome in Italian children with disruptive behavior disorders. *Journal of Child and Family Studies, 24,* 2805–2816.

Mushtaq, A., Lochman, J. E., Tariq, P. N., & Sabih, F. (2016). Preliminary effectiveness study of the Coping Power program for aggressive children in Pakistan. *Prevention Science, 17,* 1–10.

Pardini, D. A. (2006). The callousness pathway to severe violent delinquency. *Aggressive Behavior, 32,* 590–598.

Pardini, D. A. (2008). Novel insights into longstanding theories of bidirectional parent–child influences: Introduction to the special section. *Journal of Abnormal Child Psychology, 36,* 627–631.

Pardini, D. A. (2011). Perceptions of social conflicts among incarcerated adolescents with callous–unemotional traits: "You're going to pay. It's going to hurt, but I don't care." *Journal of Child Psychology and Psychiatry, 52,* 248–255.

Pardini, D. A., & Byrd, A. L. (2012). Perceptions of aggressive conflicts and others' distress in children with callous–unemotional traits: "I'll show you who's boss, even if you suffer and I get in trouble." *Journal of Child Psychology and Psychiatry, 53,* 283–291.

Pardini, D. A., Lochman, J. E., & Frick, P. J. (2003). Callous/unemotional traits and social-cognitive processes in adjudicated youths. *Journal of the American Academy of Child and Adolescent Psychiatry, 42,* 364–371.

Pardini, D. A., Waller, R., & Hawes, S. W. (2014). Familial influences on the development of serious conduct problems and delinquency. In J. Morizot & L. Kazemian (Eds.), *The development of criminal and antisocial behavior: Theoretical foundations and practical applications* (pp. 201–220). New York: Springer.

Peterson, M. A., Hamilton, E. B., & Russell, A. D. (2009). Starting well: Evidenced-based treatment facilitates the middle school transition. *Journal of Applied School Psychology, 25,* 183–196.

van de Wiel, N. M. H., Matthys, W., Cohen-Kettenis, P. T., Maassen, G. H., Lochman, J. E., & van Engeland, H. (2007). The effectiveness of an experimental treatment when compared with care as usual depends on the type of care as usual. *Behavior Modification, 31,* 298–312.

van de Wiel, N. M. H., Matthys, W., Cohen-Kettenis, P. T., & van Engeland, H. (2003). Application of the Utrecht Coping Power Program and care as usual to children with disruptive behavior disorders: A comparative study of cost and course of treatment. *Behavior Therapy, 34,* 421–436.

Wells, K. C., Lochman, J. E., & Lenhart, L. (2008). *Coping Power: Parent group facilitators' guide.* New York: Oxford University Press.

Zonnevylle-Bender, M. J. S., Matthys, W., van de Wiel, N. M. H., & Lochman, J. (2007). Preventive effects of treatment of disruptive behavior disorder in middle childhood on substance use and delinquent behavior. *Journal of the American Academy of Child and Adolescent Psychiatry, 46,* 33–39.

CHAPTER 11

청소년을 위한 오리건 치료 위탁 보호
연구와 실행

Rohanna Buchanan, Patricia Chamberlain, Dana K. Smith

임상 문제의 개요

이 장에서는 심각하고 만성적인 비행, 정서 및 행동 문제를 가진 청소년들을 치료하기 위해 개발된 지역사회 기반 모델에 대해 기술하고, 소년사법체계, 아동 복지 및 정신건강 시스템에서 의뢰된 청소년들을 대상으로 한 3개의 무선임상실험의 결과에 주목하고, 치료를 확장하기 위한 실행 전략들을 개관하고자 한다. Patricia Chamberlain(2003)은 구금이나 집단/거주 보호 시설 배치를 대체할 수 있는 지역사회 기반의 대안을 제안해달라는 오리건주의 요청을 받아 1983년에 오리건 치료 위탁 보호(Treatment Foster Care Oregon, TFCO)를 개발하였다. TFCO의 원래 이름은 다차원적 치료 위탁 보호(Multidimensional Treatment Foster Care, MTFC)였다. TFCO 모델은 반사회적 행동의 발달에 대한 40년 이상에 걸친 장기종단 연구에 바탕을 두고 있다. TFCO는 가족 체크업(FCU; Dishion & Stormshak, 2007), 부모관리 훈련-오리건(Parent Management Training-Oregon, PMTO; Forgatch & Patterson, 2010), 학교에 진학하는 아동들(Kids in Transition to School, KITS: Pears, Kim, & Fisher, 2012)을 포함하여 오리건 사회학습센터(OSLC; Patterson, Reid, Jones, & Conger, 1975)에서 개발된 아동, 청소년, 가족을 위한 일련의 치료 중 하나이다. TFCO는 원래 심각한 비행 소년들을 그룹홈에 보내거나 국립 훈련시설에 보내는 것에 대한 대안으로 설계되었지만, 심각한 정서적 및 정신건강 문제로 인한 만성적인 비행으로 소년사법, 정신건강, 아동 복지 시스템에서 의뢰된 소녀들을 치료하기 위한 프로그램으로 수정되었다(Chamberlain, Leve, & DeGarmo, 2007; Leve, Chamberlain, & Kim,

2015; Leve, Chamberlain, & Reid, 2005). 소년사법, 정신건강, 아동 복지 시스템은 심각한 정서적·행동적 문제를 가진 청소년들을 TFCO에 의뢰한다. 이 모델에 적합한 청소년들은 가정에서 격리된 상태에서의 치료 서비스에 대한 요구가 높고, TFCO는 필요한 치료를 모을 수 있는 근거기반 대안이다. TFCO에 의뢰되는 많은 청소년들은 이전 치료 프로그램들에서 실패한 경험을 가지고 있고 공존병리를 가지고 있는 경우가 많다.

치료 프로그램에 대한 개념적 모델

사회학습 이론이 TFCO의 토대를 이루고 있다. 사회학습 이론의 관점에서 품행 문제는 무심코 강화된 부정적 행동이 시간이 지남에 따라 심각성과 복잡성이 증가하는 과정으로 특징지어질 수 있다. 부정적 행동을 유지시키는 강압적 과정은 상호적이고 교류적이다. 부모–자녀 상호작용은 부모양육 기술에 영향을 주고, 이는 동시에 환경적·맥락적 요인의 영향을 받는다. 예를 들어, 다양한 발달 단계에서 아동의 기질적 어려움은 부모의 좌절과 무기력한 반응을 이끌어낼 수 있고, 이는 부모에게 비효율적이고 부적절한 느낌을 갖도록 할 수 있다. 부모로서의 부적합한 느낌과 좌절은 아동의 비순응에 대한 혐오적 반응 및 위축된 반응과 관련된다고 알려져 있으며, 이는 아동에게 더 도전적인 행동을 일으킬 수 있다. 부모 스트레스와 같은 맥락적 영향은 강압적 과정을 더 강화시키고 그러한 스트레스는 부부 갈등을 증가시키며 일관적이고 신중한 부모양육 기술을 파괴시키는 수준에까지 이르게 할 수 있다. 일단 강압적인 과정이 안착되면, 아주 작은 강화만 있어도 그러한 과정은 유지된다. 하지만 다행스러운 것은 강압적인 과정은 그 심각성 및 지속성과 상관없이 부모양육 기술을 향상시킴으로써 언제든지 개선될 수 있다는 것이다. 부모양육은 반사회적 행동의 발달과 유지, 치료에서 핵심적인 역할을 한다. TFCO 모델의 연구 결과들은 반사회적 행동 및 비행의 발달과 치료에서 핵심 변인으로 작용하는 구체적인 부모양육 기술들을 확인하도록 해주었다.

사회학습 이론에 따르면 새로운 행동은 자연스러운 상황(예 : 가정, 학교, 또래집단)에서 가장 효과적으로 가르치고 일반화시킬 수 있다. 이러한 사실에 기초하여 TFCO 모델은 청소년들을 지역사회에 거주하게 하고 위탁 가정을 활용하여 일상생활에서 청소년의 바람직한 행동을 가르치고, 훈련하고, 강화시킨다. TFCO 모델은 아동의 삶과 가정에서 부모들이 발휘하는 강력한 사회적 역할을 변화의 매개로 활용한다. 바람직한 행동을 가르치고 강화하기 위해서 지역사회 기반의 가정 환경을 활용하는 것은 청소년들이 마주하는 실제 현실에서의 경험과 더 가까우며, 그렇기 때문에 바람직한 행동의 성공적인 일반화가 일어날 가능성도 더 높다.

치료 프로그램의 특징

TFCO의 기초

TFCO의 두 가지 주요 목표는 다음과 같다. (1) 청소년들로 하여금 지역사회에서 성공적으로 살아가기 위해 필요한 새로운 기술을 학습하고 훈련할 수 있는 기회를 제공하는 것과, (2) 청소년들의 친부모 혹은 기타 양육 자원(이 장에서는 '생물학적 부모'라고 지칭)으로 하여금 가정 내 강압적인 과정을 중단하고 치료 이후에 가족 간의 긍정적인 재통합을 이룰 수 있는 효과적인 양육 기술을 제공하는 것이다. TFCO 팀은 청소년, 생물학적 부모, 훈련된 TFCO 위탁 부모들과 동시에 작업을 하며 가정, 학교, 지역사회에서의 일련의 잘 통합된, 다중 요소의, 다층 치료들을 사용한다. TFCO는 청소년을 6~9개월간 TFCO 한 가정당 1명씩 배치하며, 개별적인 종합적 행동관리 프로그램과 일관된 사례관리를 통해 다양한 장면에 걸친 심층적 치료를 제공한다. 청소년들은 밀착 지도감독을 받으며 바람직한 대인관계 기술을 학습하고 훈련하는 것에 대한 강화를 자주 받게 된다. 치료 팀은 각 청소년에게 필요에 따라 주 1회의 개인치료와 기술훈련, 학업적 지원, 정신과적 자문을 제공한다. 생물학적 부모들은 부모관리훈련 치료 모델에 기반을 둔 가족치료를 매주 받는다. 가족치료에서는 안전하고 안정적인 가정 환경을 만드는 것, 청소년들이 어디에 있는지와 어떤 또래와 어울리는지를 모니터링하는 것, 긍정적인 행동과 활동을 강화하는 것, 한계를 설정하는 것과 같은 효과적인 양육 전략과 기술을 실행하는 것에 초점을 둔다.

TFCO 치료 팀과 치료 도구

TFCO 모델은 임상가들과 스태프의 팀으로 이루어진다. 치료 팀은 TFCO 치료 팀을 이끄는 책임자인 팀 리더와 TFCO 가정, 생물학적 부모를 위한 가족치료자, 청소년을 위한 개인 치료자, 청소년을 위한 기술 코치, 정신과 자문의로 구성된다. TFCO 모집자/훈련자/부모 일일보고(parent daily report, PDR) 전화원은 팀 리더와 함께 새로운 TFCO 부모들을 모집하고 훈련하며 PDR을 통해 각 청소년의 일일 행동 데이터를 수집한다(Chamberlain et al., 2006). 그림 11.1은 의뢰에서부터 집으로 돌아가기까지의 치료의 흐름을 보여준다.

PDR은 훈련된 전화원들이 매일 수집하는 간략한 표준화된 평가이다. PDR 전화는 한 청소년당 5~10분 정도 소요되는 간략한 전화 인터뷰이며, 이 인터뷰는 가정에서 청소년의 문제 행동이 발생했는지 여부(예 또는 아니요)와 그러한 행동에 대해 TFCO 부모가 경험한 스트레스의 정도(1 = 낮은 스트레스 또는 2 = 높은 스트레스)를 평가하는 일련의 질문들로 구성되어 있다. 팀 리더는 청소년의 문제 행동을 확인하기 위해 PDR 데이터를 검토하고, 이는 주간 개입의 목표가 되며, 시간에 따른 청소년의 경과를 모니터하게 된다.

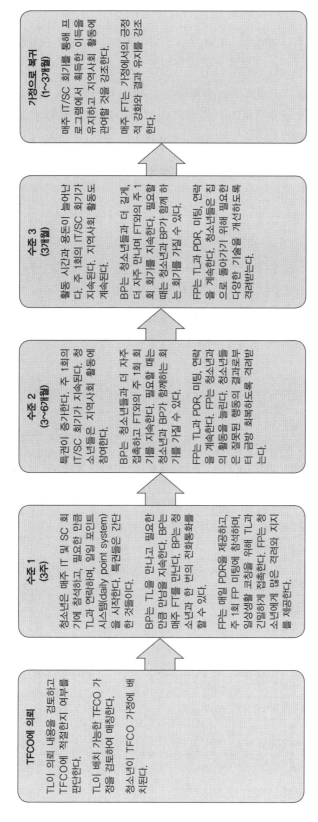

TFCO에 의뢰

TL이 의료 내용을 검토하고 TFCO에 적절한지 여부를 판단한다.

TL이 배치 가능한 TFCO 가정을 검토하여 매칭한다.

청소년이 TFCO 가정에 배치된다.

**수준 1
(3주)**

청소년은 매주 IT 및 SC 회기에 참석하고, 필요한 만큼 TL과 연락하며, 일일 포인트 시스템(daily point system)을 시작한다. 특권들은 간단한 것들이다.

BP는 TL을 만나고 필요한 만큼 만남을 지속한다. BP는 매주 FT를 만난다. BP는 청소년과 한 번의 전화통화를 할 수 있다.

FP는 매일 PDR을 제공하고, 주 1회 FP 미팅에 참석하며, 일상생활 코칭을 위해 TL과 긴밀하게 접촉한다. FP는 청소년에게 많은 격려와 지지를 제공한다.

**수준 2
(3~6개월)**

특권이 증가한다. 주 1회의 IT/SC 회기가 지속된다. 청소년들은 지역사회 활동에 참여한다.

BP는 청소년들과 더 자주 접촉하고 FT와의 주 1회 회기를 지속한다. 필요할 때는 청소년과 BP가 함께하는 회기를 가질 수 있다.

FP는 TL과 PDR, 미팅, 연락을 계속한다. FP는 청소년과의 활동을 늘린다. 청소년들은 잘못된 행동의 결과로부터 더 금방 회복하도록 격려받는다.

**수준 3
(3개월)**

활동 시간과 운동이 늘어난다. 주 1회의 IT/SC 회기가 지속된다. 지역사회 활동이 계속된다.

BP는 청소년들과 더 자주, 더 길게 만나며 FT와의 주 1회 회기를 지속한다. 필요할 때는 청소년과 BP가 함께 하는 회기를 가질 수 있다.

FP는 TL과 PDR, 미팅, 연락을 계속한다. 청소년들은 집으로 돌아가기 위해 필요한 다양한 기술을 개선하도록 격려받는다.

**가정으로 복귀
(1~3개월)**

매주 IT/SC 회기를 통해 프로그램에서 획득한 이득을 유지하고 지역사회 활동에 관여할 것을 강조한다.

매주 FT는 가정에서의 긍정적 강화와 결과 유지를 강조한다.

TFCO 위탁 부모

TFCO 위탁 부모는 주가 인증하는 위탁 부모가 되기 전에 위탁 부모 모집자/훈련자/PDR 전화원 및 TFCO 스태프로부터 20시간의 사전 교육을 받는다. TFCO 부모들은 모델링을 통한 교육, 역할 연기, 강화를 매우 강조하는 사회학습 및 행동 접근에 따라 훈련을 받는다. TFCO 모델은 부모들을 변화의 핵심 기제로 간주한다. 부모들은 청소년의 강점에 세심한 주의를 기울이고, 긍정적이고 적응적인 행동은 매우 빈번히 강화하며, 일상적인 경험을 교육의 기회로 삼고, 청소년들에게 힘든 상황에서 친사회적으로 반응하는 것을 관찰하고 연습할 수 있는 기회를 제공하도록 훈련받는다.

TFCO 부모들은 청소년의 일상 행동에 대해서 긍정적인 피드백을 제공하는 데 중점을 두는 일일 행동관리 시스템을 실행한다. 이 시스템은 치료 과정에서 긍정적인 행동을 강화하기 위해 유관성(contingency)을 활용하는 세 수준으로 구성되어 있다. 그림 11.2와 같이 이 시스템은 청소년들에게 전형적으로 일어나는 일상적인 일들로 구성되어 있다. 일일 행동관리 시스템에서는 특권을 얻기 위해 포인트를 교환할 수 있는 기회를 제공한다(그림 11.3 참조). 팀 리더는 PDR을 활용하여 주중 평일에 나타나는 청소년의 정서적·행동적 문제에 대한 데이터를

행동	설명	시간	포인트
제시간에 기상	침대에서 나옴		10
아침 준비	샤워, 양치, 머리 손질, 깨끗한 옷 입기, 아침 식사		10
아침 정리	침대 정리, 더러운 옷 치우기, 방 정리, 샤워 수건과 빨아야 할 옷 치우기, 싱크대에 그릇 넣기		10
학교 등교	매일 학교에서 모든 수업에 참여하기		5
학교 카드 소지	매 수업에 학교 카드를 가져가서 각 수업의 선생님으로부터 서명받기		1/수업*
교실 행동	교실에서의 긍정적 행동		2/수업*
학교 카드 보너스	카드에 모든 서명받기, 숙제 제출, 시간 지키기, 매 수업에서의 바람직한 행동		10
독서와 공부	50분 동안 독서와 공부		20
집안일	추후 결정		10
태도/성숙	도움 주기, 성숙하게 피드백받기, 유쾌한 태도 유지하기, 한계를 밀어붙이치 않고 상대방의 '아니요' 받아들이기 등		15 A.M. 15 P.M.
자원하기	추가 과제를 하겠다고 자원하기(위탁 부모가 포인트 결정)		2~10
추가 집안일	선택사항(위탁 부모의 승인 필요)		5~10
제시간에 취침	기본 특권을 살 수 있는 경우 기본 특권을 살 수 없는 경우	9:30 P.M.* 8:30 P.M.	10

* TL이 필요에 따라 조정 가능

그림 11.2 행동관리 시스템 : TFCO 일상관리

행동	설명
기본	매일 15분간 전화 사용, 저녁 9시 30분에 자기 방에서 음악 듣기
TV	숙제 후 또는 집안일 완료 후에 TV 보기
늦은 취침	10 : 00 PM 취침 11 : 00 PM 취침(학교에 가지 않는 날, 공휴일, 허락 필요)
활동 시간	사전 계획, 허가, 승낙하에 스케이트, 수영, 영화, 학교 활동을 할 수 있음 귀가가 늦거나 있어야 할 장소에 없는 경우, 1분당 1점 차감
추가 전화	20분간 전화 1회(시외 전화 불가)
용돈	주당 15달러 일주일에 한 번 수준 1인 경우 7.5달러 일주일에 한 번 이상 수준 1인 경우 용돈 없음 모든 구매에는 반드시 영수증이 있어야 하며 위탁 부모에게 돈을 보여주어야 함
기타	팀 리더의 승낙사항

그림 11.3 행동관리 시스템 : TFCO 특권의 예

TFCO 부모로부터 수집하여(그림 11.4 참조) 현재 나타나고 있는 문제를 확인하고 TFCO 부모의 스트레스 수준을 모니터한다. 행동관리 시스템에서는 부정적 행동에 대한 대가로 특권을 박탈하는 것은 짧은 시간(1일) 동안만 일어나도록 하여 청소년이 부적응적인 행동으로부터 빨리 회복될 수 있도록 한다. 더욱 심각한 행동 위반(예 : 물질남용, 무단결석)에 대해서는 보호관찰관이나 사회복지사들로부터 더 큰 제재를 받게 되어 있다. TFCO 부모들은 매주 팀 리더가 이끄는 위탁 부모 지원 미팅에 참석해야 한다.

TFCO 훈련을 제외하고는 TFCO 부모들에게 요구되는 공식적인 교육은 없다. 그러나 성공적인 TFCO 부모들에게는 몇 가지 공통점이 있음이 확인되었다. 치료 팀과 긴밀하게 작업하는 데 있어서의 융통성과 흥미, 청소년들이 성장하고 변화하는 동안 이들을 교육하고 지도하는 것에 대한 열정, 유머 감각이 그것이다. 이러한 특성들은 TFCO 모델을 실행하고, 동료 TFCO 부모들에게 지지를 제공하며, 예측 불가능한 속성을 지닌 청소년들과 작업하는 데 도움이 된다.

TFCO는 위탁 부모가 생물학적 부모에게 치료나 지원을 제공하는 것을 기대하거나 격려하지 않는다. 이는 가족치료자의 역할이다. 이러한 방식은 두 가정 사이에 발생할 수 있는 긴장 관계를 피하게 하고, 위탁 부모와 생물학적 부모 모두 청소년과 작업하는 일에 명확하게 집중하도록 하며, 어른들끼리 서로 놀아주는 기회를 허용하지 않는다.

팀 리더

팀 리더는 리더 1명당 10가정 정도의 적은 사례만 맡아 각 가정에 대한 심층적인 사례관리를 할 수 있도록 한다. 팀 리더들은 각 청소년에 대한 치료 계획 전반을 조율하는 책임을 지니며,

청소년 : _____   PDR 전화원 : _____

위탁 부모 : _____   전화번호 : _____

주차 : _____

행동	일	월	화	수	목	금	토
1. 동물에 대한 잔인함							
2. 논쟁							
3. 뒷담화							
4. 이불에 오줌싸기							
5. 경쟁심							
6. 불평							
7. 공상							
8. 반항							
9. 우울/슬픔							
10. 파괴적							
11. 약물 및 알코올 사용							
12. 유분증							
13. 공포심							
14. 싸움							
15. 방해하기							
16. 무책임함							
17. 과민성							
18. 질투							
19. 거짓말							
20. 짓궂은 이야기							
21. 긴장/초조함							
22. 무신경함							
23. 바지에 오줌싸기							
24. 뿌루퉁함							
25. 가출							
26. 학교 문제							
27. 성 행동							
28. 짧은 주의집중력							
29. 식사 거름							
30. 수면 문제							
31. 굼뜸							
32. 외박							
33. 훔치기							
34. 욕하기							
35. 놀리기							
36. 무단결석							
37. 걱정							

채점 : 0=행동이 발생하지 않음, 1=행동이 발생함, 2=행동이 발생하였고 스트레스를 주었음

그림 11.4 부모 일일 보고(12~17세)

여기에는 임상적인 의사결정, TFCO 부모들과 치료 팀에 대한 지도감독, 모든 개입이 신중하게 계획되어 순조롭게 진행되도록 하는 것이 포함된다(예 : 여러 개입이 서로 갈등을 빚지 않도록 하는 것). 팀 리더는 청소년들이 속한 모든 환경 간의 연락책이며 생물학적 가족, 학교 관계자, 지역사회 서비스 제공자에게 명확한 의사소통과 자문을 해야 하는 책임이 있다. 일일 학교 보고서는 학교와 팀 리더 간에 일관된 의사소통을 촉진한다. 팀 리더는 TFCO 부모들에게 자문, 지원, 24시간 위기 개입을 제공하기 위해 매일 연락을 유지해야 하는 책임이 있다. 팀 리더는 주 1회의 위탁 부모 미팅을 통해 TFCO 부모들에게 지속적인 훈련과 지원을 제공하며, 생물학적 부모들을 위한 의사결정을 맡는 팀 내의 책임자 역할을 맡는다. 또한 팀 리더는 청소년의 경과를 논의하기 위해 보호관찰관들과 매주 전화 또는 대면 미팅을 갖는다.

　　다양한 장면에서의 개입을 설계하고, 각 사례가 가진 고유한 요구에 대한 균형을 맞추고, 스태프들에 대한 슈퍼비전 책임 등과 관련된 복잡성 때문에 팀 리더는 TFCO 팀에서 가장 잘 훈련된 임상가이다. 팀 리더는 심리학 또는 관련 분야의 석사학위를 가지고 있어야 하며, TFCO 프로그램 매니저로부터 매주 슈퍼비전을 받아야 한다.

가족치료자

TFCO의 궁극적인 목적은 청소년을 생물학적 부모와 성공적으로 재결합시키는 것이다. 따라서 가족치료는 TFCO 모델의 핵심이며 청소년이 프로그램에 배치되자마자 즉시 시작된다. 가족치료자는 생물학적 부모와 매주 만나 부모훈련을 제공하고 부모관리의 어려움과 관련된 문제를 해결한다. 매 회기 동안 가족치료자는 생물학적 부모들이 청소년들을 만났을 때 TFCO 행동관리 시스템을 사용하는 방법을 교육하고 지원한다. 이 시스템을 통해 치료자는 생물학적 부모들이 자녀와 힘겨루기를 피하면서 일련의 핵심적인 부모관리 전략(격려 시스템, 슈퍼비전과 모니터링 기술, 유관성 관리 전략, 분명한 한계 설정)을 실행하도록 교육하고 지원한다. 일정 기간 후에는 가족치료 회기에 청소년이 참여하기 시작한다. 최초의 공동 가족치료 회기에서는 청소년이 10~15분 정도 참여하며, 회기에서는 이전의 가족치료 회기 동안 연습된 새로운 부모양육 기술에 대한 소개가 이루어진다. 예를 들어, 가정방문 동안 지키게 될 명확한 집안 규칙(이전 가족치료 회기 동안 가족치료자와 함께 개발된 것)을 제시한다. 다음에 기술될 개인 치료자가 공동 치료 회기에 참여하여 청소년에게 기대되는 행동들을 지원하고 코치한다. 가족치료자는 가족과 청소년의 만남을 검토한다(예 : 전화나 방문). 청소년이 프로그램에서 진전을 보임에 따라 가정방문의 길이는 길어지고 생물학적 부모들은 새로운 부모양육 기술을 활용하는 것에 성공할 가능성이 더 커지게 된다. 가정 방문은 4시간 정도의 짧은 방문으로 시작되며 프로그램의 종료 시점에서는 매주 1박을 하는 것으로 진행된다. 가족치료자들은 재결합 후에도 일정 기간 동안 생물학적 부모들과의 미팅을 계속하여 가족으로의 성공적인 이행이 이루어지도록 한다. 가족치료자들은 주 1회 TFCO 미팅에 참여하며 팀 리더의 슈퍼비전을 받는다. 이 들은 보통 석사학위를 가지고 있다.

개인치료자

개인치료자는 TFCO 청소년을 위한 주된 지원을 제공하고, 배치 초기에 '동맹자(ally)'로 소개되며, 치료 과정 동안 청소년을 매주 만난다. 주 1회의 개인치료 회기에서는 청소년들이 TFCO의 요구에 적응하도록 돕는 것에 초점을 둔다. 친사회적 기술 강화, 사회적 기술 개발, 문제해결, 정서관리, 교육적/직업적 계획의 개발이 그것이다. 개인치료자의 작업은 전체적인 치료 계획과 잘 통합되어 있어 행동적 치료 목표들이 신중하게 고려되고 다양한 장면에서 강화가 일어난다. 예를 들어, 품행장애를 지닌 청소년은 부모나 다른 권위적 인물들로부터 지시를 받는 것에 어려움을 보이는데, 개인치료자는 별다른 코멘트 없이 지시를 따르는 역할 연기를 하거나 연습을 할 수 있다. 청소년은 회기들 사이에 필요한 도움을 받기 위해 전화로 개인치료자에게 연락을 할 수 있다. 팀 리더가 개인치료자들의 지원을 조율하는 것 또한 흔하다(예 : 위탁 가정에서 청소년들이 겪는 어려움과 힘든 상황에 대해 알게 된 이후에). TFCO는 논쟁과 같은 청소년의 부적응적 행동을 무심코 강화하는 것을 피하기 위해 감정을 다루기보다는 문제를 해결하고 적응적인 반응을 역할 연기하는 데 집중하도록 개인치료자들을 훈련한다. 개인치료자는 재결합 후에도 일정 기간 동안 청소년과의 미팅을 계속하여 가족으로의 성공적인 이행이 이루어지도록 한다. 개인치료자들은 주 1회 TFCO 미팅에 참여하며 팀 리더의 슈퍼비전을 받는다. 이 들은 보통 석사학위를 가지고 있다.

기술 코치

기술 코치들은 TFCO 청소년을 위한 지원을 제공한다. 기술 코칭 회기는 매주 있으며, 일상적인 지역사회 환경(예 : 식당, 도서관, 지역사회센터, 학교)에서의 면대면 회기 동안 친사회적이고 적응적인 행동들을 모델링하고 교육하고 연습하고 강화함으로써 지역사회 내에서의 기술을 개발하는 데 집중한다. 기술 코칭 회기에서 기술 코치들의 스타일은 지지적이고 친근하며 힘을 북돋아주는 방식을 보이는데, 이는 보다 편안한 교육 분위기를 만들기 위해서이다. 기술 코칭 회기는 개인치료 회기와 다른데, 청소년의 진단과 관련된 행동적 치료 목표에 집중하기보다는 보통의 성장하는 청소년들이 지니고 있는 사회적 기술을 개발하고 강화하는 데 집중한다. 기술 코치들은 재결합 이후에도 일정 기간 동안 청소년들과의 만남을 유지하여 가족으로의 이행 기간 동안 지지를 제공하고 기술 개발을 돕는다. 이들은 주 1회 TFCO 미팅에 참여하며 팀 리더의 슈퍼비전을 받는다. 이들은 보통 학사학위를 가지고 있거나 학부생들이다.

TFCO 모집원/훈련자/PDR 전화원

TFCO 모집원/훈련자/PDR 전화원은 TFCO 부모들을 모집하고 초기 사전교육을 제공한다. 이들은 TFCO 부모들을 대상으로 매일 PDR 인터뷰를 실시한다. TFCO 모집원/훈련자/PDR 전화원은 매주 위탁 부모 지원 미팅에 참석하며 팀 리더를 백업하고 TFCO 팀 리더의 슈퍼비전을 받는다. TFCO 모집원/훈련자/PDR 전화원은 TFCO 모델을 잘 알고 있는 준전문가들이거나(예 : TFCO 모델을 실행한 경험이 있는 전직 TFCO 부모) 관련 분야의 학사학위 소지자들이다.

정신과 자문의

정신과 자문의는 청소년의 정신과적 평가를 실시하며, 필요 시 약물을 처방하며, 약물관리를 조정한다. TFCO 청소년들은 종종 여러 개의 진단명을 가지고 있으며 프로그램 배치 기간 동안 여러 약물을 복용한다. 정신과 자문의는 초기 평가와 이후의 약물관리를 담당한다. 정신과 자문의는 공존병리를 가진 청소년을 치료한 경험이 있고 TFCO 치료 모델의 기본 원리에 대해 알고 있다. 의사소통을 촉진하기 위해서는 정신과 자문의와 팀 리더가 정기적으로 만나는 것이 바람직하다.

역할 분화

TFCO 설계는 다음과 같은 두 가지 이유에서 치료 팀의 구체적인 역할을 세심하게 지키는 것이 요구된다. 첫째, 의사소통이 잘 조율되면 청소년들과 가정들은 치료 팀의 수많은 구성원들과 만나면서 덜 혼란스러울 수 있다. TFCO에 의뢰되는 가정은 명확하고 질서 있는 접근이 요구되는 복잡한 치료적 요구를 가진 경우가 많다. 다양한 정보원들로부터 치료 정보를 받는 것은 치료를 복잡하게 하고 산만하게 한다. 따라서 치료 팀에서는 팀 리더와 가족치료자만이 청소년의 가정과 치료적 방식으로 상호작용하게 된다. 치료 팀의 다른 구성원들(예 : 개인치료자, 기술 코치, TFCO 부모)은 미팅이나 방문, 치료 회기를 오가면서 가정들과 긍정적이고 친밀하고 힘을 북돋는 방식으로 상호작용하지만, 이러한 상호작용은 행동적이거나 치료적인 개입 방식을 취하지는 않는다. 둘째, 심각한 행동적 및 정서적 문제를 가진 청소년들은 힘든 상황에 직면했을 때 복잡한 반응을 보이는데, 상황이 예측 불가능할 때 혐오적 반응이 발생할 가능성이 높다. 청소년과 가정을 질서 있고 예측 가능한 방식으로 대하는 것은 문제가 발생하는 것을 피하도록 해주고 치료적 실행을 더욱 용이하게 해준다. 예를 들어, TFCO 프로그램의 분명한 책임자로서 팀 리더는 각 청소년에게 기대되는 바를 기술하고 치료 과정 동안 분명한 한계를 설정한다. 개인치료자는 청소년과 '동맹자'로서 상호작용한다. 팀 리더는 청소년에게 한계를 설정하는 역할을 유지하고 개인치료자는 청소년에게 지지적인 역할을 유지하는 것이 매우 중요하다. 이와 유사하게 TFCO 부모에게는 보다 많은 자유가 주어지는 것이 유용하다. 팀 리더가 한계를 설정하는 역할을 맡게 되면 TFCO 부모들은 본인의 가정에서 청소년들에게 더 지지적이고 힘을 북돋는 역할을 할 수 있게 된다.

치료 효과의 증거

몇몇 치료 성과에 대한 평가 결과들은 TFCO의 효과성을 보여주었다. 3개의 무선할당 통제실험의 결과들은 TFCO가 집단 보호(group care, GC)에 비해 남자 청소년들(Chamberlain & Reid, 1998; Eddy, Bridges Whaley, & Chamberlain, 2004)과 여자 청소년들(Chamberlain et al., 2007; Leve et al., 2005)의 비행을 감소시키는 데 효과적임을 보여주었다. 최근의 결과들은 TFCO가 약물남용을 감소시키고(Rhoades, Leve, Harold, Kim, & Chamberlain, 2014), 우울증과 같은 심리적 결과를 개선시키는 데에도 효과적임을 시사하였다(Harold et al., 2013). TFCO의 소녀들은 GC 조건의 소녀들에 비해 조기 임신이 적었다(Kerr, Leve, & Chamberlain, 2009). 주립 정신병원에 있는 청소년들을 대상으로 한 무선할당 통제실험에서는 TFCO가 심각한 정신건강 문제를 가진 아동 및 청소년들을 치료하는 데 효과적임을 보여주었다(Chamberlain & Reid, 1991). 다음에 제시된 결과들은 소년사법부로부터 가정 밖 보호에 의뢰된 청소년들을 대상으로 실시된 TFCO의 성과들에 초점을 맞추고 있다.

범죄 소년들에 대한 TFCO의 효과

우리는 먼저 만성적인 비행 문제를 가진 남자 청소년들의 치료에 대한 TFCO 모델의 효과를 검토하였다. 검토 결과, 다양한 정서적 · 행동적 영역들에서 긍정적인 결과가 도출되었다. 만성적인 비행으로 인해 가정 밖 보호에 의뢰된 79명의 소년(12~18세)을 대상으로 한 임상실험에서 소년들은 TFCO 또는 GC(일상적인 치료조건)에 무선 할당되었다. 우리는 다중 방법, 다중 보고자 평가 전략(청소년/부모/보호관찰관/교사/학교와 법적 기록)을 활용하여 기저선 이후 12개월과 24개월에서의 성과를 검토하였다.

비행

연구 결과 TFCO 모델은 체포율을 낮추는 데 효과적이었다. TFCO 조건의 소년들은 GC 조건의 소년들에 비해 공식 범죄 비율이 더 크게 감소하였다(Chamberlain & Reid, 1998). 이러한 결과는 Elliott 행동 체크리스트(Elliott Behavior Checklist)를 활용한 자기보고 비행 결과와도 일치하였는데, 일반 비행, 지정 범죄, 흉악 범죄의 모든 하위척도에서 GC 조건의 소년들에 비해 TFCO 조건의 소년들의 보고가 유의미하게 낮았다(Elliott, Huizinga, & Ageton, 1985). TFCO

소년들은 지정된 거주지에서 유의미하게 더 많은 시간을 보냈고, 구금된 시간이 짧았으며, 가출 시간이 적었다. TFCO 소년들은 사전배치 위험요인들을 고려했을 때에도(예 : 최초 체포 연령, 배치 시의 연령) 보다 전통적인 개입 모델에 의한 치료를 받은 청소년들에 비해 폭력 범죄를 범할 가능성이 유의미하게 낮았다(Eddy et al., 2004).

치료 성과의 매개

성과의 차이와 관련된 핵심 요소들을 보다 잘 이해하기 위해 우리는 가설적 치료 요소들(예 : 구체적인 가정관리 기술과 일탈 또래 연합에서의 분리)이 TFCO의 영향을 매개하였는지 여부를 검토하였다. 우리는 경로 모델을 활용하여 집단 배정 이후의 범죄력(예 : 배치 시기부터 치료 후 1년까지)에 미치는 효과를 검토하였는데, 가정관리 기술(예 : 지도감독, 훈육, 긍정적인 성인-청소년 관계)과 일탈 또래 연합이 치료조건의 효과를 완전 매개함과 이후의 반사회적 행동의 변량을 32% 설명함을 보여주었다(Eddy & Chamberlain, 2000). 구체적으로 가정관리 기술이 증가하고 일탈 또래와의 어울림이 감소할 때 청소년의 반사회적 행동이 감소하였다.

약물남용

TFCO는 GC 소년들에 비해 TFCO 소년들의 자기보고 약물남용 비율에 영향을 미쳤다(Smith, Chamberlain, & Eddy, 2010). 비록 TFCO가 약물치료에 대한 구체적인 목표를 가지고 있었던 것은 아니었지만, TFCO 소년들은 치료 후에 유의미하게 낮은 비율의 마리화나, 담배, 기타 약물사용을 나타냈다. TFCO 소년들의 약물사용 비율이 감소한 것은 이들이 TFCO에 배치되어 있는 동안 부모들의 가정관리 기술이 증가하고 이들이 비행 또래들로부터 분리되었기 때문일 것이다.

범죄 소녀들에 대한 TFCO의 효과

TFCO 모델은 심각한 비행 문제를 가진 여자 청소년들의 치료에 적용되었을 때에도 긍정적인 결과를 보였다. 다양한 정서적 · 행동적 영역에 걸친 치료 효과는 다음에 소개되어 있다. 만성적인 비행으로 가정 밖 보호에 의뢰된 81명과 85명의 여자 청소년들(13~17세)을 대상으로 한 2개의 무선할당 통제실험에서 우리는 앞서 남자 청소년들을 대상으로 한 연구에서와 마찬가지로 다중 방법 및 다중 보고자 평가 전략을 활용하여 기저선 이후 12개월과 24개월에서의 성과를 검토하였다(Chamberlain et al., 2007; Kerr et al., 2009; Leve & Chamberlain, 2005; Leve et al., 2005). 우리는 치료의 장기 결과를 평가하기 위하여 참여자들이 초기 성인기에 접어든 9년 이후에도 이들을 조사하였다(Harold et al., 2013; Kerr, DeGarmo, Leve, & Chamberlain, 2014; Rhoades et al., 2014).

비행

TFCO는 두 번의 추수 조사에서 여자 청소년들의 비행을 감소시키는 데 있어서 GC를 넘어서는 효능을 보여주었다(Chamberlain et al., 2007; Leve et al., 2005). 기저선으로부터 12개월 후에 TFCO 소녀들은 구금 상태에서 지낸 시간이 적었다. 또한 GC 조건의 소녀들에 비해 TFCO 조건의 소녀들은 범죄력이 유의미하게 적었고 12개월 후 평가에서 보호자 보고의 행동평가척도(Child Behavior Checklist)의 비행 척도에서 더 낮은 점수를 보였다. 12개월 때의 결과는 기저선으로부터 24개월 후까지 지속되었으며, TFCO 소녀들은 GC 소녀들에 비해 유의미하게 더 큰 비행의 감소를 보여주었다. 이러한 결과들은 TFCO 개입이 비싼 공적 서비스 활용에 영향을 미칠 수 있음을 보여준다. 예를 들어, TFCO 소녀들은 GC 소녀들에 비해 24개월 후 추수 조사에서 구금 상태로 보낸 기간이 100일이 더 적었다.

일탈 또래 연합

일탈 또래 연합과 청소년 비행의 유지 간에 강한 긍정적 관련성을 보여주는 선행 연구 결과들에 근거하여 일탈 또래 연합을 감소시키는 것이 TFCO 개입의 핵심 목표 중 하나이다. 다중 방법 평가(자기보고 및 보호자 보고)를 활용하여 우리는 치료 기간 중에 소녀들의 일탈 또래 연합이 감소하는지 검토하였으며, 이러한 감소가 개입의 효과를 매개하는지 검토하였다. 가설대로 TFCO는 치료 기간 중에 비행 또래 연합을 감소시키는 데 있어서 GC보다 더 효과적이었으며 이러한 감소는 12개월 이후의 비행 또래 연합에 대한 치료 효과를 완전 매개하였다(Leve & Chamberlain, 2005).

학교 참여

우리는 TFCO가 소녀들의 친사회적 · 적응적 행동을 증가시키는 데에도 영향을 미치는지 검토하였다. 학교 참여와 관련된 결과(예: 출석, 숙제 완성)를 분석한 결과 TFCO 소녀들은 치료 기간 중에 숙제 완성 비율이 유의미하게 높았고, 기저선으로부터 12개월 후에 GC 소녀들에 비해 학교에 출석하는 비율이 유의미하게 높았다. 또한 개입 기간 중의 숙제 완성 비율은 기저선 후 12개월 시점에서 구금 상태에서 지낸 기간에 대한 효과를 매개하였다. 이러한 결과는 상대적으로 간단한 매일의 일상(예: 숙제 시간)에 대한 개입이 비행의 부정적인 경로를 바꾸는 데 강력한 역할을 한다는 것을 보여준다(Leve & Chamberlain, 2007).

임신율

위험 성행동의 비율을 감소시키는 것 역시 TFCO의 또 다른 핵심 결과이다. 우리는 기저선 후 24개월 시점에 소녀들의 임신율에 대한 TFCO의 효과를 검토하였다. 로지스틱 회귀분석 결과, TFCO 소녀들의 임신율(26.9%)은 GC 소녀들의 임신율(45.7%)보다 낮았다. 이러한 효과는 기저선의 범죄력과 임신 과거력의 유의미한 효과를 통제했을 때에도 유지되었다(Kerr et al., 2009).

약물남용

TFCO는 초기 성인기의 2년에 걸쳐 TFCO 소녀들의 자기보고 약물남용 비율에 대한 장기적 효과를 보여주었다(Rhoades et al., 2014). TFCO 소녀들의 약물남용 비율의 감소는 TFCO 치료가 부모의 모니터링과 지도감독 및 긍정적 관여를 증가시키는 것뿐만 아니라 약물사용에 대한 거절 기술, 정서조절 기술, 또래관계 기술을 증진시키는 것을 강조한 것과 관련될 수 있다. 또한 TFCO 참여는 파트너의 약물사용이 TFCO 소녀들의 약물사용에 미치는 영향도 감소시켰다. 선행 연구들은 연인이 약물사용을 포함한 소녀들의 위험 행동에 강한 영향을 미친다는 것을 보여주었다(예 : Mezzich et al., 1997). TFCO가 소녀들의 약물사용을 감소시키고 파트너의 약물사용이 주는 영향에 대한 탄력성을 증가시킨다는 결과는 이러한 결과들이 TFCO에 참여한 이후 7~9년 이후에도 계속 지속되었다는 점에서 주목할 만하다.

심리적 결과

TFCO는 청소년의 우울이나 자살을 치료하는 것이 아니라 비행을 감소시키고 청소년들로 하여금 지역사회 내에서 성공적으로 살아갈 수 있는 기회를 제공하는 것을 목표로 한다. 우리는 만성적인 비행에 대한 연구를 위해 소녀들을 모집하였고, 기저선에서의 우울 증상은 연구 참여를 결정짓는 요인이 아니었다. 그러나 연구 결과, 비행이 감소되는 것에 더불어 TFCO는 기저선 후 24개월 시점에서 소녀들의 우울 증상을 감소시켰으며, 이러한 이득은 초기에 우울 증상이 높았던 소녀들에게서 더 높게 나타났다(Harold et al., 2013). 이러한 치료적 효과는 소녀들을 TFCO 참여 7~9년 이후 2년에 걸쳐 평가했을 때 초기 성인기까지 지속되는 것으로 나타났다. 초기 성인기까지 우울 증상이 지속적으로 감소했을 뿐만 아니라 TFCO 소녀들은 GC 소녀들에 비해 자살시도에서는 차이가 없었지만 자살사고 비율이 감소하였다(Kerr et al., 2014). 심리적 기능에 대한 TFCO의 효과는 비행 행동의 감소와 이와 관련된 스트레스 요인(예 : 구금 상태에서 지내는 시간, 임신)의 감소 때문일 수 있다. 반대로 TFCO가 소녀들의 정서조절 및 또래관계 기술을 증진시키고 부모들의 긍정적 관여를 증가시키는 것이 소녀들의 우울 증상이 감소하게 된 기제일 수 있으며 이는 다시 비행을 감소시켰을 수 있다.

전체적으로 TFCO는 소년사법체계로부터 의뢰된 청소년들을 대상으로 목표로 한 비행의 감소(구금 상태에서 지낸 기간, 범죄력, 일탈 또래와의 어울림)와 목표로 하지 않았던 이차적인 결과(임신, 학교 출석, 숙제 완성, 우울, 자살)에서 효능을 보여주었다. TFCO의 주요 결과들이 표 11.1에 요약되어 있다. 3개의 무선할당 통제실험의 결과들을 바탕으로 TFCO는 시설 보호

표 11.1 소년사법체계에서 의뢰된 청소년에 대한 TFCO의 주요 성과 요약

연구	표본	치료 목표	주요 결과 : TFCO 대 GC
Chamberlain & Reid (1998)	소년	비행	기저선 후 12개월, TFCO 소년들은, • 범죄가 적었음 • 구금 상태에서 지낸 일수가 적었고 가출이 적었음 • 자기보고 비행이 적었음
Eddy & Chamberlain (2000)	소년	비행	지도감독, 훈육, 긍정적 성인–청소년 관계, 일탈 또래 연합이 TFCO 치료 효과를 매개함
Eddy et al. (2004)	소년	비행	기저선 후 24개월, TFCO 소년들은, • 폭력 범죄를 저지를 확률이 낮았음
Leve & Chamberlain (2005)	소녀, 소년	일탈 또래 연합	기저선 후 12개월, TFCO 소녀들은, • 일탈 또래 연합이 적었음 • 일탈 또래와의 연합이 TFCO 치료 효과를 매개함
Leve et al. (2005)	소녀	비행	기저선 후 12개월, TFCO 소녀들은, • 범죄가 적었음 • 구금 상태에서 지낸 일수가 적었음 • 보호자보고 비행이 적었음
Chamberlain et al. (2007)	소녀	비행	기저선 후 24개월, TFCO 소녀들은, • 자기보고 비행이 적었음 • 범죄가 적었음 • 구금 상태에서 지낸 일수가 적었음
Leve & Chamberlain (2007)	소녀	학교 관여	기저선 후 12개월, TFCO 소녀들은, • 숙제 완성 비율이 높았음 • 학교에 더 많이 출석하였음 • 숙제 완성이 TFCO 치료 효과를 매개함
Kerr et al. (2009)	소녀	임신율	기저선 후 24개월, TFCO 소녀들은, • 임신이 적었음
Smith et al. (2010)	소년	약물사용	기저선 후 12개월, TFCO 소년들은, • 자기보고 약물사용이 적었음 • 기저선 후 18개월, TFCO 소년들은, • 담배, 마리화나, 기타 약물사용에 대한 자기보고가 적었음
Harold et al. (2013)	소녀	심리적 결과	기저선 후 24개월, TFCO 소녀들은, • 우울 증상이 감소하였음
Kerr et al. (2014)	소녀	심리적 결과	초기 성인기에, TFCO 소녀들은, • 초기 우울 증상 감소를 유지하였음 • 자살사고가 적었음
Rhoades et al. (2014)	소녀	약물사용	초기 성인기에, TFCO 소녀들은, • 약물사용이 적었음 • 파트너의 약물사용이 미치는 영향에 대한 적응력이 증가함

에 비해 비용 대비 효율이 높은 대안으로 전국적으로 주목을 받았다. 워싱턴주 공공정책 그룹(Washington State Public Policy Group)이 수행한 일련의 독립적인 비용–효과 분석(cost-benefit analysis) 결과들과 3개의 무선할당 통제실험은 TFCO 모델이 Office of Juvenile Justice and Delinquency Prevention(2015)이 선정한 10개의 근거기반 전국적 모델 프로그램(National Model Program : The Blueprints Program) 중 하나가 되도록 하였으며, 9개의 National Exemplary Safe, Disciplined, and Drug Free Schools 모델 프로그램 중의 하나가 되도록 하였다(U.S. Department of Education, 2001). U.S. Surgeon General의 보고서(U.S. Department of Health and Human Services, 2000) 또한 TFCO 모델을 강조하였으며, Center for Substance Abuse Prevention과 Office of Juvenile Justice and Delinquency Prevention은 TFCO를 미국 가정을 강화시키는 프로그램을 대표하는 Exemplary I 프로그램으로 선정하였다(Kumpfer, 1999).

확장과 실행 연구

TFCO와 같은 개입을 지역(county), 주(state), 국가(country) 수준으로 확장하는 것은 정책 입안자, 시스템 리더, 매니저, 실무자, 소비자를 포함하는 다양한 이해당사자들의 협력이 요구되는 복잡한 과제이다. 2002년부터 프로그램 실행자들은 TFCO를 확장하기 위한 세 가지 모델, 즉 롤링 코호트 모델(rolling cohort model), 독립적인 지역 실행, 지역사회 개발 팀을 사용하였다. (Brown et al., 2014; Chamberlain et al., 2012).

실행 모델

롤링 코호트 모델

영국에서 시설에 구금된 청소년들은 가정에 머무는 청소년들에 비해 더 많은 정신과적 장애(Meltzer, Gatward, Goodman, & Ford, 2000), 더 많은 학교 결석 일수(Morgan, 1999), 가정의 불안정(Koprowska & Stein, 2000) 등의 저조한 결과를 보인다. 이러한 문제들은 보호 대상 아동 및 청소년들의 욕구에 초점을 맞춘 정책 변화를 이끌어냈다. TFCO가 청소년들의 긍정적인 성과를 증가시킬 수 있는, 비용 대비 효과가 좋은 근거기반 실천이라는 것이 밝혀짐에 따라 정책 입안자들은 지역의 기관들(예 : 건강, 교육, 청소년법 관련 기관)에게 프로그램 실행에 필요한 4년간의 보조금을 지급하기 위한 예산을 배당하였다. 롤링 코호트 모델(Chamberlain et al., 2012)에서 정부는 프로그램의 역량과 지속 가능성을 구축하고, 연구자와 실무자 사이의 교량 역할을 하며, 지역 기관에 지원과 훈련을 제공하기 위해 2003년에 국가 실행 팀(National Implementation Team)을 설립하였다. 1차 연도에는 6개의 현장이 보조금을 받아 훈련에 참여하였고, 그중 5개 현장에서 TFCO가 실행되었다. 2차 연도에는 추가적으로 4개의 현장이 예산을 받았으며 3차 연도에는 6개의 현장이, 4차 연도에는 1개의 현장이 철회되어 총 4개의 현장이 예산을 받았다. 매해 여러 현장에 보조금이 지급됨에 따라 집단 훈련이 가능해졌고, 국가 실행 팀은 정보 교환 및 기존 현장과 새로운 현장 간의 네트워킹을 촉진하였다. 롤링 코호트 모델은 영국에서 TFCO를 성공적으로 정착시켰다. 20개의 현장 중에서 18개가 TFCO를 실행하기 위한 보조금을 배정받았고, 영국 정부는 각 현장마다 최소한의 위탁 배치를 권장하는 구체적이고도 비용을 절감할 수 있는 재정 모델을 개발하였다.

독립적인 지역/현장에서의 실행

독립적인 지역 실행은 개별 기관이 해당 지역사회에 TFCO를 실행하기 위해 공급 회사인 TFC 컨설턴트와 독립적으로 작업하는 표준 실행 모델이다. 이는 TFCO 및 기타 다른 근거기반 모델을 실행하는 가장 흔한 전통적인 방법이다. 평균적으로 TFCO는 18개월간의 심층 훈련과 자문을 요구하며, 뒤이어 해당 실행 현장이 무선할당 통제실험에서와 유사한 충실성과 성과 기준을 만족하는지 여부를 인증하는 절차가 뒤따른다. TFCO 웹사이트(www.tfcoregon.com)에서 볼 수 있는 바와 같이 전 세계적으로 40개가 넘는 TFCO 인증 프로그램이 있으며, 이 중 약 70%가 이 모델에 따라 TFCO를 실행하였다.

지역사회 개발 팀

캘리포니아 정신건강 기구(California Institute for Mental Health, CIMH; Sosna & Marsenich, 2006)는 캘리포니아 내의 공공 서비스 시스템이 근거기반 실무를 실행하는 것을 도울 수 있는 지역사회 개발 팀(community development team, CDT) 모델을 개발하였다. CIMH는 연방정부의 아동 서비스 제공자들(정신건강, 소년사법, 아동복지)과의 잘 확립된 관계를 바탕으로 훈련과 지원을 위한 센터의 기능을 한다. CDT 모델은 협력적이며, TFC 컨설턴트 회사의 도움을 받아 TFCO의 실행 계획을 수립하고 장벽을 극복하기 위해 노력하는 사람들 간의 네트워크를 만드는 일에 주력한다(Chamberlain et al., 2012). 이 모델은 다양한 지역의 개발 팀이 모이는 미팅으로 구성되며, 이 미팅에는 2명의 CIMH 기술 지원자와 각 지역의 핵심 이해관계자(예 : 소비자, 실무자, 시스템 리더)가 참여한다. CDT 미팅은 구조화되어 있지만 비공식적이며 각 주와 지역의 요구와 정책들, 실행의 장벽에 대한 문제해결, 충실성에 관한 데이터 검토, 성공에 대한 강조, 진행 과정과 문제에 대한 지원과 피드백을 제공하는 것에 대해 논의한다.

우리는 캘리포니아주와 오하이오주의 51개 지역에서 CDT 과정에 참여하는 것이 TFCO의 실행 결과를 향상시켰는지를 검증하기 위해서 대규모의 무선 실행 연구를 시행하였다. 연구 결과, 비록 독립적인 실행과 비교하여 CDT 전략을 사용하는 것이 실행 지역의 수를 늘리거나 실행의 속도를 증가시키지는 못했지만 CDT 조건에서는 각 현장당 배치(placement)의 수가 증가하였고 실행의 질이 높아졌다. CDT 조건에서는 연구 기간 동안 2배 이상의 청소년을 TFCO 프로그램에 배치하였고, 충실성 기준을 만족시키는 인증 가능성이 더 높았다. 따라서 CDT 지역은 프로그램을 독립적으로 실행한 지역에 비해 더 탄탄하고 지속 가능한 TFCO 운영이 가능하였다(Brown et al., 2014).

향후 방향

현재 전 세계적으로 69개의 현장에서 TFCO가 실행되고 있으며, 여기에는 미국, 덴마크, 노르웨이, 네덜란드, 스웨덴, 뉴질랜드의 인증된 또는 인증이 '진행 중'인 팀이 포함된다. 스웨덴에서는 미국의 시행에서 얻은 것과 유사한 결과들을 보여주는 일련의 무선 실험 연구들이 수행되었다(Bergström & Höjman, 2016). 아동 및 가족을 대상으로 한 다양한 공적 서비스 시스템 내에서의 성과들을 검토하는 이러한 실험 결과들은 모델의 이전 가능성(translatability)에 대한 유용한 정보를 내놓게 될 것이며, 미래의 연구 문제들을 이끌어낼 것이다.

맺음말

지난 수년 동안 TFCO와 같은 지역사회 기반의 치료들이 비행이나 심각한 정서적·행동적 문제를 치료하는 데 널리 받아들여져 왔다. TFCO가 임상가들과 정책 입안자들의 흥미를 끄는 이유는 TFCO가 거주 치료에 비해 덜 침입적이고, 비용이 적게 들며, 청소년의 행동 개선이 더 크기 때문이다. 더불어 TFCO 참여는 사회적 비용을 줄이고 납세자의 납세 비용을 줄여준다.

실제 현장에서 근거기반 실천을 효과적으로 확장시키기 위해 무엇이 필요한지에 대해서는 아직 검토해야 할 것이 많다. 지난 10년 동안 아동 및 가족 서비스 분야에서 TFCO와 같은 근거기반 실천의 도입과 실행, 유지 가능성에 영향을 미치는 요인들에 대한 관심이 증가하였다(Beidas & Kendall, 2014). 그러나 실행 전략들을 비교하는 연구들은 제한적이고, 수행이 어려우며, 비용이 많이 든다. 따라서 실제 현장에서의 영향력 있는 실행(주로 시스템에 의해 시작되는)을 통해 실행의 성공 및 실패와 관련되는 핵심 요소와 전략들을 평가하는 것이 중요하다. 새로운 효과성–실행 혼합 설계(effectiveness–implementation hybrid design)를 활용한 연구들이 임상적 효과성에 관한 연구와 실행에 관한 연구를 결합하는 복잡한 문제를 다루는 데 적합할 것이다(Curran, Bauer, Mittman, Pyne, & Stetler, 2012).

감사의 말

이 장에서 인용한 연구는 다음의 지원을 받아 수행되었다. Oregon Youth Authority, National Institutes of Health (Nos. P30 MH046690, MH047458, MH054257, MH059127, MH076158, MH091611, P50 DA035763, P30 DA023920, DA015208, DA017592, DA021603, DA024672).

참고문헌

Aos, S., Phipps, P., Barnoski, R., & Leib, R. (2001). *The comparative costs and benefits of programs to reduce crime* (No. 01-05-1201). Olympia: Washington State Institute for Public Policy.

Beidas, R. S., & Kendall, P. C. (Eds.). (2014). *Dissemination and implementation of evidence-based practices in child and adolescent mental health.* New York: Oxford University Press.

Bergström, M., & Höjman, L. (2016). Is multidimensional treatment foster care (MTFC) more effective than treatment as usual in a three-year follow-up?: Results from MTFC in a Swedish setting. *European Journal of Social Work, 19*(2), 219–235.

Brown, C. H., Chamberlain, P., Saldana, L., Padgett, C., Want, W., & Cruden, G. (2014). Evaluation of two implementation strategies in 51 child county public service systems in two states: Results of a cluster randomized head-to-head implementation trial. *Implementation Science, 9*(1), 134.

Chamberlain, P. (2003). *Treating chronic juvenile offenders: Advances made through the Oregon Multidimensional Treatment Foster Care model.* Washington, DC: American Psychological Association.

Chamberlain, P., Leve, L. D., & DeGarmo, D. S. (2007). Multidimensional Treatment Foster Care for girls in the juvenile justice system: 2-year follow-up of a randomized clinical trial. *Journal of Consulting and Clinical Psychology, 75,* 187–193.

Chamberlain, P., Price, J. M., Reid, J. B., Landsverk, J., Fisher, P. A., & Stoolmiller, M. (2006). Who disrupts from placement in foster and kinship care. *Child Abuse and Neglect, 30*(4), 409–424.

Chamberlain, P., & Reid, J. B. (1991). Using a specialized foster care community treatment model for children and adolescents leaving the state mental hospital. *Journal of Community Psychology, 19,* 266–276.

Chamberlain, P., & Reid, J. B. (1998). Comparison of two community alternatives to incarceration for chronic juvenile offenders. *Journal of Consulting and Clinical Psychology, 66,* 624–633.

Chamberlain, P., Roberts, R., Jones, H., Marsenich, L., Sosna, T., & Price, J. M. (2012). Three collaborative models for scaling up evidence-based practices. *Administration and Policy in Mental Health and Mental Health Research, 39*(4), 278–290.

Curran, G. M., Bauer, M., Mittman, B., Pyne, J. M., & Stetler, C. (2012). Effectiveness-implementation hybrid designs: Combining elements of clinical effectiveness and implementation research to enhance public health impact. *Medical Care, 50*(3), 217–226.

Dishion, T. J., & Stormshak, E. A. (2007). *Intervening in children's lives: An ecological, family-centered approach to mental health care.* Washington, DC: American Psychological Association.

Eddy, J. M., Bridges Whaley, R., & Chamberlain, P. (2004). The prevention of violent behavior by chronic and serious male juvenile offenders: A 2-year follow-up of a randomized clinical trial. *Journal of Emotional and Behavioral Disorders, 12,* 2–8.

Eddy, J. M., & Chamberlain, P. (2000). Family management and deviant peer association as mediators of the impact of treatment condition on youth antisocial behavior. *Journal of Consulting and Clinical Psychology, 5,* 857–863.

Elliott, D. S., Huizinga, D., & Ageton, S. S. (1985). *Explaining delinquency and drug use.* Beverly Hills, CA: Sage.

Forgatch, M. S., & Patterson, G. R. (2010). *Parent management training–Oregon model: An intervention for antisocial behavior in children and adolescents.* In J. R. Weisz & A. E. Kazdin (Eds.), *Evidence-based psychotherapies for children and adolescents* (2nd ed., pp. 159–178). New York: Guilford Press.

Harold, G. T., Kerr, D. C. R., Van Ryzin, M., DeGarmo, D. S., Rhoades, K., & Leve, L. D. (2013). Depressive symptom trajectories among girls in the juvenile justice system: Findings from an RCT of Multidimensional Treatment Foster Care. *Prevention Science, 14*(5), 437–446.

Kerr, D. C. R., DeGarmo, D. S., Leve, L. D., & Chamberlain, P. (2014). Juvenile justice girls' depressive symptoms ad suicidal ideation nine years after Multidimensional Treatment Foster Care. *Journal of Consulting Clinical Psychology, 82*(4), 684–693.

Kerr, D. C. R., Leve, L. D., & Chamberlain, P. (2009). Pregnancy rates among juvenile justice girls in an RCT of Multidimensional Treatment Foster Care. *Journal of Consulting and Clinical Psychology, 77*(3), 588–593.

Koprowska, J., & Stein, M. (2000). The mental health of "looked-after" young people. In P. Aggleton, J. Hurry, & I. Warwick (Eds.), *Young people and mental health.* London: Wiley.

Kumpfer, K. L. (1999). *Strengthening America's families: Exemplary parenting and family strategies for deliquency prevention.* Washington, DC: U.S. Department of Justice.

Leve, L. D., & Chamberlain, P. (2005). Association with delinquent peers: Intervention effects for youth in the juvenile justice system. *Journal of Abnormal Child Psychology, 33,* 339–347.

Leve, L. D., & Chamberlain, P. (2007). A randomized evaluation of Multidimensional Treatment Foster Care: Effects on school attendance and homework completion in juvenile justice girls. *Research on Social Work Practice, 17,* 657–663.

Leve, L. D., Chamberlain, P., & Kim, H. K. (2015). Risks, outcomes, and evidence-based interventions for girls in the U.S. juvenile justice system. *Clinical Child and Family Psychology Review, 18*(3), 252–279.

Leve, L. D., Chamberlain, P., & Reid, J. B. (2005). Intervention outcomes for girls referred from juvenile justice: Effects on delinquency. *Journal of Consulting and Clinical Psychology, 73*(6), 1181–1185.

Meltzer, H., Gatward, R., Goodman, R., & Ford, T. (2000). *Mental health of children and adolescents in Great Britain.* London: The Stationery Office.

Mezzich, A. C., Tarter, R. E., Giancola, P. R., Lu, S., Kirisci, L., & Parks, S. (1997). Substance use and risky sexual behavior in female adolescents. *Drug and Alcohol Dependence, 44,* 157–166.

Morgan, S. (1999). *Care about education: A joint training curriculum for supporting children in public care.* London: National Children's Bureau.

Office of Juvenile Justice and Delinquency Prevention. (2015). Program profile: Multidimensional Treatment Foster Care—Adolescents. Retrieved from *www.crimesolutions.gov/programdetails.aspx?id=141.*

Patterson, G. R., Reid, J. B., Jones, R. R., & Conger, R. E. (1975). *A social learning approach to family intervention: Families with aggressive children* (Vol. 1). Eugene, OR: Castalia.

Pears, K. P., Kim, H. K., & Fisher, P. A. (2012). Effects of a school readiness intervention for children in foster care on oppositional and aggressive behaviors in kindergarten. *Children and Youth Services Review, 34*(12), 2361–2366.

Rhoades, K. A., Leve, L. D., Harold, G. T., Kim, H. K., & Chamberlain, P. (2014). Drug use trajectories after a randomized controlled trial of MTFC: Associations with partner drug use. *Journal of Research on Adolescence, 24*(1), 40–54.

Smith, D. K., Chamberlain, P., & Eddy, J. M. (2010). Preliminary support for multidimensional treatment foster care in reducing substance use in delinquent boys. *Journal of Child and Adolescent Substance Abuse, 19*(4), 343–358.

Sosna, T., & Marsenich, L. (2006). *Community development team model: Supporting the model adherent implementation of programs and practices.* Sacramento: California Institute for Mental Health Publication.

U.S. Department of Education, Office of Special Educational Research and Improvement, Office of Reform Assistance and Dissemination. (2001). *Safe, disciplined, and drug-free schools programs.* Washington, DC: U.S. Department of Education.

U.S. Department of Health and Human Services. (2000). *Mental health: A report of the Surgeon General.* Washington, DC: U.S. Government Printing Office.

CHAPTER 12

다중체계치료를 활용하여 심각한 반사회적 행동 치료하기

Scott W. Henggeler & Cindy M. Schaeffer

임상 문제의 개요

다중체계치료®(Multisystemic Therapy®, MST; Henggeler, Schoenwald, Borduin, Rowland, & Cunningham, 2009)는 심각한 반사회적 행동을 지닌 청소년과 그 가족을 위한 복합적이고 경험적으로 검증된 치료이다. 비교적 집중적인 치료이기 때문에 다중체계치료는 아동 · 청소년 복지 혹은 정신건강 체계에서 의뢰되는 행동장애와 약물남용 문제를 지닌 10대뿐아니라 심각하고 만성적인 공격 패턴을 나타내는, 소년법률체계나 감금이나 거주치료 등의 가정 밖 시설에서 위험성으로 의뢰되는 청소년들에게 가장 적절하고 비용 효율적인 방법이다. 이러한 청소년들은 종종 자신이나 가족들에게, 혹은 그 지역사회에 장기적인 사회적 · 경제적 비용을 유발시킨다. 따라서 이 집단에 대한 효과적인 치료 제공은 이들 청소년(예 : 더 건강하고 성공적인 삶)과 사회(예 : 범죄 비용과 관련 비용의 감소)에 더 많은 이득을 제공하는 것이다.

치료 프로그램에 대한 개념적 모델

다중체계치료의 발전은 1970년대 후반에 시작되었으며, 이것의 첫 번째 임상실험은 1986년 도에 Henggeler 등에 의해 출판되었다. 그 시기에 소년 범죄자들을 대상으로 실시되던 치료는 사무실이나 기관에 근거한 것으로, 청소년의 반사회적 행동에 대해 알려진 위험요인은 거의 초점화되지 못하고, 문제 개념화에도 한계가 있었으며, 경험적 지지도 거의 없었다. 그러나 Henggeler(1982)와 동료들이 언급한 것처럼, 효과를 보이기 위한 비행 청소년 대상 치료는 일차적 문제인 가족을 포함한 다양한 위기요인들을 약화시킬 수 있어야 한다. 더욱이 비행 청소년 가족의 매우 낮은 치료참여율과 관련해, 치료 전달의 장애물을 극복할 수 있도록 전략을 개발해야 했다. 이러한 환경이 그 후 35년 동안 다중체계치료를 개발하고 연구하게 했다.

이론적 틀

다중체계치료는 반사회적 행동의 원인과 관련 요인들에 대한 수십 년간의 기초 연구를 통해 밝혀진 소년범죄와 관련된 다중 위기요인을 다루기 위해 고안되었다. 이러한 위기요인이 개인의 삶의 다양한 영역 내, 영역 간에 존재하고 얽혀 있기 때문에 Bronfenbrenner(1979)의 사회생태 모델은 다중체계치료를 위한 유용한 조직화된 틀을 제공하였다. 사회생태 모델은 청소년의 행동은 대부분 이러한 체계들 간에 연결되어 있거나 상호작용하는 다중적 체계(예 : 가족, 학교, 또래 및 이웃)의 기능에 의해 결정된다는 것이다. 더욱이 이 청소년들의 핵심 체계는 좀 더 근접한 체계를 통한 영향이 청소년의 기능에 간접적으로 영향을 끼치는(예 : 양육에 영향을 주는 양육자의 직장 스트레스, 사소한 마찰에 대해서도 정학을 시키는 학교위원회의 받아들일 수 없는 결정) 더 큰 맥락(예 : 양육자의 직장, 학교체계) 내의 청소년 자신이다. 따라서 사회생태적 모델은 모든 청소년이 다중의 직접적 · 간접적 요인들에 의해 결정되며, 이러한 요인들은 각 청소년의 고유한 사회 맥락에 근거하여 각각의 방식으로 영향을 끼친다는 것이다.

청소년의 반사회적 행동에 대한 사회생태적 모델과 결정요인의 측면으로 볼 때(Heilbrum, Demateo, & Goldstein, 2016; Leiberman, 2008), 다중체계치료는 심각한 반사회적 행동에 효과적으로 개입하기 위해 개인(예 : 인지적 오류, 주의결함 문제), 가족(예 : 느슨한 부모의 감독, 양육자의 약물남용), 또래(예 : 일탈 또래와의 관계), 학교(예 : 낮은 성취 수준, 학교에 대한 애착이 적음), 이웃(예 : 친사회적 활동에 대한 기회, 약물 접근성)을 포함하는 다중 수준의 위기요인을 목표로 하게 된다. 또한 개입은 체계적 수준 간의 어려움을 다룰 수 있어야 한다(예 : 양육자가 청소년의 또래와 선생님과 상호작용하는 것). 근접한 체계의 효과적인 기능을 방해하는 광범위한 체계 내 요인(예 : 양육자의 업무시간, 이웃에서의 친사회적 활동의 부족)도 또한 긍정적으로 변화시키고 유지시켜야 한다.

사회생태적 관점은 자연스러운 맥락 내에서의 행동 이해를 중요하게 여긴다. 이것은 다중체계치료 개입을 설계하는 데 있어 매우 중요한 함의를 지닌다. 다중체계치료는 평가와 개입 전달의 생태학적인 타당성을 강조하는 것에 근거한 서비스 전달을 한다. 생태적으로 타당한 평가를 위해 임상가가 청소년의 다양한 실제 세계에서의 기능(예 : 집, 교실, 지역사회 활동 중)을 이해하고자 하며, 이러한 이해는 가능한 일차적 자료(예 : 양육자, 형제자매, 확대가족, 선생님,

코치 등)에서 나온 것을 기본으로 한다. 또한 치료적 개입도 문제가 발생한 곳(집, 학교 및 지역 사회의 장소)에서 제공되고, 가능한 양육자와 교사와 같은 핵심적 생태학적 구성원에 의해 청 소년에게 전달된다.

변화에 대한 다중체계치료 이론

다중체계치료에서는 양육자를 변화의 주요 요인으로 보며, 개입은 자녀에게 좀 더 효과를 발휘 할 수 있는 자원과 기술을 통해 부모에게 힘을 실어주는 것을 목표로 한다. 그 후 양육자의 역 량을 높이기 위해, 이를 테면 치료자는 양육자가 10대 자녀를 일탈 또래로부터 분리시키고 학 교 수행을 증진시키도록 노력할 것을 지도한다. 청소년의 반사회적 행동을 줄이고 기능을 증진 시키도록 하며, 그러한 상태를 유지하기 위해 가족이 핵심이라고 본다. 중요하게도 다중체계 치료에서의 변화에 대한 핵심적 요인으로 양육 능력을 증진시키고 일탈또래와의 관계를 줄이 는 것을 강조하는 것은, 다중체계치료 임상실험에서 변화 매개요인을 평가하는 양적 연구(예 : Dekovic, Asscher, Manders, Prins, & Van der Laan, 2012; Henggeler, Letourneau et al., 2009; Huey, Henggeler, Brondino, & Pickrel, 2000)뿐아니라 다중체계치료 개입을 받은 가족 구성원 들을 조사한 질적 연구(Kaur, Pote, Fox, & Paradisopoulos, 2015; Paradisopoulos, Pote, Fox, & Kaur, 2015; Tighe, Pistrang, Casdagli, Baruch, & Butler, 2012)에서도 지지되어 왔다.

임상적 관점으로 볼 때 양육 효율성의 장애(예 : 양육자의 약물남용, 쇠약하게 하는 스트레 스, 무망감)를 극복하기 위해 가족의 강점을 사용하고(청소년에 대한 사랑, 자생적인 사회적 지 지), 치료자도 가족과 협력한다(Tuerk, McCart, & Henggeler, 2012). 양육 효율성(예 : 자녀를 감찰하고 지도하며 지지할 수 있는 능력)이 증진됨에 따라, 치료자는 가족, 또래, 학교 및 지역 사회 맥락 내에서 청소년의 반사회적 행동을 감소시키고 청소년의 기능을 증진시키기 위해 양 육자가 계획하고 실행할 수 있도록 돕는다. 궁극적인 목적은 청소년의 반사회적 행동을 일으키 는 환경(context)을 대체할 친사회적 행동(예 : 친사회적 또래, 참여적이고 효과적인 양육자, 지 지적 학교)을 지원할 수 있는 환경을 청소년 주변에 조성하는 것이다. 이와 유사하게 치료자는 치료기간 동안 이룰 수 있는 변화를 유지될 수 있는 환경(예 : 확대가족, 친구, 이웃)을 양육자 주변에 조성하는 것도 또한 목표이다.

치료 프로그램의 특징

치료 전달

다중체계치료는 전일제 석사 수준의 치료자에 의해 제공되며, 각 치료자는 4~6가족의 사례를 맡는다. 2~4명이 한 팀으로 일하며, 각 팀은 숙련된 석사 수준 혹은 박사 수준의 슈퍼바이저에게 지도를 받고, 슈퍼바이저는 그 팀에 최소한 자신의 업무시간의 50% 정도를 할애한다. 팀 구성원은 보통 공공 청소년 사법체계, 아동복지 및 정신건강 기관에 계약을 맺고 있는 사설 서비스 제공기관에서 일한다. 팀은 또한 다중체계치료 모델에 따라 일할 수 있도록 돕는 숙련된 다중체계치료 자문가로부터 매주 자문을 받게 된다.

다중체계치료 임상가들은 매주 7일 24시간 서비스를 제공하는데, 이는 가족에게 편리한 시간에 회기를 제공할 수 있도록 하고, 치료자가 목표 획득을 위협할 수 있는 위기들을 빨리 해결할 수 있도록 한다(예 : 양육자가 청소년의 약물 재발을 다룰 수 있도록 야간지원을 필요로 함). 비록 치료 기간이 상대적으로 짧지만(3~5개월), 개입 과정은 집중적이며, 때로 치료자와 가족뿐 아니라 청소년의 생태체계 내의 다른 사람들과도 60시간 이상의 직접 접촉을 하기도 한다. 앞에서 언급한 바와 같이 다중체계치료는 가정 및 학교 근거(예 : 학교, 직장)의 서비스 전달 모델을 사용하며, 이것은 또한 평가와 개입의 생태학적 타당성을 증진시킬 뿐 아니라 서비스 접근성, 치료적 개입에 대한 지원, 치료적 이득의 일반화 향상 등을 감소시키게 한다.

치료 원칙

매우 개별화된 특성 때문에 다중체계치료는 치료에 대한 경직된 매뉴얼화된 계획을 따르지는 않는다. 그보다는, 아홉 가지 치료 원칙이 치료자들이 그들의 개입을 구성하도록 하는 내재된 구조와 틀을 제공한다. 사회생태학적 모델에 뿌리는 둔 원칙들에 더해, 개입은 집중적이며(즉 가족 구성원에 의해 매일, 혹은 매주), 발달적으로 적절하고, 현재에 초점을 두며, 행동 지향적으로 계획된다. 개입은 또한 책임감 있는 행동이 격려되고 치료적 이득을 일반화하며 장기적 유지가 향상되도록 목표화된다. 따라서 가령 6개월간의 처벌(외출 금지 등)로 인한 긴 시간의 고립은 청소년들이 책임 있는 행동을 보일 수 있는 기회인 또래와의 상호작용에 대한 발달적 필요를 충족시키지 못할 것이다.

과도한 치료 원칙은 다중체계치료의 모든 측면이 강화되고, 변화에 대한 지렛대로서 생태학적인 강점이 사용되어야 한다는 것이다. 긍정적인 관점은 평가와 치료 과정에서 청소년의 가족과 다른 구성원들과 명료하게 의사소통한다는 것이다. 치료자는 청소년(유능성, 매력도), 양육자 및 확대가족(예 : 애정적 관계, 사회적 지지), 또래(예 : 친사회적 활동, 성취 지향), 학교(예 : 조절 훈련, 프로그램 제공), 이웃/지역사회(예 : 이웃의 관심, 과외 활동) 등에 관련된 요인들을 조사하여, 다양한 생태학적인 맥락에서 잠재적 강점을 본다. 확인된 강점은 그 후 개입에서의 지렛대로 사용한다. 임상가는 자신의 업무 내에 이러한 강점근거 접근을 통합하도록 훈련된다. 예를 들어, 슈퍼바이저는 임상가가 자신의 내담자를 변화에 저항적인 것으로 보기보다는 치료 성공에 대한 장애물을 찾도록 돕는다.

임상적 절차 및 개입

임상적 개입은 아홉 가지 치료 원칙을 고수하며, 치료 계획, 실행, 효과성 평가를 구성하는 표준화된 분석/의사결정 과정을 사용하여 응용하고 있다(그림 12.1 참조). 이 과정을 통하여 청소년의 양육자를 치료 목적 성취를 위한 열쇠로 보고 치료를 통한 이득을 일반화하며 유지하는 핵심으로 본다.

　치료 시작에서 목표화된 의뢰 행동과 다른 문제 행동은 핵심적 이해관계자의 관점으로 기술된다(예 : 가족 구성원, 교사, 소년사법부 담당자). 생태학적 강점이 또한 확인되고, 왜 문제 행동이 발생했는지에 대한 이해관계자의 관점이 평가된다. 각 이해관계자가 바라는 결과가 개인, 가족, 또래와 사회적 사회망 수준에서 몇 가지 포괄되는 치료 목표로 통합된다. 그 후 다중적 관점에 근거하여 각 문제를 유발하는 것으로 여겨지는 생태학적 요인들을 일련의 개념적 틀로 조직화한다(예 : 청소년의 마리화나 사용은 양육자의 모니터링의 부족, 약물사용 또래와의

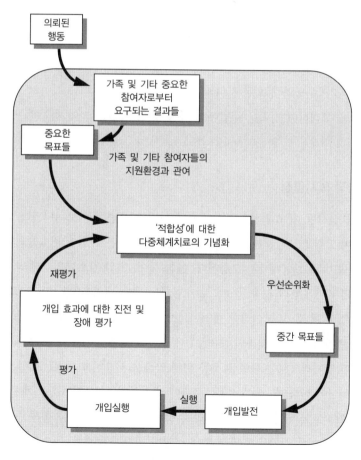

그림 12.1　임상적 의사결정을 위한 다중체계치료 분석 과정

관계, 낮은 학교 수행과 관련된 것으로 보임). 그 후 다중체계치료자는 다른 팀 구성원들(다른 치료자들, 슈퍼바이저, 자문)의 지원을 통해 궁극적 목표를 달성하기 위해 중간 목표를 설정하고, '유발 요인'에 우선순위를 두고 목표로 정하여 특정 개입 전략을 설계한다. 전략은 구조화/전략적, 행동 가족치료자, 행동적 부모훈련, 인지행동치료, 동기적 면담, 유관 관계 등과 같은 경험적으로 지지되고, 실용적이며, 문제에 초점을 두는 치료 개입과 통합된다(Henggeler et al., 2012). 또한 확인된 문제에 생물학적 요인이 작용하는 것으로 밝혀지면 근거기반 정신약물학적 개입도 치료에 포함된다.

다중체계치료의 결정적 특징은, 경험적으로 지지되는 개입들이 매우 잘 통합되어 모든 치료 요소가 치료의 궁극적 목적에 잘 부합된다는 것이다. 이러한 통합은 일차적으로는 가족의 욕구와 외부의 이해관계자의 요구를 이해하고 대응하는 개별 치료자를 통해 이루어진다. 다중체계 치료자는, 예를 들어 공격적 또래에 대해 분노조절 기법(예 : 이완)을 가르치고, 동시에 양육자에게는 행동적 기법을 성공적으로 사용하는 것을 보상하기를 포함하여 통합적인 행동적 계획을 교육할 수도 있다. 또한 이러한 개입들은 긍정적인 의사소통과 문제해결 기술을 증진시키기 위한 가족치료 개입과, 청소년을 훈육하려고 시도할 때 양육자가 경험하는 불안 증상을 경감시키기 위한 부모 개인 회기도 함께 실시할 수 있다. 중요한 것으로, 이러한 통합적 서비스가 청소년의 생태학 내에서 확인된 문제와 관련된 유발요인(예 : 좀 더 적절한 학교 서비스를 요구하는 부모를 지원하기, 부모와 청소년 자녀의 또래와 연결하기)과 치료 참여의 장벽(예 : 양육자의 업무 스케줄을 고려하여 가족을 주말에 만나는 것)을 다루는 것이 개입에 포함되어 이루어진다.

순환적인 임상적 의사결정

다중체계치료를 실시할 때 효과성은 지속적으로 다각적 측면에서 모니터된다. 순환적 피드백 과정을 사용하여(그림 12.1), 문제 행동의 확인된 유발 요인은 개입이 비효율적일 때 재개념화되고 효과적 전략이 개발될 때까지 수정된다. 예를 들어, 만약 청소년의 약물남용이 약물을 사용하는 또래와의 관계로부터 시작된 것으로 개념화된다면, 개입은 이러한 또래와의 관계를 없애거나 줄이는 것이 될 것이다. 이러한 개입이 성공했지만 여전히 청소년이 약물을 사용한다면(예 : 무작위 소변검사를 통한 결과의 증거로), 청소년의 약물남용은 재개념화되어야 하고(예 : 아마도 청소년이 일차적으로는 불안 감소를 위해 약물을 사용하고 있음), 개입은 그에 따라 재설계되고 실행되어야 한다(예 : 이완훈련, 금단에 대처하기 위한 자기조절 계획). 이러한 개입 결과는 다시 평가되고 실행계획은 그에 따라 수정된다. 이러한 과정을 통해 중간 목표들도 지속적인 치료 진전을 이루고 치료 효과를 통해 적절한 시간에 종결할 수 있도록 생태 내 구성원들이 며칠 내에 이룰 수 있는 것으로 설정된다(예 : 청소년이 주 3회 이완훈련을 연습하고, 부모가 보상하기).

이러한 반복 과정은 다중체계치료 모델의 중요한 두 가지 특징을 강조한다. 첫째, 다중체계치료 팀은 가족이 치료 목적을 달성하도록 돕는 것이 무엇이든 청소년과 가족이 이를 포기하지 않도록 격려한다는 것이다. 둘째, 개입이 성공하지 않더라도 그 실패는 팀의 실패이지 가족의 실패가 아니라는 것이다. 즉 팀이 유발요인에 대한 정확한 가설을 개발하고 실행 성취에 장애물을 확인하며 개입을 적절히 실행했을 때, 가족은 목표를 달성하고 청소년의 반사회적 행동은 보통 감소하게 된다.

훈련, 슈퍼비전, 지속적인 질적 보장

Schoenwald(2016)는 좀 더 확대해 논의하면서 치료 충실도를 확보하고 치료자가 바람직한 임상 결과를 얻을 수 있도록 다중체계치료 모델 내에 몇 가지 과정과 구조를 설정하였다. 새 치료자들은 다중체계치료의 기초적인 이해를 제공하기 위해 5일간의 훈련에 참여하고, 모든 팀 구성원이 분기마다 부스터 훈련에 참석한다. 다중체계치료 임상적 학습의 대부분은 치료자가 가족과 작업하고, 매주 구조화된 슈퍼비전을 받고, 그 장면에서의 팀 슈퍼비전과 그 밖의 자문을 받을 때 이루어진다. 다중체계치료 팀은 집단으로 슈퍼바이저와 매주 회의를 하고, 그 팀과 각 사례에 대한 문제를 다루게 된다. 전체 팀은 차례로 추가적인 피드백과 필요한 방향을 얻기 위해 다중체계치료 전문 자문가와 매주 1회 사례를 논의하게 된다.

다중체계치료 훈련 및 슈퍼비전과 자문은 청소년과 가족이 성과를 얻는 데 핵심적인 다중체계치료 모델을 충실히 따를 수 있게 돕도록 설계된 포괄적인 질적인 유지(quality assurance, QA)/질적 향상(quality improvement, QI) 시스템 내에서 이루어진다. 이러한 체계에 내재된 과정은 다중체계치료 팀을 개발하고 유지할 수 있는 지역기반 기관들을 지원해온 20년 이상의 경험을 통해 이루어진 것이다. 또한 매년 23,000명의 청소년과 가족들이 미국 내 30개 주, 전 세계 15개국 이상에서 다중체계치료 프로그램을 통해 치료되고 있다. 또한 세부화된 초기 혹은 지속적 훈련과 함께 슈퍼비전, 자문 프로토콜, QA/QI 핵심요인이 모든 수준(치료자, 슈퍼바이저, 자문가)에서 다중체계치료 실행이 타당하게 평가된다. 중요하게 QA/QI 시스템의 많은 측면이 지속적인 연구에서 타당화되고 있고, 이러한 발견들은 프로그램(예 : 치료자, 슈퍼바이저, 자문가) 충실성과 바람직한 청소년 결과와 유의미한 관계가 있음이 제시되고 있다(Schoenwald, 2016).

또한 사례별로 다중체계치료를 실행하는 치료자를 지원하는 것에 더해, 다중체계치료 자문가도 지역사회에 확장된 조직적 지지를 제공하고, 다중체계치료 프로그램을 정착하는 데 관심있는 기관들을 제공한다. 초기에 이러한 지지는 다중체계치료 프로그램이 특정 맥락 내에서 실행 가능한지(예 : 다중체계치료 프로그램을 지원하기에 충분한 보상이 있는 기제)와 프로그램

의 성공을 위해 이해관계자의 개입 여부를 결정하여 이해관계자를 다중체계치료에 관심 갖게
하는 요구들이 다중체계치료 프로그램에 의해 충족될 수 있는지를 결정하는 지역사회 평가를
실시한다. 일단 다중체계치료가 그 지역에 실행되면, 지속적인 기관의 지원을 통해 반년주기의
프로그램 검토, 프로그램 실행에 대한 기관 및 이해관계자의 장애에 대한 문제해결, 프로그램
디렉터에 대한 지원이 이루어진다. 다중체계치료 프로그램에 대한 개발과 지원에 대한 정보는
Henggeler와 Schoenwald 등(2009)과 다중체계치료 서비스 웹사이트 www.mstservices.com에서
찾아볼 수 있다.

치료 효과의 증거

다중체계치료 연구에 대한 포괄적이고 압축적인 개관은 'Mutisystemic Therapy: Research at a
Glance'(http://mstservices.com/files/outcomestudies.pdf)이다. 이 자료는 120개 이상의 동료 검
토 논문으로 산출되었고 2016년까지 출판된 62개의 다중체계치료 결과, 실행, 벤치마킹 연구
의 핵심 특징(예 : 저자, 표본, 설계, 후속연구, 결과)이 요약되어 있다. 이 연구들 대부분은 다
중체계치료 모델 개발자와는 독립적인 연구자들에 의해 진행된 것이며 48,000가족이 연구에
포함되었다. 이 장은 15개의 통제된(예 : 실험 혹은 반실험 설계) 효과성 검증 연구로부터 나온
것으로, 독립적인 연구자들에 의해 수행된 10개의 무선실험 및 6개의 실험 연구를 포함하여 심
각한 소년범죄자들을 대상으로 수행된 것이다. 또한 독립적인 연구자들에 의해 수행된 6개의
무선실험 및 8개의 실험을 포함한 심각한 품행 문제를 지닌 청소년에 대한 다중체계치료를 평
가한 것을 연구하고 있다. 이 장은 심각한 반사회적 행동을 지닌 청소년과 그 가족에 대한 다
중체계치료에 초점을 두고 있기 때문에, 아동학대와 방임(예 : Swenson, Schaeffer, Henggeler,
Faldowski, & Mayhew, 2010)과 만성적인 건강돌봄 상태(예 : Letourneau, Ellis et al., 2013)에
대한 효과성 검증 연구는 포함되지 않았으나, 앞에서 언급한 웹사이트에서 찾아볼 수 있다.

이러한 대부분의 연구를 포함하는 최근의 포괄적인 메타분석(Van der Stouwe, Asscher,
Stams, Dekovic, & Van der Laan, 2014)은 다중체계치료가 비행, 정신병리, 약물사용, 가족기능,
또래관계, 가출 등에 유의미한 치료 효과가 있다고 결론 내렸다. 또한 이전의 메타분석과 일관
되게(Curtis, Ronan, & Borduin, 2004) 효과성 연구는 효율성 연구들보다 더 큰 효과를 나타내
었다. 효과성 연구는 특성상 개입이 실제로 효과적이라고 가정하면 바람직한 결과를 성취할 가
능성을 극대화시킬 수 있는 방향(예 : 동질적 내담자 표본이 공존장애를 지닌 내담자 배제, 치
료 충실성을 증진시킬 수 있는 밀접한 슈퍼비전, 실세계에서 실행된 프로그램의 보호막에 도전
하는 것)으로 수행된다. 반면 효율성 연구는 흔히 공공 영역의 임상가들을 활용하는 지역사회
기반에서 제공하는 서비스와 협력하여 이루어지며, 따라서 지역사회에 개입역량을 효율적으

로 전달할 수 있는지를 평가한다. 이러한 관점에서 다중체계치료 연구들은 성격상 결코 순수한 효과성 검증 연구가 될 수 없다. 초기의 효과 검증 연구와 그 이후의 몇몇 연구들은 효과성-효율성 복합으로 밀접한 슈퍼비전하에서 대학교 장면에서 수행되었으나 광범위한 행동 및 정서 문제를 함께 지닌 청소년과 가족 표본을 포함하고 있다(Henggeler, 2011).

소년범죄에 대한 초기 효과성-효율성 복합 실험

긍정적인 결과를 보였던 초기의 2개의 효과성-효율성 연구(Brunk, Henggeler, & Whelan, 1987; Henggeler et al., 1986) 이후에 시작된 미주리 비행 프로젝트(Missouri Delinquency Project; Borduin et al., 1995)는 가장 장기적으로 진행되고 지속되는 다중체계치료 연구로, 다중체계치료에서 성취될 수 있는 가장 긍정적인 결과의 훌륭한 예를 제공하고 있다. Borduin은 매우 동기화된 박사과정 학생인 치료자들에게 매우 밀접한 슈퍼비전을 제공하였고, 다중체계치료 프로그램은 대학 클리닉에서 이루어졌다. 그럼에도 참가자들은 최소한의 배제기준에 맞는 폭력적이고 만성적인 소년범죄자들이었다. 무선할당실험의 사후평가에서 다중체계치료 조건의 청소년들은 개인상담을 받는 비교집단 청소년들에 비해 행동 문제가 감소되었으며, 부모는 정신과적인 증상을 더 적게 보고하였고, 가족관계는 향상되었다. 4년 후 조사에서 다중체계치료 조건의 청소년들은 비교집단의 청소년들에 비해 63%가 재발 감소를 보였다. 22년 사후연구(Sawyer & Borduin, 2011)에서 다중체계치료 조건 참여자들은 중죄로 인한 체포에서 유의미한 감소(36% 감소)를 나타내었고, 33%가 더 적은 기간의 감금을 보였다. 더욱이 25년 후 그들의 형제자매조차도 더 적은 범죄 확정과 금고형 선고를 받았다(Wagner, Borduin, Sawyer, & Dopp, 2014).

소년 범죄에 대한 효율성 실험

앞에서 기술한 효율성-효과성 복합 실험의 바람직한 결과들은 공공 영역의 임상가와 지역 정신건강 센터와 협력하여 실시된 다중체계치료의 무선할당 실험에서 나온 것이다(Henggeler, Melton, Brondino, Scherer, & Hanley, 1997; Henggeler, Melton, & Smith, 1992). 이것은 일반적인 지역사회 서비스와 다중체계치료를 비교했을 때, 다중체계치료가 가족 기능을 증진시키고 소년범죄자들의 재구속 및 재감금률을 감소시킬 수 있다는 것을 지지한다(연구 세부사항에 대한 간결한 요약은 http://mstservices.com/files/outcomestudies.pdf 참조). 중요하게 이 연구들은 바람직한 결과를 얻기 위해서는 치료 충실성이 결정적 역할을 한다는 것을 강조하고 있다. 예를 들어, Henggeler 등(1997)은 다중체계치료 치료 프로토콜에 더 높은 치료자 충실도를 갖는 것은 더 나은 청소년에 대한 결과와 유의미하게 관련되어 있음을 발견하였으며, 중요한 결과들이 몇몇 다중체계치료 연구에서 재발견되었다(Schoenwald, 2016).

　　Timmons-Mitchell과 Bender, Kishna, Mitchell(2006)은 미국의 심각한 소년범들에 대한 첫 번째 복제(replication) 연구를 실시하였다. 일반적인 지역사회 서비스와 비교하여 다중체계치료는 청소년의 기능을 향상시키고, 약물사용 문제를 감소시키며, 재범률을 약 37% 감소시켰다. 유사하게 Butler와 Baruch, Hickley, Fonagy(2011)는 유럽에서 소년범을 대상으로 하는 첫 번째 다중체계치료 복제연구를 출판하였다. 다중체계치료는 정교하고 확장되었으며, 다중 요인의 증거기반 개입과 비교하여 공격 및 가정 외 거주를 41% 감소시켰을 뿐아니라 행동 증상과 양육을 향상시켰다.

약물사용장애를 지닌 소년범에 대한 실험

약물사용의 바람직한 감소 면에서 소년범을 대상으로 하는 다중체계치료는 초기 실험에서 성과가 있었다(Henggeler et al., 1991). 첫 번째 연구(Henggeler, Pickrel, & Brondino, 1999)에서 약물사용 감소, 학교 출석 증가에 대한 몇 가지 영역에서 일반적인 지역사회 서비스와 다중체계치료를 비교하였는데(Brown, Henggeler, Schoenwald, Brondino, & Pickrel, 1999), 그 결과 다중체계치료는 사후치료에서 바람직한 결과를 보였고, 4년 후 폭력적 범죄에서 74% 감소를 나타내었다(Henggeler, Clingempeel, Brondino, & Pickrel, 2002). 두 번째 연구(Henggeler et al., 2006)는 다중체계치료가 약물 관련 소년범을 대상으로 약물사용과 범죄행위를 감소시키는 데 있어 바람직한 결과가 향상되었음을 보여주고 있다. Sheidow와 Henggeler(2012)뿐 아니라 http://services.com/files/outcomestudies.pdf는 약물 관련 효과성 연구에 대한 자세한 개관을 제공하고 있다.

성범죄 청소년에 대한 실험

성범죄 청소년을 대상으로 하는 소규모 무선할당 효과성-효율성 혼합 실험 결과(Borduin, Henggeler, Blaske, & Stein, 1990)에 근거하여, 더 큰 규모의 효과성-효율성 복합실험과 효율성 실험이 이들 힘든 대상에 대해 실시되었다. 효과성-효율성 복합(Borduin, Schaeffer, & Heiblum, 2009)에서 다중체계치료는 일반 지역사회 서비스와 비교하여 사후검사에서 청소년의 행동 문제와 증상이 감소하였고, 가족 및 또래 관계가 향상되었다. 더욱이 9년 후의 사후검사에서 성범죄는 83% 감소하였고, 다른 범죄도 약 50% 감소하였으며, 감금일수는 80% 감소하였다. 다른 성범죄에 특정화된 치료와 다중체계치료를 비교한 효과성 연구 결과는 드라마틱하지 않지만(Letourneau et al., 2009; Letourneau, Henggeler et al., 2013), 바람직한 결과들이 몇 가지 핵심 변인에서 성취되었으며, 성행동 문제 및 자기보고 비행, 가출에서 2년 후에도 유지되고 있었다(59% 감소).

심각한 행동 문제를 지닌 청소년에 대한 실험

독립적인 연구자들에 의해 수행된 대부분의 연구들은 다양한 지역사회 기관(예 : 학교, 소년 법정, 아동복지), 혹은 소년법정체계가 없는 나라(예 : 노르웨이)로부터 의뢰받은 지역에 근거한 기관과 협력하여 실시되었다. 모든 연구는 심각한 외현화 문제를 지닌 청소년에게 집중되었으며, 그중 몇몇(예 : Henggeler, Rowland et al., 1999; Huey et al., 2004; Rowland et al., 2005; Stambaugh et al., 2007)은 심각한 내재화 장애를 같이 지니고 있다. 보통 이들 연구의 결과들은 소년법원 사례 연구에서 보고되는 것과 유사하다. 예를 들어, 노르웨이에서 실시된 무선할당 실험에서 Ogden과 동료들(Ogden & Hagen, 2006; Ogden & Halliday-Boykins, 2004)은 청소년 증상과 사회적 유능성, 가출, 소비자 만족도에 대해 일반적인 아동복지 서비스와 비교하여 다중체계치료가 바람직한 결과를 나타냈음을 제시하고 있다. 유사하게 네덜란드에서의 무선할당 실험(Asscher, Dekovic, Manders, van der Laan, & Prins, 2013)에서는 일반적 지역사회 서비스와 비교하여 다중체계치료에서 청소년의 반사회적 행동이 감소되었고, 유능감과 긍정적인 훈육, 관계의 질, 친사회적 또래와의 관계 등이 증가된 것 등을 보였다. 예를 들어, 교실에 심각한 비행 문제를 지닌 청소년을 대상으로 실시한 다중체계치료 무선할당 연구에서 Weiss 등(2013)은 다중체계치료가 외현화 문제들을 줄이고, 학교 결석을 감소시키며, 양육 및 부모의 정신건강 증상을 향상시켰다는 것을 발견하였다. 사례관리와 랩어라운드(wraparound)를 각각 다중체계치료와 비교했던 연구들에서 Painter(2009)와 Stambaugh 등(2007)은 다중체계치료가 몇 가지 중요한 인생 영역에서 청소년들을 향상시키는 데 더욱 효과적이라는 것을 관찰하였다.

　비록 다중체계치료 평가 결과들이 항상 최소한 어느 정도 긍정적이었음에도 스웨덴의 비행 청소년을 대상으로 했던 잘 통제된 다중체계치료 무선할당 실험은 일반적인 아동복지 서비스와 비교하여 광범위한 잘 타당화된 척도에서 긍정적인 다중체계치료의 효과가 나타나지 않았다(Sundell et al., 2008). 이 장의 다중체계치료 실행 연구 부분에서 기술되는 것처럼, 바람직한 결과를 복제(replication)하는 데 실패하는 것은 지역 상황에서 근거기반 치료를 효과적으로 전달하기 위해 필요한 조건에 대한 매우 가치 있는 정보를 제공할 수 있으며, Sundell 등(2008)과 마찬가지로 원래의 평가도 방법론적으로 엄격했음을 알려준다. 만약 원래의 평가가 잘 시행되지 않으면, 광범위한 연구변인(예 : 부적절한 연구 참가의 포함 및 제외기준, 부적절한 평가척도 선정, 높은 연구 탈락, 부적절한 비교 조건)이 바람직한 결과를 성취하기 위한 효과적인 치료의 실패에 대한 설명이 될 수도 있다.

비용 관련 연구

다중체계치료의 비용절감, 비용-효율성 및 비용-이득 비율은 앞에 설명한 임상실험과 연동하여 실시된 몇 가지 연구들에서 지지되어 왔다. 약물 남용 및 의존 소년범을 대상으로 한 다중체계치료 평가(Henggeler, Pickrel et al., 1999)에서, Schoenwald, Ward, Henggeler, Pickrel과 Patel(1996)은 다중체계치료의 점진적 비용이 11개월 사후의뢰에서의 집 밖에서 사는 청소년 집단 차이에 의해 거의 상쇄된다는 것을 발견하였다. 응급 정신과 입원으로 의뢰된 청소년(Henggeler, Rowland et al., 2011)에 대해 4개월 시점의 사후모집에서 다중체계치료가 비용 절감을 보였으며, 16개월 시점에는 정신과 입원과 비교하여 비용이 비슷하다고 보고하였다. 비행청소년에 대한 영국 연구(즉 Butler et al., 2011)에서 다중체계치료가 범죄를 감소시키므로 비용절감을 나타내고 있으며(Cary, Butler, Baruch, Hickey, & Byford, 2013), 미주리 비행 청소년 프로젝트에서는, 치료 25년 후 비용-이득 분석을 통해 소년범 1인당 35,582달러, 형제자매 1인당 7,798달러의 비용절감을 제시하고 있다(Dopp, Borduin, Wagner, & Sawyer, 2014). 마지막으로 성범죄자 연구(Borduin et al., 2009)에서, 다중체계치료는 치료 9년 후에 다중체계치료 참여자 1인당 343,455달러의 비용이득을 나타내었다(Borduin & Dopp, 2015).

다중체계치료 실행 연구

미국 및 전 세계의 다중체계치료에 대한 대규모 보급은 다양하고 원거리의 지역사회 세팅에서 이들 증거기반 치료 기능에 영향을 주는 요인들을 연구자들이 조사할 수 있게 한다. 또한 최근에 출간된 다중체계치료 연구 대부분은 다중체계치료 효과의 체계적 영향에 초점을 두고 있다. 개념적으로 가장 중요한 임상연구들은 http://mstservices.com/files/outcomestudies.pdf에서 살펴볼 수 있다.

Sundell 등(2008)은 바람직한 다중체계치료 결과를 복제하는 데 실패한 후 몇 가지 가설을 제안했는데, 그중 하나는 연구에서 치료자들이 치료에 대한 충실도(adherence)가 낮다는 것이다. 이 가설은 Lofholm, Eichas와 Sundell(2014)이 후속으로 조사했으며, 그들은 다중체계치료 치료자들의 충실도와 다중체계치료가 스웨덴에서 처음 소개되었던 초기 연구부터 다중체계치료가 잘 자리 잡은 6년 후 연구까지의 결과들을 분석하였다. 이 연구자들은 치료 충실도와 수반된 결과가 이 기간 동안 꾸준히 향상되었고, 프로그램과 치료자의 경험이 더 많을수록 더 나은 결과가 나타났다는 것을 발견하였다. 연구자들의 결론은 모든 효과성 연구에 중요한 의미를 갖는 것인데, "실행 초기 단계 동안 실시된 효과평가가 개입 효과를 밝히는 데 실패였을 수 있으나, 내담자를 모집하기 전에 적절한 치료충실도를 확립하는 것이 효과를 나타내는 방법이다"라는 것이다(p. 653). Schoenwald(2016)에 의해 앞에서 언급되고 요약된 것처럼, 다중체계치료 프로토콜에 치료자가 충실한 것이 좀 더 바람직한 결과와 관련된다는 것을 몇몇 연구들이 제시하고 있다.

비슷한 맥락으로 Smith-Boydston과 Holtzman, Roberts(2014)는 잘 기능하는 다중체계 프로그램으로부터 지속적인 질적 보장이 위축되는 효과를 조사하였다. 주와 연방정부 예산의 감소로, 이 프로그램을 도입해온 제공기관들이 다중체계 서비스에 대해 감독을 중단하고, 지역사회 지원에 의해서만 다중체계 프로그램을 유지하기로 결정하였다. 이러한 질적 보장지원의 제거는 상당한 프로그램 손상을 가져오고(가족접촉이 50% 줄고, 치료 목적에 도달하는 가족이 감소), 유의미한 재범죄율 증가를 나타내었다. 이러한 발견은 Lofholm 등(2014)의 결과와도 일치하는 것이며, 496개의 다중체계 팀과 25,000가족 이상이 포함된 상관적 임상 연구와도 일치하는 것이다(Brunk, Chapman, & Schoenwald, 2014). 더 높은 수준의 다중체계치료 프로그램 충실도는 더 낮은 청소년 체포율 및 더 나은 팀 수행과 관련된다. 이와 함께 이들 연구로부터의 결과는 지속적인 기관에 대한 지지가 다중체계치료의 성공적 실행에 결정적이며, 질적 보장 과정이 제공되지 않을 때에도 프로그램 손상이 빨리 복구될 수 있다.

마지막으로 2개의 최근 연구(하나는 미국에서 실시된 연구이며, 다른 하나는 남미에서 실시된 것)는 다중체계치료를 대규모로 실시하여 효과성에 대한 핵심요인을 평가하였으며 유사한 결론을 내렸다. Welsh와 Greenwood(2015)는 100만 명의 전집당 가장 우수한 증거기반 프로그램(예 : 다중체계치료, 기능적 가족치료, 다차원적 치료 위탁보호)을 운영하고 있는 미국 5개 주 관계자를 면접 조사하였고, 그들의 성공적인 보급원리가 무엇인지를 물어보았다. Pantoja(2015)는 다중체계치료가 칠레에 도입되어 실행될 때의 의사결정 과정과 관련된 정부서류를 조사하였다. 연구에 따라 몇 가지 특성이 성공적인 프로그램 실행에 결정적인 것으로 인용되었는데, 효과적 프로그램 보유를 위한 리더십, 모든 이해관계자(예 : 행정부, 사법부 권위자, 서비스 제공기관) 간의 구조화된 협조, 새로운 프로그램을 위한 특별 예산 및 파일럿 검증, 적용하는 사람들을 위한 기술적 기원이 그것이다.

결론적으로 Schoenwald(2016)가 요약한 것처럼, 다중체계치료 실행에 대한 초기 연구들은 다중체계치료 질적 보장 프로토콜 요인(예 : 치료자, 슈퍼바이저, 다중체계치료 프로토콜 충실도를 위한 자문가)과 핵심 청소년 결과 간의 관계를 타당화하는 데 초점을 두었다. 좀 더 최근에는 다중체계치료가 광범위하게 보급되면서 다양한 지역사회 세팅에서의 프로그램 기능에 영향을 주는 요인들을 치료자들이 평가할 수 있게 되었다. 다중체계치료 관련 연구의 결과들은 다른 증거기반 치료와 관련된 임상 연구에 대한 정보를 줄 수 있다.

향후 방향

심각한 반사회적 행동을 지닌 청소년 치료를 위한 다중체계치료 효과성 타당화를 위한 광범위한 문헌 연구에서 청소년과 가족에 대해 추가적인 표준적 임상실험 연구를 실시하는 것이 급한 일은 아니다. 그보다는 연구의 초점을 특히 도전적인 임상 수준에 대한 문제와 더 심화된 실행 연구에 둘 것을 제안한다.

　임상 수준에서 반사회적 또래와 어울리는 또래 청소년들은 다중체계치료 효과에 유의미한 중재자이며, 바람직한 결과들이 또래관계의 변화에 의해 매개된다는 연구 결과들이 나타나고 있다(Huey et al., 2000). 변화의 다중체계 모델과 이 모델을 지지하는 연구와 관련되어 이전에 논의했던 것처럼, 일탈 또래와의 관계가 감소하고 친사회적 또래와의 관계가 늘어나는 것이 다중체계치료 개입의 핵심 목표이다. 몇 가지 연구에서 보인 것과 같이 바람직한 결과들이 부정적 또래관계와의 심각성에 의해 희석된다(Boxer, 2011; Ryan et al., 2013). 아마도 가장 심각하게 일탈된 또래 환경에서 Boxer와 Kubik, Ostermann, Veysey(2015)는 현재 폭력조직(갱)에 속해 있는 것은 다중체계치료를 끝까지 받는 것을 유의미하게 감소시킨다고 보고했다(33% 대 80%). 폭력조직의 유대는 강력하고 오래 유지되며 끊기가 어렵다. 다중체계치료와 더 광범위한 소년사법 영역은 일탈 또래로부터 청소년을 분리시키고 친사회적 또래와의 우정을 격려하는 좀 더 효과적인 전략을 발달시킴으로써 큰 이득을 얻었다.

　실시되고 있는 혁신적인 실행 연구에서도 두 가지 실행 관련 제안이 있었다. 첫째, 세계적 수준의 다중체계치료 및 다른 증거기반 치료의 보급 측면에서, 치료자와 슈퍼바이저 및 자문가를 모집하고, 훈련하고 유지하기 위한 효과적이고 효율적인 전략을 발전시키며 타당화할 필요성이 있다는 것이다. 다중체계치료와 다른 증거기반 치료는 전통적인 정신건강 장면에서는 유의미하게 멀어졌으며, 이러한 혁신적 방법을 실행하도록 지원할 인력을 개편할 방법을 알지 못한다. 유사하게 Schoenwald(2016)가 언급한 것처럼, 높은 수준의 증거기반 프로그램 유지에 결정적인 조직 및 서비스체계 요인에 대한 연구 필요성이 높아지고 있다. 치료자는 복잡한 생태학적 맥락(예 : 슈퍼바이저, 관리자, 동료, 조직의 권한과 제한, 경제적 어려움) 내에서 일하며, 이는 이러한 맥락의 다양한 측면이 바람직한 결과를 성취하기 위해 충실도를 가지고 증거기반 수행을 할 수 있도록 치료자를 약화시킬 수도 혹은 강화시킬 수도 있다.

맺음말

이 장에서 언급했던 것처럼 다중체계치료는 반사회적 행동을 지닌 청소년에 대한 증거기반 치료로 과도하게 타당화되어 왔으며, 광범위하게 보급되었다. 다른 곳에서 기술된 것처럼(Henggeler, 2016), 다중체계치료는 청소년 반사회적 행동의 다른 증거기반 치료와 핵심 특징을 공유하고 있다(예 : 기능적 가족치료와 다중치료위탁보호). 이러한 치료들은 다음과 같다.

- 알려진 광범위한 위험요인을 다룬다.

- 핵심 변화 에이전트로 가족에 초점을 둔다.
- 제한된 세팅이 아닌, 지역사회 세팅에서 서비스를 제공한다.
- 실용적 · 행동적 지향의 개입 기법을 통합한다.
- 치료 충실도와 청소년 결과를 지원하기 위해서 잘 고안된 질적 보장 프로토콜을 포함한다.

더욱이 실행 연구는 다중체계치료와 같은 증거기반 치료가 다양한 실세계의 세팅으로 효과적으로 이전될 수 있는 조건을 제시하는 것이다. 다중체계치료와 다른 증거기반치료는 청소년, 가족 및 지역사회의 공공 정신 요구를 더 잘 충족할 수 있도록 지지자와 정책개발자에 의해 잘 맞춰질 수 있는 도구를 제공한다(Henggeler & Schenwald, 2011).

감사의 말

이 장에서 인용한 연구는 다음의 지원을 받아 수행되었다. National Institute on Drug Abuse (Nos. R01DA34064, R01DA29726), National Institute of Mental Health (No. R43MH97349). Scott W. Henggeler는 MST 훈련을 제공하는 인증기관인 Medical University of South Carolina, MST Sevices LLC의 MST의 임원이며 주주이다. Cindy M. Schaeffer는 MST 서비스에 대한 간헐적인 임상 훈련을 제공하고, 그에 대한 보수를 받는다.

참고문헌

Asscher, J. J., Dekovic, M., Manders, W. A., van der Laan, P. H., & Prins, P. J. M. (2013). A randomized controlled trial of the effectiveness of multisystemic therapy in the Netherlands: Post-treatment changes and moderator effects. *Journal of Experimental Criminology, 9,* 169–187.

Borduin, C. M., & Dopp, A. R. (2015). Economic impact of multisystemic therapy with juvenile sexual offenders. *Journal of Family Psychology, 29,* 687–696.

Borduin, C. M., Henggeler, S. W., Blaske, D. M., & Stein, R. (1990). Multisystemic treatment of adolescent sexual offenders. *International Journal of Offender Therapy and Comparative Criminology, 35,* 105–114.

Borduin, C. M., Mann, B. J., Cone, L. T., Henggeler, S. W., Fucci, B. R., Blaske, D. M., et al. (1995). Multisystemic treatment of serious juvenile offenders: Long-term prevention of criminality and violence. *Journal of Consulting and Clinical Psychology, 63,* 569–578.

Borduin, C. M., Schaeffer, C. M., & Heiblum, N. (2009). A randomized clinical trial of multisystemic therapy with juvenile sexual offenders: Effects on youth social ecology and criminal activity. *Journal of Consulting and Clinical Psychology, 77,* 26–37.

Boxer, P. (2011). Negative peer involvement in multisystemic therapy for the treatment of youth problem behavior: Exploring outcome and process variables in "real-world" practice. *Journal of Clinical Child and Adolescent Psychology, 40,* 848–854.

Boxer, P., Kubik, J., Ostermann, M., & Veysey, B. (2015). Gang involvement moderates the effectiveness of evidence-based intervention for justice-involved youth. *Children and Youth Services Review, 52,* 26–33.

Bronfenbrenner, U. (1979). *The ecology of human development: Experiments by design and nature.* Cambridge, MA: Harvard University Press.

Brown, T. L., Henggeler, S. W., Schoenwald, S. K., Brondino, M. J., & Pickrel, S. G. (1999). Multisystemic treatment of substance abusing and dependent juvenile delinquents: Effects on school attendance at posttreatment and 6-month follow-up. *Children's Services: Social Policy, Research, and Practice, 2,* 81–93.

Brunk, M. A., Chapman, J. E., & Schoenwald, S. K. (2014). Defining and evaluating fidelity at the program level in psychosocial treatments. *Zeitschrift für Psychologie, 222,* 22–29.

Brunk, M., Henggeler, S. W., & Whelan, J. P. (1987). A comparison of multisystemic therapy and parent training in the brief treatment of child abuse and neglect. *Journal of Consulting and Clinical Psychology, 55,* 311–318.

Butler, S., Baruch, G., Hickley, N., & Fonagy, P. (2011). A randomized controlled trial of MST and a statutory therapeutic intervention for young offenders. *Journal of the American Academy of Child and Adolescent Psychiatry, 50,* 1220–1235.

Cary, M., Butler, S., Baruch, G., Hickey, N., & Byford, S. (2013). Economic evaluation of multisystemic therapy for young people at risk for continuing criminal activity in the UK. *PLoS ONE, 8,* e61070.

Curtis, N. M., Ronan, K. R., & Borduin, C. M. (2004). Multisystemic treatment: A meta-analysis of outcome studies. *Journal of Family Psychology, 18,* 411–419.

Dekovic, M., Asscher, J. J., Manders, W. A., Prins, P. J. M., & van der Laan, P. (2012). Within-intervention change: Mediators of intervention effects during multisystemic therapy. *Journal of Consulting and Clinical Psychology, 80,* 574–587.

Dopp, A. R., Borduin, C. M., Wagner, D. V., & Sawyer, A. M. (2014). The economic impact of multisystemic therapy through midlife: A cost–benefit analysis with serious juvenile offenders and their siblings. *Journal of Consulting and Clinical Psychology, 82,* 694–705.

Heilbrun, K., DeMatteo, D., & Goldstein, N. E. S. (Eds.). (2016). *APA handbook of psychology and juvenile justice.* Washington, DC: American Psychological Association Press.

Henggeler, S. W. (Ed.). (1982). *Delinquency and adolescent psychopathology: A family-ecological systems approach.* Littleton, MA: John Wright-PSG.

Henggeler, S. W. (2011). Efficacy studies to large-scale transport: The development and validation of MST programs. *Annual Review of Clinical Psychology, 7,* 351–381.

Henggeler, S. W. (2016). Community-based interventions for juvenile offenders. In K. Heilbrun, D. DeMatteo, & N. E. S. Goldstein (Eds.), *APA handbook of psychology and juvenile justice* (pp. 575–595). Washington, DC: American Psychological Association Press.

Henggeler, S. W., Borduin, C. M., Melton, G. B., Mann, B. J., Smith, L., Hall, J. A., et al. (1991). Effects of multisystemic therapy on drug use and abuse in serious juvenile offenders: A progress report from two outcome studies. *Family Dynamics of Addiction Quarterly, 1,* 40–51.

Henggeler, S. W., Clingempeel, W. G., Brondino, M. J., & Pickrel, S. G. (2002). Four-year follow-up of multisystemic therapy with substance abusing and dependent juvenile offenders. *Journal of the American Academy of Child and Adolescent Psychiatry, 41,* 868–874.

Henggeler, S. W., Cunningham, P. B., Rowland, M. D., Schoenwald, S. K., Swenson, C. C., Sheidow, A. J., et al. (2012). *Contingency management for adolescent substance abuse: A practitioner's guide.* New York: Guilford Press.

Henggeler, S. W., Halliday-Boykins, C. A., Cunningham, P. B., Randall, J., Shapiro, S. B., & Chapman, J. E. (2006). Juvenile drug court: Enhancing outcomes by integrating evidence-based treatments. *Journal of Consulting and Clinical Psychology, 74,* 42–54.

Henggeler, S. W., Letourneau, E. J., Chapman, J. E., Borduin, C. M., Schewe, P. A., & McCart, M. R. (2009). Mediators of change for multisystemic therapy with juvenile sexual offenders. *Journal of Consulting and Clinical Psychology, 77,* 451–462.

Henggeler, S. W., Melton, G. B., Brondino, M. J., Scherer, D. G., & Hanley, J. H. (1997). Multisystemic therapy with violent and chronic juvenile offenders and their families: The role of treatment fidelity in successful dissemination. *Journal of Consulting and Clinical Psychology, 65,* 821–833.

Henggeler, S. W., Melton, G. B., & Smith, L. A. (1992). Family preservation using multisystemic therapy: An effective alternative to incarcerating serious juvenile offenders. *Journal of Consulting and Clinical Psychology, 60,* 953–961.

Henggeler, S. W., Pickrel, S. G., & Brondino, M. J. (1999). Multisystemic treatment of substance abusing and dependent delinquents: Outcomes, treatment fidelity, and transportability. *Mental Health Services Research, 1,* 171–184.

Henggeler, S. W., Rodick, J. D., Borduin, C. M., Hanson, C. L., Watson, S. M., & Urey, J. R. (1986). Multisystemic treatment of juvenile offenders: Effects on adolescent behavior and family interactions. *Developmental Psychology, 22,* 132–141.

Henggeler, S. W., Rowland, M. R., Randall, J., Ward, D., Pickrel, S. G., Cunningham, P. B., et al. (1999). Home-based multisystemic therapy as an alternative to the hospitalization of youth in psychiatric crisis: Clinical outcomes. *Journal of the American Academy of Child and Adolescent Psychiatry, 38,* 1331–1339.

Henggeler, S. W., & Schoenwald, S. K. (2011). Evidence-based interventions for juvenile offenders and juvenile justice policies that support them. *Society for Research in Child Development: Social Policy Report, 25,* 1–20.

Henggeler, S. W., Schoenwald, S. K., Borduin, C. M., Rowland, M. D., & Cunningham, P. B. (2009). *Multisystemic therapy for antisocial behavior in children and adolescents* (2nd ed.). New York: Guilford Press.

Huey, S. J., Jr., Henggeler, S. W., Brondino, M. J., & Pickrel, S. G. (2000). Mechanisms of change in multisystemic therapy: Reducing delinquent behavior through therapist adherence and improved family and peer functioning. *Journal of Consulting and Clinical Psychology, 68,* 451–467.

Huey, S. J., Jr., Henggeler, S. W., Rowland, M. D., Halliday-Boykins, C. A., Cunningham, P. B., Pickrel, S. G., et al. (2004). Multisystemic therapy effects on attempted suicide by youth presenting psychiatric emergencies. *Journal of the American Academy of Child and Adolescent Psychiatry, 43,* 183–190.

Kaur, P., Pote, H., Fox, S., & Paradisopoulos, D. A. (2015). Sustaining change following multisystemic therapy: Caregiver's perspectives. *Journal of Family Therapy.* [Epub ahead of print]

Letourneau, E. J., Ellis, D. A., Naar-King, S., Chapman, J. E., Cunningham, P. B., & Fowler, S. (2013). Multisystemic therapy for poorly adherent youth with HIV: Results from a pilot randomized controlled trial. *AIDS Care, 25,* 507–514.

Letourneau, E. J., Henggeler, S. W., Borduin, C. M., Schewe, P. A., McCart, M. R., Chapman, J. E., et al. (2009). Multisystemic therapy for juvenile sexual offenders: 1-year results from a randomized effectiveness trial. *Journal of Family Psychology, 23,* 89–102.

Letourneau, E. J., Henggeler, S. W., McCart, M. R., Borduin, C. M., Schewe, P. A., & Armstrong, K. S. (2013). Two-year follow-up of a randomized effectiveness trial evaluating MST for juveniles who sexually offend. *Journal of Family Psychology, 27,* 978–985.

Liberman, A. M. (Ed.). (2008). *The long view of crime: A synthesis of longitudinal research.* New York: Springer.

Lofholm, C. A., Eichas, K., & Sundell, K. (2014). The Swedish implementation of multisystemic therapy for adolescents: Does treatment experience predict treatment adherence. *Journal of Clinical Child and Adolescent Psychology, 43,* 643–655.

Ogden, T., & Hagen, K. A. (2006). Multisystemic therapy of serious behaviour problems in youth: Sustainability of therapy effectiveness two years after intake. *Journal of Child and Adolescent Mental Health, 11,* 142–149.

Ogden, T., & Halliday-Boykins, C. A. (2004). Multisystemic treatment of antisocial adolescents in Norway: Replication of clinical outcomes outside of the US. *Child and Adoles-*

cent Mental Health, 9(2), 77–83.

Painter, K. (2009). Multisystemic therapy as community-based treatment for youth with severe emotional disturbance. *Research on Social Work Practice, 19,* 314–324.

Pantoja, R. (2015). Multisystemic therapy in Chile: A public sector innovation case study. *Psychosocial Intervention, 24,* 97–103.

Paradisopoulos, D., Pote, H., Fox, S., & Kaur, P. (2015). Developing a model of sustained change following multisystemic therapy: Young people's perspectives. *Journal of Family Therapy, 37,* 471–491.

Rowland, M. R., Halliday-Boykins, C. A., Henggeler, S. W., Cunningham, P. B., Lee, T. G., Kruesi, M. J. P., et al. (2005). A randomized trial of multisystemic therapy with Hawaii's Felix Class youths. *Journal of Emotional and Behavioral Disorders, 13,* 13–23.

Ryan, S. R., Brennan, P. A., Cunningham, P. B., Foster, S. L., Brock, R. L., & Whitmore, E. (2013). Biosocial processes predicting multisystemic therapy treatment response. *Biological Psychology, 92,* 373–379.

Sawyer, A. M., & Borduin, C. M. (2011). Effects of MST through midlife: A 21.9-year follow up to a randomized clinical trial with serious and violent juvenile offenders. *Journal of Consulting and Clinical Psychology, 79,* 643–652.

Schoenwald, S. K. (2016). The Multisystemic Therapy® quality assurance/quality improvement system. In W. O'Donahue & A. Maragakis (Eds.), *Quality improvement in behavioral health* (pp. 169–192). Cham, Switzerland: Springer International.

Schoenwald, S. K., Ward, D. M., Henggeler, S. W., Pickrel, S. G., & Patel, H. (1996). MST treatment of substance abusing or dependent adolescent offenders: Costs of reducing incarceration, inpatient, and residential placement. *Journal of Child and Family Studies, 5,* 431–444.

Sheidow, A. J., Bradford, W. D., Henggeler, S. W., Rowland, M. D., Halliday-Boykins, C., Schoenwald, S. K., et al. (2004). Treatment costs for youths in psychiatric crisis: Multisystemic therapy versus hospitalization. *Psychiatric Services, 55,* 548–554.

Sheidow, A. J., & Henggeler, S. W. (2012). Multisystemic therapy with substance using adolescents: A synthesis of the research. In N. Jainchill (Ed.), *Understanding and treating adolescent substance use disorders: Assessment, treatment, juvenile justice responses* (pp. 9-1-9-22). Kingston, NJ: Civic Research Institute.

Smith-Boydston, J. M., Holtzman, R. J., & Roberts, M. C. (2014). Transportability of multisystemic therapy to community settings: Can a program sustain outcomes without MST Services oversight? *Child Youth Care Forum, 43,* 593–605.

Stambaugh, L. F., Mustillo, S. A., Burns, B. J., Stephens, R. L., Baxter, B., Edwards, D., et al. (2007). Outcomes from wraparound and multisystemic therapy in a center for mental health services system-of-care demonstration site. *Journal of Emotional and Behavioral Disorders, 15,* 143–155.

Sundell, K., Hansson, K., Lofholm, C. A., Olsson, T., Gustle, L. H., & Kadesjo, C. (2008). The transportability of MST to Sweden: Short-term results from a randomized trial of conduct disordered youth. *Journal of Family Psychology, 22,* 550–560.

Swenson, C. C., Schaeffer, C., Henggeler, S. W., Faldowski, R., & Mayhew, A. M. (2010). Multisystemic therapy for child abuse and neglect: A randomized effectiveness trial. *Journal of Family Psychology, 24,* 497–507.

Tighe, A., Pistrang, N., Casdagli, L., Baruch, G., & Butler, S. (2012). Multisystemic therapy for young offenders: Families' experiences of therapeutic processes and outcomes. *Journal of Family Psychology, 26,* 187–197.

Timmons-Mitchell, J., Bender, M. B., Kishna, M. A., & Mitchell, C. C. (2006). An independent effectiveness trial of multisystemic therapy with juvenile justice youth. *Journal of Clinical Child and Adolescent Psychology, 35,* 227–236.

Tuerk, E. H., McCart, M. R., & Henggeler, S. W. (2012). Collaboration in family therapy. *Journal of Clinical Psychology: In Session, 68,* 168–178.

Van der Stouwe, T., Asscher, J. J., Stams, G. J. J. M., Dekovic, M., & Van der Laan, P. H.

(2014). The effectiveness of multisystemic therapy (MST): A meta-analysis. *Clinical Psychology Review, 34,* 468–481.

Wagner, D. V., Borduin, C. M., Sawyer, A. M., & Dopp, A. R. (2014). Long-term prevention of criminality in siblings of serious and violent juvenile offenders: A 25-year follow-up to a randomized clinical trial of multisystemic therapy. *Journal of Consulting and Clinical Psychology, 82,* 492–499.

Weiss, B., Han, S., Harris, V., Catron, T., Ngo, V. K., Caron, A., et al. (2013). An independent randomized clinical trial of multisystemic therapy with non-court-referred adolescents with serious conduct problems. *Journal of Consulting and Clinical Psychology, 81,* 1027–1039.

Welsh, B. C., & Greenwood, P. W. (2015). Making it happen: State progress in implementing evidence-based programs for delinquent youth. *Youth Violence and Juvenile Justice, 13,* 243–257.

CHAPTER 13

주의력결핍 과잉행동장애 아동을 위한 하계 치료 프로그램

William E. Pelham, Jr., Elizabeth M. Gnagy, Andrew R. Greiner,
Gregory A. Fabiano, Daniel A. Waschbusch, Erika K. Coles

임상 문제의 개요

주의력결핍 과잉행동장애(ADHD)를 가진 아동은 학교 수행과 성취, 또래 및 가족 관계를 포함하여 일상생활에 심각한 문제를 가지고 있다. ADHD는 사회적으로 상당한 비용을 초래하고(Pelham, Foster, & Robb, 2007), 장기적인 예후가 좋지 않다(Barkley, Murphy, & Fischer, 2008). ADHD는 만성질환으로 간주해야 하며, 치료 모델은 만성질환과 관련지어야 한다는 것이 점차 분명해졌다. 따라서 중재는 효과적이고 여러 상황에 적용되어야 하며 여러 해에 걸쳐 수행될 수 있도록 구조화되어야 한다(Pelham & Fabiano, 2008). 중추신경계(CNS) 자극제와 행동 중재라는 ADHD에 대한 두 가지 중재가 효과적인 것으로 단기 연구에서 반복적으로 입증되었다(Pelham & Fabiano, 2008).

ADHD 치료의 가장 보편적인 형태는 중추신경자극제를 사용한 약물치료이다. 이에 대한 광범위한 증거 자료가 있으며 단기적으로 큰 개선을 가져오지만, 이러한 약물에는 한계가 있다. 그 내용을 보면 (1) 부모는 비약물적 개입을 선호한다. (2) 약물은 핵심 기능 영역에 영향을 미치는 데 한계가 있다. (3) 약물치료는 대다수 아동들의 기능을 정상화시키기에는 불충분하다. (4) 장기 약물치료에 대한 순응도가 낮다. (5) 약물 단독으로는 장기적으로 문제가 개선되지 않으며(Molina et al., 2009), (6) 장기간의 흥분제 약물 안전성은 입증되지 않았다는 것이다(Pelham, 2008 참조).

ADHD에 대한 두 번째 가장 보편적인 치료법은 부모 훈련 및 학교 개입의 형태로 행동을 수정하는 것이다. 행동수정 방법은 매우 많은 근거가 뒷받침되고 있으며 광범위한 단기 효과가 보고되고 있다(Fabiano et al., 2009; Pelham & Fabiano, 2008). 약물치료와 달리 행동 중재는 ADHD와 관련된 주요 기능장애를 극복하는 기술을 부모, 교사 및 아동에게 가르친다. 전형적인 임상 개입으로 제공되는 경우(예: 여러 회기의 집단 부모훈련, 클리닉에서 행해지는 사회기술 집단과 간략한 교사 자문)와 전형적인 외래환자의 행동 중재만으로 단기간에 아동의 기능을 향상시키기는 충분하지 않다는 결과가 지속적으로 보고되었다(Pelham et al., 2016). 보다 더 집중적인 심리사회적 치료 프로그램을 통해 이 아동들에게 본질적이고 지속적인 행동 변화를 일으킬 필요가 분명히 있다(Pelham & Fabiano, 2008).

치료 프로그램에 대한 개념적 모델

증상보다도 다양한 영역에서의 기능손상이 ADHD에서 단기 및 장기 예후 모두에 훨씬 더 중요하며 치료 목표에서 제일 중요하다(Pelham, Fabiano, Massetti, 2005). (1) 또래관계, (2) 양육, (3) 학업/학교 기능의 세 가지가 다양한 정신병리를 지닌 아동의 부정적인 장기 결과를 예측하고 결과들을 매개하는 것으로 오랫동안 알려져왔다. 따라서 효과적인 치료는 일상생활에서 이러한 문제에 집중해야 한다.

첫째, 또래관계와 관련하여 클리닉 기반 사회 기술 훈련과 같은 표준 치료법은 효과가 없는 것으로 검증되었다(Pelham & Fabiano, 2008). 이 실패의 한 가지 이유는 사무실이나 정규 교실에서 또래관계에 대해 작업하기가 어렵기 때문이다. 또래관계는 스포츠 지식, 팀워크 및 적절한 스포츠맨십을 배우는 여가 환경과 같이 아동이 직접적으로 또래들과 상호작용하는 모습이 관찰되는 상황에서 훈련할 수 있다.

둘째, ADHD는 일반적으로 학습 문제와 함께 발생하며, 중추신경자극제만으로는 장기적인 효과는 없는 것으로 나타났다(Loe & Feldman, 2007). 특히 학업 성취에 어려움이 있는 아동은 여름방학 동안 학업 능력이 더 나빠진다는 주장이 오랫동안 있어 왔다(Borman & Boulay, 2004). 일반적인 하계수업에 참여하는 것의 효과는 기껏해야 중간 정도이다. 논란의 여지는 있지만 여가 활동에 학업을 결합하는 것이 아동의 출석을 증진시키고, 결과적으로 여름방학 프로그램에서 더 큰 유익을 얻게 되는 것 같다.

마지막으로 양육 기술과 부모-자녀 관계의 문제는 오랫동안 아이들의 기능부진을 예측하는 것으로 알려져 왔다. 양육 기술을 목표로 하는 부모 행동 훈련은 ADHD 및 다른 파괴적 행동장애 아동(DBD; Pelham & Fabiano, 2008)을 위한 가장 잘 정리된 개입 중 하나이다. 야간 부모 훈련과 주간 아동의 집중적인 작업을 결합시키는 것은 가정 환경에서 치료 효과를 일반화하기 시작하는 가장 이상적인 방법이다. 여름 기간 중에 부모와 함께 작업하는 것은 부모가 학기를 준비하는 중요한 기회도 된다.

요약하면 여름은 ADHD 아동에게 있어 자신의 어려운 부분에 초점을 맞출 수 있는 매우 중요한 시기이다. 이 아이들은 아마 전통적인 여름 캠프 또는 자신의 주변 영역에서 실패를 경험하게 되는데, 종종 혼란스러운 행동으로 인해 주변을 어지럽히거나 다른 아동에게 거부된다. 전통적인 환경에서 제공되는 치료가 여름 동안 중단되면 학기 중에 배운 것을 잃게 될 수도 있다. 장기 개입 모델을 통해 ADHD 아동에게 1년 내내 개입하는 것은 매우 중요하다.

이 장에서는 하계 치료 프로그램(Summer Treatment Program, STP)에 대해 설명하고 프로그램의 효능, 사회적 타당성 및 프로그램의 확장성에 대해 기술하였다. STP는 캠프와 같은 환경에서의 개입이 포함되며, 그 속에서 아동은 다양한 또래 활동을 하게 되고, 이와 더불어 학업과 부모 훈련을 받게 된다. 프로그램 목표는 아동의 또래관계(예 : 사회 기술, 문제해결 기술), 성인과의 상호작용(예 : 요청 준수), 학업 성과(예 : 교실에서 얻는 성과) 및 자기효능감(예 : 스포츠에서 유능감)을 증진시키는 것이며, 동시에 행동관리를 하도록 부모를 훈련시킨다. 눈에 띄는 부분은 ADHD의 DSM 증상에 대한 강조가 결여되어 있다는 점이다. 그 대신 각 아동의 기능적 손상이 개별적으로 명확하게 규명이 되고 명시적으로 치료 목표로 제시된다. 사회학습 이론을 사용한 우리의 개입은 연령에 맞춘 근거기반 조직적인 인지행동치료의 패키지이며, 필요한 경우 통제된 평가를 통해 정신과적 약물을 추가한다. 표준 치료 패키지가 아동에게 바람직한 행동 변화를 일으키지 않으면, 구성원들은 기능 분석을 수행하고 일상생활에서 아동의 고유 문제를 목표로 하는 개별화된 프로그램을 개발한다.

치료 프로그램의 특징

STP는 ADHD 및 관련 장애가 있는 3~16세 아동 및 청소년을 위한 평일 프로그램이다. 지역사회에는 더 짧은 프로그램이 적용되지만 통상 7~8주, 하루에 8~9시간 동안 프로그램이 진행되며(Pelham, Fabiano, Gnagy, Greiner, Hoza, 2005), 일본에서는 3주 프로그램의 효과가 입증되었다(Yamashita et al., 2010). 아이들은 12~16세 사이의 나이에 맞게 집단에 배정되며, 4~5명의 대학생 인턴이 치료를 시행한다. 집단은 여름 내내 함께 지내며, 집단 안에서 기능하기, 친구 사귀기, 어른과 적절하게 상호작용하기 등의 집중적인 경험을 얻을 수 있다. 아이들은 교사와 보조인력들이 실시하는 교실 활동에서 매일 2~3시간을 보낸다. 나머지 부분은 여가 기반 집단 활동(스포츠, 수영)으로 구성된다. 부모훈련이 매주 시행된다. 치료 매뉴얼과 여러 가지 도움 문서(예 : 추적 양식, 완성도/충실도 자료)에 이 프로그램이 자세하게 설명되어 있으며(Pelham, Greiner, & Gnagy, 2014), http://ccf.fiu.edu에서 무료로 이용할 수 있다.

치료 구성요소

점수체계

체계적인 보상-반응 대가 프로그램을 사용하여 아동은 하루 종일 적절한 행동에 대한 점수를 얻고 부적절한 행동에 대해서는 점수를 잃는다. 이러한 프로그램은 행동수정의 오랜 역사에 기초하며, 아동의 행동에 크고 즉각적인 효과를 가진다. STP 점수체계에 포함된 행동은 ADHD, 적대적 반항장애(ODD), 품행장애(CD) 아동의 좋은 행동(예 : 규칙 따르기, 주변의 도발을 무시하기, 좋은 스포츠맨 정신, 주의 기울이기)을 발달시키고 나쁜 행동(예 : 괴롭힘, 불순종, 공격성)을 제거하는 것을 목표로 한다. 아동은 점수를 상금(예 : 점수 가게에서 쇼핑), 특전(예 : 금요일 오후 특별 활동), 공식적인 명예, 캠프 기반 보상(예 : 휴식 시간) 및 학부모가 제공하는 보상 등으로 교환할 수 있다.

사회 보상 및 적절한 명령

칭찬과 공적인 인정 형태의 사회적 보상은 긍정적이고 지지적인 분위기를 제공하는 데 보편적으로 사용된다. 상담자는 아동이 적절한 행동을 취할 수 있도록 칭찬하고, 등하교 시 부모를 위한 적절한 사회적 보상을 모델링해준다. 아이들의 점수를 깍을 때는 중립적으로 하고, 야단치는 목소리로 하지 않는다. 또한 스태프들은 아동의 순응도를 극대화하기 위한 속성(예 : 간결성, 특수성)을 형성하게 해준다.

일일 성적표 및 학부모 참여

부모용 일일 보고서 카드(DRC)가 ADHD에 효과가 있다고 보고되었다. STP에서 DRC는 모든 상황의 개별화된 목표 행동을 포함한다. 목표를 달성하기 위한 목표 행동과 기준은 아동이 도전할 수 있는 적절한 수준이면서 성공을 보장할 수 있도록 지속적인 방식으로 설정되고 수정된다. 하루가 끝나면 각 아동 상담자는 자녀 및 부모와 간단히 만나서 당일에 대한 피드백을 주며 부모가 DRC 목표에 대한 긍정적이고 부정적인 결과에 대응하는 방법을 모델링해준다. 학부모는 DRC 목표 달성에 대한 보상을 제공하고 주 단위 집단 학부모 교육 기간 동안 가정 기반 DRC를 수립하도록 교육받는다. 우리가 사용한 부모 훈련 패키지(예 : Cunningham, Bremner, & Secord-Gilbert, 1998)는 외현화 장애가 있는 아동에게 효과적이라는 것이 입증되었다. 부모 교육을 마친 부모는 실제 상황을 포함하는 윗단계 수업에 참여할 수 있다.

타임아웃

ADHD 아동에 대한 효과적인 개입을 위해서는 '진지한 처벌'(예 : 적절한 구두 견책, 특권 상실, 타임아웃)이 필요하다. 따라서 아이들은 일정한 행동(예 : 의도적인 공격, 의도적 기물파괴, 반복된 비순응)에 대해 특권의 상실(예 : 휴식 시간의 상실) 또는 긍정적 보상으로부터의 타임아웃의 형태로 훈육된다(Fabiano et al., 2004).

약물 평가

STP는 부모와 의사가 중추신경자극제 치료에 대한 위약 대조 평가를 얻을 수 있는 기회를 제공한다. STP에서 일상적으로 자료를 수집하며 매일 부작용 기록 외에도 병행하는 행동치료 효과를 넘어서서 약물치료가 도움이 되는지 여부를 평가한다.

기술 구축

스포츠 기술 훈련

ADHD 아동은 일반적으로 게임 규칙을 따르지 않고 운동 능력이 부족하며, 이로 인해 사회적으로 거부되며 자존감이 낮아진다. 스포츠 참여는 자기효능감을 향상시키며, 이는 다시 행동 변화에 영향을 미치는 것으로 간주된다. 따라서 매일 3시간씩 스포츠 기술 훈련 및 놀이를 하게 한다. 아동을 위한 기술 훈련과 연습을 최적화하도록 고안된 기법이 사용된다. 스포츠 기술을 향상시키는 데 필요한 집중적인 연습과 시간은 이 프로그램 구성요소에 대해 STP가 지향하는 가치를 강조한다(O'Connor et al., 2013). 그림 13.1은 STP의 전형적인 여가 시간을 보여준다.

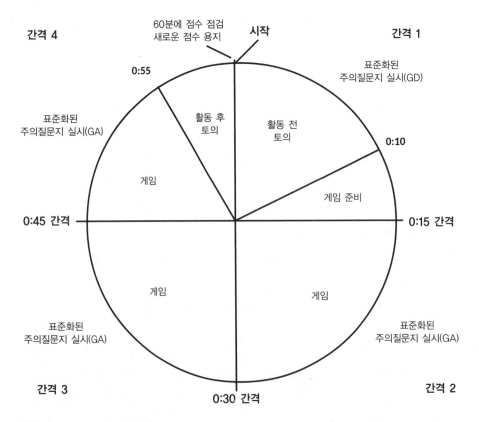

그림 13.1 STP 여가 시간표

또래 개입

사회적 기술 훈련은 매일 10분 분량의 집단 회기로 진행되는데, 그 안에는 지시, 모델링, 역할 연기와 검토가 포함된다. 또한 아이들은 또래관계 응집력을 높이도록 고안된 집단 작업(예 : 예술 프로젝트)에 참여한다. STP에서는 전통적인 사회 기술 훈련과 차별화된 기술을 아동이 지속적으로 실행하도록 일상 활동 전반에 걸친 점수체계를 사용하여 촉진하고 강화한다. 보상-반응 대가 프로그램과 사회 기술 훈련의 결합은 외현화 장애가 있는 아동 또래 기술 개발에 긍정적 영향을 미치는 데 필요한 것으로 나타났다. 이러한 구성요소에 부모 교육을 혼합하는 것은 실제 환경에 대한 변화와 일반화를 강화하는 데 중요할 수 있다. 아이들은 또한 집단의 문제해결 능력을 배운다. 이 절차는 공격적인 소년들에게 오랫동안 적용되어온 개별 사회성 문제해결의 기초이다.

학업 성취

아이들은 학업 특수교육 교실을 모델로 한 교실에서 매일 2시간을 보내고 예술 수업에서 3시간을 보낸다. 행동은 작업 완료 및 정확성에 점수를 주고 및 규칙 위반에 대해 점수를 감하는 단순화된 점수체계를 사용하여 관리된다. 과제 완료 및 정확성에 대한 공개적인 인정과 칭찬이 제공된다. 행동관리 체계는 교사와 교실 보조원이 담당할 수 있으므로 정규 학교 환경에도 일반화된다.

　교실에 있는 동안 아이들은 다양한 구조화된 학업 활동에 참여한다. 각 아동의 필요와 능력에 따라 개별화된 주요 과목(예 : 수학, 독해, 어휘, 과학)에 과제가 할당된다. 아이들은 협동 독서 과제(Lyon, Fletcher, Fuchs, & Chhabra, 2006 참조), 소집단 수업(Morrow et al., 2014 참조) 또는 컴퓨터 기반 수업을 할 수 있다. 읽기장애가 있는 어린 아동의 경우 음소 인식 훈련과 통합될 수 있다(Lyon et al., 2006 참조).

　예술 수업에서 아이들은 다양한 개인 및 협력 집단 프로젝트에 참여한다. 많은 ADHD 아동이 학교에서 덜 구조화된 특수 영역에서 행동장애를 겪는 것을 감안할 때, 이 수업은 정규 학교 환경으로 전환하기 위한 기술을 개발할 수 있는 기회를 제공한다.

취학 전 아동 및 청소년

ADHD 문제가 있는 취학 전 아동(Graziano, Slavec, Hart, Garcia, & Pelham, 2014)과 청소년(Sibley et al., 2011; Sibley, Smith, Evans, Pelham, & Gnagy, 2012)을 대상으로 연령에 맞춘 적용을 한다. 취학 전 아동을 위한 행동수정에는 교실 기반 유치원 준비 교육과 연령에 적합한 수정된 피드백 전달 체계가 포함된다.

　청소년을 위한 행동수정에는 덜 철저한 피드백 전달 체계와 연령에 맞는 일상생활 수정이 포함된다. 구성요소에는 행동 계약, 직업 훈련, 지도감독, 집단 업무, 학부모−10대 자녀 간 협상 및 메모 작성 및 조직화 기술과 같은 교실 중재가 포함된다.

치료 반응 모니터링

각 아동의 치료 반응 정보는 점수체계, 학업 과제, 상담자, 교사 및 학부모 평정을 통해 매일 수집되며 개인별 데이터베이스에 매일 입력된다. 이 정보는 치료에 대한 아동의 반응을 모니터하고 필요한 개별 수정을 하기 위해 스태프 및 감독자가 즉시 이용할 수 있다.

또한 스태프 및 학부모는 다양한 기능 영역(예 : 규칙준수, 또래관계, 스포츠 기술, 자부심, 학업 성취) 전반에 걸쳐 여름이 끝날 때 향상 평정을 완료한다. 이 평정은 치료 효과에 민감한 것으로 나타났다(Pelham, Fabiano, Gnagy et al., 2005).

치료 충실도 : 훈련, 지도감독, 설명서 및 자료

STP는 광범위하게 실행을 촉진하고 완벽성을 높이기 위해 매뉴얼화되어 있으며 매우 구조화되어 있다(Pelham, Greiner et al., 2014). 375쪽 분량의 치료 매뉴얼은 중재에 대한 포괄적인 정보를 제공한다. 집중적인 5~10일 스태프 훈련제도가 지난 30년 동안 매년 시행되었다. 치료 매뉴얼을 미리 읽어야 하며 필기 시험, 발표, 지도감독 실습과 체크아웃 활동이 포함된다. STP 교육에 대한 광범위한 개요를 제공하는 비디오 워크숍은 http://ccf.fiu.edu에서 볼 수 있다.

교육을 마친 후 치료 기간 전체에 걸쳐 치료 충실도를 모니터링하고 보장하기 위해 광범위한 일련의 문서화된 절차가 시행된다. 충실도 자료는 모든 처리 구성요소를 다루며 절차 및 질적 평가 목록을 모두 포함한다. 스태프는 정기적으로 집단을 관찰하여 치료 프로토콜 준수 여부를 문서화한다. 스태프는 감독자로부터 구조화된 피드백을 받기 위해 정기적으로 만나고, 필요하다면 추가 교육 활동이 주어진다. 프로그램 지식은 매주 필기시험으로 평가된다.

치료 효과의 증거

치료는 어떻게 평가되는가

STP는 처음부터 임상 연구를 용이하게 하기 위해 고안되었다. 전통적인 DSM 증상 평정과 달리 STP는 장애가 가장 명백한 환경에서 아동의 행동에 대한 객관적인 정보를 풍부하게 제공한다(예 : 교실 상황, 또래와 함께 야구를 하는 상황). 임상 기록에는 충분한 충실도, 신뢰성 및 타당도가 포함되며, 연구 종속변인으로 이중의 역할을 한다. 임상 관찰을 통해 연구 아이디어를 생성하고, 경험적 연구 결과는 후속 치료 프로토콜을 수정하는 데 사용된다. 2015년 여름 STP

에서 거의 110회의 경험적 연구가 수행되었다(전체 참조 목록은 http://ccf.fiu.edu/research/publications 참조). 이 연구들은 ADHD 기반지식에 추가되었으며 약물치료, 행동치료 및 병행치료와 그 영향이 인지 및 행동에 미치는 영향이 포함된다. STP의 맥락에서 수행된 많은 수의 치료 요소 연구에 더하여, STP 치료 패키지는 전체적으로 점차 증대하고 있다.

치료 프로그램은 다양한 출처를 사용하여 평가되었다. 이 중 가장 중요한 것은 아동 행동의 치료 기록이다. 점수체계, 교실 작업 생산성, 행동 및 DRC의 일일 기록은 객관적인 데이터를 제공한다. 아동 행동에 대한 상담가, 교사 및 학부모 평가는 이러한 조치를 보완하며 일상생활에서의 향상 측정치를 포함한다. 부모의 치료에 대한 만족도 평정도 수집되며, 이는 프로그램 효과성에 중요한 사회적 타당도를 제공한다. 마지막으로 치료 완성도 및 충실도 측정을 통해 프로그램을 여러 집단, 연도 및 장소에서 충실히 구현할 수 있음을 보여준다.

치료 효과의 증거

일련의 연구에 따르면 STP 치료와 그 구성요소가 아동 행동에 임상적으로 크게 의미 있는 변화를 가져오는 것으로 나타났다. 이 연구의 많은 부분에서 STP 행동 중재의 효과를 중추신경 자극제를 사용한 약물과 비교한 결과, ADHD에 대해 잘 확립된 개입이며 얻은 결과는 비견할 만하였다. 몇몇 최근 참고문헌이 여기에 포함되어 있으며(요약은 표 13.1 참조), Pelham, Fabiano와 Gnagy 등(2005), Pelham과 Fabiano(2008), Fabiano 등(2009)을 통해 더 많은 목록을 확인할 수 있다.

최근 연구에서 무처치 상태와 비교한 STP 치료 패키지 효과에 대한 증거가 제시되었다(Chronis et al., 2004; Fabiano et al., 2007; Pelham, Burrows-MacLean et al., 2005; Pelham, Burrows-MacLean et al., 2014; Pelham et al., 2016). BAB 설계(치료가 시행된 후 철회되고 다시 시행되는; Chronis et al., 2004)에서 STP 치료 패키지 평가와 치료 철회는 아이들이 동시 투약 처방을 받고 있는지에 관계없이 매우 큰 효과크기로 행동에 매우 심각한 악화를 가져왔다. 후속 연구는 BABAB 설계(Pelham, Burrows-MacLean et al., 2005)에서 행동치료를 제거하면서 STP 치료의 크고 중요한 효과를 다시 보여주었다. 이후 연구에서는 STP 치료 패키지를 중등도에서부터 높은 용량의 각성 치료제(메틸페니데이트)와 비교하여 효과가 비슷하다는 것을 보여주었다. 특히 아동이 개별화된 일일 목표에 도달할 확률을 측정할 때, 행동치료 패키지는 약물 투여보다 훨씬 더 큰 개선을 보였다. 이 연구들과 다른 연구들에서 STP 치료 패키지의 영향은 중등도에서 고용량의 중추신경자극제와 비견할 만한 수준을 보였다(예 : Fabiano et al., 2007; Pelham, Burrows-MacLean et al., 2014; Pelham et al., 2016).

교차 연구 결과는 152명의 ADHD 아동을 대상으로 3주 동안 무선으로 행동치료 없음, 표준 STP 치료, 강도가 낮은 STP 패키지의 수정 버전(예 : 점수가 없는 행동 피드백, 일일 및 주간

표 13.1 하계 치료 프로그램 효과 연구 일부

연구자	표본	연구설계	결과 측정치	결과 요약
Pelham & Hoza (1996)	5~12세 소년 258명	치료 후 평가, 사전-사후 평정	부모 평정 : 만족도, 향상 정도와 행동	연령, 공존병리 혹은 다른 가족 요인과 무관하게 긍정적 결과가 나타남
Pelham et al. (2000)	MTA 일부로 세 곳의 STP 소년 94명, 소녀 23명	STP 동안 약물치료 여부 구분	아동 행동, 부모 향상도 평정	약물치료에 따른 차이가 거의 나타나지 않음
Chronis et al. (2004)	6~13세 소년 40명, 소녀 4명	모두 STP 요소에서 한 주간 약물치료 배제	아동 행동, 교실 수행, 스태프와 부모의 효과성과 스트레스 평정	모든 측정치에서 STP 효과가 크게 나타남
Pelham, Burrows-MacLean et al. (2005)	5~12세 소년 25명, 소녀 2명	완벽한 STP 대 위약과 비BMOD 교차+세 번의 메틸페니데이트	아동 행동, 교실 수행, 스태프와 부모의 효과성과 스트레스 평정	약물치료 단독과 비교할 때 STP의 효과가 더 크거나 유사함. STP와 병행했을 때 매우 낮은 중추신경자극제 용량으로 큰 효과를 보임
Fabiano et al. (2007), Pelham, Burrows-MacLean et al. (2014)	5~12세 소년 44명, 소녀 4명	완벽한 STP 대 낮은 강도 대 위약과 비BMOD 교차+세 번의 메틸페니데이트	교실 행동, 교실 성취도, 교사 평정, 또래 집단에서 아동 행동(예 : 스포츠)	두 가지 치료가 모두 효과적이었음. 낮은 강도 치료와 병행할 때 단독 치료보다 나은 향상을 보임
O'Connor et al. (2013)	5~7세 소년 73명, 소녀 25명	STP 참여 아동과 일반 하계 활동 집단 비교	대근육통합, 특정 스포츠 기술, 스포츠 지식, 부모 향상도 평정	STP의 스포츠 교육에서 스포츠 지식, 기술과 스포츠맨 정신에서 향상을 보임

주 : STP에서 진행된 연구에 대한 전체 참고문헌은 http://ccf.fiu.edu/research/publications 참조

수반 DRC, 시간을 늘렸다 줄였다 하는 타임아웃이 아니라 참여하지 않는 것, 개인별 프로그램 없음, 일일 학부모 보상보다는 주간 보상, 일일 사회훈련보다 주별 사회훈련)에 배정하여 결과를 비교하였다(상세 결과는 다음에 제시함). STP 치료(표준 및 저강도 조건 모두)를 받은 피험자는 객관적 기능지표에서 행동 중재를 받지 않은 피험자보다 유의하게 우월했다(Pelham et al., 2016). 표준 치료 패키지는 저강도 패키지보다 어느 정도 우세했다. 2개의 조건 사이 더 큰 차이는 약물치료가 없을 때 명백했다. 따라서 이 연구에서 집단 간 결과는 STP의 맥락에서 이 연구와 이전 연구의 피험자 내 결과를 반복하고 있다.

연구는 또한 STP의 개별 치료 구성요소의 증분 기여도를 평가했다(구성요소 연구의 전체 목록 및 추가 토론은 Pelham, Fabiano, Gnagy et al., 2005 참조). 연구 중 치료 패키지의 타임아웃을 포함하는 것의 점진적인 이점을 조사한 결과(Fabiano et al., 2004)를 보면, 타임아웃을 포함

하면 공격적이고 비순응적인 행동이 크게 줄어들었다. STP의 교실 기반 구성요소(예 : Fabiano et al., 2007)는 다양한 측정치(예 : 파괴적 행동, 교사 평가, 교실 규칙 위반 등)에 걸쳐 통제조건과 비교하여 임상적으로나 통계적으로 유의미한 향상을 가져오는 것으로 나타났고, 효과크기는 중간에서 큰 정도로 나타났다. 이들 연구는 중추신경자극제 약물 비교 조건을 포함하였고, 행동 패키지가 중간 정도의 메틸페니데이트 투여량(예 : 0.3mg/kg/투여량)에 해당하는 효과를 나타냄을 보여주었다.

여가(비교실) 환경에서 STP의 한 가지 명시적인 목표는 스포츠 규칙에 대한 아동의 지식을 높이고 스포츠 기술을 향상시키며 적절한 스포츠맨십을 보여주도록 권장하는 것이다. 이 접근법의 성공은 STP의 맥락에서 향상된 스포츠 기술, 게임 상황에 대한 관심 증가, 비신사적 행동의 감소로 설명된다(Chronis et al., 2004; Pelham, Burrows-MacLean et al., 2014). 이 효과는 약물 효과와 비교할 만하였다(예 : 그림 13.2 참조). 집단 간 연구에서 STP를 받은 아동은 STP에 참석하지 않은 아동보다 스포츠 지식과 기본 기술에서 더 많은 개선을 보였다(O'Connor et al., 2013).

많은 STP와 현장에서 통제되지 않은 추가 연구가 지지 자료를 제공하였다. 치료 전후 평가에서 Pelham과 Hoza(1996)는 6년 동안 STP에 참여한 소년 258명의 결과를 보고했다. STP 이전부터 종료 후까지 ADHD 아동에 대한 부모 및 스태프 평가 및 관련 증상, 장애, 여러 기능 영역의 개선 및 아동의 주관적 평가에서 유의한 개선이 있었다. 결과는 인구통계학, 진단 및 사회경제적 매개변인(예 : 공존해 나타나는 공격성, 한부모 대 양부모 가정, 가족의 사회경제적 지위) 전반에 걸쳐 일관되었다. 이러한 변수들이 종종 심리사회적 치료의 영향을 감소시키기 때문에 STP에 대한 반응에 영향을 주지 않았다는 사실은 주목할 만하다. ADHD 아동의 다중모델 치료 연구(Multimodal Treatment Study with Children with ADHD, MTA; Pelham et al., 2000)의 일환으로 수행된 STP에서는 STP만으로도 효과가 커서 연구기간 동안 추가 약물의 효과는 매우 작게 나타났다. STP의 긍정적인 결과는 대학 및 지역사회 환경에서 시행된 5군데 STP(Pelham, Fabiano, Gnagy et al., 2005)에서도 동일하게 나타났다. 비슷한 긍정적인 결과가 일본에서도 보고되었다(Yamashita et al., 2010).

PreK와 청소년의 행동수정은 통제되지 않은 연구에서 평가되었고(Graziano et al., 2014; Sibley et al., 2011, 2012) 효과를 나타냈다. 이 프로그램에 대한 통제된 평가에서 긍정적인 일차 결과가 나타났다(예 : Hart et al., 2016). 마지막으로 STP는 2개의 대규모 미국 국립보건원 임상실험(August, Realmuto, Hektner & Bloomquist, 2001; MTA Cooperative Group, 1999)에서 심리사회 치료 패키지의 구성요소로 포함되었다.

STP와 다른 프로그램의 가장 큰 차이점은 중도 이탈률이 매우 낮고 완수율이 98%라는 점이다(Pelham, Fabiano, Gnagy et al., 2005). 매일 출석률은 100%에 가깝다. Pelham과 Hoza(1996)

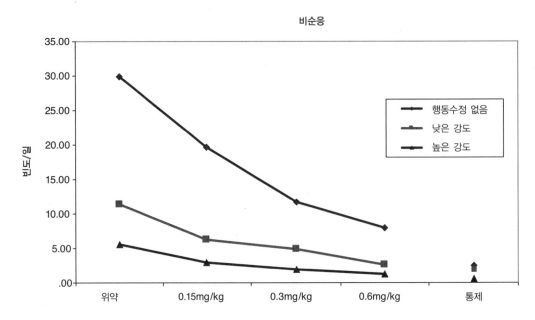

그림 13.2 비순응 행동에 대한 매일의 행동치료와 약물의 함수

출처 : Pelham, Burrows-MacLean, et al. (2014)

는 STP의 탈락률이 치료에 대한 불성실과 신뢰성 있게 관련되어 있는 가족의 특성과 무관하게 낮다는 것을 보고했다. ADHD와 같은 만성 장애에 대한 성공적인 장기 개입의 전제 조건은 치료의 초기 단계를 성공적으로 완수하는 것이고, STP는 사실상 초기 치료를 대부분 성공적으로 완수할 수 있게 한다.

아마도 높은 치료 완수율에 기여하는 변인은 STP 참여자의 높은 만족도일 것이다. Pelham과 Hoza(1996) 및 Pelham, Fabiano와 Gnagy 등(2005)에 따르면 미국 전역의 6군데 STP에서 부모 만족도가 매우 높았다. 학부모는 STP를 일상적으로 그들이 관련되어 있는 다른 정신건강 서비스보다 우월하다고 평가했다. 높은 소비자 만족도는 STP가 구성요소로 활용된 두 가지 대규모 연구에서도 반복되었다(August et al., 2001 ; Pelham et al., 2000).

마지막으로 STP의 이점에 대한 추가적인 증거는 중추신경자극제와 행동치료의 병행치료 연구에서 발견할 수 있다. 이전에 검토한 여러 연구에는 병행치료 조건이 포함되어 있으며 행동 수정 및 중추신경자극제의 단일 효과와 병행 효과를 비교한 교차 연구를 포함하여 병행치료의 구성 요소로 STP를 평가할 수 있었다. 가장 최근의 연구(Fabiano et al., 2007 ; Pelham, Burrows-MacLean et al., 2005, 2014, 2016)는 ADHD 치료에서 중요한 핵심 결과를 보고했다. 이 연구는 (1) 주별 또는 3주간 STP 행동치료 교차 연구와, (2) 매일 반복적으로 중추신경자극제의 용량을 조정하는 교차 연구를 포함한다. 이 결과에 따르면 STP 행동치료(낮은 강도 혹은 표준 상태 중)를 시행하면 (1) 약물치료 단독일 때는 불충분한 용량인 매우 낮은 메틸페니데이트(0.15mg/kg/복용량)에서 약물 효과가 최대화되었으며 어떠한 부작용도 없었다. 또한 (2) 다중치료의 영향은 상당히 높은 용량의 약물(0.6mg/kg/복용량) 단독 투여와 동일한 효과를 보였다. 장기간의 중추신경자극제 사용과 관련된 장기적인 부작용에 대한 우려가 커지면서 이러한 발견은 ADHD 아동에 대한 만성적인 개입에 중요한 함의를 지니고 있다.

치료의 전반적인 평가

요약하면 STP에 대한 프로그램의 효능과 효과가 매우 많이 보고되었다. 서로 다른 환경, 영역과 출처에서 비롯된 측정치를 사용한 다양한 형태의 통제된 설계 연구가 긍정적 효과에 대한 상세한 내용을 보고하였다. 특히 이러한 효과는 기능장애(예 : 또래관계, 윗사람의 말 순응, 학업 수행)와 관련된 행동에서 나타난다. 이 영역들은 ADHD 아동의 장기적 성과의 매개변인으로 추정되며(Pelham, Fabiano, & Massetti, 2005 ; Pelham & Fabiano, 2008), 따라서 핵심적인 치료 목표와 목적이다. 또한 많은 연구에서 STP 치료의 효과는 ADHD에 대한 잘 확립된 개입인 중추신경자극제 약물의 효과와 유사한 효과가 있는 것으로 나타났다. 마지막으로 이러한 변화는 대학 및 지역사회 환경에서 STP를 실행한 여러 여름캠프 종사자들, 대상군과 스태프를 포함한 다양한 연구자들에게 얻은 것이다.

STP의 최종 혜택은 미래의 정신건강, 건강 및 교육 전문가인 학생들을 위한 훈련 영역으로 이어진다. 여러 해에 걸쳐 3,000명이 넘는 학부생, 대학원생, 특수교육 학생, 교사 및 정신건강 종사자가 STP에서 근무했다. STP에서 교육을 받는 학생은 종종 대학원이나 의과대학에 진학하고, 그 이후에 교수직 또는 정신건강 혹은 교육 업무를 담당하게 된다. 우리가 알기로는 대학에 110명이 넘는 교수진이 포함되며, 임상 환경에는 그보다 몇 배의 인력이 포함된다. ADHD 및 기타 아동기 문제 치료의 최첨단 행동 수정 전략인 STP를 훈련받은 사람들은 모두 학계, 교육 및 정신건강 전반에 걸쳐 이 지식을 적용한다. 많은 학생들은 STP 경험이 교육 경험 중에서 가장 좋았다고 말하면서 만장일치로 다른 사람들에게 권장하겠다고 하였다.

실제 현장에 대한 증거

임상 실무에서의 반복

STP와 같은 포괄적인 개입에 관한 중요한 질문은 그것이 임상 실무에서 반복될 수 있는지 여부이다. STP는 임상적 개입을 목적으로 개발되었으며, 임상 환경에서 일상적으로 제공되고 있다. 예를 들어 피츠버그대학교는 피츠버그 의료센터의 정신의학과에서 운영하는 카운티 정신건강 체계의 기초 서비스 부서를 통해 STP를 제공하고 있다. 따라서 주정부의 감독과 건강관리

기간이 인정하는 공동위원회의 감독하에 지방 정신건강 체계의 법규에 맞추어 STP에 대한 절차 (예 : 접수, 치료 계획, 치료 과정 모니터링과 기록, 치료 인력 훈련, 내담자 보고서), 치료비 청구, 지불 구조(보험, 자기 부담 또는 국가 보조) 및 규정이 실행된다. 학문적 업적으로 널리 알려진 서부 정신병원과 클리닉에서도 정신과 외래환자에게 STP를 제공한다. 1994년에 피츠버그 주변 마을의 3개 지역기관이 STP를 위한 재단 보조금을 받았다. 그들은 그 당시부터 펜실베이니아주 서부 지역의 29개 STP 지점을 운영하면서 의료보호대상 계층을 중심으로 운영했다. 이 모델에 따라 뉴욕 서부 및 뉴욕시의 여러 지역사회 기관들은 다른 서비스에 자금을 공급하는 것과 동일한 방식을 사용하여 STP를 운영했다. 다른 STP는 스스로 돈을 내는 방식으로만 운영된다. 따라서 다양한 주와 환경에서는 자기 부담금, 의료보호와 개인 기부금을 통한 장학금 및 제3자 지급이 혼합된 형태로 STP 비용이 지급된다.

지역사회 지점들뿐만 아니라 북미 지역 주요 대학과 의료센터의 정신과, 소아과, 심리학과에서 STP를 운영하고 있다(예 : 클리블랜드 클리닉, 뉴욕대학교, 앨라배마대학교 버밍햄캠퍼스, 밴더빌트대학교, 에모리대학교, 일리노이대학교 시카고캠퍼스, 댈하우지대학교, 로열오타와 병원, 캔자스시티 아동자선병원과 클리닉, 어바인대학교 캘리포니아캠퍼스, 뉴욕주립대학교 버팔로캠퍼스, 노스캐롤라이나대학교 그린즈버러캠퍼스, 플로리다국제대학교, 신시내티 아동병원). 이 모든 프로그램은 임상 서비스였으며, 대다수가 계속 제공된다. STP는 의료센터에서 지역사회 정신건강 기관 및 사설기관에 이르는 30개 이상 지점의 임상 실무에서 반복 시행되었다. 이 프로그램은 일본어로 번역되었으며 대학(쿠루메대학교) 소아과와 지역학교 체계 간의 파트너십을 통해 10년간 구현되었다(Yamashita et al., 2010). 내부적으로 우리 집단은 35년 동안 여러 지점에서 다른 스태프들과 함께 STP를 반복해서 시행했다. 우리가 이전에 보고한 프로그램 평가처럼 여러 해 동안의 결과와 다양한 측정치는 일관되게 긍정적이었다.

실제 적용 장벽 제거하기

프로그램의 반복과 실제 구현의 가장 기본적인 요구사항은 절차가 완벽하게 문서화되어 있으며 STP를 위해 이 작업을 해야 한다는 것이다. 우리는 매우 낮은 비용 또는 무료로 아동의 진도를 추적하는 데 필요한 매뉴얼과 자료를 제공했다. 우리는 이 STP 중 많은 수에 대해 운영 첫해에 컨설팅 및 교육을 제공했다. 여름마다 일주일에 한 번의 집중적인 교육 회기가 숙련된 STP 스태프에 의해 저렴한 비용으로 제공된다. 관심 있는 지점들을 위한 온라인 워크숍은 http://ccf.fiu.edu에서도 가능하다. 자료 및 교육과 관련된 내용은 http://ccf.fiu.edu에서 확인할 수 있다. 초기 교육 후에 지점들은 통상 자신들의 STP에 대한 책임을 완벽하게 수행했다.

STP의 형식은 ADHD 및 관련 장애에서 치료에 대한 낮은 반응과 조기 종료와 관련된 치료 장벽을 없애준다(Pelham & Fabiano, 2008; Pelham & Hoza 1996; Pelham, Faniano, Gnagy et al., 2005). 예를 들어, 집단 부모 훈련 회기는 저녁에 실시되며 구조화된 아동 돌봄 활동이 포함된다. 상담사, 부모 및 자녀들 사이의 매일의 접촉은 전문가와 부모가 장기 치료 모델에서 성공하기 위해 가져야 하는 치료동맹을 극대화한다. 거의 모든 아동이 STP에 참석하는 것을 즐긴다는 사실(Pelham & Hoza, 1996)은 의심의 여지없이 치료 순응도가 높다는 사실에 기여한다. 마지막으로 여름 주간 캠프는 부모가 자신의 일정에 따라 융통성 있게 참여할 수 있도록 북미 모든 지역사회 어디에서나 아동을 위한 전체 활동을 제공한다. 전형적인 여름 캠프의 시간과 길이로 STP를 구성함으로써 우리는 STP를 여름에 일반 아동이 이용할 수 있는 정신건강 서비스로 적용시켰다. 우리는 이러한 접근 방식을 통해 가족 일상에 서비스를 맞춤으로써 치료에 대한 주요 장벽을 제거한다고 믿는다.

장벽은 가족뿐만 아니라 기관에도 존재하며, STP는 잠재적 장벽을 해결한다. STP는 정신건강센터, 학교, 집단 사립기관 및 병원을 포함하여 적절한 시설(예 : 공간, 강의실) 및 후속 조치를 위한 자원을 사용할 수 있는 거의 모든 환경에 적용할 수 있다. STP 패키지는 다양한 치료 환경에서 사용할 수 있다. 공급자는 STP 구성요소를 방과 후 프로그램, 여가 프로그램, 랩어라운드 서비스, 학교 기반 서비스 및 여름학교와 같이 자신들이 일상적으로 제공하는 다른 서비스로 수정하고 통합하였다(Frazier, Chacko, Van Gessel, O'Boyle, & Pelham, 2012; O'Connor et al., 2012). 기관의 주요 이점은 스태프가 STP에서 받는 근거기반 행동 중재에 대한 교육이 다른 서비스로 이어져 기관 차원에서 프로그램 구현이 개선된다는 것이다.

플로리다국제대학교의 아동가족센터(CCF)에서 현재 제공하는 STP 및 방과 후 프로그램은 아동 서비스를 위한 기금을 제공하는 공립 기관인 마이애미데이드 카운티의 CT(Children's Trust)가 자금을 지원한다. CT의 주요 사업 중 두 가지는 아이들을 위한 여름 및 방과 후 프로그램이다. CT는 이러한 서비스를 제공하기 위해 마이애미에 있는 수백 개의 기관에 자금을 지원한다. CT는 장애와 경제적 필요성을 지닌 아동을 지원하는 사업을 강조하고, CCF의 여름 및 방과 후 프로그램은 공립학교 산하에 있는 지역에 지원된다. 이는 미국의 주요 도시에서 대학이 개발한 프로그램이 아동과 청소년을 대상으로 공공 기금을 운영하는 기관 서비스의 필수 부분이 된 훌륭한 예이다.

임상 실무에서 STP를 구현하기 위한 주요 장벽은 정신건강 서비스의 일반적인 모델인, 3~4개월 동안 클리닉에서 주단위로 하는 개인치료와 STP 모델의 명백한 접근법이 양립할 수 없다는 것이다. 정신건강 서비스의 현대 모델과 ADHD 및 다른 DBD에 대한 근거기반 치료법 간에는 엄청난 불일치가 있다. 이러한 장애는 대부분은 아니지만 많은 아동에게 집중적이고 지속적인 개입을 필요로 한다. 예를 들어, ADHD를 가진 전형적인 아동은 매년 약 50만 명의 부정적인 대인관계 상호작용을 하는 것으로 추산된다(Pelham & Fabiano, 2008). 이것은 또래 문제가 보고된 8세 아동은 이미 또래관계와 관련하여 부적절한 학습의 오랜 역사가 있음을 의미한다. 정신건강 전문가가 간단한 상담(예 : 매주 12회, 개인 상담 또는 사회 기술 훈련의 일대일 회기)으로, 이러한 불우한 학습의 강력한 역사에 충분한 영향을 미친다고 가정하는 것은 어리석은 일이다. 이보다는 집중적인 하계 프로그램이나 방과 후나 주말에 학교에서 제공되는 유사한 서비스가 이 문제들에 긍정적 영향을 줄 가능성이 훨씬 더 크다. ADHD 아동에게 혜택을 제공하고자 하는 기관은 보다 적절하고 근거에 기반을 둔 서비스를 제공하기 위해 구조, 시설 및 인력 배치 패턴을 조정해야 한다.

향후 방향

STP의 단기 효과성에 대한 매우 강력한 근거가 있다. 아동기 정신건강 장애에 대한 다른 모든 개입(심리사회적 및 약물 치료)의 경우와 마찬가지로, 치료받는 아동에서 STP의 장기적 영향에 대한 증거는 상당히 적다. 다른 것들과 마찬가지로 우리는 단기 행동치료 효과를 유지하기 위해 부모와 교사가 체계적인 유지관리 계획을 수립할 필요가 있다고 주장해왔다(Fabiano et al., 2009; Pelham & Fabiano, 2008).

우리는 ADHD에서 행동치료에 대한 증거와 향후 연구를 위한 지침을 여러 곳에서 검토했다(Pelham & Fabiano, 2008). 우리의 관점에서 볼 때 가장 연구가 필요한 영역은 치료 효과를 지속적으로 유지하는 방법에 관한 문제이다. 이를 실천으로 옮기기 위해서는 가정과 학교가 효과가 입증된 단기간 개입을 계속적으로 시행해야 한다. ADHD는 만성질환이며 대부분의 아동을 위한 개입은 매우 오랜 기간 동안 한 형태 또는 다른 형태로 지속될 필요가 있다. 아마도 끝없이 발달 단계 전반에 걸쳐 수정되어야 할 것이다. 우리는 추적 중재의 효과를 체계적으로 조사하지는 않았지만 여러 가지 유형으로 임상 실제에 적용했다. 하나는 STP 여가 절차를 사용하는 3시간 토요일 치료 프로그램(SatTP)이다. 우리와 다른 사람들은 동일한 절차를 사용하는 방과 후 프로그램을 제공했다. 우리는 또한 부모 훈련 집단에 참여하도록 하는 옵션을 제공하고 정기적으로 후속 학교 상담을 실시하여 STP 이후에 아동이 돌아오는 교실에 DRC가 수립되도록 하였다. 추적 관찰 개입에 대한 우리의 체계적인 평가에서 따르면 일반적인 치료에 비해 STP 결과 후 부모 후속 모임과 학교 DRC 자문이 이후 학년 동안 약물치료에 대한 필요성을 지속적으로 감소시켰다. 다른 연구에서는 ADHD 아동에 대한 행동 개입의 초기 개입(부모 교육, 학교 자문)이 약물치료의 초기 개입보다 효과적이며 비용 효과적임이 보고되었다(Pelham et al., 2016; Page et al., 2016). 게다가 그 연구에서 표본의 상당 부분은 비교적 낮은 '투여량'의 개입으로 충분히 치료되었다. 따라서 미래의 연구는 치료를 어떻게 시작하고 어떤 순서로 할 것인지, 어느 정도 '용량'의 심리사회적 개입을 어떤 단계에 할 것인지 그리고 아동 평생에 걸쳐 적극적인 개입의 형태로 가족과 교사를 장기적으로 치료를 유지해나가는 데 어떻게 포함시킬 것인지 맞추어져야 할 것이다.

　미래 연구를 위한 또 다른 분명한 필요성은 ADHD를 가진 청소년을 위한 개입이다. 당연히 사춘기 버전의 STP 연구가 수행되지 않은 이유는 ADHD 청소년 환자에 대한 치료 연구가 부족하기 때문이다. ADHD를 가진 대다수의 아동이 또래 문제, 학업 문제 및 부모와의 문제를 사춘기에도 지속적으로 가지게 되므로, 이에 대한 연구는 당연히 필요하다.

맺음말

우리는 개입, 완성 절차, 결과 측정 및 단기 효과성을 뒷받침하는 연구를 포함하여 STP를 설명했다. ADHD 아동에 대한 영향력에 대한 우리의 확신이 반영된 듯, STP는 수많은 포상을 받았다. 1993년에는 전국 경진대회에서 아동임상심리학 분야(제1분야, 12분과)와 미국 심리학회의 아동·청소년 및 가족 서비스 부문으로 아동 및 가족 정신건강 서비스 제공을 위한 20가지 모델 프로그램 중 하나로 선정되었다. 2003년에 STP는 ADHD 환자를 위한 전국 옹호 단체인 CHADD(Children and Adults with ADHD)에서 올해의 혁신적인 프로그램으로 선정되었다.

　ADHD에 대한 효과적인 치료는 포괄적인 장기 관리 모델을 따라야 한다. 여러 영역(또래, 가족, 학교) 전반에 걸쳐 시행되어야 하며, 장기간 실시되고, DSM 증상보다는 기능장애에 중점을 두어야 한다. 또한 가족의 필요에 부응해야 하며 현재 정신건강 분야의 일반적인 모델보다 상대적으로 더 집중적이어야 한다. 앞에서 설명한 것처럼 STP는 또래, 학업 및 가정 영역에 초점을 맞추고 치료 요소들을 고유하게 조합할 수 있는 가능성을 제공함으로써 이러한 개입 모델을 덧붙였다. 또한 현재 ADHD 치료보다 만성 관리 모델로 더 잘 유지될 수 있도록 가족을 활용할 수 있는 치료로 만들었다. 아동이 또래집단에서 잘 적응하는 데 필요한 스포츠 기술과 같은 역량이 STP 맥락에서는 집중적으로 지도될 수 있다. 이 기간 동안 아이들은 일반적으로 학기 중에 학업에 부과되는 200~250시간에 80시간을 추가하는 학업 중재가 주어질 수 있다. STP는 380시간의 아동 치료, 스포츠 기술 훈련, 학업 중재 및 학부모 교육을 8주 동안 묶어서 진행한다. 우리는 ADHD를 가진 대부분 아동의 장기적인 궤도 전환을 위해 그러한 포괄적인 처방이 필요하다고 믿는다.

감사의 말

이 장에서 인용한 연구는 다음의 지원을 받아 수행되었다. National Institutes of Health (Nos. MH50467, MH53554, MH062946, MH048157, MH069434, MH080791, MH045576, MH069614, MH085796, MH099030, AA11873, DA12414), Institute of Education Sciences (Nos. L03000665A, R32 4B060045, R32 4A120136, R32 4A120169), HeadStart (Research Grant Nos. 90YR0017, 90YR0037), McCune Foundation, John R. Oishei Foundation, Children's Trust.

참고문헌

August, G. J., Realmuto, G. M., Hektner, J. M., & Bloomquist, M. L. (2001). An integrated components preventive intervention for aggressive elementary school children: The Early Risers Program. *Journal of Consulting and Clinical Psychology, 69,* 614–626.

Barkley, R. A., Murphy, K. R., & Fischer, M. (2008). *ADHD in adults: What the science says.* New York: Guilford Press.

Borman, G. D., & Boulay, M. (2004). *Summer learning: Research, policies, and programs.* New York: Routledge.

Chronis, A. M., Fabiano, G. A., Gnagy, E. M., Onyango, A. N., Pelham, W. E., Williams, A., et al. (2004). An evaluation of the summer treatment program for children with ADHD using a treatment withdrawal design. *Behavior Therapy, 35,* 561–585.

Coles, E. K., Fabiano, G. A., Pelham, W. E., III, Gnagy, E. M., Robb, J., Wymbs, B. T., et al. (2016). *The effect of behavioral intervention on the need for medication in children with ADHD: A year-long follow-up in natural settings.* Manuscript under review.

Cunningham, C. E., Bremner, R., & Secord-Gilbert, M. (1998). *The community parent education (COPE) program: A school based family systems oriented course for parents of children with disruptive behavior disorders* (Unpublished manual). Hamilton, Ontario, Canada: McMaster University and Chedoke–McMaster Hospitals.

Fabiano, G. A., Pelham, W. E., Coles, E. K., Gnagy, E. M., Chronis-Tuscano, A., & O'Connor, B. (2009). A meta-analysis of behavioral treatments for attention-deficit/hyperactivity disorder. *Clinical Psychology Review, 29,* 129–140.

Fabiano, G. A., Pelham, W. E., Gnagy, E. M., Wymbs, B. T., Chacko, A., Coles, E. K., et al. (2007). The single and combined effects of multiple intensities of behavior modification and multiple intensities of methylphenidate in a classroom setting. *School Psychology Review, 36,* 195–216.

Fabiano, G. A., Pelham, W. E., Manos, M. J., Gnagy, E. M., Chronis, A. M., Onyango, A. N., et al. (2004). An evaluation of three time-out procedures for children with attention-deficit/hyperactivity disorder. *Behavior Therapy, 35,* 449–469.

Frazier, S. L., Chacko, A., Van Gessel, C., O'Boyle, C., & Pelham, W. E. (2012). The summer treatment program meets the south side of Chicago: Bridging science and service in urban after-school programs. *Child and Adolescent Mental Health, 17,* 86–92.

Graziano, P. A., Slavec, J., Hart, K., Garcia, A., & Pelham, W. E., Jr. (2014). Improving school readiness in preschoolers with behavior problems: Results from a summer treatment program. *Journal of Psychopathogy and Behavioral Assessment, 36,* 555–569.

Hart, K. C., Graziano, P. A., Kent, K. M., Kuriyan, A., Garcia, A., Rodriguez, M., et al. (2016). Early intervention for children with behavior problems in summer settings:

Results from a pilot evaluation in Head Start preschools. *Journal of Early Intervention,* *38*(2), 92–117.

Loe, I. M., & Feldman, H. (2007). Academic and educational outcomes of children with ADHD. *Ambulatory Pediatrics, 7*(Suppl. 1), 82–90.

Lyon, G. R., Fletcher, J. M., Fuchs, L. S., & Chhabra, V. (2006). Learning disabilities. In E. Mash & R. Barkley (Eds.), *Treatment of childhood disorders* (3rd ed., pp. 512–591). New York: Guilford Press.

Molina, B. S. G., Hinshaw, S. P., Swanson, J. M., Arnold, L. E., Vitiello, B., Jensen, P. S., et al. (2009). MTA at 8 years: Prospective follow-up of children treated for combined-type ADHD in a multisite study. *Journal of the American Academy of Child and Adolescent Psychiatry, 48,* 484–500.

Morrow, A. S., Merrill, B. M., Altszuler, A., Gnagy, E. M., Greiner, A. R., Burger, L. A., et al. (2014, November). *The effect of methylphenidate on learning in children with ADHD.* Poster presented at the annual convention of the Association for Cognitive and Behavioral Therapies, Philadelphia, PA.

MTA Cooperative Group. (1999). A 14-month randomized clinical trial of treatment strategies for attention-deficit/hyperactivity disorder. *Archives of General Psychiatry, 56,* 1073–1086.

O'Connor, B. C., Fabiano, G. A., Waschbusch, D. A., Belin, P. J., Gnagy, E. M., Pelham, W. E., et al. (2013). Effects of a summer treatment program on functional sports outcomes in young children with ADHD. *Journal of Abnormal Child Psychology, 42,* 1005–1017.

O'Connor, B. C., Tresco, K. E., Pelham, W. E., Waschbusch, D. A., Gnagy, E. M., & Greiner, A. R. (2012). Modifying an evidence-based summer treatment program for use in a summer school setting: A pilot effectiveness evaluation. *School Mental Health, 4,* 143–154.

Page, T. F., Fabiano, G. A., Greiner, A. R., Gnagy, E. M., Pelham, W. E., III, Hart, K., et al. (2016). Comparative cost analysis of sequential, adaptive, behavioral, pharmacological, and combined treatments for ADHD. *Journal of Clinical Child and Adolescent Psychology, 45*(4), 416–427.

Pelham, W. E. (2008). Against the grain: A proposal for a psychosocial-first approach to treating ADHD—the Buffalo treatment algorithm. In K. McBurnett & L. J. Pfiffner (Eds.), *Attention deficit/hyperactivity disorder: Concepts, controversies, new directions* (pp. 301–316). New York: Informa Healthcare.

Pelham, W. E., Burrows-MacLean, L., Gnagy, E. M., Fabiano, G. A., Coles, E. K., Tresco, K. E., et al. (2005). Transdermal methylphenidate, behavioral, and combined treatment for children with ADHD. *Experimental and Clinical Psychopharmacology, 1,* 111–126.

Pelham, W. E., Burrows-MacLean, L., Gnagy, E. M., Fabiano, G. A., Coles, E. K., Wymbs, B. T., et al. (2014). A dose-ranging study of behavioral and pharmacological treatment in social settings for children with ADHD. *Journal of Abnormal Child Psychology, 42,* 1019–1031.

Pelham, W. E., Burrows-MacLean, L., Gnagy, E. M., Fabiano, G. A., Coles, E. K., Wymbs, B. T., et al. (2016). *A between groups study of behavioral, pharmacological and combined treatment for children with ADHD.* Manuscript submitted for review.

Pelham, W. E., & Fabiano, G. A. (2008). Evidence-based psychosocial treatment for attention deficit/hyperactivity disorder: An update. *Journal of Clinical Child and Adolescent Psychology, 37*(1), 185–214.

Pelham, W. E., Fabiano, G. A., Gnagy, E. M., Greiner, A. R., & Hoza, B. (2005). The role of summer treatment programs in the context of comprehensive treatment for ADHD. In E. Hibbs & P. Jensen (Eds.), *Psychosocial treatments for child and adolescent disorders: Empirically based strategies for clinical practice* (2nd ed., pp. 377–410). Washington, DC: American Psychiatric Association Press.

Pelham, W. E., Fabiano, G. A., & Massetti, G. M. (2005). Evidence-based assessment of attention-deficit/hyperactivity disorder in children and adolescents. *Journal of Clinical Child and Adolescent Psychology, 34,* 449–476.

Pelham, W. E., Fabiano, G. A., Waxmonsky, J. G., Greiner, A. R., Gnagy, E. M., Pelham, W. E., III, et al. (2016). Treatment sequencing for childhood ADHD: A multiple-randomization study of medication and behavioral interventions. *Journal of Clinical Child and Adolescent Psychology, 45*(4), 396–415.

Pelham, W. E., Foster, E. M., & Robb, J. A. (2007). The economic impact of attention-deficit/hyperactivity disorder in children and adolescents. *Journal of Pediatric Psychology, 32,* 711–727.

Pelham, W. E., Gnagy, E. M., Greiner, A. R., Hoza, B., Hinshaw, S. P., Swanson, J. M., et al. (2000). Behavioral vs. behavioral and pharmacological treatment in ADHD children attending a summer treatment program. *Journal of Abnormal Child Psychology, 28,* 507–526.

Pelham, W. E., Greiner, A. R., & Gnagy, E. M. (2014). *Children's summer treatment program manual.* Unpublished manual, Florida International University, Miami, FL.

Pelham, W. E., & Hoza, B. (1996). Intensive treatment: A summer treatment program for children with ADHD. In E. Hibbs & P. Jensen (Eds.), *Psychosocial treatments for child and adolescent disorders: Empirically based strategies for clinical practice* (pp. 311–340). New York: American Psychiatric Association Press.

Sibley, M. H., Pelham, W. E., Evans, S. W., Gnagy, E. M., Ross, J. M., & Greiner, A. R. (2011). An evaluation of a summer treatment program for adolescents with ADHD. *Cognitive and Behavioral Practice, 18,* 530–544.

Sibley, M. H., Smith, B. H., Evans, S. W., Pelham, W. E., & Gnagy, E. M. (2012). Treatment response to an intensive summer treatment program for adolescents with ADHD. *Journal of Attention Disorders, 16,* 443–448.

Swanson, J. M., Elliott, G. R., Greenhill, L. L., Wigal, T., Arnold, L. E., Vitiello, B., et al. (2007). Effects of stimulant medication on growth rates across 3 years in the MTA follow-up. *Journal of the American Academy of Child and Adolescent Psychiatry, 46,* 1015–1027.

Yamashita, Y., Mukasa, A., Muira, N., Honda, Y., Anai, C., Kunisaki, C., et al. (2010). Short-term effects of American summer treatment program for Japanese children with attention deficit hyperactivity disorder. *Brain and Development, 32,* 115–122.

다른 장애와
특수 응용 프로그램

CHAPTER 14

청소년 자살 및 자해에 대한 개입의 개발과 실험

Anthony Spirito, Christianne Esposito-Smythers, Jennifer Wolff

임상 문제의 개요

자살 및 자해는 공중 보건의 중요한 이슈이다. 청소년 사망의 두 번째 원인으로 2014년 미국에서 1,295명의 청소년들(12~17세)이 자살로 사망했다. 10만 명당 5.18명이 자살로 사망한 것이다(CDC, 2015). '자살시도'는 죽으려는 최소한의 어떤 의도를 가지고 행한 '자기위해 행동'으로 정의된다(예 : 음독, 상처 내기, 목 조르기, 질식, 높은 곳에서 추락, 총기 사용; Nock, 2010). 구조화된 정신과 면담을 이용한 청소년 전국표본 조사[전국 공병 조사 청소년판(National Comorbidity Replication Adolescent Supplement, NCS-A)]는 청소년들의 4.1%가 평생 동안 한 번 이상 자살시도 경험이 있는 것으로 보고하였다(Nock et al., 2013). 익명의 자기보고 방법을 사용한 연구의 경우 더 높은 비율로 보고된다. 미국의 고등학생들을 대상으로 운영되고 있는 '청소년 위험 행동 감시 시스템(Youth Risk Behavior Surveillance System, YRBSS)'에 의하면 8%의 청소년들이 전년도에 자살시도를 했다고 보고된다(Kann et al., 2014). 많은 청소년들이 한 번 이상의 자살시도를 하며 자살시도를 한 청소년들은 한 번도 자살시도를 하지 않은 사람들에 비하여 다시 자살을 시도한 가능성이 18배에 이른다(Lewinsohn, Rohde, & Seeley, 1994). 자살을 시도했던 청소년들의 11%는 결국 자살로 사망하는 것으로 추정된다(Ho, 2003).

죽으려는 의도 없는 자기위해 행동(예 : 피부를 긋거나 베는 것, 화상 입히기, 머리 부딪히기, 때리기, 피가 날 때까지 긁기 등)으로 정의되는 자해는 자살보다 빈번하다(Nock, 2010). 청소년 자해 행동에 대한 국제적인 연구들을 체계적으로 검토한 결과, 평균 12개월 유병률이 19%에 이르는 것으로 확인되었다(Muehlenkamp, Claes, Havertape, & Plener, 2012). 이러한 비율은 단일문항으로 묻는 것(9~6%)보다 체크리스트로 자해에 대해 보다 구체적으로 평가할 때 더 높았다(28.4%). 자해와 자살시도의 비율은 역학조사나 지역사회 표본을 대상으로 한 경우보다 임상 장면의 경우, 자해 및 자살시도가 치료 의뢰를 예측하는 것이기 때문에 더 높았다(Asarnow et al., 2011). 자해는 모든 종류의 연구에서 자살시도보다 훨씬 빈번하고 반복적으로 일어난다(Hamza, Stewart, & Willoughby, 2012).

특히 자해와 자살시도는 비슷한 임상 코스를 보이고 임상 장면의 청소년에게서 빈번하게 동시에 나타난다. 두 행동 모두 11~12세 이전에는 드물고, 청소년기에 가파르게 나타나기 시작한다(Nock et al., 2013). 자해를 하는 청소년의 거의 3분의 1이 한 번 이상의 자살시도를 하는 것으로 보고된다(Asarnow et al., 2011). 확실히 자해는 자살시도의 강력한 예측인으로, 특히 보다 심각하고 빈번한 자해를 하는 청소년들의 경우 더욱 그렇다(예 : Asarnow et al., 2011; Hamza et al., 2012). 자해는 보다 심각한 자살시도 경험을 가진 청소년들에게서 보다 빈번하고 (예 : 반복적인 시도; Esposito, Spirito, Boergers, & Donaldson, 2003), 정신과 퇴원 후에도 자살 사고가 더 늦게 사라지는 것과 관련된다(Prinstein et al., 2008). SSRI 치료에 잘 반응하지 않는 청소년에 대한 대규모 다중 지역 연구에서 자해와 자살시도는 표본의 14%에서 동반 발생하였고, 이러한 청소년들은 높은 수준의 자살사고, 우울, 무력감, 가족 내 갈등, 그리고 신체학대나 성학대 경험을 보고하였다. 자해는 24주 동안의 자살시도의 유의한 예측인으로 기저선의 자살시도력보다 더 강력한 예측요인이었다(Asarnow et al., 2011). 기저선에서 자살을 시도했던 이력은 역시 24주 치료 시행 동안의 자해 행동의 발생을 예측하였고, 그것은 자살시도 역시 자해 위험을 증가시킬 수 있다는 것을 제안하였다(Asarnow et al., 2011). 따라서 자기위해 행동을 보이는 청소년들을 위해 설계된 개입은 자살과 비자살적 자해 행동 둘 다를 효과적으로 다룰 수 있어야 한다.

치료 프로그램에 대한 개념적 모델

청소년기 자살 행동에 대한 우리의 인지행동적 모델은 사회인지학습 이론에 근거하며, 동시에 자살 행동이 부적응적인 인지, 행동, 감정에 반영된 부정적 경험에서 비롯된다는 경험적 연구와 가정에 근거한다(모델에 대한 보다 자세한 설명은 Spirito & Esposito-Smythers, 2006 참조). 대략적으로 우리는 소인적인 취약성(예 : 정신장애, 심각한 트라우마, 또래 괴롭힘, 정신건강 문제를 가진 가족력)을 가진 청소년들이 부분적으로 잘못 학습된 경험으로 인해 스트레스를 효과적으로 처리하고 관리하는 것이 어렵게 되고, 그것이 자살의 위험성을 증가시킨다는 것을 제안한다. 특히 상당한 스트레스가 생겼을 때(예 : 대인관계 갈등, 상실, 정신과적 증상의 악화 등) 스트레스를 처리하려는 시도로 취약한 청소년들은 부정적 정서를 증가시키는 인지적 왜곡 (예 : 자기와 세상, 미래에 대한 부정적 생각)과 인지적 오류(예 : 파국화, 개인화)를 경험할 수 있다. 왜곡이 심각하거나 스트레스가 반복될 때 청소년들은 스트레스에 대한 해결책을 시도할 것이다. 그러나 취약한 청소년들은 종종 다양한 해결책을 생각해내는 것이 어렵다. 더구나 해 결책을 생각했을 때에도 비효율적이기 쉽고 심지어 효율적이라고 하더라도 스스로 실행할 수 없다고 믿는다. 효과적인 해결책을 생각해내지 못하고 효과적인 해결책을 실행하지 못한 청소 년들은 갇힌 느낌을 받게 되고, 그것은 더욱 왜곡된 인지처리와 정서적 고통(우울, 불안, 분노 등), 그리고 불편한 생리적 각성을 부채질하게 된다. 인지적 정서적 고통을 일시적으로 경감시 키기 위해서 청소년들은 부적절한 방식으로 스스로를 달래고(예 : NSSI, 물질남용) 갈등과 관 련된 정서적 고통을 감소시키기 위해 부적응적 행동으로 말려들게 된다(예 : 공격적 행동, 사회 적 철수를 통해). 선택한 부적응적 행동들은 종종 그들의 부모, 또래 혹은 의미 있는 타인들에 게서 모델링되었던 것들이다.

첫 스트레스가 해결되지 않았거나 부가적인 스트레스가 나타났을 때 청소년은 부적응적인 대처를 하기 쉽기 때문에 청소년의 인지처리는 보다 왜곡되고, 부정적 정서는 청소년들로 하여 금 스트레스와 정서적 고통으로부터 탈피할 수 있는 수단의 하나로 자살에 대해 생각하게 하는 시점까지 악화된다. 시간이 지남에 따라 이러한 생각은 빈도가 늘어나고 자살계획으로 발전할 수 있다. 어떤 청소년들은 이러한 생각들을 실행에 옮기고 자살계획 후에 바로 시도를 할 것이 다. 약물에 취했을 때뿐 아니라 정서적 불편감에 대한 감내력이 낮을수록, 충동성이 클수록, 사 회적으로 더 고립되어 있을수록, 사회적 지지가 낮을수록, 그리고 계획한 자살 도구(예 : 약, 면 도기, 총기류)를 손에 넣기 쉬운 청소년일수록 이러한 일이 발생할 가능성이 높아진다. 또 다른 청소년들은 이러한 인지, 정서, 행동 과정의 상호작용을 수차례 반복할 수 있으며, 이러한 반복 을 거치며 더 역기능적이 된다. 이러한 악순환을 멈추지 않는다면 청소년들은 무력하게 되고, 강렬한 정서적 고통에서 탈출한 방법이 그것밖에 없다고 지각되기 때문에 결국 자살을 시도하 게 된다.

치료 프로그램의 특징

우리는 자살을 기도하는 청소년들에 대한 치료를 위한 주요 접근으로서 우리의 모델이 가정하 고 있는 부정적인 인지, 행동, 정서 반응을 잘 설명하고 있는 인지행동치료를 선택했다. 우리 치료 프로그램은 자살을 시도한 청소년들의 복합적인 증상 표현들과 자살 행동을 촉발시키는 스트레스의 이질성을 융통성 있게 다룰 수 있도록 고안되었다. 청소년들은 다중적인 체계 내

(가족, 또래 등)에서 존재하기 때문에, 그리고 이러한 체계 내에서의 역기능이 적절한 치료 성과를 방해하기 때문에 치료 모델은 치료를 제공하는 전문가(정신과 의사, 소아과 의사)와 학교 등의 협업뿐만 아니라 개인, 부모, 가족 회기를 포함한다.

임상적 지식, 이들과의 경험, 그리고 더 강력한 연구 결과들에 기초한 자살에 대한 이론이 진보함에 따라 우리의 치료 모델은 자살을 시도하는 청소년들과 그들 가족의 요구에 더 잘 부응하는 보다 포괄적인 프로토콜로 진화해왔다. 단기 인지행동치료(Brief-Cognitive Behavioral Therapy, B-CBT)로서 언급되는 첫 번째 버전은 한 사람의 치료자에 의해 시행되는 10회기 개인 프로그램으로, 자살 촉발요인에 대한 문제해결과 정서조절에 주로 초점을 맞추었으며, 자살 행동만을 타깃으로 하였다(Donaldson, Spirito, & Esposito-Smythers, 2005). 매뉴얼의 두번째 버전은 자살충동과 약물사용 문제 둘 다를 가진 이들을 위해 설계된 것으로 통합 CBT(Integrated-CBT, I-CBT)라고 하고 그 매뉴얼의 최신판은 가족중심 CBT(family focused-CBT, F-CBT)라고 한다. 이러한 더 새로워진 치료 모델들은 15년 동안 정신과에 입원한 자살시도 청소년들의 더 심각해진 증상에 더 잘 적용되고 앞서 세 가지 치료법을 보다 더 개선할 수 있도록 설계되었다.

우리 프로그램은 매뉴얼화되었고, 청소년 개인 회기, 부모, 가족 모듈을 포함하였다(표 14.1

표 14.1 I-CBT와 F-CBT 프로토콜의 치료모듈 개관

회기 제목	치료 모듈	목표
치료 소개	가족[a, b]	치료 프로그램에 대한 오리엔테이션 및 안전 계획의 실시
행동 활성화	청소년,[a, b] 부모[b]	정적인 활동을 줄이고 건강하고 즐거운 활동 빈도 늘리기
문제해결	청소년,[a, b] 부모,[a, b] 가족[a, b]	문제에 대한 다양한 대안적 사고를 생성하고 평가하여 효과적인 문제해결법 찾기
인지적 재구조화	청소년,[a, b] 부모[a, b]	생각과 감정 간의 연결 자각하기와 생각의 덫 끊기
정서조절	청소년,[a, b] 부모[a, b]	정서적 각성의 촉발요인과 징후(생리적, 인지적, 행동적 징후)를 자각하고 대처 계획 세우기
이완	청소년,[a, b] 부모[b]	깊은 호흡, 근육, 이완, 상상을 통해 스트레스 감소시키기
동기강화상담	청소년,[a, b] 부모[a, b]	약물사용, 치료, 혹은 변화에 대한 동기 증가 및 다른 문제에 대한 이점과 결과에 대한 자각 향상시키기
순환구조 분석	청소년,[a, b] 부모[b]	위험한 행동과 잘못된 훈육을 선택하도록 악순환시키는 생각, 기분, 행동의 연결을 확인하고 정리하기
자기주장 훈련	청소년,[a, b] 부모[b]	의사소통 유형 구별하기, 자기주장적 의사소통의 이점과 언제 어떻게 사용하는지 배우기
사회적 지지 증가시키기	청소년,[a, b] 부모[b]	지지자들을 확인하고 지지를 늘리는 법과 새로운 지지자들 만드는 법 배우기[a, b]
위기 계획 세우기	청소년,[a, b] 부모[b]	잘못된 결정을 할 위험이 있는 예상치 못한 상황들을 탐색하고 대처 계획 세우기[a, b]

표 14.1 I-CBT와 F-CBT 프로토콜의 치료모듈 개관(계속)

회기 제목	치료 모듈	목표
충동에 대처하기	청소년[a, b]	충동(자해, 약물사용, 폭식과 구토 등)의 촉발요인을 자각하고 대처전략 배우기
술/약물 거절 기술	청소년[a, b]	알코올이나 약물 사용 제안에 효과적으로 거절하는 의사소통기술 익히기
애도	청소년[a, b]	정상적인 애도반응을 이해하고, 치유를 방해하는 부정적 사고 패턴과 작업하기
부모 모니터링	부모[a, b]	위험한 상황과 위태로운 감정과 행동을 피하도록 돕기 위해 자녀의 행동, 활동, 친구를 모니터하는 법을 익히기
긍정적 행동에 주목하기	부모[a, b]	자녀의 긍정적 행동을 인지하고 칭찬하기
행동관리	부모/가족[a, b]	청소년의 행동 변화를 돕기 위한 적절한 제한과 강화 조건 만들기
가족 간 의사소통	가족[a, b]	긍정적 의사소통 기술을 배우고 연습하기
정서 코칭	부모[b]	자녀의 감정에 공감적으로 알아차리고 반응하기
스트레스 감내력 향상	청소년[b]	부정적 감정을 촉발하는 상황을 견딜 수 있도록 돕는 안전하고 효과적인 대처 기술 키우기
건강한 생활방식	청소년,[b] 부모[b]	정서적 안정에 있어 신체적 건강, 수면, 영양, 건강의 중요성 배우기
외상 내러티브	청소년[b]	외상의 영향을 이해하고, 내러티브로 외상에 대한 생각을 노출하도록 격려하기
노출(불안)	청소년[b]	불안의 촉발인자를 자각하고, 효과적으로 관리하고 다루는 기술을 확인하여 회기 내에 노출 시행
자살사고/시도의 위험 평가	청소년[b]	현재 자살사고와 행동의 위험 평가를 실시하고 안전을 강화할 계획 세우기
기술 연습하기	청소년,[a, b] 부모,[a, b] 가족[a, b]	이전에 배운 기술을 현재 문제에 적용하는 연습하기
재발 방지	가족[a, b]	치료 효과, 주의점, 예방 계획 등을 검토하고 치료 종결하기

[a] I-CBT 매뉴얼에 포함
[b] F-CBT 매뉴얼에 포함

참조). 각 가족에 대해서 2명의 치료자가 배당되었는데 한 사람은 청소년과 개별 회기를 진행하였고 다른 한 사람은 부모와 작업한다. 부모 치료자는 가족 회기를 주도적으로 진행하지만 두 치료자 모두 이 공동 회기에 참여한다. 어떤 개별 회기는 모든 가족이 받는 '핵심적' 회기(문제해결, 인지 재구조화, 행동 활성화, 정서조절)였고, 다른 회기는 '보충적'으로 필요한 경우에만 시행되었다(예 : 사회불안을 가진 청소년을 위한 노출 회기). 모든 개인 모듈은 청소년 혹은 부모의 개인 기술, 예를 들어 정서조절에서의 기술 부족을 개선하기 위해 사용될 수 있다. 부모 역시 양육 기술을 증진시키기 위해서 구체적으로 설계된 모듈을 제공받는다. 모든 회기는 한 시간으로 진행되며(90분으로 진행하는 치료 소개 회기 제외), 안전 체크인(자살사고, 자해, 물질사용, 약물의 유지), 숙제검토, 목표설정, 새로운 기술의 소개/연습, 목표 토론, 숙제, 부모-10대 체크인을 포함하는 공통요소들로 이루어진다.

핵심기술들이 치료 앞부분에서 교육되기는 하지만, 프로토콜을 유연하게 적용하며 진행하는 동안 발생하는 위기에 맞춰 조정된다. 프로토콜이 진행됨에 따라 치료자는 보통 새로운 기술을 가르치기보다는 이전에 배운 기술을 연습하도록 한다. 더구나 많은 회기들이 있지만 대부분은 다른 문제 영역들을 다루기 위한 핵심 기술(예 : 문제해결, 인지 재구조화, 정서조절)에 기초한다. 예를 들어 문제해결은 청소년들이 그들의 지지 관계를 늘리기 위한 옵션을 산출하도록 돕기 위한 '건강한 사회적 지지 만들기' 회기에서 활용된다. 이는 청소년과 부모의 기술 습득과 일반화를 용이하게 하고, 치료사의 훈련도 쉽게 하고, 보급도 용이하도록 하기 위한 것이다. 동기강화상담 회기와 기술들은 치료 참여를 향상시킬 필요에서 회기 전반에 걸쳐 진행될 수 있다.

우리의 개념적 모델과 일관되게 우리 프로그램은 자살과 비자살적 자해 행동의 촉발요인을 다루기 위한 기초적인 기술로서 문제해결, 인지 재구조화, 정서조절에 특히 강조점을 두고 있다. 예를 들어, 자살시도에 대한 주요 촉발요인을 다룰 때 치료자들은 청소년들이 문제 상황을 확인하고, 정의하며, 잠재적 대안을 생성하고, 장단점을 평가하며, 최선의 방안을 선택하도록 돕는다. 그리고 나서 치료자들은 자살시도를 문제해결의 실패로 재구성하게 한다. 이러한 설명은 청소년들에게 앞으로 발생할 미래의 문제에 대한 더 나은 통제감을 제공한다. 치료자는 자살을 시도하는 많은 10대들이 오직 한 가지 대안만을 가지고 있고, 그것이 자신을 해치는 것이라는 것을 지적한다. 치료자는 대안의 목록을 더 많이 생각하는 연습을 할수록 스트레스를 받았을 때 보다 잠재적인 해결책을 선택할 가능성이 높아지면서 그들이 할 수 있는 유일한 일이 스스로를 해치는 것이라는 느낌을 덜 받을 것이라는 것을 강조한다. 그리고 나서 치료자는 청소년들이 문제 상황에서 적절한 해결책들을 효과적으로 수행할 수 있는 능력을 방해하는 생각들을 확인하고 재구조화하고, 보다 도움이 되는 방식으로 관련된 정서들을 관리할 수 있도록 돕는다. 청소년들이 고통스러운 생리적 감각과 정서를 줄이고 견딜 수 있도록 하는 다각적인 정서조절 기술 역시 배우도록 한다.

치료 효과의 증거

초기 연구

프로그램을 시작한 당시 시점에서의 선행 연구에 근거해서 우리의 첫 번째 연구는 청소년의 자살시도에 대한 추후 결과를 파악하기 위해 설계되었다. 첫 번째 연구는 자살을 시도한 104명의 청소년을 추적 조사하는 것이었다. 대다수는 소아응급실(ED)에서 평가되고 퇴원하였지만 어떤 경우는 정신과에 입원했다가 퇴원했다. 응급실에서 퇴원한 청소년 중 9%가 3개월 후에 자살을 재시도하였고, 입원환자 중에서는 14%가 재시도하였다. 표본의 14%는 외래 심리치료에 전혀 참가하지 않았고, 14%는 1~2회기만 참여했고, 20%가량은 3~4회기 참석했다(Spirito et al., 1992).

외래치료 유지가 낮은 경향을 보고, 우리는 외래 진료 유지를 향상시킬 수 있는 개입을 먼저 연구하게 되었다(Spirito, Boergers, Donaldson, Bishop, & Lewander, 2002). 응급실에서 치료받은 후에 퇴원해도 괜찮아 보이는 청소년들을 표준적인 이전의 방식과 문제해결 형식을 사용하여 참여도를 향상시키는 개입에 무선 할당하였다. 응급실에서의 1시간짜리 실험적 개입은 외래 치료에 대한 부모와 청소년의 기대와 오해에 대한 검토, 치료 참석을 방해할 수 있는 요인들에 대한 점검, 그리고 청소년과 부모가 후속 연구에 최소한 4회기를 참석하기로 하는 구두 계약으로 구성되었다(Spirito et al., 1992).

청소년과 부모에게 각각 전화로 퇴원 1주, 2주, 4주, 8주 후에 연락하였는데, 네 번의 통화가 모두 이루어진 경우는 83%였다. 전화 회기는 지지를 제공하고, 문제해결을 용이하게 하고, 치료를 받는 데 장애가 되는 것들에 대해 도움을 받도록 구조화되었다. 이 연구 과정에서 우리는 에이전시를 통해 치료를 기다리거나 혹은 보험처리에 어려움을 겪는 등 지역사회에서 서비스를 받는 데 있어 가족들이 통제하기 어려운 상당한 장애가 있다는 것을 깨닫게 되었다. 연구 결과, 지역사회에서의 서비스 장애물들을 통제했을 경우에 한해서 순응 향상 집단의 참가자들이 표준 치료 계획 집단에 비해서 유의하게 더 많은 치료 회기에 참여했다는 것을 보여주었다(평균 8.4회기 대 5.8회기).

어떤 장애물이 자살시도 후에 치료 지속을 어렵게 하는지를 확인하면서 우리는 어떤 프로그램을 개발 연구해야 하는지 초점을 정할 수 있었다. 우리가 시도할 수 있는 한 가지는 응급실에서 지역사회로의 치료 협조를 향상시키기 위한 시스템 차원에 변화를 시도하는 것이고, 다른 방법은 간략하게 실시할 수 있는 치료 프로토콜을 발전시키려 노력하는 것이었다. 우리는 후자를 선택하고 그 당시 보험회사가 일반적으로 허용하는 제한된 외래 회기의 수와 청소년이 자살을 시도했을 때 현실적으로 몇 회기에 참석했는지에 대한 실태를 고려한 프로토콜을 고안했다.

청소년의 자살시도에 대한 B-CBT

접근의 이론적 근거

우리가 첫 번째 시도를 제안할 당시 청소년 자살 행동의 치료에 관한 문헌은 매우 제한적이었다. 준실험 설계를 통하여 변증법적 행동치료(DBT; Rathus & Miller, 2002)와 6회기 외래 가족 치료 프로그램(Rotheram-Borus, Piacentini, Miller, Graae, & Castro-Blanco, 1994)에 대한 효능이 검증되었었다. 두 연구 모두 긍정적 효과를 가졌으나 자살 행동은 추적 조사에서 여전히 있는 것으로 나타났다. 브리튼에서 시행된 또 다른 가족치료에서 Harrington 등(1998)은 주요우울장애가 없는 청소년의 경우 가정기반 가족 개입이 일상적인 치료에 비해 자살사고를 감소시키는 것으로 나타났다고 보고했다. 자살의 재시도에 있어서는 차이가 없었다. 다른 영국 연구인 Wood, Trainor, Rothwell, Moore, Harrington(2001)은 자살을 시도하고 집단치료를 받는 청소년들이 일반적인 치료를 받은 이들에 비해 한 번 이상의 반복된 자살시도를 덜하는 것으로 확인하였다(32명 중 2명 대 31명 중 10명). 그러나 동일한 개입을 사용한 호주 연구에서는 이러한 긍정적 결과를 반복하지 못했다(Hazell et al., 2009).

우리는 문헌과 임상적 작업에 기초하고, 자살시도 후에 응급실에서 외래치료에 의뢰된 63명의 청소년에게 심리치료를 실시한 지역사회 치료자들을 대상으로 한 설문조사 결과를 바탕으로 B-CBT 프로토콜을 개발하였다(Spirito, Stanton, Donaldson, & Boergers, 2002). 그 청소년들의 3분의 2는 개인 회기와 부모–청소년 공동회기가 조합된 치료를 받았고, 나머지는 개인치료만을 받았다. 평균 참여 회기 수는 7회기였다. 52%는 6회기 이하로 참석했고, 58%는 의료적 권고를 어기고 중도 탈락했다. 치료자들의 4분의 3은 지지적인 심리치료 기법을 사용하고, 절반 가량은 역동적 기법과 인지적 기법을 사용하였다고 보고되었다. 이 데이터에 기초해서 지지적 관계치료(supportive relational therapy, SRT)를 우리의 첫 번째 무선할당 통제실험에서 10회 단축치료 프로토콜인 B-CBT 프로토콜과의 비교 조건으로 선택하였다(Donaldson et al., 2005).

무선할당 통제실험

자살시도 후에 일반소아과 응급실 혹은 정신과에 입원한 12~17세 39명의 청소년 집단에서 B-CBT와 지지적 관계치료(SRT)를 비교했다. 청소년들은 높은 비율의 정신과 장애를 보고하였고(71%가 주요우울장애, 55%는 파괴적 행동장애, 55%는 알코올사용장애, 17%는 대마초사용장애), 절반가량이 한 번 이상의 자살시도를 한 것으로 보고하였다. SRT는 Brent와 Kolko(1991)의 지지적 관계치료 매뉴얼을 채택하였는데, 이는 청소년의 자살 행동에 기여하는 기분과 행동의 어려움뿐만 아니라 개인적이고 환경적인 요인들을 다루기 위해 비구조화된 방식으로 비지시적인 기법을 적용하는 것이었다. SRT 프로토콜은 B-CBT 프로토콜처럼 동일한 안전 체크인 과정, 형식(개인 6회기와 가족 1회기, 보충적 가족 회기와 위기 회기)과 길이(회기 수와 치료기간)를 따랐으나 구체적인 소개나 숙제 부과는 포함하지 않는다. 두 치료 모두 3개월 동안 개인 회기로 매주 진행되었고, 3개월 후부터 6개월까지 한 달에 한 번씩 실시되었다. 치료자 효과를 통제하기 위해서 7명의 다른 치료자가 CBT와 SRT 둘 다를 제공하였다.

B-CBT와 SRT는 3개월과 6개월 후 모두에서 자살사고와 우울한 기분의 상당한 감소와 관련이 있었고, 집단 차이는 없었다. 6명의 청소년(15%)이 6개월 후에 자살을 재시도했는데, 조건

에 따른 차이는 없었다. 두 조건 모두에서 가족들은 평균 9회기를 참여했다.

교훈

문헌 및 우리의 종단 연구 결과, 그리고 보험회사가 허용해주는 제한된 외래 회기 수에 근거하여 첫 번째 치료 프로토콜은 10회기로 구성되었다. 놀랍게도 대다수의 가족들은 전체 프로토콜을 완수하였고, 다수는 치료를 지속해줄 것을 요구했다. 그 이유는 무엇일까? 두 조건 모두에서 프로토콜의 초기 회기들은 치료에 참여하는 것이 중요하다고 강조하였고, 이는 지역사회 시행에서는 거의 강조되지 않았던 것이었다. 보다 중요하게는 임상실험에서는 지역사회에서 종종 맞닥뜨리는 서비스의 장애(예 : 대기, 고정된 스케줄)가 없었다(Spirito et al., 2002). 또한 우리의 치료자들은 치료 업무량이 적었고, 가족을 치료에 참여시키는 데 전념했다. 두 조건 모두에서 치료자들은 시행 회기와 치료가 어려운 환자들에 대한 다른 실험에서 치료 결과에 중요한 영향을 미치는 것으로 보이는 요인들에 대해 매주 슈퍼비전을 받았다(Linehan, 1993). 슈퍼비전은 또한 두 조건 모두에서 치료의 충실도를 확실히 하는 데 도움을 주며, 접근 방식에 관계없이 일관된 치료 방향이 치료의 긍정적 결과의 요인으로 시사되었다(Kolko, Brent, Baugher, Bridge, & Birmaher, 2000). 마지막으로 동일한 치료자들이 두 치료를 시행하였다. 비특정적 치료자 요인(예 : 치료자의 따뜻함과 진실성)은 두 조건 모두에서 향상을 이끌었을 것이다(Norcross, 2011). 또한 우리 치료자들은 대학병원의 박사후 연구원과 조교수로 구성되었는데, 이들은 지역사회의 어려운 사람들에게 선두에서 심리치료를 제공하는 석사급 치료자들보다 훨씬 더 훈련되어 있는 사람들이었다.

자살시도와 물질남용을 보이는 청소년에 대한 I-CBT

접근을 위한 이론적 근거

우리가 다음 단계를 고려할 즈음, 더 적은 포함-배제 기준으로 연구를 시행해야 한다는 주장이 보다 유력해졌다. 또한 정신과적 문제와 물질사용 문제 둘 다를 가진 청소년들을 위한 종합적인 치료에 대한 기대와 관심이 증가하였다. 우리는 청소년들을 대상으로 한 물질사용과 자살 행동에 대한 연구들, 사실상 치료 연구는 거의 없는 문헌 검토를 하였다(Esposito-Smythers & Spirito, 2004). 물질사용이 청소년의 자살 행동을 증가시키는 것으로 나타났다(예 : Wong, Zhou, Goebert, & Hishinuma, 2013).

문헌 검토에 기초했을 때 어떤 청소년에 있어서는 중독의 급성적인 효과가 충동적인 행동과 공격성을 증가시키고 적응적인 대처 전략의 생성과 시행을 막아, 결국 자살 행동으로 이끄는 것으로 가정해볼 수 있었다. 내재화된 청소년의 경우, 물질사용은 불쾌한 기분에 대한 자가약물의 수단으로 작용하지만, 물질사용이 기분을 나아지게 하지 않는다면 오히려 자살 행동으로 이어질 수 있다(Esposito-Smythers & Spirito, 2004). 우리의 다음 RCT를 위해 고안된 I-CBT 프로토콜은 정서적 행동 문제뿐 아니라 그것의 내재된 병인론에 관계없이 물질사용을 다룰 수 있을 정도로 유연한 형태를 갖추게 되었다.

I-CBT 프로토콜은 공개 파일럿 실험의 결과에 영향을 받았다(Esposito-Smythers, Spirito, Uth, & LaChance, 2006). 이 초기 프로토콜은 물질사용을 다루는 개인 회기를 통합했지만 가족 회기는 단지 몇 번만 포함했고, 부모훈련 회기는 없었다. 등록된 사람들은 가족치료를 위해 외부 전문가에게 의뢰되었다. 이 프로토콜은 자살사고와 물질사용을 감소시키는 것으로 나타났지만, 2명의 청소년이 치료 코스 동안에 자살시도를 다시 했다. 외부에서의 가족치료자는 연구 치료자들과 상충되는 치료 권고안을 제안했다. 그것은 치료를 복잡하게 했으며 부모가 자녀의 자살시도 혹은 물질남용을 관리하거나 모니터하기 위해 필요한 기술을 갖고 있지 않다는 것이 명확했다. 그래서 우리는 2명의 치료자 모델(청소년과 부모/가족 치료자)로 이동했고, 프로토콜에 부모훈련과 가족 회기를 추가했다.

무선할당 통제실험

무선할당 통제실험에서 I-CBT는 사례관리 서비스와 약물관리, 즉 향상된 표준치료(enhanced standard care, ESC)로, 보강된 표준치료와 비교되었다. 대부분의 청소년들이 입원 동안에 다양한 약물을 처방받았기 때문에 물질 투약을 하지 말라고 요구하기가 임상적으로나 윤리적으로 어려웠다. 대신 두 가지 조건 모두에서 환자들은 연구에 참여한 소아정신과 의사에 의해 처방을 받았다. 참가자들은 우리 정신과 입원병동에 자살시도(지난 달 동안 임상적으로 유의미한 자살사고 혹은 지난 3개월간 자살시도)를 하고 물질사용(알코올 혹은 대마초)을 동반한 청소년 중에서 모집한 40명이었다. 이 샘플의 구성원들은 평균 3.2년간 우울했고(86%는 주요우울장애로 진단받음) 다양한 공병을 가졌다(범불안장애 17%, 사회불안 34%, PTSD 20%, 품행장애 34%, 알코올 남용 37%, 알코올 의존 28%, 대마초 남용 29%, 대마초의존장애 54%). 모든 청소년들은 임상적으로 유의미한 자살사고를 보고했고, 75%는 기저선에서 한 번의 자살시도를 보고했다(43%는 중복 시도).

I-CBT 프로토콜에서 최소한 급성 외래치료를 마친 참가자는 (청소년 24회기와 부모 12회기를 마친 것과 마찬가지로) '치료완수자'로 정의되었다. 이러한 기준에 근거했을 때 I-CBT에 무선 할당된 청소년의 거의 74%, 부모의 90%, 혹은 가족의 74%(M=34.3회기, 회기 범위= 11~18)가 치료를 완수하였다. 이러한 동일한 기준을 적용할 때 ESC에 할당된 청소년의 거의 44%, 부모의 25%, 혹은 가족의 19%(평균 19.9회기, 회기 범위=0~41)가 치료 완수자로 간주된다. 주목할 만한 점은 치료의 양이 결과와 관련되지 않았다는 것이었다.

기저선으로부터 18개월 후 추적조사에서 I-CBT는 ESC에 비해 유의하게 더 적은 자살시도를 보이는 것으로 나타났다(5.3% 대 35.3%). ESC의 경우 다시 입원치료를 받은 경우가 3명인데 반해 I-CBT 참가자들은 입원치료가 하나도 없었다. 이러한 자료는 I-CBT 집단에서 유의한 비용-절감 효과가 있다는 점을 나타낸다. 기저선에서 진단되었고 18개월에 재평가되었던 정신과 장애의 관해율은 ESC보다 I-CBT에서 유의하게 높았으며, 조건에 따른 효과크기는 중등도 이상 큰 편이었다. 또한 I-CBT는 ESC에 비하여 평균적으로 과음의 예상 빈도에서 50% 이상의 감소와 관련되었고, 마리화나의 사용 일수도 60% 이상 감소와 관련되었다. ESC에 비하여 I-CBT는 시간의 경과에 따라 마리화나 관련한 문제의 더 많은 감소와 관련되었다. 조건에 관계없이 청소년들은 자살사고, 음주, 음주 관련 문제에서 상당한 감소를 보였다(Esposito-Smythers et al., 2011).

교훈

재입원과 응급실의 재방문에 있어서의 비용 절약은 2명의 치료자 접근을 쉽게 정당화시켜준다. 그러나 자살시도에 물질사용을 더하면 환자가 매우 심각한 수준의 급성 상태를 보이게 된다는 것을 금방 알 수 있었다. 이 연구는 24시간 365일 고위험 클리닉을 운영하는 것과 같았다. 프로젝트의 연구 요소들과 환자들의 임상적 요구 둘 다를 관리하는 데 필요한 시간과 노력의 양은 비교집단에서 치료를 통제하는 것과는 비교할 수 없는 것이었다.

물질사용에 관해서는 과음, 마리화나 사용, 그리고 마리화나 관련 문제들에 있어 효과가 있었지만, 음주에 있어서는 효과가 없었다. 이는 청소년들이 취했을 때 자살 행동의 위험이 증가한다는 점에서 금주보다는 알코올 섭취량을 줄이는 데 더 큰 강조점을 두어야 한다는 프로토콜의 철학이 반영된 것일 수 있다(Esposito-Smythers & Spirito, 2004). 우리는 과음과 관련된 문제에 대해 설득하는 것이 마리화나 사용의 위험에 대해 설득하는 것보다 쉽다는 것을 발견했다. 소변 약물 스크린을 통해서 물질사용에 대해 체계적인 모니터링을 하는 것 또한 물질사용에 영향을 미칠 수 있었다. 그러나 마리화나 등의 약물사용은 소변검사 등을 통해 탐지될 수 있지만 알코올 사용의 증가는 소변검사로 모니터할 수 없기 때문에 무선적인 소변검사 선별 방법(UDS)이 몇몇 청소년에게서는 약물사용을 감소시켰다. UDS의 의학적 영향에 관해서는 임상적 치료와 연구 두 측면에서 고려되어야 한다.

향후 방향

I-CBT 프로토콜에 대한 연구 결과에 기초해서 우리는 이 모듈의 프로토콜이 다른 대상군에게도 적용될 수 있는지를 치료개발기금을 통해 7년 동안 탐색해왔다. 우리는 (1) 우울로 자살을 시도한 청소년을 위한 I-CBT에 우울한 부모를 위한 CBT 개입을 동시에 진행하는 것이 청소년

단독 개입만을 한 것보다 향상된 결과를 가져오는지(Spirito et al., 2014), (2) 과체중에 우울한 청소년들을 대상으로 I-CBT에 비해 운동/건강한 생활습관 요소를 추가한 것이 더 향상된 결과를 가져오는지(Jelalian et al., 2016), (3) I-CBT와 후기 아동기에 우울한 기분과 행동 문제를 순차적으로 치료하는 것을 비교하고(Wolff, Garcia, Frazier, Seaboyer, & Spirito, 2016), (4) 정신건강 치료에서 핵심 I-CBT 기술을 HIV 예방기술에 통합하여 가족기반 자살, 약물남용, HIV 예방 워크숍을 만들어, 이를 평가만 하는 통제조건과 비교하였다(Esposito-Smythers, Hadley, Curby, & Brown, 2017). 그리고 (5) HIV 예방과 통합된 I-CBT을 법적 절차에 관련된 청소년과 가족을 위한 표준치료와 비교하였다(추적조사 진행 중; Christianne Esposito-Smythers, Co-Principal Investigator).

중요한 향후 방향은 지난 15년간 우리의 다양한 임상적 실험들에서 대상으로 삼았던 정신과에 입원했던 청소년들, 즉 보다 더 급성적이고 심각하며 광범위한 정신병리를 한 가지 프로토콜의 맥락에서 어떻게 가장 잘 치료할 수 있는가이다. 우리 연구 팀은 기분장애와 자살시도 및/또는 비자살적 자해 행동 및/또는 물질사용장애를 동반한 다중 동반이환과 복합적인 증상을 가진 자살시도 청소년들을 위하여 설계된 포괄적 치료 프로토콜인 F-CBT를 테스트하는 과정에 있다(Grant No. 1R01 MH 099703). 앞서 기술한 대로 F-CBT는 이전 프로토콜에 비해 더 많은 부모훈련과 가족에 초점을 둔다. 또한 비자살적 자해 행동을 가진 자살시도 청소년에게 공통적인 심각한 정서조절 곤란을 개인작업, 부모훈련, 가족작업을 통해 더 잘 다루려고 시도했다.

우리는 F-CBT를 RCT에서 표준 외래치료와 비교하고 있다. 우리는 무선할당 통제실험 단계를 마쳤으나($n=130$), 추적조사 자료는 아직 수집되지 않았다. 표본의 구성원들은 연구 등록 전 한 달의 절반가량을 자살사고를 경험했던 것으로 보고하였고, 3분의 2는 자살시도(첫 번째 시도 시 평균 나이는 13세)를 한 적이 있고 자살을 시도한 친구가 있었다. 표본의 90%가량은 한 번 이상 비자살적 자해 행동을 한 적 있는 것으로 보고하였고, 4분의 3은 등록 전 한 달 동안에 비자살적 자해 행동을 보고했다. 이 집단의 현재 문제들은 이전 연구의 표본에 비해 훨씬 나빴고, 반복적인 자해의 고위험 집단임을 나타냈다.

향후 연구의 가장 큰 도전은 구체화된 치료 프로토콜의 맥락 내에서 그러한 고위험 환자들을 임상적으로 관리하는 것이다. 드물기는 하지만 우울하면서 자살을 시도하는 환자들을 대상으로 한 임상실험에서 자살로 인한 사망은 현실적으로 일어날 수 있다. 성인을 대상으로 한 임상실험보다 일반적이지만 청소년을 대상으로 한 연구에서도 자살은 일어난다. 이러한 매우 위험한 자살충동 환자들은 암 치료 연구에 비유하자면 4단계 환자로, 이전의 경험적 연구에서는 과소 추정되었다. 가장 심각한 사례에 있어서는 장기적인 치료 모델이 가장 적절할 수도 있다. 예를 들어, 우리를 포함한 전형적인 임상실험들은 제한된 치료 회기와 기간 후에는 다른 치료

표 14.2 자살 청소년 연구에 대한 개요

연구	표본	인구학적 특성	치료자와 충실도	치료조건	자살변인	자살 결과
Donaldson et al. (2005)	응급실 및 정신과 병동 모집, 100% SA	N=39, 연령: 12~17세, 여자 82%, 백인 85%, 히스패닉 10%, 흑인 5%	B-CBT와 SRT: 연구자에게 훈련받은 석사급과 박사급 심리학자. 매주 슈퍼비전과 녹음 테이프 검토, 충실성 평정	B-CBT(n=15), 회기 수=9.7(SD=2,4) SRT(n=16), 회기 수=9.5(SD=1.3)	SI: 자살사고척도 (Suicidal Ideation Questionnare-Senior), SA: 구조화된 추수면담 (structured follow-up interview)	집단 간 치료 증가(3개월, 6개월)와 종결 시 SI의 유사한 효과. SA에서는 집단 간 차이 없음
Esposito-Smythers et al. (2011)	정신과 병동 모집, 75% SA, 10% SUD(알코올 63.9%, 대마초 83.3%)	N=36, 연령: 13~17세, 여자 67%, 백인 88%, 히스패닉 13.8%	I-CBT 석박사급 심리학자 연구자 훈련. 매주 슈퍼비전과 녹음 테이프 검토, 충실성 평정	I-CBT(n=19), 회기 수 M=45.7(SD=15.7) TAU(n=17), 회기 수, M=24.6(SD=13.2)	SI: 자살사고척도, SA: K-SADS-PL, 기타: 아동·청소년 서비스평가	I-CBT가 6개월 추적조사에서 더 적은 SA와 입원, 응급실 방문(18개월 후 기저선). SI에서는 집단차 없음
Spirito et al. (2014)	정신과 병동, 낮병동, 외래, MDD 진단기준과 SA, NSSI, 혹은 SUD가 확인된 경우	연령: 12~18세	F-CBT: 석사급 치료자 요사, 연구자 훈련, 매주 슈퍼비전과 녹음 테이프 검토, 충실성 평정	F-CBT(예상 n=60) TAU(예상 n=60)	SI: 자살사고척도, SA: 컬럼비아 자살심각도척도(Columbia Suicide Severity Scale), 기타: 아동·청소년 서비스평가	진행 중
Spirito et al. (2014)	지역 클리닉에서 모집, 집중적인 외래 서비스 조건, SUD+동반이환 정신장애를 충족하는 경우	연령: 12~18세	F-CBT: 석박사급 심리학자, 연구자 훈련, 매주 슈퍼비전과 녹음 테이프 검토, 충실성 평정	F-CBT(예상 n=60) TAU(예상 n=60)	SI: 자살사고 척도, SA: 컬럼비아 자살심각도척도, 기타: 아동·청소년 서비스평가	진행 중

주: SI-자살사고, SA-자살시도, NSSI-비자살적 자해, SUD-물질사용장애, MDD-주요우울장애, B-CBT-단기 인지행동치료, SRT-지지적 관계 치료, I-CBT-통합 인지행동치료(integrated cognitive-behavioral therapy), F-CBT-가족중심 인지행동치료, TAU-통상치료, K-SADS-PL-학령기 아동의 정서 장애 및 조현병 진단 면접도구(Kiddie Schedule for Affective Disorders and Schizophrenia for School-Age Children-Present and Lifetime Versions)

로 인계되도록 정해져 있다. 이러한 연구 과정은 단일 증상, 덜 심각한 환자들이 치료 실험의 초점인 경우에는 합당하다. 그러나 정신과적으로 가장 손상된 환자가 대상일 경우 이러한 접근은 증상의 심각도에 부합하지 않는다. 장기적인 치료 설계는 연구기금 문제로 통과하지 못할 수도 있으나, 향후 연구에서 반드시 검토되어야 할 치료 모델임이 분명하다.

이 분야에 있어 향후 연구의 다른 주요 초점은 포괄적인 근거기반 치료 프로토콜의 실제 환경에서의 보급과 실행이다. 이러한 선상에서 우리는 물질사용과 정신장애를 동반하고 있는, 또 그들의 상당수가 자살사고나 비자살적 자해를 보이는 청소년들을 위한 지역사회 정신건강 클리닉의 집중적인 외래 프로그램(intersive outpatient program, IOP)에서 우리의 F-CBT(Grant No. 1R01AA020705)를 함께 사용하고 있다. 모든 청소년은 이전의 외래치료를 실패했고 보다 집중적인 서비스가 요구됐다. 우리의 정신과 샘플에 비해서 지역사회 클리닉 샘플의 경우 외현화 문제의 비율이 훨씬 높았다. 또한 5분의 1의 청소년들은 위탁시설에서 지냈고, 절반은 주립 사례관리를 받거나 청소년 보호관찰 중이었다. 이 연구의 주요 목적(중 하나)는 우리의 집중적인 F-CBT 프로토콜이 지역사회에 기초한 기관들과 똑같이 자원이 제한된 환경과 그리고 덜 훈련된 임상가들에 의해서도 구현될 수 있는지를 확인하는 것이다. 우리의 F-CBT 프로토콜이 몇몇 CBT 기술들을 포함하고 있는 보다 절충적인 치료로 구성된 표준치료(SC)에 비해서 6개월과 12개월 후에도 더 나은 치료 효과를 산출하는가를 검증하기 위해 2개 집단의 무선 설계 연구를 시행하고 있다. 이 책이 출판될 무렵에는 12개월 추적 조사 자료가 수집되고 있을 것이다.

F-CBT와 SC 모두 이전에 주로 가정기반 치료를 시행하기 위해 짝을 이뤄 작업했던 석사급의 정신건강 상담가들에 의해 실시되고 있다. 이 상담자들은 보통 아직 자격증이 없고, 자격증 취득에 필요한 시간을 위해 업무 경험을 쌓고 있다. 두 조건 모두에서 임상가들은 절충적인 접근(즉 다양한 이론적 관점을 통합)을 하는 자격증을 갖춘 사회복지사에게 지도감독을 받고 있으며, 이는 지역사회 임상가들의 설문조사에게 가장 일반적인 지도감독으로 보고되고 있다(Spirito et al., 2011). F-CBT 조건의 임상가들 역시 매주 F-CBT 프로토콜 연구 팀으로부터 슈퍼비전을 받는다. 프로토콜을 지역사회 치료와 일관되도록 하기 위해 실제로 매우 다양할 수 있는 가족보험이 정하는 회기 수로 진행되고 있다.

'정신건강 생태시스템'(Weisz, Ugueto, Cheron, & Herren, 2013)에서 우리는 무수하게 다양한 보험 설계를 가지는 복잡한 환자들을 대상으로 연구 프로토콜을 계획하기 어렵다는 것을 비롯해 다양한 연구상의 어려움이 있다는 것을 알게 됐다. 또한 가장 경험이 적은 임상가들이 종종 지역사회 기관에서 가장 심각한 임상 사례를 치료하는 일에 고용된다. 치료자 훈련과 슈퍼비전은 그런 기관에서 가장 우선시되어야 하지만, 그러한 훈련을 위해 배당된 시간과 기금은 일반적으로 제한되어 있다. 우리는 지역사회 기관들이 그러한 훈련을 받는 것에는 매우 수용적이지만 치료자의 능력이 너무 다양해서 훈련이 어렵다는 것 또한 발견했다.

향후 치료 연구에 있어 또 다른 주요 도전 과제는 자살 청소년을 대상으로 한 치료 연구를 시행하는 데 관련된 방법론적인 문제들을 해결하는 것이다. 우리 팀에게 가장 유의한 방법론적인 도전은 우리가 비교집단으로 SC를 사용했을 때 생겨났다. 효과성 비교 실험은 두 조건 모두에서 그러한 고위험 환자들을 집중적으로 치료하는 많은 수의 인력풀을 가져야 하기 때문에 매우 어렵다. 평소의 태도로 치료에 임하는 것은 고유의 문제가 발생한다. 현재 시행하는 실험에서 발견된 문제 중 하나는 우리 연구에서 실험 치료집단에 속한 환자들이 SC 환자군에 비하여 자살 의도를 가진 자해 행동이나 자살시도를 더 많이 나타낼 가능성이 높다는 것이다. 예를 들어, 우리의 F-CBT 실험집단에서 우리는 SC 집단의 상당수 환자들이 자살시도 기록을 병원의무기록에 보고하지 않는다는 것을 발견했다. 이는 I-CBT 프로토콜의 참가들의 모든 환자들이 그런 것은 아니었다. 우리는 I-CBT 환자들이 매 회기가 자살성에 대한 체크인으로 시작하기 때문에 자살에 대한 질문에 둔감해지게 하며, 치료자들이 입원으로 이어지게 하는 것이 아니라 환자의 안정을 확인하기 위해서 질문하는 것이라는 것을 충분히 강조했다고 믿는다. 하지만 재입원에 대한 걱정은 청소년들이 자살사고를 드러내기를 꺼리게 하는 잘 알려진 동기이다(Cigularov, Chen, Thurber, & Stallones, 2008). 따라서 연구자들은 결과의 정확성을 향상시키고, 개입이 효과 있음에도 효과가 없다는 결론이 나는 것을 피하기 위해서 자기보고나 부모보고 이외에 다른 자살시도에 대한 검증 방법을 모색하는 것이 중요하다.

맺음말

이 장에서 우리는 자살 청소년들을 위한 개인, 부모, 가족 회기를 포함하는 모듈형 CBT 프로토콜을 설명하였다. 우리의 프로토콜은 자살 청소년들이 보이는 복잡한 증상, 자살 행동을 유발하는 다양한 스트레스, 그리고 가족과 또래 체계 내에서 전형적으로 맞닥뜨리는 역기능을 다루기 위해서 진화해왔다. 우리의 개념적 모델에 일관되게 프로토콜은 주요한 자살과 비자살적 자해 행동의 촉발인을 다루기 위한 기본적인 기술들로서 문제해결, 인지 재구조화, 정서조절에 대해 특별한 강조점을 두었다. 프로토콜은 유연하고, 우리는 그것을 약물 오용, 체중 문제, 품행 문제, 그리고 HIV 감염 위험을 가진 청소년들을 포함하는 다른 대상군들에 대해서도 적용할 수 있도록 했다. 정신과에 입원한 청소년들이 보이는 문제의 심각도와 계속되는 자해 행동의 위험이 지난 15년간의 임상 연구 과정에서 극적으로 증가했기 때문에 유연하고 포괄적인 프로토콜의 중요성은 충분히 강조되지 않을 수 없었다. 또한 최소한의 경험만을 가진 임상가들이 지역사회 기관에서 가장 심각한 임상 사례를 치료하도록 종종 고용되기 때문에 치료자 훈련과 슈퍼비전은 그러한 고강도 사례가 있는 지역사회기관에 배포되는 프로토콜에서 우선 순위가 되어야 한다.

복잡한 증상을 가진 심각한 환자들을 다루어야 하기 때문에 우리는 임상실험 연구 과제를 실행했다. 이전의 비임상 실험 연구가 연구설계는 좋지만 임상 현장에서 보게 되는 복잡한 환자들을 대표하지 않는 참여자들을 대상으로 했다는 문제점들이 제기되었기 때문이다(Weisz et al., 2013). 지역사회에서, 특히 제한된 자원을 가진 세팅과 박사 수준 이하의 훈련이 덜된 임상가들이 있는 곳에 근거기반 치료를 더 빨리 적용하고자 한다면, 향후 연구는 과학적 정확성과 실제 환자를 치료해야 하는 현실 사이의 균형을 맞추려고 노력할 필요가 있겠다.

감사의 글

이 장에서 인용한 연구는 다음의 지원을 받아 수행되었다. National Institutes of Health (Nos. R03MH57349, R21MH52411, R01MH097703, R01AA016854, R01AA020705, R34MH083092, R34 MH082211, R01AA014191, R01MH087520), van Ameringen Foundation, American Foundation for Suicide Prevention.

참고문헌

Asarnow, J. R., Porta, M. S., Spirito, A., Emslie, G., Clarke, G., Wagner, K. D., et al. (2011). Suicide attempts and nonsuicidal self-injury in the Treatment of Resistant-Depression in Adolescents (TORDIA) study. *Journal of the American Academy of Child and Adolescent Psychiatry, 50,* 772–781.

Bandura, A. (1986). *Social foundations of thought and action: A social cognitive theory.* Upper Saddle River, NJ: Prentice Hall.

Brent, D. A., & Kolko, D. J. (1991). *Supportive relationship treatment manual.* Pittsburgh, PA: University of Pittsburgh/WPIC, Department of Psychiatry.

Centers for Disease Control and Prevention (CDC). (2015). WISQARS: Web-based injury statistics query and reporting system. Retrieved February 2, 2016, from *www.cdc.gov/injury/wisqars/index.html.*

Cigularov, K., Chen, P. Y., Thurber, B. W., & Stallones, L. (2008). What prevents adolescents from seeking help after a suicide education program? *Suicide and Life-Threatening Behavior, 38,* 74–86.

Donaldson, D., Spirito, A., & Esposito-Smythers, C. (2005). Treatment for adolescents following a suicide attempt: Results of a pilot trial. *Journal of the American Academy of Child and Adolescent Psychiatry, 44,* 113–120.

Esposito, C., Spirito, A., Boergers, J., & Donaldson, D. (2003). Affective, behavioral, and cognitive functioning in adolescents with multiple suicide attempts. *Suicide and Life Threatening Behavior, 33,* 389–399.

Esposito-Smythers, C., Hadley, W., Curby, T., & Brown, L. K. (2017). Alcohol, self-harm, and HIV prevention among youth in mental health treatment: A randomized controlled pilot trial. *Behavior Research and Therapy, 89,* 49–56.

Esposito-Smythers, C., & Spirito, A. (2004). Adolescent substance use and suicidal behavior: A review with implications for treatment research. *Alcoholism: Clinical and Experimental Research, 28,* 775–785.

Esposito-Smythers, C., Spirito, A., Hunt, J., Kahler, C., & Monti, P. (2011). Treatment of co-occurring substance abuse and suicidality among adolescents: A randomized clinical trial. *Journal of Consulting and Clinical Psychology, 79,* 728–739.

Esposito-Smythers, C., Spirito, A., Uth, R., & LaChance, H. (2006). Cognitive-behavioral treatment for suicidal alcohol abusing adolescents: Development and pilot testing. *American Journal on Addictions, 15,* 126–130.

Hamza, C., Stewart, S., & Willoughby, T. (2012). Examining the link between non-suicidal self-injury and suicidal behavior: A review of the literature and an integrated model. *Clinical Psychology Review, 32,* 482–495.

Harrington, R., Kerfoot, M., Dyer, E., McNiven, F., Gill, J., Harrington, V., et al. (1998). Randomized trial of a home-based family intervention for children who have deliberately poisoned themselves. *Journal of the American Academy of Child and Adolescent Psychiatry, 37,* 512–518.

Hazell, P. L., Martin, G., McGill, K., Kay, T., Wood, A., Trainer, G., et al. (2009). Group therapy for repeated deliberate self-harm in adolescents: Failure of replication of a randomized trial. *Journal of the American Academy of Child and Adolescent Psychiatry, 48,* 662–670.

Ho, T.-P. (2003). The suicide risk of discharged psychiatric patients. *Journal of Clinical Psychiatry, 64,* 702–707.

Jelalian, E., Jandasek, B., Wolff, J., Seaboyer, L., Jones, R., & Spirito, A. (2016). Cognitive-behavioral therapy plus healthy lifestyle enhancement for depressed, overweight/obese adolescents: Results of a pilot randomized trial. *Journal of Clinical Child and Adolescent Psychology.* [Epub ahead of print]

Kann, L., Kinchen, S., Shanklin, S. L., Flint, K. H., Kawkins, J., Harris, W. A., et al. (2014). Youth Risk Behavior Surveillance—United States, 2013. *Morbidity and Mortality Weekly Report Surveillance Summary, 63*(4), 1–168.

Kolko, D., Brent, D., Baugher, M., Bridge, J., & Birmaher, B. (2000). Cognitive and family therapies for adolescent depression: Treatment specificity, mediation and moderation. *Journal of Consulting and Clinical Psychology, 68,* 603–614.

Lewinsohn, P. M., Rohde, P., & Seeley, J. R. (1994). Psychosocial risk factors for future adolescent suicide attempts. *Journal of Consulting and Clinical Psychology, 62,* 297–305.

Linehan, M. (1993). *Cognitive-behavioral treatment of borderline personality disorder.* New York: Guilford Press.

Muehlenkamp, J. J., Claes, L., Havertape, L., & Plener, P. L. (2012). International prevalence of adolescent non-suicidal self-injury and deliberate self-harm. *Child and Adolescent Psychiatry and Mental Health, 6,* 1–9.

Nock, M. K. (2010). Self-injury. *Annual Review of Clinical Psychology, 6,* 339–363.

Nock, M. K., Green, J. G., Hwang, I., McLaughlin, K. A., Sampson, N. A., Zaslavsky, A. M., et al. (2013). Prevalence, correlates, and treatment of lifetime suicidal behavior among adolescents: Results from the National Comorbidity Survey Replication Adolescent Supplement. *Journal of the American Medical Association, 70,* 300–310.

Norcross, J. C. (Ed.). (2011). *Psychotherapy relationships that work: Evidence-based responsiveness* (2nd ed.). New York: Oxford University Press.

Prinstein, M. J., Nock, M. K., Simon, V., Aikins, J. W., Cheah, C. S. L., & Spirito, A. (2008). Longitudinal trajectories and predictors of adolescent suicidal ideation and attempts following inpatient hospitalization. *Journal of Consulting and Clinical Psychology, 76,* 92–103.

Rathus, J. H., & Miller, A. L. (2002). Dialectical behavior therapy adapted for suicidal adolescents. *Suicide and Life Threatening Behavior, 32,* 146–157.

Rotheram-Borus, M. J., Piacentini, J., Miller, S., Graae, F., & Castro-Blanco, D. (1994). Brief cognitive-behavioral treatment for adolescent suicide attempters and their families. *Journal of the American Academy of Child and Adolescent Psychiatry, 33,* 508–517.

Spirito, A., Boergers, J., Donaldson, D., Bishop, D., & Lewander, W. (2002). An intervention trial to improve adherence to community treatment of adolescents following a suicide attempt. *Journal of the American Academy of Child and Adolescent Psychiatry, 41,* 435–442.

Spirito, A. & Esposito-Smythers, C. (2006). Addressing adolescent suicidal behavior: Cognitive behavioral strategies. In P. Kendall (Ed.), *Child and adolescent therapy: Cognitive-behavioral procedures* (3rd ed.). New York: Guilford Press.

Spirito, A., Plummer, B., Gispert, M., Levy, S., Kurkjian, J., Lewander, W., et al. (1992). Adolescent suicide attempts: Outcomes at follow-up. *American Journal of Orthopsychiatry, 62,* 464–468.

Spirito, A., Simon, V., Cancilliere, M. K., Stein, R., Norcott, C., Loranger, K., et al. (2011). Outpatient psychotherapy practice with adolescents following psychiatric hospitalization for suicide ideation on a suicide attempt. *Clinical Child Psychology and Psychiatry, 16,* 53–64.

Spirito, A., Stanton, C., Donaldson, D., & Boergers, J. (2002). Treatment-as-usual for adolescent suicide attempters: Implications for the choice of comparison groups in psychotherapy research. *Journal of Clinical Child and Adolescent Psychology, 31,* 41–47.

Spirito, A., Wolff, J., Seaboyer, L., Hunt, J., Esposito-Smythers, C., Nugent, N., et al. (2014). Concurrent treatment for adolescent and parent depressed mood and suicidality: Feasibility, acceptability, and preliminary findings. *Journal of Child and Adolescent Psychopharmacology, 25,* 131–139.

Weisz, J., Uqueto, A., Cheron, D., & Herren, J. (2013). Evidence-based youth psychotherapy in the mental health ecosystem. *Journal of Clinical Child and Adolescent Psychology, 42,* 274–286.

Wolff, J., Garcia, A., Frazier, E., Seaboyer, L., & Spirito, A. (2016). *Pilot testing of a decision rule based treatment for conduct problems and depression in youth.* Manuscript under review

Wong, S. S., Zhou, B., Goebert, D., & Hishinuma, E. (2013). The risk of adolescent suicide across patterns of drug use: A nationally representative study of high school students in the United States from 1999 to 2009. *Social Psychiatry and Psychiatric Epidemiology, 48,* 1611–1620.

Wood, A., Trainor, G., Rothwell, J., Moore, A., & Harrington, R. (2001). Randomized trial of group therapy for repeated deliberate self-harm in adolescents. *Journal of the American Academy of Child and Adolescent Psychiatry, 40,* 1246–1253.

CHAPTER 15

외상 아동을 위한
외상 초점 인지행동치료

Judith A. Cohen, Anthony P. Mannarino, Esther Deblinger

임상 문제의 개요

외상 초점 인지행동치료(TF-CBT)는 아동이 경험하거나 목격한 유의미한 외상 사건과 구체적으로 관련된 문제들을 다룬다. 외상 노출과 관련된 전형적인 장애는 외상후 스트레스장애(PTSD)이다. TF-CBT는 PTSD 증상을 타깃으로 할 뿐 아니라 다른 외상 관련 증상도 다룬다. 외상 노출 후에 많은 아동은 PTSD 진단기준을 만족시키지는 않더라도 유의한 PTSD 증상을 보이며, 이러한 아동은 TF-CBT의 적합한 대상이 된다. DSM-5에서 PTSD의 진단기준은 자신과 타인, 그리고 세계에 대한 부정적 인지(예 : 수치심, 자기비하, 낮은 자존감, 안전과 신뢰의 감소)뿐 아니라 부정적 정서 상태(예 : 슬픔, 분노) 역시 포함한다. 연구 결과에 따르면 외상을 경험한 아동은 정서, 행동, 인지, 생리적 영역의 기능에서 조절곤란을 경험할 수 있다. 일부 아동은 PTSD보다는 외상 노출에 반응하여 우울, 불안, 행동적 · 신체적 장애를 겪을 수 있다. 이러한 문제는 다른 곳에서 더 자세히 다루었다(Cohen, Mannarino, & Deblinger, 2017). TF-CBT는 외상 후의 아동의 적응적 기능을 최적화하는 것을 목표로 각각의 영역에서의 재조절을 타깃으로 한 요소들을 포함한다.

따라서 TF-CBT는 이 모델의 핵심 요소들이 개선시킬 수 있을 것으로 기대하는 주요한 외상 증상(예 : PTSD, 우울, 불안, 수치심, 인지적 왜곡)을 겪는 아동을 대상으로 한다. TF-CBT의 핵심 타깃은 아동이 외상적 회피, 수치심, 슬픔, 공포, 그리고 다른 외상 특정적이며 정서적이고 행동적인 어려움을 극복할 수 있도록 돕는 것이다. TF-CBT는 PTSD 증상이나 우울증이 거의 없는 아동, 위험한 충동적인 행동을 보이거나 적극적인 자살시도 및 약물남용 문제 등을 가진 외상화 아동에게 적용하는 첫 번째 치료법은 아닐 것이다. 그러한 아동은 이러한 문제들을 직접적으로 다루는 근거기반 개입을 통해 더 도움을 받을 수 있을 것이다. 그러한 아동도 일단 안정화가 된다면 TF-CBT에 적절한지를 결정하기 위해 재평가될 수 있다. 평가가 중요한 이유는 이것이다. 외상력에 관계 없이 아동의 임상적 표현 및 그들의 핵심 문제가 외상 경험과 직접적으로 관련되지 않는 것으로 시사된다면, TF-CBT는 첫 번째 치료로 우선 선택되지 않을 것이다. 그러나 만약 그러한 아동이 다른 치료 접근에 반응하여 개선된 정서적 혹은 행동적 조절을 보인다면, 남아 있는 PTSD 증상이나 우울 증상, 혹은 처음보다 더 유의한 외상 증상이 발견될 수 있고, 그 시점에서 TF-CBT를 제공하는 것은 확실히 적절할 수 있다.

치료 프로그램에 대한 개념적 모델

TF-CBT는 인지행동적, 애착, 가족, 인본주의적, 그리고 정신역동적 치료 원리뿐 아니라 아동기 외상의 생리심리학적 연구 결과를 포함하는 통합적 모델이다. 외상적인 아동기 경험은 매우 많은 다른 수준에서 아동에게 영향을 미치고, 그들의 신체적ㆍ정서적ㆍ인지적ㆍ행동적ㆍ사회적 적응과 발달을 파괴할 가능성이 있다. 인지행동적 치료 모델은 이러한 기능의 모든 영역에서의 전반적인 적응 수준이 서로 영향을 주고 받으며, 전반적인 안녕에 영향을 미친다고 가정한다. 따라서 안녕감의 한 가지 영역에서의 역기능은 다른 곳에서의 곤란으로 이어질 것이다. 유사하게 한 가지 영역(예 : 정서적)의 향상된 안녕은 다른 영역(예 : 신체적)의 안녕감을 향상시킬 것이다. TF-CBT는 이렇게 여러 기능 영역에 걸쳐 아동기 외상의 영향을 다룸으로써 발달의 저해와 부적응적 기능의 가능성을 줄이기 위해 개발되었다.

외상 후 겪게 되는 문제를 설명하기 위해 몇몇 심리학적 이론들이 적용되었다. 고전적 조건화에 의해 외상에 대해 자연스럽고 많은 경우에 적응에 도움이 되는 정서적 행동적 반응을 일으킬 수 있다(예 : 각성, 공포). 나중에 이러한 고통스러운 반응이 근거가 없는 무해한 외상 단서(예 : 기억, 어둠, 큰 소리, 수염 난 남자)로 일반화될 수 있으며, 각성, 공포 및 다른 고통스러운 반응을 자동적으로 유발할 수 있다. 회피 행동은 외상 관련 증상과 감정을 최소한으로 경험하기 위한 노력으로 발달되고 강화될 수 있다(조작적 조건화). 불행히도 이러한 회피가 단기적으로는 적응적일 수 있지만, 그것은 다른 사람들뿐 아니라 세상과의 상호작용을 크게 제한시킬 것이다. 정서처리 이론(Foa & Rothbaum, 1998)은 비슷하게 외상후 증상이 촉발되었을 때 부적응적인 반응을 산출하는 많은 자극, 반응, 그리고 의미표상을 구성하는 문제적인 공포 구조의 발달을 반영하는 것이라고 제안한다. 이러한 이론들은 (1) 습관화를 촉진하고 회피의 강화를 줄이며, (2) 외상기억과 안전과 통제감과의 새로운 적응적인 연합을 생성해낼 수 있도록 하는 동시에 공포스러운 기억과 감정들을 치료적이고 협력적인 경험들과 연합시키도록 하는 외상 기억과 단서들에 대한 노출의 중요성을 강조한다. 사회인지 이론은 자신, 타인, 그리고 세상에 대한 이전의 혹은 새롭게 형성된 신념에 대한 외상의 영향을 강조한다. 이론가들은 외상 관련 기분들과 생각들을 검토하는 것의 중요성을 강조하는데, 그것은 습관화를 위해서가 아니라 그 경험을 온전히 처리하여, 역기능적인 신념을 교정하고 수치심과 자기비난과 같은 2차적인 정서적 반응을 다루기 위해서이다. 이러한 이론들은 TF-CBT의 심리교육, 기술습득, 외상 내러티브/처리, 그리고 실제 노출을 강조하는데, 이러한 요소들은 교정적 체험, 정보, 유능감, 그리고 외상 관련 생각과 기분을 처리할 기회를 제공하도록 고안되었다. TF-CBT의 각 요소에 포함된 점진적 노출의 사용을 통해 아동은 외상 관련 단서에 대해 지나치게 놀라거나 그것을 피하려고 하지 않고, 마스터하고 적절히 처리할 수 있다.

애착, 인간중심적인, 가족, 그리고 정신역동적 이론들은 치료자-내담자 관계의 중심적 역할을 지지하지만 그에 못지않게 효과를 최대화하기 위해서는 부모/가족의 참여하는 것의 가치를 중요시한다. TF-CBT 모델 역시 치료적 관계의 중요성과 부모 및 가족 참여의 중요성을 인식한다. 치료자들은 기술 구축과 외상 관련 자료에 대해 회피하지 않는 것에 대해서 교육자로서 뿐 아니라 역할 모델이면서 코치의 역할을 하게 된다. 치료자들은 내적인 생각과 기분을 공유하고 외상적 경험과 연합된 스티그마, 수치심과 자기비난을 극복하도록 하는 안전하고 치료적인 환경을 제공한다.

TF-CBT는 원래 부모가 외상의 여파로 인한 그들 자신의 불편감을 다루고, 아동의 외상 관련 어려움에 반응하는 기술을 향상시킬 수 있도록 설계되었다. 그렇게 해서 TF-CBT는 부모의 불편감을 감소시킴과 동시에 아동에 대한 부모의 지지를 향상시키고, 이 두 가지 요소는 아동의 회복 향상에 중요한 길이 된다.

치료 프로그램의 특징

TF-CBT의 목표와 주제

TF-CBT의 목표와 주제는 다음과 같다. (1) 치료 초기에 스트레스를 관리하고 정서적·행동적·인지적 조절 능력을 향상시키는 기술을 마스터하는 것, (2) 가능할 때마다 부모 혹은 다른 양육자들을 포함시키는 것, (3) TF-CBT 모델 전반에 걸쳐 점진적 노출을 통해서 외상 단서와 그에 대한 회피를 극복하는 것, (4) 인지적·정서적 처리를 통하여 피해에 대한 것을 넘어 외상적 경험에 의미를 부여하고 맥락적으로 이해하는 것, (5) 안전을 향상시키고 미래의 발달을 최적화하는 것이다.

대상과 형식 : 구체적인 세팅

TF-CBT는 3~18세 아동의 외상 관련 증상을 다룬다. 치료 모델은 상이한 발달 수준의 아동을 위해 수정된다. 아동과 부모 혹은 일차 양육자들은 개인 회기와 공동 회기 혹은 가족 회기 두 가지를 병행하여 TF-CBT를 받는다. 만약 부모나 양육자가 참여하기 어려우면, 아동은 TF-CBT를 혼자 받게 된다. 보육시설, 그룹홈, 입원치료 시설, 낮병원, 입원 프로그램에 있는 아동도 TF-CBT를 받을 수 있다.

TF-CBT의 내용과 회기 순서

TF-CBT는 구성요소 기반 모델이다. TF-CBT 요소는 PRACTICE라는 약자로 요약될 수 있다. 심리교육(Psychoeducation), 부모교육(Parenting skill), 이완 기술(Relaxation skill), 정서표현과 조절 기술(Affective expression & modulation skill), 인지적 대처 기술(Cognitive coping skill), 외상 내레이션과 외상의 인지적 처리(Trauma narration & cognitive processing of traumatic experience), 외상 단서에 대한 실제 노출(In vivo mastery of trauma reminder), 부모-자녀 공동 회기(Conjoint child-parent session), 안전감의 향상 및 미래의 발달(Enhancing safety & future developmental trajectory)이다. TF-CBT 구성요소의 순서는 일반적으로 약자 PRATICE 순서로, 처음에는 PRAC 기술 기반 요소들을 다루고, 뒤에 보다 외상 초점화된 TICE 요소들을 다룬다. 모델은 점진적으로 앞서 습득된 기술에 근거해 다음 요소를 습득하는 방식이다. TF-CBT 충실성 체크리스트는 치료자의 치료 모델 준수 여부를 모니터하는 데 사용할 수 있다. 충실성은 다음을 요구한다. (1) 정당한 사유가 없다면 모든 TF-CBT 구성요소들이 제공된다(예 : 부모가 모두 참여하기 어렵다면, 부모 기술은 제공되지 않는다. 외상 단서의 일반화가 존재하지 않는다면 실제 노출 치료는 제공되지 않는다). (2) PRACTICE 구성요소들은 순서를 바꿔야 할 임상적 정당성이 있는 것이 아니라면 일반적으로 순서대로 제공된다. (3) 한 가지 구성요소에서 다음으로 나아가는 것은 임상적 환경이 적절하다면 한번에 이루어진다(치료는 보통 8~20회기에 완성된다. 위탁가정이나 보육 시설에 있는 아동은 보통 비일관적인 행동적 기대치를 가지는 양육 환경을 경험하는데, 이는 종종 더 심각한 행동적 비조절을 낳기 때문에 다른 세팅에 있는 아동에 비해서 더 많은 회기 수를 필요로 한다). (4) 점진적 노출은 모든 치료 요소 속에 포함된다. 점진적 노출은 TF-CBT 순서상의 모든 구성요소에 포함된 외상 단서에 대한 노출이 포함되는데, 그 강도와 지속기간이 순차적으로 증가하도록 하여 포함한다. 점진적 노출은 외상적 경험에 대한 감정, 기분, 단서와 기억을 회피하는 것을 마스터하는데, 아동과 부모가 직접적으로 관여하도록 하는 대화, 글쓰기, 예술활동 혹은 다른 활동을 통해 성취될 수 있다. PRACTICE 각 구성요소에 포함되어 있는 점진적 노출 방법의 구체적 예는 다음에 기술되어 있다.

TF-CBT에서 강조되는 기술과 성과 : PRACTICE 구성요소

PRACTICE 구성요소는 TF-CBT의 핵심이다. 앞에서 언급한 대로 TF-CBT는 개인 회기와 부모 회기가 동시에 진행되고, 더불어 공동 회기가 제공된다. 각 구성요소는 아동과 부모 둘 다에게 제공되는 개입을 포함한다. 치료자는 각 회기에서 부모와 아동에게 거의 비슷한 시간을 사용한다. 예들 들어 60분 회기 동안에 아동과 30분, 부모와 30분을 사용하게 된다.

심리교육

외상적 사건에 노출된 대부분의 가족은 그들의 경험에 대해 외로움을 느끼고, 아동에게 미칠 외상의 장기적 영향을 두려워한다. 심리교육은 아동과 부모에게 이러한 외상을 겪는 아동이 얼마나 되는지와 그것의 원인, 그리고 아동과 부모가 겪는 일반적인 반응에 대한 정보를 제공한다. 후자의 중요한 측면은 외상 단서(즉 아동에게 원래 외상 경험을 떠올리게 하는 외상 반응을 유발하는 어떤 내적 단서나 혹은 외적 단서)에 대한 정보를 제공하여, 아동의 개인적 외상 반응에 연합된 외상 단서를 찾아나갈 수 있도록 한다. 이는 '외상을 이해하도록' 하고, 많은 경우에 아동과 부모들이 현재 아동의 정서적 혹은 행동적 문제가 아동이 '나쁜 아이'가 되어서가 아니라 외상과 관련이 있다는 것을 이해하도록 돕는다. 아동과 부모의 경험을 정상화(normalizing)하는 것은 그들이 혼자거나 혹은 이상한 것이 아니라고 확신할 수 있도록 한다. TF-CBT는 구조화되어 있고, 보통 시간이 정해져 있으며, 회복 가능성이 높게 보고되는 치료라는 정보도 제공한다.

심리교육은 보통 TF-CBT 시행 내내 이루어진다. 초기 심리교육 회기 동안에 아동의 외상적 경험을 모호한 표현(예 : '일어났던 나쁜 일')이 아닌 정확한 명명(예 : '성학대', '가정폭력', '자동차 사고', '아버지의 죽음')을 함으로써 일종의 점진적 노출이 시행되게 한다. 이는 치료 초기에 아동과 부모에게 외상에 대한 언급을 회피하지 않는 것의 모델이 된다. 마찬가지로 성학대를 경험한 아동은 성적 부위에 대해 별칭이나 모호한 표현 대신 '의사의 명칭'을 가르쳐준다. 가정폭력, 신체학대, 괴롭힘, 그리고 다른 외상을 사실적으로 기술한다. 외상적 죽음을 목격한 아동은 모호한 표현 없이 연령에 적절한 방식으로 죽음의 원인에 대해 교육하고, 이러한 단어들은 회피를 줄이고 그 경험과 연합된 어떤 수치심을 줄이도록 돕는다. 심리교육 동안 이러한 작업이 이루어지고, 이러한 정보는 다른 PRAC 요소 동안 반복된다. 치료자들은 아동의 경험을 언급할 때마다 아동과 부모와 함께 아동의 외상적 경험을 지칭하는 단어를 사용한다. 비언어적 행동은 비슷하게 아동의 외상적 경험을 직접적으로 다루는 것의 중요성을 전달한다. TF-CBT 치료자들은 외상적 경험을 기술하는 단어를 사용할 때 무심코 비밀스럽거나 수치스럽거나 혹은 불편함을 전달하는 방식으로 목소리를 낮추거나, 혹은 외상적 사건을 말하는 것이 피해야 할 것이라고 암시하지 않도록(예 : "이것은 진짜 말하기 어려울 것이다", "너는 원하면 언제든

멈출 수 있다"와 같은 표현) 아동과 부모를 직접적으로 응시하도록 특별히 훈련받는다. 치료자들은 또한 자신의 회피적 반응을 인식하도록 훈련받는다. 치료자의 회피적 반응은 종종 아이들의 재외상화를 피해야 한다는 좋은 의도지만 실제로는 진짜 극복을 위해 필요한 도움을 회피하도록 부추길 수 있다.

부모교육

TF-CBT 모델에서 부모 혹은 다른 주 양육자(이하 '부모'로 지칭)는 아동의 변화를 위한 주요 도우미로 간주한다. 대부분의 치료자들이 아동과 보내는 주 1시간은 그들이 부모와 보내는 시간에 비하며 너무 미미하다. 부모가 사적인 외상적 반응을 다루고 힘, 지지, 아동의 회복에 대한 믿음의 원천이 된다면 긍정적인 결과에 강력히 기여할 수 있다. 언급한 대로 외상화된 아동은 애착, 행동, 생리, 인지의 비조절을 경험할 수 있다. 부모가 이러한 증상을 적절히 인식하고 다룰 수 있게 하기 위해서 TF-CBT 구성요소는 아동의 증상을 다루고, 아동이 회기 내에서 받았던 것과 동등한 개입을 부모에게 제공하여, 아동이 치료에서 배운 것을 강화하고 연습할 수 있도록 해야 하며, 또한 아동의 외상에 대한 부모의 정서적 반응도 다룬다. 부모가 자녀의 외상 자체를 그들도 역시 경험했느냐(예 : 재해나 가정폭력)에 따라, 그들도 외상 증상을 가질 수 있다. 다르게는 아동의 경험을 듣고 나서 다양한 외상 증상이 생겨났을 수 있다. 부모 기술 요소는 자녀에 대한 긍정적 양육 기술(예 : 칭찬 및 긍정적 관심의 사용, 행동 문제에 대한 적절한 행동적 개입)을 증진시키고, 아동의 외상과 관련한 부모의 심리적 고통을 감소시키며, 아동에 대한 부모의 지지와 전반적인 부모–자녀 관계를 향상시킬 수 있다. TF-CBT가 아동에 초점을 맞추고, 목표가 부모의 개인적 과거 외상 이슈를 다루는 것이 아니지만, 때때로 아동이 성학대나 가정폭력과 같은 것을 경험했을 때 이러한 이슈가 일어난다. 이러한 상황에서 부모는 추가적으로 개인치료에 의뢰될 필요가 있을 수 있다. 부모 요소에서 점진적 노출은 전형적으로 양육 혹은 아동 행동과 아동의 외상적 경험 간의 연결을 포함한다. 예를 들어, 아버지로부터 5년 동안 성학대를 경험한 것을 폭로한 후에 여덟 살짜리 딸을 치료에 데려온 어머니는 아이가 어린 남동생에게 하는 부적절한 성적 행동(예 : 구강성교를 시도하는 것)에 대해 집중했다. 어머니는 "지금 당장은 이게 가장 심각한 문제이다"라고 했다. 그녀는 딸의 폭로, 남편의 체포, 수입이 없어지고 아이들과의 생계를 위해 취직을 해야 하는 것 등, 여러 경제적 · 법적 문제에 압도되었다. 어머니는 너무나 좌절스러워서 딸에게 "너도 네 아빠처럼 끔찍해!"라고 소리 질렀음을 인정했다. 치료자는 심각한 외상이 아동과 성인의 생리적 각성 체계에 미치는 영향에 대해 다시 이야기하는 기회를 가졌고, 그들 둘 다가 경험하고 있는 증상들에 대해 탐색했다. 어머니는 딸에 대해 부적절한 성적 행동에 더해 지저분하고 침대에서 잠을 잘 안 자며 자주 운다고 보고했다. 치료자는 아이들의 행동 모두가 PTSD 증상이며, 어머니가 두려워하는 성적 가해자라기보다는 아동의 고조된 공포반응을 의미한다는 것을 설명했다. 어머니는 울음을 터트리며 그녀와 딸 둘 다 위기에 처해 있고 다시 이전과 같이 정상적이 될 수는 없다고 하더라도 삶을 돌려놓도록 도와달라고 요청했다. 치료자는 다른 아이들의 주위에서 딸의 긍정적이고 적절한 행동에 대해 칭찬하면서 지켜볼 수 있는 구체적인 지침을 제공하였다. 치료자는 아동을 만나서 'OK', 'not OK' 터치에 대해 설명하였고, 이완전략(다음 절 참조)과 부적절한 터치를 대체하는 적절한 애정 행동에 대해 설명하였다. 어머니와 함께, 치료자와 아동은 매일 오직 'OK' 터치에 대해서 별 스티커를 주는 행동 계획을 세웠다. 어머니는 계획이 안정적으로 자리를 잡는다는 것을 알면서 훨씬 마음이 편해졌다.

이완 기술

외상을 겪은 아동의 생리적 비조절에 대해 중추신경계나 말초신경계의 여러 영역의 연구들이 보고되었다. 아동은 천식, 알레르기, 위장장애와 같은 의학적 질병도 높은 비율로 경험한다. 초점화된 호흡, 근육 이완, 요가, 그리고 다른 마음-신체 기술은 성인에게서 이러한 부작용의 일부를 호전시키는 데 효과가 있음이 증명되었다. 이완 기술은 당혹스럽거나 외상 관련 생각으로부터, 혹은 불안을 야기시키는 성적으로 부적절한 행동과 같은 외상적 행동의 재현으로부터 주의를 분산시키는 데 유용하다. 그들은 아동과 부모가 즐거운 활동에 초점을 맞추고 자신을 달래고 즐겁게 되는 법을 배우도록 격려한다. 음악, 무용, 운동, 스포츠, 풍선껌 불기, 그림 그리기, 독서, 기도 등 다른 활동이 이완이나 진정 기법으로 포함될 수 있다. 아동과 부모는 치료자와 함께 이완 계획을 수립한다. 대부분은 다른 세팅을 위한 다른 활동을 포함한다. 교사나 다른 성인은 다른 세팅에서 그 계획을 실행하도록 아동을 돕기 위해 포함될 수 있다. 일주일 동안 아동은 이것을 연습하고 다양한 세팅에서 향상된 기술로 자기 달램을 잘하게 될 때까지 계획을 수정해나간다. 점진적 노출은 아동과 부모가 다른 시나리오(예 : 학교, 침실, 친구)에 다양한 이완 전략을 발달시키는 것을 도우면서 실행한다. 앞의 예에서 아동은 아버지가 성적으로 학대한 것에 대한 끔찍한 생각이 들었을 때 부드러운 봉제 동물인형을 때리고 싶었다고 말했다(그것은 외상 단서로 부적절한 성적 행동의 선행인으로서 작용했다). 어머니는 부드러운 봉제인형을 선택하도록 딸을 가게에 데려갔고 가장 좋아하는 노래를 부르는 동안 부드러운 털을 쓰다듬는 등 다양한 이완 전략을 매일 밤 사용하도록 연습했다. 금세 아동은 어머니가 없을 때에도 자발적으로 이러한 조절 전략을 사용할 수 있게 되었다.

정서조절

많은 외상화된 아동은 정서조절의 곤란을 겪게 된다. 어떤 아동은 어떤 감정을 표현하는 것이 위험하다고 학습하게 된다. 예를 들어, 만성적인 학대나 가정폭력을 가지고 있는 아동은 자신이나 부모에게 행해지는 것에 대항하는 것이 자신이나 가족을 더 위험하게 만들 수 있다는 것을 정확하게 배우게 된다. 그러한 아동은 감정을 억제하도록 배운다. 다른 아동은 표현하기 '안전한' 감정은 오로지 분노라고 믿을 수도 있다. 이러한 아동에게 치료에서 감정을 확인하고 표현하는 것에 대해 안전하게 느끼도록 하는 것이 첫 번째 단계이다. TF-CBT에서는 게임, 얼굴표정, 그림, 다른 창조적인 개입을 통해 감정을 표현하도록 격려한다. 감정 표현이 시작된 후에는 아동이 불쾌한 감정을 다룰 수 있는 정서조절 기술을 소개한다. 이는 문제해결, 협상, 사회기술, 역할놀이, 사회적 지지 찾기, 생각 중단하기, 긍정적 이미지 갖기, 그 순간 안전을 확인하기 등 다양한 대인관계적이고 인지적인 기법들을 포함한다(Cohen et al., 2017). 그러한 회기 동안에 부모는 아동에게 일어났던 일에 대한 자신의 기분에 대해 표현하고 그것에 대처하는 개인적으로 적합한 방법을 개발한다. 부모는 아동이 다양한 감정을 표현하도록 돕는 것을 배운다. 아동이 표현하는 다양한 범위의 감정을 이해하고 견디고 격려하는 법을 배운다. 그리고 치료에서 자신의 감정을 표현하고, 아동을 위해 적절한 감정 표현과 조절을 모델링하도록 도움을 받는다. 만약 부모가 아동의 정서적 표현을 견디지 못한다면, 이는 치료에서 다루고, 부모는 아이에게 적절한 정서조절 기술에 대해 조력할 수 있도록 도움을 받는다. 점진적 노출은 외상적 단서와 연합된 부정적 정서 상태에 대처하기 위한 전략을 확인하고 연습하도록 돕는 요소로 실행된다.

인지적 대처

일단 아동이 정서적 표현을 마스터하기 시작하면 '인지적 대처'라고 하는, 생각, 기분, 행동의 연결을 이해하는 중요한 정서조절 기술을 배우게 된다. 치료자들은 아동과 부모에게 일상의 예로 정확하지 않거나 도움이 되지 않을 수 있는 예를 제공한다. 예를 들어, 치료자는 다음의 시나리오를 제시할 수 있다. 제인이 학교에 가서 친구 마리아를 봤을 때 마리아는 그녀에게 놀자고 말하지 않았다. 제인은 혼자서 '마리아가 더 이상 날 좋아하지 않아'라고 생각했다. 치료자가 아동에게 "그녀의 생각이 그렇다면 제인은 어떤 기분을 느낄까?"라고 물었다. 아동은 "슬프고, 당혹스럽고, 거절당한 느낌일 거예요"라고 대답할 것이다. "만약 제인이 그렇게 느꼈다면 어떻게 행동할까?"라고 묻는다면 아동은 "그녀는 혼자 앉아 있거나 마리아에게 말을 걸지 않거나 다른 소녀들에게 그녀에 대해 나쁘게 말할 수도 있어요"라고 대답할 수도 있다. 치료자는 아동에게 "마리아가 더 이상 그녀를 좋아하지 않는다는 것 대신에 왜 마리아가 그녀랑 놀지 않았는지를 설명할 수 있는 다른 생각에 대해 생각해낼 수 있을까?" 하고 물었다. 아동은 바로 어떤 설명을 생각해내지는 못할 수 있지만, 치료자가 "만약 마리아가 부모님한테 지난밤 매우 혼나서 그 일로 기분이 매우 나빴다고 생각한다면 어떨까?" 혹은 "마리아가 오늘 중요한 시험이 있어서 그것에 대해 걱정하고 있는 것이라면 어떤 기분이 들까?"라고 물을 수 있다. 아동은

"마리아가 안됐다고 느낄 거예요"라고 말한다. 치료자는 "마리아를 안됐다고 느낀다면 어떻게 행동할까?"라고 묻는다. 아동은 대답한다. "옆에 앉아도 되는지 물어보거나 좀 혼자 있게 두고 나중에 이야기를 할 거예요. 그러나 마리아 때문에 속상해 미치지는 않을 거예요" 치료자는 아동에게 마리아가 진짜로 무엇을 생각하는지를 아는 쉬운 방법은 없지만 제인은 그녀가 생각하고 있는 것을 바꿀 수 있다는 점을 지적했다. 일상 생활에서 이러한 예들을 사용함으로써 아동과 부모는 부정적인 생각의 패턴을 조사하는 법을 배우고("내 생각이 정확한가? 도움이 되나? 그것이 나의 기분을 더 나아지게 하나?"), 일상 사건에 대한 역기능적인 생각들을 바꾸는 법을 배우게 된다. 아동의 외상사건에 대한 부모의 부적응적인 생각을 처리하기 위해 이러한 인지적 대처 기법을 적용하며 이때 점진적 노출이 함께 이루어진다. 그러나 아동에게는 다음 구성요소(외상 내레이션과 처리) 전에 미리 외상사건에 대한 부적응적 생각을 다루지는 않는다.

외상 내레이션과 인지적 처리

치료자는 외상화된 아동이 외상적 경험에 대해 자세한 내러티브를 발달시키고 인지적으로 처리할 수 있도록 돕는다. '외상 내레이션'은 점진적으로 아동이 외상적 기억, 기분, 감각, 생각, 그리고 그들의 외상적 경험을 더 정확하게 이해하기 위해서 자세하게 기억해내서 공유하는 상호작용적인 치료적 과정으로, 몇 회기에 걸쳐서 진행된다. 이러한 상호작용적인 과정 동안 아동은 구체적인 산출물(종종 항상은 아니어도 이야기책의 형식)을 남긴다. 그러나 치료 동안에 아동이 만드는 다른 작품들처럼, 그 이야기는 실제 외상 내러티브가 아니라 이러한 과정의 작은 부분일 뿐이다. 내러티브는 종종 아동 삶의 시간적 순서에 따라 조직화된다. 만성적이거나 복합적인 외상을 경험한 아동은 인생 내러티브를 만드는 것을 좋아한다. 이는 출생에서 현재까지의 시간 순서로 만들어 중요한 날짜나 사건들을 채워나갈 수 있다. 인생 내러티브는 아동의 외상적 경험을 맥락화하기 위해서 외상적 사건뿐 아니라 긍정적 사건도 포함해야 한다.

이어진 회기에서 아동은 외상 내러티브를 검토하면서 무슨 일이 일어났는지뿐 아니라 외상적 경험이 일어났던 그 당시에 그들이 느낀 것, 생각한 것, 그리고 신체적 감각 등 보다 세부적이고 자세한 것을 포함한다. 이러한 과정은 치료자가 처음의 직접적인 질문 동안 공유되지는 않았던 역기능적인 인지를 확인할 수 있도록 해준다. 내러티브의 인지적 처리는 부정확하고 도움이 되지 않는 인지를 다루고, 그것들을 보다 적합한 생각으로 대체하는 것을 포함하고, 그것은 내러티브에 추가될 수 있다.

아동이 내러티브를 발전시키는 동안 치료자는 보통 부모와 기술 습득 작업을 계속하며, 또한 병행하는 부모 회기 동안에 임상적으로 적절할 때 아동의 내러티브에서 얻은 정보 또한 공유한다(아동의 동의하). 치료자는 부모가 내러티브에서 그들이 말하는 것들을 견뎌낼 준비가 되었다는 것을 아동에게 확신시켜준다. 그렇지 않다면 내러티브는 부모와 공유되어서는 안 된다. 언급했던 대로 만약 점진적 노출이 초기의 요소 동안에 적절히 이루어졌다면 내러티브를 개발시키는 것은 갑작스러운 노출이 아니라 오히려 이전의 회기들로부터 점진적이고 점차적인 노출의 증가여야 한다.

외상 단서에 대한 실제 노출

외상 단서에 대한 일반화된 회피를 보이는 아동에게 있어(예 : 욕실에서 성학대를 당한 후에 욕실을 사용하기를 거부하는 것) 두려운 자극(욕실)은 사실 무해하다는 것(가해자가 집을 나갔고, 다른 어떤 사람도 없다는 점)을 첫 번째로 설득할 필요가 있다. 그렇지 않다면 **실제 노출**은 적절한 개입이 아니다. 자극이 잠재적인 위험을 경계하기 위한 실제 단서라면 대신 비가해 부모와 작업하는 것, 법적인 개입, 혹은 안전계획으로 대체된다. 그런 상황에서 아동을 위험에 둔감화시키는 것은 적절하지 않다. 하지만 만약 욕실이 안전하다면 실제 둔감화가 적절하다. 치료자, 아동, 부모는 아동이 점진적으로 불쾌한 단서들을 점진적으로 차츰 견뎌나가도록 돕기 위해 협력한다(예 : 욕실에 들어가지 않고 지나가기, 욕실에 1분간 걸어 들어가기, 욕실에 머무르기, 변기 위에 그냥 앉아 있기, 욕실에 머무르며 변기를 사용하기, 욕실에 머무르며 샤워는 안 하면서 옷을 벗고 있기, 욕실에 머무르면서 옷을 벗고 물을 틀지는 않고 샤워기 아래 있기, 옷을 벗고 욕실에 머무르며 2분간 샤워기를 틀어놓기, 욕실에서 샤워하기, 일주일 동안 매일 욕실에서 샤워하기). 각 이정표가 달성될 때 아동은 외상 단서에 대한 부적응적인 정서적 반응을 극복하고, 칭찬을 받는 숙달감도 부가적으로 얻게 된다. 아동은 **실제 노출** 과정에서 공포를 처리하고 견디기 위해서 앞서의 치료에서 배운 PRAC 기술들을 사용한다. 치료자는 특히 **실제노출**에서 외상 관련 단서에 공포가 일어난다면 새로운 전략을 지지하고 발달시키도록 실제 노출 동안에 도움이 될 수 있다. 실제 노출 치료 계획을 실행하고 완료할 수 있도록 부모가 아동을 돕는 것이 특히 중요하다. 중간에 계획을 포기하는 것은 회피를 더욱 강력하게 강화할 수 있다. 아동은 실제 삶에서는 두렵지만 무해한 외상 단서들에 노출되기 때문에 점진적 노출은 내러티브 동안보다는 실제 노출 동안에 더 강력하게 이루어진다.

부모–자녀 공동 회기

TF-CBT는 앞서 설명한 대로 아동과 부모 개별 회기로 실시된다. 짧은 부모–자녀 공동 회기가 역시 TF-CBT 치료 초기에 필요에 따라 진행될 수 있다(예 : 아동의 부적절한 성적 행동에 대한 행동적 계획을 수립하기 위해). 부모–자녀 공동 회기는 아동에 대한 외상 내레이션과 처리를 마쳤을 때 TF-CBT 모델의 통합적인 부분이다. 치료의 이 시점에서 아동은 보통 내러티브를 부모와 나눌 수 있고, 부모는 아동이 외상적 경험을 개방적으로 이야기할 수 있도록 격려하고 들어줄 준비가 된다. 치료가 끝난 후에 가족 구성원들이 함께 나아갈 준비를 할 때 변화를 지원하는 조력자의 역할이 치료자에서 부모로 옮겨가는 중요한 단계이다. 아동의 내러티브를 공유하는 것에 더해 치료자들은 외상 및 행동 문제와 종종 말하기 어려운 다른 문제(예 : 데이트, 성, 약물, 혹은 적절한 친구들을 선택하는 것 등)에 대해 가족들이 개방적으로 의사소통하도록 최적화하기 위해 작업한다. 안전계획은 종종 공동 회기 동안에 시작한다. 점진적 노출은 아동의 내러티브를 공유하는 것뿐 아니라 아동과 부모 간에 종종 일어나는 아동의 외상적 경험에 대한 질문을 주고받는 속에서도 실현된다.

안전감의 향상과 미래 발달의 강화

안전계획은 외상을 경험한 아동, 특히 아직도 진행 중인 가정폭력이나 지역사회 폭력의 가능성 속에서 사는 것과 같은 위험한 상황에 직면할 수 있는 아동에게 있어 중요하다. 외상화된 아동은 종종 높은 재피해의 위험이 있기 때문에 개인적 안전 기술 훈련은 치료의 중요한 구성요소이다. 부모와 치료자들은 안전계획을 세우는 데 있어 아동의 발달적 수준과 실제 상황을 신중하게 고려해야 한다. 아이들이 이전에 피해를 예방하기 위해 다르게 행동할 수 있었다거나 했어야 한다는 식으로 제안하지 않도록 조심해야 한다. 미래의 외상적 사건의 예방에 대해 토론하면서 점진적 노출은 이 구성요소에서도 구현된다.

TF-CBT의 기간 및 종결 시기의 결정

TF-CBT는 보통 8~20회기로 진행되며, 복합 외상을 가진 경우에 16~25회기까지 연장되기도 한다. 그러나 외상을 경험한 많은 아동은 다른 문제들을 가지고 있고, 추가적인 개입이나 혹은 이러한 기술을 통합하기 위해 TF-CBT의 계속적인 제공을 필요로 하기도 한다. TF-CBT 치료 목표가 충족되었을 때를 결정하고, TF-CBT 이상의 추가적인 목표가 필요한지, 언제 치료를 종결해야 하는지를 결정하기 위해 정기적인 평가가 도움이 될 수 있다. TF-CBT의 시간 제한적인 성격은 치료 과정을 완수하려는 내담자의 노력을 향상시킬 수 있다.

매뉴얼과 기타 보조자료

TF-CBT 매뉴얼(Cohen, Mannarino, & Deblinger, 2012)의 개정판(Cohen et al., 2017)과 웹기반으로 무료로 TF-CBT를 훈련할 수 있는 TF-CBT 웹(www.musc.edu/tfcbt)의 추가적인 리소스들이 TF-CBT 실행을 위해 이용 가능하다. 웹기반 코스는 출력할 수 있는 대본, 핸드아웃, 치료시범 동영상, 시범회기에서 사용되는 게임과 책, 그리고 다른 리소스에 대한 링크를 포함한 많은 치료 리소스를 포함하고 있다. 추가적인 리소스는 덴마크, 독일, 중국, 한국, 폴란드, 일본어로 번역된 치료 매뉴얼과 스페인어로 번역된 다양한 치료 리소스를 포함한다. TF-CBT 훈련협회는 연중 강사를 훈련시키고, 상담가를 교육하고 교육감독 프로그램을 훈련하며, 이는 국립 아동외상 네트워크(National Child Traumatic Stress Network; www.nctsn.org)의 후원을 받는다. 훈련을 받은 미연방의 정신건강 치료자들은 국가적으로 인증을 받을 수 있다. 자세한 내용은 https://tfcbt.org에서 확인할 수 있다.

치료 효과의 증거

표 15.1은 TF-CBT의 무선할당 통제실험들을 요약해서 보여준다. 이것은 외상화 아동의 PTSD와 다른 증상들을 치료하는 데 있어 TF-CBT의 효능 및 효과성에 대한 증거들을 제안한다. 덧붙여 이러한 연구들은 부모의 지지와 부모의 효과적인 양육 기술을 강화하는 데 이득이 있으며, 부모의 우울 수준과 외상 관련 증상을 감소시키는 데도 효과가 있음을 보고한다. 몇몇 TF-CBT 연구들은 또한 아동의 증상 감소의 매개요인의 잠재적 역할을 검증하였다. 예를 들어 Cohen과 Mannarino(1998)는 학령 전 아동에게 있어 부모의 정서적 불편감과 부모의 지지가 아동의 증상에 대한 유의한 예측인이라고 보고했다. 다른 연구(Cohen & Mannarino, 2000)는 아동의 학대 관련 귀인과 지각이 부모의 지지 만큼 성학대 피해 경험이 있는 후기 아동기의 치료 결과를 예측하는 것으로 보고했다. 세 번째 연구(Deblinger, Mannarino, Cohen, & Steer, 2006)는 중복외상 경험과 높은 수준의 치료 전 우울이 각각 아동중심치료를 받은 아동에게 있어서만 각각 조절변인의 역할을 하는 것으로 밝혔다. 이러한 결과는 TF-CBT가 특히 중복외상을 가진 아동과 보다 심각한 우울증을 가진 아동에게 특히 우월함을 제안한다. 몇몇 연구들은 TF-CBT가 특히 외상 관련 행동 문제와 우울을 극복하는 데도 효과적이라는 점을 제안한다(Deblinger, Lippmann, & Steer, 1996; Deblinger, Mannarino, Cohen, Runyon, & Steer, 2011; Diehle, Opmeer, Boer, Mannarino, & Lindauer, 2015).

보급과 실행에 관한 증거

위탁양육 아동

일리노이 위탁양육 시스템(Illinois foster care Systems of Care, SOC) 프로그램은 통상치료(TAU)를 받은 아동 혹은 3개의 근거기반 실행(EBP) 중에 하나를 받은 아동 간의 결과를 비교했다. 모든 세 가지 EBP에 속한 아동은 SOC TAU를 받은 아동에 비하여 가출이나 직업 중단이 유의하게 적었다. TF-CBT를 받은 아동은 SOC TAU를 받은 아동에 비하여 또한 PTSD 증상의 유의한 호전을 경험했고, 행동적 · 정서적 증상도 호전됐으며, 위탁가정에서 가출하는 일이 유의하게 적었다.

　　보다 최근에 아동과 위탁부모가 포함된 무선실험에서는 근거기반 참여 전략과 결합한 TF-

표 15.1 완성된 TF-CBT 무선할당 통제실험의 요약

연구	대상군 (N=연구 혹은 치료 시작 피험자 수)	회기 수/ 시간	치료/통제 (N=분석된 피험자 수)	주요 결과
Cohen & Mannarino (1996)	미국의 3~6세 성학대 미취학 아동, N=86	12, 1.5시간	TF-CBT 39 TF-CBT 28 NST	TF-CBT가 PTSD, 내재화, 성 행동에서 NST보다 우월
Deblinger, Lippman, & Steer (1996)	미국의 8~14세 성학대 아동, N=100	12, 1.5시간	TF-CBT 22 TF-CBT 부모만 24 TF-CBT 아동만 22 TF-CBT 부모+아동 22 통제집단	TF-CBT 아동(부모+아동) 유의하게 PTSD 호전. TF-CBT 부모(부모+아동) 아동의 우울, 행동 문제, 부모 기술에서 유의하게 호전 및 향상
Cohen & Mannarino (1998)	미국의 8~14세 성학대 아동(PTSD 증상 필수 아님), N=82	12, 1.5시간	TF-CBT 30 TF-CBT 19 NST	TF-CBT가 종결 시 PTSD, 내재화, 성 행동 NST보다 우월.[a] 12개월 FU에서 PTSD와 해리 증상 향상
King et al. (2000)	오스트리아 5~17세, N=36	20, 100분	TF-CBT 12 TF-CBT 아동 12 TF-CBT 가족 12 WL	TF-CBT가 WL보다 PTSD 증상 호전에 우월. 가족 포함은 미미하게 더 나은 결과
Deblinger, Stauffer, & Steer (2001)	2~8세 성학대 아동, N=44	11, 1.75시간	21 TF-CBT 집단 23 지지집단	TF-CBT가 지지집단보다 어머니의 증상에서 더 큰 효과크기, 아동의 안전지식 유의한 차이
Cohen, Deblinger, Mannarino, & Steer (2004)	미국의 8~14세 성학대와 중복외상 아동, N=203	12, 1.5시간	TF-CBT 89 TF-CBT 91 CCT	TF-CBT가 CCT보다 PTSD, 우울, 행동, 수치심, 부모양육 문제에서 더 우월
Cohen, Mannarino, Perel, & Staron (2007)	10~17세 성학대 아동, N=24	12, 1.5시간	TF-CBT+설트랄린=12 TF-CBT+플라시보=12	두 집단 모두 PTSD와 우울에서 유의한 호전. 집단 차이는 없음
Jaycox et al. (2010)	허리케인 카트리나 이후 클리닉이나 학교에 치료받으러 온 4~8학년 아동, N=118	TF-CBT 12, 1시간, CBITS 13, 1시간	TF-CBT 60 TF-CBT 58 CBITS	두 집단 모두 PTSD 유의하게 감소. 집단차 없음. 클리닉 기반 TF-CBT보다 학교기반 CBITS가 접근이 유의하게 더 나음
Cohen, Mannarino, & Iyengar (2011)	DV에 노출되어 지역 DV클리닉에 온 7~14세, N=124	8, 1.5시간	TF-CBT 64 TF-CBT 60 CCT	TF-CBT가 CCT보다 PTSD와 불안, 그리고 심각한 부정적 사건을 예방하는 데 우월
Deblinger et al. (2011)	4~11세 성학대 아동, N=210	TF-CBT-N 8 혹은 16, 1.5시간 TF-CBT-Y 8 혹은 16, 1.5시간	TF-CBT 52 : 8회기 TF-CBT-TN-Y 52 : 8회기 TF-CBT-TN-N 54 : 16회기 TF-CBT-TN-Y 52 : 16회기 TF-CBT-TN-N	대부분의 증상이 조건 관계없이 호전. 8회기 TN이 아동의 공포와 불안, 부모의 학대 관련 스트레스를 감소시키는 데 가장 효과적이고 효율적임. TN이 없는 16회기는 외현화 문제와 부모 기술을 유의하게 향상시킴

표 15.1 완성된 TF-CBT 무선할당 통제실험의 요약(계속)

연구	대상군 (N=연구 혹은 치료 시작 피험자 수)	회기 수/ 시간	치료/통제 (N=분석된 피험자 수)	주요 결과
Jensen et al. (2013)	노르웨이의 10~18세 중복 외상화로 지역 클리닉에 온 아동, N= 156	15, 1시간	TF-CBT 79 TF-CBT 77 TAU	TF-CBT는 PTSD, 우울, 불안, 전반적인 정신건강 증상에서 TAU보다 우월
O'Callaghan et al. (2013)	콩고의 12~17세 전쟁 중에 상업적인 성적 착취를 당한 후 비정신건강시설(일반의료시설)에 치료받으러 온 소녀, N =52	15, 1.5시간, 5주간 집단	TF-CBT 24 TF-CBT 집단 28 WL	TF-CBT가 PTSD, 우울, 불안, 품행 문제, 친사회적 행동에 있어 WL에 비해 유의하게 향상
McMullen et al. (2013)	콩고의 일반의료시설에 치료받으러 온 전쟁에 노출된 13~17세 소년, N=50	15, 1.5시간, 5주간 집단	TF-CBT 25 TF-CBT 집단 25 WL	TF-CBT가 전반적인 심리적 스트레스와 함께 PTSD, 우울, 불안, 품행 문제, 친사회적 행동에 있어 WL에 비해 유의하게 향상
Dorsey et al. (2014)	지역사회 건강기관에 치료받으러 온 6~15세의 보호시설에 있는 외상화된 아동, N=47	최소11, 1시간	TF-CBT 25 계약 TF-CBT 22 표준 TF-CBT	계약 TF-CBT가 표준 TF-CBT보다 4회기 이전의 조기 탈락을 예방하는데 유의한 효과 있음. 회기 취소율이나 노쇼, 치료만족도, 임상적 결과에서는 유의한 차이 없음
Diehle et al. (2015)	독일의 8~18세 외상화된 아동, N=48	8, 1시간	TF-CBT 24 TF-CBT 24 EMDR	TF-CBT와 EMDR이 PTSD 증상은 동일하게 유의하게 호전. TF-CBT가 아동의 우울과 과활동 증상에는 TF-CBT가 유의하게 우월
Murray et al. (2015)	잠비아의 훈련된 법률 상담가에서 치료를 받으러 온 5~18세 복합 외상화되고, HIV 감염된 아동, N=257	세팅의 문화적 요구에 따라 융통성 있게 10~16 회기	TF-CBT 131 TF-CBT 126 UCC	TF-CBT가 PTSD와 적응손상을 회복시키는 데 UCC보다 우월
Goldbeck et al. (2016)	독일의 지역클리닉에서 치료받으러 온 7~17세 복합 외상화된 아동, N =159	12, 1시간	TF-CBT 76 TF-CBT 83 WL	TF-CBT가 WL보다 PTSD 증상, 우울, 부적응적 인지, 적응기능, 우울, 불안, 행동 증상 호전에 우월. 그러나 삶의 질은 그렇지 않음. PTSD의 호전은 복합적인 PTSD나 전형적인 PTSD 아동 모두에게 동일함

주 : 비외상 비교집단이나 통제조건이 있는 연구만 포함되었음. CBITS-학교기반 인지행동 개입, DV-가정폭력, EMDR-안구운동민감소실재처리 기법, FU-재진, PTSD-외상후 스트레스장애, TF-CBT-외상 초점 인지행동치료, TF-CBT-TN-N-외상 내레이션 비포함 외상 초점 인지행동치료, TF-CBT-TN-Y-외상 내레이션과 처리 단계 포함 외상 초점 인지행동치료, NST-비지지적치료, CCT-아동중심치료, WL-대기리스트, CBT-인지행동치료, TN-외상 내레이션, TAU-통상치료, UCC-통상적 임상 관리.

[a] p<.05.

CBT가 그런 참여 전략이 없는 TF-CBT를 시행한 것에 비해 유의하게 더 나은 참여율과 완수율을 보였다는 것을 증명했다(Dorsey et al., 2014). 이 발견은 성공적인 치료 완료의 중요성뿐만 아니라 치료 시작 때 치료 참여의 약속이 중요하다는 것을 입증했다.

웹 기반 원격 학습

앞서 기술한 TF-CBT 웹 코스는 최소 석사학위 이상의 학습자들은 이용 가능하다. 2005년 10월 1일 처음 공식적으로 런칭한 이후 2012년 10월 1일까지 총 123,848명이 웹사이트에 등록하였으며, 거의 70%가 코스를 완수했다(Heck, Saunders, & Smith, 2015). 모든 학습자는 사전 사후 테스트를 보는 방식으로 TF-CBT의 실습 구성요소들에 대한 지식을 향상시켰음을 증명했다. 석사학위를 가진 미국의 학습자들과 아동 외상에 대해 작업한 경험이 있는 사람들이 보다 잘 코스를 완수하는 경향이 있었다. 직접 훈련에 대한 수요도 전국적으로 증가하여, 외상화 아동을 위한 EBT의 보급에 지속적이 관심이 있으며, 이 모델에서의 무료 웹 기반 훈련은 실제 더 많은 교육을 받고자 하는 수요 증가에 기여할 수 있음을 시사하였다.

재해에 대한 TF-CBT

TF-CBT는 세계무역센터 테러(CATS Consortium, 2010)와 카트리나 허리케인(Jaycox et al., 2010)의 영향을 받은 아동에게 효과적임이 밝혀졌다. TF-CBT는 폭넓은 재해에 뒤따른 영역에서 활용되고 있다. 일본의 쓰나미 직후에서 쓰나미와 기타 다양한 외상을 겪은 아동과 가족들에 대한 파일럿 결과들은 그러한 아동군에 대한 TF-CBT의 타당성과 효과성의 증거를 추가하였다(Satomi et al., 2015).

전 세계의 외상 아동들

최근 노르웨이와 독일 등에서도 각각 무선할당 통제실험을 통해 효과성이 보고되었다(Jensen, et al., 2013; Goldbeck, Muche, Sachser, Tutus, & Rosner, 2016). 덧붙여 TF-CBT는 전쟁 노출과 같은 복합 외상으로 고통받는 낮은 사회경제적 상황에 놓인 아동에게도 실시되었다. 최근의 몇몇 연구들은 콩고 민주공화국에서 전쟁에 노출된 아이들에게 집단과 개인의 형태로 효과성을 검증하였고(O'Callaghan, McMullen, Shannon, Rafferty, & Black, 2013; McMullen, O'Callaghan, Shannon, Black, & Eakin, 2013), 탄자니아와 잠비아에서도 각각 고아 및 취약한 아동에게 효과성이 보고되었다(O'Donnell et al., 2014; Murray et al., 2015).

향후 방향

TF-CBT는 다양한 외상화 아동을 치료하는 데 매우 성공적이었으며, 어떤 연구에서는 PTSD 완치율이 80~90%에 이르기도 한다. 이러한 결과들은 다른 아동 정신건강 문제들에 대한 결과와 비교된다. 그러나 많은 도전이 여전히 남아 있다. 최근의 연구들은 TF-CBT의 비용대비 효과성과 아동에게 잠재적으로 비용을 더 줄이면서 동시에 효과는 증대시킬 수 있는 개별화된 단계적 치료 접근을 개발하여 그 효과를 검증하였다(Greer, Grasso, Cohen, & Webb, 2014). 몇몇 연구들에서의 결과들은 어떤 아동은 다른 길이와 구성요소들의 사용과 강도에서 각각 다른 시행을 통해 효과를 볼 수 있는 것과 같이 TF-CBT가 구별되는 증상 특징을 가진 아동의 필요를 다루기 위해서 최적화되어 조정될 수 있음을 제안하였다(Deblinger et al., 2011).

아직 탐색되지 않은 다른 이슈는 외상화된 아동을 위한 최적의 치료 시기와 관련된 것이다. 자연스러운 회복이 일어나더라도, 많은 아동은 개입을 받지 않고 고통을 계속 겪을 수 있다. 이러한 아동에게 조기 개입은 아마도 증상이 더 확고해지기를 기다리는 것보다 더 좋을 수 있지만, 이를 확인해준 연구는 없다. 개입의 최적의 시기가 언제인가 하는 이슈는, 특히 대규모 지역사회 재해의 경우에 중요하다. 그러한 연구들을 실행하기 위한 연구윤리위원회(Institutional Review Board, IRB)의 승인과 기금을 얻기가 어렵기 때문에 재해 직후에 잘 설계된 연구들이 시행되지는 못했다. 카트리나 허리케인의 자료들은 자연스러운 회복이 정상이라는 가정에 도전한다. 상당수의 아동은 유의한 외상 증상을 보였고, 많은 경우 과거의 외상적 경험을 재점화시키는 것처럼 보였다. 이는 앞으로 아동을 위한 응급 개입 연구를 실행하기 위해서는 재해 전에 연구비를 적극적으로 준비하고 IRB 승인을 위한 체계를 제공할 준비를 할 절실한 필요성을 시사한다.

추가적인 탐색이 필요한 다른 분야는 TF-CBT가 보급되었을 때, 어떻게 TF-CBT 충실성을 유지할 것인지, 보급에 앞서 조직의 기량을 어떻게 최적으로 만들지, TF-CBT를 변화에 덜 수용적인 실제 치료자들에게 보급하는 것보다 학생들에게 훈련하는 것이 더 타당한지, TF-CBT는 새로운 세대의 치료사가 개입할 수 있는 표준 모델이 될 수 있는지 등이다. 현재 진행 중인 다른 중요한 탐색 영역은 충실성에 대한 유사한 다른 EBP처럼 슈퍼비전 전략이 처음의 시행을 최적화시킬 뿐 아니라 TF-CBT의 계속적인 사용을 지지하는지를 검증하는 것이다(Dorsey et al., 2013). 이 모두는 보급과 관련한 중요하고 풍성한 시사점을 제안해줄 수 있는 연구 영역들이다.

맺음말

아동기 외상의 잠재적으로 심각하고 지속되는 결과에 대한 증거들이 축적될수록 외상화 아동을 위한 최선의 치료 방법이 무엇인지, 어떻게 이러한 아동을 보게 되는 치료자들의 손에 효과적인 치료법을 갖게 할지는 더욱 중요하다. 거의 25년간 우리는 RCT 연구가 없는 상태에서 시작해서 외상화 아동을 치료하는 하나의 근거기반 치료로서 TF-CBT를 체계화해나갔다.

우리의 향후 목표는 TF-CBT를 보급하는 비교 모델들을 평가하고 긍정적 결과에 대한 손실 없이 비용을 줄일 수 있는 단계적 치료 접근을 보다 완전히 평가하는 것, 그리고 외상 후에 서로 다른 증상 표현에 대한 최적화된 전략을 개발하는 것 등을 포함한다. 우리는 마지막으로 효과적인 치료 모델의 유용성과 보급률을 더욱 향상시키기 위해 대학원 및 대학원 교육 과정에서 TF-CBT 및 기타 EBT를 소개하는 것의 효과 또한 검증하기를 희망한다. TF-CBT는 계속 발전하기를 희망하는 진화화는 모델이다. 우리의 일관된 목표는 아이들이 외상을 극복하도록 돕는 것이다.

감사의 글

이 장에서 인용한 연구는 다음의 지원을 받아 수행되었다. Substance Abuse and Mental Health Services Administration (No. SM 61257).

참고문헌

CATS [Child and Adolescent Trauma Treatments and Services] Consortium. (2010). Implementation of CBT for youth affected by the World Trade Center disaster. *Journal of Traumatic Stress, 23,* 699–707.

Cohen, J. A., Deblinger, E., Mannarino, A. P., & Steer, R. (2004). A multisite, randomized controlled trial for children with sexual abuse-related PTSD symptoms. *Journal of the American Academy of Child and Adolescent Psychiatry, 43,* 393–402.

Cohen, J. A., & Mannarino, A. P. (1996). A treatment study for sexually abused preschool children: Initial treatment and outcome findings. *Journal of the American Academy of Child Adolescent Psychiatry, 35,* 42–50.

Cohen, J. A., & Mannarino, A. P. (1998). Factors that mediate treatment outcome of sexually abused preschool children: Six- and 12-month follow-up. *Journal of the American Academy of Child Adolescent Psychiatry, 37,* 44–51.

Cohen, J. A., Mannarino, A. P., & Deblinger, E. (2017). *Treating trauma and traumatic grief in children and adolescents* (2nd ed.). New York: Guilford Press.

Cohen, J. A., Mannarino, A. P., & Deblinger, E. (2012). *Trauma-focused CBT for children and adolescents: Treatment applications.* New York: Guilford Press.

Cohen, J. A., Mannarino, A. P., & Iyengar, S. (2011). Community treatment of PTSD for children exposed to intimate partner violence: A randomized controlled trial. *Archives of Pediatrics and Adolescent Medicine, 165,* 16–21.

Cohen, J. A., Mannarino, A. P., Perel, J. M., & Staron, V. (2007). A pilot randomized controlled trial of combined trauma-focused CBT and sertraline for childhood PTSD symptoms. *Journal of the American Academy of Child and Adolescent Psychiatry, 46,* 811–819.

Deblinger, E., Lippmann, J., & Steer, R. (1996). Sexually abused children suffering posttraumatic stress symptoms: Initial treatment outcome findings. *Child Maltreatment, 1,* 310–321.

Deblinger, E., Mannarino, A. P., Cohen, J., Runyon, M., & Steer, R. (2011). Trauma-focused cognitive behavioral therapy: Impact of the trauma narrative component and treatment length on outcomes for children with a history of child sexual abuse. *Depression and Anxiety, 28,* 67–75.

Deblinger, E., Mannarino, A. P., Cohen, J. A., & Steer, R. (2006). A follow-up study of a multi-site, randomized controlled trial for children with sexual abuse-related PTSD symptoms: Examining predictors of treatment response. *Journal of the American Academy of Child Adolescent Psychiatry, 45,* 1474–1484.

Deblinger, E., Stauffer, L., & Steer, R. (2001). Comparative efficacies of supportive and cognitive behavioral group therapies for children who were sexually abused and their nonoffending mothers. *Child Maltreatment, 6,* 332–343.

Diehle, J., Opmeer, B. C., Boer, F., Mannarino, A. P., & Lindauer, R. J. L. (2015). Trauma-focused cognitive behavioral threrapy and eye movement desensitization and reprocessing: What works in children with posttraumatic stress symptoms? A randomized controlled trial. *European Journal of Child and Adolescent Psychiatry, 24,* 227–236.

Dorsey, S., Pullmann, M., Berliner, L., Koschmann, E. F., McKay, M., & Deblinger, E. (2014). Engaging foster parents in treatment: A randomized trial of supplementing trauma-focused cognitive behavioral therapy with evidence-based engagement strategies. *Child Abuse and Neglect, 38,* 1508–1520.

Dorsey, S., Pullmann, M. D., Deblinger, E., Berliner, L., Kerns, S. E. U., Thompson, K., et al. (2013). Improving practice in community-based settings: A randomized trial of supervision—study protocol. *Implementation Science, 8,* 89.

Foa, E. B., & Rothbaum, B. O. (1998). *Treating the trauma of rape: Cognitive-behavioral therapy for posttraumatic stress disorder.* New York: Guilford Press.

Goldbeck, L., Muche, R., Sachser, C., Tutus, D., & Rosner, R. (2016). Effectiveness of trauma-focused cognitive behavioral therapy (TF-CBT) for children and adolescents: A randomized controlled trial in eight German mental health clinics. *Psychotherapy and Psychosomatics, 85*(3), 159–170.

Greer, D., Grasso, D. J., Cohen, A., & Webb, C. (2014). Trauma-focused treatment in a state system of care: Is it worth the cost? *Administration and Policy in Mental Health and Mental Health Services Research, 41*(3), 317–323.

Heck, N. C., Saunders, B. E., & Smith, D. W. (2015). Web-based training for an evidence supported treatment: Training completion and knowledge acquisition in a global sample of learners. *Child Maltreatment, 20*(3), 183–192.

Jaycox, L. H., Cohen, J. A., Mannarino, A. P., Langley, A. K., Walker, D. W., Geggenheimer, K. L., et al. (2010). Children's mental health care following Hurricane Katrina: A field trial of trauma psychotherapies. *Journal of Traumatic Stress, 23,* 223–231.

Jensen, T. K., Holt, T., Ormhaug, S. M., Egeland, K., Granly, L., Hoaas, L. C., et al. (2013). A randomized effectiveness study comparing trauma-focused cognitive behavioral therapy with therapy as usual for youth. *Journal of Clinical Child and Adolescent Psychology, 43,* 359–369.

King, N. J., Tonge, B. J., Mullen, P., Myerson, N., Heyne, D., Rollings, S., et al. (2000). Treating sexually abused children with posttraumatic stress symptoms: A randomized clinical trial. *Journal of the American Academy of Child and Adolescent Psychiatry, 39,* 1347–1355.

McMullen, J., O'Callaghan, P., Shannon, C., Black, A., & Eakin, J. (2013). Group trauma-focused cognitive behavioral therapy with former child soldiers and other war-affected boys in the Democratic Republic of the Congo: A randomized controlled trial. *Journal of Child Psychology and Psychiatry, 54*(11), 1231–1241.

Murray, L. K., Skavenski, S., Kane, J. C., Mayeya, J., Dorsey, S., Cohen, J. A., et al. (2015). A randomized controlled trial of trauma-focused cognitive behavioral therapy (TF-CBT) among trauma-affected children in Lusaka, Zambia. *JAMA Pediatrics, 169,* 761–769.

O'Callaghan, P., McMullen, J., Shannon, C., Rafferty, H., & Black, A. (2013). A randomized controlled trial of trauma-focused cognitive behavioral therapy for sexually exploited, war-affected Congolese girls. *Journal of the American Academy of Child and Adolescent Psychiatry, 52*(4), 359–369.

O'Donnell, K., Dorsey, S., Gong, W., Ostermann, J., Whetten, R., Cohen, J. A., et al. (2014). Treating maladaptive grief and posttraumatic stress symptoms in orphaned children in Tanzania: Group-based trauma-focused cognitive-behavioral therapy. *Journal of Traumatic Stress, 27,* 664–671.

Satomi, K., Junko, Y., Arai, Y., Sachiko, N., Azusa, S., Wakako, M., et al. (2015). Feasibility of trauma-focused cognitive behavioral therapy for traumatized children in Japan: A pilot study. *International Journal of Mental Health Science, 9,* 26.

CHAPTER 16

덴버 조기 개입 모델을 통한 자폐스펙트럼장애 치료

Katherine S. Davlantis, Geraldine Dawson, Sally J. Rogers

임상 문제의 개요

자폐스펙트럼장애(autism spectrum disorder, ASD)는 가장 일반적으로 발생하는 신경발달장애 중 하나이다. 이 장애는 사회적 상호작용과 의사소통의 지속적 결함(예 : 사회적-정서적 상호성, 비언어적 의사소통 행동, 관계의 발달, 유지 및 이해) 및 제한되고 반복적인 활동 및 흥미 패턴의 존재(예 : 고정된 또는 반복적인 운동 또는 언어, 동일성에 대한 주장, 비정상적으로 강하거나 초점이 맞추어진 고정된 흥미, 감각 입력에 대한 과대 또는 과소 반응)가 특징이다. ASD의 증상은 사회적·직업적 또는 기타 중요한 기능 영역에서 임상적으로 유의한 손상을 일으킨다(American Psychiatric Association, 2013).

가장 최근의 추정치에 따르면 미국 내 68명의 아동 중 1명꼴로 ASD로 진단을 받고 있다(Christensen et al., 2016). 더 어린 연령에서 ASD를 진단할 수 있는 능력이 향상되고 있으며, 이는 우리에게 기회와 도전을 동시에 제공한다. 기회는 아이들이 더 어린 연령대에서 진단받게 되면, 그들에게 초기 개입 서비스를 제공할 수 있다는 사실에 있다. 도전해야 되는 문제는 3세 미만의 ASD 아동의 문제를 해결하는 경험적으로 검증된 개입 접근법이 거의 존재하지 않는다는 것이다. 덴버 조기 개입 모델(Early Start Denver Model, ESDM)은 이러한 조기 개입 접근 중 하나이다.

치료 프로그램에 대한 개념적 모델

ESDM(Rogers & Dawson, 2010a)은 ASD 진단을 받았거나 ASD 위험이 있는 12~60개월 아동을 대상으로 설계된 포괄적이고 자연주의적이며 발달을 반영한 조기 개입이다. 이 모델은 ASD가 있는 아동의 적절한 발달 궤적을 촉진하기 위해 ASD가 초기 발달에 영향을 미치는 전형적인 발달과 방법에 대한 지식을 사용한다. ESDM의 목표는 인지, 사회정서, 언어 및 적응 영역에서 아동 발달을 촉진하고 ASD 증상의 장애 효과를 감소시킨다.

덴버 모델, Rogers 및 Pennington의 자폐아 대인관계 발달 모델(Rogers & Pennington, 1991), Dawson의 자폐증에 대한 사회적 동기부여 가설, 응용행동분석(ABA) 및 중심축 반응 훈련(PRT)을 포함한 몇 가지 주요 접근이 ESDM의 근간을 이루고 있다.

덴버 모델은 덴버의 콜로라도대학교 보건과학센터(University of Colorado Health Science Center)에서 1981년부터 Rogers와 동료들에 의해 개발되었다. 이 모델은 ASD 또는 관련 장애 아동을 위한 놀이, 관계 및 언어 개발에 초점을 둔 발달 기반 집단 유치원 프로그램이다. 모델은 발달을 촉진하기 위해 ASD와 성인 및 다른 아이들 사이의 밀접한 관계를 구축하는 데 초점을 두었다. 흥미로운 사회적 동기부여 게임 안에서 활기차고 역동적인 상호작용과 성인과 긍정적 감정을 나누도록 하였다. ESDM의 주요 구성요소가 된 이러한 '감각적인 사회적 일상'은 아동이 언어적 · 비언어적 상호작용을 통해 사회적 파트너를 추구하고 관례적 상호작용을 시작하고 유지하도록 동기화한다. ESDM의 핵심 원칙이 된 추가 원칙에는 모든 발달 분야에 대한 평가와 교육에 중점을 두기, 학제 간 팀의 사용, 놀이 및 모방 기술 가르치기, 다른 영역의 기술을 가르치기 위해 모방을 이용하기, 언어적 · 비언어적 의사소통 모두를 강조하기와 부모와 동맹관계들이 포함된다(Rogers, Hall, Oaski, Reaven, & Herbison, 2000; Rogers, Herbison, Lewis, Pantone, & Reis, 1986; Rogers & Lewis, 1989).

1991년 Rogers와 Pennington은 Stern(1985)의 저술과 소아 선행 연구에 의해 강하게 영향을 받은 ASD 모델을 발표했다. 그들은 초기에 ASD를 가진 아동이 모방에 손상을 보임으로써 다른 사람들과 신체적 동기화를 수립하는 데 실패하게 된다고 보았다. 동기화는 소아와 성인이 일반적으로 서로 조화를 이루는 초기 방법이기 때문에 이러한 장애는 아동과 성인 간의 감정적 조정에 부정적인 영향을 미치고 감정과 정신 상태를 이해하지 못하고 의도적인 의사소통을 사용하지 못하게 한다. 모방을 교육의 초점과 교육의 도구로 사용함으로써 ESDM은 ASD를 가진 어린아이들의 모방 기술을 강화하는 데 초점을 맞춘다.

2000년대 중반 Dawson은 Rogers와 협력하기 시작했다. 그들은 함께 ESDM을 만들었는데 덴버 모델을 적용하고 확장 및 개선하여 ASD를 가진 소아의 욕구에 부응할 수 있도록 발달적으로 더 낮은 연령대로 확장하였다. 진행이 예상했던 비율대로 발생하지 않을 때 교수 전략을 변경하는 방법을 설명하는 결정 트리(decision tree)가 추가되었다. 그들은 ESDM 원칙, 교수실무, 수행 성실성 평가 방법을 상세히 기술한 설명서를 출간하였다(Rogers & Dawson, 2010a). 많은 발달 영역에서 아동 기술을 평가하는 상세한 커리큘럼 도구가 또한 소아-유치원 기간에 대한 평가 및 치료 계획을 안내하는 설명서와 함께 제공되었다(Rogers & Dawson, 2010b).

ESDM은 Dawson과 동료들에 의해 제안된 사회적 동기 부여 가설의 영향을 받았는데, 이는 ASD를 가진 아이들이 사회적 자극의 보상 가치를 지각하는 데 손상이 있음을 보여주며, 이는 자극에 대한 주의력과 상호작용을 감소시키고 사회 학습을 위한 기회를 감소시킨다. 시간이 지남에 따라 사회적 상호작용이 부족하면 의사소통과 사회적·정서적 기술의 장애가 증가한다 (Dawson et al., 2002; Dawson et al., 2004). ESDM의 주된 목표는 사회적 상호작용의 보상 가치를 높여서 아이들을 사회적 고리 안으로 다시 끌어들이고 이로 인해 학습 기회를 증가시키는 것이다. ESDM의 몇 가지 원칙이 함께 작동하는데, 사회적 관례에 맞는 감각 사용과 아동에게 본질적으로 보상이 되는 대상과 행동을 중심으로 상호작용 방식의 관례를 구축하는 데 초점을 맞추는 것 등이 포함된다.

관계 중심의 ESDM 접근법의 맥락에서 성인은 소아의 학습을 연구하는 과학자가 정의하고 검증한 교수 전략을 사용한다. 이러한 전략은 일반적으로 ABA와 관련이 있다. ABA의 기본 원칙에 따르면 선행사건, 행동 및 결과는 ASD 진단을 받았거나 발병 위험이 있는 영아와 소아를 포함하여 모든 사람을 가르치는 데 중요한 세 가지 구성요소이다(Cooper, Heron, & Heward, 2006; Lovaas, 2002). ESDM은 ABA의 원칙을 사용하는데, 여기에는 명확한 선행사건을 알려주는 것, 아이들이 행동에 참여한 후에 적절한 결과를 제공하는 것, 아이들이 새로운 기술을 습득할 수 있도록 도와주는 조형, 용암법, 촉진법과 행동 연쇄 사용 등이 포함된다.

ASD를 진단받은 아동을 위한 근거기반 조기 개입인 PRT는 덴버 모델에서 ESDM으로 진화하는 데 영향을 미쳤다. PRT는 ABA 전략을 기반으로 하며, 자연스러운 상호작용 형식으로 제공되며 아동의 학습 동기를 최적화하는 데 초점을 둔다. PRT는 ESDM의 중심 원리이기도 한 몇 가지 기술을 사용하는데, 놀이 내에서 아동에게 선택을 제공하고 새로운 기술을 해보려는 아동의 시도를 강화하며 내재적인 강화를 사용한다(Koegel & Koegel, 1988; Schreibman & Pierce, 1993).

치료 프로그램의 특징

ESDM에서 ASD는 거의 모든 발달 영역에 영향을 미치는 발달장애로 이해된다. 이 이해는 모델 커리큘럼의 기초가 되며, ESDM 커리큘럼 체크리스트에 제시되어 있다(Rogers & Dawson, 2010b). 이 체크리스트에는 수용 및 표현 언어, 모방 및 공동 주의를 포함한 여러 영역의 기술이 포함된다. 각 영역 안에서 기술들은 발달에 따라 연결되어 있다. ESDM에 입학할 때 각 아동은 ESDM 커리큘럼 체크리스트를 사용하여 평가된다. 이것으로부터 발달적으로 적절한 치료 목적이 기록되고, 이것을 12주 기간 동안 목표로 삼는다.

ESDM 안에서 치료 목적은 중요한 모델의 일부인데, 개입을 안내하고 개입 제공자를 추적할 수 있게 해준다. 커리큘럼 평가에서 현재 선택된 발달 영역별 두세 가지 기술은 발달적으로 다음 순서에 오는 기술을 나타낸다. 이러한 기술은 선행사건들의 명확한 묘사가 포함된 측정 가능한 치료 목표로 바뀌게 되는데, 기술 시연, 기술 자체, 기술의 통달 및 일반화를 위해 필요한 단서들이 주어져야 한다. 치료 목표는 매뉴얼로 된 커리큘럼에 있는 항목들로부터 비롯되지만 특정 아동과 그 환경에 맞게 개별화되며 교과과정 평가 자료 외에도 부모의 요구를 반영하여 목표들을 개발한다. 이 치료 목표 각각은 아동의 현재 기본 수준에서 시작하여 완전히 통달하고 일반화된 기술에 이르는 과제 분석을 기반으로 몇 가지 교습 단계로 나뉜다. 이러한 교육 단계는 정기적으로 수집되어 ESDM 내에서 교육을 안내하는 중점 자료가 된다.

ESDM 내에서의 교육은 매일의 보육 및 놀이 활동을 포함한 모든 유형의 자연적 상호작용에서 수행되도록 고안되었다. 또한 누가 개입을 제공할 것이며 어디에서 제공할지에 융통성이 있다. ESDM은 유치원/보육 프로그램, 가정, 치료센터 및 지역사회에서 숙련된 치료사 또는 부모에 의해 제공될 수 있다. 개입은 집중적인 형태로 제공되는 경우가 많으며, 주로 훈련받은 치료사가 일주일에 여러 시간의 치료를 아동 가정에서 제공한다. 또한 부모는 종종 고도로 숙련된 코치에게 일상적 상호작용에서 ESDM 기술을 사용하도록 교육을 받는다. 이 경우 부모는 종종 코치와 함께 주당 1~2시간 동안 만나 기술을 배우고 실습하며 가정에서 기술을 어떻게 사용할지 논의한다. 마지막으로 ESDM은 취학 전/보육 프로그램 내에서 활용될 수 있으며, 고도로 훈련된 교사-치료사는 한 번에 한 아동 혹은 여러 명의 아동에게 모델을 제공한다. 학부모 코칭은 집중 서비스 및 유치원/보육 서비스 구성요소로 자주 사용되기 때문에 아동은 하루 종일 양질의 학습 기회를 빈번하게 제공하는 사람들에 둘러싸여 있게 된다.

치료 효과의 증거

ESDM은 증거기반 개입으로 효율성과 효과성을 입증하는 다양한 형식의 많은 연구가 있다. 전반적으로 아동 수행에 미치는 영향은 사회적 의사소통, 언어, 인지, 적응 행동 및 ASD 증상에서 입증되었다. 부모의 경우 자녀와의 상호작용 기술, 스트레스 수준 및 치료사와의 협력 관계에서 효과가 입증되었다. 표 16.1은 연구 논문의 리뷰를 제시한다.

표 16.1 ESDM 효과 검증 연구 고찰

연구자 및 연도	표본	치료 절차	주요 측정치	결과
집중 개입				
Dawson et al. (2010)	18~30개월 자폐 아동 48명	ESDM 혹은 지역사회 개입에 무선할당. ESDM 집단은 훈련된 치료사에게 주당 20시간 가정치료 및 매월 2회의 부모코칭, 비교집단은 2년간 지역사회 개입	ADOS, ADI-R, MSEL, VABS, RBS	ESDM 집단은 비교집단에 비해 지능, 적응행동과 진단에서 유의한 향상을 보임
Dawson et al. (2012)	Dawson et al. (2010)과 동일, 동일 연령대 정상 발달 아동	Dawson et al. (2010)과 동일	사회적 자극 대 비사회적 자극 상황에서 EEG 활동	ESDM 집단과 정상 발달 아동은 얼굴 자극에 대해 더 짧은 Nc 잠재기와 증가된 피질 활성화를 나타냄. 반대 패턴을 보임
Estes et al. (2015)	Dawson et al. (2010) 연구에서 추적한 6세 아동 39명	Dawson et al. (2010)과 동일	DAS-학령기 수준 VABS, ADOS, RBS-R, ABC, ADI-R	ESDM 아동은 지적 능력, 적응 행동, 도전 행동에서 개선을 보였으나 핵심 자폐 증상에서는 차이가 없었음. 6세가 된 ESDM 아동은 통제집단에 비해 핵심 자폐 증상 개선을 보임
부모 코칭				
Vismara, Colombi, & Rogers (2009)	자폐 진단 혹은 위험 12~36개월 아동 8명	12주 동안 주당 1시간 부모 코칭+추후 회기	MSEL, ADOS, ESDM 커리큘럼 점검 목록, ESDM 교육 충실도 평정 체계, 아동 의사소통 행동과 참여 코딩을 위한 부모-자녀 및 교사-아동 자유놀이	여섯 번째 회기에서 대부분의 부모들이 책략을 습득하였고 추후 회기까지 유지됨. 일단 부모가 ESDM 책략을 습득하고 나면 아동은 사회적 의사소통 행동, 자발적 발언 횟수에서 큰 개선을 보임
Vismara, Young, Stahmer, Griffith, & Rogers (2009)	4개 지역에 각각 2~3명의 치료사가 조기 개입 제공, 24~51개월 자폐 아동	ESDM 원격 교육 대 지역사회 기반 직접 치료사 교육 효과 연구, 5개월 치료사 교육, 5개월 부모에게 지식 전달. 5명의 치료사는 직접 교육, 5명은 원격 교육, 치료를 통해 교육	ESDM 교육 충실도 평정 체계(치료자-아동, 부모-자녀 성실성 평가), 부모코칭 기반 평가 성실성 측정치, 사회적 의사소통 아동 참여 자유놀이 코딩, 치료자 만족도 조사	원격 교육과 직접 교육이 치료자에게 ESDM을 가르치고 부모를 훈련하는 데 동일한 효과를 보임. 치료자 기술 향상을 위해 교육 워크숍과 슈퍼비전이 필요함. 시간이 지나면서 교육 영역에 걸친 아동 향상이 나타남. 교정 이후 부모가 ESDM 실전함

표 16.1 ESDM 효과 검증 연구 고찰(계속)

연구자 및 연도	표본	치료 절차	주요 측정치	결과
Vismara, Young, & Rogers (2012)	16~38개월된 지체 아동 9명	부모코칭 회기(원격의료 기술 활용) 주당 1시간 12주+추후 회기 세 번	사회적 의사소통과 아동 참여 지유놀이 코딩, 모성행동평가척도, 아동행동평가척도, ESDM 학습성실도 평정, MCDI, VABS-II, 성실성과 수용성 질문지	부모는 개입 방법을 학습할 수 있었음(평균 6.41주 소요), 아동의 사회적 의사소통은 부모 참여에 따라 증가됨
Rogers et al. (2012)	14~24개월 지체 진단되었거나 위험성이 있는 아동 98명	지역사회 서비스 혹은 ESDM 부모 코칭에 무선 할당됨. ESDM 집단은 12주의 부모코칭(주당 한 번씩 1시간)	ADOS, MSEL, MCDI, VABS-II, 모방과 사회적 참여 탐색, ESDM 학습성실성 평정(부모-자녀 성실성 평가), 아동과 치료 동맹 척도, CPEA 개임력 연습	부모 아동 상호작용에 따른 집단 간 차이는 없었음. 두 집단 모두 상호작용 기술이 증가되었고 아동의 향상이 나타남. ESDM 부모는 지역사회 집단보다 치료자와 더 밀접한 동맹을 맺었음. 지역사회 아동은 ESDM 아동보다 더 많은 시간의 치료를 받음
Vismara, McCormick, Young, Nadhan, & Monlux (2013)	18~45개월 지체 아동 8명	12주 동안 주당 1시간 30분 부모코칭 회기(원격의료 기술 활용)+세 번의 추후 회기, 부모 자기주도형 웹사이트도 활용	사회적 의사소통과 아동 참여 지유놀이 코딩, 모성행동평가척도, ESDM 학습성실도 평정, MCDI, 부모만족도 평가, 웹 사이트 사용 추적	부모는 개입 방법을 학습할 수 있었음(평균 7.33주 소요). 아동의 사회적 의사소통은 부모 참여에 따라 증가됨
Estes et al. (2014)	Rogers et al. (2012)과 동일	Rogers et al. (2012)과 동일	부모유능감척도, 스트레스 지원 질문지, 인생경험 조사	ESDM 부모는 양육 스트레스 증가를 보이지 않았으나 지역사회 집단에서는 증가를 보임. 양육 유능감에서 집단 간 차이는 없었음
Vismara et al. (2016)	18~48개월 지체 아동 24명	ESDM 부모 코칭(원격의료 조기 개입에 무선할당) 또는 지역사회 조기 개입에 무선할당, ESDM 집단은 부모 코칭 12주(원격의료 기술, 주 1회 1.5시간)를 받았고 자기주도 웹 사이트에 접속. 지역사회 집단은 매월 1.5시간 회기 회기와 동일한 웹사이트 이용(ESDM 정보를 대체하는 조기 개임 정보 포함)	아동 사회 의사소통을 위한 부모와 자녀 자유놀이 코딩, 부모 만족도 설문지, 웹사이트 사용 추적	지역사회 집단 부모도 약간의 향상을 보였지만 ESDM 부모의 성실도가 더 많이 향상됨. 그러나 모든 ESDM 부모가 치료 종료 시 성실도를 충족한 것은 아님. ESDM 부모는 웹사이트를 더 많이 사용했고 프로그램에 더 만족함; 사회적 의사소통에 대한 치료 효과는 집단 모두 없음(두 기술이 향상됨)

표 16.1 ESDM 효과 검증 연구 고찰(계속)

연구자 및 연도	표본	치료 절차	주요 측정치	결과
취학 전/주간돌봄 서비스				
Eapen, Crncec, & Walter (2013)	36~58개월 ASD 아동 26명	취학 전 자폐아동센터에서 훈련된 치료자가 ESDM을 제공 10개월 동안 주당 10~20시간 집단으로 ESDM가 실시되며 1시간씩 일대일로 제공됨	MSEL, SCQ, VABS-II	MSEL의 시각수용, 수용언어, 표현언어와 발달지수에서 유의한 향상을 보였음. 부모보고에서도 VABS-II상 아동의 수용적 의사소통과 운동 기술의 향상과 SCQ상 ASD 전형적 증상이 감소됨
Vivanti et al. (2013)	22~58개월 ASD 아동 21명	결과 예측인자 탐색이 목적. ASD 조기 교육센터에서 훈련된 치료자와 1:3의 비율로 ESDM 제공됨. 1년 동안 주당 15~25시간 집단 ESDM이 제공됨. 부모 정보 회기도 포함되나 부모의 참석이 의무사항은 아님	대상 과제의 기능적 사용, 목표 이해와 사회적 주의를 평가하는 예측 사건 패러다임, 모방 과제, MSEL, ADOS	기능적 도구 사용에서 발전을 보였으며 목표 이해와 모방에서 1년 동안 치료 효과가 가장 큼
Fulton et al. (2014)	38~63개월 ASD나 PDD-NOS 아동 38명	취학 전 자폐아동센터에서 훈련된 치료자가 ESDM을 제공. 주당 1시간의 일대일 ESDM, 매일 ESDM 집중소집단 ESDM, 주당 15~20시간 ESDM 집단, 초기 부적응적 행동평가, 12주 후 사후평가, 11주 후 추종 평가	ESDM 행동평정, VABS-II, SCQ, MSEL	아동의 부적응적 행동에 유의미한 감소가 나타남. 68%의 아동이 12주 후 개선되었고 종료 시 79%에서 개선을 보임. 변화는 아동의 전반적인 발달과 더불어 나타났으며 VABS-II나 SCQ에서는 유의한 변화를 보이지 않음
Vivanti et al. (2014)	18~60개월 ASD 아동 57명	아동 27명이 ESDM 프로그램을 훈련된 치료자에 의해 주당 15~25시간 훈련받음(6회의 부모 교육이 제공되지만 의무사항은 아님), 30명 아동은 통제 프로그램에 할당되어 지역사회기반 프로그램을 유사한 환경에서 유사한 강도로 12개월 동안 받음	MSEL, ADOS, VABS-II, 중실도 측정치	두 집단이 인지, 적응과 사회 기술 면에서 모두 향상을 보임. ESDM 아동은 발달률과 수용언어에서 더 많은 향상을 보임

표 16.1 ESDM 효과 검증 연구 고찰(계속)

연구자 및 연도	표본	치료 절차	주요 측정치	결과
소아 ESDM				
Rogers et al. (2014)	ASD 증상을 보이는 7~15개월 소아 7명 + 소아의 형제자매 연구 소아와 맞춘 몇몇의 비교집단	소아에게 적합한 적응형 ESDM이 사용됨. 초기 ASD 발달 패턴과 여섯 가지 표적 증상과 발달 양상을 감소시키거나 변경시키는 것을 목표로 함. 부모코칭 12주(주 1회 1시간 회기)	소아 시작 부모 충실도 측정, 부모 만족도 평가, 아이들과의 개입을 위한 동영상 척도, ADOS, MSEL, CPEA 개입력 면접, 임상결과 최고 추정치 분류	치료가 끝난 후 부모는 개입을 완전히 익히고 기술을 유지했음. 치료된 영아는 9 개월 때는 비교군들에 비해 대부분 유의하게 증상이 있었으나, 18~36개월 사이에서는 가장 영향을 많이 받은 두 군보다 증상이 현저히 감소되었음. 36개월에 치료받는 소아는 치료 연구에 등록하지 않은 유사 증상군의 소아보다 ASD 및 DQ 가 70 미만으로 훨씬 낮았음

주 : Hr-hour, wk-week, x-times, yr-year, DQ-developmental quotient, Nc-negative central, ADOS-Autism Diagnostic Observation Schedule, ADI-R-Autism Diagnostic Interview-Revised, MSEL-Mullen Scales of Early Learning, VABS-Vineland Adaptive Behavior Scales, PDD-NOS-pervasive developmental disorder not otherwise specified, RBS-Repetitive Behavior Scale, DAS-Differential Ability Scales, RBS-R-Repetitive Behavior Scale-Revised, ABC-Aberrant Behavior Checklist, MCDI-MacArthur-Bates Communicative Development Inventory, VABS-II-Vineland Adaptive Behavior Scales-II, CPEA-Collaborative Programs of Excellence in Autism, SCQ-Social Communication Questionnaire

집중적 개입에 대한 연구

세 편의 논문에서 연이어 ESDM의 집약적 치료에 대한 첫 번째 무선할당 통제실험(RCT)의 결과를 보고했다. 2010년 Dawson 연구 팀은 18~30개월의 ASD 소아 48명이 ESDM 집단이나 평소와 같은 일반 치료를 받은 집단에 할당된 RCT 결과를 발표했다. ESDM 집단의 아동은 훈련된 치료사에게 일주일에 20시간의 일대일 ESDM 치료를 집에서 제공받았으며 부모에게는 한 달에 두 번 부모 코칭을 제공했다. 비교집단에 속한 사람들은 거의 동일한 수의 지역사회 치료를 받았다. 2년간의 치료 후 ESDM 집단의 아동은 지능지수(IQ), 적응 행동 및 언어 기술 면에서 일반 지역사회 집단에 비해 상당한 개선을 보였으며 지역사회 치료를 받은 아동에 비해 ASD 진단의 심각도가 현저하게 감소했다. 2012년에 Dawson과 동료들은 2010년 연구의 표본 집단을 대상으로 뇌 활동에 ESDM이 미치는 영향에 대해 조사한 연구를 발표했다. 이 연구는 이 장의 뒷부분에서 자세히 설명할 것이다.

치료를 마친 지 2년 후 연구자들은 추적 연구를 실시했다(Estes et al., 2015). 약 6세였던 39명의 아동에게 포괄적인 평가 배터리를 실시하여 집단 간 차이를 검증하였다. Estes 등은 ESDM을 이전에 받은 아동은 전반적인 지적 능력, 적응력, 증상의 심각성 및 도전적인 행동에서 얻은 이득이 유지된다는 것을 발견했다. 처음 연구에서는 ASD 증상에 따른 집단 차이는 발견되지 않았지만, 6세에 ESDM 집단에 있었던 아동은 핵심 ASD 증상에서 개선을 나타냈다. ESDM 집단에 있던 아동은 또한 추적 관찰 기간 동안 받은 치료 시간도 더 적었다.

학부모 코칭 연구

몇몇 연구 조사에서는 ESDM 부모코칭을 구체적으로 조사했다. 단일 사례 설계를 사용한 연구에 따르면 특히 언어, 놀이 및 모방 분야에서 부모코칭이 아동 학습에 긍정적인 효과를 지속적으로 나타내었다. 또한 2개의 RCT가 이루어져 발표되었다.

RCT 중 하나는 ESDM 부모코칭의 효과를 평가하는 다중 지점 연구였다(Estes et al., 2014; Rogers et al., 2012). 이 연구에서 ASD 진단을 받았거나 위험이 있는 14~24세 소아의 부모를 무선으로 ESDM 또는 비교집단에 배정했다. ESDM 집단의 사람들은 매주 1시간 회기로 구성된 코칭을 12주 받았고, 비교집단의 사람들은 일반 지역사회 서비스를 받았다. 부모-자녀 간 상호작용이나 아동 성과에서는 집단 간 차이가 나타나지 않았으나 두 집단 모두 시간이 지나면서 동일하게 향상된 결과를 보였다. 흥미로운 것은 비교집단은 ESDM 집단보다 2배 이상의 치료를 받았다는 점이다. 또한 ESDM 집단의 부모는 치료자들과 비교집단보다 훨씬 더 강하게 연대감을 맺었다고 보고하였다. 또한 ESDM 집단의 부모는 양육 스트레스에 변화가 없었으나 지역사회 집단 부모의 양육 스트레스는 증가하였다.

두 번째 RCT 연구에서는 원격의료 기술을 사용해서 부모코칭을 제공한 ESDM을 연구하였다(Vismara et al., 2016). 이 연구에서 18~48개월 ASD 부모 24명은 ESDM 부모코칭이나 지역사회 서비스 중 하나의 서비스를 제공받았다. ESDM 부모는 주당 1.5시간 원격 회기와 스스로 웹사이트에 접속하여 정보를 얻는 12주 코칭을 받았고 지역사회 집단의 사람들은 매달 1.5시간의 사례 토의 회기에 참여하였고 동일한 웹사이트에 접속하였는데, ESDM 내용 대신에 조기 개입에 대한 정보를 제공받았다. 지역사회 집단의 일부에서도 개선을 나타냈고 모든 ESDM 부모가 마지막까지 치료에 전부 참여한 것은 아니지만 ESDM 부모의 성실도가 지역사회 집단보다 높게 나타났다. ESDM 집단의 부모는 웹사이트를 더 많이 사용하는 경향이 있었고 프로그램에 더 만족했다. 아동의 사회적 의사소통 효과는 나타나지 않았지만 두 집단 모두에서 아동의 기술은 시간이 지남에 따라 향상되었다.

유치원/보육 개입에 대한 연구

최근 연구자들이 유치원 및 보육 프로그램에서의 ESDM 사용을 조사했다. 예를 들어, 연구자들은 공립보육 기반 ESDM 프로그램에 등록한 18~60개월의 ASD를 가진 아동 27명의 치료 효과를 절충적 접근 방식을 사용한 양질의 공공 ASD 전문 프로그램에 참여한 집단과 비교하여 평가하는 잘 통제된 연구를 시행했다. 두 집단의 환경 및 치료 강도는 비슷했다. ESDM 프로그램에 참여한 아동은 일주일에 15~25시간의 집단기반 ESDM을 받았고, 부모는 ESDM에 대해 6차례의 정보 회기를 제공받았다. 두 프로그램의 아동은 인지적 · 적응적 · 사회적 기술에서 이득을 얻었지만 ESDM 프로그램의 아동은 발달 속도와 수용언어 기술에서 현저히 더 높은 이득을 보였다(Vivanti et al., 2014).

영 · 유아 맞춤형 ESDM

최근의 한 예비 연구(Rogers et al., 2014)는 ASD의 징후를 보인 7~12개월 영 · 소아를 대상으로 ESDM 적용을 연구하였다. 치료는 여섯 가지 목표 증상(예 : 대상에 대한 시각적 고정 및 의도적인 의사소통 행위의 결여)을 줄이거나 변화하는 것을 목표로 하였으나 12주 동안 부모 코칭을 제공하였다(매주 1시간 회기 한 번). 연구자들은 ASD 진단을 받은 7명의 치료받은 영아의 결과를 ASD 진단받은 아동의 어린 동생을 포함한 여러 대조군과 비교했으며, 치료받은 영아는 대조군보다 유의하게 증상이 덜 나타남을 발견했다.

ESDM 치료의 신경 메커니즘

Dawson 등(2012)은 ESDM에 기초한 조기 집중적인 행동 개입이 뇌 활동의 개선과 관련이 있음을 입증한 첫 번째 연구를 보고했다. Dawson 등(2010) ESDM의 RCT에 참여한 아동은 개입이 끝날 때 뇌활동 평가에 참여하였으며, 정상 발달 중인 동일 연령 아동과 비교되었다. 여성의 얼굴과 사물의 사진을 제시하는 동안 뇌 좌우 반구의 앞부분과 뒷부분, 중앙 부분의 앞부분과 뒷부분의 뇌파(EEG) 활동[사건관련전위(ERP)와 스펙트럼 파워]을 측정하였다. ESDM 집단과 정상 발달 아동은 사물에 비해 얼굴을 보았을 때 보다 빠른(짧은) Nc ERP 최고점(주의 개입을 반영)을 보였으며 피질 활동이 증가되었다(알파 파워가 감소되고 베타 파워가 증가). 한편 지역사회 개입 집단은 반대 패턴을 보였다. 얼굴을 볼 때 활성화된 피질 정도는 부모가 보고한 사회적 행동 향상과 연합되었다.

이 연구는 조기 행동 개입이 ASD를 가진 어린 아동의 행동 및 뇌 발달 결과 모두를 변화시킬 수 있다는 원리를 입증하였다. 이 연구 결과는 ESDM에서 사용된 전략이 사람에 대한 주의와 관심 증가를 반영하는 사회적 환경을 향한 아동의 주의 패턴을 변화시킬 뿐 아니라 사회적 정보처리를 하는 뇌 영역 활성화를 증진시키는 데 기여한다는 것을 보여주었다(Sullivan, Stone, & Dawson, 2014).

첫째, 인생 초기에 행동 개입을 시작함으로써 개입은 미성숙한 두뇌에서 경험으로 인한 가소성을 원활하게 한다. 개입이 일찍 시작되면 언어와 사회 기술이 일반적으로 나타나는 기간에 기술을 습득하게 된다. 기술 습득의 자연스러운 기간 동안 뇌의 신경 준비 상태는 ASD 아동이 더 어린 나이에 기술을 습득할 수 있는 상대적인 용이함을 설명할 수 있다. 어린 소아의 두뇌가 발달하여 환경과 관계를 맺으면서 자신의 독특한 경험을 반영하는 신경 회로가 형성된다. 소아가 대상의 세계에 대부분의 주의를 기울이면 대상 지각을 기본으로 하는 신경 회로가 강화되고 언어 및 사회적 처리의 기본 신경 회로는 무시된다. 시간이 지남에 따라 신경 조직이 획득된 기술에 특화되면 뇌의 유연성이 감소한다. 일찍 개입함으로써 우측 측두 얼굴 처리 영역과 좌측 측두 언어 처리 영역과 같이 언어 및 사회 기술에 정상적으로 특화된 신경 조직이 활성화될 기회를 더 많이 가지게 된다.

ASD 진단을 받은 아동은 우반구나 언어 처리를 위한 반구 특정화 결여와 같은 비전형적 뇌 특정화를 보여주는 것으로 나타났다(예 : Eyler, Pierce, & Courchesne, 2012; Lombardo et al., 2015). 언어 자극에 대한 뇌의 ERP를 평가한 연구에서 평균 나이 2세의 ASD 아동들은 언어 처리 과정에서 비전형적 반구 특정화 패턴을 보이는 것으로 나타났다. 언어 자극에 대해 좌측 반구 특정화를 나타낸 아동은 6세가 되었을 때 여러 발달 영역에서 더 나은 결과를 보였다(Kuhl et al., 2013).

ESDM의 긍정적 효과에 기여할 수 있는 두 번째 신경 메커니즘은 ASD와 관련된 사회적 동기의 결함 가설이다. 이러한 결핍은 선조체와 전두엽, 특히 접근 행동에 대한 보상의 효과를 개입하는 것으로 알려진 안와전두피질에 대한 도파민 투사 기능장애를 반영할 수 있다. 자극의 예상 보상값에 관한 표상은 생애 첫해 후반기에 동기화되고 직접적으로 주의를 기울이는 것으로 시작된다. ASD 아동의 형제자매에 대한 전향적 연구에서 Jones와 Klin(2013)은 나중에 ASD를 보이는 소아의 경우 초기에는 사회적 자극에 대해 일반적인 주의를 보였으나 2~6개월 정도가 되면 눈에 주의를 기울이는 것이 감소된다고 보고했다. 8~10개월이 되면 ASD를 나중에 발달시키는 소아는 이름이 불려질 때 그쪽을 쳐다보는 데 실패하고 사람들에게 주의를 덜 기울이는 것으로 밝혀졌다(Werner, Dawson, Osterling, & Dinno, 2000). 연구에 따르면 미취학 아동과 ASD 아동은 사회적 자극 및 언어 자극에 주의를 향하지 못하고(Dawson et al., 2004; Dawson, Meltzoff, Osterling, Rinaldi, & Brown, 1998; Magrelli et al., 2013; Sasson et al., 2007) 생물학적인 움직임보다는 비사회적인 유관물들에 더 관심을 보이는 것으로 나타났다(Klin, Lin, Gorrindo, Ramsay, & Jones, 2009).

이 사회적 관심의 감소는 보상과 관련된 신경 회로 발전의 차이를 나타낼 수 있다. 또한 예측된 보상값에 관한 표현의 표상은 전두엽과 다른 뇌 영역(즉 영역 내에서의 결합이 아니라 전반적인 연결성) 간의 장거리 기능적 연결에 의존한다. 복잡한 기능적 연결성과 관련이 있을 수 있는 복잡한 다중 감각 자극을 처리할 수 없다는 점은 복합적인 사회적 자극을 이해하기 어렵게 하고, 따라서 보상이 덜 한 것으로 제시되었다(Stevenson, Segers, Ferber, Barense, & Wallace, 2014).

ESDM은 자녀가 사회 정보에 관심을 기울이고 사회적 상호작용을 보람 있게 만들어줌으로써 사회적 동기부여 및 주의력결핍 문제를 해결하도록 설계되었다. 아동의 접근 철회 행동을 모니터링함으로써 상호작용이 과도하게 자극되어 아동의 각성 수준을 최적화하기 위해 자신의 행동을 조정할 가능성에 대해 경계해야 한다. ESDM의 감각 사회 기계적 절차의 사용은 사회적 동기의 결함을 직접적으로 다룰 수 있도록 고안되었다. 이러한 기계적 절차는 아이가 정서적으로 보람을 느끼며 아이와 어른 사이의 직접적인 상호작용을 포함하는 것이다. 이러한 기계적 절차를 통해 ASD를 가진 어린아이는 사회적 상호작용과 보상을 연결하기 시작한다. 다른 전략은 성인 얼굴에 시선을 준 직후에 아동이 매우 선호하는 사물과 경험에 대한 접근을 제공함으로써 성인의 얼굴과 눈을 향한 자발적인 시각적 주의를 보상하도록 고안되었다. 시간이 지남에 따라 아동은 사람들에게 관심을 기울이는 것이 긍정적인 경험으로 이어진다는 점을 학습하고 자발적으로 주의를 기울이기 시작한다.

ESDM의 효율성에 기여하는 것으로 가정된 세 번째 잠재적인 신경 메커니즘은 다중 목표와 다중 감각 경험을 동시에 목표로 삼는 전략의 사용이다. 일부 ASD 개입은 교육목표를 작은 단위로 나누지만 ESDM은 동시에 여러 목표를 설정한다. 한 가지 이점은 다중 뇌 영역의 조정이 필요하며, 이것이 장거리 신경 기능 연결성을 향상시킬 수 있다는 것이다. ASD는 ASD 환자에서 장거리의 기능적 연결성이 부족하다는 사실이 입증된 수많은 EEG(Murias, Webb,

Greenson, & Dawson, 2007; Orekhova et al., 2014)와 fMRI(Williams et al., 2004) 연구에 근거하여 단절 증후군으로 간주되어 왔다(Geschwind & Levitt, 2007). Elison 등(2013)은 확산텐서 영상 측정에 근거하여 전두엽 변연계 연결성의 차이가 나중에 ASD를 발달시키고 상호주의 손상을 보이는 증상은 소아가 6개월이 될 무렵부터 나타나기 시작한다고 보고하였다.

향후 방향

소아 치료에 대한 우리의 예비 연구(Rogers et al., 2014)는 소아의 형제 치료에 대한 최근 연구(Green et al., 2015)와 함께 조기 ASD 선별 노력이라는 목표에 가장 근접한 결과라고 할 수 있다. 이러한 노력은 가능한 한 조기에 ASD가 발병할 위험이 있는 소아를 확인한 후, 발달 과정에서 증상의 영향을 예방 및 완화 또는 최소화할 수 있는, 지지적이고 확장 가능한 개입을 제공하는 것을 의미한다. 이러한 주장에 따르면 지지적 개입이 조기에 시작되면 될수록 아동의 행동 및 뇌 발달을 보다 전형적인 방향으로 유도하면서 사회적 의사소통, 사회적 학습 및 사회적 동기를 지원하는 패턴으로 소아의 뇌 발달이 극대화될 가능성이 커지게 된다.

이 목표를 가지고 수년간 조기 식별, 선별 검사 및 진단을 위해 노력해왔지만 몇 가지 현실을 통해 이 일이 얼마나 복잡한지 드러나고 있다. 첫 번째 현실은 ASD의 발병 연령과 패턴이 매우 다양하다는 점이다. 소아 형제자매에 대한 종단 연구에 따르면 많은 ASD 아동은 12개월 전에는 진단을 예측할 수 있는 행동 증상을 갖지 않는다는 사실이 분명하다. 또한 많은 생물학적 보고가 소아기의 ASD 위험을 탐지하는 데 도움이 될 수 있는 ASD의 생물학적 지표의 가능성을 제공하지만 현재 우리는 나중에 ASD를 발달시키는 12개월 미만의 소아에서 차별적으로 나타나는 생물학적 또는 행동적 지표를 전혀 찾지 못하고 있다.

ASD가 출생 전 또는 소아기에 존재한다는 생각은 ASD의 생물학적 기초에 근거한 것이다. 그러나 ASD는 생물학이 아니라 행동에 의해 정의되며, 이 행동은 다른 신경발달장애와 구별되는 행동이다. 소아 형제자매 연구에 따르면 ASD의 행동 증상(장애의 특징을 정의)은 주로 생후 첫 6개월 동안 눈에 띄는 사회적 차이를 보이지 않는 소아에서 나타난다. 놀랍게도 ASD를 발달시키는 아동 중 상당수[추정치는 약 38%(Shumway et al., 2011)에서 61.5%로 다양하다(Ozonoff et al., 2011)]가 두 살 혹은 세 살까지도 발달 문제를 나타내지 않는다. 따라서 매우 탁월한 소아용 선별도구라고 할지라도 걸음마 시기까지 ASD를 분명하게 보이지 않은 아동을 찾아내기 어려울 것이다.

두 번째 도전은 우리가 12개월보다 훨씬 어린 영아를 대상으로 진단을 성공적으로 예측하는 소아선별도구를 가지고 있지 않다는 것이다(Ozonoff et al., 2010; Zwaigenbaum et al., 2005). 매우 이른 시기에 ASD의 초기 증상을 나타내고 이를 지속적으로 보이는 영아를 대상으로 한 연구 결과에서 도출된 초기 증상에 대한 지식들이 있지만(Bryson et al., 2007), 우리는 또한 이러한 증상이 고위험군에서 일시적으로 나타나는 것이며 이후 진단을 예측하지 못한다는 것을 알게 되었다.

세 번째 도전은 12개월 미만의 영아에서 나타나는 ASD 관련 증상이 ASD 특정적이지 않다는 것이다. 애착 연구에서 양가적, 회피적, 와해된 애착 패턴과 관련된 행동을 신중하게 정의했으며, 이러한 증상에는 반복적이고 고정관념적인 행동, 열악한 눈맞춤, 비전형적인 정서, 보호자와의 전형적인 사회적 상호작용 패턴 결여가 포함되었다. .

ASD 발병 과정에 있는 소아의 예후를 향상시킬 것이라는 약속은 조기 개입자들에게 계속적으로 동기를 부여하며, 점점 더 많은 부모들이 자신의 아기에게 ASD가 발병될 것을 염려하면서 임상가들에게 다가가게 하고 있다. 우리 분야에서는 ASD 발달 과정에 있는 소아를 확인하고 변별하며 치료하는 데 필요한 도구와 개입을 개발할 것이며, 그렇게 할 때 이러한 소아의 예후는 현재 우리 분야에서 제공할 수 있는 최상의 치료를 받는 ASD 소아들보다 훨씬 더 나을 것이다. 그러나 ASD 발병에 대해 알고 있는 것을 바탕으로 우리는 ASD를 가진 아동에게 가능한 한 조기에 적절한 개입을 제공하기 위해 생후 첫 4년 동안 계속해서 선별 노력을 기울여야 할 것이다.

맺음말

ESDM은 3세 미만의 ASD 아동의 필요를 해결하는 경험적으로 입증된 몇 가지 개입 방법 중 하나이다. 종합적이고 자연스러우며, 발달적이고 행동적인 조기 개입 모델로서 이 모델은 ASD가 초기 발달에 영향을 미치는 방식에 대한 지식과 정상 발달에 대한 지식을 사용하여 아이들의 적절한 발달 궤도를 촉진한다. 상당한 양의 증거가 집중치료, 부모 코칭 및 유치원/보육 서비스를 통한 치료를 포함한 다양한 형식의 ESDM의 효능 및 효과를 뒷받침한다. ESDM 역시 ASD 징후를 보이는 7~12개월 영아에게 적용되었기 때문에 우리 분야가 진보하여 ASD를 가진 아주 어린 아동을 위한 경험적으로 검증된 개입에 대한 필요성을 충족시키고 더 어린 연령에서 아동을 확인하고 진단하는 데 활용될 것이다.

우리는 특히 자원이 적은 환경에서 경험적으로 검증된 개입을 지역사회 환경에 보급하는 데 심각한 어려움이 있음을 알고 있다. ASD를 가진 많은 아동은 ESDM과 같은 높은 수준의 집중적인 조기 개입에 접근할 수 없으므로 이제 우리의 초점은 모델을 배포하는 것으로 방향을 돌리고 있다. 미국 및 전 세계적으로 발달장애 서비스를 확대해야 하는 시급한 필요성이 있으며 원격지 및 저소득 지역사회에서 그렇게 하는 두 가지 전략이 최근 관심을 받고 있다. 첫째, 학부모와 비전문가를 모두 포함하여 전문 교육을 받지 않은 사람들이 제공하는 조기 개입은 지역사회가 치료에 더 많이 접근할 수 있게 해준다. 둘째, 멀리 떨어진 곳에서 전문가와 부모 모두에게 훈련을 제공할 수 있는 원격의료 프로그램 사용은 전문지식과 지원에 대한 접근 기회를 확대한다. 이 경험적으로 검증된 개입이 ASD 발병 위험이 있거나 ASD를 가지고 있는 영유아에게 보다 유용해질 수 있기를 희망하면서, ESDM 내에서 이러한 두 전략에 초점을 맞춘 노력이 현재 진행 중이다.

감사의 글

이 장에서 인용한 연구는 다음의 지원을 받아 수행되었다. Marcus Foundation(to Geraldine Dawson), National Institutes of Health (No. U19 MH108206-01).

참고문헌

American Psychiatric Association. (2013). *Diagnostic and statistical manual of mental disorders* (5th ed.). Arlington, VA: Author.

Bryson, S. E., Zwaigenbaum, L., Brian, J., Roberts, W., Szatmari, P., Rombough, V., et al. (2007). A prospective case series of high risk infants who developed autism. *Journal of Autism and Developmental Disorders, 37,* 12-24.

Christensen, D. L., Baio, J., Van Naarden Braun, K., Bilder, D., Charles, J., Constantino, J. N., et al. (2016). Prevalence and characteristics of autism spectrum disorder among children aged 8 years—autism and developmental disabilities monitoring network, 11 sites, United States, 2012. *Morbidity and Mortality Weekly Report Surveillance Summaries, 65,* 1-23.

Cooper, J. O., Heron, T. E., & Heward, W. L. (2006). *Applied behavior analysis* (2nd ed.). Upper Saddle River, NJ: Prentice Hall.

Dawson, G., Jones, E. J. H., Merkle, K., Venema, K., Lowy, R. Faja, S., et al. (2012). Early behavioral intervention is associated with normalized brain activity in young children with autism. *Journal of the American Academy of Child and Adolescent Psychiatry, 51,* 1150-1159.

Dawson, G., Meltzoff, A. N., Osterling, J., Rinaldi, J., & Brown, E. (1998). Children with autism fail to orient to naturally occurring social stimuli. *Journal of Autism and Developmental Disorders, 28,* 479-485.

Dawson, G., Rogers, S. J., Munson, J., Smith, M., Winter, J., Greenson, J., et al. (2010). Randomized, controlled trial of an intervention for toddlers with autism: The Early Start Denver Model. *Pediatrics, 125,* e17-e23.

Dawson, G., Toth, K., Abbott, R., Osterling, J., Munson, J., Estes, A., et al. (2004). Early social attention impairments in autism: Social orienting, joint attention, and attention to distress. *Developmental Psychology, 40,* 271-283.

Dawson, G., Webb, S., Schellenberg, G. D., Dager, S., Friedman, S., Aylward, E., et al. (2002). Defining the broader phenotype of autism: Genetic, brain, and behavioral perspectives. *Development and Psychopathology, 14,* 581-611.

Eapen, V., Crncec, R., & Walter, A. (2013). Clinical outcomes of an early intervention program for preschool children with autism spectrum disorder in a community group setting. *BMC Pediatrics, 13,* 1-9.

Elison, J. T., Wolff, J. J., Heimer, D. C., Paterson, S. J., Gu, H., Hazlett, H. C., et al. (2013). Frontolimbic neural circuitry at 6 months predicts individual differences in joint attention at 9 months. *Developmental Science, 16,* 186–197.

Estes, A., Munson, J., Rogers, S. J., Greenson, J., Winter, J., & Dawson, G. (2015). Long-term outcomes of early intervention in 6-year-old children with autism spectrum disorder. *Journal of the American Academy of Child and Adolescent Psychiatry, 54*(7), 580–587.

Estes, A., Vismara, L., Mercado, C., Fitzpatrick, A., Elder, L., Greenson, J., et al. (2014). The impact of parent-delivered intervention on parents of very young children with autism. *Journal of Autism and Developmental Disorders, 44,* 353–365.

Eyler, L. T., Pierce, K., & Courchesne, E. (2012). A failure of left temporal cortex to specialize for language is an early emerging and fundamental property of autism. *Brain, 135,* 949–960.

Fulton, E., Eapen, V., Crncec, R., Walter, A., & Rogers, S. (2014). Reducing maladaptive behaviors in preschool-aged children with autism spectrum disorder using the Early Start Denver Model. *Frontiers in Pediatrics, 2,* 1–10.

Geschwind, D. H., & Levitt, P. (2007). Autism spectrum disorders: Developmental disconnection syndromes. *Current Opinion in Neurobiology, 17*(1), 103–111.

Green, J., Charman, T., Pickles, A., Wan, M., Elsabbagh, M., Slonims, V., et al. (2015). Parent-mediated intervention versus no intervention for infants at high risk of autism: A parallel, single-blind, randomised trial. *Lancet Psychiatry, 2,* 133–140.

Jones, W., & Klin, A. (2013). Attention to eyes is present but in decline in 2–6-month-old infants later diagnosed with autism. *Nature, 504,* 427–431.

Klin, A., Lin, D. J., Gorrindo, P., Ramsay, G., & Jones, W. (2009). Two-year-olds with autism orient to non-social contingencies rather than biological motion. *Nature, 459,* 257–261.

Koegel, R., & Koegel, L. K. (1988). Generalized responsivity and pivotal behavior. In R. H. Horner, G. Dunlap, & R. L. Koegel (Eds.), *Generalization and maintenance: Lifestyle changes in applied settings* (pp. 41–66). Baltimore: Brookes.

Kuhl, P. K., Coffey-Corina, S., Padden, D., Munson, J., Estes, A., & Dawson, G. (2013). Brain responses to words in 2-year-olds with autism predict developmental outcomes at age 6. *PLoS ONE, 8,* e64967.

Lombardo, M. V., Pierce, K., Eyler, L. T., Carter Barnes, C., Ahrens-Barbeau, C., Solso, S., et al. (2015). Different functional neural substrates for good and poor language outcome in autism. *Neuron, 86,* 567–577.

Lovaas, O. I. (2002). *Teaching individuals with developmental delays: Basic intervention techniques.* Austin, TX: PRO-ED.

Magrelli, S., Jermann, P., Noris, B., Ansermet, F., Hentsch, F., Nadel, J., et al. (2013). Social orienting of children with autism to facial expressions and speech: A study with a wearable eye-tracker in naturalistic settings. *Frontiers in Psychology, 4,* 1–16.

Murias, M., Webb, S. J., Greenson, J., & Dawson, G. (2007). Resting state cortical connectivity reflected in EEG coherence in individuals with autism. *Biological Psychiatry, 62,* 270–273.

Orekhova, E. V., Elsabbagh, M., Jones, E. J. H., Dawson, G., Charman, T., Johnson, M. H., et al. (2014). EEG hyper-connectivity in high-risk infants is associated with later autism. *Journal of Neurodevelopmental Disorders, 6,* 1–11.

Ozonoff, S., Iosif, A. M., Baguio, F., Cook, I. C., Hill, M. M., Hutman, T., et al. (2010). A prospective study of the emergence of early behavioral signs of autism. *Journal of the American Academy of Child and Adolescent Psychiatry, 49,* 256–266.

Ozonoff, S., Iosif, A. M., Young, G. S., Hepburn, H., Thompson, M., Colombi, C., et al. (2011). Onset patterns in autism: Correspondence between home video and parent report. *Journal of the American Academy of Child and Adolescent Psychiatry, 50,* 796–806.

Rogers, S. J., & Dawson, G. (2010a). *Early Start Denver Model for young children with autism: Promoting language, learning, and engagement.* New York: Guilford Press.

Rogers, S. J., & Dawson, G. (2010b). *Early Start Denver Model for young children with autism: Curriculum.* New York: Guilford Press.

Rogers, S. J., Estes, A., Lord, C., Vismara, L., Winter, J., Fitzpatrick, A., et al. (2012). Effects of a brief Early Start Denver Model (ESDM)-based parent intervention on toddlers at risk for autism spectrum disorders: A randomized controlled trial. *Journal of the American Academy of Child and Adolescent Psychiatry, 51,* 1052–1065.

Rogers, S. J., Hall, T., Osaki, D., Reaven, J., & Herbison, J. (2000). A comprehensive, integrated, educational approach to young children with autism and their families. In S. L. Harris & J. S. Handleman (Eds.), *Preschool education programs for children with autism* (2nd ed., pp. 95–134). Austin, TX: PRO-ED.

Rogers, S. J., Herbison, J., Lewis, H., Pantone, J., & Reis, K. (1986). An approach for enhancing the symbolic, communicative, and interpersonal functioning of young children with autism and severe emotional handicaps. *Journal of the Division of Early Childhood, 10,* 135–148.

Rogers, S. J., & Lewis, H. (1989). An effective day treatment model for young children with pervasive developmental disorders. *Journal of the American Academy of Child and Adolescent Psychiatry, 28,* 207–214.

Rogers, S. J., & Pennington, B. F. (1991). A theoretical approach to the deficits in infantile autism. *Development and Psychopathology, 3,* 137–162.

Rogers, S. J., Vismara, L., Wagner, A. L., McCormick, C., Young, G., & Ozonoff, S. (2014). Autism treatment in the first year of life: A pilot study of Infant Start, a parent-implemented intervention for symptomatic infants. *Journal of Autism and Developmental Disorders, 44,* 2981–2995.

Sasson, N., Tsuchiya, N., Hurley, R., Couture, S. M., Penn, D. L., Adolphs, R., et al. (2007). Orienting to social stimuli differentiates social cognitive impairment in autism and schizophrenia. *Neuropsychologia, 45,* 2580–2588.

Schreibman, L., & Pierce, K. L. (1993). Achieving greater generalization of treatment effects in children with autism: Pivotal response training and self-management. *Clinical Psychologist, 46,* 184–191.

Shumway, S., Thurm, A., Swedo, S. E., Deprey, L., Barnett, L. A., Amaral, D. G., et al. (2011). Brief report: Symptom onset patterns and functional outcomes in young children with autism spectrum disorders. *Journal of Autism and Developmental Disorders, 41,* 1727–1732.

Stern, D. N. (1985). *The interpersonal world of the infant.* New York: Basic Books.

Stevenson, R. A., Segers, M., Ferber, S., Barense, M. D., & Wallace, M. T. (2014). The impact of multisensory integration deficits on speech perception in children with autism spectrum disorders. *Frontiers in Psychology, 5,* 1–4.

Sullivan, K., Stone, W. L., & Dawson, G. (2014). Potential neural mechanisms underlying the effectiveness of early intervention for children with autism spectrum disorder. *Research in Developmental Disabilities, 35,* 2921–2932.

Vismara, L. A., Colombi, C., & Rogers, S. J. (2009). Can one hour of therapy lead to lasting changes in young children with autism? *Autism, 13,* 93–115.

Vismara, L. A., McCormick, C. E. B., Wagner, A. L., Monlux, K., Nadhan, A., Young, G. S., et al. (2016). Telehealth parent training in the Early Start Denver Model: Results from a randomized controlled study. *Focus on Autism and Other Developmental Disabilities.* [Epub ahead of print].

Vismara, L. A., McCormick, C., Young, G. S., Nadhan, A., & Monlux, K. (2013). Preliminary findings of a telehealth approach to parent training in autism. *Journal of Autism and Developmental Disorders, 43,* 2953–2969.

Vismara, L. A., Young, G. S., & Rogers, S. J. (2012). Telehealth for expanding the reach of early autism training to parents. *Autism Research and Treatment, 2012,* Article 121878.

Vismara, L. A., Young, G. S., Stahmer, A. C., Griffith, E. M., & Rogers, S. J. (2009). Dissemination of evidence-based practice: Can we train therapists from a distance? *Journal of Autism and Developmental Disorders, 39,* 1636–1651.

Vivanti, G., Dissanayake, C., Zierhut, C., Rogers, S. J., & Victorian ASELCC Team. (2013). Brief report: Predictors of outcomes in the Early Start Denver Model delivered in a group setting. *Journal of Autism and Developmental Disorders, 43,* 1717–1724.

Vivanti, G., Paynter, J., Duncan, E., Fothergill, H., Dissanayake, C., Rogers, S. J., et al. (2014). Effectiveness and feasibility of the Early Start Denver Model implemented in a group-based community childcare setting. *Journal of Autism and Developmental Disorders, 44,* 3140–3153.

Werner, E., Dawson, G., Osterling, J., & Dinno, N. (2000). Brief report: Recognition of autism spectrum disorder before one year of age: A retrospective study based on home videotapes. *Journal of Autism and Developmental Disorders, 30,* 157–162.

Williams, J. H., Waiter, G. D., Gilchrist, A., Perrett, D. I., Murray, A. D., & Whiten, A. (2006). Neural mechanisms of imitation and "mirror neuron" functioning in autistic spectrum disorder. *Neuropsychologia, 44,* 610–621.

Zwaigenbaum, L., Bryson, S., Rogers, T., Roberts, W., Brian, J., & Szatmari, P. (2005). Behavioral manifestations of autism in the first year of life. *International Journal of Developmental Neuroscience, 23,* 143–152.

CHAPTER 17

자폐스펙트럼장애 아동에 대한 중심축 반응 치료

Robert L. Koegel, Lynn Kern Koegel, Ty W. Vernon,
Lauren I. Brookman-Frazee

임상 문제의 개요

자폐스펙트럼장애(ASD)는 그 유병률이 지속적으로 증가할 뿐만 아니라 여전히 병인은 대부분 알려져 있지 않기 때문에 많은 관심을 받아왔다. 한때는 희귀했던 이 질병은, 현재 미국 질병통제예방센터(Centers for Disease Control and Prevention, CDC, 2015)에서 밝혀진 바에 따르면 68명 중 1명의 유병률을 보이고 있다. Kanner(1943)가 ASD를 하나의 구분되는 발달장애로 인지한 이후로, 사회적 의사소통과 상호작용에서의 지속적인 결함, 그리고 제한되고 반복된 패턴의 행동, 흥미, 활동이라는 특성이 이 장애를 정의하는 특징으로서 크게 변하지 않고 남아 있다.

ASD와 관련된 사회적 취약성은 뒤이은 발달에도 전 생애에 걸쳐서 연속적으로 영향을 미친다(Jones & Klin, 2009). 예를 들어, ASD를 가진 사람이 겪는 의사소통상의 곤란은 분노발작, 공격성, 자해와 같은 파괴적 행동을 불러올 수 있으며, 가족에게도 엄청난 스트레스의 원인이 된다(Hastings, 2003; Lecavalier, Leone, & Wiltz, 2006). 따라서 아동과 가족 전체의 욕구를 전체적으로 다루어주며, 폭넓은 기능 영역과 장기간에 걸쳐 의미 있는 결과를 내는 체계적으로 평가된 개입의 필요성이 점점 더 요구되고 있다(R. Loegel & Koegel, 2012).

치료 프로그램에 대한 개념적 모델

초기에 개발된 ASD 개입들은 경험적인 증거보다는 추론으로 끌어낸 인과적 이론에서 비롯된 것으로서, 전반적으로 그리 효과적이지 않았다(R. Koegel, Schreibman, O'Neill, & Burke, 1983). 뒤이은 1960년대 경험에 기초한 치료 절차에서는 조작적으로 정의된 행동적 원칙을 사용하였고, 측정 가능한 향상을 결과로 보여주었다(Lovaas, 1977). 개입의 효과성과 효율성을 증진시키기 위해 연구자들은 중심축 반응(pivotal response)을 확인하는 데 초점을 두기 시작했다. 만약 어떤 핵심 영역이 목표가 된다면 다른 수많은 목표하지 않는 행동들에서도 부차적으로 광범위하게 변화가 나타날 것이며, 따라서 유동적이고 통합된 행동적인 이익을 불러온다는 것이 중심축 반응을 찾아내는 데 대한 이론적 뒷받침이 된다. 광범위한 일반화된 변화를 산출한다는 이 개념은 반응 공변에 대한 연구로 지지되었다(Kazdin, 1982). 이 장에서는 ASD 아동들의 동기의 중심축 영역에 초점을 둔다. 이는 핵심적인 ASD 증상에서 광범위한 부차적 행동적인 이익을 가져올 것이며, 아동의 학습 곡선 역시 증진될 것이고, 부모와 아동의 정서를 향상시키고, 부모의 스트레스를 감소시키며, 파괴적이고 방해하는 행동을 줄일 것이다. 동기에서의 이러한 핵심 영역은 아동 자기주도, 중다 자극 입력에 대한 공동 관심과 반응, 행동의 자기 규제와 같은 다른 중요한 중심축 영역들의 기저를 이루고 있다. 다음 절에서 우리는 ASD를 가진 아동의 여러 기능 영역에서 동기의 핵심 영역과 그 중심축 역할에 대해 초점을 두고 살펴보겠다.

동기

사회적·환경적 자극에 반응하려는 동기는 전형적 발달(typical development)에 필수적이다. 사회적 의사소통 문제와 같은 ASD의 핵심 증상은, 아동이 반복적인 실패를 경험할 뿐 아니라 돌보아주는 사람들로부터 비일관적인 도움과 강화를 받게 되는 결과를 불러올 수 있다. 이에 따라 아동은 자신들의 행동과 그로 인해 자기 환경에서 유발되는 결과 사이의 상호 관련성을 이해하기 어렵게 되고, 어른들의 도움에 과도하게 의존하게 될 수 있다. 이는 결국 많은 집단에서 나타나는 학습된 무기력 상태에서와 같이 무력해지는 결과를 부르는 것으로 보인다(R. Koegel & Egel, 1979; R. Koegel, O'Dell, & Dunlap, 1988). 중심축 반응 치료(pivotal response treatment, PRT)는 아동의 반응과 그에 상응하는 강화의 관계를 더 증진시킴으로써 학습된 무기력의 발현을 감소시키는 데 초점을 둔다. 기능적으로 보자면 아동이 반응할 가능성, 빈도, 정확성을 증가시키며 반응 대기 시간을 감소시킨다. 환경적·사회적 상호작용에서의 이러한 향상은 언어, 사회, 인지 발달에 중요하며, 장기적으로 긍정적인 결과를 가져온다. 교류분석 모델(transactional model)에 따르면, 일단 아동이 반응하는 데 동기를 얻으면 더불어 다른 부가적 학습 기회도 제공하는 정적 강화 회로(positive feedback loop)가 형성되어, 보다 복잡한 행동의 발달을 위한 사회–환경적 조건을 조성하게 되는데, 이는 사회적 · 의사소통적 · 인지적 유능감에 필수적인 것이다.

PRT 패러다임은 초기 응용행동분석 연구(applied behavior analysis, ABA)에서 효과적이라고 검증된 방법들에 기초하여 구성되었으나, 보다 향상된 동기적인 전략도 포함하였다. 초기 ABA 개입은 자극–반응–결과 개별 시행 형태로 반복 훈련식의 연습을 하여, 한 번에 한 가지 목표 행동을 가르치는 데 초점을 두었다. 정확한 반응에 대해서는 아이에게 먹을 수 있는 강화물을 주고 부정확한 반응에 대해서는 이를 제거하거나 처벌을 줌으로써 행동에 대한 명확한 결과가 제공되는 것이다. 목표가 된 행동은 엄격한 조형 패러다임(shaping paradigm) 안에서, 각 행동에 대한 준거 기준에 도달할 때까지 훈련 양식(drill format)으로 반복되어 가르치도록 되어 있다(ABA 절차에 대한 자세한 설명은 Cooper, Heron, & Heward, 2007 참조). PRT 역시 ABA의 조작적 조건형성 양식을 적용하지만 자극–반응–결과–상호작용 안에서 내적 동기적 속성을 유지하고 증진시키는 데 초점을 둔다는 면에서 전통적인 개별 시행 접근과는 중요한 차이가 있다.

아동 선택, 과제 변형, 유지 과제의 배치, 반응 시도에 대한 강화, 자연적이고 직접적인 강화의 사용 등 PRT에서 사용된 몇 가지 구체적인 동기 전략은 경험적인 연구를 통해서 체계적으로 확인되었다. 이러한 전략이 패키지로 제공되면 사회적이고 환경적인 학습 기회에 대한 아동의 반응성이 향상된다. 이러한 치료 패키지의 효과성을 최초로 보고한 경험적 연구[이후 '자연 언어 패러다임(natural language paradigm, NLP)'이라고 일컬어짐]는 오랜 기간 동안 ABA 개입을 받은 아동과 말을 하지 않는 아동의 표현 언어 의사소통에 초점을 두었다(Koegel, O'Dell, & Koegel, 1987). 여러 기관들과 우리의 자료에 따르면 말을 하지 않는 아동의 약 50%는 전통적인 ABA 절차를 활용해서 기능적인 표현 의사소통을 배울 것이라고 제시된다(Prizant, 1983). 이에 비해 동기적 절차가 통합되면 훨씬 더 많은 비율의 아동이 기능적 표현 의사소통을 배운다. 나이는 PRT에 대한 반응에 영향을 미치는 중요한 요인으로 확인되었다. 개입이 3세 이전에 시작되면 최대 95%의 아동들이 말을 하게 된다. 개입이 3~5세 사이에 시작되면, 85% 이상이 말을 하게 된다. 개입이 5세 이상에 시작되면 말을 하지 않는 아동의 20%만이 표현언어 의사소통 활용하기를 배운다(L. Koegel, 2000). 가능한 한 어린 나이에 개입을 시작함과 더불어 개입에 동기적 요소를 더하는 것은 보다 좋은 결과를 내는 데 중요한 요소이다.

자기주도에 대한 동기

자기주도는 정상적으로 발달하는 아동에게서는 흔히 일어나며 정보 구하기, 주의를 돌리고 유지하기, 도움 찾기 등을 포함하는 다양한 기능을 한다. 주도(initiation)는 언어 이전 어린이들이 공동 주의(joint attention)로 끌어들일 때 보이는 것부터 언어 사용기 아동이 질문을 더 정교하게 하는 것에 이르기까지 그 형태가 다양하며 본질적으로 사회적이다.

　주도는 전형적으로 발달하는 아동에게서는 빈번하게 나타나지만, ASD 아동에게서는 드물거나 전혀 나타나지 않는다. ASD를 가진 아동이 자기주도 의사소통을 보일 때는 주로 요구하거나 반항할 때와 같은 행동 규제 맥락에 제한되어 있는 경우가 많다. 우리 기관에서 이루어진 회고적 연구에서 자기주도가 있는 것이 장기적 결과에 더 좋은 예후 지표로 나타났으며, 자기주도를 활용하도록 배운 ASD 아동이 더 긍정적인 결과를 보였다(L. Koegel, Koegel, Shoshan, & McNerney, 1999).

　이 고무적인 연구는 ASD 아동이 (PRT를 통해서) 자기주도적 사회적 상호작용에 동기부여되면, 기능의 여러 영역에서 특히 중요한 변화가 동시에 수반되어 나타난다는 것을 제안한다. 예를 들어, 사회적 상호작용과 언어 목표 습득이 향상될 뿐 아니라 공격성, 자기자극, 자해 행동, 분노폭발 등이 감소한다고 보고된다(R. Koegel, Koegel, & Surratt, 1992; Mohammadzaheri, Koegel, Rezaei, & Bakhshi, 2015). 동기의 중심축 영역을 목표로 하여 사회적 상호작용을 스스로 주도하게 하면, 학습이 일어나게 되어 아동이 어른으로부터 전달되는 학습 기회에 덜 의존하게 되면서 자율성이 증진된다. 아동이 자기주도를 시작하게 되면 '정상성(normality)' 척도상에서 보다 적절하게 보이며, 때로는 완전히 적절하게 보이는 것으로 평정되기도 한다(L. Koegel et al., 1999). 요약하면 아동이 주도를 하기 시작하도록 동기를 부여하면 자기 학습을 할 수 있는 도구를 제공하는 결과가 되고, 그에 따라 부모, 교사, 또는 다른 어른들이 지속적인 학습 기회를 만들어 제공할 필요를 감소시킨다. 본질적으로 사회적일 뿐만 아니라 결과적으로 학습을 야기하는 기술을 가르치는 것은, 부모의 스트레스를 줄일 수 있는 잠재력을 가지며 다른 광범위한 영역에서의 향상을 수반하고 장기적인 긍정적인 결과와 관련된다는 면에서 중추적이라고 확인되고 있다.

사회화 동기

최근의 PRT 연구 노력은 어린 아동의 사회적 참여를 극대화하는 데 초점을 두었다. ASD를 가진 아동은 참여하기를 완전히 피하지는 않는 것으로 보인다. 그보다는 당장 자기 환경에 있는 비사회적인 측면(사회적인 측면이 아니라)에 참여하는 경우가 자주 있다(Klin, Lin, Gorrindo, Ramsey, & Jones, 2009; Shic, Bradshaw, Klin, Scassellati, & Chawarska, 2011). 따라서 이러한 개인에게 사회적 연결을 만들어주기 위하여 PRT 개입 맥락 안에서 기존 관심을 유리하게 활용하는 연구가 부각되고 있다. 구체적으로 비사회적 관심의 두드러진 특성을 식별하여 이를 상호적인 사회적 활동 안에 심어준다면, 아동은 사회적 흥미를 반영하는 언어적·비언어적 신호를 강하게 보이게 된다(예 : 언어적 시작, 눈맞춤, 얼굴 표정). 이러한 증거는 부모나 다른 가족 구성원과의 지속적인 사회적 참여를 끌어내기 위해서 기존의 동기를 활용할 수 있음을 시사한다(R. Koegel, Vernon, & Koegel, 2009; Vernon, Koegel, Dauterman, & Stolen, 2012; Vernon, 2014).

다른 연구에서는 초기 공동 주의를 목표로 PRT 패러다임을 사용하는 방법을 연구했다(예 : Vismara & Lyons, 2007). 의사소통을 위한 PRT 개입 시 아동이 보속적으로 흥미를 보이는 항목들을 자극으로 사용하여, 공동 주의를 위한 다른 특정 개입 없이 즉각적으로 공동 주의가 향상되는 결과를 낳았다. 더 나아가 약 2개월간의 PRT 개입 기간에 걸쳐, 특별히 이 기술을 목표로 하지 않고도 공동 주의에서 부수적인 성과가 관찰되었다(Vismara & Lyons, 2007). 초기 발달에 결정적인 영역들에서 이러한 부수적인 변화는 ASD를 가진 아동들이 전형적 발달 궤도에 오르게 되는 것을 도울 잠재력이 있다. 이와 유사하게 PRT는 언어 이전 유아들이 언어 이전 사회화를 향상시키는 데 사용될 수 있다는 예비 연구가 제안되었다. 구체적으로 아동 선택, 과제 변형, 고전적 조건 형성 패러다임의 사회적 강화를 활용하여 1세 이전 영아들의 사회적 참여와 흥미를 확장시키는 데 활용될 수 있다는 것이다(L. Koegel, Singh, & Koegel, 2010). 이러한 조기 개입이 사회적 참여의 부족으로 나타나는 더 심각한 증상들을 피하게 해준다고 확인되기를 바라지만, 이렇게 어린 연령의 자폐를 탐지하고 치료하는 데에는 아직 더 많은 연구가 필요하다(Bradshaw, Steiner, Gengoux, & Koegel, 2014).

또 다른 성공적인 연구 분야는 PRT 절차를 사용하여 ASD를 가진 아동이 가족, 그리고 전형적으로 발달하는 또래들과 사회적으로 상호작용하도록 동기를 부여하는 데 초점을 둔다. 특히 아동 선택은 자폐 아동과 전형적인 발달을 하는 또래들 모두에게 상호 강화하는 활동을 밝혀낸다는 개념으로 확대되었다. 이는 사회적 놀이, 그리고 상위 긍정적 정서와 공동 주의가 증가되는 결과를 낳았다. 이 중 한 가지 기술은 아동의 반복적이고 제한된 흥미 영역을 나이에 맞는 사회적 활동에 통합시키는 데 초점을 둔다(Baker, Koegel, & Koegel, 1998). 예를 들어, 사회적 놀이에 거의 참여하지 않는 한 아동이 지도와 지리학에 의식적인(ritualistic) 흥미를 가지고 있어서 이 주제에 대해서는 방대한 지식을 쌓은 것으로 밝혀졌을 때, 상호 강화하는 활동으로서 '지도 태그(map tag)' 놀이공원 게임이 개발된 것이다(전형적인 또래들이 태그 게임을 좋아하는 것과 목표 아동이 지도 관련 주제를 선호하는 것으로부터 개발된 것이다). 이렇게 선호하는 주제의 맥락에서 자폐를 가진 아동은 사회적 놀이와 정서가 더 증진되는 모습을 보였다. 나아가 놀이공원 게임으로 경험을 얻게 되면 아동은 자신의 제한된 흥미 밖의 다른 놀이공원 활동에도 또래들과 참여하는 데 동기부여를 받게 된다. 또래들과 의식적이지 않은(nonritualistic) 놀이를 하려는 동기가 증가되었다는 것은 사회적 놀이에 대한 노출이 내적으로 동기화되었으며, 또한 아동 선택을 활용해서 조심스럽게 만들어진다면 강화 위계가 바뀔 수 있다는 것을 함의한다.

이와 비슷한 성공적인 개입 프로그램들, 즉 목표 아동의 흥미를 중심으로한 클럽, 플레이데이트(친구와 놀기), 캠프 활동 등이 개발되어 왔다(R. Koegel, Werner, Vismara, & Koegel,

2005). 이러한 초기 연구는 아동의 흥미 분야를 중심으로 한 조직화된 학교 동아리 맥락에서 적용 가능하도록 초등학생(Baker, Koegel, & Koegel, 1998)과 중·고등학교 청소년(R. Koegel, Fredeen, Kim, Daniel, Rubinstein, & Koegel, 2012; R. Koegel, Kim, Koegel, & Schwartzman, 2013)에서도 다시 수행되었다. 가장 최근에는 흥미를 중심으로한 과외 클럽에 참가하도록 격려하는 것이 대학생들의 사회화, 학점, 전반적인 정신건강, 그리고 몇 사람의 경우에는 취업까지 향상시키는 것으로 나타났다. 하지만 자연적 상황에서 어려움을 유발하는 실질적 문제들을 매주 연습하는 것과 더불어 클럽에서 얻게 되는 또래 지지가 중요한 것으로 보였다(L. Koegel, Ashbaugh, Koegel, Detar, & Regester, 2013). 전체적으로 이러한 연구들은 자폐스펙트럼에 있는 개인들의 개별화된 동기적 흥미를 활용하는 것이 사회적 상호작용과 그로 인해 얻게 되는 수많은 다른 긍정적인 이익들을 증진시키는 데 매우 도움이 된다고 제안한다.

치료 목표

PRT의 목표는 독립성과 자기 교육을 증진시키는 핵심 영역에 종합적인 개입을 온종일 제공하는 것으로서, 개입을 제공하는 사람이 끊임없이 주의를 기울일 필요가 없는 방법을 활용하여 시간과 비용 면에서 효율적으로 자폐 상태를 빠르고 광범위하게 개선되도록 하는 것이다(L. Koegel, Koegel, Ashbaugh, & Bradshaw, 2014). 우리의 접근법에서 중심축 영역의 교육은 아동의 하루 종일에 걸쳐서 부모, 교사, 그리고 다른 서비스 제공자들이 다 같이 협력하여 이루어진다. 전형적인 발달 궤도에 가까워지는 것을 최대화하기 위해서 자연스럽고, 포괄적인 환경(예: 그들이 장애를 갖지 않았더라면 참여했을 상황 및 활동과 똑같이) 안에서 긍정적 행동 지지 전략과 통합, ASD 분야 등에서 임상적인 경험이 풍부한 사람들에 의해 개발된 프로그램을 통해 치료가 제공된다.

부모의 협조, 교육, 권한부여(empowerment)가 이 프로그램의 중요한 특징이다. 아동이 여러 새 선생님과 치료자들을 거쳐가는 동안에도 아동이 깨어 있는 시간 내내, 그리고 몇 해에 걸쳐서 계속 일관성을 제공할 수 있는 사람들은 부모이기 때문에, 이 개입 절차에는 부모의 전문성과 헌신이 특히 중요하다. 부모교육 모델 안에서 우리는 피드백을 제공하는 연습 양식(practice-with-feedback format)과 모델링을 활용한다. 매뉴얼화된 개입을 통해서 부모가 개입 절차를 보고, 자신의 자녀와 작업하며, 사회적 상호작용과 학습 등의 맥락에서 아동의 주도와 동기 같은 중심축 영역을 증진시키는 절차에 대해 피드백을 받는 것이다. 부모교육은 사회적 상호작용 증가, 파괴적 행동 감소, 치료로 습득한 것의 일반화를 향상시키기 등 많은 행동에서 효과적이었다(Brookman-Frazee Stahmer, Baker-Ericzen, & Tsai, 2006). PRT는 매일의 일상에 섞여 있으며 각 가족의 가치를 반영하여 개발되었으므로 가족 스트레스를 줄이는 것으로 나타났다는 점도 중요하다(R. Koegel, Bimbela, & Schreibman, 1996).

치료 프로그램의 특징

PRT는 여러 다양한 환경(클리닉, 가정, 지역사회, 학교)에서 다양한 수준의 강도로 제공될 수 있다. 각 가정에 제공되는 시간은 아동 및 가족의 필요에 따라 다르다. 전체 개입 시간은 주당 몇 시간의 부모훈련에서부터 주당 40시간 이상까지에 이르며, 가족의 일상생활과 매일의 활동 동안 아동이 깨어 있는 시간 내내 부모가 이 절차를 시행하게 하는 것을 목표로 한다. 일례로 한 지역사회 프로그램에서 PRT를 12주 동안 주당 한 시간씩 제공하였다. 참가자들은 이 짧은 개입 기간 동안 의사소통 기술 향상을 보여주었다(Baker-Ericzen, Stahmer, & Burns, 2007). 일반적으로는 개인 부모교육 양식으로 제공되지만, 이 프로그램은 집단 형식으로도 성공적이었다(Hardan et al., 2015). 또한 우리는 지리적으로 멀리 떨어진 지역에 거주하는 가족에 대한 근거기반 모델을 몇 가지 개발하였다(Symon, 2001). 가족들은 부모교육에 초점을 둔 개인 또는 집단 형식의 집중 워크숍에 참석할 수도 있다. 참가를 마치고 실행 충실도 측정을 완수한 후, 가족들은 목표로 삼은 PRT 절차를 실행하기 위해서 자기 자녀와 같이 작업하는 다른 사람들을 효과적으로 훈련시킬 수 있었다. 가족들은 매일 5시간의 부모교육 수업을 들으며 아이들과 함께 일주일 내내 집중 훈련 프로그램에 참여했다. 이와 비슷하게 가족들이 자녀와 PRT를 활용했던 모습을 녹화한 비디오를 가져와서 매일 피드백을 받는 다가족 워크숍도 실행되었다. 더불어 우리는 강사 양성 방식(trainer-of-trainer format)의 효과성을 보고했다. 이 교육은 처음부터 우리 지역 밖에 있는 우리 팀원에 의해 실행되었고, 실행 충실도 인증을 위해서는 피드백을 받은 수행과 비디오 테이프를 활용하였다(Bryson et al., 2007). 대부분 PRT가 부모교육 맥락에서 제공되지만, 최근에는 교육적·사회적 상호작용, 행동적 목표를 지원하기 위해서 교실에서 교사들이 활용하도록 적용되기도 하였다. 우리 프로그램의 대상자는 영아에서부터 성인까지 지원이 아주 많이 필요한 사람이나 약간만 필요한 사람 어느 경우나 적용되며, 다양한 문화적 배경을 반영한다. 개입은 각 내담자가 보이는 증상과 가족의 목표, 가치, 문화적 정체성을 바탕으로 개별화되어 있고 역동적이다. 가장 최근의 연구에 따르면 가족과 유사한 민족적 배경을 가진 임상가를 배정해주면 사회적 지지를 높이는 효과까지 보인다고 한다.

PRT 절차는 매뉴얼화되어 있고(예 : R. Koegel et al., 1989; L. Koegel, 2011; R. Koegel & Koegel, 2012), 각각의 동기적인 절차는 부모교육 회기 동안 배우게 된다. 수업 사례가 제공되며, 만약 장애가 없었다면 아동이 참여했을 활동에 기초해서 부모가 자기 자녀들을 대상으로 이 절차를 적용해보는 기회가 커리큘럼 맥락에서 제공된다(L. Koegel et al., 2006). 또한 부모가 자녀와 직접적으로 작업하는 동안 부모에게 피드백을 준다는 것이 PRT의 통합적인 특징이다. 효과적으로 부모를 참여시키고 가르치는 것이 임상가 훈련의 중요한 요소이다. 임상가가 가족과 협력하여 가족들의 삶에 실제로 변화를 가져올 목표 행동을 결정하고 지속적으로 긍정적이고 교정적인 피드백을 제공하는 것이 중요하다(R. Koegel & Koegel, 2012).

개입 회기 동안, 임상가는 부모가 자녀와 작업하면서 PRT 절차를 실행하는 데 대해 즉각적으로 '현장' 피드백을 부모에게 제공한다. 대부분의 경우 개입 초기에는 학습 기회에 대한 그들의 반응성을 증진시킬 수 있도록 동기 전략을 활용하는 데 초점을 둔다. 구체적으로 부모 개입 회기는 다음과 같은 사항에 대한 피드백으로 시작한다.

1. **아동이 선택한 자극 자료를 활용하기.** 아동이 선호하는 활동을 포함하는 절차들이 일반적으로 그 과제에 대한 아동의 관심을 증가시키며, 목표 행동에 통합적으로 연관된 자연 강화물을 활용하는 것이 그 활동 안의 적절한 단서에로 아동의 관심을 끌어들인다. 따라서 부모는 아동이 주의를 기울이고 있을 때 교육적 자극을 주고, 수업 상호작용 동안 아동이 주도하는 대로 따라가면서 아동이 선택한 자료, 활동, 장난감 등을 활용해서 아동이 반응하려는 동기를 높이도록 배운다. 아동이 교육 중 사용될 자극을 결정하도록 하면 학습 상황에서 아동의 흥미가 최대화되며 학습의 속도와 일반화가 향상된다(예 : R. Koegel, Dyer, & Bell, 1987). 아동이 선정한 자극은 꼭 물품이나 자료에 한정되는 것은 아니다. 예를 들어, 아동은 어떤 대화의 주제를 선택할 수도 있고 활동의 순서를 정할 수도 있다.

2. **가능하면 언제나 직접적 · 자연적 강화를 활용하기.** 직접적 · 자연적 강화물은 과제와 직접적이고 기능적으로 관련되어 있다. 반면 임의적 또는 간접적 강화물은 긍정적인 결과를 낳는 데 필요한 행동 사슬(chain of behavior) 안에 해당하지 않는다. 간단한 예로, '공'이라는 단어를 말한 아이에게는 그렇게 소리내서 말을 했다고 해서 토큰이나 음식 보상물을 주는 것이 아니라, 실제로 공을 던져주는 것이 직접적이고 자연스러운 강화이다. 반응-강화 간의 관계는 직접적이고 자연스러운 강화물에 의해서 향상될 수 있으며, 그 상호작용에 반응하려는 동기 전체를 향상시킨다고 연구 결과에 나타난다(R. Koegel & Williams, 1980). 이와 유사하게 아동에게 자기가 좋아하는 물건의 단어를 쓰거나 읽게 하는 것도 학습 면에서는 직접적인 강화를 제공하는 기회일 수 있다(L. Koegel, Singh, Koegel, Hollingsworth, & Bradshaw, 2014).

3. **간헐적으로 유지 시행을 배치하기.** 이 전략은 이전에 배운 과제와 새로 습득한 과제를 서로 끼워넣어 분포시키는 것을 말한다. 이것의 목표는 아동의 성공 경험을 증가시켜서 과제를 다시 시도할 가능성을 높이는 것이다. 이 현상은 '행동 모멘텀(behavioral momentum)'이라고도 기술된다. 아동이 일련의 빠르고 정확한 반응을 한 후에 새로 습득한 목표 과제를 제공받으면, 그 탄력을 받아서 이후에도 정반응을 일으킬 가능성을 높인다는 것이다. 이것은 새롭게 습득한 과제만 연속적으로 제시하는 다른 기술들과 다른데, 그런 경우는 아동에게 보다 도전적이고 더 좌절스러운 상황을 만들며, 더 높은 수준의 파괴적이고 회피적

인 행동을 부를 수도 있다.

4. **시도 자체에 대해서 강화해주기.** 이 전략은 아동이 자연적 학습 기회나 교육적 과제에 대해서 반응하려고 명확하고 적절하게 시도한 것에 보상을 준다. 엄격한 조형 패러다임 (shaping paradigm)에서처럼 그 반응이 목표 행동에 연속적으로 점차 가까워지는 것이 아니라 할지라도 반응에 대한 시도는 강화를 받는다. 흥미롭게도 반응 시도에 대해 강화를 받으면 뒤이어 목표 행동에 대한 아동의 정확한 반응이 증가하며, 상당히 긍정적인 정서를 가지고 그 행동을 한다(R. Koegel et al., 1988). 이러한 교육 요소는 어려운 과제를 시도할 때 반복적으로 어려움을 겪으며, 따라서 시도를 통해서 오히려 그들 자신의 동기가 소거될 수도 있는 ASD 아동에게 특별히 중요할 수 있다(Koegel & Egel, 1979). 표 17.1은 개별 시행 교육 절차에서 이러한 동기적 변인을 통합한 경우와 아닌 경우를 비교했다.

개입의 양

ASD를 가진 아이들은 하루 종일 집중적인 개입이 필요하다는 것이 임상 현장에서 동의된 의견으로 보인다. 하지만 이 목표를 실제로 얼마나 달성할 수 있는지에 대해서는 상당히 모호한 것도 사실이다. 우리의 접근 방식은 모든 환경과 중요한 개인들 간의 조화로운 노력으로, 어느 한 개인 쪽에서 과도한 노력 부담 없이도 아동의 일과 동안 내내 지속적으로 상당히 많은 양의 개입을 할 수 있다.

우리 연구에 따르면 대부분 부모/보호자들은 대략 25시간 안에 기본 동기적 절차를 바르게 활동하는 데 있어 우리가 요구하는 기준인 실행 충실도 척도의 80%에 도달할 수 있다. 이

표 17.1 개별 시행(개별 목표 행동)과 PRT 패러다임의 차이

	동기적 패키지가 없는 전통적인 개별 시행(개별 목표 행동) 패러다임	동기적 PRT 패러다임
자극 아이템	임상가에 의한 선택 기준에 맞을 때까지 반복됨 자연 환경에서 기능적인 면에서는 관련 없는, 단어로 조형되는 소리	아동에 의한 선택 몇 번마다 변화가 있음 연령에 적절한 물품/아동의 자연적 환경에서 나타나는 활동
촉구	손으로(예 : 혀 끝을 만지거나 입술을 모아 잡음)	임상가가 물품/활동 호칭을 반복함
상호작용	임상가가 자극 항목을 제시 항목이 상호작용 안에서 기능적이지 않음	임상가와 아동이 자극 물품을 가지고 놀기(즉 상호작용 안에서 자극 물품은 기능적임)
반응	정확한 반응 또는 연속적으로 근사해지는 경우 강화됨	보다 느슨하게 조형 일관성을 부여하여, 반응하려고 의도적으로 시도하는 것도 강화됨
결과	사회적 강화(칭찬)과 짝지어진 먹을 수 있는 강화물	사회적 강화와 짝지어진 자연적인 강화물(예 : 그 자극 물품을 가지고 놀 기회)

는 아동의 환경에서 중요한 개인을 훈련시켜서 아동이 깨어 있는 시간 내내 포괄적인 개입을 제공하는 것이 충분히 실현 가능한 일이라는 것을 시사한다. 우리는 실행 충실도(fidelity of implementation)를 1분 간격으로 평가하여, 매 분마다 최소 한 시행이 제공되도록 하며, 반응할 수 있는 기회를 수없이 많이 제공한다.

자기주도

개입의 양을 증가시키는 또 하나의 방법은 아동에게 상호작용을 가르칠 수 있는 기회를 주도하도록 가르치는 것이다. 전형적으로 발달하는 아동은 하루 종일 다양한 자기주도적 질문을 해서 그 결과 더 많이 배움에 접하게 된다. 이러한 질문들은 전형적인 발달 아동의 첫 어휘에서 나타나며 일생 동안 계속된다. 반면 대부분 ASD 아동과 언어장애를 가진 아동은 이런 주도를 아주 제한되게 하거나 전혀 하지 않는다. 따라서 우리는 "이거 뭐야?", "그거 어디 있어?", "이거 누구 거야?" 등 다양한 아동주도 의문을 구체적으로 목표로 삼았다. 전형적으로 '무엇'과 '어디' 질문은 두 살경에 나타나고, '누구 거' 질문은 세 살경에 나타난다. 이러한 질문(그리고 "이거 봐", "도와줘" 등 다른 종류의 즉흥적인 주도)은 아동이 하루 동안 다른 사람들로부터 부가적인 언어적 정보를 얻는 도구의 기능을 한다.

자기주도적 질문을 위한 동기적 치료 상호작용의 예

이거 뭐야?
의문문 "이거 뭐야?"의 초기 형태는 전형적인 아동의 첫 번째 언어 중에 나타나며 자기주도적으로 어휘 단어를 접하고 습득하는 능력을 제공한다. 아이가 그 질문을 배울 때 긍정적인 결과가 이어지도록 하기 위하여 우리는 우선 아이가 아주 원하는 항목(예 : 좋아하는 간식, 장난감 인형)을 파악하여 동기부여 맥락을 제공한다. 이후 아이가 좋아하는 항목들이 불투명 가방에 숨겨지고, 아동은 "이거 뭐야?"라고 물어보도록 촉구받는다. 이 질문을 한 후에 (아주 원하는) 항목이 가방에서 나오고 "ㅇㅇ(물건 이름)이지"라며 이름이 불려지면서 아동은 그 물건을 받는다. 촉구는 아동이 자발적으로 질문을 할 때까지 점차적으로 사라진다. 일단 아동이 질문을 하고 이름을 따라 하면, 중립적인(덜 원하는) 물건이 점차 가방 속으로 사라진다. 아주 원하는 항목이 숨겨지는 동안에도 부분 강화 스케줄이 제공되어 긍정적인 주도 맥락을 만들고, 개입의 효과를 일반화하고 유지시키는 데 도움이 되게 한다. 따라서 전형적인 언어 발달과 비슷한 학습 상황이 만들어지게 되는 것이다.

그거 어디 있어?
발달적으로 전형적인 언어 학습자는 "이거 뭐야?" 다음에 '어디' 질문을 사용하기 시작한다.

ASD 아동에게 이 질문을 가르치기 위해서 비슷한 동기부여 전략이 적용된다. 구체적으로 아동이 좋아하는 물건을 다양한 장소에 숨긴다. 그리고 "그거 어디 있어?" 묻도록 촉구된다. 부모나 다른 성인들은 목표 전치사를 사용해서 답한다(예 : "박스 안에 있지", "서랍 위에 있지", "냉장고 옆에 있네"). 이런 절차를 통해서 아동은 자기주도와 다양한 전치사를 모두 배우게 된다.

이거 누구 거야?

이 질문은 좀 더 뒤에 발달되는데, 이를 아동이 스스로 주도하도록 동기를 부여하는 것 역시 대명사와 소유격을 배우는 기회를 증가시킨다. 예를 들어, 이 학습 과제를 성취하기 위해서 처음에 부모는 특정한 가족 구성원과 명백히 관련되어 있는 품목들을 다양하게 사용하도록 지시받는다. 아동은 "이거 누구 거야?" 질문하도록 촉구받고, 부모는 반응을 하면서 아동에게 그 물건을 준다. 마지막에 아이는 소유격 형식을 따라하도록 촉구받는다. '네 거', '내 거'를 가르칠 때에도 같은 일반적인 교육 형태가 사용된다. 이렇게 입장에 따라 반대가 되는 대명사를 사용하는 것이 ASD 아동들에게는 전형적으로 어려우므로, 우리는 아주 원하는 자극 품목(좋아하는 장난감 또는 사탕)을 활용한다. 아동이 주도해서 "이거 누구 거야?"라고 물을 때 부모는 "그건 네 거야"라고 반응을 하고 그때 아동은 "내 거야"라고 말하도록 촉구받는다. 이 절차로 아동은 호기심을 표현하고 대명사를 배우도록 자연스럽게 강화를 받는다.

최근 연구는 사회적 대화 중에 묻는 질문의 이점을 보여준다. 우리가 질문하기를 보여준 아동은 사용하는 질문의 종류를 다양하게 증진시킬 수 있었다(Koegel, Bradshaw, Ashbaugh, & Koegel, 2014). 또한 ASD를 가진 성인들은 대화 상대에 대한 관심과 흥미를 표현하기 위해서 공감적인 질문을 사용하도록 배울 수 있었고, 이는 의사소통 상대로서의 바람직성을 향상시키는 결과를 불러왔다(Koegel, Ashbaugh, Navab, & Koegel, 2016). 따라서 질문하기를 활용하면 ASD를 가진 개인들의 일반적 사회적 상호작용뿐만 아니라 장기적 결과를 전반적으로 뚜렷이 향상시킬 수 있다.

치료 효과의 증거

치료 평가

이 분야의 다른 연구자들과 더불어 우리는 앞서 언급한 유형의 PRT 효능과 효과를 평가하기 위하여 다양한 방법들을 사용했다. 아동이 포함된 경우 많은 결과 연구들에서 종속 척도는 보통 (1) 아동 변인, (2) 부모와 가족 변인의 두 가지 중 한 범주에 해당한다. 일차적인 초점이 아동의 기술을 증진시키고 ASD 증상을 감소시키는 것이기는 하지만, 사회적 타당성 측면과 치료 효과에 대한 잠재적인 중재변인 때문에 부모와 가족 변인을 측정하는 것 역시 중요하다. 우리 연구에 따르면 부모는 혐오적 방법을 사용하거나, 스트레스가 되고 부담스럽거나 또는 가족의 특별한 가치에 맞지 않는 개입은 활용하지 않으려 한다. 아동 결과 측정에는 아동 주도, 공동 주의, 반응성, 파괴적 행동의 감소, 자발적 말하기, 우정의 질, 학업 향상, 치료 동안 얻는 것의 일반화 등이 포함된다. 부모와 가족 결과 측정에는 PRT 절차를 활용하는 데 있어서의 부모의 정확도, 부모 스트레스, 부모-자녀 상호작용의 질, 긍정적 정서, 긍정적 진술, 신체적 애정 표현, 부모 역량 강화, 우울 증상 감소 등이 있다. ASD를 가진 성인과 작업을 했을 때에도 가족들이 계속 포함되는 경우가 많았다. 따라서 같은 영역이 측정되었다. 하지만 성인이 독립적으로 사는 경우 종속 측정치는 ASD를 가진 개인들로부터만 수집되었다.

PRT에 대한 경험적 증거

많은 연구들은 ASD 아동에게 특징적인 핵심 증상을 다루는 포괄적인 개입으로서 NLP 또는 PRT의 효율성을 보고한다. 그 시행 절차가 (전통적으로 ASD를 가진 아동에게 활용되던, 보다 아날로그적이고 대량으로 시행되는 접근과 달리) 전형적으로 발달하는 아동과 어른이 하는 상호작용 유형과 더 가깝게 닮아 있으므로, PRT 언어 개입 절차는 처음에 '자연' 언어 패러다임으로 기술되었다. 표 17.1에 언어 개입에 적용된 두 모델의 차이를 서술하였다. 이러한 NLP 절차가 보다 넓은 비언어적 행동 영역에까지 적용될 수 있음을 입증하는 후속 연구들을 통해 이 기술을 PRT로 서술하게 되었다. 따라서 이 기술은 영유아부터 성인기까지 보다 넓은 연령 범위에도 폭넓게 적용될 수 있다.

PRT의 구성요소

각 PRT 구성요소의 사용에 대한 경험적 지지는 우리 연구진, 그리고 다른 연구진들 모두로부터 이루어진 여러 연구에서 널리 보고되었다. 예를 들어, 교육 활동 중에 아동에게 활동을 선택하게 하거나 활동의 순서를 정하도록 하는 것이 사회적 회피 행동을 줄이고(R. Koegel, Dyer et al., 1987), 정확성과 생산성을 증가시키며, 파괴적인 행동을 감소시키는 것으로 나타났다. 이와 유사하게 과제의 습득과 유지를 조합하여 아동이 이에 반응하도록 개입하면, 바른 반응과 목표 행동 습득 속도, 긍정적 정서를 증가시키는 것으로 나타났다. 더불어 많은 연구자들이 개입 상호작용에서 반응-강화 관계를 조사하였다. 예를 들어, 점차적으로 목표와 가까운 운동 행동으로 나아가도록 엄격하게 조형하는 것과 반대로, 목표 행동에 대한 아동의 시도에 강화를 주면, 언어 산출이 향상되는 것으로 나타났을 뿐 아니라 흥미, 열성, 행복감이 증가하였다(R. Koegel et al., 1988). 이와 유사하게 목표 행동에 직접적으로 또는 자연적으로 연관된 아동 반응에 강화를 주는 것이 (임의적인 강화가 주어졌을 때보다) 더 빠른 학습을 유발하는 것으로 나타났다. 즉 반응이 강화물로 이끄는 직접적인 사슬의 일부인 것이 중요하다는 것이다(R. Koegel & Williams, 1980). 연구에 따르면 아동의 주도가 존재하는 경우가 훨씬 좋은 결과와 관련이 있었으며, 주도가 나타나지 않는 어린 아동에게는 주도하기를 가르칠 수도 있다는 것을 보여준다(L. Koegel et al., 1999). 아동에게 강한 강화 효과가 있는 활동 안에 사회적 활동이 내재되는 식으로 동기부여가 정확하게 수반되었을 때 부모와 함께 사회적으로 어울리는 일도 일어났다(R. Koegel et al., 2009). 예를 들어, 트램펄린에서 뛰는 것을 좋아하는 아이의 경우, 보상으로서 아이 혼자 트램펄린에서 뛰도록 하는 것보다 어른이 아이와 같이 뛰는 것이다. 절차에서 이러한 작은 차이가 아동의 사회적 행동이 크게 향상되고 일반화되는 결과를 낳는다. 요약하면 이러한 연구들은 아동주도적 상호작용을 보이도록 아동을 동기부여하는 것이 중요함과 더불어, PRT의 개별 동기부여 요소들 각각을 활용하는 데 대한 강한 경험적 지지를 제공한다.

개입 패키지로서 PRT

PRT 개입의 개별 구성요소에 대한 경험적 지지를 제공하는 연구에 더하여 동기부여 변인들을 조합하여 패키지 사용을 비교한 연구들이 있었다. 많은 연구들은 단일사례실험 설계부터 무선할당 통제실험에 이르기까지 다양한 실험 설계를 사용하여, 단순 훈련 방법으로 개별 표적 행동을 목표로 한 접근들에 비해 동기부여 PRT 절차가 더 효율성이 높음을 보여주었다. 또한 임상가보다는 부모가 치료를 실행하였을 때 더 많은 치료적 이득이 있었다고 관찰되었다. 아동에서 PRT의 긍정적인 결과에 더하여 가족 기능에서도 긍정적인 효과가 수반된다는 것이 여러 연구에서 보고되었다. 마지막으로 이 분야에 대한 보다 최근의 경험적 연구에서는 예후 지표로서의 자기주도의 중요성과 이것이 부족한 아동에게 자기주도를 가르치는 것의 효능이 연구되었다.

경험적 연구의 요약

ASD를 가진 아동을 위한 PRT 모델의 효능을 지지하는 증거들이 많이 있다. 개입 조건에 대한 무선할당을 이용한 집단 설계(Hardan et al., 2015; Mohammadzaheri, Koegel, Rezaei, & Rafiee, 2014; Mohammadzaheri et al., 2015), 중다 기저 설계 또는 ABA 실험 설계(Harper, Symon, & Frea, 2008; Pierce & Schreibman, 1997), 또는 둘의 조합(Gillett & LeBlanc, 2007; Vismara & Lyons, 2007)을 활용한 단일 피험자 연구, 그리고 임상 재현 설계(Baker-Ericzen et al., 2007; Sherer & Schreibman, 2005; Ventola et al., 2014) 등이 우리 연구 팀과 외부에서 수행되었다. 이 연구 절차는 매뉴얼화되었으며, 준수 규정에 대한 측정(실행 충실도)을 포함하였다. 각 연구의 참가자들은 전국적으로 인정된 진단기준에 따라 외부기관에서 ASD로 진단을 받았다. 따라서 PRT가 목표 행동과 비목표행동, 수반되는 행동 모두에서 ASD를 가진 아동에게 일반적으로 활용되는 '통상치료(treatment as usual, TAU)'에 비하여 치료 효과가 더 좋았다고 보여주는 충분한 증거가 있다. 임상적인 관점에서 경험적인 증거들은 사회적 의사소통에서 도움을 얻는 데 있어서 PRT가 TAU보다 훨씬 더 많은 이득을 얻게 해주며, 동시에 반복적이고 파괴적인 행동을 줄여준다는 것을 보여준다. 나아가 자료를 전체적으로 검토했을 때, 언어적 의사소통이 의미 있게 증가하고, 특수교육반에서 정규수업반으로 이동하는 경우가 많으며, 많은 아이들이 더 이상 ASD의 진단 기준에 맞지 않게 되었음을 보여준다.

향후 방향

일상적인 도움 환경에서 근거기반 개입 실행(PRT 포함)에 대한 연구를 수행하는 것은 ASD 연구에서 중요한 방향이다. 예를 들어, 개입하는 사람들을 효과적이고 효율적으로 훈련시키는 방법은 그 스펙트럼에 속한 개인이 가장 최근의 가치 있는 치료에 접근하고 혜택을 받을 수 있게 되는 데 필수적이다. 또한 그 훈련의 지속성과 내구성도 중요하다. 피드백을 주면서 연습을 함으로써 교사, 준전문가, 부모, 그리고 다른 개입자들의 기술을 향상시킬 수 있지만, 시간이 지나도 최소한의 역량이 유지되는지, 그리고 훈련받은 사람들이 새로운 행동과 새 아동에게도 배운 기술을 일반화시킬 수 있는지에 대한 연구는 매우 중요하다. 또한 지역사회 실행에 영향을 미치는 조직 및 제공자 수준 요인을 연구하는 것도 근거기반 절차가 일반 진료 서비스 환경에서 수행되고 지속되는 환경을 결정하는 데 중요하다.

　연구가 부족한 또 한 분야는 연구 참여자의 연령과 민족성에 관한 것이다. 즉 ASD 분야 연구 대부분은 유치원이나 학령기 아동을 포함하며, 여기에 다양한 민족이 포함되어 있지 않은 경우가 많다. 조기 개입 서비스를 받은 아이들이 더 긍정적인 결과를 보인다는 점을 고려할 때 영아기와 유아기 연령 아동에게 효과적이며 문화적으로 다양한 아동을 대상으로 한 평가와 개입 절차는 결과를 뚜렷이 향상시킬 것이다. 관련된 주제로서 성인에 대한 개입 연구가 매우 부족하다. 연구 결과에 의하면 대부분이 우정과 낭만적인 관계에 대한 바람이 있음에도 스펙트럼상의 대부분 성인들은 현재 이용 가능한 개입의 도움을 받더라도 사회적 관계에 어려움을 겪는다. 그들은 외로움, 우울 수준이 높았으며, 독립적으로 생활하거나 의미 있는 취업을 하는 경우가 거의 없었고, 결혼할 가능성도 낮았다(Howlin, 2000).

　성인기의 건강한 관계를 위한 기초가 되는 사회적 의사소통과 사회화에 대한 연구가 ASD를 가진 성인들을 대상으로는 별로 없으며, 친밀감이나 성적 관심 같은, 보다 개인적인 문제에 대한 연구는 거의 존재하지 않는다. 이 스펙트럼에 있는 사람들의 정신건강과 장기적 긍정적 결과를 위해서는 사회적 의사소통, 사회화, 또래관계, 일상 환경에서의 실제적인 행동 등을 다루는 포괄적인 프로그램이 결정적으로 중요하다(L. Koegel & LaZebnik, 2009). 게다가 ASD를 가진 개인들의 고등학교 졸업 이후 고용은 극히 낮으며, 특히 주류 노동 환경에서는 더욱 그렇다 (Shattuck et al., 2012; Taylor, & Seltzer, 2011). 성인들에게 취업의 중요성은 잘 보고되어 있는 바, 정신건강, 사회화 및 인지 영역에서 모두 이로운 것이다(L. Koegel, Koegel, & Miller, 2014). 상당한 수의 ASD를 가진 개인이 성인기에 접어들면서, 성인기 ASD 개인의 수가 급속히 확산되고 있으므로, 사회 및 고용 문제가 아주 중요하다.

또한 앞으로의 연구에서는 아동이 향상되고 있을 나타나는 뇌의 생리적인 변화와 PRT 사이의 상호관련성도 몹시 흥미로울 것이다(Voos et al., 2013). 많은 연구자들은 불과 몇십 년 전만 해도 방법이 없다고 여겨졌던 ASD 증상들이 크게 감소되거나 제거될 수 있다고 제안한다. 나타나는 증상과 치료가 개입에 대한 결과와 반응성과 어떻게 관련되는지는 의심할 바 없이 흥미롭다.

맺음말

아동의 행동 레퍼토리 전반에 걸쳐 폭넓고, 장기적이고, 일반화된 변화를 이루기 위해서 많은 연구자들이 ASD 증상과 전반적인 발달에 광범위하게 영향을 줄 수 있는 중심축 반응을 조사하는 데 주력해왔다. 폭넓은 부수적인 영향을 수반하는 중심축 영역을 치료함으로써, 대량 시행과 반복을 통해서 개인에게 목표 행동을 가르치는 데 초점을 두는 치료에 비해서 이 개입은 시간이 덜 들고, 보다 비용 효율적이며, 노동이 덜 들어간다. 예를 들면, 자료들은 PRT 동기부여 기법을 구체적으로 포함하는 교수 접근법이 단기 및 장기 결과를 크게 향상시킨다는 것을 보여준다. 하지만 오늘날 이용 가능한 기술로도 기능적 표현 언어를 배우지 못하는 것으로 보이는 극히 작은 하위 집단의 아동이 있다. 이런 아이들에 대한 더 많은 연구와 초기 어휘를 가르치는 특수화된 절차가 필요하다. 또한 의사소통과 다른 변인, 즉 연령, 파괴적 행동, 반복 행동 등의 상호관계를 평가하는 연구는 우리의 연구 지식을 향상시킬 수 있다. 최선의 환경, 시간, 유형, 그리고 개입량 등 시행과 관련된 정보가 더 많다면 가치 있는 발전을 이룰 수 있을 것이다.

요약하면 PRT와 같이 동기를 강조하는 개입 프로그램이 효과적이고 효율적인 치료 모델이며, 치료로 얻은 효과가 더 장기적으로 지속될 뿐만 아니라 더 일반화되는 것으로 보인다. 또한 PRT는 전통적인 개입에 비해 부모 스트레스를 감소시키는 경향이 있는데, 그 이유 중 하나는 이 개입이 자연적 가족 일과에 혼합되어 있으며, 가족의 가치에 맞도록 개별적으로 설계되었기 때문이다. 부모 스트레스는 아동의 경과를 조절하는 것으로 나타났으므로, 이 스트레스를 감소시키는 부모교육 절차를 만드는 것은 중요한 일이다.

마지막으로 우리는 아동, 청소년, 성인이 사회적 의사소통과 학습 기회에 반응하고 주도하도록 동기부여되면, 이에 수반하여 발달적 표준이 되는 성취를 이룰 수 있게 된다는 것을 보여주었다. 부모가 PRT 기술에 능숙해지면, 자연스럽게 유발되는 교육적 상호작용에 들어가게 된다. 이는 전형적으로 발달하는 아동에게서 자연스럽게 나타나는 것와 같은 유형의 상호작용이다. 이 분야에서 더 많은 연구가 이루어지면 ASD 아동의 사회적 의사소통 궤도와, 가능한 한 어린 연령부터 전형적 발달 궤도에 들어가도록 지도하는 데 필요한 개입, 그리고 동기가 고려되었을 때 청소년과 성인 역시 어떻게 더 향상을 보일 수 있는지 완전히 이해하는 데 도움이 될 것이다. 우리는 이러한 자료기반 접근이 ASD 상태와 ASD를 가진 개인과 가족의 삶의 질에 미칠 영향에 대해 매우 낙관적이다.

감사의 글

이 장에서 인용한 연구는 다음의 지원을 받아 수행되었다. National Institute of Mental Health Research (Grant No. MH28210), National Institute of Child Health and Human Development (Research Grant No. DC010924). 내용은 전적으로 저자들의 책임이며 반드시 NIH의 공식적인 견해를 대표하지는 않는다. Robert L. Koegel, Lynn Kern Koegel은 U.C. 산타 바바라에 재직 중이며 동시에 개인 회사인 Koegel 자폐증 컨설턴트 LLC의 파트너이다.

참고문헌

Baker, M. J., Koegel, R. L., & Koegel, L. K. (1998). Increasing the social behavior of young children with autism using their obsessive behaviors. *Journal of the Association for Persons with Severe Handicaps, 23,* 300–308.

Baker-Ericzen, M. J., Stahmer, A. C., & Burns, A. (2007). Child demographics associated with outcomes in a community-based pivotal response training program. *Journal of Positive Behavior Interventions, 9*(1), 52–60.

Bradshaw, J., Steiner, A. M., Gengoux, G., & Koegel, L. K. (2014). Feasibility and effectiveness of very early intervention for infants at risk for autism spectrum disorder: A systematic review. *Journal of Autism and Developmental Disorders, 45*(3), 778–794.

Brookman-Frazee, L., Stahmer, A., Baker-Ericzen, M. J., & Tsai, K. (2006). Parenting interventions for children with autism spectrum and disruptive behavior disorders: Opportunities for cross-fertilization. *Clinical Child and Family Psychology Review, 9*(3–4), 181–200.

Bryson, S. E., Koegel, L. K., Koegel, R. L., Openden, D., Smith, I. M., & Nefdt, N. (2007). Large scale dissemination and community implementation of pivotal response treatment: Program description and preliminary data. *Research and Practice for Persons with Severe Disabilities, 32*(2), 142–153.

Centers for Disease Control and Prevention. (2015). Identified prevalence of autism spectrum disorder. Retrieved from *www.cdc.gov/ncbddd/autism/data.html*.

Cooper, J. O., Heron, T. E., & Heward, W. L. (2007). *Applied behavior analysis.* Upper Saddle River, NJ: Pearson Education.

Gillett, J. N., & LeBlanc, L. A. (2007). Parent-implemented natural language paradigm to increase language and play in children with autism. *Research in Autism Spectrum Disor-*

ders, 1, 247–255.

Hardan, A. Y., Gengoux, G. W., Berquist, K. L., Libove, R. A., Ardel, C. M., Phillips, J., et al. (2015). A randomized controlled trial of pivotal response treatment group for parents of children with autism. *Journal of Child Psychology and Psychiatry, 56*(8), 884–892.

Harper, C. B., Symon, J. B., & Frea, W. D. (2008). Recess is time-in: Using peers to improve social skills of children with autism. *Journal of Autism and Developmental Disorders, 38,* 815–826.

Hastings, R. (2003). Behavioral adjustments of siblings of children with autism. *Journal of Autism and Developmental Disorders, 33*(1), 99–104.

Howlin, P. (2000). Outcome in adult life for more able individuals with autism or Asperger syndrome. *Autism, 4*(1), 63–83.

Jones, W., & Klin, A. (2009). Heterogeneity and homogeneity across the autism spectrum: The role of development. *Journal of the American Academy of Child and Adolescent Psychiatry, 48*(5), 471–473.

Kanner, L. (1943). Autism disturbances of affective contact. *Nervous Child, 2,* 217–250.

Kazdin, A. E. (1982). Symptom substitution, generalization, and response covariation: Implications for psychotherapy outcome. *Psychological Bulletin, 91,* 349–365.

Klin, A., Lin, D. J., Gorrindo, P., Ramsay, G., & Jones, W. (2009). Two-year-olds with autism fail to orient towards human biological motion but attend instead to non-social, physical contingencies. *Nature, 459,* 257–261.

Koegel, L. K. (2000). Interventions to facilitate communication in autism. *Journal of Autism and Developmental Disorders, 30*(5), 383–391.

Koegel, L. K. (2011). *Pivotal response treatment: Using motivation as a pivotal response.* Santa Barbara: University of California Press.

Koegel, L. K., Ashbaugh, K., Koegel, R. L., Detar, W. J., & Regester, A. (2013). Increasing socialization in adults with Asperger's syndrome. *Psychology in the Schools, 50*(9), 899–909.

Koegel, L. K., Ashbaugh, K., Navab, A., & Koegel, R. L. (2016). Improving empathic communication skills in adults with autism spectrum disorder. *Journal of Autism and Developmental Disorders, 46*(3), 921–933.

Koegel, L. K., Koegel, R. L., Ashbaugh, K., & Bradshaw, J. (2014). The importance of early identification and intervention for children with or at risk for autism spectrum disorders. *International Journal of Speech–Language Pathology, 16*(1), 50–56.

Koegel, L. K., Koegel, R. L., Bruinsma, Y., Brookman, L., & Fredeen, R. M. (2003). *Teaching first words to children with autism and communication delays using pivotal response training.* Santa Barbara: University of California Press.

Koegel, L. K., Koegel, R. L., Nefdt, N., Fredeen, R. M., Klein, E., & Bruinsma, Y. (2006). First S.T.E.P.: A model for the early identification of children with autism spectrum disorders. *Journal of Positive Behavior Interventions, 7,* 247–252.

Koegel, L. K., Koegel, R. L., Shoshan, Y., & McNerney, E. (1999). Pivotal response intervention: II. Preliminary long-term outcomes data. *Journal of the Association for Persons with Severe Handicaps, 24,* 186–198.

Koegel, L. K., & LaZebnik, C. (2009). *Growing up on the spectrum: A guide to life, love, and learning for teens and young adults with autism and Asperger's.* New York: Viking/Penguin.

Koegel, L. K., Singh, A., & Koegel, R. (2010). Improving motivation for academics in children with autism. *Journal of Autism and Developmental Disorders, 40*(9), 1057–1066.

Koegel, L. K., Singh, A. K., Koegel, R. L., Hollingsworth, J. R., & Bradshaw, J. (2014). Assessing and improving early social engagement in infants. *Journal of Positive Behavior Interventions, 16*(2), 69–80.

Koegel, R. L., Bimbela, A., & Schreibman, L. (1996). Collateral effects of parent training on family interactions. *Journal of Autism and Developmental Disorders, 26,* 347–359.

Koegel, R. L., Bradshaw, J. L., Ashbaugh, K., & Koegel, L. K. (2014). Improving question-asking initiations in young children with autism using pivotal response treatment. *Journal of Autism and Developmental Disorders, 44*(4), 816–827.

Koegel, R. L., Dyer, K., & Bell, L. K. (1987). The influence of child-preferred activities on autistic children's social behavior. *Journal of Applied Behavior Analysis, 20,* 243–252.

Koegel, R. L., & Egel, A. L. (1979). Motivating autistic children. *Journal of Abnormal Psychology, 88,* 418–426.

Koegel, R. L., Fredeen, R., Kim, S., Daniel, J., Rubinstein, D., & Koegel, L. K. (2012). Using perseverative interests to improve interactions between adolescents with autism and their typical peers in school settings. *Journal of Positive Behavior Interventions, 14,* 133–141.

Koegel, R. L., Kim, S., Koegel, L., & Schwartzman, B. (2013). Improving socialization for high school students with ASD by using their preferred interests. *Journal of Autism and Developmental Disorders, 43*(9), 2121–2134.

Koegel, R. L., & Koegel, L. K. (2012). *The PRT pocket guide.* Baltimore: Brookes.

Koegel, R. L., Koegel, L. K., & Surratt, A. (1992). Language intervention and disruptive behavior in preschool children with autism. *Journal of Autism and Developmental Disorders, 22,* 141–153.

Koegel, R. L., O'Dell, M. C., & Dunlap, G. (1988). Producing speech use in nonverbal autistic children by reinforcing attempts. *Journal of Autism and Developmental Disorders, 18,* 525–538.

Koegel, R. L., O'Dell, M. C., & Koegel, L. K. (1987) A natural language teaching paradigm for nonverbal autistic children. *Journal of Autism and Developmental Disorders, 2,* 187–200.

Koegel, R. L., Schreibman, L., Good, A., Cerniglia, L., Murphy, C., & Koegel, L. K. (1989). *How to teach pivotal behaviors to children with autism: A training manual.* Santa Barbara: University of California Press.

Koegel, R. L., Schreibman, L., O'Neill, R. E., & Burke, J. C. (1983). Personality and family interaction characteristics of parents of autistic children. *Journal of Consulting and Clinical Psychology, 16,* 683–692.

Koegel, R. L., Vernon, T. W., & Koegel, L. K. (2009). Improving social initiations in young children with autism using embedded social interactions. *Journal of Autism and Developmental Disorders, 39*(9), 1240–1251.

Koegel, R. L., Werner, G. A., Vismara, L. A., & Koegel, L. K. (2005). The effectiveness of contextually supported play date interactions between children with autism and typically developing peers. *Research and Practice for Persons with Severe Disabilities, 30,* 93–102.

Koegel, R. L., & Williams, J. A. (1980). Direct versus indirect response-reinforcer relationships in teaching autistic children. *Journal of Abnormal Child Psychology, 8,* 537–547.

Lecavalier, L., Leone, S., & Wiltz, J. (2006). The impact of behaviour problems on caregiver stress in young people with autism spectrum disorders. *Journal of Intellectual Disability Research, 50*(3), 172–183.

Lovaas, O. I. (1977). *The autistic child: Language development through behavior modification.* Oxford, UK: Irvington.

Mohammadzaheri, F., Koegel, L. K., Rezaei, M., & Bakhshi, E. (2015). A randomized clinical trial comparison between pivotal response treatment (PRT) and adult-driven applied behavior analysis (ABA) intervention on disruptive behaviors in public school children with autism. *Journal of Autism and Developmental Disorders, 45*(9), 2899–2907.

Mohammadzaheri, F., Koegel, L. K., Rezaei, M., & Rafiee, S. M. (2014). A randomized clinical trial comparison between pivotal response treatment (PRT) and structured applied behavior analysis (ABA) intervention for children with autism. *Journal of Autism and Developmental Disorders, 44*(11), 2769–2777.

Pierce, K., & Schreibman, L. (1997). Multiple peer use of pivotal response training to increase social behaviors of classmates with autism: Results from trained and untrained peers. *Journal of Applied Behavior Analysis, 30,* 157–160.

Prizant, B. M. (1983). Language acquisition and communicative behavior in autism toward an understanding of the whole of it. *Journal of Speech and Hearing Disorders, 48*(3),

296–307.

Shattuck, P. T., Narendorf, S. C., Cooper, B., Sterzing, P. R., Wagner, M., & Taylor, J. L. (2012). Postsecondary education and employment among youth with an autism spectrum disorder. *Pediatrics, 129*(6), 1042–1049.

Sherer, M. R., & Schreibman, L. (2005). Individual behavioral profiles and predictors of treatment effectiveness for children with autism. *Journal of Consulting and Clinical Psychology, 73,* 525–538.

Shic, F., Bradshaw, J., Klin, A., Scassellati, B., & Chawarska, K. (2011). Limited activity monitoring in toddlers with autism spectrum disorder. *Brain Research, 1380,* 246–254.

Symon, J. B. (2001). Parent education for autism issues in providing services at a distance. *Journal of Positive Behavior Interventions, 3*(3), 160–174.

Taylor, J. L., & Seltzer, M. M. (2011). Employment and post-secondary educational activities for young adults with autism spectrum disorders during the transition to adulthood. *Journal of Autism and Developmental Disorders, 41*(5), 566–574.

Ventola, P., Friedman, H. E., Anderson, L. C., Wolf, J. M., Oosting, D., Foss-Feig, J., et al. (2014). Improvements in social and adaptive functioning following short-duration PRT program: A clinical replication. *Journal of Autism and Developmental Disorders, 44*(11), 2862–2870.

Vernon, T. W. (2014). Fostering a social child with autism: A moment-by-moment sequential analysis of an early social engagement intervention. *Journal of Autism and Developmental Disorders, 44*(12), 3072–3082.

Vernon, T. W., Koegel, R. L., Dauterman, H., & Stolen, K. (2012). An early social engagement intervention for young children with autism and their parents. *Journal of Autism and Developmental Disorders, 42*(12), 2702–2717.

Vismara, L. A., & Lyons, G. L. (2007). Using perseverative interests to elicit joint attention behaviors in young children with autism: Theoretical and clinical implications to understanding motivation. *Journal of Positive Behavior Interventions, 9,* 214–228.

Voos, A. C., Pelphrey, K. A., Tirrell, J., Bolling, D. Z., Vander Wyk, B., Kaiser, M. D., et al. (2013). Neural mechanisms of improvements in social motivation after pivotal response treatment: Two case studies. *Journal of Autism and Developmental Disorders, 43*(1), 1–10.

CHAPTER 18

섭식장애 청소년을 위한 가족기반 치료와 행동적 가족체계치료

Daniel Le Grange & Arthur L. Robin

임상 문제의 개요

신경성 식욕부진증(anorexia nervosa, AN)과 신경성 폭식증(bulimia nervosa, BN)은 생명을 위협하는 섭식장애이다. 신경성 식욕부진증(AN)은 (1) 연령과 키를 기준으로 정상범위 체중의 최저점에서 유의미하게 낮은 체중을 지니고, (2) 자신이 저체중임에도 불구하고 체중이 늘거나 살찌는 것에 대한 강한 공포를 지니며, (3) 체중과 체형 왜곡이나 낮은 체중에 대한 심각성을 부정하는 것 등으로 특징지어진다(American Psychiatric Association, 2013). 신경성 폭식증(BN)은 (1) 반복되는 엄청난 폭식 일화를 보이고, (2) 과도한 폭식을 지각한 결과에 대한 반작용으로 자기유도 구토, 하제와 이뇨제 사용, 단식, 과도한 운동 등과 같은 보상적 행동의 일화가 따르며, (3) (1)과 (2)가 3개월간 최소한 주 1회의 빈도로 나타나고, (4) 자기평가가 체중과 체형에 따라서 과도하게 영향을 받으며, (5) 이러한 증상이 신경적 식욕부진증 삽화 중에는 나타나지 않는다(American Psychiatric Association, 2013). 미국의 13~18세 청소년 중 섭식장애에 대한 평생 유병률은 약 1%이고(Swanson, Crow, Le Grange, Swendsen, & Merikangas, 2011), 더 어린 아동의 섭식장애 유병률은 더 낮으며 확실히 밝혀지지 않았다.

입원치료, 부분적 입원치료, 개인역동 치료, 청소년 중심 치료, 인지행동치료, 가족치료 등 다양한 개입이 아동과 청소년의 섭식장애 치료에 사용되어 왔으며, 수많은 무선할당 통제실험(RCT)은 신경성 식욕부진증(AN)과 신경성 폭식증(BN)을 지닌 청소년을 대상으로 다양한 치료 방법에 대한 효과성을 평가해왔다. 이러한 연구들은 모두 어떤 형태의 가족치료를 포함하고 있다. 가족은 섭식장애의 원인은 아니지만, 현재의 제한된 증거에서는 심리적 요인과 생물학적 요인이 복합되어 이러한 장애의 원인으로 작용함을 시사하고 있다(Le Grange, 2016). 더욱이 이들 장애 치료 시 성공적 결과를 위해 가족이 필수적이라는 증거가 제시되고 있다(Le Grange & Eisler, 2009). 신경성 식욕부진증을 지닌 청소년은 심리적으로 굶주린 상태이며, 체중 증가에 대해 강박적인 상태이다. 그 결과, 그들의 생각은 혼란스럽고, 종종 통찰 지향 개인치료로부터의 이득을 얻지 못한다. 신경성 폭식증을 지닌 청소년은 신경성 식욕부진증 청소년만큼 영양 부족 상태는 아니지만, 사고 과정은 개인 심리치료가 어려울 정도로 와해되어 있다. 주변의 누군가가 책임을 지고 청소년이 섭식장애를 극복할 수 있도록 도와야 한다.

양육 기술을 활용하고 신경성 식욕부진증 청소년의 체중을 회복하는 것을 돕기 위해 특정형태의 가족치료가 런던의 모즐리병원에서 처음 개발되었다(Eisler et al., 2000; Le Grange, Eisler, Dare, & Russell, 1992; Russell, Szmukler, Dare, & Eisler, 1987). 이러한 접근은 계속 적용되어 왔으며, 비록 런던 버전에 매우 가깝기는 하지만 최소한 두 가지 매뉴얼화된 버전이 출간된 5개의 무선할당 통제실험에서 계속 검증되어 왔다. 행동적 가족체계치료(behavioral family system therapy, BFST; Robin, Siegel, & Moye, 1995)와 가족기반 치료(family-based therapy, FBT; Agras et al., 2014; Lock, Agras, Bryson, & Kraemer, 2005; Lock, Le Grange, Agras, Bryson, & Jo, 2010; Madden et al., 2015)가 그것이다. 신경성 식욕부진증 청소년에 대한 행동적 가족체계치료(BFST)와 가족기반 치료(FBT)의 핵심 요소는 (1) 신경성 식욕부진증 청소년이나 부모에 대한 비난을 줄이고, (2) 부모를 청소년의 체중 회복을 위한 책임자로 두며, (3) 부모와 청소년이 치료 회기에 함께 참석할 수 있도록 요구하고, (4) 청소년이 원하는 것보다 더 많이 먹는 것을 돕기 위해 체중 회복을 직접 논의하고 부모를 실제 상황에서 코칭하며, (5) 충분한 체중 회복이 나타날 때도 청소년에게 섭식에 대한 통제감이 있을 수 있도록 하고, (6) 체중 회복이 성공적으로 이루어진 후에도 청소년 발달 이슈, 인지적 왜곡과 가족관계에 대해 강조하는 것이다.

신경성 폭식증을 지닌 청소년에게 응용된 양육 기술과 지원을 활용하는 이러한 특정 형태의 가족치료를 신경성 폭식증을 위한 가족기반 치료라고 부른다(FBT-BN; Le Grange & Lock, 2007). 세 가지 무선할당 통제실험(RCT)은 현재 출간되었는데, 각각은 개인치료와 신경성 폭식증 대상 가족기반 치료를 함께(Le Grange, Crosby, Rathouz, & Leventhal, 2007; Le Grange et al., 2015), 혹은 신경성 폭식증 대상 가족기반 치료와 매우 유사하다고 고려되는 다른 모즐리 근거 가족치료(Naudsley-based family therapy)와 함께 실시된 것이다. 언급한 것처럼 비록 체중 증가를 강조하거나 청소년들이 폭식과 구토를 절제하도록 돕기보다는 건강한 섭식 행동을 회복하는 것이지만, 신경성 식욕부진증을 위한 가족기반 치료의 핵심 요인은 신경성 식욕부진증을 지닌 청소년에 대한 접근과 상당히 겹친다는 것을 보여준다.

이 장에서 우리가 언급하고자 하는 여섯 가지 핵심 특성이 신경성 식욕부진증 청소년을 치료하는 것은 유사하지만, 독립적으로 개발되어온 두 가지 가족치료에 대한 연구를 기술하고, 비교하고 개관하고자 하는 것이다. Robin과 Siegel(Robin et al., 1995, 1999)에 의해 개발된 행동적 가족체계치료(BFST)와 Le Grange와 Lock(Le Grange, 1999; Lock & Le Grange, 2013)에 의해 개발되고 확장되어 연구된 가족기반 치료가 그 두 가지이다. 우리의 두 번째 초점은 이 장의 이전 버전에서부터 언급되어온(Robin & Le Grange, 2010) 이 영역에서 상당한 성과를 보이고 있는 신경성 폭식증을 위한 가족기반 치료(FBT-BN)에 대한 간략한 업데이트를 제공하는 것이다.

치료 프로그램의 특징

신경성 식욕부진증을 위한 행동적 가족체계치료

행동적 가족체계치료(BFST)는 청소년과 부모가 신경성 식욕부진증을 극복하도록 돕기 위해 행동적·인지적·가족적 관점과 개입을 통합한 것이다. 전략적 개입은 청소년의 체중 회복을 위해 부모를 책임자로 만드는 것이다. 숙련된 간호사 앞에서 청소년이 모든 식사를 전부 하도록 하는 입원시설에서 사용하는 행동적 체중 증진 프로그램을 부모가 집에서 실행할 수 있도록 배운다. 이후에 인지적 재구조화가 섭식장애와 관련된 인지적 오류를 극복하도록 사용된다. 청소년이 목표체중에 도달되면 섭식에 대한 통제가 다시 나타나게 되며, 치료는 가족으로부터 개별화를 해야 하는 정상적인 발달 과제에 초점을 두게 된다.

치료 프로그램은 대략 3단계로 나눌 수 있는데, (1) 평가, (2) 체중 증가, (3) 체중 유지이다. 우리는 이 장에서 두 번째와 세 번째 단계를 강조할 것이며, 평가 단계는 다른 출판물에서 논의되어 있다(이 장에 대한 이전 판). 체중 증가 단계는 전형적으로 6~12개월이 지속되며, 청소년과 부모를 함께 매주 회당 55분씩 만나게 된다. 체중 유지 단계는 보통 3~4개월간 유지되며, 한 달에 두 번 정도 만나게 된다. 또한 치료자, 의사, 식이요법 전문가가 팀으로 일하게 된다. 의사는 목표체중과 체중 증가율을 정하고 입원에 대한 결정을 하며 정규적인 의학적 추적을 한다. 식이요법 전문가는 섭취하는 음식 종류와 양에 대한 정보를 제공한다. 의사와 치료자는 매 회기 전 청소년의 체중을 측정한다. 이 단계의 개입에 대해 기술된 출간되지 않은 치료 매뉴얼은 Arthur L. Robin(arobin@med.wayne.edu)으로부터 얻을 수 있다.

체중 증가 단계

이 단계의 개입 동안, 치료자는 부모에게 환자를 섭취하게 하는 책임을 지는 데 필요한 기술을 가르친다. 이것은 통제 원칙으로 시작되며, 치료자가 이를 읽어준다(이 책의 이전 버전에서 강조되었음. Robin & Le Grange, 2010, p. 347).

신경성 식욕부진증은 생명을 위협하는 병입니다. 자녀가 아프면 우리는 의사에게 자문을 구하며, 그들은 보통 약을 줍니다. 부모님들은 의사에게 자문을 구했으며, 음식이 그들을 치료할 수 있는 유일한 약이라고 처방되었습니다. 자녀가 병으로 스스로 약을 먹지 못할 때 자녀를 사랑하는 부모님이 약을 줍니다. 마찬가지로 이 경우에도 부모님이 자녀에게 약, 즉 회복하는 데 필요한 음식을 줄 필요가 있습니다. 잠정적으로 부모님은 섭식에 관련된 모든 것을 완전히 통제할 책임이 있습니다. 부모님은 식이요법 전문가들의 조언에 근거해 메뉴를 계획해야 합니다. 부모님은 장을 볼 것입니다. 부모님은 자녀의 음식을 선택하고 계획합니다. 또한 음식을 차려주고 먹는지를 확인합니다. 당신은 제가 드리는 종이에 자녀가 먹는 모든 것을 기록하셔야 합니다. 당신은 자녀가 자신의 모든 음식을 먹는 것에 대해 칭찬하고 상을 줄 것이며, 그 음식을 다 먹는 것이 어렵다는 것이 증명된다면 다른 활동을 하지 못하게 함으로써 에너지를 보존하도록 해야 합니다. 저는 부모님 두 분이 이 책임을 나누어 팀으로 진행할 수 있도록 도울 것입니다. 자녀가 목표체중에 근접하여 음식과 섭식에 대한 책임을 질 수 있는 준비가 되면, 자녀에게 점점 그 책임을 넘길 수 있도록 도울 것입니다. 매우 어려운 일을 하도록 요구하고 있다는 것을 알지만, 또한 당신이 자녀를 얼마나 사랑하는지도 알고 있으며, 당신이 자녀에게 유일한 약인 음식을 섭취할 수 있도록 도울 것임을 확신하고 있습니다.

그 후 치료자는 각 가족 구성원들의 반응을 평가한다. 환자의 목적은 공감적인 인정을 받는 것이지만, 치료자는 환자의 잘못은 아니지만 굶는 것은 정신을 흐리게 하고 건강한 섭식을 방해한다는 것을 반복해서 언급한다. 부모의 저항도 자녀를 치료하기 원하지만 어떻게 해야 할지 모르는 부모의 자연스러운 염려와 두려움으로 공감적인 재구조화를 한다.

부모가 청소년의 섭식에 대한 책임을 지도록 도울 때 치료자는 부모가 행동적 체중 증가 프로그램을 개발하도록 코치한다. 치료자는 또한 식사를 하는 것에 대한 긍정적인 유인가뿐 아니라 체중 증가를 했을 때를 위한 장기적인 유인가를 마련하도록 촉구한다. 예를 들어, 말 타는 것을 좋아하고 매일 자기 말을 돌보는 내담자는 자신의 말을 보려 마굿간을 가기 전에 자기음식을 다 먹어야 한다. 체중 증가 단계에서 남아 있는 회기 동안 치료자는 내담자가 체중을 늘리고 목표체중에 도달할 때까지 악순환의 고리를 끊고 프로그램을 유지하도록 하는, 행동적 체중 증가 프로그램을 잘 조정하기 위해 필요한 기술을 가족에게 가르친다.

내담자가 요구량의 음식을 대부분 먹고 체중이 지속적으로 증가될 때, 치료자는 초점을 비음식 관련 이슈로 전환시킨다. 인지적 재구조화는 어떠한 음식, 신체 부분, 신체크기 등과 관련된 왜곡된 생각을 수정하기 위해 도입된다. 인지적 재구조화는 (1) 왜곡된 인지를 확인하고,

(2) 이것을 논리적으로 반박하며, (3) 좀 더 적절한 인지를 제안하고, (4) 자녀에 의해 수집된 증거에 근거해 어떠한 생각이 좀 더 적절한지를 결정하기 위한 실험을 제안하고, (5) 실험 결과를 개관하는 것이다. 예를 들어, 15세 니콜이 자신의 외모 변화에 대해 점점 혼란스러워지자("내 위는 너무 크고 나는 혐오스러워") 치료자는 체중 증가와 관련된 신체 변화를 해석할 다른 방법이 있음을 제안함으로써 이러한 왜곡에 도전하였다. 니콜은 회의적이었다. 치료자는 니콜에게 그녀가 신뢰하는 사람 4명을 말해보라고 하였고, 니콜은 할머니, 숙모, 친한 친구와 영어 선생님을 언급하였다. 치료자는 니콜에게 다른 체중일 때의 자신의 사진을 가져오라고 하였다. 4명의 신뢰하는 사람에게 그 사진을 살펴보고 가장 '건강한' 이미지로 보이는 사진을 고르도록 하였다. 3명이 니콜이 목표체중과 근접했을 때의 사진을 선정하였다. 니콜을 물러서서 자신의 자기지각을 재평가하기 시작하였다.

체중 유지 단계

내담자가 목표체중에 근접했을 때, 행동적 가족체계치료의 체중 유지는 시작된다. 치료자는 부모에게 내담자가 섭식에 대한 책임을 갖게 하는 데 필요한 기술을 점차 가르친다. 부모는 영양사에게 체중 증가보다는 체중 유지를 할 수 있도록 칼로리를 줄이는 식단을 자문받을 수 있다. 처음에 자녀는 식사 중 한 끼를 선택해 음식을 측정하고 준비하고 감독 없이 음식을 먹고 무엇을 먹었는지를 기록하게 된다. 나중에는 자녀가 감독 없이 한 끼를 먹고 하루의 메뉴를 계획하며 감독 없이 여러 끼를 먹는 것을 계속하게 된다. 결과적으로 내담자는 하루의 모든 식사를 부모의 개입이나 모니터링 없이 먹을 수 있게 된다.

치료자는 또한 청소년의 발달에 관심을 두고 (1) 내담자가 부모로부터 연령에 적절한 개별화를 하고 자율성을 갖는 것과, (2) 부모가 자신의 부부관계를 강화시키고 자신의 에너지를 재초점화하도록 격려한다.

내담자가 최소한 3개월간 자신의 체중을 유지하면 치료자는 종결을 준비한다. 치료 회기의 간격도 1개월로 늘어난다. 치료자는 가족과 가능한 재발에 대처하는 방법을 논의한다. 나타난 변화들을 논의하고 신경증 식욕부진증에 대한 대처는 평생 지속해야 하는 과정이며, 언제나 치료로 돌아올 수 있다는 개념을 가족에게 갖게 한다.

신경성 식욕부진증에 대한 가족기반 치료

가족기반 치료의 이론적 기초는 청소년 내담자가 가족과 너무 가까워서 치료에 대한 부모의 관여는 궁극적인 치료 성공을 위해서는 핵심적이라는 것이다. 발달적 관점에서 음식 및 섭식과 관련된 영역에서는 청소년이 훨씬 어린아이처럼 기능하고 있는 것이다(예 : 정상적 청소년 발달이 섭식장애로 인해 장애를 받고 있음). 장애를 가진 자녀의 삶에 대한 부모의 지배력을 감소시키기 위해 자녀의 섭식을 임시적으로만 책임지는 것이다. 섭식장애가 더 이상 자녀의 삶을 통제하지 않을 때, 부모는 청소년의 섭식에 대한 통제력을 적절한 방식으로 돌려주고, 청소년이 자신의 발달적 과업을 성취할 수 있도록 돕는 일상적인 부모 역할로 돌아갈 것이다.

FBT는 명확히 정의된 3단계를 통해 진행된다. (1) 체중 회복에 대한 임시적인 부모 통제, (2) 섭식에 대한 통제를 청소년에게 돌려주는 새로운 관계 패턴에 대한 타협, (3) 청소년의 발달 이슈와 종결이 그것이다. 치료는 의학적 모니터링을 위해 소아과 의사와 공존하는 정신과적 장애를 다룰 수 있는 소아·청소년 정신과 의사를 포함하는 자문 팀과 함께 일차적인 정신건강 임상가(심리학자, 정신과 의사, 사회사업가)에 의해 제공된다. 일차적인 임상가들은 내담자와 가족이 정규적으로 만나고 서로 빈번한 교류를 유지한다. 내담자는 치료자와 각 회기를 시작할 때 체중을 잰다. 90분간의 가족식사 회기를 제외하고는 회기는 60분간 유지한다. 출간된 치료 매뉴얼은 구입할 수 있다(Lock & Le Grange, 2013).

1단계 : 청소년의 체중 회복

매주의 치료 회기는 일차적으로는 내담자의 체중 회복에 초점을 두고, 치료자가 식사시간에 가족 상호작용 패턴을 직접 관찰할 기회를 주며, 이러한 패턴을 변화시킬 수 있는 직접적인 개입을 할 수 있도록 하는 가족식사 회기를 포함한다. 부모는 청소년의 체중을 회복시키는 책임을 지게 되며, 신경성 식욕부진증을 유발하는 책임으로부터 제외된다. 청소년 내담자는 식사시간 외의 시간을 지원하기 위해 형제자매와 협력한다. 이 첫 단계에서 치료자는 치료에서 가족과 관계를 맺고, 신경성 식욕부진증이 가족에게 끼치는 영향에 대한 각 구성원들의 관점을 획득하고, 가족 기능에 대한 이전의 정보(예 : 연합, 권위 구조, 갈등)를 획득한다. 그 후 비난하지 않는 방식으로 치료자는 체중 회복 과제에 대해 부모가 책임을 질 수 있게 하기 위해, 심각한 장애의 결과에 대한 부모의 불안을 높인다. 칼로리와 음식에 대한 특정한 충고와 내담자의 체중에 대한 세부는 제공되지 않는다. 치료자는 좋은 영양에 대한 부모의 직관적인 지식에 호소하고, 체중 회복에 대한 탐색과 시도를 지원한다. 회기 끝에 부모는 체중 감소 역전 과정을 시작하는 데 필요한 영양학적으로 충족되는 음식을 가족 분량에 맞게 다음 회기에 가져오도록 지시받는다.

두 번째 회기는 가족식사와 관련된다. 부모는 자녀가 먹으려고 하는 것보다 최소한 한입만 더 먹게 만들도록 요구받는다. 이러한 힘든 과제에서 부모를 지원하고 성공할 수 있도록 돕기 위해 치료자는 부모의 지속적인 노력에 대해 강조하고, 부모가 자녀에게 적절한 양의 음식을 지속적으로 먹게 할 의지를 지니고 있다는 명확한 메시지를 보내야 한다. 예를 들어, 치료자는 부모가 자녀 옆에 앉아서 먹어야 할 것을 접시에 담고 음식을 먹도록, 친절하지만 확고하게 격려해야 함을 제시한다. 치료자는 자녀가 그것을 먹게 하기 위해 부모가 어떻게 일관성 있게 행동할 것인지에 대한 반복적이고 일관성 있는 기대를 촉구함으로써 코치를 한다. 치료자는 또한 몇 가지 대안이 가능하다는 것을 언급해야 하며, 부모는 자녀가 먹을 때까지 계속 보도록 해야 하며, 실패하지 않고 이러한 노력을 반복해야 한다. 형제자매는 식사시간에는 관여하지 않는 매우 특정한 역할을 가지게 된다. 그들은 내담자 청소년과 동맹을 맺고 연령에 적절한 열정을 가지고 함께 시간을 보내는 것을 지원해주어야 주는데, 이것은 인터넷 서핑, 좋아하는 텔레비전 프로그램이나 단순한 농담을 함께 나누는 것 등의 활동을 포함한다.

1단계 중 남은 3~10회기는 부모가 건강하지 않은 청소년 자녀의 체중을 회복하도록 돕는 것에 초점을 둔다. 초기 체중 측정 후 치료자는 섭식장애가 내담자에게 끼치는 영향을 어떻게 체계적으로 통제할지 부모에게 조언함으로써 체중 회복을 시도할 것인지를 개관한다. 부모의 팀워크를 강력하게 강화하고, 형제자매가 식사시간 외에도 부모를 지속적으로 지원하도록 격려한다.

2단계 : 새로운 관계 패턴에 대한 타협

지속적인 체중 증가와 함께 음식섭취를 늘리라는 부모의 요구에 대한 내담자의 항복, 섭식장애에 대한 책임을 갖게 된 후의 부모의 안도 등이 2단계 치료의 준비 신호이다. 좀 더 정확히 말하자면 내담자는 체중이 기대신체체중(expected body weight, EBW)의 최소 약 87%에 도달하면 2단계에 들어갈 준비가 된 것이며, 내담자는 부모를 속이지 않고 음식을 먹을 수 있으며, 부모는 체중 회복 과정에 대한 효능감을 느낀다고 보고한다.

내담자가 건강한 EBW 범위에 접근하고 이러한 향상이 부모의 감독이 줄어도 가능할 것이라고 치료자가 판단되면, 치료자는 부모와 청소년의 조심스러운, 상호 동의하에 연령에 적절한 책임을 청소년에게 주도록 돕는다. 이러한 과정은 섭식장애가 가족 식사시간을 변형시키기 이전에 있었던 각 가족 식사활동에서의 고유한 의식이나 습관을 정교화하게 한다.

섭식이 더 이상 논의의 초점이 되지 않으면, 치료자와 가족은 청소년의 발달적 이슈를 다루기 시작한다. 내담자는 연령에 적절한 사회화를 위해 동성 및 이성 또래와 사귀도록 강력히 격려한다. 치료자는 청소년이 또래활동을 계획하고 데이트를 하도록 코치하며, 또래활동 동안에 섭식 문제를 해결하도록 가족이 도울 수 있도록 한다(예 : 청소년이 레스토랑과 친구 집에서 어떻게 현명한 메뉴 선택을 할지). 2단계는 보통 2~6회기가 지속되고 2~3주 간격으로 계획된다.

3단계 : 청소년 이슈와 종결

가족기반 치료의 마지막 짧은 회기 동안 치료자는 발달 이슈에 초점을 두고 가족이 이러한 문제를 해결하도록 적극적으로 격려하며, 부모는 관계에 재초점화하도록 하며, 점진적으로 치료를 종결하도록 한다. 3단계는 전형적으로 2~4회기 동안 지속되며, 4~6주 간격으로 조정된다. 가족은 내담자의 체중이 건강범위로 돌아왔을 때(예 : EBW의 95~100%) 3단계에 대한 준비가 된 것이며, 그것이 연령에 적절한 것이라면 섭식에 대한 책임을 성공적으로 청소년에게 넘기게 된다. 치료자는 청소년 발달에 대한 권한을 부모에게 주기 시작한다. 또한 내담자에 대한 특정한 이슈를 확인하고(예 : 친구 선택, 데이트, 잠자리에 드는 시간, 집안일, 대학 계획, 성 관련, 부모-자녀 관계), 가족이 문제를 해결하도록 격려한다. 이러한 이슈들은 섭식장애를 언급하지 않고, 직접적으로 다루어진다. 동시에 부모는 커플로 이러한 활동에 좀 더 관여되며, 지금 알아가고 있는 자녀를 돌보는 일에 초점을 재조정하도록 격려된다. 마지막 회기에 치료자는 미래의 문제에 대한 문제를 예상하고 계획하며, 경험에 대한 가족 성원들에 대해 조심스럽게 듣고 재발 방지에 대해 논의하고 가족의 참여에 대해 감사한다.

행동적 가족체계치료와 가족기반 치료의 비교

표 18.1에는 행동적 가족체계치료와 가족기반 치료를 비교하였다. 이러한 두 가지 개입은 이 장 앞에서 언급한 효과적 가족치료의 여섯 가지 핵심요인을 고수한다는 점에서는 유사하다. 그럼에도 다음 측면에서는 다르다.

1. 행동적 가족체계치료는 항상 영양사가 개입하며 청소년의 체중 증가와 관련하여 어떤 음식을 섭취하고 조정할지의 윤곽을 제공한다. 반대로 가족기반 치료는 영양사는 단지 치료 팀의 자문으로 참여한다.

2. 행동적 가족체계치료에서 치료자는 부모에게 식사와 관련된 자극통제, 요구되는 음식 섭취에 대한 유인가를 포함한 행동적 체중 증가 프로그램에 대한 자세한 구조를 제공한다. 가족기반 치료에서는 치료자가 구조화된 섭식계획을 제공하지만 적절한 섭식에 대한 체계적인 프로그램 긍정적 유인가를 제공하지는 않는다.

3. 행동적 가족체계치료는 극단적 인지와 신체상 왜곡에 대한 인지적 재구조화를 제공하지만, 가족기반 치료는 그렇지 않다.

4. 가족기반 치료에서는 전체 가족이 모든 회기에 참석하도록 격려된다. 행동적 가족체계치료에서 치료자와 부모는 모든 행동적 가족체계치료 회기에 참석하지만, 형제자매는 단지 몇 번만 참석을 한다.

5. 평균적으로 행동적 가족체계치료는 가족기반 치료보다 기간이 더 오래 걸린다.

6. 가족기반 치료는 가족식사 회기를 포함한다. 행동적 가족체계치료는 그렇지 않지만 대신 치료자가 체계적으로 가정 기반 가족식사를 평가한다.

표 18.1 행동적 가족체계치료(BFST)와 가족기반 치료(FBT)의 비교

변인	BFST	FBT
부모를 체중 회복의 책임자로 둠	X	X
비난을 삼감	X	X
부모와 청소년이 치료에 함께 참여함	X	X
가족 전체(예 : 형제자매 등)가 치료에 참여		X
섭식과 체중 회복이 논의 초점이 됨	X	X
유지기간 동안 섭식에 대한 통제권이 점차 청소년에게 이전됨	X	X
체중 회복 후 청소년 발달 이슈가 강조됨	X	X
영양사가 정규적으로 관여함	X	
부모에게 행동적 체중 증가 프로그램에 대한 구체적인 지시문을 제공함	X	
왜곡된 사고에 의한 신체상 염려에 대한 인지적 재구조화를 사용함	X	
가족식사 회기를 포함함		X

이러한 차이는 다른 전통으로부터 시작된 두 치료자로부터 나타난 것이다. 전략적/구조적 청소년 발달 프레임으로부터 나온 가족기반 치료와 인지행동 프레임에 전략/구조 요인이 더해진 행동적 가족체계치료이다. 언급하자면, 이러한 차이가 신경성 식욕부진증을 지닌 청소년에게 가족 개입에 영향을 끼친다는 연구는 없다. 이후 연구자들이 이러한 차이가 상관이 있는지, 만약 그렇다면 섭식장애 내담자들의 하위 집단에 따라 어떠한 차이가 있는지를 평가해보기를 격려한다.

치료 효과의 증거

신경성 식욕부진증 청소년

우리의 초기 개관(Le Grange & Lock, 2005)은 신경성 식욕부진증 청소년을 대상으로 하는 양육기술을 사용하고 청소년의 체중 회복을 지원하는 가족치료 9개의 RCT에 대한 개관을 출간하였다. Rusell 등(1987)은 런던의 모즐리병원에서 이러한 모즐리 가족치료 접근(Maudsley Family Therapy)에 대한 상대적인 효과성을 검증하였고, 퇴원 후 사후 치료에서 체중 증가를 유지하는 개인 지지치료를 실시하였다. 다양한 연령대 80명의 전체 표본은 진단이나 연령 혹은 둘 다에 근거하여 네 집단으로 나누었다. 모든 내담자는 처음에는 평균 10주 동안의 체중 증가 프로그램으로 입원하는 것이 허락되었다. 퇴원 후에 내담자들은 FT나 개인 통제치료 중 하나로 무선 할당되었다. 이러한 논의 목적을 위해 우리는 네 집단 중 첫 번째 집단에 초점을 두었으며,

표 18.2 청소년 신경성 식욕부진증(AN)과 신경성 폭식증(BN)에 대한 가족치료를 사용한 완전 무선할당 통제실험

AN 연구	N	평균연령 (세)	치료[a]	기간	평균 회기	결과[b]
Russell et al. (1987)	21	15.3	연합된 가족치료 대 개인치료	10.3주	13	[1]치료 종결 시 : 연합된 가족기반 치료=90% 대 개인치료=65%. p<.05
Le Grange et al. (1992)	18	15.3	연합된 가족치료 대 분리된 가족치료	6개월	9	[1]치료 종결 시 : 전반적으로 68%, NS
Robin et al. (1999)	37	13.9	행동적 가족체계치료 대 자아중심 개인치료	1~1.5년	47	[1]치료 종결 시 : 행동적 가족체계치료=94% 대 자아중심 가족치료=65%, p<.05
Eisler et al. (2000)	40	15.5	연합된 가족치료 대 분리된 가족치료	1년	16	[1]치료 종결 시 : 전반적으로 63%, NS
Lock et al. (2005)	86	15.1	낮은 수준의 가족기반 치료 대 높은 수준의 가족기반 치료 (2지역)	6개월 대 12개월	10 대 20	[1]치료 종결 시 : 전반적으로 90%, NS
Lock et al. (2010)	121	14.4	연합된 가족기반 치료 대 청소년 중심 개인치료	1년	24 대 32 각 24 시간	[2]치료 종결 시 : 가족기반 치료=42 대 청소년 중심 개인치료=23. 6개월 추수. 가족기반 치료=40 대 청소년 중심 개인치료=18, p<.03. 12개월 추수 : 가족기반 치료=41 대 청소년 중심 개인치료=39, NS
Agras et al. (2014)	158	15.3	연합된 가족기반 치료 대 체계적 가족치료(6지역)	9개월	16	[3]치료 종결 시 : 가족기반 치료=33 대 체계적 가족치료=25, NS. 12개월 추후 : 가족기반 치료=41 대 체계적 가족치료=39, NS
Madden et al. (2014)	82	14.9	체중 회복 + 연합된 가족기반 치료 대 건강 정상화 + 연합된 가족기반 치료	1년	20	[2]12개월 추후 : 입원 일수를 제외하고는 임상적 지표는 유의미하지 않음. 체중 회복=66 대 건강 정상화=45, p<.046
[2]Le Grange et al. (2016)	107	15.5	연합된 가족기반 치료 + 부모초점 치료	6개월	18	치료 종결 시 : 가족기반 치료=22 대 부모초점 치료=43. p<.016. 6개월 추수 : 가족기반 치료=22 대 부모초점 치료=39, NS. 12개월 추후 : 가족기반 치료=29 대 부모초점 치료=37, NS

BN 연구	N	평균연령 (세)	치료	기간	평균 회기	결과[c]
Le Grange et al. (2007	80	16.1	신경성 폭식증을 위한 가족기반 치료 대 지지적 심리치료	6개월	20	치료 종결 시 : 가족기반 치료=39 대 지지적 심리치료=18, p<.049. 6개월 추수 : 가족기반 치료=29 대 지지적 심리치료=10, p<.05
Schmidt et al. (2007)	85	17.7	가족치료 대 지도된 자기보살핌을 위한 인지행동치료	6개월	15	치료 종결 시 : 가족치료=12 대 지도된 자기보살핌을 위한 인지행동치료=19, NS. 6개월 추후 : 가족치료=41 대 지도된 자기보살핌을 위한 인지행동치료=36, NS
Le Grange et al. (2015)	130	15.8	신경성 폭식증을 위한 가족기반 치료 대 청소년을 위한 인지행동치료	6개월	18	치료 종결 시 : 가족기반 치료=39 대 인지행동치료=20, p<.04. 6개월 추수 : 가족기반 치료=44 대 인지행동치료=25

[a] 연합된 가족치료와 분리된 가족치료는 신경성 식욕부진증 청소년을 위한 원래의 모즐리 가족치료를 지칭하며, 행동적 가족체계치료, 연합된 가족기반 치료, 신경성 폭식증을 위한 가족기반 치료는 신경성 식욕부진증 청소년을 위한 원래의 가족치료 모델과 관련이 있다.

[b] 1, Morgan-Russell good+intermediate; 2, 재발(95% 기대신체체중+섭식장애조사)

[c] 2, 폭식과 purge 억제 비율; 3, 재발(5% 기대신체체중)

이 집단은 21명의 신경성 식욕부진증 청소년으로 구성하였다. 모든 청소년들의 발병 연령은 18세 이하였으며, 질병 기간은 3년 미만이었다. 이러한 결과는 3년 이상 병을 앓아온 신경성 식욕부진증 청소년(집단 2)이나, 신경성 식욕부진증 성인(집단 3), 혹은 신경성 폭식증(집단 4)에는 결론을 내릴 수 없지만, 집단 1은 가족치료가 도움이 된다. 결과는 생물학적(체중 및 생리)으로, 심리적(정신 상태, 심리적 심리사회적 발달) 표식이 모건–러셀 평가척도(Morgan-Russell Assessment Schedule; Morgan & Hayward, 1988)로 설명된다. 5년 사후 추적에서 가족치료를 받은 이 하위집단의 청소년들은 90%의 좋은 결과를 보이며, 계속 잘 지내고 있다고 보고되었다(Eisler et al., 1997). 개인 통제치료를 받은 청소년들도 또한 향상되기는 하였으나, 그 집단의 거의 절반은 사후 추적 시점에 심각한 섭식장애를 여전히 겪고 있었다. 이 사후 추적 연구는 가족치료의 효과가 치료 5년 후까지도 있었음을 보고하는 첫 번째 연구였다.

이러한 Ruseell과 동료들에 의해 실시된 연구를 기초로, 다른 두 가지 형태의 가족치료를 비교하는 두 가지 후속 연구가 실시되었다. 이들 중 첫 번째이며, 모즐리 집단에서 나온 것, 파일럿 RCT($N=18$)인 Le Grange 등(1992)의 연구, 조금 더 큰 RCT 연구인 Eisler 등(2000)은 가족치료[Ruseell 등(1987)의 연구의 사례에서처럼 결합된 형태로 제공된, 여기서는 CFT라고 불림]와 분리된 가족치료(동일한 치료자가 청소년과 부모를 보지만 따로 만나는, 여기서는 SFT라고 불림)를 비교하였다. CFT와 SFT의 치료 목적은 동일하였다. Russell 등의 연구와는 반대로 내담자는 입원하지 않았으며, 치료는 외래진료에 근거하여 제공되었다. 모건–러셀 평가척도를 사용하여 CFT나 SPT를 받았더라도 환자의 60% 이상이 좋거나 중간 정도의 사후 치료 효과를 지닌 것으로 분류되었다. 그럼에도 높은 비난 수준을 지닌 가족들(표현된 감정에 근거; Vaughn & Leff, 1976)은 CFT에서는 더 나빠졌으나, 낮은 비난을 보인 가족들은 CFT와 SFT가 비슷하게 좋아졌다. 반면 개인 심리적 기능과 가족 기능 측면에서는 CFT가 유의미하게 더 나은 변화를 보였다(Eisler et al., 2000). 첫 번째 RCT 사례에서처럼(Russell., 1987), 내담자는 치료가 끝난 후에도 효과가 지속되었으며, 5년 사후 시점에도 대부분이 좋거나(75%) 혹은 중간 정도(15%)의 효과를 나타내었으며, 단지 10%만이 치료에 실패하였다(Eisler, Simic, Russell, & Dare, 2007).

이러한 모즐리 연구와 유사성을 지닌 설계로, 디트로이트의 Robin과 동료들(1999)은 기존 즐리 연구의 가족치료와 매우 비슷한 가족치료 접근을 38명의 신경성 식욕부진증 청소년에게 자아중심 개인치료[ego-oriented individual therapy, EOIT, 나중에 청소년 중심 치료(adolescent focused therapy, AFT)로 개정; Fitzpatrick, Moye, Hoste, Lock, & Le Grange, 2010]와 비교하였다. 이러한 RCT(즉 EOIT)의 비교치료는 청소년에 대한 매주 개인치료 및 부모와 두 달에 한 번 같이 치료하는 것으로 구성되었다. 우리는 앞의 논의에서 행동적 가족체계치료(BFST)와 가족기반 치료 간의 유사성과 차이점에 대해 조심스럽게 강조하였다. Robin 등(1999)의 연구에서 자아중심 개인치료는 그 목적이 매우 다름에도 피상적으로는 분리된 가족치료와 유사하였다. 분리된 가족치료가 증상관리에서 부모가 강력한 역할을 하도록 돕는 것을 강조한 반면, 자아중심 개인치료는 부모가 자녀의 섭식에 대한 통제를 포기하고 좀 더 주장적인 청소년을 수용할 수 있도록 준비시키는 것이다. 자아중심 개인치료와 분리된 가족치료의 유사성은 매우 중요하다. 둘 모두 청소년이 그들의 섭식 관련된 직접적 문제뿐 아니라 개인적·관계적 문제를 다룰 수 있는 기회를 갖도록 규칙적인 개인치료를 제공하고 있다. 부모와 함께하는 치료가 빈도나 내용 면에서 차이가 있기는 하지만, 두 치료 모두 부모에게 아동의 회복에 적극적이고 지지적인 역할을 하고, 섭식장애와 관련을 가지고 있을 수 있는 가족 역동을 숙고하도록 격려하고 있다.

행동적 가족체계치료와 자아중심 개인치료는 모두 추수 연구에서 유의미한 향상을 나타내어 67%의 내담자가 목표체중에 육박하였으며, 80%가 생리를 다시 시작하였다. 내담자는 추수 기간 동안 1년 후에도 향상을 유지하고 있었는데, 약 75%가 목표체중에 도달하였으며, 85%가 생리를 하였다(Robin et al., 1999). 심리적 향상, 체중 변화, 생리의 측면에서 행동적 가족체계치료의 내담자들이 치료사후와 추수평가에서 우수하였다. 심리적 척도와 관련하여(즉 섭식태도, 정서, 자기보고된, 섭식 관련된 가족 갈등) 두 집단의 향상을 비교하였다. 연구에서 Robin 등(1995)은 가족 상호작용에 대한 관찰평가 결과를 보고하였다. 연구자들은 어머니의 부정적인 의사소통이 유의미하게 감소하였을 뿐 아니라 자아중심 개인치료에서는 나타나지 않았으나 행동적 가족체계치료에서 유의미한 긍정적 상호작용도 증가하였음을 시사하였다.

Robin 등(1999)의 디트로이트 연구와 초기의 모즐리 가족치료 연구는 이미 언급한 바와 같이 결과에 영향을 나타내었다. 먼저 Robin 등의 연구에서는 기대된 EBW의 75% 이하를 지닌 내담자들이 치료 초기에 입원되었고(표본의 거의 절반), EBW의 80%가 될 때까지 입원한 채 남아 있었다. 반면 모즐리 가족치료 2세대는 외래환자를 기본으로 수행되었으며, 외래치료가 체중 감소를 멈추지 못할 때에만 입원이 허락되었다(58명 중 4명만이 연구기간 중 입원). 두 번째, 치료기간과 강도는 디트로이트 연구(평균 30회기인 12~18개월 치료)보다 모즐리 가족치료 연구(평균 10회기의 6~12개월 치료)보다 적었다. 마지막으로 디트로이트 집단과 비교하여 모즐리 가족치료를 받은 내담자들은 더 긴 기간 동안 아팠던 것으로 나타나고, 대부분이 이전 치료를 경험하였으며, 더 높은 비율이 우울증으로 고생해왔다. 초기 작업 이후 이 내담자들에 대한 치료 연구 설계에서의 향상은 런던의 모즐리병원의 Dare, Eisler와 동료들이 개발한 가족치료의 매뉴얼화된 형식에 의해 이루어졌다. 이러한 매뉴얼화된 치료는 신경성 식욕부진증을 위한 가족기반 치료라고 불리는 본래의 모즐리 가족치료에 매우 가까운 것이며, 이 장의 앞에서 자세히 다루었다. 이 치료를 매뉴얼화한 과정은 Locj과 Le Grange(2001)가 설명하고 있는데, 가족기반 치료에 좀 더 행동적인 초점을 두고 있으며, 가족 기능에 좀 더 큰 초점을 둔다는 것이 가족치료와는 다른 주요한 차이점이다. 여전히 가족치료와 가족기반 치료는 모두 부모가 건강하지 않은 청소년들의 체중을 임상적으로 필요한 만큼 신속히 회복시키도록 지원하는 데 주요한 초점이 있다. 가족기반 치료의 목적과 기법에 대한 자세한 내용은 같은 팀에 의해 저술된 임상가 매뉴얼에 제시되어 있다(Lock & Le Grange, 2013). 신경성 식욕부진증 대상 가족기반 치료(FBT-AN)를 사용한 첫 번째 연구는 Lock 등(2005)에 의해 시행되었다. 이들 저자는 86명의 청소년을 대상으로 실시된 치료를 조사하여, 짧은 6개월간 10회기로 이루어진 신경성 식욕부진증 대상 가족기반 치료가 1년간 실시된 20회기 버전만큼 효과적이라는 것을 발견하였다. 그럼에도 더 긴 버전은 (1) 손상된 가족을 지닌 내담자와, (2) 섭식에 대해 높은 수준의 강박을 지닌 내담자 두 집단에서는 더 우수하였다. 4년 후 추적 조사에서도 신경성 식욕부진증에 대한 가족기반 치료는 치료와 관련 없이 비슷하게 효과적이라는 것이 고무적이다. 더욱이 사후 조사에서 내담자의 3분의 2가 건강한 신체체중을 지니고 있었으며, 섭식장애조사(Eating Disorder Examination, EDE) 점수가 정상범위에 속하였다(Lock, Courturier, Agras, & Bryson, 2006).

이러한 임상가 매뉴얼의 개발 결과, 미국의 세 집단은 매뉴얼화된 신경성 식욕부진증 대상 가족기반 치료가 (1) 특화된 섭식장애 프로그램에 의뢰되는 구체적인 내담자에 대해 실행 가능하고 효과적이며(Le Grange, Binford, & Loeb, 2005), (2) 개발자들보다 조사자에 의해 보급되고 실행될 수 있고(Loeb et al., 2007), (3) 청소년들에 대해서와 마찬가지로 아동에게도 효과적이라는 것(Lock et al., 2006)을 나타내는 데이터로 사용되었다. 계속하여 가족 개입을 활용하여 최소 4개의 무선할당 통제실험이 출간되었다. 이 중 첫 번째는 여러 곳(시카고와 스탠퍼드)에서 했던 연구로 Lock과 Le Grange는 외래치료를 위해 의학적으로는 안정적인 121명의 신경성 식욕부진증 청소년들을 대상으로 신경성 식욕부진증 대상 가족기반 치료와 AFT를 비교하였다. 신경성 식욕부진증 대상 가족기반 치료는 AFT보다 6개월, 12개월 사후에 모두 더 효과적이었다(Lock et al., 2010; Le Grange et al., 2012). 유사하게 조절분석에서 섭식장애조사(EDE)와 예일-브라운-코넬 섭식장애 척도(Yale-Brown-Cornell Eating Disorder Scale, YBC-ED; Le Grange et al., 2014)에 의해 측정되었을 때 신경성 식욕부진증 대상 가족기반 치료는 특히 더 나쁜 상태의 청소년들에게 좋은 선택이었다. 그럼에도 4년 후의 사후 측정에서 그 시점의 효과는 두 가지 치료가 매우 유사하며, 약 3분의 1 정도가 다시 재발한 것으로 나타났다(EBW의 95% 이상이며 EDE 전체 점수가 지역사회 규준에서 1표준편차 내에 있음). 4개의 연구 중 2개에서 이 내담자 집단에 대한 가장 큰 RCT를 언급하면서, Agras와 동료들(2014)은 미국과 캐나다의 7개 지역에서 신경성 식욕부진증 대상 가족기반 치료와 체계적 가족치료(SyFT)를 비교하였다. 이 두 집단 간에는 임상 결과에서 큰 차이가 없었지만, 신경성 식욕부진증 대상 가족기반 치료를 받은 내담자는 체계적 가족치료와 비교하여 더 빨리 체중이 증가하였으며 외래치료 과정 동안 의학적 불안정성으로 인해 입원을 덜 했으며, 더 비용 효율성이 높았다. 세 번째 RCT

에서 호주 시드니의 Madden과 동료들(2015)은 의학적으로 불안정한 신경성 식욕부진증 청소년을 가족기반 치료(FBT)를 실시하여 (EBW의 90% 수준에 이르는) 입원환자의 체중 증가 집단 대 가족기반 치료 이후 입원환자의 의학적 안정화 집단(일단 바이탈 사인이 안정화되면 2주 이상 안정적이고, EBW의 약 75%가 성취됨)으로 무선적으로 할당하였다. 가설에 따르면 가족기반 치료 외래 추수 시에는 두 집단 간에 임상적 차이가 없다는 것이다. 이러한 발견은 신경성 식욕부진증을 지닌 의학적으로 불안정한 청소년은 가족이 가족기반 치료에 참여할 때 퇴원 후에는 단지 짧은 입원만을 필요로 하였다.

　　마지막으로 역시 호주에서 실시된 네 번째 RCT에서 Le Grang와 동료들(2016)은 두 가지 가족치료 중 하나, 즉 가족기반 치료나 부모초점 치료(parent-focused therapy)에 107명의 의학적으로는 안정된 신경성 식욕부진증 청소년들이 무선 할당되었다. 외래치료는 약 6개월까지 제공되었고, 평가가 기저점과 치료 종료 시, 6개월과 12개월 추수평가에서 이루어졌다. 이들 연구자들은 Lock, Le Grange 등(2010)에서 사용된 재발에 대한 동일한 개념을 사용하였다. 부모초점 치료(PFT)는 연합된 가족기반 치료(가족미팅도, 가족식사도 없는 연합된 가족기반 치료)보다 더 '사용자 친근한' 것으로 보았다. 따라서 이러한 치료 형태가 보급되는 것은 연합된 가족기반치료 이상의 이득이 있을 것이다.

청소년 신경성 폭식증

이 장 초반에 짧게 언급된 것처럼 신경성 식욕부진증 대상 가족기반 치료는 임상 매뉴얼 형식으로 신경성 폭식증 청소년을 치료하기 위해 응용되었으며(Le Grange & Lock, 2007), 2개의 무선할당 통제실험으로 평가되었다(Le Grange et al., 2007, 2015). 이들 무선할당 통제실험 중 첫 번째는 지지적 정신치료(supportive psychotherapy, SPT)와 신경성 폭식증 대상 가족기반 치료를 비교하였고, 신경성 폭식증 대상 가족기반 치료가 일차 효과 측정(즉 폭식과 구토, 설사 절제하기) 측면에서 지지적 심리치료(SPT)에 비해 통계적으로 우수하였다(Le Grange et al., 2007). 동시에 Schmidt와 동료들(2007)은 RCT에서 신경성 폭식증 대상 가족기반 치료(FBT-BN)와 매우 유사한 가족치료 형태나 자기보살핌을 위한 인지행동치료(cognitive behavior therapy-guided self care, CBT-GSC) 중 하나를 받은 내담자들 간 효과 차이는 없음을 보였다. 마지막으로 이 내담자 집단을 대상으로 출간된 가장 최근의 유일한 세 번째 RCT는 신경성 폭식증 대상 가족기반 치료(FBT-BN)가 신경성 폭식증 청소년을 위한 인지행동치료보다 효과적임을 보였다(Le Grange et al., 2015). 비록 이 시점에 우리가 신경성 폭식증을 위한 가족기반 치료가 신경성 폭식증 청소년에 대한 일차적인 심리치료 접근이 되어야 한다고 확신 있게 주장하기 위해서는 증거기반이 상당히 확대되어야 하지만 신경성 폭식증 대상 가족기반 치료는 매우 전망이 밝다.

맺음말

신경성 식욕부진증과 신경성 폭식증 청소년의 치료에 부모를 포함시켜야 한다는 것을 언급된 증거들은 지지하고 있다. 그럼에도 이러한 접근에 대한 열정은, 긍정적 발견이 치료 연구 부족으로 적기 때문에, 원래의 모즐리 가족치료, 행동적 가족체계치료, 가족기반 치료에 따라 다소 누그러진다. 비록 AFT, CBT와 SPT가 모두 문헌에서 기술되어 왔고, 최소한 내담자 집단에 대한 무선할당 통제실험으로 사용되었음에도, 증거기반과 상대적인 장점은 다소 적게 남아 있는 것 같다. 마찬가지로 가능한 체계적 증거가 가족기반 접근이 가장 효과적인 가족기반치료인지 결정하기에는 부족할 수 있으나, 어떤 영역에서는 다소 우수하다는 것은 분명하다(Le Grange et al., 2012; Le Grange, Crosby, & Lock, 2008; Le Grange et al., 2016; Lock et al., 2015). 가능한 치료의 매개자와 중재자에 대한 정보가 다소 거칠기는 하지만, (1) 유의미한 부모의 정신병리, 예를 들어 심각한 섭식장애나 심각한 정서장애, (2) 배우자가 간의 차이가 서로 조정되지 않을 것으로 보여 이혼에 대한 논의가 이루어질 정도로 심한 부모의 불화, (3) 부모가 치료에 개입할 수 있고, 시간과 에너지 욕구 측면에서 다소 높은 기대를 충족시킬 수 있는 전형적인 자원들에 대한 의미 있는 도전을 할 때, 우리의 임상적 경험은 우리에게 치료 개입 이전에 조심스럽게 진행하도록 이끈다.

　청소년의 섭식장애에 대한 치료의 증거기반에서 단점들을 극복하려는 노력들이 이루어지고 있다. 런던의 모즐리병원의 연구자들은 다른 곳에서 상세히 기술된 체계적인 평가를 완성하였다(Eisler, 2010 참조). 아직 출간되지는 않았지만 최근에 완성된 추가적인 프로젝트는 신경성 식욕부진증의 하위증후군에 대한 초기 개입에 신경성 식욕부진증 대상 가족기반 치료의 응용(Katharine Loeb, PhD, 뉴욕마운트시나이메디컬센터), 식욕부진증 대상 가족기반 치료의 부모집단 형식(Nancy Zucker, PhD, 듀크대학교, 롤리–더햄, 노스캐롤라이나), 소아과 과체중 아동에 대한 가족기반 치료(Katharine Loeb, PhD, 뉴욕 마운트시나이메디컬센터), FBT-AN에 대한 원격의학처방(telemedicine) 접근 등이 포함된다(Kristen Anderson, MA, The University of Chicago & Daniel Le Grange, PhD, University of California, San Francisco; Anderson, Byrne, Goodyear, Reichel, & Le Grange, 2015 참조).

　이 장에서 논의된 연구들은 신경성 식욕부진증 청소년들이 부모가 이러한 노력 과정에 포함될 때 치료에 더 잘 반응한다는 것을 끊임없이 보이고 있다. 가족치료가 실시된다면 입원치료는 피할 수 있었고, 치료 말에 신경성 식욕부진증 청소년 50~75%가 체중 회복이 되었다. 4개의 추후 연구가 출간되었고, 가족치료 4~5년 후에 대부분의 환자들은 완전히 회복될 것이고, 10~15% 정도는 여전히 심각할 수 있다고 하였다(Eisler et al., 1997, 2007; Le Grange et al., 2014; Lock et al., 2006). 그럼에도 내담자 중 소수는 가족치료로부터 아무런 도움을 받지 못하였다. 임상 경험상 심각한 사례는 반복해서 단기 입원을 하게 되며, 외래치료는 실패하게 된다. 결과적으로 이들 내담자들은 더 높은 돌봄 수준이 필요하며, 이러한 결과는 매우 불확실하게 남겨져 있다.

　서로 다른 종류의 가족 개입을 비교하는 것은 때로 이들 연구의 수가 적고, 표본 크기도 때로는 적어 조심스럽게 해석되어야 한다. 그럼에도 불구하고 자녀의 섭식장애를 다루기 위한 부모의 적극적 역할을 촉진하는 치료가 가장 효과적인 것으로 보여지며, 부모가 포함되지 않거나 지지적 역할로 관여되는 치료도 이득이 있기는 하나, 섭식 문제에서 물러서는 것은 결코 격려되지 않는다. 예를 들어, 신경성 식욕부진증에 대한 초기 RCT는 치료에서 부모를 배제하였고 (즉 개인 SPT), 이는 나쁜 결과를 나타내었으며, 심각한 수준으로 회복을 지연시켰다(Russell et al., 1987; Eisler et al., 1997). 연합 형태로 가족을 만나는 것의 또 다른 이득은 가족과 개인 심리적 문제가 제기되었을 때 나타난다. 그럼에도 가족 개입에서 이러한 형태는 너무 높은 부모의 적대감이나 비난이 식욕부진증 청소년에게 향하는 경우 손해가 될 수도 있다(Le Grange et al., 1992). 비록 이러한 가족들이 가족치료에 개입되는 것이 좀 더 어렵기는 하지만, 이러한 어려움은 가족을 하나로 볼 때 더 커질 수도 있다. 이러한 시나리오에 대한 한 가지 이유는 죄책감과 비난이 가족 회기 동안 나타난 비난이나 직면의 결과로 더 증가된다. 우리의 임상적 경험은 섭식장애 증상에 대한 우리의 염려가 분산될 때는 치료의 일정 단계에서는 연합 회기가 이들 가족에게 좀 더 유용할 수 있다는 것을 제안하고 있다. 그동안은 이러한 가족들을 위한 이 치료의 분리 형태를 사용하는 것을 조언하고 있다(Eisler et al., 2000; Le Grange et al., 1992). 연구되어온 가족치료의 다양한 형태(즉 원래의 모즐리 가족치료, 행동적 가족체계치료와 가족기반 치료)의 차이가 특히 전체적인 향상을 비교할 때는 상대적으로 적었다.

　그럼에도 이 시점에 가능한 대략적인 증거들을 고려하면, 가족 개입이 섭식장애 청소년들에게 매우 효과적이라는 논의가 합리적이라는 것이다. 가족기반 치료가 상대적으로 짧은 기간(즉 3년 미만) 병을 앓아오고 외래치료에도 의학적으로 안정적인 신경성 식욕부진증 청소년들에 대한 일차적으로 적용될 수 있는 치료라는 것에 증거들이 상당한 확신을 주고 있다.

참고문헌
Agras, W. S., Lock, J., Brandt, H., Bryson, S., Dodge, E., Halmi, K., et al. (2014). Comparison of 2 family therapies for adolescent anorexia nervosa: A randomized parallel trial. *JAMA Psychiatry, 71,* 1280–1286.

American Psychiatric Association. (2013). *Diagnostic and statistical manual of mental disorders* (5th ed.). Arlington, VA: Author.

Anderson, K., Byrne, C., Goodyear, A., Reichel, R., & Le Grange, D. (2015). A study protocol to develop telemedicine of family-based treatment for adolescent anorexia nervosa. *Journal of Eating Disorders, 3,* 25.

Eisler, I. (2010, October). *A randomized clinical trial of individual and multi-family therapy for adolescent AN*. Paper presented at the annual meeting of the Eating Disorders Research Society, Cambridge, MA.

Eisler, I., Dare, C., Hodes, M., Russell, G. F. M., Dodge, E., & Le Grange, D. (2000). Family therapy for adolescent anorexia nervosa: The results of a controlled comparison of two family interventions. *Journal of Child Psychology and Psychiatry, 41,* 727–736.

Eisler, I., Dare, C., Russell, G. F. M., Szmukler, G. I., Le Grange, D., & Dodge, E. (1997). Family and individual therapy in anorexia nervosa: A five-year follow-up. *Archives of General Psychiatry, 54,* 1025–1030.

Eisler, I., Simic, M., Russell, G., & Dare, C. (2007). A randomized controlled treatment trial of two forms of family therapy in adolescent anorexia nervosa: A five-year follow-up. *Journal of Child Psychology and Psychiatry, 48,* 552–560.

Fitzpatrick, K., Moye, A., Hoste, R., Lock, J., & Le Grange, D. (2010). Adolescent-focused psychotherapy for adolescents with anorexia nervosa. *Journal of Contemporary Psychotherapy, 40,* 31–39.

Hughes, E., Le Grange, D., Court, A., Yeo, M., Campbell, S., Allan, E., et al. (2014). Parent-focused treatment for adolescent anorexia nervosa: A study protocol of a randomised controlled trial. *BMC Psychiatry, 14*(1), 105.

Le Grange, D. (1999). Family therapy for adolescent anorexia nervosa. *Journal of Clinical Psychology, 5,* 727–740.

Le Grange, D. (2016). Elusive etiology of anorexia nervosa: Finding answers in an integrative biopsychosocial approach (Editorial). *Journal of the American Academy of Child and Adolescent Psychiatry, 55*(1), 12–13.

Le Grange, D., Binford, R., & Loeb, K. (2005). Manualized family-based treatment for anorexia nervosa: A case series. *Journal of the American Academy of Child and Adolescent Psychiatry, 44,* 41–46.

Le Grange, D., Crosby, R., & Lock, J. (2008). Predictors and moderators of outcome in family-based treatment for adolescent bulimia nervosa. *Journal of the American Academy of Child and Adolescent Psychiatry, 47,* 464–470.

Le Grange, D., Crosby, R. D., Rathouz, P. J., & Leventhal, B. L. (2007). A randomized controlled comparison of family-based treatment and supportive psychotherapy for adolescent bulimia nervosa. *Archives of General Psychiatry, 64,* 1049–1056.

Le Grange, D., & Eisler, I. (2009). Family interventions in adolescent anorexia nervosa. *Child and Adolescent Psychiatric Clinics of North America, 18,* 159–173.

Le Grange, D., Eisler, I., Dare, C., & Russell, G. F. M. (1992). Evaluation of family treatments in adolescent anorexia nervosa: A pilot study. *International Journal of Eating Disorders, 12,* 347–357.

Le Grange, D., Hughes, E., Court, A., Yeo, M., Crosby, R., & Sawyer, S. (2016). Randomized clinical trial of parent-focused treatment and family-based treatment for adolescent anorexia nervosa. *Journal of the American Academy for Child and Adolescent Psychiatry, 55,* 683–692.

Le Grange, D., & Lock, J. (2005). The dearth of psychological treatment studies for anorexia nervosa. *International Journal of Eating Disorders, 37,* 79–91.

Le Grange, D., & Lock, J. (2007). *Treating bulimia in adolescents: A family-based approach*. New York: Guilford Press.

Le Grange, D., Lock, J., Accurso, E., Agras, S., Darcy, A., Forsberg, S., et al. (2014). Relapse from remission at four-year follow-up in two treatments for adolescent anorexia nervosa. *Journal of the American Academy for Child and Adolescent Psychiatry, 53,* 1162–1167.

Le Grange, D., Lock, J., Agras, S., Bryson, S., & Jo, B. (2015). Randomized clinical trial of family-based treatment and cognitive-behavior therapy for adolescent bulimia nervosa. *Journal of the American Academy of Child and Adolescent Psychiatry, 54,* 886–894.

Le Grange, D., Lock, J., Agras, W. S., Moye, A., Bryson, S., Jo, B., et al. (2012). Moderators and mediators of remission in family-based treatment and adolescent focused therapy for anorexia nervosa. *Behaviour Research and Therapy, 50,* 85–92.

Lock, J., Agras, W. S., Bryson, S., & Kraemer, H. (2005). A comparison of short- and long-term family therapy for adolescent anorexia nervosa. *Journal of the American Academy of Child and Adolescent Psychiatry, 44,* 632–639.

Lock, J., Couturier, J., Agras, W. S., & Bryson, S. (2006). Comparison of long-term outcomes in adolescents with anorexia nervosa treated with family therapy. *Journal of the American Academy of Child and Adolescent Psychiatry, 45,* 666–672.

Lock, J., & Le Grange, D. (2001). Can family-based treatment of anorexia nervosa be manualized? *Journal of Psychotherapy Practice and Research, 10,* 253–261.

Lock, J., & Le Grange, D. (2013). *Treatment manual for anorexia nervosa: A family-based approach* (2nd ed.). New York: Guilford Press.

Lock, J., Le Grange, D., Agras, S., Bryson, S., & Jo, B. (2010). Randomized clinical trial comparing family-based treatment to adolescent focused individual therapy for adolescents with anorexia nervosa. *Archives of General Psychiatry, 67,* 1025–1032.

Lock, J., Le Grange, D., Agras, S., Fitzpatrick, K., Jo, B., Accurso, E., et al. (2015). Can adaptive treatment improve outcomes in family-based therapy for adolescents with anorexia nervosa?: Feasibility and treatment effects of a multi-site treatment study. *Behaviour Research and Therapy, 73,* 90–95.

Loeb, K. L., Walsh, B. T., Lock, J., Le Grange, D., Jones, J., Marcus, S., et al. (2007). Open trial of family-based treatment for adolescent anorexia nervosa: Evidence of successful dissemination. *Journal of the American Academy of Child and Adolescent Psychiatry, 46,* 792–800.

Madden, S., Miskovic-Wheatley, J., Wallis, A., Kohn, M., Lock, J., Le Grange, D., et al. (2015). A randomized controlled trial of inpatient treatment for anorexia nervosa in medically unstable adolescents. *Psychological Medicine, 45,* 415–427.

Morgan, H. G., & Hayward, A. E. (1988). Clinical assessment of anorexia nervosa: The Morgan–Russell Assessment Schedule. *British Journal of Psychiatry, 152,* 367–371.

Robin, A. L., & Le Grange, D. (2010). Family therapy for adolescents with anorexia nervosa. In J. R. Weisz & A. E. Kazdin (Eds.), *Evidence-based psychotherapies for children and adolescents* (2nd ed., pp. 345–358). New York: Guilford Press.

Robin, A. L., Siegel, P. T., & Moye, A. (1995). Family versus individual therapy for anorexia: Impact on family conflict. *International Journal of Eating Disorders, 17,* 313–322.

Robin, A. L., Siegel, P. T., Moye, A. W., Gilroy, M., Dennis, A. B., & Sikand, A. (1999). A controlled comparison of family versus individual therapy for adolescents with anorexia nervosa. *Journal of the American Academy of Child and Adolescent Psychiatry, 38,* 1428–1429.

Russell, G. F. M., Szmukler, G. I., Dare, C., & Eisler, I. (1987). An evaluation of family therapy in anorexia nervosa and bulimia nervosa. *Archives of General Psychiatry, 44,* 1047–1056.

Schmidt, U., Lee, S., Beecham, J., Perkins, S., Treasure, J., Yi, I., et al. (2007). A randomized controlled trial of family therapy and cognitive behavior therapy guided self-care for adolescents with bulimia nervosa and related disorders. *American Journal of Psychiatry, 164,* 591–598.

Swanson, S., Crow, S., Le Grange, D., Swendsen, J., & Merikangas, K. (2011). Prevalence and correlates of eating disorders in adolescents: Results from the National Comorbidity Survey Replication Adolescent Supplement. *Archives of General Psychiatry, 67,* 714–723.

Vaughn, J., & Leff, C. (1976). The influence of family and social factors on the course of psychiatric illness: A comparison of schizophrenic and depressed neurotic patients. *British Journal of Psychiatry, 229,* 125–137.

CHAPTER 19

유뇨증과 유분증의 행동치료

Michael W. Mellon & Arthur C. Houts

유뇨증

임상 문제의 개요

잠자리 오줌싸기(bedwetting)는 5~12세 아동의 문제이다. 유뇨증(enuresis)의 유병률은 6세에서 약 15%이며, 18세가 되면 약 1%로 감소한다(Devlin, 1991; Foxman, Valdez, & Brook, 1986). 한 해 동안 100명 중에서 15명만이 이 문제를 '극복(outgrow)'한다(Forsythe & Redmond, 1974). 지속적으로 밤에 오줌을 싸는 문제는 사회적 활동을 제한하고, 가족의 부끄러운 비밀이 되며, 자신감을 떨어뜨린다. 약 75%의 아동에서 4개월의 행동치료 코스로 이 문제가 영구적으로 해결될 수 있다는 점을 고려하면, 일단 아동이 6세가 되면 당연히 이 치료를 받도록 해야 한다. 하지만 불행히도 대부분 부모는 무엇을 해야 할지 모르며, 전문가들로부터 잘못된 조언을 얻는다.

밤에 오줌싸는 문제가 있는 700~1,000만에 이르는 미국 어린이들 중 85%가 단일 증상 일차 유뇨증(monosymptomatic primary enuretics, MPE)을 가지고 있다. 그들은 의학적인 문제가 없고, 밤에만 오줌을 싸며, 6개월 연속 밤에 오줌을 싸지 않고 지낸 적이 없는 아동이다. MPE는 행동치료에 가장 이상적인 대상자들이다. 모든 아동은 기본적인 신체검사와 소변검사를 받아야 한다. 약 90%는 의학적 합병증을 겪지 않겠지만, 쉽게 치료될 수 있는 감염 때문에 행동치료에서 실패하는 아동이 있어서는 안 된다.

치료 프로그램에 대한 개념적 모델

능동적 회피 학습과 소변 경보

모든 아동이 처음에는 침대에 오줌을 싸지만, 대부분은 특별한 도움 없이도 멈추게 된다. 평균적으로 아동은 2.5세에 낮시간 통제가 가능해지며, 이로부터 1년 안에 저녁에도 통제를 하게 된다. 만약 아동이 4세 이후에도 자주 밤에 오줌을 싼다면, 밤에 소변을 보지 않는 데 필요한 반응을 습득할 발달 창(developmental window)을 놓쳤을 것이다. 실제적인 이유로 행동치료는 아이가 적어도 5세가 되기까지는 시행되지 않는다. 아동은 잠에서 깨어나 화장실에 가거나 잠든 동안에도 신체적으로 배뇨를 억제함으로써 통제를 하게 된다. 둘 중 어떤 반응을 배우든지 젖은 침대는 불편하다는 자연스러운 사실로 인해 학습이 촉진된다. 여러 가지 이유(각성의 실패, 팬티형 기저귀를 사용하면서 불편함이 익숙해진 경우 등)로 '자연'의 혐오 조건에 반응하는 데 반복적으로 실패한다면, 아동은 신체적 반응을 배우는 데 실패하게 된다. 지속적으로 오줌을 싼다는 것은, 자연적으로 일어나는 상태로부터 어떻게 마른 상태가 되는지를 배우는 데 실패한 것이다. 이런 관점에서 MPE는 유전적으로 부여된 신체 발달 지연과, 능동적인 회피 반응(예 : 깨어 있거나 자고 있을 때의 골반저 수축)의 습득을 지연시키는 행동적 이력 간의 상호작용으로 유발되는 것이다(Houts, 1991; Lovibond, 1963).

소변 경보 치료(urine alarm treatment)는 배뇨를 억제하기 위해 능동적 회피 반응을 수행하는 조건을 다시 만드는 것이다. 배뇨는 배뇨근 수축으로부터 시작되며, 이 수축은 골반저 근육을 능동적으로 수축시켜서 중단시킬 수 있다. 경보는 방광 경부의 외측 괄약근과 함께 골반저를 수축시키는 조건 회피 반응을 일으키는 혐오 자극이다. 이 회피 반응은 부적 강화에 의해 유지된다. 일단 반응이 만들어지면 아이는 깨어야만 하는 것과 젖은 침대라는 두 가지 혐오 자극을 피하게 되는 것이다. 이 모델은 골반저 활동의 야간 기록 결과와 일치한다. Norgaard(1989)는 오줌싸기를 피하게 될 때 아동은 골반저 근육을 자발적으로 수축시킴으로써 배뇨근 수축을 방해한다는 것을 관찰했다. 반대로 각성되지 않고 오줌을 싸는 것은 골반저의 이완에 뒤따랐다. 오줌싸기를 피하게 될 때 아동은 자발적으로 골반저를 수축시켜서 방광 수축을 억제하고 있었다.

소변 경보 치료에서 아동이 깨어 있을 때든지 자는 동안이든지 방광이 꽉 찬 느낌을 통해서 일어나는 골반저 활동은 경보로 아이를 놀라게 함으로써 생긴 조건 반응이 된다. 즉 알람 소리는 아동을 깜짝 놀라게 하여 골반저 수축을 일으키고, 시간이 지남에 따라 이 생리적인 반응은 꽉 찬 방광과 연합된 괄약근 수축으로 조건화되는 것이다. 조건화된 골반저 수축은 놀라는 것과 깨는 것을 피하기 위해서 유지된다. 우리는 소변 경보 치료 동안 주간 골반저 근전도검사(EMG) 평가를 마친 아이들에 대한 연구에서 이에 대한 간접적인 정보를 얻었다. 밤에 완전히 오줌을 가리는 데 실패한 아동과 비교해서 오줌을 가리게 된 아동의 초기 근육 반응은 더 약했음에도 불구하고 16주 치료 과정 동안 평균 최고 전압이 꾸준히 증가한 것으로 나타났다. 근전도 검사는 오줌을 가리게 된 아이들에게서 실제로 근육 조건화가 일어났다는 것을 확인했다. 반응이 있었던 아동은 반응이 없었던 아동에 비해서 골반저 반응성과 민감성을 더 많이 얻게 된 것으로 나타났다(Scott, 1993).

방광 용량과 밤에 소변 가리기 유지하기

밤에 오줌싸는 문제는 방광 용량 발달이 지체되는 경우에 나타날 수 있다. 전 과정을 포함하는 가정 훈련 프로그램(full-spectrum home training, FSHT)에 대한 우리의 원 공식에서 우리는 이 문제를 일차적인 원인에 의한 것이라기보다는 복잡하게 얽힌 요인으로 보았다. 이후 일부 적은 수의 아동에서는 밤에 오줌을 싸는 일차적인 원인이 밤 동안 만들어내는 소변의 양을 방광이 담고 있지 못하는 것이라는 증거가 제시되었다. 하룻밤에도 몇 번씩 오줌을 싸는 아이들이 이런 경우일 가능성이 크며, 실제로 밤 동안 정상 양의 항이뇨 호르몬(anti-diuretic hormone)을 생산하는 데 실패한 아동이 여기에 해당할 가능성이 크다. 방광의 용량을 늘리는 관점에서 접근하든 생산하는 양을 줄이는 관점에서 접근하든, 이러한 접근만으로는 충분하지 않다(Houts, Berman, & Abramson, 1994). 경보는 필수적이다.

재발을 막기 위해서 아무것도 행해지지 않으면 재발은 1년 내에 40%까지 높아질 수 있다. FSHT에서는 과학습으로 몸에 완전히 익힘을 통해 그 문제를 해결한다. 초기 연구에서 우리는 아동에게 자기 직전 16온스의 물을 마시게 하는 표준 절차를 따랐다. 이는 아동이 14일 연속으로 밤에 오줌을 싸지 않게 된 후에 시작되어 다시 14일 동안 연속해서 오줌을 싸지 않게 될 때까지 지속되었다. 우리는 재발률을 절반으로, 40%에서 20%로 낮춘 이전 연구를 되풀이했다(Young & Morgan, 1972). 가장 최근에 우리는 소비하는 물의 양을 점진적으로 증가시키는 방식으로 과학습을 약간 수정했다. 이 점차적 과학습은 재발률을 다시 절반으로 낮추어서 20%에서 10% 이하가 되게 하였다.

어떤 아동 문제에서나 마찬가지로 행동치료는 가족으로부터의 아주 구체적이고 협조적인 노력이 요구된다. FSHT에서 가장 까다로운 부분은 처음 4주 안에 경보를 듣고 아동이 깨도록 훈련하는 것이다. 부모는 아동을 깨워야만 하고 알람을 끄기 전에 아동이 침대에서 나오도록 해야만 한다. 협력과 단호한 결심이 필수적이다. 아동도 역시 그 어려움을 감수하고 열심히 할 준비가 되어 있어야 한다.

치료 프로그램의 특징

FSHT는 (1) 기본 소변 경보 치료, (2) 청결 훈련, (3) 보유 통제 훈련, (4) 과학습의 네 가지 요소로 구성되어 있다. 구성요소는 부모가 따를 수 있도록 매뉴얼에 나와 있으며, 부모와 자녀 간의 계약이 이 치료를 수행하는 데 기초를 형성한다(매뉴얼과 도표는 www.drhouts.com에서 pdf 다운로드로 무료로 구할 수 있다). 저렴하고 내구성이 좋은, 몸에 입는 소변 경보 장치인 말렘 야뇨경보기(Malem Ultimate; 소리 및 진동 포함)는 www.bedwettingstore.com/index.htm에서 구할 수 있다.

가족 지지 협정

부모와 자녀는 트레이너가 각 단계를 설명할 때 가족 지지 협정을 완성한다. 아동은 알람을 끄기 전에 침대에서 나와 일어서야 한다는 규칙을 따른다. 부모는 절대로 아동 대신 알람을 끄지 말라고 지시받는다. 청결 훈련에 포함된 단계는 아동의 방에 배치된 도표(뽀송뽀송한 침대를 위한 매일의 단계)에 표시된다. 도표에는 발전 기록 역시 나타나며 젖었는지 말랐는지가 매일 색깔로 표시된다. 부모는 아동이 잠자리를 다시 정리하는 모든 과정을 스스로 완수하게 하도록 지시받는데, 일반적으로 훈련의 후반 부분에는 이불이 젖지 않는 경우가 많지만, 그런 경우에도 스스로 해야 한다. 어떤 아동은 첫 4주 동안 깨는 것이 몹시 어렵다. 아동이 스스로 알람을 꺼야 하기 때문에 아동이 깨는 것이 필수적이다. 아동이 정말로 깼는지 여부를 쉽게 알아볼 수 있는 방법을 부모에게 알려주는 것이 중요하다. 잠들기 전에 매일 밤 비밀번호를 정하거나 쉬운 단어 철자를 거꾸로 말하게 하는 것과 같은 단기기억 과제는 아동이 완전히 깨었는지를 알아볼 수 있는 간단한 방법이다.

보유 통제 훈련은 하루 한 번 수행되며, 아동은 참는 시간이 45분에 이르기까지 시간을 늘려가면서 소변보기를 미루는 것에 대해서 단계별로 돈을 받는다. 아동이 3분씩 15번 목표를 모두 다 채우게 되었을 때 받을 수 있는 총액은 12달러이다. 참고 통제하기 훈련은 아동이 45분 목표를 달성하게 되면 끝나는데, 일반적으로 3주이다.

치료의 첫 번째 목표는 14일 연속으로 오줌싸지 않은 밤을 보내는 것이다. 이는 보통 8~12주가 걸린다. 하룻밤에 한 번 이상 오줌을 싸는 아이들의 경우는 평균 16~20주이다. 과학습은 즉시 시작되며 재발을 방지하기 위해서 필수적인 요소이다.

우리의 점진적 과학습은 마실 물의 최대량을 결정함으로써 시작된다. 이는 각 연령당 1온스에 2온스를 더하는 것이다. 예를 들어, 8세 아동에게 최대량은 10온스가 되는 것이다. 아동은 취침시간 15분 전에 4온스의 물을 마시는 것부터 시작한다. 4온스를 마시고서 이틀을 연달아 소변 실수 없이 보냈다면, 양은 6온스가 된다. 6온스로 다시 이틀 동안 소변 실수 없이 보냈다면 물의 양은 8온스로 늘어난다. 이런 방식으로 이틀 연속 소변 실수 없이 보내면 2온스씩 더 물의 양이 계속 늘어나서 아동의 최대치에 도달하게 된다. 아동이 14일 동안 연속으로 소변 실수 없는 밤을 보낼 때까지 이 최대량을 계속 마신다. 아동이 소변 실수를 하는 사건이 생기면 (대부분 적어도 한 번은 그렇게 되는데) 간단한 규칙을 따르면 된다. 직전에 소변 실수 없이 밤을 보냈던 때의 물의 양으로 돌아가서 5일 계속 소변 실수 없이 밤을 보내게 될 때까지 그 양을 계속 마시는 것이다. 아이가 최대량에 이르지 않은 경우 이틀마다 2온스씩 증가하는 이전의 절차가 계속된다. 어떤 아이들은 14일 모두 최대량을 마시는 것으로 끝나는데, 그렇게 하는 것이 필수는 아니다.

잠 깨우기 스케줄(선택사항)

14일 연속 소변 실수 없는 날이라는 목표를 달성하기 위해서는 잠 깨우기 스케줄을 가지고 아동의 수면 일상 패턴을 방해하는 것이 필요한 경우가 가끔 있다. 부모들은 첫날 밤 동안 최소한의 지시를 주어서 한 시간마다 아이를 깨우도록 지시받는다. 깨어났을 때마다 아동은 소변 실수가 없었던 것에 대해 칭찬을 받고 화장실에 가도록 격려받는다. 둘째 날 아동은 잠든 지 세 시간 후 한 번만 깬다. 둘째 날부터는 밤마다 한 번씩만 깨우는 스케줄이 계속된다. 소변 실수 없이 보낸 날 다음에 부모는 전날보다 30분 일찍 아이를 깨운다. 만약 아동이 밤 동안 소변 실수를 하면 깨우는 시간은 전날과 같다. 이런 식으로 시간이 앞당겨져서 아동을 깨우는 시간이 취침 후 30분에 이르게 되면 잠 깨우기 스케줄을 더 이상 적용하지 않는다. 아이가 7일 중 이틀 이상 소변 실수를 했을 때에는 깨우기 스케줄이 다시 시작된다. 다시 시작할 필요가 있으면 잠 깨우기 스케줄은 취침 후 3시간에서 시작해서 같은 방식으로 감소한다(Azrin, Sneed, & Foxx, 1973; Bollard & Nettelbeck, 1982).

성취를 강화하고 좌절감 줄이기

성취를 강화하는 데 초점을 두는 것이 매우 유용하다. 매번 밤에 여러 번 오줌을 싸는 아동은 쉽게 의기소침해진다. 이런 가족은 아동이 연속적으로 14일 동안 소변 실수 없이 보내게 되려면 평균 8~12주가 아니라 12~16주가 걸린다는 것을 이해할 필요가 있다. 이런 경우 밤마다 여러 번 오줌을 싸는 것으로부터 한 번만 오줌을 싸는 것으로 바뀌는 것이 첫 번째 목표라고 알려주면 아동의 기대를 조절하고 좌절을 막을 수 있다.

얼마나 나아졌는지는 침대에 젖은 자국의 크기를 모니터링함으로써 측정할 수 있다. 이를 알려주면 이 과정에 집중하는 데 도움이 되며, 만약 매일이 '소변 실수를 한 날'이었다 할지라도 그 크기를 보면서 아동이 경보에 더 잘 반응하고 있음을 인식할 수 있게 된다. 젖은 자국의 크기가 점점 작아진다는 것은 아동이 능동적 회피 반응을 점점 더 빨리하기를 배우고 있다는 뜻이다. 이는 가족에게 긍정적인 관점을 제공하고 계속하도록 하는 격려가 되어줄 수 있다.

재발 방지 및 추후 관찰

과학습은 데이터를 인용해서 소개하게 된다. 과학습을 하지 않을 때 재발할 확률은 10명 중 4
명이다(Morgan, 1978). 아동이 점진적인 과학습을 했을 경우 재발할 확률은 10명 중 1명이다.
투자하는 시간과 노력을 훨씬 능가하는 이득이 있다(Robertson, Yap, & Schuster, 2014). 때때로
과학습을 완료하지 못하는 아이들이 있다(즉 물을 마시는 절차 동안 14일 연속 소변 실수 없는
밤을 보내지 못하는 경우). 우리의 결과 실험은 과학습을 완료해야 하는 엄격한 절차에 따라 수
행되었지만, 임상적인 유연성에 기초한 효과성 연구에서는, 만약 아이가 8주 안에 과학습을 완
료하지 못하면 과학습을 미루는 절차를 따른다. 이런 경우 아동은 밤에 물 마시기를 중단하고
14일 동안 계속 실수 없이 밤을 지낼 때까지 알람을 사용한다. 그리고 추적 관찰을 한다.

치료 효과의 증거

우리는 FSHT에 대한 효능과 효과성 자료를 수집했다. 참고 통제하는 훈련과 과학습 같은 부수
적 절차 없이 소변 경보만 단독으로 주어지는 절차와 비교할 때 FSHT는 개선된 개입이다. 사
실, 재발 방지 과정 없이 소변 경보만 사용하는 것은 좋은 연습이 아니다. FSHT에 대한 구성
요소 분석에 따르면 참고 통제하는 훈련이 추가되면 아동이 14일 연속 소변 실수 없는 밤에 도
달하는 데 도움이 된다(Houts, Peterson, & Whelan, 1986).

　　그림 19.1은 6개의 FSHT 관찰로부터 1년 추적 조사를 요약한 것이다. 4개는 출판된 연구에
서 얻은 것으로, 발표된 날짜로 표시되어 있다(Houts, Liebert, & Padawer, 1983; Houts et al.,
1986; Houts, Whelan, & Peterson, 1987; Whelan & Houts, 1990). 1991년 표본은 FSHT를 이
미프라민(imipramine)과 옥시부티닌(oxybutynin)과 비교한 미발표된 무선할당 통제실험에서 얻
은 결과를 보여준다. 2000으로 표시된 137사례는 우리의 개인 유뇨증 클리닉에서 14년에 걸쳐
축적되었다.

　　5개의 효능 실험을 바탕으로 볼 때 4명 중 약 3명의 아동이 평균 12주가 끝날 무렵에는 오줌
싸기를 멈추는 것으로 기대되었다. 이 자료는 융통성이 극히 제한되는 연구 프로토콜 조건에서
얻었다는 것이 중요하다. 또한 이 표본은 품행장애나 주의력결핍 과잉행동장애(ADHD)같이
임상적으로 뚜렷한 행동 문제를 보이는 아동은 포함시키지 않았다. 저소득 가정 표본으로서 한
부모 가정이 포함되었다. 하지만 분명한 부부 불화가 있거나 임상적으로 의미 있는 가족 역기
능이 있는 가정은 포함되지 않았다. 이러한 인구학적 한계로 인해 이 결과의 적용 가능성이 제

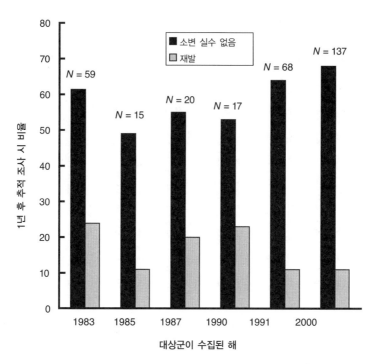

그림 19.1 5개 집단 전 과정 치료 1년 후 실수 없는 상태를 유지하거나 재발한 평균 비율(N=전체 샘플 크기. '재발'은 1주에 이틀 이상 밤에 실수한 것으로 정의됨)

한되기는 하지만, 이 표본들이 대부분 이러한 부가적인 문제없이 밤에 오줌싸는 아동을 상당히 대표한다는 것을 기억할 필요가 있다 .

1년 추적 관찰에서 10명 중 6명의 아동이 완전히 밤에 소변 실수 없이 지내는 것으로 나타났다. 1991년과 2000년 표본에서 관찰된 낮은 재발률은 점진적인 과학습을 한 아동이었다. 다른 표본에서 과학습은 원래의 양식대로 나이에 상관없이 16온스의 물을 마시는 방식으로 시행되었다. 이제 우리는 점진적 과학습을 활용하면 10%에 약간 못 미치는 아동들만이 재발한다는 것을 일관적으로 발견한다.

FSHT의 경우 효과성 자료는 효능성 자료를 그대로 반영한다. 우리 개인 클리닉의 137사례는 소아과와 소아 비뇨기과에서 의뢰되었다(그림 19.1의 마지막 막대). 연구 실험에서보다 이 표본은 부가적인 문제가 많았는데, 대부분은 ADHD였다. 이런 아동을 다룰 때의 문제는 다른 행동 문제가 있는 아동을 다룰 때와 동일했다. 강압적인 양육 방식을 사용하고 비순응적인 아동과 반복적으로 갈등을 겪는 부모는 FSHT에서 성공하기를 기대할 수 없다.

유뇨증 치료의 향후 방향

FSHT에서 우리는 재발 문제를 완전히 해결하지는 못했다. 한 가지 필요한 것은 재발했을 때 시행된 재치료의 효과에 대한 양적 연구이다. 우리는 전체 치료 프로그램을 모두 따른 90% 이상의 단일 증상 일차 유뇨증(MPE) 아동을 행동치료로서 영구적으로 치료할 수 있다고 주장할 수 있다. 현재는 70~75% 정도에 대해서 안전하게 주장할 수 있다.

정말로 반응이 없는 사람들도 있다. 아동이 경보를 완전히 무시하거나 부모가 지지를 주는 데 실패한 경우를 제외해도, 반응이 없는 아동이 여전히 10~15%는 있다. 이런 진정한 치료 실패에 대해 집중적 연구를 할 필요가 있다. 그중 한 가지 중요한 유형은 여러 번 오줌싸기가 지속되고, 한 번만 오줌싸는 경우로 절대 옮겨가지 않는 경우이다. 이런 아동은 항이뇨 호르몬의 자연적 생산에 결핍이 있는 하위 집단일 가능성이 크다. 그들은 합성 항이뇨 호르몬과 더불어 행동치료를 조합하기에 좋은 후보자들이다(Bradbury & Meadow, 1995; Sukhai, Mol, & Harris, 1989).

광범위한 문제에 대해서 소변 경보를 사용하는 최근의 소아 유뇨증 행동치료는 실험실에서 파생된 학습과 조건화 원칙에 기반을 둔 매우 효과적인 개입의 가장 좋은 예이다. 20세기 행동치료의 가장 오래된 형태 중 하나로서 이 치료의 역사에서 비롯된 객관적 교훈은 우리 21세기에도 중요하다. 21세기의 첫 10년을 넘긴 시점에서 밤에 오줌싸는 아동은 일반적으로 약물치료를 받는 것으로 보이며, 행동치료는 찾아보기 어렵다. 약물치료를 이렇게 매력적으로 만들고 쉽게 팔리게 하는 우리 문화는 무엇일까?

1989년 미국에서 데스모프레신 아세테이트(desmopression acetate, DDAVP)가 도입되기 전에 의사들이 권하는 유뇨증의 모델 치료는 아이가 그 시기를 지나 성장하도록 그냥 기다리는 것이었다. 만약 치료가 주어지는 경우라면 항우울제, 이미프라민이었는데, 이는 중독이나 심혈관 질환의 위험을 가지고 있었다. 게다가 효과적이지도 않았다. DDAVP를 미국에 들어온 것은 일차 병원 의사들에게 보다 안전하고 효과적일 수도 있는 치료를 제공한 것이다. 영국이나 호주와 마찬가지로 행동치료는 절대로 일차적 치료에 통합되지 않았다.

오늘날 관리의료 제도권 회사들은 처방된 약물에 대해서는 비용을 지불하고, '비의학적' 서비스에는 종종 의문을 제기한다. 밤에 오줌싸기에 대한 행동치료가 제3자 지불인의 지불 내역에 해당되는 경우에도 덜 효과적인 약물치료를 받는 것이 당장에는 부모에게 더 싸게 느껴진다. 행동치료는 전문적이고 상업적인 판촉 자원을 가지고 있지 않기 때문에 이러한 시장의 힘이 행동치료를 덜 사용하게 한다.

유분증

임상 문제의 개요

기능적인 변비와 유분증(encopresis)은 유치원에서 초등학생 연령 아동의 1.5~7.5%에 영향을 미친다(Bellman, 1966; Van der Wal, Benninga, & Hirasing, 2005). 미국에서 60만 4,000~300만 사이의 아동으로 추정되는 이 집단의 임상적 특징은 오래 지속된 변비력, 큰 덩어리가 지나가면서 생기는 고통스러운 장 운동(BM), 병력에서 흔히 보고되는 대변 참기(Partin, Hamill, Fischel, & Partin, 1992), 부모-자녀 쌍방의 논쟁적인 상호작용, 행동력에서 아동의 슬픔, 두려움, 절망감(Joinson, Heron, Butler, & Von Gontard, 2006) 등이다. 따라서 우리는 예방이 가능하면서도 뚜렷하게 나타나고 있는 건강관리 시스템의 부담을 경감시키기 위해서 의학적 접근과 행동적 접근이 조합된 치료와 장기적 관리를 지속적으로 주장해왔다.

종종 변이 넘쳐나오는 결과를 부르는 변비 증상은 아동이 치료를 받기 전까지 5년 이상 지속되는 경우가 많다(Partin et al., 1992). 변비는 매년 소아과 방문의 3%, 소아 소화기 내과의 25%에 이르는 방문 사유로서(Lewis & Rudolph, 1997), 68~86%가 고통스러운 배변을 경험한다(Loening-Baucke, 1993). 의학적 치료 후 36~42%의 아동이 변비와 변실금을 지속하여 유분증을 효과적으로 치료하는 데 실망스러운 결과를 보여준다(Procter & Loader, 2003; Rockney, McQuade, Days, Linn, & Alario, 1996). 문헌에 일관되게 보고된 대로, 바로 이러한 역사로부터 Mellon(2012)이 제안한 학습기반 병인학적 모델(learning-based etiological model)과 이 장의 뒷부분에 나오는 그의 현재 치료 프로토콜이 나오게 되었다.

치료 프로그램에 대한 개념적 모델

Mellon(2012)은 성공적인 배변 훈련 발달을 이끄는 전형적인 배변 역동 모델을 제시하였다. 이 모델은 대변 참기와 변실금으로 이어지는, 고통스러운 배변과 직장 민감도 감소에 기여하는 변비의 역할을 설명하고, 유분증 문제의 수수께끼를 푸는 데 도움이 되었다. 변 실수 없는 상태가 되기 위해서는 화장실을 독립적으로 사용할 수 있도록 하는 행동 체인을 실행해야 하는데, 이때 필요한 내적 신호를 아동이 의식해야만 한다는 것을 강조하여 정상적인 배변 과정을 설명하였다. 변별 학습을 통해서 아동은 변이 있을 때 직장이 꽉 찬 느낌과 내부 항문 괄약근의 이완 느낌이 있을 때가 능동적으로 배변을 억제해야 하는 순간임을 인식하게 된다. 하던 일을 멈추고 화장실을 찾아서 옷을 벗고 변기에 앉아 배변을 완성하기 위해 배에 힘을 주는(Valsalva) 반응을 할 때까지 억제해야 하는 것이다. 독립적 배변과 개인 위생의 이 과정은 보호자로부터 주어지는 정적 강화와 부적 강화(예 : 칭찬과 실망의 표현) 모두를 통해서 형성된다.

유분증에 이르는 길은 만성 변비와 직경이 큰 대변이 지나가는 고통의 결과로, 고통을 피하기 위해서 변을 아예 참게 되며, 유분증이 있는 아동의 80% 이상이 전형적으로 이런 병력을 가지고 있다. 딱딱하고 조약돌 같은 대변은 항문을 지나기가 특히 어려우며, 이로 인해 변이 누적되어 궁극적으로 항문염을 일으킨다. 항문 매복증은 장 조직이 늘어지는 결과를 불러오며, 직장항문 민감성을 더욱 떨어지게 하고, 이로 인해 아동의 인식 범위를 벗어나는 소량의 변이 우발적으로 나오는 경우가 생긴다. 지름이 크고 변기를 막게 하는 변이 지나가는 고통스러운 장 운동이 화장실 가는 것을 회피하게 만드는 원인으로, 뻣뻣하게 다리를 꼰 자세로 외부 항문 괄약근과 둔부 근육을 수축시켜서 배변을 하려는 충동을 억제시킴으로써 회피에 성공하여, 고통 회피를 부적 강화한다. 이렇게 참는 행동은 보호자들로부터 종종 보고되며, 아동이 배변을 하지 못한다고 잘못 해석된다. 수년간 옷에 지리는 경험은 변 냄새에 습관화되는 데 기여한다고 가정된다. 이 과정은 화장실 갈 필요를 (만약 지각되었다 하더라도) 무시하고, 실수를 부인하거나 거짓말하며, 더러워진 속옷을 숨기려는 시도 등을 통해서 배변 회피가 화장실 사용 회피로 일반화되어 한층 복잡해진다. 아동은 학습된 무기력 상태나 변를 지리는 것에 대해 무심해지는 상태로 발전해서, 실제로 장 기능을 통제하지 못하게 된다고 믿게 된다. 이런 설명으로 독자는 변실금의 복잡성뿐만 아니라 유분증의 효과적인 치료의 어려움을 이해하게 되었을 것이다. 따라서 치료는 생물행동학적 치료(biobehavioral treatment) 맥락에서 만성 변비에 대한 생리적인 측면과 적절한 배변을 회피하는 사회행동적 측면을 모두 다루어야 한다.

북미 소아 소화기학과 영양학 협회(North American Society for Pediatric Gastroenterology and Nutrition, NASPGN)는 소아 변비의 평가와 치료에 대한 4단계의 근거기반 가이드라인을 발표했다. 이는 아동의 고통스러운 배변 및 변 참기로 이어지는 변비 문제를 설명하는 교육에서 시작하여, 경구 또는 직장 하제를 사용해서 직장에 있는 딱딱하고 많은 분량의 대변을 완화시켜 빼어내고, 식이섬유를 더 많이 섭취하거나 하제와 변 유연제를 장기적으로 사용해서 직장에 변이 다시 축적되는 것을 예방하며, 가능한 재발을 관리하기 위해서 아동을 장기적으로 추적 관찰하는 것이다(Baker et al., 1999). 이는 미시간대학교에서 출판되고 연방 기금으로 운영되는 국립진료지침정보센터(National Guidelines Clearinghouse)를 통해 배포된 합의 지침에 의해 더 널리 퍼지게 되었다(University of Michigan, 2008). 정확한 진단과 장기간의 관리 및 치료의 점진적인 소거를 위한 알고리듬이 제공되었다. 이 지침은 DSM-5에 비해 더 쉽게 진단기준을 이해하게 하고 의학과 행동적 접근을 조합하여 활용함으로써 만성 변비와 유분증에 대한 적절한 관리에 중요한 기여를 한다.

치료 프로그램의 특징

첫 만남에서 발달 및 병력에 대한 심리사회적 평가, 현재 가족 구조와 기능, 치료에 영향을 미칠 수 있는 정신병리 등에 대한 정보가 수집된다. 대부분 기관이나 클리닉에서 사용하는 표준 인구학적 질문지가 여기에 가장 도움이 된다. 치료를 수행하는 데 장애가 되는 아동의 파괴적 행동 문제와 역기능적인 부모–자녀 관계를 파악하는 데에는 아동의 행동 기능에 대한 많은 표준화된 척도가 도움이 된다.

배변 훈련 노력 이력, 대변 실금 진행과 현재 증상, 변실금을 교정하기 위한 부모의 노력에 대한 철저한 조사가 환자의 변실금 경로를 보여줄 것이다. 이 이야기는 종종 변기의 초기 출현, 변 참기로 이어지는 고통스러운 배변, 그리고 결국 대변 실금과 그 문제를 관리하기 위한 보호자의 노력에 대한 행동적 저항을 포함한다. 오랫동안 지속된 강압적이고 자기 입장을 굽히지 않는 부모–자녀 간 쌍방의 상호작용이 종종 강조된다. 근거기반 치료에서 아동이 혜택을 받을 수 있으려면 이 강압적 역사가 완화되어야 한다. 이때 정상 배변을 설명하는 다이어그램을 활용해서 변비와 유분증의 문제를 이해시키고 유분증으로 이끄는 변비의 부정적인 영향을 설명하는 데 충분한 시간을 할애한다. 보충 자료로 *The Poo in You*(Kendall, 2013)라는 교육 비디오가 아이와 부모에게 매우 유익하고 재미있다.

유분증과 게임 보드 프로토콜

우리는 상상과 놀이에 대한 아이의 자연스러운 경향을 끌어들이는 것이 유분증 게임 보드 프로토콜(GBP) 양식에서 성공의 열쇠이며 치료의 생물행동학적 접근을 보여준다고 주장한다(지시서는 요청을 하면 M.W. Mellon으로부터 구할 수 있다). GBP는 본질적으로 토큰 경제로서, 토큰 경제는 이미 그 효과가 증명되어 조작적 개입의 표준으로 여겨져 왔던 길고 자랑스러운 역사가 있다(DeLeon, Bullock, & Catania, 2012). 하지만 GBP는 대상 아동만의 특별한 관심을 반영하여 좀 더 정교하게 계획을 개별화함으로써 아동과 부모를 직접적으로 관여시킨다.

각 게임 보드는 포스터 보드(게시판)에 구성된다. 부모는 아동이 선택한 스티커를 붙이기에 충분히 큰 공간으로 분할된 길고 구불구불한 길을 그리는데, 각 공간마다 한 크레딧의 가치를 지니며 약 1개월 정도 지속되어야 한다. 아동이 선택한 6개의 상(부모가 승인한)이 색깔이 있는 네모칸 안에 보드상에서 균등하게 분배되고, 게임 보드 길 끝에는 대상이 놓인다. 이미 변비 문제가 있다고 평가되고 치료받은 후 의사에 의해 의뢰되는 경우가 많으므로, 각 아동은 매일 뭉친 장을 씻어주고 장의 규칙성을 유지하기 위한 약물과 변기에 앉아 있기 스케줄, 그리고 변실금 없이 적절하게 화장실을 사용하기의 세 가지 구성으로 이루어진 표준 생물행동치료 프로토콜을 따른다.

치료의 각 요소에는 스티커로 보드에 표시된 크레딧이 할당된다. 각 치료 요소에 대한 크레딧의 수는 아동의 임상적 행동에 따라 다르며, 대부분의 크레딧은 화장실에서의 배변과 변 실수 없는 날에 부과된다. 스티커를 모으는 대로 아동은 궁극적으로 상금 광장에 도착하게 되고, 그때 보상이 주어진다. 부모는 아동의 노력을 칭찬해주고 실수(변 지리기)보다는 성공에 초점을 두도록 조언받는다. 만약 변을 지리는 경우가 발생하면 아동은 저항이나 처벌 없이 바로 깨끗하게 처리해야 한다. 각 아동은 첫 추후 방문 때 자신이 만든 게임 보드를 가져와서 치료자에게 '보여주고 이야기'하며 긍정적인 노력을 더 증진시킬 수 있도록 한다.

부모는 화장실에서의 장 운동, 변 지리기 실수, 계획에 따라 변기에 앉아 있기, 변 실수 없는 날, 투약 준수 등과 같이 임상적으로 관련이 있는 행동 자료 기록지를 사용하여 치료 상황을 추적하고, 치료 과정 동안 2~4주마다 예정된 추후 방문 때마다 이를 가져오도록 지시받는다. 게임 보드가 완성되었을 때 4주 이상 아이가 변 실수 없이 지내지 못했다면, 같은 방법으로 두번째 게임 보드가 시작된다. '바비'(개인정보 보호 및 부모의 서면 허락을 위해 변경된 이름)로 알려진 아이의 예를 간단히 제시하겠다.

'바비'는 두 번째 생일 이후 시작된 배변 훈련 동안 변을 자주 보지 않은 병력이 있는 8세 소년이다. 바비는 대변을 보기 위해서 변기에 앉으라는 부모의 촉구에는 저항했지만 변기에 소변 보기는 별 문제없이 성취했다. 그는 화장실에 가기 위해서 재미있는 활동이 방해받는 것을 꺼렸고, 이는 결국 배변 활동이 없는 날, 크고 고통스러운 변의 통과, 그리고 궁극적으로는 변실

그림 19.2 바비의 게임 보드

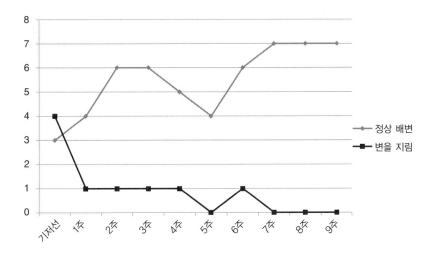

그림 19.3 치료 동안 바비가 변기에 변을 본 횟수와 옷에 변을 지린 횟수

금에 이르게 되었다. 바비의 변비는 행동치료 전에 변비약인 미라랙스(Miralax)로 치료를 받았다. Mellon은 다이어그램과 환자 본인의 신장, 요관, 방광에 대한(KUB) X-레이를 사용해서, 변실금 문제, 고통스러운 배변에 변비가 주는 영향, 정상적인 배변이 어떻게 일어나는지를 설명하는 데 시간을 들였다. 바비와 엄마는 GBP에 대한 설명서를 받았고, 필요한 재료들을 가지고 게임 보드를 어떻게 만드는지 설명을 들었는데, 이에 큰 관심과 열정을 보였다. 4주 후 첫 추후 방문 때 바비는 그림 19.2에 나온 자기의 게임 보드를 신이나서 보여주었다. 그림 19.3에서 보듯 바비는 변기에서 보는 변이 더 많아졌고, 지리는 실수가 줄어들었다. 5주 후 추후 관찰에서 완전히 변 지리기가 멈췄고, 연속 3주 동안 실수가 없었다고 나타났다. 이 시점에서 추후 방문은 필요에 따라 이루어진다.

치료 효과의 증거

생물행동학적 치료라는 이름에 일관되게, 의학적 개입에 대한 간단한 설명을 먼저 제시하여 유분증 치료에서 그 역할을 더 잘 이해하게 하겠다. 유분증을 보이는 70~90%의 아동이 변비로 고생하므로, 초기 치료는 완화제와 변 연화제를 포함한다(Benninga, Voskuijl, & Taminiau, 2004). 하지만 유감스럽게도 이것이 변비와 변 지리기에 대한 유일한 치료로 사용되었을 때는 16~18개월 추적 조사에서 측정된 추정 치료율이 약 40% 정도(범위 : 5~59%)로, 효능이 부족한 것으로 보인다(McGrath, Mellon, & Murphy, 2000). 변 완화제로 선택 가능한 것은 여러 가지가 있겠지만, 아마도 가장 흔히 쓰이는 변비약은 효능에 대한 면밀한 조사를 거쳤고 대부분의 음료에 쉽게 혼합되는 폴리에틸렌 글리콜(polyethylene glycol, PEG)이라는 삼투성 하제이다. 플라시보 또는 락툴로스와 비교한 PEG 3350의 메타분석 결과, 부작용이나 부정적인 사건이 거의 없이 1주당 변의 양이 유의미하게 더 많았으므로, 변비를 치료하는 첫 단계로 PEG 3350을 사용하는 데 대한 수용할 만한 증거가 있다 할 수 있다.

유분증 문헌 고찰에서 가장 효과가 있는 치료는 의학적 개입(즉 장 하제, 변 연화제)을 관련된 배변 행동(배변 스케줄, 투약 준수, 적절한 화장실 사용, 변 실수 없는 날들)에 대한 정적 강화와 조합했을 때이며, 이때 치료율은 64%(범위 : 51~75%)였다. 저자들은 분명히 기술된 치료 요소와 결과 변인을 가지고 무선할당 설계를 한 연구를 포함해서 부가적인 연구가 필요하다는 점을 지적했다. 이러한 결과는 유분증 아동에 대한 행동과 인지 개입의 메타분석에서도 나타났다(Brazzelli, Griffiths, Cody, & Tappin, 2011). 저자들이 메타분석에 포함된 연구들의 수많은 방법론적 결점을 지적하면서 치료가 효과적임을 분명히 보여주기 위해서는 더 많은 연구가 필요하다고 밝히기는 했지만, 하제 치료 단독보다는 행동 개입에 하제 치료를 더한 것이 기능적 변실금(즉 유분증)을 가진 아이들의 배설 억제 능력을 개선시킨다고 결론을 내렸다.

Freeman, Riley, Duke, Fu(2014)는 이전 메타분석 방법의 노력을 확장시켜 개인에게 특정한 변비와 변 지리기 문제를 가진 아동에 대한 무선할당 통제실험(RCT)만을 포함시키고, 이질적인 연구에서의 정보를 분석하기 위해서 혼합 치료 비교 방법을 사용하며, 다른 행동적 접근과 바이오피드백을 변별하였다. 결과는 변실금에 대한 행동치료가 완하제 단독 치료에 비해 저자가 정의한 성공 기준에 부합할 가능성이 더 많음을 보여주었다. 행동치료는 완하제 단독 치료에 비해서 변 지리는 문제를 줄이는 데 도움이 되었다는 증거를 제공했지만, 변기에 본 변의 양 면에서는 완하제 치료에 비해 덜 성공적이었다. 실망스럽게도 저자들은 McGrath 등(2000)이 발표한 이후 문헌상에서 새로운 정보가 거의 보이지 않았다는 결론을 내렸다. 행동적 개입(예 : 강화)을 사용하는 것은 적절한 배변 행동과 성공률을 높이고, 변을 지리는 빈도를 낮출 가능성이 많다. 임상가들은 유분증을 치료하는 데 행동적 개입을 사용하는 것이 근거기반 실행과 일치한다는 것을 확신할 수 있으며, 이것이 GBP 개발의 기초이다.

향후 방향

지난 16년 동안 체계적인 고찰과 메타분석이 거의 개선되지 않아서 임상 연구자들에게 유분증에 대한 효과적인 치료법을 보여주는 것은 상당히 도전적인 과제였다(McGrath et al., 2000; Brazzelli et al., 2011; and Freeman et al., 2014). 또한 지난 20년간 유분증 클리닉의 환자 고찰 연구에서 부모의 43% 정도가 변 지리는 문제를 아동의 게으름 때문이라고 귀인하며, 14%는 자녀들이 자신을 화나게 하고 싶어 한다고 믿고, 52%의 아동은 고집이 세다고 서술되는 것으로 나타나, 부모 역시 자녀의 변실금으로 인해서 상당히 좌절할 수 있다고 보고되고 있다(Fishman, Rappaport, Schonwald, & Nurko, 2003). 이러한 좌절의 결과, 새롭고 다소 침입적인 치료법이 탐색되고 있다. 예를 들어, 소규모 그룹 연구나 사례 연구에서 충수루설치술(appendicostomy)을 통해 매일 순행성 대장 관장을 사용하기(Randall, Coyne, & Jaffray, 2014), 변 참기 반응을 방지하기 위해서 보툴리늄 독소를 괄약근 내로 주사하기(Irani, Rodriguez, & Doody, 2008), 운동성을 높이기 위해서 복부 전기 자극 주기(Leong et al., 2011) 등이 포함되었다. 임상적 연구 결과를 사려 깊게 소비하는 사람들은 어떤 작용 기제가 이러한 방법들의 효과를 뒷받침할 수 있는지에 기반을 두고 잘 통제된 연구가 있을 때까지는 회의적인 태도로 남아 있어야만 한다.

우리는 버지니아대학교 건강과학연구그룹에서 수행된 것과 같은 의료-행동 개입 분야에서의 연구를 더 보게 되기 원한다(Borowitz, Cox, Sutphen, & Kovatchev, 2002; Cox, Sutphen, Borowitz, Kovatchev, & Ling, 1998; McGee, Ritterbrand, Thorndike, Cox, & Borowitz, 2009; Ritterband et al., 2003). 이들은 개선된 배변 훈련(enhanced toilet training, ETT)이라는 의료-행동 조합 개입이 효능 면에서 장래성이 있음을 보여주었고, 대중의 접근을 높이기 위해 이를 인터넷 치료법으로 개발했다. 이 접근에 대한 자세한 설명은 Mellon(2012)을 참조하기 바란다. 이 연구가 다시 재현되고, 어떤 아동이 더 이득을 얻을 가능성이 큰지를 예측하는 데 함의점이 있는 과정 변수가 이 접근법에 포함되기를 권장하는 바이다.

맺음말

전체 팀으로서 우리는 어떻게 유분증을 관리할지에 대해 방대한 임상 경험과 문헌을 바탕으로 수년간 임상심리학 대학원생, 소아심리학 레지던트와 연구강사, 소아과 전공의들의 수련을 시켜왔다. 담아가야 할 메시지는 상당히 간단하다. 유분증을 치료하는 데 가장 좋은 근거기반 수행은 오래 지속된 변비와 고통스러운 배변을 완화하기 위한 의료 개입 및 아동과 보호자가 적절한 배변 행동을 적용할 수 있도록 동기를 주는 행동적 접근을 조합하여 병행하는 생물행동학적 접근이며, 수년간의 변 참기와 고통 회피, 좌절, 그리고 변실금의 수치심을 극복할 수 있도록 이를 충분히 길게 수행해야 한다는 것이다.

33년 전 우리 중 한 사람(Houts et al., 1983)은 성공적인 행동치료를 효율적으로 전달할 수 있는 시스템을 가질 수 있다고 상상했었다. 건강관리의 큰 틀에서 행동치료의 문제는 그것이 전달되지 않는다는 것이다. 약물이나 기저귀와는 달리 행동치료는 기업 후원이 없다. 밤에 오줌싸기에 대한 치료의 역사는 조건형성에 기초한 행동치료와 달리 약물의 상대적인 역할에 대해서 가르쳐줄 만한 흥미로운 교훈이 있다. 경보기반 치료는 최근의 가장 효과적인 치료이며 약물치료보다 비용이 덜 들수도 있다(Glazener, Evans, & Peto, 2003; Houts, 2000; Houts et al.,

1994). 적어도 밤에 오줌싸는 문제에 대해서는 행동치료가 최선의 선택이다. 유분증에 대해서는 소아과 의사와 심리학자가 유분증 아동을 관리하는 데 협조적인 관계를 조성하기를 권장한다. 편안한 배변이 되게 하기 위해서 대변이 응축되는 것을 다루어주고, 다시 쌓이는 것을 방지해주며(소아과 의사), 현상을 이해할 수 있도록 잘 설명하여 부모 자녀 쌍방의 좌절감을 줄이고, 중요한 행동적 목표(예 : 변기에 앉기에 대한 정적 강화 및 부적 강화, 투약 준수, 변기에서 적절하게 변 보기, 속옷 빨기 등)에 대해 근거기반 행동 개입을 적용하는 것이다(심리학자). 우리는 최선의 근거기반 수행과 일관되는 간단한 개입인 GBT를 제시했다. 분명한 것은, 다른 모든 것보다 더 우월한 한 가지 치료를 이루어냈다고 해서 시장이 주도하는 건강관리 경제에서 그 가장 좋은 치료가 전달된다는 보장은 없다는 것이다. 그 결과는 실망스럽다. 경험적 배경을 가지고 연구에 기초한 임상심리학자들이 학생들에게 행동치료에 대해서 계속 가르치고, 그에 따라 밤에 오줌싸기와 유분증에 대한 조건형성 치료에 대한 풍부한 정보를 계속 활성화시켰으면 하는 것이 우리의 바람이다.

감사의 글

이 장에서 인용한 연구는 다음의 지원을 받아 수행되었다. Centers of Excellence grant from the State of Tennessee to the Department of Psychology, University of Memphis, National Institutes of Health (Grant No. R01 HD21736 to Arthur C. Houts).

참고문헌

American Psychiatric Association. (2013). *Diagnostic and statistical manual of mental disorders* (5th ed.). Arlington, VA: Author.

Azrin, N. H., Sneed, T. J., & Foxx, R. M. (1973). Dry bed: A rapid method of eliminating bedwetting (enuresis) of the retarded. *Behaviour Research and Therapy, 11,* 427–434.

Azrin, N. H., & Thienes, P. M. (1978). Rapid elimination of enuresis by intensive learning without a conditioning apparatus. *Behavior Therapy, 9,* 342–354.

Azrin, N. H., Thienes-Hontos, P., & Besalel-Azrin, V. (1979). Elimination of enuresis without a conditioning apparatus: An extension by office instruction of the child and parents. *Behavior Therapy, 10,* 14–19.

Baker, S., Liptak, G., Colleti, R., Croffie, J., Di Lorenzo, C. Ector, W., et al. (1999). Constipation in infants and children: Evaluation and treatment: A medical position statement of the North American Society for Pediatric Gastroenterology and Nutrition. *Journal of Pediatric Gastroenterology and Nutrition, 29,* 612–626.

Bellman, M. (1966). Studies on encopresis. *Acta Paediatrica Scandinavica, 1*(Suppl. 170), 7–132.

Benninga, M., Voskuijl, W., & Taminiau, J. (2004). Childhood constipation: Is there new light in the tunnel? *Journal of Pediatric Gastroenterology and Nutrition, 39*(5), 448–464.

Bollard, J., & Nettelbeck, T. (1982). A component analysis of dry-bed training for treatment for bedwetting. *Behaviour Research and Therapy, 20,* 383–390.

Borowitz, S., Cox, D., Sutphen, J., & Kovatchev, B. (2002). Treatment of childhood encopresis: A randomized trial comparing three treatment protocols. *Journal of Pediatric Gastroenterology and Nutrition, 34,* 378–384.

Bradbury, M. G., & Meadow, S. R. (1995). Combined treatment with enuresis alarm and desmopressin for nocturnal enuresis. *Acta Pediatrica, 84,* 1014–1018.

Brazzelli, M., Griffiths, P., Cody, J., & Tappin, D. (2011). Behavioural and cognitive interventions with or without other treatments for defaecation disorders in children. *Cochrane Database of Systematic Reviews, 12,* CD002240.

Cox, D., Sutphen, J., Borowitz, S., Kovatchev, B., & Ling, W. (1998). Contribution of behavior therapy and biofeedback to laxative therapy in the treatment of pediatric encopresis. *Annals of Behavioral Medicine, 20,* 70–76.

DeLeon, I. G., Bullock, C. E., & Catania, A. C. (2012). Arranging reinforcement contingencies in applied settings: Fundamentals and implications of recent basic and applied research. In G. J. Madden (Ed.), *APA handbook of behavior analysis: Vol. 2. Translating principles into practice* (pp. 47–75). Washington, DC: American Psychological Association.

Devlin, J. B. (1991). Prevalence and risk factors for childhood nocturnal enuresis. *Irish Medical Journal, 84,* 118–120.

Fishman, L., Rappaport, L., Schonwald, A., & Nurko, S. (2003). Trends in referral to a single encopresis clinic over 20 years. *Pediatrics, 111,* e604–e607.

Forsythe, W. I., & Redmond, A. (1974). Enuresis and spontaneous cure rate: Study of 1129 enuretics. *Archives of Disease in Childhood, 49,* 259–263.

Foxman, B., Valdez, R. B., & Brook, R. H. (1986). Childhood enuresis: Prevalence, perceived impact, and prescribed treatments. *Pediatrics, 77,* 482–487.

Freeman, K., Riley, A., Duke, D., & Fu, R. (2014). Systemat review and meta-analysis of behavioral interventions for fecal incontinence with constipation. *Journal of Pediatric Psychology, 39,* 887–902.

Glazener, C. M., Evans, J. H., & Peto, R. E. (2003). Alarm interventions for nocturnal enuresis in children. *Cochrane Database of Systematic Reviews, 2,* CD002911.

Houts, A. C. (1991). Nocturnal enuresis as a biobehavioral problem. *Behavior Therapy, 22,* 133–151.

Houts, A. C. (2000). Commentary: Treatments for enuresis: Criteria, mechanisms, and health care policy. *Journal of Pediatric Psychology, 25,* 219–224.

Houts, A. C., Berman, J. S., & Abramson, H. A. (1994). The effectiveness of psychological and pharmacological treatments for nocturnal enuresis. *Journal of Consulting and Clinical Psychology, 62,* 737–745.

Houts, A. C., Liebert, R. M., & Padawer, W. (1983). A delivery system for the treatment of primary enuresis. *Journal of Abnormal Child Psychology, 11,* 513–519.

Houts, A. C., Peterson, J. K., & Whelan, J. P. (1986). Prevention of relapse in full-spectrum home training for primary enuresis: A components analysis. *Behavior Therapy, 17,* 462–469.

Irani, K., Rodriguez, L., & Doody, D. (2008). Botulinum toxin for the treatment of chronic constipation in children with internal anal sphincter dysfunction. *Pediatric Surgery International, 24,* 779–783.

Joinson, C., Heron, J., Butler, U., & Von Gontard, A. (2006). Psychological differences between children with and without soiling problems. *Pediatrics, 117,* 1575–1584.

Kendall, B. (2013, October 18). The poo in you [video file]. Retrieved from *www.youtube. com/watch?v=SgBj7Mc_4sc.*

Leong, L., Yik, Y., Cato-Smith, A., Robertson, V., Hudson, J., & Southwell, B. (2011). Long-term effects of transabdominal electrical stimulation of children with slow-transit constipation. *Journal of Pediatric Surgery, 46,* 2309–2312.

Lewis, L., & Rudolph, C. (1997). Practical approach to defecation disorders in children. *Pediatric Annals, 26,* 260–268.

Loening-Baucke, V. (1993). Constipation in early childhood: Patient characteristics, treatment, and longterm follow up. *Gut, 34,* 1400–1404.

Lovibond, S. H. (1963). The mechanism of conditioning treatment of enuresis. *Behaviour Research and Therapy, 1,* 17–21.

McGee, J., Ritterband, L., Thornedike, F., Cox. D., & Borowitz, S. (2009). Exploring the relationship between parental worry about their child's health and usage of an internet intervention for pediatric encopresis. *Journal of Pediatric Psychology, 34,* 530–538.

McGrath, M., Mellon, M., & Murphy, L. (2000). Empirically supported treatments in pediatric psychology: Constipation and encopresis. *Journal of Pediatric Psychology, 25,* 225–254.

Mellon, M. W. (2012). Encopresis. In P. Sturmey & M. Hersen (Eds.), *Handbook of evidence-based practice in clinical psychology: Vol. I. Child and adolescent disorders* (pp. 361–387). New York: Wiley.

Morgan, R. T. T. (1978). Relapse and therapeutic response in the conditioning treatment of enuresis: A review of recent findings on intermittent reinforcement, overlearning and stimulus intensity. *Behaviour Research and Therapy, 16,* 273–279.

Norgaard, J. P. (1989). Urodynamics in enuretics: I. Reservoir function. *Neurourology and Urodynamics, 8,* 199–211.

Partin, J., Hamill, S., Fischel, J., & Partin, J. (1992). Painful defecation and fecal soiling in children. *Pediatrics, 89*(6, Pt. 1), 1007–1009.

Procter, E., & Loader, P. (2003). A 6-year follow-up study of chronic constipation and soiling in a specialist paediatric service. *Child: Care, Health and Development, 29,* 103–109.

Randall, J., Coyne, P., & Jaffray, B. (2014). Follow-up of children undergoing antegrade continent enema: Experience of over two hundred cases. *Journal of Pediatric Surgery, 49,* 1405–1408.

Ritterband, L., Cox, D., Walker, L., Kovatchev, B., McKnight, L., Patel, K., et al. (2003). An Internet intervention as adjunctive therapy for pediatric encopresis. *Journal of Consulting and Clinical Psychology, 71,* 910–917.

Robertson, B., Yap, K., & Schuster, S. (2014). Effectiveness of an alarm intervention with overlearning for primary nocturnal enuresis. *Journal of Pediatric Urology, 10,* 241–245.

Rockney, R., McQuade, W., Days, A., Linn, H., & Alario, A. (1996). Encopresis treatment outcome: Long-term follow-up of 45 cases. *Journal of Developmental and Behavioral Pediatrics, 17,* 380–385.

Scott, M. A. (1993). *Facilitating pelvic floor conditioning in primary nocturnal enuresis.* Doctoral dissertation, University of Memphis, Memphis, TN.

Sukhai, R. N., Mol, J., & Harris, A. S. (1989). Combined therapy of enuresis alarm and desmopressin in the treatment of nocturnal enuresis. *European Journal of Pediatrics, 148,* 465–467.

University of Michigan Health System. (2008). *Functional constipation and soiling in children.* Ann Arbor: University of Michigan Health System.

Van der Wal, M., Benninga, M., & Hirasing, R. (2005). The prevalence of encopresis in a multicultural population. *Journal of Pediatric Gastroenterology and Nutrition, 40,* 345–348.

Whelan, J. P., & Houts, A. C. (1990). Effects of a waking schedule on the outcome of primary enuretic children treated with Full-Spectrum Home Training. *Health Psychology, 9,* 164–176.

Young, G. C., & Morgan, R. T. T. (1972). Overlearning in the conditioning treatment of enuresis: A long-term follow-up study. *Behaviour Research and Therapy, 10,* 419–420.

청소년 약물사용장애에 대한 기능적 가족치료

Holly Barrett Waldron, Janet L. Brody, Hyman Hops

임상 문제의 개요

약물사용장애(substance use disorder, SUD)는 어떤 연령에서도 나타날 수 있다. 약물사용장애는 전형적으로 14세 이후에 나타나지만, 전조는 청소년기 이전에도 나타날 수 있다. 생물학적·행동적 환경적 요인이 복합적으로 작용하여 청소년 약물사용장애가 나타나는 데 연결된다. 가장 현저한 영향은 가족(예 : 갈등, 가정폭력, 부모의 약물사용, 부족한 지도감독), 더 큰 사회생태적 맥락(예 : 약물 근접성, 법적 규제, 허용적 태도, 또래 약물사용), 충동통제의 취약성이나 높은 흥분의 욕구에 대한 청소년의 유전적 취약성 등이 포함된다. 청소년 약물사용은 미국에서는 광범위하게 나타난다. 고등학생의 약 70%는 술을 마신다고 보고되고 있고, 50%는 마리화나나 다른 약물을 사용하며, 40%는 담배를 피우고, 20%는 처방약물을 부적절하게 사용하고 있다고 보고되고 있다(Johnston, O'Malley, Miech, Bachman, & Schulenberg, 2016). 따라서 어느 정도까지 약물에 대한 실험은 정상적인 발달 과정을 나타낼 수도 있다. 미국에서의 약물사용장애(SUD)의 유병률은 청소년 연령 12~17세에서는 8%이며, 더 나이 많은 청소년 및 성인진입기인 18~25세에는 20%이다(Kessler et al., 2012; Center for Behavioral Health Statistics and Quality, 2015). 이들 청소년은 특정 약물 효과 추구, 새로운 경험에 대한 갈망, 문제를 다루려는 시도, 부정적 감정에 대한 조절, 작업수행 증진, 사회적으로 적절하게 기능하고, 자아정체감을 형성하거나 혹은 다른 이유 등으로 이들 약물사용을 지속하거나 더 많이 사용하게 된다. 더욱이 약물사용장애를 지닌 청소년은 성인기까지 지속되는 장기적인 기능손상을 보일 위험성이 매우 높은데, 이에는 인지적 결함, 공존장애, 법적 문제의 연루, 학업적 직업적 성취부족, 사회적 가족적 역기능, 만성적인 건강 문제, 심각한 손상, 트라우마 관련 문제, 폭력, 사망 등이 포함된다. 마리화나가 성인에 대해 합법화되고 약물에 대한 사회적 태도가 좀 더 허용적이므로, 효과적 청소년 약물치료에 대한 필요성은 더 높다.

청소년기는 뇌 발달에 결정기이다. 약물사용과 밀접하게 관련된 보상 및 고통과 관련된 뇌 영역은 25세까지 지속적으로 성숙하고, 정서 및 통제 조절과 연관된 영역보다 더 빨리 성숙한다. 보상추구, 고통회피 체계는 매우 잘 기능하며, 통제 조절과 판단이 덜 성숙된 점은 청소년들을 약물사용에 더 취약하게 한다. 더욱이 약물사용장애로 발전할 위험성은 공존병리 가능성과 관련되며, 이는 흔히 청소년기에 처음 나타난다(Kaminer & Bukstein, 2008). 미국에서 약물사용자의 파괴적 행동장애 공존 발현율은 85% 정도이며, 외상후 스트레스장애는 35%(남성)와 50%(여성), 우울증은 약 35% 수준이며, 트라우마 경험은 약 90%까지 나타난다(Kaminer & Bukstein, 2008). 증거들은 약물사용장애와 공존병리가 서로 독립적으로 나타나는 것이 아니며, 일탈된 행동군 내에서 단일 과정으로 발현될 수도 있고, 가족이 중요한 역할을 하는 잘 알려진 발달 궤적의 부분이라는 것이다(Patterson, DeGarmo, & Knutson, 2000). 결과적으로 이러한 궤적에 영향을 끼치는 생물학적 혹은 환경적 자원과 관계없이 약물사용장애와 공존장애가 문제 행동이 발생되는 가족 관련 맥락을 목표로 통합적인 개입 접근을 해야 한다. 약물사용장애와 공존장애를 지닌 청소년들은 공통적인 행동 기술 결핍을 지니고 있는데, 부족한 문제해결, 제한된 대처 전략, 정서적 부조화 등이 그것이며, 이는 다른 약물남용의 독특한 약물학적이고 부가적인 속성을 고려하는 통합적 치료틀 내의 목표로 설정될 수 있는 것들이다. 치료 효과 연구는 가족기반 개입들이 광범위한 행동 영역의 향상과 관련됨을 보여주고 있다(Stanton & Shadish, 1997; Waldron & Turner, 2008). '이중 진단'이 지속되는 문제 행동 가능성을 높이고, 더 나쁜 치료예후와 관련된다는 것을 나타내는 증거가 청소년의 문제 영역인 약물사용장애에 대한 통합적 가족기반 치료의 필요성을 간과하였다. 변화를 촉진하는 데 있어 가족의 중요함을 인식하는 것은 우리의 가족중심 접근을 강조하는 것이다.

치료 프로그램에 대한 개념적 모델

약물사용장애에 대한 기능적 가족치료(functional family therapy, FFT)는 알코올과 약물남용을 부적응적인 가족관계 맥락에서 발전되고 유지되는 행동으로 개념화하는 생태학적 가족체계 접근이다. 가족 상호작용과 변화시키고 관계 기능을 향상시키는 것이 청소년들의 약물사용을 줄이는 것의 핵심이다. 가족체계 모델의 핵심 특징은 문제 행동의 중심이 관계적이며, 개인 이상의 것이라는 것이다. 따라서 치료의 핵심도 또한 관계적이다. 우리의 개념 모델은 약물남용과 개인 특성, 가족역동, 가족 외 맥락을 이해하는 발달적 · 역학적 · 행동적 접근을 통합하는 것이다. 중독치료에 인지행동치료의 증거기반 전략을 응용하는 것이 이 모델의 독특성이다. 이러한 통합적 접근은 공존장애의 각 목표 행동이나 조건에 따른 다른 개입을 줄인 단일 접근을 사용하여 공존장애를 다룬다는 이득이 있다.

약물사용장애에 대한 기능적 가족치료는 이론 및 연구, 임상적 수행에 근거를 지니고 있다 (Waldron, Slesnick, Brody, Turner, & Peterson, 2001; Waldron & Slesnick, 1998). 이 접근은 물질남용 및 정신건강서비스국(SAMHSA)의 증거기반 프로그램과 수행(National Registry of Evidence-Based Programs and Practices, NREPP)에 포함되어 있으며, 기능적 가족치료의 선두적 실행(Leading Implementation of Fuctional Family Therapy, LIFFT) 보급 기관을 통해 지역사회에 접할 수 있다. 약물사용장애에 대한 기능적 가족치료는 우울증이나 외상을 포함하는 약물남용과 공존되는 중독이나 다른 문제를 위해 개발된 치료 전략이며, 이러한 치료 전략이 단일한 가족중심 접근으로 통합된 것이다. 비행 청소년을 위한 원래의 기능적 가족치료와 마찬가지로 (Barton & Alexander, 1981; Alexander, Waldron, Robbins, & Neeb, 2013), 약물사용장애 청소년을 위한 기능적 가족치료 모델도 다중적인 공존 문제들을 다루기 위한 전략과 기법들을 통합하는 핵심 철학, 일련의 이론적 원칙들, 특정적 개입 접근들을 포함하고 있다. 계속되는 연구들은 이 모델이 다른 집단과 환경에서도 응용된다는 것을 알려주고, 지역사회에서의 약물사용장애 및 관련된 문제를 위한 기능적 가족치료를 채용하여 훈련하고 지속하도록 촉진하기 위한 방법을 알려준다. 이러한 영향은 양방향적인데, 우리의 임상적 경험이 우리의 가설검증과 경험적 타당화를 계속하여 안내하고 있기 때문이다.

치료 프로그램의 특징

약물사용장애를 지닌 청소년 가족에 대한 치료 목적은 약물사용과 공존 문제를 감소시키고 가족관계를 향상하며 청소년의 건설적인 시간사용을 늘린다는 것이다. 이러한 목적을 성취하기 위하여 약물을 마시고 먹는 기능이 좀 더 적응적인 다른 행동으로 충족될 수 있는 가족 내 상호작용 패턴을 변화시키는 데 초점을 둔다. 전체 가족은 가능할 때마다 치료에 포함된다. 특히 이것이 약물사용 가족을 동기화시키고 목표 청소년을 치료에 참여시키기 위한 관계틀을 사용하고, 다른 사람들의 절제노력이나 회복을 돕는 약물 비사용 가족의 영향을 이용하여 약물사용력과 관련된 전체로서의 가족 내 문제이해를 촉진시킨다. 기능적 가족치료는 전형적으로 주 1시간 14주간 실시되며, 초기의 변화 과정을 강화하기 위해 초기에는 좀 더 자주 혹은 긴 회기가 이루어질 수도 있다. 종결시점쯤에는 가족이 새로운 행동을 독립적으로 유지할 수 있도록 회기를 좀 더 시간 차이를 두고 운영한다. 치료 이후에 4회의 짧고, 격주의 전화 회기가 이득을 확실하게 하고, 재발을 방지하는 데 도움이 된다. 치료목적을 성취하는 데 사용된 특정 방법은 5 회기의 구별된 회기 내에서 성취되어, 개입, 동기화, 평가가 부분적으로 겹치며, 먼저 이루어지고, 이후에 행동 변화와 일반화가 이루어진다. 각 단계는 목표, 개입 전략과 기법, 치료자 기술과 관련된다. 각 단계의 특정 초점을 위해 설계된 숙제도 치료 전반에 활용된다.

개입

개입은 가족 구성원들 간 변화에 대한 초기 긍정적 기대를 최대화하는 것에 초점을 둔다. 치료에 가족을 개입시키는 것은 상대적으로 높은 중독치료의 조기종결과 약물치료에 대한 청소년의 저항을 막고자 하는 것이다. 개입 과정은 융통성이 있어 치료 프로그램과 치료자에 대한 가족 구성원의 인상과 평가에 달려 있다. 목적은 가족 구성원들을 프로그램 지원을 위한 자원으로 경험하고 치료자를 신뢰할 수 있는 변화 대행인으로 경험하도록 하는 것이다. 치료 기대에 대한 영향은 치료자, 의뢰 과정, 기관에 대한 명성, 프로그램 스태프에 대한 친근감에 대한 지각된 신뢰성과 특성을 포함한다. 가족에 의해 사용되는 언어체계를 채택하고 문제를 정상화시키며 신뢰를 표현하는 것은 치료자가 변화에 대한 가족 기대에 영향을 주는 적극적인 방법이다. 기능적 가족치료가 함께 사는 가족 구성원, 즉 문제를 다루는 데 핵심적인 사람들을 포함하도록 설계되어 있기 때문에, 치료에 모든 가족이 참여하도록 하는 것이 문제를 다루기 위한 첫 번째 개입 과정이며 치료의 초기 목표이다.

동기화

약물사용장애를 지닌 청소년의 가족들은 무수한 불평사항(예 : 학교 문제, 체포, 약물사용, 거짓말, 경멸, 불순종)을 지닌 채 치료를 시작하고 역기능적인 상호작용 패턴을 형성한다. 이러한 패턴은 개방적 의사소통과 효과적인 문제해결을 방해하는 적대감, 갈등, 회피와 다른 패턴과 관련될 수 있다. 또한 약물사용장애를 지닌 청소년은 일반적으로 약물사용 행동을 변화시키는 것에 대해 동기나 준비성이 낮고, 그것이 가족 문제에 어떻게 작용하는지를 거의 의식하거나 이해하지 못한 채 자신의 변화 욕구에만 초점을 두는 패턴으로 치료를 시작한다. 시작부터 치료자는 그들이 어떻게 발생되고 가족관계 내에서 어떻게 유지되었는지에 대한 새로운 이해를 형성하도록 작업한다. 약물사용장애 청소년을 위한 기능적 가족치료의 핵심철학은 시작부터 가족의 강점을 강조하고 가족의 방어와 적대감을 낮추기 위하여 수용하고 비난하지 않으며 판단하지 않는 것을 설정하여 '존중하는 분위기'에서 가족과 작업을 하는 것이다. 가족을 동기화시키는 일차 전략은 가족이 잘하고 있는 강점이나 영역을 강조하는 것을 포함하고 있다. 가족 구성원들의 생각과 감정, 행동을 서로 연결시키는 관계틀을 발전시키고, 그들이 부정적으로 지각하는 행동이나 상호작용의 의미를 온화하거나 좀 더 긍정적인 것으로 재구조화하거나 변화시키며, 혐오적인 상호작용을 적극적으로 다룬다. 가족 구성원들에게 유관적으로 반응하고, 가족 구성원들과의 균형 있는 동맹을 유지하는 데 있어 치료자의 온정과 공감, 유머 사용은 기능적 가족치료자들이 존중받고, 수용받는 스타일을 유지할 수 있는 열쇠이다. 목적은 모든 가족 구성원들이 치료자의 지지와 현재의 문제에 대해 서로 비난하지 않는 것을 경험하게 하는 것이다.

치료자는 서로 어떻게 영향을 끼치는지에 대한 인식도를 높이기 위해 가족 구성원들 간의 상호작용을 증진시킨다. 치료자는 가족 구성원들의 행동, 생각과 감정에 상대적인 영향을 강조하고, 가족이 청소년의 문제 행동에 대한 논의로부터 벗어나도록 지도하기 위해 행동 유관에 대한 질문을 하고 확인함으로써 관계에 대한 초점을 촉진시키고 있다. 기능적 가족치료에 대한 다른 핵심 기법은 가족의 부정적 정서와 행동의 의미와 가치를 변화시키도록 문제 행동을 재구조화하는 것이다. 재구조화는 가족 행동의 새로운 설명을 찾도록 가족들에게 요구함으로써 가족의 자동적인 부정적 사고와 반응 패턴을 연기하도록 하는 것이다. 재구조화는 또한 좀 더 효과적인 의사소통과 감정표현의 문을 여는 인지적 관점을 제공하고, 서로에 대한 내재된 염려로 연결될 수 있도록 한다. 가족 구성원들의 행동이 개인적인 악의보다는 다른 변인에 의해 동기화되고 유지된다면(예 : 타인에 대해 대처하거나 보호하려는 잘못된 시도), 변화가 가능할 수도 있을 것이다. 적대적인 상호작용에 적극적으로 개입된 가족의 경우 치료자들은 재구조화나 관계적 조언을 사용하고 관찰된 과정에 대해 지적하며 치료 속도를 느리게 하는 상호작용을 적극적으로 막는다. 어떤 재구조화는 동기에 초점을 둘 것이다(예 : "아들을 18세 이후에도 집에서 살게 하는 것은 그가 안전하다는 것을 확인하게 하고, 동시에 그가 나가는 상실로부터 당신을 보호하려는 것"). 다른 경우에는 모든 가족 구성원들 간에 나눈 일반적 경험을 강조하고, 치료를 통해 다룰 수 있는 중요한 주제들로 진전시키게 된다(예 : 고통이나 상처로부터 서로를 보호하기 위해서 나누지 않은 중요해 보이는 일들이 가족 내에서 언급된다). 반복되는 행동 패턴을 관찰하여 치료자는 부정적인 것이 감소되고 가족 구성원이 관점 변화시킬 때까지 상호작용 패턴을 재구조화하기 위해 지식과 추론, 추측을 사용한다.

가족 내에서의 약물사용의 의미를 탐색하고 명확히 하는 것은 치료의 동기화 단계에서는 중요한 과제이다. 약물사용은 종종 가족 내 여러 세대에 걸쳐 심각한 영향을 준다. 부모와 형제의 약물사용은 청소년 약물사용장애의 강력한 예측인자 중 하나이며, 확대가족의 약물사용력이 일반적인 지표이다. 이전의 경험에 근거하여 각 부모는 서로 다른 약물사용에 대한 신념을 강하게 지니고 있으며, 그들 관계에서의 어려움을 만들어낸다. 우리가 작업했던 한 가족의 어머니는 동생을 약물 과사용으로 잃었기 때문에 약물사용량이 늘어서 아들이 죽을까 봐 두려워했지만, 아버지는 아들의 약물사용에 대해 상당히 무관심하였다. 부모 간의 이러한 결과적 무관심으로 인해 어머니는 좌절감과 고립감을 느꼈고, 아들은 부모의 서로 다른 메시지로 인해 혼

란스러워했다. 부모가 약물사용에 대해 가지는 서로 다른 의미를 조사하면서 치료자는 문제의
관계적 특성을 강조할 수 있었다. 목적은 부모의 관점을 변화시키도록 설득하는 것이 아니었
다. 그 대신 치료자는 서로 지지하지 않는다는 느낌을 가족 구성원들에게 느끼게 하고, 부모의
갈등이 청소년에게는 문제 행동을 계속하도록 만들기 때문에 갈등 상태에서는 작업의 한계가
있음을 언급했다.

다른 일반적 패턴은 과도하게 처벌적인 접근으로, 관계의 긍정적인 측면에 제안적인 주의
를 기울이는 것이다. 부모가 '약물사용'을 규칙위반이나 실패의 예로 정의할 때, 치료를 방해하
는 위기들을 강조하고 회복을 기대하는 과정을 방해하는 것이다. 이 경우, 규칙에 대해 과도하
게 강조하기 때문에 변화에 대한 동기화의 기초로 강한 긍정적 관계를 재형성할 필요가 있다.
부모는 또한 '강한 약물'의 위험성에 대한 걱정을 드러낼 수도 있으나, 마리화나에 대한 무언
의 혹은 명확한 허락을 표현하여, 가족 내에서 청소년과 부모가 똑같이 변화에 대한 지각된 필
요성 없이 치료에 들어오는 경우가 종종 있다. 치료자는 약물사용에 대한 지각된 이득을 인정
함으로써 동기를 높일 수는 있는 반면 약물사용의 부정적 결과에 대한 가족의 언급을 강화하게
될 수도 있다.

평가

평가는 두 수준에서 나타난다. (1) 무슨 변화가 필요한가(예 : 변화에 대한 행동적 목표)와, (2)
행동으로 제공되는 기능을 유지하기 위해 행동변화를 어떻게 일으킬 것인가(예 : 변화 과정)가
그것이다. 약물사용장애 청소년을 위한 기능적 가족치료는 어떤 변화가 필요한지를 결정하기
에 적절한 것으로 간주되는 가족의 보고, 회기 내 관찰 및 공식적 평가도구 등에 의존한다. 절
제하려는 노력을 격려하고 지지하는 방법으로 가족 회기에 통합되고 문제 행동을 강조하거나
결과적 반응을 정당화하기 위해 사용되지 않는 한, 소변독소 검사도 기능적 가족치료자에게 매
우 귀중한 자료이다. 행동에 대한 대인관계 기능 개념은 기능적 가족치료 모델에 매우 고유하
며, 행동 변화 기법이 어떻게 실행될 수 있는지를 결정하는 핵심적인 요인이다. 치료자는 각 가
족들이 각 개인의 특성과 욕구를 고려할 뿐 아니라 관계 수준에서 이러한 개인 특성 간 적합성
도 고려한 고유한 계획을 마련한다.

관계적 기능은 가족 구성원이 서로 허락하는 대인관계 관계성이나 상호의존성의 측면에서
정의된다. 각 가족들은 가족 구성원들이 서로 관계적 기능(즉 밀접함, 거리, 중간 지점)을 가지
고 있다. 각 구성원들 간의 행동에 대한 대인관계 기능을 이해하는 핵심은 행동의 결과를 살펴
보는 것이다. 만약 유의미한 신체적·심리적 고립을 서로 경험하는 가족들에게 나타나는 반복
되는 상호작용 패턴과 관련된 행동이 있다면, 그 행동의 결과나 기능은 거리유지이다. 반대로
가족 구성원들 간의 연결성이나 상호의존성이 나타나는 행동이 있다면, 그 기능은 밀접함이다.

어떤 관계는 뚜렷한 거리유지와 밀접함의 특성이 섞인 '중간 지점'으로 언급되는 것도 있다. 기능은 각 관계에 따라 고유하며, 어떤 행동은 한 상대에게는 어떠한 기능을 유발하면서 동시에 다른 상대에게는 다른 것을 유발하기도 한다(예 : 아동의 약물사용은 어머니에게는 염려와 관심을 유발하지만 동시에 아들과 아버지, 남편과 아내 사이의 거리는 멀어진다). 기능적 가족치료는 타고난 선과 악으로 개념화되는 것은 아니다. 이보다는 적응적인가 혹은 부적응적인 방식인가로 표현될 수 있다. 치료의 초점은 어떤 기능을 얻어서 부적응적 행동이 변화되고, 가족관계와 관련하여 그 기능이 유지되는가 하는 것이다. 가족 내 각 쌍들에 대한 기능을 확인하는 것은 각 가족 구성원들이 다른 성원들과의 기능을 유지하는 동안 치료자가 부적응적인 행동을 다루는 변화계획을 발전시키도록 한다. 따라서 변화가 유지되는 것이다.

행동 변화

동기화 단계 동안 기법은 가족 구성원들이 서로에 대해 가지는 행동 의미와 귀인을 변화시키도록 사용된다. 이러한 변화는 장기적인 변화를 위한 중요한 선행조건인 반면, 가족이 좀 더 기능적인 행동패턴을 가지지 않는다면 그들은 그것을 유지하지 않을 것이다. 행동 변화 단계는 개인 수준에서나 가족 전체를 위해서 행동 변화를 이루고 유지하는 데 초점을 두어야 한다. 행동 변화 단계에서는 개입과 동기화 단계에서 이루어진 동기화 개념화 작업과 평가자료가 특정 행동 기법을 선택하고 실행하도록 사용된다. 행동 변화 단계의 일차적인 목표는 옛날 것을 대체할 수 있고, 다시 나타나려는 부적응적인 행동을 막고, 가족 내 장기적인 변화를 생성할 수 있는 새로운 행동과 상호작용 패턴을 형성하는 것이다.

이러한 단계의 상호작용은 매우 구조화되어 있으며, 치료자는 적극적이고 지시적이다. 행동 변화 단계에서 치료자에 의해 도입된 기법은 행동을 변화시키고 이러한 목표를 수행할 수 있는 어떤 단계나 장치에 포함될 수도 있다. 임상가들은 필요한 행동 변화 전략을 통합시키기 위해 증거기반 인지행동치료로부터 융통성을 이끌어내었다. 회기의 주제는 긍정적인 가족활동, 의사소통('감정 듣기'), 문제해결, 분노조절, 주장 기술, 우울과 불안에 대한 대처, 양육 기술, 직업 기술 등을 포함한다. 치료자들은 또한 약물남용에 대해 특화된, 증거기반 인지행동 개입을 적용한다. 예를 들어, 치료자는 종종 음주나 약물사용과 관련된 선행사건과 결과 및 약물사용의 양과 빈도를 확인한다. 이러한 과정은 약물사용 문제의 관계적 속성과 가족 내 약물사용에 대한 치료자의 재구조화를 강화할 수 있도록 돕는다. 기능적 분석은 또한 약물에 특정한 개입을 선택하도록 돕고, 청소년과 부모가 약물사용을 줄이려는 노력을 서로 지지하도록 돕게 지도할 수 있다. 이러한 과정은 약물사용에 대한 공유를 안전하게 형성하고 가족이 높은 신뢰와 열린 의사소통을 향한 의미 있는 변화를 깨닫도록 돕는다.

기능적 분석을 따르는 다른 행동 변화 모듈이나 기법은 청소년과 그 가족들이 약물이나 알코올을 사용하는 것에 대한 충동이나 갈망에 대한 대처, 약물 거절, 약물 회피에 대한 의사결정, 약물사용에 대한 대안 기술 등을 포함한다. 이러한 전략은 이전의 회기에서 배운 기술 위에 각 회기를 쌓을 수 있도록 응집된 행동 변화 계획으로 짜여 있다. 예를 들어, 부정적 감정과 정서를 조절하는 전략은 감정과 약물사용 간의 연계를 포함한다. 부정적 감정조절에 대한 회기는 자신과 타인의 감정을 인식하고 정서반응을 낮출 수 있는 방법을 제공하고, 다른 가족 구성원들과 좀 더 효과적으로 의사소통하는 것에 초점을 둔다. '유관관리(contingency management, CM)', 즉 목표 행동 변화를 정규적으로 보이는 청소년에게 소액 자산이나 돈을 주는 것과 관련된 경험적으로 지지되는 접근이 치료에 통합되어 포함된다. 유관관리에서 보상이 절제나 다른 행동 변화의 증거(예 : 소변검사)와 관련되어 있다. 기능적 가족치료 내에서 독물사용의 결과의 보상은 청소년의 회복 노력을 지지하는 가족의 건설적 노력과 관련된 맥락에서 논의되어야 한다. 대부분의 가족은 행동 변화 단계에서 시작하여 훈련을 받게 되며, 일반화 단계와 재발 방지까지 계속된다. 재발 방지에 대한 방지 기술은 일반적으로 전체 가족과 논의되며 청소년의 금주를 도울 가족 구성원들에게는 특정한 책임이 부과된다.

　이러한 기법들은 어떻게 적용되는지는 대인관계 기능에 대한 이해에 따라 다를 것이다. 개입시도는 개입 전략이 각 가족의 대인관계 기능에 얼마나 잘 맞는지에 따라 빠른 변화를 나타내거나 저항을 일으킬 수 있다. 비록 그 행동 변화 전략이 기법적으로 정확하고 잘 발달되었을지라도, 실행되는 개입이 가족 구성원의 대인관계 기능 한두 가지와 불일치된다면 저항이 발생될 것이다. 예를 들어, 청소년의 아편사용은 부모와 상당한 거리를 유발시킬 것이고, 동시에 아버지가 아들에 대한 논의를 하기 위해 어머니와 좀 더 밀접하게 관련되는 환경을 만들게 될 것이다. 아들이 부모와 좀 더 상호독립적이고 강한 의사소통을 하게 되는 것은 가족의 관계적 활동과 일치하지 않으며 성공할 가능성이 적은 반면, 청소년이 아편 사용을 이겨낼 수 있도록 가족 외 활동에 좀 더 관여하도록 격려하는 것은 성공할 가능성이 더 높다. 대안적으로 청소년과 부모 간의 접촉 기능은 부모가 청소년의 회복 노력을 위해 좀 더 직접적인 지지를 제공하는 단계로 설정할 수도 있다. 기능적 가족치료 모델의 독특한 강조점은 가족에서 기능적 손익평가를 하고, 각 가족관계에 맞춰진 환경 내에서 기법을 응용해보는 것이다.

일반화와 종결

기능적 가족치료의 마지막 단계는 행동 변화를 유지하고, 자연적 환경에서 치료의 이득이 일반화되는 것을 촉진하도록 설계되어 있다. 행동 변화가 가족 내에서 이루어지는 것처럼 치료의 초점은 행동 유지와 치료로부터의 가족의 독립성을 형성하는 것으로 변화되고, 치료자는 점차적으로 덜 적극적인 역할을 하게 된다. 일반화 단계의 핵심 목적은 가족들이 새로 습득한 행동 기술을 치료 밖의 낯선 상황에서 적용해보도록 하는 것이다. 가족 구성원들은 끊임없이 이전의 행동패턴으로 재빨리 돌아가게 되는 새로운 도전에 직면하게 된다. 치료를 하는 동안에는 계속 새로 습득한 행동 변화 기술을 한 주 동안 사용하려고 시도하였는지를 점검하는 것이 도움이 된다. 가족 구성원들은 집에서 행동 변화 기술을 사용하지 못한 상황들을 파악할 수 있고, 그 상황에서 그들이 경험하는 장애물을 조사할 수 있을 때 시간 경과에 따라 행동 변화 전략을 좀 더 성공적으로 사용하는 경향이 있다. 어떤 가족 외적 요인은 변화될 수 있고(예 : 이웃의 범죄, 약물 가능성) 행동 변화에서 습득된 회피 대처 전략이 생태학적인 환경에 일반화될 수 있다. 다른 요인들도 수정될 수 있다(예 : 학교 교직원의 반응성). 치료자들은 가족을 대표하여 법적이고 교육적 체계와 직접적으로 상호작용할 수 있고, 자신의 가족 외적 시스템과 좀 더 효과적으로 상호작용하도록 도울 수 있다. 미래의 문제와 가능한 해결을 예측하면서 가족이 상황이 발생할 때 적절한 반응이 늘어나도록 도울 것이며, 치료 이득이 확실해지도록 한다. 약물과 알코올 사용 및 다른 문제가 감소되고 제거될 때 적응적인 상호작용 패턴과 문제해결 유형이 발달하고, 치료자와 독립적인 상황에서 나타날 때 치료는 종결을 향해 가며, 계속되는 서비스 지원 없이도 긍정적인 임상적 과정을 유지하도록 하는 필수적인 동기, 기술과 자원을 가지고 있는 것으로 나타났다.

치료 효과의 증거

기능적 가족치료는 과거 45년간 연구에서 상당한 주목을 받아왔다. 첫 번째 기능적 가족치료 무선할당 통제실험을 작은 범죄로 기소된 비행 청소년들에게 실시하였다. Alexander 등(2013)에 의해 개관된 초기 연구에서 개인치료, 보호관찰, 다른 가족기반 치료, 치료가 없는 통제집단을 포함하여 비교조건의 범위와 관련되어, 기능적 가족치료 가족 기능에서의 의미 있게 큰 향상과 관련되며, 상습적인 범죄가 감소된다. 더욱이 기능적 가족치료의 의미 있는 일차적 개입 이득은 목표 청소년의 형제자매의 범죄율 감소로 언급된다. Barton과 Alexander, Waldron, Turner, Warburton(1985)은 (1) 학사 학위 수준의 상담사에 의해 실시되고, (2) 심각한 비행 청소년에게 실시하였으며, (3) 가정법원을 통해 의뢰된 비행 청소년에 대한 가정 밖 개입과 기능적 가족치료를 비교하는 비용 효과성 연구에서 기능적 가족치료 효과성을 지지한다는 것을 발견하였다. 초기 연구의 방법론적인 한계들에도 불구하고 현재의 기준과 비교하여 이들 연구들에 따른 지속적인 향상뿐 아니라 다른 연구자들의 독립적인 반복 연구(Alexander et al., 2013 참조)에서도 이러한 긍정적인 결과가 강화되었다. 공공 정책을 위한 워싱턴주립연구소 (Washington State Institute for Public Policy)에 의해 실시된 공식적인 지역사회 효과성 평가는 기능적 가족치료나 일반적인 보호관찰 서비스에 무선 할당된 14개 워싱턴 카운티의 청소년들과 관련된다(Aos, Phipps, Barnoski, & Lieb, 2001; Barnoski, 2002). 범죄에서의 의미 있는 수준의 감소는 충실히 기능적 가족치료를 실시한 치료들에서 발견되었다. 기능적 가족치료의 재정적 이득은 프로그램 비용 1달러당 7.5달러로 추산되었다(Aos, Lieb, Mayfield, Miller, & Pennucci, 2004). 다른 지역사회 연구에서 Baglivio와 Jackowski, Greenwald Wolff(2014)는 두 집단을 동일하게 맞추는 프로펜서티 스코어 매칭 기법(propensity score matching technique)을 사용하여 플로리다주의 청소년 사법제도와 관련된 청소년들에 대해 다중체계치료(MST)와 기능적 가족치료를 실시하여 비교하였다. 보호관찰 기간 동안 모든 청소년에게 위험성이 낮은 여자 청소년에게 보호관찰 후 1년 동안 위험성이 높은 청소년들에게 새로운 비행을 유의미하게 낮추는 데 기능적 가족치료가 다중체계치료보다 더 우수한 것으로 시사되었다. 전반적으로 연구 결과들은 비행과 청소년 파괴 행동에 대한 기능적 가족치료의 효과성을 지지하였다.

비행 청소년에 대한 기능적 가족치료 접근을 구성하고 약물남용 청소년에 대한 기능적 가족치료에 대한 지지로(Friedman, 1989; Stanton & Shadish, 1997 참조), 가족과 동료들은 약물사용장애와 다른 공존질환을 지닌 가족들에 대해 뉴멕시코주와 오리건주에서 실시된 일련의 RCT를 통해 기능적 가족치료를 발전시키고 정교화시켰다(표 20.1 참조). 연구에서 청소년들은 약물남용치료로 의뢰되었으며, 우울증, 품행장애, 비행, 후천성면역결핍 위험(HIV-risk), 외상 관련 문제 등의 다양한 공존 조건을 지닌 것으로 제시되었다. 이 연구들은 무선할당, 치료조건을 모르는 평가자, 매뉴얼에 따른 치료, 다중 방법-다중 자원-다중 측정, 충실도에 대한 모니터링, 12~19개월 사후 평가 등이 이루어졌다.

첫 2개의 연구에서 청소년들은 4개 중 하나의 개입, 즉 기능적 가족치료, 개인 인지행동치료(ICBT), 집단 인지행동치료(GCBT)와 기능적 가족치료와 인지행동치료가 각각 12회기씩 동시에 다른 2명의 치료자들에게 실시된 기능적 가족치료와 인지행동치료 결합 개입(IB-FFT)에 할당되었다. 첫 번째 연구(Waldron et al., 2001)에서 모든 조건이 기능적 가족치료와 인지행동치료 결합 개입(24회기)을 제외하고는 12회기로 구성되었다. 두 번째 연구(Waldron & Turner, 2008)에서 모든 조건은 14회기로 이루어졌으며, 기능적 가족치료와 인지행동치료 결합 개입은 전형적으로 8회기 기능적 가족치료와 6회기 CBT의 통합회기로 이루어졌다. 연구 1에서 개인 인지행동치료나 집단 인지행동치료와 비교하여 두 가지 기능적 가족치료 조건이 좀 더 효과적이고 비용 효율적이었다(French et al., 2008; Waldron et al., 2001). 상대적인 효과크기는 기능적 가족치료의 경우 0.79, IB-FFT는 0.43, GCBT는 0.29, ICBT는 0.00이었다. 연구 2에서 모든 네 가지 경우는 기저선에서부터 세 가지 사후평가 중 하나에서 약물사용이 유의미하게 감소되었을 뿐아니라 과음도 감소하였다. 약물사용의 상대적인 사전-사후 변화 효과크기는 기능적 가족치료($d=0.79$), ICBT($d=0.61$), GCBT($d=0.25$)와 IB-FFT($d=0.33$)였다. IB-FFT에 대한 상대적으로 열악한 결과는 기능적 가족치료의 비율이 부적절하여 나타난 것으로 보인다. 치료 사후 재발이 모든 조건의 청소년에서 관찰되었는데, 이는 치료이득을 유지하기 위해서는 지

표 20.1 연구 특성 및 치료 결과 : 약물남용과 공존 문제에 대한 기능적 가족치료

연구/장소	보고된 표본 특성	치료/비교 조건	추적 기간	치료 결과
Friedman (1989), Stanton & Shaddish (1997)/펜실베이니아주 필라델피아	약물남용 청소년, n=135, 14~21세(M=17.8), 비히스패닉 백인 89%, 기타 11%	무선할당 : a. 기능적 가족치료, n=91 b. 부모집단 개입, n=75	>15개월	약물사용 : 모든 추수 평가시점에서 사전-사후 간 유의미한 감소, 부모개입에 비해 기능적 가족치료에서 더 큰 감소가 나타남(Stanton & Shaddish, 1997) 위험/보호 과정 : 기능적 가족치료는 부모의 개입을 늘리고 가족의 이탈을 줄이며, 두 조건 모두에서 정신기능과 가족기능이 향상됨
Waldron, Slenick, Brody, Turner, & Peterson (2001), Waldron & Turner (2008), French et al. (2008)/뉴멕시코주 앨버커키	중간~심각한 약물사용 청소년, n=120, 13~18세(M=15.6), 비히스패닉 백인 38%, 히스패닉 47%, 미국 원주민 8%, 기타 7%	무선할당 : a. 기능적 가족치료(FFT) b. 개인 인지행동치료(ICBT) c. 집단 인지행동치료(GCBT) d. 인지행동치료+기능적 가족치료 통합(IB-FFT)	19개월	약물사용 : 기능적 가족치료, 집단 인지행동치료, 인지행동치료와 기능적 가족치료 통합을 통한 사전-사후평가에서 약물사용의 유의미한 감소를 나타냈으며, 기능적 가족치료와 인지행동치료와 기능적 행동치료 통합 개입이 개인 인지행동치료보다 우수하였음 비행 : 기능적 가족치료, 집단 인지행동치료 통합 개입이 사전-사후평가 시 가시 비행 행동에서 유의미한 감소를 나타냄. 기능적 가족치료와 인지행동치료와 기능적 행동치료 통합개입이 개인 인지행동치료보다 우수하였음 위험/보호 과정 : 약물사용 감소와 관련된 가족기능의 향상이 기능적 가족치료 조건에서는 나타나나 집단 인지행동치료에서는 나타나지 않았으며, 이는 기능적 가족치료의 변화기제로서 가족향상을 지지하는 것임 비용 분석 : 기능적 가족치료, 인지행동치료와 기능적 가족치료 통합한 사후치료 효과가 없으므로 개인 인지행동치료나 집단 개입의 사후치료보다 비용 효과적임. 집단 인지행동치료도 이득이 지역됨에도 불구하고 비용 조건보다 다른 치료조건보다 후속 치료 면에서 비용 효과가 더 좋음
Flicker, Waldron, & Turner, Brody, & Hops (2008)/뉴멕시코주 앨버커키	중간~심각한 약물사용장애를 지닌 청소년, n=88, 13~19세(M=15.7), 백인 50%, 히스패닉 50%	무선할당 : a. 기능적 가족치료(FFT) b. 인지행동치료+기능적 가족치료 통합(IB-FFT)	사후 치료	약물사용 : 기능적 가족치료 실시집단과 기능적 가족치료 통합 실시집단 모두에서 유의미한 사전-사후 감소가 나타남. 히스패닉 치료자가 히스패닉 청소년을 치료한 경우 백인 치료자가 히스패닉 청소년을 치료한 것보다 더 유의미한 약물사용 감소가 나타났음. 백인 청소년들에게는 인종적 매치가 상관없었음

표 20.1 연구 특성 및 치료 결과 : 약물남용과 공존 문제에 대한 기능적 가족치료(계속)

연구/장소	보고된 표본 특성	치료/비교 조건	추적 기간	치료 결과
Slesnick & Prestopnik (2009)/뉴멕시코주 앨버커키	알코올남용 기준, n=119, 12~17세(M=15.1), 백인 29%, 히스패닉 44%, 미국 원주민 11%, 아프리카계 미국인 5%, 기타 11%	무선할당 : a. 가정기반 생태가족치료, n=37 b. 사무실 기반 기능적 가족치료, n=40 c. 일반적 서비스, n=42	15개월	약물사용 : 세 가지 모든 조건에서 알코올과 약물사용에서 사전-사후의 감소가 나타남
Waldron, Ozechowski, Brody, Turner, & Hops (2017)/뉴멕시코주 앨버커키	약물사용장애 및 중등도 알코올 사용을 하는 청소년, n=140, 13~19세(M=16.3), 비히스패닉 백인 45%, 히스패닉 44%, 미국 원주민 7%, 기타 4%	무선할당 : a. 기능적 가족치료 b. 개인 인지행동치료 c. 집단 인지행동치료 d. 인지행동치료-기능적 가족치료 통합	19개월	약물사용 : 네 가지 모든 조건에서 유의미하게 알코올사용 감소가 나타났으며, 기능적 가족치료, 개인 인지치료, 집단 인지치료(인지행동치료-기능적 가족치료 통합 제외)에서 마리화나 다른 환각성 약물사용 감소가 사전-사후에 나타남
Waldron, Hops, Turner, Brody, Davis, Finstad, & Barrera (2017), Hops et al. (2011)/뉴멕시코주 앨버커키, 오리건주 세일럼과 포틀랜드	중간-심각 사용 수준의 약물사용장애를 지닌 청소년, n=245, 13~19세(M=15.8), 앵글로 백인 (비히스패닉 백인) 49%, 히스패닉 51%	치료조건에 따라 히스패닉이나 앵글로 백인 청소년이 우선할당 : a. 개인 인지행동치료 b. 인지행동치료-기능적 가족치료 통합	19개월	약물사용 : 두 가지 치료조건이 청소년들에게 약물사용에서의 유의미한 감소가 있으며, 개인 인지행동치료에 비교하여 인지행동치료-기능적 가족치료 통합에서 히스패닉 청소년들의 마리화나사용이 더 크게 감소함 HIV-위험 행동 : 두 가지 치료 조건의 청소년들에게 모두 HIV-위험 행동이 사전-사후 간 유의미한 감소가 나타났으며, 인지행동치료-기능적 가족치료 통합보다 개인 인지행동치료에서 히스패닉 청소년들에 비해 고위험 앵글로 백인 청소년들에게서 더 큰 감소가 나타남
Waldron, Ozechowski, Brody, Turner, Hops & Scherer (2013)/뉴멕시코주 앨버커키	중간-심각 수준의 약물사용장애 청소년, n=74, 13~18세(M=16.4), 비히스패닉 백인 40%, 히스패닉 54%, 기타 6%	기능적 가족치료 후 사후돌봄 조건에 따라 우선할당 : a. 기능적 가족치료+가정 사후돌봄(FFT-HA) b. 기능적 가족치료+집단 인지행동치료 사후돌봄(FFT-G) c. 기능적 가족치료 + 전화 사후돌봄(FFT-TA)	12개월	약물사용 : 기능적 가족치료(FFT)는 약물사용에 있어 유의하게 감소하였으며, FFT-HA와 FFT-TA에서 변화가 유지되었으나, FFT-G에서는 유지되지 않음. FFT-HA가 12개월 추수평가에서 FFT-G보다 우수하였음. 비행 : FFT는 비행에서 유의미한 감소가 나타났으며, FFT-HA와 FFT-TA에서는 변화가 유지되었으나 FFT-G에서는 그렇지 않음. 12개월 사후평가에서 FFT-HA와 FFT-TA가 더 우수하였음. 위험/보호 과정 : 우울증, 불안, 위축 행동, 가족기능에서의 향상이 모든 기능적 가족치료 조건에서 나타남

표 20.1 연구 특성 및 치료 결과 : 약물남용과 공존 문제에 대한 기능적 가족치료(계속)

연구/장소	보고된 표본 특성	치료/비교 조건	추적 기간	치료 결과
Rohde, Waldron, Turner, Brody, & Jorgensen (2014)/뉴멕시코주 앨버커키, 오리건주 포틀랜드	우울증과 중간-심각 약물사용장애의 이중진단을 받은 청소년, n=170, 13~19세(M=16.4), 비히스패닉계 백인 54%, 히스패닉계 32%, 아프리카계 미국인 4%, 기타 10%	치료집단에 무선할당 : a. 기능적 가족치료(FFT) 실시 후, 우울증 대처프로그램(FFT-CWD) b. 우울증 대처집단 실시 후 기능적 가족치료(CWD-FFT) c. 통합적 FFT+CWD	19개월	약물사용 : 약물사용, 우울증, 비행에 있어 사전에 비해 사후에, 주수평가에서 모든 조건에서 유의미한 감소가 나타나며, 우울증이 덜한 청소년들이 FFT에 대한 약물사용 효과가 더 좋고, 심각하게 우울한 청소년들은 CWD-FFT에서 더 나은 결과를 보임
Waldron, Brody, Turner, Ozechowski & Hops (2008)/뉴멕시코주 앨버커키	중간-심각 약물사용장애를 지닌 청소년, n=140, 13~19세(M=16.5), 비히스패닉 백인 40%, 히스패닉 41%, 기타 19%	적응적 치료 연속 집단으로 무선할당 : a. 필요 시 가족기능적 치료를 실시하는 집단 인지행동치료(GT-FFT) b. 필요 시 개인 인지행동집단 실시하는 집단 인지행동치료(GT-IT)	6~11개월	약물사용 : 예비적 결과들은 사전-사후치료로부터 약물에서의 유의미한 차이가 있음을 나타내었고, 두 조건 모두 치료한 결 집단에서 유의미한 감소가 있었으며, GT-FFT 집단의 모든 청소년들이 약물사용에 있어 더 나은 유지효과 향상을 보임
Ozechowski, Waldron, Brody, Hops (2016)/뉴멕시코주 앨버커키	중간-심각 약물사용장애를 지닌 청소년, n=120, 13~18세(M=16.5), 비히스패닉 40%, 히스패닉 41%, 기타 19%	치료조건에 따른 무선할당 : a. 비디오 화상회의로 전달되는 기능적 가족치료(FFTV) b. 가정기반 기능적 가족치료(FFTH) c. 일반적 서비스(SAU)	9개월	약물사용 : 예비적 결과들은 두 가지 기능적 가족치료 조건에서 모두 사전-사후평가와 추수평가에서 약물사용에서의 유의미한 감소가 있었으며, 두 조건 모두 일반적 서비스보다 우수한 결과를 나타냄 위험/보호 과정 : 우울증, 불안, 위축 행동, 가족기능 면에서 모든 기능적 가족치료 조건에서 향상이 나타남
Waldron, Robbins, Turner, Hops, Ozechowski & Brody (2017)/캘리포니아주 로스앤젤레스	위험 수준의 행동장애나 약물사용장애로 지역센터에 의뢰된 청소년, n=42, 치료자 및 164 청소년, 13~17세)	지도감독에 따라 무선할당: a. 기능적 가족치료, 일반적 지도감독+관찰기반 치료로 피드백 b. 기능적 가족치료, 일반적 지도감독(관찰기반 피드백 없음)	12개월	예비 결과 : 내재화 행동과 외현화 행동 문제를 지닌 청소년들에 있어 사전에 비해 사후(5개월)에 더 나은 향상이 있었음. 분석이 진행 중임.

속적인 주의가 필요함을 나타내는 것이다. 일반적으로 이러한 결과들은 약물사용장애에 대한 기능적 가족치료의 효과를 지지하는 증거들을 제공하는 독립적인 연구 결과들과 일치하는 것이다(Stanton & Shadish, 1997; Slesnick & Prestopnik, 2009).

세 번째 실험, 즉 뉴멕시코주와 오리건주 두 곳에서 실시된 연구는 약물사용을 하는 히스패닉과 백인 청소년들에 대해 개인 인지행동치료와 기능적 가족치료와 인지행동치료 결합 개입을 비교하는 것이었다(Waldron & Turner, 2008 참조). 이 치료는 모두 18개월 사후까지 마리화나 사용의 유의미한 감소를 나타내었는데, 히스패닉 청소년들에게는 개인 인지행동치료 단독보다 기능적 가족치료와 인지행동치료 결합 개입이 유의미하게 더 나은 결과를 나타내었다. 더욱이 두 조건 모두 인종과 관계없이 고위험군 청소년들의 후천성면역위험 행동을 감소시키는 데 효과적이었다(Hops et al., 2011). 연구 1과 2의 자료를 사용하여 인종 효과에 대한 좀 더 세부적인 조사를 한 결과 Flicker, Waldron, Turner, Brody와 Hops(2008)는 인종적으로 기능적 가족치료자와 가족을 매치시킨 것과 매치시키지 않은 결과들을 비교하였다. 모든 청소년이 약물사용 감소에서 모두 성과를 나타내었으나, 인종적으로 매치시킨 히스패닉 청소년들은 백인 치료자와 치료했던 히스패닉 청소년들에 비해 더 많은 감소를 나타내었다. 백인 청소년들에게는 매치 효과가 없었다. 히스패닉 치료자들은 핵심적인 히스패닉 문화가치를 좀 더 녹여내었으며, 이러한 가치에 따라 그들의 상호작용이 좀 더 맞춰질 수 있었다. 함께 고려해보면, 이러한 세 가지 연구들은 기능적 가족치료가 히스패닉 청소년과 가족에게는 특히 효과적이며, 치료자와 그들의 인종적 배경이 유사할 때 더욱 그렇다는 것을 제시하였다.

초기의 세 연구로부터의 자료는 약물사용장애 청소년에 대한 46개의 서로 다른 치료를 포함하는 메타분석에 포함되었다(Waldron & Turner, 2008). 결합된 표본은 기능적 가족치료, 다른 가족중심 개입, 집단 인지행동치료, 개인 인지행동치료와 최소 치료 조건을 포함한 몇 가지 치료 모델을 평가하였다. 약물사용의 감소와 관련된 효과크기는 최소 치료조건과 비교하여 기능적 가족치료에서 유의미하게 더 컸다(p ≤ .007). 최소한의 치료조건과 적은 양의 기능적 가족치료를 가족들이 받은 IB-FFT 간에는 차이가 나타나지 않았는데, 이는 기능적 가족치료의 최대량이 최상의 효과를 위해 필요하다는 것을 시사했다. 이전 연구에서의 재발에 대한 증거로 볼 때, 우리는 사후돌봄 요인이 추가됨에 따라 기능적 가족치료(FFT)의 효과가 좀 더 나타날 수 있는지를 알아보는 연구를 실시하였다(Waldron et al., 2013). 청소년과 가족이 기능적 가족치료에 대한 기본적인 과정을 받은 후에, 그들은 가족관계와 정교한 가족 기술을 증진할 수 있는 가정기반 체계 개입, 임상기반 GCBT, 치료자와 가족 간의 2주의 한 번 회의 전화의 세 가지 사후돌봄 개입 중 하나에 무선 할당되었다. 이전의 연구와 일치되게 기능적 가족치료는 마리화나 사용에서 24.6% 감소했고, 가정기반과 전화상담 개입의 두 가지 사후돌봄을 하는 경우 치료 후 12개월 동안에도 추가적 향상을 유지하고 있었다. 가족이 치료 이득을 공고히 하도록 돕기 위해 짧은 전화상담을 통한 기능적 가족치료로 약물사용 감소가 유지될 수 있음이 나타났다. 우리는 기능적 가족치료를 농촌 지역에 사는 가족을 위해 화상전화 회의로 실시할 수 있음을 또한 발견하였다(Ozechowski Waldron, Brody, & Hops, 2016). 이 연구에서 기능적 가족치료는 약물사용, 파괴적 행동, 우울증, 불안 및 가족 기능의 향상에 있어 가정에서 실시되는 기능적 가족치료만큼 효과적이었다. 이들 두 연구를 근거로 기능적 가족치료를 실시하는 데 있어 전화 건강 전략이 도움이 되는 것으로 나타났다.

기능적 가족치료의 긍정적인 효과들은 약물사용장애와 우울증이 이중적으로 진단된 청소년 연구에서도 언급되었다(Rhode, Waldron, Turner, Brody, & Jorgensen, 2014). 의뢰된 청소년들은 청소년 우울증 대처(Adolescent Coping with Depression, CWD-A; Clarke, Lewinsohn, & Hops, 1990)와 세 가지 조건 중 하나의 기능적 가족치료(FFT 이후의 CWD, CWD 이후의 FFT, 혹은 통합된 FFT/CWD)로 무선 할당되었다. 치료 6개월 후 우울증 감소에서 효과크기는 심각한 우울증을 지닌 청소년을 대상으로 실시한 세 가지 치료 모두에서 크게 나타났으며($d=$ 1.45), 덜 심각한 우울 청소년들의 경우에는 중간 정도의 효과크기가 나타났고($d=0.53$) 조건 간의 차이는 없었다. 약물사용 감소는 우울증에 대한 대처를 먼저 받거나($d=0.56$), 통합해서 받은 집단($d=0.48$)과 비교해 기능적 가족치료를 먼저 받은 청소년($d=1.41$)에서 더 크게 나타났다. 좀 더 심각한 우울 청소년들의 경우, 우울증에 대한 대처를 먼저 받고 이후에 기능적 가족치료를 실시한 경우 약물사용 감소가 더 크게 나타났다. 이를 통합해보면, 우울장애와 약물사용장애가 공존하는 청소년의 경우 우울증과 약물사용을 감소시키는 데 기능적 가족치료의 효과를 지지하고 있으며, 심각하게 우울한 청소년의 경우에는 기능적 가족치료를 실시하기 이전에 우울증에 대한 대처에게서 이득이 있음을 시사한다.

전반적으로 독립적인 연구자들에 의해 서로 다른 전집의 청소년과 가족들에게, 서로 다른 세팅에서 실시된 연구들이 약물사용과 관련된 공존 문제, 즉 비행, 품행 문제, 후천성면역결핍 등을 감소시키는 데 기능적 가족치료를 지지하고 있다. 부스터 회기와 통합하여 기능적 가족치료의 긍정적 효과가 유지되고 있다. 행동 변화에 대한 융통성 있고 메뉴기반 접근이 다양한 음주와 약물사용 양상을 제시하는 청소년뿐 아니라 파괴적 행동, 외상 관련 문제, 공존장애를 지닌 청소년들을 위해서도 맞추어 실시될 수 있다. 청소년과 가족의 특정 욕구에 맞추는 기능적 가족치료의 능력은 공존 문제를 지닌 청소년에 대한 다중적 치료의뢰 필요성을 줄일 수 있는 가능성을 갖게 하는 것이다.

향후 방향

형식적 임상실험을 통해 형성된 기능적 가족치료에 대한 경험적 지지에 근거하여, 우리는 지역사회 행동건강 세팅에서 기능적 가족치료를 보급하기 위한 실행 연구에 초점을 두기 시작하였다. 이러한 강조점은 근거기반 치료의 보급을 증진하기 위한 노력이나 계획뿐 아니라 정신 및 행동 건강 보살핌 관련 영역의 실행과학 가속화와도 일치하는 것이다. 진전이 있음에도 불구하고, 과학-임상적 차이는 계속되는 문제로 남는다. 실행 과정에 대한 연구는 기능적 가족치료와 다른 과학적 근거 치료들을 임상 장면으로 전환시키려는 노력을 방해하는 장애물을 다룰 필요가 있다.

지역사회에서의 증거기반 치료에 대한 한 가지 도전은, 청소년과 가족의 긍정적인 결과를 산출하기 위해 필요한 높은 치료 충실도를 유지하는 것이다. Barnoski(2002)는 지역에서의 효과성 연구에 기능적 가족치료자의 약 절반만이 치료자 자기보고에 근거한 슈퍼비전을 통해 기능적 가족치료 모델을 따르고 있었다. 그는 정확한 치료 전달이 약 35% 정도의 사기 및 폭력범죄를 낮출 수 있다고 추산하였다. 우리는 치료자 자기보고만 있는 슈퍼비전 조건과 슈퍼바이저가 가족 회기를 매주 듣고 피드백을 제공하며 치료자 행동에 대한 직접 관찰에 근거하여 코칭을 하는 것을 직접 비교한 기능적 가족치료 지역사회 효과성 연구를 실시하고 있다. 여러 곳에서 함께 실시된 한 연구는 파괴적 행동 문제를 지닌 청소년과 가족에게 기능적 가족치료 서비스를 제공하는 캘리포니아의 7명의 행동건강 프로그램과 42명의 치료자가 관련되었다. 이 연구는 관찰기반 슈퍼비전이 지역사회 장면에서 더 나은 결과를 유발하는지를 알아보도록 설계되었다. 만약 이러한 접근이 좀 더 노동 집중적이고 지역 임상 장면에서 유지되기 어렵다면 관찰기반 슈퍼비전의 비용 효과와 관련된 질문이 좀 더 필요할 것이다.

근본적으로 실행 연구는 "해야 할 일을 하기 쉽게 하는 방법"이다(Clancy, 2011, p. 36). 연구는 치료 서비스 전달을 위한 치료자 훈련 환경에서 기관 및 치료자 수준의 실행 과정과 결과를 조사함으로써 기능적 가족치료에 대한 좀 더 효과적이고 효율적인 보급 전략 발전에 대한 정보를 제공하게 된다. 웹으로 촉진되는 충실도 모니터링과 임상지도 도구와 같은 실행구조와 기술 근거 전략이 지역사회 행동건강 프로그램의 자기지도 충실성을 증진시키고, 개발자와 보급자에 대한 의존성을 감소시킬 수 있다. 실행을 증진시키는 방법에 대한 다른 연구는 과학기반 치료를 채용한 것과 관련하여 비효율성을 확인하고 감소시키는 실행과정에 '절감' 서비스 운영을 통합하였다(Hoffman et al., 2012). e러닝 기술도 또한 도급에 대한 비용장애를 감소시키고 훈련에 대한 지역사회 접근도를 향상시키며, 증거기반 치료의 정확성을 증진시킬 수 있다.

맺음말

약물사용장애에 대한 기능적 가족치료 개입은 청소년들에 있어 다중적으로 공존하는 장애와 문제 행동을 다루는 데 통합적이고 체계적인 접근을 제공한다. 청소년과 가족의 특정 문제는 유형과 정도에 있어 매우 다르며, 약물사용, 파괴적 행동, 우울증, 외상 관련 문제 및 다른 행동의 복잡한 양상에 대한 최선의 치료 방법을 이해하는 것이 지역사회 행동건강 기관에 있는 치료자들에 대한 도전이 될 수 있다. 약물사용장애에 대한 기능적 가족치료의 주요한 이득은, 이것이 광범위한 청소년의 문제와 역기능성인 관계 양상을 명확하고 효과적으로 작업하는 잘 훈련된 치료자의 융통성과 함께 일련의 핵심 개입 원칙, 가족에 대한 개입을 위한 명확한 로드맵을 제공한다는 것이다. 이 모델에서 다루게 되는 문제의 폭은 일반적, 약물사용장애 특정적 인지 및 행동 개입 기술뿐 아니라 넓은 관계에 대한 유능감과 자신감을 발달시키도록 치료자에게 요구고 있다.

물질사용장애와 공존장애를 지닌 청소년에 대해 기능적 가족치료를 지지하는 증거에도 불구하고 대부분의 약물남용 청소년은 증거기반 치료를 받지 않는다. 효과적인 개입을 임상 장면으로 도입하는 데에는 성공이 제한되기 때문이다. 계속 진행하는 광범위한 연구 목적은 기능적 가족치료와 다른 증거기반 치료를 효과적으로 실행하고 유지할지 방법을 구축하고 이러한 치료의 대규모 복제를 통해 효과적 서비스를 청소년들이 받을 수 있도록 확대하며 연구-임상의 차이를 좁힐 수 있도록 하는 것이다.

감사의 글

이 장에서 인용한 연구는 다음의 지원을 받아 수행되었다. National Institute on Drug Abuse (Nos. R01DA11955, R01DA13350, R01DA13354, R01DA029406, R01DA021357, R01DA15762), National Institute on Alcohol Abuse and Alcoholism (No. R01 AA12183).

참고문헌

Alexander, J. F., Waldron, H. B., Robbins, M. S., & Neeb, A. (2013). *Functional family therapy for adolescent behavior problems*. Washington, DC: American Psychological Association.

Aos, S., Lieb, R., Mayfield, J., Miller, M., & Pennucci, A. (2004). *Benefits and costs of prevention and early intervention programs for youth* (Document No. 04-07-3901). Olympia: Washington State Institute for Public Policy.

Aos, S., Phipps, P., Barnoski, R., & Lieb, R. (2001). *The Comparative Costs and Benefits of Programs to Reduce Crime, v 4.0* (Document No. 01-05-1201). Olympia: Washington State Institute for Public Policy.

Baglivio, M. T., Jackowski, K., Greenwald, M. A., & Wolff, K. T. (2014). Comparison of multisystemic therapy and functional family therapy effectiveness: A multiyear statewide propensity score matching analysis of juvenile offenders. *Criminal Justice and Behavior, 41*, 1033–1056.

Barnoski, R. (2002). *Preliminary findings for the juvenile rehabilitation administration's mentoring program*. Olympia: Washington State Institute for Public Policy.

Barton, C., & Alexander, J. F. (1981). Functional family therapy. In A. S. Gurman & D. P. Kniskern (Eds.), *Handbook of family therapy*. New York: Brunner/Mazel.

Barton, C., Alexander, J. F., Waldron, H., Turner, C. W., & Warburton, J. (1985). Generalizing treatment effects of functional family therapy: Three replications. *Journal of Marriage and Family Therapy, 13,* 16–26.

Center for Behavioral Health Statistics and Quality. (2015). Behavioral health trends in the United States: Results from the 2014 National Survey on Drug Use and Health (HHS Publication No. SMA 15-4927, NSDUH Series H-50). Rockville, MD: Author.

Clancy, C. M. (2011). Making the right thing the easy thing to do. *AARC Times, 35,* 36–42.

Clarke, G. N., Lewinsohn, P. M., & Hops, H. (1990). *Adolescent Coping With Depression Course*. Eugene, OR: Castalia Press.

Flicker, S. M., Waldron, H. B., Turner, C. W., Brody, J. L., & Hops, H. (2008). Ethnic matching and treatment outcome with Hispanic and Anglo substance-abusing adolescents in family therapy. *Journal of Family Psychology, 22,* 439–447.

French, M. T., Zavala, S. K., McCollister, K. E., Waldron, H. B., Turner, C. W., & Ozechowski, T. J. (2008). Cost effectiveness analysis (CEA) of four interventions for adolescents with a substance use disorder. *Journal of Substance Abuse Treatment, 34,* 272–281.

Friedman, A. S. (1989). Family therapy vs. parent groups: Effects on adolescent drug abusers. *American Journal of Family Therapy, 17,* 335–347.

Hoffman, K. A., Green, C. A., Ford, J. H., Wisdom, J. P., Gustafson, D. H., & McCarty, D. (2012). Improving quality of care in substance abuse treatment using five key process improvement principles. *Journal of Behavioral Health Services Research, 39,* 234–244.

Hops, H., Ozechowski, T. J., Waldron, H. B., Davis, B., Turner, C. W., Brody, J. L., et al. (2011). Adolescent health-risk sexual behaviors: Effects of a drug abuse intervention. *AIDS and Behavior, 15,* 1664–1676.

Johnston, L. D., O'Malley, P. M., Miech, R. A., Bachman, J. G., & Schulenberg, J. E. (2016). *Monitoring the Future national survey results on drug use, 1975–2015: Overview, key findings on adolescent drug use*. Ann Arbor: Institute for Social Research, University of Michigan.

Kaminer, Y., & Bukstein, O. G. (Eds.). (2008). *Adolescent substance abuse: Psychiatric cormorbidity and high-risk behaviors*. New York: Routledge.

Kessler, R. C., Avenevoli, S., Costello, E. J., Katholiki, G., Green, J. G., Gruber, M. J., et al. (2012). Prevalence, persistence, and sociodemographic correlates of DSM-IV disorders in the National Comorbidity Survey Replication Adolescent Supplement. *Archives of General Psychiatry, 69,* 372–380.

Ozechowski, T. J., Waldron, H. B., Brody, J. L., & Hops, H. (2016). *Family therapy via video teleconference for substance-abusing rural adolescents*. (National Institute on Drug Abuse, Grant No. R01 DA032260). Unpublished manuscript. Eugene: Oregon Research Institute.

Patterson, G. R., DeGarmo, D. S., & Knutson, N. (2000). Hyperactive and antisocial behaviors: Comorbid or two points in the same process? *Development and Psychopathology, 12,* 91–106.

Rohde, P., Waldron, H. B., Turner, C. W., Brody, J. L., & Jorgensen, J. (2014). Sequenced versus coordinated treatment for adolescents with comorbid depressive and substance use disorders. *Journal of Consulting and Clinical Psychology, 82,* 342–348.

Slesnick, N., & Prestopnik, J. L. (2009). Comparison of family therapy outcome with alcohol-abusing runaway adolescents. *Journal of Marital and Family Therapy, 35,* 255–277.

Stanton, M. D., & Shadish, W. R. (1997). Outcome, attrition, and family/couples treatment for drug abuse: A review of the controlled, comparative studies. *Psychological Bulletin, 122,* 170–191.

Waldron, H. B., Brody, J., Turner, C. W., & Ozechowski, T. J. (2012). *Functional family therapy and cognitive behavioral treatments for adolescent alcohol misuse: A randomized clinical trial*. Unpublished manuscript.

Waldron, H. B., Brody, J., Turner, C. W., Ozechowski, T. J., & Hops, H. (2008). *Adolescent substance abuse: Progressive treatment (National Institute on Drug Abuse Grant No. R0 1 DA023568.* Unpublished data.

Waldron, H. B., Hops, H., Brody, J., Turner, C. W., Davis, B., & Barrera, M. (2012). *Family-based and individual cognitive-behavioral treatments for Hispanic and Anglo drug abusing youth.* Unpublished manuscript.

Waldron, H. B., Ozechowski, T. J., Brody, J. L., & Turner, C. W. (2012). *Functional family therapy and cognitive behavior therapies for adolescent substance abuse and delinquencies: Treatment outcomes and family mechanisms of change.* Unpublished manuscript.

Waldron, H. B., Ozechowski, T. J., Brody, J. L., Turner, C. W., Hops, H., & Scherer, D. (2013). *Intensive in-home family systems intervention, clinic-based group therapy, and telephone-based counseling: A comparison of three transitional continuing care interventions following functional family therapy for adolescent substance abuse.* Unpublished manuscript. Eugene: Oregon Research Institute.

Waldron, H. B., & Slesnick, N. (1998). Treating the family. In. W. R. Miller & N. Heather (Eds.), *Treating addictive behaviors: Processes of change* (2nd ed., pp. 271–285). New York: Plenum Press.

Waldron, H. B., Slesnick, N., Brody, J. L., Turner, C. W., & Peterson, T. R. (2001). Treatment outcomes for adolescent substance abuse at 4- and 7-month assessments. *Journal of Consulting and Clinical Psychology, 69,* 802–813.

Waldron, H. B., & Turner, C. W. (2008). Evidence-based psychosocial treatments for adolescent substance abuse. *Journal of Clinical Child and Adolescent Psychology, 37,* 238–261.

PART
3

실행과 보급
새로운 집단과
새로운 현장에
치료 확장하기

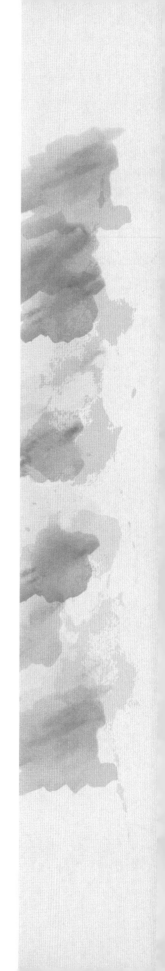

CHAPTER 21

소수민족 아동·청소년을 위한
근거기반 심리치료

Stanley J. Huey, Jr. & Antonio J. Polo

많은 서구 국가에서 청소년층 소수민족[1]과 이민자의 비율이 증가하고 있으며(Manilla, Messing, van den Broek, & Vidra, 2010; U.S. Census Bureau, 2014), 이에 따른 정신건강의 수요도 급격하게 확장되고 있다(Molcho et al., 2010; Costello, He, Sampson, Kessler, & Merikangas, 2014). 이러한 필요에도 불구하고 청소년의 정신건강 분야에서 인종적 불균형 현상은 매우 크다(Alegría, Vallas, & Pumariega, 2010; Flores & the Committee on Pediatric Research, 2010; Garland, Lau, McCabe, Hough, & Landsverk, 2005; Kataoka, Zhang, & Wells, 2002). 또한 소수민족 청소년들의 행동 및 정서적 문제에 대해 적절히 대응할 수 있는 방법론에 대한 이해는 부족하다.

최근에는 소수민족 청소년 및 성인들의 정신건강 문제에 대한 근거기반 심리치료가 효과적인지에 대한 논쟁이 있어 왔다(Hall, 2001; Huey & Polo, 2008; Huey, Tilley, Jones, & Smith, 2014). 이 논쟁에는 2개의 지배적인 관점이 있으며, 각 관점은 연속선상의 양극단에 있다. 인종 불변 관점(ethnic invariance perspective)은 전통적인 근거기반 심리치료가 다른 문화권에서도 동일하게 효과적이라고 주장하는데, 이는 심리치료적 변화에 잠재되어 있는 원칙들이 전 세계적으로 보편성을 지니고 있기 때문이다. 이와 반대로 인종 특유적 관점(ethnic-specific perspective)에서는 근거기반 심리치료가 소수민족에게 효과적이지 않거나 덜 효과적이라고 주장하는데, 이는 기존의 근거기반 심리치료가 소수민족을 대상으로 개발되거나 평가되지 않았고 문화적으로 다양한 집단을 치료하는 데 결정적인 문화적 고려사항을 무시하는 경향이 있기 때문이다.

이 장에서는 이러한 논쟁을 살펴보면서 정신건강 문제를 가지고 있는 소수민족 청소년들을 위한 일반적인 치료에 대해 요약하고, 이들을 위한 근거기반 심리치료에 대해 보다 구체적으로 살펴보고자 한다. 우리는 지난 수십 년간 출판된 청소년 대상 치료 성과 리뷰와 메타분석 결과들을 주로 살펴보고자 한다. 대부분은 미국 내의 인종적 다양성을 다룬 연구들이지만 기타 서구권 국가의 다양한 집단에 대한 연구도 포함해서 볼 것이다.

소수민족 청소년을 위한 효과적인 심리치료

먼저, 소수민족 청소년을 위한 효과적인 심리치료를 간략하게 요약하되 우리의 초기 리뷰(Huey & Polo, 2008; 2010)에 출판된 소수민족 대상 근거기반 심리치료 목록에서 시작하여 2007년부터 2014년 사이에 출판된 추가적인 무선 실험까지 확장하고자 한다. Huey와 Polo(2008)의 기준에 따라 소수민족 청소년을 위한 심리치료를 효과가 확실히 정립된(well established), 효과가 있는(probably efficacious), 효과가 있을 가능성이 있는(possibly efficacious) 치료로 구분하였다. 효과가 확실히 정립된 치료는 독립된 연구자들이 위약 조건과 비교한 2개 이상의 무선할당 통제실험의 지지를 필요로 하며, 효과가 있는 치료는 하나의 위약 통제실험(또는 치료조건과 통제조건을 비교한 2개의 실험)을 필요로 하며, 효과가 있을 가능성이 있는 치료는 해당 치료가 치료를 하지 않는 것보다 우수하다는 것을 보여주는 하나의 연구를 필요로 한다. 추가적으로 연구들은 다음의 조건들을 충족해야 한다. (1) 적어도 표본의 75%가 소수민족이고, (2) 치료가 소수민족 참가자들에게도 효과적임을 보여주는 분석이 있어야 하며, (3) 인종이 결과를 중재하지 않았다는 사실 혹은 치료가 소수민족 참여자들에게도 효과적이라는 사실을 보여주는 분석이 있어야 한다.

동기강화상담(motivational interviewing) 치료만이 소수민족 청소년들에게 효과가 확실히 정립된 치료로 간주되었다. 추가적으로 22개의 치료가 효과가 있는 치료로 간주되었고, 22개가 효과가 있을 가능성이 있는 치료로 간주되었다. 표 21.1에는 2008년 리뷰(Huey & Polo, 2008)에서 근거기반 심리치료로 확인된 치료들이 보통 글씨체로 표시되어 있으며 굵은 글씨체로 표시된 것들은 우리의 최근 연구에서 확인된 것들이다. 소수민족 청소년들을 위한 효과적인 심리치료들은 다양한 범위의 심리사회적 문제들을 다루고 있으며 여기에는 주의력결핍 과잉행동장애(ADHD), 불안 관련 문제, 품행 문제, 우울, 자살 행동, 외상 관련 문제, 혼합/동반이환 문제(예 : 지배적인 단일 증상이 없음)들이 포함된다. 표 21.1에 기재된 심리치료의 대다수(56%)는 품행 문제와 약물사용 문제를 다루고 있다.

대다수의 치료는 집단 또는 가족 기반이었으며, 소수만이 개인치료였다. 인지행동 심리치료(예 : 정신병리에 대한 사회학습 원리와 인지 이론에서 도출된 치료)가 근거기반 심리치료의

표 21.1 행동/정서 문제를 가진 소수민족 청소년을 위한 효과가 확실히 정립된, 효과가 있는, 효과가 있을 가능성이 있는 심리치료

문제 영역	인종	근거기반 심리치료
ADHD	아프리카계 미국인과 히스패닉/라틴계	행동치료 + 각성제 약물
	히스패닉/라틴계	**PCIT**
불안 관련 문제	아프리카계 미국인	AMT, 집단 CBT, 수정된 AMT, 학업 기술 훈련
	히스패닉/라틴계	집단 CBT
품행 문제	아프리카계 미국인	분노관리 집단 훈련, 자기주장 훈련, 귀인훈련, 행동 계약, 인지 재구조화, coping power, MST, 반응 대가, 사회관계 훈련
	아시아계 미국인	**IY**
	히스패닉/라틴계	BSFT, CCPT, **아동-부모 관계 치료, familias unidas, PCIT**
	혼합/기타 인종	**CCPT**, 합리적 정서 교육, 구조화된 문제해결
우울	아프리카계 미국인	**CBT-based quality improvement intervention**
	히스패닉/라틴계	CBT, **집단 CBT**, 대인관계 심리치료
약물사용 문제	아프리카계 미국인	**BSFT**, MST
	히스패닉/라틴계	**BSFT, 생태학적 가족치료, MI, 구조화된 생태시스템 치료**
	혼합/기타 인종	**MI**, 다차원적 가족치료
자살 행동	아프리카계 미국인	MST
외상 관련 문제	아프리카계 미국인	Fostering Individualized Assistance Program, **지연 노출**, 회복적 또래 치료, 외상중심 CBT
	히스패닉/라틴계	학교기반 집단 CBT
	혼합/기타 인종	**사이코드라마, 외상중심 표현적 미술치료**
혼합/동반이환 문제	아프리카계 미국인	Reaching educators, children, and parents
	다인종 하와이 청소년	MST

주 : Huey와 Polo(2010)에서 업데이트. 일반 글씨체는 Huey와 Polo(2008)의 연구에서 근거기반 심리치료로 확인된 것이며, 굵은 글씨체는 최근 연구에서 근거기반 심리치료로 확인된 것이다. ADHD－주의력결핍 과잉행동장애, AMT－불안관리 훈련, BSFT－단기 전략적 가족치료(brief strategic family therapy), CBT－인지행동치료, CCPT－아동중심 놀이치료, MI－동기강화상담(motivational interviewing), MST－다중체계치료, PCIT－부모-자녀 상호작용 치료

53%를 차지했다. 그러나 대인관계 심리치료, 가족체계치료(예 : 단기 전략적 가족치료), 동기강화상담, 미술/놀이치료 등의 다른 치료 패러다임에서 도출된 치료들도 포함되어 있다.

미국 내에서 가장 큰 2개의 소수민족 집단인 아프리카계 미국인과 라틴계 미국인들을 위한 근거가 가장 강력하였다. 반대로 미국 내의 비유럽계 미국인 청소년들을 위한 심리사회적 개입을 지지하는 근거는 매우 드물다. 아시아계 미국인 청소년을 위한 근거기반 심리치료는 1개

가 발견되었으며(Lau, Fung, Ho, & Liu, 2011), 다양한 인종이 있는 하와이 청소년 집단에서
도 1개의 근거기반 심리치료가 발견되었지만(Rowland et al., 2005), 미국 원주민 청소년을 위
한 근거기반 심리치료는 존재하지 않았다. 증상을 보이는 미국 원주민 청소년들을 대상으로 한
세 번의 실험 중에서 그 어떤 실험도 고위험 집단의 알코올 사용, 우울 증상, 흡연을 감소시키
는 데 효과적이지 않았다(Bowen, Henderson, Harvill, & Buchwald, 2012; Carpenter, Lyons, &
Miller, 1985; Listug-Lunde, Vogeltanz-Holm, & Collins, 2013).

표 21.1에서 발견되는 한 가지 흥미로운 흐름은 지난 7년간 약물사용 문제를 가진 라틴계 청
소년들을 위한 근거기반 심리치료의 수가 특별히 많다는 것이다. 또 다른 긍정적인 흐름은 미
국 밖의 소수민족 청소년들을 위한 근거기반 심리치료들이 등장하고 있다는 것이다. 예를 들
어, 몇몇 실험(trial)에서는 네덜란드에서 행동 문제를 가진 다양한 청소년들을 위한 인지행동치
료들을 평가했다(Leijten, Raaijmakers, de Castro, van den Ban, & Matthys, 2015; Liber, de Boo,
Huizenga, & Prins, 2013). 두 번의 실험에서 중재 효과 검증 결과, 적극적인 치료가 모로코/터
키 청소년과 덴마크 청소년들의 파괴적 행동을 감소시키는 데 동일하게 효과적이었다. 추가
적인 실험에서는 호주 원주민 청소년의 파괴적 행동을 감소시키는 데 트리플 P를 활용하는 것
(Turner, Richards, & Sanders, 2007)과 뉴질랜드에서 우울한 마오리 청소년들에게 집단 인지행
동치료를 활용하는 것이 효과적임을 증명하였다(Woods & Jose, 2011).

소수민족 청소년을 위한 근거기반 심리치료를 지지하는 광범위한 증거들에 대해서 여러 다
른 연구들도 비슷한 결론에 도달하였다. 예를 들어, 라틴계 청소년을 대상으로 하는 치료를
검토한 Bernal, Saez-Santiago와 Galloza-Carreno(2009)의 연구에서는 외현화, 내재화, 혼합 문
제들에 대한 17개의 근거기반 심리치료를 확인하였다. 이와 유사하게 Ho, McCabe, Yeh와
Lau(2010)는 품행 문제를 가진(혹은 품행 문제의 위험이 높은) 소수민족 청소년들을 위한 16개
의 효과가 확실히 정립된, 효과가 있는, 효과가 있을 가능성이 있는 치료를 확인하였다. 이는 미국과
기타 지역에서 광범위한 정신건강 문제를 가진 소수민족 청소년들을 치료하기 위한 개입들이
존재한다는 것을 강력하게 증명하고 있다.

치료 효과의 크기

Hinshaw(2002) 등이 언급했듯이 통계적으로 유의미한 효과를 보이는 치료들이 모두 임상적으
로 영향력이 있는 것은 아니다. 이러한 문제를 해결하기 위해서 우리는 소수민족 청소년 대상
치료의 효과크기를 평가하는 몇 가지 메타분석 결과를 살펴보고자 한다. 치료 결과에 대한 메
타분석에서 효과크기 계수 0.20 이하는 '작은' 효과를, 0.50은 '중간' 효과를, 0.80 이상은 '큰'
효과를 나타낸다(Cohen, 1988). 치료를 받은 청소년들의 긍정적인 효과 평균은 비교 청소년에

비해 더 나은 결과를 보여준다.

　Huey와 Polo(2008)의 메타분석에서는 행동 및 정서 문제를 가진 소수민족 청소년을 위한 근거기반 심리치료의 효과를 평가하였는데, 여기에는 적극적인 치료와 통제집단을 비교한 25개의 무선할당 통제실험의 결과가 포함되었다. 연구 결과 $d=0.44$의 중간 효과크기를 보여주었는데, 이는 치료를 받은 참가자의 67%가 통제집단의 청소년보다 사후검사에서 더 나은 결과를 보였다는 것이다. 나아가 치료 효과는 일반적으로 추수 조사에서도 유지되었다. 치료를 통제 조건 또는 위약 조건(대 일상적인 치료)과 비교했을 때 치료 효과는 유의미하게 크게 나타났지만, 문제 유형(외현화 대 내재화), 문제의 심각성(임상적으로 유의미한 대 유의미하지 않은; DSM 진단 대 진단 없음), 청소년의 인종(아프리카계 미국인 대 라틴계 대 혼합/기타)은 치료 결과에 영향을 미치지 않았다.

　한 가지 제한점은 Huey와 Polo(2008)의 메타분석이 효과적이지 않은 치료는 의도적으로 배제했다는 것이다. 따라서 치료 효과의 크기는 부풀려졌을 가능성이 있다. 실제로 우리가 소수민족 청소년을 대상으로 한 6개의 예방 및 치료 메타분석을 추가적으로 검토한 결과(Gillespie & Huey, 2015; Hodge, Jackson, & Vaughn, 2010a, 2010b; Hodge et al., 2012; Jackson, Hodge, & Vaughn, 2010; Yuen, 2004), 효과크기는 낮게는 0.12부터 높게는 0.39로 나타났으며, 이는 통계적으로 유의미한 효과이기는 하지만 Huey와 Polo(2008)가 보고한 결과보다는 작은 것이었다(그림 21.1 참조). 그러나 이러한 메타분석들도 역시 제한적이다. 이 분석들에는 문화적으로 수정된 치료만 포함되었으며, 다양한 행동적 건강 결과(예 : 다이어트 행동, 성적 행동, 약물사용)를 대상으로 했으며, 예방적 개입을 평가했고, 무선 실험과 비무선 실험이 뒤섞여 있었다.

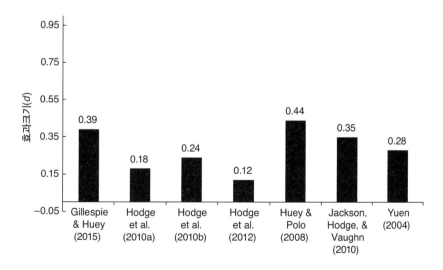

그림 21.1 소수민족 청소년을 위한 치료 효과를 평가한 메타분석

따라서 앞서 언급한 자격요건들에도 불구하고 제한적인 증거들은 소수민족 청소년을 위한 개입들이 일반적으로 작거나 중간 정도의 치료 효과를 보인다는 것을 시사한다. 또한 긍정적인 효과들은 광범위한 정신건강 문제를 가진 다양한 소수민족 청소년들에게서 발견되고 있다. 이러한 결과들은 소수민족 이외의 청소년을 대상으로 한 치료 효과를 평가한 메타분석 결과들과 일반적으로 일치한다(예 : Weisz, Jensen-Doss, & Hawley, 2006; Weisz, McCarty, & Valeri, 2006).

중재 효과로서의 인종

연구자에게 있어서 또 다른 중요한 질문은 치료 효과가 청소년의 인종에 따라 달라지는지 여부이다. 이 주제를 살펴보기 위해서 Huey와 Polo(2008)는 치료 효과의 중재변인으로서 청소년의 인종을 평가한 13개의 무선 실험을 요약하였다. 13개의 실험 중 8개에서 중재 효과로서의 인종이 유의미한 효과가 없었다. 나머지 실험에서는 유의미한 중재 효과가 나타났는데, 2개의 실험에서는 유럽계 미국 청소년들에게 유리한 효과가 나타났고 3개의 실험에서는 소수민족에게 유리한 효과가 나타났다(Huey & Polo, 2008).

최근의 메타분석들에서도 임상 실험의 인종 효과에서 비슷한 흐름이 나타나고 있다. 표 21.2는 치료 효과가 청소년의 인종에 따라 달라지는지를 검증한 18개의 청소년 중심 메타분석 결과들을 간략하게 요약하고 있다. 메타분석은 ADHD(Fabiano et al., 2009), 반사회적 행동(James,

표 21.2 치료 결과에 대한 청소년 인종의 효과를 평가한 18개의 메타분석 요약

유의미한 인종 효과	효과 없음
James et al. (2013) – 소수민족에서 더 큰 효과	Baldwin et al. (2012)
Lin (2011) – 소수민족에서 더 큰 효과	Comer et al. (2013)
van Stam et al. (2014) – 유럽계/유럽계 미국인 배경에게서 더 큰 효과	DeSwart et al. (2012)
	Fabiano et al. (2009)
Wilson & Hoge (2013) – 유럽계/유럽계 미국인 배경에게서 더 큰 효과	Ghafoori (2010)
	Lipsey (2009)
	McCart et al. (2012)
	Sawyer (2012)
	Silverman et al. (2008)
	Sussman et al. (2006)
	Trask et al. (2011)
	Weisz, Jenson-Doss, & Hawley (2006)
	Whipple (2007)
	Wilson et al. (2003)

Stams, Asscher, De Roo, & van der Laan, 2013; Lipsey, 2009; McCart, Priester, Davies, & Azen, 2012; Sawyer, 2012; van Stam et al., 2014; Wilson & Hoge, 2013; Wilson, Lipsey, Soydan, 2003), 불안장애(Silverman, Pina, & Viswesvaran, 2008), 외현화 행동(Comer, Chow, Chan, Cooper-Vince, & Wilson, 2013; Ghafoori, 2001; Lin, 2011; Whipple, 2007), 흡연(Sussman, Sun & Dent, 2006), 약물사용과 비행 행동의 혼합(Baldwin, Christian, Berkelijon, Shadish, & Bean, 2012), 실제 치료 현장에서의 다양한 심리사회적 문제(Weisz, Jensen-Doss et al., 2006), 보호 기관에서의 문제 행동(DeSwart et al., 2012), 성적 학대로 인한 심리사회적 후유증(Trask, Walsh, & DiLillo, 2011)에 초점을 맞추고 있다. 대부분의 연구에서는 치료 효과에서 유의미한 인종적 차이를 발견하지 못하였다. 인종적 효과가 발견된 경우, 치료 효과는 유럽계 미국인 청소년에게 유리하게 나타난 만큼(van Stam et al., 2014; Wilson & Hoge, 2013) 소수민족 청소년에게도 유리하였다(James et al., 2013; Lin, 2011).

전반적으로 개별 실험과 메타분석 결과들은 청소년 치료에서 인종적 차이는 거의 없음을 보여준다. 나아가 인종적 차이가 발생할 때는 소수민족 청소년과 유럽계 배경의 청소년들에게서 비슷한 결과를 보여주었다. 이러한 결과들은 인종 불변 관점을 대체로 지지하는 것이다.

다른 곳에서 더 자세하게 언급한 바와 같이(Huey & Jones, 2013; Huey & Polo, 2008; Huey & Polo, 2010), 치료 효과에 있어서의 인종적 차이에 대한 결론을 내리는 데에는 네 가지 방법론적 제한점이 존재한다. 첫째, 중재 효과가 주 효과보다 탐지하기가 더 어렵기 때문에 통계적으로 유의미하지 않은 결과들이 우세한 것은 대부분 검증력이 낮기 때문이다(예 : 작은 표본 크기 때문). 예를 들어, 통합적 데이터 분석 기술을 사용하여 Greenbaum 등(2015)은 5개의 다차원적 가족치료(multidimensional family therapy, MDFT)에 대한 무선 실험의 데이터를 통합한 후에 이전에는 탐지되지 않았던 인종의 중재 효과를 발견하였다. 아프리카계 미국인과 유럽계 미국인들에게 MDFT는 약물사용을 감소시키는 데 있어 통제집단보다 유의미하게 더 효과적이었다. 그러나 라틴계 청소년들에게는 치료 효과가 유의미하지 않았다. 둘째, 치료에서의 중재 효과가 유의미할 때에도 통제집단이 강력할 때(예 : 위약, 일상적인 치료)는 그러한 효과에 대한 적절한 해석이 어려울 수 있다. 셋째, 인종 비교 분석에서는 대부분의 연구들이 다양한 비유럽계 미국인 청소년들을 하나의 '소수민족' 집단으로 합치는데 여기에는 소수민족 집단 간의 동질성에 대한 잘못된 전제가 깔려 있고, 이는 집단 간에 존재할 수 있는 결과의 차이를 가릴 수 있다. 마지막으로 많은 비율의 소수민족 중심 치료들이 문화적으로 맞춤화되어 있기 때문에(Huey et al., 2014), 소수민족 청소년들의 치료적 경험이 인종에 의한 차별적 결과를 최소화시킬 수 있다. 이러한 제한점들 때문에 심리치료가 소수민족과 유럽계 미국인 청소년에게 동일하게 유익하다고 결론을 내릴 때에는 주의가 필요하다.

문화적 맞춤화 효과

근거기반 심리치료가 소수민족 청소년들에게 유익할 수 있음을 보여주는 것은 치료 성과에 관한 문헌에서 긍정적인 발전이다. 그러나 다양한 인종의 청소년들에게 '표준적' 치료가 효과적이라는 사실이 이러한 치료들을 맞춤화하고 수정하는 것의 유익한 효과를 평가하지 않아도 된다는 의미는 아니다. 그것은 마치 불안장애의 인지행동치료가 효과적이므로 마음챙김 기반의 개입이 유익한지는 검토할 필요가 없다고 말하는 것과 같다.

　건강 불균형(health disparity) 분야의 관점에서는 표준적 치료가 소수민족 청소년과 성인의 치료 효과를 극대화시키기 위해 수정되어야만 한다고 보고 있다(Fuertes & Gretchen, 2001; Sue, Zane, Hall, & Berger, 2009). 2개의 메타분석 결과는 소수민족 청소년을 대상으로 한 대다수의 연구들이 문화적으로 맞춤화된 치료를 포함하고 있음을 보여주며(Gillespie & Huey, 2015; Huey & Polo, 2008), 이는 많은 임상 연구자들이 이러한 가정을 공유하고 있음을 시사한다. 이러한 수정은 매우 다양하며, 여기에는 치료의 개발과 조정 단계에서 문화적 대리인(agent)을 활용하는 것, 치료 제공자와 내담자의 인종과 언어를 일치시키는 것, 문화적 감수성에 따라 치료 매뉴얼을 수정하는 것, 치료 회기에 문화적으로 관련되는 콘텐츠를 통합시키는 것 등이 포함된다(Huey & Polo, 2008).

　한편 문화적인 수정이 실질적으로 청소년에 대한 치료 효과를 향상시켰는지를 엄격하게 평가한 연구들은 매우 소수이다. 표 21.3은 문화적 맞춤화 효과와 관련된 '강한 추론'을 가능하게 하는 두 가지 기본 요소들을 포함하는 5개의 연구를 요약하고 있다. (1) 문화적으로 맞춤화된 개입과 일반적인 개입을 비교한 무선할당 통제실험, (2) 문화적 특징 요소의 유무에서만 차이를 보이는 맞춤화 치료와 일반 치료의 비교(Huey et al., 2014)가 그것이다. 2개의 연구에서는 일반 치료와 문화적으로 맞춤화된 치료를 비치료, 위약, 또는 일상적 치료의 통제조건과 비교하였다. Grodnitzky(1993)는 '부적응 행동'을 보이는 푸에르토리코 청소년과 백인 청소년을 모집한 후에 이들을 영웅 모델링(푸에르토리코의 역사적 인물을 활용), 비영웅 모델링(푸에르토리코 역할 모델 제외), 또는 비치료 통제조건에 할당하였다. 푸에르토리코 집단과 백인 집단 모두에서 부적응 행동에 대한 사후검사 효과는 유의미하지 않았다.

　McCabe와 동료들(McCabe & Yeh, 2009; McCabe, Yeh, Lau, & Argote, 2012)은 외현화 문제를 가진 멕시코계 청소년들과 그들의 부모들을 부모-자녀 상호작용 치료(parent-child interaction therapy, PCIT), guiando a niños activos(GANA; PCIT의 문화적 수정 버전), 또는 통상치료(treatment as usual, TAU)에 배정하였다. 사후검사에서 GANA와 PCIT 둘 다 TAU에 비해 외현화 행동의 감소가 더 크게 나타났으나 GANA에서만 TAU에 비해 ADHD 증상의 감소가 더 크게 나타났다(McCabe & Yeh, 2009). 추수 조사에서 GANA는 외현화와 ADHD 증상에

표 21.3 청소년 정신건강 문제에 대한 일반 치료와 문화적으로 맞춤화된 치료를 비교하는 무선 실험의 요약

연구	참여자	치료	결과
Burrow-Sanchez & Wrona (2012)	약물사용장애를 가진 35명의 라틴계 청소년(평균 연령 15.49세)	표준 CBT(S-CBT)와 문화적으로 수정된 CBT(A-CBT)에 무선할당	3개월 추수 조사에 걸쳐 약물사용 결과에서 집단 간 차이 없음
Burrow-Sanchez et al. (2015)	약물사용장애를 가진 70명의 라틴계 청소년(평균 연령 15.2세)	S-CBT 또는 A-CBT에 무선배정	3개월 추수 조사에 걸쳐 약물사용 결과에서 집단 간 차이 없음
Grodnitzky (1993)	'부적응 행동'을 보이는 35명의 푸에르토리코 청소년과 29명의 백인 청소년	영웅 모델링(푸에르토리코 인물 활용) 또는 비영웅 모델링(푸에르토리코 역할 모델 제외) 또는 통제집단에 무선할당	부적응 행동의 사후 검사에서 푸에르토리코 청소년과 백인 청소년의 차이 없음
McCabe & Yeh (2009); McCabe et al. (2012)	행동 문제를 가진 58명의 멕시코계 미국인 청소년과 그들의 부모	표준 PCIT, GANA(PCIT를 문화적으로 수정한 버전) 또는 일상적인 치료에 무선할당	사후검사와 추수 조사에서 GANA가 외현화와 ADHD 증상에서 일상적인 치료보다 우수하였음. 사후검사에서만(추수 조사에서는 아님) PCIT가 일상적인 치료보다 우수함. GANA와 PCIT는 사후검사 및 추수 조사 모두에서 차이가 없었음
Szapocznik et al. (1986)	품행/부적응 문제를 가진 31명의 쿠바계 미국인 청소년(평균 연령 15.1세)과 그들의 가족	구조화된 가족치료(SFT) 또는 이중문화 효과성 훈련(BET, bicultual effectiveness training; SFT를 문화적으로 수정한 버전)	네 가지 행동 문제와 다섯 가지 정신과적 문제 척도에서 사후검사에서 집단 간 차이 없음[a]

[a] Szapocznik 등(1986)은 충동-통제 문제에 대한 유의미한 치료 효과를 보고하지 않았음. 그러나 이러한 결과는 SFT와 BET 간의 기저선 차이에 기인하는 것으로 보임

대해 TAU보다 우수한 효과를 유지했으나 PCIT는 유의미한 효과를 보이지 않았다(McCabe et al., 2012). 어떤 시점에서도 외현화 문제와 ADHD 증상에 있어서 GANA와 PCIT 간의 유의미한 차이는 없었다.

3개의 추가 연구들이 문화적으로 맞춤화된 치료와 일반 치료를 비교하였으나 통제집단을 포함시키지 않았다. 2개의 무선 실험에서 Burrow-Sanchez와 동료들(Burrow-Sanchez, Minami, & Hopps, 2015; Burrow-Sanchez & Wrona, 2012)은 약물사용 문제를 가진 라틴계 소년 범죄자들을 위한 표준적 집단 인지행동치료와 문화적으로 수정된 집단 인지행동치료의 효과를 평가하였다. 2개 연구 모두에서 치료 효과의 차이는 나타나지 않았다. Szapocznik 등(1986)은 품행/부적응 문제를 가진 쿠바계 미국인 청소년과 그들의 가족을 위한 구조화된 가족치료(structural family therapy, SFT)와 이중문화 효과성 훈련(bicultural effectiveness training, BET; 세대 간의 문화적 갈등을 완화시키는 데 초점을 둔 SFT의 한 형태)을 비교하였다. 여기에서도 그 어떠한 치

료 효과도 나타나지 않았다.

이상의 5개 연구 결과는 문화적으로 맞춤화된 개입이 소수민족 청소년에게 다른, 동등한, 표준적인 근거기반 개입을 능가하지 않는다는 것을 보여준다. 하지만 각 조건당 15~35명의 청소년만이 할당되어 있었기 때문에 모든 연구들에서 유의미한 문화적 맞춤화 효과를 발견하기에는 통계적 검증력이 부족했을 수 있다. Huey와 Polo(2008)의 연구에서 보았듯이 중간 수준 이상의 문화적 맞춤화 효과(예 : $d=0.50$)를 발견하기 위해서는 적어도 각 조건당 65명의 참여자들이 포함되어야 한다. 따라서 적은 수의 표본을 가진 연구들의 결과는 주의 깊게 해석되어야 한다.

또 하나의 접근 방식은 문화적 맞춤화가 청소년들에게 어떠한 영향을 미치는지를 살펴보기 위해 메타분석을 사용하는 것이다. 최근의 3개의 메타분석 결과들은 흥미롭게도 문화적 맞춤화의 중요성에 관해서 각기 다른 결론을 내리고 있다. Yuen(2004)의 메타분석에서는 문화적 맞춤화가 일차 예방, 이차 예방, 그리고 긍정적 청소년 발달 개입에 참여하는 청소년들에게 서로 다른 성과를 내는지 평가하였다. 놀랍게도 Yuen은 문화적 가치를 포함시키는 것과 일정 수준의 문화적 맞춤화가 오히려 더 좋지 않은 치료 성과와 관련됨을 발견하였고 맞춤화가 치료 효과를 약화시킬 수도 있음을 제안하였다. Huey와 Polo(2008)의 메타분석에서는 문화적 맞춤화가 소수자 중심의 청소년 근거기반 치료 맥락에서 치료 효과를 향상시키는지 검증하였다. 전체적으로 소수민족 청소년을 위한 근거기반 치료에서 '표준적' 치료와 '문화 반응적인' 치료 간의 성과 차이는 없었다. 마지막으로 2개의 메타분석에서는 문화적으로 맞춤화된 치료가 소수민족 청소년에게 유익할 수 있음을 보여주었다. Gillespie와 Huey(2015)는 품행 문제를 가진 소수민족 청소년을 위한 치료 효과를 평가하였고 문화적 수정이 치료 효과를 조절하는지 여부를 평가하였다. 연구 결과, 품행 문제에 대한 문화적으로 수정된 개입($d=0.56$)은 '일반적' 개입($d=0.28$)보다 더 효과적이었다. 이와 유사하게 Benish, Quintana와 Wampold(2011)의 메타분석에서는 다양한 연령대의 소수민족을 대상으로 문화적으로 수정된 치료와 수정되지 않은 치료를 비교하였다. 전체적으로, 문화적으로 수정된 치료들이 수정되지 않은 치료들보다 더 효과적이었으며, 참여자들의 연령은 치료 효과를 조절하지 않았다.

즉 이상의 다양한 결과들을 살펴보았을 때 문화적 맞춤화가 소수민족 청소년에게 월등한 치료 효과를 가져다준다고 단언할 수는 없다. 몇몇 학자들은 문화적 맞춤화가 내담자의 저항을 감소시키고 핵심적인 치료 원리에 대한 충실성을 유지할 때 가장 효과적이라고 주장하였다. 그러나 문화적 맞춤화가 치료의 양을 줄이고 핵심적인 치료 내용을 제거할 때는 문제가 될 수 있다(Huey et al., 2014; Kumpher, Alvarado, Smith, & Bellamy, 2002). 문화적 맞춤화 효과에 중점을 둔 연구는 거의 존재하지 않는 실정이다. 결론적으로 소수민족 청소년에 대한 맞춤화가 어떤 조건하에서 효과적인지 알아보기 위해서는 보다 많은 실험 연구가 필요하다.

소수민족 청소년과 가족을 치료에 관여시키기

마지막 주제로서 소수민족 가정을 정신건강 치료에 참여시키고 관여시키는 것을 증진하기 위한 방법에 대해 논의하고자 한다. 소수민족 청소년들의 상당 비율은 필요한 정신건강 서비스를 받지 못하고 있으며(Kataoka, Zhang, & Wells, 2002), 유럽계 미국인 청소년에 비해 입원 및 외래에서 정신건강 서비스를 이용하는 비율이 낮다(Garland, Lau, McCabe, Hough, & Landsverk, 2005). 치료를 받을 때에도 소수민족 청소년들은 치료를 조기에 종결할 가능성이 높고(Miller, Southam-Gerow, & Allin, 2008), 치료 회기도 적으며(Bui & Takeuchi, 1992), 임상적 개선도 덜하다(Weersing & Weisz, 2002). 근거기반 치료를 받을 때에도 아프리카계 미국인과 기타 소수민족 청소년들은 유럽계 미국인 청소년들에 비해 탈락 비율이 높았다(예 : Kazdin & Whitley, 2003). 외래에서 정신건강 치료를 받는 청소년들의 치료 탈락을 예측하는 요인들을 살펴본 48개의 연구에 대한 최근의 메타분석(de Haan, Boon, de Jong, Hoeve, & Vermeiren, 2013)에 따르면, 소수민족 청소년들은 효능 및 효과성 연구 설계 모두에서 탈락할 가능성이 더 높았다. 소수민족 가정에게 불균형적으로 영향을 미치는 또 다른 요인들도 치료 탈락과 연관되어 있다. 이러한 요인들에는 낮은 사회경제적 지위, 한부모 가정, 실업, 저소득층을 위한 의료 보장/보험 부족, 즉각적인 치료를 받는 대신 대기자 리스트에 올라가는 것 등이 있다(Austin & Wagner, 2010; Muzik et al., 2014; Warnick, Gonzalez, Weersing, Scahill, & Woolston, 2012; de Haan et al., 2013). 증상의 감소와 기능적 개선에 초점을 맞추는 것에 더하여 근거기반 치료와 일반적인 정신건강 서비스를 제공할 때 소수민족 가정의 참여와 유지를 결정하는 구조적 장벽을 어떻게 다룰 수 있는가에 대한 연구가 필요하다(Polo, Alegria, & Sirkin, 2012).

치료에 대한 참여를 늘리고 일방적인 종결을 감소시키기 위한 몇몇 전략들이 사용되어 왔고, 그중에는 소수민족 표본에 초점을 맞춘 것들도 있었다. 가난한 소수민족 성인과 가정들을 다룬 이 분야의 초기 연구들은 예정된 회기 직전에 치료를 상기시키는 것(예 : 전화나 편지)에 초점을 두었다(예 : Hochstadt & Trybula, 1980; Planos & Glenwick, 1986). 이후의 연구들(McKay, Stoewe, McCadam, & Gonzales, 1998)은 접수면담 약속 전에 30분간 전화 통화를 하는 것과 일대일 개별 면담의 효과를 평가하였다. 무선할당 통제실험에서 전화만 받았던 가정들이나 전화도 받고 개별 면담도 했던 가정들은 약속된 스케줄을 좀 더 잘 지키는 경향을 보여주었다. 그러나 일반적인 접수면담 과정을 거친 사람들에 비해 전화와 개별 면담을 함께했던 조건의 사람들만이 이후의 약속된 스케줄에도 출석하는 비율이 향상되었다.

Szapocznik와 동료들(1988)은 전략적 구조적 시스템 관여(strategic structural systems engagement, SSSE)라고 불리는 개입을 개발했는데, 이는 가족치료에 쓰이는 기법(예 : 참여와 재구조화)을 활용하여 저항을 줄이고 청소년 및 가족의 초기 관여를 증진시키는 것이다. 이러한 개입에 대한 첫 번째 무선 실험에서 약물사용 문제를 가진 청소년이 속한 라틴계 가정이 SSSE를 받은 경우 일반적 절차를 따르는 통제조건에 비해 접수면담에 참여할 가능성이 높았고 치료에서 탈락할 가능성이 낮았다(Szapocznik et al., 1988). SSSE의 두 번째 무선 실험에서는 라틴계 표본만을 활용하였는데(Santisteban et al., 1996), 이 연구에서도 SSSE가 치료 관여를 증진시키는 데 효과적임을 입증하였다. 치료 관여는 접수면담과 이후의 치료 회기에 출석하는 비율로 측정되었다.

　출석률과 탈락률을 넘어서 인종적 차이에 대한 이해를 증진시키기 위한 더 많은 연구가 필요하다. 예를 들어, 부모의 치료 관여와 참여에 대한 최신 리뷰에서는 치료 관여에 있어서의 인종집단 간 차이가 뚜렷함에도 불구하고 50%의 연구들만이 참여자의 인종적 배경을 보고하고 대다수가 유럽계 미국인 표본만을 주로 포함하고 있다(Haine-Schlagel & Walsh, 2015). 이와 유사하게 청소년과 초기 성인들의 치료 관여 전략들에 대한 메타분석에서는 분석 대상 연구들의 인종 구성을 보고하였으나 인종을 치료 효과에 대한 잠재적 중재변인으로 검토하지 않았다(Kim, Munson, & McKay, 2012).

　Antonio J. Polo는 매사추세츠의 로렌스에 있는 비영리 지역사회 단체(www.rightquestion.org)의 활동에 영감을 받아 간단한 개입을 수정하는 작업을 해왔다. 이들은 질문 형성 기법(Question Formulation Technique)이라고 불리는 교육적 전략을 채택하여 서비스를 받는 사람들이 치료 관련 결정에 참여하는 수준을 높이고 서비스에서 탈락될 가능성을 줄이고자 하였다. 이러한 전략은 라틴계 이민자들은 물론이고 소수민족 배경을 가진 외래 성인들에게 성공적으로 실행되었다(Alegría et al., 2008, 2014). 이 개입은 참여자들에게 자신들의 치료와 관련되는 중요한 결정들을 확인하는 것과 치료 제공자들에 대하여 신중하게 구성된 질문들을 만들어내는 것을 가르친다. 이러한 과정을 통해 내담자들은 정보를 수동적으로 받아들이는 역할에서 협력적으로 결정을 내리고 자신의 치료 과정을 만들어나가는 적극적인 파트너의 역할로 옮겨가게 된다. 2개의 연구에서 이러한 개입의 긍정적 영향을 기술하였다. 준실험 설계에서 참여자들은 일상적인 케어를 받는 사람들에 비해 정신건강 서비스 제공자들과의 상호작용에서 더 적극성을 보였으며, 약속된 스케줄에 더 잘 출석하였으며, 탈락 비율이 더 낮았다(Alegría et al., 2008). DECIDE라고 불리는 이 개입의 최신 버전에 대한 무선할당 통제실험이 5개 주와 한 곳의 미국 영토 내에 있는 13개 지역사회 외래 정신건강 클리닉에서 수행되었으며, 이 연구에 포함된 대다수(85%)의 성인 참여자는 소수민족 배경을 지니고 있었다(Alegría et al., 2014). 일상적인 케어와 비교하여 DECIDE 회기에 참여한 사람들은 치료 서비스 제공자들에게 더 크게 관여하였고(예 : 질문을 더 많이 했음), 자기관리도 더 잘하였다. 그러나 이러한 개입은 치료를 계속 유지하는 것과는 관련이 없었다. 현재 진행 중인 무선할당 통제실험에서는 DECIDE의 영향을 검토함에 있어서 치료자들로 하여금 내담자들이 질문을 하거나 자신의 치료와 관련된 중요한 결정을 협력적으로 함께 내리고자 할 때 보다 수용적이 되도록 돕는 개입을 포함시키고 있다. 현재까지 DECIDE와 같이 내담자들에게 보다 많은 권한을 부여하고 치료 유지를 증진시키는 개입은 소수민족 성인들에게서만 평가되었다. 이러한 개입은, 소수민족 청소년과 부모에게 성공적으로 적용되었을 때 서비스 이용에서의 불균형을 제거하고 감소시키는 데 도움을 줄 수 있다.

요약하자면 소수민족 청소년과 가족들의 치료 참여와 유지를 증진시킬 수 있는 전략들이 존재하기는 하지만 대다수는 내담자의 초기 관여에만 초점을 두고 있으며, 접수 후의 치료 탈락을 감소시키는 데에는 노력을 덜 기울이고 있다. 이러한 개입은 아직 매뉴얼의 형태로 제공되지 않는데, 매뉴얼은 지역사회 현장에서의 보급과 기존의 근거기반 치료 프로토콜과의 통합을 촉진할 수 있다. 또한 아시아계 미국인 및 미국 원주민 청소년과 가정을 위한 관여 전략들은 아직 발견되지 않았으며, 대다수의 연구들은 아프리카계 미국인과 라틴계를 대상으로 하였다. 흥미롭게도 현재의 관여 전략의 한 가지 강점은 많은 근거기반 치료들과 반대로 그러한 전략들이 지역사회 현장에서 개발되고 검증되었으며 일상적인 케어 과정과 비교되었다는 점이다. 관여 요소가 포함되어 있든지 없든지 근거기반 치료의 영향을 평가하는 실험 설계들은 많이 필요하며, 그러한 연구들은 실험실과 자연스러운 현장에서 모두 수행되어야 한다.

향후 방향

지난 20여 년간 심리치료 연구에 소수민족 청소년들과 가정들의 참여가 상당히 증가하였다. 그 결과 상당수의 정신건강 문제들에 대한 구체적인 개입의 효과들에 대한 증거들이 축적되고 있다. 인종적으로, 문화적으로 다양한 집단들에 대한 표준화된 심리치료가 긍정적인 효과가 있다고 생각되는 이유가 있음에도 불구하고 몇몇 핵심적인 이슈들이 해결되지 않은 채 남아 있다.

앞서 기술한 바대로 중재변인으로서의 인종의 효과를 검증하기 위한 연구들이 필요하다. 이를 위해서는 충분한 검증력을 가지고 이 질문을 평가할 수 있는 큰 표본을 모집하는 것이 요구된다. 잘 설계된 연구들을 통해 문화적 맞춤화 및 기타 수정안들의 치료 효과와 관련하여 아직 결론에 이르지 못한 부분들을 추가적으로 밝혀낼 수 있을 것이다. 몇 가지 더 광범위한 이슈들이 다음에 정리되어 있다.

첫 번째 이슈는 무선할당 통제실험들에서 인구통계학적 특성이 잘 보고되지 않는 것이다. 예를 들어, Weisz, Jensen-Doss와 Hawley(2005)는 청소년 심리치료를 다룬 치료 연구들 중 거의 60%($N=236$)가 표본의 인종적 구성을 보고하지 않았음을 발견하였다. 같은 연구에서 또 다른 문제가 되는 사실은 4개의 연구 중 3개가 참여자들의 사회경제적 특성을 보고하지 않았다는 것이다. 그 결과, 인종을 보고한 연구들이나 인종집단 간의 결과를 기술하는 것에 초점을 둔 연구들은 청소년을 대상으로 수행된 전체 임상 실험 중에서 상대적으로 작은 부분을 차지한다. 이는 인종적으로, 사회경제적으로 다양한 집단에 걸쳐 치료 효과를 검토하는 데 제한을 가져오게 된다.

두 번째 이슈는 대표성과 관련된 것이다. 아시아계 미국인이나 미국 원주민들을 대상으로 수행된 연구가 거의 없기 때문에 이러한 인종적 배경을 가진 아동이나 청소년들을 위한 심리치료의 효과에 대해 단정적인 결론을 내리는 것은 거의 불가능하다. 이와 유사하게 사회경제적 지위가 거의 보고되지 않았기 때문에 낮은 수입과 소수민족 배경을 가진 아동과 청소년을 위한 심리치료의 영향을 추정하는 것이 어렵다. 도시 지역의 학교 장면에서 저소득층 청소년을 대상으로 수행된 사회정서적 개입들을 분석한 최근의 메타분석에서는 23개의 연구들에서 사후 검사 시의 효과크기가 0.08임을 보고하였고 이 연구들의 대다수는 무선할당 통제실험이었다 (Farahmand, Grant, Polo, & Duffy, 2011). 미국 내에서 상당수의 소수민족 청소년들은 가난하게 살고 있다. 심리치료 결과들에 대한 메타분석들은 이러한 청소년들을 대상으로 한 근거기반 치료의 효과를 포함하고 있지 않으며, 따라서 지금까지의 증거들은 그다지 유망하지 않다.

향후의 연구들은 이와 관련된 대표성 이슈에 좀 더 관심을 기울여야 한다. 심리치료 연구에 참여하는 비율이 수입, 인종, 국적, 언어와 같은 주요 인구통계학적 특성들에 의해 달라지는지를 결정할 수 있는 증거들이 필요하다. 특정 집단을 성공적으로 모집할 수 있고 이들이 치료 성과 연구에서 체계적으로 배제되지 않는다는 사실을 기술할 수 있는 연구들도 필요하다. 이러한 집단에는 이민자, 언어적 소수자, 글을 읽고 쓰는 능력이 부족하거나 학력이 낮은 저소득층이 포함된다.

마지막으로 앞서 기술한 바와 같이 정신건강 서비스 이용에서의 불균형이 분명히 존재한다. 소수민족 청소년들은 유럽계 미국인 청소년들과 비교했을 때 심리치료에 대한 접근성, 유지율, 참여율 등이 동등하지 않다. 이러한 불균형을 해소할 수 있는 전략들을 개발하는 데 초점을 둔 후속 연구들이 요구된다. 이러한 연구들은 일상적인 현장에서뿐만 아니라 실험실 기반의 근거기반 치료에서도 인종적 불균형을 다루어야 할 것이다.

맺음말

소수민족 내담자에 대한 심리치료의 영향에 대한 관심은 Smith와 Glass(1977)의 선구적인 연구로까지 거슬러 올라간다. 이들은 연구들에서 나타난 치료 효과를 체계적으로 수량화한 최초의 연구자들이다. 연구는 이후 40년간 계속되었다. 대부분의 아동ㆍ청소년 심리치료 실험이 유럽계 미국인을 대상으로 수행되었지만 오늘날에는 인종적ㆍ지리적으로 다양한 청소년들을 보다 많이 포함하고 있다. 연구 문제들은 보다 복잡해져서 심리치료가 다양한 청소년들에게 효과적인지를 묻는 것뿐만 아니라 어떤 상황(예 : 문화적으로 맞춤화된 심리치료)에서 효과적인지를 묻고 있다. 실제 현장에서 근거기반 심리치료를 실행할 때에는 치료가 시행되는 맥락과 인종, 사회경제적 지위, 출생지, 문화적 소속감 등을 모두 포함하여 치료의 성공을 좌우하고 결정하는 내담자의 특성들에 보다 세심한 주의를 기울여야 한다. 그럼에도 불구하고 이 장의 증거들은 소수민족 청소년들이 이러한 개입들로부터 이득을 얻을 수 있음을 보여준다.

감사의 말

이 장에서 인용한 연구는 다음의 지원을 받아 수행되었다. Annie E. Casey Foundation (Grant No. 212.0008 to Antonio J. Polo).

주

1. 미국과 기타 서구권 국가에서 '소수민족'이라는 용어는 비유럽계 배경을 가진 다양한 청소년을 일컫는다. 역사적인 '소수자들'이 일부 서구 지역에서는 실제 숫자적으로 다수자임에도 불구하고 이러한 용어의 사용이 가지는 제한점을 인정한다. 우리는 또한 특정한 인종 범주(예 : 아프리카계 미국인, 아시아계 미국인, 라틴계)의 사용이 이러한 집단들 내에 존재하는 큰 이질성을 축소할 수 있음을 인지하고 있다. 그러나 우리가 이러한 용어들을 사용하는 이유는 부분적으로 다른 문헌들과의 일관성을 유지하기 위해서이다.

참고문헌

Alegría, M., Carson, N., Flores, M., Li, X., Shi, P., Lessios, A. S., et al. (2014). Activation, self-management, engagement, and retention in behavioral health care: A randomized clinical trial of the DECIDE intervention. *JAMA Psychiatry, 71,* 557–565.

Alegría, M., Polo, A., Gao, S., Santana, L., Rothstein, D., Jimenez, A., et al. (2008). Evaluation of a patient activation and empowerment intervention in mental health care. *Medical Care, 46,* 247–256.

Alegría, M., Vallas, M., & Pumariega, A. (2010). Racial and ethnic disparities in pediatric mental health. *Child and Adolescent Psychiatric Clinics of North America, 19,* 759–774.

Austin, A., & Wagner, E. F. (2010). Treatment attrition among racial and ethnic-minority youth. *Journal of Social Work Practice in the Addictions, 10,* 63–80.

Baldwin, S. A., Christian, S., Berkeljon, A., Shadish, W. R., & Bean, R. (2012). The effects of family therapies for adolescent delinquency and substance abuse: A meta-analysis. *Journal of Marital and Family Therapy, 38,* 281–304.

Benish, S. G., Quintana, S., & Wampold, B. E. (2011). Culturally adapted psychotherapy and the legitimacy of myth: A direct-comparison meta-analysis. *Journal of Counseling Psychology, 58,* 279–289.

Bernal, G., Saez-Santiago, E., & Galloza-Carrero, A. (2009). Evidence-based approaches to working with Latino youth and families. In F. A. Villarruel, G. Carlo, J. M. Grau, M. Azmitia, N. J. Cabrera, & T. J. Chahin (Eds.), *Handbook of U.S. Latino psychology: Developmental and community-based perspectives* (pp. 309–328). Thousand Oaks, CA: SAGE.

Bowen, D. J., Henderson, P. N., Harvill, J., & Buchwald, D. (2012). Short-term effects of a smoking prevention website in American Indian youth. *Journal of Medical Internet Research, 14*, e81.

Bui, K. V. T, & Takeuchi, D. T. (1992). Ethnic minority adolescents and the use of community mental health care services. *American Journal of Community Psychology, 20*, 403–417.

Burrow-Sánchez, J. J., Minami, T., & Hops, H. (2015). Cultural accommodation of group substance abuse treatment for Latino adolescents: Results of an RCT. *Cultural Diversity and Ethnic Minority Psychology, 21*, 571–583.

Burrow-Sánchez, J. J., & Wrona, M. (2012). Comparing culturally accommodated versus standard group CBT for Latino adolescents with substance use disorders: A pilot study. *Cultural Diversity and Ethnic Minority Psychology, 18*, 373–383.

Carpenter, R. A., Lyons, C. A., & Miller, W. R. (1985). Peer-managed self-control program for prevention of alcohol abuse in American Indian high school students: A pilot evaluation study. *International Journal of the Addictions, 20*, 299–310.

Cohen, J. (1988). *Statistical power analysis for the behavioral sciences* (2nd ed.). Hillsdale, NJ: Erlbaum.

Comer, J. S., Chow, C., Chan, P. T., Cooper-Vince, C., & Wilson, L. A. S. (2013). Psychosocial treatment efficacy for disruptive behavior problems in very young children: A meta-analytic examination. *Journal of the American Academy of Child and Adolescent Psychiatry, 52*, 26–36.

Costello, E. J., He, J. P., Sampson, N. A., Kessler, R. C., & Merikangas, K. R. (2014). Services for adolescents with psychiatric disorders: 12-month data from the National Comorbidity Survey–Adolescent. *Psychiatric Services, 65*, 359–366.

de Haan, A. M., Boon, A. E., de Jong, J. T., Hoeve, M., & Vermeiren, R. R. (2013). A meta-analytic review on treatment dropout in child and adolescent outpatient mental health care. *Clinical Psychology Review, 33*, 698–711.

DeSwart, J. J. W., van den Broek, H., Stams, G. J. J. M., Asscher, J. J., van der Laan, P. H., Holsbrink-Engels, G. A., et al. (2012). The effectiveness of institutional youth care over the past three decades: A meta-analysis. *Children and Youth Services Review, 34*, 1818–1824.

Fabiano, G. A., Pelham, W. F., Jr., Coles, E. K., Gnagy, E. M., Chronis-Tuscano, A., & O'Connor, B. (2009). Evidence-based treatments for attention-deficit hyperactivity disorder: A meta-analysis of behavioral treatments. *Clinical Psychology Review, 29*, 129–140.

Farahmand, F. K., Grant, K. E., Polo, A. J., & Duffy, S. N. (2011). School-based mental health and behavioral programs for low-income, urban youth: A systematic and meta-analytic review. *Clinical Psychology: Science and Practice, 18*, 372–390.

Flores, G., & the Committee on Pediatric Research. (2010). Race and ethnic disparities in the health and healthcare of children. *Pediatrics, 125*, e979–e1020.

Fuertes, J. N., & Gretchen, D. (2001). Emerging theories of multicultural counseling. In J. G. Ponterotto, J. M. Casas, L. A. Suzuki, & C. M. Alexander (Eds.), *Handbook of multicultural counseling* (pp. 509–541). Thousand Oaks, CA: SAGE.

Garland, A. F., Lau, A. S., McCabe, K. M., Hough, R. L., & Landsverk, J. A. (2005). Racial and ethnic differences in utilization of mental health services among high-risk youths. *American Journal of Psychiatry, 162*, 1336–1343.

Ghafoori, B. (2010). *Effectiveness of cognitive-behavioral therapy in reducing classroom disruptive behaviors: A meta-analysis.* Unpublished doctoral dissertation, California School of Professional Psychology, Fresno, CA.

Gillespie, M. L., & Huey, S. J., Jr. (2015, August). *Psychotherapy for ethnic minorities with conduct problems: A meta-analysis.* Paper presented at the 123rd annual meeting of the American Psychological Association, Toronto, Ontario, Canada.

Greenbaum, P. E., Wang, W., Henderson, C. E., Kan, L., Hall, K., Dakof, G. A., et al. (2015). Gender and ethnicity as moderators: Integrative data analysis of multidimensional family therapy randomized clinical trials. *Journal of Family Psychology, 29,* 919–930.

Grodnitzky, G. R. (1993). *Hero modeling versus non-hero modeling as interventions for Puerto-Rican and Anglo adolescents exhibiting behavior problems.* Unpublished doctoral dissertation, Hofstra University, Hempstead, NY.

Haine-Schlagel, R., & Walsh, N. E. (2015). A review of parent participation engagement in child and family mental health treatment. *Clinical Child and Family Psychology Review, 18,* 133–150.

Hall, G. C. N. (2001). Psychotherapy research with ethnic minorities: Empirical, ethical, and conceptual issues. *Journal of Consulting and Clinical Psychology, 69,* 502–510.

Hinshaw, S. P. (2002). Intervention research, theoretical mechanisms, and causal processes related to externalizing behavior patterns. *Development and Psychopathology, 14,* 789–818.

Ho, J. K., McCabe, K. M., Yeh, M., & Lau, A. S. (2010). Evidence-based treatments for conduct problems among ethnic minorities. In R. C. Murrihy, A. D. Kidman, & T. H. Ollendick (Eds.), *Clinical handbook of assessing and treating conduct problems in youth* (pp. 455–488). New York: Springer Science Business Media.

Hochstadt, N. J., & Trybula, J. (1980). Reducing missed initial appointments in a community mental health center. *Journal of Community Psychology, 8,* 261–265.

Hodge, D. R., Jackson, K. F., & Vaughn, M. G. (2010a). Culturally sensitive interventions and health and behavioral health youth outcomes: A meta-analytic review. *Social Work in Health Care, 49,* 401–423.

Hodge, D. R., Jackson, K. F., & Vaughn, M. G. (2010b). Culturally sensitive interventions for health related behaviors among Latino youth: A meta-analytic review. *Children and Youth Services Review, 32,* 1331–1337.

Hodge, D. R., Jackson, K. F., & Vaughn, M. G. (2012). Culturally sensitive interventions and substance use: A meta-analytic review of outcomes among minority youths. *Research on Social Work Practice, 36,* 11–19.

Huey, S. J., Jr., & Jones, E. O. (2013). Improving treatment engagement and psychotherapy outcomes for culturally diverse youth and families. In F. Paniagua & A. Yamada (Eds.), *Handbook of multicultural mental health* (pp. 427–444). Burlington, MA: Elsevier.

Huey, S. J., Jr., & Polo, A. J. (2008). Evidence-based psychosocial treatments for ethnic-minority youth. *Journal of Clinical Child and Adolescent Psychology, 37,* 262–301.

Huey, S. J., Jr., & Polo, A. (2010). Assessing the effects of evidence-based psychotherapies with ethnic-minority youths. In J. R. Weisz & A. E. Kazdin (Eds.), *Evidence-based psychotherapies for children and adolescents* (2nd ed., pp. 451–465). New York: Guilford Press.

Huey, S. J., Jr., Tilley, J. L., Jones, E. O., & Smith, C. (2014). The contribution of cultural competence to evidence-based care for ethnically diverse populations. *Annual Review of Clinical Psychology, 10,* 1–34.

Jackson, K. F., Hodge, D. R., & Vaughn, M. G. (2010). A meta-analysis of culturally sensitive interventions designed to reduce high-risk behaviors among African American youth. *Journal of Social Services Research, 36,* 163–173.

James, C., Stams, G. J. J. M., Asscher, J. J., De Roo, A. K., & van der Laan, P. H. (2013). After-care programs for reducing recidivism among juvenile and young adult offenders: A meta-analytic review. *Clinical Psychology Review, 33,* 263–274.

Kataoka, S. H., Zhang, L., & Wells, K. B. (2002). Unmet need for mental health care among U.S. children: Variation by ethnicity and insurance status. *American Journal of Psychiatry, 159,* 1548–1555.

Kazdin, A. E., & Whitley, M. K. (2003). Treatment of parental stress to enhance therapeutic change among children referred for aggressive and antisocial behavior. *Journal of Consulting and Clinical Psychology, 71,* 504–515.

Kim, H., Munson, M. R., & McKay, M. M. (2012). Engagement in mental health treatment among adolescents and young adults: A systematic review. *Child and Adolescent Social Work Journal, 29,* 241–266.

Kumpfer, K. L., Alvarado, R., Smith, P., & Bellamy, N. (2002). Cultural sensitivity and adaptation in family-based prevention interventions. *Prevention Science, 3,* 241–246.

Lau, A. S., Fung, J. J., Ho, L. Y., & Liu, L. L. (2011). Parent training with high-risk immigrant Chinese families: A pilot group randomized trial yielding practice-based evidence. *Behavior Therapy, 42,* 413–426.

Leijten, P., Raaijmakers, M. A. J., de Castro, B. O., van den Ban, E., & Matthys, W. (2015). Effectiveness of the Incredible Years Parenting Program for families with socioeconomically disadvantaged and ethnic minority backgrounds. *Journal of Clinical Child and Adolescent Psychology, 18,* 1–15.

Liber, J. M., de Boo, G. M., Huizenga, H., & Prins, P. J. (2013). School-based intervention for childhood disruptive behavior in disadvantaged settings: A randomized controlled trial with and without active teacher support. *Journal of Consulting and Clinical Psychology, 81,* 975–987.

Lin, Y. (2011). *Contemporary research on child-centered play therapy (CCPT) modalities: A meta-analytic review of controlled outcome studies.* Unpublished doctoral dissertation, University of North Texas, Denton, TX.

Lipsey, M. W. (2009). The primary factors that characterize effective interventions with juvenile offenders: A meta-analytic overview. *Victims and Offenders, 4,* 124–147.

Listug-Lunde, L., Vogeltanz-Holm, N., & Collins, J. (2013). A cognitive-behavioral treatment for depression in rural American Indian middle school students. *American Indian and Alaska Native Mental Health Research, 20,* 16–34.

Mannila, S., Messing, V., van den Broek, H., & Vidra, Z. (2010). *Immigrants and ethnic minorities: European country cases and debates.* Helsinki, Finland: National Institute for Health and Welfare.

McCabe, K., & Yeh, M. (2009). Parent–child interaction therapy for Mexican Americans: A randomized clinical trial. *Journal of Clinical Child and Adolescent Psychology, 38,* 753–759.

McCabe, K., Yeh, M., Lau, A., & Argote, C. B. (2012). Parent–child interaction therapy for Mexican Americans: Results of a pilot randomized clinical trial at follow-up. *Behavior Therapy, 43,* 606–618.

McCart, M. R., Priester, P. E., Davies, W. H., & Azen, R. (2012). Differential effectiveness of behavioral parent-training and cognitive-behavioral therapy for antisocial youth: A meta-analysis. *Journal of Abnormal Child Psychology, 34,* 527–543.

McKay, M. M., Stoewe, J., McCadam, K., & Gonzales, J. (1998). Increasing access to child mental health services for urban children and their caregivers. *Health and Social Work, 23,* 9–15.

Miller, L. M., Southam-Gerow, M. A., & Allin, R. B., Jr. (2008). Who stays in treatment?: Child and family predictors of youth client retention in a public mental health agency. *Child and Youth Care Forum, 37,* 153–170.

Molcho, M., Cristini, F., Gabhainn, S. N., Santinello, M., Moreno, C., de Matos, M. G., et al. (2010). Health and well-being among child immigrants in Europe. *Eurohealth, 16,* 20–23.

Muzik, M., Schmicker, M., Alfafara, E., Dayton, C., Schuster, M., & Rosenblum, K. (2014). Predictors of treatment engagement to the parenting intervention Mom Power among Caucasian and African American mothers. *Journal of Social Service Research, 40,* 662–680.

Planos, R., & Glenwick, D. S. (1986). The effects of prompts on minority children's screening attendance at a community mental health center. *Child and Family Behavior Therapy, 8,* 5–14.

Polo, A. J., Alegría, M., & Sirkin, J. T. (2012). Increasing the engagement of Latinos in services through community-derived programs: The Right Question Project–Mental Health. *Professional Psychology: Research and Practice, 43,* 208–216.

Rowland, M. D., Halliday-Boykins, C. A., Henggeler, S. W., Cunningham, P. B., Lee, T. G., Kruesi, M. J. P., et al. (2005). A randomized trial of multisystemic therapy with Hawaii's Felix class youths. *Journal of Emotional and Behavioral Disorders, 13,* 13–23.

Santisteban, D. A., Szapocznik, J., Perez-Vidal, A., Kurtines, W. M., Murray, E. J., & LaPerriere, A. (1996). Efficacy of intervention for engaging youth and families into treatment and some variables that may contribute to differential effectiveness. *Journal of Family Psychology, 10,* 35–44.

Sawyer, A. M. (2012). *Evaluating the long-term impact of youth interventions on antisocial behavior: An integrative review and analysis.* Unpublished doctoral dissertation, University of Missouri, Columbia, MO.

Silverman, W. K., Pina, A. A., & Viswesvaran, C. (2008). Evidence-based psychosocial treatments for phobic and anxiety disorders in children and adolescents. *Journal of Clinical Child and Adolescent Psychology, 37,* 105–130.

Smith, M. L., & Glass, G. V. (1977). Meta-analysis of psychotherapy outcome studies. *American Psychologist, 32,* 752–760.

Sue, S., Zane, N., Hall, G. C. N., & Berger, L. K. (2009). The case for cultural competency in psychotherapeutic interventions. *Annual Review of Psychology, 60,* 525–548.

Sussman, S., Sun, P., & Dent, C. W. (2006). A meta-analysis of teen cigarette smoking cessation. *Health Psychology, 25,* 549–557.

Szapocznik, J., Perez-Vidal, A., Brickman, A. L., Foote, F. H., Santisteban, D., Hervis, O., et al. (1988). Engaging adolescent drug abusers and their families in treatment: A strategic structural systems approach. *Journal of Consulting and Clinical Psychology, 56,* 552–557.

Szapocznik, J., Rio, A., Perez-Vidal, A., Kurtines, W., Hervis, O., & Satisteban, D. (1986). Bicultural Effectiveness Training (BET): An experimental test of an intervention modality for families experiencing intergenerational-intercultural conflict. *Hispanic Journal of Behavioral Sciences, 8,* 303–330.

Trask, E. V., Walsh, K., & DiLillo, D. (2011). Treatment effects for common outcomes of child sexual abuse: A current meta-analysis. *Aggression and Violent Behavior, 16,* 6–19.

Turner, K. M., Richards, M., & Sanders, M. R. (2007). Randomized clinical trial of a group parent education programme for Australian Indigenous families. *Journal of Paediatrics and Child Health, 43,* 429–437.

U.S. Census Bureau. (2014). Current Population Survey, annual social and economic supplement, 2014. Retrieved January 21, 2016, from *www.census.gov/cps/data/cpstablecreator. html.*

van Stam, M. A., van der Schuur, W. A., Tserkezis, S., van Vugt, E. S., Asscher, J. J., Gibbs, J. C., et al. (2014). The effectiveness of EQUIP on sociomoral development and recidivism reduction: A meta-analytic study. *Children and Youth Services Review, 38,* 44–51.

Warnick, E. M., Gonzalez, A., Weersing, V. R., Scahill, L., & Woolston, J. (2012). Defining dropout from youth psychotherapy: How definitions shape the prevalence and predictors of attrition. *Child and Adolescent Mental Health, 17,* 76–85.

Weersing, V. R., & Weisz, J. R. (2002). Community clinic treatment of depressed youth: Benchmarking usual care against CBT clinical trials. *Journal of Consulting and Clinical Psychology, 2,* 299–310.

Weisz, J. R., Jensen-Doss, A., & Hawley, K. M. (2005). Youth psychotherapy outcome research: A review and critique of the evidence base. *Annual Review of Psychology, 56,* 337–363.

Weisz, J. R., Jensen-Doss, A., & Hawley, K. M. (2006). Evidence-based youth psychotherapies versus usual clinical care: A meta-analysis of direct comparisons. *American Psychologist, 61,* 671–689.

Weisz, J. R., McCarty, C. A., & Valeri, S. M. (2006). Effects of psychotherapy for depression in children and adolescents: A meta-analysis. *Psychological Bulletin, 132,* 132–149.

Whipple, D. L. (2007). *Effectiveness of social competence on disruptive behavior: A quantitative review.* Unpublished doctoral dissertation, University of Rhode Island, Kingston, RI.

Wilson, H. A., & Hoge, R. D. (2013). The effect of youth diversion programs on recidivism: A meta-analytic review. *Criminal Justice and Behavior, 40,* 497–518.

Wilson, S. J., Lipsey, M. W., & Soydan, H. (2003). Are mainstream programs for juvenile delinquents less effective with minority youth than majority youth?: A meta-analysis of outcomes research. *Research on Social Work Practice, 13,* 3–26.

Woods, B., & Jose, P. E. (2011). Effectiveness of a school-based indicated early intervention program for Māori and Pacific adolescents. *Journal of Pacific Rim Psychology, 5,* 40–50.

Yuen, R. K. (2004). *The effectiveness of culturally tailored interventions: A meta-analytic review.* Unpublished doctoral dissertion, Loyola University, Chicago, IL.

국가, 문화, 언어 장벽 넘기
노르웨이에서 근거기반 실천을
실행하고 검증하기

Terje Ogden, Elisabeth Askeland, Bernadette Christensen,
Terje Christiansen, John Kjøbli

노르웨이 아동행동발달센터 개관

1990년대 노르웨이에서는 청소년 폭력에 대한 대중의 무반응과 공적자금을 투자하는 가정 밖 치료의 부정적 성과에 대해 대중적 관심이 높았다. 언론은 정치적 행위를 종용했고, 1997년에 아동, 평등, 사회통합부(Ministry of Children, Equality, and Social Inclusion)의 요청과 보건 및 관리 서비스부(Ministry of Health and Care Services)의 협조로 NRC(Norwegian Research Council)는 여러 저명한 학자들을 초청해 국제학술회의를 개최하였다. 이들은 아동·청소년 품행 문제 치료에서 최우선은 근거기반이 있고 가정 및 지역사회를 중심으로 하는 구조화된 개입이라고 추천하였다. NRC가 임명한 전문가들은 가용한 다수의 프로그램을 비판적으로 검토하고, 이 중 일부는 현지에서 체계적으로 실시하고 검증할 필요가 있다고 권유하였다. 학술회의 이후, 오슬로대학교에서 공공서비스체계의 유능성과 치료 역량을 증진하고 가정에서 분리된 거주 치료를 감소시키는 것을 목표로 한 프로젝트가 성립되었다. 노르웨이의 관계자들이 미국 현지의 유관 프로그램들을 방문한 후, 노르웨이 19개 행정구역 모두의 건강 책임자들은 국가 전역에 걸쳐 부모관리 훈련-오리건 모델(PMTO; 지금은 세대 부모관리 훈련-오리건 또는 GenerationPMTO로 알려져 있음; Forgatch, 1994; Ogden, Forgatch, Askeland, Patterson, & Bullock, 2005; Forgatch & Gewirtz 제6장 참조)과 다중체계치료(MST; Henggeler,

Schoenwald, Borduin, Rowland, & Cunningham, 1998; Ogden, Christensen, Sheidow, & Holth, 2008; Henggeler & Schaeffer, 제12장 참조)를 시행하는 데 참여하라는 정부의 초대를 수용하였다. 이와 동시에 보건 및 관리 서비스부는 노르웨이의 중부와 북부 두 카운티에서 IY 프로그램을 평가하는 비용을 지원하였다(Webster-Stratton & Reid, 제8장 참조). MST 프로그램은 미국에서 잘 확립된 바 있으며, 이것을 보급하는 기관인 MST 서비스가 노르웨이 시행에서 적극적인 역할을 담당하였다. 그러나 PMTO는 그동안 PMTO 치료자들이 오리건 사회학습센터(OSLC)에서 주로 연구 목적으로 훈련을 받았기 때문에 대규모로 시행된 적이 없었다. PMTO 보급에 있어서는 노르웨이가 최초의 광범위한 보급의 장이 되었다(Ogden et al., 2005). 21세기로 넘어오면서 프로그램 개발자, 노르웨이의 두 정부 부처, 그리고 노르웨이 아동행동발달센터(Norwegian Center for Child Behavioral Development, NCCBD)의 직원들은 대규모 시행과 프로그램 평가를 위한 전략을 개발하였다.

시행 전략은 '하향식(top-down)'과 '상향식(bottom-up)' 접근을 결합하였다(Ogden, Amlund-Hagen, Askeland, & Christensen, 2009). 하향식 계획에서는 전문가들이 프로그램을 관리하고 실무자 수준에서 거부감이 쉽게 생길 수 있는 반면, 상향식 계획은 프로그램 공급자와 현지 이해관계자들의 공동 관리에 기초한다. 상향식 전략의 장점은 실무자의 주인의식이지만 이는 정치적 · 조직적 차원의 장기적 자금과 지원이 없으면 취약할 수 있다. 하향식과 상향식 전략 간 갈등은 두 접근을 결합한 혼합시행 모델로 해결을 꾀하였는데, 정부가 비용을 투자하되 실무기관이 프로그램의 채택 및 시행과 관련된 의사결정에 참여하는 방식이었다(Ferrer-Wreder, Stattin, Lorente, Tubman, & Adamson, 2004). 국가적 실행 전략의 주요 요소들은 다음과 같다. (1) 근거기반 개입의 실행과 연구를 위한 국가 센터 설립(NCCBD), (2) 주와 시 수준의 시행 계획 확립, (3) 치료자의 모집, 훈련, 보수 교육에 관한 포괄적인 프로그램 수립, (4) 협력, 지도감독, 품질관리를 위한 네트워크 구축이 그것이다.

2개의 정부 부처에서 근거기반 개입(EBI)의 시행을 강력히 권장하였으나 현지 기관들은 EBI와 보다 전통적인 접근 중에서 자율적으로 선택할 수 있었다. 하지만 전국적으로 '초대'에 대한 반응은 뜨거웠다. 지방정부의 아동복지 서비스가 보급한 MST의 경우, 17개 행정구역의 24개 팀이 구성되었으며, 이는 곧 노르웨이 19개 권역 전체로 확산되었다. PMTO의 시행 구조는 더 복잡하였는데, 이것을 시행할 수 있는 기관이 최소 430개 도시에 걸쳐 매우 많았기 때문이다. 전문기관과 시립 서비스기관에서 국가적으로 시행하는 프로그램을 담당하기 위해서는 지자체 차원에서 충분한 수의 전문가를 훈련해야 했다. NCCBD의 훈련 및 지도감독 인력이 부족했기 때문에 첫 번째 훈련에는 오직 33명만이 PMTO의 훈련을 받을 수 있도록 전략적으로 선정되었다. 그러나 PMTO 치료자들이 이후 세대들을 계획적으로 훈련함에 따라 400명을 초과하는 수가 훈련을 받고 자격을 취득하였으며, 이 중 350명은 여전히 활동 중이다.

NCCBD는 프로그램 시행과 연구활동을 지원하기 위해 2003년에 설립되었다. 센터는 3개의 분리된 부서로 구성되며, 각각에는 부서장이 있다. 아동(12세 이하) 부서에는 7명의 임상가, 청소년(17세 이하) 부서에는 6명의 임상가가 있다. 임상가들은 임상심리학 자격을 소지하였거나 이와 동등한 역량을 갖추고 있다. 연구 부서는 6명의 전일제 박사급 연구원이 있으며, 자료관리, 관찰코딩, 연구시행에 정통한 5명으로 구성된 지원 팀 또한 있다. 이 장에서는 국가, 문화, 언어 장벽을 성공적으로 극복하기 위한 도전과 해결책을 비롯, 노르웨이에서 근거기반 실천을 시행하고 검증한 내용을 기술한다.

NCCBD가 초점을 둔 임상 문제의 개요

개입의 대상은 불순응, 공격 행동을 보이는 아동이 있거나 비행, 범죄, 약물남용과 같은 반사회적 행동을 보이는 청소년이 있는 가정이다. 이러한 임상 문제는 외현화 행동 문제, 품행 문제, 적대적 반항 문제, 심각한 행동 문제 등으로 묘사되기도 한다. 또한 주의력결핍 과잉행동장애(ADHD), 불안, 우울, 무단결석, 가출 등의 부가적인 문제도 포함된다. 프로그램에 참여할 자격이 있는지는 진단기준이 아닌 임상적 판단에 기초하여 이루어진다. 각 프로그램의 자격 기준은 명시되어 있으며, 여기에는 진단편람(DSM-5 또는 ICD-10) 또는 부모용(Child Behavior Checklist, CBCL)과 교사용(Teacher Report Form, TRF) 아동 · 청소년 행동평가척도에서 진단편람과 일관되거나 동일하게 기술된 문제를 포함한다.

센터에서 시행 및 검증한 치료 프로그램의 특징

부모관리 훈련–오리건 모델

PMTO는 오리건 사회학습센터(OSLC)에서 Gerald Patterson, Marion Forgatch와 동료들에 의해 개발되었다(Reid, Patterson, & Snyder, 2002). PMTO는 긍정적 양육과 건강한 아동 발달을 촉진하기 위한 다섯 가지 핵심 부모 기술로 구성되어 있다. 격려, 긍정적 관여, 효과적 한계설정, 감독, 문제해결이 그것이다. 이 기술들은 정해진 순서에 따라 매주 가르치고 연습하는데(평균 20~25회기), 이때 역할극을 하고 부모가 각 가정의 고유한 맥락을 고려한 최선의 해결책을 찾는 과정에 적극 참여하도록 하는 등 상호적 교습을 사용한다.

PMTO 최초의 실무자 훈련 정기 프로그램은 프로그램 개발자와 아동을 위한 노르웨이 실행 팀(Norwegian Implementation Team, NIT)의 협력 사업으로 노르웨이에서 개발되었다 (Askeland, Apeland, & Solholm, 2014). 훈련 프로그램에는 Patterson의 사회적 상호작용 및 강압성 이론, 그리고 기존 OSLC 임상시험의 프로토콜에 기초한 PMTO 안내서가 포함되었다. 노르웨이어로 작성된 새로운 안내서에는 프로그램의 원리, 절차, 핵심 요소가 요약되어 있다. 1세대 PMTO 치료자 구성원들은 18개월 동안 영어로 Forgatch와 동료들에게 훈련을 받았으나 각자 치료는 모국어로 수행해야 했다. 프로그램 개발자와 후보자들 간에는 훈련, 지도감독, 인증의 과정에 걸쳐 상당한 통역을 거쳐야 했다. 미국의 프로그램 개발자가 인정한 것처럼 "노르웨이 훈련가들은 프로그램 자료를 번역하고, 언어를 매끄럽게 조정해야 했으며, 문화적 비유와 관점에 맞게 부모 자료를 수정하고, 훈련 프로그램을 개발하며, 훈련할 사람들을 훈련하고, 의사소통체계를 만들며, 모든 단계를 감독할 기반시설을 강화하고 확장해야 했다"(Forgatch & DeGarmo, 2011, p. 240). 현실적인 문제는 미국의 개발자가 비디오로 집단 지도감독을 하면서 의견을 기록해서 전달하고, 녹화된 비디오를 (노르웨이어에서 영어로) 전사 및 번역한 것을 사용해 해결하였다. 이를 통해 PMTO 후보자들이 원래의 모델과 일관되게 원리와 개념을 적용하고 있는지를 평가할 수 있었다. 인증 과정에서 개발자와 그녀의 팀은 1세대 참가자 모두에 대해 충실성 체크를 하였다. 노르웨이어 안내서는 영어로 다시 번역되지는 않았으나 몇 가지 개념과 예시 또는 비유는 개발자와 긴밀히 협력하며 노르웨이 문화에 맞게 수정되었다.

인증을 받은 1세대 PMTO 치료자는 대부분 아동의 품행 문제에 대한 임상 경험이 풍부한 임상심리학자와 현장의 사회복지사/교육자였다. PMTO 치료자가 되기 위해서는 최소 학사/석사학위와 관련 분야의 임상적 훈련이 요구되었다. 인증된 PMTO 치료자의 각 세대별로 충실성 점수(Fidelity of Implementation Rating System, FIMP)가 가장 높은 치료자들은 훈련가로 훈련되도록 선정되었다. 노르웨이에서 치료자의 훈련, 지도감독, 인증에 대한 전문성이 점차 자리잡았다. NIT는 훈련, 정기적인 지도감독, 훈련 프로토콜, 추가자료, 품질보증지원을 제공한다. 현장 평가는 각 시에서 진행이 되며, 날인된 계약서에 의하면 NCCBD와 지역 당국은 공동 책임이 있다. 프로그램 참여에 대한 가이드라인이 명시되어 있으며, 연방 당국과 참여하는 지역 서비스가 각각 제공할 수 있는 자원에 대해서도 기술되어 있다. 훈련을 받을 후보자들은 직장에서 모집이 되는데, 이는 향후 치료자들이 인증을 받은 후 각자 역량을 발휘할 수 있도록 하기 위함이다.

고위험 아동을 위한 조기 개입

많은 부모들이 PMTO보다 간략한 양육 개입만으로도 괜찮다는 인식하에 위기 아동을 위한 조기 개입 프로그램(Early Interventions for Children at Risk program, 노르웨이어 약자로는 TIBIR)은 고위험 아동을 최대한 빨리 선별하고, 전문화된 개입보다 각 지역에서 맞춤화된 개입을 제공하도록 설계되었다(Solholm, Kjøbli, & Christiansen, 2013). 이 모델은 비교적 문제가 경미하더라도 시립 서비스에서 간략하거나 대안적인 모듈식, 구조화된 치료를 받는 접근이다.

TIBIR 프로그램은 공공아동건강클리닉, 학교심리 서비스, 유치원을 포함해 다양한 1차 진료 장면에서 실행되었다. 개입의 핵심요소를 설명한 훈련 및 개입 안내서는 NIT에 의해 개발되었다. 2015년에 이르러서는 100개 시에서 활동하는 1,117명의 훈련된 실무자가 있었으며, 이들은 다음 모듈 중 하나 이상을 실시한 적이 있었다. BPT(brief parent training)는 시립 아동 및 가족 서비스의 정직원이 시행하는 3~5회기의 단기 개입을 통해 양육 기술을 증진시킨다. PMTO 부모집단훈련(parent group training)은 8명의 양육자 집단에 매우 2.5시간씩 총 12회기 동안 이루어진다. 각 집단은 2일 동안 집단 개입 훈련을 받은 인증된 PMTO 치료자 두 사람이 주도한다. PMTO 이민자 개입(immigrant intervention)은 부모훈련 프로그램에 소수민족이 잘 참여하지 않는 문제를 극복하기 위해 개발되었다. NIT는 이중언어를 하는 '연결직원(link worker)'을 고용하여 노르웨이에서 가장 많은 이민자인 소말리아와 파키스탄 어머니들에게 연락을 취하도록 하였다. 이 접근을 통해 이 민족들을 그들만을 위해 특별히 구성된 부모 집단에 더 많이 모집하고 참여시킬 수 있었다(Bjørknes, Jakobsen, & Nærde, 2011).

다중체계치료

MST는 심각한 반사회적 행동을 보이는 12~17세 청소년을 위한 심층적인 가정 및 지역사회 중심 치료이다. MST에서 '내담자'는 청소년이 속한 생태계이며, 개입은 가정을 비롯해 친구와 학교를 포함하는 청소년의 사회연결망에 존재하는 위험요인을 감소시키고 보호요인을 증가시키는 것을 목표로 한다. 노르웨이에서는 각 팀이 지도감독자와 3~4명의 치료자로 구성되며, 이들은 가족을 위해 7일 24시간 대기한다. MST 지도감독자와 치료자가 되기 위해서는 임상심리학 학위나 이와 동일한 자격이 필요하며, MST의 이론적 기반에 대한 지식, 훈련, 경험이 있어야 한다. 치료자는 3~5가족을 담당하며, 일반적으로 3~5개월 지속되는 치료 기간에 걸쳐 가족이나 사회연결망을 매일 또는 자주 만난다. 지방 시 책임자가 팀을 고용하고 급여 및 비용을 감당하는 한편, MST 서비스의 지원을 받는 6명의 노르웨이 자문단에 의한 훈련 및 품질관리는 정부 부처의 자금으로 충당한다.

방대한 양의 MST 훈련 자료는 번역이 되었으나 본문의 임상적 의미를 완전히 바꾸지 않고서는 노르웨이어와 영어 사이를 오갈 수는 없었다. 따라서 영어 문장은 노르웨이어로 말이 되게끔 다시 쓰여졌다. 직원 모두가 이중언어를 사용하고 임상심리학 전문가인 청소년 부처(Department for Adolescents)가 번역을 맡는 것이 임상적으로 중요한 의의가 있었다.

프로그램에 참여할 만한 충분한 사례 수를 확보하고 주관 기관에 가이드라인을 제공하기 위해서 팀이 구성되기 전에 현장 평가가 이루어졌다. 보통의 다른 서비스가 실시되는 방식과는 대조적으로 치료자는 다른 서비스와의 협력 과정에서 임상적으로 리더가 되어야 한다. 치료자가 가족이나 다른 체계와 필요 시 만날 수 있도록 유연한 근무시간 또한 요구된다. 시간이 지남에 따라 청소년 부처가 훈련 및 품질보증에 주 책임을 지게 되었으며, 이를 노르웨이어로 할 수 있게 된 것은 MST의 지속 가능성을 위한 중요한 단계였다.

노르웨이 실무자들이 PMTO와 MST 프로그램을 즉각적으로 수용한 것은 아니었으며, 거부의 흔한 이유는 "미국에서는 효과가 있었을지 몰라도 여기에서는 그렇지 않을 것이다"였다. 미국에서 근거기반 프로그램에 대한 검증이 얼마나 많이 이루어졌는지 관계없이 동일한 결과가 노르웨이에서 얻어질 것이라고 보지는 않았다. 따라서 무선할당 통제실험(RCT) 반복검증 연구는 프로그램의 신뢰성을 확립하는 과정에서 매우 중요한 공헌을 하였다. 오슬로대학교에서 계획된 소규모 시행 및 평가 프로젝트는 정부 부처의 요청으로 대규모 국가 시행으로 빠르게 전환되었다. 이에 따라 전체 규모의 노르웨이 반복검증은 프로그램이 국가 전체로 확산되는 것과 동시에 실시되었다.

치료 효과의 증거

PMTO 연구

노르웨이에서 PMTO 프로그램의 적용 가능성을 검증하기 위해 12세 이하의 아동 112명과 그들의 부모를 대상으로 RCT가 수행되었다. 이 효과성 연구의 참가자들은 일반적인 아동복지 및 아동 정신건강 기관을 통해 모집되었다(Ogden & Amlund-Hagen, 2008). 참여 가정은 PMTO 또는 일반 서비스로 무선 할당되었으며, 평균 26회기에 걸쳐 개인치료를 받았다. 일반 서비스를 받은 아동에 비해 PMTO를 받은 아동은 치료 후 부모가 보고한 외현화 문제가 더 낮고 교사가 보고한 사회적 유능성은 더 높았다. PMTO의 치료 효과는 CBCL 외현화 및 전체 문제 행동(TOT) 척도에서 각각 Cohen's $d=0.16$ 및 $d=0.20$으로 나타나 일반 서비스 집단에 비해 상대적으로 우수하였다. 교사가 보고한 사회성 기술($d=0.47$)과 양육의 훈육차원($d=0.30$)에서는 중간 정도의 효과크기가 확인되었으며, 부모만족도척도($d=0.83$)에서는 큰 효과크기가 나타났다.

아동에게서 나타난 행동 변화의 지속성에 대한 질문은 1년 추적 연구에서 다루어졌다(Amlund-Hagen, Ogden, & Bjørnebekk, 2011). 연구 결과, PMTO 집단에서 긍정적인 행동 변화는 유지가 되었지만, 대부분의 주요 지표에서 비교집단 역시 치료집단을 따라잡았다. 치료의도 분석(intention-to-treat, ITT)에서 주요 결과변수에서 유의한 집단 차이가 없었으나 PMTO의 두 부모 가정은 일반 서비스(regular service, RS)를 받은 유사한 부모에 비해 전체 문제 행동(total aversive behavior, TAB)이 더 많이 감소한 것으로 관찰되었다. 훈련에 실제 참여한 가족만을 포함하는 TOT 분석에서는 RS 아동에 비해 PMTO 아동은 문제 행동(TRF, $d=0.30$)이 감소하고 사회적 유능성(Social Skills Rating System, SSRS, $d=0.45$)은 증가하였다고 교사가 평정하였다. 그러나 치료 종결 1년 후 PMTO의 전반적인 효과성은 작다고밖에 말할 수 없다. 변화기제를 살펴보기 위해 실시한 2개의 개별적인 매개분석에서 PMTO는 치료 후 더 효과적인 훈육(.05 수준에서 유의)과 가족 응집력(.07 수준에서 유의한 경향성)을 거쳐 이후 다양한 아동 영역의 개선을 예측하였다(Amlund-Hagen & Ogden, 2016).

노르웨이의 PMTO 확대 실시는 3세대에 걸친 PMTO 치료자들을 대상으로 연구가 되었으며, 대규모 보급이 표적집단의 구성, 서비스 제공자, 아동 행동 결과에 어떤 영향을 주었는지를 살펴보았다(Tømmerås & Ogden, 2015). 서비스 제공자와 표적집단 내의 이질성이 상당히 컸는데도 불구하고, 프로그램은 아동 행동 개선에 있어 대규모 시행 단계에서도 최소한 효과성 단계에서의 성과를 보였다.

한 연구에서는 331명의 부모 표본에서 치료동맹과 치료 충실성(FIMP)이 PMTO에서 부모가 보고한 외현화 문제 행동을 예측하는지를 살펴보았다(Hukkelberg & Ogden, 2013). 부모는 치료 전과 후에 걸쳐 견고하고 안정적인 동맹을 보고하였으며, 비디오로 녹화된 치료 회기에서 독립적으로 코딩한 치료 충실성과는 유의한 상관을 보이지 않았다. 표준화된 계수는 충실성 .18, 동맹 −.17로 나타났으며, 두 예측변인은 함께 사후 평가에서 부모가 보고한 문제 행동 변화의 49%를 설명하였다. 다시 말해 치료 충실성은 부모가 보고한 외현화 행동의 감소를 예측하였지만 치료적 동맹은 문제 행동이 적게 변화하는 것과 관련이 있었다. 이러한 결과는 부모가 평정한 아동 지표에 대해 높은 치료 충실성이 예측요인임을 강조한다. 그러나 동맹과 충실성은 교사 평정과는 관계가 없는 것으로 나타났다. 노르웨이의 3세대에 걸친 PMTO 치료자 연구는 구조방정식(SEM)을 사용해 FIMP가 치료 전과 후 양육의 변화에 미치는 효과를 성공적으로 추정하여 FIMP의 예측타당도를 확립한 바 있다. 높은 충실성은 효과적인 양육의 증가를 예측하였다(Forgatch & DeGarmo, 2011).

고위험 아동에 대한 조기 개입(TIBIR)

BPT의 효과성은 BPT와 일반 서비스를 비교한 RCT에서 연구되었다($N=216$; Kjøbli & Ogden, 2012). 사후 평가에서 15개의 결과변인 중 10개에서 BPT가 양육 행동과 아동 문제에 효과가 있다는 결과가 나타났다. 효과크기는 작은 수준에서 중간 수준의 범위였다. 부모에 의하면 BPT를 받은 아동은 비교집단에 비해 낮은 수준의 품행 문제(Eyberg Child Behavior Inventory, ECBI Intensity $d=0.47$, Problem Scale $d=0.35$)와 불안/우울(CBCL $d=0.29$), 높은 수준의 사회적 유능성(Merrell Home and Community Social Behavior Scales, HCSBS $d=0.30$)을 보였다. 치료 6개월 후, 아동 및 부모 변인 14개 중 6개에서 유익한 효과가 지속이 되었다(예 : ECBI $d=$ 0.33와 0.32, HCSBS 외현화 문제 $d=0.27$; Kjøbli & Bjørnebekk, 2013). 그러나 사회성 기술

사후 평가를 제외하고는 교사 평가는 어느 시점에서도 개입집단을 더 낮다고 평가하지 않았다.

PMTO 부모집단훈련은 RCT에서 치료 후 및 개입 종결 6개월 후에 평가되었다(Kjøbli, Hukkelberg, & Ogden, 2013). 총 137명의 아동(3~12세)과 그들의 부모는 집단훈련 또는 일반 서비스로 무선 할당되었다. 부모에 의하면 치료는 단기적·장기적으로 유익한 효과가 있었으나, 교사에 의하면 오직 단기적 효과만 있었고 추적 효과는 없는 것으로 나타났다. PMTO 집단의 부모는 치료 후 ECBI Intensity(Cohen's $d=0.42$)와 Problems 척도($d=0.34$)로 측정한 아동의 문제가 더 적다고 보고하였으며, 치료 6개월 후 시점에도 마찬가지였다(각 척도의 $d=0.47$과 0.31). PMTO는 HCSBS 외현화 문제에 치료 효과를 보였으며 효과크기는 치료 직후에 $d=0.15$(부모보고)와 $d=0.32$(교사보고), 추적 시점에는 $d=0.39$와 $d=0.26$으로 나타났다. 치료 집단의 아동은 HCSBS 사회적 유능성 척도에서 더 높은 점수를 받았으며, 효과크기는 치료 직후의 부모($d=0.57$) 및 교사($d=0.47$) 평정, 그리고 추적 시점에서 부모($d=0.38$) 및 교사($d=0.31$) 평정에서 비슷하게 나타났다. 종합하면 PMTO 집단치료는 사후 결과 변인 14개 중 8개에서 유의한 효과가 있었으며, 6개월 추적 시점에서는 14개 중 7개 변인에서 유의한 효과가 있었다(Kjøbli et al., 2013).

품행 문제가 있는 아동을 위한 8~10회기 단기 사회기술개인훈련(individual social skills training, ISST)에 대한 무선시행에서는 치료 직후와 개입 종결 6개월 이후에 효과성을 살펴보았다. 이 개입은 TIBR 모델에 통합된 부분으로 198명의 아동(3~12세)은 ISST 또는 평소와 같은 개입을 받는 조건으로 무선 할당되었다. 연구 결과, 두 조건에서 대부분의 결과지표에서 긍정적 변화가 나타났으며, 두 집단 간 차이가 유의하지는 않았다. 이는 아동의 품행 문제의 감소를 목표로 한다면 ISST로는 충분하지 않으며, 아마도 부모 개입과 함께 치료가 이루어지는 것이 좋으리라는 것을 제시하는 자료이다(Kjøbli & Ogden, 2014).

PMTO 소수민족 프로젝트(PMTO minority project)는 대기자 통제집단을 포함하는 RCT에서 검증이 되었으며, 소말리아와 파키스탄 출신의 어머니 96명과 그들의 자녀(3~9세)를 대상으로 PMTO가 어머니의 양육 행동과 아동의 행동에 미치는 효과성을 살펴보았다(Bjørknes & Manger, 2013). PMTO는 긍정적 양육 행동을 강화하였고($d=0.54$) 어머니가 평정한 아동의 품행 문제를 감소시키는 것으로 나타났으나[ECBI와 PDR(Parent Daily Report)의 종합점수 $d=0.32$], 교사 평정에서는 행동 변화가 보이지 않았다.

무선화되지 않은 조절변인 연구에서 PMTO로 치료받은 253명의 아동과 가정을 대상으로 ADHD가 행동 변화를 예측하는지를 살펴보았다. 이 중에서 97명의 아동은 ADHD 진단을 받은 것으로 나타났다(Bjørnebekk, Kjøbli, & Ogden, 2015). 치료를 시작하는 시점에서는 서로 달랐으나 두 집단, 즉 품행 문제(CP)와 품행 문제와 ADHD가 공존하는 집단(CP+ADHD)은 치료 후 동등한 정도의 행동 변화를 보였다. 그러나 비교집단이 없었기 때문에 CP와 ADHD가 공존하는 집단이 치료를 받지 않았거나 다른 치료를 받았을 경우 그 결과가 어떻게 나타났을지에 대해서는 확신할 수 없다. 아동이 ADHD가 있으면서 어머니가 높은 불안/우울을 보이거나 가정 수입이 낮은 경우, PMTO 치료 후 얻는 성과가 작은 것으로 나타났다. PMTO 이후 CP의 감소는 ADHD가 있는 아동과 없는 아동에서 동일한 크기로 나타났는데, 어머니의 우울이나 낮은 가족 수입이 존재하는 경우만 예외적이었다.

MST 연구

MST의 효과를 살펴본 한 무선할당 통제실험에서 치료 직후, 그리고 치료 등록 후 2년이 경과한 시점에서 보고한 결과들을 분석하였다. 이 연구는 프로그램 실행 첫해에 100명의 청소년(13~17세)과 그들의 가족을 대상으로 이루어졌다. 치료 후, MST는 일상 서비스와 비교해 청소년이 가정 밖의 시설로 이동되는 것을 더 많이 예방하였다(치료 후 외부시설로 옮긴 청소년은 MST가 58%, 일상 서비스가 91%). MST는 치료 종결 시점에서 경향성 수준에서 외현화 문제의 감소($p < .07$)와 내재화 문제의 유의한 감소($p < .03$)와 관련이 있었다. 또한 MST 집단은 비교집단에 비해 사회적 유능성이 증가하였으며($p < .05$), 일상 서비스를 받는 가족에 비해 MST 가족은 치료에 대해 더 긍정적으로 평가하였다($p < .07$; Ogden & Halliday-Boykins, 2004). 치료 등록 2년 후 실시된 추적 연구에서 MST는 연구에 참여한 4개 중 3개 현장에서 여전히 일상 서비스보다 효과적이었다. 효과크기는 청소년의 자기보고 비행(self-reported delinquency, SRD)에서 $d = 0.26$, 부모의 CBCL 평정에서 $d = 0.50$, 교사의 TRF 평정에서 $d = 0.68$이었다(Ogden & Amlund-Hagen, 2006).

프로그램 실시 후 두 번째 연도에는 참가자 집단에 걸쳐 MST 프로그램의 지속성을 알아보기 위해 두 번째 연도에 MST에 의뢰된 55명의 청소년과 첫 번째 연도의 평가에 참여했던 청소년을 비교하는 연구가 수행되었다(Ogden, Amlund-Hagen, & Andersen, 2007). 치료 등록 시점에서 가족과 함께 살고 있던 청소년 중, 두 번째 연도에 의뢰된 MST 청소년의 90%가 사후평가에서 여전히 가족과 같이 살고 있었던 반면, 첫 번째 연도에 일상 서비스를 받은 청소년은 60%만이 가족과 계속 사는 것으로 나타났다. 프로그램을 실시한 두 번째 연도의 임상적 결과는 첫 번째 연도의 성과와 비등하였으며, 반사회적 행동의 주요 지표들에 한해서는 오히려 더 우수하였다. 그러나 이 연구의 설계상 인과에 대한 추론은 불가능했다.

해외문헌과 일관되게 노르웨이 실무자들은 PMTO와 MST 같은 새로운 프로그램이 여아에 비해 남아의 위험 프로파일과 요구에 더 적합한 것인지에 대한 의문을 품었다. 이 질문에 답하기 위해 117명의 MST 청소년(이 중 여아 41명)을 대상으로 행동 변화에 있어서의 성별 차이를 살펴본 집단비교 연구가 이루어졌다(Ogden & Amlund-Hagen, 2009). 연구 결과, 남아는 여아에 비해 범죄와 가정폭력으로 의뢰되었을 확률이 높은 반면, 여아는 지위비행이나 약물사용으로 의뢰된 경우가 많았다. 주요 결과변인인 외부시설 배정이나 다양한 정보 제공자의 내재화 및 외현화 문제 종합점수에서는 유의한 성차가 나타나지 않았다. 연구 설계상 인과 추론은 불가능했지만, MST를 받은 여아와 남아의 행동 변화의 양은 동일한 것으로 나타났다(Kjøbli & Ogden, 2009 참조).

　　MST와 같은 가정중심 치료 프로그램으로 약물남용을 치료하는 것은 도전적인 과제였다. 이에 따라 미국 NIDA(National Institute on Drug Abuse)의 지원으로 미국 프로그램 개발자, NCCBD, 8개의 노르웨이 MST 팀의 공동 프로젝트로 임상 시행을 진행하였다. 이 시행에서는 MST에 수반성 관리 및 인지적 전략을 결합하여 청소년의 약물남용에 대한 효과를 살펴보았다(Holth, Torsheim, Sheidow, Ogden, & Henggeler, 2011). 이 연구의 목표는 MST에 통합된 집중적 품질보증체계의 결과로 치료자들이 행동 개입을 잘 준수하는지를 확인하는 것이었다. 8개의 팀은 '집중적 품질보증' 또는 '워크숍' 조건으로 구획 무선화되었으며, 41명의 대마초 남용 청소년과 그들의 가족이 치료에 참가하였다. 연구 결과, 치료 시간이 증가할수록 대마초 금욕이 증가하였다. 대마초 금욕은 수반성 관리를 잘 준수할수록 그 확률이 높았으나 품질보증 조건 간의 차이는 나타나지 않았다.

　　MST와 PMTO의 국가적 보급 후 10년이 경과한 시점에서 이 프로그램들의 시행 프로파일을 비교하기 위한 횡단 연구가 수행되었다(Ogden et al., 2012). 연구에 참여한 치료자, 지도감독자, 기관책임자 218명은 전화 인터뷰에서 '실행요소질문지(Implementation Components Questionnaire)'에 응답하였다(Fixsen, Panzano, Naoom, & Blase, 2008). 두 프로그램 모두 매우 구조화되고 일관적인 훈련 및 지도감독 절차를 확립하고 유지하였으며, 실행 유능성에서 높은 점수를 받았다. 기관 차원의 실행 평균 총점은 더 낮았는데, 이는 프로그램이 현지 서비스 체계에 잘 통합되지는 못했음을 의미한다. 치료자 자료를 보면 직무 경력이 짧고 젊은 치료자들과 3~4명의 잘 짜여진 전일제 팀에서 일한 MST 치료자들이 가장 높은 평정을 하였다. 이와 동등하게 PMTO 치료자 내에서는 이 프로그램에 80% 이상의 시간을 사용하고 기관 내에 최소한 2명의 프로그램 동료가 있는 경우에 평정이 높았다. 프로그램 경력 연수는 점수 평정에 영향을 미치지 않았으며, 치료자들의 프로그램 경력의 중앙값은 3년으로, 프로그램 직원들이 상당히 안정적으로 유지가 되었다는 것을 알 수 있다.

　　요약하면 노르웨이의 MST와 PMTO에 대한 RCT 연구의 일반적인 결과는 비록 사후평가에서 효과크기가 작았더라도 근거기반 프로그램이 상시 관리보다 우수하였다는 것을 보여주었다(표 22.1과 표 22.2 참조).

　　효과크기는 노르웨이에서 효과성 연구가 프로그램 도입 초기 단계에 이루어졌음을 감안해야 한다. 새로운 세대의 수정된 PMTO 개입(TIBIR)은 프로그램이 발전된 이후 시점에서 개발되고 시행되었다. 하나의 예외(Kjøbli & Ogden, 2014)를 제외하고는 수정된 개입은 PMTO와

표 22.1 PMTO와 TIBIR 연구의 특성과 결과

연구	표적 문제	표본 크기	설계	개입	통제조건	결과
Ogden & Amlund-Hagen (2008)	품행 문제	112	RCT(ITT)	PMTO	RS	평균 $d=0.15$
Amlund-Hagen, Ogden, & Bjørnebekk (2011)	품행 문제	75	추적 (TOT)	PMTO	RS	TRF : $d=0.12$ SSR-교사 : $d=0.29$ TAB : $d=0.17$
Bjørknes & Manger (2013)	품행 문제	96	RCT(ITT)	PMTO 집단치료	대기자 통제집단	CP 종합점수 : $d=0.27$ ECBI-문제 행동 : $d=0.27$ TRF : $d=0.11$
Hukkelberg & Ogden (2013)	품행 문제	331	예측	PMTO	없음	치료 충실성>치료 동맹
Kjøbli & Ogden (2012), 사전-사후 평가	품행 문제	216	RCT(ITT)	BPT	RS	평균 $d=0.37$
Kjøbli & Bjørnebekk (2013), 6개월 추적	품행 문제	216	추적	BPT	RS	평균 $d=0.31$
Kjøbli, Hukkelberg, & Ogden (2012), 사전-사후 평가 6개월 추적	품행 문제	137	RCT(ITT) 추적	PMTO 집단훈련	RS	평균 $d=0.37$ 평균 $d=0.39$
Kjøbli & Ogden (2014), 사전-사후 평가 6개월 추적	품행 문제	198	RCT(ITT) 추적	개인 사회기술 훈련	RS	NSG
Tømmeraas & Ogden (2015)	품행 문제	322	집단비교	PMTO	없음	NSG

주 : BPT-brief parent training, CP 종합점수-품행 문제 종합점수, ECBI-Eyberg Child Behavior Inventory, ITT-치료의도 분석, ES-효과크기, NSG-집단 차이 유의하지 않음, RCT-무선할당 통제실험, RS-일상 서비스, SSRS-social skills rating system, TAB-부정적 행동 총점, TOT-totally treated, TRF-Teacher Report Form

MST 임상 시행에 비해 더 큰 효과크기를 보였다. 그러나 최근 연구에서 효과크기가 증가했다고 하더라도 Cohen(1992)의 기준에 따르면 효과크기는 여전히 작은 범위에 머물렀다. 또한 연구들은 아동 · 청소년의 행동 개선보다는 양육 행동의 개선이 더 크다는 메타분석의 결과를 다시 한번 확인하였으며, 학교나 아동보육시설로의 일반화는 드물게 나타났다(Shirk & Karver, 2003; Weisz et al., 2013).

표 22.2 MST 연구의 특성과 결과

연구	표적 문제	표본 크기	설계	개입	통제조건	결과
Ogden & Halliday-Boykins (2004)	반사회적 행동	96	RCT	MST	RS	평균 $d=0.23$
Ogden & Amlund-Hagen (2006)	반사회적 행동	75	추적	MST	RS	SRD : $d=0.26$ CBCL : $d=0.50$ TRF : $d=0.68$
Ogden, Amlund-Hagen, & Andersen (2007)	반사회적 행동	105	집단비교	MST	RS	외현화와 내재화 종합점수에서 MST> RS
Holth, Torsheim, Sheidow, Ogden, & Henggeler (2011)	반사회적 행동, 약물남용	41	구획 무선화	MST 및 수반성 관리	일반적 MST	대마초 사용은 치료 시간에 따라 증가

주 : CBCL–아동행동 체크리스트, RS–외래진료와 입원관리를 포함한 일상 서비스, SRD–자기보고 비행, TRF–Teacher Report Form

국가 간 실행과 프로그램 검증

북미에서 과학적으로 검증된 개입 중 몇몇은 노르웨이에서도 동등한 효과가 있는 것으로 보인다. Fixsen 등(2008)이 권장하고 Gardner 등(Gardner, Montgomery, & Knerr, 2015)에서 검증된 바와 같이 초기에 프로그램은 원래 모델에서 큰 수정 없이 실시되었다. 프로그램이 노르웨이 맥락에 맞도록 일부 수정 작업이 필요했으며, 낮은 치료 이탈, 아동에 대한 고무적인 효과, 긍정적 사용자 평가 등은 프로그램이 각 가정의 요구와 상황에 적합하게 수행되었음을 의미한다. Ferrer-Wreder 등(2004)이 인터뷰한 유럽 실무자들에 의하면 국가 간 시행에서 가장 어려운 점은 시간 제약과 자금 지원의 부족 또는 개인적 에너지의 부족이었다.

이에 더해 실용성을 위해 개입은 다양한 맥락과 문화에 적용이 가능할 만큼 충분히 강력해야 한다. 노르웨이의 MST 치료자와 지도감독자는 소수민족을 치료에 참여시키는 데 별 어려움을 보고하지 않았는데, 이는 이 모델이 매우 맥락에 유연하게 적용 가능하여 각 가정의 문화적 요구에 맞출 수 있다는 것을 가리킨다(Ogden et al., 2008). 제법 눈에 띄는 문화적 차이 한 가지는 젊은 사람들이 어떻게 독립성을 발달시키는가에 대한 이해였다. 미국에서는 청소년이 무엇을 해도 되는지에 대한 결정을 할 때 부모가 더 많이 개입을 하는 반면, 노르웨이에서는 청소년은 이런 결정을 자신이 할 때가 더 많다. 이 주제는 PMTO 프로그램에서도 대두가 되었는데, 이때에도 마찬가지로 노르웨이의 가치관은 아동이 가혹한 훈육이나 처벌이 없이 스스로의 일상을 결정하고 자기주장을 하는 편을 강하게 지지하였다.

비록 노르웨이가 경험적으로 지지된 아동, 청소년, 가족을 위한 개입에 수용적이었다 할지라도 근거기반 치료를 시행하는 과정, 특히 초기에는 여러 도전과 논란이 있었다(Ogden et al.,

2005, 2009). 비판적 시각에서는 '관계'가 '증거'보다 더 중요하며, 실무자가 프로그램보다 더 중요해야 한다고 주장하였다(Fossestøl & Enehaug, 2008). 몇몇 실무자들은 전문적 자율성과 자유로운 방법 선택의 원칙을 위협한다는 이유로 매뉴얼에 따르는 접근을 반대하였다. 임상적 수준에서는 구체적이고 명백한 치료적 기술이 없다는 점 또한 문제였다. 실무자들은 역할극을 통해 임상적 기술을 배우고 훈련 상황과 치료 회기에 적용을 하도록 기대되었다. 그들은 또한 자신의 치료를 비디오로 녹화한 것으로 지도감독을 받거나(PMTO), MST에서 매주 집단 지도감독 및 자문을 받아야 했으며, MST에서는 주기적으로 치료자가 치료를 준수하고 있는지에 대해 가족이 피드백을 제공하였다. 그러나 우리가 알기로는 이러한 요구사항 때문에 훈련에서 이탈한 훈련자는 없었으며, 치료자들은 기술 지향적 접근과 치료 과정의 높은 투명성에 점차 적응해갔다.

몇몇 현장의 책임자들은 그들과 그들이 속한 기관에서 근거기반 실천(EBP)의 모집, 훈련, 지원을 위한 실무 규정을 확립하는 새로운 부담을 받아들일 준비가 되지 않았다. 그리고 지금도 여전히 현장 기관 및 지역 서비스의 책임자들이 EBP의 필요와 요구에 적절한 리더십을 수용한 정도에는 큰 차이가 있다. 또한 새로운 프로그램들은 아동과 청소년을 가정에서 분리시켜 장기간 기관이나 위탁 가정에 배치하는 전통적 전략과 대치되었다. 아동, 특히 청소년을 가정과 지역 환경에서 치료를 하는 것은 가족, 학교, 동네를 포함한 그들의 사회연결망에 더 큰 부담을 지우는 것이다. 그리고 일부는 여전히 소년범들을 가두는 것이 더 낫다고 주장한다(Ogden et al., 2008). 이것은 문제를 일으키는 아동에게 '무엇이 효과적인가'에 대한 논의만큼이나 정책적 논의이기도 하며, 우리는 이것이 노르웨이 사회에서 '처벌 또는 치료'에 대한 지속적 논의의 일부가 되기를 기대한다.

노르웨이의 PMTO 시행을 되돌아보며 Forgatch, Patterson, Gewirtz(2013)는 몇몇 실무자들이 시행의 요구사항을 따르는 데 정말 열의가 없었음을 되새겼다. PMTO 훈련 프로그램은 광범위하고 집중적이며 행동적 · 체계적 원리에 토대를 두었지만, 이는 여러 치료자들의 절충적 또는 역동적 이론적 접근에는 맞지 않았다. 이와 더불어 많은 기관장들은 구조화된 치료 프로그램을 시행하는 것을 낯설어했으며, 이미 존재하는 일상적 실무에 프로그램을 통합시키는 데에는 문제가 있었다. 일부는 새로운 프로그램의 소개가 일상적 실무를 암묵적으로 비판하는 것이라 간주하였으며, 시행 팀은 여러 차례 정보 제공 및 절충을 위한 활동에 참여해야 했다. 이 과정에 적용된 체계적 전략은 없었으며 그때그때 필요에 따라 정보 제공을 위한 회의, 이메일, 전화나 학술지 논문, 신문기사, 심지어 가용한 경우 TV 보도도 대응책으로 활용되었다.

많은 치료자들에게 전환점은 PMTO와 MST를 받은 부모가 그들의 가족과 아동에게서 일어나는 긍정적 변화에 대해 만족감을 표현한 것이다. 또한 반대나 저항이 새 프로그램들을 자발적으로 배우고 시행하려는 실무자의 수를 줄이지는 못하였다. 그리고 EBP의 관련성이나 가치를 의문시하는 일부가 존재했음에도 실무자들과 가족들의 긍정적 경험과 피드백이 반대와 비판과 균형을 이룬 것으로 보인다. 현장 기관들이 비용 부담을 위해 이미 가용한 자원을 바꿔야할 필요는 거의 없었다(Ogden et al., 2008). 정부 부처가 NCCBD를 통해 제공한 장기적인 경제적 지원은 프로그램의 충실성을 지속적으로 유지하고 치료자들의 교체를 감당하는 데 결정적이었다.

프로그램 개발자들과 노르웨이 시행 주제들은 모두 '핵심 요소'를 통제실험에서 가장 강력한 경험적 근거가 있는 것으로 정의하였다. 그리고 그것들은 노르웨이와 미국에서 동등하게 효과적인 것으로 보였다. 그러나 노르웨이 맥락에 맞춰 단어나 개념에서 일부 표면적인 변화가 있었다. PMTO에서는 '처벌'과 '훈육'의 개념이 부모와 치료자에게 잘 받아들여지지 않아 '부정적 결과'와 '한계설정'으로 바꾸었다. 저항이 있었던 또 다른 개념인 '타임아웃'은 결과적으로 '잠깐 쉬는 시간'으로 바뀌었다. 이러한 수정은 부모가 문제 행동에 대해 일관되고 간략하고 부정적인 제재를 사용한다는 PMTO 기저의 원리와 일관되었다. 현재의 PMTO 훈련 프로그램에서는 학교 요소가 강조되고 있으며, 여기에는 교사들이 행동관리에 더 참여하고 훈련받도록 하는 것이 포함되어 있다.

연구의 한계

개입 연구는 복잡하고 비용과 시간이 많이 든다. 이러한 이유 때문인지 MST와 PMTO가 소개되기 전에는 노르웨이의 아동·청소년 서비스와 관련해서 RCT가 거의 시행된 적이 없었다. 개입 연구의 독립적 수행을 위해 NCCBD의 연구자들은 치료자의 훈련이나 지도감독에 관여하지 않았을 뿐 아니라 치료를 받는 가정과도 직접 연락을 하지 않았다.

노르웨이와 미국은 근본적인 가치와 신념을 일부 공유하는데, 예를 들면 가족과 부모–자녀 관계 또는 교사–학생 관계가 어떻게 작동하는지 등이다. 그러나 국가 간 차이는 여전히 존재하는데, 일례로 비행을 보이는 아동·청소년이 노출되는 위험요인(빈곤, 폭력, 범죄율, 약물 및 총기 접근성 등)의 유형이나 정도가 다를 수 있다. 노르웨이는 청소년 사법제도가 존재하지 않으며, 범죄에 책임을 지는 연령이 미국에 비해 높다(노르웨이의 경우 15세). RCT에서 통상치료(TAU)를 받는 집단은 노르웨이보다 미국에서 더 심각하고 많은 개수의 위험요인에 노출되는 경우가 많다. 범죄율이나 약물사용이 높은 동네 등과 같은 스트레스 요인은 미국에서 더 흔하게 발견된다. 또한 노르웨이에서 MST의 비교집단인 일상 서비스는 과거 북미의 MST 연구에서 비교집단이 받았던 일상 서비스에 비해 더 포괄적이고 치료 요소를 많이 포함한다. 미국에서 '일상 서비스'는 보호관찰소 방문과 필요 시 사회복지 기관에 의뢰하는 것으로 구성될 때가 많다. 노르웨이의 일상 서비스는 광범위한 사회복지 서비스와 입원, 가정방문 서비스 등의 정신건강 치료를 포함한다.

향후 방향

국가 경계를 넘어 근거기반 프로그램을 구현하는 것은 다른 유럽 국가들의 연구자, 학자, 실무자들이 관심이 열렬한 주제 중 하나였다(Biglan & Ogden, 2008). 노르웨이의 경험은 다른 국가들이 대규모로 EBP를 실시하는 모델이자 영감이 될 수 있을 것이다. EBP를 선정하고 시행하는 것이 가능하며, 실행의 충실성을 보장하고 현지에 필요한 지원을 하기 위해 훈련과 역량평가에서 명확한 기준을 세울 수 있다. 정부 차원에서 훈련과 기술지원의 비용을 부담하고 기관 근무자들이 자발적으로 참여하게끔 하는 것은 유망한 전략이다. 연구는 EBP의 시행에서 통합되어야 하며 여러 프로그램과 개입을 비교하는 다면적 치료준수(multiallegiance) 연구이면 더욱 바람직하다. 선행 연구에서 큰 효과크기가 나타난 점이 낙관적이기는 하나 청소년의 품행 문제를 감소시키는 목표의 개입을 최적화하기 위해서는 추가적인 연구가 필요하다. MST를 시행한 초기 5년 동안 MST에 적합하지 않지만 여전히 고위험인 청소년은 MST와 같이 질적으로 우수한 치료를 받지 못하게 된다는 우려가 제기된 바 있다. 이를 위해 노르웨이에서 다음 2개의 프로그램이 더 소개되었다. 기능적 가족치료(functional family therapy, FFT; Alexander, Waldron, Robbins, & Neeb, 2013), 오리건 치료 위탁 보호(treatment foster care Oregon, TFCO; Chamberlain, 2003; Buchanan, Chamberlain, & Smith, 제11장 참조)가 그것이다. 이 프로그램들에 대한 평가는 현재 진행 중(FFT)이거나 계획 단계(TFCO)에 있으나 출판된 결과물은 아직 없다. 노르웨이의 임상 현장에서 EBP의 효과적인 사용을 늘리기 위해 불안, 우울, 외상, 품행 문제가 있는 아동 치료를 위한 모듈식 접근(MATCH; Weisz et al., 2012)에 대한 예비 연구가 2016년에 이루어졌다. MATCH는 특히 아동 정신건강 외래기관에서 동반이환과 치료 중 빈번히 발생하는 문제 및 요구의 변화를 다룰 수 있도록 고안되었다.

맺음말

현재 EBP의 실행과 검증은 15년이 넘게 지속되고 있으며 이로써 프로그램이 대서양을 건너서도 효과가 있는지에 대한 연구가 가능하였다. 국가적 차원의 시행 전략은 계획한 대로 이루어졌으며 지난 15년 동안 PMTO와 MST, 그리고 이 프로그램들의 수정은 높은 수준의 충실성과 지속 가능성을 보이며 구현되었다. 노르웨이의 경험을 통해 국가 차원에서 자생력 있는 실행기관을 설립하여 프로그램이 지속 가능하도록 안정화하고 지역, 주, 시 수준에서 치료의 충실성을 제고하는 등을 통해 실행 기반을 견고히 하는 것이 중요하다는 점이 강조된다.

노르웨이의 EBP의 장기적 지속 가능성과 효과성에 기여한 요인 중 (1) 국가적 시행을 위한 정치적·행정적 차원의 진정한 관심과 헌신, (2) 실무자 사이의 EBP에 대한 고조된 흥미, (3)

실행과 연구를 위한 자생적 국립 센터의 설립, (4) 실행과 연구 노력을 지원하는 프로그램 개발자의 역량, (5) 가족의 긍정적 평가와 언론의 긍정적 피드백이 가장 중요해 보인다(Ogden et al., 2009).

감사의 말

이 장에서 인용한 연구는 다음의 지원을 받아 수행되었다. Norwegian Government, Ministry of Children Equality and Social Exclusion, Ministry of Health and Care (including the following directorates: Barne-, ungdoms- og familiedirektoratet and Helsedirektoratet). National Institute on Drug Abuse [Grants Nos. K23DA015658, R01DA015844 (International Supplement)], Prevention Research Branch of the NIDA (Grant No. R01DA 16097), Division of Epidemiology, Services and Prevention Research, Prevention Research Branch of the NIDA (Grant No. P30DA023920).

참고문헌

Alexander, J. F., Waldron, H. B., Robbins, M. S., & Neeb, A. A. (2013). *Functional family therapy for adolescent behavior problems*. Washington, DC: American Psychological Association.

Amlund-Hagen, K., & Ogden, T. (2016). Predictors of changes in child behaviour following parent management training: Child, context, and therapy factors. *International Journal of Psychology*.

Amlund-Hagen, K., Ogden, T., & Bjørnebekk, G. (2011). Treatment outcomes and mediators of Parent Management Training: A one-year follow-up of children with conduct problems. *Journal of Clinical Child and Adolescent Psychology, 40*, 1-14.

Askeland, E., Apeland, A., & Solholm, R. (Eds.). (2014). *PMTO: Foreldretrening for familier med barn som har atferdsvansker* [PMTO: Parent training for families with conduct disordered children]. Oslo, Norway: Gyldendal Akademisk.

Biglan, T., & Ogden, T. (2008). The evolution of the evidence based movement. *European Journal of Behavior Analysis, 9*, 81-95.

Bjørknes, R., Jakobsen, R., & Nærde, A. (2011). Recruiting ethnic minority groups to evidence-based parent training: Who will come and how? *Children and Youth Services Review, 33*, 351-357.

Bjørknes, R., & Manger, T. (2013). Can parent training alter parent practice and reduce conduct problems in ethnic minority children?: A randomized controlled trial. *Prevention Science, 14*, 52-63.

Bjørnebekk, G., Kjøbli, J., & Ogden, T. (2015) Children with conduct problems and co-occurring ADHD: Behavioral improvements following parent management training. *Child and Family Behavior Therapy, 37*, 1-19.

Chamberlain, P. (2003). The Oregon Multidimensional Treatment Foster Care model: Features, outcomes, and progress in dissemination. *Cognitive and Behavioral Practice, 10*, 303-312.

Cohen, J. (1992). Statistical power analysis. *Current Directions in Psychological Science, 1,* 98–101.

Ferrer-Wreder, L., Stattin, H., Lorente, C. C., Tubman, J. G., & Adamson, L. (2004). *Successful prevention and youth development programs: Across borders.* New York: Plenum Press.

Fixsen, D., Panzano, P., Naoom, S., & Blase, K. (2008). *Measures of implementation components of the national implementation research network frameworks.* Chapel Hill, NC: Authors.

Forgatch, M. S. (1994). *Parenting through change: A programmed intervention curriculum for groups of single mothers.* Eugene: Oregon Social Learning Center.

Forgatch, M. S., & DeGarmo, D. S. (2011). Sustaining fidelity following the nationwide PMTO™ implementation in Norway. *Prevention Science, 12,* 235–246.

Forgatch, M. S., Patterson, G. R., & Gewirtz, A. H. (2013). Looking forward: The promise of widespread implementation of parent training programs. *Perspectives on Psychological Science, 8,* 682–694.

Fossestøl, K., & Enehaug, H. (2008). *Konservative byråkrater eller avantgardistiske byråkrater* [Conservative practitioners or avantgarde bureaucrats]. Oslo, Norway: Arbeidsforskningsinstituttet.

Gardner, F., Montgomery, P., & Knerr, W. (2015). Transporting evidence-based parenting programs for child problem behaviour (age 3–10) between countries: Systematic review and meta-analysis. *Journal of Clinical Child and Adolescent Psychology.* [Epub ahead of print]

Henggeler, S. W., Schoenwald, S. K., Borduin, C. M., Rowland, M. D., & Cunningham, P. B. (1998). *Multisystemic treatment of antisocial behavior in children and adolescents.* New York: Guilford Press.

Holth, P., Torsheim, T., Sheidow, A. J., Ogden, T., & Henggeler, S. (2011). Intensive quality assurance of therapist adherence to behavioral interventions for adolescent substance use problems. *Journal of Child and Adolescent Substance Abuse, 20,* 289–313.

Hukkelberg, S., & Ogden, T. (2013). Working alliance and treatment fidelity as predictors of externalizing problem behaviors in parent management training. *Journal of Consulting and Clinical Psychology, 81,* 1010–1020.

Kjøbli, J., & Bjørnebekk, G. (2013). A randomized effectiveness trial of Brief Parent Training: Six-month follow-up. *Research on Social Work Practice, 23,* 603–612.

Kjøbli, J., Hukkelberg, S., & Ogden, T. (2013). A randomized trial of Group Parent Training: Reducing child conduct problems in real-world settings. *Behaviour Research and Therapy, 51,* 113–121.

Kjøbli, J., & Ogden, T. (2009). Gender differences in intake characteristics and behavior change among children in families receiving parent management training. *Children and Youth Services Review, 31,* 823–830.

Kjøbli, J., & Ogden, T. (2012). A randomized effectiveness trial of brief parent training in primary care settings. *Prevention Science, 13,* 616–626.

Kjøbli, J., & Ogden, T. (2014). A randomized effectiveness trial of individual child social skills training: Six-month follow up. *Child and Adolescent Psychiatry and Mental Health, 8,* 31.

Ogden, T., & Amlund-Hagen, K. (2006). Multisystemic treatment of serious behaviour problems in youth: Sustainability of effectiveness two years after intake. *Child and Adolescent Mental Health, 11,* 142–149.

Ogden, T., & Amlund-Hagen, K. (2008). Treatment effectiveness of Parent Management Training in Norway: A randomized controlled trial of children with conduct problems. *Journal of Consulting and Clinical Psychology, 76,* 607–621.

Ogden, T., & Amlund-Hagen, K. (2009). What works for whom?: Gender differences in intake characteristics and treatment benefit of multisystemic therapy. *Journal of Adolescence, 32,* 1425–1435.

Ogden, T., Amlund-Hagen, K., & Andersen, O. (2007). Sustainability of the effectiveness of a programme of multisystemic treatment (MST) across participant groups in the second year of operation. *Journal of Children's Services, 2,* 4–14.

Ogden, T., Amlund-Hagen, K., Askeland, E., & Christensen, B. (2009). Implementing and evaluating evidence-based treatments of conduct problems in children and youth in Norway. *Research on Social Work Practice, 19,* 582–591.

Ogden, T., Bjørnebekk, G., Kjøbli, J., Patras, J., Christiansen, T., Taraldsen, K., et al. (2012). Measurement of implementation components ten years after a nationwide introduction of empirically supported programs—A pilot study. *Implementation Science, 7,* 49.

Ogden, T., Christensen, B., Sheidow, A., & Holth, P. (2008). Bridging the gap between science and practice: The effective nationwide transport of MST programs in Norway. *Journal of Children and Adolescence Substance Abuse, 17,* 93–109.

Ogden, T., Forgatch, M., Askeland, E., Patterson, G. R., & Bullock, B. (2005). Implementation of Parent Management Training at the national level: The case of Norway. *Journal of Social Work Practice, 19,* 317–329.

Ogden, T., & Halliday-Boykins, C. A. (2004). Multisystemic treatment of antisocial adolescents in Norway: Replication of clinical outcomes outside of the US. *Child and Adolescent Mental Health, 9,* 76–82.

Reid, J. B., Patterson, G., R., & Snyder, J. J. (Eds.). (2002). *Antisocial behavior in children and adolescents: A developmental analysis and a model for intervention.* Washington DC: American Psychological Association.

Shirk, S. R., & Karver, M. (2003). Prediction of treatment outcome from relationship variables in child and adolescent therapy: A meta-analytic review. *Journal of Consulting and Clinical Psychology, 71,* 452–464.

Solholm, R., Kjøbli, J., & Christiansen, T. (2013). Early initiatives for children at risk—Development of a program for the prevention and treatment of behavior problems in primary services. *Prevention Science, 14,* 535–544.

Tømmeraas, T., & Ogden, T. (2015). Is there a scale up penalty?: Testing attenuation effects in the scaling up of Parent Management Training in Norway. *Administration and Policy in Mental Health and Mental Health Services.* [Epub ahead of print]

Weisz, J. R., Chorpita, B. F., Palinkas, L. A., Schoenwald, S. K., Miranda, J., Bearman, S. K., et al. (2012). Testing standard and modular designs for psychotherapy treating depression, anxiety, and conduct problems in youth: A randomized effectiveness trial. *Archives of General Psychiatry, 69,* 274–282.

Weisz, J. R., Kuppens, S., Eckshtain, D., Ugueto, A. M., Hawley, K. M., & Jensen-Doss, A. (2013). Performance of evidence-based youth psychotherapies compared with usual clinical care: A multilevel meta-analysis. *JAMA Psychiatry, 70,* 750–761.

CHAPTER 23

뉴질랜드 근거기반 치료를 위한 국립센터의 아동·청소년 심리치료의 시행과 검증

Sally N. Merry, Karolina Stasiak, Bronwyn Dunnachie,
Tania Anstiss, Mathijs Lucassen, Tania Cargo

웨리센터의 소개

뉴질랜드 오클랜드에 위치한 웨리 유아·아동·청소년 정신건강센터는 오클랜드대학교의 정신의학 교수인 John Werry의 이름을 따서 지었다. 1990년대 Werry는 대학에 기반을 두고 있는 웨리센터의 비전은 건전한 과학적 근거에 기초한 연구와 교육을 통해 우수한 아동·청소년 정신건강 서비스를 지원하는 것이라고 명시하였다. 웨리센터는 460만 명에 달하는 뉴질랜드인을 대상으로 한다. 약 70%는 유럽인, 약 15%는 토착 마오리인, 9%는 아시아 출신, 7%는 태평양 섬의 비마오리인 주민들이다. 토착민인 마오리인들은 와이탕기 조약(Durie, 2011)에 의해 보호받는 지위와 권리를 가지고 있음에도 불구하고 이들과 다른 소수 집단은 건강, 교육, 사회경제적 측면에서 불이익을 겪고 있다(Durie, 2011). 센터의 사명 중 하나는 마오리 젊은이들에게 특별히 관심을 기울여 정신건강 치료와 관련된 불평등 문제를 해결하는 것이다.

　고등교육기관이 제공하는 것이 이상적인 국가 훈련 프로그램의 제공을 포함해, 뉴질랜드의 정신건강을 개선하기 위한 정부의 많은 노력은 웨리센터가 발전하는 데 원동력이 되었다. 웨리센터는 2003년 오클랜드대학교의 와이파파 마래(마오리 만남의 집)에서 시작되었다. 센터는 뉴질랜드에서 유아·아동·청소년의 정신건강을 증진시키기 위한 목적으로 국가적인 관심을 가지고 설립되었고, 다음과 같은 일은 한다.

- 아동·청소년의 정신건강에 관한 연구를 뒷받침한다.
- 정신건강 전문가에게 양질의 교육을 제공한다.
- 우수한 유아·아동·청소년 정신건강 서비스 개발 지원을 위한 전문가 조언을 제공한다.
- 아동·청소년 정신건강 인력을 전국적으로 지원한다.

처음에는 센터가 작았다. 많은 곳에서 자금을 지원받았고 현재 센터 인력은 임상과 연구를 모두 하는 아동·청소년 정신과 의사, 심리학자, 간호사 및 기타 관련 보건 전문가, 정책 개발 및 서비스 기획에 전문 지식을 가진 사람들을 포함해 30명이 넘는다. 아동 및 가족 소비자 고문과 마오리 및 태평양 문화 고문도 팀의 일원이며 모든 프로젝트에 의견을 제시한다.

국가 전체에 효과적인 치료를 도입하는 것을 지원하려면 전략적인 접근이 필요하다. 우리는 잠재적 장벽 중 일부를 해결하기 위해 다음과 같은 내용을 포함하는 체계를 제시했다.

- 효과적인 치료법을 확인하기 위해 체계적인 접근을 취한다.
- 세계의 다른 지역에서 개발된 근거기반 치료를 뉴질랜드의 맥락에서 그리고 때로는 뉴질랜드 인구의 특수한 필요에 맞추어 조정해서 검증한다.
- 새로운 치료를 개발하고 검증한다.
- 근거기반 치료의 프로파일을 늘린다.
- 뉴질랜드 아동·청소년에게 가장 많은 이익을 줄 수 있는 치료의 훈련과 시행을 지원하기 위한 인프라를 개발한다.
- 전국의 아동·청소년 정신건강 서비스와의 관계를 발전시켜 근거기반 치료의 시행을 장려한다.
- 정신건강 문제가 있는 아동·청소년에게 우수한 서비스를 제공한다는 공동 목표로 여러 정부 부처와 긴밀히 협력한다.
- 적절한 조치가 취해지지 않을 때는 아동·청소년 정신건강에 대한 요구를 주창한다.

웨리센터가 다루는 임상 문제의 개요

많은 역학 및 종단 연구가 전국의 젊은이들이 직면한 정신건강 문제에 대한 추정치를 제공했다(McGee, Feehan, Wilams, & Anderson, 1992; Fergusson & Horwood, 2001; Fleming et al., 2014).

확인된 문제들 중에서 심각한 우울 증상이 특히 흔했는데, 중학교 남학생은 8.6%, 여학생은 16.2%였다(Fleming et al., 2014). 뉴질랜드 연구에 따르면 청소년의 4분의 1만이 치료를 받는 것으로 나타났다(Fergusson, Horwood, & Lynskey, 1993; Mariu, Merry, Robinson, & Watson, 2011). 게다가 뉴질랜드는 우울증이 주요 위험요소 중 하나인 청소년 자살률이 비교적 높다(Beautrais et al., 2007). 우울증은 사회(Murray & Lopez, 2013)와 개인(Fergusson & Woodward, 2002)에게 가장 큰 비용을 치르게 하는 장애 중 하나이다. 아동의 약 5~8%가 불안 문제를 갖고 있을 정도로 이 문제는 흔하며(Anderson, Williams, McGee, & Silva, 1987), 불안은 우울장애를 공존병리로 갖는 경우가 매우 흔하다(Woodward & Fergusson, 2001). 자연 재해, 특히 2010년 11월 뉴질랜드의 크라이스트처치에서 일어난 지진으로 불안 문제를 해결해야 한다는 비판이 커졌다.

뉴질랜드 아동의 심각한 행동 문제와 품행 문제 비율은 심각한 사회 문제로 인식되어 왔는데, 이 문제들은 아동의 교육적 성취, 정서, 사회 복지에 큰 영향을 미치고 있다. 아동의 5~10%가 행동 문제와 품행 문제를 갖고 있으며(McGee et al., 1992; Fergusson & Horwood, 2001), 마오리 아동은 그 비율이 더 많다. 행동 및 품행 문제를 줄이거나 예방하기 위한 조기 개입은 장기간에 걸쳐 사회에 엄청난 비용 절감 효과가 있다는 증거가 있다(Fergusson, Boden, & Hayne, 2011). 부모교육 프로그램을 제공하는 데 드는 비용으로 사회적 비용이 10배나 감소할 수 있다는 증거가 있다(Scott, 2007).

뉴질랜드에서의 높은 유병률과 정서장애 및 파괴적 행동장애의 영향을 고려할 때, 이 문제들은 웨리센터의 주요 관심사이다. 그러나 웨리센터에는 섭식장애, 자폐스펙트럼장애, 외상후 스트레스장애 및 조기 정신증을 가진 사람들을 돕기 위해 고안된 다른 프로그램들도 많다. 웨리센터는 심리적인 문제를 가장 잘 치료할 수 있는 치료를 찾아 훈련 기회를 제공한다(자세한 내용은 www.werrycentre.org.nz 참조).

전국에 걸쳐 아동 · 청소년 정신건강을 변화시키기 위한 열망

의학연구소(Institute of Medicine)는 건강 증진에서 예방, 조기 개입, 치료 및 재활에 이르기까지 인구 전체의 건강 수요를 해결하기 위한 종합적인 모델을 제시했다(O'Connell, Boat, & Warner, 2009). 의학연구소는 한 스펙트럼 전반에 걸친 개입을 제공하고, 다양한 수준의 심각도를 다루며, 문제의 발병을 예방하는 개념을 통합한 '단계별 관리' 접근을 취하고 있다. 단계별 접근은 뉴질랜드 젊은이들의 흔한 정신건강 문제를 다루고 근거기반 심리치료를 제공할 수 있는 능력과 역량을 향상시키는 데 유용한 체계를 제공한다. 직원들에게 충분한 정보를 제공하기 위해 영국 국립보건임상연구원(NICE, www.nice.org.uk)이 작성한 개관 논문과 미국 아동 ·

청소년 정신의학회가 개발한 치료 권고안 같은 자료를 사용했고, Cochrane[1](www.cochrane.org) 과 협력해서 자체적으로 체계적인 검토와 메타분석을 실시하였다.

우울증과 불안에 대한 개입

2개의 초기 웨리센터 메타분석이 젊은이들의 우울증에 대한 우리의 작업을 만들었다. 첫 번 째로, 젊은이의 우울장애에 대한 두 가지 1차 치료 중 하나로 항우울제를 추천하지만 플루옥 시틴만이 증상 완화에서 위약보다 분명히 더 효과가 있는 것으로 나타났다(Hetrick, Merry, McKenzie , Sindahl, & Proctor, 2007). 두 번째는 우울 예방 프로그램에서 수많은 연구의 제한 점들을 확인했는데, 비록 그 단계에서 우울 예방 프로그램의 광범위한 도입을 보증하는 증거는 없었지만 예방 프로그램은 전망이 있었고 추가 연구가 이루어진 경우였다(Merry, McDowell, Hetrick, Bir, & Muller, 2004).

증거에서 한계가 있음에도 불구하고, CBT는 우울과 불안을 포함한 정서장애에 권장되는 주 요 심리치료 중 하나이다(Klein, Jacobs, & Reinecke, 2007; Kendall, Crawford, Kagan, Furr, & Podell, 제2장; Franklin, Morris, Freeman, & March, 제3장; Rohde, 제4장 참조). 센터의 업무 프로그램은 우울의 발병을 예방하고 혁신적인 접근 방식을 통해 치료에 대한 접근성을 높이고 CBT 훈련을 받은 치료자 수를 늘려 CBT에 기반을 둔 개입을 개발하고 검증하기 위한 계획을 포함하고 있다.

품행 문제를 위한 개입

아동기 초반과 중기의 품행 문제에 대한 개입 중 근거가 가장 확실한 것은 부모관리훈련 프 로그램들이다(Furlong et al., 2012; Forgatch & Gewirtz, 제6장; Zisser-Nathenson, Herschell, & Eyberg, 제7장; Webster-Stratton & Reid, 제8장; Kazdin, 제9장; Sanders & Turner, 제25장; Fried & Fisher, 제26장 참조). 연구 결과, 부모관리훈련 프로그램들은 아동의 나이 증가와 함께 효과가 감소하지만, 3~7세 아동에게 가장 성공적이었고 이 치료를 받은 아동의 품행 문제 비 율은 80%까지 감소하였다(Fergusson et al., 2011). 최근의 메타분석에 따르면 부모교육은 부모 평정(효과크기=0.53)과 독립적인 평정(효과크기=0.44)에서 아동의 품행 문제와 혹독한 훈육 이 통계적으로 유의하게 감소한 것으로 나타났다(부모보고 효과크기=0.77, 독립적인 보고 효 과크기=0.42; Furlong et al., 2012).

부모훈련 프로그램이 비용 대비 효과가 크다는 의견이 있다. 28세가 될 때까지 품행장애가

---

[1] 역자 주 : 의료 전문가, 환자, 정책 입안자가 직면한 보건 치료에 대한 근거기반 선택을 촉진하기 위해 의료 연구 결과를 조직화하고자 설립한 비영리 비정부기구

있는 개인에게 드는 비용은 이 장애가 없는 사람에게 드는 비용의 약 10배로 추산되는데, 2005년 품행장애가 있는 개인에게 드는 평균 비용은 124,642달러였다(Dretzke et al., 2005). 부모교육 프로그램을 제공하는 비용은 2005년 한 가족당 1,120달러에서 6,834달러로 추산되며, 최근 메타분석에서는 대략 2,500달러로 계산되었다(Furlong et al., 2012). 부모교육 프로그램을 번역해서 다른 나라에서 시행할 때 성공하기 위해서는 신중히 고려해야 할 점들이 있음에도 불구하고, 경험적으로 지지를 받은 양육 개입 프로그램은 개발국 외의 다른 나라들에서도 유익한 효과가 있었다(Gardner, Montgomery, & Knerr, 2016).

웨리센터가 시행하고 검증한 치료 프로그램의 특징

웨리센터는 개입 프로그램을 개발할 때, 마오리인들을 위한 '문화적 적합성'을 특별히 강조한다. 마오리인들에게 적절한 개입이 되도록 종종 프로그램을 개선한다. 센터에서 지키는 핵심 원칙은 다음과 같다. 협력해서 작업을 하고 관계를 구축하는 데 시간을 들이는 것을 중요시한다. 마오리 사람들의 독특한 세계관을 인정하고 존중한다. 핵심 프로그램의 내용, 역량과 문화에 대한 지식, 기술을 하나로 엮는 개념을 취한다. 구체적인 개선사항은 다음 설명에 나와 있다.

인지행동치료

우울증의 예방

우울증의 예방이 앞으로 조사할 가치가 있는 전략임을 확인한 후, 호주에서 개발한 유망한 우울증 예방 프로그램인 RAP(Resourceful Adolescent Program)를 평가하기 위한 기금을 확보했다. 이 프로그램은 학교에서 널리 시행될 수 있도록 제작되었다. 개입을 하지 않는 프로그램과 비교한 코호트 연구에서 얻은 초기 자료를 분석한 결과는 고무적이었는데, 개입을 한 집단은 치료 후와 10개월 뒤 추적 조사에서 우울 증상과 무망감이 유의미하게 더 줄었다(Shochet et al., 2001).

RAP 모델은 인지행동치료와 대인관계치료의 원리를 기초로 하고 있다. RAP은 매주 고등학생 수업시간에 지침서를 따르는 구조화된 11회기를 제공한다. 호주 프로그램을 토대로 'RAP-Kiwi'를 만들었고, RAP-Kiwi는 마오리 사람들과 뉴질랜드 청소년 모두에게 적합한 것으로 확인되었다. 전체적인 구조는 유지하였으나 각 회기마다 영어와 마오리어 제목을 사용했고, 그래픽을 다양한 인종의 뉴질랜드 젊은이를 묘사한 만화로 바꾸었으며, 뉴질랜드 젊은이들과의 관련성을 더 높이기 위해 일부 활동의 초점을 변경했다. 치료기간이 같고 겉으로는 유사해 보이나 CBT와 대인관계치료의 내용은 전혀 포함하지 않은 재미에 중점을 둔 위약 프로그램을 제작했다. 한 가지 예가 문제해결을 가르치는 것이다. 적극적인 개입에서는 학생들에게 해결해야 할 문제를 제시하고 문제해결 전략을 가르친다. 위약 프로그램은 학생들에게 동일한 연습문제를 제시하지만 문제해결 전략은 전혀 가르치지 않는다.

2개의 중학교에서 단일 맹검 무선할당 통제실험(N=394)을 실시했다. 피험자들의 문화적 배경이 2개이기 때문에, 마오리 학생들을 대상으로 프로그램의 효율성을 평가하기 위해 마오리 학생을 더 많이 표집하였다(표 23.1 참조). 교사가 시행한 보편적인 우울증 예방 프로그램이 우울 증상을 단기간에 감소시키는 데 효과적이었지만 추수 조사에서는 보다 모호한 결과가 나왔다. 개입 직후 우울 점수는 RAP-Kiwi가 위약보다 유의하게 감소했다. 18개월에 걸친 우울 평균 점수에서 집단 차이는 레이놀즈 우울척도(Reynolds Adolescent Depression Scale; Reynolds, 2010)에서는 유의했으나, 벡 우울척도 II(Beck Depression Inventory-II; Beck, Steer, & Brown, 1996)에서는 유의하지 않았다. 효과크기는 작았으나, 범주형 분석 결과 잠재적으로 유의한 임상적 이득을 확인했는데, 절대 위험도가 3% 감소했고(p=.03), 단기 이득을 위해 '치료할 필요가 있는 수'는 33명으로 나타났다(Merry, McDowell, Wild et al., 2004).

잠재적인 긍정적 결과에도 불구하고 벡 우울척도상의 모호한 결과, 우울장애의 유병률 감소라는 명확한 증거의 부재, 연구 참여 교사의 다소 부정적인 의견이 있어 RAP-Kiwi를 전국에 시행하는 것은 시기상조라고 결론지었다. 이러한 신중한 접근은 이후에 효과성 연구에서 입증되었는데, RAP 프로그램의 효과를 보여주는 데 실패한 연구가 있고(Harnett & Dadds, 2004), 잠재적으로 해를 끼칠 수도 있다고 제안한 연구도 있다(Stallard et al., 2012). 이러한 발견은 유익하며 '향후 방향'에서 최신 메타분석에 비추어 더 자세히 논의하겠다.

e-치료를 이용한 우울증 치료

우울증과 불안의 유병률에도 불구하고 정신건강 서비스에 대한 다양한 접근 및 정신병/정신건강과 관련된 낙인을 포함하는 여러 장벽들로 인해 뉴질랜드 사람들이 CBT와 같은 근거기반 심리치료에 접근하는 것은 쉽지 않다(Booth et al., 2004; Mariu, Merry, Robinson, & Watson, 2011).

컴퓨터를 사용한 치료는 흔한 정신건강 문제에 도움을 줄 수 있는 기회를 제공하기 때문에 2003년에 세계 최초로 전산화된 청소년 CBT(computerized CBT, cCBT) 프로그램인 'The Journey'를 개발했다. CBT가 제공하는 내용들을 청소년에게 최대한 호소력 있게 하고자 동영상, 양방향 소게임, 최소한의 글을 사용해서 프로그램을 만들었다. 예비 연구에서 집단 간 효과크기는 1.7로 효과적인 것으로 나타났으나(Stasiak, Hatcher, Frampton, & Merry, 2014), 프로그램을 사용한 청소년들은 프로그램이 좀 더 양방향적이고 게임 같기를 원한다고 보고하였다.

웨리센터는 SPARX(Smart, Positive, Active, Realistic, X-factor thoughts)라는 CD-ROM 기반

의 cCBT 게임 프로그램을 개발했다. SPARX는 대화형 3차원 판타지 게임 형식을 사용했다. SPARX는 7개의 순차적인 모듈(수준)로 구성되어 있으며, 각 모듈을 마치는 데 20~30분 정도 걸린다. 내용은 대인관계 기술 계발 및 마음챙김의 요소를 갖춘 핵심 CBT 전략을 담고 있다. 각각의 모듈은 서로 다른 '지역'에 배치되며, 청소년이 다루어야 하는 기술들을 담고 있다. 예를 들어, 인지 왜곡을 '사람을 빠뜨려' '늪 지역'에서 괴롭히는 GNAT(Gloomy Negative Automatic Thoughts, 우울한 부정적인 자동적 사고)로 제시한다.

청소년 및 문화 고문과 여러 번 공동 설계하는 과정을 거쳐 가장 중요한 게임 내러티브를 만들고 청소년이 문화적으로 수용할 수 있도록 디자인의 특징을 신중하게 고려했다. 예를 들어, 뉴질랜드의 주요 인종을 대표하는 아바타가 있어서 청소년이 선택할 수 있으며, 판타지 세계 속의 디자인 요소들은 가르침을 상징하는 뉴질랜드의 토착 조류인 희망의 새와 같은 마오리인의 상징과 관련된 것들을 많이 포함하고 있다(Fleming, Dixon, & Merry, 2012; Lucassen et al., 2013).

대규모의 무작위 대조 열등성 실험에서 주로 면대면 상담으로 이루어지는 통상치료(Merry et al., 2012)와 비교해 SPARX가 효과가 있는 것으로 나타났다. 주류 교육에서 제외된 청소년을 대상으로 한 더 작은 규모의 실험에서 SPARX는 이 고위험군에게 효과적이고 수용 가능한 것으로 나타났다(Fleming, Dixon, Frampton, & Merry, 2012). 레즈비언, 게이, 양성애자와 같은 성 소수자 청소년(Lucassen, Merry, Hatcher, & Frampton, 2015)과 마오리 청소년(Shepherd, 2011)을 대상으로 한 공개 실험 결과, 프로그램의 집단 내 효과크기가 0.8~1.49로 나타나 SPARX가 이들 집단에도 수용 가능하다는 것이 더욱 지지를 받았다(표 23.1 참조).

CD-ROM 버전은 온라인 플랫폼으로 옮겨졌고 청소년을 위한 환자 건강 질문지(Patient Health Questionnaire for Adolescents, PHQ-A; Johnson, Harris, Spitzer, & Wiliams, 2002)가 게임 인터페이스에 내장되어 지속적인 모니터링이 가능해졌는데, 웹에서 수집한 자료를 사용해 순응도를 모니터링할 수 있다. 이러한 작업은 뒤따를 전국적인 시행을 준비한 것이다(다음 시행 부분 참조).

부모관리훈련 프로그램

2007~2012 품행장애/심각한 반사회적 행동을 위한 부처 간 계획(Ministry, 2007)은 부모관리훈련 접근법이 아동의 심각한 행동 및 품행 문제를 해결하는 핵심 요소임을 확인했다. IY(Incredible Years) 부모 프로그램(Webster-Stratton & Reid, 제8장 참조)이 성공적임을 확인할 수 있는 강력한 증거들이 있다(Menting, de Castro, & Matthys, 2013).

지난 10년 동안 뉴질랜드 보건교육부는 웨리센터와 계약을 맺고 '훈련자 훈련하기' 모델을 사용해 IY 부모 프로그램을 제공하고자 유아·아동·청소년 정신건강(ICAMH) 인력을 지원하

표 23.1 우울증에 대한 개임을 평가하고자 수행한 연구의 요약

프로그램/게임	연구	대상, 장면, 방법 (N=연구 또는 치료 시 각 시점의 피험자 수)	내용, 형식 및 회기의 수/길이	처치/통제 (N=자료 분석에 포함된 피험자 수)	주요 발견	효과크기	추가 정보
			무선할당 통제실험				
RAP-Kiwi	Merry, McDowell, Wild, et al. (2004)	대학 표본 : 고등학교 청소년(13~15세), N=392	CBT 기반, 지침서에 근거한, 교사 주도 집단 프로그램(뉴질랜드 아동·청소년과의 관련성을 고려한 그래픽). 주 1회, 11회기, 45분	기간/형식을 일치시킨 위약 통제. 중재 N=185, 통제 N=207	중재 후 자기보고 우울 점수는 위약 집단보다 유의미하게 낮음(2개의 우울 측정치 중 하나의 측정치에서 18개월 후 조사 시까지 지속)	중재 후 RADS의 Cohen's $d=0.24$ 18개월 후 RADS의 Cohen's $d=0.08$ BDI-II에서의 부적 효과 크기($d=0.11$; 즉 위약 선호)	
The Journey	Stasiak et al. (2014)	학교 상담자에게 우울증에 대한 도움을 받으려는 청소년(13~18세), N=34	CBT 기반, 동영상과 양방향 연습이 가능한 컴퓨터 이용 중재. 모듈 7개, 각 20~30분	기간/형식을 일치시킨 위약 통제 컴퓨터 프로그램. 중재 N=17, 통제 N=17	개입집단은 개입 후 우울 CDRS-R로 측정한 아 울 증상이 유의하게 감소	개입 후 CDRS-R의 Cohen's $d=1.7$	예비, 타당성 연구
SPARX	Merry et al. (2012)	심각한 우울 증상으로 도움을 받으려고 임상 서비스를 찾은 청소년(12~19세), N=187	CBT 기반, 대인관계 및 마음챙김 전략을 사용한 컴퓨터 이용 개입. 모듈 7개, 각 20~30분	주로 면대면 상담으로 이루어지는 통상치료 (TAU). 개입 N=94, 통제 N=93	SPARX는 ITT 분석을 사용해 및 CDRS-R 및 RADS-2 로 측정한 우울 증상을 줄이는데 TAU보다 못하지 않았다(3개월간 효과가 지속)	Cohen's $d=0.3$ (ITT 분석을 사용한 CDRS-R에서)	비열등성 설계

표 23.1 우울증에 대한 개입을 평가하고자 수행한 연구의 요약(계속)

프로그램/개입	연구	대상, 장면, 방법 (N=연구 또는 치료 시 각 시점의 피험자 수)	내용, 형식, 방법 회기의 수/길이	처치/통제 (N=자료 분석에 포함된 피험자 수)	주요 발견	효과크기	추가 정보
SPARX	Fleming, Dixon, Frampton, et al. (2012)	전체 학생에게 제공(대안교육 장면, 즉 주류 교육에서 제외된 환경들)(12~16세). N=32		대기 통제. 개입 N=22, 통제 N=10	CDRS-R과 RADS-2에서 SPARX가 통제집단에 비해 유의하게 더 크게 감소	CDRS-R에서 Cohen's $d=1.19$(저자에게 얻은 자료로 추정)	
			공개 실험				
SPARX	Lucassen, Merry et al. (2015)	심한 우울 증상을 가진 성 소수 청소년(예: 레즈비언, 게이, 양성애 청소년)(13~19세). N=21	위와 같으나 내용은 '레인보우'판으로 개정(예: 이성애자의 커플 힘과 '커밍아웃'과 관련된 문제해결을 다루기 위한 내용)	통제집단 없음	개입 후 우울 증상이 유의하게 감소하고 효과가 3개월까지 지속	CDRS-R의 사전-사후 효과크기 $d=1.01$	거의 모든 참가자($n=19$, 90.5%)가 적어도 개입의 절반을 완수
SPARX	Shepherd (2011)	오클랜드 지역의 두 중등학교에서 우울 증상이 심한 마오리 학생(12~19세). N=7	SPARX 정규판	통제집단 없음	개입 후에 우울 증상이 유의하게 감소하고 효과가 3개월까지 지속	CDRS-R의 사전-사후 효과크기 $d=1.49$	보고된 만족도 수준이 높음

주: BDI-벡 우울척도, CDRS-R-아동 우울 평정 척도 개정판, ITT-치료 의향, RADS-레이놀즈 청소년 우울척도

는 일을 했다. 프로그램 개발자와 상의해서 마오리인들의 세계관을 통합하고 자원들을 마오리 언어로 번역하고 마오리 지도자의 문화적 지원을 강화한 회기들로 진행하는 일련의 프로그램 개선이 이루어졌다. 확대가족 관계망의 중시는 이러한 개선의 핵심적인 부분이었다.

문화적으로 안전한 환경을 제공하고, 개방적이고 정직한 토론 기회를 제공하며, 문화적 지식과 프로그램 지식 사이의 접점을 탐색할 수 있는 안전하고 보장된 기회를 마련하는 것이 특히 중요하다. 문화적 가치를 존중하는 프로그램에 대한 마오리인들의 초기 의견은 매우 긍정적이었다(Pipi & Paipa, 2013). 이 성공에 힘입어 태평양 지역의 주요 언어 중 4개어(사모아, 톤간, 쿡아일랜드마오리, 니우에인)로 번역한 자료를 비롯해 태평양 지역사회를 위한 문화적 가치를 존중한 프로그램 시리즈를 더 개발하였다.

교육부에서 제공한 자료를 사용해 IY 부모 프로그램 기본형의 효율성과 문화 수용 가능성을 평가하기 위한 예비 연구를 수행하였다. 최소 9회기 동안 프로그램에 참석한 214명의 부모 응답 자료를 수집하였다. 이 프로그램은 효과적이었다(집단 내 효과크기는 0.50~0.77). 연구의 참석 유지율은 98%였다. 즉각적인 효과는 마오리인과 비마오리인 간에 유사했다. 프로그램에 대한 부모 만족도는 높았으며, 마오리와 비마오리 부모는 비슷한 수준의 만족도를 보고했다. 그러나 추적 조사에서 전체 아동 행동 결과 측정치에서 마오리 아동과 비마오리 아동의 부모 응답 간에 작지만 통계적으로 유의미한 차이가 나타났다($p=.025$). 이 결과는 마오리인 가족을 위한 IY 프로그램의 혜택을 유지하는 데 특별한 어려움이 있을 가능성을 시사한다(Fergusson, Stanley, & Horwood, 2009).

모델 프로그램의 국가 간 교차 시행 및 검증

뉴질랜드의 보건 서비스는 대부분 지역 보건위원회(District Health Board, DHB)가 자체적으로 기금을 지원하고 관리한다. 뉴질랜드의 전문가 ICAMH 서비스는 DHB 구조 내에 있으며 소아정신과 의사, 간호사, 관련 보건 전문가로 구성된 다학제 팀이 서비스를 제공한다. 이 서비스는 2차 수준의 서비스인데, 예를 들면 일반 개업의가 제공하는 서비스인 1차 보건 서비스와 급성 입원 서비스와 같은 3차 수준 서비스의 중간 단계이다. 정부는 예방 보건 서비스뿐만 아니라 치료 제공 실적에 대한 방대한 기록을 갖고 있다.

뉴질랜드의 광범위한 공중 보건 인프라에도 불구하고 아동·청소년 및 가족에게 정신건강 서비스를 제공하는 데는 여러 가지 어려움이 있다. 지역에 따라 서비스 제공에 차이가 있으며, 보건의료 자금을 효율적으로 사용하는 것으로 잘 알려져 있지만 ICAMH 서비스 지원금은 매우 적다(OECD, 2011).

1998년 뉴질랜드 정부는 정신건강 서비스의 개선을 위해 인구의 3~5% 정도 되는 아주 가난한 아동과 청소년을 대상으로 2차 정신건강 서비스를 이용할 수 있는 기준을 수립했다. 초기에는 서비스에 접근하는 비율이 적었고 정신건강 문제의 심각도는 높았다. 임상심리학(Lambie & Stewart, 2010)을 포함해 현장에서 일하는 보건 전문가(Lucassen, Robinson, & Merry, 2007)를 위한 구체적인 아동 · 청소년 정신건강 교육은 거의 없었다. 서비스 업무가 까다롭고 서비스가 부족하며 경험이 없고 학사학위를 가진 보건 전문가들은 필요한 업무를 수행하는 데 필요한 기술을 갖추지 못해 근거기반 치료에 대한 접근성이 떨어졌다. 이 문제를 해결하기 위한 많은 시도가 있었다.

SPARX의 전국적인 시행

정신건강 서비스 제공 인력이 부족한 경우에 기술을 이용한 근거기반 치료를 제공하는 것은 서비스에 대한 접근성을 높이는 한 가지 방법이다. 2012년 뉴질랜드 총리는 우울증을 치료하기 위한 e-치료 도구의 개발을 포함해 청소년 정신건강을 개선하기 위한 다각적인 프로젝트를 시작했다. 2013년 SPARX가 효과적인 것으로 나타나면서 대규모 보급에 적합하도록 SPARX를 바꾸었고, 뉴질랜드의 선진 기술 연구소와 온라인 개입 서비스를 제공하는 24시간 전화상담 서비스와 협력하였다. 보건 전문가를 위한 무료 온라인 교육 모듈(www.goodfellowunit.org)과 마오리 언어로 된 자료를 포함해 부모를 위한 정보를 만들었다.

2014년 4월 총리는 뉴질랜드 전역에 SPARX를 출시하였는데, 청소년 우울증에 대한 e-치료의 전국 출시는 세계 최초이다. 2015년 말까지 등록한 사용자 수는 청소년 4,160명, 보건 전문가 1,220명이다. SPARX를 시작한 청소년의 60%는 최소한 하나의 모듈을 완성했고, 14%는 4개 이상의 모듈, 즉 개입의 절반을 완성했다. 이는 원판에 비해서는 낮지만(Merry et al., 2012), 다른 온라인 정신건강 개입과 비교할 때는 높다(Christensen, Griffiths, & Farrer, 2009; Van Gemert-Pijnen, Kelders, & Bohlmeijer, 2014). 안전성과 효과를 모니터링하기 위해 독립적인 임상 자문 집단을 설립했다. 소프트웨어와 수급의 문제는 e-치료의 업데이트와 미래 경쟁력의 중요성을 강조하는 지속적인 투자를 필요로 한다.

근거기반 치료의 프로파일 늘리기

웨리센터는 가장 효과적인 치료에 대한 자료를 수집해 정기적으로 전국 각지에서 무료로 일련의 워크숍을 실시하고 있다. 우리는 카리스마 넘치는 국제 또는 지역 연사를 목표로 하고 있다. 처음에는 2차 진료의를 대상으로 워크숍을 했으나 최근에는 1차 및 3차 수준의 서비스에서 근무하는 사람들을 포함하도록 확대하였다. 앞으로 Real Skills ICAMH/AOD(알코올 및 기타 약물) 역량 체계(The Werry Centre for Child and Adolescent Mental Health Workforce Development, 2014)를 활용해 유아 · 아동 · 청소년 정신건강 서비스에서 일하는 임상가들의 지식과 기술 개발을 측정하고자 한다.

임상 실습을 위한 정보 제공

임상가와 서비스 관리자를 지원하기 위해 아동 · 청소년기에 나타나는 정신건강과 알코올 및 약물 관련 문제에 대한 근거기반 개입 '지침'을 출판했다(The Werry Center for Child and Adolescent Mental Health, 2008, 2010). 이 지침은 한때 웨리센터의 웹 사이트에서 가장 다운로드가 많이 된 문서였으나 기금이 부족해 최신 문서가 아니면 삭제된다. 2017년 업데이트가 예정되어 있다.

　　전국 모임을 1년에 2~3회 실시하며, 이때 임상가들은 만나서 효과적인 치료의 전달을 확대시킬 수 있는 방법을 논의할 기회를 갖는다. 업무 현장은 훈련이 끝난 후 '실습' 집단을 만들어서 기술이 실제로 이전될 수 있도록 지원하고, 임상가들이 적절한 임상 감독을 받도록 지원해야 한다. 요즘에는 이러한 일들이 인기가 있어서 모집 인원 이상으로 신청자가 몰린다. 예를 들어, 2015년에는 섭식장애 치료에 대한 사전 지식이 거의 없는 사람들을 포함해 참가자의 다양한 기술 수준에 맞게 교육을 제공하는 전국 섭식장애 교육의 날을 활성화하였다. 기본 수준의 교육을 받는 55명의 참가자 중 78%가 섭식장애가 있는 젊은이들과 작업을 할 때 사용할 수 있는 다양한 전략에 대한 인식이 높아졌으며, 75%는 전국 섭식장애 교육의 날을 '매우 좋다' 또는 1~5점 리커트 척도에서 5점으로 평가하였다. 지속적인 기술 개발에 대한 꾸준한 지원은 지역 섭식장애 서비스에 대한 링크와 센터 웹 사이트의 토론 포럼을 활성화하였다.

　　최근에는 웨리센터의 '논문 클럽'이 정보 보급을 지원하고 있다. 논문 클럽은 웹 사이트를 통해 접속할 수 있으며 동료가 검토한 논문을 이용할 수 있고 독자의 관심을 유지하기 위해 정기적으로 업데이트하는 관련 하위 사이트를 갖고 있다(www.werrycentre.org.nz/journal-club#sthash.jhtw5hxy.dpuf).

훈련

효과적인 치료를 찾아서 홍보한 결과, 교육을 제공하기 위한 인프라를 개발하는 것이 중요했다. 센터의 초기 관심은 부모관리훈련과 아동 · 청소년 CBT였다. 센터는 단계별 치료 접근이라는 개념을 활용하였는데, 이는 서비스에서 요구하는 치료 수준에 적합한 특정 보건 종사자 집단에게 맞춤 훈련을 제공하는 것이다.

인지행동치료

뉴질랜드의 아동 · 청소년을 위한 CBT를 도입하기 위해서 '훈련자 훈련하기' 접근 방식을 사용했다. 마오리와 태평양섬 출신의 임상가를 포함해 20명이 벡 연구소의 지도를 받아 뉴질랜드에서 훈련을 받았다. 미국의 인지치료 아카데미에서 CBT 치료자로 훈련을 받고 인증을 받은 사람 중 2명은 오클랜드대학교에서 2개의 석사학위 과정을 만들고 CBT를 계속 보급했다. 2개의 석사학위 과정은 2차 서비스 임상가에 중점을 두고 있다.

보다 기본적인 훈련인 '기술 연마하기'는 1차 진료 임상가를 위해 개발하였다. 이 프로그램은 우울, 불안 및 기타 장애들의 단순하고 비교적 경미한 증상을 위한 서비스의 첫 단계에서 전달하기 적합한 CBT 기술 교육을 제공한다. 이 훈련은 성공적이고 대중적인 프로그램으로 판명되었다.

부모훈련 프로그램의 전국 공개

이 글에 앞서 IY를 소개하고 IY를 전국에 실시하기 위한 훈련의 시행에 대해서 기술하였다. 지금까지 1,411명의 부모 집단 지도자들이 뉴질랜드에서 훈련을 받았는데 그중 21%가 마오리인으로 확인되었다. 2015년(11~59명까지의 집단으로 구성) IY 인력에게 실시한 훈련에 대한 사전, 사후 평정을 윌콕슨 부호 서열 검증(Wilcoxon Signed Rank Test)을 사용해 분석하였다. 훈련 결과 IY에 대한 참가자의 지식, 집단원에게 전달하는 것에 대한 자신감, 핵심 기술 및 과정에 대한 이해, 협력적인 과정에 대한 이해, 충실하게 IY를 제공한다는 자신감에서 통계적으로 유의미한 향상이 나타났다(효과크기=0.57~0.67).

IY의 성공적인 시행에 이어 웨리센터는 보건부와 계약을 맺고 트리플 P 1차 진료 프로그램(Sanders, 1999)의 전국 실시에 협력하는 일을 했다. 이 작업은 트리플 P 1차 진료, IY 프로그램, 늘 많은 어려움을 겪는 가족들에게 더욱 집중적이고 포괄적인 지원을 제공하는 IY 전문가 팀을 포함하는 대상에 따른 단계별 치료 접근의 개발을 가능하게 했다. 부모관리훈련 기술을 사용하는 세 번째 프로그램인 부모-자녀 상호작용 치료(parent-child interaction therapy, PCIT)는 보다 집중적이고 더 어린 아동에 초점을 두고 있다(Chaffin et al., 2004; Thomas & Zimmer-Gembeck, 2007). 웨리센터의 직원들은 여러 차례 워크숍을 진행했으며, 현재 뉴질랜드인들에게 수용 가능한지와 효율성이 있는지를 평가하기 위해 주로 마오리 주민을 대상으로 PCIT 연구를 실시하고 있다. 뉴질랜드의 결과가 다른 곳에서 성취한 결과와 일치하고, PCIT를 뉴질랜드 가정에서 받아들일 수 있다면 PCIT가 보다 전문적인 3차 수준의 프로그램으로 앞서 언급한 훈련 프로그램에 추가되기를 바란다.

훈련을 실제에 적용하는 데는 몇 가지 어려움이 있다. 훈련받은 모든 사람들이 해당 치료를 임상 서비스로 제공하기 위해 계속 나아간 것은 아니다. 임상 서비스를 관리하는 사람들이 부모훈련이 아동의 파괴적인 행동관리와 관련성이 있거나, 장기적으로 예방적 가치가 있다는 것을 항상 아는 것은 아니다. 자해의 직접적인 위험에 처한 청소년들을 관리하려는 압력은 때때로 아동의 욕구에 앞선다. 비교적 시간 집약적이고 지침서에 충실한 근거기반 개입의 성공적인 시행은 급박한 임상 실무의 압력과 항상 균형을 이룰 것이다. 이러한 도전에도 불구하고 전반적으로 훈련 프로그램은 성공적이고 만족스러운 평가를 받고 있다.

대학원 자격

거의 20년 동안 전국의 ICAMH 임상가들은 웨리센터를 통해 석사 수준의 대학원 증명서나 졸업장을 받을 수 있었다. 웨리센터의 석사 수준 교육 프로그램은 자격증 수준에서는 유아 · 아동 · 청소년의 정신건강을 종합적으로 평가하는 기술을 가르치고, 석사학위 수준에서는 치료를 보다 정교하게 제공하도록 설계되었다. 연구에 중점을 두는 석사 및 박사 프로그램이 이용 가능하고, 일부 연구 프로젝트는 ICAMH 분야와 직접적인 관련이 있다. 예를 들어, Lucassen 등(2007)의 논문은 학생 간호사, 작업치료사, 사회복지사를 위한 CD-ROM에 기반을 둔 워크북의 출판이라는 결과를 낳았다(Lucassen, Merry, & Doherty, 2005). 이에 대한 긍정적인 평가(Lucassen, Doherty, & Merry, 2008)는 최근 업데이트되고 개선된 온라인 과정의 개발로 이어졌고 웨리센터의 웹 사이트에서 이용이 가능하다.

향후 방향

TrACY 연구

웨리센터가 근거기반 치료에 대한 훈련을 제공하고 있으나 개별 양상에 대한 훈련은 많은 시간이 소요되고 대다수의 임상가들이 이용할 수 없다. 불안, 우울, 외상, 또는 품행 문제를 가진 아동의 치료에 대한 모듈식 접근(MATCH-ADTC, Chorpita & Weisz, 2009)은 아동을 위한 공통 치료 요소를 하나의 프로토콜에서 ICAMHS에 나타난 흔한 정신건강 문제(불안, 우울, 외상 관련 증상 그리고 파괴적 행동)와 결합시키고 동반질환을 치료하고 치료 중 발생할 수 있는 현재 증상의 변화에 대처할 수 있는 기회를 제공하도록 특별히 설계되었다(Bearman & Weisz, 2015). MATCH-ADTC를 위한 교육은 5~6일로 짧다. 그러나 MATCH-ADTC 전문가/자문가들의 지원은 교육을 실제 치료로 통합시키는 데 중요한 역할을 한다. MATCH-ADTC는 여러 임상 척도에서 통상치료 및 표준적인 근거기반 치료보다 우수한 것으로 나타났다(Weisz et al., 2012). 우리는 통상치료를 넘어서는 MATCH-ADTC의 우수성이 뉴질랜드의 TrACY 연구에서 RCT와 같은 결과를 보이는지 조사했다(Lucassen, Stasiak, et al., 2015). 이 연구는 마오리 및 태평양 사람들에 대한 MATCH-ADTC의 수용성과 효과를 조사하기 위해 설계되었다. 이 연구는 2016년 10월에 완료되었고 결과가 곧 발표될 것이다.

BRAVE-온라인 프로그램

2011년 2월, 뉴질랜드에서 두 번째로 큰 도시인 크라이스트처치에서 지진으로 185명의 사망자가 발생하고 이 도시와 더 넓은 지역의 인프라가 손상되었다. 수많은 심한 여진으로 인해 이미 취약한 지역사회가 더 큰 상처를 입었다. 지역 소아·청소년 정신과 의사를 중심으로 아동·청소년이 재앙 후 환경에서 불안을 다루는 것을 돕고자 근거기반 온라인 프로그램(BRAVE-ONLINE; March, Spence, & Donovan, 2009; Spence, Donovan, March, & Kenardy, 2011)을 도입했다. 실용적인 공개 실험 결과, 개입 후 6개월 뒤에 참가자의 55%가 주요불안장애 기준에서 벗어난 것으로 나타났다(Stasiak, Merry, Frampton, & Moor, 2016). 이 연구의 치료 관해율은 이전의 RCT 연구들에서 나타난 치료 관해율 62%(Spence et al., 2011), 75%(March et al., 2009)와 비교할 때 양호하였다. 우리는 피해 지역에서 1차 보건 서비스를 통해 개입을 계속 제공하고 결과 자료를 수집하고 있다.

양육 프로그램

부모를 지원하기 위해 고안된 치료를 조사하는 박사학위 연구들인, (1) 집단 프로그램에서 탈락할 가능성이 있는 부모들의 치료 성과를 향상시키고자 가정 내 코칭을 포함하도록 IY를 개선한 프로그램, (2) 고위험군 어머니 집단에 대한 PCIT 연구, (3) 부드러운 양육 프로그램(Mellow Parenting Program; Puckering, 2004)의 마오리판인, 호키 키테 리토(Hoki kite Rito)를 주로 마오리인들에게 적용하는 연구를 센터에서 진행하고 있다.

결과의 모니터링

웨리센터와 다른 기관이 유아·아동 및 청소년 정신건강에 대해 수행한 다양한 시도들의 영향을 측정하는 지속적인 체계를 갖는 것은 중요하다. 보건부와 계약을 맺고 정신건강 '결과 측정'에 관한 일련의 연구를 수행하고 서비스의 효율성을 모니터링하는 데 사용할 수 있는 조치에 대한 권고안을 마련하였다(Merry, Stasiak, et al., 2004; Stasiak et al., 2013). 이 작업의 결과로 아동·청소년을 위한 국민 건강 성과 척도(Health of the Nations Outcomes Scale for Children and Adolescents, HoNOSCA; Gowers et al., 1999)와 강점 및 어려움 설문지(Strengths and Difficulties Questionnaire; Goodman, 1997)를 일상적으로 사용하도록 권장하게 되었고, HoNOSCA는 뉴질랜드 전역의 ICAMH 서비스에서 필수적인 성과 측정 방법으로 채택되었다. 호주도 이 측정 도구를 의무적으로 사용한다.

　인력 수와 접속률을 추적하기 위해 웨리센터가 수행한 '현황 조사' 결과, ICAMH와 비정부 기구의 인력 배치가 꾸준히 증가하였고, 접속률이 증가해서 현재 많은 서비스들이 대상자의

3~5%와 만나고 있는 것으로 나타났다. 향후 계획에는 유아 · 아동 · 청소년 및 그 가족에게 미치는 서비스의 영향에 대한 더 큰 관심과 웨리센터가 하는 일의 영향을 측정하기 위한 보다 공식적인 시행 과학 체계에 대한 개발이 포함되어 있다.

맺음말

근거기반 치료에 대한 연구와 실행을 촉진하는 학술센터를 운영해 아동 · 청소년을 위한 치료 개선을 위한 광범위한 새로운 계획을 이끌어냈다. 그중 일부는 이 장에서 개략적으로 설명하였다. 일부 접근법은 특히 성공적이었다. 엄격한 연구 작업을 수행하는 것은 중요하며, 센터 직원들이 근거를 평가하고 RCT를 수행하는 데 전문성을 가지고 있음을 확인했다. 이를 보완하기 위해 ICAMH 서비스 환경에서 임상과 관리 경험을 쌓은 직원이 해당 분야와 관련된 교육과 연구를 할 수 있도록 보장해야 한다. 임상 서비스 및 서비스를 제공하는 사람들과 긴밀한 관계를 유지하는 것은 센터 업무가 관련성을 갖게 하는 데 중요하다. 우리는 전국에 있는 서비스와의 연계를 확실히 하기 위한 지역 참여 전략을 가지고 있다. 다양한 정부 부처 직원들과의 좋은 관계는 우리의 노력이 정부의 우선순위와 일치하게 하는 데 중요하며 또한 정부 직원에게 아동 · 청소년 정신건강 분야에서 유망한 개발에 관한 최신 정보를 제공할 수 있는 기회를 제공한다.

'훈련자 훈련하기' 모델은 마오리 및 태평양 지역사회와 협력해 다른 지역의 효과적인 치료 법을 현지에서 성공적으로 구현할 수 있게 한 성공적인 전략이었다. 프로그램의 실행은 지지적인 관리 구조에 의존하며 서비스를 관리하는 사람들과의 관계가 상당히 중요하다. 근거기반 치료를 임상 실무에 적용하는 문제는 잘 기술되어 있다(Weisz, Ng, & Bearman, 2014).

영 · 유아, 아동, 청소년 및 그 가족을 위해 향상된 성과를 이끌 치료를 제공하는 궁극적인 목표를 놓치지 않는 것이 중요하다. 임상가와 서비스 사용자가 경과를 모니터링하고 이를 치료 목표 및 사용 가능한 자료로부터 예상되는 성과와 비교할 수 있는 체계를 갖추는 것은 우리가 제공하는 치료가 향상을 낳을 것이라고 보장할 수 있는 중요한 부분이 될 것이다. 임상 팀과 서비스 전반에 걸쳐 이를 체계적으로 수행하는 것은 근거를 실제 치료로 옮기는 데 있어 중요한 부분이다. 젊은이들과 가족, 특히 정신건강 문제를 경험한 사람들로부터 의견을 듣는 것은 우리의 초점을 적절하게 하는 데 중요하다. 정신건강 서비스 제공의 모든 측면에서 서비스 사용자의 의견을 받는 것은 중요하다.

감사의 말

이 장에서 인용한 연구는 다음의 지원을 받아 수행되었다. Ministries of Health and Education,

Health Workforce New Zealand, Health Research Council (Nos. 13/331, 12/926, 99/039), Rotary Club of Downtown Auckland, Cure Kids, and the Duke Family.

참고문헌

Anderson, J. C., Williams, S., McGee, R., & Silva, P. A. (1987). DSM-III disorders in preadolescent children: Prevalence in a large sample from the general population. *Archives of General Psychiatry, 44,* 69–76.

Bearman, S. K., & Weisz, J. R. (2015). Review: Comprehensive treatments for youth comorbidity—Evidence-guided approaches to a complicated problem. *Child and Adolescent Mental Health, 20,* 131–141.

Beautrais, A., Fergusson, D., Coggan, C., Collings, C., Doughty, C., Ellis, P., et al. (2007). Effective strategies for suicide prevention in New Zealand: A review of the evidence. *New Zealand Medical Journal, 120,* 67–79.

Beck, A. T., Steer, R. A., & Brown, G. K. (1996). *Beck Depression Inventory–II.* San Antonio, TX: Psychological Corporation.

Booth, M. L., Bernard, D., Quine, S., Kang, M. S., Usherwood, T., Alperstein, G., et al. (2004). Access to health care among Australian adolescents young people's perspectives and their sociodemographic distribution. *Journal of Adolescent Health, 34,* 97–103.

Chaffin, M., Silovsky, J. F., Funderburk, B., Valle, L. A., Brestan, E. V., et al. (2004). Parent–child interaction therapy with physically abusive parents: Efficacy for reducing future abuse reports. *Journal of Consulting and Clinical Psychology, 72,* 500–510.

Chorpita, B. F., & Weisz, J. R. (2009). *Modular approach to therapy for children with anxiety, depression, trauma, or conduct problems (MATCH-ADTC).* Satellite Beach, FL: PracticeWise.

Christensen, H., Griffiths, K. M., & Farrer, L. (2009). Adherence in internet interventions for anxiety and depression: Systematic review. *Journal of Medical Internet Research, 11,* e13.

Dretzke, J., Frew, E., Davenport, C., Barlow, J., Stewart-Brown, S., Sandercock, J., et al. (2005). The effectiveness and cost-effectiveness of parent training/education programmes for the treatment of conduct disorder, including oppositional defiant disorder, in children. *Health Technology Assessment, 9*(50), iii, ix–x, 1–233.

Durie, M. (2011). Indigenizing mental health services: New Zealand experience. *Transcultural Psychiatry, 48,* 24–36.

Fergusson, D., Boden, J., & Hayne, H. (2011). Childhood conduct problems. In P. Gluckman & H. Hayne (Eds.), *Improving the transition: Reducing social and psychological morbidity during adolescence* (pp. 59–78). Wellington, New Zealand: Office of the Prime Minister's Science Advisory Committee.

Fergusson, D. M., & Horwood, J. L. (2001). The Christchurch Health and Development Study: Review of findings on child and adolescent mental health. *Australian and New Zealand Journal of Psychiatry, 35,* 287–296.

Fergusson, D. M., Horwood, J., & Lynskey, M. T. (1993). Prevalence and comorbidity of DSM-III-R diagnoses in a birth cohort of 15 year olds. *Journal of the American Academy of Child and Adolescent Psychiatry, 32,* 1127–1134.

Fergusson, D., Stanley, L., & Horwood, L. J. (2009). Preliminary data on the efficacy of the Incredible Years basic parent programme in New Zealand. *Australian and New Zealand Journal of Psychiatry, 43,* 76–79.

Fergusson, D. M., & Woodward, L. J. (2002). Mental health, educational, and social role outcomes of adolescents with depression. *Archives of General Psychiatry, 59,* 225–231.

Fleming, T. M., Clark, T., Denny, S., Bullen, P., Crengle, S., Peuris-John, R., et al. (2014). Stability and change in the mental health of New Zealand secondary school students 2007–2012: Results from the National Adolescent Health Surveys. *Australian and New Zealand Journal of Psychiatry, 48,* 472–480.

Fleming, T., Dixon, R., Frampton, C., & Merry, S. (2012). A pragmatic randomized controlled trial of computerized CBT (SPARX) for symptoms of depression among adolescents excluded from mainstream education. *Behavioural and Cognitive Psychotherapy, 40,* 529–541.

Fleming, T. M., Dixon, R. S., & Merry, S. N. (2012). "It's mean!": The views of young people alienated from mainstream education on depression, help seeking and computerised therapy. *Advances in Mental Health, 10,* 195–203.

Furlong, M., McGilloway, S., Bywater, T., Hutchings, J., Smith, S. M., & Donnelly, M., et al. (2012). Behavioural and cognitive-behavioural group-based parenting interventions for early-onset conduct problems in children age 3–12 years. *Cochrane Database of Systematic Reviews, 2,* CD008225.

Gardner, F., Montgomery, P., & Knerr, W. (2016). Transporting evidence-based parenting programs for child problem behavior (age 3–10) between countries: Systematic review and meta-analysis. *Journal of Clinical Child and Adolescent Psychology, 45,* 249–272.

Goodman, R. (1997). The Strengths and Difficulties Questionnaire: A research note. *Journal of Child Psychology and Psychiatry, 38,* 581–586.

Gowers, S., Harrington, R. C., Whitton, A., Lelliott, P., Beevor, A., Wing, J., et al. (1999). Brief scale for measuring the outcomes of emotional and behavioural disorders in children: Health of the Nation Outcome Scales for Children and Adolescents (HoNOSCA). *British Journal of Psychiatry, 174,* 413–416.

Harnett, P. H., & Dadds, M. R. (2004). Training school personnel to implement a universal school-based prevention of depression program under real-world conditions. *Journal of School Psychology, 42,* 343–357.

Hetrick, S., Merry, S., McKenzie, J., Sindahl, P., & Proctor, M. (2007). Selective serotonin reuptake inhibitors (SSRIs) for depressive disorders in children and adolescents. *Cochrane Database Systematic Reviews, 3,* CD004851.

Johnson, J. G., Harris, E. S., Spitzer, R. L., & Williams, J. B. (2002). The Patient Health Questionnaire for Adolescents: Validation of an instrument for the assessment of mental disorders among adolescent primary care patients. *Journal of Adolescent Health, 30,* 196–204.

Klein, J. B., Jacobs, R. H., & Reinecke, M. A. (2007). Cognitive-behavioral therapy for adolescent depression: A meta-analytic investigation of changes in effect-size estimates. *Journal of the American Academy of Child and Adolescent Psychiatry, 46,* 1403–1413.

Lambie, I., & Stewart, M. W. (2010). Workforce factors for psychologists in CAMHS in New Zealand. *Child and Adolescent Mental Health, 15,* 164–170.

Lucassen, M., Doherty, I., & Merry, S. (2008). Increasing child and adolescent mental health content in undergraduate occupational therapy, social work and nursing programs: Lessons learnt. *Australian e-Journal for the Advancement of Mental Health, 7,* 157–165.

Lucassen, M. F., Hatcher, S., Stasiak, K., Fleming, T., Shepherd, M., & Merry, S. N. (2013). The views of lesbian, gay and bisexual youth regarding computerised self-help for depression: An exploratory study. *Advances in Mental Health, 12,* 22–33.

Lucassen, M. F., Merry, S., & Doherty, I. (2005). *Child and adolescent mental health in Aotearoa/New Zealand: An overview.* Auckland: Pearson Education New Zealand.

Lucassen, M. F., Merry, S. N., Hatcher, S., & Frampton, C. M. (2015). Rainbow SPARX: A novel approach to addressing depression in sexual minority youth. *Cognitive and Behavioral Practice, 22,* 203–216.

Lucassen, M. F. G., Robinson, E., & Merry, S. N. (2007). The impact of a workshop on motivation to pursue a career in child and adolescent mental health. *Australian and New Zealand Journal of Psychiatry, 41,* 618–624.

Lucassen, M. F., Stasiak, K., Crengle, S., Weisz, J. R., Frampton, C. M., Bearman, S. K., et al. (2015). Modular approach to therapy for anxiety, depression, trauma, or conduct problems in outpatient child and adolescent mental health services in New Zealand: Study protocol for a randomized controlled trial. *Trials, 16*, 457.

March, S., Spence, S. H., & Donovan, C. L. (2009). The efficacy of an internet-based cognitive-behavioral therapy intervention for child anxiety disorders. *Journal of Pediatric Psychology, 34*, 474–487.

Mariu, K. R., Merry, S. N., Robinson, E. M., & Watson, P. D. (2011). Seeking professional help for mental health problems, among New Zealand secondary school students. *Clinical Child Psychology and Psychiatry, 18*, 1–14.

McGee, R., Feehan, M., Williams, S., & Anderson, J. (1992). DSM-III disorders from age 11 to age 15 years. *Journal of the American Academy of Child and Adolescent Psychiatry, 31*, 50–59.

Menting, A. T., de Castro, B. O., & Matthys, W. (2013). Effectiveness of the Incredible Years parent training to modify disruptive and prosocial child behavior: A meta-analytic review. *Clinical Psychology Review, 33*, 901–913.

Merry, S., McDowell, H., Hetrick, S., Bir, J., & Muller, N. (2004). Psychological and/or educational interventions for the prevention of depression in children and adolescents. *Cochrane Database of Systematic Reviews, 1*, CD03380.

Merry, S., McDowell, H., Wild, C. J., Bir, J., & Cunliffe, R. (2004). A randomized placebo-controlled trial of a school-based depression prevention program. *Journal of the American Academy of Child and Adolescent Psychiatry, 43*, 538–547.

Merry, S., Stasiak, K., Parkin, A., Seymour, F., Lambie, I., Crengle, S., et al. (2004). *Child and youth outcome measures: Examining current use and acceptability of measures in mental health services and recommending future directions.* Auckland: Health Research Council of New Zealand.

Merry, S. N., Stasiak, K., Shepherd, M., Frampton, C., Fleming, T., & Lucassen, M. F. G. (2012). The effectiveness of SPARX, a computerised self help intervention for adolescents seeking help for depression: Randomised controlled non-inferiority trial. *British Medical Journal, 344*, Article e2598.

Ministry of Social Development. (2007). *The interagency plan for conduct disorder/severe antisocial behaviour (2007–2012).* Wellington, New Zealand: Author.

Murray, C. J., & Lopez, A. D. (2013). Measuring the global burden of disease. *New England Journal of Medicine, 369*, 448–457.

O'Connell, M. E., Boat, T., & Warner, K. E. (2009). *Preventing mental, emotional, and behavioral disorders among young people: Progress and possibilities.* Washington, DC: National Academies Press.

Organisation for Economic Co-operation and Development (OECD). (2011). *Health at a Glance 2011: OECD Indicators.* Paris: Author.

Pipi, K., & Paipa, K. (2013). *An evaluation of Ngā Tau Miharo (The Incredible Years) Māori resources: A report prepared for The Werry Centre.* Auckland, New Zealand: The Werry Centre For Child and Adolescent Mental Health.

Puckering, C. (2004). Mellow parenting: An intensive intervention to change relationships. *The Signal, 12*(1), 1–5.

Reynolds, W. M. (2010). *Reynolds Adolescent Depression Scale.* Hoboken, NJ: Wiley Online Library.

Sanders, M. R. (1999). Triple P–Positive Parenting Program: Towards an empirically validated multilevel parenting and family support strategy for the prevention of behavior and emotional problems in children. *Clinical Child and Family Psychology Review, 2*, 71–90.

Scott, S. (2007). Conduct disorders in children. *British Medical Journal, 334*, 646.

Shepherd, M. J. (2011). *An investigation into the design, applicability and evaluation of a computerised cognitive behavioural therapy programme-SPARX for Māori young people experienc-*

ing mild to moderate depression (DClinPsy Thesis). Auckland, New Zealand: e-Theses University of Auckland database.

Shochet, I. M., Dadds, M. R., Holland, D., Whitefield, K., Harnett, P. H., & Osgarby, S. M. (2001). The efficacy of a universal school-based program to prevent adolescent depression. *Journal of Clinical Child Psychology, 30,* 303–315.

Spence, S. H., Donovan, C. L., March, S., & Kenardy, J. (2011). A randomized controlled trial of online versus clinic-based CBT for adolescent anxiety. *Journal of Consulting and Clinical Psychology, 79,* 629–642.

Stallard, P., Sayal, K., Phillips, R., Taylor, J. A., Spears, M., Anderson, R., et al. (2012). Classroom based cognitive behavioural therapy in reducing symptoms of depression in high risk adolescents: Pragmatic cluster randomised controlled trial. *British Medical Journal, 345,* Article e6058.

Stasiak, K., Hatcher, S., Frampton, C., & Merry, S. N. (2014). A pilot double blind randomized placebo controlled trial of a prototype computer-based cognitive behavioural therapy program for adolescents with symptoms of depression. *Behavioural and Cognitive Psychotherapy, 42,* 385–401.

Stasiak, K., Merry, S. N., Frampton, C., & Moor, S. (2016). Delivering solid treatments on shaky ground: Feasibility study of an online therapy for child anxiety in the aftermath of a natural disaster. *Psychotherapy Research,* 1–11.

Stasiak, K., Parkin, A., Seymour, F., Lambie, I., Crengle, J., Pasene-Mizziebo, E., et al. (2013). Measuring outcome in child and adolescent mental health services: Consumers' views of measures. *Clinical Child Psychology and Psychiatry, 18,* 519–535.

The Werry Centre for Child and Adolescent Mental Health. (2008). *Evidence-based, age-appropriate interventions: A guide for child and adolescent mental health services (CAMHS).* Auckland, New Zealand: Author.

The Werry Centre for Child and Adolescent Mental Health. (2010). *Evidence-based, age-appropriate interventions: A guide for child and adolescent mental health services (CAMHS)* (2nd ed.). Auckland, New Zealand: Author.

The Werry Centre for Child and Adolescent Mental Health Workforce Development. (2014). *Real Skills Plus ICAMH/AOD: A competency framework for the infant, child and youth mental health and alcohol and other drug workforce.* Auckland, New Zealand: Author.

Thomas, R., & Zimmer-Gembeck, M. J. (2007). Behavioral outcomes of parent–child interaction therapy and Triple P–Positive Parenting Program: A review and meta-analysis. *Journal of Abnormal Child Psychology, 35,* 475–495.

Van Gemert-Pijnen, J. E., Kelders, S. M., & Bohlmeijer, E. T. (2014). Understanding the usage of content in a mental health intervention for depression: An analysis of log data. *Journal of Medical Internet Research, 16,* e27.

Weisz, J. R., Chorpita, B. F., Palinkas, L. A., Schoenwald, S. K., Miranda, J., Bearman, S. K., et al. (2012). Testing standard and modular designs for psychotherapy treating depression, anxiety, and conduct problems in youth: A randomized effectiveness trial. *Archives of General Psychiatry, 69,* 274–282.

Weisz, J. R., Ng, M. Y., & Bearman, S. K. (2014). Odd couple?: Reenvisioning the relation between science and practice in the dissemination-implementation era. *Clinical Psychological Science, 2,* 58–74.

Woodward, L. J., & Fergusson, D. M. (2001). Life course outcomes of young people with anxiety disorders in adolescence. *Journal of the American Academy of Child and Adolescent Psychiatry, 40,* 1086–1093.

CHAPTER 24

아동 · 청소년의 정신건강관리 증진을 위한 국가적 노력
심리치료 프로그램의 접근성 향상 노력 : 잉글랜드 사례

Stephen Scott

미국이나 거의 모든 다른 선진국과 마찬가지로 잉글랜드와 웨일즈에서도 진단이 필요할 정도의 정신건강 장애를 앓고 있는 사람(아동, 청소년, 성인 모두 포함) 중에서 어떤 종류이든 전문적인 정신건강 서비스를 받고 있는 비율은 25%를 넘지 않는다. 남자 청소년 같은 경우는 15% 이하이기도 하다(Green, McGinnity, Meltzer, Ford, & Goodman, 2005). 서비스를 받는 경우라고 하더라도 많은 경우 근거에 기반을 둔 치료가 아니다. 이러한 이유는 크게 두 가지이다. 첫 번째는 정신건강 서비스 분야에 대한 예산 부족이다. 현재 잉글랜드와 웨일즈(2016)에서 0~18세 인구 1인당 평균 정신건강 관련 지출은 약 120달러이며 그중 약 50%가 입원 및 법의학 서비스에 지출되고, 나머지 약 55~70달러가 1인당 모든 외래 서비스에 지출되는 금액이다. 이는 소아과 서비스와 비교할 때 비상식적인 수준이라고 할 수는 없지만 턱도 없이 부족한 액수이다. 두 번째, 서비스를 받는 경우조차도 제공된 치료는 종종 근거기반 치료가 아니며 충실하게 제공되지도 않는다. 지난 10년 동안 전국적인 조사가 없었기 때문에 수치를 정확히 말하기는 어렵지만, 감각통합치료, 음악치료, 미술치료, 행동 문제 상담 등을 포함하여 여러 근거에 기반을 두지 못한 치료들이 진단을 받은 정신장애자들을 대상으로 번성하고 있다.

영국의 아동 및 청소년 정신건강 서비스(Child and Adolescent Mental Health Services,

CAMHS; 예 : Kennedy, 2010, children's commissioner, 2016)에 대한 수많은 조사들은 서비스 제공에 몇 가지 문제점들을 드러냈다. 많은 서비스가 젊은 환자들에게는 친근하게 느껴지지 않으며 서비스 이용자, 가족 및 의뢰인이 위치와 시간 면에서 접근하기 어려운 것으로 보여 문제가 극도로 심각해진 이후에야 접근이 고려된다는 것이다. 또한 서비스는, 특히 소수집단의 경우에 낙인을 찍는 것처럼 여겨졌고, 의사결정 과정에서 보호자와 청소년을 참여시키는 데 서투르며, 서비스 대상자인 아동·청소년보다는 서비스 제공자의 편의에 맞춰 설계되었다(McGorry, Bates, Birchwood, 2013). 개입은 예방적 개입이나 혹은 탄력성(resilience) 구축에 중점을 둔 초기 개입과는 반대로 너무 뒤늦게 개입하는 것에 초점이 맞춰져 있는 것으로 보였다. 기존의 국가적인 서비스의 효과성을 모니터하고 서비스 계획을 지지해줄 만한 데이터는 부족한 실정이다.

서비스를 제공하는 사람들의 관점에서 볼 때 문제점은 다른 원인에 기인한 것으로 인식되었다. CAMHS는 대처할 수 있는 것보다 너무 많은 의뢰, 전문인력의 턱없는 부족, 인력 감원 및 공석, 훈련되지 않는 직원 등으로 어려움을 겪었다. 인력에 비해 너무 많은 의뢰들로 인해 찾아가는 서비스는 거의 제공할 수 없었으며, 아동에서 성인 서비스로의 전환이나 지역사회와 전문병원 서비스 간의 원활한 전환을 위해 사용할 자원이 거의 없었다. 데이터 수집을 할 여력이나 자원이 없었기 때문에 자체적으로 문제를 점검하고 개선을 시도하지 못했다. 의뢰율에 대한 비공식적 국립 데이터 수집 결과와 구체적 인구군에 대한 연구 보고서는 지역사회에서 정신건강 문제가 증가하고 있음을 확인해준다. 이러한 문제의 중심에는 초기 교육 후 슈퍼비전을 통한 실행의 질적 향상을 꾀하려 노력하는 근거기반 서비스 제공을 강조하는 문화의 부족이 있다(Rotheram-Borus, Swendeman, & Chorpita, 2012). 마지막으로 서비스 계획을 뒷받침할 뿐만 아니라 개별 치료사의 임상적 의사결정을 향상시켜 치료실패의 위험이 있는 청소년을 조기에 식별할 수 있는 체계 또한 제대로 갖춰져 있지 않다(Miller, Hubble, Chow, & Seidel, 2015).

긍정적 측면으로는 몇몇 정부 보고서들이 아동 및 청소년 정신건강 서비스가 개선되어야 할 필요성을 인식했다는 것이다. 2011년에 발표된 정신건강 전략(Mental Health Strategy)은 정신건강에 대한 양질의 서비스에 중점을 둔 평생 접근 방법을 채택했다(Department of Health, 2011). 동시에 아동·청소년을 위한 NICE(National Institutes for Health and Care Excellence)에 의해 승인되고 가장 잘 입증된 심리치료법에 대한 접근성을 높이려는 명시적인 약속으로 상담치료에 대한 구체적 전략이 발표되었다(Department of Health, 2012). NICE는 의학 전체에 걸친 개입에 대한 근거를 평가하는 권위 있는 독립기관이다(www.nice.org.uk). 수석 의료관의 연간 보고서(chief medical officer's annual report, 2012)는 유년기 예방에만 초점을 맞추어서 다음과 같이 이름을 붙였다(다른 해에는 암, 당뇨병과 같은 질환에 중점을 둔다). 'Our Children Deserve Better: Prevention Pays' 보고서는 네 가지 이상의 유해한 아동기 사건(ACE-주로 학대적인 양육)이 성인기의 흡연, 과음, 비만, 투옥, 불안과 우울 등과 같은 건강에 유해한 행동 및 정신건강의 위험을 400~800% 증가시킨다고 언급했다. ACE는 또한 암, 폐질환 및 심혈관계 사건과 같은 신체질환을 수 배 증가시키고, 65세 이전에 사망할 확률도 2배 이상 증가시킨다 (Felitti et al., 1998; Brown et al., 2009; Bellis, Lowey, Leckenby, Hughes, & Harrison, 2014). 그 다음에 아동 및 청소년 정신건강에 관한 보건정책 문서 'Future in Mind'(2015)가 (1) 조기 개입, (2) 접근성의 향상(기껏해야 정신장애 아동의 25%만 서비스를 받는 상황), (3) 더 많은 근거기 반 중재를 사용할 수 있는 인력 전환을 요구하였다. 이러한 권고사항은 근거기반 치료에 대한 접근성 향상으로 인한 향상된 결과(Asarnow et al., 2005)와 다른 치료와의 비교 우위에 대한 다 양한 독립적인 증거들(Weisz et al. , 2013)에 기반을 두었다.

아동·청소년의 심리치료 프로그램 접근성 개선에 대한 개요

이러한 문제 중 일부를 해결하기 위해 2011년에 보건부는 영국의 CAMHS에서 아동·청소년 의 심리치료 접근성 개선을 위한 서비스전환 프로그램(Children and Young People's Improving Access to Psychological Therapy, CYP-IAPT)을 시작했다. 심리치료 접근성 향상(Improving Acess to Psychological Therapy, IAPT)이라고 불린 시도로 성인 정신건강 분야에서 몇 년 전부터 이 미 길을 밝혀왔기 때문에 용어 자체가 새로운 것은 아니다. 성인 IAPT 프로그램은 국민보건 서 비스(National Health Service, NHS)에서 우울증과 불안증에 대한 근거기반의 심리적 치료법을 널리 알리기 위해 3년 전에 시작되었다. 흥미롭게도 이에 대한 추진의 대부분은 정신건강 영 역 밖에서 왔으며 행복과 안녕에 관심을 가진 경제학자 Richard Layard가 선도적인 성인 임상 심리학자인 David Clark와 함께 성인 IAPT 세팅을 강력하게 추진하면서 시작되었다(Layard & Clark, 2014). 이 프로그램은 몇 가지 원칙에 기반을 두고 있다. (1) 불안과 우울에 대해서는 오 로지 한 가지 근거기반 치료, 즉 인지행동치료(CBT)만을 제공한다. (2) 치료사들의 새로운 팀 장은 CBT의 두 가지 수준, 더 낮은 것과 더 높은 수준의 훈련을 받게 된다. (3) 모든 경우에 대 해 효과나 진전이 회기별로 모니터되며, 내담자가 호전되지 않는다면 슈퍼바이저가 요청된 다. (4) 이 서비스는 일반 성인 정신건강 서비스와 독립적으로 진행되며 가정의(일반 개업의)뿐 만 아니라 자체적으로 개별적인 직접적인 의뢰를 받는다. 포괄적인 성인 정신건강 서비스로부 터의 분리라는 이 마지막 원칙은 통합 서비스 제공을 깨뜨릴 수 있지만, IAPT 작업자들은 기 존 서비스에 포함된 경우보다 훨씬 더 자율적인 방향과 통제권을 가지게 된다. 일반적으로 말 해서 성인 IAPT 시도는 성공적으로 보였고, 그렇지 않았으면 이루어질 경우보다 훨씬 더 많은 사람들을 치료받을 수 있도록 이끌었다. 성인 IPAT 발의 이전에 일상적인 사전-사후 결과 모 니터링이 일반적으로 적용되었는데, 최고 40% 정도가 수집되었다(Clark, Fairburn, & Wessely,

2007). 반면 IAPT 도입 이후에는 부모와 임상가 평정 방법 둘 다를 사용해서 모니터링된 경우가 97%에 이르렀다(HSCIC, 2014).

보다 완벽한 성인 IAPT 데이터가 우리에게 말하는 것은 무엇일까? 전국적으로 IAPT에서 치료 과정을 마친 환자(자유롭게 적어도 2회기에 참석한 것으로 정의) 45%가 회복되고(엄격한 두 가지 기준, 불안과 우울에 대한 임상적 한계점 이하로 떨어짐), 추가 16%는 완전한 회복에 미치지 못했지만 안정적인 개선을 보인 것으로 나타났다(HSCIC, 2014). 그러나 지역마다 상당한 차이는 있다. 3분의 1가량의 지역(211곳 중 70곳)에서 이제 50% 이상의 회복을 보고하였고, 어떤 경우는 60% 이상을 일관성 있게 보고하였다(www.hscic.gov.uk). 이는 IAPT 모델이 우수한 임상적 리더십으로부터 혜택을 받은, 충분히 크고 적절히 훈련된 인력군으로 이루어진 서비스로 달성될 수 있다는 것을 보여준다. 성인 IAPT 서비스는 이제 NICE가 성인 우울증에 권장하는 다른 치료 방법(5~6개월 동안 15~20회기의 행동적 원칙에 근거한 커플치료), 즉 대인관계 정신치료, 항우울제를 줄여가는 경·중도 우울증 환자를 위한 CBT, 대인관계치료(IPT), 행동적 커플치료, 그리고 특정되지 않는 유형의 8~10주에 걸친 6~10회기의 상담치료 혹은 단기 정신역동 치료 등의 다른 치료 접근에 대해서도 치료자들을 훈련하고 있다.

다음 단계의 도전은 다른 지역들을 동일한 수준으로 끌어올리는 것이다. 각 지역에서 전반적인 회복률을 모니터링하는 것을 통하여 왜 치료가 덜 성공적이었는지를 탐색하려는 노력을 하게 되고, 적절한 근본적인 행동을 취하도록 한다.

CYP-IAPT의 시작은 여러모로 성인 대상의 '모태'와는 달랐다. 첫째로, 주류 정신건강 서비스와 별개의 서비스를 만들지 않았다. 그 대신 기존에 서비스에서 선택된 직원을 IAPT 접근에 대해 훈련한 후에 원래 서비스로 다시 돌아가게 해서 개선과 변화를 이끌어내게 하는 식으로 기존의 CAMHS의 기능을 향상시키는 것을 목표로 했다(말하자면 NHS에서 제공하는 서비스를 변형시키는 것이었다). 두 번째 차이점은 현대 사회 추세에 맞추어 CY-IAPT는 NHS만이 아닌 지방 당국과 제3부문(예 : 자선 단체 및 자발적 조직)의 구성원들을 포함하였다는 것이다. 그 이유는 그들이 정신건강을 문제를 가진 아동의 상당 비율을 보았고, 근거기반 서비스를 제공하도록 권장하고 있었기 때문이다. 이를 위한 메커니즘이 지역에서 서비스 조직과 전달이 일관성 있게 되기 위해서는 서비스 제공자와 정부 담당자와의 파트너십이 잘 형성되어야 한다. 차후에 치료는 CBT에 국한되지 않을 것이다. 설립 초기부터 프로그램은 문화에 변화를 불러일으키고자 하였으며, 아동·청소년 및 그 가족이 서비스 설계 및 운영에 참여하는 것을 포함하는 환경에서 근거기반 심리치료에 대한 접근성을 향상시키기 위한 실천을 했다. 계획은 일상적인 결과 모니터링을 포함하여 성인의 경우에서 배운 교훈에 기초했다. CYP-IAPT 프로그램은 처음에 2011년 4년간 7,500만 달러라는 많지 않은 예산을 받았다.

실행 과학을 실무에 시행하기

CYP-IAPT 프로그램의 실행은 국립 실행연구 네트워크(National Implementation Research Network; http://nirn.fpg.unc.edu)가 정한 철학에 기초한 실행 과학 아이디어에 기반을 두고 있다(Fixsen, Blase, Naoom, & Wallace, 2009; Fixsen, Blase, & Van Dyke, 2011). 핵심 원칙은 다음과 같다.

1. 중재가 유용해야 한다(즉 결과를 개선 할 수 있는 개입 능력의 실용성을 입증할 뿐만 아니라 잘 수행되어야 한다). (1) 직원이 잘 훈련할 수 있도록 하고, (2) 임상가에 의해 학습이 가능해야 하며, (3) 치료사가 새로운 치료 방법이나 기술을 배운 후에는 실질적으로 할 수 있어야 하고, (4) 클리닉과 서비스에 대해 평가할 수 있어야 한다.

2. 실행은 단계적으로 이루어져야 한다. (1) 탐색, (2) 설치, (3) 초기 실행, (4) 전체 실행이 그 것이다. 이 단계에서는 성공 가능성을 높이기 위해 적절한 활동을 고려해야 한다.

3. 실행의 동기들은 혁신의 성공적인 사용에 영향을 미치는 내적 구조 및 역량의 주요 구성 요소이기 때문에 명시적으로 인식되어야 한다. 역량 동기, 조직 동기 및 리더십 동기가 포함된다. 각각의 구체적인 실행을 위한 정보화된 프로세스는 명시적으로 만들어져야 하며, 직원의 역량과 자신감을 향상시키고 혁신을 지속하게 하며 충실하게 사용할 수 있도록 조직 및 시스템을 개발해야 한다. 변화를 관리하기 위해 적극적으로 데이터를 사용하는 프로세스가 수립되어야 한다.

4. 개선은 계획-수행-학습-행동 주기에 따라 주기적으로 추진되어야 한다. 개선 주기는 개선이 이루어지고 문제가 해결되는 반복적인 과정이다. 이는 신속한 문제해결, 새로운 작업 방식의 초기 테스트 또는 시스템의 정렬 개선에 사용될 수 있을 것이다.

5. 실행 팀은 일반적으로 3~5명으로 구성되어야 하며, 실행 프로세스를 완전히 실행하는 데 책임이 있다. 이들은 실행 단계, 실행 동기 및 개선 주기를 적극적으로 통합하여 사용 가능한 개입을 실행, 유지 및 일부 확장함으로써 내담자의 성과를 향상시키게 된다.

성과를 향상시킬 수 있는 개입의 선택

첫 번째 원칙을 달성하기 위해 NICE의 권고에 따라 표준화된 커리큘럼으로 가장 잘 입증된 치료법이 처음 선택되었다. 처음에는 불안과 우울증에 대한 CBT와 행동 문제에 대한 행동주의적 부모훈련이라는 두 가지 치료 방법이 있었는데, 둘 다 NICE의 승인을 받았다. 그러나 세 가지 치료가 후에 추가되었다. 우울, 자해, 행동장애 및 섭식장애가 있는 아동·청소년을 위한 일반적인 체계적 가족치료, 불안이나 우울증을 가진 청소년을 위한 대인관계치료법(Jacobson,

Mufson, & Young, 제5장 참조) 그리고 좀 더 경미한 문제에 대한 상담이다. CBT와 부모 훈련에 대한 증거가 매우 강력하고 NICE가 승인하는 반면, 대인관계치료는 청소년들 대상의 시행은 별로 없었지만, 주로 프로그램 개발 팀에 의해 시행된 대인관계치료 역시 2015년 이래 NICE에서 승인되었다. 모든 청소년이 CBT를 편해하지 않으며 대인관계치료도 확실히 대안이 될 수 있다. 일반적인 가족치료는 다른 섭식장애와 우울 같은 조건에서는 NICE에서 승인되지 않았으며, 다른 증상들에 대해서도 근거가 불충분하다(Fonagy et al., 2015; Eisler & Lask, 2015). 강력한 근거기반의 기능적 가족치료 혹은 다체계적 치료와 같은 어떤 구체적인 가족치료의 종류들은 그렇지 않다(Henggeler & Schaeffer, 제12장 참조). 더 가벼운 불안과 우울증의 상담에 대한 적절한 증거가 있다(Fonagy et al., 2015). 덜 확실한 근거기반 치료들이 선택된 이유는 분명하지 않다.

치료법을 배우기 위한 스태프의 가용성과 훈련에 대한 지원

첫 번째 훈련 관련 원칙을 위해 지역 CAMHS는 무료로 치료자를 위한 훈련을 제공받았다. 대학 학기 중 일주일에 3일 동안 직원을 교육을 받도록 보내주고, 1년 내내 대체 직원을 고용하기 위한 기금을 제공받았다. 이 프로그램은 경쟁적인 프로세스를 통해 기꺼이 문화적 변화를 꾀할 준비가 되어 있음을 이해하고 보여줄 수 있는 실무자 및 서비스 제공자를 선택한다. 그리고 서비스가 일상적인 성과 모니터링을 통해 실무자를 지원하고 근거기반 개입을 제공하고 있는지 확인해주는 관리자 및 감독자의 교육을 시작한다. 보통 협력을 위한 성공적인 보상이 적용된 비율은 약 2 : 1이었고, 지리적 위치가 중요했다. 현재까지의 진행 정도는 아래 진전 관련 절에 설명되어 있다.

실무자들은 전문가 합의에 의해 개발되고 보건 환경 검사관(HEI)에 의해 실행된 국립 교과과정을 사용하는 근거기반 실습(EBP)으로 훈련을 받았다. 커리큘럼은 Chorpita와 Weisz가 개척한 모듈 방식에 근거했다(Chorpita, Bernstein, & Daleiden, 2011; Weisz et al., 2012). 이 접근법은 아동이 여러 가지 문제와 장애를 갖고 있으며, 치료가 진행이 되면서 진화해가야 하며 임상가는 많은 EBP 프로토콜에 대한 전문 지식이 필요하다는 것을 인식한다. 1년 프로그램의 첫 번째 기간에는 모든 스태프가 2~3학년의 전문 분야(예 : CBT 또는 양육 프로그램)에 관계없이 함께 훈련된다. 그러나 이것은 잉글랜드의 일부 지역에서 소개되고 있는 Chorpita와 Weisz 접근법의 각 양식과 완전히 같지는 않다. 가르친 치료법의 근간을 이루는 철학은 훈련생들이 특정 '브랜드'를 철저하게 따르기보다는 일반 원칙을 확실하게 이해해야 한다는 것이다. 후자의 경우 그룹 접근법은 지금까지 잘 입증된 프로그램 중 하나인 IY(Incredible Years; Webster-Stratton & Reid, 제8장 참조)를 따랐지만 CBT 및 행동기반 부모교육에 대해서는 상대적으로 간단하다. 훈련생들은 또한 '불순응 아이 다루기'(McMahon & Forehand, 2005) 혹은 '부모 – 자녀 상호작용 기법'(Zisser-Nathenson, Herschel, & Eyberg, 제7장 참조)과 같은 일반적이지만 '브랜드'와 유사한 개별화 부모훈련을 배우게 된다. 1년이 되면 훈련생들은 학위를 위한 대학시험을 치른다. 시험 과정은 합리적으로 엄격하며 서면 에세이, 사례 보고서 및 비디오 테이프 상담 발표를 포함한다. 매년 질적 수준을 엄격하게 보장하기 위해 일부 후보자는 합격에 실패한다.

또한 프로그램은 코스와 서비스의 질을 확보하기 위해 다양한 시스템을 개발하고 지원한다. 기존 인증 및 품질 기관을 비롯한 주요 이해관계자로 구성된 국가인증위원회(National Accreditation Council)는 교육 과정 인정의 기본 틀과 효과적인 서비스 제공의 가치와 품질을 뒷받침하는 핵심 지표를 확인하는 포괄적인 체계를 개발했다(York et al., 2013). 기본 체계는 일선 기관에 부담을 주기보다는 기존의 품질 보증 메커니즘을 토대로 하였다. 훈련은 영국의 행동 및 인지 심리치료협회와 같은 기존에 인가된 기관과 연계되었다.

단계적 실행 및 동기의 인식

두 번째 원칙인 단계적 실행은 처음에는 성인 IAPT의 경험을 학습한 후에 잉글랜드에 3개 지역으로 시작하여 차츰 그 수를 매년 증가시키는 것으로 이루어졌다. 경쟁력, 조직 및 리더십 동기(세 번째 원칙)에 있어서는 연수생이 매주 실제 임상 작업에 대한 비디오 녹화물을 감독관에게 제공하며 경쟁력 및 충실도가 향상되었다. 조직적인 실행은 관리자가 스태프의 질을 향상시킬 수 있는 감독자를 양성하는 별도의 과정을 통해 촉진되었다. 관리자들의 리더십은 관리자를 위한 제3의 교육 과정을 통해 촉진되었으며, 그들은 큰 그림을 이해하고 실행을 지원할 수 있었다.

개선의 순환 : 일상적인 성과 모니터링

네 번째 원칙을 실행하기 위해서는 일상적인 성과 모니터링이 중요했다. 성과 측정은 지역 사회 CAMH에 존재하는 모든 사람들에게 적합한 개별화된 목표와 증상 측정의 조합으로 이루어졌다. 회기별 성과 모니터링은 CYP-IAPT로 훈련받은 치료사들뿐만 아니라 조직의 하부단위에서 보는 사례들에게도 적용되었기 때문에 무료 교육만을 받은 하부 단위에서는 문제가 생겼다. 성과 측정은 문제의 심각성, 목표에 대한 진전 및 증상에 대한 정도와 치료와 관련된 환자의 기대치가 얼마나 충족되었는지를 측정하기 위한 것으로, 각 치료 회기 전에 실시되는 척도 또는 설문지를 포함하여 지속적으로 수집되는 환자의 피드백이었다. 일상적인 성과 측정법(routine outcome measure, ROM)의 장점은 문헌에서 자주 논의되었다(예 : Bickman, Kelley, Breda, de Andrade, & Riemer, 2011 ; Miller et al., 2015). ROMS는 www.corc.uk.net/resources/measures에서 볼 수 있다. 중요한 혁신은 측정이 사전-사후로 이루어질 뿐만 아니라 회기별로 진행되도록 한 것이다. 처음에는 일부 실무자가 이를 의심스러워했지만, 교육을 통해 이를 사용하는 것이 청소년 및 그들의 부모나 보호자와 공유할 수 있는 치료적 도구로서 유용하고, 치료가 잘 진행되고 있는지, 앞으로 어떻게 해야 하는지에 대한 치료적 동맹이 잘 맺어지게 하는 데 유용하다는 것을 지지하였다.

직원에게는 ROM과 비디오 테이프 녹화를 이용하여 잘 정의된 특정 작업을 제대로 숙지하고 따르는지 즉각적인 피드백이 주어지며, 반복할 수 있도록 지도감독을 받게 된다. 훈련생이 성과 피드백을 바탕으로 자신의 행동을 재검토할 수 있는 시간을 가지도록 하여 일방향적으로만 영향을 주는 방식의 학습편향(예 : 확증적 및 사후평가의 편향)을 줄여야 했다(Tracey, Wampold, Lichtenberg, & Goodyear, 2014). 임상 감독관, 서비스 리더 및 중앙 CYP-IAPT 실행팀 강사와의 긴밀한 협조는 높은 수준의 경쟁력을 확보하는 데 중요하다. 임상 서비스 전달 조직은 정보 기술 및 컴퓨팅 시스템을 업그레이드하여 임상 작업의 비디오 테이프를 쉽고 안전하게 업로드할 수 있도록 상당한 자금(55,000달러)을 제공받았고 임상가는 일상적인 성과 모니터링을 간편하게 기록할 수 있는 태블릿을 제공받았다.

정식 실행 팀을 구성하기에 충분한 기금은 없었지만, 다섯 번째 원칙에 명시된 바와 같이 지속적인 개선을 위해 많은 중앙 직원이 임명되었다. 예를 들어, 상급 임상심리학자가 각 팀으로 들어가 회원들이 일상적인 성과 모니터링을 무의미한 업무로 보는 것에서 내담자와의 각 회기에서 치료 도구로서 관계 및 상호작용을 향상시키는 데 사용할 수 있도록 도왔다. 청소년이나 그들의 보호자가 보고하는 것들에 대해 잘되어가고 있는 것인지, 진전을 어렵게 하는 장애물이 무엇인지에 대해 솔직한 토론을 할 수 있는 도구로 사용할 수 있었다.

사용자 참여

현실적인 실행을 보장하기 위한 또 다른 설계의 특성은 성과 모니터링을 통한 개별치료뿐만 아니라 서비스 설계 및 제공에서도 사용자가 참여하도록 규정한다는 것이다. 아동과 청소년, 부모 또는 보호자들은 국가 및 지역사회 차원에서 참여하여 공동작업자를 선정하는 과정에서부터 측정과 과정을 검토하는 일까지 프로그램을 조정하도록 관여한다. 그 계획의 주요 요지는 아동 · 청소년이 그들에 대한 보살핌을 통제하고, 임상적 결정을 공유하며, 적절한 치료 목표를 수립하고 가장 적합한 건강에 이르는 경로를 선택하도록 그들에게 권한을 부여하고자 하는 것이다. 이러한 적극적인 참여를 통해 자신의 주도성과 신뢰를 강화할 수 있다. 서비스 설계에 참여하고 성과 측정을 통해 치료 경과를 이해하고 수정하며 심지어 실무자 및 관리자의 교육에 참여하는 것이 모두 주도성을 향상시키는 역할을 한다. 임상적 의사결정에 서비스 사용자를 참여시키는 것이 모든 의료 전문 분야(Mulley, Trimble, & Elwyn, 2012)의 보건의료 서비스의 효율성을 향상시키는 것으로 알려져 있지만, 또한 그것은 사회적 지원제도나 건강관리를 받아본 경험이 있는 아동 · 청소년이 종종 공공서비스에 대해 가지는 불신과 의심을 신뢰감으로 재형성할 수 있도록 기여할 수 있는 특별한 기능을 한다. 아동·청소년의 선호, 감정, 생각에 반응하고, 치료사가 그들이 경험하고 있는 것에 대해 듣고 있고 생각하고 있다는 것을 보여줌으로써 치료뿐 아니라 보다 폭넓은 사회의 정보를 흡수하고 반응할 수 있는 능력을 향상시키도록 돕는다(Fonagy & Allison, 2014).

인터넷치료

이 장에서 언급했듯이 진단 가능한 장애 수준의 어려움을 겪고 있는 아동 및 청소년의 약 4분의 1만이 잉글랜드와 웨일즈(또는 미국이나 서유럽)에서 전문적 치료를 받는다. CYP-IAPT 계획의 주요 동기는 그 이름에서 알 수 있듯이 접근을 늘리는 것이다. 대부분의 CAMHS 서비스는 주치의의 의뢰서를 통해서만 접근할 수 있으며 대기자 명부는 매우 길다. 아동위원회(Children's Commissioner, 2016)의 검토에 따르면 의뢰 아동의 28%가 서비스를 받지 못했다. 일부 서비스는 14일 이내에 아동을 보았지만 교외 지역에서는 평균 대기 시간이 200일이었다. 전반적인 의뢰율은 인구의 0.28~0.55% 사이였다. 이전에 언급된 국가통계 조사의 권위 있는 사무국은 인구의 10%가 진단 가능한 장애를 가지고 있음을 발견했다. 따라서 보다 효과적인 개입의 증가 이외에 그 계획의 목적 중 일부는 가족 또는 청소년의 자발적 내원을 허용함으로써 접근성을 높이는 것이었고, 두 번째는 저강도 범위의 온라인 인터넷 개입의 시행을 지원하기 위해 직원을 양성하는 것이었다. e-러닝은 아동·청소년과 함께 일하는 모든 사람들을 위한 무료 e-러닝 하기를 포함해서 젊은이들과 학부모들도 직접 접근할 수 있는 정신건강 자원인 MindEd에 의해 역시 지원된다. www.minded.org.uk를 참조하라.

발전과 평가

2016년 초까지 이 프로그램에는 전국 0~19세 인구의 82%를 커버하는 서비스를 제공하는 94개의 협력체가 포함되었다. 서비스 전환 프로그램의 지리적 포괄범위는 2018년까지 100% 달성을 목표로 증가하고 있다. 2014~2015년에는 372명의 치료사와 86명의 슈퍼바이저, 51명의 서비스 리더들이 프로그램의 일환으로 훈련되었다. CYP-IAPT에 대한 공식적인 평가는 평상시처럼 프로세스를 검토하고 성과를 경영진과 비교하는 독립적인 기관의 관점에서 평가되지 않았다. 그러나 11개 서비스의 6,803명 아동·청소년의 설문조사와 사내 설문조사 12개의 CAMHS 협력업체, 43개 팀의 361명의 임상가에게 실시된 내부 질문지와 근거기반 치료에 대한 태도를 묻는 '개정 실무태도 척도(Modified Practice Attitudes Scale, MPAS; BornTrager, Chorpita, Higa-McMillan, & Weisz, 2009)'(예 : "효과가 있다는 증거가 있는 경우 새롭고 다른 유형의 치료법을 기꺼이 사용한다")로 수행된 비교적 포괄적인 내부 평가가 이루어졌다. 피드백에 대한 태도를 측정하기 위해 '피드백에 대한 태도 척도(Feedback Attitude to Feedback scale)' 는 일상적인 성과 평가(Routine Outcome Assessment, ROA; Willis, Deane, & Coombs, 2009) 설문지에서 사용되었다(예 : "성과 측정의 피드백 제공은 임상가와 서비스 이용자가 치료에서 보다 협조적으로 작업하도록 도울 것이다"). 설문지 데이터 외에도, CYP-IAPT 원칙을 포함 하는 인구통계적 특성과 경험을 파악하는 맞춤형 구성 도구(Tailored Design Method; Dillman, Smyth, & Christian, 2008)를 사용하여 인터뷰가 개발되었다. 인터뷰는 12명의 CAMHS 협력 업체(Edbrooke-Childs; O'Herlihy, Wolpert, Pugh, & Fonagy, 2015)의 92명의 직원, 45명의 아 동ㆍ청소년, 42명의 부모에게 시행되었다.

CYP-IAPT의 눈에 띄는 중요한 이점은 효율성의 향상이다. 의뢰와 평가 간의 시간은 2010년 239일에서 2014년 64일까지 73% 감소했다. 평가와 종결 사이의 평균 일수는 CYP-IAPT 이전 299일에서 2014년 235일으로 21% 감소했다. 인터뷰에 따르면 직원들은 이 향상이 일상적인 성과 모니터링을 사용했기 때문이라고 했다. 감사 결과에서는 자발적 내원 경로, 단일 접근 지 점, 찾아가는 서비스, 저녁 및 주말 약속을 통해 접근성이 향상된 것으로 밝혀졌다. 자발적 내 원에 의해 서비스를 받은 경우가 195% 증가했다.

프로그램 내 서비스(CYP-IAPT에서 교육받은 임상가뿐만 아니라 전체 서비스)는 보다 더 근 거에 기초하게 되었다. 따라서 전체적으로 86%($n=189/281$)가 NICE가 권장하는 치료법을 환 자의 70% 이상에서 사용했으며 89%(299/335)는 근거기반 심리치료법을 시행하려고 노력한 다고 했다. 임상가들은 근거기반 치료를 선택하고 제공하는 데 자신감이 생겼다고 설명했다. NICE가 추천한 치료로 훈련을 받은 임상가의 대다수는 여전히 치료(83%)를 제공하고 있으며, 여전히 실제로 아동ㆍ청소년이 대다수를 차지하는 서비스에 대해 슈퍼비전(66%)을 받고 있는 반면, 39%는 여전히 근거기반 치료에 대한 권고를 받지 못했다. 그 이유는 주로 CYP-IAPT에 서 교육받지 못했기 때문이리고 했다. 직원들과의 인터뷰는 성과 측정을 많이 하는 것과 회 기별 모니터링이 의사결정을 공유하는 것을 도와준다는 것을 확인해주었다. 수치상으로 76% ($n=209/277$)는 적어도 사례의 70%에 대해 사례를 평가할 때 성과 측정을 사용했고, 43%($n=$ 119/276)는 사례의 70%에 대해 성과 측정을 회기별로 사용하였고, 71%($n=195/274$)는 적어도 사례의 70%에서 성과 측정에 대한 검토와 종결 측정이 있었다. 피드백에 대한 평균적 태도는 4.51($n=318$, $SD=0.93$, 범위=1.13~6)로 임상가는 CYP 및 학부모에게 성과 척도를 기반으 로 피드백을 제공하는 데 전반적으로 약간 동의했다. 상호 동의(34%에서 56%로)에 의해 종료 된 사례의 증가 비율은 부분적으로 참여도가 높아진 결과일 수 있다. 그러나 실제적인 증거는 사전 및 사후 증상 변화에 대한 충분한 자료가 수집되고 회복되는 경우의 백분율이 충분할 때 확보될 것이다. 회복률이 낮은 서비스에서 무슨 일이 일어나고 있는지 검토하고 성인 IAPT에 서 일어났던 것처럼 상황을 바꿀 수 있는 지원을 제공할 수도 있어야 한다. 예를 들어, 성인 우울증 회복률은 서비스 개입 1년 후에는 38%로 평균보다 낮았지만 이후에는 62%로 향상되었다 (D. Clark, personal communication, March, 2016).

감사 결과는 실행에 있어 몇 가지 문제점이 있다는 것을 밝혔다. 첫째, 각 지역 서비스는 1년에 단 5명의 치료자만 훈련을 보낼 수 있어서, 대다수는 이 방법으로 훈련받지 못했다. 감독자와 관리자가 근거기반 접근 방식을 점차적으로 추진함으로써 나머지 직원들도 근거기반 프로그램을 채택하게 되기를 희망한다. CYP-IAPT 계획의 긍정적인 면 중 하나는 성과 모니터링을 필수로 한 IAPT 교육을 받은 치료사뿐 아니라 치료를 제공하는 모든 직원에게 성과를 검토하는 문화가 시작되었다는 것이다.

감사 결과, 적절하고 일상적인 결과 모니터링을 지원하기 위한 정보 기술에 중대한 실패가 있음을 보여주었다. 실행 기간 동안 서비스 입찰을 포함한 동시다발적인 비용 효율적 계획 및 경쟁적인 조직 변경으로 인해 여러 사이트에서 프로세스가 크게 혼란을 겪었다. 한 해 동안 CYP-IAPT에서 훈련을 받은 후에 많은 수가 이직해서 생긴 손실은 관리자와 임상가들에게 좌절의 원천이었다. 의뢰 증가와 인력 충원의 감소는 일반적으로 수요가 생산 능력을 초과하여 직원들의 사기를 저하시키는 상황을 야기했다. 실무자들은 새로운 시스템과 프로세스를 배울 수 있도록 훈련을 받은 후에 실행할 수 있는 보장된 시간을 원했다. 일상적인 성과 모니터링은 특히 서비스 이용자가 성과 측정에서 긍정적인 변화를 보이지 않았을 때 실무자에게 약간의 불안감을 유발했다. 감사 결과에 비추어볼 때 대학 및 협력업체와의 공동 작업으로 인해 서비스 전환 및 개선 측면에서 상당한 이점이 발생했지만 앞으로 상당한 과제도 남아 있다.

이 프로그램은 젊은 서비스 이용자들에게 권한을 부여하여 치료 관계에서 동등한 파트너로서 지위를 확립하기 위해 지속적으로 노력하고 있다. 단지 임상가뿐만 아니라 서비스 관리자 및 임상적 리더들이 공동 의사결정의 원칙으로 임상적 지침을 교육하는 것은 이제 일반적으로 CYP-IAPT의 주요 업적 중 하나로 간주된다. 이로 인해 NHS 영국의 청소년 및 부모/보호자가 개발한 정신건강서비스 여권(www.england.nhs.uk/mentalhealth/2015/10/15/passport-brief-yp-mh)과 같은 계획이 생겨났다. CYP-IAPT 프로그램의 일환으로 여권은 한 젊은이가 서비스를 받은 시간들을 요약해 보여주게 된다. 이 정보는 청소년이 직접 소유하게 되므로, 스스로 원하면 미래의 모든 서비스와 공유할 수 있다.

또한 이 프로그램은 젊은 서비스 사용자와 함께 부모와 보호자의 참여를 지원하여 자녀의 치료를 지원하고 서비스 제공 및 설계에 참여할 수 있도록 했다. 청소년 정신건강 자선단체인 YoungMinds는 부모와 보호자, 서비스 제공자 및 집행위원들을 위한 지원 도구를 개발하기 위해 부모 및 보호자와 상담하도록 위촉받았다. 이것은 부모와 보호자를 위한 크고 다양한 네트워크를 구축하게 했고, 'Parents Say' 참여툴 키트(www.youngminds.org.uk/psaytoolkit)를 시작하게 했다.

향후 방향

변화를 실현하는 데 필요한 프로그램 관리체계는 완벽하게 자리를 잡아 보건부와 NHS 영국 교육부의 더 나은 정책 발전을 지원할 수 있게 되었다. CYP-IAPT는 보건 및 NHS 영국 보건부 (Department of Health & NHS England, 2015)가 공동으로 실시한 CAMHS 조항의 전략적 검토에 이어 인력 증가 및 개선을 위한 자금을 포함하는 광범위한 전환 프로그램의 토대가 되었고, 2014년 가을 섭식장애 치료를 위한 예산(4,500만 달러)과 2015년 봄의 아동 · 청소년 정신건강을 위한 5년간의 17억 5천만 달러 추가 예산 발표로 접근성이 더 향상되었다. 이러한 최근의 발표들은 CYP-IAPT의 원칙을 말 그대로 협력적이고 성과에 초점이 맞춰진 EBP를 확실하게 하도록 하여, 지역사회에 기초한 섭식장애 서비스로 확대되고, 시스템의 역량과 능력을 구축하도록 하여, 2020년에는 아동 · 청소년을 위해 최소한 1년에 7만 건 이상의 치료 회기를 진행할 수 있을 것이다. 목표는 CYP-IAPT가 전국 100%를 다루고 출산 전후 의료 서비스와 통합되는 것이다.

　영국의 모든 지역은 아동 · 청소년 및 그 가족 · 보호자가 계획을 개발하고 향후 실행 및 서비스 개발에 전적으로 참여하는 것을 보장하는 아동 · 청년 정신건강 서비스를 개선하기 위한 전환 계획을 개발해야 한다. 아동 · 청소년, 그 가족 및 임상 감독의 정기적인 피드백을 포함하여 서비스의 성과가 어떠한지 모니터링하여 보여줄 수 있는 서비스가 요구된다. 지리적 확장뿐 아니라 새로운 커리큘럼이 상담을 포함하는 등 근거기반 치료법과 중재 방법의 범위와 선택이 확대될 것이다. 0~5세 아동을 위한 발달, 유아 및 아동 정신건강 중재, 정신건강 문제 및 자폐스펙트럼장애 또는 학습장애가 있는 아동 · 청소년을 위한 치료법, 심리치료를 지원할 수 있는 처방을 포함할 수 있는 병행치료(combination therapy)뿐만 아니라 약물치료에 관련하여 비의료진도 이에 대한 지식을 향상시킬 것이다.

　이 모든 것이 잘되고 있고 훌륭하지만, 현재 공식적인 평가를 위한 예산은 없다. 공식적 평가는 반드시 있어야 한다. 서비스 제공기관이나 감독관과 별도의 기관에서 수행해야 할 것이며 CYP-IAPT가 실시되지 않는 지역의 서비스(예 : 스코틀랜드)를 조사해야 한다. 또한 나중에 채택한 지역과 비교하거나 또는 원칙만을 채택하기로 한 지역이나 높은 채택률을 보이는 지역이 비교되어야 한다. 회복률과 개선율도 치료를 받지 않은 경우의 역학 조사와 비교되어야 한다 (치료법의 기술과 충실성 측정과 같은 과정 변수와 함께). 이 모든 것이 가능해야 하며, 아동과 청소년을 위해 당연히 그렇게 되어야 한다.

맺음말

CYP-IAPT 계획은 전국적인 서비스로 전환하려고 시도했다. 잉글랜드는 정부의 중앙집중적인 특성으로 인해 실현 가능했지만, 주 또는 이와 유사한 행정구역과 같은 더 작은 수준의 정부에서도 재현 가능해야 한다. 그것은 아마도 관계와 행동이 어떻게 개선될 수 있는지에 대한 수많은 모델과 수많은 다양한 훈련 방법 때문에 변화가 느린 분야에 현대적인 방법을 적용하는 것이다. 개입이 효과가 있다는 것을 강조하고, 이것이 어떻게 내담자의 호전에 영향을 미치는지 기록함으로써 실무는 이전까지 편안하게 몇 달 동안 내담자가 개선되기를 희망하면서 기다리는 오래된 임상 모델에서 상당히 변화되었다. 이 프로그램은 20~30년 전에 막 시작했던 실행 과학의 진보로 인해 많은 혜택을 얻었다.

요약하면 아동·청소년의 정신건강을 위한 새로운 자원의 투입을 포함한 서비스의 변화를 체계화하는 CYP-IAPT의 원칙으로 실행 과정은 추진력을 얻은 듯하다. 향후 5년 안에 영국의 대부분의 서비스가 정신건강 문제를 겪고 있는 아동·청소년에게 제공하는 치료의 효과성에 대한 데이터를 얻을 수 있으리라 기대한다.

감사의 글

국가 임상의 책임자인 Peter Fonagy, 프로그램 책임자인 Kathryn Pugh, CYP-IAPT의 프로젝트 관리자인 Anne O'Herlihy에게 이 내용의 근거가 된 프로그램이 기반으로 하고 있는 계정을 공유해준 것에 대해 감사를 표한다.

참고문헌

Asarnow, J. R., Jaycox, L. H., Duan, N., LaBorde, A. P., Rea, M. M., Murray, P., et al. (2005). Effectiveness of a quality improvement intervention for adolescent depression in primary care clinics: A randomized controlled trial. *Journal of the American Medical Association, 293*, 311–319.

Bellis, M., Lowey, H., Leckenby, N., Hughes, K., & Harrison, D. (2014). Adverse childhood experiences: Retrospective study to determine their impact on adult health behaviours and health outcomes in a UK population. *Journal of Public Health, 36*, 81–91.

Bickman, L., Kelley, S. D., Breda, C., de Andrade, A. R., & Riemer, M. (2011). Effects of routine feedback to clinicians on mental health outcomes of youths: Results of a randomized trial. *Psychiatric Services, 62*, 1423–1429.

Bor, W., Dean, A. J., Najman, J., & Hayatbakhsh, R. (2014). Are child and adolescent mental health problems increasing in the 21st century?: A systematic review. *Australian and New Zealand Journal of Psychiatry, 48*, 606–616.

Borntrager, C. F., Chorpita, B. F., Higa-McMillan, C., & Weisz, J. R. (2009). Provider attitudes toward evidence-based practices: Are the concerns with the evidence or with the manuals? *Psychiatric Services, 60,* 677–681.

Brown, D., Anda, R., Tiemeier, H., Felitti, V., Edwards, V., Croft, J., & Giles, W. (2009). Adverse childhood experiences and the risk of premature mortality. *American Journal of Preventive Medicine, 37,* 389–396.

Children's Commissioner. (2016). Lightning review: Access to child and adolescent mental health services, May 2016. Retrieved from *www.childrenscommissioner.gov.uk/publications/lightning-review-access-child-and-adolescent-mental-health-services.*

Chorpita, B. F., Bernstein, A., & Daleiden, E. L. (2011). Empirically guided coordination of multiple evidence-based treatments: An illustration of relevance mapping in children's mental health services. *Journal of Consulting and Clinical Psychology, 79,* 470–480.

Clark, D. M., Fairburn, C. G., & Wessely, S. (2007). Psychological treatment outcomes in routine NHS services. *Psychological Medicine, 38,* 629–634.

Department of Health. (2011). No health without mental health: A cross-government mental health outcomes strategy for people of all ages. Retrieved from *www.gov.uk/government/uploads/system/uploads/attachment_data/file/135457/dh_124058.pdf.*

Department of Health. (2012). Improving Access to Psychological Therapies (IAPT): Supporting "No health without mental health." Retrieved from *www.iapt.nhs.uk/silo/files/iapt-3-year-summary-leaflet.pdf.*

Department of Health, & NHS England. (2015). *Future in mind: Promoting, protecting and improving our children and young people's mental health and wellbeing.* London: NHS England.

Dillman, D. A., Smyth, J. D., & Christian, L. M. (2008). *Internet, mail, and mixed-mode surveys: The Tailored Design Method.* Hoboken, NJ: Wiley.

Edbrooke-Childs, J., O'Herlihy, A., Wolpert, M., Pugh, K., & Fonagy, P. (2015). Children and young people's improving access to psychological therapies: Rapid internal audit national report. Retrieved from *www.ucl.ac.uk/ebpu/docs/publication_files/cypiapt-nationalreport.*

Eisler, I., & Lask, J. (2015). Family interventions. In A. Thapar, D. Pine, J. Leckman, S. Scott, M. Snowling, & E. Taylor (Eds.), *Rutter's child and adolescent psychiatry* (pp. 510–520). New York: Wiley-Blackwell.

Felitti, V., Anda, R. F., Nordenberg, D., Williamson, D. F., Spitz, A. M., Edwards, V., et al. (1998). Relationship of childhood abuse and household dysfunction to many of the leading causes of death in adults. *American Journal of Preventive Medicine, 14,* 245–258.

Fink, E., Patalay, P., Sharpe, H., Holley, S., Deighton, J., & Wolpert, M. (2015). Mental health difficulties in early adolescence: A comparison of two cross-sectional studies in England From 2009 to 2014. *Journal of Adolescent Health, 56,* 502–507.

Fixsen, D. L., Blase, K. A., Naoom, S. F., & Wallace, F. (2009). Core implementation components. *Research on Social Work Practice, 19,* 531–540.

Fixsen, D. L., Blase, K. A., & Van Dyke, M. K. (2011). Mobilizing communities for implementing evidence-based youth violence prevention programming: A commentary. *American Journal of Community Psychology, 48,* 133–137.

Fonagy, P., & Allison, E. (2014). The role of mentalizing and epistemic trust in the therapeutic relationship. *Psychotherapy, 51,* 372–380.

Fonagy, P., Cottrell, D., Phillips, J., Bevington, D., Glaser, D., & Allison, E. (2015). *What works for whom?: A critical review of treatments for children and adolescents.* New York: Guilford Press.

Green, H., McGinnity, A., Meltzer, H., Ford, T., & Goodman, R. (2005). Mental health of children and young people in Great Britain, 2004: A survey carried out by the Office for National Statistics on behalf of the Department of Health and the Scottish Executive. Retrieved from *www.esds.ac.uk/doc/5269/mrdoc/pdf/5269technicalreport.pdf.*

Health and Social Care Information Centre. (2014). *Psychological Therapies, Annual report on the use of IAPT services: England.* London: Author.

Kennedy, I. (2010). Getting it right for children and young people: Overcoming cultural barriers in the NHS so as to meet their needs: Independent review. Retrieved from *www.dh.gov.uk/prod_consum_dh/groups/dh_digitalassets/@dh/@en/@ps/documents/digitalasset/dh_119446.pdf.*

Layard, R., & Clark, D. (2014). *Thrive: The power of evidence-based psychological therapies.* London: Allen Lane.

McGorry, P., Bates, T., & Birchwood, M. (2013). Designing youth mental health services for the 21st century: Examples from Australia, Ireland and the UK. *British Journal of Psychiatry Supplement, 54,* s30–s35.

McMahon, R., & Forehand, R. (2005). *Helping the noncompliant child.* New York: Guilford Press.

Miller, S. D., Hubble, M. A., Chow, D., & Seidel, J. (2015). Beyond measures and monitoring: Realizing the potential of feedback-informed treatment. *Psychotherapy, 52,* 449–457.

Mulley, A., Trimble, C., & Elwyn, G. (2012). *Patients' preferences matter: Stop the silent misdiagnosis.* London: The King's Fund.

NHS Benchmarking Network. (2013). *CAMHS Benchmarking Report December 2013.* Manchester, UK: NHS Benchmarking Network.

NHS Benchmarking Network. (2015). *CAMHS Benchmarking Report 2015.* Manchester, UK: NHS Bechmarking Network.

Rotheram-Borus, M. J., Swendeman, D., & Chorpita, B. F. (2012). Disruptive innovations for designing and diffusing evidence-based interventions. *American Psychologist, 67,* 463–476.

Tracey, T. J., Wampold, B. E., Lichtenberg, J. W., & Goodyear, R. K. (2014). Expertise in psychotherapy: An elusive goal? *American Psychologist, 69,* 218–229.

Weisz, J. R., Chorpita, B. F., Palinkas, L. A., Schoenwald, S. K., Miranda, J., Bearman, S. K., et al. (2012). Testing standard and modular designs for psychotherapy treating depression, anxiety, and conduct problems in youth: A randomized effectiveness trial. *Archives of General Psychiatry, 69,* 274–282.

Weisz, J. R., Kuppens, S., Eckshtain, D., Ugueto, A. M., Hawley, K. M., & Jensen-Doss, A. (2013). Performance of evidence-based youth psychotherapies compared with usual clinical care: A multilevel meta-analysis. *JAMA Psychiatry, 70,* 750–761.

Willis, A., Deane, F. P., & Coombs, T. (2009). Improving clinicians' attitudes toward providing feedback on routine outcome assessments. *International Journal of Mental Health Nursing, 18,* 211–215.

York, A., Kingsbury, S., Rayment, B., Fleming, I., Thompson, P., Hemsley, M., et al. (2013). Delivering with and delivering well: CYP IAPT principles in Child and Adolescent Mental Health services: Values and standards. Retrieved from *www.england.nhs.uk/wp-content/uploads/2014/12/delvr-with-delvrng-well.pdf.*

CHAPTER 25

긍정적 양육 프로그램(트리플 P)의 국제적 보급

Matthew R. Sanders & Karen M. T. Turner

공공 보건 모델 내 근거기반 부모 개입의 개요

아동·청소년의 건강 증진을 위한 근거기반 개입을 전달하는 서비스 제공자와 에이전시들의 중요성에 대한 국제적인 인식이 높아지고 있다. 이들 제공자들의 주 목표는 주요 정신건강 문제, 아동학대, 반사회적 행동, 약물 및 알코올 남용을 비롯한 젊은이들과 관련된 심각한 문제를 예방하는 것이다(Graeff-Martins et al., 2008). 북미와 남미, 유럽과 영국, 그리고 중동과 호주와 같이 다양한 지역에서의 정책 계획은 아동의 복지 증진 및 학대와 정신건강 문제 예방에서 양육의 역할에 대해 전례 없는 관심을 불러왔다. 근거기반 임상실무를 위한 중요 사안은 세계보건기구가 권장하는 세계 폭력감소 프로그램(WHO, 2010), 약물남용 예방을 위한 가족기반 치료에 관한 유엔 특별조사위원회(UNODC, 2009), 워싱턴주 공공 정책 비용 편익 분석원(Lee, Aos, & Pennucci, 2015), 건강한 청년 발달을 위한 청사진(Mihalic & Elliott, 2015), 근거기반 치료에 대한 서비스 제공 가이드(KidsMatter, 2012) 등의 문헌에 자세히 나와 있다.

양육 프로그램 필요성에 대한 관심은 아동의 사회적·정서적·행동적 문제에 대한 높은 유병률에서 비롯된다. 역학적·상관적·실험적 연구와 더불어 행동유전학 연구에서 나타난 증거들은 양육 수행이 아동의 발달에 주요한 영향이 있다는 것을 보여준다(Biglan, Flay, Embry, & Sandler, 2012; Collins, Maccoby, Steinberg, Hetherington, & Bornstein, 2000). 서툴고 질이 좋지 않은 양육, 가족 갈등, 관계 단절 등의 위험요소는 아동이 다양한 유형의 정신병리를 발달시킬 위험에 강하게 영향을 미친다. 특히 학대, 혐오적 상호작용, 부모와의 따뜻한 긍정적인 관계 부족, 불안한 애착, 가혹하고, 융통성 없고, 혹은 일관성 없는 훈육 시행, 자녀에 대한 부적절한 감독과 개입, 부모 갈등, 부모의 정신병리(예 : 우울증) 등은 아동이 주요 행동 및 정서 문제를 일으킬 위험을 증가시킨다(Biglan et al., 2012 참조). 사회학습, 기능 분석, 인지행동 원칙에서 비롯된 양육 개입은 가용한 가장 강력한 개입 방법이며 여러 사회적·정서적·행동적·발달적 문제에 대해 최상의 치료이다(Sanders, 2012).

강한 증거에도 불구하고 근거기반 양육 프로그램(evidence-based parenting program, EBPP)으로 혜택을 받을 수 있는 부모 중 아주 소수만이 실제로 참여하고 있다. 많은 국가에서 양육 개입을 접할 수 있는 기회가 크게 개선되었지만, 주요 대도시 이외의 지역이나 취약한 공동체에서는 EBPP가 널리 제공되지 않는다. 양육 프로그램에 참여가 부족하다는 것은 양육 지원을 광범위하게 효과적으로 시행하는 데 막대한 장애가 된다. 721명의 일하는 부모를 대상으로 한 영국의 설문 조사에 따르면(Sanders, Haslam, Calam, Southwell, & Stallman, 2011) 실제로 양육 프로그램을 마친 부모는 2%뿐이지만, 만약 직장에서 제공된다면 참여할 것이라고 답한 사람은 90%에 이르렀다. 또한 부모 훈련 분야에서는 집단이 널리 선호되고 있지만, 집단 프로그램에 참여하기를 원하는 부모는 소수뿐이었다(즉 부모의 27%). 실제로 어떤 전달 방법(예 : 집단, 개인, 세미나, 웹 기반, 전화상)도 부모의 30% 이상을 대변하지 못했다. 이러한 결과는 현대의 부모는 양육 조언에 접근하기 위한 대안적이고 유연한 방법을 찾고 있다는 것을 확인해준다. 프로그램 이용도가 낮고, 프로그램 옵션이 제한되고, 참여가 최선으로 이루어지지 않아 나타나게 되는 주 결과는 결국 프로그램 도달 범위가 줄어들게 된다는 것이다.

프로그램 도달 범위가 제한된다는 것은 양육 프로그램의 혜택을 받을 수 있는 대부분의 가족이 양육 프로그램에 접하지 못한다는 것을 의미한다. 상대적으로 소수의 가족이 EBPP에서 혜택을 얻어낸다면, 전체 인구집단에서 아동의 문제 행동 유병률을 감소시키기 위한 이 프로그램의 잠재력은 현저히 약화된다. EBPP의 효과적인 보급은 프로그램이 지역사회에 분명한 영향력을 갖기 위해서 결정적이다. 지금까지 보급된 부모 훈련 프로그램 중 많은 것은 예방 프로그램이라기보다는 품행 문제가 있다고 진단받은 아동이나 이미 행동장애의 징후를 보이는 고위험 아동군, 또는 학대나 방치로 신고된 부모에 대한 개입으로서, 발달 궤도상 늦은 시기에 전달되어 왔다. 우리는 가족 역기능과 아동과 청소년의 정서 및 품행 문제 발현율을 줄이기 위해서는 지식, 기술, 그리고 부모의 확신뿐만이 아니라 양육의 보다 폭넓은 생태학적 맥락을 다루는 인구 접근법(예 : Biglan, 1995; Sanders, 2011)이 필요하다고 주장한다. 트리플 P — 긍정적 양육 프로그램(Positive Parenting Program, Triple P)은 양육과 가족 지원에 대한 다중 시스템의 한 예이다.

트리플 P

트리플 P는 양육에 관해서 부모가 얻을 수 있는 조언의 질을 향상시키기 위한 부모교육 개입의 다층 시스템으로 개발되었다(Sanders, 2012 참조). 이 시스템은 부모의 지식, 기술, 확신을 향상 시킴으로써 아동과 청소년의 심각한 사회적·정서적·행동적·발달적 문제와 아동 학대를 예 방하는 것을 목표로 한다. 여기에는 출생부터 16세까지 부모의 힘을 키우는 다섯 단계의 개입이 연속선상에서 층층으로 구성되어 통합되어 있다. 자기 자녀를 양육하는 과제 안에서 부모를 지지하는 '가족 친화적' 환경을 조성하도록 프로그램의 여러 수준이 설계된 것이다(표 25.1 참조). 이는 매일매일 부모에게 영향을 미치는 사회적 맥락을 목표로 삼는다. 이 맥락에는 대중매 체, 1차 의료 서비스, 보육 및 학교 시스템, 직장, 종교기관, 정신건강과 물질남용 서비스, 그 고 광범위한 정치 시스템이 포함된다. 다층 전략은 효율성을 극대화하고 낭비와 과도한 서비스 를 피하며, 이 프로그램이 지역사회에서 광범위하게 도달한다는 것을 보장하도록 설계되었다. 또한 프로그램을 가족의 필요와 선호도에 맞추기 위해서 강도와 전달 방식을 선택할 수 있다.

트리플 P의 경험적 근거는 이 장의 초점이 아니며 다른 곳에 충분히 설명되어 있다(예 : Sanders, 2012). 트리플 P 시스템은 이 개입이 아동과 부모의 결과를 향상시키는 데 효과적이었 다고 결론지은 다양한 메타분석에서 두드러지게 부각되어 왔다(예 : de Graaf, Speetjens, Smit, de Wolff, & Tavecchio, 2008a, 2008b; Nowak & Heinrichs, 2008; Sanders, Kirby, Tellegen, & Day, 2014; Wilson et al., 2012). 아동의 사회적·정서적·행동적 결과, 양육 수행, 양육 만족 도와 효능감, 부모 적응, 부모의 부부관계, 관찰된 아동 및 부모의 행동 등에 대해 모든 전달 양 식과 프로그램 변형에서 통계적으로 그리고 임상적으로 유의미한 효과가 나타났다. 트리플 P 의 다섯 수준 개입 각각에 대해 긍정적인 결과가 있었다는 것은 아동, 부모, 가족의 안녕을 증 진시키기 위한 비용 효율적인 서비스에 시기적절하게 접근할 가능성을 높이기 위해서는 예방 과 치료 옵션을 포함한 다수준, 다분야 양육 프로그램 시스템이 필요하다는 주장에 대한 지지 를 제공한다.

긍정적 양육 원칙 및 전략

프로그램의 기초를 형성하는 다섯 가지 핵심 긍정적 양육 원칙은 아동의 긍정적 발달 및 정신 건강 결과를 예측하는 것으로 알려진 특정 위험요소와 보호요소를 다루기 위해 선정되었다(표 25.2 참조). 표 25.3은 이러한 원칙들이 특정 양육 기술의 범위 내에서 어떻게 조작적으로 정의 되는지 보여준다. 더 자세한 설명을 위해서는 Sanders(2012)를 참조하기 바란다.

표 25.1 양육과 가족 지지의 트리플 P 시스템

개입의 수준	목표 대상	개입 방법	조력자
수준 1 의사소통 전략 • 보편적 트리플 P • 긍정성을 유지하기	육아와 자녀의 발달 증진 관련 정보에 관심이 있는 모든 부모	부모 문제에 대한 인식을 높이고 양육 프로그램 참여를 장려하도록 짜여진 의사소통 전략. 전자 및 인쇄 매체(브로슈어, 포스터, 웹사이트, TV, 신문, 토크백 라디오, 잡지 기사 등)를 포함할 수 있음	일반적으로 통신, 보건, 또는 복지 담당 직원이 조정
수준 2 건강 증진 전략/짧은 선택적 개입 • 선별된 트리플 P • 선별된 10대 트리플 P	부모교육에 관심이 있거나 자녀의 발달이나 행동에 특별한 걱정이 있는 부모	건강 증진 정보, 또는 개별적 발달 이슈나 가벼운 아동 행동 문제에 대한 특정 조언 집단 세미나 형식이나 짧은 (20분 이내) 전화 또는 대면 임상가 접촉을 포함할 수 있음	일반 아동 건강관리에서 부모 지원을 제공하는 임상가 (예 : 건강, 건강 관련 분야, 교육, 아동 보호 직원)
수준 3 좁은 초점의 부모 훈련 • 일차 관리 트리플 P • 트리플 P 토의 집단 • 일차 관리 10대 트리플 P • 10대 트리플 P 토의 집단	위와 같은 특별한 우려가 있는 부모, 자문이나 적극적인 기술 훈련이 요구되는 사람	아동의 개별 문제 행동을 다루도록 부모를 가르치기 위해서 조언, 연습, 자기 평가가 조합된 짧은 프로그램(2회기에 걸쳐서 80분, 또는 2시간 토론 집단). 전화 접촉을 포함할 수 있음	수준 2와 같음
• 일차 관리 디딤돌 트리플 P	위와 같은 문제가 있으며, 장애가 있는 아동의 부모	장애에 초점을 둔, 위에 상응하는 프로그램	위와 같음
수준 4 광범위 초점 부모 훈련 • 표준 트리플 P • 집단 트리플 P • 자기 주도 트리플 P • 트리플 P 온라인 • 표준 10대 트리플 P • 집단 10대 트리플 P • 자기 주도 10대 트리플 P	긍정적 양육 기술에 대한 집중적인 훈련을 원하는 부모. 보통 공격적이거나 거부적 행동 문제가 있는 아동의 부모	부모–자녀 상호작용과 넓은 범위의 목표 행동에 대한 양육 기술 적용에 초점을 맞춘 광범위 초점 프로그램(8~10회기에 걸친 약 10시간). 일반화 향상 전략을 포함. 전화나 대면으로 임상가와 접촉하는 것이 포함된 자기 주도적 회기일 수도 있고, 집단 회기일 수도 있음	집중적 양육 중재 활동가 (예 : 정신건강 복지 담당 직원, 자녀 행동에 대해서 정기적으로 자문을 주는 다른 관련된 건강 및 교육 전문가)
• 표준 디딤돌 트리플 P • 집단 디딤돌 트리플 P • 자기 주도 디딤돌 트리플 P	행동 또는 정서 장애를 발달시킬 위험이 있는 장애 아동의 부모	장애에 초점을 둔 맞춤형의 상응하는 프로그램	위와 같음

표 25.1 양육과 가족 지지의 트리플 P 시스템(계속)

개입의 수준	목표 대상	개입 방법	조력자
수준 5 집중형 가족 개입 모듈 • 강화된 트리플 P	부모의 우울증 또는 스트레스, 배우자 간 갈등 같은 가족 역기능이 동반된 행동 문제를 가진 아동의 부모	육아 기술 향상, 기분관리 및 스트레스 대처 기술, 배우자 지지 기술 향상을 위한 연습 회기를 포함한 모듈(60~90분 회기)을 갖춘 집중 개별 맞춤형 프로그램	집중적인 가족 개입 활동가(예 : 정신 건강 및 복지 직원)
• 패스웨이 트리플 P	아동학대의 위험 부모. 분노 관리 문제 및 학대와 관련된 다른 요인을 목표로 함	귀인 재훈련과 분노관리를 포함한 모듈(제공 모델에 따라 60~120분 회기)을 갖춘 집중적 개별 맞춤 또는 집단 프로그램	위와 같음
• 집단 생활 양식 트리플 P	과체중 또는 비만 아동의 부모, 건강한 식생활과 활동 수준의 향상, 그리고 일반적 아동 행동을 목표로 함	영양, 건강한 생활 습관 및 일반적인 양육 전략에 초점을 둔 집중적인 14회기 집단 프로그램(전화 상담 포함), 일반화 향상 전략이 포함됨	위에 더하여 양육 개입 제공 경험이 있는 영양사 및 영양학자
• 가족 전환 트리플 P	이혼 또는 별거 중인 부모	대처 기술, 갈등관리, 일반적인 육아 전략 및 건강한 공동 양육 관계 개발에 초점을 맞춘 집중적인 12회기 집단 프로그램(전화 상담 포함)	집중적인 가족치료 활동가(예 : 상담가, 정신건강 및 복지 직원)

프로그램 개발, 실행 및 품질 보증

공공 보건 개입은 높은 수준의 실무가와 부모 자원을 상당히 필요로 한다. 개입의 각 단계(수준 2~5)와 프로그램 변형(예 : 디딤돌 트리플 P, 10대 트리플 P)에 대한 전문가 자원에는 회기 활동 세부사항을 담은 방대한 매뉴얼, 프레젠테이션을 위한 파워포인트, 부모에게 양육 기술을 소개하는 DVD, 자기보고식 회기 충실도 체크리스트(예 : Sanders, Markie-Dadds, & Turner, 2013) 등이 포함된다. 예상표와 워크북 같은 부모 자원은 문해의 어려움을 피하기 위해서 평균 6학년의 읽기 수준에 맞추고, 양육 전략을 제시하기 위해서 비디오와 실제 임상가 모델링을 활용하며, 다양한 인종과 문화적 배경을 가진 가족들이 비디오 자원에 포함되도록 하는 등 잠재적인 장벽을 최소화하도록 설계되었다. 사용되는 부모 자원 유형은 개입의 수준과 전달 양식의 유형에 따라 다르다. 가능한 경우 양육 자료에 포함된 정보는 경험적 평가를 거친 솔루션이나 전략을 보여준다. 이전에 정확히 똑같이 시행된 적이 없었던 경우 비슷한 문제에 대해 효과가 입증된 근거기반 원칙과 전략들에 근거해서 자료들이 개발되었다. 다른 전략에 대한 증거가 있는 경우 그 다른 옵션들도 제시되었다.

최소한으로 필요한 정도만(즉 정확히 그만큼이면 충분한) 문제를 해결하는 데 사용된다. 예를 들어, 특정 발달적 이슈나 행동 문제를 다루는 트리플 P 예상표, 부모 워크북, DVD가 많이 있지만, 우리는 한 문제를 해결하는 데 실제로 필요한 자원들만을 사용하도록 권장한다. 좋은 결과를 얻는 것은, 부모가 자료에 나와 있는 전략이 수용 가능한지 결정하고, 권유된 솔루션을 따를 수 있으며, 그 전략을 다른 상황에도 일반화시킬 수 있도록 충분히 자세하게 기술된 명확하고 이해 가능한 양육 정보를 제공하는 데 달려 있다. 부모에게 필요한 이상의 정보를 주는 것은 정보의 과부하 및 중복으로 이어질 수 있고, 결국 정보를 부족하게 제공하는 것만큼 문제가 될 수 있다.

가족의 접근과 참여를 향상시키기 위한 프로그램 설계 전략에는 개인, 집단, 자기주도, 전화 보조, 대규모 세미나, 소규모 토론 및 대화식 온라인 프로그램과 같은 다양한 양식의 전달 프로그램 제공이 포함된다(표 25.1 참조). 또한 대중매체를 통해 근거기반 양육 메시지를 전달하는 효과적인 다큐멘터리 및 라이프 스타일 TV 프로그램(예 : Calam, Sanders, Miller, Sadhnani, & Carmont, 2008), 특정 고필요 집단을 위한 맞춤형 프로그램(예 : 장애를 가진 아동의 부모, 학대 부모), 직장과 같은 다른 환경을 목표로 한 프로그램도 있다. 다른 참여 전략들도 꾸준히 탐

표 25.2 긍정적 양육 원칙

원칙	서술
안정되고 참여적인 환경	모든 연령의 아동은 탐색하고 실험하며 놀 수 있는 기회를 제공하는, 안전하면서도 감독을 받는, 보호적인 환경이 필요하다. 이 원칙은 건강한 발달을 증진시키고 가정에서 사고와 상해를 예방하는 데 필수적이다.
긍정적인 학습 환경	여기에는 부모에게 자녀의 첫 번째 선생으로서의 역할을 가르치는 것, 아이가 스스로 문제를 해결하는 법을 배우도록 도와주기 위해서 우연적으로 또는 다른 기술들을 통해서 자녀주도의 상호작용(예 : 도움, 정보, 조언, 관심을 요구하는 것)에 긍정적이고 건설적으로 작용하도록 구체적으로 가르치는 것이 포함된다.
주장적이고 일관된 훈육	트리플 P는 강압적이고 비효율적인 훈육 방식(소리 지르기, 협박, 체벌 등) 대신 아동관리와 행동 변화 전략을 구체적으로 부모에게 가르친다. 이것의 목적은 예측 가능하고 일관된 반응, 그리고 문제 행동을 유지시킬 수 있는 요인(예 : 실수로 보상을 주는 것)을 피하는 것이다.
현실적 기대	여기에는 자녀 행동의 원인에 대한 부모의 기대, 가정, 신념을 탐색하고 자녀에게 발달적으로 적절하며 부모에게는 현실적인 목표를 선택하는 것이 포함된다. 아동을 학대할 위험이 있는 부모는 자녀의 능력에 대해서 비현실적인 기대를 가지고 있는 경향이 있다.
부모로서 스스로 돌보기	양육은 부모의 자존감과 행복감에 작용하는 다양한 요인의 영향을 받는다. 트리플 P의 모든 수준에서는 부모에게 양육을 개인적인 자기 돌봄, 자원 선용, 그리고 행복감의 일부로서 보도록 하며 실제적인 양육 기술을 가르침으로써 이러한 주제를 구체적으로 다룬다.

표 25.3 트리플 P에서 소개되는 핵심 양육 기술

기본 기술						상위 기술	
부모-자녀 관계 증진	바람직한 행동 장려하기	새로운 기술과 행동 가르치기	나쁜 행동 관리	기대와 계획	자기 규제	기본과 대처 전략	파트너 지지
• 잠시 의미 있는 시간 보내기 • 자녀와 말하기 • 애정 보여주기	• 서술적인 칭찬하기 • 비언어적인 관심 보이기 • 참여적인 활동 제공하기	• 좋은 예 설정하기 • 우발적 교수(incidental teaching)를 활용하기 • 묻고-말하고-실행하기 활용하기 • 행동 차트 활용하기	• 행동 기본 원칙 설정하기 • 지시에 따라 토론하기 • 계획된 무시 활용하기 • 분명하고 차분한 지시 주기 • 논리적인 결과가 따르게 하기 • 조용한 시간 갖게 하기 • 타임아웃 활용하기	• 계획하고 미리 준비하기 • 특정 상황에 대한 행동 기본원칙 토의하기 • 참여적인 활동 선정하기 • 장려책 만들기 • 필수적 결과 제공하기 • 추후 토의하기	• 자녀의 행동 모니터하기 • 자신의 행동 모니터하기 • 발달적으로 적절한 목표 세우기 • 연습 과제 세우기 • 강점과 약점에 대한 자기 평가 • 변화를 위한 개인적인 목표 세우기	• 도움 되지 않는 생각 파악하기 • 휴식하고 스트레스 관리하기 • 개인적 대처 진술문 발달시키기 • 도움 되지 않는 생각에 도전하기 • 고위험 상황에 대한 대처 계획 발달시키기	• 개인적 의사소통 습관 개선시키기 • 건설적인 피드백 주고받기 • 가벼운 대화하기 • 문제 행동이 일어났을 때 서로 지지하기 • 문제해결 • 관계 행동 개선

색되고 있다. 예를 들어, Heinrichs(2006)는 독일에서 고위험, 저소득 부모에게 회기 참석에 대해서 소정의 경제적인 보수를 주면 참여율이 높아진다는 것을 발견하였다.

충실성을 갖춘 프로그램을 제공한다는 것이 꼭 엄격하고 매뉴얼화된 전달을 의미하는 것은 아니다. 임상가들은 내담자들의 다양한 필요에 맞추도록 유연성 있게 개입을 제공하지만, 그 개입이 근거기반을 넘어서는 방식이 아닌 한도 내에서 그렇게 한다(Mazzucchelli & Sanders, 2010). 이는 부모와 협력하여 작업하며, 프로그램의 본질적인 요소들은 보존하면서 내담자의 필요와 상황적인 맥락에 민감하게 반응하는 것을 말한다. 긍정적 양육 원칙 및 전략과 같은 핵심 내용은 부모에게 반드시 전달되어야 한다. 하지만 특정 내담자의 필요와 목표에 맞추어 교습 예제를 조절하고, 숙제를 맞춤형으로 만들며, 회기의 길이와 수를 다양하게 하는 방식은 가능하다. 이런 방식으로 핵심 개념과 절차가 보존되지만, 특정 부모집단의 고유한 요구도 다루어질 수 있다(예 : 쌍둥이나 세 쌍둥이 부모, 특별한 도움이 필요한 아동의 부모).

행동적 가족 개입 트리플 P 시스템은 결과에 대한 철저한 평가를 중시하는 과학적 전통 안에서 어떤 상황에서 누구에게 어떤 개입이 효과가 있었는지 더 깊이 이해하려는 목적을 가지고 발전해왔다. 그 프로그램이 효능성과 효과성을 입증할 수 있는 적절한 근거기반을 가지고 있다고 할 수 있기 위해서는 개입의 모든 측면, 즉 각각의 수준, 전달 양식, 그리고 특정 문제와 연령 집단을 목표로 한 프로그램들 모두가 면밀한 경험적인 검증을 거쳐야 한다. 프로그램 개발자들은 근거기반 실행(evidence-based practice)과 실행기반 근거(practice-based evidence)의 융합을 이루기 위해 부모와 임상가들로부터 피드백을 받아야 한다. 이 과학적 의제는 프로그램이 새로운 증거에 비추어 계속 진화하고 있음을 보장하기 위해 필요하다. 이렇게 계속되고 있는 과정을 지원하기 위해 국제 트리플 P 연구 네트워크(www.tprn.net)가 형성되어 프로그램의 모든 측면과 보급에 대한 과학적 탐구를 증진시켜왔다. 이러한 네트워킹은 일련의 국제 협력과 더불어 독립적인 재현 연구도 가능하게 하여 개입 이론과 실행에 관한 증거가 쌓이는 데 기여한다.

자기 규제 : 가족과 서비스 제공자를 지원하기 위한 통합적인 틀

트리플 P의 중심 목표는 개인의 자기 규제 역량을 발달시키는 것이다(Sanders & Mazzucchelli, 2013). 이 원칙은 아동과 부모로부터 서비스 제공자 및 연구자에 이르기까지 모든 프로그램 참가자에게 적용된다. '자기 규제'는 양육과 가족관계를 지원하는 넓은 사회 환경 안에서 개인이 자신의 행동을 변화시킬 수 있는 기술을 배우고 독립적인 문제해결자가 되는 과정이다(Karoly, 1993).

가정 안에서 자기 규제 발달시키기

부모가 자신의 양육 방식을 변화시키기를 배우는 경우 자기 규제는 다음의 다섯 가지 측면을 따르도록 조작적으로 서술된다.

1. 자기 충족(self-sufficiency). 사회적 지원과 보살핌을 공유하는 것이 물론 중요하지만, 부모가 독립적인 문제해결자가 되면 그들은 자신의 자원을 사용하며 다른 사람들에게 덜 의존하게 된다. 자기 충족적인 부모는 자신감 있고 효과적으로 양육을 할 수 있는 지식과 기술이 있고, 자기 자신의 판단과 선택을 신뢰하며, 필요할 때에는 지지를 찾는다.

2. 자기 효능(self-efficacy). 자기가 양육 문제를 해결할 수 있다고 믿는 자기효능감이 높은 부모는 변화가 가능하다는 긍정적인 기대를 더 많이 가지고 있다. 부모가 성공을 경험하고 목표에 도달할수록, 그들의 자기효능감과 탄력성이 증가한다.

3. 자기관리(self-management). '자기관리'는 자기검열, 목표의 자기 결정, 양육 전략의 자기 선택, 그리고 자기 평가 등 부모가 자신들의 양육 수행을 변화시킬 수 있도록 하는 도구와 기술을 일컫는다. 부모는 자기 자신이나 자녀 행동의 어떤 면에 대해 작업하고 싶은지 선택한다.

4. 개인적 에이전시(personal agency). 부모는 변화 과정을 '본인이 소유'하고, 긍정적인 변화의 원인을 기회나 성숙 요인, 또는 다른 통제 불가능한 사건(자녀의 유전적 장점이나 다른 사람들의 행동)에 두지 않고 자신이나 자녀의 노력의 결과로 보도록 격려받는다. 이는 부모에게 힘을 주고 그 노력을 지속할 수 있도록 동기를 부여할 수 있다.

5. 문제 해결(probpem solving). 부모는 적극적으로 참여하도록 격려받으며 문제를 정의하고 선택안을 짜고 양육 계획을 개발하고, 이를 실행하고 결과를 평가하고 필요한 경우 계획을 수정하도록 지지를 받는다. 그 목표는 부모가 지식과 기술을 미래의 문제, 자녀 발달의 다른 시점, 다른 형제 자매에게도 일반화하도록 돕는 것이다.

이와 똑같은 자기 규제 기술을 부모가 자녀에게 발달적으로 적절한 방법으로 가르칠 수 있다. 자녀가 시작한 상호작용에 참여하고 반응하며, 자녀의 문제해결 행동을 촉구하고, 모델링하며, 강화해주는 것은 자녀의 정서적 자기 규제, 독립성, 문제해결을 촉진한다 .

서비스 제공 시스템 안에서 자기 규제 발달시키기

공공 보건 모델의 시행은 지역사회에 자리 잡기까지 시간이 걸리며, 에이전시와 제공자 능력뿐 아니라 더 넓은 사회정치적 환경에 대한 주의가 필요하다. 여기에는 다음과 같은 것이 포함된다.

1. **지역사회 역량 구축**. 최적의 프로그램 보급, 시행 및 지속력은 정책 수준의 지원, 시간에 걸친 프로그램 지속 가능성을 보장하기 위한 재원 조달, 지역 서비스에 잠식되지 않고서도 가족의 필요에 맞는 방식으로 부모가 양육 지원에 연결될 수 있는 사회적 마케팅과 지역사회 옹호 전략, 보다 강력한 최종 사용자 지원, 그 정책의 진행에 대해 정부, 서비스 제공자, 대중과 의사소통할 수 있는 홍보 및 의사소통 전략 등이 필요하다.

2. **서비스 시스템 역량 구축**. 양육 프로그램의 접근성과 범위를 높이는 한 가지 방법은 많은 분야를 포함시키고 의뢰 경로를 창출하는 것이다. 예를 들어, 사우스캐롤라이나의 트리플 P 시스템 모집단 실험에서는 트리플 P를 전달하는 데 심리학자, 사회사업가, 부모교육 전문가, 유치원 책임자, 간호사, 의사, 상담가 및 다른 전문가들을 포함시켰다(Prinz, Sanders, Shapiro, Whitaker, & Lutzker, 2009).

3. **조직 역량 구축**. 프로그램을 준수하도록 조직의 지휘하에 지원이 이루어지지 않고, 단순히 말로 하는 서비스가 아닌 근거기반 실무 문화가 현장에 자리 잡혀 있지 않으면, 프로그램 이탈과 잘못된 적용이 일어날 수 있다(Aarons, Sommerfeld, & Walrath-Greene, 2009). 조직의 자기 규제에 대한 우리의 접근은 내부 지원에 초점을 맞추고 있다. 이는 임상가가 충실히 프로그램을 시행하며, 지역사회 필요와 현장의 조건에 맞출 수 있도록 뒷받침하기 위한 것으로(Aarons et al., 2009; Hodge, Turner, Sanders, & Filus, 2016; Swain, Whitley, McHugo & Drake, 2010), 프로그램을 일반 서비스에 통합하도록 하는 실행 계획 지원과 슈퍼비전 등이 포함된다(Turner, Nicholson, & Sanders, 2011).

4. **서비스 제공자 역량 구축**. 자기 규제 원칙은 각 가정의 필요에 따라 융통성 있게 프로그램을 제공하고 시행의 어려움을 해결하도록 서비스 제공자를 훈련시키는 데 적용될 수 있으며 그들 자신의 지속적인 기술 개발에 초점을 둔다(Shapiro, Prinz, & Sanders, 2015). 제공자의 트리플 P 활용은 전체 수련과 인증 과정 이수(Seng, Prinz, & Sanders, 2006), 그리고 수련 후 임상가의 자기효능감(Turner, Nicholson, & Sanders, 2011)과 관련이 있는 것으로 나타났다. 최근 트리플 P 실무자를 대상으로 한 국제 설문조사에 따르면 수련 후 최소 3년동안 프로그램을 유지하는 사람들은 그렇지 않은 사람들에 비해 슈퍼비전/또래 지원을 받은 경우가 더 많았으며, 더 높은 프로그램 혜택, 직장 지원 및 긍정적 리더십 유형을 보고하였고, 프로그램 부담은 낮게 보고되었다(Hodge et al., 2016).

트리플 P 실행 틀

트리플 P의 보급은 퀸즐랜드대학교(저작권 보유자)와 국제 트리플 P(Triple P International, TPI, 트리플 P 보급을 위해 설립된 전매 회사) 간의 라이선스 계약을 통해 관리된다. 최근 몇

년 동안 TPI는 수행 과학 분야에서의 모범 사례(예 : The Active Implementation Frameworks: Fixsen, Naoom, Blase, Friedman, & Wallace, 2005; RE-AIM Framework: Glasgow, Vogt, & Boles, 1999)와 조직이 트리플 P를 채택하고 실행할 수 있도록 지원해온 15년간의 경험을 활용하여 트리플 P 실행 틀(the Framework; Triple P International, 2015)을 개발했다. 이는 실행 활동이 맥락 특정적이며 시스템 내의 기존의 역량에 기초하여 세워지는 것을 보장한다. 이 실행 틀은 지역사회 차원의 트리플 P를 양산하기 위한 것으로, 효과적이고 지속 가능한 프로그램 실행을 할 수 있는 역량을 발달시키는 협력적 실행 시스템을 구축하도록 지역사회를 지원할 수 있다. 실행 틀의 다섯 단계는 다음에 기술되어 있다.

첫 번째 단계는 **참여**이다. 수행하는 기관을 통해서 적절한 프로그램과 실행이 선택되는(딱 맞는) 것이 중요하다. 이를 위해서는 지역사회와 조직에 대한 올바른 지식과 트리플 P에 대한 충분한 이해가 필요하다. 고려사항에는 기존 서비스 내에 간극이 있는지, 어떤 트리플 P 변형 양식이 이러한 간극을 가장 잘 채울지, 조직이 어떻게 협력할 수 있는지 등이 포함된다. 새로운 국가에 소개될 때는 프로그램이 문화적으로 민감한 방식으로 전달되도록 문화적 수용 가능성 연구가 권장된다.

두 번째 단계는 **헌신과 계약**으로서, 실행 범위에 대한 공통된 이해와 프로그램을 수행하고 지속할 수 있는 지역사회 역량의 개발이 포함된다. 주요 활동으로는 대상 집단과 프로그램이 제공될 방식을 결정하고, 그 정책이 의도한 바에 도달하는 데 필요한 인력을 계산하는 것 등이 있다. 지역사회 전체로 트리플 P를 채택하려는 조직은 광범위하고 균형 잡힌 서비스 가용성을 제공하면서 동일한 방식과 목표를 따르는 다른 조직과 파트너십을 구축하는 것이 좋다.

그다음 실행 **계획**이 따른다. 에이전시는 프로그램이나 개입 시스템을 적용하고 유지하는 데 있어서 준비되어 있는 정도가 다르며, 철저한 계획이 중요하다. 변화 없는 조직 맥락 안에서라면 임상가가 훈련을 마치고 프로그램을 전달할 때 장기적인 지속 가능성을 기대하기 어렵다. 임상가가 트리플 P에서 입증된 결과를 성공적으로 달성하려면 조직은 적절한 지원과 인프라를 갖추고 있어야 한다(예 : 임상가가 적절하게 준비하고, 동료 지지에 참여하고, 효과적인 자료 수집 시스템을 구축할 시간을 제공하기). 목표는 조직 또는 공동 작업자가 트리플 P를 시행하고 필요한 시행 구조와 과정을 배치할 수 있는 역량에 대한 인식을 발달시키도록 하는 것이다. 프로그램이 시작되면서부터 그 지속 가능성을 증진시키기 위해서 트리플 P를 전달할 임상가를 신중하게 선발하고 준비하기(예 : 집단 대 개별 프로그램과 같이 다른 방식으로 가족을 참여시킬 능력을 고려하기), 프로그램을 전달하기 위한 충분한 시간이 업무에 할당되었는지 보장하기, 접근성에 잠재적으로 장벽이 될 수 있는 것을 예측하기(예 : 아동 돌봄, 교통, 장소, 시간) 등이 계획 과정에 포함된다. 고려해야 할 다른 요소는 자원 비용, 스태프 감소에 대비해 허용할 수 있는 미래의 교육 지원, 관리적 측면 등이다.

네 번째 단계는 훈련 및 인증이다. 많은 기관이 강사 양성 모델(train-the-trainer model)을 선호하지만, 이런 접근은 프로그램이 방향을 잃고 내담자 결과가 좋지 않게 할 수 있으며, 프로그램 배포자는 진행되고 있는 연구를 기반으로 개정된 것들을 통합하기가 어려워질 수 있다. TPI는 초기 임상가 훈련 코스, 임상가들을 위한 사전-사후 수련 지원, 제공자들 간의 네트워킹 및 후속 기술 지원을 포함하여 전문 교육 프로그램의 모든 측면을 직접 관리한다. 어렵기는 하지만 제공자들의 초기 훈련에 대해 통제를 유지하는 것이 가능하며 프로그램 질의 기준을 향상시키는 데 도움이 된다. 훈련 프로그램이 표류하는 것을 방지하기 위해 모든 강사는 표준화된 자료(참가자 노트, 교육 연습, 핵심 자문 기술을 보여주는 교육 DVD 포함)를 사용하며, 트레이너 네트워크의 일부가 되고, 자신들의 자격증을 지속적으로 유지하는 일부로서 질적 보증 과정을 준수한다.

트리플 P 제공자 교육 과정(Triple P Provider Training Course)은 1~5일 교육 과정(개입의 수준에 따른) 참가, 인증 전 교육, 인증으로 구성된다. 인증된 강사로부터 강의식 교육을 받는 것과 핵심 자문 기술에 대한 비디오와 실제 시연, 실제 기술에 대한 소집단 연습, 문제해결 연습, 과제 일기, 역량 기반 평가를 조합한 적극적인 기술 훈련 등이 여기 포함된다. 평가에는 지필식 시험과 학습한 교육 수준에 맞는 핵심적인 역량을 숙지했는지 보여주는 실연 또는 비디오 데모 테이프가 요구된다. 스태프의 스케줄 방해를 최소화하도록, 트리플 P 훈련은 상대적으로 간결하게 설계되었다. 각 교육 과정은 평가를 받으며, 코스 내용, 프레젠테이션의 품질, 적극적인 참가 기회, 임상가들의 전반적인 만족도 등에 대한 피드백을 이끌어낸다. 임상가의 피드백은 훈련 과정의 개정에 반영된다.

온라인상의 제공자 네트워크는 공인된 트리플 P 전문가에 대한 지속적인 기술 지원을 제공한다(www.triplep-parenting.net/provider). 이 네트워크는 임상가들에게 실무 요령 및 제안뿐만이 아니라 다운로드 가능한 임상 도구와 자원(예 : 모니터링 양식, 저작권 제한 없이 사용할 수 있는 설문지, 회기 체크리스트)을 제공하며, 최신 연구 결과와 새로 발표된 프로그램을 계속 얻을 수 있게 한다. 슈퍼비전과 실행 지원은 프로그램 충실성과 유지에 매우 중요하므로 조직적 역량을 구축하기 위한 다양한 지원 옵션(예 : 손길이 닿기 어려운 가족을 참여시키기, 평가와 자료 관리, 집단 프로세스 관리 등을 주제로 하는 트리플 P 워크숍 시리즈)과 실행 컨설턴트도 있다.

마지막 단계는 **실행 및 유지**이다. 훈련을 마치면 실무가들은 지역사회에 트리플 P를 제공하기 시작한다. 실행 계획을 수립하는 동안 변경된 사항을 유지하려면 지역사회의 모든 실행 조직을 통한 지원이 필요하다. 이러한 변화는 조직의 다양한 수준, 즉 실무가(예 : 충실하게 트리플 P 제공, 동료 지지 회기 참석), 관리자(예 : 서비스 전달 장려, 수행 기대치 및 결과의 명료화), 조직(예 : 도전이 되는 것들에 적응, 동료 지지를 위한 과정을 도입, 코칭과 슈퍼비전, 지속적 자금 지원 확립), 시스템 수준(예 : 지지 프로세스, 서비스 전달, 행정적 지원과 리더십 구조를 검토하기 위한 자료 사용)에서 일어날 수 있다. 실행이 정착되면, 조직은 6~12개월의 실행 평가 단계에 들어가서 서비스 제공 및 수행에 대한 평가를 축적하여 어떤 시스템이 트리플 P의 성공적인 전달을 효과적으로 유지할 수 있는지, 그리고 어떤 부가적인 지원이 필요한지 찾아낸다.

트리플 P는 과학자 임상가 모델에 기초하여 두 가지 수준에서 결과 평가를 한다. 개개 가정에 대한 프로그램 효과와 대규모 양산 면에서 프로그램 효과, 즉 전체 인구 수준에서의 변화를 모두 본다. 각 프로그램 유형에는 아동, 부모 및 가족 수준의 결과를 평가하기 위해 권장되는 결과 측정 세트가 있다. 조직은 평가 계획을 수립하고, 사전-사후 개입 정보를 수집하는 프로세스를 개발하도록 권장된다. 실무자가 가장 일반적으로 사용되는 설문지에 점수를 매기고 추적할 수 있는 자료 채점 애플리케이션도 있다. 전체 인구 수준의 측정에 해당하는 다른 것들로는 아동 보호 서비스에 기록된 지속적 아동학대 사례, 위탁 보호 시스템을 통한 가정 외 배치 아동, 아동학대 상해로 인한 입원 및 응급실 방문과 같은 경우들에 대한 독립적인 지역사회 유병율 자료가 해당된다(예 : Prinz et al., 2009).

교육 후 슈퍼비전과 직장 지원에 접근할 수 있는 실무가는 트리플 P를 시행할 가능성이 크다(Turner, Sanders, & Hodge, 2014). 동료 도움 슈퍼비전과 지지(peer-assisted supervision and support, PASS) 모델(Sanders & Murphy-Brennan, 2013)은 실무가가 자기 직장에서 슈퍼비전 네트워크를 구축할 수 있도록 개발되었으며, 이는 임상 슈퍼비전이 직장에 있기는 하지만, 이전에는 일관성이 없었거나 프로그램 관련 학습의 기회를 한정 짓는 위계적 관리 체계 안에 있었던 경우에 특히 도움이 된다(McPherson, Sanders, Schroeter, Troy, & Wiseman, 2015). PASS는 실무가들이 부모와 가졌던 회기를 검토하는 소집단 회의를 포함한다. 이 과정은 주로 자기 주도적이며, 자기 성찰적 수행을 촉진하고 실무가들이 표준화된 프로토콜에 따라 회기를 진행하는 것을 장려하기 위한 자기 규제 틀을 적용한다. 소집단 슈퍼비전은 상호적 학습 결과를 증진시키며, 단지 자기 자신이나 동료 실무가들의 임상 기술을 평가하는 것만이 아니라 자신의 행동, 인지, 정서를 변화시킬 수 있는 동기적 맥락을 제공하는 데 익숙해지게 하므로, 실무가들이 개입을 전달하는 데 능숙해지게 한다. 회기는 처음 6회기 동안은 2주마다, 이후는 매월 진행되도록 권장된다.

트리플 P의 실행을 유지하려면 투입된 수행, 조직 및 시스템 변화가 바람직한 결과를 이룬다는 것을 보장하기 위한 계획적인 피드백 루프가 필요하다. 조직은 상시 수집된 가족 결과 자료를 활용하여 관리 및 행정 지원 과정을 향상시켜야 하며, 효과적인 서비스 제공을 위한 세밀한 수정, 개정, 확장이 필요한 영역을 파악하여 시간이 지나도 서비스 전달이 지속되도록 해야 한다. 인력 충원 수준을 유지하고, 프로그램 충실성을 지원하고 정책 목표 전반에 대한 공유된 이해를 증진하기 위해서 지속적인 과정이 이루어져야 한다.

국제적 보급에 대한 도전과 기회

남반구에서 개발된 프로그램을 보급하는 것은 쉽지도 않고 바로 진행될 수 있는 과정도 아니다. 호주가 상당한 거리에 떨어져 있다는 사실 외에도 시차로 인한 특별한 의사소통 문제가 있다. 이러한 어려움에도 불구하고 트리플 P 시스템은 19개 언어로 25개국에 걸쳐 다양한 수준으로 보급되어 프로그램의 견고성과 다양한 문화집단에 대한 적용성을 증명하고 있다.

우리는 약 20년 전에 트리플 P의 대규모 국제 보급이 시작된 이래로 많은 다양한 문화와 협력할 수 있는 기회를 얻었다. 이 기간 동안 우리 경험으로 보면 전 세계 부모가 자녀 양육에 대해 비슷한 걱정을 가지고 있으며 양육 지원에 대한 욕구도 비슷하기 때문에 국가 간 차이 보다는 유사점이 더 많았다(예 : Lee et al., 2014; Morawska & Sultan, 2016; Sumargi, Sofronoff, & Morawska, 2015). 이러한 가족들과 일하는 부모 지지 실무자들 역시 교육을 받는 중에 일관된 주제(예 : 닿기 어려운 가족의 참여, 문맹률)를 담은 비슷한 문제들을 제시하여, 프로그램 활용도와 흡수율에서의 어려움이 전 세계적으로 비슷한 부분에서 발생함을 보여주었다. 현재까지 트리플 P 교육과 부모 프로그램은 번역된 자원의 지원을 받고, 소수 집단이나 문화적으로 다양한 집단에 대해서도 그 문화의 맥락적 요구와 고유한 측면을 고려하여 맞추어져서, 모든 국가에서 동일한 표준화된 양식을 따르고 있다. 트리플 P가 다양한 국가(예 : 중동)와 각각 다른 소수집단(예 : 원주민 인구) 안에서 받아들여지고 있으므로, 앞으로 전문 인력 자원이 제한된 개발도상국에서 교육과 인증을 어떻게 제공할지에 대한 고려가 필요하다(Ward, Sanders, Gardner, Mikton, & Dawes, 2016).

우리는 다양한 문화와 전달 맥락에서 트리플 P가 활용될 수 있도록 한 여러 가지 맞춤 전략을 사용해왔다. 앞에서 언급했듯이 유연하게 맞춰나가는 것에는 실무가가 프로그램의 핵심 또는 필수 요소를 보존하지만 사례는 특정 내담자 집단에 더 적절하도록 변경 또는 응용하도록 권장하는 것을 포함한다(Mazzucchelli & Sanders, 2010). 또한 우리는 교육 과정의 문화적 적절성과 관련성(Turner et al., 2014), 양육 과정(예 : Morawska et al., 2011), 프로그램 자료와 전달 방식(Sanders et al., 2008; Metzler, Sanders, Rusby, & Crowley, 2012)에 대한 부모와 실무가의 견해를 구하기 위해서 선호도 설문 조사를 사용했다. 흥미롭게도 94%의 부모가 '매우 중요'하다고 체크한 가장 중요한 프로그램 설계 측면은 '이 프로그램이 효과가 있다고 입증되었다'는 항목이다. 이는 소비자들이 근거기반을 가진 프로그램에 접해 있다는 것이 중요함을 확인시켜 준다(Sanders et al., 2008).

트리플 P 훈련이 넓은 범위의 서비스 제공자들에게 전달되므로, 코스 전달은 교육을 받고 있는 서비스 제공자들의 특별한 특성을 담기 위해서 일정 범위까지는 맞춤 설정되어야 한다. 이는 교육을 주는 사람들이 그 지역 맥락, 즉 교육을 받는 다른 제공자들이 일하는 곳, 부모에게 지지를 제공함에 있어서 그들이 맡은 역할, 그들의 전문적 배경과 경험의 수준 등을 포함하는 여러 요인에 친숙하다는 것을 보장함으로써 이루어질 수 있다. 교육은 집단의 경험 및 학습 유형으로도 참여할 수 있도록 유연해야 하면서도, 동시에 필수 요소는 적절히 다루어지도록 보장되어야 한다. 이러한 맞춤은 (참가자에게) 어울리는 사례와 삽화, 집단의 지식과 경험, 전문성에 의지함, 프로그램의 변형된 요소와 변형되지 않은 요소에 집단의 관심을 끌기 등이 포함될 수 있다. 대부분의 트리플 P 제공자 교육은 영어로 진행되지만, 교육 자료는 현재까지 8개국어로 번역되었다.

향후 방향

트리플 P 시스템을 개발함에 있어서 우리가 맡은 임무는 개별 부모의 필요에 맞는 하나의 온전한 양육 프로그램에 대한 효능과 효과를 개발하고 적절히 검증하는 것이다. 이러한 야심 찬 사업에는 많은 예방 과학자들의 지속적인 헌신과 연구로부터 얻은 것을 지역사회에서 접근 가능한 프로그램으로 변환시키는 보급 조직이 필요했다. 이 작업에는 핵심적인 새로운 방향이 있다.

근거기반 양육 프로그램은 세계 인구의 대다수, 특히 취약 계층 지역사회의 저자원 환경에서는 널리 접근 가능한 것이 아니다. 우리는 사하라 주변 케냐와 남아프리카 국가들, 라틴 아메리카 국가들(예 : 파나마)을 포함한 여러 저소득, 중간 소득 국가에서 트리플 P를 개발 및 검증하고 있다. 비정부 기구와 박애주의 기구와 연합하여 도시 게토와 같은 가장 어려운 지역사회에서 이런 작업이 진행되어 왔다. 현재의 연구는 호주의 원주민 및 토러스 해협 섬 인구, 뉴질랜드의 마오리 및 태평양 섬 주민, 북아메리카의 원주민 인구 등을 포함한 원주민과 난민 가정의 양육 프로그램에 중점을 두고 있다. 아동과 부모의 삶이 가난, 전쟁, 기근, 질병, 자연재해로 특징지어지는 공동체는 매우 다른 필요를 가지고 있으며, 이러한 요구를 평가하고 충족시키기 위해서는 많은 노력이 필요하다.

또 다른 새로운 영역은 신기술의 이점을 활용하는 것이다. 양육 웹사이트가 엄청나게 확산되어 왔지만, 양육에 대한 지식을 전달하는 이러한 방법의 효능을 지지하거나 논박하는 증거는 거의 없다. 특히 웹기반 부모 지원 제공이 양육 수행이나 아동 행동을 실제로 변화시키는지 알아내기 위한 무선할당 통제실험이 필요하다. 현재까지 우리는 호주(Sanders, Baker, & Turner, 2012)와 뉴질랜드(Sanders, Dittman, Farrugia & Keown, 2014)에서 트리플 P 수준 4의 온라인 버전을 마친 가족의 경우와 미국에서 매우 열악한 양육 환경에 부가적인 사회적인 지원을 더한 경우(Love et al., 2016)에서 긍정적인 결과를 얻었다. 현재는 트리플 P 실무가로부터의 전화 지원이 있는 온라인 프로그램이 동반되었을 때의 부가적인 이익에 대한 평가, 더 짧은 문제 특정적 수준 3 프로그램의 효과, 아동 행동 문제의 심각도에 따라 분류된 다차원 온라인 시스템 프로그램들이 포함된 연구들이 진행되고 있다.

맺음말

전통적으로 재정 지원은 예방과 초기 개입 프로그램보다는 임상 진단을 기반으로 한 3차 (치료) 서비스 제공에 그 방향을 두고 있었다. 근거기반 프로그램이 적절하게 도달하고 모든 가족이 접근할 수 있도록 보장하기 위해서는 재정 지원과 전달 모델이 예방과 초기 개입 서비스를 포함하도록 바뀔 필요가 있다. 우리는 경험을 통해서 임상심리 안전 영역을 벗어나 고위 관료, 정책 입안자, 정치인을 위한 브리핑 실시, 정부의 조사 위원회에 공식적인 직접, 또는 서면 답변을 작성하여 제출, 인쇄물, 라디오, TV 및 온라인 매체에서 긍정적인 양육 메시지를 홍보하고 연구 결과 공유, 연구자, 정책 입안자, 실무자들을 위한 국제 콘퍼런스 개최(www.helpingfamilieschange.org) 등 다양한 방법으로 가족 지원을 옹호하기 위해서 한걸음 더 나아가게 되었다.

　이 장은 아동의 사회적 · 정서적 · 행동적 문제와 아동학대의 유병률을 줄이기 위해 고안된 다수준 가족 개입으로서의 트리플 P(긍정적 양육 프로그램)의 30년에 걸친 지속적인 발전에 대해 보고하였다. 이 프로그램은 다양한 문화적 맥락에서 성공적으로 실행될 수 있다는 것을 보여주는 새로운 증거에 비추어 계속 발전하고 있다. 서비스 제공자들이 비용 효율적이며 지속 가능하고 전문성 발달을 촉진하며 도달 범위와 영향력이 가장 큰 방식으로 충실성과 프로그램 사용을 증진시킬 수 있도록 실행하게 해야 할 과제들이 아직도 남아 있다.

감사의 글

트리플 P는 퀸즐랜드대학교에서 개발 및 소유하고 있다. 대학은 주요 기술 이전 업체인 UniQuest Pty Ltd를 통해 국제 트리플 P Pty Ltd (TPI)에서 트리플 P를 전 세계에 배포하고 보급하도록 허가했다. 출판된 트리플 P 자원에서 비롯된 로열티는 Faculty of Health and Behavioural Sciences, School of Psychology, Parenting and Family Support Centre, 그리고 기여 저자에게 배부된다. Matthew R. Sanders와 Karen M. T. Turner는 기여 저자이며, TPI로부터 로열티를 받는다. TPI는 프로그램 통합 및 보급을 지원하고 실무자에게 교육을 제공하는 상담가로서 Sanders 교수의 서비스에 참여한다. TPI는 사기업이며 어떤 저자도 그 안에 어떤 공유 또는 소유권도 가지고 있지 않다.

참고문헌

Aarons, G. A., Sommerfeld, D. H., & Walrath-Greene, C. M. (2009). Evidence-based practice implementation: The impact of public versus private sector organization type on organizational support, provider attitudes, and adoption of evidence-based practice. *Implementation Science, 4*(1), 83.

Biglan, A. (1995). Translating what we know about the context of antisocial behavior into a lower prevalence of such behavior. *Journal of Applied Behavior Analysis, 28*, 479–492.

Biglan, A., Flay, B. R., Embry, D. D., & Sandler, I. N. (2012). The critical role of nurturing environments for promoting human well-being. *American Psychologist, 67*, 257–271.

Calam, R., Sanders, M. R., Miller, C., Sadhnani, V., & Carmont, S. (2008). Can technology and the media help reduce dysfunctional parenting and increase engagement with preventative parenting interventions? *Child Maltreatment, 13*(4), 347–361.

Collins, W. A., Maccoby, E. E., Steinberg, L., Hetherington, E. M., & Bornstein, M. H. (2000). Contemporary research on parenting: The case for nature and nurture. *American Psychologist, 55*, 218–232.

de Graaf, I., Speetjens, P., Smit, F., de Wolff, M., & Tavecchio, L. (2008a). Effectiveness of the Triple P–Positive Parenting Program on behavioral problems in children: A meta-analysis. *Behavior Modification, 32*, 714–735.

de Graaf, I., Speetjens, P., Smit, F., de Wolff, M., & Tavecchio, L. (2008b). Effectiveness of the Triple P–Positive Parenting Program on parenting: A meta-analysis. *Journal of Family Relations, 57*, 553–566.

Fixsen, D. L., Naoom, S. F., Blase, K. A., Friedman, R. M., & Wallace, F. (2005). *Implementation research: A synthesis of the literature.* Tampa: University of South Florida, Louis de la Parte Florida Mental Health Institute, National Implementation Research Network.

Glasgow, R. E., Vogt, T. M., & Boles, S. M. (1999). Evaluating the public health impact of health promotion interventions: The RE-AIM framework. *American Journal of Public Health, 89*(9), 1322–1327.

Graeff-Martins, A. S., Flament, M. F., Fayyad, J., Tyano, S., Jensen, P., & Rohde, L. A. (2008). Diffusion of efficacious interventions for children and adolescents with mental disorders. *Journal of Child Psychology and Psychiatry, 49*(3), 335–352.

Haslam, D. M., Sanders, M. R., & Sofronoff, K. (2013). Reducing work and family conflict in teachers: A randomised controlled trial of Workplace Triple P. *School Mental Health, 5*, 70–82.

Heinrichs, N. (2006). The effects of two different incentives on recruitment rates of families into a prevention program. *Journal of Primary Prevention, 27*, 345–366.

Hodge, L. M., Turner, K. M. T., Sanders, M. R., & Filus, A. (2016). Sustained Implementation Support Scale: Validation of a measure of program characteristics and workplace functioning for sustained program implementation. *Journal of Behavioral Health Services and Research.* [Epub ahead of print]

Karoly, P. (1993). Mechanisms of self-regulation: A systems view. *Annual Review of Psychology, 44*, 23–52.

KidsMatter. (2012). *The KidsMatter Primary Programs Guide.* Canberra, Australia: Author.

Lee, C. M., Smith, P. B., Stern, S. B., Piché, G., Feldgaier, S., Ateah, C., et al. (2014). The International Parenting Survey–Canada: Exploring access to parenting services. *Canadian Psychology, 55*(2), 110–116.

Lee, S., Aos, S., & Pennucci, A. (2015). *What works and what does not?: Benefit–cost findings from WSIPP* (Doc. No. 15-02-101). Olympia: Washington State Institute for Public Policy.

Love, S. M., Sanders, M. R., Turner, K. M. T., Maurange, M., Knott, T., Prinz, R. J., et al. (2016). Social media and gamification: Engaging vulnerable parents in an online evidence-based parenting program. *Child Abuse and Neglect, 53,* 95–107.

Matsumoto, Y., Sofronoff, K., & Morawska, A. (2009). Socio-ecological predictor model of parental intention to participate in Triple P–Positive Parenting Program. *Journal of Child and Family Studies, 18,* 274–283.

Mazzucchelli, T. G., & Sanders, M. R. (2010). Facilitating practitioner flexibility within an empirically supported intervention: Lessons from a system of parenting support. *Clinical Psychology: Science and Practice, 17*(3), 238–252.

McPherson, K. E., Sanders, M. R., Schroeter, B., Troy, V., & Wiseman, K. (2015). Acceptability and feasibility of peer assisted supervision and support for intervention practitioners: A Q-methodology evaluation. *Journal of Child and Family Studies, 25*(3), 720–732.

Metzler, C. W., Sanders, M. R., Rusby, J. C., & Crowley, R. N. (2012). Using consumer preference information to increase the reach and impact of media-based parenting interventions in a public health approach to parenting support. *Behavior Therapy, 43*(2), 257–270.

Mihalic, S. F., & Elliott, D. S. (2015). Evidence-based programs registry: Blueprints for Healthy Youth Development. *Evaluation and Program Planning, 48,* 124–131.

Morawska, A., Sanders, M., Goadby, E., Headley, C., Hodge, L., McAuliffe, C., et al. (2011). Is the Triple P–Positive Parenting Program acceptable to parents from culturally diverse backgrounds? *Journal of Child and Family Studies, 20,* 614–622.

Morawska, A., & Sultan, A. (2016). Parental attitudes towards seeking professional help for their children: A community sample from the Sultanate of Oman. *Journal of Child and Family Studies, 25*(3), 979–987.

Nowak, C., & Heinrichs, N. (2008). A comprehensive meta-analysis of Triple P–Positive Parenting Program using hierarchical linear modeling: Effectiveness and moderating variables. *Clinical Child Family Psychology Review, 11,* 114–144.

Prinz, R. J., Sanders, M. R., Shapiro, C. J., Whitaker, D. J., & Lutzker, J. R. (2009). Population-based prevention of child maltreatment: The U.S. Triple P system population trial. *Prevention Science, 10,* 1–12.

Sanders, M. R. (2011). Adopting a public health approach to the delivery of evidence-based parenting interventions. *Association for Child and Adolescent Mental Health Occasional Papers: Increasing Access to CAMHS, 30,* 11–19.

Sanders, M. R. (2012). Development, evaluation, and multinational dissemination of the Triple P–Positive Parenting Program. *Annual Review of Clinical Psychology, 8,* 1–35.

Sanders, M. R., Baker, S., & Turner, K. M. T. (2012). A randomized controlled trial evaluating the efficacy of Triple P Online with parents of children with early onset conduct problems. *Behaviour Research and Therapy, 50,* 675–684.

Sanders, M. R., Dittman, C. K., Farruggia, S. P., & Keown, L. J. (2014). A comparison of online versus workbook delivery of a self-help positive parenting program. *Journal of Primary Prevention, 35,* 125–133.

Sanders, M. R., Haslam, D. M., Calam, R., Southwell, C., & Stallman, H. M. (2011). Designing effective interventions for working parents: A web-based survey of parents in the UK workforce. *Journal of Children's Services, 6,* 186–200.

Sanders, M. R., Kirby, J. N., Tellegen, C. L., & Day, J. J. (2014). Towards a public health approach to parenting support: A systematic review and meta-analysis of the Triple P–Positive Parenting Program. *Clinical Psychology Review, 34*(4), 337–357.

Sanders, M. R., Markie-Dadds, C., & Turner, K. M. T. (2013). *Practitioner's manual for Standard Triple P* (2nd ed.). Brisbane, Australia: Triple P International.

Sanders, M. R., & Mazzucchelli, T. G. (2013). The promotion of self-regulation through parenting interventions. *Clinical Child and Family Psychology Review, 16*(1), 1–17.

Sanders, M. R., & Murphy-Brennan, M. (2013). *Triple P in action: Peer-assisted supervision and support manual*. Brisbane, Australia: Triple P International.

Sanders, M. R., Ralph, A., Sofronoff, K., Gardiner, P., Thompson, R., Dwyer, S., et al. (2008). Every Family: A population approach to reducing behavioral and emotional problems in children making the transition to school. *Journal of Primary Prevention, 29,* 197–222.

Seng, A. C., Prinz, R. J., & Sanders, M. R. (2006). The role of training variables in effective dissemination of evidence-based parenting interventions. *International Journal of Mental Health Promotion, 8,* 19–27.

Shapiro, C. J., Prinz, R. J., & Sanders, M. R. (2015). Sustaining use of an evidence-based parenting intervention: Practitioner perspectives. *Child and Family Studies, 24,* 1615–1624.

Sumargi, A., Sofronoff, K., & Morawska, A. (2015). Understanding parenting practices and parents' views of parenting programs: A survey among Indonesian parents residing in Indonesia and Australia. *Journal of Child and Family Studies, 24,* 141–160.

Swain, K., Whitley, R., McHugo, G. J., & Drake, R. E. (2010). The sustainability of evidence-based practices in routine mental health agencies. *Community Mental Health Journal, 46*(2), 119–129.

Triple P International. (2015). *The Triple P Implementation Framework: Overview of the implementation process*. Brisbane, Australia: Author.

Turner, K. M. T., Nicholson, J. M., & Sanders, M. R. (2011). The role of practitioner self-efficacy, training, program and workplace factors on the implementation of an evidence-based parenting intervention in primary care. *Journal of Primary Prevention, 32*(2), 95–112.

Turner, K. M. T., Sanders, M. R., & Hodge, L. (2014). Issues in professional training to implement evidence-based parenting programs: The needs of Indigenous practitioners. *Australian Psychologist, 49*(6), 384–394.

United Nations Office on Drugs and Crime (UNODC). (2009). *Guide to implementing family skills training programmes for drug abuse prevention*. New York: United Nations.

Ward, C., Sanders, M. R., Gardner, F., Mikton, C., & Dawes, A. (2016). Preventing child maltreatment in low- and middle-income countries: Parent support programs have the potential to buffer the effects of poverty. *Child Abuse and Neglect, 54,* 97–107.

Wilson, P., Rush, R., Hussey, S., Puckering, C., Sim, F., Allely, C. S., et al. (2012). How evidence-based is an "evidence-based parenting program"?: A PRISMA systematic review and meta-analysis of Triple P. *BMC Medicine, 10,* 130.

World Health Organization (WHO). (2010). *Violence prevention: The evidence*. Geneva, Switzerland: Author.

PART
4

중대한 이슈들

CHAPTER 26

아동 · 청소년 심리치료 연구에서의
윤리적 쟁점

Adam Fried & Celia B. Fisher

다수의 경험적 연구들이 정신건강 문제로 진단된 아동 · 청소년들에게 효과적인 심리치료란 무엇인지 규명해왔다(Falzon, Davidson, & Bruns, 2010; Ollendick & King, 2004; Weisz, Weiss, Han, Granger, & Morton, 1995). 근거기반 치료에 대한 경험적 지식이 계속 진보하기 위해서는 다양한 집단을 대상으로 표준적 및 혁신적 치료 접근의 효과를 탐색하는 책임 있는 치료 연구의 수행이 요구된다. 연구자들은 치료 연구의 계획, 실행, 보급과 관련한 윤리적 의사결정을 위해 수많은 원천을 활용해야 한다. 대표적인 원천에는 '인간 피험자를 보호하기 위한 연방 규제법'(DHHS, 2009)이나 '의료보험의 이전과 그에 수반하는 책임에 관한 법률'(HIPPA, 1996)과 같은 규제/법률, 아동학대 및 자신/타인에 해를 가하는 시도에 대한 보고 의무와 같은 주법이 있다. 또한 연구자들은 미국심리학회 윤리강령(American Psychological Association, 2010)을 포함한 전문가 윤리강령과 기관연구심의기구(institutional review board, IRB)의 규율과 같은 기관 규율에 의지해야만 한다. 마지막으로 책임 있는 의사결정은 연구자 개인의 윤리기준과 더불어 부모/가족과 같은 주요 관계자의 자문 및 동료의 자문을 활용해야 한다. 그럼에도 불구하고 연구자들은 이런 원천들로 해결하기 어려운 복잡한 윤리적 도전들로 분투하고 있다. 특히 이런 원천들이 모순된 정보를 제공하고 있거나 연구윤리와 관련된 핵심 사안을 다루고 있지 않을 경우 연구자들은 더욱 힘들어하고 있다. 우리는 이 장에서 아동 · 청소년 심리치료 연구의 책임 있는 수행을 위해 연구자가 고려해야 할 윤리적 사안들에 대해 탐색해나갈 것이다. 이를 위해 이 장은 과학적 목표를 성취하고, 참가자 강점을 이용하며(연구 혜택을 극대화시키기 위해), 참가자 취약성을 해결하는(연구의 잠재적 위험으로부터 참가자를 보호하기 위해) 근거에 기반을 둔 그리고 집단 특수한 연구윤리 방법들을 강조할 것이다.

근거기반 연구 윤리

연구 위험, 연구 이득, 연구 동의 등의 개념과 관련하여 전통적인 윤리적 의사결정은 보통 다양한 집단에 적용되는 보편적 접근에 의지하고 있다. 이러한 접근은 지나치게 넓게 혹은 지나치게 좁게 참가자를 보호하고 있어, 특정 환자집단의 요구나 특정 치료 연구의 맥락을 전달하는데 한계를 지닌다(Sieber, 2008). 연구자들은 윤리적 연구 실천에 도움이 되는 경험적 연구를 강조해왔다. 이러한 연구들은 특정 참가자의 임상적 특징, 문화적 태도, 건강관리 경험, 가치관 등을 반영하는 맥락화되고 근거에 기반을 둔 치료 연구의 수행을 가능하게 한다. 근거에 기반을 둔 윤리적 연구의 실천은 연구자나 IRB로 하여금 참가자에게 돌아가는 이득과 위험을 보다 정확하게 예측하게 하고, 특정 집단 및 특정 동의 상황에 맞춤화된 동의서의 설계와 기밀유지 및 보고 절차의 설계를 가능하게 하며, 공정한 연구 절차를 구성할 수 있게 한다(Fisher, 2015).

 책임 있는 연구의 수행은 문화적·정치적·사회적 요인이 연구 과정이나 결과에 어떤 영향을 주는지 이해하고자 하는 연구자의 다문화적 헌신이 있어야만 가능하다. '다문화적 의식(multicultural awareness)'이라고도 불리는 이러한 이해는 자신의 편견/신념이 연구 문제의 설정이나 연구 과정의 설계, 정신병리나 위험 행동의 평가(건강이나 낙인의 효과를 고려치 않고 정신병리나 위험 행동을 평가하는 행태), 성공적 치료에 대한 개념 정의에 어떤 영향을 주는지 확인하는 자기검토를 요구한다(Arredeondo & Toporek, 2004; Fisher et al., 2002; Fisher, 2014, 2017). 심리치료 연구는 성별, 인종, 성적(性的) 지향, 성정체감, 사회경제적 지위, 종교와 같은 개인적 요인이 연구 참가 여부 및 연구 결과에 어떤 영향을 미치는지 조명한 경험적 연구들로부터 많은 아이디어를 얻고 있다. 한 예로, 선행 연구는 연구자들이 연구 참가 동의를 구하는 과정에서 흔히 소수 인종의 부모들이나 낮은 사회경제적 지위에 있는 부모들에게 정보를 덜 제공하는 경향이 있음을 발견하였고, 따라서 이들 부모는 동의를 구하는 회기(consent conference)에 덜 참석할 수 있음을 시사하였다(Miller, Drotar, Burant, & Kodish, 2005). 이러한 결과는 문화적으로 유능한 연구자의 양성과 특정 연구 대상에 맞춤화된 문화적으로 민감한 동의 절차의 개발이 얼마나 중요한지를 시사한다(Fisher et al., 2002). 게다가 동의 회기는 연구자가 참가자의 신념("연구 참가를 거부할 수 있는 능력이 자신에게 있는가?", "권위자에게 질문하는 것이 적절하다고 생각하는가?", "과학자/의사란 어떤 역할을 수행하는 사람들인가?"에 관한 참가자의 신념)을 제대로 이해하고 있을 때 개선될 수 있다. 이에 더해 선행 연구는 연구 스태프를 대상으로 한 의사소통 증진 훈련이 실제 동의 회기에서의 연구자–참가자 간 대화 수와 참가자의 회기 참여 정도를 증가시켰음을 발견하였다(Cousino et al., 2011).

심리치료 연구를 위한 관계적 윤리 접근

연구 윤리에서의 관계적 접근은 (1) 참가자의 경험, 가치관, 기대, 강점, 취약성에 기반을 둔 연구 절차의 구성과, (2) 특정 연구 맥락에서의 연구자의 전문가적 책임을 고려한 연구 절차의 구성을 강조하며, 이를 통해 성실성(integrity), 선행(beneficence), 존중(respect), 돌봄(care)이라는 연구의 핵심적 윤리 원칙들을 전달하고 있다(Fisher & Goodman, 2009; Masty & Fisher, 2008). 심리치료 연구에 있어 유용한 두 가지 관계적 접근에는 최적의 맞춤(goodness of fit)과 협동학습(co-learning)이 있다.

최적의 맞춤 접근

연구윤리에 있어 전통적 접근은 참가자 취약성에 집중하여 연구에서 특정 환자집단을 배재시키거나 이들을 과소 보호하는 방향으로 연구를 구성하는 모습을 보였었다. 이러한 전통적 접근과는 달리 최적의 맞춤 접근에서는 연구 관련한 취약성을 감소시키고 아동 및 가족의 적극적 연구 참여를 증가시키기 위해 연구 참가자들이 가진 강점을 토대로 연구 절차를 구성하고 연구 맥락을 조성하려 노력한다(Fisher, 2017). 최적의 맞춤 접근은 성인 발달장애자, 소아 암 환자와 부모, 불법약물 사용자나 HIV 고위험자, 고위험 행동을 보이는 청소년과 같은 수많은 취약 집단들을 위한 맥락적으로 민감하고 윤리적으로 타당한 연구 방법을 고안하기 위해 활용되어 왔다(Fisher, 2003a; Fisher & Goodman, 2009; Fisher & Masty, 2006; Fisher & Ragsdale, 2006). 최적의 맞춤 접근은 참가자 취약성을 악화시키는 연구 절차(예 : 정보 제공에 입각한 동의, 기밀유지, 자료 수집, 사후 연구 설명 절차)를 찾아내어 이를 수정한다. 불리한 연구 절차의 탐지와 이에 대한 수정은 과학적 목적과 연구자의 전문가적 혹은 법적 책임을 고려한 상태에서 참가자가 가진 특성, 염려, 가치관을 철저히 분석함으로써 가능하게 된다(Fisher, 2003a; Fisher, 2017; Fisher & Goodman, 2009). 예를 들면, 연구 설명 및 동의 과정에서의 용어와 절차는 아동·청소년의 연구 과정에 대한 이해와 참여를 증진시키는 방향으로 특별하게 설계될 수 있다. 즉 연구자는 대상 집단의 지적·정서적 강점과 취약성, 발달 수준, 연구력과 치료력, 정보(예 : 무선할당, 치료절차, 기간, 빈도) 이해 능력에 영향을 줄 수 있는 문화 및 기타 요인을 고려하여 내담자에 맞는 용어와 절차를 사용할 수 있다(Fisher, 2003a; Fisher, Cea, Davidson, & Fried, 2006; Masty & Fisher, 2008).

지역사회 자문과 협동학습적 접근

특정 연구 설계와 절차는 대상군이 누구냐에 따라 같은 설계나 절차라도 서로 다른 위험을 대변할 수 있다(Fisher et al., 2002; Fisher, 2017). 따라서 지역사회로부터 혹은 연구 참가 후보자 집단으로부터 연구 설계, 시행, 파급에 관한 정보를 얻을 필요가 있다. 자문은 특정 연구 결정에 도움을 줄 수 있는 관련자들로 구성된 지역사회 자문단으로부터 얻을 수 있다(Fisher, 2017; Quinn, 2004). 자문단의 활용은 지역사회와 신뢰를 쌓고, 연구 성공에 직결되는 지역사회 지지를 확보하는 데 유용한 방법이다(Anderson et al., 2012; Quinn, 2004). 하지만 아동-부모의 연구 혹은 정신건강 관련한 관심사를 가장 잘 대변하는 인물을 찾기 위해서는, 연구자들은 특정 지역사회를 정의하는 사회적 구조나 관계를 이해할 필요가 있다(Weijer & Emanuel, 2000). 이와 동시에 연구자들은 지역사회 그 어느 인사나 서비스 제공자도 연구 참가자들의 희망, 두려움, 가치관을 완전히 전달하는 데에는 한계가 있음을 인지하고 있어야 한다(Fisher et al., 2002). 특히 과거 잘못된 연구 행태로 연구에 불신을 보이고 있는 지역사회를 상대할 때는 더욱 그러하다(Fisher & Wallace, 2000; Kerkorian, Traube, & McKay, 2007; Traube et al., 2013).

지역사회 자문에 대한 협동학습적 접근에서는 연구자와 지역사회 대표자를 동등하나 서로 다른 영역의 전문가로 보고 있으며, 서로 간 협동을 통해 인간 피험자를 보호하는 연구 설계를 수립하고 인간 피험자를 보호하는 연구 방법을 사용하려 노력한다. 과학자는 연구 목적, 특성, 방법을 지역사회 참가자들에게 교육하는 데 그 전문성이 있다. 반면 참가자들은 모집, 동의, 기밀유지, 기타 연구 절차들에 영향을 주는 참가자 가치관, 태도, 염려, 희망 등을 연구자에게 교육하는 데 그 전문성이 있다(Fisher & Goodman, 2009; Fisher & Masty, 2006; Fisher & Ragsdale, 2006). 예를 들어, 심리치료 연구자는 연구 참가 대가로 부모나 아동에게 비용을 지불해야 할 것인지에 대해 궁금해할 수 있다. 이는 임상 서비스에 더해 지나치게 많은 비용을 지불하는 것이 참가자의 연구 참가 결정, 특히 경제적으로 열악한 처지에 있는 가족들의 연구 참가 결정에 과도하게 영향을 줄지 모른다는 연구자의 염려를 반영한다(Field & Behrman, 2004; Kendall & Suveg, 2008). 하지만 연구자나 IRB만큼이나 지역사회 자문단도 그들이 가진 사회적 지위나 생활 환경적 차이로 인해 보상 적절성 혹은 착취성 결정에 그다지 큰 전문성을 가지고 있다고 판단하기 어렵다. 지역사회 자문단으로부터 혹은 참가자들로부터 얼마의 보상이 적절한가에 대한 의견을 물었던 연구들은 청소년과 부모에 대한 보상 그리고 건강한 지원자와 정신과 질병을 가진 지원자에 대한 보상이 같지 않았음을 발견하였다(Wiener, Viola, Wilfond, Wendler, & Grady, 2015). 또한 선행 연구들은 보상이 지나치다는 걱정이 경험적으로나 논리적으로 타당하지 않으며, 오히려 빈곤한 이들을 연구에서 배제시키는 결과를 초래하였음을 발견하였다(Denny & Grady, 2007; Fisher, 2003b).

아동·청소년을 대상으로 한 심리치료 연구에서 고지된 동의와 승낙

고지된 동의(informed consent)는 환자의 치료/연구 관련한 자기결정 능력과 환자의 존엄성을 존중하는 과학자적 태도를 반영한다. 대부분의 경우 아동과 청소년은 법적으로 연구 참가 동의를 제공할 만한 능력을 가졌다고 판단되지 않는다. 아동·청소년에게 이득이 돌아갈 것으로 전망되는 연구에서 연구자는, 일부의 경우를 제외하고[예 : 보호자 동의가 아동·청소년의 최선의 이득을 반영하였다고 보기 어렵다고 IRB가 판단한 경우, 미성년자가 미성년자 역할에서 해방된 경우(emancipated minor), 혹은 독자적 동의를 제공할 만한 특별한 법적 권한을 부여받은 성숙한 미성년자의 경우(mature minor)], 적어도 한쪽 부모로부터 자녀의 연구 참가에 대한 동의를 얻어야 한다(45 CFR 46.408; DHHS, 2009).

성숙도나 심리적 상태로 미루어 아동·청소년에게 동의의 능력이 있다고 판단된 경우 연방 법률은 연구자가 아동·청소년 당사자로부터 연구 참가에 대한 승낙(assent, agreement)을 얻어야 한다고 규정하고 있다. 연구 참가에 대한 논의는 연구자가 참가자를 존중하고 있음을 드러내는 행위이며, 연구 목적, 절차, 참가자 권리에 대한 참가자의 이해를 증진시키는 방법이기도 하다. 대부분의 상황에서 아동·청소년 당사자의 연구 참가에 대한 거절(dissent, refusal)은 부모의 연구 참가 동의를 무효화할 수 있다. 하지만 연구 외에는 직접적 이득을 얻을 수 없다고 예측되는 치료 연구에서는 아동·청소년의 거절은 보호자의 동의를 무효화할 수 없다. 딜레마가 발생할 수 있는데, 특히 자녀가 치료를 받을 것임을 인지하지 못한 상태에서 연구 참가를 거부하고 있다고 부모가 믿을 때 그러하다. 이 경우 부모는 연구자에게 아동·청소년으로부터 승낙을 구하지 않기를 요청하기도 한다. 한 가지 대안은 아동·청소년에게 연구 절차를 설명해주고 질문/논의의 기회는 제공하지만 아동·청소년에게 승낙을 구하지는 않는 방법이다(Masty & Fisher, 2008). 이는 가족의 의사결정 과정을 존중하는 동시에 아동·청소년의 관점을 존중하고 이들의 대화 참여를 유도하며, 질문의 기회 혹은 연구 절차 및 권리를 명확히 할 수 있는 기회를 제공하는 방법이라 할 수 있다. 아동·청소년이 연구 참여에 대해 어떻게 생각하는지 이들의 관점을 이해하는 것은 중요하다. 하지만 이들이 연구 참가를 확실히 거부하는 상태가 아니라면 이들로부터 동의를 구하지는 말아야 할 것이다(Masty & Fisher, 2008; Rossi, Reynolds, & Nelson, 2003). 하지만 불가능한 일은 아니라 할지라도 단호히 거부하는 아동 혹은 청소년을 치료 과정에 참여시키기란 실질적으로 어려울 수 있다.

고지된, 자발적인, 그리고 이성적인 동의

동의는 연구 참가에 대한 결정이 정보가 제공된 상태에서(고지된 상태에서, informed), 자발적이고(voluntary), 이성적으로(rational) 이루어졌을 때에만 타당한 것으로 간주한다. 아동·청소년 대상의 심리치료 연구는 이 세 조건과 관련하여 고유한 도전과 기회를 제공한다. 이와 관련한 주요 쟁점들은 다음에 설명되어 있다.

고지된

고지된 상태에서 동의가 이루어지기 위해서는 먼저 연구 참가 대상자에게 연구의 목적과 절차에 대한 상세한 설명이 제공되어야 한다. 여기에는 연구 참가와 관련한 잠정적 위험과 이득이 포함될 수 있으며, 이러한 설명은 개인의 연구 참가 결정에 영향을 줄 수 있다. 이득에는 평가나 개입과 같은 참가자에게 직접적으로 도움이 되는 직접적 이득과 과학 지식의 생성과 같은 미래 타인에게 도움이 되는 간접적 이득이 있다. 심리치료 연구는 두 유형의 이득 모두를 제공할 가능성이 높다. 즉 평가, 실험적 개입, 모니터링, 치료 의뢰를 통한 정신 및 신체 건강의 향상이라는 직접적 이득과 사람들을 돕는 미래 치료란 무엇인가에 대한 값진 자료 제공이라는 간접적 이득 모두를 제공할 수 있다.

만약 심리 개입이 정신건강을 향상시키기에 충분히 강력하다면, 이는 이 개입이 정신건강을 악화시키는 데도 똑같이 효과적일 수 있음을 말해준다(Barlow, 2010). 표준적인 아동 · 청소년 심리치료에서의 환자의 정신건강 요구의 다양성과 변별 진단의 유동성은 일부 심리치료적 접근이 환자의 정신건강 문제를 호전시키는 데 실패할 수 있음을 시사한다(Fisher, 2017). 동의 과정에서 제시되는 심리치료 연구의 위험은 대상군마다 다르게 해석될 수 있으며, 따라서 연구자들은 이러한 사실을 인지하고 있어야만 한다. 예를 들면, 선행 연구는 청소년과 부모가 임상 연구의 위험도에 대해 서로 다른 의견을 가질 수 있으며(Wiener et al., 2015), 동의 과정 동안 연구 참가와 관련한 잠정적 위험 정보를 제공받았음에도 불구하고 연구 위험을 인지하고 있지 못함을 보여주고 있다(Harth & Thong, 1995; Snowdon, Elbourne, & Garcia, 2006; Stines & Feeny, 2008).

고지된 동의는 연구 관련 용어를 가족에게 교육시키는 수단으로 사용되어야 한다. 동의 과정은 치료집단, 통제집단이 무엇인가에 대한 설명뿐 아니라 무선할당의 원칙과 방법(예 : 동전을 던져 앞/뒤를 확인한 후 이를 토대로 참가자를 집단에 할당하는 방법)을 포함한 무선할당에 대한 설명도 포함해야 한다. 이와 유사하게 동의 과정은 안전 모니터링 절차의 특징과 목적에 대한 설명 및 통제집단 참가자에게도 추후 치료가 제공될 것인가에 대한 설명도 포함해야 한다. 마지막으로 연구자는 참가자들 모두가 심리치료의 목적과 방법을 이해하고 있다고 가정해서는 안 된다. 치료 연구에 동의를 구하는 과정은 사용될 심리치료의 특성과 원칙에 대한 정보를 포함하고 있어야 한다. 아동 및 가족 특성(아동 및 가족의 문화적 · 교육적 특성 포함)에 맞춤화된 동의 절차는 연구 특성 및 목적에 대한 이해를 촉진시키는 개별화된 접근을 요구할 수 있다. 연구 절차에 대해 어떻게 생각하고 있는지 그리고 이 절차에 방해가 되는 것은 무엇인지 참가자와 논의하는 것은, 선행 치료 연구들이 보여주었듯(Kazdin, 2000), 연구 참가자와 연구 모두에 유리하게 작용할 수 있다(Kazdin, 2000).

자발적인

연구 참가에 대한 결정은 가족이 아동 문제로 스트레스를 경험하고 있을 때 주로 이루어진다. 치료 실패를 경험한 부모나 가족 구성원/교사/학교 행정가/다른 이들로부터 압력을 받고 있는 부모는 아동의 문제 상태를 개선하기 위해 연구에 포함되기를 필사적으로 원한다. 이 경우 부모의 스트레스와 불안은 부모의 연구 세부사항 이해와 해석 능력을 감소시킬 수 있는데, 이러한 이해 · 해석 능력은 진정한 의미에서의 고지된 정보에 입각한 연구 참여 결정에 영향을 줄 수 있는 요인이다(Eiser, Davies, Jenny, & Glaser, 2005; Kodish et al., 1998; Kupst, Patenaude, Walco, & Sterling, 2003; Masty & Fisher, 2008). 연구자는 이런 종류의 스트레스를 경험하고 있는 가족들과 작업하기에 충분할 만큼 연구 스태프를 훈련시켜야 한다. 스태프에 대한 훈련은 동의 회기 동안 부모를 어떻게 격려할 것인가에 대한 훈련도 포함하고 있어야 한다.

연구자는 연구자와 가족 사이의 힘의 차이가 가족에 미칠 영향에 대해 민감해질 필요가 있다. 특히 연구자가 치료자의 역할 혹은 전문가의 역할을 동시에 수행하게 될 경우 이런 태도는 더욱 요구된다. 청소년들은 연구 및 치료 참가 결정을 할 때 적극적 역할을 담당하도록 기대되고 있으며, 실제 이들은 연구 참가 결정을 위해 부모와 협력하고 부모의 의견을 구하는 것을 선호한다(Grady et al., 2014; Miller, Reynolds, & Nelson, 2008; Paul, Berriman, & Evans, 2008). 한편 일부의 가족은 건강관리 제공자나 연구 팀 구성원으로부터 연구 참가의 압력을 받을 수 있다(Grady et al., 2014). 예를 들면, 연구 참가 철회를 희망하는 아동과 청소년은 연구자나 제공자를 실망시킬 것을 걱정할 수 있는데, 이러한 걱정은 이들로 하여금 연구 참가에 동의하도록 만들거나 연구 관련한 염려 혹은 연구 중도 포기 소망을 연구자에게 제기하지 못하도록 만들 수 있다(Grady et al., 2014). 연구자는 이러한 이해 상충 상황을 피해야만 하며, 동의 절차 동안 연구 참가 거부가 서비스를 제공받는 것에 영향을 주지 않을 것임을 연구 참가 지원자에게 명확히 전달해야 한다.

연구자는 가족의 연구 참가 결정이 지역사회 내 치료 접근성의 부족으로 영향받을 수 있음을 인지하고 있어야 한다. 건강보험이 없는 개인이나 치료를 받을 수단이 없는 개인에 있어서는 개입 연구가 정신건강 상태 개선을 위한 유일한 기회일 수 있다. 예를 들어, 정신건강 서비스 제공자가 없는 지역사회에 살고 있는 참가자, 보험이 없는 참가자, 혹은 근거기반 치료를 제공하지 않는 지역사회에 살고 있는 참가자는 유능하고 종합적인 정신건강 치료를 비용 없이 제공받기 위해 임상 연구에 참가할 압력을 느낄 수 있다(Pace, Miller, & Danis, 2003; Stines & Feeny, 2008). 이 경우 연구를 통해 치료 서비스를 제공받는다는 것은, 연구 참가 위험이 확실히 소통되고 이해된 상태이며 검증된 치료가 대상군의 정신건강 및 경제적 특성 모두를 고려하여 조정된 것이고 단순히 편의 표본(건강 돌봄 서비스의 부재로 인해)으로 참가자가 선정된 상태가 아니라는 절제만 만족한다면, 연구 이득으로 간주될 수 있다.

이성적인

9세 정도의 어린 아동도 연구 절차의 특성, 연구의 위험과 이득, 참가자 권리 등을 이해할 수 있다. 하지만 경험적 연구는 아동이 적어도 14세 혹은 15세는 되어야 연구와 참가자 권리에 대해 진정으로 이해할 수 있다고 제시하고 있다(Field & Behrman, 2004). 연구 목적, 무선할당의 이유/특징과 같은 추상적 개념들은 성인에게도 도전적인 개념들이지만, 아동·청소년에게 있어서는 훨씬 더 이해하기 어려운 개념이다(Appelbaum, Roth, & Lidz, 1982; Fisher, 2003b; Horng & Grady, 2003). 또한 정신건강 문제로 진단된 사람들은 동의 결정에 기여하는 능력들에 있어 집단 내 혹은 집단 간 차이가 더 크다(Jeste & Saks, 2006; Palmer & Jeste, 2006). 예를 들어, 일부의 연구 참가 후보자들은 자기 문제의 심각성이나 치료 필요성에 대해 인식하는 능력이 부족할 수 있다(Masty & Fisher, 2008; Miller et al., 2008; Turrell, Peterson-Badali, & Katzman, 2011; Vitiello, 2008).

동의 혹은 승낙 개념의 이해 정도를 평가하고 이를 향상시키기

동의서에 연구 정보를 제공하였다 해서 참가자들이 연구나 연구 권리를 이해하였다고 말할 수는 없다. 사실, 선행 연구들은 동의서에 서명을 했어도 참가자 중 많은 이가 동의서의 주요 요소(예 : 위험, 실험적 치료 연구 특성)를 이해하지 못하고 있음을 보여주었다(Foe & Larson, 2016; Joffe, Cook, Clark, & Weeks, 2001). 선행 연구는 동의 전 교육, 동의 정보에 대한 질문 기회의 제공, 교육 책자, 멀티미디어 프레젠테이션 등이 연구절차, 연구 위험 및 이득, 연구 권리에 대한 아동·청소년의 이해에 도움이 될 수 있다고 제안하고 있다(Abramovitch, Freedman, Henry, & Van Brunschot, 1995; Bruzzese & Fisher, 2003; Lally et al., 2014; O'Lonergan & Forster-Harwood, 2011; Tymchuk, 1992). 이해 수준의 측정을 위해 일부 연구자들은 부모와 동의 후 평가로 자녀의 동의 정보 이해 수준을 평가하는 질문지를 사용하고 있다(Wirshng, Wirshing, Marder, Liberman, & Mintz, 1998). 마지막으로 연구자는 참가자 권리를 보호하고 이들의 동의/승낙 과정에 대한 이해를 돕기 위해 특정 연구 세팅에서 변호사 혹은 대리인을 입회시킬 것을 고려해야 한다. 주에서 지정한 후견인이 있는 미성년자를 대상으로 한 연구나 성숙한 혹은 해방된 미성년 청소년을 대상으로 한 연구가 여기에 해당한다(Fisher, 2017; Fried & Fisher, 2008; Vitiello, 2008).

고지된 동의에 대한 최적의 맞춤 접근과 협동학습적 접근

동의 회기의 목적은 다음과 같다. (1) 가족 스트레스 최소화하기, (2) 가족 구성원 간 개방적 토론 격려하기, (3) 피드백 구하기, (4) 아동 · 청소년에게 부모 의견 청취의 기회 제공하기, (5) 아동 · 청소년의 희망, 기대, 염려를 중시하는 연구자의 태도 전달하기가 그것이다(Grady et al., 2014). 최적의 맞춤 접근은 참가자의 적극적 참여를 격려하고 고지된 정보 이해에 입각하여 자발적 결정을 할 수 있도록 돕는 방향으로 동의 회기를 구성하려 노력한다. 이 접근은 동의 과정을 연구자와 참가자가 연구 절차와 참가자 권리를 정기적으로 고찰하고, 이로부터 이득을 얻는 진행형의 상호 과정으로 보고 있다. 장기 심리치료 연구에서 연구 프로토콜이 변하거나 연구되는 문제에 대한 효과적 치료가 새로운 증거로 인해 변하게 될 경우, 이 접근은 연구자가 참가자에게 동의를 다시 얻을 것을 요구한다(Vitiello, 2008). 보편적 접근(one-size-fits-all approach)과

표 26.1 고지된 동의를 위한 최적의 맞춤 : 제안과 적용

제안	주요 질문	접근
동의 과정을 아동과 가족의 경험 및 상황에 맞도록 조정하기	연구 참가 의지를 낮추는 아동 · 청소년 문제 상태(예 : 짜증, 불안, 반항성)가 있는가? 그리고/혹은 연구 참가 결정에 있어 부모–아동 간 갈등이 있는가? 어떤 요인이 부모의 동의 결정에 영향을 주는가? 혹은 어떤 요인이 의도하지 않게 연구 방법에 대한 혼동, 오해, 걱정을 만들어내는가?	연구 위험 및 이득, 연구 참가 동기, 개입에서 다루어주길 원하는 문제 특성에 대해 아동과 부모 사이에 이견이 있을 수 있음을 인정하기(Fisher, 2003b; Fisher et al., 2002; Hawley & Weisz, 2003) 가족의 연구 참가 경험과 기대, 가족의 아동 · 청소년 문제에 대한 이해 및 태도, 치료를 찾고 받은 경험을 포함한 주요 의사결정 요인을 이해하기 위해 노력하기
가족의 의사결정 방식을 이해하고 존중하기	아동 · 청소년에 대한 치료 결정은 부모 단독으로 이루어지는가 아니면 아동 · 청소년과 합의하여 이루어지는가? 동의 회기를 구성할 때 고려하면 도움이 될 만한 의사결정과 관련한 문화적 규범이 있는가? 연구 참가 관련한 부모–아동 · 청소년 간 이견은 어떻게 다루어져야 하는가?	가족의 의사결정 관련한 역사 및 태도뿐 아니라 부모–아동 · 청소년 간 관계를 이해함으로써 동의절차에 대한 힌트 얻기 연구 참가 결정 시 부모가 아동 · 청소년에게 이 결정 과정에 얼만큼 참여하길 기대하는지 그 정도를 이해하려 노력하기
아동 자율성에 대한 존중과 부모 권리에 대한 존중 사이에서 균형 유지하기	연구자는 어떻게 청소년의 연구 관련한 희망과 부모의 아동의 최선을 도모하는 의사결정 권한 사이에서 균형을 맞출 수 있는가? 아동 · 청소년은 자신의 건강/안위 관련한 자율적 결정의 희망, 능력, 권한을 가지고 있는가?	부모로부터의 자문은 어떤 종류의 정보가 아동 · 청소년 참가자에게 전달되어야 하는지 그리고 이때 사용할 수 있는 적합한 의사소통 방법은 무엇인지 결정하는 데 도움이 될 수 있음 부모, 가족 구성원 혹은 기타 다른 관계자들과의 협동학습적 접근은 예상하지 못한 고통 반응을 유발할 수 있는 주제나 접근이 무엇인지 연구자에게 알려줄 수 있음

주 : Data fro m Masty & Fisher (2008).

는 달리, 맞춤형 접근은 고지된 동의 과정을 가족의 연구 경험과 아동·청소년의 인지·정서적 성숙 수준에 맞추려 노력한다. 또한 맞춤형 절차는 장애가 인지·정서 기능에 영향을 주는 방식을 수정하려 노력한다(Masty & Fisher, 2008). 소아 암 연구에 참가했던 청소년 및 보호자들과의 면담에 기초하여 Masty와 Fisher는 동의 과정을 개선하고 자녀와 부모의 혼란, 오해, 걱정을 미연에 다루어 주는 몇몇 맞춤형 접근들을 개발하였다. 이는 아동·청소년 승낙 절차와 보호자 허락 절차를 다음의 특징들에 맞게 조정함으로써 가능했는데, 여기에는 (1) 아동·청소년의 현 승낙 능력과 제공된 연구 정보가 아동·청소년 정신건강에 미치는 영향, (2) 가족이 공동으로 건강 관련한 의사결정을 해본 경험, (3) 자녀에게 최선의 이익이 되는 결정을 하려는 부모 밑에서 아동·청소년이 자율성을 추구하려고 하는 정도가 포함된다. 표 26.1에는 이 같은 접근들을 전달하는 질문 및 방법의 예가 포함되어 있다.

무선할당 심리치료 연구에서의 윤리적 쟁점

무선할당 심리치료 연구는 실험적 개입의 효과를 다른 기존 치료들의 효과 혹은 표준 치료의 효과와 비교하려 노력한다. 이러한 방법은 중요한 방법론적 이득을 지니고 있기는 하나 동시에 매우 신중한 윤리적 계획을 요구한다. 일반적으로 임상치료 연구의 윤리적 정당화는 임상적 등가 상태를 요구하는데, 이러한 등가 상태로 인해 개입들 혹은 비교되는 조건들 간에 어느 것이 더 효과적인지에 대한 불확실성이 존재하게 된다(Freedman, 1987). 동의 과정 동안 연구자는 참가 후보자에게 무선할당의 원칙과 특징에 대해 명확히 설명해주어야 한다. 동시에 각 조건(위약 혹은 무처치 조건을 포함)이 제기하는 잠재적 위험 및 이득과 아동·청소년이 위치할 조건이 무엇인지 환자나 가족이 알아야 할 것인가에 대해서도 명확히 설명해주어야 한다(Fisher, 2017).

또한 심리치료 연구를 수행하는 연구자는 치료에 반응하지 않는 상황, 그리고 참가자의 고통 및 심각한 상태 악화를 어떻게 감찰하고 확인하고 다룰 것인지에 대한 계획을 세워야 하며, 이를 참가자 및 가족들과 소통해야 한다. 연구자는 심리 개입 그 자체가 이득에 더해 혹은 이득 대신 해를 초래할 수 있다는 가능성에 직면하며, 또한 연구 설계가 만들어내는 기타 다른 종류의 해에 직면한다. 예를 들면, 부가적 치료가 자신들의 연구 타당성에 부정적 영향을 줄까 두려워, 몇몇 연구 설계는 가족이 부가적 치료(예 : 약물치료)를 받지 못하도록 할 수 있다.

치료에 대한 잘못된 이해와 평가

다른 종류의 위험은 연구 절차의 목적/특성에 대한 잘못된 이해로 인해 발생할 수 있다. 연구의 실험적 속성과 무선할당에 대해 설명을 들었음에도 불구하고, 참가자는 여전히 (1) 자신에게 제공된 개입이 자기의 상태와 요구에 특수하게 맞춰진 개입이라 믿고 있고(이는 '치료에 대한 오해'라 불림), (2) 연구 참가 위험을 과소평가하고 이득을 과대평가하고 있으며(이는 '치료에 대한 오평가'라 불림), (3) 자신의 상태/증상을 호전시킬 것이라는 희망에 입각하여 연구 참가를 결정하고(이는 '치료에 대한 낙관'이라 불림), (4) 연구와 치료 간 차이를 설명하려는 연구자의 노력을 믿지 못하고 있다(이는 '연구에 대한 불신'이라 불림)(Appelbaum et al., 1982; Fisher et al., 2008; Horng & Grady, 2003). '치료에 대한 오해'라는 현상은 생의학 임상 연구에서는 광범위하게 연구되고 있으나, 아동 · 청소년 행동 및 정신건강 개입 연구에서는 그 발생 비율조차 알려져 있지 않다(Lavori, Sugarman, Hays, & Feussner, 1999; Masty & Fisher, 2008). 아주 일부의 연구만이 가족이 질 높은 돌봄을 받고자 치료 연구에 등록하는 경향이 있으며, 청소년과 부모는 무선할당에 대해 혼동하고 있고, 연구 조건에의 할당이 청소년의 치료 요구에 기초해 개별화되었다는 잘못된 믿음하에 있음을 시사하고 있다(Vitiello et al., 2005, 2007; Wagner, Martinez, & Joiner, 2006).

의학치료 장면 혹은 다른 치료 장면에서 연구/임상치료를 병행하는 연구자에 의해 후원되는 치료 연구는 실험 연구 프로토콜이 처방된 치료라는 잘못된 믿음을 만드는 데 공헌하고 있다. 예를 들어, 의료인에 의해 치료 연구에 의뢰된 부모들은 개입 연구가 자신의 자녀의 상태를 전달하기 위해 특별히 기획된 처방적 치료라는 오해를 가질 수 있다(Masty & Fisher, 2008; Stines & Feeny, 2008). 치료에 대한 오해를 최소화하기 위해 임상치료 효과성 연구의 설명서는 다음의 사항들을 명확히 전달해야 한다. 즉 (1) 이 연구는 치료 연구이며, 연구자는 어떤 조건이 더 효과적인지 정말 알지 못한다는 사실, (2) 이 연구의 전반적 목표는 특정 개인에게 치료를 제공하는 것이 아니라 이 영역 발전과 많은 사람들을 위한 새로운/향상된 치료의 개발을 가능하게 하는 일반화된 지식을 창출하는 데 있다는 사실, (3) 실험적 개입에 내재한 위험의 본질과 실험적 개입의 효과성은 아직 알려져 있지 않다는 사실을 명확히 전달해야 한다.

기밀유지 및 기밀공개와 관련한 방침

아동 · 청소년 대상 심리치료 연구는 사용되는 연구 방법과 다루어지는 정신건강 상태로 인해 기밀유지와 관련한 독특한 도전을 만들어내고 있다. 정신건강 연구는 물질 사용 및 남용, 성적 활동, 자해, 불법 행동과 같은 현재 연구되고 있는 상태의 일부는 아니지만 아동 · 청소년 혹은 그 가족을 사회적 · 경제적 · 법적 위험으로 몰고 갈 수 있는 수많은 민감한 주제들을 다룰 수 있다(Hiriscau, Stingelin-Giles, Stadler, Schmeck, & Reitar-Theill, 2014). 기밀유지에 대한 걱정은 또한 치료 제공을 위한 과학기술의 사용으로 그리고 치료 프로토콜 준수와 치료 능력 확인을 위한 과학기술의 사용으로 보다 더 증가하고 있다.

심리치료 연구를 수행하는 연구자는 기밀유지 및 기밀공개의 방침, 특히 의무화된 보고와 관련한 방침을 발전시키기 위해 IRB, 지방법, 주법으로부터 자문을 얻을 필요가 있다. 예를 들어, 가정 방문을 포함하는 연구들은 가정에서 자료를 수집할 연구 스태프를 신고 의무자로 볼 것인지, 아동 방임/학대의 준거를 무엇으로 할 것인지, 방임/학대 준거를 만족하는 부모 행동을 목격했을 시 어떤 단계를 거칠 것인지에 관해 사전에 미리 결정해두어야 한다(Fisher & Goodman, 2009). 이러한 책임들은 동의 과정에서 참가자들에게 명확히 전달되어야 한다. 전적으로 임상활동만 진행되는 환경에서와 마찬가지로, 심리치료 연구자들은 의무적 보고 요건과 부모에게 공개될 정보의 속성(예 : 아동·청소년이 고위험 행동을 하려 할 때)을 결정해야 한다. 고지된 동의 절차는 아동·청소년 참가자들과 보호자들에게 기밀유지와 관련한 염려를 논의할 기회, 혼동되는 것을 명확히 할 기회, 기밀유지 및 기밀공개 절차에 대해 질문할 기회를 제공하는 공개 토론을 포함하고 있어야 한다(Fisher, 2017). 이런 것들은 연구 초반부터 진행되어야 하며, 만약 필요하다면 연구 전반에 걸쳐 진행되어야 한다.

청소년과 부모는 기밀유지 절차에 대해 항상 동의하는 것은 아니다. 그리고 비록 일부 연구는 아동·청소년의 발달적 특성(연령 포함), 특정 행동에 내재된 위험의 빈도와 정도(Isaacs & Stone, 2001; Rae, Sullivan, Razo, George, & Ramirez, 2002)와 같은 심리치료사로 하여금 아동·청소년 정보를 기꺼이 부모에게 공개하게끔 만드는 몇몇 예측요인을 찾아내기는 했으나, 언제 그리고 어떤 행동이 부모에게 공개되어야 할지에 관해 연구자(그리고 심리치료사)에게 상세한 지침을 제공하는 경험적 자료도 매우 적다. 젊은이들과 작업하는 임상 연구자들은 기밀유지를 치료 성공의 필수적 요소로 간주하고는 있으나(Byczkowski, Kollar, & Britto, 2010), 치료자에 의한 기밀유지의 절대적 약속은 실상 직업적·법적 책임을 무시한 처사이다. 더군다나 연구 결과에 따르면 청소년들은 심각한 염려(자신이나 타인에의 신체적 혹은 성적 학대나 해)가 제기될 때 이를 보고하는 것 혹은 외부에 의뢰하는 것을 의사나 연구자와 같은 권위적 자리에 있는 이의 책임이라 기대하고 있고 또 그렇게 보고 있었다(Fisher et al., 1996; Ford, Millstein, & Halpern-Felsher, 1997). 유사하게 부모를 대상으로 한 설문 연구는 도움이 필요한 참가자에게 서비스를 제공하기만 한다면 많은 부모가 고위험 청소년 행동을 포함한 연구에 자녀 참가를 동의할 것임을 보여주었다(Fisher, 2003b; O'Sullivan & Fisher, 1997).

기밀 유지와 치료 회기의 녹음/녹화(오디오/비디오 리코딩)

심리치료 연구는 치료자의 치료 매뉴얼 준수와 치료 전달 능력을 평가하기 위해 치료 회기를 녹화/녹음할 수 있다. 비디오/오디오 리코딩 분석이 치료의 정확한 시행을 보장하는 방법이 되지만, 이 방법은 참가자의 기밀을 보장하는 데에는 위협이 될 수 있다. 연구자는 오디오/비디오 기록을 안전하게 보관하고 있는지, 기록에 대한 접근을 권한을 인정받은 일부의 연구자에게만 허용하고 있는지, 용도(자료 분석이나 자료 복제)를 다한 기록을 파기하고 있는지, 이름이나 다른 신원 확인 정보들을 기록에서 제외시켰는지 확실히 해야만 한다. 또한 참가자는 녹음/녹화의 요구에 동의를 제공해야만 하는데, 이때 녹음/녹화의 목적, 기밀이나 자료의 보안 유지 방법 등에 대한 정보가 참가자에게 제공되어야 한다(American Psychological Association, 2010; Fisher & Vacanti-Shova, 2012).

치료자의 매뉴얼 준수 정도와 치료 제공 능력을 평가하기 위해 심리치료 연구에서 흔히 사용하는 방법 중 하나는 독립적인 평정자들로 하여금 녹화된 테이프를 보고 특정 도구나 채점기준을 사용하여 평가하도록 하는 방법이다. 하지만 이 방법은 기밀유지와 관련한 걱정을 야기할 수 있는데, 특히 평정자와 참가자가 한 동네에 살거나 평정자가 다른 상황들에서 참가자와 마주칠 가능성이 있을 때 그러하다(Kendall & Suveg, 2008). 녹음/녹화 장비를 사용하는 연구자들은 다양한 조치(예 : 카메라의 앵글을 내담자에 맞추기보다 회기를 진행하는 연구자에 맞추기, 치료자에게 회기 중 이름을 사용하지 말라고 지시하기, 녹음/녹화물에 이름 대신 번호를 붙여 암호화하기)를 통해 내담자의 신원 노출을 최소화하도록 노력해야 한다.

서비스 제공 환경에서 시행되는 연구

병원, 지역사회 정신건강 클리닉, 개인치료 클리닉과 같은 '실제 환경'에서 진행되는 심리치료 연구는 시범적 치료의 실제 환경에의 적용 가능성과 효과성에 대한 중요한 맥락적 정보를 제공한다. 이러한 종류의 연구는 실험실 연구를 실제 상황에서 시행하는 데 있어 장해물은 무엇인지(DeFife et al., 2015) 그리고 고려해야 할 주요 윤리적 사안은 무엇인지에 대한 정보를 제공할 수 있다. 예를 들면, 의료인과 환자 사이의 지각된 힘의 차이와 실제적 힘의 차이는 의료인의 연구 참여 제안에 대한 환자의 수락 여부에 영향을 미칠 수 있다(Garland, McCabe, & Yeh, 2008). 환자는 의료인으로부터 연구 참가에 대한 압력을 느낄 수 있으며 제안의 거절이 의료인을 실망시킬지도 모른다는 두려움을 느낄 수 있다. 환자는 치료 연구에 등록해야만 현재의 치료와 서비스를 계속해서 받을 수 있다고 믿을 수 있다(Fisher et al., 2002; Fisher & Goodman, 2009). 이 같은 취약성은 건강관리 경험 및 연구 경험이 부족한 사람들과 법적·경제적, 혹은 기타 다른 취약성을 가진 사람들에게서 더 클 수 있다(Fisher et al., 2002).

연구자가 의료인인 경우 실천기반 연구는 치료에 대한 오해(therapeutic misconception, 제공된 개입이 자기의 상태와 요구에 특수하게 맞춰진 개입이라는 잘못된 믿음)를 악화시킬 수 있다. 평가나 개입 절차의 목적이 불분명한 경우 특히 더 그러하다. 혼동을 최소화하고 고지된 자발적 동의를 높이기 위해 치료 연구에 환자를 의뢰한 임상가는 (1) 연구와 임상적 치료 각각에 있어 자신의 역할이 무엇인지 명확히 해야 하고, (2) 연구에서 사용될 평가와 치료 절차의 목적이 무엇인지 명확히 설명해야 하며, (3) 환자의 연구 참가에 대한 거부(혹은 환자의 연구 참가

철회)가 현재 환자가 받고 있는 혹은 받을 것으로 예정되어 있는 임상 서비스에 영향을 주지 않을 것임을 명확히 해야 한다.

향후 방향

심리치료 연구의 책임 있는 수행은 집단 특수하고 근거에 기반을 둔 방법과 의사결정 과정을 요구한다. 새로운 연구 방법론을 이끌기 위한 그리고 여러 다양한 집단에 걸쳐 타당하고 적절한 연구 방법과 절차의 확인을 위한 추후 연구가 요구된다. 심리치료 연구의 주요 윤리적 목표는 다음을 포함한다.

- 동의 의사 표현에 있어 문화, 가족, 다른 맥락 요인의 역할 이해하기
- 아동과 청소년의 안위를 보호하고 심리치료 연구 과정에 대한 신뢰를 증진시키는 경험적으로 입증된 기밀유지 절차 개발하기
- 레즈비언, 게이, 양성애자, 트랜스젠더, 퀴어(LGBTQ) 청소년과 같은 감춰진 소수집단들을 대상으로 보호자 동의 및 자기 동의 질문들을 탐색해보기
- 임상가와 연구자를 위한 책임 있고 강압적이지 않은 실무기반 정신건강 연구 절차를 개발하기
- 복잡하고 종종 교차하여 나타나는 발달 및 정신건강 상태에서 동의 능력을 평가하고 개선하기

맺음말

심리치료 연구는 근거기반 심리치료의 확인 및 확산을 위해 매우 중요하다. 아동·청소년 대상 심리치료 연구의 책임 있는 수행은 '좋은 과학을 잘'하고자 하는 연구자의 헌신을 요구한다. 이러한 헌신이 있어야만 연구자는 과학적으로 건실하면서도 윤리적으로 책임 있는 연구를 수행할 수 있다. 심리치료 연구 분야에서 과학기술 및 치료 패러다임의 발전과 더불어 대단히 중요한 윤리적 문제들이 계속 부상할 것이며, 이는 연구자, IRB, 정책 수립자에게 새로운 도전을 제기할 것이다. 이 장 전반에서 설명하였듯, 심리치료 연구와 관련한 윤리적 딜레마의 해결을 위해서는 연구자는 전통적인 과학적 윤리 원천들을 넘어 그 이상의 원천 혹은 안내들에 의지할 필요가 있다. 이런 면에서 근거기반 그리고 참가자 집단 및 연구 맥락에 특화된 관계적 접근은 존경할 만한 효과적 연구 윤리 절차들이 무엇인지 우리에게 알려줄 수 있다.

감사의 말

이 장에서 인용한 연구는 다음의 지원을 받아 수행되었다. National Institute on Minority Health and Health Disparities (No. R01 MD009561), Celia B. Fisher and Brian Mustanski, Principal Investigators.

참고문헌

Abramovitch, R., Freedman, J. L., Henry, K., & Van Brunschot, M. (1995). Children's capacity to agree to psychological research: Knowledge of risks and benefits and voluntariness. *Ethics and Behavior, 5,* 25–48.

American Psychological Association. (2010). Ethical principles of psychologists and code of conduct (Amended June 1, 2010). Retrieved from *www.apa.org/ethics.*

Anderson, E. E., Solomon, S., Heitman, E., DuBois, J. M., Fisher, C. B., Kost, R. G., et al. (2012). Research ethics education for community-engaged research: A review and research agenda. *Journal of Empirical Research on Human Research Ethics, 7,* 3–19.

Appelbaum, P. S., Roth, L. H., & Lidz, C. (1982). The therapeutic misconception: Informed consent in psychiatric research. *International Journal of Law and Psychiatry, 5,* 319–329.

Arredondo, P., & Toporek, R. (2004). Multicultural counseling competencies = ethical practice. *Journal of Mental Health Counseling, 26,* 44–55.

Barlow, D. H. (2010). Negative effects from psychological treatments: A perspective. *American Psychologist, 65,* 13–20.

Bruzzese, J. M., & Fisher, C. B. (2003). Assessing and enhancing the research consent capacity of children and youth. *Applied Developmental Science, 7,* 13–26.

Byczkowski, T. L., Kollar, L. M., & Britto, M. T. (2010). Family experiences with outpatient care: Do adolescents and parents have the same perceptions? *Journal of Adolescent Health, 47,* 92–98.

Cousino, M., Hazen, R., Yamokoski, A., Miller, V., Zayzanski, S., Drotar, D., et al. (2011). Parent participation and physician–parent communication during informed consent in child leukemia. *Pediatrics, 128,* 1544–1551.

DeFife, J., Drill, R., Beinashowitz, J., Ballantyne, L., Plant, D., Smith-Hansen, L., et al. (2015). Practice-based psychotherapy research in a public health setting: Obstacles and opportunities. *Journal of Psychotherapy Integration, 25,* 299–312.

Denny, C. C., & Grady, C. (2007). Clinical research with economically disadvantaged populations. *Journal of Medical Ethics, 33,* 382–385.

Department of Health and Human Services (DHHS). (2009, January 15). *Title 45 Public Welfare, Part 46, Code of Federal Regulations, Protection of Human Subjects.* Washington, DC: Government Printing Office.

Eiser, C., Davies, H., Jenney, M., & Glaser, A. (2005). Mother's attitudes to the randomized controlled trial (RCT): The case of acute lymphoblastic leukemia (ALL) in children. *Child: Care, Health and Development, 31,* 517–523.

Falzon, L., Davidson, K. W., & Bruns, D. (2010). Evidence searching for evidence-based psychology practice. *Professional Psychology: Research and Practice, 41,* 550–557.

Field, M. J., & Behrman, R. E. (Eds.). (2004). *Ethical conduct of clinical research involving children.* Washington, DC: National Academies Press.

Fisher, C. B. (2003a). A goodness-of-fit ethic for informed consent to research involving persons with mental retardation and developmental disabilities. *Mental Retardation and Developmental Disabilities Research Reviews, 9,* 27–31

Fisher, C. B. (2003b). Adolescent and parent perspectives on ethical issues in youth drug use and suicide survey research. *Ethics and Behavior, 13*(4), 303–332.

Fisher, C. B. (2014). Multicultural ethics in professional psychology practice, consulting, and training. In F. T. L. Leong (Ed.), *APA handbook of multicultural psychology* (Vol. 2, pp. 35–57). Washington, DC: American Psychological Association.

Fisher, C. B. (2015). Enhancing the responsible conduct of sexual health prevention research across global and local contexts: Training for evidence-based research ethics. *Ethics and Behavior, 25,* 87–96.

Fisher, C. B. (2017). *Decoding the ethics code: A practical guide for psychologists* (4th ed.). Thousand Oaks, CA: SAGE.

Fisher, C. B., Cea, C. D., Davidson, P. W., & Fried, A. L. (2006). Capacity of persons with mental retardation to consent to participation in randomized clinical trials. *American Journal of Psychiatry, 163,* 1813–1820.

Fisher, C. B., & Goodman, S. J. (2009). Goodness-of-fit ethics for non-intervention research involving dangerous and illegal behaviors. In D. Buchanan, C. B. Fisher, & L. Gable (Eds.), *Research with high-risk populations: Balancing science, ethics, and law* (pp. 25–46). Washington, DC: American Psychological Association.

Fisher, C. B., Higgins-D'Alessandro, A., Rau, J. M., Kuther, T. L., & Belanger, S. (1996). Referring and reporting research participants at risk: Views from urban adolescents. *Child Development, 67,* 2086–2100.

Fisher, C. B., Hoagwood, K., Boyce, C., Duster, T., Frank, D. A., Grisso, T., et al. (2002). Research ethics for mental health science involving ethnic minority children and youth. *American Psychologist, 57*(12), 1024–1040.

Fisher, C. B., & Masty, J. K. (2006). A goodness-of-fit ethic for informed consent to pediatric cancer research. In R. T. Brown (Ed.), *Comprehensive handbook of childhood cancer and sickle cell disease* (pp. 205–217). New York: Oxford University Press.

Fisher, C. B., Oransky, M., Mahadevan, M., Singer, M., Mirhej, G., & Hodge, G. D. (2008). Marginalized populations and drug addiction research: Realism, mistrust, and misconception. *IRB: Ethics and Human Research, 30,* 1–9.

Fisher, C. B., & Ragsdale, K. (2006). A goodness-of-fit ethics for multicultural research. In J. Trimble & C. B. Fisher (Eds.), *The handbook of ethical research with ethnocultural populations and communities* (pp. 3–26). Thousand Oaks, CA: SAGE.

Fisher, C. B., & Vacanti-Shova, K. (2012). The responsible conduct of psychological research: An overview of ethical principles, APA Ethics Code standards, and federal regulations. In M. Gottlieb, M. Handelsman, L. VandeCreek, & S. Knapp (Eds.), *Handbook of ethics in psychology* (Vol. 2, pp. 335–370). Washington, DC: American Psychological Association.

Fisher, C. B., & Wallace, S. A. (2000). Through the community looking glass: Re-evaluating the ethical and policy implications of research on adolescent risk and psychopathology. *Ethics and Behavior, 10,* 99–118.

Foe, G., & Larson, E. L. (2016). Reading level and comprehension of research consent forms: An integrative review. *Journal of Empirical Research on Human Research Ethics, 11,* 31–46.

Ford, C. A., Millstein, S. G., & Halpern-Felsher, B. L. (1997). Influence of physician confidentiality assurances on adolescents' willingness to disclose information and seek future health care. *Journal of the American Medical Association, 278,* 1029–1034.

Freedman, B. (1987). Equipoise and the ethics of clinical research. *New England Journal of Medicine, 317,* 141–145.

Fried, A. L., & Fisher, C. B. (2008). The ethics of informed consent for research in clinical and abnormal psychology. In. D. McKay (Ed.), *Handbook of research methods in abnormal and clinical psychology* (pp. 5–22). Thousand Oaks, CA: SAGE.

Garland, A. F., McCabe, K. M., & Yeh, M. (2008). Ethical challenges in practice-based mental health services research: Examples from research with children and families. *Clinical Psychology: Science and Practice, 15,* 118–124.

Grady, C., Wiener, L., Abdoler, E., Trauernicht, E., Zadeh, S., Diekema, D. S., et al. (2014). Assent in research: The voices of adolescents. *Journal of Adolescent Health, 54,* 515–520.

Harth, S. C., & Thong, Y. H. (1995). Parental perceptions and attitudes about informed consent in clinical research involving children. *Social Science and Medicine, 41,* 1647–1651.

Hawley, K. M., & Weisz, J. R. (2003). Child, parent, and therapist (dis)agreement on target problems in outpatient therapy: The therapist's dilemma and its implications. *Journal of Consulting and Clinical Psychology, 71,* 62–70.

Health Insurance Portability and Accountability Act of 1996, Public Law No. 104–191, 110 Stat. 19536 (1996).

Hiriscau, I. E., Stingelin-Giles, N., Stadler, C., Schmeck, K., & Reitar-Theill, S. (2014). A right to confidentiality or a duty to disclose?: Ethical guidance for conducting prevention research with children and adolescents. *European Child and Adolescent Psychiatry, 23,* 409–416.

Horng, S., & Grady, C. (2003). Understanding clinical research: Distinguishing therapeutic misconception, therapeutic, misestimation and therapeutic optimism. *IRB: Ethics and Human Research, 25,* 11–16.

Isaacs, M. L., & Stone, C. (2001). Confidentiality with minors: Mental health counselors' attitudes toward breaching or preserving confidentiality. *Journal of Mental Health Counseling, 23,* 342–356.

Jeste, D. V., & Saks, E. (2006). Decisional capacity in mental illness and substance use disorders: Empirical database and policy implications. *Behavioral Sciences and the Law, 24,* 607–628.

Joffe, S., Cook, E. F., Cleary, P. D., Clark, J. W., & Weeks, J. C. (2001). Quality of informed consent in cancer trials: A cross-sectional survey. *Lancet, 358,* 1772–1777.

Kazdin, A. E. (2000). Perceived barriers to treatment participation and treatment acceptability among antisocial children and their families. *Journal of Child and Family Studies, 9,* 157–174.

Kendall, P. C., & Suveg, C. (2008). Treatment outcome studies with children: Principles of proper practice. *Ethics and Behavior, 18,* 215–233.

Kerkorian, D., Traube, D. E., & McKay, M. M. (2007). Understanding the African American research experience: Implications for HIV prevention. *Social Work Mental Health, 5,* 295–312.

Kodish, E. D., Pentz, R. D., Noll, R. B., Ruccione, K., Buckley, J., & Lange, B. J. (1998). Informed consent in the children's cancer group: Results of preliminary research. *Cancer, 82,* 2467–2481.

Kupst, M. J., Patenaude, A. F., Walco, G. A., & Sterling, C. (2003). Clinical trials in pediatric cancer: Parental perspectives on informed consent. *Journal of Pediatric Hematology and Oncology, 25,* 787–790.

Lally, M., Goldsworthy, R., Sarr, M., Kahn, J., Brown, L., Peralta, L., et al. (2014). Evaluation of an intervention among adolescents to reduce preventive misconception in HIV vaccine clinical trials. *Journal of Adolescent Health, 55,* 254–259.

Lavori, P. W., Sugarman, J., Hays, M. T., & Feussner, J. R. (1999). Improving informed consent in clinical trials: A duty to experiment. *Controlled Clinical Trials, 20,* 187–193.

Masty, J., & Fisher, C. B. (2008). A goodness of fit approach to parent permission and child assent for pediatric intervention research. *Ethics and Behavior, 18,* 139–160.

Miller, V. A., Drotar, D., Burant, C., & Kodish, E. (2005). Clinician–parent communication during informed consent for pediatric leukemia trials. *Journal of Pediatric Psychology, 30,* 219–229.

Miller, V. A., Reynolds, W. W., & Nelson, R. M. (2008). Parent–child roles in decision making about medical research. *Ethics and Behavior, 18,* 161–181.

Ollendick, T. H., & King, N. J. (2004). Empirically supported treatments for children and adolescence: Advances toward evidence-based practice. In P. M. Barrett & T. H. Ollendick (Eds.), *Handbook of interventions that work with children and adolescents: Prevention and treatment* (pp. 3–25). Chichester, UK: Wiley.

O'Lonergan, T. A., & Forster-Harwood, J. E. (2011). Novel approach to parental permission and child assent for research: Improving comprehension. *Pediatrics, 127,* 917–924.

O'Sullivan, C., & Fisher, C. B. (1997). The effect of confidentiality and reporting proce-dures on parent–child agreement to participate in adolescent risk research. *Applied Developmental Science, 1,* 185–197.

Pace, C., Miller, F. G., & Danis, M. (2003). Enrolling the uninsured in clinical trials: An ethi-cal perspective. *Critical Care Medicine, 31,* S121–S125.

Palmer, B. W., & Jeste, D. V. (2006). Relationship of individual cognitive abilities to specific components of decisional capacity among middle-aged and older patients with schizo-phrenia. *Schizophrenia Bulletin, 32,* 98–106.

Paul, M., Berriman, J. A., & Evans, J. (2008). Would I attend child and mental health ser-vices (CAMHS)?: Fourteen to sixteen year olds decide. *Child and Adolescent Mental Health, 13,* 19–25.

Quinn, S. (2004). Ethics in public health research: Protecting human subjects: The role of community advisory boards. *American Journal of Public Health, 94,* 918–922.

Rae, W. A., Sullivan, J. R., Razo, N. P., George, C. A., & Ramirez, E. (2002). Adolescent health risk behavior: When do pediatric psychologists break confidentiality? *Journal of Pediatric Psychology, 27,* 541–549.

Rossi, W. C., Reynolds, W., & Nelson, R. M. (2003). Child assent and parental permission in pediatric research. *Theoretical Medicine and Bioethics, 24,* 131–148.

Sieber, J. E. (2008). Empirical research on ethical issues in pediatric research. *Ethics and Behavior, 18,* 127–138.

Snowdon, C., Elbourne, D., & Garcia, J. (2006). "It was a snap decision": Parental and pro-fessional perspectives on the speed of decisions about participation in perinatal ran-domized controlled trials. *Social Science and Medicine, 62,* 2279–2290.

Stines, L. R., & Feeny, N. C. (2008). Unique ethical concerns in clinical trials comparing psy-chosocial and psychopharmacological interventions. *Ethics and Behavior, 18,* 234–246.

Traube, D. E., Cederbaum, J. A., Kerkorian, D., Bhupali, C., & McKay, M. M. (2013). Afri-can American children's perceptions of HIV-focused community-based participatory research. *Journal of Empirical Research on Human Research Ethics, 8,* 79–90.

Turrell, S. L., Peterson-Badali, M., & Katzman, D. K. (2011). Consent to treatment in ado-lescents with anorexia nervosa. *International Journal of Eating Disorders, 44,* 703–707.

Tymchuk, A. J. (1992). Assent process. In B. Stanley & J. E. Sieber (Eds.), *Social research on children and adolescents* (pp. 128–139). Newbury Park, CA: SAGE.

Vitiello, B. (2008). Effectively obtaining informed consent for child and adolescent partici-pation in mental health research. *Ethics and Behavior, 18,* 182–198.

Vitiello, B., Aman, M. G., Scahill, L., McCracken, J. T., McDougle, C. J., Tierney, E., et al. (2005). Research knowledge among parents of children participating in a random-ized clinical trial. *Journal of the American Academy of Child and Adolescent Psychiatry, 44,* 145–149.

Vitiello, B., Kratochvil, C. J., Silva, S., Curry, J., Reinecke, M., Pathak, S., et al. (2007). Research knowledge among the participants in the Treatment for Adolescents with Depression Study (TADS). *Journal of the American Academy of Child and Adolescent Psy-chiatry, 46,* 1642–1650.

Wagner, K. D., Martinez, M., & Joiner, T. (2006). Youths and their parents' attitudes and experiences about participation in psychopharmacology treatment research. *Journal of Child Adolescent Psychopharmacology, 16,* 298–307.

Weijer, C., & Emanuel, E. J. (2000). Ethics: Protecting communities in biomedical research. *Science, 289,* 1142–1144.

Weisz, J. R., Weiss, B., Han, S. S., Granger, D. A., & Morton, T. (1995). Effects of psycho-therapy with children and adolescents revisited: A meta-analysis of treatment outcome studies. *Psychological Bulletin, 117,* 450–468.

Wiener, L., Viola, A., Wilfond, B. S., Wendler, D., & Grady, C. (2015). Contrasting views of risk perception and influence of financial compensation between adolescent research participants and their parents. *Journal of Empirical Research on Human Research Ethics, 10*, 49–58.

Wirshing, D. A., Wirshing, W. C., Marder, S. R., Liberman, R. P., & Mintz, J. (1998). Informed consent: Assessment of comprehension. *American Journal of Bioethics, 155*, 1508–1511.

CHAPTER 27

복합적 정신보건 체계에서의 아동 · 청소년 근거기반 심리치료 실행

Kimberly Eaton Hoagwood, Robin Peth-Pierce, Elizabeth Glaeser,
Emma Whitmyre, Priscilla Shorter, Maria Michelle Vardanian

현시점에서는 아직 이 나라의 새로운 건강관리체계가 어떤 모습이 될지 알 수 없다. 그러나 새로운 건강관리체계가 행동보건 서비스 및 그 체계의 기반을 형성할 것이라는 데에는 의심의 여지가 없다. 현재 폐지하거나 대폭적 수정이 논의되고 있는 2010년의 환자보호와 적정비용 진료법령(Patient Protection and Affordable Care Act, PACA)과 2008년의 정신건강 등가 및 중독 형평법령(Mental Health Parity and Addiction Equity Act)은 이전에는 존재하지 않았던 정신 및 행동 장애에 대한 형평성과 서비스 책무성의 원칙을 확립했다. 사실, 이 두 법령 이후 지난 50년간 어느 때보다도 더 뜻깊고 포괄적인 변화가 일어났다. 이 법령은 행동보건 서비스의 재정조달, 인력 요구, 치료 유형과 그 밖의 제공 가능한 서비스에 영향을 미쳤다. 새로운 건강관리 환경이 어떠한 모습이 되든지, 아동 · 청소년 정신건강 문제에 대한 안전하고, 효과적이며, 적절한 비용의 진료에 관한 믿을 만한 지식은 여전히 필요할 것이다. 더 나아가서 효과적 정신건강 치료를 건강관리체계 내에 넣는 방안에 대한 지식은 더욱 더 필요해질 것이다. 향후 연구를 주도할 만한 큰 질문은 다음과 같다. 효과적 치료를 제공할 준비가 되어 있는 인력이 있는가? 비용 지불 체계는 이러한 치료의 전달을 지원할 수 있게 정렬되어 있는가? 지도감독과 관리 구조는 혁신을 촉진할 수 있게 배치되어 있는가? 효과의 추적과 관찰을 통하여 서비스질 향상의 기회를 지속적으로 얻을 수 있는가? 이와 같은 질문이 보급과 실행 과학이라 불리는 연구 부문의 핵심에 자리 잡고 있다.

이 장에서 우리는 새로운 부문의 과학과 그 기반이 된 개념적 및 이론적 모델에 대한 증가된 관심을 기술할 것이다. 그다음에 아동·청소년을 위한 근거기반 심리치료(EBP)가 주요한 부분을 차지하는 복합적 체계인 주 차원의 건강 및 인적 서비스(state health and human service)를 집중적으로 다룰 것이다. 우리는 뉴욕주에서의 경험을 바탕으로 아동·청소년 및 가족의 근거기반 심리치료 실행의 개선 전략을 검증한 구체적 예들을 제시할 것이다. 끝으로 보급 및 실행 과학의 발전을 위한 연구 의제의 밑그림을 제시할 것이다.

보급과 실행 과학의 성장과 관심

이 책의 다른 장들에 기술되어 있는 근거기반 심리치료에 대한 지식이 확대되면서 자연스럽게 나온 파생물이 보급 및 실행 연구이다. 매뉴얼로 만들어지고 반복 가능한 치료가 많아지면서 정책 입안자와 의사결정자는 다른 체계에서 이를 사용하고 설치할 가능성에 관심을 갖게 되었다. 근 30년간의 근거기반 심리치료 개발에 관한 임상 연구는 현재 연방정부(예 : National Registry of Evidenced-Based Programs and Practices)와 전문가 협회(예 : 미국심리학회 53분과), 영리 단체(예 : Managing and Adapting Practice)에 의해서 목록이 작성되고 있다. 누구든지 이 근거기반 심리치료 메뉴에 접근할 수 있지만 건강관리 관련 의사결정자들은 특히 근거기반 치료의 실행을 위한 실용적 도구와 연구기반 전략을 찾고 있다.

보급과 실행 연구의 지원

2001년 국립 정신건강연구소(NIHM)가 보급과 실행(dissemination & implementation, D&I) 연구비 지원을 최초로 공고하면서, 지금은 국립건강연구소(NIH) 안에 전체적으로 통합되어 있는 연구비 지원 기회의 궤도가 시작되었다. NIH 지원을 받은 D&I 연구의 최근 분석에 의하면 2005년부터 2012년까지 다중 연구소 프로그램 공고를 통해 NIH 지원을 받은 D&I 연구 프로젝트는 모두 76개로 총연구비 지원액은 8천만 달러였다(Tinkle, Kimball, Haozous, Shuster, & Meize-Grochowski, 2013). 지원받은 프로젝트의 대부분은 R01[1](n=46)이었고 NIMH 지원이 전체 D&I 지원의 약 30%에 달하였다.

복합적 보건 체계와 특히 관련성이 깊은 하위 영역인 D&I 정책에 구체적으로 초점을 둔 지원 연구들을 분석한 바에 의하면 2007년부터 2014년 사이의 NIH 지원 프로젝트 146개 중

---

[1] 역자 주 : R01은 특정 분야에 대한 관심과 연구역량이 인정되는 개인 연구프로젝트에 대한 지원

8.2%만이 정책 프로젝트(즉 정책 결과와 관련성을 갖거나 정책 세계에서 수행된 프로젝트; Purtle, Peters, & Brownson, 2016)로 볼 수 있었다. 따라서 2005년 이래 D&I 연구가 꾸준히 증가하고 있음에도 불구하고 이 과학 분야를 복합적 정신보건 체계 내 정책 결정에 적용하는 데 초점을 둔 연구는 거의 없었다.

D&I 이론적 모델

NIH 정의에 따르면 '실행(implementation)'이란 "근거기반 건강 개입을 채택하고 통합하여 특정 환경에서의 실무(practice) 형태를 변화시키려는 전략의 사용"이다(Glasgow et al., 2012, p. 1275). 이 분야의 선도적 학술지인 *Implementation Science*도 실행을 "입증된 임상적 처치, 실무, 조직적 혹은 관리 개입이 일상적 관행이 되도록 체계적으로 도입을 촉진하여 건강을 향상시키는 방법"(Sales, 2016)이라고 유사한 정의를 제시하고 있다. 이와는 대조적으로 '보급(dissemination)'은 특정한 공중보건 혹은 특정 임상 실무층을 정하여 정보와 개입 자료를 나누어주는 것으로 정의되고 있다. 그 의도는 지식과 관련 근거기반 개입을 널리 확산시키는 것이다(U.S. Department of Health and Human Services, 2009). 복합적 보건 체계(주 차원의 체계를 포함하되 그에 국한되지 않고) 관련 연구의 대부분은 실행에 초점을 두고 있기 때문에 이 장에서는 주로 실행에 집중하려고 한다.

실용적이고 강건한 실행과 지속가능성 모델

복합적 공중보건 체계에서의 근거기반 실무 실행과 질적 향상 혁신은 그 실질적 시급성 때문에 실용적이면서 동시에 다층적(multilayered) 모델이 필요하다. 실용적이고 확고한 실행과 지속가능성 모델(practical and robust implementation and sustainability model, PRISM)은 "유효성과 효과성 실험이 연구 밖 환경에서의 실행을 고려하지 않아도 완벽하다고 간주되는 한, 원래의 투자가 공중보건에서 가질 수 있는 잠재력은 결코 실현되지 못할 것이다"는 전제에 기반을 두고 있다(Feldstein & Glasgow, 2008, p. 228). PRISM 모델은 질적 향상, 장기간에 걸친 치료, 혁신의 확산에서 공중보건 개념을 끌어내서 연구를 실무로 옮기는 것을 강조하고자 할 때 유용하다. 이는 개입, 여기에서는 뉴욕주의 근거기반 심리치료의 질적 향상 롤아웃이 어떻게 수령자(예: 기관 및 서비스 공급자와 소비자)의 특성과 상호작용하여 실행 효과에 영향을 미치는지를 강조하고 있다.

탐사, 채택/준비, 실행과 유지 모델

PRISM 모델과 마찬가지로 최근에 개발된 탐사, 채택/준비, 실행과 유지(EPIS) 모델은 실행 과

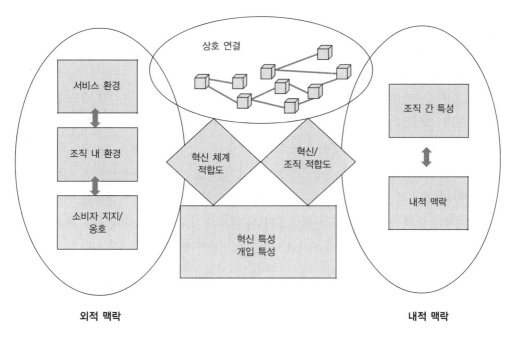

그림 27.1 EPS 모델. 출처 : Aarons, Hurlburt, and Horwitz (2011). Copyright © 2011 Springer Science + Business Media. Reprinted by permission.

정에 영향을 미치는 요인들을 정조준하고 있다(Aarons, Hurlburt, & Horwitz, 2011). 이 모델은 실행 과정의 각 단계(즉 탐사, 채택/준비, 실행과 유지; 그림 27.1 참조)에서 발생하는 실행의 내적·외적 맥락의 윤곽을 그리고 있다. 이 모델은 실행 과정의 지점에 따라 서로 다른 변인들이 결정적인 역할을 할 수 있음을 명시적으로 인정한다. 예를 들어, 이 모델은 실행 과정의 각 단계에 영향을 미치는 외적 맥락(즉 사회정치적, 연구지원, 내담자 대변, 그리고 조직 간 연결망)과 내적 맥락(즉 조직의 특성과 개인 특성)의 요인을 기술하고 있다. 예컨대 EBP 실행의 탐사 단계와 채택 단계에서의 외적 맥락 요인(예 : 연구 지원)과 내적 맥락 요인(예 : 조직의 특성)의 영향은 다를 수 있다.

범위, 효과성, 채택, 실행, 그리고 유지(RE-AIM) 모델

Glasgow, Vogt, Boles(1999)가 제시한 세 번째 D&I 모델인 범위, 효과성, 채택, 실행 그리고 유지(reach, efficacy, adoption, implementation, and maintenance, RE-AIM) 모델은 개입의 변용 잠재력과 공중보건에의 영향력 평가의 체계적 틀을 제공한다. RE-AIM 틀은 연구를 실무로 변용하는 노력의 질, 속도 및 공중보건에 대한 영향력 향상을 위하여 다섯 단계로 나누어서 설계되었다. (1) 범위(reach) 의도된 표적 집단, (2) 효과성(efficacy) 혹은 효율성(effectiveness), (3) 채택(adoption) 대상 직원, 환경 혹은 기관, (4) 실행(implementation) 전달 과정에서의 일관성, 비용, 및 번안, (5) 시간이 지난 후 개인 및 환경에서의 개입 효과의 유지(maintenance)이다 (Glasgow et al., 1999). RE-AIM 모델은 개인 수준과 기관 수준의 효과를 평가한다(Van Acker, de Bourdeaudhuji, de Cocker, Klesges, & Cardon, 2011).

D&I 과학 연구가 계속 성장함에 따라 그 역동적 과정을 포착하는 이론적 모델도 점차 정교해지고 있다. 그 모델들은 모두 서비스 공급자, 환자, 가족 그리고 서비스 체계들을 포함한 다양한 이해당사자들의 관점을 반영하기 위하여 여러 층으로 구성되어 있다. PRISM, EPIS 그리고 RE-AIM 모델은 서비스 공급 과정에 관심이 집중되어 있다는 점에서 공통점이 있다. 그러나 강조점에서는 차이가 있다. PRISM은 조직과 환자의 관점과 특성에 모두 초점을 두고 개입과 서비스 수령자 간의 상호작용을 조사한다. EPIS는 내적 그리고 외적 맥락이 실행, 그리고 탐사에서 유지에 이르는 발달적 과정에 어떠한 영향을 미치는가에 집중한다. RE-AIM은 개입이 큰 규모로 확대될 때 공중보건에 미치는 영향, 즉 공중보건의 범위, 효과성과 실행 가능성 및 유지 등에 집중한다.

주 체계의 근거기반 심리치료 사용

주 단위의 정신보건 공공기관(State Mental Health Agencies, SMHA)은 성인, 아동/청소년 및 가족의 정신 건강 서비스를 공급, 관리, 통제한다. SMHA는 보건국(Department of Health) 산하에 속하거나 약물남용국(substance abuse department)과 통합되는 경향이 점차 증가하고 있다. 이는 행동 서비스에 대한 비용지급이 연방정부의 규정과 책무성기대(accountability expectation)와 보조를 맞추기 때문이다. 정신건강 서비스를 필요로 하는 아동과 청소년에게는 예전부터 소아과, 약물남용, 아동학대와 방임, 그리고 청소년 사법체계 등 전통적 정신보건 체계 밖의 다양한 체계를 통하여 정신보건 서비스가 제공되어 왔다. 따라서 이와 같이 서로 다른 구역에 걸쳐 있는 서비스들을 통합/조정하는 것은 아동과 청소년이 필요로 하는 서비스 제공에서 오래된 난제였다.

주 정부가 근거기반 심리치료에 투자하려면 그 투자가 가져올 수익에 대한 정보가 필요하다. 일부 주에서는 정책 연구소(예 : Washington State/ The Washington State Institute for Public Policy)를 통해 자료 수집과 분석이 이루어졌지만 이러한 자료는 해당 주의 인구에 특정된 것이다. 주 정부는 정보통신 기술체계를 도입하여 근거기반 심리치료(EBP)의 실행 과정(예 : 누가 이를 받아들이는가) 혹은 결과(예 : 어떤 층에게 EBP가 가장 성공적인가)를 보다 더 잘 추적할 수 있다. 그러나 2001년부터 2012년 사이에는 과학기술의 발전에도 불구하고 효과의 모니터링 체계를 사용하거나 EBP를 지원하기 위하여 정보통신 시스템을 변경한 주의 비율에는 변화가 없었다(Bruns et al., 2016).

2001~2012년 기간에 서비스를 받은 내담자 수, EBP의 보급률, 그리고 주 정부가 EBP를 채택한 비율이 감소된 것을 보면(Bruns et al., 2016) EBP를 주 체계에 받아들여서 서비스 질을 향상시키고자 하는 의도가 있더라도 엄청난 도전이 있을 것을 예상할 필요가 있다. 우리는 이를 일종의 '실행 구조 전략', 즉 문제를 예상하여 개입을 지키거나 혹은 연구나 평가의 온전성을 보호하는 전략으로 본다(Hoagwood, Chaffin, Chamberlain, Bickman, & Mittman, 2011). 다음 이어지는 내용에서는 아동·청소년 및 가족을 위한 EBP를 보다 효과적이고 효율적으로 추진하기 위하여 우리가 뉴욕주에서 다양한 D&I 도구, 전략 및 접근을 개발하고 적용하며 검증하고 정교화해온 과정을 기술하였다.

주 차원에서의 실행 연구 사례

뉴욕주에서는 2002년부터 일단의 연구자, 정책 입안자, 서비스 공급자, 가족 지원 전문가들이 공동으로 아동 정신보건체계 내 실무를 재설계하고 근거기반 실무를 실행하는 작업을 해왔다. 뉴욕주의 체계는 다양한 자연 실험을 할 수 있는 독특한 실험의 장이 되어 왔다. 근거기반 심리치료 흡수의 개선을 위해서 우리가 개발하여 검증한 다섯 가지 전략은 다음과 같다. 또한 우리는 근거기반 실행 정책을 세우려는 다른 시스템들에게 기준이 될 만한 교훈과 시사점을 기술해 놓았다. 다섯 가지 전략은 다음과 같다.

1. 기술적 조력은 정신보건체계를 넘어서 물질사용 체계까지 확장하여 클리닉의 사업성과 임상적 예리함을 향상시키는 데 집중한다.
2. 건강정보기술(health information technology, HIT)을 사용해서 EBP 수용을 향상시킨다.
3. 새로운 인력인 부모 파트너를 활용하여 EBP의 전달을 개선한다.
4. 청소년과 어머니 우울 치료 전달의 개선을 위하여 질적 지표를 개발한다.
5. EBP 접근성 개선을 위해서 기업(회사)의 소매전략 혁신(예 : 위장 손님)을 사용한다.

사업성 향상에 초점을 맞춘 기술의 지원 : 물질사용 체계까지 확장하여

2011년에 뉴욕주 정신보건국(New York State Office of Mental Health, NYS OMH)은 뉴욕주 클리닉의 사업과 임상적 실무 두 가지를 모두 향상시킨다는 목표를 세우고 지역사회 기술지원센터(Community Technical Assistance Center, CTAC)를 설립하였다. 우리는 NYS OMH와의 협력하에 CTAC가 제안한 사업적·임상적 혁신의 관련된 특징을 기술하고, 여러 수준에서 이러한 훈련의 채택의 촉진요인과 장애요인을 조사하였다. 이러한 종류의 자료는 NYS OMH를 비롯하여 예산 삭감을 맞아서 주 예산을 보다 더 효율적이고 효과적으로 사용할 수 있는 전략을 찾고 있는 모든 주 산하 정신보건당국에 매우 중요하다. 어느 한 주에서의 EBP 실행의 경제적 영향을 보면 투입된 예산의 56%가 회수되는 등 EBP채택이 경제적으로도 견실할 수 있음을 시사하였다(Aos, Mayfield, Miller, & Yen, 2006).

EBP 수용을 평가하기 위하여 우리는 클리닉의 훈련 활용도 프로파일을 작성하고, 각 클리닉에 대하여 훈련의 양과 강도에 따라 낮은 채택 수준에서 매우 높은 채택 수준까지 채택자 프로파일을 작성하였다. 그 결과 사업 훈련과 임상적 훈련의 수용 비율(75%)이 동일한 것으로 나타나서 그 두 가지가 클리닉의 필요와 생존 능력에 동일하게 중요하다는 것이 밝혀졌다.

주 정부들의 기술적 지원은 산하 프로그램이나 기관, 혹은 병원의 구체적 특성에 맞추기보다는 포괄적으로 제공되는 경향이 있다. 그러나 주 정부의 지원을 보다 효율적으로 제공하려면 많은 비용이 소요되는 EBP 추진에 앞서 어떤 클리닉이 이를 도입할 가능성이 높은지 확인할 필요가 있다. 우리의 연구 결과에 의하면 클리닉 특성은 훈련 참여 여부는 예측할 수 있었지만 참여 강도의 예측에는 유용하지 않았다. 규모가 크고 효율적인 기관과 연계된 클리닉, 상대적으로 많은 임상서비스를 외부로 의뢰하는 클리닉은 사업 실무 교육에 참여할 가능성이 상대적으로 낮았다. 사업 교육에의 참여는 연계 기관(병원 혹은 지역사회)과 임상 스태프 역량의 상호작용과 관련이 있었고, 전임에 해당되는 임상 스태프가 더 많고 18세 미만 내담자의 비율이 높은 클리닉이 임상 훈련에 참여하는 비율이 높았다. 아동·청소년 내담자 비율이 높은 클리닉은 높은 임상훈련 채택집단에 속할 가능성이 높았다(Olin, Chor et al., 2015).

주 정부에게 주는 교훈. 클리닉 간의 구조적·재정적, 그리고 조직의 차이에 따라 기술적 지원 제공 참여에 차이가 있다. 정책결정에 대한 시사점은 클리닉의 특성에 맞춰서 EBP 롤아웃을 추진한다면 채택 가능성이 높아질 것이라는 점이다.

HIT 사용을 통한 EBP 수용의 향상

복합적 체계에서의 실행 연구에서 자료의 수집, 분석 및 연결에 디지털 기술을 통합하는 일이 증가하고 있다. 2010년도의 환자보호 및 적정비용법령(Patient Protection and Affordable Care Act)의 주요 목표인 지역 보건정보조직(Regional Health Information Organization) 개발 비용 4억 달러의 혜택을 받아 정신보건 프로그램에서 전자 차트 채택이 상당히 증가하였다. 그 덕분에 서비스 공급자는 시스템, 플랫폼 및 실무 환경을 넘나들며 전자정보를 공유할 수 있게 되었으나 이러한 정보 공유 노력은 성인 시스템에 국한되어 왔고, 아동 행동 건강체계에 대한 노력은 이제 막 시작되었다. 임상적 관리를 위한 측정치 피드백 체계 등 HIT를 사용하는 것은 새로운 임상 실무를 보다 광범위하게 수용하는 데 도움이 될 중요한 진전이다. 뉴욕주에서는 두 피드백 측정 체계, 즉 맥락화된 피드백 체계(Contextualized Feedback System, CFS)와 관리 및 번안 실무(Managing and Adapting Practice, MAP) 체계로 EBP 추진이 촉진될 수 있는지를 검증한 바 있다(Chopita& Daleiden, 2009).

맥락화된 피드백 체계 연구

우리는 뉴욕주 소재의 두 클리닉에서 치료의 진행과 함께 나타나는 내담자의 변화를 임상가가 평가할 수 있게 하는 도구인 맥락화된 피드백 체계(CFS; Bickman, Kelley, Breda, de Andrade, & Riemer, 2011)의 수용을 조사한 결과, 클리닉이 근거기반 심리치료를 받아들일 때와 비슷한 도전이 예비 연구에서 확인되었다. 현장들 간의 차이를 토대로 임상가의 CFS 채택에 영향을 미치는 요인을 조사하였다. EPIS 실행 틀(Aarons et al., 2011)에 따라 임상가 18명의 CFS 실행 관련 경험을 면담하여 수집된 질적 자료를 코딩하였다. 두 클리닉의 임상가들이 밝힌 CFS 실행의 장애요인은 촉진요인보다 2~3배 더 많았다. 실행 수준이 높은 클리닉의 임상가들은 촉진요인 대 장애요인의 비율이 더 높은 것으로 보고하였으나(3 : 1 대 2 : 1), CFS 실행에 대한 조직과 지도부의 지원도 유의미하게 높다고 보고하였다(Gleacher et al., 2016).

관리 및 번안 실무 연구

관리 및 번안 실무(MAP)는 CFS처럼 최첨단의 과학적 문헌, 사용자 친화적인 측정 도구 및 임상 프로토콜 등 광범위한 부가적 자원을 제공하는 측정 피드백 체계이다(Chorpita & Daleiden, 2009). MAP 체계는 온라인 데이터베이스를 사용하여 아동·청소년의 구체적 특성과 호소 증상에 관련된 EBP 개별 요소에 관한 상세한 권고사항을 제공한다. MAP 체계는 개입 효과와 실무를 그래프식 '계기판'에서 추적할 수 있게 되어 있다. 2013~2014년 사이에 뉴욕주의 OMH는 동영상 강의와 실제 훈련을 통해 임상가와 슈퍼바이저 150명 정도를 훈련시켰다(Olin, Nadeem et al., 2016). MAP와 같은 근거기반 실무훈련을 시스템 전체 차원에서 시행되는 경우 일반적으로 중도탈락률이 높지만 중도탈락의 예측요인에 대한 연구는 거의 없다.

주 행정자료와 전향적으로 수집된 임상가 참여 자료를 분석하여 참여 중단의 예측요인을 조사한 결과 두 가지 특성이 드러났다. 즉 상대적으로 나이가 젊고 남부 도시 지역보다는 북부 시골 지역에서 개입하고 있는 임상가가 훈련을 도중에 중단할 가능성이 낮았다(Olin, Nadeem et al., 2016).

이러한 연구 결과는 이후 주 정부가 MAP 훈련의 추진 계획을 재구성하는 데 활용되었다. 훈련 프로그램의 구조와 내용의 수정과 참가자 태도와 훈련 참가의 모니터링 증가 등이 개정에 포함되었다. 그 외에도 MAP 프로그램 기술의 사용(예 : 엑셀 사용법)을 소개하는 사전교육 동영상 강의를 추가하고 훈련 전반에 걸친 일대일 지원을 늘리는 등 목표 지향적 개편이 수행되었다. 예비분석 결과에 의하면 이 두 번째 롤아웃의 참가 유지율이 유의미하게 높아졌다(첫 번째와 두 번째 롤아웃의 중도 탈락 비율은 51.2% 대 11.4%). 이는 목표 지향적 실행 전략으로

EBP 훈련에서의 임상가 조기탈락률을 효과적으로 감소시킬 수 있음을 시사하고 있다(Olin, Nadeem et al., 2016; Vardanian et al., 2016).

주 정부를 위한 교훈. 구체적 임상 실무 및 효과를 측정하고 추적하는 전자 플랫폼은 변화하는 건강관리 체계의 중요한 구성요소이다. 실행에서 부딪치는 도전은 임상적 EBP 도입에서 부딪치는 도전과 비슷하고 해결 방법도 비슷할 가능성이 크다. 즉 새로운 기술의 사용을 지원하기 위하여 서비스 공급자에게 목표 관련 자문과 개인화된 지지, 그리고 기술의 사용에 대한 유인을 제공하는 것이다. 더불어 인력 훈련에서도 보다 목표 지향적 접근이 필요하다. 결국 장기적으로는 이것이 더 비용 효과적으로 판명될 것이다. 정책결정자를 위한 시사점으로는 이러한 유형의 도구가 직접적 임상 모니터링뿐 아니라 슈퍼바이저의 지도감독, 기관에 의한 임상적 효과 모니터링에 사용될 수 있고, 중간 관리자나 고위 관리자가 관할기관의 주정부나 연방정부 기준 충족여부를 평가하는 데도 사용될 수도 있다는 점이다.

새로운 인력, 부모 대변자/가족 지원 전문가의 활용을 통한 EBP 보급 개선

양질의 정신건강 서비스의 효과적 실행은 청소년과 부모가 이를 이용할 경우에만 중요해진다. 따라서 부모가 서비스를 선택하고 다가가서 이용하도록 활성화시키는 것은 모든 효과적 시스템의 중요한 구성요인이다. 적극적이고, 관여되어 있으며, 궁금한 것이 많고, 능력 있는 부모는 효과적 서비스를 구하고 이를 지속할 가능성이 높다(Fristad, Gavazzi, & Mackinaw-Koons, 2003; Fristad, Goldberg-Arnold, & Gavazzi, 2002). 덧붙여 다음의 두 연구에 기술된 바와 같이 부모 파트너는 행동 건강 인력의 커다란 틈을 메워서 아동 치료 효과를 향상시킬 잠재력이 있다.

부모 역량강화 프로그램
우리는 뉴욕주에서 부모 활성화와 가족 지원 서비스를 연구하고 있다. 가족 지원 서비스는 '가족 지원 전문가'로 알려져 있는 부모 파트너가 제공하고 있다. 보통 부모 파트너는 정신장애 아동의 부모나 보호자로 다른 부모에게 지지와 정보를 제공한다. 또한 부모 파트너는 적절한 서비스에의 접근을 용이하게 하며, 부모가 복잡한 체계 안에서 길을 잘 찾아가도록 안내하며, 신뢰성을 주고, 대변자 역할과 협력하는 기술을 모델링한다. 부모 파트너 훈련 프로그램, 부모 역량강화 프로그램은 NIMH 지원을 받아서 개발되었고, 주 전체로 규모가 확대되어 2005년 이래 650명의 부모 파트너가 훈련받고 인증을 받았다(뉴욕주의 훈련과 인증 과정은 www.ftnys. org/family-peer-advocate 참조). 부모 역량강화 프로그램에는 부모 파트너의 역할, 경계 그리고 핵심역량을 강조하면서 참여를 이끌어내는 기술, 정보/교육, 정서적 지지, 옹호/대변, 그리고 부모 파트너의 인격의 통합을 촉진하는 모듈이 포함되어 있다.

또 다른 연구에서는 부모 파트너가 일하는 맥락을 더 잘 이해하고 부모 파트너가 제공하는 서비스의 조직 내 통합을 지원하기 위해서 가족 지원과 조직적 개입을 결합한 프로그램의 영향을 검증하였다. 이 연구에서는 최고의 가족지원 전문가를 위하여 최고 수준 실무의 프로그램 수준과 개별 부모 파트너 수준의 질적 지표를 개발하였다(Olin, Kutash et al., 2014). 이 질적 지표들은 조직 환경 및 문화와 유의미한 상관관계가 있는 것으로 밝혀졌다(Kutash et al., 2014; Olin, Williams et al., 2014). 이 연구의 두 번째 단계에서는 조직의 개입이 기관 수준, 그리고 서비스 공급자 수준의 과정과 효과에 미치는 영향이 검증될 예정이다(예 : EPIS; Aarons et al., 2011).

다중가족 집단 연구

가족지원 서비스 연구의 연장선상에서 우리는 파괴적 행동장애 아동의 다중 가족 집단치료(multifamily group therapy, MFG) 개입에서의 가족 파트너 활용을 조사했다. MFG는 도시 지역, 저소득, 유색인종 아동의 아동 서비스 이용과 효과를 증진시키는 서비스 제공 전략이다(McKay et al., 2011). 파괴적 행동장애 아동·청소년 가족과 협조하여 개발된 MFG 개입에서는 효과적 파괴적 행동장애 치료에 대한 경험적 문헌에서 뽑은 핵심적 구성요인(예 : 청소년의 행동 변화를 지지하는 수반성의 제공, 가족 내 긍정적인 관계의 개발, 그리고 치료 효과의 유지를 높이는 근거기반 관여 기술의 제공)을 통합한 공통요인 접근(Chorpira & Daleiden, 2009; Garland, Hawley, Brookman-Frazee, & Hurlburt, 2008)을 취하였다(McKay, Nudelman, McCadam, & Gonzales, 1996; McKay, Stoewe, McCadam, & Gonzales, 1998). 핵심 기술, 과정 및 방법은 강점 기반 관점의 틀에 따라 구성되어, 부모 파트너와 임상가의 공동 협력 모델을 통해 융통성 있는 방식으로 제공된다. 덧붙여 MFG는 가족 내 여러 세대에 의존하며, 정신건강 서비스를 받는 데 대한 부정적 인식을 완화하기 위하여 집단 환경에서 다른 가족들과 함께 협력하여 진행된다. 따라서 MFG는 서비스 참여를 높이고 효율적 서비스 전달 기제를 제공한다.

이 연구의 결과에 의하면 MFG의 실행에 덧붙여진 참여 전략은 아동·청소년과 가족이 치료를 지속할 가능성을 높이고(80% 대 10% 치료 완료), 아동의 파괴적 행동 증상과 가족 스트레스를 감소시켰다(Chacko et al., 2015; Gopalan et al., 2015; McKay et al., 2011). 이러한 결과는 연방정부 의료지원제도하에서 비용 청구가 가능한 부모 파트너-임상가 팀의 서비스 전달 모델이 가족/아동의 치료 효과를 향상시킨다는 것을 보여준다. 이 모델은 서비스 양을 증가시키고 치료 출석률도 향상시킨다. 덧붙여 개인 모델과 집단 모델이 있으므로 다양한 환경에 적용할 수 있다. 현재 효과성과 실행이 혼합된 연구가 추수 연구로 진행되고 있다. 이 연구는 기관 내 지속적 질적 개선 팀을 두면 시간이 경과하면서 MFG의 도입과 지속적 사용이 개선되는지, 그리고 아동과 가족에 대한 치료 효과가 향상되는지 검증하도록 설계되어 있다.

주 정부를 위한 교훈. 아동과 가족의 서비스 욕구를 충족시키려면 인력의 확충이 필요하다. 행동건강 인력의 확충 방법에는 준전문가, 부모 파트너, 그리고 지역사회 인력 등에게 핵심적 근거기반 기술을 가르치는 것도 포함된다. 이 연구들의 결과는 임상적 치료 팀에 부모 파트너를 추가하면 서비스 참여와 아동 및 가족 모두에 대한 임상적 효과가 향상될 수 있음을 시사하고 있다. 정책 입안자를 위한 시사점은 훈련을 받고 자격 인증을 받은 숙련된 부모 파트너들이 인력에 추가될 때의 장점은 사전 연락이 없이 치료 회기에 출석하지 않는 비율이 감소되고(즉 치료 참여를 개선하고), 비용 청구가 가능한 (집단 기반의) 서비스를 제공할 수 있다는 점이다. 이러한 인력 확충이 갖는 비용 측면에서의 시사점을 평가할 필요가 있다.

청소년과 어머니 우울의 치료 전달 개선을 위한 질적 지표의 개발

PACA(2010)에 예시되어 있듯이 질적 지표의 개발은 책무성 있는 치료를 지향하는 전체적 보건관리 동향과 맥을 같이한다. 주 정부와 학계 연구자들이 활용할 수 있는 자료 등 대규모 행정자료 세트는 이와 같은 아동 정신건강 질적 지표의 유용성을 검증할 수 있는 귀중한 자원이 될 수 있다. 아동과 청소년 정신건강의 질적 지표는 아직도 매우 드물다(Zima et al., 2013). 그러나 이를 개발하는 작업이 진행 중이고 앞으로 그 작업은 더 증가할 가능성이 크다. 부모 파트너의 질적 지표 세트는 이미 존재하며(Olin, Nadeem et al., 2016), 청소년 우울의 지표(Lewandowski et al., 2013)와 향정신성 약물 처방의 지표들도 개발되어 있다(NCQA, 2016). 소아과 일차 진료에서의 어머니 우울 관리에 대한 질적 지표는 개발 중이다.

청소년 우울의 진료 경로

건강관리 연구 및 품질 기관(Agency for Healthcare Reseach and Quality, AHRQ)의 소아과 질 측정 프로그램(Pediatric Quality Measures Program, PQMP)의 일환으로, 그리고 청소년 우울의 선별, 진단 및 치료의 개선을 위하여, 문헌에 나와 있는 지침과 진료 경로를 연구하고 세 가지 건강관리체계의 자료가 조사되었다. 진료 경로는 건강관리 환경에서 이와 같은 심각한 정신건강 문제의 치료에서 길잡이로 개발되어 현재 사용되고 있다(Lewandowski et al., 2013).

주 정부를 위한 교훈. 청소년 우울을 위한 질적 지표의 개발은 주 정부의 건강과 정신건강 체계가 우울한 청소년의 진료를 개선할 수 있는 수단을 확보할 기회이다. 앞으로 주 정부와 건강관리 체계에서 아동·청소년 정신건강의 질 측정치 사용이 지속적으로 증가할 것이므로 믿을 만하고 실용적인 지표가 더 개발될 필요가 있다. 현재 사용할 수 있는 질 측정도구는 www.ncqa.org에 나와 있다.

EBT 접근도 개선 기업의 소매유통 혁신을 활용

주 정부는 청소년의 임상 서비스 접근에 관한 자료가 필요하기 때문에, 우리는 뉴욕주 소재 OMH의 인증을 받은 외래 모든 클리닉에서 우울한 청소년의 정신건강 진료에의 접근을 조사하는 연구를 설계하였다. 우리는 위장 환자 접근을 사용하였다(Olin, O'Connor et al., 2016). 우울증 진단 기준을 충족시키는 청소년의 비율이 12%가 넘을 정도로 높기 때문에 청소년 우울증이 추적 질환으로 선택되었다(Eaton, Muntaner, Bovasso, & Smith, 2001; Merikangas et al., 2010; SAMHSA, 2014). 우울증은 그 후유증이 생명을 위협할 수 있고 효과적인 우울증 치료가 존재함에도 불구하고, 우울증 증상을 보이는 청소년의 60~80%는 적절한 진료를 받지 못한다는 자료가 있다(Kataoka, Zhang, & Wells, 2002). 수없이 많은 진료 장벽이 존재한다(Mojtabai et al., 2011; Owens et al., 2002; Sareen et al., 2007).

우리는 '위장 손님(mystery shopper)' 전략을 사용해서 우울증 청소년의 근거기반 심리치료인 인지행동치료(CBT)의 유효성과 함께 정신과 및 심리치료의 예약 이용도 및 대기 기간을 평가하였다. 우리는 클리닉이 위치한 지역(OMH 규정 지역, 대도시 대 비대도시군)뿐만 아니라 클리닉의 특성(예: 소속, 비용 지불자의 혼합비, 내담자의 혼합비), 보험 유형(Medicaid, 혹은 개인 보험), 계절(봄이나 여름) 등에 따른 예약 이용도와 진료예약 대기 기간(약속 시간)의 변화를 조사하였다. 우리는 예약 이용도가 클리닉의 핵심적 특성이나 지역, 그리고 보험 유형에 따라 달라지지는 않는다는 것을 알게 되었다. 중앙관리방식의 스케줄링, 예약 없이 진료를 받을 수 있는 시간 등 사업 방식을 개선하여 접근도 개선을 위한 주 정부의 CTAC 훈련에 참여한 클리닉의 진료 예약이 더 수월하였다. 정신과와 심리치료 대기 기간에서의 차이는 명백하였다. 봄에는 전화로 정신과 전화예약을 잡는 것이 4.1배나 수월했지만 정신과 접수예약 대기시간은 봄이 여름보다 유의미하게 더 길었다(49.9일 대 36.7일). 병원보다는 지역사회 기반 클리닉의 진료 예약 대기 기간이 유의미하게 더 짧았다(19.1일 대 35.3일). 정신과와 심리치료 대기기간 모두에서 지역적 차이가 있었다.

주 정부를 위한 교훈. 기업 세계에서 사용되는 질적 개선 도구가 주 체계에서도 사용될 수 있다. 모의 환자 접근은 건강관리 변화의 영향을 감찰하는 데 유용하였다. 이 '위장 환자' 전략은 통상 진료에서의 실제 임상 실무의 평가에 보다 광범위하게 사용될 수도 있다. 진료의 실무기준이 더욱 면밀하게 감찰되고 있으므로 임상적 진료가 얼마나 실제 실무 기준에 부합되는지를 문서화하는 것이 점점 더 중요해질 것이다. 모의 환자 접근은 실제 실무에서의 변화를 보여주고 다른 체계에서도 서비스 이용도의 평가에 사용할 수 있는 도구이다. 나아가서 환자의 관점에서 볼 때, 이와 같은 질적 개선 도구는 예약 과정에서 보호자의 부담과 좌절을 줄이고 자녀들을 위한 서비스에의 접근성을 높이려면 접수 절차를 어떻게 개선해야 하는지에 대한 피드백을 기관과 주 정부에 제공하는 데 매우 유용할 수 있다.

실행 연구의 요약

앞의 사례 연구에 기술되어 있는 근거기반 실무의 실행보급센터(Center for Implementation-Dissemination of Evidence-Based Practice) 연구는 PRISM과 EPIS 모델을 번안한 버전을 지침으로 삼았다. 이 모델을 사용하고 번안하면서 근거기반 실무(EBP)와 질적 향상의 롤아웃을 주 차원에서 지원하는 다섯 가지 혁신적 도구와 전략이 다음의 여러 수준에서 영향을 받는다는 것을 기술하였다. (1) 주 시스템 맥락(예 : EBP 질적 향상, 재정, 실행, 그리고 효과 유지가 가능하도록 하는 하부조직 등)과 특성, (2) 기관, (3)서비스 공급자의 특성, 그리고 (4) 소비자(그림 27. 2 참조)가 그것이다. 주 정부가 EBP의 효율성과 효과성 향상 및 기타 질 향상의 추진을 실행하려면 다음의 각 수준 내 요인에 주의를 기울여야 한다.

우리의 실행 연구에서는 소비자(즉 가족, 부모 및 아동)와 기관(즉 클리닉과 서비스 공급자) 수준의 맥락에 구체적 관심을 두면서, 실행의 성과에 영향을 미칠 수 있다고 밝혀진 핵심 구성 요인에 집중하였다. 우리 연구의 길잡이가 된 번안 PRISM 모델은 부모 개입과 역량강화를 증가시키고자 하는 가족 수준 실행 전략과 기관의 사회적 맥락(서비스 공급자 행동 포함)의 변화를 꾀하는 기관 수준의 전략, 두 가지가 모두 질 향상을 위해서 필요함을 시사하고 있다. 가족 수준 전략은 아동과 가족의 진료 장벽을 낮추고 치료의 유지 및 완료의 가능성을 높이며 기관 수준의 전략은 EBP와 지원기술을 전달하고 통합하는 기관의 능력을 향상시킬 것이다.

EBP의 롤아웃 맞추기	EBP 롤아웃을 클리닉 특성에 맞춰서 만든다. 클리닉의 구조적 · 재정적 · 조직적 특성이 EBP 롤아웃과 그 외 기술훈련 프로그램에 참여 여부에 영향을 미친다.
전자 플랫폼의 설치/확장	주 정부는 특정 임상 실무, 환자의 성과, 그리고 전반적 클리닉/기관 성과를 측정하고 추적하는 전자 플랫폼을 만들거나 확장해야 한다. 이들 시스템의 설치/확장은 목표 지향 자문과 인력 훈련, 그리고 서비스 공급자를 위한 개별화된 지지와 유인과 함께 짝을 이루어야 한다.
부모 파트너로 BH 인력 확장	주 정부는 훈련을 받고 자격이 인증되었으며 숙련된 부모 파트너(혹은 그 외 지역 사회 건강인력)로 행동건강(BH) 인력을 확장하여 아동과 가족을 위한 진료 제공을 개선한다.
질적 지표를 진료 개선의 지렛대로 사용	질적 지표(예 : 청소년 우울)는 주 건강과 정신건강 시스템이 아동과 가족에 대한 진료 제공을 개선하는 지렛대로 사용할 수 있고 사용되어야 한다.
질적 향상 도구를 통하여 진료를 평가하고 부담을 완화	앞으로 보다 세밀하게 모니터될 통상 진료에서의 실제 임상 실무 평가에 주 정부는 질적 향상 도구(예 : 위장 환자)를 사용할 수 있다. 이 도구들은 또한 보호자들의 부담을 줄일 수 있도록 접수 절차 개선에 피드백을 제공하는 데 유용하다.

그림 27.2 주 정부의 EBP 평가를 위한 교훈

보급 및 실행 연구와 행동건강 관리 환경의 변화

건강관리 체계와 주 정부의 역동성('혼돈'이라고 할 사람들도 있겠지만)은 다른 종류의 파트너십, 연구 문제와 방법, 그리고 마음가짐을 필요로 한다. 그러나 연구, 실무와 정책의 축을 맞추어 근거기반 심리치료 실무가 자리 잡도록 하고 아동에게 양질의 정신건강 서비스에 대한 주민 수준의 접근이 가능하게 하는 것은 윤리적으로 최고의 가치라고 할 수 있다. 뉴욕주에서 우리는 정책 지도층과 긴밀한 협력관계를 맺고 시스템 수준의 다섯 가지 전략(기술적 조력, 건강정보 기술, 행동건강인력의 증강을 위한 부모 파트너, 질적 지표의 개발과 기업의 질적 도구)을 신중하게 선정하여 검증하였다.

우리는 가능한 한 많은 실무자들에게 실증적 기반 실무를 전개하고 동시에 효과적 실무가 유지될 수 있게 실행하는 최선의 방안에 관한 지식 기반의 구축을 위하여 이 다섯 가지 전략에 집중하였다. 지금까지 우리가 거둔 성과는 미미하다. 그 작업은 이루 말할 수 없이 천천히 진행되어 왔고, 도중의 매 단계마다 계획에서 후퇴하거나 계획을 늦추고 재정비해야 했다. 그러나 각 예마다 연구의 결과는 주 정부의 정책 리더들에 의해 전 인구에 폭넓게 다가가는 정책으로 옮겨졌다. 그 정책은 조금씩 진전되는 경우도 있었고 주 전체로 빠르게 확산될 때도 있었다. 예를 들어, MAP 프로젝트에서는 임상가 1,600명이 훈련을 받고 주 소재 350개 아동 서비스 클리닉에서 EBP를 제공하였고, 임상가 훈련을 계속할 수 있도록 5년 추가 지원을 받았다. 우리의 부모 파트너 훈련 프로그램(부모 역량강화 프로그램)은 뉴욕주에서 채택되어 2005년 이래 650명의 부모 파트너가 훈련을 받았다. 파괴적 행동장애에 대한 MFG 개입 내에 부모 파트너를 결합시키는 우리의 모델은 아동 3,000명에게 시행되었으며, 최근의 연구-실무 파트너십에서 이를 추가적으로 3,000명에게 확대 시행하면서 치료 효과 유지를 위한 실행 전략을 검증하고 있다. 이와 같은 실행 연구들을 통해서 우리는 다른 주 정부들이 근거기반 개입을 '현실 세계'의 서비스 체계 내에 맞춰서 넣으려는 노력에 지침이 될 경험적 기반을 만들어 왔다. 이러한 연구 결과가 널리 인정되고 있는 연구-실무 간 17년의 지연을 단축시키고 실무에서의 변화로 이어지는 연구 결과의 미미한 비율(14%)을 확대할 수 있기를 바란다(Balas, 1998).

그러나 EBP 실행 연구에는 남다른 도전들이 지속적인 위협이 되고 있다. 그리고 이러한 남다른 도전에는 남다른 마음가짐과 접근이 필요하다. 주 시스템에서의 변화는 불가피할 뿐 아니라 권력 조직에 의해 작동되기 때문에 일반적으로 과학적 정보가 영향을 미칠 여지가 거의 없기 때문이다. 보통 근거 제시가 필요하다는 원칙에 따라 움직이는 보건 관리 체계와는 달리 주 정부 시스템들은 근거 존중에 대한 입장에서 큰 차이가 있다. 정치적 환경에서 과학을 할 때에는 타협이 가능한 것과 가능하지 않은 것의 경계를 명확히 할 필요가 있다. 정책 입안과 자료에 근거한 답의 추구 사이에는 번역과 역번역 과정이 필요하다. 정책 입안자는 신속한 정책 결정을 내릴 필요가 있는데, 연구 결과를 주 전체에서 실행할 준비가 되어 있지 않을 때에는 긴장이 조성될 수 있다. 어떤 질문에는 답을 하는 것이 불가능하고, 대다수는 빠른 답은 하기가 어렵고 실행 노력의 실제 영향은 지속적 평가가 필요하다는 것을 인식하지 못하면 오해가 생길 수 있다.

혁신에는 (혁신을 검증하는 일을 포함해서) 실패를 피할 수 없기 때문에(Johnson, 2010), 계획과 과정에 문제가 생길 때 악화된 상황에서 실행을 지켜내기 위해서 취할 수 있는 전략의 목록을 작성해서 사용하는 것이 중요하다. 예를 들어, 뉴욕시의 세계무역센터 공격이 있었을 때 아동이 받은 외상에 대한 CBT 실행 연구에서는 연방정부 응급관리 기관(Federak Emergency Management Agency, FEMA)의 요구에 따라 비교조건에서도 실험집단과 유사한 개입 세트를 시행하였다. 치료 효과를 비교할 수 있도록 평가에 다음 두 가지 통계적 그리고 실험설계상의 수정을 하였다. 즉 두 집단의 특성을 비교할 수 있도록 성향 짝짓기(matching)를 하였고, 임상적 절단점 위와 아래 점수를 보이는 집단에 대한 영향을 비교하기 위하여 회귀 불연속성 설계를 도입하였다. 이와 같은 변화에 '즉각적'으로 적응할 수 있는 능력이 있었기 때문에 이 연구에서는 이후 개입을 확대하는 데 유용한 연구 결과를 얻을 수 있었다(Hoagwood et al., 2007).

향후 방향

새롭게 성장하고 있는 주 시스템 내의 실행 과학 분야는 건강관리체계가 아동 및 가족의 정신건강에 대하여 더 큰 책임을 맡게 되면서 생긴 변화로 인하여 돌이킬 수 없이 발전하고 있다. 이런 변화들은 주 정부들과 서비스 공급자들에게 자료와 근거에 보다 세심한 주의를 기울이도록 요구한다. 이러한 제3, 제4의 패러다임 전환(Hey, Tansley, & Tolle, 2009; Kitchin, 2014)은 신기술에 힘입어서 한층 세분화된 수준에서 더 많은 자료를 수집해서 이를 더 정교하고 진보된 방식으로 분석해서 궁극적으로 이를 생성해낸 시스템에서 활용할 수 있게 되었기 때문에 나타난 결과이다. 이와 같은 패러다임 전환은 전체 주민 기반 의술과 개인화된 의술을 더욱 강조하는 결과로 이어졌다. 그러나 이로 인하여 융통성 있고 적응 가능하며 효과와 책무성, 그리고 근거를 강조하는 연구 방법, 측정치, 설계 및 전략을 개발할 필요성이 생겼다.

자료에 기반을 둔 의사결정이 많아지고, 건강관리 질을 더욱 향상시키고자 하는 추세는 서비스 연구의 의제를 한정된 범위의 임상 개입 실험보다는 큰 시스템 변화를 설계하고 제시하며 유지하는 데 집중하는 방향으로 변화시킬 것이다. 주 정부는 이러한 연구가 풍성한 결실을 거둘 수 있는 비옥한 연구실이며, 공동 연구로 이루어질 때 그 혜택을 볼 수 있다. 공동 연구의 성공은 양측의 긴밀한 파트너십과 서비스의 효과성, 서비스 전달의 효율성 그리고 연구 결과의 관련성을 증진할 수 있는 방안에 대한 상호 존중하는 분위기에서의 작은 열린 대화에 달려 있다. 이러한 역동적인 파트너십은 근거기반 정책(근거기반 실무와 근거기반 치료를 보완하고 확장하는)의 개발을 뒷받침할 수 있다.

　PACA(2010)가 추진하는 책무성 강조 추세는 행동건강과 일차 진료가 점차 통합되어가는 시스템과 함께 EBP 실행의 배경에서 추가적 조사와 평가가 필요하다. 우리는 현재 뉴욕주의 건강, 약물남용 및 정신건강체계와 협력하여 이러한 통합을 개선하는 개입을 검증하고 있다. 근거기반 정책이 정신건강 서비스 전달의 일상적 지침이 되기까지는 아직 갈 길이 멀다. 그러나 그 작업은 이미 시작되었고, 주 정부, 건강보험체계, 행동건강 네트워크 체계 등 시스템은 정책 관련 실험을 할 수 있는 도전적이지만 비옥한 연구의 장이 될 수 있다. 건강 서비스 보급 관련 정책 결정의 영향 검증을 연구 의제로 설정하는 것은 정책–학술 파트너십을 만드는 데 중요한 새로운 방향이다.

맺음말

아동과 청소년을 위한 심리치료의 연구기반은 견고하며 더욱 강력해지고 있다. 그런데 이 지식이 아동과 가족의 정신건강 증진에 활용되려면 다른 시스템에서의 효과적 치료 실행에 관한 동일하게 강력한 근거기반이 개발될 필요가 있다. 학교, 일차 진료실, 위탁 보호, 청소년 법정과 특수 클리닉 등 다양한 환경과 시스템에서의 연구 등 이러한 지식 기반의 구축을 돕는 훌륭한 연구들이 진행되고 있다. 실행 효과성에 대한 지식이 증가하면 자원의 할당과 질 높은 진료의 유지 관련 결정에서 지침이 될 수 있는 근거기반 정책이 개발될 수 있다. 궁극적으로 연구가 건강관리의 변화를 추진할 정책 도구를 향할 때 연구의 영향이 극대화되고 아동과 가족의 삶에 긍정적인 영향을 미치게 될 것이다.

감사의 글

이 장에서 인용한 연구는 다음의 지원을 받아 수행되었다. National Institute of Mental Health (No. P30MH090322-05), New York State Office of Mental Health (EBTDC, No. C008419), and the Community Technical Assistance Center (No. C007542). 이 장의 일부분은 Hoagwood와 동료들(2014)의 글에서 발췌되었다. Copyright ⓒ 2014 Division 53, American Psychological Association. Reprinted by permission.

참고문헌

Aarons, G. A., Hurlburt, M., & Horwitz, S. M. (2011). Advancing a conceptual model of evidence-based practice implementation in public service sectors. *Administration and Policy in Mental Health and Mental Health Services Research, 38,* 4–23.

Aos, S., Mayfield, J., Miller, M., & Yen, W. (2006). *Washington state evidence-based treatment of alcohol, drug, and mental health disorders: Potential benefits, costs and fiscal impacts on Washington state* (Document ID: 06–06–3901). Olympia: Washington State Institute for Public Policy.

Balas, E. A. (1998). From appropriate care to evidence-based medicine. *Pediatric Annals, 27,* 581–584.

Bickman, L., Kelley, S. D., Breda, C., de Andrade, A. R., & Riemer, M. (2011). Effects of routine feedback to clinicians on mental health outcomes of youths: Results of a randomized trial. *Psychiatric Services, 62,* 1423–1429.

Bruns, E. J., Kerns, S. E. U., Pullmann, M. D., Hensley, S., Lutterman, T., & Hoagwood, K. (2016). Research, data, and evidence-based treatment use in state behavioral health systems, 2001–2012. *Psychiatric Services, 67*(5), 496–503.

Chacko, A., Gopalan, G., Franco, L., Dean-Assael, K., Jackson, J., Marcus, M., et al. (2015). Multiple family group service model for children with disruptive behavior disorders: Child outcomes at post-treatment. *Journal of Emotional and Behavioral Disorders, 23,* 67–77.

Chorpita, B. F., & Daleiden, E. L. (2009). Mapping evidence-based treatments for children and adolescents: Application of the distillation and matching model to 615 treatments from 322 randomized trials. *Journal of Consulting and Clinical Psychology, 77,* 566–579.

Eaton, W. W., Muntaner, C., Bovasso, G., & Smith, C. (2001). Socioeconomic status and depressive syndrome: The role of inter-and intra-generational mobility, government assistance, and work environment. *Journal of Health and Social Behavior, 42,* 277–294.

Feldstein, A. C., & Glasgow, R. E. (2008). A practical, robust implementation and sustainability model (PRISM) for integrating research findings into practice. *Joint Commission Journal on Quality and Patient Safety, 34,* 228–243.

Fristad, M. A., Gavazzi, S. M., & Mackinaw-Koons, B. (2003). Family psychoeducation: An adjunctive intervention for children with bipolar disorder. *Biological Psychiatry, 53,* 1000–1008.

Fristad, M. A., Goldberg-Arnold, J. S., & Gavazzi, S. M. (2002). Multifamily psychoeducation groups (MFPG) for families of children with bipolar disorder. *Bipolar Disorders, 4,* 254–262.

Garland, A. F., Hawley, K. M., Brookman-Frazee, L., & Hurlburt, M. (2008). Identifying common elements of evidence-based psychosocial treatments for children's disruptive behavior problems. *Journal of the American Academy of Child and Adolescent Psychiatry, 47,* 505–514.

Glasgow, R. E., Vinson, C., Chambers, D., Khoury, M. J., Kaplan, R. M., & Hunter, C. (2012). National Institutes of Health approaches to dissemination and implementation science: Current and future directions. *American Journal of Public Health, 102,* 1274–1281.

Glasgow, R. E., Vogt, T. M., & Boles, S. M. (1999). Evaluating the public health impact of health promotion interventions: The RE-AIM framework. *American Journal of Public Health, 89,* 1322–1327.

Gleacher, A. A., Olin, S. S., Nadeem, E., Pollock, M., Ringle, V., Bickman, L., et al. (2016). Implementing a measurement feedback system in community mental health clinics: A case study of multilevel barriers and facilitators. *Administration and Policy in Mental Health and Mental Health Services Research, 43*(3), 410–425.

Gopalan, G., Chacko, A., Franco, L., Dean-Assael, K. M., Rotko, L. E., Marcus, S. M., et al. (2015). Multiple family groups for children with disruptive behavior disorders: Child outcomes at 6-month follow-up. *Journal of Child Family Studies, 24,* 2721–2733.

Hey, T., Tansley, S., & Tolle, K. (Eds.). (2009). *The fourth paradigm: Data-intensive scientific discovery*. Redmond, WA: Microsoft Research.

Hoagwood, K. E., Chaffin, M., Chamberlain, P., Bickman, L., & Mittman, B. (2011). *Implementation salvage strategies: Maximizing methodological flexibility in children's mental health research*. Panel presentation at the 4th Annual NIH conference on the Science of Dissemination and Implementation: Policy and Practice, Washington, DC.

Hoagwood, K. E., Hamilton, J. D., Vogel, J. M., Levitt, J. M., D'Amico, P. J., Paisner, W. I., et al. (2007). Implementing an evidence-based trauma treatment in a state system after September 11: The CATS project. *Journal of the American Academy of Child and Adolescent Psychiatry, 46*, 773–779.

Hoagwood, K. E., Olin, S. S., Horwitz, S., Nadeem, E., Gleacher, A., Chor, K. H., et al. (2014). Scaling up evidence-based practices in New York State: Through the looking glass. *Journal of Clinical Child and Adolescent Psychology, 43*, 145–157.

Johnson, S. (2010). *Where good ideas come from: The natural history of innovation*. New York: Penguin Group.

Kataoka, S. H., Zhang, L., & Wells, K. B. (2002). Unmet need for mental health care among U.S. children: Variation by ethnicity and insurance status. *American Journal of Psychiatry, 159*, 1548–1555.

Kitchin, R. (2014). Big data, new epistemologies and paradigm shifts. *Big Data and Society, 1*, 1–12.

Kutash, K., Acri, M., Pollock, M., Armusewicz, K., Olin, S. S., & Hoagwood, K. E. (2014). Quality indicators for multidisciplinary team functioning in community-based children's mental health services [Special issue]. *Administration and Policy in Mental Health and Mental Health Services Research, 41*, 55–68.

Lewandowski, R. E., Acri, M. C., Hoagwood, K. E., Olfson, M., Clarke, G., Gardner, W., et al. (2013). Evidence for the management of adolescent depression. *Pediatrics, 132*, e996–e1009.

McKay, M. M., Gopalan, G., Franco, L., Dean-Assael, K., Chacko, A., Jackson, J. M., et al. (2011). A collaboratively designed child mental health service model: Multiple family groups for urban children with conduct difficulties. *Research on Social Work Practice, 21*, 664–674.

McKay, M. M., Nudelman, R., McCadam, K., & Gonzales, J. (1996). Evaluating a social work engagement approach to involving inner-city children and their families in mental health care. *Research on Social Work Practice, 6*, 462–472.

McKay, M. M., Stoewe, J., McCadam, K., & Gonzales, J. (1998). Increasing access to child mental health services for urban children and their caregivers. *Health and Social Work, 23*, 9–15.

Mental Health Parity and Addiction Equity Act of 2008, H.R. 6983, 110th Cong. (2008). Retrieved from *www.congress.gov/bill/110th-congress/house-bill/6983*.

Merikangas, K. R., He, J. P., Burstein, M., Swanson, S. A., Avenevoli, S., Cui, L., et al. (2010). Lifetime prevalence of mental disorders in US adolescents: Results from the National Comorbidity Survey Replication–Adolescent Supplement (NCS-A). *Journal of the American Academy of Child and Adolescent Psychiatry, 49*, 980–989.

Mojtabai, R., Olfson, M., Sampson, N. A., Jin, R., Druss, B., Wang, P. S., et al. (2011). Barriers to mental health treatment: Results from the National Comorbidity Survey Replication. *Psychological Medicine, 41*, 1751–1761.

National Committee for Quality Assurance (NCQA). (2016). *HEDIS 2016*. Retrieved from *www.ncqa.org/hedisqualitymeasurement/hedismeasures/hedis2016.aspx*.

Olin, S. S., Chor, K. H. B., Weaver, J., Duan, N., Kerker, B., Clark, L., et al. (2015). Multilevel predictors of clinic adoption of state-supported trainings in children's services. *Psychiatric Services, 66*, 484–490.

Olin, S. S., Kutash, K., Pollock, M., Burns, B. J., Kuppinger, A., Craig, N., et al. (2014). Developing quality indicators for family support services in community team-based mental health care [Special issue]. *Administration and Policy in Mental Health and Mental Health*

Services Research, 41, 7–20.

Olin, S. S., Nadeem, E., Gleacher, A., Weaver, J., Weiss, D., Hoagwood, K. E., et al. (2016). What predicts clinician dropout from state-sponsored Managing and Adapting Practice training. *Administration and Policy in Mental Health and Mental Health Services Research, 43*(6), 945–956.

Olin, S. S., O'Connor, B. C., Storfer-Isser, A., Clark, L. J., Perkin, M., Scholle, S. H., et al. (2016). Access to specialty mental health care for youth in a state mental health system: A simulated patient approach. *Journal of the American Academy of Child and Adolescent Psychiatry, 55*(5), 392–399.

Olin, S. S., Williams, N., Pollock, M., Armusewicz, K., Kutash, K., Glisson, C., et al. (2014). Quality indicators for family support services and their relationship to organizational social context [Special Issue]. *Administration and Policy in Mental Health and Mental Health Services Research, 41,* 43–54.

Owens, P. L., Hoagwood, K., Horwitz, S. M., Leaf, P. J., Poduska, J. M., Kellam, S. G., et al. (2002). Barriers to children's mental health services. *Journal of the American Academy of Child and Adolescent Psychiatry, 41,* 731–738.

Patient Protection and Affordable Care Act (PACA), 42 U.S.C. § 18001 124 STAT. 119. (2010). Retrieved from *www.gpo.gov/fdsys/pkg/plaw-111publ148/pdf/plaw-111publ148.pdf.*

Purtle, J., Peters, R., & Brownson, R. C. (2016). A review of policy dissemination and implementation research funded by the National Institutes of Health, 2007–2014. *Implementation Science, 11,* 1–8.

Sales, A. (Ed.). (2016). Aims and scope. Retrieved from *http://implementationscience.biomedcentral.com/about.*

Sareen, J., Jagdeo, A., Cox, B. J., Clara, I., ten Have, M., Belik, S. L., et al. (2007). Perceived barriers to mental health service utilization in the United States, Ontario, and the Netherlands. *Psychiatric Services, 58,* 357–364.

Substance Abuse and Mental Health Services Administration (SAMHSA). (2014). *Behavioral health equity barometer: United States, 2014.* Retrieved from *www.samhsa.gov/data/sites/default/files/health_equity_national_bhb/health_equity_national_bhb.pdf.*

Tinkle, M., Kimball, R., Haozous, E. A., Shuster, G., & Meize-Grochowski, R. (2013). Dissemination and implementation research funded by the US National Institutes of Health, 2005–2012. *Nursing Research Practice, 2013,* Article 909606.

U.S. Department of Health and Human Services Program. (2009). Program Announcement PAR-10-038. Retrieved from *http://grants.nih.gov/grants/guide/pa-files/par-10-038.html.*

Van Acker, R., de Bourdeaudhuij, I., de Cocker, K., Klesges, L. M., & Cardon, G. (2011). The impact of disseminating the whole-community project "10,000 Steps": A REAIM analysis. *BMC Public Health, 11,* 3–14.

Vardanian, M. M., Storfer-Isser, A., Wang, N., Gleacher, A. A., Hoagwood, K. E., Horwitz, S. M., et al. (2016, October). *A Second look at dropout rates from state-sponsored MAP Trainings: Can targeted adaptations increase retention in evidence-based practice trainings?* Poster session presented at the 50th Annual Association for Behavioral and Cognitive Therapies Convention, New York.

Zima, B. T., Murphy, J. M., Scholle, S. H., Hoagwood, K. E., Sachdeva, R. C., Mangione-Smith, R., et al. (2013). National quality measures for child mental health care: Background, progress, and next steps. *Pediatrics, 131,* S38–S49.

CHAPTER 28

아동 · 청소년 심리치료에서의 발달정신병리과학의 활용

Dante Cicchetti & Sheree L. Toth

발 달정신병리과학은 지난 수십 년 사이에 괄목할 만한 발전을 이루어 아동 · 청소년들을 위한 개입의 설계, 시행, 그리고 평가에 기여할 수 있는 바가 크다. 이 장에서는 발달정신병리학의 개념적 틀이 이론과 아동 · 청소년들을 위한 개입 사이의 관계 개선에 기여할 수 있는 부분을 알아보려고 한다. 발달정신병리학이 항상 지향하고 있는 목표는 연구 분야들을 연결시키고 생애 전반에서의 적응과 부적응 저변의 과정과 기제에 대한 중요한 새로운 사실을 발견하는 데 도움을 주면서, 동시에 부적응적 · 병리적 결과에 대한 최선의 예방 및 완화 방안을 제공하는 것이다(Cicchetti & Toth, 2009). 이에 덧붙여 발달정신병리학 분야는 실증적 연구와 아동 · 청소년 및 성인의 고위험 상황 및 장애의 치료 사이, 행동과학과 생물학 사이, 그리고 기초연구와 응용연구 사이의 이원성을 줄이려고 지속적으로 노력해왔다(Cicchetti & Toth, 2009).

기초연구와 응용연구 사이, 그리고 임상실무가와 연구자 사이에 존재하는 장벽을 무너뜨리는 데 진척은 있었으나 더 나은 개입을 육성하는 발달정신병리학의 잠재 가능성을 충분히 실현시키려면 아직도 할 일이 많이 남아 있다. 우리는 발달정신병리학의 원리가 현재 매우 필요한 다학제 간 통합에 개념적 발판을 제공하고 연구와 개입 사이의 협력 작업을 촉진시킬 수 있다고 믿는다. 발달정신병리학의 관점은 임상 실무에서 효과적인 보다 강건한 아동 · 청소년 심리치료를 구축하는 데 도움이 될 것이다(Weisz, 2014).

발달정신병리학은 정신장애의 예방과 치료를 향한 임상적 발의의 발전에 중요한 역할을 해왔다. 부적응과 정신병리의 촉발 혹은 회피와 연관된 발달기제가 밝혀냄으로써 이론에 기반을 둔 개입 방안들의 개발과 평가가 이루어졌다(Cicchetti, Rogosch & Toth, 2006; Dozier, Peloso, Lewis, Laurenceau, & Levine, 2008; Izard, Fine, Mostow, Trentacosta, & Campbell, 2002; Toth, Rogosch, Manly, & Cicchetti, 2006). 그러나 개입의 설계에 발달 이론을 더 충실하게 반영시키는 일은 중요한 과제로 남아 있다.

발달정신병리학의 원리

표준적 발달과 비정형 발달

발달정신병리학 관점의 핵심과 독특성은 표준적 발달과 비정형 발달, 적응적 발달과 부적응적 발달의 과정을 모두 강조하는 데 있다. 초기에 이 분야를 체계화한 분들의 글에서 기본 주제는 모든 정신병리는 정상 기능의 왜곡, 혼란 혹은 변질로 생각할 수 있으므로 정신병리를 보다 완전하게 이해하기 위해서는 정신병리와 비교할 수 있는 정상 기능을 이해해야 한다는 것이었다(Cicchetti, 1984). 정상적인 생물학적ㆍ심리적ㆍ사회적 과정에 대한 지식은 정신병리의 평가, 진단, 이해, 예방, 치료에 대단히 유용할 뿐 아니라 정상 발달로부터의 일탈과 왜곡의 연구와 이해를 향상시키는 배경이 될 수 있다.

발달정신병리학은 일차적으로 장애의 연구가 아니다. 이 말은 그 분야가 정신병리에 대한 이해의 증진을 목적으로 하지 않는다는 의미는 아니다. 그러나 발달정신병리학의 핵심적 초점은 발달 결과의 양극단을 조사함으로써 발달 과정과 그 과정이 어떻게 정상적으로 기능하며 정교화되는지 밝히는 데 있다. 그러한 양극단의 사례들로 인하여 발달의 결과가 상당히 다양해지고 이는 발달 과정에 대한 우리의 이해를 증진시킨다.

그밖에 발달정신병리학자는 평균과 극단 사이의 연속선상에 나타나는 변이들에 관심을 가진다. 이러한 변이는 현재는 장애가 있다고 볼 만큼 규준에서 벗어나 있지 않지만 추후에 더 극단으로 진전될 가능성이 있는 사람들일 수 있다. 이들은 추후 더 심각한 장애가 발생할 위험성이 높을 수 있다. 과정과 결과에서의 다양성은 발달정신병리학 관점의 특징이다. 일반체계 이론에서 나온 동등결과(equifinality)와 다중결과(multifinality) 원리는 이점에서 관련이 있다(von Bertalanffy, 1968). '동등결과'란 다양한 경로가 동일한 결과에 이를 수 있다는 관찰결과를 지칭한다. 이와 대비해서 '다중결과'는 구성요소가 이것이 작동하는 체계의 조직에 따라서 다른 기능을 할 수 있음을 시사한다(Cicchetti & Rogosch, 1996). 예컨대 분자유전학 연구는 학대받은 아동의 정신병리 위험성은 불가피한 것이 아님을 시사하고 있다. 유전자–환경의 상호작용(G×E)은 환경의 병리유발요인에의 노출(예 : 아동학대; Karg, Burmeister, Shedden, & Sen, 2011)이 행동적, 건강 혹은 생물학적 표현형에 미치는 영향은 그 사람의 유전형에 따라 달라지며, 역으로 유전형의 효과 또한 환경에 의해서 조절될 때 발생한다.

개인차

발달정신병리학은 적응의 개별 양상을 파악하고 '전체 유기체'를 이해하는 것(Sroufe & Rutter, 1984; Zigler & Glick, 1986)을 또 다른 주요 목표로 두고 있다. 따라서 학제 간 연구와 다층 분석 접근의 필요성이 힘을 받고 있다(Cicchetti & Dawson, 2002; Cicchetti & Posner, 2005). 그 결과로 얻어진, 보다 세련되고 종합적인 적응과 부적응의 모습은 과학적 이해를 증진시킬 뿐 아니라 정신병리의 예방과 치료를 위한 노력에도 정보를 제공할 것이다.

발달 이론에 정보 제공

발달정신병리학 관점은 아동·청소년을 위한 개입의 평가에 지침을 주고 공헌하는 데 적용될 수 있을 뿐 아니라 현존 정상발달 이론들이 펴는 주장의 검증을 촉진할 수 있다(Hinshaw, 2002; Kellam & Rebok, 1992; Koretz, 1991). 예컨대 만약 개입을 통해서 발달의 경과가 달라지고 부정적 결과의 위험성이 감소된다면 개입 연구는 부적응적 발달 결과와 정신병리의 발생에 관여하는 과정들을 상세하게 밝혀내는 데 기여하게 될 것이다(Howe, Cicchetti, & Toth, 2006; Ialongo et al., 2006). 예방 및 개입 실험은 발달의 경로를 수정하는 확실한 실험으로 기존의 발달 이론들을 지지하거나, 그에 도전하고 보강하는 데, 그리고 장애 발생의 원인과 병인론을 발견하는 데 핵심적 통찰을 제공할 수 있다.

구체적 예를 들면 만약 초등학교에서의 공격성 감소를 목표로 한 개입이 나중에 비행의 감소와 관련이 있다면 초기의 공격 행동이 비행에 이르는 발달경로에 기여하는 요인이라는 증거를 얻은 것이다. 또한 여러 유형의 개입을 제공한다면, 예방 실험 혹은 미소 실험(microtrials) (Thibodeau, August, Cicchetti, & Symons, 2016)을 통해서 발달 모델의 다양한 요소들의 순응성에 대한 지식을 얻을 수 있다. 따라서 정신병리 과정을 막으려면 어떻게 발달 과정에 개입하는 것이 최선인가에 대한 중요한 정보를 축적할 수 있게 된다.

개입에 정보 제공

발달은 아동과 아동의 특성들이 양육환경과 함께 자연스럽게 펼쳐지는 역동적 과정이라고 보기 때문에 개입 여부와 관련된 이슈들에 대한 평가 또한 신중하게 이루어져야 한다. 일반적인 개입 서비스의 개발과 제공에 관한 의사결정은 이론이나 자료에 근거를 두지 않는 것이 일반적이다. 특히 당혹스러운 것은 이 의사결정 과정에 발달 과정에 관한 자료가 통합되지 않는다는 점이다. 아동·청소년들 사이의 발달적 차이, 그리고 이러한 역량의 차이가 개입에 대하여 가지는 시사점들을 고려할 필요가 있다(Shirk, 1988; Weisz, 1997).

환경적 맥락에 따라서 아동의 긍정적·부정적 결과가 다르다는 최근의 차별적 취약성 연구 (Ellis, Boyce, Belsky, Bakermans-Kranenburg, & van Ijzendoorn, 2011)는 개입의 개발과 시행에 대하여 상당한 기대를 품게 한다. 이 개념적 틀에서 볼 때 취약성 수준이 다양한 아동들을 무선할당 통제연구(RCT)의 여러 선택지에 무작위로 할당하면 "어떤 아동에게 무엇이, 그리고 왜 효과가 있는지"에 대한 전례 없는 통찰을 가져다줄 수 있을 것이다(Fonagy et al., 2015; Roth & Fonagy, 2005).

유전적 다양성과 개입 효과

유전적 변이 또한 긍정적·부정적 경험에 대한 반응성에서의 개인차에 영향을 미칠 수 있다. 이러한 개인차는 발달 시기에 따라 다르게 작동할 수 있다. 더욱이 이전 발달의 효과가 특정 발달 시기에서의 유전자와 경험의 효과에 영향을 미칠 수 있다. 또한 환경에서의 경험이 유전적 효과와 유전자의 표현 시기에 영향을 미칠 수 있다. 예를 들어서 우울 삽화가 처음 나타난 발달 단계와 우울증의 심각도 그리고 만성도 등의 요인에 따라서 그 영향은 다르게 나타날 수 있다. 선행 연구(Heim & Binder, 2012)에서 보듯이 외상경험 여부에 따라서 유전적 요인에 의한 효과 조절 또한 달라질 것이 예상된다. 예컨대 세로토닌 운반 다형태(5-HTTLPR) 유전자와 환경의 상호작용은 우울 증상을 예측할 뿐 아니라 그 외 스트레스 관련 심리장애와 표현형에도 영향을 미친다. 이는 5-HTTLPR 유전형과 스트레스 생활사건 혹은 초기 외상경험의 조합에 따라 다양한 스트레스 관련 결과에 대한 취약성이 달라진다는 것을 의미한다(Caspi, Hariri, Holmes, Uher, & Moffitt, 2010). 나아가서 경험이 후생유전자(epigenome)에 미치는 영향 또한 발달 과정에 걸쳐서 다르게 작용할 가능성이 있다. 유전자-환경 상호작용과 후생학의 연구는 발달관점을 통합하고 강조할 필요가 있다. 유전자에 따라 환경적 경험이 발달 과정에 미치는 영향이 달라질 수 있으며, 이는 다양한 발달 시기에서 다르게 작용할 수 있다. 또한 특정 발달시기에서의 유전자와 경험의 영향은 이전 발달의 결과에 따라 달라질 수 있다. 환경은 유전자의 영향과 표현 시기에 영향을 미칠 수 있다. 게다가 후생학적 기제는 가역적이기 때문에 개입의 현실적인 표적이 될 수 있다(Szyf & Bick, 2013).

유전이 개입 효과에 영향을 미칠 수 있는 길은 여러 가지가 있는 것 같다. 예컨대 여기에서 보여주었듯이 어떤 사람들은 개입으로 인한 긍정적 효과가 나타날 가능성이 더 높을 수 있다. 대신 유전적 체질에 따라서 사람마다 효과가 있는 개입 유형이 다를 수도 있다. 이는 개인의 유전형 집단에 적합한 개입을 맞출 수 있다는 말이다. 또한 개입이 DNA 메틸화에 영향을 미쳐서 발달 시기에 따라 달라지는 유전자 표현의 변화를 이끌어낼 수 있다. 아마도 개입으로 인한 DNA 메틸화 변화는 궁극적으로 신체건강과 정신건강의 극대화와 증진을 위하여 유전자 표현을 바꾸는 예방 및 개입 전략의 설계로 귀결될 수 있다.

이와 관련해서 같은 진단을 받은 사람들이 동일한 치료적 개입에 대한 반응성에서 차이가 있는 경우가 흔하다는 사실은 개입 효과에서 유전적 차이와 환경에서 오는 스트레스 차이의 역할을 더욱 강조한다. 발달정신병리학 관점에서 보듯이 발달요인을 고려하면 서로 다른 유전형과 역경 경험을 한 사람들(G×E×발달)에게 다른 효과를 보이는 개입들을 확인하는 작업의 질이 높아질 것이다. 유전적 요인에 따라 개입의 효과가 달라진다는 연구가 쏟아져 나오면서 그에 지나치게 열광한 나머지 유전 프로파일에 기반을 둔 개입을 제공할 준비가 되어 있다고 결론 내릴 수도 있을 것이다. 그러나 조급한 결론은 주의할 필요가 있다. 정신질환의 복잡성과 개입의 유효성에 대한 G×E 상호작용을 연구하는 데 따른 방법론적 과제를 고려하면, 광범위한 반복검증과 연구 참여자 특성과 위험환경이 명확하게 정의되어 있는 세심한 설계의 연구가 필요하다. 유전의 조절 효과를 제외하더라도 개입 효과의 기제에 대해서 알려진 바는 정말 적다. 유전과 후생학 기술에서의 발전이 반영된 수준 높은 연구를 통해서 개인맞춤형 개입 제공 접근에 필요한 정보를 얻을 수 있으리라고 믿지만, 단기간에 그 목표가 달성될 가능성이 낮을 뿐 아니라 권장할 만한 일도 아니다(Uher, 2011). 특정 유전형의 사람들은 특정 개입에 긍정적인 효과를 보일 가능성이 적다는 연구가 있다면 아직 효과를 보지 못한 사람들에게 도움이 될 가능성이 더 높은 개입을 개발하고 평가하는 노력을 계속해서 궁극적으로 정신질환으로 인한 개인, 가족, 사회의 전반적 부담을 줄이는 데 기여하는 것이 중요할 것이다.

발달경로

발달하는 유기체에서 정신병리는 시간에 걸쳐서 펼쳐진다. 따라서 적응적·부적응적 결과로 가는 개별 경로의 과정을 이해하기 위해서 발달적 관점의 채택은 결정적으로 중요하다(Cicchetti & Rogosch, 1996; Sroufe, 2007). 발달적 분석은 변화와 새로움을 전제로 하며, 행동이 조직되는 데 있어서 시기가 결정적 역할을 한다는 점을 강조한다. 또한 다양한 결정요인이 작용할 수 있음을 강조하고 인과 관계가 바뀌지 않으리라는 기대의 위험성을 경고한다(Cicchetti & Dawson, 2002; Cicchetti & Pogge-Hesse, 1982; Cicchetti & Rogosch, 1996; Sroufe, Egeland, & Kreutzer, 1990). 또한 발달적 분석은 유전자 혹은 세포 수준의 연구뿐만이 아니라 개인, 가족 혹은 사회적 수준의 조사에도 모두 적용할 수 있다(Cicchetti & Toth, 2009).

발달적 분석은 부적응의 근원, 병인, 그리고 본질을 추적하여 발달 수준에 맞도록 개입 시기를 조절하거나 길잡이 역할을 할 수 있도록 하는 데 매우 중요하다. 예컨대 청소년기의 사춘기 변화와 관련된 위험성은 일찍 성숙하는 소년들의 경우 위험성이 높은 행동을 할 가능성이 더 높은 반면(Williams & Dunlop, 1999), 늦게 성숙하는 소년들은 자아존중감이 떨어지는 등(Petersen & Crockett, 1985) 성숙 시기에 따라 다르게 나타날 수 있다. 또한 발달적 분석은 심각한 역경 경험 속에서 회복 탄력적 기능을 증진시키는 생물학적·심리적·사회맥락적 보완기제를 밝히는 데에도 유용하다(Masten & Cicchetti, 2016).

발달적 분석은 특정한 발달 시기에 일정한 결과를 일으킨 적응적 혹은 부적응적 발달의 이전 순서를 조사하려고 한다. 발달정신병리학에서는 발달 과정에 대한 전생애적 관점을 가정하고 이전의 발달이 이후의 발달에 미치는 영향을 기술하고자 하므로, 이 분야의 주요 이슈는 적응의 질에 발달 시기를 넘어서는 연속성이 있는지 여부를 판단하는 것이다. 예를 들면 어떤 발달시기 내에서 유능함을 의미하는 행동이 이후의 발달 시기에서는 무능력을 의미할 수 있다. 의존성 등 발달 초기에 나타나면 규범적 행동도 나중에 나타나면 부적응을 의미할 수 있다. 서로 다른 발달 시기에서의 유능성이 동일한 형태의 행동으로 표현되는 경우는 거의 없다.

발달에 대한 조직의 관점

발달 과정에 걸쳐서 개인의 진화하는 능력과 적극적인 선택은 내적(즉 생물학적), 그리고 외적 경험의 새로운 측면이 점점 더 복잡한 방식으로 연계되도록 이끈다. 조직의 관점에서는 발달이란 성취해야 하지만 그 후에는 중요성이 감소하는 일련의 과제가 아니라, 영아기부터 성인기까지 나이와 단계에 관련된 여러 과제로 개념화되고 있다. 비록 그 과제들의 특성은 새로운 이슈들이 등장함에 따라 감소하지만 이 과제들은 시간이 지나도 지속적으로 적응에 중요성을 가진다(Sroufe, 2013). 초기 단계에 중요했던 이슈의 성공적 해결이 이후의 성공적 적응의 가능성을 높이는 적응의 위계적 그림이 드러난다. 새로운 단계 특징적 이슈가 전면으로 나오면 성장과 공고화의 기회, 그리고 도전과 새로운 취약성이 떠오르게 된다.

발달적 전환기마다 개인은 그 시기의 핵심이 되는 특정 발달 과제를 만나게 된다(Sroufe, 1979; Waters & Sroufe, 1983). 영아기부터 성인기에 이르기까지 새로운 발달 과제는 그 과제들이 주도하는 단계에서 가장 중요한 민감한 시기에 나타난다(예 : 안정적 애착, 정서의 분화, 정서조절, 자율적 자기체계, 효과적 또래관계 등). 분화와 위계적 통합을 통해서 각 단계마다 두드러지는 이슈가 얼마나 잘 해결되었는가는 생물학적 및 행동적 체계의 이전 조직화와 연계되어 재조직화가 일어나고 다음 발달 단계로 개인을 이동시킨다. 각 단계의 특징적 이슈가 얼마나 잘 해결되었는지에 따라 뒤따르는 발달 이슈가 어떻게 처리될지가 달라진다. 이와 같은 개체발생에서의 능동적 역할을 통해서 개인이 서로 다른 발달경로로 나아가기 시작하는 것이다. 발달 시기의 특징적 이슈에서의 기능은 어떤 유형의 개입이 가장 효과적일지 혹은 가장 효과가 작을지를 알려준다. 예를 들어 보호자에 대한 불안정한 애착은 부모-자녀 심리치료와 같은 관계 기반 개입의 제공이 중요함을 시사한다(Liberman & Van Horn, 2005). 반면 유아의 부정적 자기상은 인지행동치료와 같은 우울증 관련 인지를 수정하는 방향의 개입을 시사한다(Hollon & Beck, 2013).

예를 들어 학대받은 영아를 위한 무선할당 통제실험(RCT)의 제공과 평가는 양육자와의 불안정하고 혼란된 애착이 중요한 부적응 영역임을 확인한 연구에 기반을 두고 있다(Barnett, Ganiban, & Cicchetti, 1999; Carlson, Cicchetti, Barnett, & Braumwald, 1989). Cicchetti 등 (2006)은 아동학대 어머니와 영아들을 위하여 애착 이론(Bowlby, 1969/1982)에 착안한 개입의 RCT를 수행하였다. 학대 가족의 영아와 그 어머니들은 (1) 부모-자녀 심리치료(CPP), (2) 심리교육적 부모양육 개입(PPI), 그리고 (3) 공동체 기준 통제집단의 세 가지 조건에 배정되었다. 비학대 가족의 영아와 그 어머니로 구성된 네 번째 영아집단은 또 하나의 저소득층 기준 비교집단(NC)이 되었다. 기초선에서 학대집단의 영아들은 NC 집단 영아들에 비하여 혼란 애착의 비율이 유의하게 높았다. 영아의 연령이 26개월 되었을 때 개입 후 추수평가에서 CPP와 PPI 집단은 안정 애착이 상당히 증가한 반면 CS와 NC 집단에서는 안정 애착이 증가하지 않았다. 더구나 CS 집단에서는 혼란 애착이 여전히 우세하였다.

놀랍게도 관계적 개입인 CPP와 비관계적 개입인 CS가 모두 학대 가족 영아들의 안정 애착을 증진시키고 혼란 애착을 감소시키는 데 동일하게 효과적이었다. 그러나 두 개입 모델 효과를 1년간 추적 조사한 종단 연구에서는 CPP만이 안정 애착 증진의 효과가 유지되었다(Pickreign Stronach, Toth, Rogosch, & Cicchetti, 2013). 이러한 결과는 극단적으로 부적응적인 양육의 경우에는 양육 기술 훈련을 넘어서는 보다 집중적인 개입 모델(예 : CPP)이 필요할 수도 있음을 시사한다. 발달정신병리학 분야 지식의 변용이 이러한 임상실험의 수행으로 이어졌다는 것은 그러한 노력의 확대가 중요함을 강조하고 있다.

각 단계의 중요한 이슈는 뒤따르는 각 이슈와 통합되고 조정될 평생의 과제이므로, 부적응적 혹은 정신병리적 결과가 결코 발생하지 않을 사람이나 혹은 그러한 결과가 필연적 운명으로 정해져 있는 사람은 존재하지 않는다. 사람들은 지속적으로 새로운 사회정서적 그리고 생물학적 경험의 영향을 받는다. 따라서 적응 과정에서의 생물학적 상황 그리고 가정에서의 사회정서적 상황에서 변화(긍정적이든 부정적이든)가 생길 가능성은 생애 전반에 걸쳐서 존재한다. 다만 그러한 가능성이 있다고 하더라도 이전의 적응은 뒤따르는 적응에 제약을 가한다. 특히 부적응적 경로에 장기간 머물러 있을수록 정상적 발달경로로 되돌아오는 것이 더 어려워진다.

타당성이 있고 잠재 가능성이 풍부한 개입 전략 다수는 발달적 관점 없이는 발달정신병리학의 원리에 더 주의를 기울였을 때만큼 효과적이지 못할 것이라고 단언한다. 예를 들어 여러 장애에 매우 효과적인 것으로 알려진 인지행동치료를 하려면 아동의 연령과 관계없이 인지적 능력을 고려해야 한다. 언어능력이나 인과관계를 이해하는 능력이 충분하게 성숙되어 있지 못하면 이 효과적인 개입은 실패할 수밖에 없다.

발달적 관점에서는 행동이란 유전자, 환경, 과거 적응력, 그리고 현재의 경험이 조합된 결과로 본다. 발달 모델에서는 평가와 치료에 대한 접근이 전통적 의학 모델과 다르다. 발달적 관점을 취하는 사람들은 장애의 주 효과 원인을 찾고 비슷한 증상이라면 특정 치료가 유사한 증상에는 동일하게 효과적일 것으로 가정하지 않고 다음과 같은 질문을 제기한다. "아동들은 어떻게 궤도에서 벗어나는가? 언제 궤도에서 벗어나는가? 특정 아동이 궤도를 이탈한다면 어떤 궤도로 들어가는가? 어떤 요인이 현재 궤도에 그대로 머물게 하는가? 이탈된 아동들을 보다 나은 발달경로로 끌어들이려면 무엇을 해야 하는가?"(Cicchetti & Rogosch, 1996; Sroufe, 1997).

분명히 앞의 질문에 대한 답과 전통적 의학 모델에서와 같이 질병을 유발하는 단일한 내적 요인을 구하는 것은 평가와 개입에 대한 접근이 전혀 다르다. 전통적 의학 모델에서는 다른 경로를 따르는 아동들을 동일하게 취급하는 오류를 범하게 되고, 이는 상대적으로 예후가 양호한 아동들의 증상을 완화시키지 못하고 도리어 악화시킬 수 있다. 부모에게 경로의 차이를 이해시키는 것 또한 효과적인 개입에 필수적이다.

위계적 '발달 모델'이 개입에 대하여 갖는 함의를 생각하면 개입이 어떻게 진행되어야 하는가에 대해서도 궁금증이 생긴다. 이전에 성공적으로 해결되지 못했던 단계 특정적 발달이슈에서 유능한 기능을 성취하는 것은 정상 발달에서와 같은 양상으로 나타날 수 있다. 그렇다면 정신장애가 있는 아동·청소년들에서의 기능 회복의 전조를 찾아내는 데 중요한 결론을 얻을 수 있고, 이는 심리치료 현장에 반영될 수 있을 것이다. 구체적으로 초기 이슈들을 다루지 않고도 나중 발달 단계의 특징적 이슈를 긍정적으로 변화시킬 수 있는가는 중요한 질문이 된다. 예컨대 보호자와의 불안정 애착에서 비롯된 자기상의 근원을 다루지 않고 긍정적 자기상을 얻을 수 있게 도울 수 있을까? 역으로 현재의 현안에 대한 관심이 이전 이슈들로 퍼져서 이전 이슈들도 전반적으로 재조직되는 결과가 될 수 있을까? 위계적 통합의 개념은 초기 이슈가 뒤따르는 이슈들과 조화를 이루게 된다고 가정하므로 비슷한 역행 과정을 통해서 현재 두드러지는 발달 이슈의 긍정적 해결을 통하여 초기 이슈들도 혜택을 볼 수 있다는 주장이 가능할 것이다.

발달적 고려와 개입

비전형적 발달을 이해하고 그 지식을 정신병리의 예방과 개선에 적용하는 데 관심이 있는 이들은 적어도 부분적으로는 발달정신병리학 관점의 영향으로 인하여 점차 더 치료의 발달적 차원에 민감해지고 있다. 예를 들어, 심리치료자들은 특정 치료 한 가지가 생애 전반에서 두루 효과를 보일 가능성은 낮다는 것을 더 잘 인식하게 되었다. 게다가 나이가 비슷하다고 단일한 집단으로 간주해서는 안 된다. Noam(1992)은 발달 지식에 기반을 둔 청소년 개입을 논의하면서 청소년들의 세계관은 자신과 또래, 그리고 부모를 이해하는 데 사용하는 의미체계에 의해서 정의된다는 것을 강조하였다. 따라서 Noam은 증상, 인지, 그리고 질병에서 회복되는 양상에서 차이가 있으면 다른 심리치료 방법을 제공해야 한다는 입장을 옹호한다. 효과적인 심리치료적 개입을 제공하려면 각 개인의 발달적 조직을 깊이 있게 이해할 필요가 있다. 이는 성인기에서보다 발달적 변화와 재조직이 훨씬 더 빠르게 일어나는 아동기에 특히 중요하다.

발달 과정의 어느 시점에, 왜 장애가 발생했는지, 얼마나 지속되었는지, 그리고 기능장애의 어떤 전조를 확인할 수 있었는지 등의 요인에 주목하려면 예방과 개입 전략이 적절한 시기에 적절한 방향으로 진행되도록 하는 발달적 접근이 있어야 한다. 사실 개입의 내용보다도 발달적으로 적절한 시점에 맞추는 것이 더 중요할 수 있다. 최소한 개입의 효과는 개입이 제공되는 발달 시기 관련 요인들에 대한 민감성과 반응성에 따라서 증진될 수도 있고 억제될 수도 있다. 마찬가지로 실제 치료에 의뢰된 것은 수년 후라고 할지라도 개입을 할 때에는 병리를 유발한 손상이 발생한 발달 시기를 고려할 필요가 있다. 예컨대 성학대가 아동의 언어 습득 이전에 발생했을 경우 학대 경험이 언어적으로 부호화되지 못했을 가능성이 있으므로 언어적 개입보다 놀이치료 등 보다 경험적 접근이 더 효과가 좋을 수 있다(Howe, Cicchetti & Toth, 2006). 또 다른 예를 들면 아동기 우울증의 경우 정동장애의 발병에 기여했을 가능성이 있는 스트레스 사건이 발생한 발달 시기를 고려해야 한다. 개별화와 자율성이 핵심인 유아기에 부모를 상실했다면 동일한 상실을 후기 아동기에 경험했을 경우보다 그 파급 효과가 더 클 수 있다. 이와 같은 이슈들은 장애로 귀결된 부정적 경로가 시작된 발달 시점에 대한 지식에 근거를 두어야 한다.

또한 발달 과정 어디에서 병리적 과정이 시작되었는지에 관련된 요인들을 밝히려면 아동의 발달적 역량을 이해할 필요가 있다. Shirk(1988)는 심리치료적 개입으로 이득을 볼 수 있는 능력에서 발달의 역할을 논의하였다. 구체적으로 아동·청소년에게 개입을 제공할 때에는 인과관계 추론, 정서의 이해, 자기 이해와 언어능력 등의 발달 영역 전부를 이해하고 관심을 가져야 한다.

일반적으로 심리치료는 의뢰 사유인 행동 문제에 기여했을 가능성이 있는 내적 혹은 외적 이슈를 아동이 새롭게 이해하도록 돕는다는 것이 일치된 의견이다. 내외적 이슈에 대한 새로운 이해는 치료자의 해석을 통해서 생긴다고 가정한다. 그러나 그 기법의 효과는 해석 과정을 이해하는 아동의 능력에 의해 제한된다는 사실은 널리 논의되지 않고 있다. 아동의 발달적 역량을 고려하지 않으면 치료 맥락 안밖에서의 행동을 잘못 해석하게 되고 아동의 발달 수준에 적합하지 않은 심리치료 기법을 사용하는 결과가 될 수 있다. 더구나 다양한 위험요인 혹은 정신병리적 환경은 발달적 혼란 및 지연과 연관되어 있을 수 있으므로 나이만으로 특정 개입으로 이득을 볼 수 있는 능력이 아동에게 있는지 여부를 판단하기는 어렵다. 예를 들어 학대받은 아동은 생리적 상태와 부적 정서를 표현하는 내적 상태 언어가 부족한 것으로 알려져 있다(Beeghly & Cicchetti, 1994). 비록 그러한 발달지체가 실제 언어적 결손을 의미하는 것인지, 아니면 학대하는 보호자를 언짢게 만들 수 있는 말을 감시(조정)하는 적응적 반응인지는 확실하지 않지만 아동 심리치료를 할 때에는 그 차이가 가지는 함축된 의미를 반드시 고려해야 한다. 따라서 학대받은 아동에게 언어를 통한 개입이 도움이 될 수 있는지를 표준적 지침으로 판단하려고 한다면 잘못된 결론을 내릴 수 있다. 또한 학대받은 아동들은 자기 체계에 기능장애와 혼란이 있고 일반적으로 자기관이 덜 긍정적이라는 연구도 있다. 자기체계에서의 결함은 학대받은 아동에게 제공할 수 있는 개입 유형을 제한할 가능성이 있다. 실제로 인간관계를 심리치료로 인한 변화의 필수적인 구성요소로 보지 않는 기간 제한적 개입은 자기 체계 병리를 가진 아동·청소년들에게 효과적이지 않을 것이라는 주장이 나올 수 있다(Toth, Gravener-Davis, Guild, & Cicchetti, 2013). 어떤 개입이 유익할지를 결정할 때에는 이러한 이슈들을 반드시 고려해야 한다.

예를 들어 학대받은 유아들이 내적 상태 단어(즉 자기 언어)가 상대적으로 빈약한 것은 정서 혹은 특정 정서 범주(예 : 부정적 정서; Beeghly & Cicchetti, 1994)의 표현을 부모가 못하게 하였기 때문일 수 있다. 이 아동들은 부모의 요구에 따르려고 애쓰면서 과잉통제 양상을 보이게 될 수 있다. 학대 부모는 정서를 드러내는 것을 견디기 어려워하므로 대체 보호자가 필요할 수 있다. 그러나 학대받은 아동의 과잉통제 자세는 적응적 대처전략일 수 있다는 점을 가볍게 봐서는 안 된다. 예를 들어 아동에게 분노를 언어로 표현하게 가르치려면 부모가 정서 표현의 증가를 처벌하지 않고 적응적으로 다룰 수 있어야 한다. 환경에서 그러한 변화를 너그럽게 받아줄 것이라는 보장이 없는데, 유아가 상호작용 형태를 바꾸는 것은 해가 될 수 있다. 따라서 아동 대상의 개입에 앞서서 부모와의 집중적 작업이 이루어져야 한다. 그에 대신하여 대체 보호자를 투입하거나 영구적 수양 가정에의 배치를 고려할 필요가 있다.

비록 아동심리치료 효과 연구에서 일반적으로 아동의 발달 수준이 고려되지 않았지만 인지발달과 치료결과의 개념적 연결은 존재해왔다. 인지발달 성장도 개입의 목표, 혹은 여러 발달 영역에서의 치료적 성장을 증진시키는 방법의 하나로 개념화되어 왔다(Noam, 1992). 개념적 핵심이 어디에 있든 발달, 그리고 치료 과정에서의 발달의 역할을 충분히 이해하면 아동 심리치료의 효과에 크게 도움이 될 것이다.

질병의 발전 과정

질병의 발전 과정 관련 이슈 또한 개입에 함축된 의미를 지닌다. 앞에서 논의되었듯이 서로 다른 경로가 유사한 결과에 이를 수 있고, 역으로 유사한 경로가 다른 결과로 이어질 수 있으므로 임상가들은 치료 전략에 적절한 변화를 주는 것이 중요하다. 예컨대 아동의 발달력, 생애 단계, 현재 기능, 그리고 심리적 그리고 생물학적 영역에서의 발달적 조직, 그리고 해당 장애의 본질적 특성 등 모두를 치료의 계획 과정에서 고려해야 한다.

마찬가지로 개입에서는 전적으로 한 발달 영역에 집중해서 특정 정신병리를 다룰 수 있다고 가정하기보다는 인지, 언어, 정서, 상징 등 여러 발달 영역에 주의를 돌려야 한다. 주로 생물학적 손상이나 특성의 결과로 보는 상태에도 이러한 관점은 해당된다. 이는 한 영역에서의 부적응이 다른 영역에서의 기능에 영향을 미치기 때문이다. 따라서 성공적인 개입, 효과가 지속적으로 유지되는 개입을 하려면 원인적 영향과 결과의 보다 광범위한 기반을 다루어야 한다.

향후 방향

발달정신병리학 옹호자들이 구체화한 원칙 중 하나는 정상과 이상, 생물학과 심리학, 그리고 연구와 실무 사이의 간극을 좁히는 것이다. 따라서 이들 영역이 통합되면 위험 상태와 정신장애에 대한 이해를 높여서 결과적으로 치료와 개입에 대한 이해도 향상될 것이다. 그러나 이러한 잠재 가능성이 제대로 실현되기 위해서는 발달정신병리학 접근이 더 잘 받아들여져야 할 것이다.

앞으로 수십 년간 아동·청소년을 위한 개입을 설계, 제공, 그리고 평가할 때 발달적 이슈에 대하여 더 많은 관심을 기울일 필요가 있다. 그러한 연구의 필요성은 계속 제기되어 왔지만(Cicchetti & Toth, 2015), 개입이 최적의 발달로 이어질 가능성이 높은 발달적 기회의 창(developmental window)을 밝혀내는 등의 이슈에 대한 포괄적 연구는 쉽게 떠오르지 않고 있다. 관련해서 심각한 스트레스나 외상사건의 경험 후 어느 시점에 개입을 해주어야 추후의 부정적 후유증을 효과적으로 완화시킬 수 있는지도 아직 확실하지 않다. Weisz와 Hawley(2002)가 논의하였듯이 우리가 이미 알고 있는 것과 이를 개입에 반영하는 것 사이에 격차가 있는 이유는 분명하지 않지만 여러 이슈들이 작용할 수 있다. 발달 연구와 치료 연구는 목표가 다르다. 발달 연구는 설명하는 것에 비중을 두는 데 반하여 치료 연구는 규범을 정하는 데 비중을 둔다. 발달 연구에서는 일반적으로 집단 자료를 얻게 되는데, 개입 연구자들은 집단 자료를 개별 내담자에게 적용하기 어렵다고 생각하여 연구에서 얻은 지식을 치료 계획에 반영시키지 않으려고 할지 모른다. 마지막으로 다수의 임상 연구에서 공존장애가 있는 집단을 엄격하게 배제하고 있어서 연구 결과를 임상 현장에 일반화시키기는 어려울 수 있다. 쉬운 과제는 아니겠지만 개입 시기를 발달에 맞추는 것과 개입 성과의 관계에 대한 연구가 무엇보다도 중요하다.

이 장에서 계속 강조해왔듯이 예방과 개입 서비스의 설계와 실행에는 발달적으로 상호 관련된 현상들이 반영되어야 한다. 마찬가지로 발달적 관점은 서비스 효과성의 평가에도 필요하다. 위험요인 혹은 병리적 과정의 동반 현상이 특정 사건이 발생한 발달 시기에 따라 달라질 수 있듯이, 치료의 효과성도 발달적 고려사항에 대한 민감도에 따라 달라진다. 장애의 결과가 발달 시기에 따라 달라진다는 연구가 많아지고 있기 때문에 특정한 발달 이슈와 관련된 후유증을 염두에 두고 개입을 설계하고 목표를 추구하는 것은 개입의 제공에서 추구할 유망한 방향이다.

개입을 위한 정보 제공과 평가에서 발달정신병리학의 대단한 잠재력을 실현하기 위해서도 이론 모델의 복잡성을 연구의 측정 및 자료 분석 전략이 감당할 수 있도록 그 충실성을 향상시킬 필요가 있다(Richters, 1997). 이와 관련해서 임상과 연구 노력을 오로지 집단 수준 정보에만 집중하기보다는 서로 다른 개인들의 기능의 근저에 있는 과정도 조사해야 한다. 예를 들어 Weisz와 Hawley(2002)는 인지능력에 따라 치료의 성과가 달라질 수 있고 청소년들 사이에서 인지능력의 차이가 크다는 점을 감안하면 청소년 치료에서 인지적 차원에 주목하는 것이 중요하다는 점을 강조하고 있다. 발달에서 동일결말성과 다중결말성이 존재한다는 것은 우리가 현재 대세를 이루고 있는 변인 지향 접근을 취하기보다는 개인 수준 과정과 결과에서의 다중성을 이해하려는 노력이 더 많이 필요함을 시사한다(Bergman & Magnusson, 1997). 적응과 부적응으로 가는 다양한 경로를 포착하도록 설계된 연구의 자료에서 개입 전략을 위한 가장 좋은 정보를 얻을 수 있다는 것은 분명하다(Cicchetti & Rogosch, 1996). 예를 들어 특정 개입을 받을 사람들을 단순히 진단을 기준으로 하지 않고 발달 조직화에 따라서 찾아낼 가능성이 점점 더 커지고 있다. 개인의 자기성찰 정도와 결과에 대한 책임을 외적요인으로 돌리는 성향 문제가 치료자의 개입유형 선택, 그리고 개입의 효과성에서 중요한 역할을 할 수 있다.

정신병리 과정의 출현과 완화에서의 발달적 변이의 역할 또한 아동과 청소년을 위한 서비스 연속체의 고안이 중요하다는 것을 강조하고 있다. 발달적 변이는 성장의 기회이면서 동시에 도전이므로 변화와 재조직화 시기를 활용해서 치료를 도입하면 심리치료가 보다 효과적이고 효과가 지속될 가능성이 높을 것이다. 물론 그러한 관점을 취하려면 한정된 특정 정신장애에 대하여 의료비를 지급하는 현상유지 위주의 정신건강 서비스 제공 모델과는 결별해야 한다. 서비스 제공 체계의 관리자들이 정신병리에 대한 대처뿐 아니라 장애의 출현, 예방과 건강 증진의 중요성(Cowen, 1994)을 인식하지 못하면, 정신장애 아동에 대한 서비스 제공 비용은 발달 초기 단계에 개입을 시작할 때의 비용에 비하여 지속적으로 증가하게 될 것이다. 반드시 필요한 종합적 서비스 제공 체계를 제대로 구성하려면 전통적으로 별개의 구획으로 나뉘어 있는 정신건강, 특수교육, 그리고 사회복지체계 또한 재검토해야 한다. 아동정신병리의 본질상 다양한 서비스 체계와 연관되어 있는 별개의 분야들에 걸쳐 있으므로 통합적 개입체계가 개발되어야 한다.

현재 개입의 평가에서는 대부분 심리사회적 행동적 분석 수준의 과정이 주조를 이루는 실험 설계와 측정 도구가 지속적으로 사용되어 왔다. 전통적으로 아동 · 청소년에 대한 예방적 개입의 효과 평가에서는 신경생물학적 및 생리적 체계에 별로 관심을 갖지 않았다(Cicchetti & Gunnar, 2008). 발달정신병리학 관점에 따라 복잡한 발달 과정의 이해를 위하여 다중 수준 분석을 도입하는 경험적 연구들이 점점 증가하고 있다(Cicchetti & Gunnar, 2008; Cicchetti & Natsuaki, 2014). 다중 수준 분석 접근에서는 정신건강 문제를 뇌 질환으로 정의하는 데에서 한

걸음 더 나아가 이를 전 생애에 걸친 유전적·신경생물학적·사회적·심리적·환경적 영향의 확률적이고 쌍방향이며 상호교류적 상호작용이라는 보다 역동적 개념화를 제안한다(Cicchetti & Toth, 2009; Toth et al., 2013). 개입을 설계할 때 이러한 이론들을 참고할 필요가 있다. 개입의 효과와 이론에 부합되는 기계적 과정을 온전히 파악하여 평가하기 위해서는 연구자들이 다중 수준 분석의 척도를 정례적으로 포함시킬 필요가 있다.

개입이 뇌구조와 기능에 미치는 효과에 대한 관심이 커지고 있다. 이러한 관심은 뇌의 가소성, 그리고 스트레스에 대한 생리적 반응, 분자 카스케이드 등 내적 경험과 학습경험, 환경적 노출 등 외적 경험에 따라 뇌가 달라질 수 있음이 알려지면서 힘을 받고 있다(Whitten, 2013). 뇌의 가소성은 복잡하고 분자변이, 세포 수준의 변화, 신경구조와 상호연결의 조형, 그리고 기능의 재조직화 등 다양한 수준에서 일어날 수 있다(Whitten, 2013). 연구자들은 이제 뇌에 변화가 있으면 행동이 변화할 뿐 아니라 행동 또한 피드백 기제를 통하여 뇌의 가소성을 더 유발시킬 수 있다는 것을 이해하고 있다(Whitten, 2013). 효과적 개입이란 부적응을 바꾸고 회복 기능의 증진을 위하여 경험에 의한 가소성을 유발하는 방법의 한 가지라고 개념화할 수 있다(Cicchetti & Toth, 2009). 예방적 개입 실험에의 신경영상법 도입은 뇌의 구조와 기능을 생생하게 눈으로 보고 뇌, 유전자, 환경, 행동 간의 복잡한 상호작용을 더 잘 이해할 수 있는 여러 가지 길을 제시해주고 있다. 양극성장애 청소년들의 신경영상 연구들은 뇌 구조의 변화를 보여주고 있다(Brunner et al., 2010; Goodman et al., 2011). 다중 수준 개입 효과 실험은 개입에 의해서 유발된 생리적·심리적 요인 간 상호교류를 한층 더 잘 설명해줄 수 있다.

이제 개입을 평가할 때 점례적으로 행동적·생물학적 척도를 설계에 포함시킬 때가 되었다(Cicchetti & Gunnar, 2008). 그러한 다중 수준 개입 평가는 과학자들로 하여금 이론적으로 예측한 행동 변화뿐 아니라 이상 생물학적 구조, 기능 그리고 조직이 변경 가능한지, 혹은 개입을 해도 변화시키기 어려울지 확인할 수 있게 해준다. 효과적인 개입은 부적응적 행동뿐 아니라 행동의 세포 및 생리적 상관현상도 변화시킬 수 있음을 지지하는 증거가 점차 증가하고 있다(예 : Cicchetti, Rogosch, Toth, & Sturge-Apple, 2011; Dozier et al., 2008). 인간 대상의 성공적인 예방적 개입은 뇌의 새로운 구조적 조직을 형성하는 유전자 표현을 변화시켜서 행동과 생리 기능을 변화시킬 수 있다(Kandel, 1999).

일부 정신장애자 혹은 심각한 역경을 경험한 사람들의 신경생물학적 문제가 불가역적인지, 혹은 신경가소성이 발휘될 가능성이 높은 특정한 민감한 시기가 있는지는 현재는 알려져 있지 않다. 더구나 다른 신경체계보다 더 가소성이 높은 신경체계가 있는지, 특정 신경체계는 변화가 더 어려운지 혹은 신경가소성이 발생할 수 있는 시기적으로 제한된 '창'이 있는지 알 수 없다. 발달적 생애의 여러 시점에서 다중 수준 개입을 시행하면 이러한 도전적 질문에 대한 답을 얻을 가능성이 있다. 더구나 부적응의 경감과 회복탄력적 기능의 증진 혹은 실패한 긍정적 적응의 회복을 위한 개입에 신경생리학적 틀을 끼어넣으면 생물학적 그리고 심리적 수준의 다층 분석에서 얻은 지식을 바탕으로 개별화된 개입을 설계할 수 있을 것이다.

맺음말

이 장에서 우리는 발달정신병리학의 틀이 아동·청소년들을 대상으로 하는 개입과 심리치료의 개발과 평가에 대한 통합적 접근이라고 제안하였다. 아동·청소년 심리치료의 제공과 평가와 관련된 정상 발달과 비전형적 발달에 관하여 상당한 지식이 축적되어 있다. 이제는 연구자들과 심리치료를 시행하고 있는 사람들 간에 대화를 지속하고 더욱 활성화시키는 것이 매우 중요하다. 발달정신병리학 관점이 전통적 아동 심리치료에 도입되면 아동·청소년 심리치료가 활성화되고 활기를 되찾는 데 도움이 될 것이다.

감사의 글

이 장에서 인용한 연구는 다음의 지원을 받아 수행되었다. National Institute of Mental Health (No. MH 54643), Klaus J. Jacobs Fundation(Dante Cicchetti, Sheree L. Toth), Spunk Fund Inc. (Dante Cicchtti).

참고문헌

Barnett, D., Ganiban, J., & Cicchetti, D. (1999). Maltreatment, negative expressivity, and the development of Type D attachments from 12- to 24-months of age. *Society for Research in Child Development Monograph, 64,* 97–118.

Beeghly, M., & Cicchetti, D. (1994). Child maltreatment, attachment, and the self-system: Emergence of an internal state lexicon in toddlers at high social risk. *Development and Psychopathology, 6,* 5–30.

Bergman, L. R., & Magnusson, D. (1997). A person-oriented approach in research on developmental psychopathology. *Development and Psychopathology, 9*(2), 291–319.

Bowlby, J. (1982). *Attachment and loss* (Vol. 1). New York: Basic Books. (Original work published 1969)

Brunner, R., Henze, R., Parzer, P., Kramer, J., Feigl, N., Lutz, K., et al. (2010). Reduced prefrontal and orbitofrontal gray matter in female adolescents with borderline personality disorder: is it disorder specific? *NeuroImage, 9,* 114–120.

Carlson, V., Cicchetti, D., Barnett, D., & Braunwald, K. (1989). Disorganized/disoriented attachment relationships in maltreated infants. *Developmental Psychology, 25,* 525–531.

Caspi, A., Hariri, A., Holmes, A., Uher, R., & Moffitt, T. E. (2010). Genetic sensitivity to the environment: The case of the serotonin transporter gene (5-HTT) and its implications for studying complex diseases and traits. *American Journal of Psychiatry, 167,* 509–527.

Cicchetti, D. (1984). The emergence of developmental psychopathology. *Child Development,*

55(1), 1–7.

Cicchetti, D., & Dawson, G. (2002). Multiple levels of analysis. *Development and Psychopathology, 14,* 417–420.

Cicchetti, D., & Gunnar, M. R. (2008). Integrating biological processes into the design and evaluation of preventive interventions. *Development and Psychopathology, 20,* 737–743.

Cicchetti, D., & Natsuaki, M. N. (Eds.). (2014). Multilevel developmental perspectives toward understanding internalizing disorders: Current research and future directions [Special issue]. *Development and Psychopathology, 26,* 1189–1576.

Cicchetti, D., & Pogge-Hesse, P. (1982). Possible contributions of the study of organically retarded persons to developmental theory. In E. Zigler & D. Balla (Eds.), *Mental retardation: The developmental-difference controversy* (pp. 277–318). Hillsdale, NJ: Erlbaum.

Cicchetti, D., & Posner, M. I. (2005). Cognitive and affective neuroscience and developmental psychopathology. *Development and Psychopathology, 17,* 569–575.

Cicchetti, D., & Rogosch, F. A. (1996). Equifinality and multifinality in developmental psychopathology. *Development and Psychopathology, 8,* 597–600.

Cicchetti, D., Rogosch, F. A., & Toth, S. L. (2006). Fostering secure attachment in infants in maltreating families through preventive interventions. *Development and Psychopathology, 18,* 623–649.

Cicchetti, D., Rogosch, F., Toth, S. L., & Sturge-Apple, M. L. (2011). Normalizing the development of cortisol regulation in maltreated infants through preventive interventions. *Development and Psychopathology, 23,* 789–800.

Cicchetti, D., & Toth, S. L. (2009). The past achievements and future promises of developmental psychopathology: The coming of age of a discipline. *Journal of Child Psychology and Psychiatry, 50,* 16–25.

Cicchetti, D., & Toth, S. L. (2015). Child maltreatment. In M. Lamb (Ed.), *Handbook of child psychology and developmental science: Vol. 3. Socioemotional process* (7th ed., pp. 513–563). New York: Wiley.

Cowen, E. L. (1994). The enhancement of psychological wellness: Challenges and opportunities. *American Journal of Community Psychology, 22,* 149–179.

Dozier, M., Peloso, E., Lewis, E., Laurenceau, J. P., & Levine, S. (2008). Effects of an attachment-based intervention on the cortisol production of infants and toddlers in foster care. *Development and Psychopathology, 20,* 845–885.

Ellis, B. J., Boyce, W. T., Belsky, J., Bakermans-Kranenburg, M. J., & van IJzendoorn, M. H. (2011). Differential susceptibility to the environment: An evolutionary-neurodevelopmental theory. *Development and Psychopathology, 23,* 7–28.

Fonagy, P., Cottrell, D., Phillips, J., Bevington, D., Glaser, D., & Allison, E. (2015). *What works for whom?: A critical review of treatments for children and adolescents.* New York: Guilford Press.

Goodman, M., Hazlett, E. A., Avedon, J. B., Siever, D. R., Chu, K. W., & New, A. S. (2011). Anterior cingulate volume reduction in adolescents with borderline personality disorder and co-morbid major depression. *Journal of Psychiatric Research, 45,* 803–807.

Heim, C., & Binder, E. B. (2012). Current research trends in early life stress and depression: Review of human studies on sensitive periods, gene–environment interactions, and epigenetics. *Experimental Neurology, 233,* 102–111.

Hinshaw, S. P. (2002). Intervention research, theoretical mechanisms, and causal processes related to externalizing behavior problems. *Development and Psychopathology, 14,* 789–818.

Hollon, S. D., & Beck, A. T. (2013). Cognitive and cognitive-behavioral therapies. In M. J. Lambert, A. E. Bergin, & S. L. Garfield's (Eds.), *Handbook of psychotherapy and behavior change* (6th ed., pp. 393–432). Mahwah, NJ: Wiley.

Howe, M. L., Cicchetti, D., & Toth, S. L., (2006). Children's basic memory processes, stress, and maltreatment. *Development and Psychopathology, 18,* 759–770.

Ialongo, N., Rogosch, F. A., Cicchetti, D., Toth, S. L., Buckley, J., Petras, H., et al. (2006).

A developmental psychopathology approach to the prevention of mental health disorders. In D. Cicchetti & D. J. Cohen (Eds.), *Developmental psychopathology* (Vol. 1, 2nd ed., pp. 968-1018). New York: Wiley.

Izard, C. E., Fine, S., Mostow, A., Trentacosta, C., & Campbell, J. (2002). Emotion processes in normal and abnormal development and preventive intervention. *Development and Psychopathology, 14,* 761-787.

Kandel, E. R. (1999). Biology and the future of psychoanalysis: A new intellectual framework for psychiatry revisited. *American Journal of Psychiatry, 156,* 505-524.

Karg, K., Burmeister, M., Shedden, K., & Sen, S. (2011). The serotonin transporter promoter variant (5-HTTLPR), stress, and depression meta-analysis revisited: Evidence of genetic moderation. *Archives of General Psychiatry, 68,* 444-454.

Kellam, S. G., & Rebok, G. W. (1992). Building developmental and etiological theory through epidemiologically based preventive intervention trials. In J. McCord & R. E. Tremblay (Eds.), *Preventing antisocial behavior: Interventions from birth through adolescence* (pp. 162-195). New York: Guilford Press.

Koretz, D. (1991). Prevention-centered science in mental health. *American Journal of Community Psychology, 19,* 453-458.

Lieberman, A. F., & Van Horn, P. (2005). *Don't hit my mommy: A manual for child–parent psychotherapy with young witnesses of family violence.* Washington, DC: Zero to Three Press.

Masten, A. S., & Cicchetti, D. (2016). Resilience in development: Progress and transformation. In D. Cicchetti (Ed.), *Developmental psychopathology: Vol. 4. Risk, resilience, and intervention* (3rd ed., pp. 271-333). New York: Wiley.

Noam, G. (1992). Development as the aim of clinical intervention. *Development and Psychopathology, 4,* 679-696.

Petersen, A. C., & Crockett, L. (1985). Pubertal timing and grade effects on adjustment. *Journal of Youth and Adolescence, 14,* 191-206.

Pickreign Stronach, E., Toth, S. L., Rogosch, F., & Cicchetti, D. (2013). Preventive interventions and sustained attachment security in maltreated children. *Development and Psychopathology, 25,* 919-930.

Richters, J. E. (1997). The Hubble hypothesis and the developmentalist's dilemma. *Development and Psychopathology, 9,* 193-199.

Roth, A., & Fonagy, P. (2005). *What works for whom?: A critical review of psychotherapy research.* New York: Guilford Press.

Shirk, S. (1988). Causal reasoning and children's comprehension of therapeutic interpretations. In S. Shirk (Ed.), *Cognitive development and child psychotherapy* (pp. 53-90). New York: Plenum Press.

Sroufe, L. A. (1979). The coherence of individual development: Early care, attachment, and subsequent developmental issues. *American Psychologist, 34,* 834-841.

Sroufe, L. A. (1997). Psychopathology as an outcome of development. *Development and Psychopathology, 9,* 251-268.

Sroufe, L. A. (2007). The place of development in developmental psychopathology. In A. Masten (Ed.), *Multilevel dynamics in developmental psychopathology pathways to the future: The Minnesota Symposia on Child Psychology* (Vol. 34, pp. 285-299). Mahwah, NJ: Erlbaum.

Sroufe, L. A. (2013). The promise of developmental psychopathology: Past and present. *Development and Psychopathology, 25,* 1215-1224.

Sroufe, L. A., Egeland, B., & Kreutzer, T. (1990). The fate of early experience following developmental change: Longitudinal approaches to individual adaptation in childhood. *Child Development, 61,* 1363-1373.

Sroufe, L. A., & Rutter, M. (1984). The domain of developmental psychopathology. *Child Development, 55,* 17-29.

Szyf, M., & Bick, J. (2013). DNA methylation: A mechanism for embedding early life experiences in the genome. *Child Development, 84,* 49-57.

Thibodeau, E. L., August, G. J., Cicchetti, D., & Symons, F. J. (2016). Application of environmental sensitivity theories in personalized prevention for youth substance abuse: A transdisciplinary translational perspective. *Translational Behavioral Medicine, 6*(1), 81-89.

Toth, S. L., Gravener-Davis, J. A., Guild, D. J., & Cicchetti, D. (2013). Relational interventions for child maltreatment: Past, present, and future perspectives. *Development and Psychopathology, 25,* 1601-1617.

Toth, S. L., Rogosch, F. A., Manly, J. T., & Cicchetti, D. (2006). The efficacy of toddler-parent psychotherapy to reorganize attachment in the young offspring of mothers with major depressive disorder. *Journal of Consulting and Clinical Psychology, 74,* 1006-1016.

Uher, R. (2011). Genes, environment, and individual differences in responding to treatment for depression. *Harvard Review of Psychiatry, 19,* 109-124.

von Bertalanffy, L. (1968). *General system theory: Foundations, development, applications.* New York: Braziller.

Waters, E., & Sroufe, L. A. (1983). Competence as a developmental construct. *Developmental Review, 3,* 79-97.

Weisz, J. R. (1997). Effects of interventions for child and adolescent psychological dysfunction: Relevance of context, developmental factors, and individual differences. In S. S. Luthar, J. Burack, D. Cicchetti, & J. R. Weisz (Eds.), *Developmental psychopathology: Perspectives on adjustment, risk, and disorder* (pp. 3-22). New York: Cambridge University Press.

Weisz, J. R. (2014). Building robust psychotherapies for children and adolescents. *Perspectives on Psychological Science, 9,* 81-84.

Weisz, J. R., & Hawley, K. M. (2002). Developmental factors in the treatment of adolescents. *Journal of Consulting and Clinical Psychology, 70,* 21-43.

Whitten, L. A. (2013). Translational neuroscience and potential contributions of functional magnetic resonance imaging (fMRI) to the prevention of substance misuse and antisocial behavior. *Prevention Science, 14,* 238-246.

Williams, J. M., & Dunlop, L. C. (1999). Pubertal timing and self-reported delinquency among male adolescents. *Journal of Adolescence, 22,* 157-171.

Zigler, E., & Glick, M. (1986). *A developmental approach to adult psychopathology.* New York: Wiley.

CHAPTER 29

임상치료에서 아동 · 청소년을 위한 개별화된 근거기반 심리치료

Mei Yi Ng & John R. Weisz

아동 · 청소년 심리치료의 근거기반에 대한 고찰

지난 수년간의 우리의 연구는 아동 · 청소년(이 장에서는 총칭하여 '청소년'이라 하겠음) 심리치료의 경험적 근거를 찾는 메타분석과 더불어 치료법의 개발과 효과 탐색을 포함하고 있다. 이들 연구는 청소년 내재화, 외현화 문제들에 대해 진행되었다. 메타분석과 무선할당 통제실험(RCT)을 통해 우리가 알게 된 사실은 청소년 치료에 있어, 심지어 근거가 확립된 치료에서조차, 개선의 여지가 남아 있다는 점이다.

　메타분석적 차원에서 다양한 청소년 문제에 대한 여러 심리치료의 평균 효과크기는 중간에서 큰 정도인 것으로 나타났지만 이러한 평균효과(effect size, ES; 일반적으로 0.5를 중간 효과크기로, 0.8을 큰 효과크기로 보고 있음; Cohen, 1988)는 시간이 흐르면서 점차 감소하는 경향을 보이고 있다. 효과의 감소는 점점 더 엄격해지는 메타분석 방법, RCT 설계에서의 변화(예 : 통제조건으로 임상적으로 더 적극적인 조건을 사용하고 있음), 혹은 아직 확인되지 않은 다른 요소 때문일 수 있다. 가장 최근에 진행된 메타분석 연구에서(Weisz et al., in press), 우리는 지난 50년 동안(1963~2013) 진행된 447개의 RCT 연구들(30,431명의 청소년 포함)의 결과를 종합하였다. 이 연구들은 불안, 우울, ADHD, 품행 문제들을 다루고 있었다. 분석된 연구 전체에 대한 치료후 평균 ES는 0.46으로, 중간보다는 다소 낮은 수준이었다. 0.46이라는 ES는 치료조건에 있는 청소년이 통제조건에 있는 청소년보다 더 나은 상태에 있을 확률이 63%임을 의미하는 수치이다. 이는 50%라는 우연 확률보다는 더 높으나 극적으로 더 높다고 할 수 있는 수준은 아니다. 우리는 다른 메타분석도 실시하였다. 이들 연구에서 우리는 근거기반 심리치료(EBP)에 집중했는데, 이들 EBP가 임상적으로 좀 더 대표성 있는 맥락에서 통상적 임상치료보다 얼마나 더 효과적인지 알아보기 위해서였다. 통상치료와의 비교는 EBP가 현 임상 현장에 개선을 가져오는지 확인하기 위해서였다. 메타분석에서 평균 ES는 각각 0.30(Weisz, Jensen-Doss, & Hawley, 2006)과 0.29(Weisz, Kuppens et al., 2013)였는데, 이는 치료조건에 있는 청소년이 통상적 임상치료를 받고 있는 청소년보다 더 나은 상태에 있을 확률이 58%임을 의미하는 결과이다.

한편 '효과성 연구'(임상적으로 의뢰된 청소년들을 대상으로 한 연구로 이들은 임상치료 현장에서 임상 전문가에 의해 치료되었음) 상황에서 인지행동치료(CBT)의 효과를 검토한 우리의 RCT들은 통상치료와 비교했을 때 CBT가 임상 실무에 어떠한 도움을 주는지에 집중하였다. 이 중 하나는 청소년 우울을 위한 CBT를 다양한 지역사회 클리닉에서 진행했을 때의 효과를 검토했는데, 이 연구에서 임상가들과 청소년들은 CBT 혹은 통상치료 조건 중 하나에 무선 할당되었다(Weisz et al., 2009). 이 실험에서 CBT를 처치받은 청소년들과 통상치료를 처치받은 청소년들은 상당하지만 유사한 정도의 증상 변화와 우울 회복(>70%)을 나타내었다. 물론 CBT가 더 짧은 시간 안에 더 낮은 비용으로 더 적은 부수적 서비스(예 : 항우울제)를 가지고 이득을 창출했지만 말이다. 우리의 또 다른 지역사회 기반 RCT는 청소년 불안을 위한 CBT를 통상치료와 비교하였다(Southam-Gerow et al., 2010). 그 결과, 절반 이상의 청소년이 불안장애로부터 회복되었고, CBT와 통상치료 간에는 증상 변화, 진단 결과물, 치료 기간, 치료 비용, 추가적 서비스의 사용에서 유의한 차이가 나타나지 않았다.

메타분석과 RCT 연구 결과는 몇몇 전통적 심리치료 연구로부터 온 구조화된, 매뉴얼에 입각한 치료가 임상적으로 좀 더 대표적인 맥락에서 시행되었을 때 그리고 이런 맥락에서 통상치료와 비교되었을 때 감소된 효과를 보일 수 있음을 보여주었다. 이 같은 '전압 강하'의 원인을 우리는 청소년 심리치료 연구가 지난 수년간 구조화된 방식을 검토함으로써 설명할 수 있다고 생각한다. EBP로 확인된 것들을 포함한 매뉴얼에 입각한 치료 대부분이 실제 이 치료가 사용될 임상 실무 현장과는 다소 별개의 상황에서 개발되고 검증되었다. 1960~2000년대에 진행된 총 461명의 청소년을 대상으로 한 심리치료 RCT들을 검토한 결과(Weisz, Ng, & Bearman, 2014), 우리는 이들 연구의 단지 9.7%만이 임상 서비스 현장에서 치료를 제공하였음을 발견하였다. 비록 가장 최근 10년의 통계에서는 비율이 약간 상승하여 4.5%였지만, 사실 전체 집단(치료/통제 집단 모두 포함) 중 2.1%만이 임상 현장에서 임상 전문가들에 의해 처치를 제공받았다. 이는 연구자가 실험적 통제에 과한 노력을 쏟고 있음을 보여주는 증거이며, 일면 이해되는 부분이기도 하다. 하지만 통제에는 대가가 따른다. 실제 임상 현장과는 다른 상황에서 정신건강 개입 연구를 수행하는 것은 복잡한 일상에의 대처를 가능하게 하는 치료의 구축, 심지어는 EBP의 구축 기회를 제한한다. 바로 이 복잡한 세상이 치료 성공에 다양한 도전을 제기할 수 있다.

EBP와 실제 임상치료 사이에는 수많은 차이가 존재하지만(Weisz, Krumholz, Santucci, Thomassin, & Ng, 2015; Weisz, Ugueto, Cheron, & Herren, 2013 참조), 다음의 네 가지 예로 차이는 충분히 설명될 수 있다. 첫째, 실제 임상 세팅에서의 임상가는 다양한 진단적 문제들을 다루지만, 대부분의 EBP는 한 문제 혹은 동질 문제군(예 : 우울장애들)에 집중한다. 둘째, 임상적으로 의뢰된 청소년들은 보통 공병장애를 가지고 있다. 많은 EBP의 단일 문제적 특성은 이런 공병 상태를 전달하는 데 한계를 지닌다. 셋째, 치료에 대한 요구는 치료 중 변화하며, 어떤 때는 매우 현저히 변화한다. 청소년 우울만에 집중된 EBP를 사용하는 임상가는 치료 도중 심각한 품행 문제나 불안 문제가 등장하면 노 없이 배를 모는 격으로 곤궁에 빠질 수 있다. 넷째, 언급한 특징들은 시시각각 변하는 내담자의 근심, 새로운 치료적 접근을 요구하는 뜻밖의 고백이나 울음과 함께 임상치료를 예측할 수 없는 경로로 가게 만들 수 있다. 이는 일련의 표준화된 회기 내용을 고정된 순서로 제공하는 EBP의 다소 선형적 설계와 대조를 이룬다. 엄밀하게는 EBP도 약간의 융통성을 제공하고는 있으나(예 : 보상 변화시키기, 청소년 인지 능력에 맞추어 개념 설명하기), EBP 매뉴얼은 공병, 치료 장애물, 계획 변경을 요구하는 새로운 정보, 치료 선로를 벗어나게 하는 위기 등을 다루는 데 있어 대체로 지시가 부족한 편이다.

더 큰 도전은 EBP 평가에 자주 사용되는 RCT 접근으로 인해 발생한다. RCT의 초점은 보통 특정 치료가 통제조건 혹은 대안치료보다 더 큰 이득을 내는가 검증하는 데 맞춰져 있다(Persons, 1991 참조). 반대로 현장의 임상가에게는 서로 다른 성격이나 선호도를 가진 개별 내담자들을 위해 그 개인에 맞는 고유한 치료 접근을 선택할 것이 요구된다. RCT와 메타분석은 이 같은 개별 치료 선택과 관련한 정보 제공에 있어 본질적으로 한계를 나타내고 있고, 따라서 다른 보완적인 전략들과 결합될 필요가 있다. 우리 작업의 주요 목표는 EBP의 장점은 유지시키는 상태에서 동시에 EBP를 임상치료 도전들에 더 잘 준비시키는 것이다.

우리의 연구를 주도한 개념적 모델

우리 연구의 상당 부분은 배치중심 모델(deployment-focused model)에 기반을 두고 있다(Weisz, 2004; Weisz et al., 2015). 이 모델은 임상 현장에서 내담자와 임상가에게 활용될 개입을 구축하고 이를 검증할 수 있게 하는 절차를 포함한다. 우리의 목적은 임상 현장에서 치료를 성공적으로 이끌기 위해 요구되는 여러 치료 관련 특성들을 찾고, 이들 특성이 과학 과정의 일부로서 개입에 포함될 수 있도록 돕는 모델 창출에 있다. 특히 이 장에서의 우리의 초점은 이 모델의 중요한 적용인 치료 개별화 전략 구축에 있다.

임상 현장에서 잘 작동하는 EBP를 만드는 것은 어려운 일인데, 이는 청소년 특성, 가족 특성, 공병 문제, 치료 중 발생하는 사건과 정보에 잘 조율된 치료를 만들어야 하기 때문이다. 이 문제는 개별화된 EBP를 개발하는 전략을 찾아냄으로써 해결할 수 있다. 우리는 **개별화된 정신건강 개입**(personalized mental health intervention)을 최고의 결과를 내는 개인에 조율된 근거기반 개입 방법으로 정의하였다(Ng & Weisz, 2016; Weisz et al., 2015). 개별화된 EBP를 개발하기 위해서는 치료자는 치료(들)을 선택하고, 이들 치료의 결합 여부와 결합 방법을 결정하며, 어떤 것을 초기 목표로 하고 이를 위해 무슨 기법을 쓸 것인지 결정하며, 임상적 의사결정에 도움을 주기 위해 내담자 개인 특징과 치료에 대한 반응 정보를 이용해야 한다. 이 같은 계열의 개별화된 개입이 **정밀의학 모델**(precision medicine model)에서도 발견되고 있다(NAS, 2011). 암 발달의 유전자 운전자에서의 개인차를 확인한 것이 이런 운전자를 타깃으로 한 약물의 개발과 목표 운전자를 보유한 개인을 찾는 진단검사의 발달을 가능하게 했다(Hamburg & Collins, 2010). 이 접근은, 운전자 보유자의 치료에 대한 반응과 생존율을 향상시킨 관계로, 특정 암 치료에 있어 표준적 치료로서 자리하게 되었다. 종양학에서의 정밀의학의 성공은 정신건강을 포함한 (NIMH, 2015) 다른 건강 치료에서도 개별화된 개입을 시도하도록 촉발하였다(NAS, 2011).

심리치료를 개별화한다는 것은 아주 새로운 발상은 아니며(Persons, 2001 참조), 많은 임상가들은 이것이 바로 자신들이 지금까지 해왔던 일이라고 주장한다. 하지만 근거기반 틀에서 이 개념을 적용시키려는 노력(개별화 전략을 EBP에 적용하고 이 개입을 통제된 연구에서 검증하려는 노력)은 많은 임상적 안건을 만들어낼 수 있다. 여기서 우리는 우리와 다른 연구자들의 연구를 예로 제시함으로써 이런 안건 중 하나를 소개하고자 한다.

개별화된 개입 : 특성과 증거

개별화된 과정에서 우리는 세 가지 큰 주제에 집중하고자 한다. 최적의 개입 선택하기, 임상적 의사결정을 위해 개입에 대한 반응(개별화된 목표 성취 포함) 모니터링하기, 개인의 요구에 맞춘 맞춤형 개입 구축하기가 그것이다. 각 주제 안에서 우리는 각 주제에 해당하는 접근들을 소개하겠고 경험적 지지를 받는 예들을 제시할 것이다. 우리는 청소년을 포함한 예들을 강조할 것이지만 청소년 개입에 적용이 될 만한 성인 예들도 언급할 것이다.

최적의 치료 선택하기

효과적 치료가 다수 존재할 때 임상가와 가족은 어떤 치료나 치료 조합이 특정 청소년에게 최고로 도움이 될까 고민해봐야 한다. 몇몇 연구들은 개인에 최적의 치료를 찾는 데 관심을 두고 있다.

특정 내담자 특성을 전달하는 치료들의 효과를 비교한 메타분석

비동질적인 내담자들을 대상으로 개입 효과를 비교한 RCT들의 메타분석 결과는 어떤 치료를 선택할 것인가에 대한 정보를 제공하고 있다. 두 메타분석 연구를 살펴보자. 한 메타분석 연구 (Cuijpers et al., 2012)는 성인 우울을 전달하는 데 있어 심리치료, 약물치료, 심리-약물 결합치료 간 효과를 비교하였다. 그 결과, 최적의 치료는 기분부전의 경우 약물치료였고, 노인층과 외래환자의 경우 결합치료, 일차 진료 환자의 경우 심리치료 혹은 약물치료였다. 다른 16개 특성(예 : 강박장애를 공병으로 가진 경우)에서는 특정 치료를 제안할 만큼 증거가 충분하지 않았다. 차별적 효과를 만들어내는 내담자 특성으로는 내담자 선호도가 포함되어 있다. 또 다른 메타분석 연구(Lindhiem, Bennett, Trentacosta, & McLear, 2014)는 자신이 선호하는 치료조건(치료를 선택할 수 있게 한 조건)에 무선 할당된 혹은 치료자와 함께 의사를 결정한 조건에 무선 할당된 정신건강/신체건강 문제를 가진 내담자들이 비선호된/선택권이 없는 조건에 무선 할당된 내담자들보다 치료 만족도, 치료 완수율, 임상 결과물에서 약간 더 나은 결과를 나타냄을 발견하였다.

개별화된 매트릭스

메타분석은 보통 특정한 한 특성이 치료 효과를 예언하는 데 유용한지 검증한다. 이와는 달리 내담자가 대안적 개입으로부터 얻을 이득을 양화하는 개별화된 매트릭스는 개인을 위한 개입을 선택할 때 복수의 특성을 동시에 고려한다. 예를 들면, 치료 이득 확률(probability of treatment benefit, PTB; Lindhiem, Kolko, & Cheng, 2012)은 한 가지 혹은 그 이상의 특성이 있을 때 개인이 치료로부터 이득을 얻을 확률을 말한다. 아동 · 청소년 불안 다중모드치료 연구에서 연구자들은 각 처치조건의 문제 호전 경험 확률을 치료 전 증상 심각도별로 나누어 도표화하였다(Beidas et al., 2014). 치료 이득 확률은 심하게 불안한 청소년의 경우 치료조건[CBT, 선택적 세로토닌 재흡수 억제제(SSRI), CBT+SSRI]마다 달랐으나, 경미하게 불안한 청소년의 경우 치료조건마다 유의하게 다르지 않았다. 또 다른 예는 개별화된 이득 지표(Personalized Advantage Index, PAI)로, 이는 성인 우울을 다룬 2개의 RCT 연구[CBT 대 SSRI, CBT 대 대인관계 심리치료(IPT)]에서 최적의 치료를 찾기 위해 사용되었다(DeRubeis et al., 2014; Huibers et al., 2015). 차별적 반응을 예측하는 치료 전 내담자 특성(예 : 귀인 양식, 직업 유무)을 확인한 후, 이를 활용해 각 조건의 내담자 결과치 및 비최적 치료 대비 최적 치료의 이득을 추정하였다. 언급한 두 RCT의 저자들은 중간 정도의 효과를 보고하였는데, 효과가 비교적 동등한 것으로 알려진 치료들에서 이런 결과가 나온 것은 인상적이다.

데이터 마이닝 의사결정트리

다수의 특성들을 고려하는 치료적 의사결정은 데이터 마이닝으로부터 도출된 의사결정트리에 의해 도움을 받을 수 있다. 데이터 마이닝은 데이터의 패턴을 탐지하고 해석하는 데이터 탐색 방법을 말한다. 데이터 마이닝 의사결정트리 중 하나인 분류 및 회귀 트리(classification and regression tree, CART)는 표본을 2개의 동질적 하위집단으로 구분하는 절단점을 찾기 위해 모든 잠정적 예언자들과 가능한 절단점들을 평가하는 알고리듬이다. 하위집단을 찾은 후에는 다시 일정 준거(예 : 하위집단의 최소 크기)에 도달할 때까지 더 많은 하위집단 형성을 위해 분할 작업을 반복한다(King & Resick, 2014). CART와 다른 데이터 마이닝 방법들은 특정 특징을 가진 참가자들에 효과적인 치료가 무엇인지 확인하기 위한 목적으로 RCT 참가자들이나 RCT들에 적용될 수 있다. 예를 들어, 증류 및 매칭 모델(distillation and matching model, DMM; Chorpita, Daleiden, & Weisz, 2005)은 RCT 데이터베이스를 활용하는데, 이 데이터베이스는 청소년 심리치료 문헌을 체계적으로 고찰한 후 그로부터 내담자 특성, 상황 특성, 치료요소(예 : 노출), 효과성 증거들을 코딩한 데이터로 구성되어 있다. 특정 청소년(예 : 사회불안장애를 가진 9세 소녀)을 입력하면, 알고리듬은 유사한 표본에 대한 효과가 검증된 치료들, 이들에 효과적인 치료 유형, 세팅, 포맷, 및 치료요소들에 대한 정보를 산출한다. DMM 기반의 임상 도구들을 포함한 포괄적 서비스 모델은 필드 연구에서 중간에서 큰 치료 전-후 효과를 나타내었다(Southam-Gerow et al., 2013). DMM은 결과를 예측하는 치료 전 특성을 찾아내기도 하지만 결과를 예측하는 치료 내 특성(예 : 과정 혹은 결과에 있어 초기 변화 정도)을 찾아내기도 한다(Shih, Patterson, & Kasari, 2016 참조). 이것은 또 다른 개별화 전략인 임상적 의사결정을 위한 치료 반응 정보의 활용으로 우리를 이끈다.

치료 모니터링과 임상적 의사결정

치료 선택을 한 후에도 개별화는 계속 진행될 수 있는데, 이는 내담자의 호전을 모니터링하고 결과 자료를 활용함으로써 가능하다.

측정 피드백 체계

측정 피드백 체계(measurement feedback system, MFS)는 내담자 호전에 대한 피드백을 얻고 치료 결정을 안내하기 위해 사용하는 도구 중 하나이다. 이 체계는 전형적으로 치료 과정 중 다양한 시점에서 얻은 결과 및 과정 측정치들을 포함하고 있으며, 이 데이터는 이후 치료자와 다른 이들(예 : 슈퍼바이저)의 임상적 결정을 돕기 위해 저장되고 전시된다(Bickman, 2008). 널리 사용되는 MFS는 결과 질문지(Outcome Questionnaire, OQ) 체계로, 청소년 자기보고 버전과 양육자 보고 버전이 있다(고찰을 위해 Whipple & Lambert, 2011 참조). 컴퓨터는 전체 기능

점수, 하위척도 점수(예 : 대인 고통, 대인관계), 임상적으로 적절한 정보(예 : 기대한 효과가 나타났는가; www.oqmeasures.com 참조)를 제시해준다. 부가적 임상 도구들은 치료 장해물과 가능한 해결책을 제시함으로써 치료 실패가 예상될 때 임상가의 의사결정을 촉진시킨다(Whipple & Lambert, 2011). 이 체계는 통상치료에서 실패 위험이 높은 청소년을 찾아내는 데 도움을 주었고(예 : Warren, Nelson, Burlingame, & Mondragon, 2012), 성인 대상 RCT에서는 치료 호전과 관련이 있었다(Shimokawa, Lambert, & Smart, 2010). 한편 또 다른 청소년 대상 RCT에서는 MFS의 사용이 청소년의 치료 호전과 관련이 있었는데(Bickman, Kelley, Breda, de Andrade, & Riemer, 2011), 이는 MFS의 사용이 청소년 치료에 도움이 될 수 있음을 시사하는 결과이다. 치료가 점점 더 개인에 맞춰져감에 따라 내담자 반응은 임상가의 의사결정을 인도하는 필수적 정보가 되었고, 이 같은 개인 정보는 MFS 기술을 통해 임상가에게 제공될 수 있다. 우리가 진행한 최근 연구 모두에서 이 MFS 기술이 사용되었다. 개별화된 그러면서 표준화된 측정치를 따라가는 한 버전이 그림 29.1 내담자 계기판에 제시되어 있다.

개별화된 치료 목표

개별 내담자의 치료 목표는 표준화된 측정치와 더불어 MFS를 통해 평가되고 추적될 수 있다. 특히 MFS는 치료 개별화에 적절한 체계일 수 있다. 한 예로, '주요 문제' 평가에서 청소년과 양육자는 각자 자신이 생각하는 주요한 문제가 무엇인지 확인하였고, 종결까지 주별로 자신들이 지목한 주요 문제의 심각도를 평정하였다(Weisz et al., 2011). 이 같은 간단하면서도 효율적인 측정 방법은 고도의 개별화된 치료 결과치로서 심리 측정적인 장점과 유용성을 모두 갖춘 것으로 최근 두 연구에서 보고되고 있다(Weisz et al., 2012, 2016). 이 접근에 대한 추가적 지지는 메타분석으로부터 나오고 있는데, 치료-통제 비교에서 개별 목표로부터 산출된 ES는 표준화된 측정치로부터 산출된 ES보다 유의하게 더 컸다(Lindhiem, Bennett, Orimoto, & Kolko, 2016). 개별화된 측정 그 자체가 전반적 결과의 향상을 가져온 것인지 아니면 치료 조율을 촉진시켜 향상을 가져온 것인지는 아직 확실치 않다. 이는 추후 경험적 연구를 통해 규명되어야 할 문제이다. 그럼에도 내담자가 중요하다 생각하는 쟁점이 치료를 통해 성공적으로 전달되었는지 판단하기 위해서는 개별화된 목표의 측정이 필수적이다.

순차적 다중 무선할당 실험 연구

순차적 다중 무선할당 실험 연구(sequential, multiple assignment, randomized trials, SMART)는 치료를 둘 혹은 그 이상의 단계로 나눔으로써 결정 규칙 구축에 도움을 줄 수 있다. 이 연구에서 참가자들은 먼저 특정 치료조건에 무선 할당되고, 치료 반응이 측정된다. 다음으로 첫 치료에 대한 반응에 기초해 다음 단계의 치료조건이 할당된다(Lei, Nahum-Shani, Lynch, Oslin,

주요 문제

아동 문제 1 : −	아동 문제 2 : −	아동 문제 3 : −
나는 아주 빨리 사람들을 비난한다.	집 밖을 나갈 수 없다.	다른 사람들과 소통하기가 힘들다.

양육자 문제 1 : −	양육자 문제 2 : −	양육자 문제 3 : −
새로운 장소로 가길 꺼린다.	나와 떨어지는 데 문제가 있다.	애들 앞에서 부끄럼을 많이 탄다.

최근 결과(17일 전)	**주요 문제**
전 문제 영역 탐색	
아동 문제 1 : **0**	
아동 문제 2 : **0**	
아동 문제 3 : **1**	
양육자 문제 1 : **0**	
양육자 문제 2 : **0**	
양육자 문제 3 : **1**	

최근 결과(16일 전)	**내재화 대 외현화**
아동 내재화 : **2**	
아동 외현화 : **0**	
양육자 내재화 : **2**	
양육자 외현화 : **0**	

그림 29.1 청소년과 관련한 임상가의 의사결정을 돕는 데 사용되는 측정 피드백 체계 내담자 계기판으로, 이 청소년은 치료 전 평가에서 불안과 품행 문제를 보였다. 계기판은 총 10주의 치료 기간 동안 '주요 문제'라 확인된 문제와 내재화 및 외현화 문제의 표준화 지표에 대한 양육자와 청소년의 평정을 보여준다. Copyright © Jacqueline Hersh and John R. Weisz. Reprinted by permission. A color version of this figure is available at www.guilford.com/weisz-forms.

& Murphy, 2012). 예로, 한 SMART는 주의력결핍 과잉행동장애(ADHD) 아동을 초반에 행동 개입과 자극제 조건 중 하나에 무선 할당한 후 치료에 대한 반응을 8주째와 그 이후 월별로 측정하였다. 첫 치료조건에 반응한 참가자들은 제공받던 치료를 계속 받았으나, 비반응자는 초기 치료를 강화하거나 다른 치료를 추가한 조건들에 다시 무선 할당되었다(Pelham et al., 2016). 가장 효과가 높았던 치료 전략은 행동 개입으로 시작하여 개입에 반응하지 않을 시 약물을 첨가한 경우였다. 가장 효과가 낮았던 전략은 약물로 시작하여 이후 행동 개입을 추가한 경우였다. 이 결과는 특히 주목할 만한데, 이는 자극제와 동시 결합된 행동 개입이 치료 단독이

나 통상치료보다 더 우수하다는 그간의 발견을 지지하는 결과이기 때문이다(MTA Cooperative Group, 1999). SMART는 첫 단계 개입과 다음 단계 개입을 평가할 수 있게 할 뿐만 아니라 의사결정의 최적 시점이 언제인지도 평가할 수 있게 있다. 한 SMART 연구에서 우울 청소년들은 치료 반응에 대한 측정과 치료 전략의 전환이 4주째 이루어진 조건 대 9주째 이루어진 조건 중 하나에 무선 할당되었다. 그 결과, 4주째의 시점이 보다 현실적이었고, 수용적이었으며, 효과적이었다(Gunicks-Stoessel, Mufson, Westervelt, Almirall, & Murphy, 2016). SMART의 추가적 예는 https://methodology.psu.edu/ra/adap-inter/projects에서 찾을 수 있다.

사용자 정의된 치료와 맞춤 제작이 가능한 치료

세 번째 개별화 전략은 치료 프로토콜을 수정하고 맞춤의 기회를 높이는 새로운 프로토콜을 개발하는 것이다. 우리는 네 가지 접근을 소개함으로써 이를 설명하고자 한다.

특정 하위집단을 위해 수정된 치료

가장 흔한 개별화 접근은 표준 버전에 반응할 것 같지 않은 특정 하위집단을 위해 기존의 EBP를 수정하는 것이라 할 수 있다. 그 예로, 연구자들은 특정 문화집단의 경험과 관점에 맞추어 EBP를 수정하였다. 지금까지 이와 관련한 연구는 드물며, 문화적 수정이 효과의 증분을 가져오는지 분분한 상태이다(Huey, Tilley, Jones, & Smith, 2014; Huey & Polo, 제21장 참조). 효과 증분을 보여준 문화적으로 수정된 EBP에는 적극적 아동 만들기(Guiando a Niños Activos, GANA)라는 프로그램이 있다. 이 EBP는 부모-아동 상호작용 치료(parent-child interaction therapy, PCIT) 기법을 사용하여 멕시코계 미국인 가족의 참여를 높여 파괴적 행동을 치료하도록 구성하였다(McCabe & Yeh, 2009; McCabe, Yeh, Lau, & Argote, 2012). GANA의 성공의 원인은 멕시코계 미국인 가족 전반을 위해 사용자 정의되었을 뿐만 아니라(이는 특정 집단을 위한 수정된 치료에서 전형적으로 관찰되는 부분임) 개별 가족의 관점을 수용할 수 있는 형태를 지녔기 때문이다. 예를 들어, 타임아웃 의자는 자녀 훈육에 대한 부모 신념에 따라 '처벌 의자' 혹은 '생각하는 의자'라 불린다. 치료는 낙인을 감소시키기 위해 교육 프로그램이라 불리며, 치료 지속에 영향력이 큰 가족 구성원을 치료에 적극 포함시킨다(McCabe, Yeh, Garland, Lau, & Chavez, 2005).

청소년 환경을 대상으로 한 치료

청소년 혹은 양육자 행동의 변화를 목적으로 하는 주별 임상 회기와는 달리, 일부의 치료는 학교, 가정, 또래, 지역사회, 법적 상황과 같은 청소년의 매일의 환경을 변화시키거나 강화시킴으로써 청소년의 행동을 변화시키고자 한다. 다중체계치료(multisystemic therapy, MST)라는 청소년 비행과 약물사용을 위한 널리 유포된 EBP는 이 같은 접근의 예가 될 수 있다(Henggeler & Schaeffer, 제12장 참조). 간단하게, 치료는 개별화된 목표를 통해 개인화된다. 즉 청소년 인생에서 중요한 인물, 비행 행동의 촉발제, 비행 촉발제 제거에 도움이 될 강점 등을 찾는 사례 개념화, EBP의 선택적 제공 및 특정 청소년 비행에 맞춰진 실질적 지원, 임상적 결정에 정보를 제공하기 위해 비행 촉발제와 치료 결과 모니터링, 정보원 및 보조치료자로서 활약할 주요인물의 명단 만들기, 청소년과 주요인물이 있는 환경 내에서 이들의 일정에 맞추어 평가와 개입 실시하기 등을 통해 치료는 개인화된다.

모듈식 치료

치료 개별화는 치료 내용을 여러 독립적 모듈로 구성함으로써 강화될 수 있다. 이 경우 모듈들은 개인에 맞게 선별되고, 결합되며, 배열된다. 따라서 모듈식 치료는 맞춤형 제작에 매우 용이하며 여러 이질적 문제들을 가진 청소년들에게 특히 유용할 수 있다. 한 예로, 불안, 우울, 외상, 혹은 품행 문제를 가진 아동들을 위한 모듈식 치료 접근(Modular Approach to Therapy for Children with Anxiety, Depression, Trauma, or Conduct Problem, MATCH)은 프로토콜에 이름 붙은 문제들 중 하나 혹은 그 이상을 가진 청소년들을 대상으로 한다(Chorpita & Weisz, 2009; Weisz & Chorpita, 2011). MATCH는 청소년 근거기반 치료(불안, 외상후 스트레스, 우울을 위한 CBT와 품행 문제를 위한 행동적 부모훈련)로부터 온 모듈로 구성되어 있다(그림 29.2 참조). 내담자의 주된 문제는 4개의 흐름도(예 : 불안, 우울) 중 하나를 선택할 때 중요하게 작용하며, 각각의 흐름도는 그 문제를 다루는 EBP로부터 추출된 핵심 모듈들을 포함한다. 치료자는 핵심 모듈을 반복하거나 혹은 내담자의 치료 반응, 공병 문제, 치료 방해 행동에 기초해 다른 EBP로부터 추출된 모듈을 추가할 수 있다. MATCH의 초기 버전을 검증한 한 RCT(외상 모듈이 없는)에서, MFS는 증상 및 치료 전 확인된 주요 문제들에 대한 청소년과 양육자의 주별 평정을 제공하였고 제공된 모듈(예 : 보상), 연습(예 : 모델링), 발생 사건(예 : 울었음)에 대한 정보를 제공하였다(Chorpita, Bernstein, Daleiden, & The Research Network on Youth Mental Health, 2008; Weisz et al., 2012). MATCH+MFS는 치료 직후와 2년의 추후에서 통상치료보다 더 효과적이었던 반면, 표준 EBP+MFS는 통상치료보다 더 효과적이지 않았다(Chorpita et al., 2013; Weisz et al., 2012). 사실상, 주요 결과 측정치들에서 통상치료 대비 MATCH의 효과크기는 기존 메타분석 연구에서 보고된 통상치료 대비 청소년 EBP의 평균 효과크기보다 대략 2배 높았다(Weisz et al., 2006; Weisz, Kuppens et al., 2013).

다른 모듈식 접근도 개발되었는데, 이 중 일부는 빈번히 공병하는 특정 정신질환들을 위한 모듈식 접근이었다. 한 예로, 자폐 아동의 불안을 치료하기 위한 행동 개입(Behavioral Interventions for Anxiety in Children with Autism, BIACA)은 자폐 청소년을 위해 개조된 부분

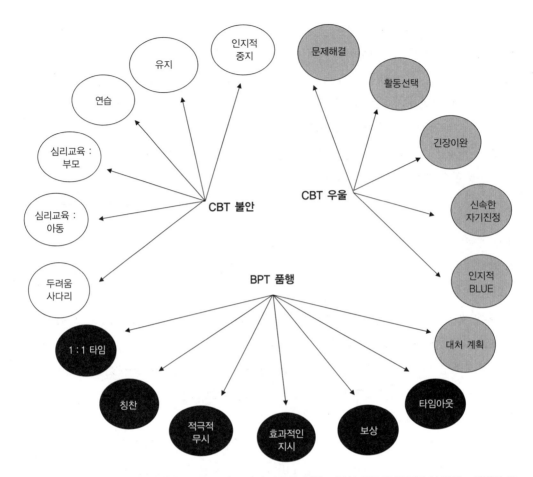

그림 29.2 불안, 우울, 외상, 혹은 품행 문제를 가진 아동을 위한 모듈식 접근의 구조를 보여주는 선별된 모듈(Chorpita & Weisz, 2009). [CBT=인지행동치료, BPT=행동적 부모훈련, 우울 유발적 사고의 네 가지 다른 패턴을 대변하는 약자인 BLUE : B=자기 비난하기(blaming myself), L=안 좋은 소식 기대하기(looking for bad news), U=불행한 예측(unhappy guessing), E=나쁜 일이 일어나길 기대하기(expecting bad things to happen)]. 출처 : Weisz, Krumholz, Santucci, Thomassin, and Ng (2015). Copyright ⓒ 2015 Annual Reviews (www.annualreviews.org). Reprinted by permission.

(예 : 부모 개입의 확장)을 포함시킨 청소년 불안을 위한 CBT 모듈과 자폐 청소년에 흔한 문제 (예 : 사회 및 일상생활 기술 결함)를 개입하는 모듈로 구성되어 있다. BIACA는 몇몇 RCT에서 불안 및 공병하는 문제 완화에 효과적이었는데, 이 효과는 대기자 명단 및 통상치료의 효과를 능가하는 것이었다(Wood et al., 2015 참조).

치료 원리 기반 치료

EBP 기법은 유지한 상태에서 치료를 맞춤형으로 만들기 위한 또 다른 방법은 **치료 원리 기반 접**근이다(Weisz et al., 2016). MATCH 시행에 있어 직면되는 도전(예 : 긴 훈련 기간, 통합해야 할 수많은 모듈)을 해결하기 위해 우리는 FIRST라 불리는 여러 진단에 걸쳐 효율적인 프로토콜을 개발했다. 이 프로토콜은 진정하기(F＝feeling calm), 동기 높이기(I＝increasing motivation; 예: 칭찬/유인물 사용을 통한 동기 높이기), 사고 수정하기(R＝repairing thought), 문제 해결하기(S＝solving problems), 반대 시도하기(T＝trying the opposite; 예: 불안에 노출되기)라는 다섯 가지 변화 원리를 활용하고 있다. 이 다섯 가지 원리가 선택된 이유는 이들이 (1) 청소년 내재화, 외현화 문제 모두에 유용한 EBP들에 포함된 원리이고, (2) 단독 개입으로 그 효과성이 입증된 원리이며, (3) 흔히 공병하는 다양한 청소년 문제들에 적용될 수 있는 원리이고, (4) 효율적으로 학습될 수 있는 원리(MATCH의 훈련은 2일 훈련 대 6일 훈련이 있음)이기 때문이다. 흐름도와 각 청소년의 치료 반응에 대한 주별 MFS 보고가 치료 개별화를 위해 사용된다. 이 접근을 평가하기 위한 초기 절차로 우리는 지역사회 클리닉에서 FIRST의 치료 효과성 연구를 수행하였다. 연구에서 임상가는 불안, 우울, 그리고/혹은 품행장애로 진단되고 치료 의뢰된 청소년들을 치료하였다. FIRST는 매일의 임상 현장에서 사용하기에 현실적인 치료, 내담자와 치료자들에 의해 수용되는 치료, MATCH에서 보여진 임상적 결과물과 유사한 정도의 결과물을 산출하는 치료인 것으로 밝혀졌다.

향후 방향

다양한 맞춤형 전략들의 근거가 축적되어감에 따라, 임상 실무에서 근거기반 조율을 사용하는 개별화된 심리치료 과학(science of personalized psychotherapy)의 탄생을 그려볼 수 있게 되었다. 우리는 이러한 목표 성취를 가속화시키는 여덟 가지 연구 방향을 제시하고자 한다(그림 29.3 참조).

개별화된 접근을 구성하고 평가하기

고찰된 여러 개별화된 개입 중 GANA, MATCH, 치료＋MFS만이 해당 치료의 비개별화된 버전을 넘어서는 효과를 보여주었고, 이 중 치료＋MFS만이 여러 연구자 집단에 의해 수행된 다수의 RCT에서 그 효과를 입증받았다. 우리가 아는 한 나머지 개별화된 치료들과 개인화 전략들은 아직 전향적 통제 연구를 통해 검증되지 않았다. 내담자 개인에 조율된 EBP 중 일부는 표준 EBT보다 효과가 덜한 것으로 보고되고 있는데(예: Schulte, Künzel, Pepping, & Schulte-Bahrenberg, 1992), 이러한 상황에서 일관적 준거를 가진 평가체계는 각 개별화 전략을 지지하는 증거의 강점을 모니터할 필요가 있을 것이다. 이 체계는 각 전략이 효과를 나타내는 상황(예: 호소 문제, 치료 프로토콜/기법)에 주의를 기울일 필요가 있을 것이며, 이로써 추후 연구에서 조명되어야 할 영역들이 밝혀질 것이다. EBP에 사용되던 체계를 수정하여 사용하는 것도

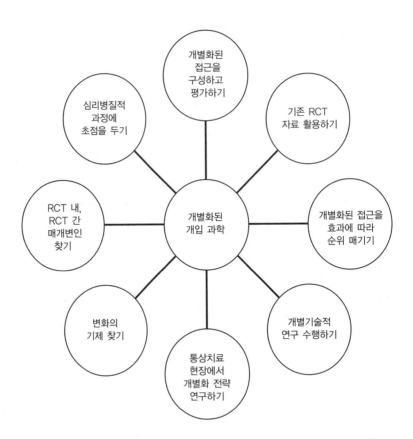

그림 29.3 개별화된 개입 과학 구축을 위한 여덟 가지 미래 연구의 방향. Copyright © Mei Yi Ng and John R. Weisz. Reprinted by permission.

그럴싸한 생각이다(Chambless & Hollon, 1998 참조). 특히 EBP에 사용된 체계가 연구자나 임상가들에게 친근하다는 점과 이 체계가 효과 평가를 위해 실험적 설계에 의존하고 있다는 점은 EBP 체계를 수정하여 사용하는 방법이 그리 나쁘지 않음을 보여준다. 개별화된 접근의 세 범주 혹은 이들 접근들로부터 개발된 개입들은 실험적으로 조작이 가능하다. 이들 접근과 개입들은 RCT 연구에서 전통적인 비교 조건들과 비교하여 그 효과가 검증될 수 있다. 증분된 효과의 평가는 같은 개입의 개별화되지 않은 버전 대 개별화된 버전 간 비교로써 검증될 수 있을 것이다(Schulte et al., 1992 참조). 시도해볼 수 있는 수정으로 다수의 문제 관련한 결과물 혹은 초진단적 범주를 포함시키거나 청소년, 가족, 임상가의 참여 및 치료 만족도와 관련한 결과물을 평가 준거에 포함시키는 것이 있다. 특히 몇몇 개별화된 개입은 관련인의 참여나 만족도를 높이기 위해 특별히 안배된 것이기 때문에 이러한 결과물을 평가 준거에 포함시키는 것은 중요하다.

기존 RCT 자료 활용하기

기존의 RCT 데이터세트는 개입을 선택하고 개발하는 데 많은 정보를 제공하는 가치 있는 자원이다. 메타분석, 개별화된 측정, 데이터 마이닝 의사결정트리는 모두 기존 자료의 분석을 포함하고 있으며 개별화된 개입의 근거를 비교적 빠르게 생성할 수 있다. 특정 특성을 가진 청소년들을 위한 여러 대안적 치료들을 직접적으로 비교하기 위해서는 RCT 연구들을 종합하는 메타분석이 증가할 필요가 있다. 특히 치료 개별화에 도움을 주기 위한 목적으로 수행된 몇 안 되는 메타분석들이 주로 성인에 집중되어 있어(예 : Cuijpers et al., 2012; Norcross, 2011 참조), 추후 청소년을 대상으로 한 메타분석의 필요성을 증대시키고 있다. 만약 기존의 청소년 심리치료 효과성 연구들에서 개별화된 측정이 이루어졌더라면, 이 측정 자료들은 청소년을 최적의 치료에 매치시키는 데 유용하게 사용되었을 것이다. 내담자 특성에 맞는 심리치료 프로토콜이나 요소의 선택에 도움을 주기 위해 DMM은 이미 수백의 청소년 심리치료 RCT들을 활용하고 있다. 하지만 더 많은 데이터 마이닝 의사결정트리가 기존 RCT 자료들로부터 구축될 수 있으며, 이는 의사결정 규칙에 정보를 제공할 수 있을 것이다.

개별화된 접근들을 효과에 따라 순위 매기기

임상 실무에 미치는 영향은 파급력이 클 것으로 보이는 개별화된 접근들에 대한 순위를 매김으로써 증폭될 수 있다. 예를 들어, MFS는 다양한 문제/장애, 치료 접근, 상황에 걸쳐 사용될 수 있기 때문에 그 잠재력이 크다. 또한 MATCH와 같은 모듈식 개입은 여러 문제/장애에 걸쳐 적용 가능하기 때문에 그 활용 폭이 넓다. 폭 좁게 초점화된 개별화된 개입조차도, 세간의 이목을 끄는 사회적 문제를 다룰 수 있다면, 그 영향력은 클 수 있다. 특히 이런 개별화된 개입이 같은 문제를 다루는 표준 개입보다 비용 면에서 더 유리하다면 그 영향력은 더 클 수 있다. 여기에 해당하는 예는 빠르게 퍼지고 있는 MST(Hengeller & Schaeffer, 제12장 참조)와 오리건 치료 위탁 보호(Treatment Foster Care Oregon; Buchanan, Chamberlain, & Smith, 제11장 참조)에서 찾을 수 있다. 중요한 현실적 제한은 치료의 수정 및 효과 검증에 필요한 자원이 한정되어 있다는 점이다. 만약 현재의 사정이 이렇다면 특정 집단을 위한 EBP의 수정은 몇몇 경우에만 그 정당성을 인정받을 수 있다. 기존 EBP가 부실한 치료 참여나 치료 반응을 만들어냈을 때, 중요한 증상이나 위험/탄력성 요인들이 기존 EBT로 전달되지 않았을 때(Lau, 2006), 통상적 임상치료가 효과적이지 않은 것으로 알려졌을 때가 여기에 해당한다.

개별기술적 연구 수행하기

집단보다는 개인에 관심이 두기 때문에 개별기술적 연구는 개별화된 개입에 정보를 제공하고 이것의 효과를 검증하기에 매우 적합한 방법이다. 치료 과정 및 결과(예 : 개별화된 치료 목표)에 대한 개별기술적 측정치들과 더불어 단일사례 실험들(예 : ABAB, 다중기저선, 등간 시간 샘플)은 우수한 개별기술적 연구 방법으로 볼 수 있으며(예 : Kazdin, 2011 참조) 근거기반 치료

기준도 만족시키고 있다(Chambless & Hollon, 1998). 또한 이들은 집단 지향의 연구 설계보다 상대적으로 더 적은 시간과 더 적은 자원을 요구하는 '효율성'이라는 이득을 제공하고 있으며, 이런 이유로 임상과학자들에 의해 옹호되고 있다(예 : Barlow & Nock, 2009; Kazdin, 2011). 이와 더불어 개별기술적 전략들은 각 개인의 증상이 어떻게 시간이 지나면서 다른 증상의 예측을 가능하게 하는지 분석을 하는데, 이 분석의 결과는 개별화된 전략을 세우는 데 중요한 정보가 될 수 있다. 한 예로, Fisher(2015)는 범불안장애 진단을 받은 10명의 성인으로부터 60일 동안 연이어 증상을 측정하였다. 그 결과, 증상에 기저한 요인들에서의 개인차와 이러한 요인들이 시간이 지나면서 어떻게 서로 간 관련을 맺는지(예 : 회피는 일부에서는 증가된 불안을 예측하였으나 다른 이들에서는 감소된 고통을 예측하였음)에 대해 발견하였다. 연구자는 각 개인의 특정 증상요인들에 기초해 치료 모듈을 선택할 것과 이들 추동요인을 다루는 치료 모듈들을 치료 초반에 배치시킬 것을 제안하였다.

통상치료에서 개별화 전략 연구하기

통상치료가 때때로 EBP에 필적하는 효과를 내고 있는 상태에서(Weisz et al., 2006; Weisz, Kuppens et al., 2013) 그리고 임상가들이 개인에 맞게 조율된 치료를 선호하고 있는 상태에서 (예 : Stewart, Stirman, & Chambless, 2012), 통상치료에 대한 상세한 검토는 경험적으로 검증될 수 있는 조율 전략이 무엇인지에 대한 정보를 제공할 수 있다. 이 접근은 RCT 연구에 포함된 통상치료 조건에 특히 더 잘 맞을 수 있다. RCT 연구자들은 보통 철저한 평가를 실시하며 추후 코딩을 위해 치료 회기를 기록한다. 이렇게 생성된 자료는 통상치료의 접근들 및 개별화 전략, 이러한 전략들이 개입 결과와 어떻게 연결되는지를 상세히 검토할 수 있는 풍부한 기회를 제공한다(예 : Dattilio, Edwards, & Fishman, 2010 참조). 결과적으로 가장 성공적인 결과와 연결된 전략들이 전향적 설계를 이용한 통제된 연구에서 확인되고 검증될 수 있다.

변화의 기제 찾기

심리치료 연구 전문가들은 효과를 가져오는 변화의 기제를 찾는 것이 보다 짧은 회기로 보다강력한 치료를 만들어내는 데 도움이 될 수 있다 주장한다(예 : Kazdin & Nock, 2003; Kraemer, Wilson, Fairburn, & Agras, 2002). 우리는 EBP에 내재한 변화의 기제를 찾는 것이 치료 개별화에 다양한 방식으로 정보를 제공할 것이라 믿는다. 첫째, EBP의 소극적 측면은 내담자의 선호에 부응하는 방향으로 그리고 효율성을 감소시키지 않는 선에서 내담자의 치료 참여를 높이는 방향으로 수정되어야 할 것이다. 둘째, 적극적 치료요소와 변화기제는 개인마다 다를 수 있다. 따라서 어떤 요소가 어떤 변화기제에 작동하고, 이 같은 관계가 상이한 하위집단들에서 어떻게 작동하는지 아는 것은 치료 개별화를 촉진시킬 수 있다. 셋째, 각각의 EBP들과 약물치료들이 어떻게 작동하는지 이해하는 것은 이들 치료를 결합하거나 순서화하는 데 정보를 제공할 수 있다. 청소년 심리치료들(Kazdin & Nock, 2003)과 청소년 개별화 접근들에 기저한 변화의 기제에 대한 이해가 부족한 상태에서, 우리는 청소년 EBP가 일반적으로 그리고 개별적으로 어떻게 작동하는지 탐색할 것과 이를 위한 연구 방법을 개발할 것을 제안한다. 변화의 기제를 구축하는 것은 인과성 및 후보가 되는 기제의 시간적 선행을 보여줘야 하는 이유 때문에 매우 복잡하고 비용이 드는 작업이라 할 수 있다(Kazdin, 2007). 하지만 다행히도 후보가 되는 기제 및 결과의 빈번한 평가는 MFS의 발전과 보편화된 모바일 기술에 힘입어 이전 그 어느 때보다도 더 실현 가능한 상태에 있으며(Trull & Ebner-Priemer, 2013), 이들 자료의 분석에 필요한 통계 방법들도 현재 상당한 연구 관심을 받고 있다(예 : Compton, Rosenfield, Hofmann, & Smits, 2014).

RCT 내, RCT 간 매개변인 찾기

연구자들은 변화의 기제 확인을 선도하는 선구자로 치료 효과성 연구들에서 매개변인을 찾을 것을 제안하고 있다(Kraemer et al., 2002). 하지만 잠재적 매개변인은 청소년 근거기반 치료의 효과성 연구들에서 측정되고는 있으나 실상 매개변인으로서 검증된 경우는 드물다(Weersing & Weisz, 2002; Weisz, Ng, Rutt, Lau, & Masland, 2013). 기존 RCT 연구들의 넓은 경험적 근거가 활용된다면, 매개분석은 가장 유망한 변화의 기제와 가장 덜 유망한 변화의 기제에 대한 상당한 정보를 제공하게 될 것이다. 중재된 매개분석은 매개 효과가 하위집단마다 다른지를 검증하며, 따라서 치료가 작동하는 방식에서 참가자 간 차이가 있는지 알려준다. 상호작용 값의 분포, 부스트래핑, 인과적 매개 방법들은 모두 그 유명한 Baron과 Kenny(1986)의 인과적 단계 방법보다 더 큰 장점을 제공한다(MacKinnon, Kisbu-Sakarya, & Gotschall, 2013 참조). 이러한 현 상태가 매개 효과를 양화하는 체계적 고찰과 메타분석의 장을 마련하고 있으며, 이로써 가장 강력한 매개변인, 매개변인이 아닌 것, 문헌에서 부적절하게 검증된 매개변인들이 확인 가능하게 되었다(예 : Gu, Strauss, Bond, & Cavanagh, 2015).

심리병질적 과정에 초점 두기

개인마다 서로 다른 유전자 변형이 같은 종류의 암을 만들어내듯, 개인마다 서로 다른 심리병질적 과정이 같은 정신과적 진단을 만들어낼 수 있다. 예를 들면, 주요우울장애는 서로 다른 내적 표현형들로 구성될 수 있는데, 각 내적 표현형은 자신만의 구별되는 운전자 및 신경회로체계를 가진다(Forgeard et al., 2011). 이러한 진단들의 이질성과 잠재적 운전자들의 이질성이 바로 국립정신건강연구소(NIMH, 2015)가 착수한 연구영역기준(Research Domain Criteria, RDoC) 프로젝트의 근거를 제공하고 있다. 이 프로젝트는 다양한 심리병질을 만들어내는 것으로 사료되는 여러 영역(예 : 정적 유인가, 각성, 조절 체계)에서의 과정이 무엇인지 이에 대한 연구를 자극하기 위해 시작되었다. '진단'에서 '기저하는 과정'으로 관심이 이동하게 된 이유는 초진단적 심리병질 과정을 타깃으로 하는 치료(초진단적 치료)가 등장했기 때문이다. 초진단적 치료의 효과성 연구는 먼저 성인을 대상으로 하여 성공을 거둔 후 청소년에게로 옮겨졌다 (Chu, 2012 참조). 개별화된 개입의 근거기반은 여러 치료들을 비교하는 RCT 연구들을 통해 크게 확장될 수 있었는데, 특히 다양한 분석 수준(예 : 신경회로체계, 유전자)에서 가정된 심리병질적 과정을 정기적으로 측정함으로써 치료 유형, 치료 반응, 치료 과정들 간의 관계를 탐색할 수 있다(Forgeard et al., 2011). 이러한 연구들은 드물지만(Simon & Perlis, 2010), 이제 표면 위로 그 모습을 드러내기 시작했다(McGrath et al., 2013).

맺음말

지난 50년의 청소년 심리치료 연구를 통해 임상과학자들은 무엇이 효과를 내는지에 대한 풍부한 증거를 축적해왔다. 근거기반 치료(EBT)의 확인은 임상 실무를 선도하기 위해 과학을 활용한 데서 얻어낸 값진 진보라 할 수 있다. 다음 단계의 연구는 치료 효과를 보다 증폭시키는 노력일 것이다. 특히 임상 현장에서 치료의 효과를 어떻게 증폭시킬 것인가의 문제를 전달해야 할 것이다. 이는 치료를 개별화하는 전략을 통해 부분적으로 성취될 수 있다. 개별 내담자에 맞는 최적의 치료를 선택하는 방법을 개발하거나, 개인의 치료 반응을 효과적으로 모니터링하고 임상가의 의사결정을 안내하는 도구를 만들어내거나, 개별 내담자 요구에 맞춤화된 치료를 설계하는 것이 이러한 전략에 속한다. 이들 전략의 약속을 실현하기 위해 우리는 개별화 치료의 효과성 연구를 가속화할 몇 가지 방안을 제안하였다. 기존 RCT 자료를 활용하여 개별화된 접근들을 조직화하고 평가하는 시스템 개발하기, 개별화된 접근들을 효과별로 순위 매기기, 개별기술적 연구 수행하기, 통상 임상치료 현장에서 맞춤화 전략 연구하기, 효과의 매개자, 변화의 기제, 심리병질의 과정에 대해 탐색하기 등이 여기에 속한다. 이런 노력으로 인해 임상 문제를 가진 청소년이 자기 특성에 맞춰진 EBT를 청소년 고유의 치료 반응과 변화하는 요구에 조율된 역동적 방식으로 제공받을 수 있기를 그리고 더 많은 청소년이 이런 혜택을 얻을 수 있기를 기원한다.

참고문헌

Barlow, D. H., & Nock, M. K. (2009). Why can't we be more idiographic in our research? *Perspectives on Psychological Science, 4,* 19–21.

Baron, R. M., & Kenny, D. A. (1986). The moderator–mediator variable distinction in social psychological research: Conceptual, strategic, and statistical considerations. *Journal of Personality and Social Psychology, 51,* 1173–1182.

Beidas, R. S., Lindhiem, O., Brodman, D. M., Swan, A., Carper, M., Cummings, C., et al. (2014). A probabilistic and individualized approach for predicting treatment gains: An extension and application to anxiety disordered youth. *Behavior Therapy, 45,* 126–136.

Bickman, L. (2008). A measurement feedback system (MFS) is necessary to improve mental health outcomes. *Journal of the American Academy of Child & Adolescent Psychiatry, 47,* 1114–1119.

Bickman, L., Kelley, S. D., Breda, C., de Andrade, A. R., & Riemer, M. (2011). Effects of routine feedback to clinicians on mental health outcomes of youths: Results of a randomized trial. *Psychiatric Services, 62,* 1423–1429.

Chambless, D. L., & Hollon, S. D. (1998). Defining empirically supported therapies. *Journal of Consulting and Clinical Psychology, 66,* 7–18.

Chorpita, B. F., Bernstein, A., Daleiden, E. L., & the Research Network on Youth Mental Health. (2008). Driving with roadmaps and dashboards: Using information resources to structure the decision models in service organizations. *Administration and Policy in Mental Health and Mental Health Services Research, 35,* 114–123.

Chorpita, B. F., Daleiden, E. L., & Weisz, J. R. (2005). Identifying and selecting the common elements of evidence based interventions: A Distillation and Matching Model. *Mental Health Services Research, 7,* 5–20.

Chorpita, B. F., & Weisz, J. R. (2009). *Modular Approach to Therapy for Children with Anxiety, Depression, Trauma, or Conduct Problems (MATCH-ADTC).* Satellite Beach, FL: Practice-Wise.

Chorpita, B. F., Weisz, J. R., Daleiden, E. L., Schoenwald, S. K., Palinkas, L. A., Miranda, J., et al. (2013). Long-term outcomes for the Child STEPs randomized effectiveness trial: A comparison of modular and standard treatment designs with usual care. *Journal of Consulting and Clinical Psychology, 81,* 999–1009.

Chu, B. C. (Ed.). (2012). Translating transdiagnostic approaches to children and adolescents [Special series]. *Cognitive and Behavioral Practice, 19,* 1–86.

Cohen, J. (1988). *Statistical power analysis for the behavioral sciences.* New York: Erlbaum.

Compton, S. N., Rosenfield, D., Hofmann, S. G., & Smits, J. A. J. (Eds.). (2014). Advances in data analytic methods [Special issue]. *Journal of Consulting and Clinical Psychology, 82,* 743–930.

Cuijpers, P., Reynolds, C. F., III., Donker, T., Li, J., Andersson, G., & Beekman, A. (2012). Personalized treatment of adult depression: Medication, psychotherapy, or both?: A systematic review. *Depression and Anxiety, 29,* 855–864.

Dattilio, F. M., Edwards, D. J. A., & Fishman, D. B. (2010). Case studies within a mixed methods paradigm: Toward a resolution of the alienation between researcher and practitioner in psychotherapy research. *Psychotherapy: Theory, Research, Practice, Training, 47,* 427–441.

DeRubeis, R. J., Cohen, Z. D., Forand, N. R., Fournier, J. C., Gelfand, L. A., & Lorenzo-Luaces, L. (2014). The Personalized Advantage Index: Translating research on prediction into individualized treatment recommendations: A demonstration. *PLoS ONE, 9*(1), e83875.

Fisher, A. J. (2015). Toward a dynamic model of psychological assessment: Implications for personalized care. *Journal of Consulting and Clinical Psychology, 83,* 825–836.

Forgeard, M. J. C., Haigh, E. A. P., Beck, A. T., Davidson, R. J., Henn, F. A., Maier, S. F., et al. (2011). Beyond depression: Toward a process-based approach to research, diagnosis, and treatment. *Clinical Psychology: Science and Practice, 18,* 275–299.

Gu, J., Strauss, C., Bond, R., & Cavanagh, K. (2015). How do mindfulness-based cognitive therapy and mindfulness-based stress reduction improve mental health and wellbeing?: A review and meta-analysis of mediation studies. *Clinical Psychology Review, 37,* 1–12.

Gunlicks-Stoessel, M., Mufson, L., Westervelt, A., Almirall, D., & Murphy, S. (2016). A pilot SMART for developing an adaptive treatment strategy for adolescent depression. *Journal of Clinical Child & Adolescent Psychology, 45,* 480–494.

Hamburg, M. A., & Collins, F. S. (2010). The path to personalized medicine. *New England Journal of Medicine, 363,* 301–304.

Huey, S. J., Jr., Tilley, J. L., Jones, E. O., & Smith, C. A. (2014). The contribution of cultural competence to evidence-based care for ethnically diverse populations. *Annual Review of Clinical Psychology, 10,* 305–338.

Huibers, M. J. H., Cohen, Z. D., Lemmens, L. H. J. M., Arntz, A., Peeters, F. P. M. L., Cuijpers, P., et al. (2015). Predicting optimal outcomes in cognitive therapy or interpersonal psychotherapy for depressed individuals using the Personalized Index Approach. *PLoS ONE, 10*(11), e0140771.

Kazdin, A. E. (2007). Mediators and mechanisms of change in psychotherapy research. *Annual Review of Clinical Psychology, 3,* 1–27.

Kazdin, A. E. (2011). *Single-case research designs: Methods for clinical and applied settings* (2nd ed.). New York: Oxford University Press.

Kazdin, A. E., & Nock, M. K. (2003). Delineating mechanisms of change in child and adolescent therapy: Methodological issues and research recommendations. *Journal of Child Psychology and Psychiatry, 44,* 1116–1129.

King, M. W., & Resick, P. A. (2014). Data mining in psychological treatment research: A primer on classification and regression trees. *Journal of Consulting and Clinical Psychology, 82,* 895–905.

Kraemer, H. C., Wilson, G. T., Fairburn, C. G., & Agras, W. S. (2002). Mediators and moderators of treatment effects in randomized clinical trials. *Archives of General Psychiatry, 59,* 877–883.

Lau, A. S. (2006). Making the case for selective and directed cultural adaptations of evidence-based treatments: Examples from parent training. *Clinical Psychology: Science and Practice, 13,* 295–310.

Lei, H., Nahum-Shani, I., Lynch, K., Oslin, D., & Murphy, S. A. (2012). A "SMART" design for building individualized treatment sequences. *Annual Review of Clinical Psychology, 8,* 21–48.

Lindhiem, O., Bennett, C. B., Orimoto, T., & Kolko, D. J. (2016). A meta-analysis of personalized treatment goals in psychotherapy: A preliminary report and call for more studies. *Clinical Psychology: Science and Practice, 23,* 165–176.

Lindhiem, O., Bennett, C. B., Trentacosta, C. J., & McLear, K. (2014). Client preferences affect treatment satisfaction, completion, and clinical outcome: A meta-analysis. *Clinical Psychology Review, 34,* 505–517.

Lindhiem, O., Kolko, D. J., & Cheng, Y. (2012). Predicting psychotherapy benefit: A probabilistic and individualized approach. *Behavior Therapy, 43,* 381–392.

MacKinnon, D. P., Kisbu-Sakarya, Y., & Gottschall, A. C. (2013). Developments in mediation analysis. In T. D. Little (Ed.), *Oxford handbook of quantitative methods* (Vol. 2, pp. 338–360). New York: Oxford University Press.

McCabe, K., & Yeh, M. (2009). Parent–child interaction therapy for Mexican Americans: A randomized clinical trial. *Journal of Clinical Child & Adolescent Psychology, 38,* 753–759.

McCabe, K. M., Yeh, M., Garland, A. F., Lau, A. S., & Chavez, G. (2005). The GANA program: A tailoring approach to adapting parent child interaction therapy for Mexican Americans. *Education and Treatment of Children, 28,* 111–129.

McCabe, K., Yeh, M., Lau, A., & Argote, C. B. (2012). Parent–child interaction therapy for Mexican Americans: Results of a pilot randomized clinical trial at follow-up. *Behavior Therapy, 43,* 606–618.

McGrath, C. L., Kelley, M. E., Holtzheimer, P. E., III, Dunlop, B. W., Craighead, W. E., Franco, A. R., et al. (2013). Toward a neuroimaging treatment selection biomarker for major depressive disorder. *JAMA Psychiatry, 70,* 821–829.

MTA Cooperative Group. (1999). A 14-month randomized clinical trial of treatment strategies for attention-deficit/hyperactivity disorder. *Archives of General Psychiatry, 56,* 1073–1086.

National Academy of Sciences. (2011). *Toward precision medicine: Building a knowledge network for biomedical research and a new taxonomy of disease.* Washington, DC: National Academies Press.

National Institute of Mental Health. (2015). National Institute of Mental Health strategic plan for research (DHHS Publication No. 15-6368). Retrieved May 20, 2015, from *www.nimh.nih.gov/about/strategic-planning-reports/index.shtml.*

Ng, M. Y., & Weisz, J. R. (2016). Building a science of personalized intervention for youth mental health. *Journal of Child Psychology and Psychiatry, 57,* 216–236.

Norcross, J. C. (Ed.). (2011). Adapting psychotherapy to the individual patient [Special issue]. *Journal of Clinical Psychology, 67,* 127–214.

Pelham, W. E., Jr., Fabiano, G. A., Waxmonsky, J. G., Greiner, A. R., Gnagy, E. M., Pelham, W. E., III, et al. (2016). Treatment sequencing for childhood ADHD: A multiple-randomization study of adaptive medication and behavioral interventions. *Journal of Clinical Child & Adolescent Psychology, 45,* 396–415.

Persons, J. B. (1991). Psychotherapy outcome studies do not accurately represent current models of psychotherapy: A proposed remedy. *American Psychologist, 46,* 99–106.

Schulte, D., Künzel, R., Pepping, G., & Schulte-Bahrenberg, T. (1992). Tailor-made versus standardized therapy of phobic patients. *Advances in Behaviour Research and Therapy, 14,* 67–92.

Shih, W., Patterson, S. Y., & Kasari, C. (2016). Developing an adaptive treatment strategy for peer-related social skills for children with autism spectrum disorders. *Journal of Clinical Child & Adolescent Psychology, 45,* 469–479.

Shimokawa, K., Lambert, M. J., & Smart, D. W. (2010). Enhancing treatment outcome of patients at risk of treatment failure: Meta-analytic and mega-analytic review of a psychotherapy quality assurance system. *Journal of Consulting and Clinical Psychology, 78,* 298–311.

Simon, G. E., & Perlis, R. H. (2010). Personalized medicine for depression: Can we match patients with treatments? *American Journal of Psychiatry, 167,* 1445–1455.

Southam-Gerow, M. A., Daleiden, E. L., Chorpita, B. F., Bae, C., Mitchell, C., Faye, M., et al. (2013). MAPping Los Angeles County: Taking an evidence-informed model of mental health care to scale. *Journal of Clinical Child & Adolescent Psychology, 43,* 190–200.

Southam-Gerow, M. A., Weisz, J. R., Chu, B. C., McLeod, B. D., Gordis, E. B., & Connor-Smith, J. K. (2010). Does CBT for youth anxiety outperform usual care in community clinics?: An initial effectiveness test. *Journal of the American Academy of Child & Adolescent Psychiatry, 49,* 1043–1052.

Stewart, R. E., Stirman, S. W., & Chambless, D. L. (2012). A qualitative investigation of practicing psychologists' attitudes toward research-informed practice: Implications for dissemination strategies. *Professional Psychology: Research and Practice, 43,* 100–109.

Trull, T. J., & Ebner-Priemer, U. (2013). Ambulatory assessment. *Annual Review of Clinical Psychology, 9,* 151–176.

Warren, J. S., Nelson, P. L., Burlingame, G. M., & Mondragon, S. A. (2012). Predicting patient deterioration in youth mental health services: Community mental health vs. managed care settings. *Journal of Clinical Psychology, 68,* 24–40.

Weersing, V. R., & Weisz, J. R. (2002). Mechanisms of action in youth psychotherapy. *Journal of Child Psychology and Psychiatry, 43,* 3–29.

Weisz, J. R. (2004). *Psychotherapy for children and adolescents: Evidence-based treatments and case examples.* Cambridge, UK: Cambridge University Press.

Weisz, J. R., Bearman, S. K., Santucci, L. S., & Jensen-Doss, A. (2016). Initial test of a principle-guided approach to transdiagnostic youth psychotherapy. *Journal of Clinical Child and Adolescent Psychology.* [Epub ahead of print]

Weisz, J. R., & Chorpita, B. F. (2011). Mod squad for youth psychotherapy: Restructuring evidence-based treatment for clinical practice. In P. C. Kendall (Ed.), *Child and adolescent therapy: Cognitive-behavioral procedures* (4th ed., pp. 379–397). New York: Guilford Press.

Weisz, J. R., Chorpita, B. F., Frye, A., Ng, M. Y., Lau, N., Bearman, S. K., et al. (2011). Youth top problems: Using idiographic, consumer-guided assessment to identify treatment needs and track change during psychotherapy. *Journal of Consulting and Clinical Psychology, 79,* 369–380.

Weisz, J. R., Chorpita, B. F., Palinkas, L. A., Schoenwald, S. K., Miranda, J., Bearman, S. K., et al. (2012). Testing standard and modular designs for psychotherapy treating depression, anxiety, and conduct problems in youth: A randomized effectiveness trial. *Archives of General Psychiatry, 69,* 274–282.

Weisz, J. R., Jensen-Doss, A. J., & Hawley, K. M. (2006). Evidence-based youth psychotherapies versus usual clinical care: A meta-analysis of direct comparisons. *American Psychologist, 61,* 671–689.

Weisz, J. R., Krumholz, L. S., Santucci, L., Thomassin, K., & Ng, M. Y. (2015). Shrinking the gap between research and practice: Tailoring and testing youth psychotherapies in clinical care contexts. *Annual Review of Clinical Psychology, 11,* 139–163.

Weisz, J. R., Kuppens, S., Eckshtain, D., Ugueto, A. M., Hawley, K. M., & Jensen-Doss, A. (2013). Performance of evidence-based youth psychotherapies compared with usual clinical care: A multilevel meta-analysis. *JAMA Psychiatry, 70,* 750–761.

Weisz, J. R., Kuppens, S., Ng, M. Y., Eckshtain, D., Ugueto, A. M., Vaughn-Coaxum, R., et al. (in press). What five decades of research tells us about the effects of youth psychological therapy: A multilevel meta-analysis and implications for science and practice. *American Psychologist.*

Weisz, J. R., Ng, M. Y., & Bearman, S. K. (2014). Odd couple?: Reenvisioning the relation between science and practice in the dissemination-implementation era. *Clinical Psychological Science, 2,* 58–74.

Weisz, J. R., Ng, M. Y., Rutt, C., Lau, N., & Masland, S. (2013). Psychotherapy for children and adolescents. In M. Lambert (Ed.), *Handbook of psychotherapy and behavior change* (6th ed., pp. 541–586). Hoboken, NJ: Wiley.

Weisz, J. R., Southam-Gerow, M. A., Gordis, E. B., Connor-Smith, J. K., Chu, B. C., Langer, D. A., et al. (2009). Cognitive-behavioral therapy versus usual clinical care for youth depression: An initial test of transportability to community clinics and clinicians. *Journal of Consulting and Clinical Psychology, 77,* 383–396.

Weisz, J. R., Ugueto, A. M., Cheron, D. M., & Herren, J. (2013). Evidence-based youth psychotherapy in the mental health ecosystem. *Journal of Clinical Child and Adolescent Psychology, 42*(2), 274–286.

Whipple, J. L., & Lambert, M. J. (2011). Outcome measures for practice. *Annual Review of Clinical Psychology, 7,* 87–111.

Wood, J. J., Ehrenreich-May, J., Alessandri, M., Fujii, C., Renno, P., Laugeson, E., et al. (2015). Cognitive behavioral therapy for early adolescents with autism spectrum disorders and clinical anxiety: A randomized, controlled trial. *Behavior Therapy, 46,* 7–19.

CHAPTER 30

아동 · 청소년 심리치료 발전에
신경과학 혁신을 입히다

Matthew Peverill & Katie A. McLaughlin

임상신경과학 분야에 대한 관심이 지난 10년간 폭발적으로 증가했다(Weingarten & Strauman, 2015). 그러나 임상평가 및 치료에 대한 신경과학의 직접적인 기여는 거의 없다. 임상 현장에서 신경과학의 이득이 어디서 언제 나타날지는 임상가와 정책 입안자에게 질문하는 것이 적절할 것이다. 이 장에서 우리는 신경과학이 향후 아동과 청소년의 평가와 치료 향상에 기여할 수 있는 여러 경로를 확인할 것이다. 우리는 신경과학이 임상평가 및 치료에 미칠 수 있는 세 가지 잠재적인 기여에 중점을 두고 있다. 첫째, 신경과학은 특정 심리치료에 반응하는 사람을 식별하는 데 사용될 수 있다. 근거가 확실하게 입증된 접근 방식을 사용하더라도 치료를 통해 개선되지 못하는 소수가 있다는 점을 감안할 때 실패할 가능성이 있는 사람들을 식별하고, 그 이유를 통해 임상 반응을 향상시킬 수 있는 혁신적인 새로운 결과를 제시해줄 수도 있다. 둘째, 신경과학은 특정 진단 내에서 임상적으로 의미 있는 결과를 얻을 수 있는 하위 집단을 확인함으로써 개인에게 가장 유익한 치료법을 적용하는 과정을 촉진할 수 있다. 마지막으로 신경과학은 잠재적으로 효과적인 임상 변화 메커니즘을 확인하여 보다 효과적인 근거기반 치료법 개발을 가능하게 한다. 이 장에서 '신경과학(neuroscience)'이라는 용어는 인지-정서 처리 과정과 인간 발달 연구에 신경과학을 적용하는 것으로 사용된다.

일반적인 신경과학 방법을 간략하게 검토한 후 세 가지 광범위한 주제 안에서 현재 연구들을 논의한다. 신경과학의 임상적 적용은 여전히 제한적이고, 특히 아동 · 청소년에서 그러하다. 따라서 우리는 주로 응용이라는 틀 안에서 무엇이 **가능한지**에 초점을 맞추고 있다(추가 검토를 위해 Fournier & Price, 2014; Weingarten & Strauman, 2015 참조). 동시에 임상 실무에 신경과학 방법을 통합시키는 데 있어서 현실적인 제약을 인식하는 것이 중요하다. 따라서 우리는 아동과 청소년을 위한 임상적 개입에 대한 장애물, 제한점 및 신경과학의 적용을 촉진할 향후 방향에 대한 논의로 마무리할 것이다. 아동 대상 적용 연구가 여전히 제한적이기 때문에 아동 대상 연구가 가능하지 않은 경우 성인 연구 중에서 가용한 주요 연구 사례를 사용하여 논의할 것이다. 검토된 많은 신경영상 연구는 뇌 기능 및 보상 처리와 관련된 신경 네트워크에 초점을 맞추고 있다. 이 네트워크 각각의 주요 뇌 영역은 각각 그림 30.1과 30.2에 나와 있다(www.guilford.com/weisz-forms에서 원본 그림 검토가 가능함). 우리는 신경과학 방법을 근거기반 치료에 통합하는 데 초점을 맞추고 있으며, 경험적으로 지지되지 않은 치료는 포함하지 않았다.

신경과학이라는 도구

인간의 뇌의 구조와 기능을 검사하기 위한 다양한 비침습적 신경영상 방법이 일반적으로 임상 문제를 연구하는 데 사용된다. 이들 중 자기공명영상(MRI)과 기능적 MRI(fMRI)가 가장 일반적으로 사용되는 도구이다. 두 방법 모두 이미지를 구성하기 위해 뇌 조직의 자기적 특성의 차이를 이용한다(Huettel, Song, McCarthy, 2014). MRI는 뇌 구조의 고해상도 이미지를 수집하는 데 사용되는데, 뇌 구조의 부피, 표면적 및 두께에 대한 정보를 제공하며 임상 및 비임상 집단 간의 구조적 차이뿐만 아니라 전형적인 발달과의 편차를 측정하는 데 자주 사용된다. fMRI는 신경 활동을 모델링하는 데 혈액 산소 수준(BOLD) 신호를 사용한다. 대부분의 fMRI 연구는 실험 과제의 맥락에서 뇌 활동을 측정한다. MRI 기술은 또한 다른 뇌 영역 간의 구조적 및 기능적 연결을 측정하는 데 사용될 수 있다. 두뇌 영역(백질 등) 간 실제 구조적 연결은 확산텐서영상(DTI)과 뇌 조직 확산 방향에 민감한 자기공명 이미지를 사용하여 추정할 수 있다. 서로 다른 뇌 영역 간의 기능적 연결은 휴식 상태(휴식 상태 연결성) 또는 실험 맥락에서 (fMRI를 사용하여) 영역들이 함께 활성화되는 정도를 검사함으로써 측정될 수 있다.

MRI 방법이 주류가 되지만 다른 도구를 사용하여 뇌 기능을 검사할 수 있다. 뇌파 뇌 조영법(electroencephalography, EEG)은 두피에 전극을 두어 뇌의 전기적 활동을 기록하는 방법이다. 이 전극은 실험 자극에 반응하여 특정 위치에서 발생하는 사건관련전위(ERP)뿐 아니라 휴식 상태에 있는 뇌의 전기적 특성을 측정할 수 있다. fMRI에 비해 뇌파는 뇌의 활동 위치를 예측하는 데 덜 정확하지만 신경 반응의 타이밍에 대해서는 더 큰 특이성을 가진다(Horwitz, Friston, & Taylor, 2000). 관련 기술인 자기뇌파검사(magnetoencephalography, MEG)는 세포 내 전류에 의해 야기되는 자기 섭동(magnetic perturbation)을 측정하여 뇌 활동에 대한 시간 및 공간 정보를 얻는다(Krish, 2014). MEG는 정신사회적 치료를 연구하는 데 거의 사용되지 않는다. 마지막으로 양전자 방출 단층촬영(positron emission tomography, PET) 스캐너는 물질을 주입한 후에 방사성 물질의 분포를 이미지화한다. 뇌 기능에 중요한 글루코스나 다른 화학물질에 대한 유사체 역할을 하는 조영제를 사용하여 다양한 신경 과정을 검사할 수 있다(Horwitz et al., 2000). PET 방법은 아동에게 자주 사용되지 않는다.

치료 반응 예측에 신경과학 활용

근거기반 심리치료는 아동과 청소년을 치료하는 데 광범위하게 효과가 있는 것으로 나타났다(Weisz, Weiss, Han, Granger, & Morton, 1995). 그러나 고도로 통제된 임상실험에서도 많은 아동들이 반응하지 않으며 치료 효과는 효과 연구 환경보다 실제 임상 환경에서 일반적으로 더 작다(Weisz, Ugueto, Cheron, & Herren, 2013). 지금까지 임상 실습에서 일상적으로 수집한 행동 표지자 및 진단 데이터는 어떤 아동이 치료에 가장 반응할 가능성이 있는지에 대한 단서를 제공하지 못했다. 신경과학은 행동적 표현이 비슷하거나 동일한 아동의 신경 구조와 기능의 차이를 나타낼 수 있으며, 이 경우의 뇌 관련 차이는 행동 측정보다 치료에 대한 반응을 더 잘 예측할 수 있다. 치료에 대한 반응을 예측하는 신경 구조와 기능의 개인차를 확인하는 것은 자기보고 방법 적용이 어려우며 보고하는 사람들 사이의 의견 불일치가 많이 발생하는 아동에서 특히 적절하다(De Los Reyes, Aldao, & Augenstein, 제31장 참조; De Los Reyes & Kazdin, 2005). 신경 구조와 기능의 개인차 측정은 임상 환경에서 사용하기 위한 새로운 행동 도구 발견으로 이어질 수 있다.

성인 대상 사회불안장애(SocAD) 치료에 관한 최근 연구는 신경영상 도구를 사용하여 치료 반응을 예측하는 방법의 예를 제공한다. 비록 약물치료와 인지행동 기법(CBT)이 모두 SocAD 치료에 효과가 있는 것으로 나타났고, 보다 집중적인 병행치료가 더 나은 반응률과 관련되어 있지만, 상당수의 사람들은 치료에 반응하지 않는다(예 : Blanco et al., 2010). 최근의 증거는 신경 측정이 SocAD 내담자의 치료 반응 예측에 있어 표준 임상 측정보다 더 큰 예측 유용성을 가질 수 있음을 시사한다. 예를 들어, 여러 연구에서 SocAD를 가진 개인이 치료 이전에 후부 및 복부 후두 측두엽 피질(뇌의 고차원 시각 처리 영역)에서 부정적 얼굴 감정에 대한 더 큰 반응을 보였을 때 CBT에 더 잘 반응한다는 것을 발견했다(Doehrmann et al., 2013; Klumpp, Fitzgerald, & Phan, 2013). 한 연구에 따르면 임상적 심각도 자료와 함께 이 영역에서의 과제와 관련된 뇌 활동의 차이는 치료 반응 가변성의 41%를 차지했다(Doehrmann et al., 2013). 관련 연구에서 DTI와 휴지기 fMRI가 제공하는 구조적 및 기능적 연결성에 대한 정보가 임상적 심각도 자료와 함께 치료 예측 모델에 포함되었을 때 CBT 치료에 대한 반응은 81% 정확도로 예측되었다(Whitfield-Gabrieli et al., 2016). 이 두 연구에서 치료 이전 임상적 심각도 자료 및 기타 행동지표는 치료 결과 변량의 12%만을 차지했다.

신경과학 접근법은 불안, 기분 및 외상 관련 장애가 있는 소아 및 청소년의 치료 반응을 예측하기 위해 최근에 적용되었다. 예를 들어 McClure 등(2006)은 무서운(대 행복한) 얼굴(www.guilford.com/weisz-forms에서 그림 30.1 참조)을 보면서 편도체 활동이 불안장애로 인해 CBT나 약물치료를 받는 아동의 증상 개선에 대한 임상적 보고와 정적으로 관련되어 있음을 발견했다. 유사한 패턴이 외상후 스트레스장애에 대한 외상중심 CBT 연구에서 나타났는데, 여자 청소년에서 중성 표정 대비 위협적인 표정에 대한 더 많은 편도체 활성화는 PTSD 증상의 더 빠른 감소와 관련되었다(Cisler et al., 2015). 청소년 우울증에 있어서 추측 과제에서 가능한 금전적 보상을 예상하는 동안 측중격핵(nucleus accumbens)과 미상핵(caudate)의 높은 활동은 CBT 치료를 받은 청소년의 가파른 불안 증상 감소와 향상을 예측하였다(Forbes et al., 2010; www.guilford.com/weisz-forms에서 그림 30.2 참조). 성인과 마찬가지로 소아에서 예비적이지만 주목할 만한 결과가 보고되었는데, 신경 측정치를 통해 기존의 임상적 측정치로 포착되지 않은 전향적 치료 반응에 대한 정보가 전달될 수 있었다. 이 지식 기반을 확장하고 이러한 연관을 뒷받침하는 메커니즘을 식별할 향후 연구가 필요하다.

신경영상 기술은 현재 전형적인 임상 환경에서 이러한 생물학적 표지자의 실제적인 직접 측정할 수준까지는 충분히 발전되지 못하였다. 그러나 치료 반응의 신경 모델은 임상 환경에서 보다 쉽게 측정할 수 있는 행동적 또는 정신생리학적 도구를 사용하여 유사한 예측 모델을 만들 수 있다(이 장의 마지막 절에서 이 가능성을 더 자세하게 논의함). 임상 실제에서 이러한 측정치들은 더 집중적이고 효과적인 치료(예 : CBT 및 약물 치료 병행)에 대한 사례의 보다 효과적인 선별을 허용하여 내담자들에게 보다 빠른 개선을 유도하고 효과적이지 않을 수 있는 치료에 소요되는 시간을 단축시킨다.

개별화된 치료 촉진에 신경과학 활용

많은 증거기반 치료법 효과가 불특정적으로 유사하다는 오랜 증거에 비추어(예 : 청소년 우울증에 대한 CBT 및 대인관계치료), 임상가는 어떤 치료가 특정 내담자에게 가장 효과적인지 결정해야 하는 문제에 직면하게 된다. 그러나 임상가가 그러한 결정을 하거나 한 치료가 다른 치료보다 유용하다고 제시해주는 데 도움이 되는 지침은 거의 없다. 신경과학은 특정 치료에 대한 반응의 생물학적 표지자를 밝히고 특정 형태의 정신병리에서 임상적으로 관련이 있는 아형을 변별하여 임상가가 가장 효과적인 치료법을 선택하도록 혁신적인 도구 발견을 촉진할 수 있다. 주요우울장애(MDD)에 대한 연구는 이미 이 주제를 탐구하기 시작했다.

MDD를 가진 청소년을 위한 심리치료와 약물요법이 상당한 경험적 지지를 받았지만,

MDD를 가진 청소년의 최소 15%는 최선의 치료에도 반응하지 않는다(March et al., 2007; Weisz, McCarty, & Valeri, 2006). 초기 MDD 치료에 반응하지 않는 청소년을 위한 대안치료법이 효과적일 수 있지만(Brent et al., 2008), 많은 청소년들이 궁극적으로 효과가 없는 치료를 받느라 상당한 시간을 낭비하고 있으며 그 속에서 자해를 포함한 부정적 결과와 관련된 위험과 우울을 경험하고 있다. 우울증을 가진 특정 청소년을 위한 특정 치료법을 제안하는 명확한 지표를 사용한다면 이러한 경우 치료 과정을 근본적으로 바꿀 수 있을 것이다. 현재 신뢰성 있는 지표는 거의 없다(Hollon et al., 2005; Sherrill & Kovacs, 2004).

신경영상 연구는 성인의 치료 반응을 예측하는 많은 생물학적 표지자를 밝히기 시작했다. 이러한 생물학적 표지자의 대부분은 치료 방법들에 대한 치료 반응을 예측하지만(Konarski et al., 2009; Siegle et al., 2012), 특정 치료법에 대한 다양한 반응을 예측하는 생물학적 표지자에 대한 몇 가지 증거가 이미 있다. PET를 사용하여 MDD를 가진 성인을 위한 약물치료와 CBT를 비교한 연구에서 정서 및 상호 인식에 관련된 뇌 영역인 섬엽(insula)에서 휴식 상태의 포도당 대사 감소는 CBT 동안 더 큰 완화를 나타냈지만 약물에 대한 효과는 좋지 않았다. 반면에 섬엽 대사가 항진된 성인은 CBT보다 약물에 더 잘 반응하였다(McGrath et al., 2013). 추적 조사에서 추가된 치료 요소가 적절한 생물학적 표지자(Dunlop, Kelley, McGrath, Craighead, & Mayberg, 2015)에 잘 맞는 경우, 병행치료에 다시 할당된 비반응자의 증상이 더 많이 감소되었다. 휴지기 포도당 대사 변화에 영향을 주는 특정 인지 및 정서 처리 과정을 규명하기 위한 후속 연구가 필요하지만 이러한 발견에 대한 한 가지 가능한 설명은 섬엽의 낮은 포도당 대사는 약물치료보다 CBT에서 더 잘 반응하여 정서적이고 상호 인식적인 감각 수준이 더 많이 감소된 것일 수 있다. 이러한 유형의 치료 선택적인 생물학적 표지자에 대한 조사는 MDD 내담자가 CBT와 약물치료 중 우선적으로 어떤 치료에 반응할 것인지에 대한 새로운 제시를 해줄 수 있다.

개별화된 치료를 위한 또 다른 가능성은 특정 형태의 정신병리의 아형에 대한 신경과학 연구에서 도출된다. 전통적으로 진단범주는 정신질환의 진단 및 통계 편람(*DSM*)에 요약된 증상 군집에 따라 확정되었다. 이러한 범주는 뚜렷한 신경생리학적 및 병인학적 특성에도 불구하고 유사한 증상을 나타내는 데 기여하는 독특한 내적 표현형을 모호하게 할 수 있다(Charney et al., 2002). 특정 내적 표현형의 생물학적으로 구분되는 특징을 확인함으로써, 신경과학은 특정 진단 군집 내의 이질성에 대한 증거를 제공하고 잠재적으로 평가 및 치료 방법에 대한 정보를 제공해줄 수 있다. 예를 들어, 유쾌한 기분을 즐기는 데 어려움을 가지는 것을 특징으로 하는 무쾌감증은 MDD의 공통적인 특징이며(Goldstein & Klein, 2014; Pechtel, Dutra, Goetz, & Pizzagalli, 2013), 성인과 청소년에서 치료에 반응하지 않는 경우를 예측하는 것으로 나타났다(McMakin et al., 2012; Vrieze et al., 2013). Pizzagalli와 동료 연구자들은 무쾌감증은 우울증과 불안의 증상과는 구분되는 보상 과정에 관련된 신경 네트워크의 비전형적 구조와 기능과 관련이 있음을 보여주었다. 구체적으로 무쾌감증은 우울증의 다른 증상과 달리 적핵의 부피 감소(www.guilford.com/weisz-forms에서 그림 30.2 참조)와 보상에 대한 둔화된 적핵 반응과 관련된다(Wacker, Dillon, Pizzagalli, 2009). 신경과학이 개별사례별로 MDD 및 기타 장애의 내적 표현형(endophenotype)을 식별할 수 있는 도구를 제공할 수 있다면 궁극적으로 임상가는 내적 표현형의 핵심적인 신경 및 행동 특성을 목표로 하는 치료법을 선택할 수 있다. 예를 들어, 행동 활성화는 MDD에 대한 경험적으로 검증된 치료로서 구체적으로 무쾌감증을 표적으로 삼으며 보상과 관련된 뇌 구조의 기능적 변화를 일으키는 것으로 나타났다. 보상을 예상하는 동안 미상핵의 활동이 증가되며 보상을 받으면 대상주위부(paracingulate)와 안와전두피질의 활동이 증가된다(Dichter et al., 2009; 그림 30.2 참조). 자기보고 및 부수적인 보고를 통해 무쾌감증을 평가하는 임상 도구가 존재하지만 신경과학의 발전은 새롭고 덜 주관적인 무쾌감증의 평가를 가능하게 하여, 기초적인 신경생물학 연구에서는 나타나지만 내담자나 그들의 부모에 의해 보고되지는 않는 무쾌감증의 평가를 가능하게 해준다. 이 내용은 이 장의 끝부분에서 다시 논의할 것이다.

신경과학은 또한 환경 경험의 차이와 관련된 정신병리학의 하위 유형을 확인함으로써 치료 연구를 도울 수 있다. 예를 들어, 학대를 경험한 아동은 MDD 및 기타 여러 형태의 정신병리를 일으킬 위험이 높으며(Kilpatrick et al., 2003; McLaughlin et al., 2012), 학대 경험이 없는 청소년보다 MDD 치료에 더 잘 반응하지 않는다(Nanni, Uher, & Danese, 2012). 이는 특히 CBT에서 그러하다(Barbe, Bridge, Birmaher, Kolko, & Brent, 2004; Lewis et al., 2010). 신경 구조와 기능의 차이는 정신병리에 대한 위험 증가와 낮은 치료 반응을 설명할 수 있다. 예를 들어, 학대당한 청소년은 불안과 다른 형태의 내재화 정신병리와 관련된 패턴인 부정적 단서에 더 큰 편도체 반응을 보이며(예 : Thomas et al., 2001) 인지적으로 감정을 조절하려고 시도하는 동안 전두엽 피질이 더 많이 활성화된다(McLaughlin, Peverill, Gold, Alves, & Sheridan, 2015). 이 패턴은 학대당하지 않은 청소년에 비해 학대당한 청소년들은 인지적 재평가를 위해 더 많은 인지적 자원을 필요로 하며, 인지 재구조화가 효과를 얻기 위해서는 더 많은 연습이 필요하다는 것을 의미한다. 다른 연구는 학대가 적핵과 중복되는 부분인 배측 선조체(Hanson, Hariri, & Williamson, 2015)에서 보상에 둔한 반응과 관련이 있음을 보여주었다. 이것은 무쾌감증과 관련하여 앞에서 설명한 동일한 패턴이다(Pechtel et al., 2013). 이 패턴은 행동 활성화가 MDD를 가진 학대 아동들에게 특히 유용한 치료법이 될 수 있음을 시사한다. 종합해보면 MDD와 잠재적으로 다른 유형의 정신병리인 학대당한 청소년은 대체치료가 필요한 독특한 임상 하위 유형을 구성한다고 볼 수 있겠다(Teicher & Samson, 2013). 신경과학은 학대당한 청소년에서 치료가 왜 덜 효과적인지 설명할 수 있는 신경생물학적 차이를 확인함으로써 임상전문가가 학대의 역사가 있는 아동 및 청소년을 위한 개별화된 치료 절차를 가정하고 실제로 검증하도록 해준다.

후속 연구에서 재검증이 된다면 이들 및 유사한 연구들은 차세대 임상 평가 방식을 제공해 주며, 이를 통해 증상을 평가할 뿐만 아니라 특정 내담자에게 가장 효과적일 수 있는 치료법에 대한 실마리를 찾을 수 있다. 신경과학 접근법은 궁극적으로 치료에 대한 민감도 차이를 일으키는 신경 상태의 차이를 구분해서 임상 장면에서 보다 유용하게 사용할 수 있는 행동척도 개발에 기여할 수 있다. 결국 기술 진보(예 : 모바일 스캐너)는 신경영상 도구가 일상적인 평가에 통합되게 할 수도 있다. 어떠한 경우에도 개별화된 치료 과정의 보다 신속한 처방은 더 빠른 임상 개입을 용이하게 하여 더 나은 양질의 치료를 가능하게 하고, 효과가 없을 것 같은 치료에 소요되는 시간과 비용을 줄여준다.

치료 변화 기제 규명에 신경과학 활용

임상심리학의 치료 연구 문제는 이제 무엇이 효과가 있는지에서 어떻게 치료가 작용하며 우리의 근거기반 치료가 어떤 대상에게 효과가 있는지의 문제로로 옮겨 갔다. 아동과 청소년을 대상으로 한 수백 건의 근거기반 치료가 존재하지만, 치료 효과가 중재되는 구체적이고 정당한 메커니즘을 제안하거나 평가하는 치료 연구는 거의 없다(Kazdin, 2007; Weersing & Weisz, 2002). 치료 기제를 밝히는 연구가 절실히 필요한데, 이를 통해 우리가 하고 있는 치료가 어떻게 효과가 있는지를 이해할 수 있으며 가장 효과적인 치료를 찾아내고 핵심적 요소만을 포함하여 치료를 보다 효과적으로 만들며 치료 반응에서 개인차를 더 잘 예측하고 새로운 치료 기법과 기회들을 찾아내게 된다(Kazdin, 2007). 신경병리학의 원인과 유지의 근간을 이루는 신경생물학적 기제를 정교화하고 뇌에서 이러한 기제를 관찰할 수 있는 방법을 제공함으로써 신경과학은 우리의 치료들이 왜 효과가 있으며 어떻게 내담자들을 나아지게 하는지에 대한 확실한 정보를 제공한다.

우리는 신경과학이 외상후 스트레스장애(PTSD)에 대한 CBT 치료의 메커니즘을 명확히 하는 데 어떻게 도움이 되는지를 보여주는 예를 제시하려고 한다. 외상에 대한 노출은 외상사건 중에 있었던 두려움과 사람, 광경, 소리, 냄새 사이의 강력한 연합을 만들어낸다. 이 두려움 기억은 외상의 생존자가 외상 경험과 관련된 자극에 노출될 때 쉽게 회상될 수 있다. 외상사건 이후의 정상적인 회복 과정에서 대부분의 사람들은 위험에 빠지지 않고 그 사건과 반복적으로 만나면서 안전감과 두려운 자극을 점차적으로 연합시키기 시작한다. 이 과정은 소거 학습이라고 알려져 있다. 그러나 원래의 공포 기억은 이러한 안전 기억과 공존하며 특정 상황에서 복원될 수 있다(Bouton, 2002, 2004). PTSD에 대한 많은 이론적 설명은 그 장애를 소거 학습의 실패와 과거 학습의 인출로 인한 두려움에 대한 억제 문제로 설명한다(Jovanovic & Ressler, 2010;

Milad & Quirk, 2012). 본질적으로 외상 후 PTSD를 발달시킨 사람은 안전한 (혹은 소거) 기억을 만들거나 인출해내기 어렵고, 그로 인해 외상사건 단서와 지속적인 두려움 반응이 연합되게 되는데, 이러한 지속적인 공포 반응은 PTSD의 침투사고 증상으로 나타난다(Norrholm et al., 2011). 경험적으로 강한 지지를 받는 PTSD에 대한 노출치료 효과에 대한 메커니즘(Cohen, Deblinger, Mannarino, & Steer, 2004; Foa, McLean, Capaldi, & Rosenfield, 2013)은 공포 소거를 지원함으로써 PTSD 증상을 완화한다는 것이다(Rothbaum & Davis, 2003). 그러나 PTSD에서 노출 기법의 변화 메커니즘이 실제로 행동 방법만을 사용하여 소거 기억을 유지하고 인출하는 능력의 향상과 관련되는지를 검증하는 것은 어렵다.

신경과학은 두려움 소거 학습 및 인출을 측정하기 위한 직접적인 방법을 제공한다. 동물과 인간의 연구 결과를 통해 공포의 획득(Delgado, Olsson, & Phelps, 2006; Johansen, Cain, Ostroff, & LeDoux, 2011)과 소거 학습(Phelps, Delgado, Nearing, & LeDoux, 2004)에서 편도체의 중추적인 역할이 설명되었다(www.guilford.com/weisz-forms에서 그림 30.1 참조). 소거 학습을 성공적으로 수행하는 동안 복내측 전두엽피질(vmPFC)과 편도체가 활성화되어 원래의 공포 기억을 억제한다(Milad & Quirk, 2012; Phelps et al., 2004). 신경과학에 대한 연구는 이미 PTSD 내담자의 뇌 구조와 기능의 차이가 학습과 신경기제에서 가정한 것과 일치되게 PTSD 내담자는 소거 학습된 것을 인출하는 동안 편도체가 활성화되고 복내측 전두엽피질 활동이 감소된다는 것을 보여주었다(Milad et al., 2008, 2009). 보다 단순한 생물학적 표지자를 사용하여 스캐너 외부에서 이러한 과정을 측정할 수 있다. 특히 피부전도 반응(더 큰 각성과 공포를 반영하는 교감신경계 활성화 측정)과 공포에 대한 깜짝 놀란 반응(Jovanovic & Ressler, 2010; Norrholm et al., 2011; Phelps et al., 2004)에서 분명하게 나타난다.

우리는 오랫동안 노출치료의 기제에 대해 이론적으로 탐색해왔지만 소거 학습 유지가 향상되는 것이 PTSD 노출치료의 성공을 설명하는 기제인지 검증하는 연구를 인지하지 못하고 있다. 공포 소거와 관련된 학습 과정과 근본적인 신경계에 대한 PTSD 치료 효과에 대한 탐색은 노출이 우리가 기대하는 대로 작동하는지를 검증하고 과정을 살펴보며, PTSD의 병인과 유지에 대한 개념 모델을 시험할 수 있게 해준다. 치료 효과와 상응하는 증상 개선이 이론적 예측과 일치하면 혁신적인 행동치료(Monfils, Cowansage, Klann, & LeDoux, 2009; Schiller et al., 2010)뿐만 아니라 새로운 약물치료와 근거기반 치료를 병행하는 것을 포함하여, 이러한 모델을 기반으로 하여 치료법을 개선하는 것이 가능해진다(Davis, Ressler, Rothbaum, & Richardson, 2006; Ganasen, Ipser, Stein, 2010). 이러한 메커니즘이 아직 PTSD에서 검증되지는 않았지만, 최근 연구에 따르면 CBT에 반응하지 않는 불안장애 아동과 청소년은 두려움 소거 상태에서 치료에 잘 반응하는 사람이나 불안하지 않은 아동에 비해 피부 전도성 반응이 둔화되는 것으로 나타났다(Waters & Pine, 2016). 이 발견은 공포를 학습하는 과정과 이를 지원하는 신경 회로망, 아동과 청소년의 치료 결과에 대한 임상적 관련성에 대한 지지를 제공한다.

매우 흥미롭게도 정신병리학의 신경생물학 모델과 치료의 긴밀한 통합을 통해 우리가 사용하는 치료 방법의 문제점을 해결할 수 있는 혁신적인 이론을 연구할 수 있다. 예를 들어, 최근의 신경과학 연구에 따르면 PTSD는 두려움 소거 기억의 회상의 단순한 결함이라기보다는 궁극적으로 안전과 관련된 맥락과 위협과 관련된 맥락을 구별하지 못하는 데서 비롯된 것이며, 아마도 해마의 구조와 기능 차이와 관련 있을 수 있다(Garfinkel et al., 2014; O'Doherty, Chitty, Saddiqui, Bennett, & Lagopoulos, 2015; Rougemont-Bücking et al., 2011). 후속 연구에서도 PTSD의 맥락 처리 설명을 뒷받침하는데, 이 결과는 치료 접근에서 새로운 개선을 가져올 수 있다. 예를 들어, 노출치료 중 맥락 조절이 치료 결과를 향상시킬 수 있다(예 : 실제 또는 가상 현실을 통해 노출이 수행되는 장소를 변경하여). 이 접근법은 단순 공포증에 대한 연구에서 약간의 지지를 얻었다(Vansteenwegen et al., 2007). PTSD에서 이 가정은 시기 상조이지만 PTSD의 맥락 처리 설명이 계속 지지를 받는다면 잠재적 가능성이 있다. 그러나 맥락 처리는 행동 방법으로 연구하기가 어렵기 때문에 경쟁 이론과의 직접 비교는 현재 신경과학 방법에서만 가능하다.

관련된 신경 시스템의 발달 변화가 개별 치료에 대한 다소간의 민감한 시기를 식별할 수 있기 때문에, 아동 및 청소년 정신병리의 원인 및 유지의 기본 기제에 대한 신경과학 연구가 특히 중요하다. 예를 들어, 이전에 검토된 PTSD 모델은 PTSD를 가진 성인의 외상 단서와 관련된 소거 기억의 인출 붕괴에 중점을 두었다. 설치류와 인간 연구에 걸친 최근의 연구 결과들을 종합해보면, 설치류와 인간 모두에서 사춘기에 발생하는 소거 학습의 장애와 함께 소거 학습의 중요한 발달 변화가 시사되었다(Pattwell et al., 2012). 이 결과가 재확인되는 것이 중요하지만, PTSD에 대한 노출기반 치료의 핵심 요소를 수정하면 청소년 치료의 향상을 도모할 수 있다는 점이 시사된 것이다. 특히 청소년의 공포 소거를 촉진하기 위해서는 장기간 노출이 포함된 치료 요소가 필요할 수 있다. 이 가능성을 직접 조사하기 위해서는 앞으로의 연구가 필요하다.

한계, 장애물 그리고 향후 방향

임상신경과학은 최근 몇 년 동안 엄청난 발전을 이루었으며 치료 방법을 개선할 잠재력이 있지만 여전히 발전해야 할 부분이 남아 있다. 검증해야 되는 책임은 결과를 정확하게 해석하고 적용하여 신경과학 연구를 해야 하는 연구자에게 있으며, 아동과 청소년을 위한 심리사회적 치료를 향상시키기 위한 신경과학의 임상적 잠재력이 완전히 실현되기 전에 극복해야 할 많은 장애물과 한계가 존재한다.

아마도 이 단계에서 가장 분명한 결론은 아동기의 장애와 그 치료법에 특히 초점을 맞춘 신경과학 연구의 필요성일 것이다. 광범위한 신경과학 연구가 정신건강과 뇌 구조와 기능의 연관성에 초점을 맞추고 치료와 관련된 연구가 더 중요해졌지만, 이 연구의 대부분은 성인을 대상으로 이루어졌다. 그러나 행동과 정신병리의 발달 변화는 종종 뇌의 광범위한 발달 변화와 평행을 이룬다. 이러한 발달 변화는 아동과 청소년 정신병리의 원인과 치료법을 이해하는 데 중요한 함의를 지니고 있다. 예를 들어, 청소년기에 MDD, 불안, 위험 행동 및 물질사용의 발병 위험이 높은 것은 이 시기에 해롭지만 탐닉적인 요소들이 더 많아지는 반면에 이 요소들에 대한 반응을 조절할 수 있는 능력은 감소된 것과 관련이 있다고 주장되어 왔다. 이러한 행동 변화는 피질하 구조로 행동 활성화를 조절하고 억제하는 전두엽피질 영역에 비해 정서적 자극(예 : 편도체) 및 보상(예 : 복측 선조체)에 반응하는 구조의 초기 기능 발달에 의해 설명된다(Casey & Jones, 2010; Galvan et al., 2006; Hare et al., 2008; Somerville, Jones, & Casey, 2010; Steinberg, 2008). 발달에 수반되는 신경 구조와 기능의 중대한 변화에 대한 인식 증가와 이러한 변화가 아동 및 청소년 정신병리학을 이해하는 데 많은 영향을 미침에 따라 발달신경과학에 대한 연구가 폭발적으로 증가했다. 그러나 이러한 진보는 아직 체계적인 방법으로 치료 연구에 적용되지 못하고 있다. 예를 들어, 앞서 언급한 청소년기의 일차적인 '불균형' 이론은 내재화 문제와 외현화 문제를 근거로 한 치료를 청소년기의 독특한 신경발달적 특징에 더 잘 적응시키는 데 잠재적인 함의가 있다. 예를 들어, 이 발달 기간 동안 보상에 대한 복부 선조체의 민감도가 높아지면 청소년은 행동 활성화와 같은 보상 관련 프로세스를 목표로 하는 치료에 특히 잘 반응할 수 있다. 우리는 이 이론의 치료 함의에 대한 다양한 가설을 검증한 연구를 알지 못한다. 임상신경과학이 발달 문제를 지속적으로 제기하는 것이 중요하며, 발달신경과학에서 새로운 발견의 임상적 함의와 유용성을 탐구한다는 구체적인 목표로 관련 연구가 수행되어야 한다.

두 번째 핵심 쟁점은 아동 및 청소년과의 임상 연구에 신경과학 척도를 통합하는 것이 실용적이고 논리적으로 가능한지에 대한 부분이다. 연구 및 임상 상황에서 아동에게 이러한 도구를 사용하는 데는 실질적인 많은 장애가 있다. MRI 데이터 수집은 비용과 시간이 많이 소요된다. 스캐닝 절차는 불안감을 유발하고 부모와의 격리를 요구할 수 있으므로 아동, 특히 정신병리를 가진 아동이 검사를 받을 때 특별한 훈련과 연습이 필요하다. 아동에 특히 주의해야 하는 부분은 움직임으로 인해 생긴 부가물이 없는 데이터를 생성하기 위해 스캔하는 동안 조용히 있어야 한다는 것이며 이를 위해서 훈련이 필요하며 경우에 따라 어머니의 스캐너 실습이 필요하다(Raschle et al., 2009). 데이터를 수집한 후에도 전처리 및 분석에 추가적인 전문 지식이 필요하다(Huettel et al., 2014 참조). EEG와 같은 다른 방법도 많은 양의 의미 있는 데이터 처리를 위해 많은 시간과 돈을 투자해야 한다.

우리는 신경과학이 치료 방법을 개선하는 데 중요한 도구를 제공한다고 믿지만 임상가가 내담자에게 더 좋은 치료를 제공하겠다는 열정이나 희망만으로 기하급수적으로 증가하는 평가 비용과 컴퓨터 프로그래밍 및 이미지 분석에 대한 고급 기술을 갖추어야 한다는 것은 비합리적이라고 생각한다. 이를 위해 아동 및 청소년 치료를 위한 신경과학의 임상적 잠재력을 실현하려면 신경과학자와 치료 연구자 간의 긴밀한 협력이 필요하며 이들 각자가 이러한 어려움을 해결하는 데 필요한 충분한 기술을 전부 가지고 있는 것은 아니다. 우리는 기술 진보, 특히 더 휴대 가능하고 저렴한 데이터 수집 도구와 향상된 분석 소프트웨어가 신경과학 연구 수행의 비용과 부담을 줄여갈 것이라고 믿지만, 이러한 진보가 임상 맥락에서 일상적으로 뇌영상을 사용할 만큼 충분하게 자동화되고 질적으로 충분할지는 분명하지 않다.

기술의 진보가 실제로 신경과학 방법을 치료에 직접 활용하게 할 수는 있지만 임상적으로 관련이 있는 생물학적 표지자와 상관관계를 확인함으로써 더 나은 치료법을 찾는 것이 더 가까운 미래에 가능한 방법일 것이다. 신경기능과 관련이 있고 치료에 잠재적인 활용성이 있는 수많은 행동 과제가 이미 존재한다. 예를 들어, 무쾌감증은 우울증의 다른 증상과 비교하여 보상 학습 과제에서의 독특한 행동 패턴과 관련이 있으며, 이 행동 패턴은 앞서 논의한 무쾌감증을 특징으로 하는 비정형 신경 표현형과 밀접하게 관련되어 있다. 특히 무쾌감증을 가진 사람들은 보상의 확률이 더 높은 자극에 자신의 행동을 바꾸지 않고(예: 보다 신속하거나 정확하게 반응), 이 행동 패턴은 시간 경과에 따른 무쾌감증의 증가를 예측한다(Pizzagalli, Jahn, & O'Shea, 2005). 학습 과제에 대한 보상은 컴퓨터만 관리하면 되고 자동으로 점수를 매길 수 있다. 우울증에 대한 초기 평가에 이러한 행동 과제를 통합하면 행동 활성화와 같은 무쾌감증을 목표로 하는 치료가 적합한 대상집단을 식별하는 데 도움이 될 수 있다. 사실, 성인의 일부 연구는 행동 활성화가 무쾌감증으로 특징지어지는 심한 우울증에 대한 인지치료보다 효과적일 수 있다고 제안했다(Dimidjian et al., 2006). 위협에 대한 관심 편향성을 평가하는 과제(Bar-Haim, Lamy, Pergamin, Bakermans-Kranenburg, & van IJzendoorn, 2007), 인지조절(Schoemaker et al., 2012), 정서 갈등에 대한 적응(Etkin, Egner, Peraza, Kandel, & Hirsch, 2006), 즉 다른 많은 인지기능과 정서적 기능들이 이와 관련하여 비슷한 효과를 가질 수 있다.

아동과 치료에서 임상적 이점을 얻기 위한 신경과학의 잠재력이 실현되기 전에 많은 단계가 남아 있다. 진단이나 치료 평가에서 특정한 적용 목표를 가진 아동 및 청소년 표본에서 더 많은 신경과학 연구가 수행되어야 하며, 치료 연구자는 효과적인 임상 변화의 신경기제에 대한 데이터를 수집하기 위해 개입 연구에서 신경 평가치를 통합해야 한다. 임상생물학적 표지자에 대해 더 많이 알게 될수록 연구자는 임상 환경에서 실제적으로 나타나는 관련 행동 및 생리적 측정치를 탐색할 필요가 있다. 마지막으로 신경과학에 기반을 둔 방법에 대한 효과적인 훈련 및 보급 전략이 개발되어야 할 것이다.

맺음말

신경과학은 아동과 청소년의 미래 치료에 엄청난 정보를 제공할 것이다. 치료 반응의 다양성과 관련된 신경기능의 개인차를 드러낼 잠재성을 가지고 있다. 이러한 차이에 대한 조사와 이러한 생물학적 표지자에 대한 보다 용이한 측정 방법의 발견은 개별 내담자에게 가장 효과적인 치료법을 판단하는 데 더 유용한 정보를 제공할 것이며, 특히 특정 치료법에 서로 다르게 반응하는 하위집단이 존재하는 영역에서 매우 유용할 것이다. 아동 및 청소년 정신병리와 그 치료법의 신경 상관관계 연구는 내담자가 더 빨리 치료되는 기제를 밝힐 잠재력을 가지고 있다. 이것은 효과적인 것으로 알려진 치료법에 대한 새로운 통찰력을 제공할 수 있으며 정신병리를 초래하는 뇌발달장애에 치료법을 어떻게 적용할 수 있는지에 대한 새로운 질문을 제기할 수 있다.

이 주제에 대해 배워야 할 부분이 많이 남아 있다. 아동 및 청소년 정신병리학의 평가와 치료에 중점을 두고 임상적으로 적절한 발견을 하겠다는 분명한 목표를 위해 특별한 노력이 필요할 것이다. 그럼에도 불구하고 우리는 신경과학이 정신병리학 및 치료에 대한 우리의 이해를 풍성하게 할 수 있다고 믿는다. 다시 말하면 이는 앞으로 우리가 아동 및 청소년에게 보다 효과적인 치료법을 개발할 수 있도록 해줄 것이다.

감사의 글

이 장에서 인용한 연구는 다음의 지원을 받아 수행되었다. National Institute of Mental Health (Grant No. R01-MH103291).

참고문헌

Barbe, R. P., Bridge, J. A., Birmaher, B., Kolko, D. J., & Brent, D. A. (2004). Lifetime history of sexual abuse, clinical presentation, and outcome in a clinical trial for adolescent depression. *Journal of Clinical Psychiatry, 65*(1),478-483.

Bar-Haim, Y., Lamy, D., Pergamin, L., Bakermans-Kranenburg, M. J., & van IJzendoorn, M. H. (2007). Threat-related attentional bias in anxious and nonanxious individuals: A meta-analytic study. *Psychological Bulletin, 133,* 1-24.

Blanco, C., Heimberg, R. G., Schneier, F. R., Fresco, D. M., Chen, H., Turk, C. L., et al. (2010). A placebo-controlled trial of phenelzine, cognitive behavioral group therapy and their combination for social anxiety disorder. *Archives of General Psychiatry, 67,* 286-295.

Bouton, M. E. (2002). Context, ambiguity, and unlearning: Sources of relapse after behavioral extinction. *Biological Psychiatry, 52,* 976-986.

Bouton, M. E. (2004). Context and behavioral processes in extinction. *Learning and Memory, 11,* 485-494.

Brent, D., Emslie, G., Clarke, G., Wagner, K. D., Asarnow, J. R., Keller, M., et al. (2008). Switching to another SSRI or to venlafaxine with or without cognitive behavioral therapy for adolescents with SSRI-resistant depression. *Journal of the American Medical Association, 299*, 901–913.

Casey, B. J., & Jones, R. M. (2010). Neurobiology of the adolescent brain and behavior: Implications for substance use disorders. *Journal of the American Academy of Child and Adolescent Psychiatry, 49*, 1189–1201.

Charney, D. S., Barlow, D. H., Botteron, K., Cohen, J. D., Goldman, D., Gur, R. E., et al. (2002). Neuroscience research agenda to guide development of a pathophysiologically based classification system. In D. J. Kupfer, M. B. First, & D. A. Regier (Eds.), *A research agenda for DSM-V* (pp. 31–83). Arlington, VA: American Psychiatric Association.

Cisler, J. M., Sigel, B. A., Kramer, T. L., Smitherman, S., Vanderzee, K., Pemberton, J., et al. (2015). Amygdala response predicts trajectory of symptom reduction during trauma-focused cognitive-behavioral therapy among adolescent girls with PTSD. *Journal of Psychiatric Research, 71*, 33–40.

Cohen, J. A., Deblinger, E., Mannarino, A. P., & Steer, R. (2004). A multi-site, randomized controlled trial for children with abuse-related PTSD symptoms. *Journal of the American Academy of Child and Adolescent Psychiatry, 43*, 393–402.

Davis, M., Ressler, K., Rothbaum, B. O., & Richardson, R. (2006). Effects of D-cycloserine on extinction: Translation from preclinical to clinical work. *Biological Psychiatry, 60*, 369–375.

Delgado, M. R., Olsson, A., & Phelps, E. A. (2006). Extending animal models of fear conditioning to humans. *Biological Psychology, 73*, 39–48.

De Los Reyes, A., & Kazdin, A. E. (2005). Informant discrepancies in the assessment of childhood psychopathology: A critical review, theoretical framework, and recommendations for further study. *Psychological Bulletin, 131*, 483–509.

Dichter, G. S., Felder, J. N., Petty, C., Bizzell, J., Ernst, M., & Smoski, M. J. (2009). The effects of psychotherapy on neural responses to rewards in major depression. *Biological Psychiatry, 66*, 886–897.

Dimidjian, S., Hollon, S. D., Dobson, K. S., Schmaling, K. B., Kohlenberg, R. J., Addis, M. E., et al. (2006). Randomized trial of behavioral activation, cognitive therapy, and antidepressant medication in the acute treatment of adults with major depression. *Journal of Consulting and Clinical Psychology, 74*, 658–670.

Doehrmann, O., Ghosh, S. S., Polli, F. E., Reynolds, G. O., Horn, F., Keshavan, A., et al. (2013). Predicting treatment response in social anxiety disorder from functional magnetic resonance imaging. *JAMA Psychiatry, 70*, 87–97.

Dunlop, B. W., Kelley, M. E., McGrath, C. L., Craighead, W. E., & Mayberg, H. S. (2015). Preliminary findings supporting insula metabolic activity as a predictor of outcome to psychotherapy and medication treatments for depression. *Journal of Neuropsychiatry and Clinical Neurosciences, 27*, 237–239.

Etkin, A., Egner, T., Peraza, D. M., Kandel, E. R., & Hirsch, J. (2006). Resolving emotional conflict: A role for the rostral anterior cingulate cortex in modulating activity in the amygdala. *Neuron, 51*, 871–882.

Foa, E. B., McLean, C. P., Capaldi, S., & Rosenfield, D. (2013). Prolonged exposure vs supportive counseling for sexual abuse–related PTSD in adolescent girls: A randomized clinical trial. *Journal of the American Medical Association, 310*, 2650–2657.

Forbes, E. E., Olino, T. M., Ryan, N. D., Birmaher, B., Axelson, D., Moyles, D. L., et al. (2010). Reward-related brain function as a predictor of treatment response in adolescents with major depressive disorder. *Cognitive, Affective, and Behavioral Neuroscience, 10*, 107–118.

Fournier, J. C., & Price, R. B. (2014). Psychotherapy and neuroimaging. *Focus: The Journal of Lifelong Learning in Psychiatry, 12*, 290–298.

Galvan, A., Hare, T. A., Parra, C. E., Penn, J., Voss, H., Glover, G., et al. (2006). Earlier development of the accumbens relative to orbitofrontal cortex might underlie risk-taking behavior in adolescents. *Journal of Neuroscience, 26,* 6885–6892.

Ganasen, K. A., Ipser, J. C., & Stein, D. J. (2010). Augmentation of cognitive behavioral therapy with pharmacotherapy. *Psychiatric Clinics of North America, 33,* 687–699.

Garfinkel, S. N., Abelson, J. L., King, A. P., Sripada, R. K., Wang, X., Gaines, L. M., et al. (2014). Impaired contextual modulation of memories in PTSD: An fMRI and psycho-physiological study of extinction retention and fear renewal. *Journal of Neuroscience, 34,* 13435–13443.

Goldstein, B. L., & Klein, D. N. (2014). A review of selected candidate endophenotypes for depression. *Clinical Psychology Review, 34,* 417–427.

Hanson, J. L., Hariri, A. R., & Williamson, D. E. (2015). Blunted ventral striatum development in adolescence reflects emotional neglect and predicts depressive symptoms. *Biological Psychiatry, 78,* 598–605.

Hare, T. A., Tottenham, N., Galvan, A., Voss, H. U., Glover, G. H., & Casey, B. J. (2008). Biological substrates of emotional reactivity and regulation in adolescence during an emotional go-nogo task. *Biological Psychiatry, 63,* 927–934.

Hollon, S. D., Jarrett, R. B., Nierenberg, A. A., Thase, M. E., Trivedi, M., & Rush, A. J. (2005). Psychotherapy and medication in the treatment of adult and geriatric depression: Which monotherapy or combined treatment? *Journal of Clinical Psychiatry, 66*(1), 478–468.

Horwitz, B., Friston, K. J., & Taylor, J. G. (2000). Neural modeling and functional brain imaging: An overview. *Neural Networks, 13,* 829–846.

Huettel, S. A., Song, A. W., & McCarthy, G. (2014). *Functional magnetic resonance imaging* (3rd ed.). Sunderland, MA: Sinauer.

Johansen, J. P., Cain, C. K., Ostroff, L. E., & LeDoux, J. E. (2011). Molecular mechanisms of fear learning and memory. *Cell, 147,* 509–524.

Jovanovic, T., & Ressler, K. J. (2010). How the neurocircuitry and genetics of fear inhibition may inform our understanding of PTSD. *American Journal of Psychiatry, 167,* 648–662.

Kazdin, A. E. (2007). Mediators and mechanisms of change in psychotherapy research. *Annual Review of Clinical Psychology, 3,* 1–27.

Kilpatrick, D. G., Ruggiero, K. J., Acierno, R., Saunders, B. E., Resnick, H. S., & Best, C. L. (2003). Violence and risk of PTSD, major depression, substance abuse/dependence, and comorbidity: Results from the National Survey of Adolescents. *Journal of Consulting and Clinical Psychology, 71,* 692–700.

Klumpp, H., Fitzgerald, D. A., & Phan, K. L. (2013). Neural predictors and mechanisms of cognitive behavioral therapy on threat processing in social anxiety disorder. *Progress in Neuro-Psychopharmacology and Biological Psychiatry, 45,* 83–91.

Konarski, J. Z., Kennedy, S. H., Segal, Z. V., Lau, M. A., Bieling, P. J., McIntyre, R. S., et al. (2009). Predictors of nonresponse to cognitive behavioural therapy or venlafaxine using glucose metabolism in major depressive disorder. *Journal of Psychiatry and Neuroscience, 34,* 175–180.

Krish, S. D. (2014). Magnetoencephalography. In C. Senior, T. Russell, & M. S. Gazzaniga (Eds.), *Methods in mind* (pp. 291–326). Cambridge, MA: MIT Press.

Lewis, C. C., Simons, A. D., Nguyen, L. J., Murakami, J. L., Reid, M. W., Silva, S. G., et al. (2010). Impact of childhood trauma on treatment outcome in the Treatment for Adolescents with Depression Study (TADS). *Journal of the American Academy of Child and Adolescent Psychiatry, 49,* 132–140.

March, J. S., Silva, S., Petrycki, S., Curry, J., Wells, K., Fairbank, J., et al. (2007). The Treatment for Adolescents with Depression Study (TADS): Long-term effectiveness and safety outcomes. *Archives of General Psychiatry, 64,* 1132–1143.

McClure, E. B., Adler, A., Monk, C. S., Cameron, J., Smith, S., Nelson, E. E., et al. (2006). fMRI predictors of treatment outcome in pediatric anxiety disorders. *Psychopharmacology, 191,* 97–105.

McGrath, C. L., Kelley, M. E., Holtzheimer, P. E., Dunlop, B. W., Craighead, W. E., Franco, A. R., et al. (2013). Toward a neuroimaging treatment selection biomarker for major depressive disorder. *JAMA Psychiatry, 70,* 821–829.

McLaughlin, K. A., Greif Green, J., Gruber, M. J., Sampson, N. A., Zaslavsky, A. M., & Kessler, R. C. (2012). Childhood adversities and first onset of psychiatric disorders in a national sample of US adolescents. *Archives of General Psychiatry, 69,* 1151–1160.

McLaughlin, K. A., Peverill, M., Gold, A. L., Alves, S., & Sheridan, M. A. (2015). Child maltreatment and neural systems underlying emotion regulation. *Journal of the American Academy of Child and Adolescent Psychiatry, 54,* 753–762.

McMakin, D. L., Olino, T. M., Porta, G., Dietz, L. J., Emslie, G., Clarke, G., et al. (2012). Anhedonia predicts poorer recovery among youth with selective serotonin reuptake inhibitor-treatment resistant depression. *Journal of the American Academy of Child and Adolescent Psychiatry, 51,* 404–411.

Milad, M. R., Orr, S. P., Lasko, N. B., Chang, Y., Rauch, S. L., & Pitman, R. K. (2008). Presence and acquired origin of reduced recall for fear extinction in PTSD: Results of a twin study. *Journal of Psychiatric Research, 42,* 515–520.

Milad, M. R., Pitman, R. K., Ellis, C. B., Gold, A. L., Shin, L. M., Lasko, N. B., et al. (2009). Neurobiological basis of failure to recall extinction memory in posttraumatic stress disorder. *Biological Psychiatry, 66,* 1075–1082.

Milad, M. R., & Quirk, G. J. (2012). Fear extinction as a model for translational neuroscience: Ten years of progress. *Annual Review of Psychology, 63,* 129–151.

Monfils, M. H., Cowansage, K. K., Klann, E., & LeDoux, J. E. (2009). Extinction-reconsolidation boundaries: Key to persistent attenuation of fear memories. *Science, 324,* 951–955.

Nanni, V., Uher, R., & Danese, A. (2012). Childhood maltreatment predicts unfavorable course of illness and treatment outcome in depression: A meta-analysis. *American Journal of Psychiatry, 169,* 141–151.

Norrholm, S. D., Jovanovic, T., Olin, I. W., Sands, L. A., Karapanou, I., Bradley, B., et al. (2011). Fear extinction in traumatized civilians with posttraumatic stress disorder: Relation to symptom severity. *Biological Psychiatry, 69,* 556–563.

O'Doherty, D. C. M., Chitty, K. M., Saddiqui, S., Bennett, M. R., & Lagopoulos, J. (2015). A systematic review and meta-analysis of magnetic resonance imaging measurement of structural volumes in posttraumatic stress disorder. *Psychiatry Research: Neuroimaging, 232,* 1–33.

Pattwell, S. S., Duhoux, S., Hartley, C. A., Johnson, D. C., Jing, D., Elliott, M. D., et al. (2012). Altered fear learning across development in both mouse and human. *Proceedings of the National Academy of Sciences USA, 109,* 16318–16323.

Pechtel, P., Dutra, S. J., Goetz, E. L., & Pizzagalli, D. A. (2013). Blunted reward responsiveness in remitted depression. *Journal of Psychiatric Research, 47,* 1864–1869.

Phelps, E. A., Delgado, M. R., Nearing, K. I., & LeDoux, J. E. (2004). Extinction learning in humans: Role of the amygdala and vmPFC. *Neuron, 43,* 897–905.

Pizzagalli, D. A., Jahn, A. L., & O'Shea, J. P. (2005). Toward an objective characterization of an anhedonic phenotype: A signal-detection approach. *Biological Psychiatry, 57,* 319–327.

Raschle, N. M., Lee, M., Buechler, R., Christodoulou, J. A., Chang, M., Vakil, M., et al. (2009). Making MR imaging child's play—pediatric neuroimaging protocol, guidelines and procedure. *Journal of Visualized Experiments, 29,* e1309.

Rothbaum, B. O., & Davis, M. (2003). Applying learning principles to the treatment of post-trauma reactions. *Annals of the New York Academy of Sciences, 1008,* 112–121.

Rougemont-Bücking, A., Linnman, C., Zeffiro, T. A., Zeidan, M. A., Lebron-Milad, K., Rodriguez-Romaguera, J., et al. (2011). Altered processing of contextual information during fear extinction in PTSD: An fMRI study. *CNS Neuroscience and Therapeutics, 17,* 227–236.

Schiller, D., Monfils, M. H., Raio, C. M., Johnson, D. C., LeDoux, J. E., & Phelps, E. A. (2010). Preventing the return of fear in humans using reconsolidation update mechanisms. *Nature, 463,* 49–53.

Schoemaker, K., Bunte, T., Wiebe, S. A., Espy, K. A., Deković, M., & Matthys, W. (2012). Executive function deficits in preschool children with ADHD and DBD. *Journal of Child Psychology and Psychiatry and Allied Disciplines, 53,* 111–119.

Sherrill, J. T., & Kovacs, M. (2004). Nonsomatic treatment of depression. *Psychiatric Clinics of North America, 27,* 139–154.

Siegle, G. J., Thompson, W. K., Collier, A., Berman, S. R., Feldmiller, J., Thase, M. E., et al. (2012). Towards clinically useful neuroimaging in depression treatment: Is subgenual cingulate activity robustly prognostic for depression outcome in cognitive therapy across studies, scanners, and patient characteristics? *Archives of General Psychiatry, 69,* 913–924.

Somerville, L. H., Jones, R. M., & Casey, B. (2010). A time of change: Behavioral and neural correlates of adolescent sensitivity to appetitive and aversive environmental cues. *Brain and Cognition, 72,* 124–133.

Steinberg, L. (2008). A social neuroscience perspective on adolescent risk-taking. *Developmental Review, 28,* 78–106.

Teicher, M. H., & Samson, J. A. (2013). Childhood maltreatment and psychopathology: A case for ecophenotypic variants as clinically and neurobiologically distinct subtypes. *American Journal of Psychiatry, 170,* 1114–1133.

Thomas, K. M., Drevets, W. C., Dahl, R. E., Ryan, N. D., Birmaher, B., Eccard, C. H., et al. (2001). Amygdala response to fearful faces in anxious and depressed children. *Archives of General Psychiatry, 58,* 1057–1063.

Vansteenwegen, D., Vervliet, B., Iberico, C., Baeyens, F., Van den Bergh, O., & Hermans, D. (2007). The repeated confrontation with videotapes of spiders in multiple contexts attenuates renewal of fear in spider-anxious students. *Behaviour Research and Therapy, 45*(6), 1169–1179.

Vrieze, E., Pizzagalli, D. A., Demyttenaere, K., Hompes, T., Sienaert, P., de Boer, P., et al. (2013). Reduced reward learning predicts outcome in major depressive disorder. *Biological Psychiatry, 73,* 639–645.

Wacker, J., Dillon, D. G., & Pizzagalli, D. A. (2009). The role of the nucleus accumbens and rostral anterior cingulate cortex in anhedonia: Integration of resting EEG, fMRI, and volumetric techniques. *NeuroImage, 46,* 327–337.

Waters, A. M., & Pine, D. S. (2016). Evaluating differences in Pavlovian fear acquisition and extinction as predictors of outcome from cognitive behavioural therapy for anxious children. *Journal of Child Psychology and Psychiatry, 57*(7), 869–876.

Weersing, V. R., & Weisz, J. R. (2002). Mechanisms of action in youth psychotherapy. *Journal of Child Psychology and Psychiatry, 43,* 3–29.

Weingarten, C. P., & Strauman, T. J. (2015). Neuroimaging for psychotherapy research: Current trends. *Psychotherapy Research, 25,* 185–213.

Weisz, J. R., McCarty, C. A., & Valeri, S. M. (2006). Effects of psychotherapy for depression in children and adolescents: A meta-analysis. *Psychological Bulletin, 132,* 132–149.

Weisz, J. R., Ugueto, A. M., Cheron, D. M., & Herren, J. (2013). Evidence-based youth psychotherapy in the mental health ecosystem. *Journal of Clinical Child and Adolescent Psychology, 42,* 274–286.

Weisz, J. R., Weiss, B., Han, S. S., Granger, D. A., & Morton, T. (1995). Effects of psychotherapy with children and adolescents revisited: A meta-analysis of treatment outcome studies. *Psychological Bulletin, 117,* 450–468.

Whitfield-Gabrieli, S., Ghosh, S. S., Nieto-Castanon, A., Saygin, Z., Doehrmann, O., Chai, X. J., et al. (2016). Brain connectomics predict response to treatment in social anxiety disorder. *Molecular Psychiatry, 21,* 680–685.

CHAPTER 31

아동 · 청소년 심리치료의 평가 문제

Andres De Los Reyes, Tara M. Augenstein, Amelia Aldao

근거기반 치료에서 평가는 곧 '근거'라고 할 수 있다. 임상가와 연구자들은 모두 평가를 통해서 심리적 고통을 찾아내고, 치료를 계획하며, 치료에 대한 반응을 추적하고, 치료 효과를 평가한다. 그러므로 아동 · 청소년 환자들이 필요로 하는 바를 다루는 특정 치료의 능력에 대한 예측의 설득력은 그 치료의 사용을 뒷받침하는 평가 자료의 질에 달려 있다(이후에는 특별히 제시하지 않는 한 아동 · 청소년을 합쳐서 아동이라고 통칭할 것이다). 여기에서 '질'이란 단순히 특정 도구가 환자의 문제를 신뢰성 있고 타당하게 평가한다거나 치료에 대한 반응을 민감하게 평가한다는 심리 측정적 자료를 의미하는 것이 아니다. 그보다 정신건강 서비스를 개별화해서 각 환자의 독특한 필요를 채워주기 위해서는 정신건강 평가는 환자들의 임상적 양상의 복잡성에 걸맞는 포괄성을 갖추도록 구성되어야 한다.

환자들은 복잡한 삶을 살고 있다. 그들은 동시에 발생하는 정신건강 문제(예 : 불안과 파괴적 행동, 주의력결핍 과잉행동 문제와 기분장애)를 보일 수 있고 가정, 학교, 또래 상호작용 등 상황에 따라서 문제가 다르게 나타날 수 있다. 이론상으로 평가는 이러한 공존병리 방식과 상황에 따른 환자 문제의 변화를 포착하도록 민감하게 구성되어야 한다. 실제로는 흔히 쓰이는 평가 자료 통합 방법이 심리치료 실제와 연구에서 환자들이 보이는 풍부한 임상적 모습을 포착하기 어렵게 만든다. 앞으로 논의되겠지만 구조방정식 모델이나 '일차적' 및 '이차적' 효과 측정치를 사용할 때에는 다양한 치료 성과 측정치로 얻은 결과 간의 비일관성을 흔히 측정오차로 설명할 수 있다고 가정한다(De Los Reyes, Kundey, & Wang, 2011; De Los Reyes, Thomas,

Goodman, & Kundey, 2013; Holmbeck, Li, Schurman, Friedman, & Coakley, 2002). 만약 그 가정이 비일관적 결과를 정확하게 파악한 것이 아니라면 임상가와 연구자들은 중요한 임상적 정보를 놓치는 결과가 될 수 있다.

근거기반 평가에 관한 최근 연구는 심리치료에서 평가를 시행할 때 따라야 할 다섯 가지 원칙을 제시하고 있다(그림 31.1 참조). 원칙 1은 원칙 2의 기초가 되는 등, 각 원칙은 논리적으로 그에 선행하는 원칙들에 기반을 둔다. 실로 이 원칙들 간의 개념적 연결고리를 이끌어내면 심리치료 연구에서의 평가 시행을 위한 세 가지 권고의 건실한 기반을 구축하게 된다(그림 31.1 참조). 우리는 그 원칙과 권고를 중심으로 이 장을 구성하고 향후 연구에서의 중요한 방향을 강조할 것이다.

심리치료 평가의 근거기반 원칙

원칙 1 : 아동 정신건강의 계량화에서 '절대적 표준'이 되는 측정치는 존재하지 않는다. 지난 30년간 발달정신병리학(Cicchetti, 1984)은 아동 정신건강 문제의 원인과 유지를 이해하는 데 지배적인 틀이었다. 이 틀의 핵심적 교의는 정신건강 문제가 환경에 대한 부적응적 반응의 출현이나 출현 위험성으로부터 보호해주는 생물학적 · 심리적 · 사회문화적 요인들의 복합적 상호작

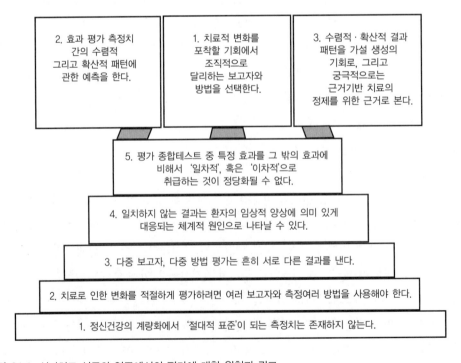

그림 31.1 심리치료 실무와 연구에서의 평가에 대한 원칙과 권고

용의 결과로 발생한다는 것이다. 만약 정신건강 전문가들이 각자 자신의 클리닉이나 실험실에서 환자들을 무작위로 표집해서 이들의 접수 평가를 재검토한다면 어떤 결과가 나올까? 아마도 정신건강 문제의 가족력, 일상의 스트레스나 중요한 외상경험에 대한 대처 전략, 그리고 거주 지역의 일반적 안전도에서 환자들 사이에서 상당한 개인차를 발견하게 될 가능성이 높다. 더군다나 어느 한 환자의 정신건강 문제 내력을 가족력이나 지역의 안전도, 혹은 중요한 타인과의 상호작용으로 완전히 설명하기는 어려울 것이다. 우리 중 가장 유능한 평가자라면 그 환자들 중 한 사람을 택해서 검사, 임상면접, 생물학적 분석, 혹은 수행 과제에서 앞에 언급한 복합적 기여요인들을 모두 포착할 수 있는 점수 하나를 자신 있게 골라낼 수 있을까? 우리는 그럴 수 없다고 생각한다. 따라서 원칙 1이 사실은 근거기반 평가의 핵심적 교의라고 할 수 있다. 정신건강의 계량화에서 절대적 표준이 되는 측정치는 존재하지 않는다(De Los Reyes, 2011; Hunsley & Mash, 2007).

우리는 접수 진단평가와 같은 일회성 평가 상황에서는 '절대적 표준이 없다'는 원칙을 자주 논의한다. 그러나 측정치 하나로 한 시점에서의 환자의 문제를 계량화할 수 없다면 논리적으로 단 하나의 측정치로 둘 이상의 시점(예 : 기저선과 치료 직후의 평가)에서 평가가 필요한 치료로 인한 변화를 포괄적으로 표시할 수는 없을 것이다. 그렇다면 평가에 대한 적절한 접근은 무엇일까?

원칙 2 : 치료로 인한 변화를 적절하게 평가하려면 여러 보고자와 측정 방법을 사용해야 한다. 원칙 1과 확립된 심리 측정과 연구 설계 개념들은 모두 치료로 인한 변화의 평가에는 다중 보고자와 다중 방법 접근을 취해야 한다는 원칙 2를 지지한다. 특히 두 개념을 강조할 필요가 있다. 첫째, 측정오차 개념에서는 여러 평가자들의 평정치 평균을 이해하면 구성 개념의 보다 정확한 추정치를 얻을 수 있다고 주장한다(Edgeworth, 1888). 둘째, 수렴 작용이란 방법론적으로 서로 다른 가설 검증들이 유사한 결론을 도출하면, 그 가설을 강력하게 지지하는 경험적 증거가 되는 일군의 측정 작용을 말한다(Garner, Hake, & Eriksen, 1956). 두 개념은 다음과 같은 동일한 메시지를 전한다. '진실'을 구하는 데 있어서 다중 측정치는 하나의 측정치보다 더 우세하다.

측정오차 개념과 같은 관점에서 정신건강 전문가들은 아동 정신건강을 평가하는 일군의 측정법을 개발하였다. 그 측정법들을 개관하는 것은 이 장의 범위 밖에 속한다. 하지만 환자의 정신건강의 다양한 영역을 신뢰성 있고 타당하게 표시하며 치료적 변화도 민감하게 반영하는 임상조사표, 구조화되었거나 반구조화된 진단면접, 행동관찰, 수행기반 과제의 방대한 목록이 현존하는 정보 제공 자원에 상세하게 열거되어 있다(예 : Beidas et al., 2015; Hunsley, & Mash, 2008). 더구나 치료 연구들에서는 치료 성과를 평가할 때 일상적으로 서로 다른 정보 제공자의 관점(예 : 부모, 교사, 환자)과 측정 방법(예 : 면담, 설문, 행동관찰)을 통한 다중 측정법을 사용한다(예 : De Los Reyes & Kazdin, 2008; Weisz, Doss, & Hawley, 2005).

치료 결과를 평가하고 치료 효과 추정을 위해서 MHP는 흔히 수렴 작용과 일관되는 개념을 가지고 여러 성과 측정치에서 얻은 결과를 해석한다. MHP는 흔히 다중 평가자, 다중 방법의 성과 측정치로 구성된 평가세트가 치료 효과에 대하여 단일한 결론을 일관되게 지지할 것으로 기대한다(예 : De Los Reyes & Kazdin, 2006). 다시 말해서 역사적으로 MHP는 측정치별로 다른 가설을 설정하지 않았고, 여러 치료 성과의 검증이 하나의 포괄적 가설(예 : 치료를 받으면 환자의 기능이 통제집단 환자에 비하여 유의하게 호전될 것) 아래 포함되는 경우가 많았다.

원칙 3 : 다중 보고자, 다중 방법 평가에서는 서로 상이한 결과가 도출되는 경우가 흔하다. 성과 종합평가세트에 포함된 여러 측정치에서 동일한 결과가 나타난다면 수렴 작용을 염두에 두고 결과를 해석하는 것이 좋은 결과를 낼 수 있다. 그러나 이 접근은 임상적 평가문헌에 보고된 결과와 부합되지 않는 경우가 많다. 구체적으로 50년 이상에 걸친 연구에 의하면 치료 연구에서 성과 측정치 응답자들(예 : 부모, 교사, 환자, 임상가; Weisz et al., 2005)의 보고들 간에는 상호일치도가 비교적 낮았다(예 : Achenbach, McConaughy, & Howell, 1987; De Los Reyes & Kazdin, 2005; De Los Reyes et al., 2015). 실제로 25년 전 25년간의 연구($n=119$)를 메타분석한 연구(Achenbach et al., 1987)의 평균 보고자 간 일치도와 최근 25년간 연구의 메타분석($n=341$)의 평균 보고자 간 일치도(De Los Reyes et al., 2015)는 모두 Peason 상관계수 .28로 사실상 동일하였다.

더구나 세계 여러 나라에서의 평가에서 보고자들 사이의 일치도(Rescorla et al., 2013, 2014), 그리고 보고자들의 보고와 환자의 생리와 행동관찰 등 그 밖의 측정 방식 간의 일치도(De Los Reyes & Aldao, 2015; De Los Reyes et al., 2012) 역시 비교적 낮은 것으로 보고되어 있다. 주목할 만한 것은 낮은 보고자 간 일치도는 치료 효과 관련 연구에서 서로 다른 결과로 나타났으며(예 : Casey & Berman, 1985; De Los Reyes & Kazdin, 2006, 2009; Weisz, Weiss, Alicke, & Klotz, 1987; Weisz, McCarty, & Valeri, 2006), 일부 개관에서는 치료 효과(d')가 0.1에서 1.0에 이르기까지 큰 차이를 보고하고 있다(Cohen, 1988).

원칙 4 : 서로 다른 연구 결과는 환자의 임상적 양상에 의미 있게 대응되는 체계적 원인으로 인하여 나타날 수 있다. 아동 심리치료 연구에서 흔히 보는 서로 다른 결과는 역사적으로 방법론적 골칫거리로 간주되어 왔다. 사실 이러한 관점은 서로 다른 결과들을 통합하는 여러 접근에서 쉽게 볼 수 있다. 앞에서 언급했듯이 연구자들은 조합알고리듬(예 : AND/OR 규칙; Piacentini, Cohen, & Cohen, 1992)이나 잠재변인 모델(예 : Holmbeck et al., 2002)을 사용하거나 치료 연구에 앞서 '일차적'과 '이차적' 성과 측정치를 미리 선택하는 방법을 통해서 상이한 결과를 해결하려고 한다(예 : De Los Reyes, Kundey et al., 2011). 이러한 접근에서는 소수의 예외(예 : Bartels, Boomsma, Hudziak, van Beijsterveldt, & van den Oord, 2007)를 제외하고는 비일관적 결과는 측정오차로 설명하는 것이 최선이라고 가정한다(De Los Reyes, Thomas et al., 2013). 사실 이러한 접근에서는 흔히 서로 다른 결과는 잠재변인 모델과 AND 규칙 알고리듬 등 수렴되는 증거들에 집중하여 보정하거나(Piacentini et al., 1992 참조), '일차적' 결과 측정치를 선택해야 한다고 가정한다(De Los Reyes, Kundey et al., 2011).

최근의 이론적 연구에서는 수렴 작업 개념을 확장해서 수렴되는 결과와 서로 차이가 나는 결과를 해석하는 대안적 모델을 제시하고 있다. 구체적으로 3원 작용 모델(Operations Triad Model, OTM)에서는 다중 보고자 다중 방법 임상적 평가에서 근거기반, 가설 검증 접근을 장려하고 있다. OTM의 핵심 요소들은 그림 31.2에 제시되어 있다. 이 모델에서는 평가에서 나타나는 수렴적 혹은 확산적 (서로 차이가 나는) 결과 양상을 평가의 특징과 평가 대상인 정신건강 영역의 특성에 기반을 두고 예측한다. 예를 들어 청소년 외래환자들의 과잉활동 문제를 완화시키는 치료의 효과를 조사하는 연구를 생각해보자. 모든 외래환자들은 증상이 있고 가정과 학교 등 둘 이상의 환경에서 기능의 손상을 보여야 한다는 주의력결핍 과잉행동장애의 진단기준(American Psychiatric Association, 2013)을 충족시켰다. 연구자들은 치료 성과 평가에 부모와 교사보고를 사용하면서 ADHD 진단을 감안할 때 부모와 교사는 각각 (1) ADHD 증상의 행동적 표출과, (2) 치료 과정에서의 증상 변화를 관찰할 기회가 있을 것이라고 가정한다. 만약 연구자들이 치료가 청소년들의 ADHD 증상을 유의미하게 감소시킬 것이라고 예측한다면 부모와 교사가 보고한 결과는 **수렴 작용**을 반영하여(그림 31.2a), 두 보고자의 보고가 유의미한 증상 감소라는 동일한 결론을 도출할 것이다.

수렴 작용을 반영하는 결과와는 달리 때로는 다중 결과 측정치가 서로 다를 것으로 예측되는 경우도 있다. 예컨대 초등학교에서 일하는 임상가가 3학년 학생들의 ADHD 증상을 감소하키려고 학교기반 행동수정 프로그램을 실시하는 경우를 생각해보자. 프로그램 실시에 앞서 임상가는 학생들의 부모와 교사에게서 가정과 학교에서 모두 ADHD 증상이 나타남을 보여주는 자료를 받았다. 그러나 그 임상가는 집에서 행동수정 프로그램을 실시할 인원이나 자원이 없어서 학교에서의 문제를 다루는 데 국한될 수밖에 없었다. 임상가는 치료 직후 교사보고에서 부모보고에서보다 더 큰 ADHD 증상 감소가 있을 것이라고 치료 전에 예측할 수 있다. 이는 (1) 개입의 초점이 학교 현장에 국한되었고, (2) 부모보다 교사가 치료 효과가 나타나는 것을 관찰할 수 있는 기회가 더 많을 것이기 때문이다. 3원 작용 모델(OTM)에서는 이러한 패턴은 **확산 작용**(그림 31.2b)을 반영하는 것으로 본다. 부모와 교사가 보고하는 결과에서의 불일치는 환경에 따라 치료로 인한 변화의 정도가 다를 것이라는 점을 의미 있게 반영하는 것이다.

3원 작용 모델(OTM)은 또한 다중 결과 측정치에서 얻은 결과가 불일치하는 것이 측정오차

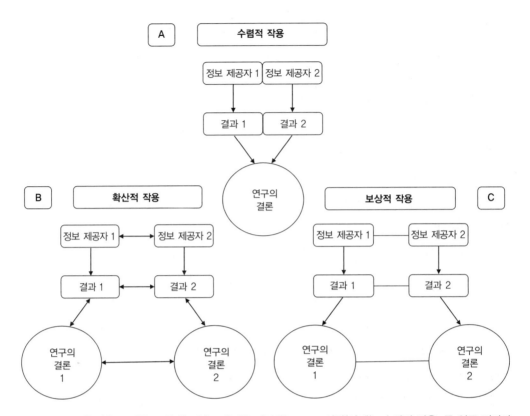

그림 31.2 3원 작용 모델을 구성하는 연구 개념을 제시하는 도표. 상단(A)에는 수렴적 작용, 즉 연구 결과가 일관적으로 유사한 결론을 도출하는 것에 기반을 두고 연구 결과 양상을 해석하는 일군의 측정 조건들을 보여주고 있다. 하단에는 연구자들이 여러 정보 제공자들의 보고에서 얻은 경험적 결과 및 그로부터 도출된 연구의 결론에서 차이가 있는 두 상황을 보여준다. 왼편(B)에는 확산적 작용, 즉 평가 대상인 행동의 변이에 관한 가설에 기반을 두고 비일관적 결과의 양상을 해석하는 일군의 측정 조건들이 도형으로 제시되어 있다. 정보 제공자들의 보고, 그로부터 도출된 경험적 결과, 그리고 경험적 결과로 기반을 둔 결론을 연결하는 실선은 이 세 연구 구성요인 간의 체계적 관계를 나타낸다. 또한 확산적 작용 그림의 두 화살촉은 경험적 연구 결과와 결론에서의 비일관성에 의미를 부여하고 정보 제공자들의 보고에서의 차이는 평가 대상인 행동의 변이에 따라 다르게 해석된다는 견해를 보여준다. 마지막으로 오른편(C)에는 보상작용, 즉 연구의 측정치 혹은 정보 제공자들의 방법론적 특징에 따라 비일관적 결과 양상을 해석하는 일군의 측정 조건들이 도형으로 제시되어 있다. 꺾인 선은 정보 제공자들의 보고, 경험적 결과, 그리고 연구 결과 사이에 체계적 관계가 없음을 나타낸다. 출처 : De Los Reyes, Thomas, Goodman, & Kundey (2013). Copyright ⓒ 2013 Annual Review. Reprinted by permission.

나 다른 방법론적 산물일 가능성도 있는 예도 다루고 있다. ADHD 예를 계속하자면 (1) 부모와 교사가 전혀 다른 주의집중력과 과잉행동 측정치를 사용했거나, (2) 부모와 교사가 동일한 측정도구에 응답했지만 부모보고형 척도는 교사보고형 척도와 다른 문항이나 반응 선택지를 포함하고 있거나, 혹은 (3) 부모와 교사가 동일한 측정 도구의 대응되는 척도에 응답했지만 교사보고형보다 부모보고형의 내적 일치도가 유의미하게 높았을 가능성이 있다. 부모와 교사가 보고한 치료 성과가 일치하지 않는다면 앞의 예 각각에는 그 불일치를 간명하게 설명할 수 있는 내재적 방법론적 요인이 포함되어 있을 것이다. 처음 두 예에서는 평가 설계의 방법론적 산물 (즉 도구화의 영향, 문항 내용의 차이, 반응 선택지의 차이)이 불일치의 원인으로 볼 수 있다. 세 번째 예에서는 역으로 부모와 교사 보고에서 도구화는 동일했지만 측정의 신뢰도에서의 차이로 불일치하는 결과를 설명할 수 있을 것이다. 이는 보상작용의 예이다(그림 31.2c). 교사와 부모 보고 간 불일치는 치료로 인한 변화의 추정치에서의 유의미한 차이에 의한 것이 아니라 평가 과정에서의 현실적인 방법론적 특징에서 비롯되었을 수도 있다. 사실 보상작용을 반영하는 예에서 MHP는 여러 보고자들의 자료를 통합하는 데 있어서 불일치하는 결과는 측정오차에서 나온다고 가정하는 기법들(예 : 조합 알고리듬, 잠재변인 모델, 일차적 결과 측정 도구)을 사용해도 무리가 없다. 요약하면 OTM은 다중 보고자 평가의 결과 양상을 해석하는 데 가설 주도의 근거기반 접근을 제시해주고 있다. OTM의 주요 주장을 지지하는 연구의 개관은 다른 데서 찾아볼 수 있다(De Los Reyes et al., 2013, 2015).

원칙 5 : 결과 종합검사 내에서 특정 결과를 다른 결과와 비교하여 '일차적' 혹은 '이차적'으로 취급하는 것은 정당화될 수 없다. 지금까지 논의한 첫 4개의 원칙은 결과 평가에 관한 확실한 결론을 이끌어낸다. 임상가와 연구자는 이러한 평가에서 다중 보고자, 다중 방법 접근을 취해야 한다. 다중 보고자, 다중 방법 접근을 취하면 보통 불일치하는 결과를 얻게 된다. 이러한 불일치하는 결과에는 환자들의 임상적 양상의 중요한 요소가 유의미하게 반영될 수 있다. 결과 평가에 대한 이러한 결론은 논리적으로 마지막 원칙으로 이끌어간다. 원칙 5, 즉 다중 보고자, 다중 방법 평가종합검사 중 어느 측정치 하나가 다른 측정치에 우선할 수는 없다.

원칙 5의 중요성을 소홀히 할 수는 없다. 이미 언급했듯이 심리치료 연구에서는 보편적 관행으로 일차적 · 이차적 결과 측정치를 사전에 지정해놓는다(De Los Reyes, Kundey et al., 2011). 이 접근은 얼핏 봐서는 치료 성과를 검증할 때 연구당 치료 효과 검증의 수효가 줄어들게 되므로 1종 오류를 줄일 수 있다는 장점이 있다. 그러나 불일치하는 결과가 보상작용이 아니라 서로 다른 작용을 반영하는 경우(그림 31.1 참조), 이는 도움이 되기보다는 도리어 해를 끼칠 수 있다. 즉 다른 측정치들의 결과와 유의미하게 다른데도 불구하고 단 하나의 측정치를 치료적 변화의 증거로 해석한다면 치료적 변화에 대한 귀중한 정보를 놓치는 결과가 될 수 있다. 기능의 전반적 개선을 평가한다는 일차적 결과 측정치들도 사실은 한 특정 관점(예 : 다른 보고자들의 보고는 제외하고 주로 부모의 보고를 주로 반영하는 임상가)에서 평가한 것일 수 있다(De Los Reyes, Alfano, & Beidel, 2011).

더구나 일차적 결과 측정치들을 밝히는 관행은 본질적으로 앞서 언급되었듯이 정신건강 실무와 연구의 치료 반응 평가에서 아무런 근거기반이 없는 '절대 기준' 측정치를 사용하여 치료 효과를 평가하는 것으로 되돌아가는 것이다. 결정적으로 효과 평가에 대한 다중 보고자, 다중 방법 접근은 정신건강의 현행 연구지침, 즉 연구영역기준(RDoC)과 일치한다(Insel et al., 2010). 사실, 연구영역기준(RDoC)에서는 정신건강 문제를 환자의 기능 평가 관련된 여러 분석 단위에 걸쳐서 이해할 것을 강조하고 있다(예 : 평가자의 주관적 보고, 행동 관찰, 생리적 기능, 신경활동; De Los Reyes & Aldao, 2015). 연구영역기준(RDoC)이 정신건강 문제 저변의 기제를 이해하고 이를 표적으로 하는 치료 능력의 향상을 강조하고 있음을 감안할 때, 심리치료적 변화의 평가에서 실무와 연구가 일차적 성과 측정치에서 다중 보고자, 다중 방법 접근으로 강조점이 옮겨갈 것으로 예상된다(Aldao & De Los Reyes, 2015).

원칙 5와 OTM 관련해서 다른 이슈 하나를 언급할 필요가 있다. 지금까지의 논의를 보면 불일치하는 결과가 보상작용을 반영하는 경우를 제외하고는 일차적 측정치를 선택하여 치료 성과를 산정하거나 다중 측정치/보고자 간의 공유분산에 집중한다면 결과적으로 중요한 임상적 정보를 놓칠 수 있다. '근거기반 프로그램과 실무'를 분류하고 목록을 만드는 위원회와 전문인 집단의 노력에 이러한 함의점이 얼마나 적용되고 있을까?(Hunsley & Lee, 2014) 결국 이 작업은 한 연구 혹은 동일한 치료에 대한 여러 연구의 다양한 성과 측정치들의 공유 변량을 추정해서 여러 보고자들의 다양한 측정치들을 종합하고 요약해서 내리는 결론에 주로 달려 있다.

앞의 다섯 가지 원칙이 제기한 이슈들은 개별 치료 연구들만이 아니라 치료 연구의 근거를 요약하는 작업에도 해당된다. 다시 말해서 치료 연구의 연구 증거를 요약하고 그 연구의 일치하는 증거에만 곧바로 집중할 경우 그 연구들에서 불일치하는 결과들을 측정오차(즉 보상작용)로 어느 정도 설명할 수 있는지 실증적 검증을 해야 한다. 사실 특정 치료에 관한 연구에서 결과 측정치에 따라 일치하지 않는 결과가 나오는 상황을 생각해보자. 구체적으로 아동기 품행 문제에 대한 부모 훈련이 집에서의 품행 문제 측정치에서는 일관적으로 공고한 지지가 나타나지만 학교에서의 품행 문제에 대해서는 그렇지 못하다는 결과를 얻었다고 하자. 여기에서 여러 결과에 걸쳐서 수렴되는 분산의 산정에 집중하면(예 : 집과 학교에서의 기능 측정치 결과를 통합해서 효과크기 요약치를 산출하는 등), 증거의 중요한 뉘앙스를 가리는 결과가 될 수 있다. 예컨대 증거가 부모교육이 가정에서 품행 문제를 감소시킨다고 해도 치료 효과가 학교 등 집 이외의 환경으로 일반화되게 하려면 그 치료 프로그램의 보강이 필요하다는 것을 시사한다면 어떨까? 요약하자면 일치하지 않는 결과들의 면밀한 해석 없이 수렴되는 증거에만 집중하는데 따르는 문제들은 개별 연구나 여러 연구들의 요약에 모두 해당된다.

심리치료 평가의 구성과 해석에 대한 권고

권고 1 : 치료 결과를 파악할 기회가 체계적으로 다른 보고자와 방법을 선택하라. 우리가 제시한 다섯 가지 원칙은 다중 평가자, 다중 방법 평가의 사용과 해석(그림 31. 1 참조)에 관한 세 가지 권고로 이어진다. 첫째, 심리치료로 인한 변화의 평가에서 다중 보고자, 다중 방법 접근을 취해야 할 원칙 기반 논점을 만들었다. 아동기 정신건강 실무와 연구 대부분에서 정신건강 문제를 이해하고 진단하며 치료하기 위하여 사용하는 측정치들이 대체로 서로 일치하지 않으며, 때로는 이러한 차이가 유용한 임상적 정보를 제공한다는 것을 수십 년간의 연구가 잘 보여주고 있다. 따라서 선행 연구로 볼 때 불일치하는 결과가 합리적으로 예상되는 경우 다중 보고자, 다중 방법 평가 종합검사를 구성할 때에는 불일치하는 결과에 맞서기보다는 이를 잘 활용하기를 권한다. 다시 말해서 사용하는 종합검사가 치료 성과를 평가하는 단일 척도이고, 종합검사 내의 각 척도가 그 척도의 한 문항처럼 가정하라. 만약 선행 연구에서 각 문항이 변화 산정에서 다르게 '움직'였다면 마치 단일차원 척도처럼 각 문항이 함께 움직여야 한다고 그릇된 가정을 하지 말고, 그 변화 산정에서의 다양성을 활용해야 하지 않을까?

심리치료로 인한 변화의 평가에서 다중 보고자, 다중 방법 접근을 취할 경우 종합검사에 어떤 측정 영역이 포함되어야 하는지를 고려하는 것이 중요하다. 앞서 개관된 연구에 의하면 세 영역의 평가가 포함되어야 한다. 첫째, 환자의 증상과 기능손상(치료의 표적이 되는 증상과 흔한 공존 증상에 대한)은 모두 근거기반 개입의 저변에 있는 증거(예 : Weisz et al., 2005)의 중요한 부분이며, 이들의 평가에서 불일치하는 결과가 흔히 나타난다(De Los Reyes et al., 2005; De Los Reyes & Kazdin, 2006). 둘째, 이들 영역의 측정(예 : 비일관적 양육, 일탈 친구와의 교분, 부정적 정서)에서 서로 다른 결과가 나오므로(De Los Reyes, 2013), 평가는 심리치료의 '활성요소' 혹은 변화기제에서의 변화에 집중해야 한다(예 : Kazdin, 2007). 셋째, 환자들이 치료에 대한 반응에서 상당한 개인차를 자주 경험한다는 것을 중요하게 고려해야 한다. 구체적으로 치료에의 몰입을 저해하거나(예 : 치료동맹; Kazdin, Holland, Crowley, & Breton, 1997) 혹은 치료에 대한 반응을 조절하는(예 : 상대적으로 심각한 치료 전 기능손상; Kazdin & Nock, 2003) 특성을 경험할 수 있다. 심리치료 종합평가에, 특히 치료 초기에는 이들 영역이 반드시 포함되어야 한다. 이는 MHP가 치료에의 몰입을 강화시키는 치료요소를 포함시키든지(예 : 치료 몰입을 저해하는 장벽을 감소시키는 등; Nock & Kazdin, 2005), 혹은 선행 연구에서 환자의 특성상 치료 반응이 나쁘지 않을 듯한 치료를 선택하려면 필요하기 때문이다.

성과 종합검사의 영역을 염두에 두고 첫 번째 제언을 증상과 기능손상에 대한 치료 효과의 평가에 어떻게 적용할지를 설명해보자. 어떤 연구 팀이 청소년 사회불안장애 치료의 효능을 검증하려고 한다. 사회불안장애 치료의 핵심 이슈는 청소년들이 상황에 따라 다른 증상과 기능손상을 보일 수 있다는 점이다(American Psychiatric Association, 2013). 즉 어떤 환자들은 다양한 상황(예 : 사회행사, 수행기반 환경, 낯선 사람과의 상호작용)에서 모두 증상과 기능손상이 나타나지만 어떤 환자들은 수행기반 상황에 증상과 기능손상이 국한되는 경향이 있다(De Los Reyes, Bunnell, & Beidel, 2013). 여기에서 보고자 선정에 대하여 Kraemer와 동료들(2013)이 개발한 개념이 매우 유용할 수 있다. 구체적으로 Kraemer 등(2003)은 서로 다른 평가자들을 짝짓고 뒤섞어 선정하여 의도적으로 일치하지 않는 결과가 나오도록 유도한다. 선정은 보고자들이 정신건강 영역을 관찰하는 맥락(예 : 집 대 학교)과 보고자들의 관점(예 : 부모와 교사 등의 타인 보고 대 자기보고)에 따라 결정된다. 이와 같이 사회불안장애 결과의 적절한 평가에는 부모(즉 집에서의 증상에 대한 타인 관점), 교사(즉 학교 상황에서의 증상에 대한 타인 관점), 그리고 청소년(즉 집과 학교 상황에서의 증상에 대한 본인 관점)이 포함될 수 있다. 선행 연구를 보면 이 접근에서 성과 측정치들 간의 불일치하는 결과가 나올 것은 거의 확실하다(예 : De Los Reyes & Kazdin, 2006; De Los Reyes, Alfano, & Beidel, 2010, 2011; De Los Reyes et al., 2012). 그러나 여기에서 불일치하는 결과는 확산적 작용을 반영하거나 유의미한 이유로 서로 일치하지 않는 결과를 반영할 가능성이 매우 클 것이다.

권고 2 : 결과 평가의 척도들 간 수렴되는 결과와 불일치하는 결과의 패턴을 예측하라. 평가에서 다중 보고자, 다중 방법 접근을 취하는 것은 유의미한 정보를 찾아내는 첫걸음에 불과하다. 이 접근의 유용성을 극대화하려면 척도들 간 일관되거나 혹은 불일치하는 결과의 양상이 '어떤 모습'을 보일 것인지, 그리고 그 의미가 무엇인지를 예측해야 한다. 청소년 사회불안장애의 예를 계속 들면, 아마도 연구 팀은 사회불안장애 치료의 각 구성요소를 따로, 그리고 상호 조합해서 효과를 조사하고 싶을 것이다. 치료 구성요소 하나를 들자면 구조화된 수행 상황(예 : 학교에서의 발표)에서의 부적응적인 생리적·행동적 반응을 감소시키는 노출기반 절차가 있다. 두 번째 요소로는 수행 기대가 없는 구조화되어 있지 않은 사회 상황(예 : 파티와 기타 사교모임에 참여)에서의 사회적 기능을 향상시키는 사회 기술 개입을 들 수 있다. 연구 팀은 사회불안장애 진단기준을 충족시키고 이러한 사회적 상황에서 증상과 기능손상을 보이는 청소년 표집을 모집해서 이들을 (1) 노출기반 구성요소, (2) 사회 기술 구성요소, (3) 앞의 두 구성요소를 조합한 절차, 그리고 (4) 대기 통제조건에 무선으로 할당한다.

치료 성과를 평가하기 위해서 연구 팀은 부모, 교사, 그리고 청소년 본인 보고로 구성된 다중 보고자 성과 종합검사를 시행한다. 이 절차에서는 대기 통제조건은 연구자들이 부모, 교사, 청소년 자기보고에서 모두 별 변화가 없을 것으로 예측하는 비교 기저선이 된다. 이에 더하여 연구자들은 각 활성치료 조건이 대기 통제조건보다 나은 성과를 보이지만 치료의 강조점에 따라 그 양상은 다를 것으로 예상한다. 구체적으로 수행기반 사회 상황과 구조화되지 않은 사회 상황 모두에서 사회불안장애 문제를 감소시키는 데 집중하는 조합조건 절차에서는 결과가 일관되어야 할 것이다. 그 치료는 여러 보고자들의 보고에서 일관적으로 대기조건보다 문제가 감소될 것이다. 그러나 노출 단독과 사회 기술 단독 조건에서는 집중적으로 변화를 이끌어내려는 특정 상황에 국한되어 변화가 나타날 것이고, 이는 모든 보고자의 보고에서 일관된 결과로 나타나지 않을 것이다. 예컨대 수행기반 상황에서의 사회불안 문제를 감소시키는 데 집중하는 노출 단독 조건에서는 치료집단과 대기집단 간 차이가 부모보고보다 교사보고에서 더 크게 나타날 것이다. 사회 기술 단독 조건과 대기 통제집단 간 차이에서는 그와 반대되는 비일관적 결과가 나타날 것이다. 즉 교사보고에 비하여 부모가 보고한 결과에서 더 큰 차이가 나타날 것이다. 또한 청소년들의 자기보고는 집과 학교 상황에서의 자기행동 관찰에 따를 가능성이 크다는 점을 고려할 때 청소년들의 자기보고는 노출 단독 조건과 사회 기술 단독 조건에서 각각 대기 통제조건에 비하여 효과를 보이는 결과가 나와야 할 것이다.

앞의 예에 관한 중요한 의견을 언급할 필요가 있다. 우리는 각 치료조건에서의 전반적 변화 정도를 대기 통제조건과 비교하는 데 관심을 집중하지 않았다. 사실 전반적 변화나 치료조건 간 변화크기의 차이에 집중한다면 보고자의 보고가 수렴되는 결과를 기대하게 될 수 있다. 사실 보고자들이 보고한 결과에서 일관적인 폭넓은 변화를 기대하는 것은 여러 상황에 걸쳐서 심리치료적 변화를 이끌어내고자 하는 조합 치료절차에만 적용될 수 있다. 노출 단독 그리고 사회 기술 단독 절차는 특정한 상황에 국한되는 치료적 변화를 이끌어낼 것으로 예상된다. 그러므로 이러한 변화를 관찰할 기회가 가장 많은 보고자가 그 구성요소 특정적 절차와 대기 통제조건 간의 차이를 지지하는 보고를 할 가능성이 크다. 요약하면 상황에 따라 심리치료적 변화가 달라지는 것을 의미 있게 반영하는 수렴적·확산적 결과 양상을 만들어낼 수 있는 평가 검사세트의 시행을 이 예에서 볼 수 있다.

권고 3 : 수렴적·확산적 결과 패턴을 가설 생성의 기회로 보고 궁극적으로 근거기반 치료를 정제하는 증거로 보라. 앞서 언급했듯이 실무가와 연구자들은 이전부터 불일치하는 결과는 측정오차 혹은 기타 방법상의 문제(예 : 평정자 편파 등)의 표시로 간주해왔다. 아동 정신건강 평가에서 이러한 관점은 보통 환자의 임상적 모습에 관한 중요한 정보를 놓치는 평가 관행이라는 것을 알려준다. 우리는 임상 실무자들이나 연구자들이 수렴적 그리고 확산적 결과를 호기심을 가지고 봐야 한다고 주장한다. 이러한 패턴은 환자들의 치료에 대한 반응에서 관찰되는 개인차를 반영하는 것일까? 일관되거나 불일치하는 결과들은 가설 생성에 중요한 자원이 되어야 한다. 치료가 부모보고에서는 긍정적·심리치료적 변화를 이끌어내는데 교사보고에서는 그렇지 않은 이유는 무엇일까? 왜 환자의 자기보고에는 효과가 있다고 나타나는데 부모보고에는 없다고 나타날까? 교사보고에는 효과가 있는데 부모보고에는 효과가 없는 이유는? 이러한 목적으로 OTM의 주요 논지를 검증한 선행 연구에서 추수 연구로 수렴적·확산적 결과 양상의 의미를 풀어내는 방안에 대한 단서를 얻을 수 있다(예 : De Los Reyes, Henry, Tolan, & Wakschlag, 2009; De Los Reyes, Bunnell et al., 2013; De Los Reyes, Alfano, Lau, Augenstein, & Borelli, 2016). 이와 같은 평가 결과에서의 변이는 근거기반 치료의 핵심을 정제하는 데 사용될 수 있는 중요한 근거가 될 수 있다. 예를 들어 아동기 품행 문제 치료가 일관적으로 부모보고에서는 변화를 가져오지만 교사보고에서는 그렇지 못하다면 이것은 개입으로 인한 변화가 가정 상황에 국한된다는 의미가 아닐까? 만약 그렇다면 그 치료는 집에서의 품행 문제만을 다루는 데 집중하도록 수정하고 집 밖 상황에서의 품행 문제에 집중하는 치료 구성요소가 추가되어야 하지 않을까?

향후 방향

수렴적, 그리고 확산적 결과 패턴의 유용성은 정신건강 서비스의 개별화와 다중 보고자 결과 검사세트에서 관찰된 환자의 치료 반응 패턴에 특정 치료요소를 맞추는 작업에 어떻게 활용될 수 있는지에 달려 있다(De Los Reyes et al., 2015). 이를 위하여 향후 연구가 지향할 세 가지 방향을 강조하려고 한다.

다중 보고자 평가와 새로운 기술을 활용한 평가 방법의 결합

첫째, 향후 연구의 핵심적 방향은 아동 정신건강의 다중 보고자 평가에 OTM 적용 가능성을 검증하는 작업을 지속하는 것이다. 특히 OTM에 대한 선행 연구에서 중요한 이슈는 선별 평가와 치료 반응 평가 상황 외의 진단평가에서의 보고자 간 불일치하는 결과를 해석하는 데 집중되어 있다. 따라서 향후 연구에서 이러한 결과가 상황에 따른 환자의 치료 반응 차이를 밝히는 데까지 일반화되는지 여부를 조사하기를 권한다. 최근의 기술 발전 덕분에 이 이슈에 대한 연구가 수월해질 수 있다. 예컨대 이제 환자의 생리적 기능 변화(예 : 심장박동 추적; Thomas, Aldaos, & De Los Reyes, 2012)를 클리닉 안팎에서 실제로 평가할 수 있다. 이러한 장치를 써서 클리닉에서 점진적 노출, 구조화된 가족 상호작용 등의 표준화 과제를 하는 치료 도중, 혹은 집과 학교에서의 자연관찰 중 생리적 기능 변화를 추적할 수 있다. 이 자료를 통해서 이러한 상황에서의 생리적 기능 변화가 다중 보고자들이 보고한 기능과 일치하는지 여부를 알아볼 수 있다. 예를 들어 교사가 부모의 보고에서 뒷받침되지 않는 긍정적 변화를 보고하는 경우 부적응적 생리적 기능의 감소가 학교에서는 일어나지만 가정에서는 일어나지 않을까?

관련해서 지리적 평가 방법에 대한 최근 연구에서 구글 스트리트뷰와 같이 널리 사용 가능한 온라인 플랫폼을 도입하여 아동들이 거주하는 지역의 높은 범죄율이나 열악한 경제적 여건 등의 환경적 위험도를 평가하였다(Odgers, Caspi, Bates, Sampson, & Moffitt, 2012). 여기에서도 이러한 기술적 발전을 다중 정보 제공자 평가와 함께 활용할 수 있다. 예를 들어 접수 평가에서 환자의 지역위험도를 조사하여 치료에 대한 관여나 치료 반응을 저해하는 잠재적 장애물을 판단할 수 있다. 이 평가에 기반을 두고 앞서 논의된 기법을 도입하여 관여도를 높일 수 있고(예 : Nock & Kazdin, 2005), 환자를 위험도가 높은 상황에서 관찰하는 보고자(예 : 가정에서의 부모보고)와 위험도가 높은 지역 밖에서 환자를 관찰하는 보고자(예 : 환자를 정기적으로 보지만 환자의 지역 밖에서 거주하는 친척)의 보고를 통해서 환자의 긍정적 치료 반응 경험의 정도를 모니터할 수 있다. 요약하면 향후 연구에서는 최근의 기술 발전을 도입하여 다중 보고자, 다중 방법을 활용하는 치료 성과 평가의 해석력을 높이기를 권한다.

다중 보고자 평가를 이용한 회기별 치료적 변화의 탐지

둘째, 심리치료 성과 평가에 대한 혁신적 접근에서는 회기별 변화의 평가가 포함되는데, 그러한 변화 평가에 대한 근거기반 접근이 있다(예 : Outcome Questionnaire; Lambert et al., 2004). 실제로 이러한 척도들은 임상적 유용성이 있다. 즉 MHP가 이러한 척도로 성과에 대한 최소한의 피드백이라도 받으면(예 : 환자가 이전 주일에 비하여 치료 반응이 나빠지는 등), 피드백 체계가 없이 환자 자료를 매 회기마다 그저 받기만 하는 MHP보다 치료에서 악화되는 환자의 수가 감소한다(예 : 개관은 Lambert et al., 2003 참조; Shimokawa, Lambert, & Smart, 2010). 이 연구는 주로 성인 환자의 회기별 기능 변화를 평가하는 데 집중되어 있다. 따라서 그 연구의 대부분은 치료 반응에 대한 환자들의 자기보고에 기반을 둔 환자 피드백 체계를 다루고 있다. 그러한 피드백 체계에 다중 보고자 접근을 적용하면 그 임상적 유용성이 더 커질 수 있다. 예를들어 향후 연구에서는 다중 보고자들의 회기별 변화 보고가 상황 특정적 치료적 변화를 포착하는지 여부를 알아볼 수 있다. 예를 들어 부모보고에서 교사보고보다 악화된다면 이는 가정에서의 기능에는 치료 효과가 좋지 않지만 학교에서의 기능에는 그렇지 않을 수 있다. 만약 그렇다면 향후 연구에서는 단일 보고자의 회기별 보고에 비하여 다중 보고자의 회기별 피드백 시스템이 환자의 악화에 대한 정보뿐 아니라 어떤 상황에서 환자가 악화되는지에 대한 정보를 임상가에게 제공할 수 있는지를 조사할 수 있을 것이다. 다중 보고자 접근이 회기별 피드백 시스템의 보호 효과를 한층 더 강화시킬 수 있을까? 이 문제는 앞으로 연구가 필요하다.

다중 보고자 접근과 개별사례 평가

셋째, 다중 보고자 평가 접근에 대한 논의는 주로 문항 내용, 척도, 반응 선택지가 여러 보고자들에게 모두 같은 표준화된 평가(예 : 부모, 교사, 환자가 동일한 행동 체크 목록에 응답하여 치료에 대한 반응을 평가)에 집중되어 왔다. 이러한 접근은 보고자들의 보고 사이에 일치하지 않는 결과에 가져올 수 있는 방법론적 요인들을 배제하는 데 도움이 되므로 다중 보고자 평가의 해석 가능성을 높인다(De Los Reyes, Thomas et al., 2013). 그러나 그 접근이 가지고 있는 중요한 제한점은 보고자들(예 : 아동 환자와 그 부모)은 흔히 치료 대상이 되는 문제에 대한 관점에서 차이가 있는데(예 : Hawley & Weisz, 2013), 이러한 유형의 관점 불일치는 표준화된 평가에는 드러나지 않을 수 있다는 것이다. 이러한 우려를 해결하고 전통적 표준화된 평가를 보강하기 위하여 Weisz 등(2011)은 치료의 필요성에 대한 부모와 아동의 관점을 평가하는 개별적 접근을 개발하였다.

구체적으로 TP(Top Problems) 척도는 아동과 부모가 모두 가장 염려하고 치료의 목표로 삼아야 할 문제들을 확인하는 구조화되고 심리 측정적 측면에서 견고한 접근을 제공한다. TP 척도는 구조화된 진단평가 후에 실시되며(즉 부모와 아동들로 하여금 두드러지는 문제에 집중하도록), 임상가가 부모와 아동에게 각각 본인들의 말로 치료의 목표를 정하도록 해서 최상위의 문제 세 가지를 확인하도록 한다. 이에 더하여 임상가는 각 보고자로부터 문제의 심각도를 숫자로 평정하도록 하여 각 보고자마다 문제당 하나씩, 총 3개의 심각도 평정을 받는다. 이와 같은 방법으로 제일 위의 세 문제의 심각도 평정을 치료 과정 동안 추적할 수 있게 된다. TP 척도는 (1) 검사-재검사 신뢰도가 높은 것으로 드러났고, (2) 표준화된 체크리스트를 사용할 때(예 : 임상적 절단점을 넘는 척도 점수에 근거해서 문제를 찾아내는 관행) 간과되는 임상적 문제를 찾아내며, (3) 표준화된 도구에 비하여 수렴 및 확산 타당성이 있고, (4) 치료 반응에 대해 민감하다(Weisz et al., 2011, 2012).

TP 척도에 관한 중요한 결과는 표준화된 척도에서와 마찬가지로 부모와 아동이 아동 치료의 대상으로 다른 문제를 지목하는 경우가 많다는 것이다. 예를 들어, 위에 있는 구체적 상위 문제에서 부모와 아동이 일치하는 비율은 30%에 미치지 못한다(Weisz et al., 2011). 이로 볼 때 각 보고자로부터 본인이 지목한 상위 문제뿐 아니라 다른 보고자가 지목한 상위 문제 세 가지에 대해서도(즉 부모와 아동의 보고가 일치하지 않는 문제) 심각도 평정을 받으면 유용할 것인가는 향후 연구에서 다루어야 할 중요한 문제가 될 것이다. 만약 치료 초기에 서로 달랐던 문제에 대한 부모와 아동의 심각도 평정치가 비교적 일치한다면(예 : 부모와 아동이 치료에서 다루는 문제 전부 혹은 대부분의 심각성에 대하여 같은 생각을 가지고 있으면) 치료자가 부모와 아동을 둘 다 치료 기간 내내 치료에 관여하게 할 가능성이 높을까? 아동의 심각도 평정이 아동 자신이 지목한 문제뿐만 아니라 부모가 지목한 문제들의 치료에 대한 반응에도 민감할까? 그리고 그 반대의 경우도 그러할까? 이러한 의문에 대한 추가 연구가 필요하다.

맺음말

이 장에서 우리는 심리치료로 인한 변화를 평가할 때 다중 보고자, 다중 방법 접근을 취해야 한다는 원칙적 주장을 제시하였다(그림 31.1 참조). 또한 이러한 평가에서 생길 수 있는 일치하고 일치하지 않는 결과 패턴을 해석하는 지침 틀로 OTM을 설명하였다(그림 31.2 참조). 이 원칙들과 OTM은 다중 보고자, 다중 방법 종합평가의 구성과 그 결과의 해석을 위한 권고안의 토대가 되었다. 지난 50년간의 아동 정신건강평가의 일치하고 불일치하는 결과 패턴 연구가 이 장에 기술된 원칙과 관행의 기반이 되었다(Achenbach et al., 1987; Casey & Berman, 1985; De Los Reyes et al., 2015; Weisz, et al., 1987). 따라서 임상 실무자들과 연구자들은 성과 평가에 사용될 척도의 선정뿐 아니라 평가에서 드러난 일치와 불일치 패턴의 예측에도 이러한 정보 제공 자원을 활용해야 한다. 임상 실무가들과 연구자들은 다중 보고자, 다중 방법 성과 종합검사에서 얻은 결과 패턴의 활용과 해석을 계획하면서 이 자료를 최대한 활용하게 될 것이다. 이와 같이 평가는 근거기반 개입을 개선하고 정제하는 길을 알려주는 유용한 근거를 제공할 것이다.

참고문헌

Achenbach, T. M., McConaughy, S. H., & Howell, C. T. (1987). Child/adolescent behavioral and emotional problems: Implications of cross-informant correlations for situational specificity. *Psychological Bulletin, 101,* 213–232.

Aldao, A., & De Los Reyes, A. (2015). Commentary: A practical guide for translating basic research on affective science to implementing physiology in clinical child and adolescent assessments. *Journal of Clinical Child and Adolescent Psychology, 44,* 341–351.

American Psychiatric Association. (2013). *Diagnostic and statistical manual of mental disorders* (5th ed.). Arlington, VA: Author.

Bartels, M., Boomsma, D. I., Hudziak, J. J., van Beijsterveldt, T. C., & van den Oord, E. J. (2007). Twins and the study of rater (dis)agreement. *Psychological Methods, 12,* 451–466.

Beidas, R. S., Stewart, R. E., Walsh, L., Lucas, S., Downey, M. M., Jackson, K., et al. (2015). Free, brief, and validated: Standardized instruments for low-resource mental health settings. *Cognitive and Behavioral Practice, 22,* 5–19.

Borsboom, D. (2005). *Measuring the mind.* New York: Cambridge University Press.

Casey, R. J., & Berman, J. S. (1985). The outcomes of psychotherapy with children. *Psychological Bulletin, 98,* 388–400.

Cicchetti, D. (1984). The emergence of developmental psychopathology. *Child Development, 55,* 1–7.

Cohen, J. (1988). *Statistical power analysis for the behavioral sciences.* Hillsdale, NJ: Erlbaum.

De Los Reyes, A. (2011). Introduction to the special section: More than measurement error: Discovering meaning behind informant discrepancies in clinical assessments of children and adolescents. *Journal of Clinical Child and Adolescent Psychology, 40,* 1–9.

De Los Reyes, A. (2013). Strategic objectives for improving understanding of informant discrepancies in developmental psychopathology research. *Development and Psychopathology, 25,* 669–682.

De Los Reyes, A., & Aldao, A. (2015). Introduction to the special section: Toward implementing physiological measures in clinical child and adolescent assessments. *Journal of Clinical Child and Adolescent Psychology, 44,* 221–237.

De Los Reyes, A., Aldao, A., Thomas, S. A., Daruwala, S. E., Swan, A. J., Van Wie, M., et al. (2012). Adolescent self-reports of social anxiety: Can they disagree with objective psychophysiological measures and still be valid? *Journal of Psychopathology and Behavioral Assessment, 34,* 308–322.

De Los Reyes, A., Alfano, C. A., & Beidel, D. C. (2010). The relations among measurements of informant discrepancies within a multisite trial of treatments for childhood social phobia. *Journal of Abnormal Child Psychology, 38,* 395–404.

De Los Reyes, A., Alfano, C. A., & Beidel, D. C. (2011). Are clinicians' assessments of improvements in children's functioning "global"? *Journal of Clinical Child and Adolescent Psychology, 40,* 281–294.

De Los Reyes, A., Alfano, C. A., Lau, S., Augenstein, T. M., & Borelli, J. L. (2016). Can we use convergence between caregiver reports of adolescent mental health to index severity of adolescent mental health concerns? *Journal of Child and Family Studies, 25*(1), 109–123.

De Los Reyes, A., Augenstein, T. M., Wang, M., Thomas, S. A., Drabick, D. A. G., Burgers, D., et al. (2015). The validity of the multi-informant approach to assessing child and adolescent mental health. *Psychological Bulletin, 141,* 858–900.

De Los Reyes, A., Bunnell, B. E., & Beidel, D. C. (2013). Informant discrepancies in adult social anxiety disorder assessments: Links with contextual variations in observed behavior. *Journal of Abnormal Psychology, 122,* 376–386.

De Los Reyes, A., Henry, D. B., Tolan, P. H., & Wakschlag, L. S. (2009). Linking informant discrepancies to observed variations in young children's disruptive behavior. *Journal of Abnormal Child Psychology, 37,* 637–652.

De Los Reyes, A., & Kazdin, A. E. (2005). Informant discrepancies in the assessment of childhood psychopathology: A critical review, theoretical framework, and recommendations for further study. *Psychological Bulletin, 131,* 483–509.

De Los Reyes, A., & Kazdin, A. E. (2006). Conceptualizing changes in behavior in intervention research: The range of possible changes model. *Psychological Review, 113,* 554–583.

De Los Reyes, A., & Kazdin, A. E. (2008). When the evidence says, "Yes, no, and maybe so": Attending to and interpreting inconsistent findings among evidence-based interventions. *Current Directions in Psychological Science, 17,* 47–51.

De Los Reyes, A., & Kazdin, A. E. (2009). Identifying evidence-based interventions for children and adolescents using the range of possible changes model: A meta-analytic illustration. *Behavior Modification, 33,* 583–617.

De Los Reyes, A., Kundey, S. M. A., & Wang, M. (2011). The end of the primary outcome measure: A research agenda for constructing its replacement. *Clinical Psychology Review, 31,* 829–838.

De Los Reyes, A., Thomas, S. A., Goodman, K. L., & Kundey, S. M. A. (2013). Principles underlying the use of multiple informants' reports. *Annual Review of Clinical Psychology, 9,* 123–149.

Edgeworth, F. Y. (1888). The statistics of examinations. *Journal of the Royal Statistical Society, 51,* 599–635.

Garner, W. R., Hake, H. W., & Eriksen, C. W. (1956). Operationism and the concept of perception. *Psychological Review, 63,* 149–159.

Hawley, K. M., & Weisz, J. R. (2003). Child, parent, and therapist (dis)agreement on target problems in outpatient therapy: The therapist's dilemma and its implications. *Journal of Consulting and Clinical Psychology, 71,* 62–70.

Holmbeck, G. N., Li, S. T., Schurman, J. V., Friedman, D., & Coakley, R. M. (2002). Collecting and managing multisource and multimethod data in studies of pediatric populations. *Journal of Pediatric Psychology, 27,* 5–18.

Hunsley, J., & Lee, C. M. (2014). *Introduction to clinical psychology* (2nd ed.). Hoboken, NJ: Wiley.

Hunsley, J., & Mash, E. J. (2007). Evidence-based assessment. *Annual Review of Clinical Psychology, 3,* 29–51.

Hunsley, J., & Mash, E. J. (2008). *A guide to assessments that work.* New York: Oxford University Press.

Insel, T., Cuthbert, B., Garvey, M., Heinssen, R., Pine, D. S., Quinn, K., et al. (2010). Research domain criteria (RDoC): Toward a new classification framework for research on mental disorders. *American Journal of Psychiatry, 167,* 748–751.

Kazdin, A. E. (2007). Mediators and mechanisms of change in psychotherapy research. *Annual Review of Clinical Psychology, 3,* 1–27.

Kazdin, A. E., Holland, L., Crowley, M., & Breton, S. (1997). Barriers to treatment participation scale: Evaluation and validation in the context of child outpatient treatment. *Journal of Child Psychology and Psychiatry, 38,* 1051–1062.

Kazdin, A. E., & Nock, M. K. (2003). Delineating mechanisms of change in child and adolescent therapy: Methodological issues and research recommendations. *Journal of Child Psychology and Psychiatry, 44,* 1116–1129.

Kraemer, H. C., Measelle, J. R., Ablow, J. C., Essex, M. J., Boyce, W. T., & Kupfer, D. J. (2003). A new approach to integrating data from multiple informants in psychiatric assessment and research: Mixing and matching contexts and perspectives. *American Journal of Psychiatry, 160,* 1566–1577.

Lambert, M. J., Morton, J. J., Hatfield, D. R., Harmon, C., Hamilton, S., Reid, R. C., et al. (2004). *Administration and scoring manual for the OQ-45.2 (Outcome Questionnaire).* Orem, UT: American Professional Credentialing Services.

Lambert, M. J., Whipple, J. L., Hawkins, E. J., Vermeersch, D. A., Nielsen, S. L., & Smart, D. W. (2003). Is it time for clinicians to routinely track patient outcome?: A meta-analysis. *Clinical Psychology: Science and Practice, 10,* 288–301.

Nock, M. K., & Kazdin, A. E. (2005). Randomized controlled trial of a brief intervention for increasing participation in parent management training. *Journal of Consulting and Clinical Psychology, 73,* 872–879.

Odgers, C. L., Caspi, A., Bates, C. J., Sampson, R. J., & Moffitt, T. E. (2012). Systematic social observation of children's neighborhoods using Google Street View: A reliable and cost-effective method. *Journal of Child Psychology and Psychiatry, 53,* 1009–1017.

Piacentini, J. C., Cohen, P., & Cohen, J. (1992). Combining discrepant diagnostic information from multiple sources: Are complex algorithms better than simple ones? *Journal of Abnormal Child Psychology, 20,* 51–63.

Rescorla, L. A., Bochicchio, L., Achenbach, T. M., Ivanova, M. Y., Almqvist, F., Begovac, I., et al. (2014). Parent–teacher agreement on children's problems in 21 societies. *Journal of Clinical Child and Adolescent Psychology, 43,* 627–642.

Rescorla, L. A., Ginzburg, S., Achenbach, T. M., Ivanova, M. Y., Almqvist, F., Begovac, I., et al. (2013). Cross-informant agreement between parent-reported and adolescent self-reported problems in 25 societies. *Journal of Clinical Child and Adolescent Psychology, 42,* 262–273.

Shimokawa, K., Lambert, M. J., & Smart, D. W. (2010). Enhancing treatment outcome of patients at risk of treatment failure: Meta-analytic and mega-analytic review of a psychotherapy quality assurance system. *Journal of Consulting and Clinical Psychology, 78,* 298–311.

Thomas, S. A., Aldao, A., & De Los Reyes, A. (2012). Implementing clinically feasible psychophysiological measures in evidence-based assessments of adolescent social anxiety. *Professional Psychology: Research and Practice, 43,* 510–519.

Weisz, J. R., Chorpita, B. F., Frye, A., Ng, M. Y., Lau, N., Bearman, S., et al. (2011). Youth top problems: Using idiographic, consumer-guided assessment to identify treatment needs and track change during psychotherapy. *Journal of Consulting and Clinical Psychology, 79,* 369–380.

Weisz, J. R., Chorpita, B. F., Palinkas, L. A., Schoenwald, S. K., Miranda, J., Bearman, S. K., et al. (2012). Testing standard and modular designs for psychotherapy treating depression, anxiety, and conduct problems in youth: A randomized effectiveness trial. *Archives of General Psychiatry, 69,* 274–282.

Weisz, J. R., Doss, A. J., & Hawley, K. M. (2005). Youth psychotherapy outcome research: A review and critique of the evidence base. *Annual Review of Psychology, 56,* 337–363.

Weisz, J. R., McCarty, C. A., & Valeri, S. M. (2006). Effects of psychotherapy for depression in children and adolescents: A meta-analysis. *Psychological Bulletin, 132,* 132–149.

Weisz, J. R., Weiss, B., Alicke, M. D., & Klotz, M. L. (1987). Effectiveness of psychotherapy with children and adolescents: A meta-analysis for clinicians. *Journal of Consulting and Clinical Psychology, 55,* 542–549.

CHAPTER 32

테크놀로지를 활용한 아동·청소년 정신건강 문제 치료

Pim Cuijpers, David D. Ebert, Mirjam Reijnders,
Yvonne Stikkelbroek

내재화 장애와 외현화 장애는 아동과 청소년에게 매우 보편적이고(Brauner & Stephens, 2006; Costello, Egger, & Angold, 2005; Merikangas et al., 2010), 가족뿐만 아니라 아동·청소년 자신에게도 심각한 부담을 가져다주며, 장기적으로 부정적 결과를 낳게 되고, 이것이 성인기까지 이어진다(Parker, 2003; Rao et al., 1995; Woodward & Fergusson, 2001). 내재화 및 외현화 장애에 대해 여러 치료법이 개발되었으며, 이들 중 많은 수가 연구에서 효과가 있는 것으로 나타났다(이 책의 여러 장들 참조). 근거기반 치료가 평균적으로 일반적인 임상 치료보다 우월하기는 하지만, 일반적인 치료와 비교할 때 이러한 치료의 평균 효과는 크지 않으며 개선의 여지가 있다(Weisz et al., 2013). 또한 정신질환을 앓고 있는 아동 및 청소년의 대다수는 이러한 심리적 치료로 혜택을 입을 수 없다(Burns et al., 1995; Essau, 2005; Kataoka, Zhang, Wells, 2002; Sawyer et al., 2001; Zachrisson, Rödje, & Mykletun, 2006).

1990년대 후반부터 2000년대 초반까지 인터넷을 통해 제공되는 개입이 개발되었다(Spek, Cuijpers, Nyklícek, Riper, Keyzer, & Pop, 2007). 대부분의 초기 테크놀로지 지원 개입은 성인을 대상으로 했지만 최근에는 아동과 청소년을 대상으로 한 더 많은 개입이 개발되고 무선 할당된 시행에서 검증되었다. 정보통신 테크놀로지는 현재 급속도로 발전하고 있으며, 20년 전만 해도 상상할 수 없었던 수준으로 아동 및 청소년의 사생활 및 사회적 삶에 진입했다(Riper & Cuijpers, 2016). 현재 인터넷과 모바일 개입은 아동과 청소년의 정신건강 문제 치료를 포함하여 오늘날 직면하고 있는 건강관리 전달 시스템의 어려움을 극복하기 위한 가장 유망한 전략

중 하나로 인식되고 있다(Emmelkamp et al., 2014). 이 장에서는 테크놀로지 지원 개입, 장점과 단점, 무선할당된 시행의 효과에서 밝혀진 내용을 소개할 것이다.

테크놀로지 보조 치료 개요

테크놀로지 보조 치료 형태

'테크놀로지 보조' 치료는 인터넷, PC 또는 노트북, 스마트폰, 가상현실 응용 프로그램 또는 건강 전문가 간의 보안 화상회의 등 새로운 테크놀로지를 사용하여 완전히 또는 부분적으로 제공되는 치료로 정의할 수 있다. e정신건강(eMental health)에는 디지털 미디어, 특히 인터넷을 통해 정신장애 및 행동에 문제가 있는 개인에 대한 개입의 개발, 전달 및 연구가 포함된다(Christensen, Griffiths, & Jorm, 2004; Lal & Adair, 2014; Mohr et al., 2013; Riper & Cuijpers, 2016; Riper et al., 2010). 이러한 개입의 예는 표 32.1에 나와 있다. 우리는 인터넷 개입 개념을 이용한 이러한 개입에 대해 기술하였다(Andersson & Cuijpers, 2009). 인터넷 개입은 선별 및 예방적 개입에서부터 치료, 재발 방지 및 유지관리 치료에 이르기까지 정신건강 치료의 전체 연속선을 모두 포함한다(Riper & Cuijpers, 2016).

테크놀로지 보조 개입에 대한 대부분의 연구는 성인의 일반적인 정신장애(우울, 불안, 약물사용 관련 장애) 치료에 중점을 두었다(Andersson & Cuijpers, 2009). 요즘은 양극성장애(Holländare, Eriksson, Lovgren, Humble, & Boersma, 2015)와 같은 보다 복잡한 장애 치료와 당뇨병과 우울증과 같은 합병증 장애 치료에 더 많은 연구가 집중되고 있다(Nobis et al., 2015; Van Bastelaar, Cuijpers, Pouwer, Riper, & Snoek, 2011). 또 다른 발전은 점점 더 많은 연구가 아동과 청소년의 정신건강 문제 치료에 초점을 맞추고 있다는 것이다. 이 장에서는 이 연구에 대한 개요를 제공한다.

e정신건강에서 대부분의 개입은 인터넷을 통해 제공되는 자조(self-help)로 간주될 수 있다. '안내된 자조'는 사용자가 자기 나름의 심리적 치료 프로토콜을 반복 사용하는 심리학적 치료이다(Cuijpers & Schuurmans, 2007). 아동 및 청소년의 경우 이 자료를 통해 작업하는 사람이 부모가 될 수도 있다. 치료 프로토콜은 일반적으로 받아들여지는 심리치료를 자신에게 적용하기 위해 사용자가 취할 수 있는 단계를 설명한다. 이 자료는 책 형식으로 기록할 수 있지만 컴퓨터, CD-ROM, 텔레비전, 비디오 또는 인터넷과 같은 다른 매체를 통해 사용할 수도 있다. 치료를 마칠 때까지 치료사 또는 코치와의 접촉이 필요하지 않다(Cuijpers & Kleiboer, 2016). 프로토콜에 치료사 또는 코치의 연락이 포함된다면, 이러한 접촉은 본질적으로 대부분 지지적이고 촉진하기 위한 것이지 치료사와 환자 간의 전통적인 관계를 발전시키는 것은 아니다. 대

신, 모든 접촉은 지원을 제공하기 위한 것이고 필요하다면 표준화된 심리학적 치료를 훈습하는 데 필요한 설명을 추가한다(Cuijpers & Kleiboer, 2016).

치료사와의 대화는 전화나 전자메일과 같은 개인적인 접촉을 통해 제공될 수 있다. 인터넷 개입은 모든 유형의 자료가 인터넷을 통해 전달되고 내담자와 치료사 간의 모든 의사소통이 인터넷을 통해 수행되는 자조의 특정 유형으로 간주될 수 있다. 대부분의 연구는 인터넷 개입에 중점을 두고 있으며, 다른 형태의 e정신건강에 초점을 맞추지 않았다. 또한 코치나 치료사의 도움을 받지 못하는 여러 가지 인터넷 개입이 있으며, 사용자는 완전히 스스로 해내야 한다. 이러한 유도되지 않은 개입의 대부분은 효과가 없거나 작다(Cuijpers et al., 2011). 그리고 중도탈락도 매우 높을 수 있다.

대부분의 인터넷 개입은 인지행동 개입을 기반으로 하는데, 이 치료법은 대부분 연령대의 정신장애에 대한 최신의 최첨단 치료법을 대표하며 잘 설계된 무선할당 연구와 메타분석에서 효과적임이 입증되었다(Lal & Adair, 2014). 인터넷 개입과 자조 개입에서 인지행동적 테크놀로지를 선택하는 훨씬 더 실용적인 이유는, 이러한 테크놀로지가 다른 정신역동적 치료 또는 대인관계치료 같은 일반적인 심리학적 개입과 달리 매우 단선적이어서 비교적 쉬운 단계로 쉽게 구분할 수 있다는 사실이다. 그러나 우울증에 대한 자기주도적 개입에 다른 접근법을 사용할 수 없는 선험적인 이유는 없다. 최근의 연구들은 대인관계 정신요법(Donker et al. 2013), 정신역동요법(Andersson et al., 2012; Johansson et al., 2012), 수용전념치료(Lappalainen et al., 2014; Lin et al., 2015)와 마음챙김 기반 치료(Boettcher et al., 2014)의 효과를 조사하였고, 인지행동치료에 기반을 둔 치료보다 이들 치료법들이 효과가 없다는 증거는 찾지 못하였다. 그러나 효과 비교에서 결론을 이끌어낼 만한 근거기반은 매우 약하다.

테크놀로지 보조 치료의 장점과 단점

테크놀로지 보조 치료에는 몇 가지 이점이 있다. 치료사의 시간을 절약하고, 대기자 명단을 줄이며, 환자가 자신의 상황에 맞춰 일하도록 허용하고, 치료사와 약속을 잡을 필요가 없으며, 이동 시간을 줄이고, 치료사에게 간다는 낙인을 줄여준다. 자조치료는 일반적으로 청각 정보보다 시각 정보를 사용하게 되므로, 청력의 어려움이 있는 경우에 사용이 용이하다(Emmelkamp et al., 2014). 또한 고령자, 아동 및 청소년을 포함한 보다 전통적인 치료 방법으로 도달하기 어려운 정신장애를 가진 사람들에게 접근하는 것이 가능할 수 있다. 정신질환을 앓고 있는 대다수의 사람들은 정신장애, 치료사에 대한 편견, 개인적인 문제에 대해 낯선 사람과 이야기할 의지가 부족하고 스스로 자신의 문제를 해결하고자 하는 욕구 때문에 혹은 보행 문제나 원거리 등의 물리적 장애로 인해 전혀 치료를 받지 않기 때문에 중요하다(Andrade et al., 2014; Emmelkamp et al., 2014; Shealy, Davidson, Jones, Lopez, & de Arellano,

표 32.1 내재화, 외현화 및 기타 문제에 대한 기술기반 게임 개관

게임	내용/접근	기술형태	효과성
	내재화 문제에 대한 게임		
SPARX (Smart, Positive, Active, Realistic, X-factor thoughts; Fleming et al., 2012; Merry et al., 2012)	우울 감소를 위한 컴퓨터 기반 청소년 CBT	컴퓨터 기반 게임	SPARX 사용자는 대기 통제집단에 비해 우울 증상이 유의하게 감소되었음. 또한 SPARX는 기존 치료에 비해 효과가 적지 않았음
Camp-Cope-A-Lot (Khanna & Kendall, 2010)	컴퓨터를 보조로 사용한 불안 감소를 위한 13세 이상 아동을 위한 CBT(근거기반 개임인 코핑캣에 기초함)	치료자 지도에 의한 전산화된 게임	Camp-Cope-A-Lot을 받은 아동들에게서 통제집단에 비해 불안 증상과 진단의 현격한 감소가 나타남. 향상 정도는 대면 CBT와 유사함
Blues-Blaster (Makarushka, 2011)	청소년을 위한 '우울대처코스'의 웹기반 상호작용 다중매체 버전으로 우울감소가 목적임	인터넷기반 개임	Blues-Blaster 청소년들이 심리교육을 받은 통제집단에 비해 유의미한 수준의 우울 감소, 부정적 사고 감소를 보였으며 행동 활성화, 지식, 자기효능감과 학교기능 향상을 보임
BRAVE−Online for children (March et al., 2009; Spence et al., 2011)	아동용 불안장애 인터넷 기반 CBT이며 근거기반 개임에 기반을 두며 불안 증상과 장애 감소를 목적으로 함	인터넷 기반 게임, 추후 회기와 부모 회기가 추가됨	BRAVE 온라인 집단이 대기 통제집단에 비해 불안 증상과 불안장애에 유의미한 감소를 보였음. BRAVE 온라인과 면대면 CBT에서 차이가 나타나지 않음
MoodGYM (O'Kearney et al., 2009; Sethi et al., 2010)	우울과 불안 문제에 대한 인터넷 기반 CBT로 우울과 불안의 극복과 예방 대처 기술 습득에 목적을 둠	인터넷 기반 게임	MoodGYM과 면대면 CBT 모두 유의하게 불안과 우울 문제를 무자치 집단에 비해 감소시켰음. 병행치료가 한 가지 치료보다 효과가 더 컸음. 여자 청소년에서 MoodGYM은 추후 평가에서 우울 감소가 유의하게 나타남
Think, Feel, Do (TFD; Stallard et al., 2011)	아동·청소년 불안과 우울 문제에 대한 컴퓨터 기반 CBT 개임으로 우울과 불안 증상 감소를 목적으로 함	컴퓨터 기반 게임	TFD를 받은 아동과 청소년에게서 우울 증상, 사회불안 증상, 인지도식, 자존감에서 대기 통제집단에 비해 유의하게 향상을 보임

표 32.1 내재화, 외현화 및 기타 문제에 대한 기술기반 게임 개선 개관(계속)

개입	내용/접근	기술형태	효과성
The Journey (Stasiak et al., 2014)	우울한 청소년들을 위한 컴퓨터 기반의 별도 지도가 없는 CBT 게임으로 우울 증상 감소와 대처 행동 향상을 목적으로 함	컴퓨터 기반 게임	The Journey를 받은 청소년들에게서 위약단에 비해 우울 증상의 현저한 감소와 문제해결 능력 향상을 보임
W-CBT (Storch et al., 2011)	강박장애 아동 및 청소년과 가족을 대상으로 OCD 증상 및 판해를 줄이고 전반적 기능 향상을 목적으로 한 웹캠기반 가족 CBT	웹캠 기반 게임	W-CBT를 받은 아동·청소년들이 OCD 증상 향상, 회복과 전반적인 기능에서 대기 통제집단에 비해 유의미한 향상을 나타냄
Internet-based Guided Self-Help (Tillfors et al., 2011)	사회불안으로 고통받는 고등학생을 위한 웹기반 '독서치료 게임'(책)으로 불안과 우울 감소를 목적으로 함	인터넷 기반 게임	고등학생들이 대기 통제집단에 비해 사회불안, 전반적인 불안과 우울 증상에서 유의한 향상을 나타냄
CoolTeens (Wuthrich et al., 2012)	불안장애를 가진 청소년을 위한 전산화된 CBT, 불안관리 개선 및 불안 증상 및 진단 감소를 목표로 함	컴퓨터 기반 게임	Cool Teens 게임을 받은 청소년들은 대기 통제집단에 비해 불안장애에 진단 및 다른 진단에서 증간 정도의 감소를 보였음
Master Your Mood (MYM; Van der Zanden et al., 2012)	우울 증상이 있는 청소년 및 초기 성인을 위한 인터넷 기반 집단 CBT 과정, 우울 및 불안 증상 감소를 목표로 함	인터넷 기반 게임	MYM을 받은 청소년 및 초기 성인은 대기 통제집단에 비해 우울 및 불안 증상이 유의한 감소를 보였으며 인지된 통제가 개선됨
Mobile Tracking Young People's Experiences (mobiletype) program (Kauer et al., 2012; Reid et al., 2011)	감정적인 자기 인식(ESA)을 개선하고 우울 증상을 줄이기 위한 청소년 및 초기 성인의 기분, 스트레스 및 대처 전략을 모니터링하는 모바일 응용 프로그램	모바일 폰 앱	MobileTYPE 앱을 사용하는 청소년 및 초기 성인은 대기 통제집단에 비해 ESA가 크게 개선되어 우울 증상이 감소했음
I-CBM (Sportel et al., 2013)	사회 또는 시험 불안을 지닌 청소년을 위한 인터넷 기반 인지적 편향조절(CBM)로 사회 혹은 시험 불안 감소를 목적으로 함	인터넷 기반 게임	I-CBM을 받은 청소년은 대기 통제집단에 비해 사회불안 증상이 크게 개선되지 않음. 장기간이 지난 후 그룹으로 하고 기반 그룹 CBT 훈련 및 대기자 통제와 비교하여 시험불안 증상에 대해 많은 향상을 나타냄

표 32.1 내재화, 외현화 및 기타 문제에 대한 기술기반 개입 개관(계속)

개입	내용/접근	기술형태	효과성
Mindlight (Schoneveld et al., 2016)	대처 전략을 개선하고 불안 증상을 줄이기 위해 불안 증상이 높은 아동을 위한 뉴로 피드백(neurofeedback), 노출 훈련 및 주의 편향 수정을 제공하는 비디오 게임	뉴로피드백 동반된 비디오 게임	Mindlight 비디오 게임을 하는 어린이는 불안 증상의 유의한 감소를 보였으나 위약 대조군과 유의한 차이는 없었음
CBT4CBT (Kendall & Khanna, 2008; Khanna & Kendall, 2010; Beidas et al., 2012)	CBT를 사용하여 이동기 불안을 치료하기 위한 이론적 근거 및 지침을 제공하는 인터넷 기반 치료사 교육 프로그램	인터넷 기반 훈련 프로그램	CBT4CBT로 훈련받은 치료사는 CBT 순응도, 지식 및 기술에 있어 매뉴얼로 훈련된 치료사보다 많은 향상을 보였으며 1일간의 대면 훈련을 받는 치료사만큼 향상을 나타냈음
Telemedicine trauma-focused CBT (TF-CBT; Shealy et al., 2015)	원격의료를 통해 제공되는 외상에 노출된 청소년의 우울 및 불안 증상을 개선하기 위한 근거기반 TF-CBT 게임	인터넷 기반 비디오 원격화의 (원격의료)	이 사례 연구는 원격의료 TF-CBT가 ADHD 및 외상후 스트레스 증상, 주의력 및 사회적 문제를 감소시키고 공격 행동과 품행장애와 같은 외현화 행동을 개선하는 데 효과적이었음을 나타냄
Virtual reality exposure therapy (VRET; Maldonaldo et al., 2009)	학교 관련 공포를 줄이고 하교 출석률을 높이기 위해 학교 공포증을 앓고 있는 아동을 위한 가상현실 제공 노출 기법	가상현실 기반 게임	VRET를 받은 어린이는 통제군에 비해 하교 관련 두려움과 회피가 유의하게 감소함
외현화 문제에 대한 게임			
Children's ADHD Telemental Health Treatment Study (CATTS; Myers et al., 2013, 2015)	CATTS 원격건강 서비스 전문가 ADHD의 신경생리학에 대한 심리교육에 특화된 회기 머톨러 회기 약물 요법으로 구성된 6회의 회기를 제공함. 또한 전화 상담을 통해 보호자 행동 훈련이 부모들에게 제공됨	Video teleconferencing-delivered intervention (VTC)	VTC의 사용은 치료자의 순응도를 증가시켰고, 가족들은 서비스의 높은 활용도와 연구 평가의 완성을 보임. VTC 기술은 소아의 지역사회에서 치료를 제공하고 향상시키는 데 신뢰성 있게 사용될 수 있음. CATTS VTC를 받는 어린이는 일차 치료를 받는 어린이보다 유의하게 개선됨
Internet-based conferencing software for therapists (Epstein et al., 2011)	소아과 의사는 부모, 교사 및 소아과 의사가 환자에 대한 정보를 입력할 수있는 ADHD 인터넷 포털에 대한 교육을 받고 접근했으며 ADHD 환자의 평가 및 치료에 도움이 되는 보서 유 유용으로 제재, 해석 및 서식을 제공받음. 의사가 실제 행동을 평가하고 문제 영역을 명료화함	인터넷 포털	통제집단에 비해 개입집단의 소아과 의사들이 미국 소아과 의사협회 추천 ADHD 치료에서 보다 높이 평가됨. 이 인에는 교사와 부모의 ADHD 평정, DSM-IV 준거 사용, 치료 반응에 대한 교사 평가 등이 포함됨

표 32.1 내재화, 외현화 및 기타 문제에 대한 기술기반 게임 개입(계속)

개입	내용/접근	기술형태	효과성
Internet-based parent-training program for children with conduct problems (Enebrink et al., 2012)	CBT 기반의 온라인 부모관리 교육 : 부모와 자녀 간의 기록하고 모순된 양육을 포함하여 부정적인 상호작용 및 과정을 변화시키는 데 목적을 둠	인터넷 기반 게임	개입은 대기 통제집단에 비해 아동의 행동 문제를 완화하고 하부모의 엄격하고 일관성 없는 징계를 효과적으로 줄이는 데 효과적이었음. 부모는 대기자에 비해 긍정적인 칭찬과 인센티브를 사용하는 경향을 보였음
	기타 장애에 대한 게임		
The My Body, My Life: Body Image Program for Adolescent Girls (Heinicke et al., 2007)	사춘기 소녀의 신체불만족 및 섭식장애 집단 맞춤형 CBT 기반 6회기 인터넷 기반 게임. 4명에서 8명까지의 소녀와 대화방에서 훈련된 치료사가 심리교육 및 지조 활동을 제공. 신체 이미지를 향상시키고 섭식 걱정을 감소시키는 CBT 기술을 가르치고 상호 토론을 정련함	인터넷 기반 게임	치료 직후와 추적 관찰 후, 소녀들은 신체 이미지/만족도가 향상되고 섭식 걱정의 감소가 보고됨. 효과크기는 보통크기는 큰 수준임. 추적 관찰에서 소녀들은 정상 청소년 표본에 가깝게 되었다고 보고됨
Web-based individual coping and alcohol-intervention program (web-ICAIP; Elgán et al., 2012)	알코올 문제가 있는 부모의 자녀 대상 인터넷 기반 치료사가 보조하는 자기관리 개입으로 청소년의 대처 행동을 강화하고 정신건강을 향상시키며 알코올 소비를 감소시키거나 시작을 지연하는 데 목적을 둠	인터넷 기반 게임	RCT는 아직 보고되지 않았으며 연구 프로토콜만 보고됨. 결과는 아직 보고되지 않음
Web-based Triple-P Parenting intervention (Jones et al., 2014; Jones, Wainright, et al., 2015)	양육성장에가 있는 부모와 4~10세이 어린 자녀들을 위한 트리플 P 원칙에 기반을 둔 웹 기반의 자조교육 개입으로 육아 기술 향상과 아동 문제 감소를 목표로 함	인터넷기반 게임	하부모는 대기 통제집단에 비해 육아 기술에 중간 정도 향상을 보였고 아동 행동이 크게 줄어듬
Kopstoring (Woolderink et al., 2010)	대처 능력을 강화하고 행동 및 심리적 문제를 예방하기 위해 정신 및 약물남용 문제(COPM)를 앓고 있는 부모의 자녀를 위한 인터넷 제공 중재	인터넷기반 게임	RCT는 아직 보고되지 않았으며 연구 프로토콜만 보고됨. 결과는 아직 보고되지 않음

표 32.1 내재화, 외현화 및 기타 문제에 대한 기술기반 개입 개관(계속)

개입	내용/접근	기술형태	효과성
Remotely delivered intervention to manage chronic pain in children and adolescents (Fisher et al., 2015)	어린이 및 청소년의 만성 통증관리에 대한 원격 제공 심리적 중재에 대한 체계적인 검토	원격 게임(인터넷, 컴퓨터 프로그램 스마트폰 앱, 오디오 테이프 혹은 전화 사용)	원격으로 제공된 심리치료(6건의 연구는 통제군과 비교)하여 사후 평가에서 두통의 심각도가 50% 이상 성공적으로 감소됨
Teen Online Problem-Solving Intervention (TOPS; Wade et al., 2008)	가족 문제해결 및 조정을 향상시키고 청소년 행동과 사회적 문제를 줄이기 위해 외상성 뇌손상을 앓고 있는 청소년을 대상으로 한 웹기반의 가정용 문제해결 치료 프로그램	비디오 회의를 동반한 인터넷 기반 개임	부모와 청소년은 청소년 내재화 문제와 우울 증상, 부모 우울증 및 부모-청소년 갈등이 유의하게 개선되었다고 보고함. 이것은 이주 작은 예비 연구임($n = 9$)
Cognitive Support Application (Mintz et al., 2012)	자폐스펙트럼장애가 있는 청소년(학생)이 교실 사회 및 생활 기능 기술을 향상시키기 위한 청소년 및 교사를 위한 휴대전화 인지 지원 애플리케이션	모바일 폰 개임	질적 분석에 따르면 개임이 학생들이 목표를 달성하고 긍정적인 결과를 유지하고 학습 경험의 질을 향상시키는 데 도움이 됨
Web-based dialectical behavior therapy for school refusal (DBT-SR; Chu et al., 2015)	정신건강 문제와 부모 문제로 인해 학교에 가기를 거부하는 청소년을 위한 웹기반 DBT 중재로 정서와 행동 관리 기술, 마음챙김, 스트레스 감내력과 상호작용 기술 기르치기를 목표로 함	인터넷 기반 게임	예비 연구는 청소년과 부모 모두에게 임상적인 기술 습득의 일반화와 지원 감정을 향상시키는 데 효과가 있고 실현 가능성이 있다는 결과를 보여줌

2015). 또 다른 장점은, 인터넷 개입은 진행 상황과 자기 평가를 신속하고 자동으로 보고할 수 있으며 다양한 성별, 연령, 방언, 언어, 환자가 선호하는 게임 형식 등을 감안하여 시청각적인 선택 범위가 넓어서 환자의 동기를 향상시킬 수 있도록 프로그램화할 수 있다는 점이다(Emmelkamp et al., 2014). 테크놀로지 보조 치료의 또 다른 잠재적 진보는 일상생활에서 치료 전략의 적용을 지원할 수 있다는 것이다. 예를 들면 스마트폰 기반 응용 프로그램을 사용하여 행동을 모니터하거나 사회적 기술(skill)을 가르치는 것 등이 있는데(Jones, Wainright et al., 2015) 면대면 심리치료 효과를 넘어서기도 한다.

테크놀로지 보조 치료의 사용과 관련된 위험과 단점도 있다. 치료사와 직접 접촉이 없을 때의 한 가지 문제는 적절한 진단 절차가 실행 가능하지 않을 수 있다는 것이다(Van Ameringen, Mancini, Simpson, & Patterson, 2010). 또 다른 문제는 인터넷 기반 개입으로 인한 중도 탈락이 직접 대면하는 치료보다 더 클 수 있다는 점이다(Van Ballegooijen et al., 2014). 이것은 특히 가이드가 전혀 없는 인터넷 게임에서 특히 그러한데, 이 경우 중도 탈락률이 80%를 넘을 수도 있다(Karyotaki et al., 2015). 또 다른 우려는 사용자가 개입을 적절히 적용하지 않을 수도 있다는 것이다. 이것은 사용자의 시간과 에너지를 낭비할 뿐만 아니라 증상을 완화시키기보다는 악화시킬 수 있다. 이러한 부작용과 관련하여 비록 인터넷 개입의 부정적인 효과를 정의하고 측정하는 데 합의된 진술이 있지만 충분히 연구되지는 않았다(Rozental et al., 2014). 성인 우울증에 대한 인터넷 치료 18건의 개별 데이터에 대한 한 메타분석은 이 개입이 부정적인 영향을 미쳤다는 것을 거의 발견하지 못했지만(Ebert et al., 2015), 이것은 이 장에서 초점을 맞추고 있는 아동과 청소년 같은 다른 집단으로 일반화될 수 없다. 한 가지 더 부정적 측면은 특히 저소득 및 중간 소득 국가에서뿐만 아니라 고소득 국가 일부에서도 인터넷에 접근할 수 없는 많은 집단의 사람들이 있다는 것이다.

인터넷 개입 시험 시행에서 중요한 문제 중 하나는 인터넷 개입에 무선할당으로 기꺼이 참여할 사람만 참여한다는 것이다. 이것은 이러한 연구의 결과가 다른 사람들에게 쉽게 일반화될 수 없음을 의미한다. 면대면 치료나 약물치료와 같은 다른 치료법에 대한 연구에서도 같은 문제가 발생할 수 있지만, 그러한 연구에서는 참가자와 비참가자에 대한 정보가 더 많아서 대상자가 얼마나 개입의 목표에 부합하는 대표성을 가지는지 예측할 가능성을 높일 수 있다. 추가적인 도전은 많은 인터넷 개입 시도가 임상 환경에서 수행되지 않기 때문에 결과가 임상 대상군으로 일반화되지 않을 수도 있다는 것이다. 그러나 최근의 연구에 따르면 성인을 대상으로 한 인터넷 기반 개입은 일상적인 보살핌 환경에서 제공될 때 임상적으로 의미 있는 결과를 일으킬 수 있음을 보여준다(El Alaoui, Hedman, Kaldo et al., 2015; El Alaoui, Hedman, Ljótsson et al., 2015; Hedman et al., 2014; Williams, O'Moore, Mason, & Andrews, 2014).

테크놀로지 보조 치료법 효과의 근거

내재화 장애 치료

아동 및 청소년의 인터넷 개입에 관한 연구는 2000년대 후반에 시작되었다. 수십 건의 무선할당 통제실험을 통해 정신건강 문제에 대한 인터넷 개입의 효과를 시험했지만, 아동과 청소년에 초점을 둔 연구는 매우 적다. 지난 몇 년 동안 점점 더 많은 임상실험과 개입 연구가 아동과 청소년에게 집중되어 왔다. 모든 연구에 대한 포괄적인 개요를 제공하지 않고 이 분야의 가장 중요한 발전을 요약하여 현재 어떤 유형의 연구가 이 순간에 수행되고 있는지, 그리고 이 새로운 분야가 어디로 가고 있는지에 대한 아이디어를 제공하고자 한다. 이러한 개입의 개요는 표 32.1에 나와 있다.

대부분의 연구는 아동과 청소년의 우울과 불안에 대한 인터넷 개입에 중점을 두고 있다. 최근의 두 가지 메타분석은 이러한 개입의 효과를 요약했다(Ebert et al., 2015; Ye et al., 2014). 가장 큰 메타분석(Ebert et al., 2015)에 따르면 13개의 임상실험이 모두 2009년 이후에 실시되었는데, 이것이 새롭게 등장한 분야임을 시사한다. 이 임상실험들 중 7건은 불안, 4건은 우울, 2건은 양측 모두를 대상으로 하였다(교차진단적 개입). 3건의 임상실험은 아동을 대상으로 했으며, 6건은 청소년을, 4건은 모두를 대상으로 했다. 인터넷 개입을 일반 돌봄과 대기자 명단과 비교할 때 우울증(Hedge's $g=0.76$)과 불안($g=0.68$)에 대한 효과크기는 보통에서 큰 수준으로 나타났고 이것이 유망한 새로운 분야임이 확인되었다. 결과는 또한 우울과 불안에 대한 인터넷 기반 개입이 청소년과 아동 모두에게 효과적일 수 있으며 그러한 프로그램의 효과가 의미 있게 나타나는 데 부모 개입이 반드시 필요한 것은 아님이 시사되었다. 그러나 대부분 연구의 질이 낮기 때문에 결과를 신중하게 고려해야 한다.

인터넷 기반 화상회의 또는 원격 CBT 개입의 사용은 외상을 입은 청소년(Shealy et al., 2015)과 우울증(Nelson & Duncan, 2015)의 경우, 청소년과 정신건강 문제를 다루고 의사소통하는 데 의미 있는 결과를 보였다. 그러나 원격 개입에 대한 대부분의 연구는 성인에 초점을 두었으며 아동 및 청소년을 대상으로 한 원격진료에 대해서는 아직 무선할당 대조 연구가 실시되지 않았다. 따라서 아동과 청소년의 치료에 이 테크놀로지를 사용했을 때의 효과와 비용 효율성은 불분명하다(Nelson & Duncan, 2015; Shealy et al., 2015).

또한 테크놀로지는 특정 치료 기법을 적용하거나 근거기반 치료에 대한 지식을 향상시키도록 임상가를 훈련시키는 데 보다 일반적으로 사용되고 있다(Khanna & Kendall, 2015). 예를 들어, 인지행동치료를 위한 컴퓨터 기반 훈련(CBT4CBT)은 인터넷 기반 훈련 프로그램으로, 불안장애가 있는 청소년을 치료하는 데 있어 치료자의 CBT 기술, 순응도 및 지식을 향상시키는 것으로 나타났다(Kendall & Khanna, 2008; Beidas, Edmunds, Marcus, & Kendall, 2012).

인지적 편향 수정(CBM)은 인터넷을 통해 관리할 수 있는 우울과 불안에 대한 새로운 유형의 심리치료 중 하나이다. 컴퓨터 기반 치료법인 CBM은 점차적으로 주의 편향을 변화시킴으로써 치료 효과를 준다. '주의 편향'은 개인의 되풀이되는 생각에 의해 영향을 받는 지각 경향이다. 예를 들어, 우울한 사람은 부정적인 사건에 더 많은 관심을 기울일 것이다. CBM에서는 부정적 사건에서 주의를 돌리는 법을 배운다. CBM은 성인(Cristea, Kok, & Cuijpers, 2015)뿐만 아니라 아동 및 청소년(Sportel, de Hullu, de Jong, & Nauta, 2013)에서도 시험되었다. 불행히도 이 연구 분야의 임상실험의 질은 낮으며, 이러한 개입은 개입이 없는 경우와 비교할 때 우울과 불안에 미치는 영향이 크지 않았다.

이 분야의 흥미로운 발전은 이러한 개입이 기존의 컴퓨터 기반 개입에서 스마트폰으로 옮겨가고 있다는 것이다. 이것은 이러한 개입을 젊은 사람들이 사용하기에 훨씬 더 매력적이고 용이하게 만들 것이다. 한 연구에서는 정신건강 문제가 있는 14~24세 사람들의 기분, 스트레스 및 일상 활동을 스마트폰을 통해 모니터링했다. 연구자들은 주의 통제 집단과 비교하여 향상된 정서적 자기인식이 우울 증상 감소와 관련이 있다는 것을 발견했다. 참가자들은 현재 활동, 위치, 동료, 수면의 질 및 양, 운동량 및 유형과 섭식을 모니터했다(Kauer et al., 2012). 또한 스마트폰은 행동 및 기분을 모니터링하고, 치료 상황을 기록하며(예 : 현장에서 사진 촬영 또는 동영상 촬영) 노출을 촉진하여 근거기반 치료를 지원하는 데 사용할 수 있다(Peterman, Read, Wei, & Kendall, 2015).

가상현실은 아동 및 청소년 불안에 대한 기존의 CBT 개입을 개선하기 위해 시행된 혁신적인 테크놀로지이다. 한 연구에서 가상현실 노출은 비행 공포를 가진 아동과 청소년에게 긍정적인 영향을 미쳤다(Chu et al., 2004). 내담자는 노출 운동의 종류와 정도에 대해 자신이 가지고 있는 통제를 즐겼다고 보고하였고, 부모는 자녀가 점차 두려움에 직면하는 연습을 할 수 있었다고 평가하였다. 학교공포증을 앓고 있는 아동을 위한 간략 가상현실 노출치료(brief virtual reality exposure therapy, VRET)에 대한 또 다른 연구는 대기집단 대조군과 비교할 때 개입집단에서 학교 관련 공포의 유의미한 감소를 보였다고 하였다(Maldonado, Magallón-Neri, Rus-Calafell, & Peñaloza-Salazar, 2009). 또한 개입 집단은 부정적 정서를 자극하는 학교 관련 자극의 회피 감소를 보였고, 혐오적인 사회적 상황에서 덜 회피적이었다.

이 분야의 또 다른 유망한 개발은 아동과 청소년의 일반적인 정신장애 치료를 위한 진지한 게임의 사용이다. '진지한 게임'은 오락 이외의 목적을 가진 게임이며, 이 경우 게임 원리를 사용하여 심리치료를 제공한다. 다음은 우울증 치료를 위한 진지한 게임의 예인 SPARX라는 프로그램에 대한 자세한 설명이다.

SPARX(Merry et al., 2012)는 우울증으로 인해 도움이 필요한 청소년에게 CBT를 제공하기 위해 고안된 상호작용 판타지 게임이다. 젊은 사람이 아바타를 선택하고 GNAT(Gloomy

Negative Automatic Thought, 우울한 부정적인 자동적 사고)가 지배하는 판타지 세계에서 균형을 회복하기 위해 일련의 도전을 수행하는 1인칭 시점과 3차원 대화형 게임을 활용한다. 이 게임은 7단계(치료 모듈)로 구성되어 있으며, 각 단계는 30~40분 동안 소요된다. 사용자는 3~7주 동안 게임에서 매주 한두 단계를 완료하도록 안내된다. 각 모듈의 시작과 끝부분에서 사용자는 1인칭 시점에서 '가이드'와 상호작용하는데, 가이드는 게임을 상황에 맞게 배치하고 교육을 제공하고 기분을 측정하고 숙제와 동일하게 실생활 도전 과제들을 설정하고 모니터한다. 이 프로그램은 또한 증상 과정을 모니터하고 개선되지 않은 참가자는 담당 임상가에게 도움을 요청하도록 조치한다. 온라인 모듈 외에도 종이 노트가 부차적으로 제공되는데, 거기에는 각 모듈에 대한 요약과 완성된 과제에 대한 의견을 달 수 있는 공란이 포함되어 있다.

청소년 우울증 치료에서 SPARX로 치료한 집단과 기존 치료(심리적 상담)를 한 집단을 비교한 무선할당 통제 비열등 임상실험(randomized controlled noninferiority trial) 결과, 치료 형식이 적용 가능하고 목표집단에 적합한 것으로 나타났다. 또한 게임에 배정된 청소년은 기존 치료에 할당된 사람들(훈련된 상담가와 임상심리학자에 의한 대면 상담이 일차적으로 포함됨)과 대부분의 수행에서 유사한 수준을 보였고, 관해율은 더 높았다(Merry et al., 2012). 정규 교육에서 제외된 13~16세 사이의 청소년 무선할당 대조 연구에서 SPARX 집단은 대기자 대조군에 비해 우울증 증상 감소 및 관해에서 우세하였고, 다른 자기평정 심리학적 기능 척도에서 우세한 양상을 보이지는 않았다.

외현화 장애 치료

대부분의 연구가 내재화 장애에 대한 테크놀로지 보조 치료로 이루어졌지만 외현화 장애에 초점을 맞춘 임상실험이 늘어나고 있다. 몇 가지 연구가 주의력결핍 과잉행동장애(ADHD)에 초점을 맞추고 있다. 예를 들어, ADHD 아동 원격 정신건강 치료 연구(CATTS)는 열악한 지역사회 7곳에서 실시된 원격 정신건강에 대한 무선할당 통제실험이다(Myers, Vander Stoep, & Lobdell, 2013). 이 임상실험에서는 비디오 화상회의를 통해 아동에게 정신건강 치료가 제공되었다. 정신과 의사는 화상회의를 통해 심리치료뿐 아니라 ADHD에 대한 개별 약물치료를 제공하도록 훈련받았다. 그 외에도 보호자도 화상 원격회의를 통해 ADHD에 대한 이해와 행동 원칙들에 대해 훈련받았다. 이 개입은 받아들일 만하고 실현 가능하며, CATTS에 배정된 아동은 일차 진료 기관의 아동보다 훨씬 더 향상되었다는 사실이 밝혀졌다(일차 진료 제공자는 정신과 의사로부터 자문을 받음; Myers, Vander Stoep, Zhou, McCarty, & Katon, 2015).

군집 무선할당 통제실험은 미국소아과학회(Epstein et al., 2011)에서 언급한 바와 같이 소아과 의사가 근거기반 ADHD 평가 및 치료 지침을 준수하도록 개선하는 데 목적이 있었다. 소아과 의사는 4회의 교육을 받은 후 인터넷 포털에 접속하게 되는데, 그 속에서 부모님, 교사 및 소아과 의사가 환자에 대한 정보(평가척도 포함)를 제공할 수 있었다. 임상실험에서 ADHD 환자를 인터넷 포털에 접근할 수 없는 대조군 소아과 의사 집단과 비교한 결과, 개입집단의 사람들이 치료 지침에 훨씬 더 잘 순응하는 것으로 나타났다(Epstein et al., 2011).

또 다른 임상실험은 행동 문제가 있는 아동을 대상으로 인터넷 기반 부모교육 프로그램의 효과를 조사한 것이다(Enebrink, Högström, Forster, & Ghaderi, 2012). 대기자 명단에 비해 아동의 행동 문제 감소와 가혹하고 모순된 부모 훈육 감소에서 중등도 수준의 효과가 나타났다.

기타 장애 치료

아동과 청소년의 내재화 문제 혹은 외현화 문제에 직접적으로 초점을 맞춘 프로그램과 연구 외에도 몇 가지 다른 개입이 개발되고 있다. 이 중 일부는 보다 구체적인 정신건강 문제에 초점을 둔다.

초기 연구(Heinicke, Paxton, McLean, & Wertheim, 2007)는 사춘기 소녀의 신체 이미지와 식사 문제를 목표로 한 인터넷 기반의 개입의 효과를 조사했다. 이 프로그램은 주 6회의 소규모 집단 만남으로 인터넷을 통해 이루어졌다. 치료사는 심리교육을 사용하여 CBT 기법을 가르쳤고 4~8명의 여학생과 폐쇄적이고 안전한 대화방에서 자조 활동을 제공하였다. 장기 치료와 비교했을 때 이 임상실험은 신체불만족 감소와 섭식 문제 감소가 나타났으며, 효과는 추후 평가에서도 유지되었다.

몇몇 웹 기반 개입은 양극성장애가 있는 부모(Jones et al., 2014; Jones, Anton et al., 2015)와 같이 정신건강 문제가 있는 부모의 자녀들에 초점을 맞추었다. 또한 몇 가지 임상실험은 신체건강 문제가 있는 아동 및 청소년을 지원하기 위한 인터넷 기반 개입의 효과에 중점을 두었다. 최근의 Cochrane 리뷰에서는 아동과 청소년의 만성적인 재발성 통증에 대한 원격심리요법에 초점을 둔 여덟 가지 임상실험을 다루었다(Fisher, Law, Palermo, & Eccleston, 2015). 개입은 주로 CBT 또는 행동요법 원리를 사용하여 아동 및 청소년의 기분을 관리하는 것을 목표로 삼았다. 이 임상실험의 대부분은 두통이 있는 아동에 초점을 두었지만, 더 많은 혼합된 만성 통증 상태를 목표로 한 연구도 있었다. 가장 두드러진 효과는 두통의 심각도에서 발견되었지만(긍정적인 결과가 대조군에 비해 개입군에서 2.65배 더 높았다), 어느 한 분석에서는 추후 분석에서 통증을 감소시키는 효과가 발견되지 않았고, 이 분야에서는 더 큰 임상실험이 필요하다.

휴대전화 응용 프로그램은 자폐스펙트럼장애 청소년들로 하여금 자신의 사회생활 기술을 향상시키고, 특히 학교에서의 학습 경험과 목표 지향적 행동을 향상시키는 데 도움을 주기 위해 고안되었다(Mintz, Branch, March, & Lerman, 2012). 초기 질적 결과는 학생과 교사가 모두 사용하는 응용 프로그램이 학생들의 학교 및 사회 기능을 성공적으로 향상시켰음을 보여주었다.

테크놀로지는 또한 정신건강 문제에 대한 기존의 근거기반 치료를 향상시키는 데도 사용된다. 예를 들어, 정신건강 문제로 인한 학교 거부 문제를 다루기 위한 근거기반 변증법적 행동 치료 개입의 웹기반 버전에 대한 파일럿 연구는 유망한 결과를 발견했다. 이 연구 결과는 일상에서의 개선을 보였고 다양한 환경에서의 조절기술 적용이 향상되었으며, 청소년과 부모 모두가 도움이 된다는 보고를 하였다(Chu, Rizvi, Zendegui, & Bonavitacola, 2015).

우리가 언급하는 마지막 예는 외상성 뇌손상 후 청소년기 및 가족 심리사회적 기능을 향상시키기위한 웹기반 치료 프로그램의 예비 임상실험이며 긍정적인 결과가 보고되었다(Wade, Walz, Carey, & Williams, 2008).

향후 방향

실시된 임상실험 외에도 현재 여러 가지 중요한 시도가 내재화, 외현화 및 기타 문제 영역에서 진행 중이다. 우울증 예방을 목표로 한 연구에서 CBT를 기반으로 한 주요 메시지를 청소년의 휴대전화로 9주간 하루에 두 번 보냈다(예 : "너는 이 문제를 해결할 수 있어", "네 감정으로 인해 그런 생각이 든 것이지 실제 어떤 일이 일어난 것이 아니야"). 이 개입을 받은 청소년들은 이 메시지가 도움이 되고 더 긍정적이며, 다른 사람들에게 친절하고 편안하고 부정적인 생각을 없애고, 문제를 해결하고, 학교 문제를 더 잘 처리하는 데 도움이 되었다고 보고했다. 불행히도 우울증에 대한 결과는 아직 보고된 바 없다(Whittaker et al., 2012). 현재 몇 가지 다른 임상실험이 우울과 불안을 예방하기 위해 인터넷 개입이 사용될 수 있는지 여부를 알기 위해 진행되고 있지만(Calear, Christensen, Griffiths, & Mackinnon, 2013; Teesson et al., 2014), 결과는 아직 이용 가능하지 않다.

가장 강력한 핀란드-캐나다 가족(Strongest Families Finland-Canada, SFFC) 스마트 웹 사이트 개입은 적대적 반항장애의 부정적 예후를 방지하기 위해 미취학 아동의 파괴적인 행동을 대상으로 적절하고 효과적인 2차 예방 부모교육 프로그램을 제공하는 것을 목표로 한다(McGrath et al., 2013). 부모-자녀 관계와 긍정적인 행동을 강화하고 갈등을 줄이며 일상생활을 관리하고 감정조절을 촉진하기 위한 기술을 가르치는 데 부분적으로 초점을 둔 온라인으로 제공되는 11회기 프로그램이다. 이 프로그램의 효과를 조사하는 무선할당 통제실험이 현재 진행 중이다(McGrath et al., 2013).

현재 진행 중인 또 다른 임상실험은 자살을 시도한 고등학생들의 자살률을 줄이기 위한 인터넷 기반 CBT에 중점을 두고 있다(Robinson et al., 2014). 임상실험은 학교 상담사에게 도움을 요청한 고등학생을 대상으로 한다.

일반적인 의학적 장애의 분야에서 한 연구는 현재 만성 호흡기 질환을 가진 아동과 청소년의 복지 증진을 목표로 한 '더 쉽게 숨쉬기 온라인(Breathe Easier Online)' 개입 효과를 조사하고 있다(Newcombe et al., 2012). '삶을 재포착하기(Recapture Life)' 개입은 암 치료 후의 청소년과 젊은 성인을 지원하는 것을 목표로 하고 있으며, 다기관 무선할당 통제실험을 통해 연구 중이다(Sansom-Daly et al., 2012).

맺음말

우리는 지난 몇 년 동안 내재화 및 외현화 문제, 정신장애가 있는 부모 및 아동의 정신건강 문제 및 기타 여러 특정 대상집단의 정신건강 문제를 위한 테크놀로지 지원 개입을 무수히 많이 발전시켜왔음을 살펴보았다. 그러나 성인을 위한 테크놀로지 지원 분야와 비교하면 이 분야는 작고 시작 단계에 불과하다. 첫 번째 결과는 테크놀로지가 아동 및 청소년의 정신건강 치료의 이해도와 효율성을 증가시킬 수 있다는 점을 강조하고 있지만 아직 수행해야 할 작업이 많다.

성인에서 사람이 일부 도움을 주는 인터넷 개입이 면대면 치료만큼 효과적일 수 있다는 상당한 증거가 있다(Andersson, Cuijpers, Carlbring, Riper, & Hedman, 2014). 아동과 청소년의 경우 이러한 증거가 아직 그렇게 강하지 않다. 또한 대부분의 개입은 학업 환경에서 개발되고 검증되었으며, 이러한 결과가 일반적인 정신건강 돌봄으로 일반화될 수 있는지 여부는 명확하지 않다. 일부 테크놀로지 지원 예방적 개입이 있지만 이 분야는 아직 완전히 연구되지 않았다. 예방은 테크놀로지가 유용하고 현재의 임상 실제와 연구에 가치를 더할 수 있는 개입 영역인 것으로 보인다. 일상생활에서 배운 테크놀로지의 실행을 촉진하고 그에 따라 심리요법의 효과를 높이기 위해 테크놀로지를 현재의 치료에 통합하는 것도 중요하다.

아동과 청소년의 정신건강 문제에 대한 테크놀로지 지원 분야의 개입이 최근에야 시작되었지만, 예방과 치료의 접근성과 효능을 개선할 수 있는 가능성이 많으며 현재 치료법의 효과를 향상시킬 수도 있다. 이 분야가 5~10년 사이에 어떻게 될 것인지 예측할 수는 없지만 테크놀로지 지원 개입이 큰 영향을 미칠 것으로 보인다.

참고문헌

Andersson, G., & Cuijpers, P. (2009). Internet-based and other computerized psychological treatments for adult depression: A meta-analysis. *Cognitive Behaviour Therapy, 38*, 196–205.

Andersson, G., Cuijpers, P., Carlbring, P., Riper, H., & Hedman, E. (2014). Guided internet-based vs. face-to-face cognitive behavior therapy for psychiatric and somatic disorders: A systematic review and meta-analysis. *World Psychiatry, 13*(3), 288–295.

Andersson, G., Paxling, B., Roch-Norlund, P., Östman, G., Norgren, A., Almlöv, J., et al. (2012). Internet-based psychodynamic versus cognitive behavioral guided self-help for generalized anxiety disorder: A randomized controlled trial. *Psychotherapy and Psycho-*

somatics, 81(6), 344–355.

Andrade, L. H., Alonso, J., Mneimneh, Z., Wells, J. E., Al-Hamzawi, A., Borges, G., et al. (2014). Barriers to mental health treatment: Results from the WHO world mental health surveys. *Psychological Medicine, 44*(6), 1303–1317.

Beidas, R. S., Edmunds, J. M., Marcus, S. C., & Kendall, P. C. (2012). Training and consultation to promote implementation of an empirically supported treatment: A randomized controlled trial. *Psychiatric Services, 63,* 660–665.

Boettcher, J., Äström, V., Påhlsson, D., Schenström, O., Andersson, G., & Carlbring, P. (2014). Internet-based mindfulness treatment for anxiety disorders: A randomized controlled trial. *Behavior Therapy, 45*(2), 241–253.

Brauner, C. B., & Stephens, C. B. (2006). Estimating the prevalence of early childhood serious emotional/behavioral disorders: Challenges and recommendations. *Public Health Reports, 121*(3), 303–310.

Burns, B. J., Costello, E. J., Angold, A., Tweed, D., Stangl, D., Farmer, E. M., et al. (1995). Children's mental health service use across service sectors. *Health Affairs, 14*(3), 147–159.

Calear, A. L., Christensen, H., Griffiths, K. M., & Mackinnon, A. (2013). The Y-Worri project: Study protocol for a randomised controlled trial. *Trials, 14,* 76.

Christensen, H., Griffiths, K. M., & Jorm, A. F. (2004). Delivering interventions for depression by using the Internet: Randomised controlled trial. *British Medical Journal, 328*(7434), 265.

Chu, B. C., Choudhury, M. S., Shortt, A. L., Pincus, D. B., Creed, T. A., & Kendall, P. C. (2004). Alliance, technology, and outcome in the treatment of anxious youth. *Cognitive and Behavioral Practice, 11*(1), 44–55.

Chu, B. C., Rizvi, S. L., Zendegui, E. A., & Bonavitacola, L. (2015). Dialectical behavior therapy for school refusal: Treatment development and incorporation of web-based coaching. *Cognitive and Behavioral Practice, 22*(3), 317–330.

Costello, E. J., Egger, H., & Angold, A. (2005). 10-year research update review: The epidemiology of child and adolescent psychiatric disorders: I. Methods and public health burden. *Journal of the American Academy of Child and Adolescent Psychiatry, 44*(10), 972–986.

Cristea, I., Kok, R. N., & Cuijpers, P. (2015). The efficacy of cognitive bias modification interventions for mental health problems: A meta-analysis. *European Psychiatry, 30*(1), 850.

Cuijpers, P., Donker, T., Johansson, R., Mohr, D. C., van Straten, A., & Andersson, G. (2011). Self-guided psychological treatment for depressive symptoms: A meta-analysis. *PLoS ONE, 6*(6), e21274.

Cuijpers, P., & Kleiboer, A. (2016). Self-directed approaches to the treatment of depression. In R. DeRubeis & D. Strunk (Eds.), *The Oxford handbook of mood disorders.* Oxford, UK: Oxford University Press.

Cuijpers, P., & Schuurmans, J. (2007). Self-help interventions for anxiety disorders: An overview. *Current Psychiatry Reports, 9*(4), 284–290.

Donker, T., Bennett, K., Bennett, A., Mackinnon, A., Van Straten, A., Cuijpers, P., et al. (2013). Internet-delivered interpersonal psychotherapy versus Internet-delivered cognitive behavioral therapy for adults with depressive symptoms: Randomized controlled noninferiority trial. *Journal of Medical Internet Research, 15*(5), e82.

Ebert, D. D., Zarski, A.-C., Christensen, H., Stikkelbroek, Y., Cuijpers, P., Berking, M., et al. (2015). Internet and computer-based cognitive behavioral therapy for anxiety and depression in youth: A meta-analysis of randomized controlled outcome trials. *PLoS ONE, 10*(3), e0119895.

El Alaoui, S., Hedman, E., Kaldo, V., Hesser, H., Kraepelien, M., Andersson, E., et al. (2015). Effectiveness of Internet-based cognitive-behavior therapy for social anxiety disorder in clinical psychiatry. *Journal of Consulting and Clinical Psychology, 83*(5), 902–914.

El Alaoui, S., Hedman, E., Ljótsson, B., & Lindefors, N. (2015). Long-term effectiveness and outcome predictors of therapist-guided Internet-based cognitive-behavioural therapy for social anxiety disorder in routine psychiatric care. *BMJ Open, 5*(6), e007902.

Elgán, T. H., Hansson, H., Zetterlind, U., Kartengren, N., & Leifman, H. (2012). Design of a Web-based individual coping and alcohol-intervention program (web-ICAIP) for children of parents with alcohol problems: Study protocol for a randomized controlled trial. *BMC Public Health, 12*(1), 35.

Emmelkamp, P. M. G., David, D., Beckers, T., Muris, P., Cuijpers, P., Lutz, W., et al. (2014). Advancing psychotherapy and evidence-based psychological interventions. *International Journal of Methods in Psychiatric Research, 23*(S1), 58–91.

Enebrink, P., Högström, J., Forster, M., & Ghaderi, A. (2012). Internet-based parent management training: A randomized controlled study. *Behaviour Research and Therapy, 50*(4), 240–249.

Epstein, J. N., Langberg, J. M., Lichtenstein, P. K., Kolb, R., Altaye, M., & Simon, J. O. (2011). Use of an Internet portal to improve community-based pediatric ADHD care: A cluster randomized trial. *Pediatrics, 128*(5), e1201–e1208.

Essau, C. A. (2005). Frequency and patterns of mental health services utilization among adolescents with anxiety and depressive disorders. *Depression and Anxiety, 22*(3), 130–137.

Fisher, E., Law, E., Palermo, T. M., & Eccleston, C. (2015). Psychological therapies (remotely delivered) for the management of chronic and recurrent pain in children and adolescents. *Cochrane Database of Systematic Reviews, 3,* CD011118.

Fleming, T., Dixon, R., Frampton, C., & Merry, S. (2012). A pragmatic randomized controlled trial of computerized CBT (SPARX) for symptoms of depression among adolescents excluded from mainstream education. *Behavioural and Cognitive Psychotherapy, 40*(5), 529–541.

Hedman, E., Ljótsson, B., Kaldo, V., Hesser, H., El Alaoui, S., Kraepelien, M., et al. (2014). Effectiveness of Internet-based cognitive behaviour therapy for depression in routine psychiatric care. *Journal of Affective Disorders, 155*(1), 49–58.

Heinicke, B. E., Paxton, S. J., McLean, S. A., & Wertheim, E. H. (2007). Internet-delivered targeted group intervention for body dissatisfaction and disordered eating in adolescent girls: A randomized controlled trial. *Journal of Abnormal Child Psychology, 35*(3), 379–391.

Holländare, F., Eriksson, A., Lövgren, L., Humble, M. B., & Boersma, K. (2015). Internet-based cognitive behavioral therapy for residual symptoms in bipolar disorder type II: A single-subject design pilot study. *JMIR Research Protocols, 4*(2), e44.

Johansson, R., Ekbladh, S., Hebert, A., Lindström, M., Möller, S., Petitt, E., et al. (2012). Psychodynamic guided self-help for adult depression through the Internet: A randomised controlled trial. *PLoS ONE, 7*(5), e38021.

Jones, D. J., Anton, M., Gonzalez, M., Honeycutt, A., Khavjou, O., Forehand, R., et al. (2015). Incorporating mobile phone technologies to expand evidence-based care. *Cognitive and Behavioral Practice, 22*(3), 281–290.

Jones, S., Calam, R., Sanders, M., Diggle, P. J., Dempsey, R., & Sadhnani, V. (2014). A pilot web based positive parenting intervention to help bipolar parents to improve perceived parenting skills and child outcomes. *Behavioural and Cognitive Psychotherapy, 42*(3), 283–296.

Jones, S., Wainwright, L. D., Jovanoska, J., Vincent, H., Diggle, P. J., Calam, R., et al. (2015). An exploratory randomised controlled trial of a web-based integrated bipolar parenting intervention (IBPI) for bipolar parents of young children (aged 3–10). *BMC Psychiatry, 15,* 122.

Karyotaki, E., Kleiboer, A., Smit, F., Turner, D. T., Pastor, A. M., Andersson, G., et al. (2015). Predictors of treatment dropout in self-guided web-based interventions for depression: An "individual patient data" meta-analysis. *Psychological Medicine, 45*(13), 2717–2726.

Kataoka, S. H., Zhang, L., & Wells, K. B. (2002). Unmet need for mental health care among US children: Variation by ethnicity and insurance status. *American Journal of Psychiatry,*

159(9), 1548–1555.

Kauer, S. D., Reid, S. C., Crooke, A. H. D., Khor, A., Hearps, S. J. C., Jorm, A. F., et al. (2012). Self-monitoring using mobile phones in the early stages of adolescent depression: Randomized controlled trial. *Journal of Medical Internet Research, 14*(3), e67.

Kendall, P. C., & Khanna, M. S. (2008). *CBT4CBT: Web-based training to become a cognitive-behavioral therapist* [DVD]. Ardmore, PA: Workbook.

Khanna, M. S., & Kendall, P. C. (2010). Computer-assisted cognitive behavioral therapy for child anxiety: Results of a randomized clinical trial. *Journal of Consulting and Clinical Psychology, 78*(5), 737–745.

Khanna, M. S., & Kendall, P. C. (2015). Bringing technology to training: Web-based therapist training to promote the development of competent cognitive-behavioral therapists. *Cognitive and Behavioral Practice, 22*(3), 291–301.

Lal, S., & Adair, C. E. (2014). E-mental health: A rapid review of the literature. *Psychiatric Services, 65*(1), 24–32.

Lappalainen, P., Granlund, A., Siltanen, S., Ahonen, S., Vitikainen, M., Tolvanen, A., et al. (2014). ACT Internet-based vs face-to-face?: A randomized controlled trial of two ways to deliver acceptance and commitment therapy for depressive symptoms: An 18-month follow-up. *Behaviour Research and Therapy, 61*, 43–54.

Lin, J., Lüking, M., Ebert, D. D., Buhrman, M., Andersson, G., & Baumeister, H. (2015). Effectiveness and cost-effectiveness of a guided and unguided Internet-based acceptance and commitment therapy for chronic pain: Study protocol for a three-armed randomised controlled trial. *Internet Interventions, 2*(1), 7–16.

Makarushka, M. M. (2011). *Efficacy of an Internet-based intervention targeted to adolescents with subthreshold depression.* Doctoral dissertation, University of Oregon, Eugene, OR.

Maldonado, J. G., Magallón-Neri, E., Rus-Calafell, M., & Peñaloza-Salazar, C. (2009). Virtual reality exposure therapy for school phobia. *Anuario de Psicología, 40*(2), 223–236.

March, S., Spence, S. H., & Donovan, C. L. (2009). The efficacy of an internet-based cognitive-behavioral therapy intervention for child anxiety disorders. *Journal of Pediatric Psychology, 34*(5), 474–487.

McGrath, P. J., Sourander, A., Lingley-Pottie, P., Ristkari, T., Cunningham, C., Huttunen, J., et al. (2013). Remote population-based intervention for disruptive behavior at age four: Study protocol for a randomized trial of Internet-assisted parent training (Strongest Families Finland–Canada). *BMC Public Health, 13*(1), 985.

Merikangas, K. R., He, J., Burstein, M., Swanson, S. A., Avenevoli, S., Cui, L., et al. (2010). Lifetime prevalence of mental disorders in U.S. adolescents: Results from the National Comorbidity Survey Replication–Adolescent Supplement (NCS-A). *Journal of the American Academy of Child and Adolescent Psychiatry, 49*(10), 980–989.

Merry, S. N., Stasiak, K., Shepherd, M., Frampton, C., Fleming, T., & Lucassen, M. F. G. (2012). The effectiveness of SPARX, a computerised self help intervention for adolescents seeking help for depression: Randomised controlled non-inferiority trial. *British Medical Journal, 344*(3), e2598–e2598.

Mintz, J., Branch, C., March, C., & Lerman, S. (2012). Key factors mediating the use of a mobile technology tool designed to develop social and life skills in children with autistic spectrum disorders. *Computers and Education, 58*(1), 53–62.

Mohr, D. C., Duffecy, J., Ho, J., Kwasny, M., Cai, X., Burns, M. N., et al. (2013). A randomized controlled trial evaluating a manualized TeleCoaching protocol for improving adherence to a web-based intervention for the treatment of depression. *PLoS ONE, 8*, e70086.

Myers, K., Vander Stoep, A., & Lobdell, C. (2013). Feasibility of conducting a randomized controlled trial of telemental health with children diagnosed with attention-deficit/hyperactivity disorder in underserved communities. *Journal of Child and Adolescent Psychopharmacology, 23*(6), 372–378.

Myers, K., Vander Stoep, A., Zhou, C., McCarty, C. A., & Katon, W. (2015). Effectiveness of a telehealth service delivery model for treating attention-deficit/hyperactivity disorder: A community-based randomized controlled trial. *Journal of the American Academy of Child and Adolescent Psychiatry, 54*(4), 263–274.

Nelson, E. L., & Duncan, A. B. (2015). Cognitive behavioral therapy using televideo. *Cognitive and Behavioral Practice, 22*(3), 269–280.

Newcombe, P. A., Dunn, T. L., Casey, L. M., Sheffield, J. K., Petsky, H., Anderson-James, S., et al. (2012). Breathe Easier Online: Evaluation of a randomized controlled pilot trial of an Internet-based intervention to improve well-being in children and adolescents with a chronic respiratory condition. *Journal of Medical Internet Research, 14*(1), e23.

Nobis, S., Lehr, D., Ebert, D. D., Baumeister, H., Snoek, F., Riper, H., & Berking, M. (2015). Efficacy of a web-based intervention with mobile phone support in treating depressive symptoms in adults with type 1 and type 2 diabetes: A randomized controlled trial. *Diabetes Care, 38*(5), 776–783.

O'Kearney, R., Kang, K., Christensen, H., & Griffiths, K. (2009). A controlled trial of a school-based Internet program for reducing depressive symptoms in adolescent girls. *Depression and Anxiety, 26*(1), 65–72.

Parker, G. (2003). Distinguishing early and late onset non-melancholic unipolar depression. *Journal of Affective Disorders, 74*(2), 131–138.

Peterman, J. S., Read, K. L., Wei, C., & Kendall, P. C. (2015). The art of exposure: Putting science into practice. *Cognitive and Behavioral Practice, 22*(3), 379–392.

Rao, U., Ryan, N. D., Birmaher, B., Dahl, R. E., Williamson, D. E., Kaufman, J., et al. (1995). Unipolar depression in adolescents: Clinical outcome in adulthood. *Journal of the American Academy of Child and Adolescent Psychiatry, 34*(5), 566–578.

Reid, S. C., Kauer, S. D., Hearps, S. J., Crooke, A. H., Khor, A. S., Sanci, L. A., et al. (2011). A mobile phone application for the assessment and management of youth mental health problems in primary care: A randomised controlled trial. *BMC Family Practice, 12*(1), 131.

Riper, H., Andersson, G., Christensen, H., Cuijpers, P., Lange, A., & Eysenbach, G. (2010). Theme issue on e-mental health: A growing field in Internet research. *Journal of Medical Internet Research, 12*(5), e74.

Riper, H., & Cuijpers, P. (2016). Telepsychology and eHealth. In J. C. Norcross (Ed.), *APA handbook of clinical psychology* (Vol. 3). Washington, DC: American Psychological Association.

Robinson, J., Hetrick, S., Cox, G., Bendall, S., Yung, A., Yuen, H. P., et al. (2014). The development of a randomised controlled trial testing the effects of an online intervention among school students at risk of suicide. *BMC Psychiatry, 14*(1), 155.

Rozental, A., Andersson, G., Boettcher, J., Ebert, D. D., Cuijpers, P., Knaevelsrud, C., et al. (2014). Consensus statement on defining and measuring negative effects of Internet interventions. *Internet Interventions, 1*(1), 12–19.

Sansom-Daly, U. M., Wakefield, C. E., Bryant, R. A., Butow, P., Sawyer, S., Patterson, P., et al. (2012). Online group-based cognitive-behavioural therapy for adolescents and young adults after cancer treatment: A multicenter randomised controlled trial of Recapture Life-AYA. *BMC Cancer, 12*(1), 339.

Sawyer, M. G., Arney, F. M., Baghurst, P. A., Clark, J. J., Graetz, B. W., Kosky, R. J., et al. (2001). The mental health of young people in Australia: Key findings from the child and adolescent component of the national survey of mental health and well-being. *Australian and New Zealand Journal of Psychiatry, 35*(6), 806–814.

Schoneveld, E. A., Malmberg, M., Lichtwarck-Aschoff, A., Verheijen, G. P., Engels, R. C., & Granic, I. (2016). A neurofeedback video game (MindLight) to prevent anxiety in children: A randomized controlled trial. *Computers in Human Behavior, 63*, 321–333.

Sethi, S., Campbell, A. J., & Ellis, L. A. (2010). The use of computerized self-help packages to treat adolescent depression and anxiety. *Journal of Technology in Human Services, 28*(3), 144–160.

Shealy, K. M., Davidson, T. M., Jones, A. M., Lopez, C. M., & de Arellano, M. A. (2015). Delivering an evidence-based mental health treatment to underserved populations using telemedicine: The case of a trauma-affected adolescent in a rural setting. *Cognitive and Behavioral Practice, 22*(3), 331–344.

Spek, V., Cuijpers, P., Nyklícek, I., Riper, H., Keyzer, J., & Pop, V. (2007). Internet-based cognitive behaviour therapy for symptoms of depression and anxiety: A meta-analysis. *Psychological Medicine, 37*(3), 319–328.

Spence, S. H., Donovan, C. L., March, S., Gamble, A., Anderson, R. E., Prosser, S., et al. (2011). A randomized controlled trial of online versus clinic-based CBT for adolescent anxiety. *Journal of Consulting and Clinical Psychology, 79*(5), 629–642.

Sportel, B. E., de Hullu, E., de Jong, P. J., & Nauta, M. H. (2013). Cognitive bias modification versus CBT in reducing adolescent social anxiety: A randomized controlled trial. *PLoS ONE, 8*(5), e64355.

Stallard, P., Richardson, T., Velleman, S., & Attwood, M. (2011). Computerized CBT (Think, Feel, Do) for depression and anxiety in children and adolescents: Outcomes and feedback from a pilot randomized controlled trial. *Behavioural and Cognitive Psychotherapy, 39*(3), 273–284.

Stasiak, K., Hatcher, S., Frampton, C., & Merry, S. N. (2014). A pilot double blind randomized placebo controlled trial of a prototype computer-based cognitive behavioural therapy program for adolescents with symptoms of depression. *Behavioural and Cognitive Psychotherapy, 42*(4), 385–401.

Storch, E. A., Caporino, N. E., Morgan, J. R., Lewin, A. B., Rojas, A., Brauer, L., et al. (2011). Preliminary investigation of web-camera delivered cognitive-behavioral therapy for youth with obsessive–compulsive disorder. *Psychiatry Research, 189*(3), 407–412.

Teesson, M., Newton, N. C., Slade, T., Chapman, C., Allsop, S., Hides, L., et al. (2014). The CLIMATE schools combined study: A cluster randomised controlled trial of a universal Internet-based prevention program for youth substance misuse, depression and anxiety. *BMC Psychiatry, 14*(1), 32.

Tillfors, M., Andersson, G., Ekselius, L., Furmark, T., Lewenhaupt, S., Karlsson, A., et al. (2011). A randomized trial of Internet-delivered treatment for social anxiety disorder in high school students. *Cognitive Behaviour Therapy, 40*(2), 147–157.

Van Ameringen, M., Mancini, C., Simpson, W., & Patterson, B. (2010). Potential use of Internet-based screening for anxiety disorders: A pilot study. *Depression and Anxiety, 27*(11), 1006–1010.

van Ballegooijen, W., Cuijpers, P., van Straten, A., Karyotaki, E., Andersson, G., Smit, J. H., et al. (2014). Adherence to Internet-based and face-to-face cognitive behavioural therapy for depression: A meta-analysis. *PLoS ONE, 9*(7), e100674.

van Bastelaar, K., Cuijpers, P., Pouwer, F., Riper, H., & Snoek, F. J. (2011). Development and reach of a web-based cognitive behavioural therapy programme to reduce symptoms of depression and diabetes-specific distress. *Patient Education and Counseling, 84*(1), 49–55.

van der Zanden, R., Kramer, J., Gerrits, R., & Cuijpers, P. (2012). Effectiveness of an online group course for depression in adolescents and young adults: A randomized trial. *Journal of Medical Internet Research, 14*(3), e86.

Wade, S. L., Walz, N. C., Carey, J. C., & Williams, K. M. (2008). Preliminary efficacy of a web-based family problem-solving treatment program for adolescents with traumatic brain injury. *Journal of Head Trauma Rehabilitation, 23*(6), 369–377.

Weisz, J. R., Kuppens, S., Eckshtain, D., Ugueto, A. M., Hawley, K. M., & Jensen-Doss, A. (2013). Performance of evidence-based youth psychotherapies compared with usual clinical care: A multilevel meta-analysis. *JAMA Psychiatry, 70*(7), 750–761.

Whittaker, R., Merry, S., Stasiak, K., McDowell, H., Doherty, I., Shepherd, M., et al. (2012). MEMO—a mobile phone depression prevention intervention for adolescents: Development process and postprogram findings on acceptability from a randomized controlled trial. *Journal of Medical Internet Research, 14*(1), e13.

Williams, A. D., O'Moore, K., Mason, E., & Andrews, G. (2014). The effectiveness of Internet cognitive behaviour therapy (iCBT) for social anxiety disorder across two routine practice pathways. *Internet Interventions, 1*(4), 225–229.

Woodward, L. J., & Fergusson, D. M. (2001). Life course outcomes of young people with anxiety disorders in adolescence. *Journal of the American Academy of Child and Adolescent Psychiatry, 40*(9), 1086–1093.

Woolderink, M., Smit, F., van der Zanden, R., Beecham, J., Knapp, M., Paulus, A., et al. (2010). Design of an Internet-based health economic evaluation of a preventive group-intervention for children of parents with mental illness or substance use disorders. *BMC Public Health, 10*(1), 470.

Wuthrich, V. M., Rapee, R. M., Cunningham, M. J., Lyneham, H. J., Hudson, J. L., & Schniering, C. A. (2012). A randomized controlled trial of the Cool Teens CD-ROM computerized program for adolescent anxiety. *Journal of the American Academy of Child and Adolescent Psychiatry, 51*(3), 261–270.

Ye, X., Bapuji, S. B., Winters, S. E., Struthers, A., Raynard, M., Metge, C., et al. (2014). Effectiveness of Internet-based interventions for children, youth, and young adults with anxiety and/or depression: A systematic review and meta-analysis. *BMC Health Services Research, 14*(1), 313.

Zachrisson, H. D., Rödje, K., & Mykletun, A. (2006). Utilization of health services in relation to mental health problems in adolescents: A population based survey. *BMC Public Health, 6*(34), 1–7.

PART
5

결론 및
향후 방향

CHAPTER 33

근거기반 아동 · 청소년 심리치료의 현재와 미래

John R. Weisz & Alan E. Kazdin

이 책은 과학을 통하여 아동 · 청소년과 이들의 보호자들의 삶을 향상시키는 문제를 다루고 있다. 아동 · 청소년들이 정서 행동 문제를 극복하도록 돕는 노력은 분명히 부모 자식 관계만큼이나 오래된 일이지만 그에 대한 전문적 도움은 훨씬 근래의 일이다. 20세기 초반에 들어서야 후에 심리치료라고 불리게 된 일군의 전문적 전략이 형태를 갖추게 되었다. 제1장에서 고대에서 근래에 이르기까지의 역사적 진화의 한 부분을 추적한 결과 아동 · 청소년 심리치료가 과학적 연구의 대상이 된 것은 상당한 시간이 지난 후였다는 것을 알게 되었다. 하지만 오늘날에는 과학적 방법으로 심리치료를 평가하고 개선하는 것이 보편화되었다. 사실 많은 이들은 '근거기반'이라는 용어를 심리치료에서의 명예의 상징으로 간주한다. 이 책에 실린 각 장은 아동 · 청소년들을 위한 개입에서의 '근거기반'이라는 용어에 실질적 내용을 부여하고 있다.

근거기반 아동 · 청소년 심리치료의 현황

근거기반 아동 · 청소년 심리치료의 연구는 이제 빠르게 움직이는 표적이다. 새로운 치료 접근의 개발과 연구 근거 출판의 속도가 점점 빨라지는 것으로 볼 때 연구의 속도는 하늘을 날고 있다. 이러한 추세는 이 책의 제1판이나 제2판보다 제3판의 각 장이 다루고 있는 범위와 폭이 넓어지는 등 다양한 모습으로 나타나고 있다(Kazdin & Weisz, 2003; Weisz & Kazdin, 2010). 신경과학 혁명과 과학기술의 폭발적 발전 등 근래 정신건강 인접 학문 분야에서 일어난 발전과 함게 정신건강 개입에도 그에 상응하는 변화가 나타나고 있다. 이 책에서는 그러한 변화 중 가장 흥미로운 것 몇 가지를 다루고 있다. 종합하면 이 책은 효과적 치료를 찾으려는 뛰어난 임상 과학자들의 지능과 창의성, 그리고 아주 근면한 노력이 어우러지면서 만들어진 감동적인 결과물이다. 이 책에서는 그 과학자들이 다양한 개입 프로그램에 대한 자신들의 연구를 요약하고, 중요한 윤리적 법적 문제를 강조하며, 견고한 발달적 기반의 필요성을 구체적으로 지적하고 있다. 또한 이들은 치료 효과에서의 민족적·문화적 차이에 대하여 알려진 바를 조사하고 근거기반 치료를 개인에게 적용하는 전략을 제시하며 효과적인 개입의 보급에서 과학기술의 잠재력을 다루고 있다. 아울러 이들은 임상신경과학이 개입과학을 어떻게 풍성하게 만들 수 있는지 설명하고 검증된 개입을 주 경계와 국가 간 경계를 넘어 시행하려는 노력에서의 성공과 도전을 기술하였다.

종합하면 각 장은 이 분야의 현황을 생생하게 보여주고 있다. 다시 말해서 이 책의 내용은 출판된 논문의 포괄적인 개관이나 메타분석으로부터 얻는 일반적 동향에 대한 정보를 아주 잘 보완해주고 있다(예 : Kazdin, Bass, Ayers, & Rodgers, 1990; Weisz, 2004; Weisz et al., in press). 지난 50년간 연구에 대한 메타분석 결과는 이 책에 기술된 개입들이 유익함을 상당히 일관적으로 보여주고 있다. 그 효과는 비교적 영속적이고 확고하며 치료 종료 직후와 평균 11개월이 경과된 후의 추적 조사에서도 유의한 차이가 없었고 인종/민족에 따른 차이도 유의하지 않았다 (Weisz et al., in press). 그러나 향후 발전에 단서가 될 만한 미묘한 차이들이 메타분석에서 나타났다. 예를 들어 개입의 효과는 불안과 품행 관련 문제에 대하여 특히 강력했으나 아동·청소년 우울과 주의력결핍 과잉행동장애(ADHD) 관련 문제에서는 현저하게 취약한 것으로 드러나서(Weisz et al., in press), 이 까다로운 영역의 치료의 개발과 검증이 필요함을 보여주었다. 이 책의 각 장에는 그러한 일반적 결론을 넘어서 효과적인 구체적 치료들을 기술하고 관련 증거들을 요약해놓았으며 강점과 제한점을 기술하고 현재 연구가 추진되고 있는 첨단 분야들을 강조하였다.

향후 방향

이 책은 차세대 연구에서 부딪치게 될 몇 가지 구체적인 도전을 전하고 있다. 그 도전 중 일부에는 현재의 치료 방법에 한계가 있음을 보여주는 연구 결과가 반영되어 있으며 임상과학, 심리학, 정신의학, 신경과학 분야의 새로운 방향에서 나온 의문들이 반영된 도전도 있다. 이러한 도전들은 다음 절에서 논의되어 있고 표 33.1에 요약되어 있다.

표 33.1 근거기반 심리치료에서 미래의 도전

1. 근거기반 심리치료가 개발되어 있지 않은 기능장애 형태로 근거기반 심리치료의 범위를 확대하고 치료의 범위를 제한하는 연령 제약 등의 조건을 다룬다.

2. 발달과학의 지식을 보다 더 충분하게 반영하는 근거기반 심리치료를 구성한다.

3. 검증 대상 이론적 모델의 대열을 넓히고 실제 널리 사용되고 있는 치료 모델을 더 많이 포함한다.

4. 공존병리, 상태 내의 이질성, 그리고 치료 중 욕구 변화의 도전을 다룰 수 있는 치료꾸러미와 전달 모델의 대열을 구축한다.

5. 정보 제공자들로부터 얻은 결과의 정보가치를 높이고 통상치료와 공정한 비교를 할 수 있도록 성과 평가의 범위, 기간, 그리고 밀도를 확대한다.

6. 치료자 행동과 치료적 관계와 아동과 가족의 치료 계약, 완료, 그리고 성과의 관계에 대한 연구를 구축하고 강화시킨다.

7. 근거기반 심리치료가 효과를 보이는 아동과 가족의 임상적 및 인구학적 특성의 범위를 기술한다.

8. 분해 연구, 미소 실험, 그리고 관련 설계를 사용해서 치료로 인한 이득의 필요충분 조건을 밝혀낸다.

9. 매개요인 분석 등 다양한 전략을 사용해서 근거기반 심리치료의 효과를 설명하는 변화기제를 밝힌다.

10. 신경과학의 방법과 연구 결과를 이용하여 치료 연구를 강화해서 궁극적으로 치료목표를 보다 정확하게 조준하고, 보다 효율적이고 더 효과적인 치료를 만든다.

11. 임상 실무 상황에서 근거기반 심리치료를 개발하고 검증하여 강건한 치료 설계를 육성하고 임상 진료에서의 효과성에 관한 증거를 축적한다.

12. 치료를 새로운 환경에 적합하게 번안하는 전략을 구축하고 검증하여 기관, 언어, 지역, 문화의 경계를 넘어서 강건한 효과를 갖도록 한다.

장애 상태와 유형의 범위

이 책의 각 장의 내용은 현재 치료 연구에서 다루고 있는 아동·청소년 문제와 장애의 범위가 무척 넓다는 것을 잘 보여주고 있다. 검증된 치료가 개발되어 있는 문제들을 들자면 학대 및 기타 형태의 외상경험 후의 외상후 스트레스장애(Cohen, Mannarino, & Deblinger, 제15장 참조)를 비롯한 불안 및 강박 집단 내의 중복 내재화 문제(Franklin, Morris, Freeman, & March, 제3장; Kendall, Crawford, Kagan, Furr & Podell, 제2장 참조), 우울장애(Jacobson, Mufson, & Young, 제5장; Rohde, 제4장 참조), 만성적 불복종과 공격성, 파괴적 행동장애, 범죄행위를 포괄하는 중복 외현화 문제(Buchanan, Chamberlain, & Smith, 제11장; Forgatch & Gewirtz, 제6장; Henggler & Schaeffer, 제12장; Kazdin, 제9장; Powell, Lochman, Boxmeyer, Barry & Pardini, 제10장; Sanders & Turner, 제25장; Webster-Stratton & Reid, 제8장; Zisser-Nathenson, Herschell & Eyberg, 제7장 참조)와 ADHD(Pelham, Gnagy, Greiner Fabiano, Waschbusch & Coles, 제13장 참조), 자폐증과 자폐스펙트럼 관련 장애(Davlatis, Dawson & Rogers, 제16장; Koegel, Koegel, Vernon & Brookman-Frazee, 제7장 참조), 유뇨증과 유분증 등 습관 문제(Mellon & Houts, 제19장 참조), 섭식장애(LeGrange & Robin, 제18장 참조), 물질남용(Waldron, Brody & Hops, 제20장 참조)과 자살 관련 혹은 자살 이외의 자해 행동(Spirito, Esposito-Smythyers & Wolff, 제14장

참조) 등이 있다. 실로 아동과 청소년의 임상기관 내원사유 대부분에 대한 근거기반 심리치료가 현재 존재한다.

그렇지만 강력한 근거기반 심리치료가 존재하지 않는 아동·청소년의 정신건강 문제와 장애가 많이 있고 이 분야의 성공 이야기 중 일부에는 경고와 제한조건이 따른다. 예를 들어 ADHD에 대한 심리사회적 치료의 성공은 대체로 청소년기 이전에 국한되어 있으며 품행 문제와 품행장애에 대한 가장 효과적인 부모교육 프로그램은 사춘기에 이르면 별 도움이 되지 못한다. 우울증에 대한 인지행동치료도 항우울제 치료를 포함한 통상적 치료보다 더 나은 효과를 보이지 못하는 경우도 많다. 보다 넓게 보았을 때, 효과 검증에서 아주 성공적인 것처럼 보였던 아동·청소년 심리치료들도 임상적으로 보다 보편적인 상황에서 통상치료 조건과 비교한 검증에서는 그 효과가 현저히 약화될 수 있다(Weisz, Jensen-Doss, & Hawley, 2006; Weisz, Kuppens et al., 2013). 따라서 아동·청소년들을 치료로 이끄는 많은 문제들에 대하여 근거기반 치료가 존재하기는 하지만 치료에서 누락되어 있는 것들도 있고 일부 성공적 치료들에도 추후 경험적 연구가 필요한 제한조건들이 있다.

개입 과학과 발달과학의 연결

치료의 대열을 넓히고 치료 효과가 발휘되는 발달 범위를 확대할 수 있는 전략 중 하나는 발달과학에서 더 많은 도움을 얻는 것이다. Cicchetti와 Toth(제28장 참조)가 강조하듯이 발달심리학과 발달정신병리학의 원리와 연구 결과들은 치료의 개발과 설계에 강력한 개념적 틀을 제공한다. 인지, 사회, 성격, 그리고 신경심리의 발달과 영아기부터 청소년기에 이르는 아동-보호자 간 상호작용 연구는 광범위한 장애 치료의 개발을 위한 기본 틀을 구축하고 정보를 제공할 수 있는 잠재 가능성이 있다. 발달 지식에 기반을 둔 개입의 전망이 뛰어남에도 불구하고 발달과학과 임상과학은 긴밀하게 연계되지 못하고 있으며 발달 이론과 연구 결과에서 단서를 얻었거나 그 지식에 근거한 치료는 찾기가 어렵다.

그 대신 아동·청소년 내재화 문제의 치료들은 대부분 원래 성인을 위해 개발된 개입을 아래 연령으로 확대된 것처럼 보인다. 아동·청소년 외현화 문제나 습관 관련 문제(예: 유뇨증이나 물질남용 등)에 대한 치료의 대다수는 주로 행동주의 이론이나 연구에 기반을 두고 있고, 인지 이론과 가족체계 이론의 영향이 어느 정도 있는 듯 하지만 발달과학의 영향은 찾기 어렵다. 이런 것이 왜 문제가 되느냐고 할 수는 있다. 결국 증거에 따르면 이 책에 소개된 치료들은 평균적으로 긍정적 효과를 보이니까 말이다. 그러나 그 치료들을 받은 아동·청소년들 중 상당한 비율은 전혀 좋아지지 않는다는 증거도 존재한다.

다양한 발달 단계의 아동들이 가진 특징과 역량, 그리고 변화의 기회를 만드는 발달경로를 훨씬 더 잘 이해하게 되면 적합한 아동·청소년 치료를 제공하고 효과도 더 증진시킬 수 있을

지가 우리 분야의 핵심적 질문이다. 여러 예 중 하나를 들자면 아동이 자신의 우울, 불안, 혹은 대인공격성 관련 생각을 찾아서 비판하도록 하는 인지행동치료(CBT) 기법은 자신의 생각을 관찰하고 반추하는 발달적 능력을 가지고 있는 아동들에게는 잘 통할 수 있으나 아직 그 능력을 갖추지 못한 아동들에게는 통하지 않을 수 있다. 이러한 측면에서 발달과학과 임상과학 사이에는 논리적으로 여러 흥미로운 연결점들이 있는 듯하다. 그러나 유감스럽게도 아직까지는 그 논리적 연결점들을 조사하여 충분히 이용해서 개입의 본질이나 활용을 크게 바꾸어놓지는 못하고 있다. Cicchetti와 Toth(제28장; Cicchetti와 Natuaski, 2014 참조)가 제시한 발달적 관점은 이런 상황을 바꾸는 데 기여할 수 있다.

아동 · 청소년 치료에 관한 이론적 관점의 적용 범위

근거기반 심리치료는 역사적으로 아동 · 청소년 치료를 이끌어 왔던 여러 영향력 있는 이론적 관점들을 포괄하고 있으나 관련 이론들이 모두 포함되어 있는 것은 아니다. 행동적(조작적 · 고전적 · 모델링) 접근과 인지행동적 적용은 검증된 치료에 가장 많이 포함되어 있다. 몇몇 치료(예 : Le Grange & Robin, 제18장 참조)에서는 가족체계 접근이 뚜렷하게 드러난다. 그러나 그외 수많은 심리치료 학파들(예 : 정신역동적, 내담자중심, 인본주의적)은 대부분 그 목록에 포함되어 있지 않다. 출판된 치료 효과 연구논문의 메타분석에서도 비슷한 양상이 뚜렷하여 분석에 포함된 논문 대다수가 행동치료나 인지행동치료 검증 논문들이었다(예 : Kazdin et al., 1990; Weisz, Weiss, Han, Granger, & Morton, 1995; Weisz et al., in press).

이러한 현상의 문제는 일상적 임상 실무에서 보편적으로 사용되고 있는 비행동적 치료 모델의 대다수가 아동 · 청소년 연구 문헌에서 찾아보기 어렵다는 것이다(예 : Kazdin et al., 1990; Weisz et al., in press). 실무에서 널리 사용되지 않고 있는 치료 모델들에 대한 근거기반은 강력하고 빠르게 증가하고 있는 반면, 임상 실무에서 특히 보편적으로 사용되고 있으며, 그중 일부는 제대로 검증을 하면 효과가 확인될 수 있는 치료에 대한 근거기반은 취약하고 그나마 거의 증가하지도 않는다(Kazdin, 2015; Weisz, Kuppens et al., 2013). 실제로 인증받은 근거기반 아동 · 청소년 심리치료와 통상적 임상처치를 무선할당 설계를 사용해서 비교한 연구들을 메타분석한 결과에 의하면(Weisz et al., 2013), 분석된 연구의 23%에서 미미한 차이를 보이거나(효과크기<0.10) 통상적 처치가 더 우세한 것으로 나타나서 매일매일의 임상 실무에 무엇인가 배울 만한 점이 있음을 시사하고 있다. 서비스 제공자들이 사용하고 신뢰하는 치료적 접근에 지금보다 더 많은 관심을 기울일 필요가 있다는 것은 분명하다. 증거의 영역과 실무의 영역 사이에 존재하는 불일치는 아동 · 청소년 심리치료 550가지 중 경험적 검증을 거친 것이 극히 일부였다는 Kazdin(2000)의 조사 결과에도 잘 나타나 있다. 이 분야에서는 경험적 검증을 거친 치료 모델의 대열을 확대할 필요가 있다. 그리고 이 도전에 응하는 연구자들은 후보가 될 만한 모델이

충분하다는 것을 알게 될 것이다.

개입의 포장과 전달의 모델과 전략

이 책에 기술된 개입 프로그램들은 아동·청소년과 가족에게 치료 내용을 제공하는 모델의 대열이 넓고 점점 그 폭이 확대되고 있음을 보여주고 있다. 주 1회 치료자의 진료실을 방문하는 전통적 방식이 가장 보편적인 모델인 것은 분명하다. 그러나 Kazdin과 Blase(2011)는 그러한 전통적 모델로는 효과적 정신건강치료에 대한 일반 대중의 크나큰 요구에 부응하기 어려우므로 다양한 전달 모델이 필요해질 것이라고 주장하고 있다. 이 책의 여러 장에서는 그쪽으로 단계들을 예시해주고 있다.

- 핵심 원리와 기술의 설명을 부모들을 위한 비디오 삽화에 삽입한다(Sanders & Turner, 제25장; Webster-Stratton & Reid, 제8장 참조).
- 치료자를 코치로 활용해서 부모-자녀의 실시간 상호작용에서 부모를 지도한다(Kazdin, 제9장; Zisser-Nathenson et al., 제7장 참조).
- 소변 경보기(urine alarm)를 이용하여 가정용 행동훈련으로 유뇨증을 치료하고 혁신적인 보드 게임 프로토콜을 이용하여 유분증을 치료한다(Mellon & Houts, 제19장 참조).
- ADHD 개입을 여름 주간 캠프 프로그램으로 만든다(예 : Pelham et al., 제13장 참조).
- 우울증 대처 기술 개입을 수감 중인 아동·청소년들과 물질사용장애 청소년들의 필요에 맞춰 번안한다(Rohde, 제4장 참조).
- 아동·청소년의 환경 순회 모델을 활용해서 이동형 심리치료를 한다(Henggeler & Schaeffer, 제12장 참조).
- 위탁 돌봄 서비스 제공자에 대한 행동 기술 교육을 통하여 아동복지 프로그램의 아동·청소년을 지도한다(Buchanan, Chamberlain, & Smith, 제11장 참조).
- 자폐스펙트럼장애 아동들에게 원래 강화가 되는 바를 토대로 중추적 반응훈련을 사용하도록 부모 등 아동의 환경 내 사람들을 교육한다(Koegel et al., 제17장 참조).
- 자연적 발달 접근을 사용하여 초기 자폐증과 자폐증 위험에 대처하고 그 치료와 연관된 뇌의 변화의 추적한다(Davlantis et al., 제16장 참조).
- DVD 지침이 포함된 읽기 쉬운 책(예 : Pincus, 2012; Kazdin, 제12장 참조; Kazdin & Rotella, 2008)과 아동의 행동 변화를 이끌어내는 구체적 방법에 관한 부모 친화적 기사(예 : www.slate.com/authors.alan_kazdin.html 참조)를 통하여 부모에게 행동 기술을 교육한다.
- 인터넷 및 관련 과학기술을 통하여 훈련과 개입을 전달하여 일반 대중에의 접근을 가속

화한다(Cuijpers, Ebert, Reijnders, & Stikkelbroek, 제32장; Kendall et al., 제2장; Merrry, Stasiak, Dunnachie, Anstiss, Lucassen, & Cargo, 제23장 참조).

- 개별화된 척도를 사용하고, 치료에 대한 반응을 자주 추적하며, 맞춤형 그리고 맞춤 가능한 치료 등의 접근을 통하여 다른 측면에서는 표준화된 근거기반 치료의 전달을 개별화한다(Ng & Weisz, 제29장 참조).

현재 나와 있는 치료의 포장과 전달 전략들은 훌륭하지만 전 세계 아동·청소년 집단의 엄청난 요구와 장애의 치료에 대한 아동·청소년의 다양한 반응에 대응하려면 지속적으로 창의성을 발휘할 필요가 있음은 명백하다(Kazdin, 2000; Weisz, 2004; Weisz, Krumholz, Santucci, Thomassin, & Ng, 2015). 다수의 아동·청소년의 문제가 일시적 삽화의 형태로 반복적으로 나타나는 특성이 있음을 고려하면 아동의 상태를 정기적으로 체크해서 필요하면 치료를 다시 시작하는 모델이 필요할 수 있다. 같은 장애로 진단된 아동·청소년이 모두 그 장애의 모든 증상을 보이거나 동일한 치료 요소를 전부 필요로 하지 않을 가능성을 생각하면 개입을 개인에 맞춰서 최적화하는 조립형 치료 전략의 잠재적 가치를 알 수 있다. 예를 들어 우울증 치료를 받은 아동·청소년 중 일부는 두드러진 인지적 왜곡을 보이지 않고 탄탄한 사회기술을 갖고 있는 듯한 아이들도 있다. 그들에게는 인지적 기술과 사회 기술 훈련이 선택사안으로 되어 있는 치료 프로그램이 보다 효율적일 것이다.

치료 전달 모델의 적용에서 유연성을 가질 필요성을 보여주는 세 번째 예시로 대다수의 근거기반 심리치료가 주로 단일 질환이나 동질적인 질환군에 초점을 두고 있다는 점이다. 이와는 대조적으로 치료를 받는 아동 대부분은 하나의 문제나 진단만 해당되는 것이 아니고, 한 번에 하나씩 보이는 것도 아니며(Anglod, Costello, & Erkanli, 1999; Copeland, Shanahan, Erkanli, Costello, & Angold, 2013; Jensen & Weisz, 2002), 우울과 품행장애처럼 표면적으로는 전혀 다른 듯한 문제들을 동시에 보이는 경우도 흔하다. 다른 문제나 진단이 함께 나타나는 경우가 그렇게 흔하다는 사실은 상당히 다른 치료 요소들을 혼합하거나 결합하는 모델의 필요성을 시사하고 있다(예 : Chorpita & Weisz, 2009; Weisz et al., 2012).

치료 연구에서의 평가의 범위, 출처, 지속기간 그리고 집중도

De Los Reyes, Augenstein과 Aldao(제31장 참조)가 언급했듯이 평가는 근거기반 치료의 '근거'를 만든다. 이 책에서 개관된 연구들은 치료 연구에서 평가의 범위, 강도, 그리고 엄정성이 어떻게 확대되어 왔는지를 보여주고 있다. 아주 잘된 연구에서는 아동의 장애가 아동 본인, 부모, 교사의 보고를 포함하며 여러 관점에서 평가된다. 치료 대상 아동의 행동을 직접 관찰한 자료가 포함된다면 더할 나위 없을 것이다. 이제는 부분적으로 치료 관련 변화의 임상적 의미를 평가하기 위한 목적으로 공식 진단평가가 포함되는 경우가 많다. 문제, 증상, 그리고 진단 등의 측정치를 성적과 학교 행동의 보고, 그리고 관련이 있는 경우 체포 등 실제 현실 세계에서의 기능 평가로 보완하는 추세가 점차 늘고 있다. 평가는 치료를 받는 아동을 넘어서 부모의 아동 행동 관리 기술, 부모로서의 자신감, 스트레스와 정신건강, 심지어는 아동의 행동 변화에 따른 결혼 만족도 변화 등 치료 효과의 확산을 더욱 강조하는 추세이다.

평가의 범위가 확대되면서 여러 정보 제공자들로부터 받은 정보를 어떻게 평가할 것인가가 과제로 떠오르고 있다. 예를 들어 아동, 부모, 교사들은 모두 동일한 아동의 행동, 정서와 정신건강을 각자의 관점에서 본 바를 보고할 수 있다. 대다수의 전문가들은 그러한 평가에서 절대적 기준은 없고 관점이 여럿이면 가치가 더 증가한다는 것에 동의한다. 그러나 정보 제공자들은 각자 아동을 관찰할 수 있는 기회가 다르고 자신이 관찰한 바의 해석에서도 차이가 있을 수 있으므로 여러 평가도구에서 보고하는 바가 다를 가능성이 있다. 정보 제공자들 사이에 차이가 있을 때 서로 상충되는 보고를 어떻게 할 것인가? De Los Reyes 등(제31장 참조)은 여러 정보 제공자가 다양한 방법을 사용하는 임상평가의 사용과 해석의 지침으로 3원 작용 모델을 제안하고 있다. 이 모델에 의하면 여러 정보 제공자와 방법에서 수렴되는 결과와 서로 차이나는 결과는 연구자, 그리고 경우에 따라서는 임상가들이 소화해야 할 자료이다. 이 모델에서는 정보 제공자들 간의 차이는 측정오차로 인한 부분도 어느 정도 있지만 다양한 맥락에서의 개인의 임상적 모습을 명료하게 해줄 수도 있다(De Los Reyes, 2011).

효과 평가의 범위와 집중도가 증가하는 현상은 긍정적이며 De Los Reyes 등의 연구는 이를 활용하는 방안을 알려주고 있다. 또한 효과 평가의 기간을 보다 길게 잡을 여지도 있다는 의견을 제시하고자 한다. 지난 50년간의 아동·청소년 심리치료를 메타분석한 연구(Weisz et al., in press)에 의하면 치료 직후 평가 이외의 평가가 포함된 연구는 3분의 1에도 미치지 못하며 그나마 평균 추적 기간은 치료 종료 후 10~11개월에 지나지 않았다. 따라서 대부분의 치료에서 치료 효과를 장기적으로 유지하게 하는 힘에 관해서는 알려진 바가 별로 없다. 그러므로 치료 효과를 유지하려면 추가적 치료나 효능 촉진(booster) 회기 등이 필요한지, 그리고 그 시기는 언제인지에 대해서 알려진 바가 별로 없다.

평가의 밀도에도 향후 연구에서 관심을 가질 필요가 있다. 예를 들어 우울증 등의 일부 치료 연구 영역에서는 치료가 회복 속도에 미치는 영향에 대한 관심이 증가하고 있다. 치료가 끝났을 때 그 치료가 통제집단이나 비교집단에 비하여 더 나은 효과를 보였는지 여부와 관계없이 그 치료가 고통 완화와 증상 감소를 가속화시켰는지가 중요하다. 증상과 고통의 완화는 그 자체로 가치가 있지만 효율성은 정신건강 치료 비용을 부담하는 많은 사람들의 관심사이고 효율성을 가늠하려면 자주 평가할 필요가 있다. 보다 촘촘한 평가 일정을 추진해야 하는 또 하나의 이유는 구조화된 매뉴얼에 따라서 진행되는 치료와 통상적인 임상치료의 비교가 점점 더 중요해지고 있기 때문이다(Weisz et al., 2015 참조). 그러한 비교에서 통상적 임상치료의 치료기간을 통제하는 것은 불가능하다. 통제를 한다면 이는 '통상'치료로 볼 수 없다. 따라서 구조화된 절차에 따라서 진행되는 치료와 통상치료를 치료의 기간이나 강도가 동일하게 맞추는 것은 불가능하다. 주 1회 혹은 월 1회 등 자주 중요한 효과 측정치를 일상적으로 평가한다면 인위적으로 통상치료의 기간을 제한하지 않고도 변화의 기울기를 추적하여 치료조건 간 비교가 가능해질 것이다.

치료자 행동과 치료적 관계에 따른 치료 이득

치료 효과 연구 문헌에는 개입 절차는 특히 잘 기술되어 있지만 치료자가 개입 대상인 아동 및 그 가족과 따뜻하고 공감적인 관계, 그리고 강력한 치료동맹을 형성하도록 돕는 노력은 부족하다. 치료동맹의 질이 치료의 성공에 매우 중요하다는 믿음이 널리 퍼져 있다는 것을 생각하면 이러한 간극은 두드러진다. 아동·청소년 심리치료자들이 치료에서 사용된 구체적 치료 기법보다 치료자와의 관계가 더 중요하다고 평가한 연구도 있고(Motta & Lynch, 1990), 치료대상 아동들 일부도 이에 동의할 것이다. 예컨대 Kendall과 Southam-Gerow(1996)의 연구에서 코핑 캣(coping cat) 프로그램으로 치료받은 불안장애 아동들은 치료자와의 관계가 치료의 가장 중요한 부분이었다고 평가하였다. 다만 치료 효과가 없는 경우에도 내담자들이 치료자와의 관계를 좋아할 수 있다는 점은 유의해야 한다.

임상과학자들은 이제 (1) 긍정적 치료적 관계가 무엇인지 정의하고, (2) 이를 평가하는 최선의 방법을 확립하며, (3) 이를 촉진하는 치료자 특성과 행동을 밝히고, (4) 근거기반 심리치료에서 실제로 치료자와의 관계로 효과를 어느 정도 예측할 수 있는지 검증하기 위한 근거들을 쌓아가고 있다. 아동 심리치료에서는 아동-치료자, 부모-치료자 간의 동맹 두 가지를 모두 이해할 필요가 있다. 사실 그 두 가지 동맹은 치료 회기에의 참석, 몰입, 그리고 효과와의 관련성에서 다른 양상을 보일 수 있다(예 : Hawley & Weisz, 2005). 아동과 부모가 치료동맹을 평가하여 보고하도록 하거나(예 : Kazdin, Whitley & Marciano, 2006), 실제 치료 회기를 관찰한 자료를 코딩하는 접근을 통하여(McLeod & Weisz, 2005), 아동 및 부모와의 치료동맹의 평가와 이해가 발전하고 있다. 예컨대 Kazdin 등(2006)의 연구에서는 아동-치료자와 부모-치료자 간의 동맹이 모두 근거기반 치료를 받은 외현화 문제 아동의 치료 효과를 예측할 수 있었다(부모-치료자 동맹은 부모양육 행동의 향상을 예측하였다). McLeod와 Weisz(2005)의 연구에서는 내재화 문제 아동의 통상치료를 중심으로 살펴보았을 때 아동-치료자 동맹은 아동 불안의 호전을 예측할 수 있고, 부모-치료자 동맹은 아동 불안과 우울의 호전을 예측하였다. 이와 같은 연구 결과들이 보여주듯이 설문과 관찰 방법이 모두 동맹과 치료 효과 간에 의미 있는 연관성이 있음을 보여주었다. 반면 38개 연구를 메타분석한 McLeod(2011)의 연구에 의하면 치료동맹과 아동 치료 효과 측정치 간의 가중치 상관계수 평균은 $r = .14$로 높지 않은 수준이었다. 특히 대부분의 연구에서 치료동맹이 증상 변화에 선행한다는 것을 보여주지 못했다. 치료동맹과 증상 간의 관계가 단순한 인과 경로인지, 양방향 관계인지 혹은 그 밖의 다른 관계 양상인지를 밝히려면 치료동맹과 증상을 치료 과정의 여러 시점에서 평가하는 연구가 필요하다.

보다 넓은 시각에서 좋은 치료 효과를 예측할 수 있는 치료자 행동이나 치료자-아동·청소년 상호작용 양상이 있는지를 알아내려면 동원 가능한 가장 세련된 방법이 필요하다. 이는 통상적 임상처치(예 : Hawley & Weisz, 2005 ; McLeod & Weisz, 2005)에서 중요할 뿐 아니라 특별한 기술들이 소요되는 구조화되고 정해진 절차에 따르는 치료에서는 특히 시의 적절한 듯하다(예 : Kazdin et al., 2006). 예를 들면 그러한 치료를 효과적으로 사용하려면 구조화된 치료 계획에 주목하면서 아동·청소년과 부모가 치료 회기에 가져오는 내용에 반응하고 치료 의제를 아동·청소년의 실생활에서의 관심사와 연관시킬 방법을 찾으며 온정적 관계를 조성하고 치료 회기에 활기를 불어넣고 흥미롭게 만드는 다중 작업을 할 수 있는 기민한 치료자가 될 필요가 있다. 근거기반 심리치료에서 치료자-과정-효과의 연결에 대한 다양한 의견을 검증하는 것은 앞으로 한동안 연구 주제의 귀중한 구성요소가 될 가능성이 높다.

효과적 치료 범위의 확인

아동·청소년 치료 효과 연구 문헌은 치료 효과에 제약을 가하는 한계 조건을 밝히는 것보다 효과를 보여주는 데 더 치중하고 있다. 각 치료에 대하여 아동·청소년과 가족들의 임상적 및 인구학적 특성에서 범위 내에서는 치료 효과가 있으나 이를 벗어나면 치료 효과가 감소하는 범위에 대하여 가능한 한 많이 밝혀낼 필요가 있다. 치료 효과 근거가 가장 우수한 치료도 특정 상황에서 그리고 일부 아동·청소년에게는 효과가 있으나 다른 경우에는 그렇지 못할 수 있다. 공존 문제, 연령, 사회경제적 수준, 민족, 가족 구조 혹은 다른 임상적 인구학적 요인들에 따라 치료 효과가 제한될 수 있다. 그러나 근래에 이르기까지 그러한 제한조건에 대한 정보를 제공하는 연구는 거의 없었다. 다행히 이 책에 포함된 각 장에서 보듯이 제1판이 나온 이후 이 문제에 대한 관심이 현저하게 증가하였다(Kazdin & Weisz, 2003).

우리 분야가 비교적 근래에 시작되었음을 감안할 때 대다수의 검증받은 치료들이 다양한 언어, 가치관, 관습, 자녀양육 전통, 아동과 부모의 행동에 대한 신념과 기대, 그리고 문화적 전통에 대처할 준비가 미흡하다는 것은 놀라운 일이 아니다. 그러나 이 책에 기술되어 있는 치료 여럿이 새로운 문화권에 과감히 들어갔는데(Forgatch & Gerwirtz, 제6장 ; Webster-Stratton & Reid, 제8장 ; Zisser-Nathenson et al., 제7장 참조), 국가와 민족의 경계를 넘어 이동하려고 시도하는 과정에서 치료의 일부 번안이 필요했다(Merry et al., 제23장 ; Ogden, Askeland, Christensen, Christiansen, & Kjøbli, 제22장 참조). 아동/가족과 치료자 간의 관계, 치료의 완결/조기 종결의 가능성, 문화적 요인과 치료 특성 간의 상호작용이 치료 과정의 임상적 효과에 영향을 미칠 가능성은 충분히 있다(Weisz et al., 1995). Huey와 Polo(제21장 참조)는 현재 존 재하는 증거의 한도 내에서는 근거기반 치료가 특정 민족과 인종의 경계를 넘어서도 강건하다 고 제안하고 있지만 이 주제에 관한 연구는 아직 초기 단계이다(Huey, Tilley, Jones, & Smith, 2014). 우리는 Huey와 Polo의 연구를 더 진전시켜서 치료의 지속성, 과정, 그리고 효과가 인종, 민족, 문화 그리고 기타 여러 아동·청소년과 가족들의 특성과 그 상호작용에 따라 어느 정도 달라지는지를 평가하고 문화적으로 민감한 치료의 설계와 번안을 통해서 치료 과정과 효과를 어느 정도 향상시킬 수 있는지 검증하는 연구가 더 많이 필요하다.

치료 효과의 필요충분 조건의 이해

근거기반 치료로 간주되는 여러 치료 중에서 상당수는 다양한 개념과 기술이 하나의 치료 프로 토콜로 묶인 옴니버스 형식으로 모든 개념과 기술을 다루었을 경우에 한하여 적절한 종결로 본 다. 이들 중 일부에서는 모든 치료요소가 필요할 수도 있겠지만 근거기반이 너무 취약해서 어 떤 요소가 진정으로 필요한지, 그중 일부를 단독으로 사용해도 치료 효과의 대부분을 거두기에 충분한지를 명확하게 알기 어려운 경우가 자주 있다. 사실 그렇게 명확한 그림이 없다는 점이 다요인 개입을 개발하게 만드는 원인이라고 볼 수 있다. 잘 모르겠으면 새로운 개념과 기술이 도움이 될 수 있을 것같이 보여서, 그리고 해가 되지는 않으리라는 생각에서 일단 추가된다.

이러한 과정의 결과가 지방세포, 즉 얻은 성과에 별로 기여하지 않는 요소가 덧붙여진 치료 이다. 치료 시간, 비용 등 여러 가지 이유로 우리는 가능한 한 가장 효율적 치료가 필요하다. 이 목표에 미달하는 치료는 비용과 시간의 관리를 강조하는 현채 추세와 상충되기 쉽다. 치료 의 효율성을 높이면 그 치료는 치료자와 비용을 부담하는 사람들에게 더욱 매력적이 되고, 치 료절차의 교육이 더 수월해지며, 치료절차를 숙지하는 시간이 단축되고, 아동·청소년 및 가족 이 그 치료 과정을 끝까지 마칠 가능성이 더 높아진다. 그러나 일부 치료요소는 직접적으로 효 과를 향상시키지 않더라도 그대로 유지하는 것이 유용할 가능성도 있다. 예를 들어 치료의 수 용 가능성을 높이고 중도 탈락률을 최소화하거나 환자와 치료자가 치료 절차에 충실히 따를 가 능성을 높이는 요소는 '약을 넘기기 쉽게 해주는 사탕'의 기능을 할 수 있으므로 포함시킬 만한 가치가 있다(Lyon & Koerner, 2016).

우리 분야에서는 전통적으로 분해 연구(dismantling), 즉 다양한 치료 구성요소를 떼어내서 하 나씩 혹은 다양한 조합으로 검증하는 방법을 사용하여 어떤 치료요소가 필요하고 충분한지를 규명해왔다. 원칙적으로 그러한 연구를 통하여 근거기반 치료 내 필요충분조건을 이해할 수 있 는 실마리를 얻을 수 있어야 한다. 그러나 동일한 치료절차에 여러 요소가 포함되어 있을 경우 구성요소들이 추가되면 조합의 수가 급격히 증가하므로 일이 복잡해진다. 상황을 더욱 복잡하 게 만드는 것은 치료 구성요소 중 어떤 부분 집합에 아동이 반응하느냐가 하위 집단에 따라 달라질 수 있다는 점이다. 이러한 복잡성에 대한 해결책으로 Leijten 등(2015)은 미소실험 방법을 설명하고 있다. 복잡한 중다요인 치료, 특히 공존병리를 대상으로 하는 치료의 경우 필요충분 조건을 찾아내는 것이 특히 어려울 수 있으나 바로 그러한 치료들과 상황이 능률적 간소화를 가장 필요로 한다.

치료 효과를 설명할 수 있는 변화기제 확인

치료가 효과를 이끌어내는 구체적 변화기제를 알아내면 치료의 능률적 간소화는 크게 단순해 진다. 그러나 현 시점에는 근거기반 치료의 효과에 대하여 알려진 것이 치료에서 어떤 일이 일어나서 실제로 그러한 결과로 나타나는지에 대하여 알려진 것보다 훨씬 많다(Kazdin, 2000). 이는 적어도 두 가지 이유로 이해가 가능하다. 첫째, 단순한 논리에 따르면 먼저 치료 효과가 있는지를 알아야 설명할 필요가 있는 유익이 있는지 알 수 있다는 것이다. 둘째, 이유(인과적 기제가 무엇인지)를 알아내는 것은 단순한 과제가 아니고 즉답을 할 수 있는 과제도 아니다. 이러한 어려움이 있기는 하지만 이 문제는 이 분야의 핵심적인 과제이다. 핵심적 인과 과정을 밝히지 못한다면 결과가 있으려면 작동해야 하는 변화의 기제를 이해하지 못한 채 '효과가 있으니까' 미신처럼 시행되는 치료가 급격히 늘 수 있다. 이렇게 되면 실제 변화에 기여하지도 못하면서 치료 부담을 증가시키는 구성요소들이 치료에 포함될 위험성이 커지게 된다.

치료가 실제로 어떻게 작동하는지를 이해하려면 변화를 일으키는 기제에 대한 차세대 연구가 필요하다. 이 과정의 한 요소(하나에 불과한)는 효과의 가설적 매개요인을 검증하는 것이다. 다양한 매개 모델의 검증 방법을 비롯하여 매개 효과를 검증하는 자료분석 절차가 개발되어 있고(예: Baron & Kenney, 1986; Hayes, 2015; Valeri & VanderWeele, 2013), 그러한 자료 분석절차를 적용할 수 있는 원자료는 많은 치료 연구자들이 가지고 있는 데이터세트에 이미 존재한다. Weersing과 Weisz(2002)는 불안, 우울, 그리고 파괴적 행동 영역의 임상실험 중 63%에는 잠재적 매개요인 측정치가 설계에 포함되어 있지만 정식 매개검증이 포함한 것은 67개 연구 중 6개뿐이었다고 지적하였다.

이 책의 각 장에서 볼 수 있듯이 Weersing-Weisz(2002)의 개관논문 이후 최소한 상당한 규모의 표집이 확보될 수 있었던 문제 영역에서는 매개검증이 급격히 증가하였다. 이제는 우울, 불안, 외상후 스트레스장애, 품행 문제, 비행, 물질남용, 성범죄 등 다양한 분야에서 매개요인의 조사는 아동 심리치료 효과 연구 의제의 한 부분이 되었다. 그리고 다수의 연구 결과가 치료 모델에 필수적인 매개 과정을 지지했다. 일부 연구 결과는 저명한 치료 모델에 대한 논란을 일으켜서, 논쟁과 추가적 분석에 불을 붙였고, 궁극적으로 저명한 치료 모델에서 매개가 어떻게 작동하고 작동하지 않는지를 보다 예리하게 그려내는 결과로 이끌었다.

매개검증이 진정한 가치가 있기는 있지만 그 검증만으로는 어느 치료의 변화기제가 무엇인지 알 수 없다는 주장이 제기되고 있다. Kazdin(2007)은 효과 연구에서 매개검증으로 독립변수와 종속변수의 관련성을 통계적으로 설명할 수는 있지만 확인된 매개요인 자체만으로는 변화를 일으킨 과정이나 사건, 변화가 일어난 이유, 혹은 변화가 어떻게 일어났는지를 알 수는 없다고 하였다. Kazdin에 의하면 변화기제를 확인하려면 연구자는 (1) 사용된 개입과 제안된 매개요인, 그리고 치료적 변화(이상적으로는 그럼직 하지만 변화와 관련이 없는 대안적 과정을 배제한) 간의 강력한 구체적 관련성을 보여주고, (2) 반복검증에서 일관된 양상이 나타나며, (3) 제안된 매개요인 혹은 기제를 조작한 실험을 수행해서 그 효과를 보여주고, (4) 제안된 기제가 그 효과에 선행한다는 선후 관계를 제시하며, (5) 제안된 기제의 용량과 강도를 증가시키면 중요한 효과에서의 변화가 함께 증가하고, (6) 광의의 근거기반에서의 연구 결과에 비추어볼 때 그 기제가 가설에서 제시한 방식으로 작동하였을 가능성(즉 관련 연구나 상식에 기반을 둔 지식에 비추어볼 때, 제안된 작동 기제가 설득력이 있는가?)을 확립해야 한다고 하였다.

변화의 기제를 확립하기 위한 이 풍부한 의제는 표준적 매개검증의 단순한 통계치를 훨씬 넘어서며 각 치료 영역에서 장기간에 걸쳐 여러 연구를 시행하고 종합하는 진지한 임상과학자들의 노력이 필요하다는 것이 분명하다. 그 작업이 쉽지는 않겠지만 보상은 엄청날 수 있다. 다양한 장애 분야에서 치료적 변화의 기제를 보다 잘 이해하게 되면 우리는 (1) 개입의 설계, 정제, 능률적 간소화에 적용할 수 있는 상호교차 원리를 찾아내고, (2) 치료자를 훈련할 때 단순히 어떤 기법을 사용할지가 아니라 어떤 과정을 촉발시켜야 할지를 가르칠 수 있으며, (3) 성공을 거두려면 활성화시켜야 할 변화 과정에 초점을 맞춤으로써 치료의 실패를 이해하고 이를 역전시킬 가능성이 커질 것이다.

신경과학 혁명을 동력으로 이용

변화의 매개요인과 기제를 찾는 작업은 이제 심리학에서 중추적 위치를 차지하고 있는 신경과학의 방법과 연구 결과에 힘입어 특히 풍부해질 수 있다. 사실 Peverill과 McLaughlin이 이 책의 제30장에서 제안하고 있듯이 신경과학이 심리치료 연구의 중요한 세 가지 질문에 대한 답을 제공할 수 있는 잠재 가능성이 있다.

1. 어떤 사람들이 특정 치료 혹은 치료요소에 좋은 효과를 보일 가능성이 높을까? 치료가 효과를 보일 가능성이 낮은 사람은 어떤 사람들인가?
2. 넓은 범주의 정신병리 내에서 어떤 임상적 하위집단들이 특정 치료법 혹은 치료 요소에 가장 적합한가?
3. 치료가 왜 효과가 있고 언제 효과가 있으며 치료 효과가 없을 때 그 이유는 무엇인지를 설명해줄 수 있는 변화기제와 관련이 있는 신경기제는 무엇인가?

지금까지 앞의 질문에 대한 연구는 주로 성인 심리치료에 집중되어 왔으나 그 연구들을 통해서 아동·청소년 심리치료 이해에서의 신경과학의 잠재 가능성이 알려지면서 아동·청소년 연구가 이미 시작되고 있다. 앞의 첫 번째 질문과 관련해서(즉 어떤 사람들이 어떤 심리치료에 좋은 효과를 보일 것인가?), 사회불안장애 성인 환자 중 치료 전에 대뇌의 시각정보처리 영역인 배측 및 복측 후두측두골 피질(dorsal and ventral occipitotemporal cortex)에서 부정적 얼굴 표정에 대한 반응도가 높은 사람들이 인지행동치료 후 더 많이 호전되었다는 연구가 많다(예 : Klumpp, Fitzgerald, & Phan, 2013 참조). 그리고 아동·청소년 연구(McClure et al., 2006)에서도 치료 전 두려운 얼굴에 대한 편도체 반응은 불안장애에 대한 인지행동치료(혹은 약물치료)에서 임상가가 보고한 호전 정도와 부적 상관관계를 보였다. 현재 일부 연구의 결과에서는 신경 과정에 관한 정보가 임상적·행동적 척도보다 치료 효과를 훨씬 더 잘 예측할 수 있는 것으로 나타났다. 성인 연구에서 하나의 예를 들자면 Whitfield-Gabrieli 등(2015)은 인지행동치료로 사회불안장애를 치료했을 때 임상적 및 행동적 측정치는 치료 효과 분산의 12%만을 설명하는 데 비하여 구조적 기능적 연계(structural and functional connectivity) 자료가 추가되면 치료 효과 예측의 정확도가 81%로 높아졌다.

신경과학의 방법을 통해서 아동·청소년 심리치료의 변화기제를 밝히려는 시도는 기제 확인의 기준이 엄격하다는 점(Kazdin, 2007 참조)을 고려할 때 특히 어려울지는 모르지만, 성공한다면 엄청난 이득이 있을 수 있다. 어떤 스위치를 켜면 진정한 치료적 변화를 가져올 수 있는지를 알 수 있다면 가장 핵심적 변화 과정에 집중해서 치료를 능률적으로 간소화할 수 있고, 치료를 계획하고 그 기제에 직접 작용하여 현행 치료의 효과를 뛰어넘는 새로운 개입을 만드는 것도 생각해볼 수도 있다. 자기보고척도는 상당한 측정오차가 있고 정보 제공자에 따라서 큰 차이를 보이는 경우가 많아 이를 사용해서 기제를 확인하는 것은 어려울 수 있다. 신경기능 척도는 그에 대한 대안이나 보완 방안으로서 진정한 기제를 발견하는 데 매우 필요한 엄격한 증거를 제공할 수 있다. 비록 이 분야에 아직 결정적 연구는 없지만 Peverill과 McLaughlin(제30장 참조)은 아동·청소년 심리치료 분야에서 그 작업이 기존의 증거에 기반을 두고 다음 단계로 옮겨가면서 어떻게 이루어질 수 있는지에 대한 아주 유용한 예를 보여주고 있다.

임상 실무에 관한 근거기반 심리치료 연구

우리와 마찬가지로 양질의 정신건강 서비스에 관심이 있으나 근거에 기반을 두고 지침서에 따르며 무선할당 통제실험(RCT; Lilienfield, Ritschel, Lynn, Cautin, & Latzman, 2013; Stewart, Chambless, & Baron, 2012)으로 검증된 치료에 열정을 보이지는 않는 분들도 있다는 것을 알 필요가 있다. 다수의 정신건강 전문인들은 진심으로 지침서에 따라 진행되는 새로운 치료들이 자신들의 업무와 무관하거나 자신들의 내담자들에게는 적합하지 않다고 우려하고 있다. 우려의 구체적 내용은 다양하지만 가장 많이 언급되는 것을 들면, (1) 사전에 정해진 지침서를 따르는 치료는 창의성과 혁신을 제한하여 심리치료자들을 판에 박힌 절차를 따르는 단순한 기술자로 만들 위험성이 있고, (2) 지침서를 고수하는 것은 생산적인 치료적 관계의 발달을 저해하고 치료를 개별화하는 치료자의 능력에 제약을 가하며, (3) 치료들이 정신병리가 심각하지 않은 단순한 사례만을 대상으로 검증되었으므로 보다 심각하고 복합적인 사례에는 효과가 없을 가능성이 있고, (4) 치료들이 단일한 문제나 장애에 집중되는 경향이 있어 공존장애 사례에는 먹히지 않을 수 있으며, (5) 임상적 의뢰를 받은 사람들과 그 가족들은 그 복잡성과 휘발성으로 인하여 각 치료 회기가 예측이 불가능하므로 사전에 정해진 치료 회기 계획은 실행이 어렵다는 것이다. 이와 관련된 우려는 임상 연구에 대한 보다 광범위한 비판에도 반영되어 있으며 의학적 개입 연구에까지 미치고 있다(예 : Ionnadis, 2016).

이러한 지적 중 일부는 타당성이 없을지도 모르고 모든 근거기반 치료에 동일하게 해당되지는 않는 것도 있겠지만 그 주장을 깊이 생각해보지 않고 그냥 생각에서 밀어내는 것은 잘못일 것이다. 적어도 실무 현장에서의 근거기반 치료 시행을 저해하는 문제를 파악하여 대처할 수 있도록 많은 실무자들이 구조화된 치료의 사용을 꺼리게 하는 우려를 이해할 필요가 있다. 이러한 우려에 주의를 기울여야 할 또 하나의 이유는 그중 일부는 여러 근거기반 치료에 해당된다는 점이다. 타당한 지적에 대해서는 역점을 두어서 다룸으로써 치료의 강건함과 실행 가능성을 향상시킬 수 있다(Lilienfield et al., 2013; Weisz, 2014; Weisz, Ugueto, Cheron, & Herren, 2013). 앞에 열거된 우려의 대부분은 연구가 필요한 경험적 질문이라는 의견에는 지지자들과 반대자들이 모두 동의할 것이다. 이 점에서 근거기반 실무에 대한 다양한 관점들은 발견적 학습의 측면에서 가치가 있다.

치료연구자의 관점과 치료제공자의 관점 사이의 차이는 부분적으로 효능(efficacy)과 효과성(effectiveness)의 구분과 관련해서 이해될 수 있다. 근거기반 치료에 대한 근거의 대부분은 연속선상에서 **효능** 쪽(즉 치료 효과가 나타날 기회가 최대화되도록 면밀하게 준비된 다소 이상적인 상황에서 수행된 연구에서 얻은)에 편중되어 있다. 실무가의 입장에서는 대부분의 치료 연구의 일반적인 상황과 실제 아동·청소년 정신건강 실무 상황 사이에는 명백한 격차가 있으므로 연구에서의 치료가 실무 상황에서 제대로 작동할 것인지에 대하여 의문을 품게 된다(Weisz, Ugueto et al., 2013). 효능 연구와 임상 실무는 여러 측면에서 차이가 있다. 치료 대상의 특성에서 클리닉의 아동·청소년들은 보다 더 심각한 장애가 있고 장애의 진단기준을 충족시킬 가능성이 높으며 여러 공존장애가 있을 가능성이 높고 치료 동기가 낮을 수 있으며, 가족 관련해서는 부모의 정신병리, 가족 생활사건 스트레스, 그리고 심지어 아동학대가 있을 수 있다. 또한 치료를 받으려는 이유도 학교에서 혹은 광고를 통해서 모집된 것이 아니라 특별히 심각한 문제나 가족의 위기로 인하여 보호자가 의뢰하거나 혹은 심지어 법원 명령으로 의뢰되었을 수 있고, 작성할 재정 관련 서식이나 관료적 절차도 많고, 간혹 클리닉에서 반기지 않는 듯한 취급을 당할 수 있는 등 치료 환경에서도 차이가 있을 수 있다. 또한 치료를 시행하는 치료자는 상근 치료자로, 지도교수에게 고용되어 치료 연구 프로그램에 헌신하는 대학원생이나 연구조교나 치료 개발자가 아니어서 검증된 치료를 잘 모를 뿐 아니라 다른 치료법을 선호할 수도 있다. 이들은 치료 개발자에게 보수를 받고 지침서를 충실하게 따르는 근거기반 치료를 실시하는 것이 아니라 정해진 방법이 없이 다수의 사례를 보도록 클리닉에서 급여를 받는다. 그리고 치료를 시행하는 상황도 융통성 있는 대학원생들의 일정과는 달리 임상 실무 현장에서는 치료자가 담당하는 사례 수에 따르는 생산성 요구가 있고 서류작업도 있으며 지침서를 학습하거나 충실하게 따를 만한 시간 여유가 없다는 차이가 있다.

다수의 무선할당 통제실험(RCT)에서의 심리치료와 임상 실무에서 보는 심리치료 사이의 차이는 실무가들로 하여금 RCT에서 얻은 증거가 자신들의 임상 실무와 무슨 관련이 있는지 의문을 갖게 한다. 긍정적으로 생각하면 그러한 차이는 치료 연구자들의 발생 초기의 의제라고 볼 수도 있다. 사실 실험주의자들은 아동의 공존병리, 부모의 정신병리, 치료 회기에 빠지거나 조기종결을 유발하는 생활 스트레스, 치료자의 과중한 치료부담 등의 현실 세계의 요인들을 성가시다고 생각하고 사례를 모집하여 선별하고 배제기준을 적용하며 연구자의 자체적 치료자를 고용하는 등의 방법으로 피하거나 통제하려고 한다. 그러나 실제 현장에서 효과적인 심리사회적 치료의 프로토콜을 개발하려면 바로 이 현실 세계 요인들을 포함시켜서 이해하고 대처할 필요가 있다(Weisz, 2014). 이러한 현실 세계 요인들에 대처할 수 없는 치료는 잘 통제된 실험실 실험에서 아무리 효과적이었다고 해도 실제 상황에서는 잘되지 않을 수 있다. 그러므로 근거기반 심리치료 연구가 지향할 또 하나의 중요한 방향은 임상 실무 지향이다. 정신건강 서비스 환경에서의 실제 실무와 한층 더 가까운 상황에서 치료를 검증하는 것이 일상적인 임상적 치료에서 사용될 수 있는 아주 강건한 치료와 그 근거기반을 구축하는 방법일 수 있다.

새로운 모집단과 맥락에서의 치료 시행

연구자들이 아동·청소년들을 위한 치료를 정교화하고 그 파급 효과와 임상 실무와의 관련성을 강화시키는 작업을 하는 한편, 새로운 환경에서의 치료 시행이라는 난제를 다루는 매우 흥미로운 작업도 진행되고 있다. 이는 HMO(health maintenance organization)에서의 치료, 수감청소년(Rohde, 제4장 참조)을 대상으로 하는 치료, 주 차원의 서비스 체계(Hoagwood, Peth-Pierce, Glaeser, Whitmyre, Shorter, & Vardanian, 제27장 참조)와 국가 차원의 서비스(Merry et al., 제23장; Ogden et al., 제22장; Scott, 제24장 참조), 그리고 여러 국가와 문화의 경계를 넘어서(Forgatch & Gewirtz, 제6장; Henggeler & Schaefer, 제12장; Powell et al., 제10장; Sanders & Turner, 제25장; Webster-Stratton & Reid, 제8장 참조) 치료를 시행하는 것을 포함한다.

치료를 시행하고 다른 환경으로 옮기는 작업이 구축되고 확대되면서 특정 집단과 환경에 적합하게 치료를 계획, 설계, 개정, 그리고 정교화하는 점점 더 세련된 모델이 나오게 되었다(예 : *Impementation Science* 학술지의 풍성한 논문들을 참조할 것). 명시적인 배치 중심 모델 (deployment-focused model; Weisz, 2004; Weisz et al., 2015 참조)은 궁극적으로 개입이 적용될 구체적 환경에 적합한 치료를 개발하고 검증하는 단계를 제안하는 접근이다. 또한 모델 구축 과정에서는 시행에 도움이 되거나 혹은 방해가 될 수 있는 다양한 정책 및 현실적 고려사항에 관심을 가질 필요가 분명히 있다. 예를 들어 미국에서 근거기반 심리치료의 확산을 가로막는 심각한 장애물은 치료법의 효과적 사용을 위해서는 훈련과 지도감독이 필요하다는 점이다. 훈련과 지도감독 두 가지가 모두 재정적으로 쪼들리는 임상가들에게 현재 하고 있는 진료를 그냥 계속하는 것보다 더 큰 비용부담이 된다. 의료보험은 어떤 치료를 했는지, 혹은 그 치료가 효과적이었는지가 아니라 서비스 횟수에 따라서 치료비용을 지불하기 때문에 새로운 치료법을 도입할 유인은 거의 없다. 사실 비용은 높아지지만 수입이 늘지 않는다면 이는 새로운 근거기반 치료를 시행할 의욕을 꺾는 것이다. 이 예가 보여주듯이 시행 모델에는 이론적·임상적, 그리고 매우 현실적인 고려사항(돈, 그리고 조직을 운영하고 임상 서비스를 제공하는 이들의 의사결정에 금전적 요인이 어떻게 관여되는지 등)이 포함되어야 할 것이다.

맺음말

발달정신병리학은 제1장에 기술된 초창기의 선구자들부터 한 분야로서 크게 성장하였다. 아리스토텔레스 시대와 정신분석 사이에서 서서히 발효하는 과정을 거친 후 1999년에는 아동·청소년 심리치료 효과 연구가 1,500건 이상에 달하는 등 아동·청소년 심리치료와 관련 연구는 20세기에 걸쳐서 빠르게 발전하였다(Kazdin, 2000 참조). 그와 같이 많은 연구물에 대한 보상의 한 지표로 *Journal of Clinical Child Psychology*(현 *Journal of Clinical Child and Adolescent Psychology*)는 1998년도에 한 호 전체에 '경험적 연구로 뒷받침된 심리사회적 개입' 지위 인정의 여러 기준을 충족시키는 27개 아동·청소년 심리치료에 관한 논문을 게재하였다(Lonigan, Elbert, & Johnson, 1998 참조). 같은 학술지는 10년 후 업데이트호에 46개의 '근거기반 심리사회적 치료'에 관한 보고를 실었다(Silverman & Hinshaw, 2008). 2014년판부터 시작되어서 아직도 계속되고 있는 학술지의 근거기반 업데이트 논문 시리즈는 벌써 10개 광역 문제 영역에 대한 개입들이 포함되어 있으므로 46개라는 숫자는 곧 넘어서게 될 것이다(Southam-Gerow & Prinstein, 2014). 연구의 열기와 성과가 넘쳐나면서 Fried와 Fisher가 제26장에 기술한 윤리적 법적 이슈에 관련된 책임 있는 연구수행에 대한 관심도 커지고 있다. 이 책은 근거기반 아동·청소년 심리치료에 대한 설명과 각 심리치료에 대하여 가장 잘 아는 치료의 개발자들이 기술한 치료의 근거를 담고 있다. 그와 함께 이 분야의 발달적·윤리적 이슈를 강조하는 내용과 여러 집단과 환경에서의 근거기반 치료의 시행에 대한 연구들도 제시되었다.

이 마지막 장에서는 특히 탁월한 치료와 이를 뒷받침하는 근거의 여러 특성들에 주목하였다. 그중에는 심각한 아동·청소년 문제와 장애를 폭넓게 다루고 있고, 창의적인 치료 전달 모델들을 제시하며, 효과 평가에서 점점 더 다양한 평가자와 측정 도구의 사용하고, 최근에는 치료 효과의 중재요인과 매개요인에 대하여 폭넓은 관심을 가진다. 그러나 표 33.1에 정리되어 있듯이 아직 더 발전되어야 할 영역과 앞으로 연구에서 관심을 기울여야 할 주제들도 남아 있다. 그중에 임상 실무에서는 널리 사용되고 있으나 아직까지 연구문헌에는 별로 반영되어 있지 않은 치료 모델들로 효과 연구를 확대할 필요가 있다는 점에 주목한다. 특히 지침서에 따라 진행되는 치료에서 치료자 행동과 치료적 관계가 치료의 지속 및 결과와 어떤 관련성이 있는가에 대해서는 거의 알려진 바가 없음을 지적한다. 치료가 왜 효과가 있는지를 설명해줄 수 있는 작동 기제를 확인할 필요가 있으며 더 많은 연구가 임상 실무자들이 부딪치는 것과 비슷한 상황에서 수행되어 근거기반 치료가 임상 실제의 세계에서 어느 정도 잘해내는지를 이해할 필요가 있음을 강조하고자 한다. 그리고 치료를 시행하고 이전하는 작업에 관한 과학과 실행 가능한 모델을 구축하고, 검증된 개입을 새로운 환경과 새로운 모집단에 적용하려는 노력에 지침을 제공해줄 필요가 있다.

역사적 관점에서 볼 때, 특히 지난 수십 년간 아동·청소년 심리치료 연구가 지나온 길은 정말 대단하다. 이 책에 수록된 연구를 수행한 임상과학자들이 최근의 궤적을 만든 것이다. 심리치료 연구의 이렇게 뜻깊은 지점까지 우리를 이끌어온 선도자들의 업적을 칭송한다. 그리고 아동·청소년 그리고 그 가족들을 위해서 근거기반 심리치료를 새로운 수준으로 끌어올리려고 노력하고 있는 새롭게 부상하고 있는 다음 세대에도 경의를 표한다.

참고문헌

Angold, A., Costello, E. J., & Erkanli, A. (1999). Comorbidity. *Journal of Child Psychology and Psychiatry, 40,* 57–87.

Baron, R. M., & Kenny, D. A. (1986). The moderator–mediator variable distinction in social psychological research: Conceptual, strategic, and statistical considerations. *Journal of Personality and Social Psychology, 51,* 1173–1182.

Chorpita, B. F., & Weisz, J. R. (2009). *Modular Approach to Therapy for Children with Anxiety, Depression, Trauma, or Conduct Problems (MATCH-ADTC)*. Satellite Beach, FL: Practice-Wise.

Cicchetti, D., & Natsuaki, M. N. (Eds.). (2014). Multilevel developmental perspectives toward understanding internalizing disorders: Current research and future directions [Special issue]. *Development and Psychopathology, 26,* 1189–1576.

Copeland, W. E., Shanahan, L., Erkanli, A., Costello, E. J., & Angold, A. (2013). Indirect comorbidity in childhood and adolescence. *Frontiers in Psychiatry, 4,* 144.

De Los Reyes, A. (2011). Introduction to the special section: More than measurement error: Discovering meaning behind informant discrepancies in clinical assessments of children and adolescents. *Journal of Clinical Child and Adolescent Psychology, 40,* 1–9.

Hawley, K. M., & Weisz, J. R. (2005). Child versus parent therapeutic alliance in usual clinical care: Distinctive associations with engagement, satisfaction and treatment outcome. *Journal of Clinical Child and Adolescent Psychology, 34,* 117–128.

Hayes, A. F. (2015). An index and test of linear moderated mediation. *Multivariate Behavioral Research, 50,* 1–22.

Huey, S. J., Jr., Tilley, J. L., Jones, E. O., & Smith, C. (2014). The contribution of cultural competence to evidence-based care for ethnically diverse populations. *Annual Review of Clinical Psychology, 10,* 1–34.

Ionnadis, J. P. A. (2016). Why most clinical research is not useful. *PLoS Medicine, 13,* 1–10.

Jensen, A. L., & Weisz, J. R. (2002). Assessing match and mismatch between practitioner-generated and standardized interview-generated diagnoses for clinic-referred children and adolescents. *Journal of Consulting and Clinical Psychology, 70,* 158–168.

Kazdin, A. E. (2000). *Psychotherapy for children and adolescents: Directions for research and practice.* New York: Oxford University Press.

Kazdin, A. E. (2007). Mediators and mechanisms of change in psychotherapy research. *Annual Review of Clinical Psychology, 3,* 1–27.

Kazdin, A. E. (2015). Treatment as usual and routine care in research and clinical practice. *Clinical Psychology Review, 42,* 168–178.

Kazdin, A. E., Bass, D., Ayers, W. A., & Rodgers, A. (1990). Empirical and clinical focus of child and adolescent psychotherapy research. *Journal of Consulting and Clinical Psychology, 58,* 729–740.

Kazdin, A. E., & Blase, S. L. (2011). Rebooting psychotherapy research and practice to reduce the burden of mental illness. *Perspectives on Psychological Science, 6,* 21–37.

Kazdin, A. E., & Rotella, C. (2008). *The Kazdin Method for parenting the defiant child.* Boston: Houghton Mifflin.

Kazdin, A. E., & Weisz, J. R. (Eds.). (2003). *Evidence-based psychotherapies for children and adolescents.* New York: Guilford Press.

Kazdin, A. E., Whitley, M., & Marciano, P. L. (2006). Child–therapist and parent–therapist alliance and therapeutic change in the treatment of children referred for oppositional, aggressive, and antisocial behavior. *Journal of Child Psychology and Psychiatry, 47,* 436–445.

Kendall, P. C., & Southam-Gerow, M. A. (1996). Long-term follow-up of a cognitive-behavioral therapy for anxiety-disordered youth. *Journal of Consulting and Clinical Psychology, 64,* 724–730.

Klumpp, H., Fitzgerald, D. A., & Phan, K. L. (2013). Neural predictors and mechanisms of cognitive behavioral therapy on threat processing in social anxiety disorder. *Progress in Neuro-Psychopharmacology and Biological Psychiatry, 45,* 83–91.

Leijten, P., Dishion, T. J., Thomas, S., Raaijmakers, M. A. J., de Castro, B. O., & Matthys, W. (2015). Bringing parenting interventions back to the future: How randomized microtrials may benefit parenting intervention efficacy. *Clinical Psychology: Science and Practice, 22,* 47–57.

Lilienfeld, S. O., Ritschel, L. A., Lynn, S. J., Cautin, R. L., & Latzman, R. D. (2013). Why many clinical psychologists are resistant to evidence-based practice: Root causes and constructive remedies. *Clinical Psychology Review, 33,* 883–900.

Lonigan, C. J., Elbert, J. C., & Johnson, S. B. (1998). Empirically supported psychosocial interventions for children: An overview. *Journal of Clinical Child Psychology, 27,* 138–145.

Lyon, A. R., & Koerner, K. (2016). User-centered design for psychosocial intervention development and implementation. *Clinical Psychology: Science and Practice, 23,* 180–200.

McClure, E. B., Adler, A., Monk, C. S., Cameron, J., Smith, S., Nelson, E. E., et al. (2006). fMRI predictors of treatment outcome in pediatric anxiety disorders. *Psychopharmacology, 191,* 97–105.

McLeod, B. D. (2011). Relation of the alliance with outcome in youth psychotherapy: A meta-analysis. *Clinical Psychology Review, 31,* 603–616.

McLeod, B. D., & Weisz, J. R. (2005). The Therapy Process Observational Coding System– Alliance Scale: Measure characteristics and prediction of outcome in usual clinical practice. *Journal of Consulting and Clinical Psychology, 73,* 323–333.

Motta, R. W., & Lynch, C. (1990). Therapeutic techniques vs. therapeutic relationships in child behavior therapy. *Psychological Reports, 67,* 315–322.

Pincus, D. B. (2012). *Growing up brave: Expert strategies for helping your child overcome fear, stress, and anxiety.* Boston: Little, Brown.

Silverman, W. K., & Hinshaw, S. P. (2008). Evidence-based psychosocial treatments for children and adolescents: A ten year update [Special issue]. *Journal of Clinical Child and Adolescent Psychology, 37,* 1–301.

Southam-Gerow, M. A., & Prinstein, M. J. (2014). Evidence-base updates: The evolution of the evaluation of psychological treatments for children and adolescents. *Journal of Clinical Child and Adolescent Psychology, 43,* 1–6.

Stewart, R. E., Chambless, D. L., & Baron, J. (2012). Theoretical and practical barriers to practitioners' willingness to seek training in empirically supported treatments. *Journal of Clinical Psychology, 68,* 8–23.

Valeri, L., & VanderWeele, T. J. (2013). Mediation analysis allowing for exposure–mediator interactions and causal interpretation: Theoretical assumptions and implementation with SAS and SPSS macros. *Psychological Methods, 18,* 137–150.

Weersing, V. R., & Weisz, J. R. (2002). Mechanisms of action in youth psychotherapy. *Journal of Child Psychology and Psychiatry, 43,* 3–29.

Weisz, J. R. (2004). *Psychotherapy for children and adolescents: Evidence-based treatments and case examples.* Cambridge, UK: Cambridge University Press.

Weisz, J. R. (2014). Building robust psychotherapies for children and adolescents. *Perspectives on Psychological Science, 9,* 81–84.

Weisz, J. R., Chorpita, B. F., Palinkas, L. A., Schoenwald, S. K., Miranda, J., Bearman, S. K., et al. (2012). Testing standard and modular designs for psychotherapy with youth depression, anxiety, and conduct problems: A randomized effectiveness trial. *Archives of General Psychiatry, 69*(3), 274–282.

Weisz, J. R., Jensen-Doss, A. J., & Hawley, K. M. (2006). Evidence-based youth psychotherapies versus usual clinical care: A meta-analysis of direct comparisons. *American Psychologist, 61,* 671–689.

Weisz, J. R., & Kazdin, A. E. (Eds.). (2010). *Evidence-based psychotherapies for children and adolescents* (2nd ed.). New York: Guilford Press.

Weisz, J. R., Krumholz, L. S., Santucci, L., Thomassin, K., & Ng, M. (2015). Shrinking the gap between research and practice: Tailoring and testing youth psychotherapies in clinical care contexts. *Annual Review of Clinical Psychology, 11,* 139–163.

Weisz, J. R., Kuppens, S., Eckshtain, D., Ugueto, A. M., Hawley, K. M., & Jensen-Doss, A. (2013). Performance of evidence-based youth psychotherapies compared with usual clinical care: A multilevel meta-analysis. *JAMA Psychiatry, 70,* 750–761.

Weisz, J. R., Kuppens, S., Ng, M. Y., Eckshtain, D., Ugueto, A. M., Vaughn-Coaxum, R., et al. (in press). What five decades of research tells us about the effects of youth psychological therapy: A multilevel meta-analysis and implications for science and practice. *American Psychologist.*

Weisz, J. R., Ugueto, A. M., Cheron, D. M., & Herren, J. (2013). Evidence-based youth psychotherapy in the mental health ecosystem. *Journal of Clinical Child and Adolescent Psychology, 42,* 274–286.

Weisz, J. R., Weiss, B., Han, S. S., Granger, D. A., & Morton, T. (1995). Effects of psychotherapy with children and adolescents revisited: A meta-analysis of treatment outcome studies. *Psychological Bulletin, 117,* 450–468.

Whitfield-Gabrieli, S., Ghosh, S. S., Nieto-Castanon, A., Saygin, Z., Doehrmann, O., Chai, X. J., et al. (2015). Brain connectomics predict response to treatment in social anxiety disorder. *Molecular Psychiatry, 21,* 680–685.

찾아보기

편저자 소개

John R. Weisz, PhD, ABPP

하버드대학교 심리학과 및 동 의과대학의 심리학 교수로 재직하면서 심리학과의 아동 청소년 정신건강연구실장을 역임하고 있다. 그는 하버드 의과대학 제휴기관인 Judge Baker Children's Center의 소장을 8년간 맡은 바 있다. 또한 아동 · 청소년 심리치료 프로그램의 개발과 검증, 그리고 심리치료 연구의 메타분석과 체계적 개관을 집중적으로 연구해왔으며, 최근에는 임상 및 학교 현장에서 여러 진단범주에 걸쳐 적용할 수 있는 아동 · 청소년 심리치료를 개발하고 검증하는 데 관여하고 있다. 미국심리학회 제53분과인 아동 · 청소년 임상심리학회(Division 53 of the Amerian Psychological Association) 회장과 국제아동청소년정신병리학회(International Society for Research in Child and Adolescent Psychopathology) 회장을 역임하였으며, 미국심리과학회(American Association for Psychological Science)로부터 James McKeen Canttell 평생 공헌상, 스위스의 Klaus Grawe 재단으로부터 임상심리학 분야에서의 혁신적 연구발전에 대하여 Klaus Grawe상을 수상하였다.

Alan E. Kazdin, PhD, ABPP

예일대학교에서 심리학 석좌교수 및 아동정신의학 교수로 아동과 가족을 위한 외래치료기관인 Yale Parenting Center의 소장, 혁신적 상호작용연구실(Innovative Interactions Laboratory)의 실장으로 재직하고 있다. 그는 예일대학교 심리학과장, 의과대학 아동센터(Child Center) 소장, 예일뉴헤이븐병원 아동정신의학서비스 과장을 역임한 바 있다. 또한 아동 · 청소년 심리치료, 자녀양육과 육아, 공격성과 반사회적 행동, 방법론과 연구설계에 관한 750편이 넘는 연구논문, 북 챕터, 그리고 책을 저술 혹은 편집하였다. 미국심리학회 회장을 역임하였고, 미국심리학회에서 심리학 응용에서의 우수과학상, 그리고 심리학에의 평생 공헌상을 수상하였다.

Amelia Aldao, PhD, Department of Psychology, The Ohio State University, Columbus, Ohio

Tania Anstiss, PhD, Department of Psychological Medicine, The Werry Centre for Child and Adolescent Mental Health, University of Auckland, Auckland, New Zealand

Elisabeth Askeland, Cand. Psychol., Department of Psychology, Norwegian Center for Child Behavioral Development, Oslo, Norway

Tara M. Augenstein, MS, Department of Psychology, University of Maryland at College Park, College Park, Maryland

Tammy D. Barry, PhD, Department of Psychology, University of Southern Mississippi, Hattiesburg, Mississippi

Caroline L. Boxmeyer, PhD, Center for the Prevention of Youth Behavior Problems, University of Alabama, Tuscaloosa, Alabama

Janet L. Brody, PhD, Center for Family and Adolescent Research, Oregon Research Institute, Eugene, Oregon

Lauren I. Brookman-Frazee, PhD, Department of Psychiatry, University of California, San Diego, Child and Adolescent Services Research Center, San Diego, California

Rohanna Buchanan, PhD, Oregon Social Learning Center, Eugene, Oregon

Tania Cargo, PhD, Department of Psychological Medicine, The Werry Centre for Child and Adolescent Mental Health, University of Auckland, Auckland, New Zealand

Patricia Chamberlain, PhD, Oregon Social Learning Center, Eugene, Oregon

Bernadette Christensen, Cand. Psychol., Department of Psychology, Norwegian Center for Child Behavioral Development, Oslo, Norway

Terje Christiansen, MSW, Department of Psychology, Norwegian Center for Child Behavioral Development, Oslo, Norway

Dante Cicchetti, PhD, Psychiatry Institute of Child Development and Department of Psychiatry, University of Minnesota, Minneapolis, Minnesota

Judith A. Cohen, MD, Center for Traumatic Stress in Children and Adolescents, Allegheny General Hospital, Pittsburgh, Pennsylvania

Erika K. Coles, PhD, Department of Psychology, Center for Children and Families, Florida International University, Miami, Florida

Erika A. Crawford, BA, Department of Psychology, Temple University, Philadelphia, Pennsylvania

Pim Cuijpers, PhD, Department of Clinical Psychology, Vrije Universiteit Amsterdam, Amsterdam, The Netherlands

Katherine S. Davlantis, PhD, LCSW, Duke Center for Autism and Brain Development, Duke University School of Medicine, Durham, North Carolina

Geraldine Dawson, PhD, Duke Center for Autism and Brain Development, Duke University School of Medicine, Durham, North Carolina

Esther Deblinger, PhD, CARES Institute, Rowan University School of Osteopathic Medicine, Stratford, New Jersey

Andres De Los Reyes, PhD, Department of Psychology, University of Maryland at College Park, College Park, Maryland

Bronwyn Dunnachie, PhD, Department of Psychological Medicine, The Werry Centre for Child and Adolescent Mental Health, University of Auckland, Auckland, New Zealand

David D. Ebert, PhD, E Mental Health Department, Leuphana University, Lüneburg, Germany

Christianne Esposito-Smythers, PhD, Department of Psychology, George Mason University, Fairfax, Virginia

Sheila M. Eyberg, PhD, Department of Clinical and Health Psychology, University of Florida, Gainesville, Florida

Gregory A. Fabiano, PhD, Center for Children and Families, University at Buffalo, The State University of New York, Buffalo, New York

Celia B. Fisher, PhD, Center for Ethics Education, Fordham University, Bronx, New York

Marion S. Forgatch, PhD, Implementation Sciences International, Inc., Oregon Social Learning Center, Eugene, Oregon

Martin E. Franklin, PhD, University of Pennsylvania School of Medicine, Philadelphia, Pennsylvania

Jennifer B. Freeman, PhD, Warren Alpert Medical School of Brown University, Providence, Rhode Island

Adam Fried, PhD, Center for Ethics Education, Fordham University, Bronx, New York

Jami M. Furr, PhD, Department of Psychology, Florida International University, Miami, Florida

Abigail H. Gewirtz, PhD, College of Education and Human Development, University of Minnesota, Minneapolis, Minnesota

Elizabeth Glaeser, PhD, Department of Child and Adolescent Psychiatry, New York University Langone Medical Center, New York, New York

Elizabeth M. Gnagy, BS, Department of Psychology, Center for Children and Families, Florida International University, Miami, Florida

Andrew R. Greiner, BS, Department of Psychology, Center for Children and Families, Florida International University, Miami, Florida

Scott W. Henggeler, PhD, Department of Psychiatry and Behavioral Sciences, Medical University of South Carolina, Charleston, South Carolina

Amy D. Herschell, PhD, Department of Psychology, West Virginia University, Morgantown, West Virginia

Kimberly Eaton Hoagwood, PhD, Department of Child and Adolescent Psychiatry, New York University Langone Medical Center, New York, New York

Hyman Hops, PhD, Center for Family and Adolescent Research, Oregon Research Institute, Eugene, Oregon

Arthur C. Houts, PhD, Department of Psychology, University of Memphis, Cary, North Carolina

Stanley J. Huey, Jr., PhD, Department of Psychology, University of Southern California, Los Angeles, California

Colleen M. Jacobson, PhD, Department of Psychology, Iona College, New Rochelle, New York

Elana R. Kagan, MA, Department of Psychology, Temple University, Philadelphia, Pennsylvania

Alan E. Kazdin, PhD, Department of Psychology, Yale University, New Haven, Connecticut

Philip C. Kendall, PhD, Child and Adolescent Anxiety Disorders Clinic, Temple University, Philadelphia, Pennsylvania

John Kjøbli, PhD, Department of Psychology, Norwegian Center for Child Behavioral Development, Oslo, Norway

Lynn Kern Koegel, PhD, Department of Psychiatry and Behavioral Sciences, Stanford University School of Medicine, Stanford, California

Robert L. Koegel, PhD, Department of Psychiatry and Behavioral Sciences, Stanford University School of Medicine, Stanford, California

Daniel Le Grange, PhD, Department of Psychiatry, UCSF School of Medicine, San Francisco, California

John E. Lochman, PhD, Center for the Prevention of Youth Behavior Problems, University of Alabama, Tuscaloosa, Alabama

Mathijs Lucassen, PhD, Faculty of Health and Social Care, The Open University, Milton Keynes, United Kingdom

Anthony P. Mannarino, PhD, Department of Psychiatry, Allegheny General Hospital, Pittsburgh, Pennsylvania

John S. March, MD, MPH, Duke University School of Medicine, Durham, North Carolina

Katie A. McLaughlin, PhD, Department of Psychology, University of Washington, Seattle, Washington

Michael W. Mellon, PhD, Division of Behavioral Medicine and Clinical Psychology, Cincinnati Children's Hospital Medical Center, Cincinnati, Ohio

Sally N. Merry, MB, PhD, Department of Psychological Medicine, The Werry Centre for Child and Adolescent Mental Health, University of Auckland, Auckland, New Zealand

Sarah H. Morris, MA, Department og Psychology, University of Pennsylvania School of Medicine, Philadelphia, Pennsylvania

Laura H. Mufson, PhD, Department of Psychiatry, College of Physicians and Surgeons of Columbia University, New York State Psychiatric Institute, New York, New York

Mei Yi Ng, MA, Department of Psychology, Harvard University, Cambridge, Massachusetts

Terje Ogden, PhD, Department of Psychology, Norwegian Center for Child Behavioral Development, Oslo, Norway

Dustin A. Pardini, PhD, Department of Psychiatry, University of Pittsburgh School of Medicine, Pittsburgh, Pennsylvania

William E. Pelham, Jr., PhD, Department of Psychology, Center for Children and Families, Florida International University, Miami, Florida

Robin Peth-Pierce, MPA, Public Health Communications Consulting, Columbus, Ohio

Matthew Peverill, BA, Department of Psychology, University of Washington, Seattle, Washington

Jennifer L. Podell, PhD, Private Practice, Encino, California

Antonio J. Polo, PhD, Department of Psychology, DePaul University, Chicago, Illinois

Nicole P. Powell, PhD, Center for the Prevention of Youth Behavior Problems, University of Alabama, Tuscaloosa, Alabama

M. Jamila Reid, PhD, Child and Teacher Incredible Years Program, Seattle, Washington

Mirjam Reijnders, MA, Department of Clinical, Neuro- and Developmental Psychology, Vrije Universiteit Amsterdam, and EMGO Institute for Health and Care Research, Amsterdam, The Netherlands

Arthur L. Robin, PhD, Department of Psychiatry and Behavioral Neurosciences, Children's Hospital of Michigan, Detroit, Michigan

Sally J. Rogers, PhD, MIND Institute, University of California, Davis, Medical Center, Sacramento, California

Paul Rohde, PhD, Oregon Research Institute, Eugene, Oregon

Matthew R. Sanders, PhD, Parenting and Family Support Centre, The University of Queensland, Brisbane, Australia

Cindy M. Schaeffer, PhD, Department of Psychiatry, University of Maryland School of Medicine, Baltimore, Maryland

Stephen Scott, CBE, FRCP, FRCPsych, King's College London and The Maudsley Hospital, London, United Kingdom

Priscilla Shorter, PhD, Department of Child and Adolescent Psychiatry, New York University Langone Medical Center, New York, New York

Dana K. Smith, PhD, Oregon Research Institute, Eugene, Oregon

Anthony Spirito, PhD, Department of Psychiatry and Human Behavior, Warren Alpert Medical School of Brown University, Providence, Rhode Island

Karolina Stasiak, PhD, Department of Psychological Medicine, The Werry Centre for Child and Adolescent Mental Health, University of Auckland, Auckland, New Zealand

Yvonne Stikkelbroek, PhD, Department of Psychology, University of Utrecht, Utrecht, The Netherlands

Sheree L. Toth, PhD, Mt. Hope Family Center, Department of Clinical and Social Sciences in Psychology, University of Rochester, Rochester, New York

Karen M. T. Turner, PhD, Parenting and Family Support Centre, The University of Queensland, Brisbane, Australia

Maria Michelle Vardanian, PhD, Department of Child and Adolescent Psychiatry, New York University Langone Medical Center, New York, New York

Ty W. Vernon, PhD, Autism Research and Training Center, Graduate School of Education, University of California, Santa Barbara, Santa Barbara, California

Holly Barrett Waldron, PhD, Center for Family and Adolescent Research, Oregon Research Institute, Eugene, Oregon

Daniel A. Waschbusch, PhD, Department of Psychology, University at Buffalo, The State University of New York, Buffalo, New York

Carolyn Webster–Stratton, PhD, School of Nursing Parenting Clinic, University of Washington, Seattle, Washington

John R. Weisz, PhD, Department of Psychology, Harvard University, Cambridge, Massachusetts

Emma Whitmyre, PhD, Department of Child and Adolescent Psychiatry, New York University Langone Medical Center, New York, New York

Jennifer Wolff, PhD, Department of Psychiatry and Human Behavior, Warren Alpert Medical School of Brown University, Providence, Rhode Island

Jami F. Young, PhD, Graduate School of Applied and Professional Psychology, Rutgers University, The State University of New Jersey, New Brunswick, New Jersey

Alison R. Zisser-Nathenson, PhD, Department of Child and Adolescent Psychiatry and Behavioral Sciences, The Children's Hospital of Philadelphia, Philadelphia, Pennsylvania

역자 소개

오경자
미국 하버드대학교 심리학과 박사
연세대학교 명예교수

강지현
연세대학교 심리학과 박사
동덕여자대학교 아동학과 교수

김현수
미국 노던일리노이대학교 심리학과 박사
한양대학교 아동심리치료학과 교수

배주미
연세대학교 심리학과 박사
마음사랑아동청소년상담센터 공동소장

송현주
연세대학교 심리학과 박사
서울여자대학교 특수치료 전문대학원 교수

양윤란
연세대학교 심리학과 박사
마인드빅 상담센터 대표소장

이주영
연세대학교 심리학과 박사
동덕여자대학교 아동학과 교수

장혜인
미국 미시간대학교 심리학과 박사
성균관대학교 심리학과 교수

조아라
연세대학교 심리학과 박사
전 인제의대 상계백병원 정신과 교수

최지영
연세대학교 심리학과 박사
인하대학교 아동심리학과 교수